Anforderungsbereich III (Reflexion und Problemlösung)

Er umfasst den kritischen und reflektierten Umgang mit neuen Problemstellungen, den eingesetzten Methoden und den gewonnenen Erkenntnissen. Ziel sind eigenständige Begründungen, Folgerungen, Deutungen und Wertungen.

beurteilen	den Stellenwert von Sachverhalten oder Prozessen in einem Zusammenhang → *überprüfen*, um kriterienorientiert zu einem begründeten Sachurteil zu gelangen
entwickeln	zu einem Sachverhalt oder zu einer Problemstellung eine Einschätzung, ein konkretes Lösungsmodell, eine Gegenposition oder ein Lösungskonzept inhaltlich weiterführend und / oder zukunftsorientiert darlegen
erörtern	zu einer vorgegebenen Problemstellung eine reflektierte, abwägende Auseinandersetzung führen und zu einem begründeten Sach- und / oder Werturteil kommen
interpretieren	Sinnzusammenhänge aus Quellen erschließen und eine begründete Stellungnahme abgeben, die auf einer Analyse (→ *analysieren*), Erläuterung (→ *erläutern*) und Bewertung beruht
Stellung nehmen	Beurteilung (→ *beurteilen*) mit zusätzlicher Reflexion individueller, sachbezogener und / oder politischer Wertmaßstäbe, die Pluralität gewährleisten und zu einem begründeten eigenen Werturteil führen
überprüfen	Inhalte, Sachverhalte, Vermutungen oder Hypothesen auf der Grundlage eigener Kenntnisse oder mithilfe zusätzlicher Materialien auf ihre sachliche Richtigkeit bzw. auf ihre innere Logik hin untersuchen

Übergreifende Aufgaben

Sie umfassen themen-, modul- oder semesterübergreifende Aufgaben auf der Grundlage der Anforderungsbereiche I bis III.

Weitere kompetenzorientierte Aufgaben

Sie vernetzen Materialien miteinander oder regen kreative Ergebnis- und Präsentationsformen an.

BUCHNERS KOLLEG GESCHICHTE

Ausgabe Niedersachsen
Abitur 2016

C.C.Buchner

Buchners Kolleg Geschichte
Ausgabe Niedersachsen
Abitur 2016

Unterrichtswerk für die Oberstufe

Bearbeitet von
Nikolaus Barbian, Klaus Dieter Hein-Mooren, Stephan Kohser, Lorenz Maier, Ulrich Mücke, Jochen Oltmer, Bernhard Pfändtner, Reiner Schell, Jürgen Weber und Hartmann Wunderer unter Mitarbeit von Thomas Ahbe, Jana Bretschneider, Harald Focke, Thoralf Klein, Sabine Panzram und der Verlagsredaktion
unter Beratung von Thomas Sandkühler

1. Auflage 1^{4321} 2017 16 15 14
Die letzte Zahl bedeutet das Jahr dieses Druckes.
Alle Drucke dieser Auflage sind, weil untereinander unverändert, nebeneinander benutzbar.

Dieses Werk folgt der reformierten Rechtschreibung und Zeichensetzung. Ausnahmen bilden Texte, bei denen künstlerische, philologische oder lizenzrechtliche Gründe einer Änderung entgegenstehen.

■ Dieser Titel ist auch als digitale Ausgabe unter *www.ccbuchner.de* erhältlich (Eingabe im Suchfeld 32013).

Korrektorat: Kerstin Schulbert

Layout, Satz und Umschlaggestaltung: Artbox, Bremen
Karten und Grafiken: Artbox, Bremen
Druck und Bindung: creo Druck & Medienservice GmbH, Bamberg

www.ccbuchner.de

ISBN 978-3-661-32013-7

Mit Buchners Kolleg Geschichte lernen und arbeiten

Das vorliegende Werk ist ein **Lern- und Arbeitsbuch**. Verfassertexte und Materialien liefern eine solide Grundlage für die systematische Vorbereitung auf das niedersächsische Zentralabitur. Berücksichtigt werden **Pflicht-, Wahl- und Kernmodule** für die vier Rahmenthemen des Kerncurriculums.

Der Aufbau des Werkes ist klar und übersichtlich:

Einführungsseiten leiten mit charakteristischen Bildern und problemorientierten Fragen in die vier Rahmenthemen ein.

Orientierungsseiten stehen am Beginn der elf Themenkapitel. Eine Chronologie stellt zentrale Daten mit prägnanten Erläuterungen zusammen. Ein Überblickstext skizziert die Stoffauswahl und vermittelt die Relevanz des Themas. Wichtige Begriffe und Personen werden genannt und die Kompetenzerwartungen aufgeführt.

Jedes Kapitel besteht aus einem **Darstellungs- und** einem **Materialienteil**. Die Darstellung ist in überschaubare Einheiten gegliedert und vermittelt ein Verständnis für die historischen Zusammenhänge und Strukturen. Wichtige historische Begriffe und Personen werden bei der Erstnennung kursiv hervorgehoben oder farbig gekennzeichnet, wenn sie in der Randspalte erläutert werden.

Imperialismus (lat. imperare: herrschen): Ausdehnung der Herrschaft eines Staates über andere Länder und Völker

Die Darstellungen sind mit den Materialien durch Verweise miteinander vernetzt. Die Materialien decken alle wichtigen Quellengattungen ab. Sie veranschaulichen und vertiefen einzelne Aspekte, stellen kontroverse Sichtweisen dar und thematisieren weiterführende Fragen. **Lese-, Internet- und Filmtipps** runden die Darstellungs- und Materialienseiten ab.

▸ M1

Lesetipp
Bernhard Linke, Die Römische Republik von den Gracchen bis Sulla, Darmstadt ²2012

Arbeitsaufträge helfen bei der Erschließung der Bild- und Textquellen, Statistiken, Diagramme, Karten und Grafiken. Sie verwenden die „Operatoren" des Zentralabiturs und sind in drei Anforderungsbereiche unterteilt. Zur Abiturvorbereitung gibt es auch besondere themen-, modul- oder semesterübergreifende Aufgaben. Die Aufgabenformate sind farblich unterschiedlich markiert. Weitere kompetenzorientierte Aufgaben wurden zusätzlich ausgewiesen (*siehe die Angaben vorne im Buch*).

Theorie-Bausteine erschließen und erörtern auf das Rahmenthema bezogene Theorien und Erklärungsmodelle. Sie vernetzen die Module miteinander. Querverweise und Arbeitsvorschläge liefern dazu Anregungen.

Thematisch integrierte **Methoden-Bausteine** führen historische Arbeitstechniken für die eigenständige Erarbeitung und Wiederholung an einem konkreten Beispiel vor. Ergänzt wird dies hinten im Buch durch eine Übersicht fachspezifischer **Methoden wissenschaftlichen Arbeitens**.

Auf unserer Homepage (*www.ccbuchner.de*) bieten wir Filmausschnitte zu Ereignissen, die in diesem Buch behandelt werden (**„Geschichte in Clips"**). Dazu ist der im Buch genannte Code in das Suchfeld unserer Internetseite einzugeben.

▸ **Geschichte In Clips:** Zum Mauerfall und zur Wiedervereinigung siehe Clip-Code 32013-02

Unter der Rubrik **Perspektive Abitur** befinden sich zum Abschluss jedes Großkapitels weiterführende und modulübergreifende Arbeitsaufträge, mit denen sich die erworbenen Kompetenzen überprüfen lassen.

Der Band schließt mit drei **Probeklausuren** (einschließlich Lösungsvorschlägen) ab, mit denen das erworbene Wissen zu den vier Rahmenthemen angewendet und überprüft werden kann. Praktische **Hinweise zur Bearbeitung von Klausuren** stehen hinten im Buch.

Inhalt

4. Geschichts- und Erinnerungskultur

Anhang

▸ **Geschichte In Clips:**
Auf unserer Homepage (www.ccbuchner.de) befinden sich Filmausschnitte zu Ereignissen, die in diesem Buch behandelt werden. Geben Sie dazu in das Suchfeld unserer Internetseite den im Buch genannten Clip-Code ein.

* einschließlich der Geschichts- und Erinnerungskultur

Auf einen Blick: Kernmodule

Krisen, Umbrüche und Revolutionen

Wechselwirkungen und Anpassungsprozesse in der Geschichte

Wurzeln unserer Identität

Geschichts- und Erinnerungskultur

Auf einen Blick: Methoden

1. Krisen, Umbrüche und Revolutionen

- Welche Probleme brachte die Herrschaftsausübung über ein so weit ausgedehntes Gebiet wie das Römische Reich mit sich?
- Welche Entwicklungen führten zu Krisen und Umbrüchen in der römischen Republik, im absolutistischen Frankreich und in der DDR?
- Unter welchen Bedingungen kann im Zuge von politischen, gesellschaftlichen und wirtschaftlichen Umbrüchen von Revolutionen gesprochen werden?

1.1 Krise und Ende der römischen Republik

◂ **Der Angriff Sullas auf Rom 82 v. Chr.**
Kolorierter Holzstich aus dem 19. Jahrhundert.
- *Gliedern Sie das Bild in sinnvolle Bereiche (z. B. nach Bildebenen, Handlungen, Personengruppen etc.).*
- *Charakterisieren Sie die einzelnen Personengruppen und deren Beziehungen zueinander.*
- *Erläutern Sie, welche Aussage der Künstler in seinem Bild trifft.*
- *Stellen Sie ausgehend von dem Bild Hypothesen über den Charakter der Krisen und das Ende der römischen Republik auf.*

Errichtung der Republik	**753 v. Chr.**	Rom wird der Sage nach gegründet.
	um 500 v. Chr.	Die Herrschaft der etruskischen Könige endet. Rom wird Republik.
	494-287 v. Chr.	In den Ständekämpfen trotzen die Plebejer den Patriziern die Teilhabe an der Macht ab.
Aufstieg zur Weltmacht	**272 v. Chr.**	Rom erringt die Vorherrschaft über Süd- und Mittelitalien.
	zwischen 264 und 146 v. Chr.	Die Römer besiegen in den drei Punischen Kriegen Karthago, das am Ende zerstört wird.
	154-133 v. Chr.	Rom führt verlustreiche Kriege im westlichen und nördlichen Spanien.
	seit Ende des 2. Jh. v. Chr.	Rom beherrscht den gesamten Mittelmeerraum.
Rom in der Krise	**133 v. Chr.**	Tiberius Gracchus setzt eine Agrarreform durch. Nach dem Versuch, sich um eine zweite Amtszeit zu bewerben, wird er von Senatoren erschlagen.
	123/122 v. Chr.	Gaius Gracchus bringt Reformen gegen den Widerstand des Senats auf den Weg.
	121 v. Chr.	Die Reformen Gaius Gracchus' werden schrittweise zurückgenommen.
	104-100 v. Chr.	Gaius Marius reformiert das römische Heer.
	102/101 v. Chr.	Marius schlägt die germanischen Stämme der Kimbern und Teutonen vernichtend.
	91-88 v. Chr.	Die Bundesgenossen erheben sich gegen Rom. Sie erhalten schließlich das geforderte römische Bürgerrecht.
	82-79 v. Chr.	Sulla errichtet eine auf seine Truppen gestützte Diktatur.
	60 v. Chr.	Pompeius, Crassus und Caesar schließen das erste Triumvirat.
	58-50 v. Chr.	Caesar erobert Gallien.
	46-44 v. Chr.	Caesar unterwirft Rom nach seinem Sieg im Bürgerkrieg einer neuen Diktatur.
Ende der Republik	**43 v. Chr.**	Octavian, Antonius und Lepidus schließen das zweite Triumvirat. Politische Gegner werden beseitigt.
	32/31 v. Chr.	Der Bürgerkrieg zwischen Octavian und Antonius endet mit dem Sieg Octavians.
	27 v. Chr.	Der Senat verleiht Octavian den Ehrennamen „Augustus“. Mit Augustus und dem „Prinzipat“ beginnt die römische Kaiserzeit.

Bis zum 3. Jh. v. Chr. erkämpften sich die Römer die Herrschaft über Italien. Später unterwarfen sie ihre Nachbarn, die Griechen und im 2. Jh. v. Chr. fast alle Länder am Mittelmeer. Die eroberten Gebiete machten sie zu Provinzen. Die Expansion veränderte die politischen und sozialen Strukturen Roms nachhaltig und stürzte die Republik in eine Reihe von Krisen. Römische Statthalter und vom Staat beauftragte Privatleute („*publicani*") beuteten rücksichtslos und weitgehend unkontrolliert die neuen Gebiete aus. Im italienischen Heimatland profitierten Großgrundbesitzer aus der adligen Führungsschicht (*Nobilität*) von der billigen Arbeitskraft der vielen im Krieg gefangenen Sklaven und gewannen mit neuen Wirtschaftsformen großen Reichtum. Dieser Konkurrenz konnten die römischen Kleinbauern auf Dauer nicht standhalten und mussten oft ihre Höfe notgedrungen verkaufen. Dieser gesellschaftliche Wandel hatte für den Staat einen gefährlichen Nachteil: Immer weniger Römer konnten ihre Waffen selbst bezahlen und somit Kriegsdienst leisten.

Tiberius Gracchus versuchte, die Krise zu lösen. Als Volkstribun legte er 133 v. Chr. ein Ackergesetz vor, das den Kleinbauern eine neue Existenzgrundlage verschaffen sollte. Da das Vorhaben am Widerstand des *Senats* zu scheitern drohte, versuchte er mithilfe der plebejischen *Volksversammlung* das Gesetz durchzusetzen. Damit brach er mit den traditionellen politischen Regeln, basierte doch die Ordnung der Republik auf dem einvernehmlichen Handeln von Senat, *Magistraten* und dem Volk von Rom. Es kam nicht nur zur Ermordung des Gracchen, sondern auch zur Spaltung der aristokratischen Führungsschicht Roms. Von nun an standen sich *Popularen* („Männer des Volkes") und *Optimaten* („die Besten") gegenüber. Während die Popularen die Volksversammlung als Machtmittel nutzten, setzten die Optimaten weiterhin auf das Einvernehmen und die Autorität des Senats. Die Ermordung von Tiberius Gracchus 133 v. Chr. führte außerdem dazu, dass Gewalt ein gängiges Mittel wurde, um politische Vorhaben durchzusetzen. Auch *Gaius Gracchus*, der die Reformen seines Bruders Tiberius weiterführen wollte, fiel ihr zum Opfer.

Nach Niederlagen gegen germanische Völker führte der Konsul *Gaius Marius* ab 104 v. Chr. eine *Heeresreform* durch: Aus einem Bürgerheer wurde eine Armee von Berufssoldaten. Er instrumentalisierte, wie auch später der Feldherr *Lucius Cornelius Sulla*, nicht nur die Aristokraten der verschiedenen politischen Lager, sondern auch seine treu ergebenen Soldaten für seine politischen Ziele. *Bürgerkriege* waren die Folge.

Am Ende schien sich der siegreiche Feldherr *Gaius Iulius Caesar* durchzusetzen. Er wurde zum *Diktator* auf Lebenszeit ernannt und leitete zahlreiche Reformen ein. Die faktische Alleinherrschaft Caesars währte allerdings nur kurz. Anhänger der alten Republik ermordeten ihn 44 v. Chr. Die Bürgerkriege um Caesars Nachfolge beendete *Augustus*. Er ließ zwar die republikanischen Einrichtungen bestehen, regierte das Römische Reich aber weitgehend allein und begründete so die Kaiserzeit.

In diesem Kapitel erwerben Sie die **Kompetenz**,
- Veränderungsprozesse in der römischen Gesellschaft seit dem 2. Jh. v. Chr. (militärisch, wirtschaftlich, politisch, sozial) zu charakterisieren und zu analysieren,
- Krisenbewältigungsstrategien (Gracchen, Marius, Sulla) zu erläutern und zu beurteilen,
- die Umgestaltung der republikanischen Staatsordnung (Caesar, Augustus) zu erläutern und zu interpretieren.

Zur Methoden-Kompetenz siehe Seite 23 bis 25 („Verfassungsschema"), Seite 51 bis 54 („Textquelle") und Seite 77 bis 81 („Historische Urteilsbildung"). Zum Kompetenzerwerb im Hinblick auf Theorien und Modelle zu Umbruchsituationen lesen Sie Seite 74 bis 76 („Theorie-Baustein: Krise").

Wichtige Namen
- Marcus Antonius
- Augustus (Octavian)
- Gaius Iulius Caesar
- Marcus Tullius Cicero
- Marcus Licinius Crassus
- Gaius Gracchus
- Tiberius Gracchus
- Marcus Aemilius Lepidus
- Gaius Marius
- Gnaeus Pompeius
- Lucius Cornelius Sulla

Wichtige Begriffe
- Agrarreform
- Bundesgenossen
- Bundesgenossenkrieg
- Bürgerkrieg
- Diktator
- Heeresreform
- Klienten
- Klientelwesen
- Konsulat
- Magistrate
- mos maiorum
- Nobilität
- Optimaten
- Patron
- Patrizier
- Plebejer
- Popularen
- Proskriptionen
- publicani
- Ritter
- Senat
- Triumvirat
- Volkstribunat
- Volksversammlungen

Die gesellschaftliche und politische Ordnung der Republik

Lesetipps
- *Martin Jehne, Die römische Republik: Von der Gründung bis Caesar, München 2006*
- *Rom. Die Geschichte der Republik 500 v. Chr. bis 27 v. Chr., Hamburg 2011 (Geo Epoche, Nr. 50)*

Von der Monarchie zur Republik Mit seiner rund tausendjährigen Geschichte prägt das Römische Reich bis heute die Kultur Europas. Den Ausgangspunkt dieses Weltreiches bildete eine kleine Siedlung, die an einer strategisch günstigen Stelle entstand. Durch ihre Hügellage war sie leicht zu verteidigen und besaß mit dem Tiber eine direkte Verbindung zum Meer. Archäologen haben im Bereich der Hügel am Tiber Spuren einer ersten Ansiedlung aus dem 11. Jahrhundert v. Chr. gefunden. Könige aus dem Volk der *Etrusker* fassten in der ersten Hälfte des 6. Jahrhunderts v. Chr. den losen Siedlungsverband zu einem Stadtstaat zusammen und gaben ihm mit der Anlage des *Forums* als Markt- und Versammlungsplatz einen religiösen, politischen und wirtschaftlichen Mittelpunkt. Tempel, Häuser aus Stein und die erste Kanalisation wurden errichtet und die Stadt mit einer Mauer umgeben. Das von der römischen Geschichtsschreibung überlieferte Datum 21. April 753 v. Chr. mit dem Gründerkönig *Romulus* gehört demnach ins Reich der Legenden.[1]

Eine entscheidende Rolle bei der schrittweisen Entmachtung der etruskischen Könige spielte der einflussreiche Adel. Er vertrieb 509 v. Chr. den letzten etruskischen König, übernahm selbst die „öffentlichen Angelegenheiten“ (*res publicae*) und gründete eine *Republik*. Sie lässt sich allerdings nicht mit einer freiheitlich-demokratischen Republik im modernen Sinne vergleichen.

Der kleine Stadtstaat führte in den folgenden Jahrhunderten ständig Kriege. Er schloss Bündnisse, bestritt siegreiche Feldzüge und verkraftete militärische Niederlagen. Im Jahr 272 v. Chr. hatte Rom die Vorherrschaft über ganz Mittel- und Süditalien erlangt. Danach begann der Aufstieg zu einer den Mittelmeerraum beherrschenden Weltmacht.[2] Die außenpolitischen Erfolge verhalfen der Republik zu hohem Ansehen, stürzten sie aber später in mehrere Krisen,[3] da das neue Weltreich nicht mit den Institutionen des alten Stadtstaates zu regieren war (▸ M1).

Grundlagen der römischen Gesellschaft Die römische Gesellschaft setzte sich aus einer kleinen aristokratischen Elite, den *Patriziern* (lat. *patres*: die Väter), und einer wesentlich größeren Gruppe römischer Bürger, den *Plebejern* (lat. *plebs*: die Menge), zusammen.

Das Patriziat bestand aus den Oberhäuptern der reichen grundbesitzenden Familien, den *patres familias*. Zur römischen „familia“ gehörten nicht nur Eltern und Kinder, sondern alle Generationen einer Familie mit Sklaven und Freigelassenen. Der pater familias besaß aufgrund seines Alters und seines Ansehens die Entscheidungsgewalt über alle Familienmitglieder und durfte über das Vermögen verfügen. Alle patrizischen Familien, die sich auf einen gemeinsamen Stammvater berufen konnten, bildeten eine **gens**.

gens (lat.): Geschlecht, Sippenverband

Die Plebejer unterstanden nicht den Patriziern. Sie waren zwar persönlich frei, besaßen anfangs aber keine politischen Mitbestimmungsrechte. Viele von ihnen betätigten sich als Kleinbauern. Die Erträge, die ihre kleinen Landstücke abwarfen, reich-

[1] Das „sagenhafte“ Gründungsjahr Roms wurde vom römischen Geschichtsschreiber Marcus Terentius Varro (116-27 v. Chr.) überliefert.
[2] Zur territorialen Expansion des Römischen Reiches siehe Seite 26 f.
[3] Siehe zum Krisen-Begriff den Theorie-Baustein auf Seite 74 f.

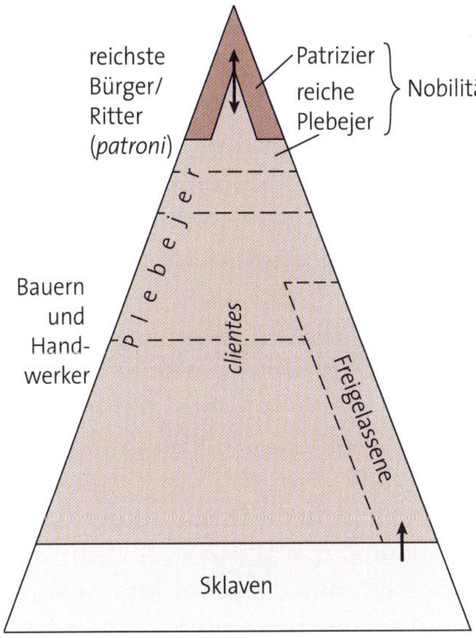

◂ Die sozialen Verhältnisse in der Republik.
Nach: Louis de Blois und Robert J. van der Spek, Einführung in die Alte Welt, Stuttgart 1994, S. 127 (leicht verändert)

- *Erklären Sie anhand des Schaubildes die Beziehungen zwischen den Bevölkerungsgruppen der römischen Gesellschaft. Gehen Sie dabei auf die Mengen- und möglichen Machtverhältnisse zwischen den einzelnen Gruppen ein.*
- ➕ *Setzen Sie das Schaubild in Beziehung zu M4 (siehe Seite 20 ff.) und prüfen Sie, inwieweit sich die von Ihnen erarbeiteten Machtverhältnisse (erste Arbeitsfrage) dort wiederfinden.*
- *Arbeiten Sie den Durchlässigkeitsgrad der Gesellschaft heraus.*

ten aber meistens nur aus, um die eigenen Familien zu versorgen. Missernten, Kriege oder Krankheiten konnten schnell zu einer existenziellen Gefahr werden. Selbst Plebejer, die in Rom und den umliegenden Städten lebten, waren in einer ähnlich misslichen Lage. Als Kleinhändler, Handwerker und Tagelöhner konnten sie von ihrem Verdienst gerade so überleben. Da sich das Patriziat streng abkapselte, wurden selbst von außen zuziehende Adelsfamilien, von wenigen Ausnahmen abgesehen, den Plebejern zugerechnet.

Sklaven gehörten nicht zu den römischen Bürgern. Sie waren meist Kriegsgefangene und galten rechtlich nicht als Person, sondern als Sache. Einige arbeiteten für ihre Besitzer im Bergbau oder auf Feldern. Bessergestellte Sklaven verrichteten Tätigkeiten als Köche, Handwerker, Ärzte und Lehrer. Das römische Bürgerrecht erwarben sie erst bei ihrer Freilassung. Sie standen dann allerdings immer noch auf der niedrigsten sozialen Stufe der Bürgerschaft, blieben ihren Herren durch Dienstleistungen verpflichtet und hatten ihnen Gehorsam zu leisten.

▴ Der „Volksredner" (Arringatore).
1,85 m hohe Ehrenstatue aus Bronze, um 80 v. Chr.
Der Mann trägt eine Toga mit eingewebten Streifen auf dem Saum und an der linken Hand einen Siegelring. Beides kennzeichnet ihn als Patrizier. Die Toga durften nur freie Bürger tragen.

- *Erklären Sie, warum die Statue als „Arringatore" bezeichnet wird.*

Treue und Vertrauen Mittellose römische Bauern und Handwerker, aber auch freigelassene Sklaven begaben sich als *Klienten* (lat. *clientes*: Schutzbefohlene) unter den Schutz eines gesellschaftlich höher- und materiell bessergestellten *Patrons* (lat. *patronus*: Schutzherr). Unter dem *Klientelwesen* verstand man ein Treueverhältnis auf Gegenseitigkeit (▸ M2). Der Patron schützte seine Klienten vor sozialer Not, vertrat sie vor Gericht und in der Politik. Dagegen verpflichteten sich die Klienten, den Patron bei seinen Geschäften zu unterstützen. Bewarb sich der Patron beispielsweise um ein politisches Amt, unterstützten die Klienten tatkräftig seinen Wahlkampf und stimmten auch in den Volksversammlungen[1] im Sinne ihres Schutzherrn ab. Patrone übernahmen sogar den Schutz für ganze ländliche und städtische Gemeinden, hing doch ihre Bedeutung von der Zahl ihrer Klienten ab.

[1] Zu den Volksversammlungen siehe ausführlich Seite 17.

um 494 v. Chr.	Das Volkstribunat wird eingerichtet.
vor 450 v. Chr.	Die Plebejer werden an der Wahl der Heerführer beteiligt.
um 450 v. Chr.	Erstmals werden Gesetze, die für Patrizier und Plebejer gelten, aufgezeichnet und veröffentlicht (*Zwölftafelgesetzgebung*).
445 v. Chr.	Patrizier und Plebejer dürfen heiraten.
367 v. Chr.	Reiche Plebejer können in das höchste Verwaltungsamt (*Konsulat*) gewählt werden.
326 v. Chr.	Die Schuldknechtschaft wird aufgehoben, d.h. kein Römer kann wegen Überschuldung versklavt werden.
287 v. Chr.	Die von der plebejischen Volksversammlung gefassten Beschlüsse (*plebiscita*) haben Gesetzeskraft für das ganze römische Volk (*lex Hortensia*).

▲ **Die Plebejer kämpfen um politische und gesellschaftliche Gleichberechtigung.**
Nach der Überlieferung sollen die Plebejer 494 v. Chr. Rom verlassen haben und auf den Hügel Aventin, ein religiöses Zentrum der Plebejer, gezogen sein, um ihren Forderungen nach Gleichstellung mit den Patriziern Nachdruck zu verleihen. Ein solcher Auszug gefährdete die Sicherheit und den Wohlstand Roms, benötigten die Patrizier doch die Plebejer als Soldaten und Arbeitskräfte. Der erste Erfolg nach diesem „Generalstreik“ war die Einführung des Volkstribunats.

Ein moralisches Vorbild ▀ Für das Leben in der Familie und für die Erziehung der Kinder waren stets die „Sitten der Vorfahren“ (lat. *mos maiorum*) maßgeblich. Der ideale Bürger verhielt sich gerecht, führte ein einfaches Leben, verehrte die Götter und diente in der Armee. Er stärkte auf diese Weise den Staat nach innen und außen (▸ M3). Durch das ständige und demonstrative Zurschaustellen der Leistungen der Vorfahren sowie der eigenen Erfolge (Ämter, Eroberungen, Zahl der Klienten und Sklaven) erwarb er Ansehen (*dignitas*). Die dignitas allein legitimierte die Teilhabe an den öffentlichen Angelegenheiten im Staat und war die Voraussetzung für jede politische Karriere. Dadurch entstand ein ständiger Konkurrenzkampf um Erfolge und Ansehen zwischen den ehrgeizigen Männern der römischen Führungsschicht.

Die traditionellen Führungsschichten ▀ Der politische und soziale Gegensatz zwischen der kleinen Schicht des großgrundbesitzenden Adels und der großen Menge der Plebejer führte zu Auseinandersetzungen, die sich mehr als zwei Jahrhunderte hinzogen (*Ständekämpfe*). In deren Verlauf konnten die Plebejer eine fast vollständige Gleichstellung mit den Patriziern erreichen.

Trotz dieser Erfolge gelang nur wenigen reichen Plebejern der Sprung in leitende politische Funktionen. Diejenigen, die es schafften, bildeten zusammen mit den Patriziern eine neue politische Elite: die *Nobilität* (lat. *nobilitas*: die Namhaften). Sie stand an der Spitze der Gesellschaft und lenkte die Geschicke Roms. Die Autorität dieser adligen Führungsschicht beruhte endgültig nicht mehr auf dem Vorrecht der Geburt, sondern auf der Machtstellung, die sie durch die Bekleidung der hohen Staatsämter innehatte.

Sie schloss sich im Laufe der Zeit immer stärker gegen aufstrebende Konkurrenten ab. Diese „neuen Männer“ (*homines novi*) besaßen keine Vorfahren aus der Nobilität und mussten außerordentliche Fähigkeiten vorweisen, um überhaupt in ein hohes Amt gewählt zu werden (▸ M4). Nur reiche und angesehene, oft mit adligen Familien verwandte römische Bürger besaßen die Voraussetzung, diesen Karrieresprung zu vollziehen. Aufgrund ihres Vermögens konnten sich diese Bürger im Kriegsfall ein Pferd und die entsprechend teuren Waffen leisten. Daher erhielten sie den Namen *Ritter* (*equites*). Ein Teil von ihnen wartete auf die Gelegenheit, in ein hohes Amt und in die Nobilität aufgenommen zu werden. Andere waren Großkaufleute, Großunternehmer, Bankiers, Reeder oder Gutsbesitzer und hielten sich von der aktiven Politik fern. Die Ritter verfügten über eine ansehnliche Zahl von Klienten und hatten aufgrund ihres Reichtums beträchtlichen wirtschaftlichen und politischen Einfluss.

◂ **Der Senat tagt.**
Fresko von Cesare Maccari im Palazzo Madama in Rom (Sitz des italienischen Senats), 1888. Konsul Cicero (106-43 v. Chr.) klagt den aus einer alten Patrizierfamilie stammenden Catilina (um 108-62 v. Chr.) an.
- *Erklären Sie, auf welches historische Ereignis der Maler Bezug nimmt. Dazu können Sie auch Lexika oder geeignete Internetseiten heranziehen.*
- *Analysieren Sie, welche Aussageabsichten und Geschichtsdeutungen des Malers in dem Gemälde deutlich werden.*

Der Senat Drei politische Einrichtungen prägten das „Gemeinwesen": der Senat, die Magistrate und die Volksversammlungen. Die eigentliche Regierung Roms war der *Senat* (*senatus*). Ihm gehörten in der frühen Republik 300 ehemalige Magistrate auf Lebenszeit an. Die Senatssitzungen fanden im Normalfall zweimal im Monat bei geöffneten Türen statt. Die Konsuln oder die Prätoren saßen dem Senat vor, jedoch hatten auch die Volkstribune das Recht dazu. Die Senatoren berieten und kommentierten vorgelegte Berichte und Anträge, versahen sie mit Zusätzen, änderten Anträge ab oder formulierten sie neu. Die Reihenfolge der Redner richtete sich nach dem Alter und den bisherigen Ämtern. Die einflussreichsten Angehörigen der Nobilität waren in der Regel die einzigen, die zu allen Punkten sprachen und sie diskutierten. Stimmte die Senatsmehrheit einer Meinung zu, wurde daraus ein Senatsbeschluss, der eine verbindliche Empfehlung darstellte. Der die Senatssitzung leitende Magistrat tat gut daran, diese Empfehlung von der Volksversammlung beschließen zu lassen, sodass daraus ein Gesetz wurde.

Der Senat besetzte die Geschworenengerichte und bestimmte die Steuersätze für die Bürger und die Gebiete unter direkter römischer Herrschaft (*Provinzen*). Er empfing ausländische Gesandtschaften, verhandelte mit ihnen und schloss Verträge mit fremden Staaten. Das Gremium befahl, wie viele Truppen im Kriegsfall ausgehoben und eingesetzt werden sollten. Es ernannte ferner die Oberkommandierenden und gewährte einen Triumph für den siegreichen Feldherrn. Schließlich konnte der Senat in Krisensituationen den Staatsnotstand erklären und den Konsul beauftragen, mit allen Mitteln die Sicherheit wiederherzustellen.

Das römische Beamtentum Fundament des Staates bildete die Beamtenschaft (*Magistrate*). Die Ämter waren bis in die Kaiserzeit unbesoldet, sodass sich nur wohlhabende Bürger zur Wahl stellen konnten. Als wichtigste Wahlrechtsprinzipien galten *Annuität* und *Kollegialität*. Annuität bedeutete die Begrenzung der Amtszeit auf ein Jahr. Der Grundsatz der Kollegialität sah für jedes Amt mindestens zwei gleichberechtigte Beamte vor, die sich gegenseitig kontrollierten. Dabei konnte der eine Beamte die Amtshandlung seines Kollegen unterbinden (*Interzessionsrecht*).

Die ranghöchsten Beamten waren die *Konsuln*. Als Träger des **Imperiums** besaßen sie die uneingeschränkte zivile und militärische Macht. Sie beriefen und leiteten Volks-

imperium (lat.): Handlungsvollmacht, absolute und umfassende Amtsgewalt

▲ **Liktor.**
11,6 cm hohe vergoldete Bronzefigur, 1. Jh. n. Chr., Ausstellungsort: Kestner-Museum in Hannover. Die hohen Amtsinhaber (Magistrate) wurden in der Öffentlichkeit von Liktoren (Amtsdienern) begleitet. Als Zeichen ihres Amtes und ihrer Macht trugen sie Rutenbündel (lat. fasces), die aus Ulmen- oder Birkenzweigen bestanden.

versammlungen und Senatssitzungen und hatten für die Durchführung der Gesetze Sorge zu tragen. Gleichrangig dazu war ihr weiterer Aufgabenbereich als Heerführer im Kriegsfall.

Verließen die beiden Konsuln die Stadt, wurden sie von *Prätoren* (zwei, ab 241 v. Chr. vier, seit 80 v. Chr. acht) vertreten. Sie überwachten die Rechtsprechung und erhielten ab dem späten dritten Jahrhundert v. Chr. auch Provinzen zugewiesen. Die kurze Amtsdauer von einem Jahr reichte häufig nicht aus, um alle Aufgaben im wachsenden römischen Herrschaftsgebiet zu bewältigen. Der Senat konnte daher bei Bedarf die Amtszeit verlängern. Den Konsuln und Prätoren war es dann als *Prokonsuln* und *Proprätoren* möglich, laufende Feldzüge zu beenden oder die Provinzialverwaltung für längere Zeit zu übernehmen.

Den vier *Ädilen* wurde die Aufsicht über die Staatstempel und die Sorge für die öffentliche Ordnung anvertraut. Sie prüften Preise, Maße und Gewichte. Außerdem waren sie für die Lebensmittelversorgung zuständig und organisierten Spiele und Feste in Rom. Den untersten Rang in der Beamtenlaufbahn nahmen die *Quästoren* (anfangs zwei, ab 421 v. Chr. vier, ab 267 v. Chr. acht und seit 80 v. Chr. 20) ein. Sie verwalteten die Staatskassen in Rom, bei den Heeren und an anderen Orten.

Die hohen Staatsämter konnten nur in einer bestimmten Reihenfolge (*cursus honorum*) und mit einem festgesetzten Mindestalter übernommen werden. Der Weg zum Konsulat, das frühestens mit 43 Jahren bekleidet werden durfte, führte zunächst über das Amt eines Quästors (ab 30 Jahre), dann eines Prätors (ab 40 Jahre). In der Regel konnte man sich erst nach zehn Jahren zum zweiten Mal um das Konsulat bewerben.

„Sonderämter“ ■ Wenn beide Konsuln beispielsweise auf einem Feldzug umkamen, konnte der Senat einen *Zwischenkönig* (*interrex*) berufen, der umgehend die Wahl der Nachfolger leitete. Drohte Gefahr für den Staat, durfte der Konsul im Auftrag des Senats für sechs Monate einen *Diktator* ernennen. Dieser besaß unbeschränkte Vollmachten und konnte nach eigenem Ermessen alle Maßnahmen treffen, um den Notstand zu beseitigen. Der Diktator ernannte bei seinem Amtsantritt einen Reiteroberst als seinen Vertreter bei Abwesenheit. Der Reiterführer war die rechte Hand des Diktators und der nächsthöhere Beamte. Er war außerdem berechtigt, ähnlich wie ein Prätor, Truppen anzuführen.

Ein ebenso aus dem Rahmen herausfallendes Amt war die *Zensur*. Die beiden *Zensoren* zählten das Volk und teilten es in Vermögensklassen ein. Sie veranlassten größere Bauprojekte und schlossen Verträge für die Versorgung der Heere. Ihre wichtigste Aufgabe war die Erstellung der Senatsliste. Darauf befanden sich zunächst alle ehemaligen Magistrate. Gab es darüber hinaus noch freie Plätze, ergänzten die Zensoren die Liste mit würdigen Mitgliedern, z. B. aus dem Ritterstand. Die Wahl der Zensoren erfolgte alle fünf Jahre für 18 Monate. Das Zensorenamt galt in Rom als das ehrenvollste und angesehenste, weshalb man es nur besonders vertrauenswürdigen Personen, meist ehemaligen Konsuln, überließ.

Das Volkstribunat ■ Die ungleiche Machtverteilung zwischen den Plebejern und den Patriziern hatte in der frühen Republik zu den Ständekämpfen geführt. Das Amt der *Volkstribune* war u. a. ein Ergebnis des plebejischen Widerstandes gegen patrizische Willkür. Seit 450 v. Chr. gab es zehn jährlich gewählte Volkstribune. Sie sollten Leben und Vermögen der Plebejer schützen und waren in ihrem Amt unverletzlich (*sakrosankt*).

Die Volkstribune leiteten die *Volksversammlung der Plebejer* (*concilium plebis*). Dort konnten sie Gesetzesentwürfe zur Abstimmung vorlegen. Seit 287 v. Chr. wurden die meisten Gesetze durch diese Volksversammlung verabschiedet, da sie am unkompliziertesten einzuberufen war. Durch ein *Vetorecht* (lat. *veto*: ich verbiete) war es den Volkstribunen möglich, Amtshandlungen der Magistrate und jeden Senatsbeschluss zu verhindern. Das Volkstribunat stellte damit ein wirksames Gegengewicht zur Macht der führenden Schicht dar. Im Laufe der Zeit entwickelte es sich allerdings zu einem „ordentlichen" Amt, das von Vertretern der Nobilität besetzt wurde.

▲ **Stimmabgabe bei einer Volksversammlung.**
Münze von 113/122 v. Chr. Das aufgeprägte Wort nennt den Münzmeister.

Die Volksversammlungen Neben dem Senat und den Magistraten stellten die Volksversammlungen die dritte Macht in der römischen Republik dar (▸ M5). Zur *Volksversammlung* (*comitia*) waren alle wehrfähigen Männer Roms zugelassen. Frauen, Fremde ohne Bürgerrechte und Sklaven blieben davon ausgeschlossen. Die römische Republik besaß mehrere Formen der Volksversammlungen, die auf unterschiedlichen Zuordnungskriterien basierten. Es gab das **gentilizische** Ordnungsprinzip der Kuriatsversammlungen, das **timokratische** der Zenturiatsversammlungen und das territoriale der Tributversammlungen.

Die *Kuriatsversammlung* (*comitia curiata*) war die Versammlungsform der Königszeit, bei der die gentes Roms in 30 Kurien zusammengetreten waren, je zehn aus den drei Stadtbezirken (*tribus*). Selbst noch in republikanischer Zeit behielten sie das Recht, die Amtsgewalt der höheren Beamten zu bestätigen.

In den ersten Jahren der Auseinandersetzung zwischen Patriziern und Plebejern wurde die Heeresversammlung, auch *Zenturiatsversammlung* (*comitia centuriata*), als neue Volksversammlung eingerichtet. Im Gegensatz zu den Kuriatsversammlungen besaßen die Plebejer hier Stimmrecht. Allerdings wurden die römischen Bürger entsprechend ihrem Besitz fünf Vermögensklassen zugeordnet und dann auf 193 Abstimmungseinheiten, die Zenturien, aufgeteilt. Jede dieser Einheiten entschied nach dem Mehrheitsprinzip, wie sie sich zu einem Antrag verhielt. Die Zenturie besaß bei der eigentlichen Abstimmung eine Stimme. Die Ritter und Mitglieder der Nobilität besetzten aufgrund ihres großen Vermögens die Mehrheit der Zenturien und hatten damit das stärkste Gewicht an Stimmen. Die Zenturiatsversammlung stimmte über Gesetze ab, wählte die Konsuln, die Prätoren und die Zensoren, hatte zudem die Entscheidungsgewalt über Krieg und Frieden und kontrollierte die Strafgerichtsbarkeit.

Die Volksversammlung fand auch in Form der *Tributversammlungen* (*comitia tributa*) statt. Sie wählten die Ädile und Quästoren. In der comitia tributa waren die Bürger innerhalb der 35 Wohnbezirke, in die das römische Staatsgebiet eingeteilt war, stimmberechtigt. In die Bürgerlisten der vier Stadttribus wurde nahezu die gesamte ärmere Bevölkerung eingeschrieben, während die 31 Landtribus, und damit 31 Stimmen, dem zahlenmäßig viel kleineren Besitzbürgertum vorbehalten blieben, sodass hier die **Proletarier** benachteiligt waren.

Von sich aus durfte das Volk nicht aktiv werden. Allein der leitende Beamte war befugt, Anträge zu stellen oder Kandidaten zur Wahl zu präsentieren. Bei Abstimmungen oder Wahlen konnte das Volk nur zustimmen oder ablehnen. War der Magistrat mit dem Ergebnis der Abstimmung nicht zufrieden, musste er es nicht verkünden. Er hatte das Recht, den Abstimmungsvorgang beliebig oft wiederholen zu lassen.

gentilizisch: aus Geschlechtern bzw. Familien bestehend

timokratisch: auf Timokratie beruhend; **Timokratie** (von griech. timé: Schätzung, Ehre, krátos: Herrschaft): Herrschaft der Vermögenden

Proletarier (von lat. proles: Nachkommen): diejenigen, die als einzigen Besitz ihre Nachkommen hatten

M1 „Die Gesellschaft bricht in Stücke“

Im Interview mit dem Nachrichtenmagazin „Der Spiegel“ am 6. Oktober 1997 äußert sich der Historiker Christian Meier (siehe Seite 78 f.) über die Krise der römischen Republik:

SPIEGEL: Sie haben in einem Aufsatz [...] einen Vergleich hergestellt zwischen den Verhältnissen in der Bundesrepublik von heute und in der späten römischen Republik. Damals brach eine Oligarchie[1] zusammen, die ziemlich geringe Ähnlichkeiten mit einer parlamentarischen Demokratie hatte. Ist dieser Vergleich nicht etwas gewagt?

Meier: Natürlich. Aber daß da ähnliche Gefahren lauern, meine ich schon. Wir alle wollen, genauso wie es die Römer wollten, unsere Ordnung bewahren. Und doch geschah damals alles Mögliche, was diese Bewahrung faktisch unmöglich machte. Die Römer haben einen Prozeß vorangetrieben, ohne ihn zu wollen, haben die Republik vernichtet, ohne sie zu verneinen.

SPIEGEL: Mit welchen Mitteln?

Meier: Die Republik stand vor dem Problem, daß sie ein Weltreich beherrschen mußte. Es wurden immer mehr Kriege geführt [...]. Also wurden Berufsarmeen aufgebaut, deren Feldherren eine politische Macht darstellten, die der Senat nicht mehr eindämmen konnte. Allgemein gesagt: Die Krise brauchte neue Kräfte, die sich der Republik nicht einfach einordnen konnten. Obwohl sie es wollten. Und in den darob entbrennenden Kämpfen wurden diese Kräfte stärker, ohne daß das einer gewollt hätte. Zugleich wurden die republikanischen Institutionen aufgerieben. [...]

SPIEGEL: Ganz so dramatisch sind die Verhältnisse heute nicht.

Meier: Nein, dramatisch sind sie überhaupt nicht. Aber man darf doch fragen, ob wir nicht auch heute Kräfte entwickeln, die die Institutionen schwächen und bedrohen, und ob sich nicht auch heute Resignation, dieses Gift für eine Demokratie, allzu breit macht. Unsere Herausforderung ist heute das Weltreich des Kapitals, die Globalisierung. Und das bringt einen kleinen Teil der Deutschen dazu, vor allem die Wirtschaftskapitäne, der Wirtschaft im eigenen Lande nur noch bedingt zu dienen. In Deutschland werden zwar noch Güter produziert, aber keine Arbeitsplätze. Mit dem Steigen der Aktien steigt auch die Arbeitslosigkeit. Damit bricht diese Gesellschaft in Stücke, es bleiben zu viele Opfer auf der Strecke. [...]

SPIEGEL: Politische Konzepte werden heute wohl stärker denn je personalisiert. Einzelne Gestalten, sei es Bill Clinton[2] [...] oder selbst Helmut Kohl[3], prägen mit schlichten Modellen der Veränderung oder Besitzstandswahrung das Geschehen. Manche Politologen sehen vor allem darin ein Zeichen für die Schwäche der Demokratie.

Meier: Man muß nur fragen, was da passiert. Es hat immer herausragende Personen gegeben [...]. Das Besondere ist eher eine Tendenz, die schon der römischen Republik zu schaffen machte, nämlich die Patronage. Ein Zunicken von Kohl ist viel mehr wert als ein ganzer Sack voll guter Argumente. [...] Institutionen wie das Parlament haben nicht mehr viel zu sagen. Entschieden wird vom Machthaber.

www.spiegel.de/spiegel/print/d-8790709.html (Zugriff: 7. November 2012)

1. *Fassen Sie die Vergleichspunkte zwischen der Krise der römischen Republik und der Bundesrepublik nach Meier zusammen.*
2. *Arbeiten Sie heraus, welche Begriffe und Sachverhalte zu klären sind, um Meiers Aussagen beurteilen zu können.*
3. *Problematisieren Sie die Vorgehensweise Meiers, Gegenwartsbezüge zwischen der Krise der römischen Republik und der Bundesrepublik Deutschland im Jahr 1997 herzustellen.*
4. *Formulieren Sie ausgehend vom Interview Leitfragen für die Beschäftigung mit der Krise der römischen Republik.*

M2 Patron und Klienten

Der britische Journalist und Schriftstellter Robert Harris beschreibt in seinem 2006 erschienenen historischen Roman „Imperium“ den Aufstieg des römischen Anwalts und Politikers Marcus Tullius Cicero (siehe auch Seite 20, M4). Die fiktive Erzählung basiert auf umfangreichen Quellenrecherchen. Sie wird aus der Perspektive von Ciceros Haussklaven und Schreiber Tiro geschildert:

Draußen in der Kälte wartete schon die übliche Menge an Unglücksraben und Verzweifelten. Während sie eintraten, notierte ich mir die Namen. Die meisten waren mir bekannt. Fremde fragte ich nach dem Namen. Die üblichen Versager schickte ich wieder weg. Die unumstößliche Anweisung lautete: „Wenn er wählen darf, lass ihn rein.“ Folglich füllte sich

[1] **Oligarchie** (griech. oligarchia: Herrschaft der Wenigen): Bezeichnung für die Herrschaft einer kleinen Gruppe, die ihre eigenen Interessen verfolgt

[2] **William Jefferson („Bill“) Clinton** (*1946): von 1993 bis 2001 Präsident der USA (Demokrat)

[3] **Helmut Kohl** (*1930): von 1982 bis 1998 deutscher Bundeskanzler (CDU)

▶ **Marcus Tullius Cicero (106 - 43 v. Chr.).**
Römische Marmorbüste, 93 cm, Mitte des 1. Jahrhunderts n. Chr.

das Tablinum[1] schnell mit nervösen Klienten, von denen jeder seinen Teil an des Senators Zeit beanspruchte. Ich blieb an der Tür stehen, bis ich glaubte, dass alle Wartenden hereingekommen waren, und [...] ging in Ciceros Arbeitszimmer. [...] Als ich eintrat, [...] bedeutete [er] mir, ihm die Besucherliste zu geben. Er las sie begierig durch, wie jeden Morgen. Wer war ihm über Nacht ins Netz gegangen? Irgendein prominenter Bürger aus einem nützlichen Wahlbezirk? [...] Oder ein Geschäftsmann, der so reich war, dass er bei den Konsulatswahlen zu den ersten stimmberechtigten Zenturien[2] gehörte? Aber heute handelte es ich nur um die üblichen kleinen Fische, sodass sein Gesicht immer länger wurde, je näher er dem Ende der Liste kam. [...]

Ich [...] ging ins Tablinum, um den Wartenden mitzuteilen, dass der Senator auf dem Weg ins Gericht sei und jetzt keine Zeit mehr habe. [...] Kurz darauf erschien Cicero mit der kleinen Tullia[3] an der Hand und begrüßte jeden mit Namen. („Die wichtigste Regel in der Politik, Tiro: Vergiss nie ein Gesicht!") Wie immer war seine Erscheinung makellos: pomadisiertes, glatt zurückgekämmtes Haar, parfümierte Haut, die Toga frisch gewaschen und gebügelt, kein Staubkörnchen auf den rot glänzenden Lederschuhen, das Gesicht braun gebrannt vom jahrelangen Plädieren unter freiem Himmel. Gepflegt, schlank, fit. Kurz: ein glänzender Auftritt. Seine Gäste folgten ihm in den Flur, wo er sein kleines strahlendes Mädchen hochhob und den Anwesenden präsentierte. Dann drehte er Tullias Gesicht zu sich und küsste sie zum Abschied laut schmatzend auf die Lippen. Ein lang gezogenes „Ahh", vereinzeltes Klatschen war zu hören. Der Abschiedskuss war nicht nur Inszenierung – wenn er allein gewesen wäre, hätte er es nicht anders gemacht, denn sein Leben lang hat er nie jemanden mehr geliebt als seinen Liebling Tulliola. Aber er wusste auch, dass das römische Wahlvolk ein sentimentaler Haufen war, und wenn sich seine väterliche Hingabe herumsprach, würde ihm das jedenfalls nicht schaden.

Und so traten wir an diesem vielversprechenden Novembermorgen hinaus in die zum Leben erwachende Stadt. Cicero ging voraus, ich an seiner Seite, die Wachstafel einsatzbereit; hinter uns Sositheus und Laurea mit den Körben, die die Beweismittel für Ciceros Auftritt bei Gericht enthielten; und um uns herum ein bunt zusammengewürfelter Haufen von etwa zwei Dutzend Bittstellern und Anhängern, [...] die die Aufmerksamkeit des Senators zu erregen versuchten, aber auch schon damit zufrieden waren, sich nur in seiner Nähe aufhalten zu dürfen. Von den Höhen des schattigen, vornehmen Esquilin[4] tauchten wir in den lärmenden, dunstigen Gestank von Subura[5] ein. Die Mietshäuser waren so hoch, dass kein Sonnenstrahl den Boden erreichte, und die schiebenden Menschenmengen rissen immer wieder Lücken in die Schar unserer Begleiter, die es jedoch irgendwie schafften, nie den Anschluss zu verlieren. Cicero war ein bekannter Mann in diesem Viertel, er war ein Held für die Ladenbesitzer und Händler, deren Interessen er vertreten hatte und die ihn schon seit Jahren durch ihre Straßen gehen sahen. Nicht ein einziges Mal verlangsamte er seinen schnellen Schritt, und doch registrierten seine wachsamen blauen Augen jeden geneigten Kopf, jede grüßende Hand, und nie musste ich ihm einen Namen ins Ohr flüstern – er kannte seine Wähler weit besser als ich.

Robert Harris, Imperium, London/München 2006, S. 29 f. und 37 f. (übersetzt von Wolfgang Müller)

1. *Gliedern Sie den im Text beschriebenen Ablauf des Morgens in Phasen und versehen Sie diese mit passenden Überschriften.*

2. *Analysieren Sie arbeitsteilig das Verhalten der Klienten sowie das des Patrons Cicero.*

3. ➕ *Charakterisieren Sie das Verhältnis von Patron und Klienten. Tipp: Gestalten Sie hierzu ein Standbild, durch das Sie das Verhältnis von Patron und Klienten darstellen.*

4. ➕ *Vergleichen Sie das Verhalten Ciceros in Symbolik und Intention mit dem heutiger Politiker. Bereiten Sie dazu mithilfe einer Internetrecherche ein Kurzreferat vor.*

5. *Erörtern Sie, ob ein historischer Roman einen Beitrag zum Geschichtsverständnis liefern kann.*

[1] **Tablinum**: Empfangsraum eines römischen Hauses für Besucher und Klienten
[2] Über die Zenturien informiert Seite 17
[3] **Tullia** (79 / 75 - 45 v. Chr.): Tochter Ciceros

[4] **Esquilin**: einer der sieben Hügel Roms
[5] **Subura**: Stadtviertel Roms

M3 Ein tugendhaftes Leben führen

Der griechische Schriftsteller Plutarch (46-120 n. Chr.) stellt in seinen Biografien (um 96 n. Chr.) bedeutende Römer und Griechen vergleichend gegenüber. Im Zusammenhang mit dem römischen Geschichtsschreiber und Staatsmann Marcus Porcius Cato (234-149 v. Chr.) berichtet er folgende Anekdote:

In der Nähe von Catos Gute lag das Häuschen, wo einst Manius Curius [Dentatus], der dreifache Triumphator[1], gewohnt hatte. Da ging er oft hin, betrachtete den geringen Umfang des Gutes und die Bescheidenheit der Wohnung und vergegenwärtigte sich, wie dieser Mann, der der Größte unter den Römern war, die streitbarsten Völker unterworfen und Pyrrhos[2] aus Italien verjagt hatte, nach drei Triumphen dieses Gütchen selbst umgrub und diese Hütte bewohnte. Hier war es, wo die Gesandten der Sabiner[3] ihn trafen, wie er am Herde saß und Rüben kochte, und ihm eine große Geldsumme boten. Aber er schickte sie weg mit den Worten, wem ein solches Essen genüge, der brauche kein Geld, und rühmlicher als Geld zu haben schiene es ihm, die zu besiegen, die Geld hätten.

Der römische Offizier und Schriftsteller Plinius der Ältere (um 23-79 n. Chr.) geht in seinem um 77 n. Chr. verfassten enzyklopädischen Werk „Naturalis historia" (dt.: „Naturgeschichte") auch auf die Leichenrede auf den römischen Konsul Lucius Caecilius Metellus (um 160-103 v. Chr.) ein:

Quintus Metellus hat in der Lobrede, die er bei der letzten Ehrung seines Vaters Lucius Metellus hielt, der Pontifex[4], zweimal Konsul, Diktator, Befehlshaber der Reiterei und einer der zur Verteilung von Land erwählten Fünfzehnmänner war [...], schriftlich überliefert, sein Vater habe die zehn höchsten und besten Vorzüge, deren Erlangung die Weisen ihr Leben widmeten, in sich vereinigt: Sein Wunsch sei gewesen, der erste Krieger, der beste Redner, der tapferste Feldherr zu sein, sein Trachten, dass unter seiner Leitung die wichtigsten Taten vollbracht würden, er habe die höchsten Ehrenstellen, die größte Weisheit, die höchste Senatorenwürde erstrebt, ein großes Vermögen auf rechte Weise sammeln, viele Kinder hinterlassen und der Angesehenste im Staate sein wollen; alles dies sei ihm und sonst niemandem seit der Gründung Roms gelungen.

Erster Text: Plutarch, Cato der Ältere 2, nach: Walter Arend (Bearb.), Altertum. Geschichte in Quellen, München ^{3}1978, S. 407 (übersetzt von K. Ziegler); zweiter Text: Plinius der Ältere, Naturkunde 7, 43, 139 f., nach: Bernhard Linke, Die römische Republik von den Gracchen bis Sulla, Darmstadt ^{2}2012, S. 4 (übersetzt nach Roderich König)

1 **Triumphator**: römischer Feldherr, der siegreich einen Krieg beendet und eine Mindestanzahl von Feinden getötet hatte. Als höchste Auszeichnung durfte er feierlich in die Stadt Rom einziehen.
2 **Pyrrhos** (um 319/18-272 v. Chr.): König von Epirus (Nordgriechenland), der seine Macht in Italien ausdehnen wollte. Im Krieg gegen Rom (280/279 v. Chr.) erlangte er viele Siege unter hohen eigenen Verlusten. 276 v. Chr. besiegten ihn schließlich die Römer.
3 **Sabiner**: Volksstamm in Mittelitalien, der in unmittelbarer Nachbarschaft der Römer siedelte
4 **Pontifex**: religiöser Beamter, verantwortlich für die Opfer und Rituale zu Ehren der Götter

1. *Fassen Sie die Hauptaussagen der Quellentexte zusammen.*
2. *Analysieren Sie, wodurch „Erfolg" und „ein moralisch einwandfreies Leben" in der römischen Gesellschaft geprägt sind.*
3. + *Beurteilen Sie die Lebensweise des Manius Curius Dentatus aus der Perspektive von Quintus Metellus.*
4. *Nehmen Sie Stellung dazu, ob die in den Materialien genannten römischen Moralvorstellungen auch heute noch Relevanz besitzen.*

M4 Ratschläge an einen homo novus

Der aus dem Ritterstand stammende Politiker Quintus Tullius Cicero (102-43 v. Chr.) erteilt seinem älteren Bruder Marcus Tullius Cicero (siehe Seite 18 f.) Ratschläge für die Bewerbung um das Amt des Konsuls. In einem Brief aus dem Jahre 64 v. Chr. heißt es:

Bedenke, um welche Bürgerschaft es sich handelt, worum du dich bewirbst und wer du bist. Jeden Tag musst du dir, wenn du zum Forum hinuntergehst, dies klarmachen: „Ich bin ein Neuling [*homo novus*]; ich bewerbe mich um das Consulat, es handelt sich um Rom."
Die Neuheit deines Namens wirst du unschwer durch deinen Ruhm als Redner ausgleichen. Schon immer hat die Beredsamkeit eine besondere Würde verliehen; wer für würdig befunden wird, Consulare[1] vor Gericht zu verteidigen, kann nicht für unwürdig gehalten werden, selbst Consul zu werden. [...]
Ferner achte darauf, dass die große Zahl deiner Freunde und ihr Rang in Erscheinung tritt; du hast auf deiner Seite, was nur wenige *homines novi* gehabt haben: alle Steuerpächter [*publicani*], fast den gesamten *ordo equester*[2], zahlreiche dir

1 **Consulare**: ehemalige Konsuln
2 **ordo equester**: Gemeint ist hier der Ritterstand; siehe hierzu Seite 14.

ergebene Landstädte, viele Menschen jeden Standes, die du verteidigt hast, [...] dazu sehr viele Jünglinge, die mit dir durch das Studium der Redekunst verbunden sind; Tag für Tag sind die Freunde in großer Zahl präsent. Dies alles musst du festhalten, indem du ermahnst und bittest und auf jede Weise die Leute zu der Einsicht zu bringen suchst, dass es keine andere Gelegenheit mehr geben wird für diejenigen, die dir verpflichtet sind, sich dir erkenntlich zu zeigen, und für diejenigen, die etwas von dir wollen, sich dir zu verpflichten.
Auch dürfte einem *homo novus* das Wohlwollen der Nobiles[3] und am meisten das der Consulare helfen; es ist nützlich, gerade von denen der Stellung und des Ranges für wert gehalten zu werden, deren Rang und Würden du erlangen willst. [...]
Außerdem musst du dich um die Jünglinge aus der Nobilität bemühen, um sie für dich zu gewinnen oder um sie zu halten, wenn sie dir bereits gewogen sind; auf diese Weise wird dein Ansehen erheblich gefördert werden. Sehr viele hast du bereits auf deiner Seite; lass sie wissen, welchen Wert du auf sie legst! [...]
Sehr hilfreich ist für dich angesichts deiner Herkunft aus einer Familie ohne Vorfahren im Senat[4] überdies der Umstand, dass unter den Nobiles, die sich mit dir bewerben, keiner zu behaupten wagt, es sei geradezu selbstverständlich, dass ihnen die Zugehörigkeit zur Nobilität mehr nütze, als dir deine Fähigkeiten. [...]
[...] [A]ber es gibt viele, die dir es neiden; denn als Mann, der aus dem Stand der *equites* [Ritter] stammt, erstrebst du die höchste Stellung im Gemeinwesen, und es ist gerade insofern die höchste Stellung, als dieses Amt einem tapferen, redegewandten, unbescholtenen Mann viel mehr Ansehen einbringt als jedem anderen.
[...] Und gerade diejenigen, die aus consularischen Familien stammen, die aber die Stellung ihrer Vorfahren nicht erreicht haben, beneiden dich, wie ich vermute, es sei denn, der eine oder andere besitzt eine große Wertschätzung für dich. Auch die *homines novi* unter den Prätoriern[5], soweit sie sich nicht durch eine von dir erwiesene Wohltat verpflichtet fühlen, wollen nicht, glaube ich, dass du sie an Ehre übertriffst. [...]
Auch ist bei dieser Bewerbung wesentlich darauf zu achten, dass die Republik [*res publica*] ihre Hoffnung auf dich setzt und Ehrenvolles erwartet. Allerdings solltest du während deiner Bewerbung weder im Senat noch in der Volksversammlung[6] zu politischen Tagesereignissen Stellung nehmen, du solltest vielmehr Folgendes dir zur Regel machen: Der Senat muss aufgrund deiner Lebensführung glauben,

[3] Zur Nobilität siehe Seite 14.
[4] Zum Senat siehe Seite 15.
[5] Über das Amt des Prätors informiert Seite 16.
[6] Vgl. zur Volksversammlung Seite 17.

▲ Patrizier mit Ahnenbildnissen.
1,65 m hohe Marmorstatue aus dem 1. Jh. v. Chr.
Der Ahnenkult, also die feierliche Verehrung der Vorfahren, wurde besonders von den Patriziern betont. Ahnenbildnisse standen in den Häusern vornehmer Familien und wurden zu festlichen Anlässen gezeigt.
- *Beschreiben Sie die Marmorstatue.*
- *Erläutern Sie, welche Bedeutung der Ahnenkult hatte.*

dass du für seine Autorität eintreten wirst, die *equites* [Ritter] sowie die guten und reichen Bürger müssen angesichts deines bisherigen Lebens glauben, dass du dich um Ruhe [*otium*] und friedliche Verhältnisse bemühen wirst, die Menge [*multitudo*] muss aufgrund der Tatsache, dass du in deinen Äußerungen in den Volksversammlungen [*contiones*] und vor Gericht als Mann des Volkes aufgetreten bist, glauben, dass du ihren Interessen nicht ablehnend gegenüberstehst.

Quintus Tullius Cicero, Denkschrift über die Bewerbung 2-7, 13, 53, nach: Hans-Joachim Gehrke und Helmuth Schneider (Hrsg.), Geschichte in der Antike. Quellenband, Stuttgart 2007, S. 252-254 (übersetzt nach Helmut Kasten)

1. *Analysieren Sie M4 in Gruppenarbeit hinsichtlich der*
   a) Eigenschaften des Bewerbers,
   b) Rolle von Freunden und der Nobilität,
   c) Bedeutung des öffentlichen Ansehens,
   d) Bedeutung der Konkurrenz.
2. *Arbeiten Sie aus dem Text das Selbstverständnis der Nobilität heraus.*
3. *Erläutern Sie ausgehend vom Text, welche Voraussetzungen und Strategien notwendig waren, um in Rom in die Führungsschicht aufzusteigen.*
4. *Arbeiten Sie heraus, inwieweit der moralische Anspruch des mos maiorum (siehe Seite 14) im Einklang mit dem Karrieredenken der römischen Führungsschicht steht.*
5. *Nehmen Sie Stellung dazu, welche der von Quintus Tullius Cicero empfohlenen Strategien für einen politischen bzw. gesellschaftlichen Aufstieg in der Gegenwart illegal bzw. moralisch angreifbar wären. Erläutern Sie die auftretenden Differenzen vor dem Hintergrund der damaligen bzw. gegenwärtigen Wertevorstellungen.*

M5 Die „gemischte Verfassung"

Der griechische Geschichtsschreiber Polybios (um 200 - um 120 v. Chr.), der mit etwa 30 Jahren nach Rom verschleppt worden ist, beschreibt die Verfassung der römischen Republik so:

Es gab also [...] drei Teile, die im politischen System der Republik Macht hatten. So gerecht und angemessen aber war alles geordnet, waren die Rollen verteilt und wurden in diesem Zusammenspiel die politischen Aufgaben gelöst, dass auch von den Einheimischen niemand mit Bestimmtheit hätte sagen können, ob das Gemeinwesen aristokratisch, demokratisch oder monarchisch war. Und dies musste natürlich jedem so ergehen. Denn wenn man seinen Blick auf die Amtsgewalt der Konsuln richtete, erschien das Gemeinwesen vollkommen monarchisch und königlich, wenn auf die des Senats, wiederum aristokratisch, und wenn man auf die Machtfülle der Menge sah, schien sie unzweifelhaft demokratisch. [...]
Obwohl jeder der drei Teile solche Macht hat, einander zu schaden oder zu helfen, so besitzen sie doch in allen kritischen Situationen eine solche Übereinstimmung, dass man unmöglich ein besseres politisches System finden kann. Denn wenn eine von außen her sie alle gemeinsam bedrohende Gefahr zum gemeinsamen Handeln und zur Zusammenarbeit zwingt, dann entfaltet dieses Gemeinwesen eine solche Kraft, dass weder eine notwendige Maßnahme versäumt wird, denn alle wetteifern miteinander, Mittel zu ersinnen, und das Unheil abzuwehren, noch die Ausführung eines Beschlusses zu spät kommt, da alle zusammen und jeder Einzelne Hand anlegt, um das Beabsichtigte durchzuführen. Daher ist dieses Gemeinwesen dank seiner eigentümlichen Verfassung unwiderstehlich, und es erreicht alles, was es sich vorgesetzt hat. Wenn sie dann aber nach Abwendung der äußeren Gefahren im Genuss des Reichtums, den ihre Erfolge ihnen eingebracht haben, im Überfluss leben und, von Schmeichlern oder durch eigene Sorglosigkeit verführt, hochmütig und stolz werden, wie dies so zu geschehen pflegt, da kann man erst richtig erkennen, wie diese Verfassung durch sich selbst ein Heilmittel dagegen findet. Denn wenn einer der drei Teile die ihm gezogenen Grenzen überschreitet und sich eine größere Macht anmaßt, als ihm zusteht, dann erweist sich der Vorteil dessen, dass keiner der Teile für sich besteht, sondern von den anderen zurückgehalten und in seinen Plänen gehindert werden kann und ein Gegengewicht hat; keiner der Teile kann in seiner Macht zu sehr wachsen, keiner kann die anderen Teile verachten. Alle bleiben in dem gewohnten Zustand, und jedes aggressive Vorgehen wird gehindert, und von Beginn an fürchtet der eine den Widerstand der anderen.

Polybios, Historien 6, 11 ff., nach: Hans-Joachim Gehrke und Helmuth Schneider (Hrsg.), a. a. O., S. 215 f. und 218 (übersetzt nach H. Drexler)

1. *Polybios bezeichnet die politische Ordnung Roms als „gemischte Verfassung". Erklären Sie diese Aussage.*
2. *Beurteilen Sie Polybios' Einschätzung der römischen Verfassung. Gehen Sie hierbei besonders auf seine Darstellung des Zusammenwirkens der Institutionen ein.*
3. *Der Historiker Fergus Millar deutet die Verfassung der römischen Republik als Demokratie. Nehmen Sie Stellung zu dieser These.*

Ein Schaubild auswerten

Aufbau und Arbeitsweise eines Staates sind komplex und oft kompliziert. Schaubilder können helfen, Zusammenhänge und Beziehungen zu veranschaulichen. Sie sind konstruierte Hilfsmittel und ersetzen keine historischen Quellen und Darstellungen. Grafiken vereinfachen, lassen Aspekte weg und berücksichtigen Entwicklungen und Veränderungen nur bedingt. Ihre Vorteile sind, dass sie Wesentliches deutlich und Vergleiche leichter möglich machen. Jedes Schaubild muss aber zunächst einmal richtig gelesen und dann geprüft werden.

Kompetenz:
Verfassungsschemata als Modelle für den Aufbau und die Arbeitsweise eines Staates beschreiben und interpretieren, ihren Modellcharakter dekonstruieren und beurteilen

Beschreibung

- Welches *politische System* zeigt das Verfassungsschema?
- Wie ist das Schema aufgebaut (*hierarchisch*, von unten nach oben, von links nach rechts, *konzentrisch*)?
- Gibt es einen *schlüssigen Ansatz* zur *Beschreibung* des Schemas? Verändert sich die Art der Beschreibung, wenn an einer anderen Stelle begonnen wird?
- Welche *Ämter* und *Einrichtungen* werden erwähnt? Wer hat *Zugang* zu ihnen, wer nicht?
- Welche Teile der *Bevölkerung* werden genannt, welche nicht?
- Welche *Elemente* sind zu erschließen (Bezugspfeile, Farben, Symbole, Größenverhältnis der Elemente)?

Analyse und Interpretation

- In welcher *Beziehung* stehen die einzelnen *Elemente* der Verfassung zueinander? Welche Institutionen stehen „oben“, welche „unten“?
- Wer hat welche *Aufgaben*, *Rechte* und *Pflichten*?
- Welche *Institutionen* der Verfassung sind am *bedeutsamsten*?
- Welche *Grundprinzipien der Verfassung* lassen sich aus dem Schaubild herausarbeiten?
- Welche *„Stärken“* und *„Schwächen“* der Verfassung sind zu erkennen?
- Welche *Grundform* hat das dargestellte politische System (Diktatur, Oligarchie, Demokratie etc.)?

Beurteilung und Dekonstruktion

- Welche *Elemente* der Verfassung werden *korrekt* erfasst, welche bleiben in ihrer Darstellung *unklar*?
- Inwieweit stimmt die Darstellung mit der *historischen Wirklichkeit* überein? (Welche Aspekte werden vereinfacht oder weggelassen? Inwieweit berücksichtigt das Schema historische Veränderungen im Staatsaufbau?)
- In welcher Weise müsste das Schaubild verändert werden, um den *tatsächlichen Aufbau des Staates* angemessener zu erfassen?

Beispiel und Analyse

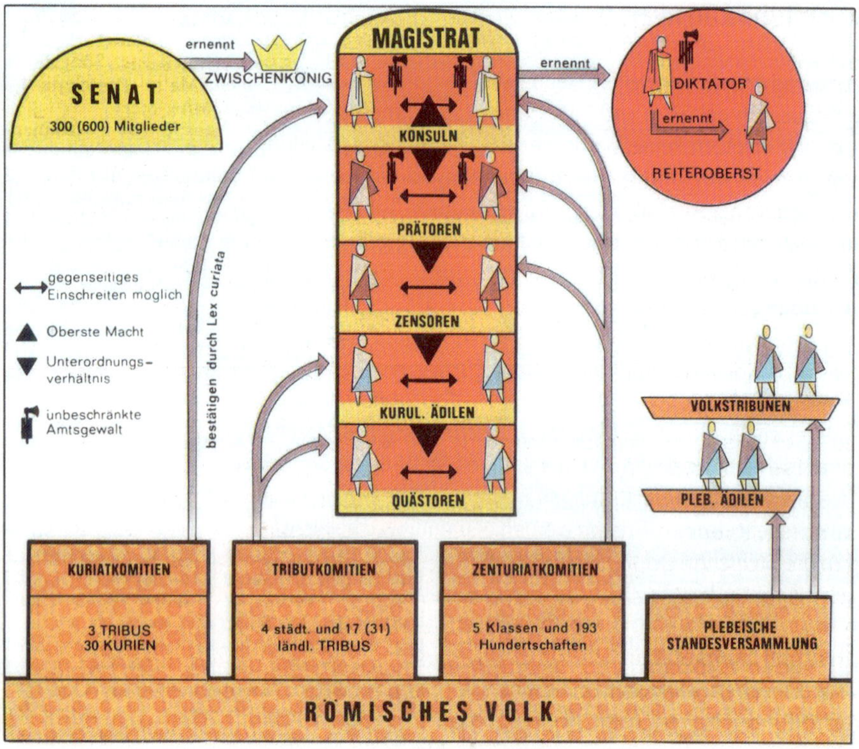

▲ **Die Verfassung der Republik.**
Nach: Dtv-Atlas Weltgeschichte, Bd. 1, München [32]1998, S. 74

Beschreibung Das Schema zeigt die Verfassung der römischen Republik und ist hierarchisch aufgebaut. An der Spitze stehen Senat, Zwischenkönig, Konsul und Diktator, unten das römische Volk. Diese Darstellung bildet einen logischen Ansatzpunkt zur Beschreibung des Schemas.

Die Volksversammlungen setzen sich bis auf die plebejische Standesversammlung entweder nach (Vermögens-)Klassen oder nach Tribus (Verwaltungseinheiten) zusammen. Neben den Magistraten nennt das Schema mit dem Zwischenkönig, dem Diktator, dem Reiteroberst, den Volkstribunen und dem plebejischen Ädil weitere Ämter der römischen Republik.

Wer aus dem römischen Volk Zugang zum Senat, zu den Volksversammlungen und zum Magistrat hatte, lässt sich nicht aus dem Schema entnehmen. Auch die gesellschaftliche Zusammensetzung des römischen Volkes wird nicht gezeigt.

Symbole erläutern die Rangfolge und die Zuständigkeiten der Magistrate. Pfeile verdeutlichen, welche Institutionen die verschiedenen Ämter ernennen, wählen oder bestätigen. Durch eine ähnliche Farbgebung wird eine Verbindung von den Volkstribunen und plebejischen Ädilen zu den Volksversammlungen und dem römischen Volk hergestellt. Die Magistrate, der Diktator und der Reiteroberst stechen durch eine rote Farbhinterlegung besonders hervor. Die Darstellung des römischen Volks und die Volksversammlungen nehmen die größte Fläche ein.

Analyse und Interpretation Das Schaubild zeigt das „römische Volk" als Basis des römischen Staates. Die Bevölkerung nimmt über die Volksversammlungen politischen Einfluss, indem sie die Magistrate wählt. Explizit erwähnt wird dabei die „Lex curiata

de imperio" (dt.: „Kuriengesetz über die Amtsgewalt"). Nach diesem Gesetz bestätigen die Kuriatkomitien die Amtsgewalt der Konsuln.
An oberster Stelle stehen Senat, Diktator und die Konsuln. Die Magistrate bilden ausgehend von der Gestaltung des Schemas den Mittelpunkt. Die Konsuln besitzen eine unbeschränkte Amtsgewalt und in verminderter Form ebenso die Prätoren. Jeder Beamte hat zudem die Möglichkeit, gegen seinen Kollegen und rangniedrigere Beamte einzuschreiten. Dies gilt nicht für den Diktator, der ebenfalls eine unbeschränkte Amtsgewalt besitzt. Er wird direkt von den Konsuln ernannt. Dies erklärt seine Sonderstellung rechts von der oberen Mitte. Der Senat befindet sich links oben in einer Randposition. Er hat das Recht, den Zwischenkönig zu ernennen. Die Volkstribune sind durch ihre Position ganz rechts von den ordentlichen Magistraten abgesetzt und nehmen in der Ranghierarchie – etwa gleichauf mit den kurulischen Ädilen – eine mittlere Stellung ein.
Die gegenseitige Kontrolle der Beamten stellt eine Stärke der Verfassung dar. Dies gilt ebenso für die Rangfolge, die den Eindruck von einer klar abgegrenzten und dadurch effizienten Aufgabenteilung der Magistrate vermittelt. Die unterschiedlichen Zusammensetzungen und Wahlkompetenzen der Volksversammlungen deuten dagegen die politische Ungleichheit zwischen den verschiedenen Bevölkerungsschichten an. Eine Gefahr des Machtmissbrauchs liegt zudem im Amt des Diktators.

Beurteilung und Dekonstruktion Die Rangfolge der Magistrate, sowie ihre Kontrollrechte werden deutlich dargestellt. Auch die Anordnung von oben nach unten entspricht den Machtverhältnissen. Die Wahl der Magistrate ist ebenfalls nachvollziehbar. Unklar bleibt, welche genauen Zuständigkeiten und Aufgaben die einzelnen Institutionen hatten. Konkrete politische Abläufe veranschaulicht das Schema nicht. Der wichtige Prozess der Gesetzgebung wird z. B. nicht beschrieben.
Die herausragende Rolle des Senats als eigentliche Regierung Roms wird nicht deutlich. Seine Randposition in dem Schema ist fragwürdig. Zudem wird die unterschiedliche Anzahl der Senatsmitglieder nicht erläutert (in der frühen Republik gehörten dem Senat 300 Mitglieder an). Auch die Anzahl der jeweiligen Magistrate wird nicht erwähnt. Es entsteht der Eindruck, dass jedes Amt außer der Diktatur doppelt besetzt war, obwohl dies in der Realität beispielsweise für die Volkstribune nicht zutraf. Informationen über die Dauer der Amtszeiten finden sich nicht. Ebenso ist die Bezeichnung „römisches Volk" kritisch zu betrachten. Es wird hier suggeriert, dass alle Einwohner Roms wählen durften. Richtig ist, dass nur wehrfähige Männer mit Bürgerrecht zur Wahl zugelassen waren. Frauen, Fremde und Sklaven hatten keine politischen Rechte. Das Schema ist nur mit entsprechendem Hintergrundwissen lesbar und interpretierbar. Da es bei den Römern keine geschriebene Verfassung wie unser Grundgesetz gab, kann diese Grafik nur einen ungefähren Einblick in die Verfassungswirklichkeit der römischen Republik geben.

1. *Erklären Sie mithilfe des Verfassertextes die dargestellte Verfassung der römischen Republik in ihrer Funktionsweise (mit den Zuständigkeiten und Aufgaben der politischen Einrichtungen).*
2. *Vergleichen Sie das Verfassungsschema mit den Ausführungen von Polybios (M5, Seite 22).*
3. *Entwickeln Sie auf Basis Ihrer Ergebnisse aus der ersten Aufgabe ein treffenderes Verfassungsschema der römischen Republik.*
4. *Überprüfen Sie in Partner- oder Gruppenarbeit anhand der Leitfragen auf Seite 23 Ihr Verfassungsschema und ändern Sie es gegebenenfalls.*

Die Expansion und ihre Folgen

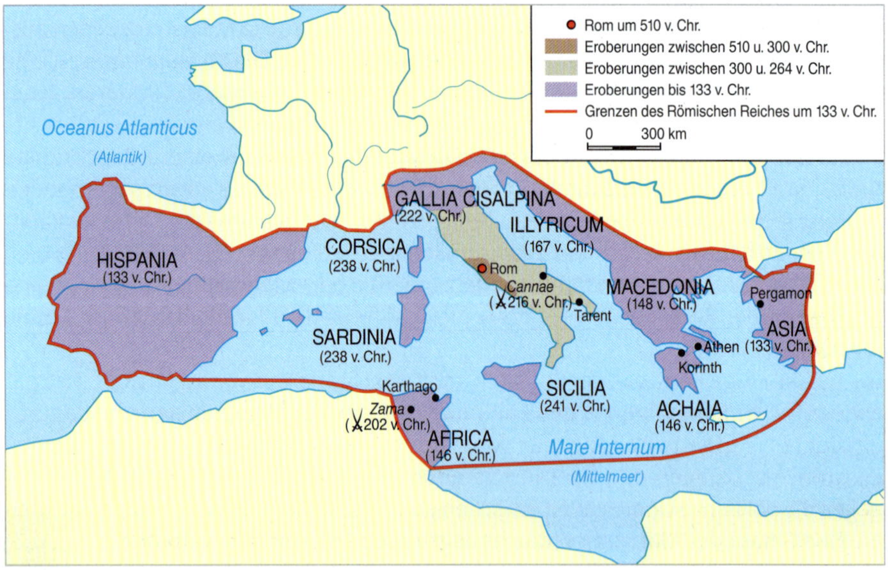

▶ **Das Römische Reich dehnt sich aus.**

- *Beschreiben Sie, wie sich der römische Machtbereich bis 133 v. Chr. ausdehnte. Nennen Sie die heutigen Staaten, die ganz oder teilweise auf ehemals römischem Gebiet liegen.*
- *Bilden Sie Hypothesen zu folgenden Fragen:*
  a) Welches sind die Ursachen der römischen Expansion?
  b) Welche Anforderungen an die römische Republik ergeben sich durch die Expansion?
  c) Wer sind die Gewinner und die Verlierer der Expansion?
- *Überprüfen Sie Ihre Hypothesen anhand der Darstellungen und der Materialien.*

Jahr	Fläche
nach 500	822 km^2
396	1510 km^2
340	1902 km^2
338	5289 km^2
298	7600 km^2
290	14000 km^2
280	17390 km^2
264	24000 km^2
180	55000 km^2

▲ **Ausdehnung des römischen Herrschaftsgebietes bis 180 v. Chr.**
Nach: Boris Dreyer, Die Innenpolitik der römischen Republik 264-133 v. Chr., Darmstadt 2006, S. 90 (gekürzt)

- *Beschreiben Sie die Statistik.*
- *Analysieren Sie die Statistik. Beachten Sie dabei materialkritische Aspekte wie Skalierung, Ermittlung der Daten und Aussagekraft.*
- *Stellen Sie die Daten in einem Linien-/Kurvendiagramm dar.*
- *Erklären Sie, welche Rückschlüsse sich aus der Analyse der Statistik auf die Situation in Rom und in den von Rom beherrschten Gebieten ziehen lassen.*

Die Herrschaft der Römer in Italien Die Römer lebten auf der italienischen Halbinsel nicht allein. Rom war von verschiedenen Stämmen eingekreist und musste sich mehrmals gegen die Angriffe seiner Nachbarn verteidigen. Das Bedürfnis, die eigene Sicherheit zu gewährleisten, aber auch den eigenen Machtbereich auszudehnen, bestimmte jahrhundertelang die römische Außenpolitik.

Rom entwickelte verschiedene Formen der Herrschaftsausübung in Italien, um sich gegen seine Feinde erfolgreich behaupten zu können. Mit unabhängigen Städten und Stämmen Italiens schloss es Bündnisverträge ab. Diese *Bundesgenossen* (*socii*) blieben zwar formal eigenständig, wurden jedoch durch den Vertrag mit Rom stark eingeschränkt. Sie verpflichteten sich, allein und auf ewig mit den Römern verbündet zu sein und ihnen im Falle eines Krieges ein festgelegtes Truppenkontingent zu stellen. Diese wichtigen Hilfstruppen machten etwa die Hälfte des römischen Heeres aus. Als Gegenleistung bekamen die socii einen Teil der Kriegsbeute und des eroberten Gebietes. Zunehmend fühlten sich die Bundesgenossen als ein wichtiger Bestandteil Roms.[1]

Die Römer errichteten auf eroberten Gebieten zudem *Kolonien* (*coloniae*). Hier wurden römische Bürger in neu gegründeten Städten angesiedelt, die die Region sichern sollten. Die Siedler waren meist Besitzlose oder ausgediente Soldaten. Sie verloren ihr Stimmrecht in der Volksversammlung und konnten daher weder Magistrate wählen noch über Gesetze abstimmen. Bei der Rückkehr nach Rom bekamen die Kolonisten ihr Vollbürgerrecht zurück. Dies war jedoch nur selten der Fall, da die Siedler durch den Landbesitz für den geleisteten Kriegsdienst bzw. die verlorenen Rechte entschädigt wurden. Der Grund und Boden ermöglichte es ihnen, sich selbst zu versorgen, und sicherte damit ihre Existenz.

[1] Zur weiteren Entwicklung des Verhältnisses zwischen Rom und seinen Bundesgenossen lesen Sie Seite 39.

„Defensiver Imperialismus"? Die erfolgreiche Kriegsführung und Herrschaftssicherung der Römer führten dazu, dass sie 272 v. Chr. die Vorherrschaft über ganz Süd- und Mittelitalien erlangten. Nur wenige Jahre Frieden blieben der römischen Bevölkerung, denn schon bald rückten Mächte außerhalb Italiens in den Fokus. Auf der einen Seite war dies das nordafrikanische Reich von Karthago, dessen Einflussgebiet sich über den gesamten westlichen Mittelmeerraum erstreckte. Auf der anderen Seite waren es die griechischen Reiche, die im Osten an Roms Herrschaftsgebiet angrenzten. Die Römer fühlten sich von diesen Nachbarn bedroht und hielten es für notwendig, vorbeugend militärisch gegen sie vorzugehen. Die **Punischen** Kriege gegen Karthago (zwischen 264 und 146 v. Chr.) und die **makedonischen** Kriege im Osten (zwischen 215 und 168 v. Chr.) waren die Folge. Der Historiker *Jochen Bleicken* sprach bei dieser Vorgehensweise von einem „defensiven **Imperialismus**". Rom entschied die Konflikte für sich und wurde nach einem weiteren langwierigen Krieg in Spanien 133 v. Chr. endgültig zu einer den gesamten Mittelmeerraum beherrschenden Macht. Seit dieser Zeit wird das Herrschaftsgebiet Roms als *Imperium Romanum* (dt.: Römisches Reich) bezeichnet.

Ohne den persönlichen Einsatz der Feldherren und Offiziere wäre die Ausdehnung des römischen Territoriums nicht denkbar gewesen. Jeder römische Adlige diente zehn Jahre in der Armee, bevor er überhaupt die Möglichkeit hatte, politische Ämter zu übernehmen. Erfolge auf dem Schlachtfeld waren notwendig, zeigten sie doch, ob jemand würdig und fähig war, ein führender Politiker zu werden. Diese Einstellung bewahrte Rom oftmals vor Niederlagen. Dennoch war der Ausgang der militärischen Auseinandersetzungen keineswegs vorhersehbar. Eine große Gefahr drohte Rom beispielsweise, als der karthagische Feldherr *Hannibal* (um 246-183 v. Chr.) im Verlauf des *Zweiten Punischen Krieges* (218-201 v. Chr.) über die Alpen in Italien einfiel. In der *Schlacht bei Cannae* (216 v. Chr.) erlitten die Römer die schlimmste Niederlage in ihrer Geschichte: Etwa 60 000 Soldaten starben. Die karthagischen Truppen verwüsteten Italien und Hannibal stand bald vor den Toren Roms. Dem Karthager gelang es zudem, einige römische Bundesgenossen für sich zu gewinnen. Der Konsul *Publius Cornelius Scipio* (235-183 v. Chr.) zwang Hannibal im letzten Moment zum Rückzug, indem er mit seinen Truppen Karthago direkt bedrohte. Er schlug Hannibals Armee bei *Zama* (202 v. Chr.) und beendete damit den Zweiten Punischen Krieg. Die abtrünnigen Bundesgenossen mussten sich den Römern ergeben. Ihr ehemaliges Gemeindeland wurde nun römisches Staatsland (*ager publicus*).

Weitere Formen der Herrschaftsausübung Das in Italien praktizierte Bündnissystem und die Koloniegründungen kamen nicht mehr infrage, als überseeische Gebiete annektiert wurden. Die Römer besetzten nun eroberte Gebiete auch mit Soldaten. Ein *Prätor* stand an der Spitze der Besatzung und beherrschte diesen Militärbezirk (*provincia*) als Statthalter Roms. Ein kleiner Stab an Mitarbeitern unterstützte ihn bei seinen Aufgaben. Um die Kontrolle über die Verwaltung nicht zu verlieren, richteten die Römer bis zur Mitte des zweiten Jahrhunderts v. Chr. nur sechs *Provinzen* ein und schufen eine dementsprechende Anzahl zusätzlicher Prätorenstellen. Die Größe der Militärbezirke führte meistens dazu, dass der Statthalter die lokale Führungsschicht in den Städten und bei den Stämmen in die Verwaltung einbinden musste. Römische Privatunternehmer beteiligten sich ebenso mit Dienstleistungen im staatlichen Auftrag. Die prätorischen Statthalter übten eine nahezu unbeschränkte militärische und zivile Macht in den Bezirken aus und bereicherten sich oft durch wirtschaftliche Ausbeutung (▸ M1).

Punisch → Punier (lat. poeni): römische Bezeichnung für die Phöniker (= Karthager) in Nordafrika

Makedonisch → Makedonien: Gebiet auf der Balkanhalbinsel

Imperialismus (lat. imperare: herrschen): Ausdehnung der Herrschaft eines Staates über andere Länder und Völker

Lesetipp
Klaus Zimmermann, Rom und Karthago, Darmstadt ²2009

▲ Rückseite eines Denars (Silbermünze) aus Karthago mit Kriegselefanten.
Um 230 v. Chr., Durchmesser 25 mm.
Im Jahre 218 v. Chr. zog Hannibal mit seinen Truppen und mehreren Kriegselefanten über die Alpen nach Oberitalien. Auf diesem Gewaltmarsch kamen tausende Soldaten ums Leben, alle Elefanten bis auf einen starben.

Da ein ausreichender Verwaltungsapparat fehlte, begnügten sich die Römer häufig mit einer Form *indirekter Herrschaftsausübung*. Könige fremder Völker blieben dabei im Amt, wurden aber von Rom kontrolliert. Senatoren konnten persönlich oder über Gesandte die Politik des Landes bestimmen. Der fremdländische Herrscher befolgte bedingungslos die Wünsche Roms und gab römischen Magistraten, Gesandten und Händlern in seinem Reich Sonderrechte. Römische Unternehmer nutzten diese Vormachtstellung für eigene Geschäfte aus, sodass manche antiken Reiche wirtschaftlich verarmten. Dies veranlasste die jeweiligen Herrscher oft dazu, Rom resigniert als Erben einzusetzen.

Die „publicani" Die Römer übernahmen im zweiten Jahrhundert v. Chr. von den Griechen die Geldwirtschaft. Das römische As, der Sesterz und der Silberdenar wurden nun anstelle von Vieh oder Metallbrocken das gängige Zahlungsmittel. Das neue Münzgeld bot den Vorteil, Kriegskosten und andere Dienstleistungen unkompliziert abzuwickeln. Der römischen Republik standen anfangs allerdings keine ausreichenden Geldmengen zur Verfügung, um Schiffe, Waffen und Ausrüstung zu bezahlen. Reiche römische Bürger erklärten sich daher bereit, die für die Kriegsführung notwendigen Dinge auf Kredit vorzufinanzieren (▸ M2). Ihre Dienste weiteten sich mit der römischen Expansion aus. Rom versteigerte zunehmend Aufträge an finanzstarke römische Geschäftsleute. Sie übernahmen bald nicht nur den Transport von Kriegsmaterial und Nachschubgütern, sondern bewirtschafteten auch Minen und führten lukrative staatliche Bauaufträge im wachsenden Rom durch. Ihre wichtigste Aufgabe bestand darin, in den Provinzen die Steuern für den Staat einzutreiben. Sie bezahlten den erhobenen Steuerbetrag zunächst aus ihrem eigenen Vermögen an Rom und zogen ihn anschließend in den Provinzen für sich selbst ein. Die Bewohner einer Provinz hatten durch dieses Prinzip der Steuerpacht erhebliche Nachteile. Die **Provinzialen** mussten meist hohe Zinsen und Zusatzgebühren an die römischen Pächter bezahlen, die den eigentlichen Steuerbetrag weit überstiegen. Die *„publicani"* hingegen strebten danach, durch gezielte Ausbeutung der Provinzen ihren Gewinn zu maximieren und mit den gewonnenen Geldmitteln auch Einfluss auf die Politik zu nehmen. Vetternwirtschaft, Korruption und Betrug bestimmten zunehmend den Alltag.

Provinzialen: Name für die nichtrömische Provinzbevölkerung

Im Jahre 218 v. Chr. verbot schließlich ein Gesetz (*lex Claudia*) der senatorischen Aristokratie, Handel zu treiben sowie Bankgeschäften und steuerlichen Unternehmungen nachzugehen. Die Nobilität sollte sich im Sinne des mos maiorum[1] nicht in solchen als anrüchig und mit der Würde eines Senators unvereinbar geltenden Geschäften betätigen. Die Privatunternehmer im staatlichen Auftrag kamen von nun an aus dem Kreis der Ritter, die zu einer reichen und sehr einflussreichen gesellschaftlichen Gruppe wurden. Die Senatoren profitierten dennoch von dieser Entwicklung: Die „publicani" bildeten oftmals Handelsgesellschaften (*societas*), um die Risiken der Geschäfte auf mehrere Schultern zu verteilen. Senatoren wurden ganz legal stille Teilhaber dieser Gesellschaften und erhielten große Gewinnanteile.

Gewinner und Verlierer der Expansion Neben der Ritterschaft war die Nobilität der Gewinner der römischen Expansion. Die Adligen hatten dem Staat für die Kriegskosten Kredite gegeben und forderten diese nach dem Zweiten Punischen Krieg zurück. Der Senat überließ den Gläubigern anstelle von Geld Staatsland und ermöglichte es ihnen,

[1] Siehe dazu Seite 14.

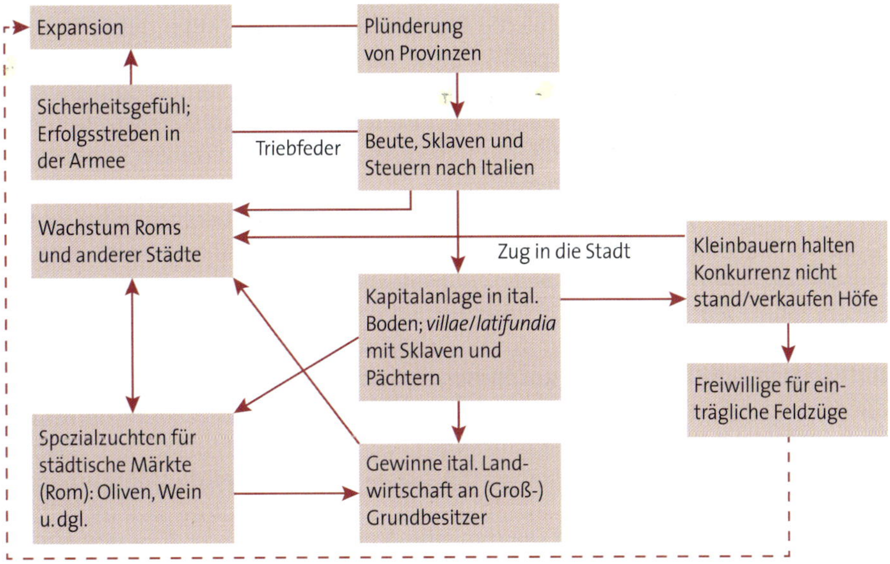

▲ **Die Folgen der römischen Expansion im zweiten Jahrhundert v. Chr.**
Nach: Louis de Blois und Robert J. van der Spek, Einführung in die Alte Welt, Stuttgart 1994, S. 141 (verändert)

- *Erläutern Sie die hier gezeigten Beziehungen im Gesamtzusammenhang. Greifen Sie dabei auch auf die Informationen aus der Darstellung zurück.*
- *Beurteilen Sie, inwiefern das Schaubild die Ursachen und Folgen der Expansion sinnvoll darstellt. Entwickeln Sie auf der Basis Ihrer Beurteilung ggf. ein verändertes Schaubild.*

gegen eine geringe Nutzungsgebühr noch weitere Teile des *ager publicus* zu besetzen, das vormals abtrünnigen Bundesgenossen gehört hatte.[1] Die Nobilität kam auf diese Weise in den Besitz von ausgedehnten Landgütern (*latifundia*). Durch die vielen Kriege stand gleichzeitig eine Fülle von Sklaven aus den Reihen der Kriegsgefangenen als billige Arbeitskräfte zur Verfügung. Die Adligen kauften so viele wie notwendig und ließen von ihnen den entstandenen Großgrundbesitz bewirtschaften. Wein, Öl und Fleisch versprachen jetzt große Gewinne gegenüber Getreide, das Rom ab der Mitte des zweiten Jahrhunderts v. Chr. günstig aus den Provinzen in Spanien und Nordafrika importierte. Die Großgrundbesitzer konzentrierten sich daher vor allem darauf, diese Produkte zu erzeugen, sodass ihre Bauernhöfe zu lukrativen mittelgroßen Agrarbetrieben (*villae*) heranwuchsen. Die Nobilität gewann mit den neuen Wirtschaftsformen großen Reichtum und konzentrierte den Besitz von Grund und Boden zulasten der Kleinbauern in ihrer Hand. Diese konnten es sich nicht leisten, den zeitintensiven Anbau von Ölbäumen und Weinstöcken zu betreiben, und besaßen kein ausreichendes Land für die Viehzucht. Oft mussten sie ihre Höfe notgedrungen an die Großgrundbesitzer verkaufen (▸ M3). Einige blieben als Pächter ihres ehemaligen Besitzes oder standen als gering bezahlte Erntehelfer im Dienst des adligen Neueigentümers. Viele dieser verarmten Bürger gingen nach Rom, um als Tagelöhner Arbeit zu finden oder in neuen Kolonien Land zugeteilt zu bekommen. Diese Hoffnung schwand jedoch, als 177 v. Chr. die letzte Kolonie in Italien errichtet wurde und damit alles Land verteilt war. Die Landlosen wurden auf diese Weise Teil einer stark wachsenden, verarmten römischen Stadtbevölkerung (*plebs urbana*). Sie stellte aufgrund ihrer Masse in den Volksversammlungen einen zunehmend wichtigen Machtfaktor dar.

- Kleinbauern

[1] Lesen Sie hierzu auch Seite 27.

Die Macht des Geldes Viele römische Adlige, aber auch einige Ritter nutzten die erwirtschafteten Gewinne für ihre politische Karriere. Sie finanzierten u.a. die Errichtung von öffentlichen Bauten. Auf diese Weise entstanden zahlreiche Tempel, Säulenhallen und Badehäuser in Rom. Die Sponsoren veranstalteten auch Gladiatorenspiele in den Amphitheatern. Sie gewannen damit öffentliches Ansehen und die Gunst der plebs urbana mit ihren wichtigen Wählerstimmen.

Die Politiker mussten zunehmend größere Summen investieren, um ihre wachsende Konkurrenz zu übertreffen. Dies ging so weit, dass Stimmen gekauft wurden und der Senat gezwungen war, diese „Geldverteilungen" gesetzlich zu verbieten. Das Gesetz konnte jedoch leicht umgangen werden, da ein Patron nach geltendem Recht Geld an seine Klienten spenden durfte. Der Konkurrenzkampf setzte die Nobilität fortwährend unter den Druck, ausreichende Geldmittel zu beschaffen. Sie musste daher ständig ihren Landbesitz und damit ihre Gewinne steigern. Dies verstärkte die Kluft zwischen Arm und Reich noch mehr.

Veränderungen in der Armee Die römische Armee war der Grund für den erfolgreichen Aufstieg Roms zur Weltmacht. Ursprünglich waren alle römischen Bürger mit Ausnahme der Besitzlosen vom 17. bis 60. Lebensjahr zum Heeresdienst verpflichtet. Die größte militärische Einheit des Heeres bildete die Legion, die aus bis zu 6000 Fußsoldaten bestand. Da jeder Bürger für seine Ausrüstung selbst aufkommen musste, war ein bestimmtes Vermögen Voraussetzung, um im Kriegsfall als Soldat vom Staat eingezogen werden zu können. Der Zensor teilte die Bürger nach ihrer finanziellen Situation den jeweiligen Waffengattungen zu. Die römische Expansion brachte dieses erfolgreiche System allerdings ins Wanken. Rom benötigte für die langen Kriege viele Soldaten. Zahlreiche Kleinbauern, die den Hauptteil der Soldaten stellten, waren aber spätestens seit Ende des Zweiten Punischen Krieges verarmt und hatten ihr Land an Großgrundbesitzer verloren. Sie verfügten nun nicht mehr über das erforderliche Mindestvermögen für den Heeresdienst. Der Senat senkte zwar die dazu nötige Grenze von 11000 auf 4000 Asse ab, konnte aber auch damit nicht für die nötige Anzahl an Legionären sorgen. Die Ausrüstung der Soldaten verschlechterte sich zudem durch ihre geringeren finanziellen Mittel, während ihre Dienstzeit von einem auf sechs Jahre stieg. Der Krieg gegen die lusitanische und keltiberische Bevölkerung im westlichen und nördlichen Spanien (154-133 v. Chr.) machte die Folgen dieser Entwicklung besonders deutlich. Obwohl die Römer die langwierigen Kämpfe siegreich beenden konnten, erlitten sie hohe Verluste. Eine Aussicht auf große Kriegsbeute bestand nicht. Auch neues Siedlungsland in Italien stand den lang im Militärdienst stehenden Soldaten, den Veteranen, nicht zur Verfügung. Die Mehrheit von ihnen hatte nach der Rückkehr von einem Feldzug keine Aussicht mehr auf eine gesicherte Existenz. Einige gingen zurück zu ihren Familien und versuchten, ihren wenigen Landbesitz gegen die Großgrundbesitzer zu behaupten. Andere schlossen sich freiwillig einem neuen Feldzug an und hofften dabei auf gute Bezahlung und reiche Beute. Die Armee schien eine bessere Perspektive zu bieten, sich und seine Angehörigen dauerhaft zu versorgen (▸ M4 und M5).

▲ **Cicero beschuldigt Verres.**
Deckengemälde (221 x 291 cm) von Eugène Delacroix, 1838/44. Die Szene stammt aus einem Zyklus zur antiken Geistesgeschichte, der im Palais Bourbon (Sitz der französischen Nationalversammlung) in Paris abgebildet ist.

- *Beschreiben Sie das Gemälde.*
- ✚ *Analysieren Sie das Bild auch unter Berücksichtigung der Rede Ciceros gegen Verres (M1).*
- *Ordnen Sie das Gemälde in den zeitlichen Entstehungskontext ein.*
- *Erklären Sie, warum gerade dieses Motiv als Deckengemälde in der französischen Nationalversammlung gewählt wurde.*
- ✚ *Recherchieren Sie über Leben, Wirken und die politische Einstellung von Eugène Delacroix. Setzen Sie die Resultate in Beziehung zu Ihren bisherigen Ergebnissen.*

M1 Eine Schande des römischen Volkes

Marcus Tullius Cicero (siehe auch Seite 18 f.) vertritt im Jahre 70 v. Chr. die Gemeinden der Provinz Sizilien gegen den Statthalter Gaius Verres. Dieser hat sich an der Provinz enorm bereichert. Der Prozess legt den Grundstein für Ciceros politische Karriere.

Doch von allen seinen Lastern hat er [Verres] die meisten und größten Denkmäler und Wahrzeichen in der Provinz Sizilien errichtet, die er in einem Zeitraum von drei Jahren so schlimm heimsuchte und verwüstete, dass sie den alten Zustand überhaupt nicht mehr zu erreichen vermag, ja dass es scheint, sie werde sich in vielen Jahren und unter redlichen Statthaltern [praetores] kaum einmal wieder einigermaßen erholen. Unter diesem Prätor konnten die Sizilier weder ihre eigenen Gesetze noch unsere Senatsbeschlüsse noch die allgemeinen Rechtsgrundsätze geltend machen: In Sizilien hat ein jeder nur das, was dem habgierigsten und zügellosesten aller Menschen versehentlich entging oder aus Überdruss zu viel wurde. Keine Sache hat man drei Jahre lang vor Gericht anders entschieden als auf seinen Wink hin; kein Besitz, und mochte er vom Vater oder Großvater stammen, war jemandem so sicher, dass er ihm nicht auf Befehl des Verres aberkannt werden konnte. Unzählbare Geldbeträge hat er aus den Besitzungen der Landwirte durch ein schändliches Verfahren erpresst, er hat die treuesten Bundesgenossen wie Feinde behandelt, römische Bürger wie Sklaven kreuzigen und töten lassen, Gerichtsverfahren gegen Schuldige gegen eine Geldzahlung eingestellt, die ehrenhaftesten und untadeligsten Männer in Abwesenheit angeklagt, ohne rechtliches Gehör verurteilt und verbannt, die sichersten Häfen, die größten und am besten befestigten Städte Seeräubern und Wegelagerern übergeben, sizilische Matrosen und Soldaten, unsere Verbündeten und Freunde, des Hungertodes sterben lassen, die besten und brauchbarsten Flotten zur großen Schande des römischen Volkes verloren und zugrunde gerichtet.

Eben dieser Prätor hat noch so alte Kunstdenkmäler – sie stammen teils von den sehr reichen Königen her, die ihre Städte damit schmücken wollten, teils auch von unseren

Feldherren, die sie als Sieger den sizilischen Gemeinden übergaben oder zurückgaben – geraubt und alles geplündert. Und das tat er nicht nur mit öffentlichen Bildwerken und Schmuckstücken, er raubte auch sämtliche durch die heiligsten Kulte geweihten Tempel aus; schließlich ließ er den Siziliern kein einziges Götterbild übrig, das ihm meisterhaft und mit alter Kunstfertigkeit gearbeitet zu sein schien.

Cicero, Reden gegen Verres 1, 12-14 nach: Hans-Joachim Gehrke und Helmuth Schneider (Hrsg.), Geschichte in der Antike. Quellenband, Stuttgart 2007, S. 245 f. (übersetzt nach M. Fuhrmann)

1. *Geben Sie die Hauptanklagepunkte Ciceros wieder.*
2. *Charakterisieren Sie Ciceros Intention und Motivation bei der Prozessführung. Analysieren Sie dazu auch Sprache und Stilmittel der Rede.*
3. *Gestalten Sie auf Basis Ihres Wissens über die römische* + *Gesellschaft eine Verteidigungsrede für Verres.*

M2 Privatisierung im Römischen Reich?

Der römische Geschichtsschreiber Titus Livius (59 v. Chr.-17 n. Chr.) verfasst eine Geschichte Roms von seiner legendären Gründung bis zum Jahre 9 v. Chr. Über die Rolle der „publicani“ schreibt er:

Am Ende des Sommers, in dem die von uns beschriebenen Ereignisse stattfanden [215 v. Chr.], kam ein Brief von P. und Cn. Scipio[1] über ihre großen und erfolgreichen Operationen in Spanien; aber Geld für Sold, Bekleidung und Getreide für das Heer fehle und für die in der Flotte dienenden Bundesgenossen ebenfalls alles. Was den Sold anbelange, so würden sie, wenn die Staatskasse leer sei, einen Weg finden, auf dem sie das Geld von den Spaniern beschafften; alles übrige aber müsse unbedingt von Rom geschickt werden, auf andere Weise könne weder das Heer unterhalten noch die Provinz gehalten werden. Als der Brief verlesen worden war, gab es niemanden, der nicht zugab, dass der Lagebericht den Tatsachen entsprach und die Forderungen angemessen waren; aber ihnen stand vor Augen, welche großen Heere sie zu Lande und zu Wasser unterhielten, dass bald eine große Flotte zum Auslaufen bereit gemacht werden müsse, falls ein Krieg mit Makedonien ausbreche: Sizilien und Sardinien, die vor dem Krieg Naturalabgaben beisteuerten, ernährten kaum noch die dort stationierten Heere; durch die auf das Einkommen (der Bürger) erhobenen Umlagen würden die Ausgaben aufgebracht; doch die Zahl der diese Umlagen Aufbringenden sei durch die großen Verluste der Heere am Trasimenischen See und bei Cannae[2] vermindert; die wenigen, die übrig seien, würden, wenn sie durch Vervielfältigung der Umlagen belastet würden, an dieser anderen Katastrophe zugrunde gehen: Wenn man sich nicht auf einen Kredit stützen könne, werde die Staatskasse aus eigenen Mitteln nicht für den Bedarf einstehen können: Der Prätor Fulvius solle vor die Volksversammlung treten, dem Volk den Bedarf des Staates darlegen und an diejenigen appellieren, die durch die Kontrakte mit dem Staat ihr Vermögen vermehrt hätten, dass sie dem Staat Zeit gäben und einen Kontrakt schlössen, unter der Bedingung zu liefern, was für das Heer in Spanien nötig sei, dass sie als erste bezahlt würden, sobald wieder Geld in der Staatskasse sei. So sprach der Prätor vor der Versammlung und legte einen Termin fest, an dem die Aufträge zur Lieferung von Kleidung und Getreide für das Heer sowie den sonstigen Bedarf für die bundesgenössischen Flottenmannschaften vergeben würden. Als der Tag gekommen war, fanden sich drei Gesellschaften mit 21 Personen zur Übernahme der Kontrakte ein und stellten zwei Forderungen: einmal Freistellung vom Militärdienst solange sie für den Staat tätig seien, sodann dass der Staat das Risiko für Schiffsladungen in Hinblick auf Feindeinwirkungen und Sturmschäden übernehme. Beides wurde gewährt. So schlossen sie die Lieferungskontrakte ab und der Staatsbedarf wurde mit privatem Geld beschafft. Eine solche Einstellung der Vaterlandsliebe beherrschte ohne Einschränkung alle Stände. So wie alle Kontrakte mit großzügiger Gesinnung geschlossen waren, so wurde mit größter Vertragstreue und keineswegs sparsamer den Soldaten geliefert, als wenn sie wie früher von einer wohlgefüllten Staatskasse unterhalten worden wären.

Livius, Römische Geschichte, 23, 48,4-49,4, nach Klaus Bringmann, Krise und Ende der römischen Republik (133-42 v. Chr.), Berlin 2003, S. 113 f.

1. *Analysieren Sie die Rolle und die Position der Privatunternehmer.*
2. *Recherchieren Sie, in welchen Bereichen in der heutigen* + *Zeit staatliche Aufgaben an private Unternehmer übergeben werden, und vergleichen Sie diese Beispiele von „Privatisierung“ mit dem Einsatz der „publicani“ in der römischen Republik.*
3. *Livius interpretiert das Verhalten der „publicani“ als „Vaterlandsliebe“ (siehe Zeile 48). Beurteilen Sie diese Einschätzung.*

[1] Die beiden Brüder befehligten seit 217 v. Chr. des römische Heer in Spanien.

[2] Am Trasimenischen See (217 v. Chr.) und bei Cannae (216 v. Chr.) erlitten die Römer die zwei verheerendsten Niederlagen gegen Hannibal. Auf römischer Seite starben in beiden Schlachten zusammen schätzungsweise 90 000 Soldaten.

M3 „So kam es, dass die Mächtigen vollends reich wurden“

Der griechische Geschichtsschreiber Appian (um 95-165 n. Chr.) stammt aus der Hafenstadt Alexandria, wo er der städtischen Oberschicht angehört. Er erwirbt das römische Bürgerrecht und verfasst um die Mitte des 2. Jahrhunderts n. Chr. eine römische Geschichte in griechischer Sprache. Dort schildert er die Situation in Italien in der Zeit um 133 v. Chr. so:

Als die Römer Italien nach und nach durch Krieg in ihre Hand gebracht hatten, pflegten sie einen Teil des Landes in Besitz zu nehmen und Städte zu erbauen oder in schon vorher bestehende Siedler einzureihen, die von ihnen selbst kamen. Dies sahen sie anstelle von Besatzungen vor. Von dem Land, das sie jeweils erbeuteten, teilten sie das bebaute sogleich den Siedlern zu oder verkauften oder verpachteten es. Das infolge des Krieges unbestellte Land aber, das sich am weitesten ausdehnte, ließen sie unterdessen, ohne noch die Zeit zu finden, es durch Los zu verteilen, durch öffentliche Ausrufung denen anbieten, die bereit waren, es gegen eine Abgabe von der jährlichen Ernte, und zwar eines Zehntels vom Getreide und eines Fünftels vom Obst, zu bebauen. Für die aber, die Vieh hielten, wurden Abgaben von Groß- und Kleinvieh festgesetzt. Sie taten dies, um die Bevölkerung des italischen Stammes zu mehren, in dem sie den zähesten erblickten, und versprachen sich davon, blutsverwandte Bundesgenossen zu haben. Doch trat das Gegenteil ein. Die Reichen nämlich, die den größten Teil des unverteilten Landes in Besitz nahmen und sich im Laufe der Zeit ermutigt fühlten zu glauben, man werde ihnen ihren Besitz nicht streitig machen, gingen dazu über, das in ihrer Nachbarschaft gelegene Land aufzukaufen und teils mit Gewalt an sich zu ziehen, erschlossen weite Landstriche anstelle einzelner Grundstücke und benutzten Sklaven als Bauern und Hirten, um nicht befürchten zu müssen, dass die Freien vom Ackerbau zum Kriegsdienst abgezogen würden. Zur gleichen Zeit brachte ihnen dieser Besitz beträchtlichen Gewinn infolge des Kinderreichtums der Sklaven, konnten sie sich doch dank ihrer Befreiung vom Kriegsdienst ohne Gefahr vermehren. So kam es, dass die Mächtigen vollends reich wurden und die Menschenklasse der Sklaven sich über das ganze Land ausbreitete, die Italiker aber unter einem Rückgang in der Bevölkerungszahl und einem Mangel an Männern litten, da sie von Armut, Abgaben und Kriegsdienst hart getroffen wurden. Auch wenn sie davon Ruhe hatten, versanken sie in Untätigkeit, da die Reichen das Land in ihrer Hand hatten und statt Freigeborener Sklaven als Bauern verwandten.

Appian, Bella civilia, 1,26-31, nach: Klaus Bringmann, a.a.O., S. 124 f.

1. *Analysieren Sie den Text arbeitsteilig in Hinblick auf*
   a) die Bedeutung des Staatslandes,
   b) die Bedeutung der Sklaven,
   c) die Rückwirkungen des Krieges und der Expansion.
2. *Erläutern Sie wahrscheinliche Folgen der dargestellten Entwicklung.*
3. *Ordnen Sie die Darstellung Appians in den historischen Kontext ein. Verwenden Sie hierzu auch das Schaubild auf Seite 29.*
4. *Beurteilen Sie den Quellenwert von Appians Darstellung.*
5. *Überprüfen Sie, inwieweit in der vorliegenden Quelle eine „Krise“ der römischen Agrarverfassung deutlich wird. Siehe hierzu auch den Theorie-Baustein „Krise“ auf Seite 74 ff.*

M4 Soldaten ohne Perspektive?

Der Historiker Martin Jehne schreibt 2006 über die römischen Soldaten:

Wenn mehrere Söhne den Militärdienst überlebten und eine eigene Familie gründen wollten, dann war eine Aufteilung des Familienbesitzes bedrohlich für alle. Hier hatte die Kolonisation häufiger eine Alternative geboten, und die fiel nach der erst einmal erreichten Sicherung Italiens aus. Selbst in dem Fall, dass ein Legionär aus einem lukrativen Krieg im Osten mit einer schönen Prämie und ordentlichen Beuteanteilen zurückkehrte, war nicht unbedingt davon auszugehen, dass er sich einfach ein hinreichend großes Landstück kaufen konnte, denn gegen die Konkurrenz der expandierenden reichen Gutsbesitzer, die ganz andere Preise bezahlen und zudem auch Druck ausüben konnten, war der Veteran wahrscheinlich oft machtlos. Dass sich während des 2. Jh. eine offenbar steigende Zahl von Römern immer wieder freiwillig für den Militärdienst meldete, hing wohl nicht nur damit zusammen, dass die Verlängerung ununterbrochener Dienstzeiten auch eine intensivere Gewöhnung an diese Lebensweise nach sich zog – für einige scheint die Alternative darin bestanden zu haben, als überflüssige Esser im Elternhaus zu hocken. Gegen diese erbärmliche Existenz, in der einem die Geringschätzung des Hoferben, also des ältesten Bruders, und der Nachbarschaft gewiss gewesen sein dürfte, könnte der Dienst in der Legion, gewürzt durch berauschende Siegeserlebnisse und beachtliche Bereicherungschancen, richtiggehend attraktiv gewesen sein – sofern man ihn unbeschadet überstand.

Rom bekam dennoch im Laufe des zweiten Jahrhunderts eine Rekrutierungskrise zu spüren [...]. Bei näherem Hinsehen

▲ **Bewaffnete Soldaten.**
Knochentäfelchen aus Palestrina bei Rom, gefunden in einer Begräbnisstätte, 4. Jh. v. Chr.

stellt sich freilich heraus, dass es fast ausschließlich die Kriege in Spanien waren, die den Bürgern verhasst waren – verständlicherweise: In Spanien wurde zwischen 154 und 133 heftig gekämpft, und zwar mit erheblichen Verlustraten für die römischen Heere, aber ohne nennenswerte Gewinne. Hohes Lebensrisiko bei geringen Verdienstchancen war natürlich nicht verlockend, während die Einsätze im Osten, wo die Kriege nicht lange zu dauern pflegten und große Beute und Prämien verhießen, meist sehr begehrt waren.

Die römische Armee veränderte sich also im Laufe des zweiten Jahrhunderts. Der typische Legionär dürfte nicht mehr der eingezogene Bauernsohn gewesen sein, der widerspruchslos dorthin ging, wohin ihn der Senat in seiner Weisheit schickte, getrieben von selbstverständlicher Erfüllung seiner Bürgerpflichten und der Aussicht, ein wenig Beute zu machen und vielleicht einmal als Kolonist eine eigene Bauernstelle zu erhalten, sofern er nicht den Vater beerben konnte. Die langen Kriege, die das ganze Jahr über andauerten und in denen die Soldaten ununterbrochen unter Waffen standen, veränderten die Perspektive. Der Kriegsdienst wurde für eine größere Zahl von Römern zum Beruf, indem sie sich dann, wenn für einen neuen Krieg ausgehoben wurde, freiwillig meldeten. Ihre Erfahrung ermöglichte diesen Berufssoldaten wahrscheinlich häufiger den Aufstieg im militärischen Rang, und die Centurionen, die Führer der kleinsten Gliederungseinheiten der Legion, wurden ein wesentliches Element der Stärke der Gesamtarmee. Dass man diesen Veränderungen und der gesteigerten Bedeutung der Centurionen auch Rechnung trug, zeigt die Verdoppelung ihres Soldes und ihrer Prämien gegenüber jenen der einfachen Soldaten.

Martin Jehne, Die römische Republik. Von der Gründung bis Caesar, München 2006, S. 79 f.

1. *Arbeiten Sie heraus, welche Möglichkeiten und Perspektiven sich einem römischen Legionär aus dem Kreis der Plebejer für seinen weiteren Lebensweg boten.*
2. *Erläutern Sie die Auswirkungen der zunehmenden Expansion in Hinblick auf die*
   a) Kriegsschauplätze,
   b) Veränderung der Heeresstruktur,
   c) traditionelle Rolle der römischen Kleinbauern.
3. *Charakterisieren Sie, wie sich das Bewusstsein der einfachen römischen Soldaten veränderte.*
4. *Überprüfen Sie ausgehend vom Text, inwieweit von einer „Krise" der Heeresverfassung gesprochen werden kann.*

M5 Ein Soldat macht Karriere

Bei der Aufstellung der Legionen für den Feldzug gegen König Perseus von Makedonien (um 212 - um 165 v. Chr.) weigern sich mehrere Bürger, Militärdienst zu leisten. Der römische Geschichtsschreiber Titus Livius (siehe Seite 32) berichtet, wie in dieser Situation der Offizier Spurius Ligustinus auftritt, um von seinem Militärdienst zu erzählen:

Ich bin Spurius Ligustinus [...] und stamme aus Sabinum. Mein Vater hinterließ mir ein Morgen Land und eine kleine Hütte, in der ich selbst geboren und aufgezogen worden bin, und heute wohne ich dort. Als ich in das Erwachsenenalter kam, gab mir mein Vater die Tochter seines Bruders zur Frau, die nichts mit sich brachte als ihre freie Geburt und ihre Keuschheit, und außerdem eine Fruchtbarkeit, die für eine reiche Familie ausgereicht hätte. Wir haben sechs Söhne und zwei Töchter, die beide verheiratet sind. Vier unserer Söhne haben bereits die *toga virilis* angelegt [sind volljährig], zwei sind noch im Knabenalter. Soldat wurde ich unter den Consuln Publius Sulpicius [Galba] und Gaius Aurelius [Cotta; 200 v. Chr.]. In dem Heer, das nach Makedonien übergesetzt worden ist, diente ich zwei Jahre als einfacher Soldat im Krieg gegen König Philipp [V.]. Im dritten Jahr machte mich Titus Quinctius Flamininus meiner Tapferkeit wegen zum Centurio[1] [...] der *hastati* [ersten Schlachtreihe]; nach der Niederlage Philipps und der Makedonen, nach der Rückkehr nach Italien und der Entlassung ging ich als Freiwilliger [...] mit dem Consul Marcus Porcius [Cato] nach Spanien. [...] Dieser Imperator hielt mich für würdig, dass mir die Stelle eines Centurio der ersten Centurie der *hastati* gegeben wurde. Das dritte Mal leistete ich Heeresdienst, wiederum als Freiwilliger, in dem Heer, das gegen die Aetoler und gegen den König Antiochus eingesetzt wurde [191 v. Chr.]. Unter Manius Acilius erhielt ich die Stelle des Centurio der ersten Centurie der *principes* [des Kerns der Kampftruppen]. Als der König Antiochus [aus Griechenland] vertrieben worden war und die Aetoler geschlagen worden waren, wurden wir nach Italien zurückgeführt. Danach leistete ich zweimal Militärdienst, wobei die Legionen jeweils ein Jahr kämpften. Zweimal kämpfte ich in Spanien, einmal unter Quintus Fulvius Flaccus, dann unter dem Praetor Tiberius Sempronius Gracchus[2]. Von Flaccus wurde ich zusammen mit denen, die er ihrer Tapferkeit wegen aus der Provinz zum Triumph [nach Rom] führte, [nach Italien] zurückgebracht.

Von Tiberius Gracchus wurde ich zweimal für den Dienst in der Provinz angefordert. Viermal bekleidete ich innerhalb weniger Jahre die Stellung eines ranghöchsten Centurio [...]. Vierunddreißigmal wurde ich von den Feldherren wegen meiner Tapferkeit ausgezeichnet; sechsmal erhielt ich die *corona civica* [Auszeichnung für die Rettung eines Bürgers]. Über zweiundzwanzig Jahre habe ich im Heer gedient, und ich bin jetzt über fünfzig Jahre alt. Aber auch wenn ich noch nicht alle meine Dienstjahre abgeleistet hätte und aufgrund meines Alters vom Militärdienst befreit wäre, sollte es dennoch billig sein, Publius Licinius, mich von einem neuen Militärdienst zu befreien, da ich vier Soldaten für mich stelle. Ich möchte, dass ihr das, was ich in meiner Sache gesagt habe, hört, aber ich selbst werde niemals, solange irgendein Feldherr, der eine Armee aufstellt, mich für einen geeigneten Soldaten hält, mich mit einer Entschuldigung dem Militärdienst zu entziehen suchen.

Für welchen Rang die Militärtribunen mich für geeignet halten, liegt in ihrer Kompetenz; ich werde mich bemühen, dass mich keiner im Heer an Tapferkeit übertrifft. Ich habe immer so gehandelt, und dafür sind sowohl meine Feldherren [*imperatores*] als auch die Soldaten, die mit mir dienten, Zeugen.

[1] **Centurio**: römischer Offizier, der eine Hundertschaft anführt
[2] Zu Tiberius Gracchus siehe insbesondere Seite 36 f.

Kameraden, auch wenn ihr für euch das Recht in Anspruch nehmt, Widerspruch gegen die Einberufung einzulegen, ist es nur billig, dass ihr, die ihr in eurer Jugend nichts gegen die Autorität [...] der Magistrate und des Senates unternommen habt, nun auch jetzt die Kompetenz der Consuln und des Senates anerkennt und jeden Platz, an dem ihr das Gemeinwesen verteidigt, für ehrenvoll haltet.

10. Band, Titus Livius, Römische Geschichte, Buch 42-44, lat.-dt., herausgegeben von Hans Jürgen Hillen, Düsseldorf/Zürich ^{3}2008, S. 71-75

1. *Fassen Sie den Lebenslauf des Spurius Ligustinus zusammen.*
2. *Analysieren Sie den Text in Hinblick auf*
   a) die private Situation,
   b) den Werdegang beim Militär,
   c) die innere Einstellung des Spurius Ligustinus.
3. + *Verfassen Sie ein fiktives Gespräch zwischen Ligustinus und einem römischen Kleinbauern über die Frage, ob ein römischer Bürger bezogen auf die eigenen Zukunftsperspektiven Militärdienst leisten solle.*
4. + *Erläutern Sie, welche Rückwirkungen die andauernden Kriege auf die römische Bevölkerung, die Kriegsdienst leistet, haben. Beziehen Sie dabei M4 und M5 ein.*

Reformversuche und Konflikte

Etrurien: ehemalige Landschaft in Mittelitalien

Filmtipp
Rom und seine großen Herrscher. Episode 3: Kampf des Tiberius; England 2007, Regie: Nick Murphy, Nick Green u.a. (Dokumentarfilmreihe der BBC)

Lesetipp
Bernhard Linke, Die römische Republik von den Gracchen bis Sulla, Darmstadt ²2012

Eine zweite Chance Die wachsende Verarmung der römischen Kleinbauern blieb der Nobilität nicht verborgen. Auf einer Reise durch **Etrurien** im Jahr 137 v. Chr. erlebte der aus einem angesehenen Adelsgeschlecht stammende *Tiberius Gracchus* (162 - 133 v. Chr.) die Situation auf dem Lande hautnah. Angetrieben von diesen Eindrücken unternahm er den Versuch, den besitzlosen Bürgern durch Reformen eine neue Existenzgrundlage zu geben. Dabei bewegten ihn allerdings eher persönliche als soziale Motive. Tiberius hatte als Soldat in einem Feldzug gegen die spanische Stadt Numantia gedient, in dem das römische Heer unterlag. Der kommandierende Konsul bemühte sich in Verhandlungen, die verbliebenen Teile seiner Armee durch Kapitulation zu retten. Dieses Vorgehen bedeutete eine nicht zu akzeptierende Blamage für Rom. Da Tiberius den Friedensvertrag mit den Numantinern u.a. unterzeichnete, wurde er vom Senat mitverantwortlich gemacht und verlor stark an Ansehen. Die Reformen zugunsten der besitzlosen Plebejer boten ihm nun eine Chance, seine politische Situation wieder zu festigen und seinen Machteinfluss zu vergrößern.

Die Agrarreform Im Jahre 133 v. Chr. bemühte sich der zum Volkstribun ernannte Tiberius um eine grundlegende Agrarreform, in der die Größe des öffentlichen Gemeindelandes, des ager publicus, nach oben begrenzt werden sollte. 500 iugera[1] wurden festgesetzt, die ein Bürger besitzen durfte. Das frei werdende Land sollten die besitzlosen Bürger in kleinen Parzellen zwischen 20 und 30 iugera erhalten, um sich damit selbst zu versorgen und ein für den Heeresdienst ausreichendes Vermögen zu erwirtschaften. Damit die Kleinbauern vor Übergriffen der Großgrundbesitzer sicher waren, durfte der Boden nicht verkauft werden. Eine Kommission sollte die Landumverteilung organisieren, überwachen und über mögliche Streitfälle bei der Verteilung entscheiden. Obwohl einflussreiche Senatoren das Vorhaben von Tiberius unterstützten, lehnte die Mehrheit es jedoch ab. Viele der Senatoren waren selbst im Besitz von Latifundien, die sich auch auf Staatsland erstreckten, und hätten durch die Umverteilung an Besitz verloren. Tiberius beschritt daraufhin einen anderen, völlig neuen Weg und umging den Senat: Ohne sich mit ihm zu beraten, vertrat er den Gesetzesentwurf direkt vor der plebejischen Volksversammlung (▸ M1). Als zahlreiche Nobiles das Gesetz durch das Veto eines anderen Volkstribunen zu verhindern versuchten, ließ Tiberius diesen wegen Verletzung der Volksinteressen durch die Volksversammlung absetzen – ein einmaliger Vorgang in der römischen Geschichte. Danach wurde der Vorschlag des Tiberius von der Volksversammlung als Gesetz angenommen.

Der Kampf um das Ackergesetz Tiberius übernahm umgehend den Vorsitz der Kommission, die das öffentliche Gemeindeland verteilen sollte. Es stellte sich jedoch bald als schwierig heraus, die Eigentumsverhältnisse zu klären. So kam es häufig zu Klagen gegen das Vorgehen der Kommission. Als der Senat die Finanzierung der Agrarreform nicht bewilligte, brachte Tiberius in der plebejischen Volksversammlung erneut ein Gesetz ein. Es sah vor, die Erbschaft aus dem Königreich von Pergamon für die Durchführung des Ackergesetzes zu verwenden.[2] Auch in diesem Fall stimmte die Volksver-

[1] 500 iugera = 125 Hektar
[2] Der griechische König Attalos III. von Pergamon (171 - 133 v. Chr.) hatte testamentarisch festgelegt, dass die Römer nach seinem Ableben die Herrschaft über sein Reich erhielten.

sammlung der Gesetzesvorlage zu. Mit dem Volksbeschluss wurden allerdings nicht nur die Kompetenzen des Senats missachtet, sondern auch in das politische Gleichgewicht erheblich eingegriffen. Ein weiterer geplanter Verfassungsbruch, nämlich an das erste Volkstribunat ein zweites anzuhängen, um die Reformen vorantreiben zu können, ließ die Situation endgültig eskalieren. Tiberius und circa 200 seiner Gefolgsleute wurden von Senatoren erschlagen, weitere Anhänger zum Tode verurteilt (▸ M2). Das Ackergesetz blieb zwar formal in Kraft, doch wurden der Ackerkommission im Jahre 129 v. Chr. ihre richterlichen Befugnisse entzogen, was die Arbeit praktisch zum Erliegen brachte. Bis dahin hatten immerhin einige besitzlose Bürger Land erhalten, trotzdem blieb ihre Anzahl gering. Erneut musste das Mindestvermögen für den Heeresdienst von 4000 auf 1500 Asse abgesenkt werden, um den Bedarf an Soldaten zu decken.

▲ **Tiberius Gracchus – Tod eines Reformers.**
Stahlstich von 1842, aus: Bilder-Gallerie zur allgemeinen Weltgeschichte von Carl von Rotteck.
- *Beschreiben Sie die Wirkung des Stahlstichs.*
- *Analysieren Sie, durch welche Bild- und Gestaltungselemente diese Wirkung erzeugt wird.*

Internettipp
Zu Tiberius Gracchus siehe auch:
www.uni-protokolle.de/Lexikon/Tiberius_Gracchus.html

Der Bruder als Nachfolger Zehn Jahre später wollte *Gaius Gracchus* (153 - 121 v. Chr.) die Politik seines älteren Bruders fortführen. Tiberius' Scheitern hatte die Familie der Gracchen entehrt. Nach römischer Sitte lag es nun an seinen Angehörigen, alles zu tun, die dignitas der Familie wiederherzustellen. Gaius ließ sich 123 v. Chr. zum Volkstribun wählen und die Volksversammlung der Plebejer ein erweitertes Reformpaket[1] beschließen. Hier eine Auswahl der beschlossenen Gesetze:

- Das Ackergesetz – *lex agraria* – gab der Landverteilungskommission ihre Rechte zurück, sodass sie wieder tätig werden konnte.
- Die *lex frumentaria* bestimmte, dass die römischen Bürger jeden Monat Getreide zu einem festen Preis kaufen konnten. Das Gesetz verfügte ferner den Bau von Getreidespeichern und Zufahrtsstraßen. Das Vorhaben sollte u. a. mit den Einnahmen aus der reichen Provinz Asia[2] finanziert werden. Das Recht, die Steuern in der Provinz einzutreiben, wurde an die „publicani" versteigert (*lex de provincia Asia*).
- Die *lex de imperio consulari* ordnete an, vor den Konsulatswahlen die Aufgabenbereiche der künftigen Konsuln durch den Senat genau festzulegen. Gegen die Entscheidung war kein Widerspruch möglich. Durch das Gesetz sollten Korruption und Amtsmissbrauch verhindert werden.
- Die *lex repetundarum* machte Gelderpressung zu einem Strafverfahren, sodass sich die Provinzialen leichter juristisch gegen korrupte Statthalter zur Wehr setzen konnten.

[1] Siehe hierzu auch den Methoden-Baustein „Textquelle", Seite 52 f.
[2] Zur Lage dieser römischen Provinz siehe die Karte auf Seite 26.

▲ **Die Brüder Gracchus.**
Bronzeplastik von Eugène Guillaume (1822-1905), 85,2 cm (hoch) x 90,02 cm (breit) x 60,7 cm (tief), 1853, Aufbewahrungsort: Musée d'Orsay, Paris.
- *Beschreiben Sie die Plastik. Berücksichtigen Sie dabei vor allem Mimik und Gestik der dargestellten Personen.*
- *Analysieren Sie die Plastik. Wodurch entsteht ihre Wirkung?*
- ➕ *Vergleichen Sie das Bild der Gracchen, das die Plastik vermittelt, mit dem Bild der Gracchen in der heutigen Geschichtsschreibung (Verfassertext, M2 und M4 auf Seite 44 bis 46).*

- Die *lex iudiciaria* schloss Senatoren als Richter in Strafprozessen, die Erpressung und Amtsmissbrauch behandelten, aus und übertrug dieses Amt den Rittern. Die Ritter erhielten dadurch Kontrollfunktionen gegenüber Magistraten und damit großen Einfluss. Durch dieses Gesetz wurde der Ritterstand erstmals klar von der Nobilität abgegrenzt (▸ M3).
- Mit der *lex de tribunis plebi reficiendis* wurde die Wiederwahl zum Volkstribunat legalisiert.
- Die *lex militaris* verfügte, dass der Staat künftig für die Bekleidung und Ausrüstung der Soldaten aufzukommen hatte. Es wurde verboten, Jugendliche unter 17 Jahren zum Kriegsdienst heranzuziehen.
- Die *lex de provocatione* untersagte, einen römischen Bürger durch ein Sondergericht zum Tode zu verurteilen, und setzte damit ein klares Signal gegen die Mörder von Tiberius Gracchus und seinen Anhängern.

Gaius Gracchus scheitert Erneut waren Gesetze gegen das Einverständnis des Senats verabschiedet worden. Da sowohl die Plebejer als auch die Ritter von den Reformen profitierten, konnte Gaius – der 122 v. Chr. erneut zum Volkstribun gewählt worden war – viele Anhänger in beiden Gruppen gewinnen. Zahlreiche Senatoren betrachteten diesen Machtzuwachs allerdings mit großem Misstrauen.

Gaius verlor weitere Stimmen in der Nobilität, als er versuchte, den italischen Bundesgenossen per Gesetz das volle römische Bürgerrecht zuzugestehen und öffentliches Gemeindeland zu überlassen. Auch das Projekt, eine neue Kolonie in der Region von Karthago zu gründen, um neues Siedlungsland zu erschließen, stieß beim Adel auf Ablehnung. Die Mehrheit der Nobilität wollte weder mit den Bundesgenossen Rechte und Land teilen noch zulassen, dass sich römische Bürger allzu weit von Rom entfernten. Der Senat versuchte daher erneut, mithilfe eines anderen Volkstribunen gegen die Reformen vorzugehen. Er verhinderte durch seinen Einspruch, dass die Bundesgenossen per Gesetz das Bürgerrecht erhielten, und sabotierte die Kolonisation in Afrika dadurch, dass er der plebs urbana auf der Volksversammlung die – völlig unrealistische – Gründung von zwölf neuen Kolonien in Italien in Aussicht stellte. Die Plebejer schwenkten auf seine Linie ein und unterstützten weder Gaius Gracchus' Vorhaben noch dessen Kandidatur für eine dritte Amtszeit als Volkstribun.

Der Senat entwarf 121 v. Chr. ein Gesetz, das den weiteren Aufbau der Kolonie in Nordafrika aufgrund angeblicher schlechter göttlicher Vorzeichen stoppen sollte. Gracchus versuchte daraufhin mit seinen Gefolgsleuten die Stadtbevölkerung dazu zu bringen, dieses Gesetz zu verhindern. Die Stimmung schlug bald in Gewalt um. Der Senat rief daraufhin zum ersten Mal in der Geschichte Roms den Notstand (*senatus consultum ultimum*) aus: Der amtierende Konsul wurde beauftragt, die Ordnung wiederherzustellen, und ließ den **Aventin** erstürmen, auf dem sich der ehemalige Volkstribun mit seinen Anhängern verschanzt hatte. Zahlreiche Gefolgsleute wurden erschlagen. Als die Situation immer aussichtsloser erschien, ließ sich Gaius von einem treuen Sklaven töten. 3000 seiner Anhänger wurden ohne Prozess hingerichtet.

Aventin: einer der sieben Hügel Roms; er hatte vor allem symbolische Bedeutung für die Auseinandersetzungen zwischen den Plebejern und Patriziern in der frühen Republik. Siehe hierzu auch Seite 14.

Popularen und Optimaten Das große Ziel, eine Agrarreform dauerhaft durchzusetzen, hatten die Gracchen nicht erreicht. Ihr Reformprogramm wurde schrittweise rückgängig gemacht. Mit der lex agraria (111 v. Chr.) wurde ein großer Teil des ager publicus für die Kleinbauern abgabenfrei und damit praktisch zu Privateigentum. Dem Staat war der Zugriff auf den ager publicus entzogen, Landverteilungen ohne Weiteres nicht mehr möglich. Das frei verkäufliche Eigentum konnten die Großgrundbesitzer nun ohne Schwierigkeiten wieder aufkaufen.

Auch die Lage der Bundesgenossen verbesserte sich nicht. Maßnahmen wie die lex iudiciaria und die lex frumentaria fanden jedoch derart breite Zustimmung in der Ritterschaft bzw. der plebs urbana, dass der Senat sie aus Angst vor möglichen Unruhen nicht antastete. Tiberius und Gaius Gracchus veränderten die politische Ordnung der römischen Republik aber noch grundlegender: Beide Volkstribune hatten den Umstand ausgenutzt, dass die Volksversammlung der Plebejer durch Versprechungen und Vergünstigungen leicht zu manipulieren war. Sie machten sich dies zunutze, um Gesetze gegen den Willen des Senats durchzusetzen. Dadurch wurde die traditionelle Einigkeit, die zwischen Senatoren und Magistraten bestanden hatte, untergraben. Die Versammlung der Plebejer benutzten einige ambitionierte Politiker aus dem Senat künftig als Machtmittel. Sie wurden „Männer des Volkes" (*populares*) genannt. Als „die Besten" (*optimates*) wurden hingehen diejenigen Staatsmänner bezeichnet, die weiterhin im Einklang mit der Autorität des Senats handelten und ihn als Basis aller Entscheidungen sahen (▸ M4).

Filmtipp
Sturm über Europa. Teil 1: Kimbern und Teutonen, Deutschland 2002, Regie: Christian Feyerabend (Dokumentationsreihe)

▲ **Träger eines Legionsadlers.**
Bronzestatue von einer Pferderüstung, 1. Jh. n. Chr.
Zur Heeresreform des Marius gehörte auch eine Vereinheitlichung der Feldzeichen. So wurde der Adler – das Attribut des römischen Gottes Jupiter – alleiniges Erkennungszeichen der Legion.

Die Krise der Heeresorganisation Zehn Jahre nach dem Tod von Gaius Gracchus, kam es zu einer Reihe außenpolitischer Konflikte, die die Schwäche des römischen Heeres und seiner Führung offenlegten. In Nordafrika hatte sich der numidische König *Jugurtha* (um 160-104 v. Chr.) gegen die mit ihm verbündeten Römer gewendet. Im *Jugurthinischen Krieg* (111-105 v. Chr.) gelang es ihm, sich sowohl durch siegreiche Schlachten als auch durch Bestechung der Feldherren gegen die römische Armee lange Zeit zu behaupten. Die größte Bedrohung stellten jedoch die *Kimbern* und *Teutonen* dar. Diese beiden germanischen Stämme fielen 113 v. Chr. in den Nordosten Italiens und die nördlichen Provinzen ein und besiegten mehrfach römische Truppen. Schätzungsweise über 50 000 Soldaten verloren ihr Leben in der *Schlacht von Arausio* (105 v. Chr.) im heutigen Südfrankreich.

Die Heeresreform des Marius Die Rettung kam in Gestalt eines homo novus aus dem Ritterstand: *Gaius Marius* (156-86 v. Chr.). Dieser hatte aufgrund seiner militärischen Leistungen in früheren Feldzügen auf sich aufmerksam gemacht. Im Jahre 107 v. Chr. wurde er zum Konsul gewählt und zum Oberbefehlshaber im Krieg gegen Jugurtha bestimmt, den er 105 v. Chr. siegreich beendete. Von 104 bis 100 v. Chr. wählten ihn die Römer ohne Unterbrechung fünfmal zum Konsul. Das Verfassungsprinzip der Annuität wurde damit preisgegeben. Marius konnte trotz seines Einsatzes und seiner Erfolge nicht erreichen, dass der Senat ihn gesellschaftlich anerkannte. Die Mehrheit der Senatoren beäugte den Emporkömmling und seine wachsende Popularität eher kritisch und versuchte, ihn bei sich bietender Gelegenheit politisch zu isolieren.

Um gegen äußere Feinde wie die Kimbern und Teutonen erfolgreich vorzugehen, strukturierte Marius das römische Heer um: Die Legionäre kämpften von nun an in kleineren beweglicheren Einheiten und wurden in effektiveren Nahkampftechniken ausgebildet. Um über eine ausreichende Zahl an Soldaten zu verfügen, rekrutierte Marius sie aus der Masse der Proletarier[1]. Dadurch durften zum ersten Male Bürger in das Heer eintreten, die ihre Ausrüstung nicht selber zahlen konnten, sondern diese von staatlicher Seite gestellt bekamen. Das bäuerliche Heer, das im Bedarfsfall zusammengerufen worden war, begann sich damit langsam zu einem besoldeten *Berufsheer* zu entwickeln.[2] Mit diesen gut ausgebildeten Truppen schlug Marius die Teutonen bei *Aquae Sextiae* (102 v. Chr.) und die Kimbern bei *Vercellae* (101 v. Chr.) (▸ M5).

Die Heeresklientel Die Heeresreform erwies sich militärisch als Erfolg, führte aber zu einem neuen Problem. Viele der Soldaten standen nach geleisteter Militärzeit (zuerst 16, später 20 Jahre) wieder vor der Armut. Sollten sie nicht ausreichend vergütet werden, barg dies die Gefahr von Meutereien und Aufständen. Marius war daher gezwungen, sich für die Versorgung seiner Soldaten mit Land einzusetzen. Umgekehrt band er dadurch die Veteranen an seine Person. Feldherr und Soldaten traten so in ein gegenseitiges Treueverhältnis (*Heeresklientel*) (▸ M6). Allerdings konnte Marius den Senat nicht von der Notwendigkeit einer Soldatenversorgung überzeugen und schloss daher ein Bündnis mit dem popularen Politiker *Lucius Appuleius Saturninus* (um 138-100 v. Chr.). Unter Einsatz von Gewalt gelang es ihnen, wichtige Ämter zu erlangen: Aus seinen Veteranen bildete Marius „Schlägertrupps", ließ Gegenkandidaten von diesen

[1] Siehe hierzu Seite 17.
[2] Zur Entwicklung der römischen Heeresstärke siehe die Statistik auf Seite 64.

töten und schüchterte die Volksversammlungen ein. So erreichte er es, erneut zum Konsul und Saturninus ein zweites Mal zum Volkstribun im Jahre 100 v. Chr. gewählt zu werden. Sein Verbündeter setzte mehrere Gesetze vor der Volksversammlung der Plebejer gegen den Senat durch. Die Veteranen sollten Land in neu zu gründenden Kolonien in Nordafrika, Sizilien, Korsika, Südgriechenland und Makedonien erhalten. Marius bekam die Vollmacht, einigen Bundesgenossen, die Hilfstruppen gestellt hatten, das römische Bürgerrecht zu verleihen und Landstücke in den geplanten Kolonien zuzuweisen. Er und seine popularen Anhänger zwangen den Senat, einen Eid auf diese Gesetze zu schwören oder ihren Senatssitz aufzugeben (▸ M7).

Marius' Niedergang Der Senat hatte sich der **paramilitärischen** Bedrohung durch Marius' Veteranen zunächst gebeugt. Die Situation eskalierte jedoch, als sich Saturninus um eine weitere Amtsperiode bewarb und einen Gegenkandidaten aus den Reihen der Optimaten töten ließ. Der Senat rief den Notstand aus und befahl keinem anderen als Marius selbst, die Ordnung in seiner Rolle als Konsul wiederherzustellen. Marius sah darin die Möglichkeit, mit dem Senat zu einer Verständigung zu kommen, und wechselte die Seiten. Er ließ seinen ehemaligen Verbündeten mit einigen Gleichgesinnten in der **Kurie** gefangen setzen und von seinen Gegnern steinigen. Der Senat erklärte die Versorgungs- und Reformgesetze daraufhin für ungültig, da Saturninus diese mit Gewalt durchgesetzt hatte. Marius' Rechnung ging jedoch nicht auf: Der Senat kam seinen Wünschen in keiner Weise entgegen, sodass er letztlich alle Verbündeten verloren hatte und damit politisch isoliert war.

paramilitärisch: Bezeichnung für militärisch vorgehende Gruppen, die aber kein Bestandteil eines regulär organisierten Heeres sind

Kurie: Versammlungsgebäude des römischen Senats

Der Bundesgenossenkrieg Die Bundesgenossen waren die Verlierer der innenpolitischen Auseinandersetzungen. Das römische Bürgerrecht hätte ihnen ermöglicht, auch die Politik Roms mitzubestimmen. Im Gegenzug hätten sie das von ihnen besetzte romische Staatsland abtreten müssen, das damit zur Verteilung an besitzlose Bürger bereit gestanden hätte. Die Gründe dafür, dass jeder Vorstoß in diese Richtung dennoch scheiterte, lagen auf der Hand. Der Senat wollte verhindern, dass der Politiker, der die Bundesgenossen durch seinen Antrag als römische Bürger aufnahm, eine zu große Klientel gewinnen würde. Die Angst bestand zudem, dass die Neubürger eine überwältigende Mehrheit in der Volksversammlung bilden würden. Adlige Familien aus den Reihen der Bundesgenossen hätten dadurch in Senat und Ämter gelangen können, sodass die kleine Schicht der alten römischen Nobilität um ihre Stellung fürchten musste. Als der Volkstribun *Marcus Livius Drusus* (um 124-91 v. Chr.) im Jahre 91 v. Chr. erneut mit einem entsprechenden Gesetz zugunsten der socii scheiterte und daraufhin sogar von seinen Gegnern ermordet wurde, kam es zu einem blutigen Krieg. Die Römer konnten den *Bundesgenossenkrieg* (91-88 v. Chr.) nicht kontrollieren und mussten ihren alten Verbündeten schließlich entgegenkommen: Die Bundesgenossen, die aufseiten der Römer geblieben waren, erhielten bereits 90 v. Chr. das Bürgerrecht. Dies galt ein Jahr später auch für diejenigen Aufständischen, die die Kämpfe einstellten. Diese Entscheidung machte die freien Einwohner Italiens zu römischen Bürgern.

Marius gegen Sulla Während der Aufstand der Bundesgenossen Rom auf der italienischen Halbinsel in Bedrängnis brachte, nutzte der griechische König *Mithradates VI. von Pontos* (132-64 v. Chr.) die Lage für seine Zwecke. Er überfiel 88 v. Chr. die reiche römische Provinz Asia und ließ dort alle römischen Bürger in den Städten töten. Ihm gelang es, fast ganz Griechenland auf seine Seite zu ziehen. Der Senat beauftragte daraufhin den amtierenden Konsul *Lucius Cornelius Sulla* (138 - 78 v. Chr.) – einen Vertreter der Optimaten – den Feldzug gegen Mithradates zu führen. Diese Entscheidung brüskierte Marius, der gehofft hatte, das Kommando über den Feldzug zu übernehmen und damit sein Ansehen wieder zu erhöhen. Er verbündete sich erneut mit einem popularen Volkstribun, der über die plebejische Volksversammlung durchsetzte, Sulla das Kommando zu entziehen und es Marius zu übertragen. Dies war eine schwere Beleidigung für Sulla. Auch dessen Soldaten, die sich gerade für den Feldzug bereit machten, registrierten diesen Wechsel mit Besorgnis. Da Marius eine andere Heeresklientel besaß, war es wahrscheinlich, dass er anderen Männern den Vorzug geben würde, ihm auf dem reiche Beute versprechenden Feldzug zu folgen. Sulla fiel es daher nicht schwer, seine Truppen zu überzeugen, mit ihm nach Rom zu marschieren, um seinen Oberbefehl mit Gewalt zurückzuerlangen.

▲ **Sulla und römische Soldaten.**
Szene aus dem Film „Julius Caesar", Regie: Uli Edel, 2002.
Sulla, gespielt von Richard Harris (1930 - 2002), betritt nach seinem Sieg im Bürgerkrieg mit seinen voll bewaffneten Soldaten die Kurie des Senats.
- *Beschreiben Sie den Eindruck, den die Bildeinstellung vermittelt.*
- *Erklären Sie, durch welche filmischen Mittel der Eindruck erzeugt wird.*
- *+ Setzen Sie die durch die Bildeinstellung vorgenommene Charakterisierung Sullas in Beziehung zu der, die in M8 (Seite 49) vorgenommen wird.*

Bürgerkrieg auf den Straßen Es war bewaffneten Truppen seit jeher verboten, die heilige Stadtgrenze Roms (*pomerium*) zu überschreiten. Der Feldherr hatte vorher seinen Oberbefehl abzugeben und die Soldaten zu entwaffnen. Sie kehrten daraufhin als Privatpersonen in die Stadt zurück. Der Konsul Sulla brach dieses Gesetz in eklatanter Weise und nahm 88 v. Chr. mit seinen Truppen Rom ein. Viele Anhänger der Popularen starben in blutigen Straßenkämpfen, während Marius die Flucht nach Nordafrika gelang. Sulla ließ seine Hauptgegner als Staatsfeinde hinrichten, stellte mit Gewalt die Ordnung wieder her und erhielt den Oberbefehl gegen Mithradates zurück. Vor seiner Abreise verständigte er sich mit dem 87 v. Chr. gewählten popularen Konsul *Lucius Cornelius Cinna* (um 130 - 84 v. Chr.) darauf, dass dieser über die innere Stabilität wachen würde. Kurz nachdem Sulla nach Osten aufgebrochen war, brach Cinna die Vereinbarung und rief Marius zurück nach Rom. Beide rissen dort die Herrschaft an sich. Mit der Unterstützung von Marius' Veteranen und anderen Klienten vertrieben oder ermordeten sie ihre Gegner und sorgten dafür, dass ihre popularen Anhänger in wichtige Positionen gelangten. Marius wurde 86 v. Chr. noch einmal zum Konsul gewählt, starb aber kurz darauf an einer Lungenentzündung. Sulla war es unterdessen gelungen, Mithradates zu einem Friedensschluss zu zwingen. Er kehrte 83 v. Chr. mit seiner Armee nach Italien zurück und bekämpfte seine Rivalen in einem einjährigen Bürgerkrieg. Viele der gegnerischen Soldaten brachte er durch Geld- und Landversprechungen dazu, zu ihm überzulaufen. Cinna selbst starb bei einer Meuterei seiner Truppen. Seine verbliebenen Anhänger wurden in der Schlacht an der **Porta Collina** 82 v. Chr. von Sulla besiegt.

Porta Collina: Stadttor im Norden Roms

Die Proskriptionen Da beide Konsuln bei den Kämpfen im Jahr 82 v. Chr. ums Leben kamen, konnte Sulla mit seinem Heer im Rücken den Senat unter Druck setzen und überzeugen, seine Ernennung zum Diktator zu unterstützen. Allerdings nicht, wie es der eigentlichen Intention dieses Amtes entsprach, zur Überwindung einer äußeren Bedrohung, sondern um auf legale Weise gesetzgeberische Reformen im Sinne der Optimaten durchführen zu können. Zunächst nahm Sulla Rache an den Popularen. Die Namen seiner Gegner fanden sich auf Listen wieder, die öffentlich ausgehängt wurden. Diese „Bekanntmachungen“ (*proscriptiones*) bedeuteten, dass jeder römische Bürger die aufgeführten Personen töten durfte. Ihr Vermögen fiel an den Staat. Die Proskriptionen kosteten etwa 40 Senatoren und über 1500 Ritter das Leben. Ihre Kinder hatten kein Recht mehr, die Ämterlaufbahn einzuschlagen, und verloren sowohl ihre dignitas als auch jeglichen Erbanspruch (▸ M8). Sulla siedelte zudem schätzungsweise 120 000 seiner Veteranen auf Land an, das er den italienischen Gemeinden wegnahm, die auf den Seiten der Popularen gestanden hatten. Die neuen Kolonien sollten gleichzeitig die Herrschaft des Diktators über seine Gegner auf dem Land sichern.

Die Restauration unter Sulla Sulla verfolgte das Ziel, die politische Ordnung in Rom im Sinne der Senatsherrschaft wiederherzustellen. Der Ritterstand verlor die unter Gaius Gracchus gewonnene richterliche Gewalt. Senatorische Gerichtshöfe waren von nun an dafür zuständig, die Magistrate bei Fehlverhalten anzuklagen und Verstöße gegen die öffentliche Ordnung zu verfolgen. Die Prätoren übernahmen den Vorsitz über die Gerichte und wurden erst nach ihrer Amtszeit als Proprätoren für die Dauer von einem Jahr Statthalter einer Provinz. Allerdings war der Senat durch den Bürgerkrieg und die Proskriptionen stark dezimiert und rein zahlenmäßig nicht in der Lage, alle Aufgaben zu übernehmen. Daher ergänzte Sulla das Gremium mit seinen Anhängern aus der Ritterschaft. Er verdoppelte die Mitgliederzahl des Senats auf 600 Mann und erhöhte gleichzeitig auch die Zahl der Prätoren auf acht. Der Ritterstand wurde nun – seiner besten Köpfe beraubt – als Konkurrent der Nobilität wieder zurückgedrängt. Sulla verfügte zudem, dass bereits jeder Bürger, der die Quästur bekleidet hatte, nach seiner Amtszeit automatisch in den Senat gelangte. Dadurch wurden die Befugnisse der Zensoren erheblich geschwächt. Dies galt auch für die Volkstribunen, die ihr Vetorecht gegen Senatsbeschlüsse verloren und Gesetze nur noch dann der plebejischen Volksversammlung vorlegen durften, wenn der Senat sie vorher ausdrücklich genehmigte. Ein ehemaliger Volkstribun durfte künftig kein anderes höheres Amt mehr ausüben. Damit war das Volkstribunat für ehrgeizige Politiker unattraktiv geworden. Die Entmachtung des Volkstribunats sollte popularen Politikern jegliche Möglichkeiten nehmen, Beschlüsse gegen den Senat durchzusetzen.

Andere Maßnahmen dienten dazu, römischen Bürgern die Möglichkeit für einen schnellen politischen Aufstieg und eine Machtanhäufung, wie sie Marius und Sulla selbst gelungen waren, zu nehmen: Die *lex Cornelia annalis* regelte, dass ein römischer Politiker das Konsulat erst im Mindestalter von 42 bekleiden durfte. Er musste außerdem zuvor Quästor, Ädil und Prätor gewesen sein. Statthalter durften nur noch innerhalb ihrer zugewiesenen Provinzen Kriege führen und mit ihren Truppen die Grenzen dieser Gebiete nicht überschreiten. Damit sollten kriegerische Auseinandersetzungen im Inneren des Landes für die Zukunft ausgeschlossen werden.

Sulla legte 79 v. Chr. freiwillig die Diktatur nieder und zog sich ins Privatleben zurück. Er starb ein Jahr später. Sulla hatte die Stabilität gewaltsam und im Alleingang wiederhergestellt, was selbst bei seinen Anhänger letztlich auf Ablehnung stieß. Es zeigte sich daher bald, dass diese **Restauration** nicht von langer Dauer war (▸ M9).

Restauration (lat. restaurare: wiederherstellen): bezeichnet im Allgemeinen die Wiederherstellung früherer politischer, rechtlicher und sozialer Zustände nach einem Umsturz

▲ **Gracchischer Grenzstein.**
Zweites Jahrhundert v. Chr., Süditalien.
Der Grenzstein verweist mit seiner Gravur auf das Ackergesetz von Tiberius Gracchus.

M1 Agrarreform

Der griechische Geschichtsschreiber Appian (siehe Seite 33) gibt die Vorrede des Tiberius Gracchus zu seinem 133 v. Chr. vorgelegten Agrargesetz in eigenen Worten wieder:

Vor der Abstimmung brachte er ausführlich viele Argumente zugunsten des Gesetzes vor und fragte dann, ob es gerecht sei, gemeinsamen Besitz gemeinsam zu teilen, ob der Bürger nicht näher stünde als der Sklave, der Soldat nicht brauchbarer als der Nichtsoldat und der am politischen Leben teilhabende Bürger den öffentlichen Belangen nicht aufgeschlossener sei. Bei diesem Vergleich verweilte er wie bei etwas Unwürdigem nicht lange, sondern schritt voran zu den Hoffnungen und Befürchtungen für das Vaterland, dass sie bereits den größten Teil der Erde schon mit Gewalt in Besitz genommen und nun Aussicht hätten auf den Rest der Welt, dabei jedoch vor die alles entscheidende Frage gestellt seien, entweder den Rest dank der verbesserten Wehrkraft zu erwerben oder das Vorhandene aus Schwäche und gegenseitiger Missgunst an die Feinde zu verlieren. Dabei übertrieb er auf der einen Seite den Ruhm und die Vorteile sowie auf anderen die Gefahr und die Befürchtungen und forderte die Reichen auf, dies zu bedenken und das betreffende Land, wenn notwendig, als freiwillige Gabe mit Rücksicht auf die künftigen Erwartungen denen zu geben, die Kinder aufziehen würden, und nicht über den Streit um Kleinigkeiten die größeren Ziele zu übersehen, zumal sie als Kompensation für ihre Aufwendungen kostenlos 500 Morgen zu freiem Eigentum erhielten und für ihre Söhne, soweit sie welche hätten, jeweils die Hälfte davon. Nachdem Gracchus vieles in diesem Sinn gesagt hatte und so die Armen ebenso wie andere, die sich mehr von sachlicher Überlegung als vom Besitzstreben leiten ließen, eingestimmt hatte, ließ er den Schreiber den Gesetzesantrag verlesen.

Appian, Bella civilia, 1,43-47, nach: Klaus Bringmann, Krise und Ende der römischen Republik (133-42 v. Chr.), Berlin 2003, S. 150

1. *Fassen Sie Gracchus' Argumente zusammen.*
2. *Erläutern Sie auf Basis Ihrer Vorkenntnisse, warum Tiberius Gracchus das Amt des Volkstribunen nutzt, um seine Reformvorhaben durchzusetzen.*
3. + *Gestalten Sie ein Streitgespräch zwischen einem die Reform befürwortenden und einem der Reform abgeneigten Senator. Beachten Sie dabei auch, dass Sie als Senator die Interessen von Bevölkerungsgruppen vertreten, und beziehen Sie mögliche soziale und wirtschaftliche Folgen des Gesetzes sowie unterschiedliche Perspektiven (z. B. eines Großgrundbesitzers, Offiziers oder Kleinbauern) mit ein.*

M2 „Popularität durch Inhalt"?

Der Historiker Bernhard Linke schreibt 2005 über die Intention und Motivation von Tiberius Gracchus:

Es ist sehr gut möglich, dass im Umfeld dieses Mannes eine völlig neue und für römische Verhältnisse fast revolutionäre politische Strategie entwickelt wurde: Popularität nicht mehr nur durch militärische Erfolge zu suchen, [...] sondern Popularität durch die gezielte Aufnahme von aktuellen Problemstellungen zu erlangen. So sollte es möglich werden, Menschen als Unterstützer der eigenen Ambitionen zu gewinnen, zu denen man vorher keine persönliche Beziehung hatte, nur weil sie der inhaltlichen Ausrichtung der eigenen Vorschläge zustimmten. Diese Strategie „Popularität durch Inhalt" bildete einen extremen Kontrast zu dem rein auf persönliche Bindungen ausgerichteten Verhalten, das bis dahin die politische Sphäre dominiert und die kollektive Machtausübung der Nobilität gewährleistet hatte. [...]
Es gibt nur wenige Themen, über die in der althistorischen Forschung so intensiv und kontrovers diskutiert wurde wie über die Motivation von Tiberius Gracchus. [...] Die einen

sehen in Tiberius primär den Idealisten, der die in die Krise geratene Republik durch seine Reformen retten wollte. Die anderen glauben hingegen, dass er vor allem aus eigensüchtigen Motiven gehandelt habe und nur seinen persönlichen Vorteil im Sinn gehabt habe. Ein abschließendes Urteil darüber ist jedoch angesichts der Quellenlage kaum möglich, da Tiberius Gracchus ein Mann war, der schon in der Antike die Gemüter polarisierte. [...] Die Faszination, die von Tiberius bis heute ausgeht, beruht zu einem nicht geringen Teil gerade auf dieser Unergründbarkeit seiner Motivation.
Von diesen Schwierigkeiten unberührt bleibt die Tatsache, dass die spezifischen Hintergründe seines eigenen Werdeganges den konkreten Ablauf der Ereignisse wesentlich beeinflussten. Der hohe Prestigeverlust, den die Kapitulation in Spanien mit sich brachte, lastete zweifellos schwer auf Tiberius.[1] Gerade diese Last dürfte ihn bei seinem politischen Handeln deutlich risikobereiter gemacht haben als andere Aristokraten in seinem Alter, da für ihn die traditionelle Fortsetzung der Karriere nur ungewisse Erfolgschancen bot. Die Synthese aus seiner hervorragenden Abstammung und dieser Risikobereitschaft ließ ihn als Volkstribun zu einem geradezu idealen Partner bei der Umsetzung einer neuen politischen Strategie werden. [...]
Die Bereitschaft [...], die Reformvorschläge auch gegen den massiven Widerstand anderer Aristokraten durchzusetzen, musste aber nicht die billigende Inkaufnahme einer völligen Eskalation der Auseinandersetzung bedeuten. Diese war wohl kaum geplant, auch nicht von Tiberius Gracchus. Doch nachdem dieser sich so stark in der Öffentlichkeit exponiert hatte, konnte er das Projekt nicht mehr aufgeben, ohne sein Gesicht endgültig zu verlieren. Nach dem Scheitern in Spanien konnte er sich keine zweite Niederlage erlauben. Sein politisches Überleben hing vom Erfolg der Reformen ab. Je weiter der Streit ausuferte, umso bestimmender wurde diese Logik und umso höher wurde wiederum seine Risikobereitschaft.

Bernhard Linke, Die römische Republik von den Gracchen bis Sulla, Darmstadt ²2012, S. 40 f.

1. *Analysieren Sie, inwieweit Tiberius Gracchus für neue bzw. alte politische Haltungen und Handlungsweisen in der römischen Politik steht.*
2. ✚ *Überprüfen Sie, inwieweit die von Bernhard Linke beschriebene „Strategie" des Tiberius Gracchus in Appians Schilderung (M1) zum Ausdruck kommt.*
3. *Linke schreibt über Tiberius Gracchus: „Die Dynamik seiner eigenen Risikobereitschaft führte ihn ins Abseits." Beurteilen Sie diese These.*

[1] Siehe hierzu Seite 36.

M3 „Den Senat vollständig entmachtet"

Appian (siehe Seite 33) berichtet über die Auswirkungen der „lex iudiciaria":

So war also C. Gracchus zum zweiten Mal Volkstribun. Wie er das Volk gekauft hatte, so brachte er auch die sogenannten Ritter, die in ihrem Rang zwischen dem Senat und der Plebs stehen, durch ein anderes derartiges politisches Manöver auf seine Seite. Die Gerichte, die durch Bestechungsaffären in Verruf geraten waren, übertrug er von den Senatoren auf die Ritter, dabei machte er ihnen vor allem die jüngsten Skandalfälle zum Vorwurf, dass Aurelius Cotta, [Livius?] Salinator und als dritter M. Aquilius, der [die Provinz] Asia erobert hatte, von den Richtern freigesprochen worden waren, obwohl ihre Bestechlichkeit klar zutage lag: Die Gesandten, die Klage gegen sie erhoben hatten, waren noch anwesend und erzählten in gehässiger Art und Weise überall davon. Da der Senat sich sehr schämte, gab er dem Gesetz seine Zustimmung, und das Volk verabschiedete es. Auf diese Weise wurden also die Gerichte vom Senat auf die Ritter übertragen. Wie man sagt, soll Gracchus kurz nach Ratifizierung des Gesetzes gesagt haben, er habe den Senat [damit] vollständig entmachtet, und als dann die Veränderung sich in der Praxis auswirkte, habe sich Gracchus' Wort noch stärker bewahrheitet. Denn die richterliche Gewalt über Römer und Italiker einschließlich der Senatoren selbst Strafen jeder Art zu verhängen – Geld, Aberkennung der bürgerlichen Ehrenrechte, Verbannung – erhob die Ritter gewissermaßen zu Herrschern über dies alles und machte ihnen die Senatoren gleich, ja zu Unterlegenen. Als sich die Ritter mit den Volkstribunen verbündeten und von ihnen Gegenleistungen empfingen, was immer sie wollten, wurden sie für die Senatoren zum Gegenstand großer Furcht. Binnen Kurzem wurden die politischen Machtverhältnisse auf den Kopf gestellt, allein die Ehre blieb dem Senat, die Macht hatten die Ritter. Sie gingen nämlich nicht nur so weit, dass sie die Macht ausübten, sondern sie erlaubten sich gegen die Senatoren offene Verletzungen des Rechts. Sie übernahmen die Bestechlichkeit und als sie durch die großen Gewinne auf den Geschmack gekommen waren, betrieben sie das Geschäft der Korruption noch schamloser und ungehemmter.

Appian, Bella civilia, 1,91-96, nach: Klaus Bringmann, a.a.O., S. 158

1. *Fassen Sie die Wirkungen des Gesetzes zusammen.*
2. *Arbeiten Sie Gaius Gracchus' Motive für die Gesetzesvorlage heraus, die von Appian unterstellt werden.*
3. *Überprüfen Sie auf der Basis Ihres Hintergrundwissens Appians Wertung des Vorgehens von Gaius Gracchus.*

M4 Die Bedeutung der Gracchen

Der Historiker Karl Christ schreibt 1979 über die Gracchen:

Am bedenklichsten aber waren die Folgen der Vorstöße der Gracchen auf lange Sicht auf dem Gebiet der innerstaatlichen Ordnung und der gesamten inneren Politik. Der Versuch des C. Gracchus, die Ritter zu politisieren und sie zu Verbündeten gegen den Senat zu gewinnen, war am Ende ebenso gescheitert wie derjenige, die Volksversammlung als politisch maßgebendes Gremium zu benutzen. Aber in beiden Fällen waren sich die politischen Partner des C. Gracchus ihrer Kräfte und ihrer Möglichkeiten bewusst geworden, die Gracchen hatten hier bleibende Gegensätze hinterlassen. Am stärksten traten diese Gegensätze, die alsbald die innere Einheit des römischen Staates zu sprengen drohten, in dem Antagonismus[1] zwischen den sogenannten Optimaten und den Popularen in Erscheinung, in jenen beiden Fronten, von denen sich die eine an den Senat und die Nobilität anschloss, die andere an Volk und Volksversammlung und von dieser Basis aus, und selbstverständlich immer unter der Parole, für die Interessen des Volkes einzutreten, politisch wirksam wurde. [...] Dabei ist freilich immer zu berücksichtigen, dass auch die führenden popularen Politiker in der Regel von Haus aus Angehörige des Adels waren, die sich lediglich zu Stimmführern der plebs aufwarfen. Eine demokratische Partei im modernen Sinne hat es in Rom nicht gegeben, mit modernen Parteien haben Optimaten und Popularen nach Definition und Tradition nichts zu tun, die Vorstellung eines Zweiparteiensystems im Rom der späten Republik wäre ein klassischer Irrtum. [...]

Wenn Theodor Mommsen[2] einst die Auffassung vertreten hatte, dass Gaius Gracchus ein unbeschränktes Volkstribunat auf Lebenszeit und die Beseitigung der Republik durch eine „napoleonisch absolute Monarchie" erstrebt hatte, so gehen solche Äußerungen viel zu weit. Richtig gesehen ist indessen der allgemeine Zusammenhang. Denn die Bewegung der Gracchen lehrt, dass die römische plebs nicht aus eigenem Antrieb aktiv wurde, ebenso wenig wie die verarmten Bauern, dass sie gar nicht in der Lage war, ihre wirtschaftlichen und gesellschaftlichen Forderungen und Vorschläge zu formulieren. Noch immer wurde sie von Angehörigen der Führungsschicht, die sich ihrer Interessen – aus welchen Gründen auch immer – annahmen, mobilisiert. [...] Die Massenbewegungen verbanden sich mit einzelnen Politikern, sprengten die aristokratischen Normen und stellten zuletzt jene Verbindung zwischen popularer Basis und Monarchie her.

Karl Christ, Krise und Untergang der römischen Republik, Darmstadt ^{7}2010, S. 146 f.

1. *Erläutern Sie ausgehend vom Text die Begriffe „Popularen" und „Optimaten".*
2. *Erklären Sie anhand der von Ihnen entwickelten Definition und auf Basis Ihres Vorwissens, inwieweit die Gracchen Vertreter der Popularen waren.*
3. *Beurteilen Sie ausgehend vom Text und auf Basis Ihres Vorwissens, ob die Reformversuche der Gracchen einen revolutionären Vorgang darstellen. Beziehen Sie hierbei auch M2 und M3 (Seite 44 f.) ein.*

[1] **Antagonismus**: Gegensatz
[2] **Theodor Mommsen** (1817-1903): bedeutendster Altertumswissenschaftler des 19. Jahrhunderts, erhielt für seine „Römische Geschichte" 1902 den Literaturnobelpreis

M5 Zwei bekannte Gallier in der Legionärsausbildung

Die römischen Soldaten tragen seit Marius' Heeresreform ihre gesamte Ausrüstung mit sich, was ihnen den Namen „Marius' Maultiere" (muli mariani) einbringt. Die Armee wird dadurch mobiler und flexibler. Ihre Ausrüstung, die neben den Waffen noch Werkzeuge, Töpfe und Pfannen sowie Proviant für mehrere Tage beinhaltet, wiegt bis zu über 40 kg.
René Goscinny und Albert Uderzo zeigen in ihrem Comic „Asterix als Legionär" von 1967 ein eigenes Bild der römischen Armee (siehe Seite 47). Im Verlauf der Geschichte melden sich Asterix und Obelix freiwillig zum Heeresdienst, wo sie auf Menschen unterschiedlicher Herkunft treffen. Der Ägypter Tennisplatzis hält die Armee aufgrund eines Verständnisproblems allerdings für eine Reisegruppe.

1. *Analysieren Sie anhand der Bild- und Textelemente, wie in der Comicsequenz (Seite 47) die Komik erzeugt wird.*
2. + *Vergleichen Sie die Comicsequenz mit der tatsächlichen Organisation und dem Selbstverständnis der römischen Armee. Legen Sie dabei den Zeitraum von der römischen Expansion außerhalb Italiens bis zu Marius' Heeresreform und seinem Sieg über die Kimbern und Teutonen zugrunde (siehe dazu auch die Verfassertexte auf Seite 26 f. und 40 sowie M4 und M5 auf Seite 33 bis 35).*
3. *Erläutern Sie, warum sich Goscinny und Uderzo der römischen Geschichte bedienen, um in der Comicsequenz ein gesellschaftliches Statement zur Rolle des Militärs abzugeben. Beziehen Sie dabei relevante Text- und Bildaspekte mit ein.*

Asterix als Legionär. Großer Asterix-Band X, Text von René Goscinny, Zeichnungen von Albert Uderzo, Stuttgart 1995, S. 28 (übersetzt von Gudrun Penndorf)

M6 Die Gunst der Masse

Der römische Geschichtsschreiber Sallust (86-35/34 v. Chr.) verfasst mehrere Werke über die römische Geschichte. In seiner um 40 v. Chr. entstandenen Darstellung über den Jugurthinischen Krieg (111-105 v. Chr.) berichtet er rückblickend über den Aufstieg des Gaius Marius, dem das Konsulat und der Oberbefehl gegen König Jugurtha übertragen wird:

Marius hingegen, nach dem dringenden Wunsche der Masse [...] zum Konsul ernannt, ging [...] dem Adel, dem er schon vorher feind war, jetzt erst recht unermüdlich und wild zu Leibe, beleidigte bald Einzelne, bald die Gesamtheit, erklärte, er habe das Konsulat als Beute nach seinem Siege über sie erhalten, und was solcher Äußerungen, die ihn selbst herausstellten und jene herabsetzten, mehr waren. Die Kriegsnotwendigkeiten stellte er dabei in die erste Linie. Er verlangte Ersatz für die Legionen, zog Hilfstruppen von freien Völkern, Königen und Bundesgenossen ein, holte außerdem aus Latium[1] herbei, was es an Tapferen gab, von denen er die meisten im Felde, einige bloß nach ihrem Ruf kennengelernt, und veranlasste durch persönlichen Besuch ausgediente Leute, mit ihm ins Feld zu gehen. Auch wagte der Senat, wie sehr er ihm entgegen war, doch nicht, ihm irgendetwas abzuschlagen. Den Ersatz bewilligte er ihm sogar gern, weil man glaubte, der Kriegsdienst sei nicht nach dem Sinne des Volkes, und Marius werde entweder um den nötigen Kriegsbedarf oder um die Gunst der Masse kommen. Doch die Hoffnung trog. Eine solche Begeisterung, mit Marius ins Feld zu gehen, hatte die meisten befallen. Jeder eine klammerte sich an die Vorstellungen, er werde durch die Beute ein reicher Mann werden, als Sieger heimkehren und anderes dergleichen [...].

Nachdem der erste Teil seines Heeres aufgebrochen ist:

Er selbst hob inzwischen Soldaten aus, weder nach dem Brauch der Vorfahren noch nach Klassen, sondern wie ein jeder Lust hatte, die meisten aus der ärmsten Schicht. Dies habe er getan, berichteten die einen, weil es nicht genug besitzende Bürger gab, die andern, weil der Konsul sich beliebt machen wollte, da er von Leuten dieser Art gefeiert und erhoben worden war, und einem Manne, der Macht sucht, der Bedürftigste auch immer der Genehmste ist, da dem das Seine keine Sorge macht, weil er nichts besitzt, und ihm alles, was Gewinn bringt, auch ehrenhaft zu sein scheint.

Sallust, Jugurthinischer Krieg 84ff., nach: Walter Arend (Bearb.), Altertum. Geschichte in Quellen, München ³1978, S. 482 (übersetzt von H. Weinstock)

[1] **Latium**: Gebiet in Mittelitalien

1. *Geben Sie die öffentliche Wahrnehmung der Heeresreform und das Bild des Gaius Marius nach der Darstellung Sallusts wieder. Beschreiben Sie arbeitsteilig*
a) das Verhältnis zwischen Marius und dem Senat,
b) das Verhältnis zwischen Marius und seinen Soldaten.

2. *Arbeiten Sie die (sozialen und politischen) Folgen heraus, die die neue Struktur des Heeres mit sich bringt.*

3. *Erläutern Sie die innenpolitischen Spannungen, die Sallust zum Ausdruck bringt.*

4. *Sallust kennt den weiteren Verlauf der Ereignisse. Überprüfen Sie, inwiefern Sallust Wertungen auf Basis seines Wissens vornimmt.*

M7 Die Gewalt regiert

Appian (siehe Seite 33) schildert aus der Rückschau die innenpolitischen Konflikte der römischen Republik im Jahre 100 v. Chr. im Zusammenhang mit der Verabschiedung eines Ackergesetzes des Volkstribunen Lucius Appuleius Saturninus (siehe Seite 40):

Appuleius brachte ein Gesetz zur Verteilung des Landes ein, das die Kimbern [...] in dem von den Römern jetzt so bezeichneten [Diesseitigen] Gallien besetzt hatten: Marius hatte sie soeben vertrieben und das Land, das nicht mehr im Besitz von Galliern war, für die Römer eingezogen. Hinzugesetzt war die Bestimmung, dass der Senat innerhalb von fünf Tagen, nachdem das Volk das Gesetz ratifiziert hatte, einen Eid auf das Gesetz leiste, oder im Fall der Eidesverweigerung der Betreffende seinen Senatssitz verliere und dem Volk 20 Talente Strafe zu zahlen habe. Das taten sie [Marius, Appuleius und ihre popularen Anhänger], um andere Unzufriedene und vor allem Metellus[1] abzuwehren, der freilich zu stolz war, um sich dem Eid zu unterwerfen. Dies war der Gesetzesvorschlag, und Appuleius legte den Tag der Abstimmung fest und schickte Boten, um die Landbewohner zu mobilisieren, in die er das größte Vertrauen setzte, da sie unter Marius gedient hatten. [...] Und während der Abstimmung brachen Unruhen aus. Diejenigen Volkstribune, die die Annahme des Gesetzes verhindern wollten, ließ Appuleius tätlich angreifen und von den Rostren[2] vertreiben, das Stadtvolk aber rief, während der Versammlung habe es gedonnert,

[1] **Metellus Numidicus** († um 91 v. Chr.): Er stammte aus einer der einflussreichsten und reichsten römischen Plebejerfamilien und bekleidete 109 v. Chr. das Amt des Konsuls. Metellus weigerte sich als einziger Senator, das Ackergesetz des Saturninus anzunehmen, und ging daraufhin ins Exil.

[2] **Rostra**: Rednerplattform auf dem Forum Romanum

weswegen bei den Römern keine Abstimmung stattfinden darf. Als die Anhänger des Appuleius gleichwohl das Gesetz durchpeitschen wollten, gürtete sich das Stadtvolk, bewaffnete sich, so gut es ging, mit Knüppeln und vertrieb die Leute vom Land. Die aber wurden wiederum von Appuleius mobilisiert und mit Knüppeln bewaffnet und sie fielen über die städtische Plebs her und erzwangen die Annahme des Gesetzes. Unmittelbar danach brachte Marius als Konsul die Frage des Eides vor den Senat; und da er wusste, dass Metellus ein Mann von festen Überzeugungen war, der bei dem bleiben würde, was er dachte oder vorher geäußert hatte, gab er als erster seine Meinung – nicht ohne Hinterlist – bekannt und sagte, dass er freiwillig diesen Eid nicht schwören werde. Nachdem Metellus dem zugestimmt und die übrigen sich ihnen angeschlossen hatten, entließ Marius den Senat. Am fünften Tag danach [dem letzten vom Gesetz für die Eidesleistung vorgeschriebenen] rief er sie in aller Eile um die zehnte Stunde zusammen und sagte, dass er in Furcht vor dem Volk sei, weil es so leidenschaftlich auf der Einhaltung des Gesetzes bestehe, er sehe aber folgenden Ausweg: auf das Gesetz zu schwören, soweit es ein Gesetz sei, um zunächst auf diese Weise die nach Rom gekommene Landbevölkerung zu zerstreuen, später aber unschwer deutlich zu machen, dass es sich um gar kein Gesetz handele, da es mit Gewalt und nach Meldung eines Donnerschlags gegen die Ordnung der Verfassung zustande gekommen sei.

Appian, Bella civilia, 1,130-136, nach: Klaus Bringmann, a.a.O., S. 164 f.

1. *Fassen Sie den Gang der Ereignisse und die Positionen der Gegner und Befürworter des Ackergesetzes zusammen.*
2. *Weisen Sie typische Strategien der Popularen am Verhalten von Appuleius und Marius nach.*
3. *Analysieren Sie die Rolle der Stadt- und der Landbevölkerung.*
4. *Entwickeln Sie aus Sicht der Optimaten eine Gegenposition zu der Art und Weise, in der der Gesetzgebungsprozess hier abläuft.*
5. *Arbeiten Sie heraus, inwieweit in der Quelle die innere Krise der römischen Republik zum Ausdruck kommt. Beachten Sie auch die Bedeutung der „Heeresklientel".*

M8 „Das bedeutete ihren Tod"

Appian (siehe Seite 33) berichtet, wie nach Sullas Sieg im Bürgerkrieg 82 v. Chr. die Proskriptionen durchgeführt werden:

Die Namen von etwa 40 Senatoren und gegen 1600 Rittern ließ Sulla öffentlich anschlagen, das bedeutete ihren Tod; denn er soll der erste gewesen sein, der die Namen der Bürger, die er mit dem Tode bestrafte, öffentlich anschlagen ließ und dazu Ehrengeschenke ankündigte für die, die sie beseitigten, Angeberlohn für die, die sie aufspürten, und Strafen für die, die sie verbargen. Kurz danach setzte er die Namen weiterer Senatoren dazu. Wer von diesen unvermutet gefasst wurde, wurde an Ort und Stelle umgebracht, in den Häusern, auf den Gassen, in Heiligtümern; [...] andere wurden fortgeschleppt und niedergetreten, und keiner von denen, die solche Gräuel mit ansahen, wagte vor Furcht, auch nur einen Laut von sich zu geben. Andere wurden verbannt, wieder anderen ihr Besitz konfisziert; und wer aus der Stadt entkommen war, gegen die waren Spürer angesetzt, die alles durchsuchten und, wen sie fassten, beseitigten. Auch von den Italikern[1] wurden viele aus dem Wege geräumt, verbannt und ihrer Güter beraubt, und zwar alle, die die Befehle des [...] Marius [...] befolgt hatten. Scharfes Gericht wurde über sie gehalten in ganz Italien und Anklagen aller Art vorgebracht, wenn einer ein Heer gegen Sulla geführt oder am Kriege teilgenommen oder Gelder beigesteuert oder sonstige Dienste geleistet hatte oder überhaupt an Plänen gegen Sulla beteiligt war [...]. Und das richtete sich am stärksten gegen die Reichen. Als aber gegen Einzelne nichts mehr vorzubringen war, ging Sulla gegen die Städte vor und bestrafte auch sie; den einen schleifte er die Kastelle oder riss ihre Mauern nieder oder legte ihnen Kollektivstrafen auf oder ruinierte sie durch schwere Tributzahlungen; in den meisten aber siedelte er seine alten Soldaten an, um in Italien Besatzungen zu haben; Land und Häuser ihrer Bürger zerstückelte er und übertrug alles auf diese [Veteranen]; dadurch gewann er sich besonders ihre Ergebenheit bis über seinen Tod hinaus; denn da sie genau wussten, dass dieser Besitz nur gewährleistet war, wenn alle Anordnungen Sullas unverändert blieben, traten sie auch nach seinem Tode für ihn ein.

Appian, Bella civilia, 1,95 ff., nach: Walter Arend (Bearb.), a.a.O., S. 492 (übersetzt nach B. Rappaport)

1. *Gliedern Sie die Darstellung nach dem Verhältnis der unterschiedlichen Personengruppen zu Sulla.*
2. *Analysieren Sie Appians Haltung zu den Vorgängen.*
3. *Erläutern Sie ausgehend vom Text die Ziele und die möglichen politischen und gesellschaftlichen Auswirkungen der Proskriptionen.*
4. *Beurteilen Sie die Proskriptionen hinsichtlich ihrer wahrscheinlichen kurz-, mittel- und langfristigen Wirkungen.*

[1] **Italiker**: in Italien lebende Stämme, die Bundesgenossen Roms waren

M9 Reformstau in der römischen Republik?

Der Historiker Karl Christ bewertet 1979 die Reformbemühungen in der römischen Republik zwischen 121 bis 78 v. Chr.:

Einmal erschienen vielen Optimaten offensichtlich auch die bescheidensten und nur allzu berechtigten, ja geradezu unvermeidbaren Reformansätze bereits als Revolution, jede Veränderung der Gesellschafts-, Wirtschafts- und Verfassungsstruktur als eine Veränderung zum Schlechteren. Diese Einstellung entsprach nicht nur schichtenspezifischen Interessenlagen, sie entsprach ebenso eindeutig den Traditionen der römischen Führungsschicht, ihrem Selbstverständnis wie ihrer Ideologie.

Die zweite Beobachtung [...] ließe sich auch bei anderen Reformbestrebungen inmitten revolutionärer Konstellationen, das heißt der Zuspitzung wirtschaftlicher, gesellschaftlicher und politischer Konflikte bis zum offenen Ausbruch des Bürgerkrieges oder des Klassenkampfes aufzeigen. Es ist die Tatsache, dass in vielen Fällen kompromissbereite Reformer die unmittelbaren und die indirekten Folgen ihrer Initiativen ebenso wenig vorausgesehen haben wie die konsequenten Revolutionäre.

In diesem Zusammenhang ist nicht Sulla, sondern Marius die bemerkenswerteste Figur. Der erfolgreiche militärische Spezialist und Feldherr hat das geschaffen, was heute zumeist als die Heeresgefolgschaft der späten Republik bezeichnet wird. Konkrete militärische Aufgaben [...] zwangen ihn zum Aufbau jenes Heeres, das zum wichtigsten Machtinstrument der späten Republik werden sollte. Doch an die gesellschaftlichen und politischen Auswirkungen und Folgen seiner organisatorischen Maßnahmen hat Marius wohl keinen Augenblick gedacht. Jedenfalls hat er gezögert, die Konsequenzen aus der von ihm herbeigeführten Entwicklung zu ziehen, Konsequenzen, die freilich dann erst von Caesar[1] rigoros und völlig skrupellos gezogen worden sind.

Indessen steht Marius in seiner Anerkennung der Bindungen an Tradition und System nicht allein. Sie begegnet, wenn auch in einer im Einzelnen unterschiedlichen Stärke, bei Tiberius Gracchus ebenso wie [...] bei Cinna. [...] In Rom stellten Reformer, die alle Brücken hinter sich abbrachen, wie Appuleius Saturninus, die Ausnahme dar. In der Regel wurde stets versucht, die Krisen innerhalb der bestehenden Stukturen zu überwinden. Diese Versuche erwiesen sich freilich nicht schon deswegen als von Anfang an aussichtslos, weil die Reformer über keine organisierte und konstante Anhängerschaft verfügten, sondern sich von Projekt zu Projekt um immer neue, wechselnde Interessengruppen bemühen mussten. Aber mehr noch als das Scheitern dieser häufig genug zersplitterten Ansätze trug das Verhalten der Reaktion, die hartnäckige Opposition des Octavius[2], das repressive Vorgehen gegen Livius Drusus, gar nicht zu reden von den Proskriptionen Sullas zu einer Verschärfung der Konfliktlage bei, die dann die Bürgerkriege des 1. Jahrhunderts v. Chr. charakterisieren sollte.

Noch quälender als diese durch nichts zu beschönigenden Entwicklungen sind freilich die Beobachtungen eines Verhaltens, das unserer eigenen Zeit nicht fremd ist, die Tatsache, dass Konfliktherde wie soziale oder politische Aufgaben wohl erkannt und gesehen werden, dass aber dennoch Lösungen der Probleme immer wieder hinausgeschoben werden, solange, bis sich die Desintegration des Systems als Preis des Aufschubs erwies.

Karl Christ, a. a. O., S. 228 f.

1. *Gliedern Sie den Text nach Sinnabschnitten.*
2. *Charakterisieren Sie ausgehend vom Text die Rolle der jeweils genannten Personen für die Reform der römischen Republik nach Christ und legen Sie hierzu eine Übersicht an.*
3. *Überprüfen Sie auf Basis Ihres Hintergrundwissens, ob Christ in seiner Beurteilung der Personen zuzustimmen ist.*
4. *Erörtern Sie, ob der von Christ im letzten Absatz (Zeile 51 bis 58) hergestellte Gegenwartsbezug zutreffend ist.*

[1] Zu Gaius Iulius Caesar siehe Seite 56 bis 61.

[2] Marcus Octavius legte als Volkstribun Einspruch gegen das Agrargesetz des Tiberius Gracchus aus dem Jahre 133 v. Chr. ein.

Textquellen analysieren

Kompetenz:
Historische Zusammenhänge, Sachverhalte, Prozesse und Strukturen mithilfe von Textquellen rekonstruieren, analysieren und interpretieren

Wichtige Informationsquellen für die antike Geschichte sind schriftliche Zeugnisse. Sie können von Handelnden, Zeitzeugen oder Geschichtsschreibern stammen. Die Quellenlage für die Antike ist im Vergleich zu anderen historischen Epochen überschaubar bzw. lückenhaft. Viele Werke antiker Autoren sind in großen Teilen oder ganz verschollen. Textquellen, die ein Ereignis unmittelbar zu der Zeit festhalten, in der es geschah, sind äußerst selten. Daher müssen wir oft auf Texte antiker Autoren zurückgreifen, die zum Teil einen sehr großen Zeitabstand zum dargestellten Geschehen aufweisen. Diese Autoren sind allerdings keine „Historiker" im heutigen Sinne, die den Verlauf der Geschichte möglichst objektiv beschreiben wollten. Die römische Geschichtsschreibung verfolgte in der Regel das Ziel, den eigenen Staat in einem positiven Licht darzustellen, und übte starke Kritik an Personen oder Gruppen, die diesen Staat vermeintlich gefährdeten. Persönliche Motive, Sichtweisen und Intentionen der Verfasser müssen bei der Textanalyse ebenso beachtet werden. Häufig wollten die Autoren mit ihren Werken einfach nur unterhalten oder die Gesellschaft als solche kritisieren. Gerade hier müssen die historisch relevanten Informationen sorgfältig herausgearbeitet und geprüft werden. Das Bild von der Vergangenheit, das wir letztlich aus einer Quelle gewinnen, hängt aber auch immer von unserem Vorwissen und unseren gegenwärtigen persönlichen Einstellungen und Werten ab.

Formale Kennzeichen

- Wer ist der *Verfasser* (oder *Auftraggeber*)? Welche Funktion, welchen Beruf oder welche Stellung hat er?
- Um welche *Quellenart* handelt es sich (z.B. Rede, Gesetz, Chronik, Lebensbeschreibung, Brief etc.)?
- An welchen *Adressaten* ist der Text gerichtet?

Textinhalt

- *Thema*: Was ist Gegenstand des Textes? Was wird thematisiert?
- *Struktur*: Wie ist der Text aufgebaut? Welche sprachlichen und stilistischen Merkmale kennzeichnen ihn?

Historischer Kontext

- Wann, wo und aus welchem *Anlass* wurde der Text verfasst?
- Welchen *Zeitraum*, welche *Ereignisse* oder welche *Personen* behandelt die Quelle?
- In welchem *Bezug* steht der *Verfasser* (oder Auftraggeber) zu dem, was er berichtet (Handelnder, Zeitzeuge oder Geschichtsschreiber)?

Intention und Wirkung

- Welche *Intention* verfolgt der Verfasser oder Auftraggeber?
- Welche *Wirkung* sollte mit dem Text erzielt werden?

Einordnung und Bewertung

- Wie ist der *Quellenwert* des Textes zu beurteilen (Authentizität, Faktentreue, Ähnlichkeiten / Abweichungen zu anderen Quellen)?

Beispiel und Analyse

Der griechische Schriftsteller Plutarch schreibt um 96 n. Chr. über die Gesetzgebung des Gaius Gracchus:

lex agraria
lex militaris
lex de sociis et de nomine Latino
lex frumentaria
lex iudiciaria

Inhalt der Gesetze

Unter den Gesetzesanträgen, die Gaius einbrachte, um das Volk zu gewinnen und die Macht des Senates zu brechen, sah das Ackergesetz die Verteilung des Staatslandes an die Armen vor, das Militärgesetz bestimmte, der Staat habe den Soldaten im Felde die Ausrüstung zu liefern, und zwar ohne Verkürzung des Soldes, auch dürfe niemand unter siebzehn Jahren zum Kriegsdienst aufgeboten werden. Das Bundesgenossengesetz sollte den Italikern das gleiche Stimmrecht verschaffen wie den römischen Bürgern, das Getreidegesetz der unbemittelten Bevölkerung niedrige Marktpreise sichern. Doch tat das Richtergesetz dem Einfluss der Senatoren den empfindlichsten Abbruch; denn sie allein hatten die Rechtsprechung in Händen und waren deshalb bei Volk und Richtern gefürchtet und gehasst. Gaius fügte nun zu den dreihundert senatorischen Richtern dreihundert weitere aus dem Ritterstand und ließ die Urteile von den sechshundert gemeinsam fällen. Für diesen Antrag setzte er sich, wie es

Auswirkungen der Gesetze auf die politischen Verhältnisse

heißt, mit ganz besonderem Eifer ein, ja noch mehr: Während vor ihm alle Vertreter des Volkes von der Rednerbühne aus zum Senat und dem sogenannten Comitium[1] hingeblickt hatten, wandte er sich in jenem Augenblick zum ersten Male dem Forum zu, als er zum Volke sprach, und soll es auch in Zukunft so gehalten haben. Durch eine kleine Drehung, eine kaum merklich veränderte Haltung brachte er die Fundamente des Staates ins Wanken und formte ihn aus einer Aristokratie in eine Demokratie um, in der die Redner auf die Menge, nicht auf den Rat Rücksicht nehmen müssen.
Nachdem das Volk das Gesetz angenommen und ihm überdies Vollmacht erteilt hatte, die Richter aus dem Ritterstande auszuwählen, fiel ihm eine fast monarchische Machtfülle zu, sodass auch der Senat sich herbeiließ, seinen Rat anzuhören.

Verhältnis von Gaius Gracchus zu Senat und Provinzen

Er griff aber nur dann in die Debatte ein, wenn er Vorschläge machen konnte, die dem Senat Ehre einbrachten. So stellte er einen maßvollen und hochherzigen Antrag, als man über das Getreide diskutierte, welches der Propraetor Fabius aus Spanien geschickt hatte. Er überredete die Senatoren, das Korn zu verkaufen und den Erlös den geschädigten Städten zurückzusenden, außerdem Fabius einen Verweis zu erteilen, da er die römische Herrschaft für die Untertanen zu einer unerträglichen Last werden lasse.

[1] **Comitium**: Platz am Forum Romanum, der für die Volksversammlung bestimmt war und eine große Rednertribune beherbergte

lex de coloniis deducendis; lex de viis muniendis

Seitdem war Gaius in den Provinzen geachtet und geliebt. Er brachte auch ein Gesetz ein über die Gründung von Bürgerkolonien, den Ausbau der Straßen und die Errichtung von Getreidemagazinen. Er selber trat als verantwortlicher Leiter an die Spitze all dieser Unternehmungen, ohne je müde zu werden angesichts der großen und vielfältigen Pflichten – im Gegenteil: mit unbegreiflicher Schnelligkeit und Energie erledigte er jede Aufgabe, die an ihn herantrat, als ob er sich nur gerade damit zu befassen hätte, sodass auch Leute, die ihn aus Herzensgrund hassten oder fürchteten, überrascht waren von seiner anfeuernden, zielbewussten Tatkraft. Das Volk aber geriet vollends in Erstaunen, wenn es ihn umdrängt sah von einem ganzen Heer von Unternehmern und Handwerkern, von Gesandten, Beamten, Soldaten und Gelehrten. Allen begegnete er voll freundlicher Gefälligkeit, ohne aber seiner Würde etwas zu vergeben, auf jeden verstand er in ganz persönlicher Weise einzugehen und widerlegte damit die böswilligen Verleumder, die ihn als rohen und plumpen Gewaltmenschen verschrien. So erlangte er durch seinen persönlichen Verkehr und seine praktischen Leistungen einen viel gefährlicheren Einfluss auf die Menge als durch seine Reden auf dem Forum.

Inhalt weiterer Gesetze

Schilderungen von Charaktereigenschaften des Gaius Gracchus

Wirkung seiner Person auf Freunde und Feinde

Zit. nach: Klaus Meister, Einführung in die Interpretation historischer Quellen. Schwerpunkt: Antike, Bd. 2: Rom, Paderborn 1999, S. 139 f. (übersetzt von W. Wuhrmann)

Formale Kennzeichen Der vorliegende Text ist ein Auszug aus den „Parallelbiografien" des griechischen Schriftstellers Plutarch (46-120 n. Chr.). In seinem Werk vergleicht der antike Autor jeweils einen bedeutenden römischen und griechischen Staatsmann miteinander. Es richtet sich in erster Linie an das gebildete römische Publikum der Oberschicht (Adlige und Ritter).

Textinhalt Thema des Textauszuges sind Gaius Gracchus' Reformgesetze und ihre Auswirkung auf die römische Gesellschaft und die Stellung des Volkstribuns. Die Darstellung beginnt mit einer Aufzählung und kurzen Beschreibung der wichtigsten Gesetze (Acker-, Militär-, Bundesgenossen-, Getreide- und Richtergesetz), die von der (plebejischen) Volksversammlung beschlossen wurden. Eine Datierung des Reformprogramms erfolgt nicht.
Plutarch geht auf persönliche Ziele, die Gaius mit seinen Anträgen wohl verfolgt hatte, ein. Die politischen Wirkungen, die die Gesetze hervorrufen, werden ebenso erläutert. Plutarch beschreibt auch das Verhältnis von Gaius zu Senat und Provinzbevölkerung ausführlich. Dagegen erwähnt er das Gesetz über den Ausbau des Straßennetzes und die Gründung von Bürgerkolonien nur in einem Satz. Großen Raum nehmen wiederum die abschließende Darstellung der Charaktereigenschaften des Gaius Gracchus sowie seine Wirkung auf die römische Bevölkerung ein. Plutarch verwendet insgesamt eine bildhafte Sprache, um den Text unterhaltsam und spannend für den Leser zu gestalten.

Historischer Kontext Die Gesetzgebung des Gaius Gracchus erfolgte 123/122 v. Chr., also zehn Jahre nach den Reformversuchen Tiberius Gracchus'. Das Reformpaket sollte wie schon bei seinem Bruder die besitzlosen römischen Bürger mit Land versorgen und so die Wehrkraft des römischen Heeres garantieren. Dass zudem persönliche Motive bei Gaius' Vorgehen eine Rolle gespielt haben könnten, hebt Plutarch hervor. Bei seiner Einschätzung ist jedoch zu beachten, dass er kein Zeitzeuge ist. Seine „Parallelbiografien" wurden um 96 n. Chr. niedergeschrieben. Damit liegen also mehr als 200 Jahre zwischen dem Dargestellten und dem Zeitpunkt der Abfassung.
Wie Tiberius brachte auch Gaius Gracchus seine Gesetzesanträge mithilfe der Volksversammlung gegen den Senat durch. Die Fülle der Maßnahmen, die gleich mehrere Bereiche der römischen Gesellschaft verändern, geht jedoch über die gesetzgeberische Tätigkeit seines Bruders hinaus.

Intention und Wirkung Plutarchs Werk zielt darauf ab, die Gleichrangigkeit der römischen und griechischen Kultur aufzuzeigen. Er sieht sich dabei eher als Biograf und nicht als „Historiker". Der antike Autor legt mehr Wert auf persönliche Charaktereigenschaften der beschriebenen Personen und geht nur knapp auf historische Sachverhalte ein.

Einordnung und Bewertung Plutarch schreibt sein Werk aus großer zeitlicher Distanz zu den von ihm beschriebenen Ereignissen. Seine Informationen stammen aus früheren Darstellungen, die uns allerdings unbekannt sind. Die anekdotenhaften Ausschmückungen sind bei ihm ein Stilmittel und stellen keine historischen Fakten dar. Der griechische Autor konnte allerdings mit Sicherheit auf zeitlich nähere schriftliche Darstellungen, ggf. sogar auf die protokollierten Beschlüsse zugreifen. Der Kerninhalt der Gesetze und die Ziele, die Gaius mit ihnen verfolgte, können also als authentisches Bild der Zeit um 123/122 v. Chr. angesehen werden. Dies gilt auch für ihre Auswirkungen auf die Gesellschaft.
Ein Vergleich mit anderen antiken Autoren, wie mit dem griechischen Geschichtsschreiber Diodor (um 1. Jh. v. Chr.) oder dem römischen Geschichtsschreiber und Senator Tacitus (um 54-120 n. Chr.), ergibt allerdings Unterschiede in der Wiedergabe eines Gesetzes. Das Richtergesetz verfügte eigentlich, dass allein die Ritter – und nicht wie Plutarch formulierte, Senatoren *und* Ritter – die Richterstellen besetzten. Die Intention, die Plutarch mit seinem Werk verfolgte, erklärt diese Ungenauigkeit.

1. *Analysieren Sie die Quelle arbeitsteilig hinsichtlich der Gesetze, die*
   a) einen sozialen Hintergrund haben,
   b) das militärische Leben betreffen,
   c) eine Veränderung der politischen Verhältnisse bewirken.
2. *Vergleichen Sie Ihre Ergebnisse aus der ersten Aufgabe miteinander und entwerfen*
   \+ *Sie ein passendes Tafelbild.*
3. *Charakterisieren Sie Plutarchs Einschätzung zu Gaius Gracchus' Motiven.*
4. *Beurteilen Sie Plutarchs Aussagen in Zeile 23 bis 27 und 30.*
5. *Erörtern Sie, ob das Gesetzgebungswerk von Gaius Gracchus geeignet war, um die gesellschaftlichen Verhältnisse der Republik nachhaltig zu reformieren.*

Die Umgestaltung der republikanischen Staatsordnung

Der Aufstieg von Pompeius und Crassus Sullas gewaltsame Neuordnung des Staates hatte nicht nur die Ausschaltung seiner politischen Gegner zur Folge. Viele ambitionierte Männer nutzen die Umstände, um ihre eigene Karriere voranzutreiben. Einer von ihnen war der Ritter *Gnaeus Pompeius* (106-48 v. Chr.), der aus einer eher unbedeutenden Familie aus Arpinum stammte. Er hatte Sulla bereits 83 v. Chr. mit selbst aufgestellten Truppen maßgeblich unterstützt und dadurch großen Einfluss gewonnen. Im Verlauf des Bürgerkrieges[1] erhielt er den Beinamen „Magnus" (dt.: „der Große") und wurde zum Feldherrn ernannt, ohne zuvor ein Amt bekleidet zu haben.

Auf der anderen Seite stand der angesehene Adlige *Marcus Licinius Crassus* (um 115-53 v. Chr.). Als Optimat besaß er großen Einfluss im Senat und nutzte die Proskriptionen[2] dazu, ein großes Vermögen anzuhäufen. Auch im militärischen Bereich war er erfolgreich: 73 v. Chr. brach der größte Sklavenaufstand Italiens aus. Schätzungsweise bis zu 120 000 Sklaven und verarmte, landlose Bauern lehnten sich in den folgenden Jahren unter der Führung des aus Thrakien stammenden Gladiatorensklaven *Spartacus* († 71 v. Chr.) gegen die römische Macht auf. Sie zogen plündernd umher und besiegten mehrere römische Heereseinheiten. Im Jahre 71 v. Chr. brachte Crassus den Aufständischen jedoch die entscheidende Niederlage bei. Pompeius gelang es, die verbliebenen Anhänger Spartacus' zu vernichten und diesen Sieg so herauszuheben, dass ihm der militärische Erfolg gleichermaßen zugeschrieben wurde.

Internettipp
Informationen und Bildmaterial über die Akteure der späten Republik finden Sie auf: http://viamus.uni-goettingen.de/fr/e/schule/ue/04

Lesetipp
Kai Brodersen, Ich bin Spartacus: Aufstand der Sklaven gegen Rom, Darmstadt 2010

Das Ende von Sullas Ordnung Pompeius' militärische Leistungen hatten sein Ansehen erhöht und ihn bei der plebs urbana äußerst beliebt gemacht. Er sah die Chance gekommen, sich für das Konsulat zu bewerben. Der Senat betrachtete die Ambitionen des vierunddreißigjährigen Emporkömmlings jedoch argwöhnisch. Noch nie war ein einfacher Bürger zum Konsul gewählt worden, der weder die Ämterlaufbahn absolviert hatte noch das zulässige Mindestalter besaß. Um sein Ziel dennoch zu erreichen, schloss Pompeius ein Zweckbündnis mit seinem Konkurrenten Crassus. Ihnen gelang es gemeinsam, 70 v. Chr. in das höchste Amt gewählt zu werden. Ihren Erfolg verdankten sie nicht nur dem Stimmenkauf, der Ausnutzung politischer Beziehungen oder ihrem Ansehen als Feldherren. Vor allem bei der plebs gewannen sie eine große Anhängerschaft, indem sie besonders unbeliebte Maßnahmen von Sullas Restauration kritisierten und Neuerungen versprachen. Tatsächlich wurden entsprechende Gesetze von den Konsuln vorgelegt und umgesetzt: Die Zensoren und Volkstribune bekamen wieder alle früheren Rechte zurück, die Richter in den Geschworenengerichten sollten sich künftig zu je einem Drittel aus Senatoren, Rittern und **Aerartribunen** zusammensetzen, und auch der Getreidepreis wurde mithilfe staatlicher Gelder wieder niedrig gehalten.

Aerartribunen: plebejische Beamte, die vom Vermögen her den Rittern zuzuordnen sind

Außerordentliche Kommandos Die konsularischen Maßnahmen schwächten die Macht des Senats, worunter das ohnehin angespannte Verhältnis der Nobilität zu Pompeius noch weiter litt. Er versuchte daher zu vermeiden, nach Ende seiner Amtszeit als einfacher Senator in den Hintergrund zu treten. Zum Bewahren der Macht bot ihm die Bekämpfung der Seeräuberplage im Mittelmeer Gelegenheit. Piraten hatten Han-

[1] Zum Bürgerkrieg von 83 bis 82 v. Chr. lesen Sie Seite 42.
[2] Siehe dazu Seite 42 f.

delsschiffe gekapert, römische Adlige entführt und Häfen geplündert. Die Überfälle hatten im Laufe der Zeit ein Ausmaß angenommen, das Roms Versorgung mit Getreide zu bedrohen begann. Hinzu kam die erneute Kriegserklärung des griechischen Königs Mithradates VI. von Pontos im Jahre 74 v. Chr.[1] Zum ersten Mal wurde nun auf Initiative von Pompeius' Anhängern – darunter *Marcus Tullius Cicero*[2] – eine außerordentliche Kommandogewalt (*imperium extraordinarium*) für einen Bürger ohne politisches Amt geschaffen: Der Feldherr sollte ohne Einschränkungen über 24 Unterfeldherren, 20 Legionen, 5 000 Reiter und 500 Schiffe innerhalb des Römischen Reiches befehligen dürfen – eine Machtansammlung, die der Senat nicht akzeptieren konnte. Die plebs sah dies jedoch anders. Der Volkstribun und **Pompeianer** *Aulus Gabinius* († um 48 v. Chr.) nutzte seine wiederhergestellten Vollmachten und ließ seinem Patron durch die Volksversammlung der Plebejer den entsprechenden Oberbefehl verleihen. Pompeius konnte die Seeräuberplage beseitigen und auch Mithradates endgültig besiegen. Im Zuge dessen strukturierte er den gesamten östlichen Mittelmeerraum um. Pompeius erweiterte alte und schuf neue römische Provinzen wie **Syria**, **Bithynia/ Pontus** oder **Cilicia**. Könige kleiner griechischer Reiche wurden zu seinen persönlichen Klienten und zahlten ihm große Summen dafür, dass er Territorien zu ihrem Vorteil veränderte. Pompeius nutzte die Mittel, um sowohl Einzelpersonen als auch ganze Städte und nicht zuletzt seine Soldaten durch umfangreiche Geldgeschenke an sich zu binden.

Lesetipps
- *Robert Harris, Imperium, München 2011*
- *Ders., Titan, München 2011*

Pompeianer: Anhänger des Pompeius

Syria, Bithynia/Pontus und Cilicia: Provinzen, die auf dem Gebiet der heutigen Türkei liegen

Auf der Suche nach Bündnispartnern ■ Der Senat befürchtete, dass Pompeius wie einst Sulla mithilfe seiner Soldaten Rom besetzen und die Macht ergreifen würde. Der Feldherr entließ jedoch seine Truppen und feierte 61 v. Chr. einen prachtvollen **Triumphzug**. Er glaubte, im Einvernehmen mit dem Senat seine Pläne durchsetzen zu können. Dieser erkannte jedoch die Neuordnung im Osten nicht an. Außerdem war die Mehrheit nicht bereit, die von Pompeius entlassenen Soldaten mit Land zu versorgen (▸ M1). Daraufhin suchte er nach Bündnispartnern, um seine Forderungen durchsetzen zu können. Er fand sie in Crassus und dem ehrgeizigen Politiker *Gaius Iulius Caesar* (100-44 v. Chr.), einem Neffen des Marius.

In dem 60 v. Chr. geschlossenen *Triumvirat* (dt.: Dreimännerbündnis) sicherten sich Pompeius, Crassus und Caesar gegenseitige politische Hilfe zu (▸ M2). Ergebnis dieses Zweckbündnisses war die Wahl Caesars zum Konsul (59 v. Chr.) und die Durchsetzung der Forderungen des Pompeius im Senat. Darüber hinaus verfügte Caesar einen Pachtnachlass für die Steuerpächter der Provinz Asia, die Schützlinge von Crassus waren. Der Staat konnte ferner Statthalter, die ihre Provinzen ausbeuteten, effektiver belangen. Ein Ackergesetz bestimmte zudem, dass 20 000 kinderreiche Familien Ackerland aus Kampanien erhalten sollten. Mit diesen Maßnahmen gewann Caesar eine große Anhängerschaft in der plebs und bei den Provinzialen.

Triumphzug: Siegesfeier, auf der ein erfolgreicher Feldherr geehrt wurde und an der Spitze seiner Soldaten und Kriegsgefangenen durch Rom bis zum Kapitol zog

Lesetipp
Ernst Baltrusch, Caesar und Pompeius, Darmstadt ³2011

Der Gallische Krieg ■ Caesar machte sich durch seine Vorgehensweise während des Konsulats den Großteil der Nobilität zum Feind. Seine Gesetze des Jahres 59 v. Chr. waren gegen den Senat unter Gewaltanwendung und mit massiven Rechtsbrüchen zustande gekommen. Sobald Caesars Amtzeit als Konsul und damit seine **Immunität** endete, musste er damit rechnen, vor Gericht gestellt und bestraft zu werden. Pom-

Immunität: Unter politischer Immunität ist der Schutz eines Politikers vor jeglicher Strafverfolgung während seiner Amtsausübung zu verstehen.

[1] Zum Konflikt mit König Mithradates siehe Seite 41 f.
[2] Zu Cicero siehe u. a. M2, Seite 18 f. und M4, Seite 20 f.

▲ **Römische Legionäre.**
Szene aus der Fernsehserie „Rom" – „Der gestohlene Adler"; USA/Großbritannien/Italien 2005, Regie: Michael Apted.
Dargestellt ist eine Schlachtszene im Verlauf des Gallischen Krieges.
- *Beschreiben Sie das Bild.*
- *Analysieren Sie anhand der Bildelemente, welchen Eindruck die Szene beim Zuschauer erzeugen soll und welche Informationen über die römische Armee transportiert werden.*
- *Erläutern Sie ausgehend vom Bild die Bedeutung der Truppen für den jeweiligen Feldherrn.*

peius bewahrte ihn vor diesem Schicksal. Mithilfe seiner Freundschaftsbeziehungen und seiner Heeresklientel erreichte er, dass die plebejische Volksversammlung und der Senat Caesar ein außerordentliches Kommando als Prokonsul für zweimal fünf Jahre in den Provinzen **Gallia Cisalpina**, **Illyricum** und **Gallia Narbonensis** übertrugen. Zwischen 58 und 50 v. Chr. eroberte er von dort aus ohne Senatsauftrag das gesamte Gallien bis zum Atlantik und zur Nordsee. Die entscheidende Niederlage brachte Caesar den gallischen Stämmen unter der Führung von *Vercingetorix* (um 82-46 v. Chr.) in der *Schlacht von Alesia* (52 v. Chr.) bei. Eine Million Gallier sollen in den Kriegsjahren umgekommen, eine weitere in die Sklaverei gegangen sein. Die Reichtümer des Landes füllten Caesars Kassen und sicherten ihm die Treue seiner Truppen. Zudem spendete er große Beträge an verschiedenste Personen, finanzierte Feste und öffentliche Bauten in Rom, was ihm zu einer enormen Popularität unter den Plebejern verhalf (▸ M3).

Gallia Cisalpina: Provinz in Oberitalien

Illyricum: Provinz an der Balkanküste

Gallia Narbonensis: Provinz im heutigen Südfrankreich

Das Ende des Triumvirats Pompeius und Crassus fürchteten die wachsende Macht Caesars. Eine Einigung im Jahre 56 v. Chr., die Crassus und Pompeius außerordentliche Kommandos in den Provinzen Syria bzw. **Hispania ulterior** und **citerior** als Ausgleich verschaffte, verbesserte das angespannte Verhältnis nicht. Als 54 v. Chr. Pompeius' Ehefrau Iulia, die einzige Tochter Caesars,[1] im Kindbett starb und Crassus ein Jahr

Hispania ulterior und **citerior**: Provinzen im heutigen Spanien

[1] Pompeius hatte Iulia 59 v. Chr. geheiratet. Seine Ehe war ein politisches Zweckbündnis, das die Allianz zwischen ihm und Caesar auch auf persönlicher Ebene festigen sollte.

später in einem Feldzug gegen die Parther fiel, existierten sowohl das Triumvirat als auch zwei wichtige Garanten für das Einvernehmen der beiden Bündnispartner nicht mehr. Hinzu kamen Wahlunruhen in Rom, die in ihrem Ergebnis die Entfremdung noch weiter beschleunigten: Der Volkstribun *Publius Clodius Pulcher* (um 92-52 v. Chr.) hatte die kostenlose Getreideversorgung für die plebs urbana durchgesetzt und gewann so eine große Klientel. Zudem verfügte er, dass Handwerker und andere Gruppen sogenannte Nachbarschaftsvereine (*comitiae*) bilden durften. Politikern ermöglichte dies einen leichten Zugriff auf organisierte Einheiten von Männern, die zu ihren „Schlägertruppen" wurden. Zwischen den verschiedenen Gruppierungen fanden bald Straßenschlachten statt, sodass mehrmals Konsulatswahlen scheiterten und das Amt unbesetzt blieb. Als Publius Clodius Pulcher bei einer der Schlägereien ums Leben kam, drohte die Situation in Rom endgültig außer Kontrolle zu geraten. Aus diesem Grund brachte der einflussreiche Senator und Anführer der Optimaten, *Marcus Porcius Cato* (95-46 v. Chr.), den Senat dazu, Pompeius weitreichende Befugnisse zu verleihen. Keine andere Person schien nach seiner Ansicht dazu geeignet, die Ruhe und Ordnung auf Roms Straßen wiederherzustellen.

Aus Verbündeten werden Feinde ■ Der Senat ernannte Pompeius 52 v. Chr. zum alleinigen Konsul und verlängerte seine Kommandogewalt um weitere fünf Jahre. Mit den fast diktatorischen Vollmachten dieses Sonderamtes gelang es ihm, die Lage in Rom zu stabilisieren. Der Caesargegner *Quintus Caecillius Metellus Scipio* (um 100-46 v. Chr.), dessen Tochter Pompeius 52 v. Chr. geheiratet hatte, wurde nun zu seinem Kollegen gewählt. Beide legten dem Senat Beschlüsse vor, die die politische Macht der Magistrate beschränkten: Zwischen der Bekleidung eines Amtes in Rom und einem Kommando in den Provinzen sollten fünf Jahre liegen. Ein Bürger sollte zudem nur bei persönlicher Anwesenheit für ein Amt kandidieren können. Diese Gesetze richteten sich klar gegen Caesar, der durch den Krieg noch in Gallien beansprucht war. Den Optimaten war es gelungen, Pompeius' Unmut über die militärischen Erfolge und finanziellen Mittel Caesars auszunutzen und ihn auf ihre Seite zu ziehen. Sie konnten den Konsul sogar überzeugen, einen Antrag zu unterstützen, nach dem Caesar am 1. März 50 v. Chr. sein Kommando unverzüglich abzugeben hatte. Dies bedeutete den endgültigen Bruch zwischen den einstigen Verbündeten. Caesar befürchtete zu Recht einen Prozess wegen Amtsmissbrauch. Weder Einsprüche noch Kompromissvorschläge von seinen Anhängern im Senat konnten diese Situation klären, sondern spitzten den Konflikt noch weiter zu. Als von Caesar bestochene Volkstribunen den Beschluss, der den Feldherrn seines Kommandos enthob, mit ihrem Veto verhinderten, rief der Senat den Staatsnotstand aus: Caesar wurde am 7. Januar 49 v. Chr. zum Hochverräter erklärt und Pompeius beauftragt, die Republik gegen ihn zu verteidigen (▸ M4 und M5).

Filmtipp
Rom und seine großen Herrscher. Episode 1: Caesars Spiel um die Macht; England 2007, Regie: Nick Murphy, Nick Green u.a. (Dokumentarfilm der BBC)

„Der Würfel ist gefallen" ■ Caesar erfuhr vom Senatsbeschluss am Rubikon, dem Grenzfluss zwischen seiner Provinz Gallia Cisalpina und Italien. Dort soll er nach römischer Überlieferung die Worte „alea iacta est" (dt. „Der Würfel ist gefallen") gesprochen haben, um klarzumachen, dass die Situation nun nur noch durch Waffengewalt gelöst werden konnte. In der Nacht vom 11. auf den 12. Januar 49 v. Chr. überschritt er mit seinen Truppen den Rubikon, um nach Rom zu marschieren. Ein vier Jahre dauernder Bürgerkrieg begann.

Caesar stieß auf dem Weg nach Rom nur in Corfinium auf Widerstand von Soldaten des Senats, den er aber schnell brechen konnte. Er behandelte seine Gegner mit

▲ **Wo liegt der Rubikon?**
Foto vom 2. Januar 2012, Savignano (Provinz Forlì-Cesena).
Bis heute wird gestritten, wo der Fluss Rubikon ursprünglich verlief. Durch natürliche und menschliche Einflüsse hatte dieser über die Jahrhunderte seinen Lauf verändert. Die nordostitalienische Stadt Savignano nimmt für sich in Anspruch, am „wahren" Rubikon zu liegen. Sie errichtete daher auch im Sommer 2003 an der Brücke aus der Römerzeit eine Caesar-Statue (links im Bild).
- *Recherchieren Sie im Internet nach weiteren Informationen zum Verlauf des „wahren" Rubikon. Internettipp: www.sueddeutsche.de/politik/folge-rubikon-der-wuerfel-ist-gefallen-nur-wo-1.932007*
- *Erläutern Sie die Bedeutung des Rubikon als Erinnerungsort und seine Bedeutung für anliegende italienische Gemeinden.*

ausgesprochener Milde (*clementia Caesaris*), begnadigte sie und bot ihnen zudem an, sich ihm anzuschließen, was viele auch taten.

Pompeius standen vor Ort nur noch wenige Truppen zur Verfügung. Dennoch lehnte er ein weiteres Kompromissangebot seines ehemaligen Verbündeten ab und zog mit seinen Legionen nach Griechenland. Viele der Senatoren, die Anhänger der Republik waren, folgten ihm und bildeten in **Thessalonike** eine Gegenregierung. Die Situation schien für sie trotz des Rückzugs nicht aussichtslos: Die griechischen Könige unterstützten ihren Patron Pompeius mit Truppen. Zudem hatte er die Provinzen in Spanien und Nordafrika auf seiner Seite, sodass er seinem Gegner zahlenmäßig überlegen war.

Thessalonike: Stadt in der römischen Provinz Macedonia

Pharsalos und die Folgen Caesar hatte inzwischen Rom kampflos eingenommen und den Reservestaatsschatz in seine Gewalt gebracht. Seine Generäle konnten zudem die Kontrolle über Sardinien und Sizilien gewinnen. Caesar selbst marschierte mit seinem Heer noch im Jahre 49 v. Chr. nach Spanien, besiegte dort die Truppen der „Republikaner" und wandte sich im Januar 48 v. Chr. dann Griechenland zu. Vor *Dyrrhachium* erlitt sein Heer jedoch eine gefährliche Niederlage gegen Pompeius und wurde von allen Versorgungswegen abgeschnitten. Dies zwang Caesar zu einer Entscheidungsschlacht, die er gegen alle Prognosen gewann. Bei *Pharsalos* siegte er am 9. August 48 v. Chr. über die zahlenmäßig deutlich überlegenen „republikanischen" Truppen.

Der siegreiche Feldherr verfolgte Pompeius bis nach Ägypten in der Absicht, mit ihm zu einer Einigung zu gelangen, kam aber zu spät. Als er in Alexandria eintraf, hatten Ratgeber des minderjährigen Königs *Ptolemaios XIV.* (um 59-44 v. Chr.) Pompeius bereits ermorden lassen. Sie beabsichtigten, Caesar durch diese Tat auf ihre Seite im Machtkampf mit Ptolemaios' Schwester *Kleopatra VII.* (69-30 v. Chr.) zu ziehen. Dennoch war es Kleopatra, die die Gunst des Römers gewinnen konnte und durch seine Unterstützung zur faktischen Herrscherin über Ägypten und Zypern wurde. Caesar ging nun gegen seine verbliebenen Gegner vor, die sich in Nordafrika gesammelt hatten, und besiegte sie in der *Schlacht von Thapsus* 46 v. Chr. Caesars prominenter Gegner Cato nahm sich daraufhin in Utica (im heutigen Tunesien) das Leben, um dessen Gnade nicht annehmen zu müssen.

▲ **Gaius Iulius Caesar.**
Szene aus dem Film „Julius Caesar"; USA/Italien/Deutschland/Niederlande 2002, Regie: Uli Edel.

- *Beschreiben Sie den ersten Eindruck, den die Darstellung des Caesar erzeugt (Gestik, Mimik, Haltung).*
- ✚ *Vergleichen Sie das Aussehen Caesars in dieser filmischen Darstellung mit dem eines gewöhnlichen Senators (siehe hierzu die Abbildung auf Seite 68). Analysieren Sie die Bedeutung der sich unterscheidenden Bekleidung.*
- *Stellen Sie ausgehend von dem Screenshot und auf Basis Ihres bisherigen Wissens Hypothesen über den Charakter der Umgestaltung der republikanischen Staatsordnung und den Weg dorthin auf.*
- *Überprüfen Sie Ihre Hypothesen mit der Darstellung und den Materialien.*

Die Reformen Caesars Caesar bekleidete in den Jahren nach 48 v. Chr. mehrfach das Amt des Konsuls. Gleichzeitig ernannte ihn der Senat 46 v. Chr. zum Diktator für zehn Jahre, ein Jahr später auf Lebenszeit. Aufgrund der vielen Feldzüge hielt sich Caesar allerdings immer nur kurz in Rom auf. Während seiner Abwesenheit leiteten daher Vertraute, wie sein Reiteroberst *Marcus Antonius* (82-30 v. Chr.), die Staatsgeschäfte in seinem Sinne.

Caesar nutzte seine Amtszeit für umfangreiche Reformen (▸ M6). Er schaffte zunächst die langjährigen außerordentlichen Kommandos ab, die ein von ihm selbst genutztes Mittel der illegalen Machterlangung gewesen waren. Die Anzahl der Bürger, die kostenlose Getreidezuteilungen erhielten, wurde erheblich reduziert (von 320 000 auf 150 000), um die Staatsausgaben zu verringern. Diese Maßnahme sollte außerdem verhindern, dass sich eine unkontrollierbare Masse von Getreideempfänger zusammenrotten konnte. Aus diesem Grund verbot Caesar auch die Nachbarschaftsvereine, die der Ausgangspunkt der Gewalt auf der Straße waren.[1]

Mittellose Bürger und Veteranen erhielten für ihre Versorgung Land in Kolonien. Caesar ließ daher u.a. die Städte Karthago und Korinth wiederaufbauen. Römische Bürger begannen nun erstmals außerhalb Italiens eigene Gemeinden zu gründen und exportierten gleichzeitig ihre Lebensart und Kultur, die die ansässige Bevölkerung schnell übernahm. Damit war der Grundstein für die *Romanisierung* gelegt.

Zudem wurde bestimmt, dass Viehzüchter mindestens ein Drittel an freien Bürgern zu beschäftigen hatten. Damit sollten größere Ansammlungen von Sklaven vermieden werden, die leicht zu Aufständen führen konnten. Mit dieser Regelung boten sich den besitzlosen Plebejern auch neue Verdienstmöglichkeiten. Ferner mussten Gläubiger auf einen Teil der Zahlungen ihrer Schuldner verzichten, damit diese wieder Geld in den im Bürgerkrieg ins Stocken geratenen Finanzkreislauf investieren konnten.

[1] Lesen Sie hierzu Seite 58.

Erneut durften nur noch Ritter und Senatoren Richter werden. Diese verfügten über ein entsprechendes Vermögen, das Bestechlichkeit unwahrscheinlicher machte. Caesar wollte sich damit auch eine treue Anhängerschaft sichern. So gelangten Freunde und Mitstreiter aus Ritterschaft und Nobilität per Gesetz in Ämter und in den Senat, dessen Mitgliederzahl von 600 auf 900 stieg.

Caesar reformierte außerdem das Rechts- und Bildungswesen. Griechische Grammatiker, Rhetoriker, Lehrer und Ärzte erhielten sofort das Bürgerrecht, wenn sie in Rom ihren Wohnsitz bezogen. Zudem beabsichtigte Caesar, eine große Bibliothek zu gründen, in der griechische und lateinische Werke gesammelt werden sollten. Auch Verwaltungsmaßnahmen wie die Einführung eines neuen Kalenders wurden unter Caesar in Angriff genommen.

Lesetipp
Martin Jehne, Caesar, München [4]2008

Die Iden des März ■ Auch wenn die staatsrechtliche Struktur der Republik formal erhalten blieb, lag die tatsächliche Macht allein in den Händen Caesars. Magistrate, Senat und Volksversammlungen hatten nur noch dem zuzustimmen, was er verfügte. Einige Gesetze bekam der Senat nicht einmal mehr zu Gesicht. Die eigentliche Regierung bildete eine Art von Kabinett, bestehend aus einer Gruppe von Vertrauten, mit denen er seine Vorhaben beriet und in Gesetze umwandelte.

Der Senat beschloss seinerseits umfassende Ehrungen für den Diktator. Er durfte wie die altrömischen Könige das Purpurgewand des Triumphators mit goldenem Lorbeerkranz öffentlich tragen, erhielt den Ehrennamen „Vater des Vaterlands" (*pater patriae*) und sein Geburtsmonat Quintilis bekam den Namen Iulius. Seine Statue wurde zudem im Tempel des Quirinius unter denen der sieben Könige Roms aufgestellt. Es ist nicht endgültig geklärt, ob diese Auszeichnungen Caesars dem Wunsch seiner Anhänger im Senat entsprachen oder von seinen Gegnern initiiert wurden, um ihn als Tyrannen zu entlarven. In jedem Fall erreichte die Entwicklung am 15. Februar 44 v. Chr. ihren Höhepunkt. Marcus Antonius bot Caesar auf dem **Luperkalienfest** ein Diadem als äußeres Zeichen der Königswürde an, was dieser allerdings ablehnte. Dennoch hatte nach Cicero die Diktatur Caesars längst „das Ausmaß einer königlichen Machtvollkommenheit"[1] angenommen. Dies war für die republiktreue Minderheit im Senat unerträglich, sahen sie doch die alte Ordnung als gefährdet an. Eine Gruppe von Senatoren verschwor sich daher unter der Führung von *Marcus Iunius Brutus* (85-42 v. Chr.) und *Gaius Cassius Longinus* (85-42 v. Chr.) gegen Caesar und erdolchten ihn an den **Iden des März** während einer Senatssitzung (▶ M7).

Luperkalien: Fruchtbarkeits- und Reinigungsfest zu Ehren des Gottes Faunus

Iden des März: Festtage, die in der Mitte des März lagen; hier ist der 15. März gemeint.

Wer beerbt Caesar? ■ Es gelang der senatorischen Aristokratie aber auch nach der Ermordung Caesars nicht mehr, die politischen Fäden in die Hand zu nehmen. Für eine Wiederbelebung der alten res publica war es zu spät. Marcus Antonius, der amtierende Konsul des Jahres 44 v. Chr., brachte den Senat dazu, alle Beschlüsse Caesars für rechtmäßig zu erklären, und ließ sich von der Volksversammlung ein außerordentliches Kommando über die wichtigen Provinzen Gallia Transalpina und Gallia Cisalpina für die Dauer von fünf Jahren übertragen. So sicherte er seine Machtposition durch Geldeinkünfte und den Befehl über erfahrene Legionen ab.

Antonius ahnte nicht, dass ihm die Position als Anführer der **Caesarianer** alsbald streitig gemacht werden würde. Caesar hatte seinen Großneffen *Gaius Octavius* (63 v. Chr.-14 n. Chr.) zum Erben eingesetzt und per Testament adoptiert; der 18-Jährige

Caesarianer: Anhänger Caesars

[1] Cicero, Erste philippische Rede 3

▲ **„Antonius zeigt dem Volk die blutigen Kleider Gaius Iulius Caesars."**
Anonymer Holzschnitt aus dem 19. Jahrhundert.
Marcus Antonius stachelte die plebs urbana derart gegen die Caesarmörder Brutus und Cassius auf, dass diese Rom zur ihrer Sicherheit verlassen mussten. Sie gingen in den Osten des Reiches, um dort den Widerstand gegen Caesars Anhänger zu organisieren.

- *Analysieren Sie die verschiedenen Bildebenen in Hinblick auf künstlerische Mittel und durch sie erzeugte Wirkungen. Identifizieren Sie auch die durch den Künstler besonders hervorgehobenen Personen.*
- *Arbeiten Sie in Partnerarbeit mögliche Kernaussagen heraus, die der Künstler Ihrer Meinung nach mit dem Bild vermitteln wollte.*

nannte sich nun offiziell *Gaius Iulius Caesar Octavianus*. Die Masse der plebs urbana, die er aus dem Vermögen seines Adoptivvaters reich beschenkte, unterstützten ihren neuen Gönner ebenso bereitwillig wie Caesars Veteranen. Aus ihren Reihen stellte Octavian eine Privatarmee zusammen, womit er sich eine entsprechende Machtbasis schuf.

Das zweite Triumvirat Die verbliebenen Republikaner unter der Führung von Cicero glaubten, Octavian für ihre Zwecke einbinden zu können, und sorgten dafür, dass der Senat ihm ein außerordentliches Kommando gegen Antonius verlieh. Cicero schätzte die Lage jedoch falsch ein. Schon bald wechselte Octavian die Seiten und verbündete sich 43 v. Chr. mit Antonius und *Marcus Aemilius Lepidus* (um 90-12 v. Chr.), dem Statthalter von Gallia Narbonensis, gegen die Senatspartei. Dieses „zweite" Triumvirat ließ sich, gestützt auf die Macht ihrer Legionen, für fünf Jahre von der Volksversammlung diktatorische Vollmachten übertragen. Die Triumvirn verwalteten Italien gemeinsam, teilten aber den Rest des von ihnen kontrollierten Reiches in verschiedene Einflusszonen auf. Das „Dreimännerkollegium zur Wiederaufrichtung des Staates" (*tresviri rei publicae constituendae*) ging dazu über, politische Gegner auszuschalten. Etwa 300 Senatoren, darunter auch Cicero, und 2000 Ritter fielen Proskriptionen[1] zum Opfer.

[1] Zum Begriff „Proskriptionen" lesen Sie Seite 42 f.

◂ **Kleopatra und Antonius.**
Römischer Silber-Denar, Durchmesser: 18 mm, Gewicht: 3,9 Gramm, 32 v. Chr.
Die Münzen mit den Bildnissen von Kleopatra und Antonius wurden im Osten des Römischen Reiches geprägt.

Die alte Nobilität existierte faktisch nicht mehr. Das Triumvirat wandte sich danach den Caesarmördern zu, die mittlerweile die Osthälfte des Reiches kontrollierten. Antonius und Octavian siegten über Brutus und Cassius im Herbst 42 v. Chr. in der *Doppelschlacht bei Philippi* (Makedonien). Beide Besiegte nahmen sich daraufhin das Leben.

Auf dem Weg zur Alleinherrschaft ■ Auch dieses politische Zweckbündnis konnte auf Dauer die Konkurrenz untereinander nicht verdecken. Zunächst wurde Lepidus entmachtet und gezwungen, sich in Italien zur Ruhe zu setzen. Durch diese Machtverschiebung erhielt Antonius den gesamten Osten, den ehemals Brutus und Cassius kontrolliert hatten, während Octavian den Westen des Reiches zur Verwaltung bekam. Auch die Heirat von Octavians Schwester *Octavia* (um 69-11 v. Chr.) mit Antonius konnte dem Bündnis keine Dauer verleihen. Antonius selbst lieferte seinem Rivalen hier die notwendigen Anlässe, da er sich in seinem östlichen Herrschaftsbereich immer mehr wie ein griechischer König verhielt. Darüber hinaus unterhielt er ein offenkundiges Liebesverhältnis zur ägyptischen Königin Kleopatra. Als dieses zur Trennung von Octavia führte, nutzte ihr Bruder die Situation aus. Octavian gab sich als Verteidiger der römischen Tradition und kritisierte die für Rom gefährliche Verbindung mit Kleopatra. Rom erklärte ihr und Antonius schließlich den Krieg. Die Entscheidung um die Alleinherrschaft fiel in der *Schlacht bei Actium* am 2. September 31 v. Chr., bei der sich Octavian durchsetzte. Ägypten wurde nach Kleopatras und Antonius' Selbstmord römische Provinz. Das Ende der Bürgerkriege kündigte auch das Ende der Republik und den Beginn der Kaiserzeit an.

Augustus begründet den Prinzipat ■ Nach seinem Sieg über Antonius gab Octavian am 13. Januar 27 v. Chr. seine vom Senat verliehenen außerordentlichen Vollmachten wieder zurück und gab vor, sich ins Privatleben zurückzuziehen. Die Senatoren protestierten und baten ihn aus Angst vor einem erneuten Aufflammen der Bürgerkriege, weiterhin die Herrschaft auszuüben. Drei Tage später verlieh der Senat Octavian den Ehrennamen *Augustus* (dt.: „der Erhabene“) und übertrug ihm zudem eine außer-

Filmtipp
Augustus. Mein Vater, der Kaiser; USA/Deutschland/Italien 2003, Regie: Roger Young (TV-Historienfilm)

Jahr	Geschätzte Zahl der erwachsenen männlichen Bürger	Umfang des Heeres im Feld (teilweise geschätzt)	Prozent
225	300 000	52 000	17
213	260 000	75 000	29
203	235 000	60 000	26
193	266 000	53 000	20
183	315 000	48 000	15
173	314 000	44 000	14
163	383 000	33 000	9
153	374 000	30 000	8
143	400 000	44 000	11
133	381 000	37 000	10
123	–	32 000	–
113	–	34 000	–
103	400 000	50 000	13
93	400 000	52 000	13
83	1 030 000	143 000	14
73	1 030 000	171 000	17
63	1 030 000	120 000	12
53	1 030 000	121 000	12
43	1 480 000	240 000	16
33	1 600 000	250 000	16
23	1 800 000	156 000	9

▲ **Anzahl römischer Bürger unter Waffen bis 23 v. Chr.**
Nach: Lukas de Blois/Robartus Johannes van der Spek, Einführung in die Antike Welt, Stuttgart 1994, S. 161

- *Setzen Sie die Daten in Beziehung zu konkreten Ereignissen und Phasen der römischen Geschichte und erläutern Sie davon ausgehend die vorliegende Entwicklung. In welcher Zeit kommt es jeweils zu Umbrüchen? Stellen Sie Hypothesen zu den Ursachen der Umbrüche auf.*
- *Erklären Sie, welche Probleme und Gefahren sich aus der vorliegenden Entwicklung ergeben haben könnten.*
- *Erläutern Sie, vor welchen Herausforderungen Octavian/Augustus nach dem Ende der Bürgerkriege in Bezug auf das Militär stand.*
- *Entwickeln Sie mögliche Maßnahmen Octavians/Augustus', die er als Reaktion auf die Herausforderungen eingeleitet haben könnte.*

ordentliche konsularische Befehlsgewalt in Italien für zehn Jahre. Im Jahr 23 v. Chr. trat Augustus vom Amt des Konsuls zurück, erlangte aber durch eine entsprechende Verfügung des Senats die Kommandogewalt über die Truppen in den Grenzprovinzen (*imperium proconsulare*). Damit behielt Octavian den militärischen Oberbefehl über das Heer. Die befriedeten Provinzen verwaltete weiterhin der Senat. Ebenso wurden Augustus auf Dauer die Rechte eines Volkstribunen (*tribunicia potestas*) zugesprochen. Sie schützten ihn vor gerichtlicher Verfolgung und gaben ihm die Möglichkeit, Gesetze vor die Volksversammlung zu bringen und den Senat einzuberufen. Die zivile und die militärische Gewalt befanden sich nun in einer Hand. Magistratur und Senat griff Augustus als Institutionen aber nicht an, auch wenn sie keine tatsächliche Macht mehr besaßen. Demonstrativ hörte er den Rat des Senats und stellte die Bedeutung des Gremiums im Sinne des mos maiorum heraus. Er erklärte stets, dass er die Republik wiederhergestellt (*res publica restituta*) habe (▸ M8). Um seine herausragende Stellung im Staat zu benennen, nahm er 27 v. Chr. den Titel *Princeps* (dt.: „Erster unter Gleichen") an. Nach dieser Bezeichnung erhielt die Herrschaftsform des Augustus auch ihren Namen: *Prinzipat*.

Dem Princeps gelang es mit seinen umfassenden Machtmitteln, die großen Probleme der Zeit zu lösen. Die 60 Legionen aus dem Bürgerkrieg, die stets eine potenzielle Bedrohung, aber auch ein finanzielles Problem darstellten, wurden demobilisiert. Augustus entließ über Jahre hinweg Soldaten und versorgte sie mithilfe des ägyptischen Staatsschatzes mit Landstellen in Italien und den Provinzen. Altgediente Offiziere erhielten Positionen in den lokalen Senaten ihrer Heimatstädte.

Provinziale konnten sich bei Vergehen der römischen Statthalter direkt an den Princeps wenden. Bei nachgewiesenen Vergehen mussten die Beamten Entschädigungen zahlen oder wurden verbannt. Auf lange Sicht schützte diese Veränderung die Provinzbevölkerung von nun an vor Ausbeutung. Augustus gelang es zudem, mit der Verwaltungsreform auch die innere Sicherheit Roms zu gewährleisten. Spezielle Beamte sorgten für Sicherheit und Ordnung in den ihnen zugewiesenen Stadtvierteln. Die kostenlose staatliche Getreideversorgung der Stadt wurde weiterhin übernommen.

▲ **Die territoriale Entwicklung des Römischen Reiches bis 14 n. Chr.**

- *Beschreiben Sie die territoriale Entwicklung des Römischen Reiches bis 14 n. Chr.*
- *Setzen Sie die einzelnen Phasen der territorialen Erweiterung in Beziehung zu den zugehörigen außenpolitischen Entwicklungen und erläutern Sie mithilfe der Karte die innenpolitischen Rückwirkungen (Kriterien: Entfernung/Nähe, Reichtum etc.).*
- *Beurteilen Sie, inwieweit die Karte als sinnvolles Mittel zur Veranschaulichung der außenpolitischen Lage des Römischen Reiches und ihrer jeweiligen innenpolitischen Rückwirkung dienen kann.*

Das abschließende Urteil über Augustus bleibt jedoch zwiespältig. Auf der einen Seite vernichtete er mit äußerster Gewalt seine Gegner und riss die Alleinherrschaft an sich. Auf der anderen Seite beendete seine Regierungszeit die blutigen Bürgerkriege und leitete eine Zeit des Friedens und Wohlstandes ein (*Pax Augusta*). Der Prinzipat erwies sich zudem als so stabil, dass er über 250 Jahre als Regierungsform des expandierenden Römischen Reiches Bestand hatte (▸ M9 und M10).

Lesetipp
Werner Eck, Augustus und seine Zeit, München [5]2009

M1 Pompeius – eine tragische Gestalt?

Der Historiker Ernst Baltrusch charakterisiert 2004 die Rolle von Gnaeus Pompeius (siehe Seite 55):

Pompeius war im doppelten Sinne eine tragische Gestalt. Er versuchte den Spagat, Republik und Weltreich zu verbinden, und scheiterte an einem Gegenspieler[1], der weniger Skrupel im Umgang mit den republikanischen Traditionen hatte als er. Dazu kam, dass seine republikanische Haltung mit dem größten Misstrauen seiner Umgebung behaftet blieb. Sie wirkte auf die Zeitgenossen unglaubwürdig und war ihm daher eher abträglich, weil man grundsätzlich einem Mann seiner Autorität, die ja aller anderen Autorität um Längen überragte, nicht zutraute, den Spielregeln aristokratischer Gleichheit Folge leisten zu wollen. Politischer Einfluss bemaß sich nach republikanischem Verständnis nach den Leistungen für den Staat, und gemessen daran kam niemand Pompeius gleich. [...] In der Tat symbolisiert er die Krise der Römischen Republik, die wir als einen Konflikt zwischen der stadtstaatlichen Ordnung Roms einerseits und der Existenz eines Weltreiches andererseits definiert haben. Die Republik war von Anfang an unfähig, ein Weltreich zu beherrschen – also war die Krise dieser Republik nur zu beheben, wenn das Weltreich seinen gleichberechtigten Platz im Gefüge der römischen Ordnung erhielt. Keiner der Vorgänger des Pompeius hat dies gesehen [...]. Pompeius war der Erste, für den das Reich ein Faktor *sui generis*[2] wurde. Diese Erkenntnis floss in alle reichspolitischen Unternehmungen des erfolgreichen Feldherrn ein [...]. Davon kündet besonders die Neuordnung des östlichen Reichsteiles nach dem Krieg gegen Mithridates. In der systematischen Umsetzung einer aus der Krise gewonnenen Erkenntnis liegt also die große historische Bedeutung des Pompeius, und das ist gewiss auch als eine staatsmännische Leistung zu bezeichnen.

Damit ist aber nur der eine, erfolgreiche Teil seines Wirkens beschrieben. Der andere Teil, nicht minder ehrenhaft zwar, ist aber verdunkelt durch sein Scheitern. [...] Nach außen wirkte sein Verhalten im politischen Leben der Hauptstadt auf seltsame Weise unentschlossen und zögerlich, so ganz anders als „draußen" im Reich. Womöglich und nach allem, was wir über ihn wissen, stand dahinter jedoch eine bewusste Entscheidung. Seine Biografie deutet jedenfalls umfassend darauf hin. Denn der Historiker hat es scheinbar mit einem gespaltenen Pompeius zu tun: Entschlossen und überlegt handelte er außerhalb Roms, dagegen agierte er abwartend, zögerlich, behäbig, sobald die politischen und personalen Konstellationen in der Hauptstadt selbst in sein Blickfeld gerieten. Dieser Eindruck entsteht nicht erst durch die Rückschau auf die fünfziger Jahre, sondern durchzieht seine gesamte politische Existenz. [...] Er erkannte die republikanischen Institutionen als für sein Handeln ausschlaggebende Instanzen an, hebelte sie aber gleichsam durch seine Reichs- und soziale Fürsorgepolitik aus. Dieser Spagat zwischen Stärkung der republikanischen Institutionen in Rom einerseits und einer schon als monarchisch zu bezeichnenden Reichs- und Sozialpolitik andererseits wurde überdehnt.

Ernst Baltrusch, Caesar und Pompeius, Darmstadt ³2011, S. 178 f.

[1] Lesen Sie hierzu Seite 57 bis 60.
[2] **sui generis** (lat.): eigener Art

1. *Fassen Sie Baltruschs Aussagen zusammen.*
2. *Vergleichen Sie ausgehend von dem Text Pompeius' Wirken mit dem von Gaius Gracchus, Gaius Marius und Lucius Cornelius Sulla.*
3. *Erörtern Sie ausgehend vom Text und von Ihrem Vorwissen mindestens eine der folgenden Thesen:*
   a) „Pompeius hat eine erfolgreiche Politik durchgeführt."
   b) „Pompeius war ein Verteidiger der Republik."
   c) „Pompeius hat die Alleinherrschaft anderer unwissentlich vorbereitet."
4. *Der Historiker Jochen Bleicken urteilt: „In Pompeius verschränkte sich sozusagen die Widersprüchlichkeit seiner Zeit, in welcher noch Republik genannt wurde, was bereits Monarchie war, und es kann gewiss kein Vorwurf gegen ihn sein, dass er an dieser Zerrissenheit litt und ihrer nicht Herr wurde." Nehmen Sie Stellung zu dieser Aussage.*

M2 Eine politische Freundschaft?

Der römische Geschichtsschreiber Cassius Dio (um 150-235 n. Chr.) äußert sich rückblickend in seiner „Geschichte Roms" über die Hintergründe des 60 v. Chr. geschlossenen Triumvirats zwischen Caesar, Pompeius und Crassus:

Als Caesar nach Rom gekommen war und sich um das Konsulat bewarb, verstand er es, neben anderen besonders Pompeius und Crassus durch Gefälligkeit so für sich zu gewinnen, dass er beide, die damals noch in Feindschaft miteinander lebten, ihre eigenen Anhängerschaften hatten und einander in allem [...] entgegenarbeiteten, für sich gewann und von ihnen allen einstimmig gewählt wurde. [...]

Allein er ging noch weiter und söhnte beide miteinander aus; nicht weil ihm so sehr an ihrer Eintracht lag, nein, er sah, dass sie alle Macht besaßen, und konnte nicht verkennen, dass er ohne den Beistand beider oder auch eines von ihnen nie zu Einfluss im Staate gelangen könne. Aber auch dann, wenn er

den einen von ihnen für sich gewinnen sollte, musste er deswegen doch den andern zum Feinde haben und von ihm mehr Schaden als Nutzen von dem andern erwarten. [...] Andererseits hatte er keine Bedenken, sie könnten bei ihrer Zusammenarbeit ihm überlegen werden; wusste er doch nur zu gut, dass er durch ihre Freundschaft sogleich mit allen andern fertig werden würde und über kurz oder lang, wenn er sie gegeneinander ausspielte, auch über sie selbst die Oberhand gewinnen würde. Und so kam es denn auch [...]. Pompeius und Crassus nahmen, nachdem sie sich – jeder aus eigenen Gründen – erst einmal miteinander verglichen hatten, gern auch jenen in ihre gemeinsamen Interessen auf. Pompeius nämlich konnte sich auf seine starke Stellung nicht so sehr verlassen, wenn er die bereits vorhandene Macht des Crassus und den zunehmenden Einfluss Caesars bedachte, ja, er musste fürchten, von ihnen ganz ausgeschaltet zu werden. So hoffte er, wenn er sie an seinen augenblicklichen Vorteilen beteilige, seine alte Macht wiederzugewinnen. Dagegen beanspruchte Crassus, aufgrund von Geburt und Reichtum über allen zu stehen; da er aber hinter Pompeius weit zurückblieb und an Caesars großen Aufstieg glaubte, wünschte er, beide in ein Gleichgewicht zu bringen und keinen von beiden übermächtig werden zu lassen; dabei hoffte er, während sich jene gleich starken Gegner bekämpften, selbst die Früchte aus dem Bunde beider zu ernten und höhere Ehre als beide zu erlangen. Denn genau genommen trieb er weder für die Menge noch für den Staat Politik; alles, was er tat, war auf die Begründung der eigenen Machtstellung berechnet. Deswegen umwarb er beide gleichmäßig und vermied jede feindliche Haltung gegen sie. [...]
So nun und aus diesen Gründen schlossen die drei ihre Freundschaft, bekräftigten sie durch Eide und lenkten die öffentliche Politik nach ihrem Willen, gaben und nahmen sich gegenseitig, wonach ihnen der Sinn stand und was ihnen im Augenblick anzuordnen passend erschien. [...] Denn ehrlich und ohne Selbstsucht trieb damals wohl keiner [...] Politik. Dahin also brachten diese Männer den römischen Staat; sie suchten aber ihre „Verschwörung" möglichst geheim zu halten.

Cassius Dio 37, 54-58, nach: Walter Arend (Bearb.), Altertum. Geschichte in Quellen, München ³1978, S. 511 f. (übersetzt nach L. Tafel)

1. *Charakterisieren Sie ausgehend von der Quelle das „politische Zweckbündnis".*
2. ➕ *Recherchieren Sie, in welchen Bereichen und mit welcher Zielsetzung Zweckbündnisse auch heute noch geschlossen werden. Vergleichen Sie diese Beispiele mit dem Triumvirat.*
3. *Überprüfen Sie, inwieweit Cassius Dio in seiner Darstellung ein Krisengefühl zum Ausdruck bringt.*

M3 Bedroht vom hungrigen Wolf

Die 2005 produzierte TV-Serie „Rom" zeichnet die Geschehnisse vom Vorabend des Bürgerkrieges (siehe Seite 58 f.) bis zur Machtübernahme des Augustus (siehe Seite 63 f.) in einer fiktiven Geschichte nach. Eine Szene aus der Folge „Der gestohlene Adler" zeigt eine Senatssitzung. Es treten der Optimat Cato, der Konsul Pompeius und Cicero auf:

Cato: Pompeius Magnus, ich habe eine Frage zu deinem Freund und Mitkonsul[1], dem Liebling der Venus[2]: Gaius Iulius Caesar. Wieso bleibt sein Stuhl leer? Warum kommt er nicht nach Hause? Sein illegaler Krieg ist vorbei! [*Schmähurfe aufseiten der Anhänger Caesars*] Gallien liegt längst auf den Knien. Warum hält Caesar seine tapferen Soldaten von ihren Familien und Freunden fern? [*Applaus von den Anhängern Catos*] Schon acht Jahre hat er sich wie ein Wolf gelabt am Blute Galliens und wurde dadurch aberwitzig reich! Wieso? Warum verwöhnt er den Pöbel mit Rennen und Kämpfen und pompösen Festen? [*Schmähurfe von den Caesarianern*] Warum bezahlt er die Schulden von jedem verkommenen Narren in diesem Senat? [*Applaus von den Anhängern Catos, Schmähurfe aufseiten der Caesarianer*] Warum? Ich sage euch, warum er all das macht. Er möchte sich die Krone erkaufen! Er strebt das Ende der Republik an und herrscht dann über Rom als blutiger Tyrann! Darum macht er das! [*Applaus von den Anhängern Catos, Schmähurfe aufseiten der Caesarianer*] Deswegen stelle ich den Antrag, dass Caesars Feldzug in Gallien sofort beendet und sein Heer aufgelöst wird. Das wir ihn zurückrufen und er sich allen Anschuldigungen stellt: der illegalen Kriegsführung, des Raubes, der Bestechung und des Hochverrats. [*Applaus von den Anhängern Catos*]
Pompeius: Beeindruckend, Cato, wie üblich zeigst du Mut und Elan. Caesar hat Großzügigkeit gegenüber seinem Volk gezeigt, weil er die Menschen liebt, so wie ich. [*Applaus von den Caesarianern*] Und nur das Volk regiert, nicht ihr feinen Adligen.
Cicero [*flüsternd zum Nebenmann*]: Es sind Pompeius' Soldaten, die regieren, nicht wir feinen Adligen.
Pompeius: Ich erspare uns allen Stunden unnötiger Debatten und nutze mein Vetorecht als Konsul gegen deinen Antrag. [*Applaus von den Caesarianern, Schmähurfe von den Anhängern Catos*]
Cicero: Ruhe, sind wir Kinder, lasst den Konsul sprechen.
Pompeius: Danke, Cicero. Ich werde nicht ...

[1] Zu diesem Zeitpunkt war Caesar kein Konsul.
[2] **Venus**: römische Göttin der Liebe und der Schönheit. Die Familie der Iulier, aus der auch Caesar stammte, leitete ihre Herkunft von ihr ab.

◂ **Marcus Porcius Cato spricht im Senat.**
Szene aus der Fernsehserie „Rom" – „Der gestohlene Adler"; USA/Großbritannien/Italien 2005, Regie: Michael Apted.
Marcus Porcius Cato (95-46 v. Chr.) war Anführer der Optimaten (siehe Seite 58) im Senat und hing der alten republikanischen Staatsidee an. Er sah in Caesars Handlungen und Ansprüchen eine Bedrohung der Republik und war einer seiner bekanntesten Gegner.

- *Analysieren Sie die Szenerie hinsichtlich des Bildinhalts (Ausstattung/Dekoration, Personen, Umgebung) und der Bildgestaltung (Kameraeinstellung und -perspektive, Beleuchtung, Bildaufbau etc.). Erläutern Sie anschließend auf Grundlage Ihrer Ergebnisse die beabsichtigte Wirkung der Szene.*
- *Stellen Sie auf Basis Ihres Vorwissens Hypothesen über Inhalt und Bedeutung der Filmszene auf.*
- *Überprüfen Sie Ihre Hypothesen anhand von M3.*

Cicero: Wie auch immer, darf ich ein paar Worte sagen, bevor du fortfährst? Wenn man bedroht wird von einem hungrigen Wolf, ist es keineswegs klug, die Bestie zu reizen, wie Cato das von uns verlangt, aber es wäre auch genauso unklug, hielten wir das knurrende Raubtier für einen Freund und streckten ihm die Hand entgegen, wie Pompeius das macht.
Pompeius: Vielleicht möchtest du, dass wir auf einen Baum klettern. [*Gelächter im Senat*] Caesar ist mein Bruder, bedingt durch einen heiligen Eid. Ich kenne sein Herz, er ist mein Freund und ein treuer Sohn der Republik. Solange mir niemand beweist, dass er es nicht ist, werde ich ihn niemals verraten. [*Applaus von den Caesarianern*]

Transkription von Stephan Kohser aus der TV-Serie „Rom": „Der gestohlene Adler", erste Folge der ersten Staffel, Regie: Michael Apted, 2005

1. *Fassen Sie die Szene zusammen.*
2. *Charakterisieren Sie die Figuren Catos, Pompeius' und Ciceros, wie sie in der Filmszene erscheinen.*
3. *Analysieren Sie, in welcher Form und in welchem Umfang dem Zuschauer die Zustände in der römischen Republik durch die Filmszene vermittelt werden.*
4. *Überprüfen Sie (z. B. in einer Gruppendiskussion) ausgehend von Ihren bisherigen Ergebnissen, inwieweit die Szene historische Umstände angemessen widerspiegelt.*
5. *Erörtern Sie ausgehend von der Transkription Chancen und Grenzen der Darstellung historischer Ereignisse in einer TV-Serie.*

M4 Caesar – Opfer seiner Gegner?

Der aus der alten patrizischen Familie der Iulier stammende Caesar (siehe Seite 56) schreibt in seiner vermutlich um 48 v. Chr. verfassten dreibändigen Schrift „Über den Bürgerkrieg" (lat.: „De bello civili") über die Ursachen des Krieges:

Im Senat wies er [Caesar] auf das ihm durch seine Gegner zugefügte Unrecht hin. Er betonte, dass er keine außergewöhnliche Ehre verlangt, sondern die gesetzliche Konsulatszeit abgewartet und sich mit dem begnügt habe, was allen Bürgern zustehe. Es sei von den zehn Volkstribunen gegen den Einspruch seiner Gegner und unter dem heftigsten Widerstand Catos[1], der mit seiner altmodischen Redeweise durch Verzögerung Tage nutzlos verstreichen ließ, der Antrag eingebracht worden, dass auf seine Kandidatur trotz Abwesenheit Rücksicht genommen werden sollte, wofür selbst der Konsul Pompeius eintrat. Wenn dieser schon gegen den Antrag gewesen sei, warum habe er dann zugelassen, dass er überhaupt eingebracht wurde? Wenn er ihn gebilligt habe, warum habe er dann verhindert, dass Caesar in den Genuss dieser Gunstbewilligung des Volkes kam? Er wies auf seine Geduld hin, als er aus freien Stücken den Antrag gestellt habe, dass beide Heere entlassen werden sollten, wobei er selbst die Einbuße an Einfluss und Ruhm in Kauf nehmen wollte. Er wies auf die Rücksichtslosigkeit seiner Gegner hin, die ihm gegenüber verweigerten, was sie beim andern verlangten, und lieber alles auf den Kopf stellen als das Kommando und die Heere aufgeben wollten. Er betonte laut das ihm durch die

[1] Zu Cato siehe Seite 58 und 60.

Wegnahme der Legionen zugefügte Unrecht, die rücksichtslose Unverschämtheit bei der Amtseinschränkung der Volkstribunen.[2] Er wies auf die von ihm gemachten Vorschläge hin, auf seine Bitten um Zusammenkünfte und ihre Ablehnung. Demgemäß ermahnte er dringend, sie sollten den Staat in ihre Hand nehmen und mit ihm zusammen lenken. Wenn sie aber aus Furcht sich dem entzögen, werde er ihnen nicht lästig fallen und auf eigene Verantwortung die Staatsführung übernehmen. Gesandte müssten zur Beilegung des Streites zu Pompeius geschickt werden [...].

Caesar, Bürgerkrieg 1, 32, nach: Walter Arend (Bearb.), a. a. O., S. 529 f. (übersetzt nach G. Dorminger)

1. *Geben Sie Caesars Haltung wieder.*
2. *Analysieren Sie, wie er seine Position im Bürgerkrieg darstellt.*
3. *Beurteilen Sie den Aussagewert des Textes als Informationsquelle.*
4. + *Entwickeln Sie eine Rede aus der Sicht eines Gegners Caesars im Senat, der die politischen Handlungen gegen ihn rechtfertigt.*

M5 Caesars „eigentliche" Beweggründe

Der römische Geschichtsschreiber Sueton (um 70 - um 140 n. Chr.) berichtet in seinen Biografien über zwölf römische Kaiser von der Situation unmittelbar vor Ausbruch des Bürgerkrieges:

Mit seinen Gegnern knüpfte er aber Unterhandlungen an. Er erbot sich, acht Legionen und das Transalpinische Gallien abzutreten. Dagegen sollte man ihm bis zum Antritt seines Konsulates zwei Legionen und die Cisalpinische Provinz oder auch nur eine Legion mit Illyricum belassen. [...] Jedoch der Senat ging auf seine Vorschläge nicht ein, und seine Gegner lehnten jede Vereinbarung in politischen Fragen mit ihm ab. Infolgedessen begab sich Caesar in das diesseitige Gallien, hielt Gerichtstage ab und blieb in Ravenna. Er war entschlossen, mit den Waffen die Entscheidung herbeizuführen, wenn der Senat gegen die für ihn eintretenden Tribunen schärfere Maßnahmen ergriff.

Das Verhalten seiner Gegner diente ihm zwar als Anlass zum Bürgerkrieg, aber seine eigentlichen Beweggründe waren nach allgemeiner Ansicht ganz anderer Natur. Gnaeus Pompeius wenigstens pflegte oft sich dahin zu äußern: Caesars Entschluss, alles durcheinanderzubringen, sei darauf zurückzuführen, dass er weder die einmal von ihm begonnenen Bauwerke hätte zu Ende führen noch die Erwartungen des Volkes, die er an seine Rückkehr zu knüpfen verstanden hatte, aus seinen Privatmitteln hätte befriedigen können. Andere wieder sagen, er habe gefürchtet, Rechenschaft ablegen zu müssen über alle von ihm in seinem ersten Konsulat gegen die Auspizien[1], die Gesetze, den Einspruch der Tribunen durchgeführten Amtshandlungen; denn Marcus Cato hatte wiederholt unter Eid erklärt, er werde Caesar anklagen, sobald er nur erst sein Heer entlassen hätte. Ferner sprach man in der Öffentlichkeit ganz allgemein davon, wenn er als Privatmann zurückkäme, würde er sich [...] vor einem von Soldaten umstellten Gericht verantworten müssen.

Sueton, Divus Iulius 29 f., nach: Walter Arend (Bearb.), a. a. O., S. 528 f. (übersetzt nach W. Heinemann)

1. *Arbeiten Sie Caesars Beweggründe für den Bürgerkrieg nach Sueton heraus.*
2. *Analysieren Sie Suetons Haltung zu den geschilderten Vorgängen.*
3. + *Vergleichen Sie Suetons Darstellung mit der von Caesar (M4).*
4. + *Recherchieren Sie in Fachbüchern oder im Internet, welche Bedeutung „politische Immunität" in der Bundesrepublik Deutschland heute hat. Vergleichen Sie diese in ihrem Gehalt mit der „politischen Immunität" der römischen Republik und erläutern Sie Gemeinsamkeiten und Unterschiede aus dem jeweiligen zeitlichen Kontext heraus.*
5. + *Entscheiden Sie sich für eine der Rollen:*
   a) Anhänger Catos
   b) Anhänger Caesars
   c) Anhänger Pompeius'
   d) unentschiedener Senator
   Entwickeln Sie eine Rede, in der Sie rollengebunden eine Position zum „Umgang mit Caesar" vertreten. Beziehen Sie hierbei auch M4 und M5 ein. Stellen Sie anschließend eine römische Senatssitzung zu diesem Thema nach, auf der die verschiedenen Positionen vorgebracht und kommentiert werden. Führen Sie am Ende eine Abstimmung über das weitere Verfahren gegenüber Caesar durch und reflektieren Sie daraufhin Ihre Rolle.
6. *Beurteilen Sie, ob der Bürgerkrieg zu vermeiden gewesen wäre.*

[2] Zur Rolle der Volkstribunen siehe Seite 58.

[1] **Auspizien** (lat. auspicia: Beobachtung der Vögel): Deutung des Vogelfluges als göttliches Zeichen durch die Auguren

▲ **„Der Tod des Caesars."**
Ölgemälde (86,4 x 145,5 cm) von Jean-Leon Gerome, 1867.
- *Beschreiben Sie den Bildaufbau und die einzelnen Bildelemente.*
- *Analysieren Sie, mit welchen gestalterischen Mitteln die Wirkung des Gemäldes erzeugt wird.*
- *Erläutern Sie, welche Aussageabsichten und Geschichtsdeutungen des Malers in dem Gemälde deutlich werden.*

M6 Vision oder Herrschaftssicherung?

Der Historiker Martin Jehne charakterisiert 1997 Caesars Reformpolitik so:

Man hat Caesars Reformen sehr unterschiedlich beurteilt. Während einige Forschern darin den Beweis sahen, dass Caesar die Probleme des römischen Staates und Reiches innovativ und zukunftsweisend anpackte, betonten andere, dass all dies ja der Stabilisierung seiner Herrschaft diente und man keine Visionen Caesars zu postulieren braucht, um diese Maßnahmen zu erklären. Letzteres ist durchaus richtig, doch sollte man die Bedeutung dieser Beobachtung nicht überschätzen. Caesars großes Geschick als Politiker äußert sich vielmehr darin, dass er zugleich sich und der Allgemeinheit zu nutzen verstand, wie die Koloniegründungen, die Bürgerrechtsverleihungen, die Schuldenregulierung, die er schon 49 v. Chr. vornahm, die Organisation der Reichsverteidigung und der Getreideverteilungen belegen. Es wäre überzogen und unrealistisch, wollte man von aktiven Politikern zum Ausweis ihrer Orientierung auf das Gemeinwesen verlangen, dass sie gegen ihre eigenen Interessen handelten. Es deutet daher auf eine ungesunde politische Struktur, wenn sich Allgemeinwohl und Partikularinteressen[1] der politisch Handelnden regelmäßig im Konflikt befinden, anders gesagt: Ein politisches System, das auf die Selbstkasteiung[2] seiner Elite angewiesen ist, hat einen schweren Webfehler.

Martin Jehne, Caesar, München 1997, S. 111 f.

1. *Fassen Sie Jehnes Charakterisierung von Caesars Reformpolitik zusammen.*
2. *Analysieren Sie auf Basis der Informationen auf Seite 60 f., welche Maßnahmen Caesars vornehmlich der Herrschaftssicherung und der Lösung der Probleme des römischen Staates dienten.*
3. *Beurteilen Sie auf Grundlage Ihrer Ergebnisse Jehnes Bewertung der Reformpolitik Caesars.*
4. *Jehne nutzt die Bewertung der Politik Caesars, um ein Statement zu heutigen politischen Verhältnissen abzugeben. Überprüfen Sie, inwieweit dieses Vorgehen vor dem historischen Hintergrund des Wirkens Caesars zulässig ist.*

[1] **Partikularinteressen**: Interessen des Einzelnen

[2] **Selbstkasteiung**: Züchtigung, Auferlegung von Entbehrungen

M7 „Das Streben, der erste zu sein"

Der Historiker Klaus Bringmann charakterisiert 2002 Gaius Iulius Caesar so:

Caesar war im Gegensatz zu Pompeius[1] frei von allen legalistischen[2] Bedenken. Er war entschlossen, die vereinbarten politischen Ziele auf jeden Fall durchzusetzen, wenn möglich im Einvernehmen mit dem Senat, wenn nicht, dann aber auch gegen ihn und unter Einsatz von Gewalt. Doch wäre es wohl ein Missverständnis, diese Haltung auf ein Ressentiment[3] gegen die Aristokratie zurückzuführen. Caesar war in ihren Reihen alles andere als ein Außenseiter, sondern er hatte sich ihre Verhaltensnormen und ihren Ehrenkodex, wenngleich in einer einseitigen Ausprägung, völlig zu eigen gemacht. Dass er in den Anfängen seiner Karriere seine Bindung an die unterlegene Bürgerkriegspartei des Marius und Cinna[4] nicht verriet, entsprach sogar in besonderer Weise dem Stolz aristokratischer Traditionen und hat mit der treuen Bewahrung ererbter und erworbener Bindungen (fides und pietas) zu tun, die die Grundlage der auf Freundschafts- und Abhängigkeitsverhältnissen (amicitia und clientela) beruhenden politischen Wirkungsmöglichkeiten des Einzelnen bildeten. Wie bei den meisten seiner Standesgenossen war auch bei Caesar der Erwerb von Ehre und Rang (honor und dignitas) das Hauptmotiv seines politischen Handelns. Er war nicht wie beispielsweise die großen Volkstribune von Tiberius Gracchus[5] bis Sulpicius Rufus auf bestimmte Sachanliegen fixiert, aber auf die populare Spielart aristokratischer Politik war er aufgrund des Familienbündnisses mit den Marianern[6] von Anfang an verwiesen. In das [...] Milieu der sullanischen Oligarchie[7] war er nicht integriert, und erst recht hatte er mit dem harten Kern [der Optimaten] nichts zu schaffen, die auf die Herausforderung der außerordentlichen Karriere des Pompeius mit einer instinktiven Abwehrhaltung reagierten [...]. Vielmehr setzte sich in der Person Caesars das Motiv des Wetteifers, das Streben, der erste zu sein, das die Nobilität seit ihrer Entstehung verinnerlicht und das sie zu ihren großen Leistungen befähigt hatte, geradezu absolut. [...] Ehrgeiz und Ruhmesstreben hatten so sehr von ihm Besitz ergriffen, dass er einmal bei späterer Gelegenheit äußerte, Ruhm und Ehre gälten ihm mehr als sein Leben. Das war bei anderen nicht anders. Das Besondere seiner Persönlichkeit war, dass er die sich aus der Stärke seiner Motivation ergebende Bedenkenlosigkeit in der Wahl seiner Mittel mit ungewöhnlichen politischen und, wie sich zeigen sollte, auch militärischen Fähigkeiten verband. Das Zusammentreffen einer so außerordentlichen Begabung und einer, wie es einmal formuliert wurde, nonkonformistischen[8] Persönlichkeit (A. Heuß) mit einer krisenhaft zugespitzten historischen Situation prägte die besondere Rolle, die Caesar in der römischen Geschichte spielte. Er war es, der letzten Endes der kranken Republik den Todesstoß versetzte und dafür mit seinem Leben büßte.

Klaus Bringmann, Geschichte der Römischen Republik. Von den Anfängen bis Augustus, München ²2010, S. 313 f.

[1] Siehe zu Pompeius Seite 55.
[2] **legalistisch**: an Vorschriften festhaltend
[3] **Ressentiment**: Abneigung, Vorbehalt
[4] Zu Marius und Cinna lesen Sie Seite 41 f. und 42 f.
[5] Über Tiberius Gracchus informiert Seite 36 f.
[6] Eine Tante Caesars war mit Gaius Marius verheiratet.
[7] Gemeint sind hier die Anhänger Sullas, die zu Reichtum gelangt sind.

▲ Vorderseite einer römischen Münze.
Denar, Gewicht: 3,88 Gramm, 44 v. Chr. in Rom geprägt. Die Münze zeigt den Kopf Caesars mit einem Kranz bekrönt. Die Inschrift lautet: CAESAR – DICT PERPETVO (dt.: ununterbrochener Diktator).

1. *Vergleichen Sie Caesars Charakterisierung nach Bringmann mit der, die in dem Filmausschnitt (M3) zum Ausdruck kommt.*
2. *Analysieren Sie, inwieweit sich Caesar innerhalb römischer Wertvorstellungen bewegte und inwieweit er sie durchbrach.*
3. *Setzen Sie ausgehend vom Text das Selbstverständnis und die Handlungen Caesars in Beziehung mit dem Selbstverständnis und den Handlungsweisen von*
   a) Pompeius,
   b) Marius und Cinna,
   c) Sulla,
   d) den Gracchen.
4. *Erörtern Sie Bringmanns Aussage über Caesar: „Er war es, der letzten Endes der kranken Republik den Todesstoß versetzte und dafür mit seinem Leben büßte." (Zeile 47 bis 49).*

[8] **nonkonformistisch**: eigenwillig, unangepasst

M8 „Dass der Staat keinen Schaden nehme“

In seinem vermutlich gegen Ende seines Lebens verfassten Rechenschaftsbericht über seine Taten („Res gestae“) notiert Augustus (siehe Seite 61 bis 65) über seinen politischen Werdegang:

Im Alter von neunzehn Jahren habe ich als Privatmann aus eigenem Entschluss und aus eigenen Mitteln ein Heer aufgestellt, durch das ich den durch die Willkürherrschaft einer bestimmten Gruppe versklavten Staat befreite. Daher hat mich der Senat mit ehrenvollen Beschlüssen im Konsulat des Gaius Pansa und Aulus Hirtius in seine Reihen aufgenommen, wobei er mir für die Abstimmungen einen Platz unter den gewesenen Konsuln zuteilte und mir die militärische Befehlsgewalt gab. Zur gleichen Zeit befahl er mir im Range eines Proprätors zusammen mit den Konsuln Sorge dafür zu tragen, dass der Staat keinen Schaden nehme. Das Volk wählte mich aber im selben Jahr [...] zum Triumvirn für die Neuordnung des Staates.
Die meinen Vater ermordet haben, trieb ich ins Exil, und rächte so ihre Tat aufgrund gesetzmäßiger Urteile. Als sie später den Krieg gegen den Staat eröffneten, habe ich sie zweimal in offener Feldschlacht besiegt.
Kriege zu Wasser und zu Lande, gegen innere und äußere Feinde, habe ich oft auf dem ganzen Erdkreis geführt und als Sieger alle römischen Bürger, die um Gnade baten, geschont. Auswärtige Völker, denen unbesorgt verziehen werden konnte, habe ich lieber erhalten als vernichten wollen. [...]
Die Diktatur, die mir in Abwesenheit und Gegenwart sowohl vom Volk als auch vom Senat [...] angetragen wurde, habe ich nicht angenommen. Nicht abgelehnt habe ich aber, als größter Mangel an Getreide herrschte, die Aufsicht über die Lebensmittelversorgung, derer ich mich so annahm, dass ich innerhalb weniger Tage durch meine Aufwendungen und meine Fürsorge die ganze Stadt vor Furcht und der bereits spürbaren Gefahr befreien konnte. Auch das damals mir angetragene jährliche Konsulat habe ich nicht angenommen.

Augustus, Res gestae 1-5, nach: Hans-Joachim Gehrke und Helmuth Schneider (Hrsg.), Geschichte in der Antike. Quellenband, Stuttgart 2007, S. 273 (übersetzt nach Peter Herz)

1. *Ordnen Sie die Taten des Augustus in den historischen Kontext ein.*
2. *Erläutern Sie, welche Absicht Augustus mit seinem Tatenbericht verfolgt.*
3. *Überprüfen Sie, inwieweit Augustus' Schilderungen den historischen Gegebenheiten entsprechen.*

M9 „Lieber die sichere Gegenwart als das Alte und Gefährliche“

Der römische Geschichtsschreiber Tacitus (um 54-120 n. Chr.) schreibt in seinem Werk „Annalen“ („Annales“) über Augustus:

In der Stadt Rom regierten anfangs Könige. L. Brutus brachte die Freiheit und führte den Konsulat ein. [...] Nicht Cinnas, nicht Sullas Gewaltherrschaft erstreckte sich auf einen längeren Zeitraum, des Pompeius und des Crassus Macht ging rasch auf Caesar, des Lepidus und des Antonius militärische Macht auf Augustus über, der die ganze durch den bürgerlichen Hader erschöpfte Welt unter dem Namen eines Princeps seiner Herrschaft unterstellte. Doch des alten römischen Volkes glückliche oder auch unglückliche Geschichte haben ja berühmte Schriftsteller dargestellt, und auch bei der Schilderung der augusteischen Zeiten haben es rühmliche Talente so lange nicht an sich fehlen lassen, bis sie sich durch das überhandnehmende Kriechertum abschrecken ließen. [...]
Nachdem Brutus und Cassius getötet worden waren, gab es schon keine öffentlichen Waffen mehr. [...] Nachdem Lepidus herausgedrängt und Antonius getötet worden war, blieb selbst in der Partei der Juliusanhänger nur Caesar[1] als Führer zurück. Nachdem er den Namen des Triumvir abgelegt hatte, trat er als Konsul auf und gab sich zum Schutz der Plebs mit dem tribunizischen Recht zufrieden. Sobald er den Soldaten durch Geschenke, das Volk durch die Getreideversorgung, alle aber durch die Süßigkeit der Ruhe verführt hatte, stieg er allmählich auf. Er zog die Aufgaben des Senates, der Magistrate und der Gesetze an sich, wobei ihm keiner Widerstand leistete, da die wildesten bereits durch die Kriege und die Proskription gestorben waren, die Übrigen der Nobiles, je nachdem einer zum Knechtsdienst bereiter war, wurden durch Reichtümer und Ehren hervorgehoben, und gefördert durch die neuen Dinge wollten sie lieber die sichere Gegenwart als das Alte und Gefährliche. Auch die Provinzen lehnten diesen Zustand der Dinge nicht ab, weil sie der Herrschaft von Senat und Volk misstrauten wegen der Kämpfe der Mächtigen und der Gier der Magistrate. Denn die Hilfe der Gesetze war kraftlos, denn sie wurden durch Gewalt und Ehrgeiz, schließlich durch Geld in Unordnung gebracht. [...]
So hatte sich denn die Staatsform gewandelt, und nirgends hatte diese Wandlung eine Spur der alten Sittenreinheit hinterlassen. Die Gleichheit der Staatsbürger war beseitigt, und alle schauten nur noch auf die Befehle des Princeps, ohne dass für den Augenblick Anlass für Befürchtungen gewesen wäre. Denn Augustus stand noch im rüstigen Alter und erhielt sich und sein Haus und damit den Frieden aufrecht. Als

[1] Gemeint ist Augustus.

er dann in vorgerücktem Alter stand, Krankheit ihn körperlich schwächte und sein nahes Ende neue Hoffnungen erweckte, da fand sich eine Minderheit, die sich in leerem Gerede über das Gut der Freiheit erging. Die Mehrzahl zitterte vor einem Krieg, die anderen wünschten ihn.

Tacitus, Annales, 1, 1-4, nach: Hans-Joachim Gehrke und Helmuth Schneider (Hrsg.), a.a.O., S. 273-275 (übersetzt nach Peter Herz)

1. *Gliedern Sie den Text nach den verschiedenen Etappen von Augustus' Aufstieg zur Macht.*
2. *Vergleichen Sie Tacitus' Aussagen mit dem Tatenbericht des Augustus (M8).*
3. *Erläutern Sie, in welcher Weise sich die Staatsform im Vergleich zur früheren Republik nach Tacitus „gewandelt" (Zeile 36) hat.*
4. *Erörtern Sie, ob das Prinzipat des Augustus die Krise der römischen Republik überwunden hat.*
5. *Beurteilen Sie, ob Augustus' Machterlangung einen revolutionären Prozess darstellt. Siehe hierzu auch den Theorie-Baustein „Revolution" auf Seite 104 bis 106.*

M10 Augustus und Caesar

Der Historiker Dietmar Kienast charakterisiert 1999 Augustus und sein Wirken im Vergleich zu Caesar:

Wenn der Prinzipat als die neue Form der Monarchie Bestand haben sollte, musste er von einer breiten Zustimmung aller Schichten getragen sein. Niemand wusste das besser als Augustus, der sich für die Legitimierung seiner Stellung immer wieder auf den consensus universorum[1] berief. Hierin nur eine geschickte Propaganda sehen zu wollen, wäre ganz verfehlt. Augustus hat seinem Staat vielmehr zahlreiche Gruppen gewinnen können, die bisher vernachlässigt worden waren. Die republikanische Nobilität war befangen gewesen in einem engen aristokratischen Standesdenken, das sich scharf abgrenzte gegenüber den anderen Ständen und Schichten der römischen Gesellschaft. Die politischen Vorstellungen der republikanischen Führungsschicht waren zudem ganz auf die Stadt Rom konzentriert. Schon aus der ihr abgetrotzten Ausweitung des römischen Bürgerrechts auf Italien hat sie keinerlei Konsequenzen gezogen, es sei denn die einer noch strengeren Abkapselung gegenüber allen, die nicht zu ihrem Kreis gehörten. Dass das römische Italien inzwischen zu einer Realität geworden war und dass die römische Welt auch an den Grenzen Italiens nicht endete, wurde von ihr kaum wahrgenommen, geschweige denn akzeptiert. Welche politischen Möglichkeiten die aristokratische Engstirnigkeit einer politischen Agitation[2] gegen das Senatsregiment bot, hatte bereits C. Gracchus erkannt. Aber erst Caesar war es vergönnt, diese Möglichkeiten im großen Stil politisch auszunutzen. Doch auch Caesar benutzte diese Möglichkeiten, wie es scheint, im Wesentlichen zur Erweiterung seiner persönlichen Klientel, wie es seinem ganz persönlichen Regiment entsprach. Augustus konnte an das Werk seines „Vaters" anknüpfen und hat dessen Ansätze aufgenommen. Aber für ihn vermehrten die bisher vernachlässigten Schichten und Gruppen nicht – oder doch nicht nur – seine persönliche Klientel, sondern wurden zu Stützen der neuen Monarchie. Während für Caesar die res publica ein Nichts war, ein Name ohne Körper und Gestalt, verstand sich Augustus als Vertreter und Garant der res publica. Das aber bedeutete, dass nun auch diejenigen Gruppen, die bisher außerhalb jeder politischen Verantwortung standen oder sich Rom und der römischen res publica gegenüber indifferent verhielten, dadurch, dass sie von Augustus gewonnen und an ihn gebunden wurden, zugleich in den Staat integriert wurden. Dies gilt im hohen Maße für das Heer und die Veteranen und ebenso für die ritterlichen Offiziere und Beamten. [...] Dies gilt weitgehend auch für die Schicht der Intellektuellen. Und dies gilt erst recht für die griechischen Städte des Ostens, wo Augustus als Vertreter Roms zusammen mit der Göttin Roma kultisch verehrt wurde. [...]

Die Fürsorge des Princeps hat zweifellos besonders in der ersten Hälfte seiner langen Regierungszeit für das Gros der Reichsbevölkerung gegenüber der Republik echte Verbesserungen gebracht. Wohlstand, Frieden, Sicherheit und ein verstärkter Rechtsschutz zählten zu den wichtigsten Errungenschaften des neuen Regimes. Auch wenn Augustus nicht die Genialität Caesars besaß, so war er doch in seinem Wesen vielfältig angelegt und hatte einen feinen Sinn für Literatur und Kunst.

Dietmar Kienast, Augustus: Prinzeps und Monarch, Darmstadt ^{4}2009, S. 521 f.

1. *Fassen Sie die Gründe für Augustus' Erfolg zusammen.*
2. *Setzen Sie die Aussagen des Textes in Beziehung zu M8 und M9.*
3. *Vergleichen Sie ausgehend von der Darstellung Kienasts das Wirken und die Muster politischen Handelns von Augustus und Caesar.*
4. *Erörtern Sie, ob Augustus die römische Republik zerstört oder vollendet hat. Beziehen Sie seinen Umgang mit den Krisen der römischen Republik ein (Seite 61 bis 65).*

[1] **consensus universorum**: allgemeine Übereinstimmung

[2] **Agitation** (lat. agitare: aufregen, aufwiegeln): politische Hetze, politische Werbetätigkeit

Kompetenz:
Krisen und Umbrüche charakterisieren, die von Beharrung und Wandel geprägt sind, und Theorien über deren Ursachen und Wirkungen anwenden und beurteilen

Was heißt hier Krise?

Der Begriff Krise begegnet uns in den unterschiedlichsten Bereichen. In den Medien ist von „Wirtschafts- und Finanzkrisen", „Umwelt- und Energiekrisen" oder „Existenz- und Glaubenskrisen" die Rede – um nur einige Beispiele zu nennen. Das Wort taucht immer wieder auf und erzeugt ein Gefühl von Unsicherheit oder sogar Angst. Was aber ist eine Krise eigentlich genau? Kennzeichen einer Störung? Zeichen eines Untergangs? Oder vielleicht doch die Chance für einen Neubeginn oder eine positive Entwicklung (▸ M1 und M2)?
Der Begriff lässt letztlich den Ausgang einer Entwicklung offen. Denn Krisen erfassen in der Regel nur bestimmte Bereiche des sozialen, wirtschaftlichen, religiösen und politischen Lebens. Sie können überwunden werden, ohne dass es zu einem Umbruch oder einer Revolution kommt. Im Fall der römischen Republik ist sich die Forschung nicht einig, ob sich die Wandlungsprozesse als Krise, als Entwicklung ohne Alternative oder sogar als Revolution bezeichnen lassen (▸ M3). Für die Entwicklung in Frankreich Ende des 18. Jahrhunderts ist es eindeutiger: Die Krise des Ancien Régime mündete in eine Revolution.

▸ **Krise?**
- *Stellen Sie dar, was eine „Krise" Ihrer Meinung nach kennzeichnet.*
- ➕ *Vergleichen Sie Ihre Beschreibung mit den in M1 und M2 gemachten Aussagen zum Begriff „Krise".*

M1 „Krise" – ein Definitionsversuch

Der Historiker und Journalist Volker Ullrich definiert 1994 in einem Lexikonartikel den Begriff „Krise" so:

Mit dem amerikanischen Unabhängigkeitskrieg (1775-1783) und der Französischen Revolution von 1789 wird Krise endgültig zu einem epochalen Schwellenbegriff, zur „strukturellen Signatur der Neuzeit" (Reinhart Koselleck[1]). Konservative Gegner der Französischen Revolution wie der Engländer Edmund Burke[2] bedienten sich vorzugsweise dieses Begriffs, um die Schrecken eines lang andauernden europäischen Bürgerkriegs an die Wand zu malen. Auch nach 1815, als die europäischen Verhältnisse wieder in ein ruhigeres Fahrwasser zu gleiten schienen, blieb die Erfahrung einer krisenhaften Umbruchperiode für die Zeitgenossen lebendig. Wesentlich bestimmt wurde sie nicht nur durch die wiederkehrenden politischen Erschütterungen, sondern auch durch den heraufziehenden Industriekapitalismus und die von ihm bewirkte Dynamik des sozialen Wandels. [...] Seit den vierziger Jahren des 19. Jh. wird „Krise" zu einem Schlüsselbegriff der anschwellenden sozialkritischen Literatur, erwies er sich doch besonders geeignet, die durch die Industrielle Revolution hervorgerufenen sozialen Probleme als Symptome einer tief greifenden Gleichgewichtsstörung zu deuten. [...]
Einen Versuch, Krise als geschichtstheoretischen Begriff zu vertiefen und eine Art Krisentypologie zu erstellen, unternahm der Schweizer Historiker Jacob Burckhardt in seinen „Weltgeschichtlichen Betrachtungen" (um 1870). Darin definierte er Krisen als „beschleunigte Prozesse", die sich aller-

[1] **Reinhart Koselleck** (1923-2006): deutscher Historiker, der sich u.a. schwerpunktmäßig mit Begriffsgeschichte beschäftigt hat
[2] **Edmund Burke** (1729-1797): Schriftsteller, Philosoph und Politiker zur Zeit der Aufklärung

dings nicht kontinuierlich entwickeln, sondern – wie bei einer Fieberkurve – in „Sprüngen, Zögerungen, Rückfällen" und „neuen Sprüngen miteinander abwechseln". Burckhardt betonte den ambivalenten Charakter von Krisen, ihre belebende und befreiende, aber auch potenziell zerstörerische Funktion: „Krisen treiben das Große wohl hervor, aber es kann das Letzte sein." Die krisenhaften Wandlungsprozesse im 19. Jh. verglich er mit der großen Zäsur der Völkerwanderung am Ende des römischen Weltreiches. Und dennoch sah Burckhardt, dass die „Hauptkrisis" noch bevorstehe, wenn Technik, Völkerkriege und soziale Revolutionen sich zusammenballen – eine Prognose, die sich im Blick auf die Katastrophen am Ende des 20. Jh. als erstaunlich hellsichtig erwies.

Mit der Ausdifferenzierung des Begriffs hat „Krise" auch zunehmend Eingang gefunden in die Alltagssprache und begegnet hier in den verschiedensten Verwendungszusammenhängen, bis hin zur Beschreibung persönlicher Schwierigkeiten („midlife crisis"). In der Geschichtswissenschaft wird der Begriff vorzugsweise verwendet, um vor- oder nachrevolutionäre Epochen- oder Strukturmerkmale (z.B. Krise des Absolutismus), ökonomische Talfahrten (z.B. Weltwirtschaftskrise 1929), diplomatische Verwicklungen (z.B. Julikrise 1914), Regierungswechsel (z.B. Kanzlerkrise) oder abrupte Veränderungen soziokultureller Einstellungen und Verhaltensmuster (z.B. Modernisierungskrise) zu kennzeichnen.

Manfred Asendorf, Jens Flemming, Achatz von Müller und Volker Ullrich (Hrsg.), Geschichte. Lexikon der wissenschaftlichen Grundbegriffe, Hamburg 1994, S. 389 f.

1. *Erschließen Sie aus dem Text die verschiedenen Verwendungen des Begriffes „Krise".*
2. *Arbeiten Sie aus dem Text eine Definition des Begriffes* ✚ *„Krise" heraus. Vergleichen Sie Ihr Ergebnis mit M2 und überarbeiten Sie ggf. Ihre Definition.*

M2 Was sind Krisen?

Der Historiker Rudolf Vierhaus hat lange Zeit das Max-Planck-Institut für Geschichte in Göttingen geleitet. In einem Lexikonartikel von 2002 erklärt er den Begriff „Krisen" so:

Krisen sind Prozesse, deren Anfänge, Höhepunkte, Ende prinzipiell datierbar sind. Niedergangs-, Auflösungs-, Verfallsprozesse sind keine Krisen, wohl aber können ihnen sich steigernde Krisen vorangegangen sein. Krisen sind prinzipiell offene Prozesse; ihre Geschwindigkeit, ihr Ausgang sind nicht zwangsläufig, ihr Ablauf und ihr Wendepunkt selten so deutlich erkennbar wie in einem Krankheitsprozess. [...]

Von Krisen kann gesprochen werden, wenn zuvor bestehende stabile und funktionierende Zustände sich aufzulösen beginnen, erodieren[1], dysfunktional[2] werden und die eingetretenen Störungen nicht mit hergebrachten Mitteln überwunden werden können, sondern eine renovatio, eine Reform, eine Revolution[3] erforderlich wird und erfolgt; geschieht dies nicht, handelt es sich nicht (mehr) nur um eine Krise. Kennzeichen von Krise ist, dass es in ihrem Prozess Alternativen gibt, Phasen und Konstellationen, in denen sich entscheidet, ob sie überwunden werden können.

Krisen sind keine Naturprozesse, wohl aber können z.B. Erdbeben, Flutkatastrophen, Dürreperioden Krisen auslösen: Hungerkrisen, aber auch Krisen des Vertrauens in die Fähigkeit von Regierung und Verwaltung, mit ihnen fertig zu werden. Naturprozesse können Bedingungen der Möglichkeit von Krisen sein, diese sind von Menschen erfahrene, erlittene, gemachte und genutzte Krisen. Allerdings genügt subjektiv oder auch kollektiv geäußertes Krisenbewusstsein nicht als hinreichender Beweis, sondern kann allenfalls als Indiz für tatsächliche Krisen gelten. Indes kann Krisenbewusstsein Verlauf und Ausmaß einer Krise wesentlich beeinflussen. Krisen müssen, um als solche bezeichnet werden zu können, objektiven Charakter haben, also nicht nur herbeigeredet sein, indem vorübergehenden und vereinzelten krisenhaft erscheinenden Symptomen von Veränderung aus Sorge übertriebene Bedeutung zugeschrieben wird. [...]

Es geschieht nicht selten, dass der Krisencharakter gerade langfristiger Veränderungsprozesse, in die viele Menschen und Lebensbereiche involviert waren, nachträglich von der historischen Forschung unterschiedlich interpretiert, infrage gestellt oder überhaupt bestritten wird [...].

Stefan Jordan (Hrsg.), Lexikon Geschichtswissenschaft. Hundert Grundbegriffe, Stuttgart 2002, S. 193-195

1. *Fassen Sie die wesentlichen Aspekte von Krisen zusammen, die Vierhaus nennt.*
2. *Formulieren Sie ausgehend von Vierhaus' Definition des Begriffes „Krise" Fragen, die an einen historischen Sachverhalt gestellt werden müssen, um herauszufinden, ob ihm eine Krise zugrunde liegt.*
3. *Krisen müssen, wie Vierhaus schreibt, „objektiven Charakter" (Zeile 30) haben. Überprüfen Sie, ob unter diesem Gesichtspunkt die römische Republik seit dem 2. Jahrhundert v. Chr. von Krisen geprägt war und ob der Französischen Revolution (Seite 82 ff.) eine Krise vorausging.*
4. *Vergleichen Sie beide historischen Prozesse unter Bezug auf Ihre Definition des Begriffes „Krise" (M1, Aufgabe 2).*

[1] **erodieren**: zerstören
[2] **dysfunktional**: einer Funktion, Wirkung o. Ä. abträglich, schädlich
[3] Lesen Sie dazu den Theorie-Baustein „Revolution" auf Seite 104 f.

M3 Revolution oder Krise?

Der Historiker Ulrich Huttner lehrt Alte Geschichte an der Humboldt-Universität in Berlin. In seinem Werk „Römische Antike" schreibt er 2008 über den Krisen- und Revolutionsbegriff:

Die römische Republik hielt die Konflikte nicht mehr aus, büßte zwar nicht gänzlich ihr Gesicht ein, verlor aber, und zwar gegen Ende des 1. Jh. v. Chr. immer schneller, ihre charakteristischen Strukturen. [...] Mit zwei Begriffen suchte man jene Epoche des Wandels adäquat zu erfassen, mit dem der „Revolution" und dem der „Krise". Beide Begriffe sind unscharf, gewinnen aber so an Flexibilität in der Handhabung. „Revolution" bedeutet im Wortsinn „Umwälzung" (von lat. revolvere) und damit eine tief greifende Veränderung. Es stellt sich die Frage, wie eine Revolution mehr als 100 Jahre dauern kann, zumal man mit ihr in der Regel einen abrupten Umschwung assoziiert. Trotzdem lassen sich für die letzten Jahrzehnte der römischen Republik politische und soziale Phänomene konstatieren, die kennzeichnend für den Revolutionsbegriff sind und namhafte Althistoriker wie Ronald Syme[1] und Alfred Heuß[2] bewogen, sich seiner zu bedienen: die von Wellen der Gewalt begleitete Verwandlung des politischen Systems von einer Republik in eine Monarchie, deutliche Veränderungen in der Zusammensetzung der politischen Eliten, massive Bestrebungen minderprivilegierter Gruppen, sich einen besseren Platz in der Gesellschaft zu erkämpfen. Andere Althistoriker (z. B. Karl Christ[3], Christian Meier[4]) stellten die Stimmigkeit des Begriffes „Revolution" für jene Epoche entschieden infrage, insbesondere habe eine leitende politische Idee gefehlt.
Mit dem alternativen Begriff der „Krise" lässt sich die Endphase der römischen Republik stimmiger charakterisieren. Der Terminus leitet sich aus dem Griechischen her: Die krisis ist die „Entscheidung" und kennzeichnet in der antiken Medizin die Phase einer Krankheit, in welcher der Zustand eines Patienten die entscheidende Wendung nimmt. Auch in der Geschichte wird eine entscheidungsträchtige Phase, während der sich historische Prozesse beschleunigen und zugleich die Gesellschaft mit Problemen konfrontiert wird, die sich mit herkömmlichen Mitteln nicht mehr lösen lassen, als Krise bezeichnet. Da angesichts jener Probleme, von denen das gravierendste die Ausübung der Kontrolle über ein Weltreich war, lange keine geeigneten Konzepte und damit keine Alternativen zur Verfügung standen, prägte Christian Meier, ein profilierter Spezialist für die Geschichte der späten römischen Republik, die Formel von der „Krise ohne Alternative". Die Römer selbst glaubten, als Ursache der Turbulenzen eine fatale moderne Dekadenz[5] der römischen Moral auszumachen. [...] Für Sallust[6] stellt sich die Dekadenz der römischen Gesellschaft als unumkehrbarer und aus sich heraus notwendiger Prozess dar: Ein Staat, der so mächtig wie der römische geworden ist, kann diese Macht nicht verkraften. Macht (und alle Bequemlichkeiten, die dazugehören) verderben den Charakter des Machthabers. Seit der Zerstörung des Erzfeindes Karthago im Jahr 146 fehle es an Gegnern, um die Römer auf Trab zu halten. Sallusts Argumentation mag getragen sein von holzschnittartigen Klischeevorstellungen und einem rigorosen Moralismus: Dass die römische Machtpolitik Verschiebungen in der Mentalität der politischen Eliten auslöste, wird man allerdings nicht bestreiten. Für die Konflikte am Ende der römischen Republik lassen sich indes handfestere Ursachen namhaft machen: Im Wesentlichen geht es darum, dass eine politische Großmacht zur Bewältigung ihrer Probleme mit einem Instrumentarium hantierte, das einer Zeit entstammte, als diese Großmacht noch eine überschaubare Stadt war.

Ulrich Huttner, Römische Antike, Tübingen/Basel 2008, S. 104 f.

1. *Vergleichen Sie Huttners Aussagen zum Krisenbegriff* ➕ *mit M1 und M2. Verfahren Sie ebenso mit seinen Ausführungen zum Revolutionsbegriff, indem Sie die Materialien des Theorie-Bausteins „Revolution" (siehe Seite 104 f.) hinzuziehen.*
2. *Überprüfen Sie anhand der theoretischen Grundlagen und Ihres Hintergrundwissens, ob von einer „Krise" der römischen Republik oder von einer römischen „Revolution" gesprochen werden kann.*
3. *Beurteilen Sie Huttners Einschätzung auf Basis Ihrer Ergebnisse aus der zweiten Aufgabe.*

[1] **Ronald Syme** (1903-1989): Der neuseeländische Historiker charakterisiert in seinem Hauptwerk „The Roman Revolution" von 1939 die Periode des Wandels in der Spätphase der römischen Republik als Revolution, allerdings ohne diesen Begriff weiter auszuschärfen.

[2] **Alfred Heuß** (1909-1995): Nach der Auffassung des deutschen Historikers zeigen die sozialen und politischen Umwälzungen der späten römischen Republik alle Anzeichen einer Revolution.

[3] Zu Karl Christ lesen Sie Seite 46 (M4) sowie Seite 50 (M9).

[4] **Christian Meier** (*1929): Der deutsche Historiker bezeichnet die Spätphase der römischen Republik als „Krise ohne Alternative". Lesen Sie dazu Seite 78, M1.

[5] **Dekadenz**: Verfall, Niedergang

[6] **Sallust** (86-35/34 v. Chr.): Zum römischen Geschichtsschreiber siehe Seite 48 (M6).

Was ist ein historisches Urteil?

Kompetenz:
Historische Sachverhalte sowie Aussagen über Phänomene der Vergangenheit kriteriengeleitet und multiperspektivisch beurteilen

Ein historisches Urteil drückt eine begründete Position zu einem vergangenen Geschehen aus. Dabei ist zwischen einem Sach- und einem Werturteil zu unterscheiden. Beiden Urteilen liegt eine Sachanalyse zugrunde. Ein *Sachurteil* berücksichtigt Perspektiven, Formen, Ursachen und Wirkungen geschichtlicher Ereignisse. Dabei kann vergangenes Geschehen (z. B. die Krise der römischen Republik) ebenso Gegenstand eines Sachurteils sein wie das Handeln verantwortlicher Personen (z. B. die Alleinherrschaft Caesars).
Historische Urteile berücksichtigen mehrere Ursachen (*Multikausalität*) eines Geschehens: wirtschaftliche, soziale, rechtliche, außen- und innenpolitische und andere Zusammenhänge. Sie beziehen auch verschiedene Sichtweisen ein (*Multiperspektivität*), also unterschiedliche Interessen und Motive verschiedener Handelnder sowie Betroffener.
Sachlich begründete Analysekriterien helfen, nachprüfbare historische Sachurteile zu treffen. Politische und wirtschaftliche Entscheidungen können zum Beispiel vor dem Hintergrund der zeitgenössischen Entscheidungsspielräume auf ihr Zustandekommen und ihre Wirksamkeit (Effizienz) befragt werden: *Erfolgte die Entscheidung schnell? War sie politisch und gesellschaftlich durchsetzbar? Wurde das angestrebte Ziel erreicht?* Zu hinterfragen ist auch die Rechtmäßigkeit (Legitimität) bestimmter Handlungen: *War die Entscheidung rechtlich möglich? War sie nach damals gültigen Wertvorstellungen legitim? Gab es damals konkurrierende Wertvorstellungen?*
Wenn wir Ereignisse oder Handlungen nicht nur nach zeitgenössischen, sondern auch nach heutigen Wertmaßstäben beurteilen, fällen wir *historische Werturteile*. Dabei haben wir darauf hinzuweisen, dass unser Urteil mitbestimmt ist von unserem aktuellen Verständnis von

Gegenstand
(Ereignis, Herrschaftssystem, Handlung, Prozess bzw. Entwicklung, Kommentar etc. in der Geschichte)

Analyse
(auch unter Anwendung geschichtswissenschaftlicher Theorien)

multiperspektivisch
- politische Akteure (z. B. Magistrate, Feldherren)
- wirtschaftlich Handelnde (z. B. Ritter oder „publicani")
- betroffene (politische, ethnische, religiöse, soziale) Gruppen

multikausal
- kurz-, mittel-, langfristige Ursachen und Folgen
- Anlässe

Sachurteil (Urteilskriterien)
(*Operatoren: z. B. beurteilen, erörtern*)

Effizienz
- (politische) Durchsetzbarkeit
- politische und wirtschaftliche Nützlichkeit
- Schnelligkeit
- (Ziel-)Genauigkeit der Maßnahme
- Vermeidung unerwünschter Nebenfolgen

Legitimität
- historisch geltendes Recht
- Akzeptanz in historischer Gesellschaft
- historische Wertmaßstäbe (z. B. Gerechtigkeitsvorstellungen)

Werturteil (Urteilskriterien)
(*Operatoren: z. B. Stellung nehmen, erörtern*)
heute geltende Grundwerte: Sicherheit, Freiheit, Gerechtigkeit, Gleichheit der Geschlechter, Solidarität, Rechtsstaatlichkeit, Demokratie (politische Teilhabe, Transparenz politischer Entscheidungen) etc.

◂ **Historische Urteilsbildung.**
Grafik von Jana Bretschneider.
- ✚ *Analysieren Sie, inwieweit Christian Meier (M1) und Bernhard Linke (M2) ihre Beurteilung im Sinne der Grafik zur historischen Urteilsbildung aufbauen.*
- *Begründen Sie ausgehend von der Grafik, warum es sich bei den Beurteilungen von Meier und Linke um Sach- und nicht um Werturteile handelt.*

Gerechtigkeit, Freiheit und Gleichheit der Geschlechter oder anderen in unserem Grundgesetz festgehaltenen Grundrechten. Nur dann, wenn zwischen heutigen und früheren Wertmaßstäben deutlich unterschieden wird, können historische Urteile angemessen und einleuchtend sein.
Je nach Gewichtung der Argumente und dem Standpunkt des Urteilenden können die Aussagen im Ergebnis unterschiedlich ausfallen.

Die Frage nach Alternativen

In einer Studie aus dem Jahre 1966 vertrat der Historiker *Christian Meier* die Ansicht, dass die Krise der römischen Republik zu nichts anderem führen konnte als ihrem Untergang (▸ M1). Die Gesellschaft und die politischen Institutionen seien zu unflexibel gewesen, um Alternativen oder tragfähige Reformen zu entwickeln. Der Wille, an der traditionellen Ordnung festzuhalten und sich nur auf die scheinbar besseren früheren Zeiten zurückzubesinnen, habe die Krise noch verstärkt und schließlich zum unvermeidlichen Ende der Republik geführt.
Gegen diese Auffassung argumentierten *Bernhard Linke* und andere Historiker (▸ M2). Sie waren der Meinung, dass es sehr wohl Entwürfe zu einer wirksamen Umgestaltung der republikanischen Ordnung gegeben habe. Linke sieht gerade in der Existenz dieser Ideen einen Aspekt, der die Krise verschärft und schließlich zu einer der möglichen alternativen Umwandlungen der Regierungsform in Gestalt des Prinzipats geführt habe.
Die Frage, ob Alternativen zum Ende der römischen Republik bestanden, ist letztlich nicht abschließend geklärt. Hierbei spielen die Perspektiven und Auffassungen der jeweiligen Historiker sowie die Gewichtung bestimmter Sachaussagen eine wichtige Rolle, die zu verschiedenen Wertungen führen. Solange ein überprüfbarer Standpunkt nicht durch Sachargumente widerlegbar ist, kann er vertreten werden.

M1 Krise ohne Alternative?

Christian Meier lehrt seit 1981 an der Universität München Geschichte. In einer Studie von 1966 charakterisiert er die Krise der römischen Republik so:

Die Basis des Staates wurde weit überlastet, die Gesellschaft desintegriert[1]. Die Disziplin innerhalb des Adels lockerte sich, die Verfassung stimmte nicht mehr zur Wirklichkeit, die Verwaltung der Provinzen wies immer mehr Mißstände auf und die Machtverhältnisse wurden so verändert, daß große Labilität eintrat. Seit der Mitte des zweiten Jahrhunderts kam es zu einer Reihe von heftigen Konflikten und empfindlichen Störungen der öffentlichen Ordnung. [...]
Und die Veränderungen und Probleme, die damit gegeben waren, ließen über Bürgerkrieg und unzählige Mißstände hinweg Machtverhältnisse entstehen, die mit der alten Form der res publica wirklich nicht mehr zu vereinen waren. Aber in diesem Vorgang war die römische Bürgerschaft mehr Objekt als Subjekt. So viel etwa Entscheidungen der Volksversammlung zu ihm beitrugen, das Gros der Bürgerschaft hatte dann zumeist nicht gesehen, worum es eigentlich ging, es schien sich ihm jeweils um Beschlüsse von begrenzter Konsequenz zu handeln, während der Senat in dogmatischer Versteifung bald jeden ungewöhnlichen Beschluß perhorreszierte[2]. Mit anderen Worten: Die Gesellschaft war damals nicht mehr Herr ihrer Angelegenheiten. Das politische Geschehen nahm einen eigentümlichen Grad von Unwirklichkeit an, da ständig Dinge passierten, die im Grunde keiner wollte, da das Handeln der Einzelnen widersprüchlich war. [...]
Solange jedoch die res publica noch aufrecht stand [...], war eine Alternative zu ihr nirgends zu sehen. Es gab keinerlei Kraft und Ansatzpunkt, von denen eine Umorientierung des Staates hätte ausgehen können. So war es höchst charakteristisch, daß im damaligen Rom – anders als in so vielen Zeiten ähnlich schwerer Krise – keine Utopie entstand. Was an ihre Stelle trat, war ein [...] erneuertes Bekenntnis zum Staat der Vorfahren. [...] Man versuchte, sich nach alten Beispielen,

[1] **desintegriert**: der soziale Zusammenhalt der Gesellschaft löst sich auf

[2] **perhorreszieren**: verabscheuen

nach mos maiorum zu richten, identifizierte sich mit den großen Römern der Vorzeit und maß sich und andere an ihnen. Da der utopisch-ideale Staat aber in seinen Institutionen noch überall anwesend war [...], konnte angesichts der spürbaren Veränderungen gegenüber der Zeit des alten Cato nur ein Ausweg aus der Krise gesehen werden: der Versuch seiner Wiederherstellung. [...]
Es gab keine Alternative, von der [...] aus man eine wirksame Kontrolle der Verwaltung hätte schaffen und den Gefälligkeitsstaat hätte überwinden können. Der Senat konnte sich keine ständige Polizei halten, um eine kräftige Exekutive zu haben, und selbst wenn er es versucht hätte, wären die Ritter oder andere, die damit hätten niedergehalten werden sollen, in der Lage gewesen, sie außer Gefecht zu setzen. Auch die Volksversammlung war nicht abzuschaffen oder in ihrer Kompetenz zu beschränken. So schien nur der eine Ausweg aus der Misere offenzustehen: Man mußte die allgemeine Moral verbessern. [...]
Man war sich darüber im Klaren, daß der weite Herrschaftsbereich besonders hohe Anforderungen an die Moral stellte. Doch man konnte nicht sehen, daß das Mißverhältnis zwischen den Aufgaben und den Mitteln des Senatsregimes übermäßig groß geworden war. Die beste Moral hätte es nicht mehr überbrücken oder gar überwinden können. Angesichts der vielen Fehlschläge aber griff jene Aporie[3] um sich, die in den Worten: res publica amissa est[4] ihren charakteristischen Ausdruck fand. [...] So war diese Ratlosigkeit die beste Einsicht, die möglich war. Denn besser kann man eine Welt, die am Ende ist, nicht erkennen, als wenn man empfindet, daß ihr – mindestens vorläufig – nicht mehr zu raten ist.

Christian Meier, Res publica amissa. Eine Studie zu Verfassung und Geschichte der späten römischen Republik, Frankfurt am Main 1980, S. 301-306

M2 Krise durch Alternativen?

Bernhard Linke ist seit 2009 Professor für Alte Geschichte an der Universität Bochum. Er geht 2005 auf die These von Christian Meier ein; er schreibt:

Meiers tief greifende Analyse hat den Blick für die Handlungsmotive der römischen Oberschicht wesentlich geschärft. Doch besteht ein Problem dieser Deutung darin, dass sie sich sehr stark auf den Aspekt der Verfallserscheinungen aus der Sicht der führenden Aristokraten konzentriert. Die Darstellung der politischen Abläufe in der Zeit von den Gracchen bis Sulla hat jedoch deutlich werden lassen, dass für beachtliche Teile der Mittelschicht, aber auch für nicht wenige Angehörige der Oberschicht grundlegende Veränderungen der gesellschaftlichen Organisation nicht undenkbar waren. Der Erosionsprozess der sozialen Autorität der römischen Nobilität ließ ein Unzufriedenheitspotenzial entstehen, das sich in dieser Epoche durchaus in konkreten Alternativentwürfen zur bestehenden Ordnung manifestierte. Insbesondere die Aktivitäten von Saturninus und die Diktatur des selbst ernannten republikanischen Restaurators Sulla, vielleicht aber auch schon die langfristigen politischen Ambitionen von Tiberius und Gaius Gracchus mussten in der politisch relevanten Bevölkerung das Bewusstsein dafür schärfen, dass es auch andere Optionen für die Gestaltung der gesellschaftlichen Führung als die kollektive Herrschaft der Nobilität gab. Gerade die Konfrontation mit diesen Alternativen zur bestehenden Herrschaftsform brachte die führenden Aristokraten in Zugzwang und nötigte sie dazu, sich immer stärker auf die kollektiven Mechanismen der Machtsicherung im Senat zu konzentrieren, auch um den Preis einer zunehmenden Distanz zu breiten Bevölkerungsschichten. Dieses Verhalten musste das Ansehen und die gesellschaftliche Durchsetzungskraft der Aristokratie weiter schwächen. So könnte man auch von einer ‚Krise durch Alternative' sprechen, die langfristig die Grundlage des Führungsanspruchs der Nobilität untergrub und die Voraussetzung für die Etablierung eines monarchischen Regierungssystems schuf.
Aus der Sicht vieler Römer muss der Niedergang der Legitimation der römischen Oberschicht gar nicht als epochale Umwälzung empfunden worden sein, sondern vielmehr als ein gleitender Prozess der eigenen politischen Neuorientierung. Die Alternative einer Herrschaftsform, die nicht auf der gemeinsamen Machtausübung durch eine kleine Gruppe adliger Familien beruhte, sondern auf der Dominanz einer einzelnen Persönlichkeit, verfestigte sich zunehmend im Bewusstsein der Menschen und erhielt später durch die Bürgerkriege eine zusätzliche Legitimation.
Doch etablierte sich am Ende dieser Entwicklung in Rom bezeichnenderweise keine absolute Monarchie, die auf eigener Machtvollkommenheit gründete. Diese Option schied mit der Ermordung Caesars am 15. März 44 v. Chr. aus dem politischen Leben Roms aus. Stattdessen setzte sich ab 30 v. Chr. mit der endgültigen Machtübernahme von Caesars Adoptivsohn Augustus eine ‚kommunikative Monarchie' durch, die ihre Legitimation aus einer Vielzahl von Aktionen und Ritualen der gegenseitigen Anerkennung zwischen Bevölkerung und Herrscher bezog. So lebte die Tradition der sozialen Vernetzung und der schichtenübergreifenden Kommunikation, die Rom groß gemacht hatte, auch in der Kaiserzeit fort. [...] Mit dem neuen Herrscher erhielten die Bürger wieder eine eindeutige Integrationsfigur, die sich gemäß der Herr-

[3] **Aporie**: Unmöglichkeit, eine Frage oder ein Problem zu lösen
[4] **res publica amissa est** (lat.): Die Republik ist zugrunde gegangen.

schaftsideologie für die Belange aller Römer gleichermaßen einsetzte. Eine Rolle, die die römische Nobilität über lange Zeit in der Republik souverän verkörpert hatte. Auf diese Weise gab es für die Bürger mit Augustus einen würdigen Erben der alten Nobilität, der die Einheit der Gesellschaft zu sichern verstand.

Bernhard Linke, Die römische Republik von den Gracchen bis Sulla, Darmstadt ^{2}2012, S. 141 f.

1. *Fassen Sie die Urteile, d.h. Thesen und Begründungen, von Meier und Linke über das Ende der römischen Republik zusammen (M1 und M2).*

2. *Vergleichen Sie die Urteile von Christian Meier und Bernhard Linke miteinander.*

\+ 3. *Erörtern Sie, ob der Prinzipat die unvermeidliche Konsequenz von Krise und Untergang der römischen Republik oder nur eine Alternative zur republikanischen Regierungsform im Sinne einer Umgestaltung war.*

4. *Nehmen Sie auf Basis Ihrer Kenntnisse zur Geschichte der römischen Republik Stellung zu den von Meier im Interview auf Seite 18 (M1) getroffenen vergleichenden Aussagen über die gegenwärtige Gesellschaft.*

Beispiel und Analyse

Beurteilen Sie Christian Meiers These, in der Krise habe keine Möglichkeit für die römische Republik bestanden, das politische System durch Erneuerung zu erhalten. Beziehen Sie sich hierbei auf M1, M2 und Ihr Wissen über die Krise der römischen Republik.

Beurteilung (Sachurteil)

Bei der folgenden Bearbeitung handelt es sich um eine Zusammenstellung einiger Argumente, nicht um eine vollständige schriftliche Beurteilung.

Kriterium Sicherheit
Perspektive Bevölkerung

Mit der erfolgreichen Expansion außerhalb Italiens veränderten sich die sozialen und machtpolitischen Verhältnisse innerhalb der römischen Republik gravierend (*vgl. Seite 28 bis 30 sowie M3 und M4, Seite 33 f.*): Die republikanischen Institutionen wurden von der Bevölkerung Roms als wenig effektiv wahrgenommen. Das Vertrauen in die Fähigkeiten der aktuellen Machthaber sank, die Versorgung mit existenziell notwendigen Gütern und die Wahrung äußerer und innerer Sicherheit gewährleisten zu können. Dies führte letztlich zum Aufstieg ambitionierter Feldherren, die mithilfe ihrer Heeresklienteln und dem Instrument des Bürgerkrieges Politik in einer Form gestalteten, die nicht der althergebrachten Ordnung der römischen Republik entsprach (*vgl. M1, Zeile 9 bis 12*).

Kriterium unerwünschte Nebenfolgen
Perspektive politische Akteure (Senatoren)

Meier ist in dem Punkt zuzustimmen, dass die Institutionen der Republik letzten Endes keine wirksame Handhabe hatten, um den Ambitionen politischer Akteure wie Marius, Pompeius oder Caesar längerfristig entgegenzutreten. Vielmehr kam es dazu, dass sich die Führungsschicht in rivalisierende Parteien spalten ließ, die dann den einen oder anderen Feldherrn unterstützten. Versuche des Senats, diese konkurrierenden Machthaber gegeneinander auszuspielen, trugen nicht zur Absicherung der republikanischen Ordnung bei, wie die Beispiele von Pompeius und Caesar oder Antonius und Octavian zeigen (*vgl. u.a. Seite 57 f. sowie M1, M3 bis M5, Seite 66 bis 69*).

Kriterium Anpassungsfähigkeit
Perspektive politischer Akteurer (Nobilität)

Auf der einen Seite war es für die Nobilität, die ihren Machtanspruch wahren wollte, undenkbar, von der althergebrachten Ordnung abzuweichen (*vgl. M1, Zeile 31 bis 40*). Auf der anderen Seite widersprach das Handeln des Senats bereits seit der Ernennung des Marius immer deutlicher der traditionellen politischen Ordnung (*vgl. Seite 40 sowie M6, Seite 48*). Die fehlende Bereitschaft, auch durch Änderungen der Verfassung auf realpolitisches Handeln zu reagieren, half Entwicklungen jenseits der republikanischen Ordnung zu verfestigen und schwächte die Republik.

Meier behauptet, dass auch keine Ideen entstanden seien, um die staatliche Ordnung umzugestalten und die Krise der Republik zu beenden. Diese Aussage muss hinterfragt werden. Bernhard Linke verweist hier zu Recht auf Beispiele, die eine Alternative zu der Staatsführung durch das einvernehmliche Handeln der römischen Nobilität im Rahmen des Senats darstellten (*vgl. M2, Zeile 19 bis 22*). Hierzu zählen die neuen Vorgehensweise der Gracchen (*vgl. Seite 36 bis 39 sowie M2 bis M4, Seite 44 bis 46*) oder auch das Wirken des Lucius Appuleius Saturninus (*vgl. Seite 40 sowie M7, Seite 48f.*). Mithilfe von populären Sachinhalten gelang es diesen Politikern (erstmalig), die Volksversammlung der Plebejer zum Mittel für die Durchsetzung von politischen Zielen und Reformen zu machen.

Kriterium
Partizipation
(politische Teilhabe)

Perspektive
politische Akteure
(Gracchen, Lucius Appuleius Saturninus)

Wenn sich auch die Nobilität weitgehend politischen Neuerungen entgegenstellt, lässt sich in der Bevölkerung die Bereitschaft vermuten, eine reformierte Republik zu akzeptieren. Die schnelle Etablierung der neuen Herrschaftsform des Prinzipats unter Augustus legt dies nahe: Zum einen behielt das Prinzipat Elemente der althergebrachten republikanischen Staatsform bei. Zum anderen wurden Interessen unterschiedlicher Bevökerungsgruppen beachtet: Das Bedürfnis der *plebs* nach Versorgung mit existenznotwendigen Gütern und weitgehender persönlicher Sicherheit konnte befriedigt werden. Auch die Ritter, die Adligen und verdienten Soldaten konnten mit Beförderungen in Ämter und Würden in das neue System integriert werden (*vgl. Seite 64 sowie M8 bis M10, Seite 72f.*).

[...]

Kriterium
politische Durchsetzbarkeit

Perspektive
Bevölkerung

1.2 Die Französische Revolution und ihre Wirkung

◂ **Die drei Stände schmieden die Verfassung.**
Kolorierter Kupferstich (18,1 x 18,6 cm), 1789/90.
Die Bildszene wurde vom Künstler mit folgenden Zeilen versehen: „Rasch, rasch, rasch! Schmiedet das Eisen heiß! Rasch, rasch, rasch! Nur guten Mut, man muss beherzt zu Werke gehen."
- *Interpretieren Sie Zeichnung und Text. Ordnen Sie vorab den Personen bestimmte Stände und Funktionen zu.*

Das Ancien Régime in der Krise	**1787/88**	Steuer- und Finanzreformen scheitern am Einspruch des Adels und des Klerus.
	1788	Im Sommer verschärfen Missernten die Wirtschaftskrise. Der Staatsrat beschließt, die Generalstände (*Etats généraux*) für den 1. Mai 1789 einzuberufen.
Die Revolution beginnt	**Feb.-Mai 1789**	Brotunruhen; überall werden Beschwerdehefte (*Cahiers de doléances*) verfasst.
	5.5.1789	Ludwig XVI. eröffnet die Generalstände in Versailles.
	17.6.1789	Der Dritte Stand erklärt sich zur Nationalversammlung (*Assemblée nationale*).
	14.7.1789	In Paris wird die Bastille gestürmt.
	Juli/Aug. 1789	Die „Große Furcht" („*Grande peur*") führt zu Bauernaufständen.
Konstitutionelle Monarchie	**4.8.1789**	„Augustbeschlüsse" der Nationalversammlung; die feudalen Privilegien und Rechte sollen abgeschafft werden.
	26.8.1789	Die Menschen- und Bürgerrechte werden verkündet.
	5./6.10.1789	Protestmarsch der Pariser Frauen nach Versailles; der königliche Hof und die Nationalversammlung werden nach Paris verlegt.
	3.9.1791	Frankreich wird konstitutionelle Monarchie.
	20.4.1792	Frankreich erklärt Österreich und Preußen den Krieg: Der Erste Koalitionskrieg beginnt.
	Juli/Aug. 1792	Österreich und Preußen bedrohen Frankreich; das Königtum wird vorübergehend aufgehoben und Ludwig XVI. mit seiner Familie gefangengesetzt.
	2.-6.9.1792	In Paris werden die Gefängnisse gestürmt und zahllose Häftlinge ermordet.
Republik und „Schreckens-herrschaft"	**21.9.1792**	Die Monarchie wird abgeschafft und die Republik errichtet.
	21.10.1792	Französische Truppen marschieren in Mainz ein.
	21.1.1793	Ludwig XVI. wird wegen Landesverrat verurteilt und hingerichtet.
	17.9.1793	„Gesetz über die Verdächtigen": Höhepunkt der „Schreckensherrschaft" („*La Terreur*").
	27.7.1794	Robespierre und seine Anhänger werden gestürzt und hingerichtet.
Das „amtliche Ende" der Revolution	**20.-23.5.1795**	Die Sansculotten demonstrieren für „Brot und die Verfassung von 1793"; ihr Aufstand wird niedergeschlagen.
	22.8.1795	Die „Direktorialverfassung" wird verkündet.
	9./10.11.1799	Staatsstreich Napoleons; er erklärt die Revolution für beendet.

Soziale und wirtschaftliche Problem, zerrüttete Staatsfinanzen, neue staatstheoretische Ideen der Aufklärer, nicht mehr akzeptierte Vorrechte des Adels und des Klerus, mangelnde politische Mitbestimmungsrechte des *Dritten Standes* sowie ein entscheidungsschwacher Monarch trugen 1789 zum Ausbruch der Französischen Revolution bei. Welche von den genannten Faktoren ausschlaggebend dafür waren, ist bis heute umstritten. Unbestritten ist inzwischen die Bedeutung der Revolution für die französische Nation sowie für die Weltgeschichte.

In ihrem Verlauf wurden die *Menschen- und Bürgerrechte* verkündet. Sie gelten heute als ihr wichtigstes Erbe. Für die Historiker sind darüber hinaus die zahllosen politischen, rechtlichen, sozialen, wirtschaftlichen, kulturellen und territorialen Veränderungen wichtig, die die Revolution mit sich brachte. Dazu zählten die Auflösung der jahrhundertealten ständischen Gesellschaftsordnung, der Übergang von der absolutistischen zur konstitutionellen Monarchie mit der Verfassung von 1791, das Ende der Königsherrschaft und die Ausrufung der Republik im September 1792 sowie die Trennung von Staat und Kirche ebenso wie die Entstehung von Parteien und einer auf Diskussion basierenden neuen politischen Kultur. Dies alles trug zu einer umfassenden Modernisierung Frankreichs bei, die aber nicht alle alten und neuen sozialen und wirtschaftlichen Probleme lösen konnte. Die gewählten Repräsentanten des Volkes mussten mit zahllosen innenpolitischen Herausforderungen und einer außenpolitischen Bedrohung fertig werden. Dies trug zu einer Terrorphase bei, in der die gerade erst verkündeten Menschenrechte grob missachtet wurden, und zu Kriegszügen, mit denen die revolutionären Errungenschaften verteidigt und in andere Länder „exportiert" werden sollten. 1799 beendete General *Napoleon Bonaparte* die Revolution mit einem Staatsstreich. Er sicherte dem Bürgertum einen Teil der revolutionären Errungenschaften, versöhnte sich mit dem Adel und der Kirche und unterdrückte die demokratischen Freiheiten. 1804 krönte er sich selbst zum Kaiser und überzog Europa bis 1815 mit weiteren Kriegen, in denen drei bis sechs Millionen Menschen starben.

Und was macht nach dieser Entwicklung die Französische Revolution so einzigartig? Viele Historiker sind heute der Ansicht, dass sie erst das Bewusstsein für eine politische Demokratie geschaffen hat. Sie ist außerdem, wie der Historiker *Ernst Schulin* feststellte, „die erste große, auf völlige Neuerung ausgehende Revolution gewesen – Vorbild für alle gescheiterten oder gelungenen, künstlichen oder echten Revolutionen der Folgezeit, aber auch für die Reformen der Folgezeit. Darin liegt ihre lebendige geschichtliche Wirkung bis heute." Darüber hinaus ist die Französischen Revolution für Schulin noch solange unvollendet, wie „die Abschaffung von Ständen und anderen Ungleichheiten nicht zur Gleichheit, sondern zu neuer Klassenherrschaft führt; solange Revolutionen in terroristischen Minderheitsdiktaturen steckenbleiben; solange Menschen- und Bürgerrechte nicht überall praktiziert werden".

In diesem Kapitel erwerben Sie die **Kompetenz**,
- die Ursachen der Revolution zu beschreiben und zu erläutern,
- die Phasen der Revolution und ihre Träger zu charakterisieren und zu beurteilen,
- die Ausstrahlung der Französischen Revolution auf Deutschland und ihre Wirkungsgeschichte zu erklären.

Zur Methoden-Kompetenz siehe Seite 110 bis 113 („Historische Fachliteratur"). Zum Kompetenzerwerb im Hinblick auf Theorien und Modelle zu Revolutionen lesen Sie Seite 104 bis 106 („Theorie-Baustein: Revolution"), über Theorien zur Modernisierung informiert Seite 107 bis 109 („Theorie-Baustein: Modernisierung").

Wichtige Namen
- George Jacques Danton
- Olympe de Gouges
- Marquis de Lafayette
- Ludwig XVI.
- Jean-Paul Marat
- Napoleon Bonaparte
- Maximilien de Robespierre
- Emmanuel Joseph Sieyès
- Charles Maurice Talleyrand

Wichtige Begriffe
- Ancien Régime
- „Augustbeschlüsse"
- Ballhausschwur
- Dritter Stand
- Erklärung der Menschen- und Bürgerrechte
- Feuillants
- Generalstände (*Etats généraux*)
- Gesetzgebende Nationalversammlung (*Assemblée nationale législative*)
- Girondisten
- „Große Furcht" („*Grande Peur*")
- Jakobiner
- Koalitionskriege
- Montagnards
- Nationalkonvent (*Convention nationale*)
- Sansculotten
- „Schreckensherrschaft" („*La Terreur*")
- Sicherheitsausschuss (*Comité de sûreté générale*)
- Verfassunggebende Nationalversammlung (*Assemblée nationale constituante*)
- Wohlfahrtsausschuss (*Comité de salut public*)

1740	24,6 Mio.
1750	24,5 Mio.
1760	25,7 Mio.
1770	26,6 Mio.
1780	27,6 Mio.
1790	28,1 Mio.
1800	29,1 Mio.

▲ **Entwicklung der französischen Bevölkerung (heutige Grenzen).**
Nach: Wolfgang Mager, Frankreich vom Ancien Régime zur Moderne, Stuttgart 1980, S. 32

Die alte Ordnung in der Krise Die Bevölkerung Frankreichs war im 18. Jahrhundert schnell gewachsen. Landwirtschaft und Kolonialhandel prägten die Wirtschaft. Rund ein Drittel der Bevölkerung konnte lesen und schreiben. Die traditionelle Gesellschaftsordnung bestand aus drei in sich stark untergliederten Ständen: Den *Ersten Stand* bildete der katholische Klerus. Er zählte ca. 130 000 Köpfe, besaß rund zehn Prozent des Grundeigentums und brauchte keine Steuern zu entrichten. Der *Zweite Stand* umfasste etwa 25 000 adlige Familien, denen rund 25 Prozent des gesamten Grundbesitzes gehörte. Auch dieser Stand zahlte kaum Abgaben und besaß dazu noch zahlreiche Vorrechte, zum Beispiel bei der Vergabe von hohen Kirchen-, Verwaltungs- und Militärämtern. Dem *Dritten Stand* gehörten 98 Prozent der Bevölkerung an: Bauern und Bürger. Seine Steuern und Abgaben bildeten die Grundlagen des Staatshaushaltes und stellten die Einkünfte der privilegierten Stände sicher.

Zwischen dem verarmten und dem wohlhabenden Provinzadel sowie dem Hofadel gab es sehr große Unterschiede. Seine kulturelle Führungsfunktion hatte der Adel längst verloren. Die neue Bildungselite war aristokratisch-bürgerlich gemischt. Ihre Wortführer setzten sich ganz im Sinne der Aufklärung gegen Vorurteile, kirchliche Unterdrückung und für politische Freiheit ein und förderten damit den Zerfall der ständischen Ordnung. Dazu trug auch der wirtschaftliche Wandel bei. Früher musste der Adel fast jede Handelstätigkeit als unstandesgemäß ablehnen, inzwischen beteiligte er sich direkt oder indirekt auch an Geld- und Kolonialgeschäften. Sogar in der Landwirtschaft waren Adel und Bürger zu Partnern und Konkurrenten geworden. Beide profitierten von der bäuerlichen Fronarbeit und vom Jagd- und Fischereimonopol.

Besonders große soziale Unterschiede bestanden innerhalb des Dritten Standes. So gehörte dem Großbürgertum ein Viertel des Grundbesitzes. Allen übrigen auf dem Lande lebenden Franzosen blieben rund 40 Prozent des Bodens. Die Kleinbauern waren auf zusätzliche Erwerbsquellen angewiesen, dabei mussten sie mit den Menschen ohne Grundbesitz konkurrieren. Bei Missernten waren Kleinbauern, Gesinde und Tagelöhner von der Not unmittelbar betroffen.

In den Städten bestimmte das Großbürgertum (Bankiers, Unternehmer etc.) und die aufgeklärte Bildungselite (Künstler, Anwälte, Ärzte, Beamte etc.) die öffentliche Meinung. Die Sorgen der Arbeiter und Dienstboten, der Ladenbesitzer, Gastwirte und Handwerker fanden kaum Gehör; sie lebten oft am Rande des Existenzminimums.

Ancien Régime: wörtlich: alte, ehemalige Regierung. Der Begriff steht für die vorrevolutionären Zustände.

Machtkämpfe Das **Ancien Régime** litt ständig unter finanziellen Problemen. Sie waren durch die massive Unterstützung der nordamerikanischen Kolonien im Kampf um ihre Unabhängigkeit von Großbritannien (1776-1783) noch vergrößert worden. Alle Versuche der Krone, die Stände entsprechend ihren Einkünften gleichmäßig zur Deckung der öffentlichen Lasten heranzuziehen, scheiterten am Widerstand von Klerus und Adel. Als Ende der 1780er-Jahre das Wirtschaftswachstum ausblieb, entwickelte sich die Finanzkrise zur Staatskrise[1].

Notabeln: durch Stellung, Vermögen und Bildung ausgezeichnete Mitglieder der Gesellschaft

Generalstände: Ständevertretung ganz Frankreichs mit je 300 Abgeordneten des Klerus, des Adels und des Dritten Standes (= Bürger, Bauern)

Ludwig XVI., der seit 1774 regierte, rief 1787 Vertreter der höheren Geistlichkeit, des Hofadels, der Obersten Gerichtshöfe, der Provinzialstände und der Stadtmagistrate zusammen, um die Krise zu lösen. Doch diese **Notabeln** erarbeiteten keine konkreten Reformen, sondern forderten den Monarchen lediglich auf, die **Generalstände** (*Etats généraux*) einzuberufen. Nur sie sollten das Recht haben, über eine Steuerreform zu beraten. Die Generalstände waren zuletzt 1614 zusammengekommen. Der König weigerte sich zunächst, diese Forderung zu erfüllen. Er gab aber nach und verzichtete

[1] Zum Begriff „Krise" siehe den Theorie-Baustein auf Seite 74 bis 76.

▲ **„Le Serment du Jeu de Paume" (dt.: „Der Ballhausschwur").**
Federzeichnung (105 x 65 cm) von Jacques-Louis David, September 1791.
Die Zeichnung ist ein Entwurf für ein Historiengemälde. Es sollte für den Versammlungsraum der Nationalversammlung angefertigt werden und etwa 6,5 m hoch und 10,0 m breit werden. Die im Vordergrund dargestellte Verbrüderung eines Ordensgeistlichen, eines Weltgeistlichen und eines protestantischen Pfarrers fand nachweislich in der Form nicht statt. Zum „Ballhausschwur" siehe Seite 86.
- *Analysieren Sie, wie der Künstler die Aufbruchstimmung einerseits und die „Einheit der Nation" andererseits dargestellt hat.*

damit auf den absolutistischen Anspruch, allein die Geschicke des Landes zu lenken. Im Januar 1789 wurde eine Wahlordnung für die Generalstände veröffentlicht. Sie legte fest, dass die gesamte männliche Bevölkerung über 25 Jahre, die in den Steuerlisten eingetragen war, wählen durfte. Adel und Klerus konnten ihre Vertreter direkt wählen, die Bürger und Bauern durften ihre Deputierten aber nur über Wahlmänner bestimmen.

Der einsetzende Wahlkampf politisierte die Bevölkerung. Begriffe wie Freiheit, Gleichheit, Glück, Souveränität und Repräsentation, die schon zuvor den amerikanischen Unabhängigkeitskampf geprägt hatten, wurden zu Schlagwörtern. Die weltanschaulichen Vorstellungen der **Patrioten** hatte die Aufklärung und vor allem *Jean-Jacques Rousseaus* Lehre von der Volkssouveränität beeinflusst (▸ M1). Ihren programmatischen Ausdruck fand sie in einer im Januar 1789 von dem dreißigjährigen Geistlichen *Emmanuel Joseph Sieyès* veröffentlichten Flugschrift mit dem Titel *„Was ist der Dritte Stand?"* (▸ M2). Im Zusammenhang mit der Wahl konnten die Wähler der Regierung Klagen, Beschwerden und Wünsche nennen. Sie wurden in „Beschwerdeheften" (*Cahiers de doléances*) zusammengefasst. Die Monarchie stand bei dieser ersten modernen „Meinungsumfrage" der Geschichte nicht zur Diskussion.

Patrioten: Vaterlandsfreunde; hier die Ständevertreter, die gegen die Privilegien des Klerus und Adels kämpften

Die Revolution der Abgeordneten Am 5. Mai 1789 eröffnete der König in Versailles die Sitzungsperiode der Generalstände feierlich. Doch die Erwartungen wurden enttäuscht. Die Stände tagten getrennt, und die Reformen sollten an die Aufrechterhaltung der Ständeordnung gebunden sein. Nachdem die Versammlung deshalb über einen Monat handlungsunfähig geblieben war, forderte Sieyès die Abgeordneten des Ersten und Zweiten Standes auf, gemeinsam mit dem Dritten Stand zu tagen. Dem Aufruf folgten reformwillige Männer aus Adel und Klerus. Am 17. Juni erklärten sich 491 gegen 90 Abgeordnete zur Nationalversammlung (*Assemblée nationale*) und Sieyès verkündete, „dass es der Versammlung – und nur ihr – zukommt, den Gesamtwillen der Nation auszudrücken und zu vertreten; zwischen dem Thron und dieser Versammlung kann kein Veto, keine Macht des Einspruchs stehen". Das war revolutionär! Die an Stand und Auftrag ihrer Wähler gebundenen Deputierten (*imperatives Mandat*) hatten sich eigenmächtig (*souverän*) zu Abgeordneten der gesamten Nation erklärt, die nur noch dem Allgemeinwillen (*Volonté générale*) dienen wollten. Damit hatte der Dritte Stand nicht nur den ersten Schritt vom politisch unmündigen Untertanen zum mitbestimmenden Staatsbürger (*Citoyen*) vollzogen, sondern darüber hinaus die Nation als politische Gemeinschaft rechtsgleicher Bürger gefordert, in der es keine ständischen Unterschiede mehr geben sollte.

Als die Krone daraufhin kurzfristig den Versammlungsraum der Deputierten des Dritten Standes schloss, zogen die reformbereiten Abgeordneten aller drei Stände in eine nahe gelegene Sporthalle und beteuerten am 20. Juni in einer improvisierten Erklärung, dem *Ballhausschwur*, „niemals auseinanderzugehen und sich überall zu versammeln, wo es die Umstände gebieten sollten, so lange, bis die Verfassung des Königreiches ausgearbeitet ist und auf festen Grundlagen ruht". Angesichts der Entschlossenheit der Deputierten gab der König sein alleiniges Recht, Ständeversammlungen einzuberufen, zu vertagen oder aufzulösen, preis. Feierlich erklärte sich daraufhin am 9. Juli 1789 die Mehrheit der Abgeordneten zur Verfassunggebenden Nationalversammlung (*Assemblée nationale constituante*). Der Monarch herrschte nicht mehr absolut.

Nationalgarde (*Garde nationale*): Am 11./12. Juli 1789 in Paris entstandene Bürgerwehr, die einerseits die Bürger vor der königlichen Armee schützen und andererseits das Eigentum der Bürger sichern sollte. Ihre Mitglieder kamen aus dem Bürgertum. Sie bestand mit Unterbrechungen bis 1871.

Der 14. Juli 1789 und die städtische Volksrevolution Ludwig XVI. berief Mitte Juli eine konservative Regierung und zog die Truppen um Paris und Versailles zusammen. Die Furcht vor einer politischen Wende traf in Paris mit sozialen Problemen zusammen. Die Lebensmittelpreise hatten einen Schwindel erregenden Höhepunkt erreicht. Notleidende Bürger forderten Brot und Waffen und rissen die verhassten Zollstationen nieder. Daraufhin übernahmen die Wahlmänner der Pariser Stadtbezirke als „Kommune" die Stadtverwaltung. Ein *Ständiger Ausschuss*, der zukünftige Stadtrat, gründete eine Bürgerwehr: die **Nationalgarde**. Sie sollte die Bevölkerung schützen und für Ruhe und Ordnung sorgen. Damit hatte die bürgerliche Selbstverwaltung begonnen. Sie konnte aber nicht verhindern,

◂ **Die Bastille wird gestürmt.**
Öl auf Leinwand (88,5 x 73 cm), um 1790.
- *Entwickeln Sie Grundzüge einer Revolutionsdefinition und ergänzen Sie diese im Zuge Ihrer Auseinandersetzung mit der Französischen Revolution. Begründen Sie Ihre Auswahl der Definitionsmerkmale.*
- *Ordnen Sie Ihre eigenen Überlegungen in die später vorgestellten Revolutionsdefinitionen (siehe Seite 104 bis 106) ein.*

dass aufgrund von Gerüchten, königliche Truppen würden die Stadt angreifen, eine aufgebrachte Menge am 14. Juli die *Bastille* stürmte. Die alte Festung diente als Staatsgefängnis und Pulverlager – und galt als Symbol der Unfreiheit. Ihre Eroberung, bei der sieben Gefangene befreit werden konnten und 98 Angreifer im Kampf fielen, gab den Aufständischen in Paris ein nicht mehr zu nehmendes Bewusstsein von Macht. Es hatte die „Ketten der Knechtschaft" (Rousseau) gesprengt – und ganz Europa nahm das staunend zur Kenntnis.

▲ **Kokarde.**
Bandschleife in Form einer Rosette, die in der Regel am Hut getragen wurde.
Am 21. Oktober 1789 führte der Militärausschuss der Stadt Paris eine Kokarde ein, die aus einem weißen mit blauer und roter Borte eingefassten Band bestand. Damit verknüpfte man die Farben der Stadt (rot und blau) mit denen der Monarchie (weiß).

Die Revolution der Bauern Auch auf dem Lande hatte man von den Generalständen Reformen erwartet. Als die Taten ausblieben, protestierten die Bauern mit friedlichen und gewaltsamen Mitteln gegen ihre Grundherren. Sie verweigerten Abgaben, stürmten Herrensitze, Schlösser und Klöster und vernichteten die Urkunden, die ihre Abgaben und Pflichten belegten. Gleichzeitig verbreitete sich eine „Große Furcht" („*Grande Peur*") vor herumstreunenden Bettlergruppen, plündernden Räuberbanden und Rachefeldzügen der Aristokratie. Sie stellte sich im Nachhinein oft als unbegründet heraus.

Von der ständischen zur bürgerlichen Ordnung Während die ersten Adligen ins Exil gingen, richteten sich die politischen Hoffnungen der Bevölkerung auf die Verfassunggebende Versammlung. Waren die fast 1200 Abgeordneten in der Lage, die ständische Gesellschaftsordnung in eine auf Freiheit und Gleichheit beruhende bürgerliche Ordnung umzuwandeln? Diese Aufgabe verlangte zunächst die Umformung der ständischen in eine bürgerliche Rechtsordnung. Der erste Schritt dahin waren die *„Augustbeschlüsse"*, mit ihnen sollten die Sonderrechte (Privilegien) von Ständen, Provinzen und Städten abgeschafft werden. Die folgende Gesetzgebung regelte erstmals die politische Gleichberechtigung aller Stände und – daraus resultierend – die rechtliche und steuerliche Gleichheit der Bürger. Freie (ständisch ungebundene) Staatsbürger sollten von nun an selbst über ihr Eigentum (vor allem über Grund und Boden) verfügen können.

In einem zweiten Schritt wurde am 26. August 1789 die *Erklärung der Menschen- und Bürgerrechte* verabschiedet. **Marquis de Lafayette**, der im amerikanischen Unabhängigkeitskrieg gekämpft hatte und nun Befehlshaber der Nationalgarde war, hatte der Nationalversammlung am 11. Juli den Entwurf der Erklärung vorgelegt. Sie sollte Teil der zu erarbeitenden Verfassung werden und verkündete die wirkungsmächtigsten Prinzipien der Französischen Revolution von 1789: die Freiheit des Individuums (*Liberté*), die Gleichheit der Bürger (*Egalité*) sowie, weniger deutlich, die Brüderlichkeit (*Fraternité*) aller Menschen. Die „Charta der modernen Demokratie", so der Historiker *François Furet*, hatte einen Nachteil: Sie löste die noch schwache Forderung nach der Gleichberechtigung der Geschlechter nicht ein.

Von zentraler Bedeutung während der Verfassungsberatungen war die Frage, welche Kompetenzen dem Monarchen künftig zugestanden werden sollten. Seine Exekutivgewalt wurde nicht infrage gestellt, aber in der Gesetzgebung räumte die Mehrheit der Deputierten dem König nur noch ein aufschiebendes Einspruchsrecht (*suspensives Veto*) ein, mit dem er Gesetze zwar nicht generell verhindern, aber für vier Jahre blockieren konnte. Trotz dieser Zugeständnisse wollte der König die Verfassung zunächst nicht anerkennen.

Marie Joseph Paul Yves Roch Gilbert du Motier, Marquis de Lafayette (auch La Fayette) (1757-1834): Obwohl adliger Herkunft, unterstützte er die Forderungen des Dritten Standes. Am Tag nach dem Sturm auf die Bastille wurde er zum Kommandanten der Pariser Nationalgarde gewählt. Er beteiligte sich an der Ausarbeitung der Menschen- und Bürgerrechtserklärung, setzte sich für eine konstitutionelle Monarchie ein und ging 1792 ins Exil.

Während die Deputierten mit dem König in Versailles politisch nicht vorankamen, hungerten viele Einwohner von Paris. Mit der Bemerkung „Die Männer trödeln, die Männer sind feige, jetzt nehmen wir die Sache in die Hand" zogen am 5. Oktober 1789 etwa 6 000 Frauen nach Versailles, um gegen die Not zu demonstrieren; ihnen folgten rund 20 000 Nationalgardisten. Im Verlauf des Protestes erkannte Ludwig XVI. die von der Konstituante erarbeiteten Verfassungsartikel einschließlich der „Augustbeschlüsse" und der Menschenrechtserklärung an. Um ihn besser kontrollieren zu können, wurde er gezwungen, mit seiner Familie in die Hauptstadt zu ziehen; die Abgeordneten folgten ihm. Paris wurde zum Zentrum der Macht.

Die Arbeit der Konstituante Die Revolution lähmte Handel und Gewerbe. Der Staat nahm kaum noch Steuern ein. Zur Sanierung des Staatshaushalts beschlossen die Abgeordneten auf Vorschlag des 35-jährigen **Charles Maurice Talleyrand** die Verstaatlichung der Kirchengüter. Orden und Klöster wurden aufgelöst. Die Versteigerung der kirchlichen Güter begann. Der Staat übernahm die sozialen Aufgaben des Klerus, wie Schulen, Kranken- und Armenpflege, und machte aus Bischöfen und Geistlichen vom Volk wählbare Staatsdiener. Er bezahlte von nun an die Priester und forderte dafür von ihnen einen Eid auf die Verfassung. Dies führte zum Streit. Zahlreiche Priester lehnten den Eid ab – bestärkt vom Papst und vom König, der das Gesetz blockierte –, da sie sich nur der katholischen Kirche gegenüber verantwortlich fühlten.

Charles Maurice Talleyrand (1754-1838): Priester und Politiker. Seit 1789 war er als Bischof von Autun Vertreter des Ersten Standes in den Generalständen. Er wurde Mitglied der Nationalversammlung, leistete 1790 den Eid auf die Verfassung, woraufhin er vom Papst aus der Gemeinschaft der Gläubigen gebannt wurde. Von 1797 bis 1807 Außenminister Napoleons und nach dessen Niederlage ab 1814 erneut Außenminister.

Eine weitere spektakuläre Entscheidung der Abgeordneten war die Abschaffung des erblichen Adels am 19. Juni 1790. Bei den folgenden Bemühungen, Staat und Wirtschaft neu zu ordnen, konnten die Abgeordneten zum Teil auf die im Ancien Régime begonnenen Reformen zurückgreifen. Die nun durchgeführten Verwaltungs-, Justiz-, Finanz-, Steuer- und Gemeindereformen griffen ineinander und wurden parallel zu einer Neueinteilung des Landes in 83 etwa gleich große Verwaltungsbezirke (*Départements*) durchgeführt. Die Binnenzölle fielen und die Berufs- und Gewerbefreiheit wurde eingeführt. Ganz im Sinne der neuen Wirtschaftsordnung wurde aber auch den Handwerkern und Arbeitern das Recht auf Vereinigung und Streik im Juni 1791 genommen (*Gesetz Le Chapelier*); eine Regelung, die bis 1864 bzw. 1884 bestehen blieb.

Die Erklärung der Menschen- und Bürgerrechte vom 26. August 1789 schloss die staatsbürgerliche Gleichheit der Protestanten und Juden noch nicht ein. Nachdem die Protestanten am 24. Dezember 1789 die vollen Bürgerrechte erhalten hatten, erlangten die Juden von Bordeaux sie am 28. Januar 1790. Erst am 24. September 1791 beschloss dann die Nationalversammlung die Emanzipation aller 40 000 in Frankreich lebenden Juden per Gesetz.

Eine neue politische Kultur Die Revolution schuf eine neue politische Kultur. Sie drückte sich in unzähligen öffentlichen Versammlungen, Reden, Demonstrationen, zahlreichen – oft nur kurzlebigen, aber zum Teil auflagenstarken – Zeitungen, Plakatanschlägen, Bildern und Grafiken aus. Einen besonderen Stellenwert erhielten die großartig inszenierten Revolutionsfeiern, die an den solidarischen Aufbruch und die gemeinsamen

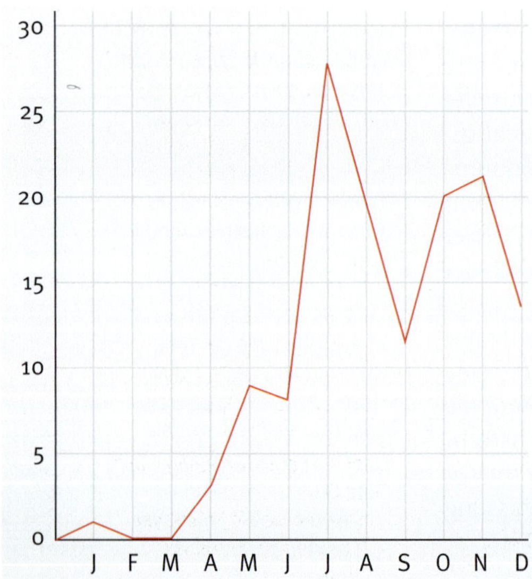

◂ **Zeitungsgründungen in Paris im Jahr 1789.**
Pierre Rétat, Die Zeitungen des Jahres 1789: einige zusammenfassende Perspektiven, in: Reinhart Koselleck und Rolf Reichardt (Hrsg.), Die Französische Revolution als Bruch des gesellschaftlichen Bewußtseins, München 1988, S. 156 (geändert)

▪ *Analysieren Sie die Statistik mithilfe der Leitfragen auf Seite 256.*

Ziele erinnerten. Theater, Dichtung, Musik, Malerei und Architektur wurden vom Revolutionsverlauf beeinflusst oder versuchten ihrerseits, die Massen zu manipulieren.

Die politische Kultur wurde bestimmt von dem zunehmenden Organisationsgrad der städtischen Bevölkerung. Ausgangspunkt der Entwicklung war die Vereinigung der bretonischen Deputierten zur Zeit der Generalstände. Seit dem Umzug der Nationalversammlung nach Paris wurde der **Jakobinerklub** zum Sammelpunkt politisch interessierter Bürger und Mandatsträger. Mitglieder waren zumeist Akademiker und Angehörige des Besitzbürgertums. 1791 hatte ihr Klub bereits rund 1000 Tochtergesellschaften in der Provinz. Neben dem Jakobinerklub entstand im April 1790 in Paris der **Club des Cordeliers**. In ihm sammelte sich die kleinbürgerliche städtische Volksbewegung, die **Sansculotten**. In den Klubs und Volksgesellschaften – darunter auch etwa 60 reine Frauenklubs – wurde einerseits die Arbeit von Deputierten und Stadtverordneten diskutiert und vorbereitet, andererseits wurden von hier aus Petitionen und Demonstrationen in Gang gebracht. Die Bewegung erfasste die Massen. Zwischen 1789 und 1795 wurden in 5500 Orten ca. 6000 politische Klubs gezählt, sie hatten um 1794 etwa 500 000 bis 600 000 Mitglieder.

Frankreich wird konstitutionelle Monarchie Ludwig XVI. verlor nach einem Fluchtversuch ins Ausland, der am 21. Juni 1791 scheiterte, seine Glaubwürdigkeit und sein Ansehen – bei den Deputierten und in der Bevölkerung. Die Mehrheit der Abgeordneten wollte dennoch die Revolution beenden, um endlich wieder zu stabilen Verhältnissen zurückzukehren. Diese Haltung führte zur ersten Spaltung des Jakobinerklubs. Die verfassungsorientierten, monarchisch eingestellten Mitglieder (rund 1800 von 2400)

Jakobinerklub: Benannt nach dem Dominikanerkloster Saint-Jacques, in dessen Räumen sich die Mitglieder versammelten und diskutierten.

Club des Cordeliers: so benannt nach seinem ersten Tagungsort, einer Kirche der Franziskaner, die im Volksmund „cordeliers" genannt wurden

Sansculotten (franz. sans culotte: ohne Kniebundhosen): Anhänger der städtischen Volksbewegung, die nicht die Kniehose (culotte) der „guten Gesellschaft", sondern lange Hosen der einfachen Bürger trugen. Weitere Kennzeichen der Sansculotten waren die rote Mütze („Bonnet rouge"), die Pike (Spieß) und das brüderliche Du.

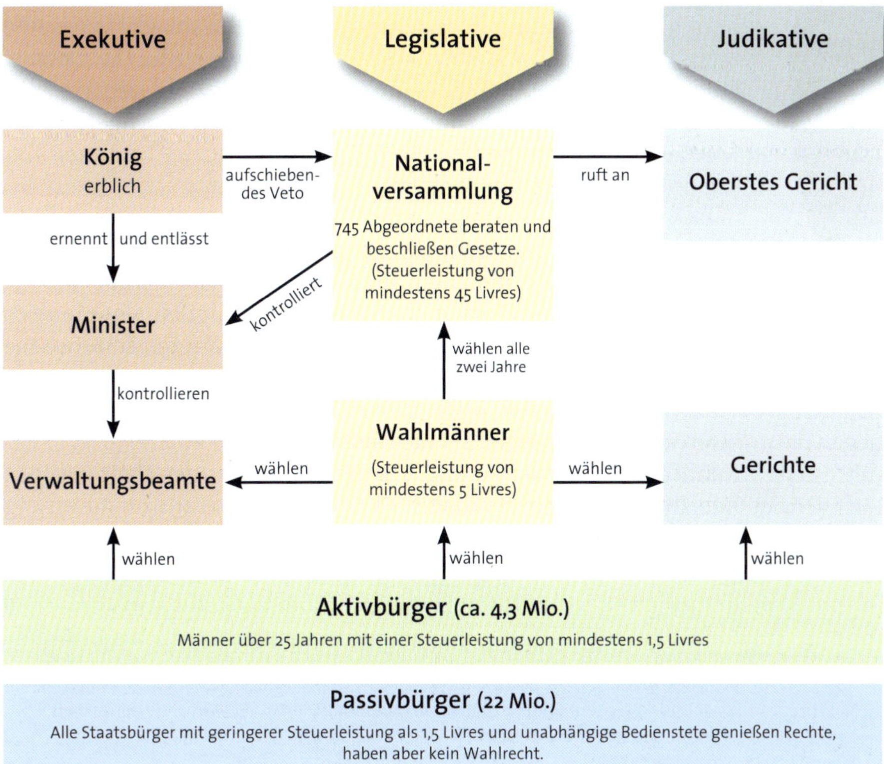

◂ **Die Verfassung der konstitutionellen Monarchie von 1791.**
Über die Verfassung informiert Seite 90.
- *Arbeiten Sie die Macht der Nationalversammlung heraus.*

Club des Feuillants: Benannt nach dem ehemaligen Feuillantinerkloster in Paris

gründeten den **Club des Feuillants**. Ihre Gegner, die Jakobiner, nahmen für sich in Anspruch, über die „Reinhaltung" der revolutionären Prinzipien zu wachen. Sie behielten den alten Namen und das Netzwerk der Tochterklubs bei – ein nicht zu unterschätzender Vorteil.

Am 14. September 1791 musste Ludwig XVI. einen Eid auf die von der Konstituante verabschiedete Verfassung ablegen. Aus Frankreich war eine *konstitutionelle Monarchie* geworden. Der König stand nicht mehr „über dem Gesetz", sondern regierte „nur durch dieses", wie es die Verfassung bestimmte.

Internettipp
Zu den verschiedenen Verfassungen Frankreichs siehe www.verfassungen.eu/f

Die Konstitution, der die Menschenrechte vorangestellt wurden, änderte nichts an der Rechtsungleichheit zwischen Männern und Frauen (▸ M3). Die Gleichheit der Bürger fand zudem im Zensus- und Männerwahlrecht ihre Grenzen (ein allgemeines Frauenwahlrecht gibt es in Frankreich erst seit 1946). Die Bevölkerung wurde in politisch berechtigte (steuerzahlende) Aktivbürger (*Citoyens actifs*) und schutzbefohlene Passivbürger (*Citoyens passifs*) eingeteilt. Das Wahlrecht war indirekt. Von den circa 4,3 Millionen Aktivbürgern erfüllten nur etwa 45 000 die Voraussetzungen dafür, als Wahlmann kandidieren zu können. Abgeordnete in der Nationalversammlung konnten nur Bürger werden, deren jährliche Steuerlast ausreichend hoch war.

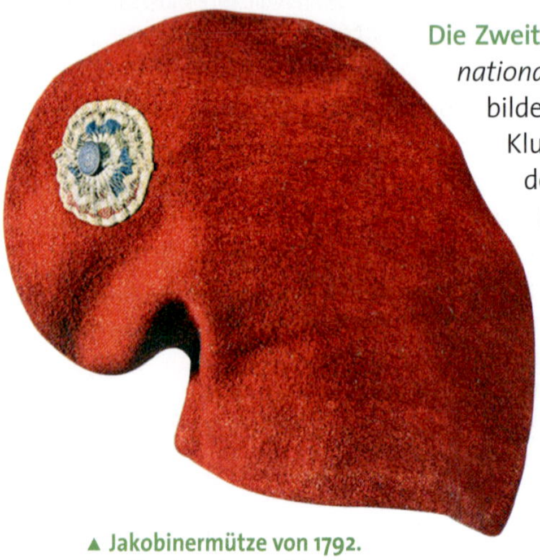

▲ **Jakobinermütze von 1792.**
Im alten Rom kennzeichneten solche Kopfbedeckungen in Freiheit entlassene Sklaven. Während der Revolutionszeit bekannten sich die Träger dieser roten Mützen („Bonnet rouge") öffentlich zu den revolutionären Idealen „Freiheit und Gleichheit". Die Jakobinermütze gilt bis heute als Symbol republikanischer Gesinnung.

Die Zweite Revolution Die neue *Gesetzgebende Nationalversammlung* (*Assemblée nationale législative*) trat am 1. Oktober 1791 zusammen. Von den 745 Deputierten bildeten 345 die Mitte. Sie besaßen keine direkten Bindungen zu bestimmten Klubs. 264 Abgeordnete gehörten zur Rechten. Sie waren oder wurden Mitglieder im Club des Feuillants und wollten die Revolution beenden. Die zahlenmäßig kleinste Abgeordnetengruppe stellten die 136 Abgeordneten der Linken. Sie hatten sich in den Klubs der Jakobiner, Cordeliers und anderer Volksgesellschaften organisiert, forderten ein allgemeines Wahlrecht und waren gegen das Vetorecht des Königs. Diese Gruppe unterteilte sich noch in *Girondisten*, deren Führungspersonal zum Teil aus dem Département Gironde stammte und die ihren Rückhalt im mittleren und gehobenen Provinzbürgertum hatten, und *Montagnards* („Bergpartei"), die ihren Aufstieg den Sansculotten verdankten.

Zwei Jahre nach dem Sturm auf die Bastille hatten über 40 000 Franzosen ihr Land verlassen, nicht nur Adlige und Geistliche, sondern auch Bürger und Bauern.[1] Die Emigranten, unter ihnen die beiden Brüder des Königs, mobilisierten die europäischen Regierungen gegen die Revolution. Als Österreich und Preußen erklärten, Ludwig XVI. militärisch zu helfen, eröffneten französische Truppen im April 1792 einen Angriff auf die österreichischen Niederlande (Belgien). Zugleich erklärte das Parlament den „nationalen Notstand" und begann den Kampf gegen die „inneren und äußeren Feinde" unter dem Motto: *„Das Vaterland ist in Gefahr"*. Erste militärische Niederlagen und die Befürchtung, dass der König mit den „Feinden des Vaterlandes" zusammenarbeiten könnte, führten in Paris zur Absetzung der königstreuen Stadtverwaltung und zur Bildung der *Kommune des Aufstands*. Unter deren Führung brach am 10. August 1792 die Zweite Revolution aus: Sansculotten und

[1] Zwischen 1789 und 1794 verließen nach amtlichen Angaben mehr als 150 000 Franzosen ihr Land: Rund 25 Prozent waren Kleriker, 17 Prozent Adlige, 11 Prozent Großbürger, 6 Prozent Kleinbürger, 14 Prozent Arbeiter und 19 Prozent Bauern. Darunter waren drei Viertel aller Offiziere der Armee. Hauptziele der Flüchtlinge waren die deutschen Anliegerstaaten, in denen sie allerdings keine freundliche Aufnahme erlebten.

Soldaten stürmten das königliche Schloss, die Tuilerien. Unter dem Druck der Aufständischen sahen sich die Abgeordneten veranlasst, den König seines Amtes zu entheben und ihn und seine Familie zu inhaftieren. Die konstitutionelle Monarchie war zerbrochen.

Im Schatten des Grauens ein Neuanfang Von nun an wurden die königstreuen Politiker offen verfolgt. Willkürliche Verhaftungen waren an der Tagesordnung, erste politisch motivierte Hinrichtungen folgten. Die Furcht vor gegenrevolutionären Aktionen trug dann dazu bei, dass zwischen dem 2. und 5. September 1792 Teile der städtischen Volksbewegung Gefängnisse stürmten und Gefangene töteten („*Septembrisaden*"). Der Terror blieb nicht auf Paris beschränkt, aber allein hier wurden um die 1500 Menschen (Aristokraten, Eid verweigernde Priester und Strafgefangene) ermordet. Weder der vom Parlament ernannte Provisorische Vollzugsrat, dem **Georges Jacques Danton** als Justizminister angehörte, noch die Führer der Pariser Kommune waren fähig oder willens, diese blutigen Aktionen zu unterbinden.

Georges Jacques Danton (1759-1794, hingerichtet): Er war Mitbegründer des Cordeliers-Clubs, wurde 1792 Abgeordneter des Nationalkonvents und war zeitweise Mitglied des Wohlfahrtsausschusses.

In dieser gewalttätigen Atmosphäre fanden die Wahlen zu einer neuen Nationalversammlung nach dem allgemeinen Wahlrecht statt. Die Unterscheidung zwischen Aktiv- und Passivbürgern war ebenso aufgehoben worden wie das Zensuswahlrecht. Alle Männer über 21 Jahre durften wählen. Trotzdem gingen weniger als zehn Prozent der Berechtigten zur Wahl.

Am 21. September 1792 traten die 749 Abgeordneten des Nationalkonvents (*Convention nationale*) zusammen. Sie riefen die „eine und unteilbare Republik" aus und wollten eine neue Verfassung erarbeiten. In diesem Parlament bildeten die Girondisten die neue Rechte. Sie setzten sich ein für eine dezentrale Verwaltung des Landes, die Unverletzlichkeit des Eigentums, Wirtschaftsfreiheit, Rechtssicherheit und die Fortsetzung des begonnenen – wie der girondistische Abgeordnete *Jacques-Pierre Brissot* am 31. Dezember 1792 sagte – „Kreuzzuges für die Freiheit der Welt".

Prozess gegen den König Die republikanische Phase der Revolution begann mit militärischen Erfolgen. In der *Schlacht von Valmy* (20. September 1792) vertrieben die Revolutionstruppen das von Preußen und Österreich angeführte Emigrantenheer. Der Kampf gegen die „Feinde der Republik" stärkte das republikanische und nationale Bewusstsein der Franzosen. Nach dem von dem Abgeordneten *Pierre Joseph Cambon* im Dezember 1792 geprägten Motto „Krieg den Palästen, Friede den Hütten!"[1] zogen jetzt die Revolutionstruppen in Speyer, Worms, Mainz und Frankfurt am Main ein.

In Paris hatte sich der Nationalkonvent zum Gericht erhoben. Nachdem im November 1792 geheime Unterlagen entdeckt worden waren, die eine Zusammenarbeit des einstigen Königs mit feindlichen Mächten belegten, wurde er wegen „Verschwörung gegen die Freiheit" und „Anschlägen gegen die nationale Sicherheit" angeklagt. Über 90 Prozent der Abgeordneten stimmten für schuldig. Uneinigkeit entstand erst über das Strafmaß und den Zeitpunkt der Strafvollstreckung. Am 21. Januar 1793 wurde „Bürger Capet", wie der abgesetzte König aus dem Geschlecht der *Capetinger* nun genannt wurde, vor den Augen des Volkes auf der Place de la Révolution, der heutigen Place de la Concorde, hingerichtet. In ganz Europa, nicht nur in den Fürstenhäusern, erschraken die Menschen über das gewaltsame Ende des französischen Monarchen.

Filmtipp
Leb wohl, meine Königin!; Frankreich 2012, Regie: Benoît Jacquot

[1] Das Motto stammt aus einem Bericht des Abgeordneten Pierre Joseph Cambon an den Konvent vom 15. Dezember 1792.

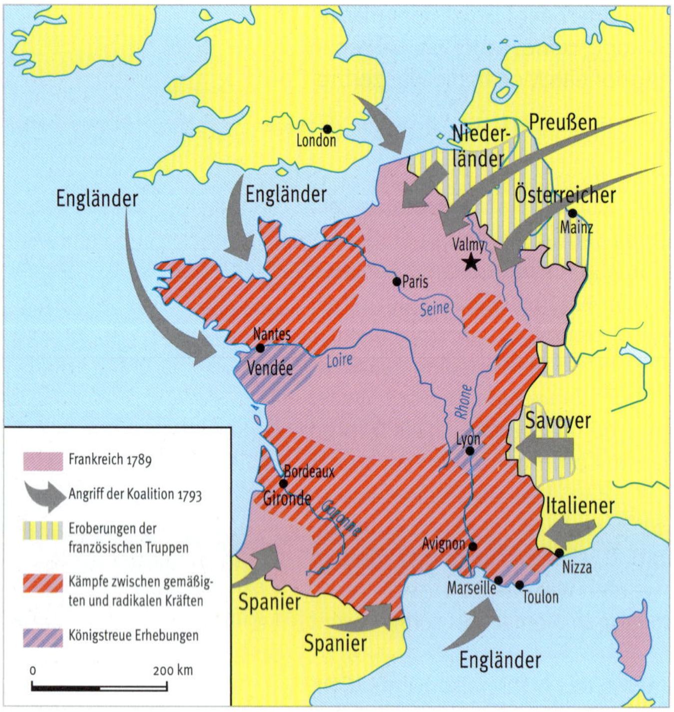

▲ **Die belagerte Republik im Sommer 1793.**
Während der Auseinandersetzungen zwischen den Revolutionstruppen und ausländischen Heeren oder gegenrevolutionären Gruppen fielen hunderttausende Menschen. Allein der Bürgerkrieg zwischen der königlich-katholisch gesinnten Landbevölkerung und den republikanischen Revolutionstruppen in der Vendée von 1793 bis 1796 führte in einigen Gemeinden zu einem Bevölkerungsverlust von 25 bis 35 Prozent.

Die Revolution in der Krise Im Winter 1792/93 weitete sich der Krieg aus, Hunger- und Teuerungsunruhen nahmen zu und in ländlichen Regionen wie der Vendée setzten gegenrevolutionäre Rebellionen ein. In dieser Phase der Revolution wurden ein außerordentliches Gericht, das spätere Revolutionstribunal, und revolutionäre Überwachungsausschüsse gebildet. Um schnell und effektiv handeln zu können, richtete der Konvent dazu eine Regierung in Form von zwei zwölfköpfigen Gremien ein: den *Wohlfahrtsausschuss* (*Comité de salut public*) und den *Sicherheitsausschuss* (*Comité de sûreté générale*). Der erste Ausschuss übernahm die Leitung und Kontrolle über Kriegsführung, Regierung, Verwaltung und Wirtschaft, der zweite entwickelte sich zu einer Art Polizeiministerium. Mit diesen Maßnahmen hatte das Parlament das Gewaltmonopol des Staates zurückgewinnen wollen. Dabei ignorierten die Abgeordneten jede Gewaltenteilung und schufen so die Grundlagen für eine „Schreckensherrschaft" („*La Terreur*").

Die angespannte Lage sollte durch Zugeständnisse an die Volksbewegung beruhigt werden. Das Parlament beschloss Höchstpreise (Maximum) für Getreide, Zwangsanleihen bei den Reichen und Bodenverteilung an die Armen. Doch diese Maßnahmen reichten den radikalen Kräften nicht. Die Jakobiner und Sansculotten schalteten daraufhin ihre politischen Gegner aus. Am 2. Juni 1793 zogen 80 000 Frauen und Männer vor das Parlament, um die Auslieferung von 29 führenden girondistischen Abgeordneten und zwei Ministern zu erzwingen. Sie wurden für die katastrophale innen- und außenpolitische Lage verantwortlich gemacht. Das war das Ende der Girondisten, aber zugleich auch ein schwerer Schlag gegen das repräsentative System.

Mit dem Ausschluss der Girondisten übernahmen die Montagnards die Führung im Parlament. Um das Vertrauen der Sansculotten zu gewinnen, wurde am 24. Juni 1793 eine neue Verfassung verabschiedet. Sie verkündete ein erweitertes Wahlrecht und garantierte soziale Grundrechte (Recht auf Arbeit, öffentliche Unterstützung, allgemeinen Unterricht für Jungen und Mädchen). Obwohl die Verfassung durch eine Volksabstimmung bestätigt wurde, blieb sie Programm. Der Grund: Das Parlament hatte beschlossen, die Verfassung erst nach Beendigung des Krieges in Kraft zu setzen.

Jean-Paul Marat (1744-1793): Der Journalist vertrat in seiner populären Zeitung „L'Ami de Peuple" („Der Volksfreund") die Interessen der städtischen Volksbewegung. Als Präsident des Jakobinerklubs und Mitglied des Nationalkonvents kämpfte er gegen die Girondisten.

„Macht alle gleich!" Inflation, Arbeitslosigkeit, Lebensmittelknappheit, Krieg im Innern und nach außen ließen die Bevölkerung nicht zur Ruhe kommen. Die Ermordung des von den Sansculotten verehrten Journalisten und Konventsabgeordneten **Jean-Paul Marat** am 13. Juli 1793 durch die 24-jährige *Charlotte Corday*, eine Sympathisantin der Girondisten, verschärfte die Spannungen. Der Kampf gegen die soziale Ungleichheit wurde radikaler. Daran änderten auch die entschädigungslose Abschaffung aller Feudalrechte (17. Juli 1793) und die Einführung der Todesstrafe für Spekulanten und Schwarzhändler (26. Juli 1793) nichts. Dafür fanden die Abgeordneten im August 1793 eine Lösung für die Kriegsführung: die Einführung der *Allgemeinen Wehrpflicht* (*Levée* *en masse*) für alle unverheirateten Männer zwischen 18 und 25 Jahren.

Am 2. September 1793 forderten die Sansculotten von den Abgeordneten *„Macht alle gleich!"* (▸ M4), drei Tage später umstellten sie das Parlament und verlangten: *„Gesetzgeber! Setzt den Terror auf die Tagesordnung!"* Diese Forderung galt den Wucherern, Spekulanten und Kriegsgewinnlern. Die Abgeordneten mussten die Forderung ernst nehmen. Denn nur mit Unterstützung der Sansculotten konnten sie die Aufstellung der Volksarmee durchführen, die Waffen, Kleider und Lebensmittel für das Heer beschaffen sowie die aufständischen Gebiete unter Kontrolle bringen. In dieser Lage beschloss das Parlament ein *„Gesetz über die Verdächtigen"* (▸ M5) und legte ein *„Allgemeines Maximum"* für Preise und Löhne fest. Damit war der Höhepunkt der „Schreckensherrschaft" erreicht. Verantwortlich für den Terror zeichnete der 35-jährige Rechtsanwalt **Maximilien de Robespierre**. Der Abgeordnete des Nationalkonvents war der führende Kopf der Montagnards und stand seit Juli 1793 mit diktatorischer Macht an der Spitze des Wohlfahrtsausschusses. Für Robespierre war der Terror ein politisches Mittel, die Republik von allen tatsächlichen und möglichen Gegnern zu befreien. Meinungs-, Versammlungs- und Religionsfreiheit galten nicht mehr. Kirchen und Klöster wurden geschlossen und abgerissen, der christliche Glaube verfolgt und verhöhnt. Dagegen setzten Robespierre und seine Anhänger republikanische Vernunftkulte. Ein deutliches Zeichen für die „Zeitenwende" stellte die Einführung des republikanischen Kalenders im Oktober 1793 dar. Er folgte der Einführung des Dezimalsystems für Maße und Gewichte und ersetzte den siebentägigen christlichen Wochenrhythmus durch einen zehntägigen. Zum Jahr I der „einen und unteilbaren Republik" wurde rückwirkend der 22. September 1792 erklärt – am 21. September war die Monarchie abgeschafft worden; der Revolutionskalender galt bis zum 31. Dezember 1805.

▲ **Der ermordete Marat.**
Ölgemälde (165 x 128 cm) von Jacques-Louis David, 1793.
- *Analysieren Sie, mit welchen künstlerischen Mitteln Marat hier dargestellt wird.*

Maximilien de Robespierre (1754 - 1794, hingerichtet): Rechtsanwalt; Mitglied des Jakobinerklubs, Abgeordneter des Nationalkonvents und seit Juli im Wohlfahrtsausschuss tätig

„Die Revolution frisst, gleich Saturn, ihre eigenen Kinder" Denunziantentum und Spitzelwesen stützten den Polizei- und Justizterror. Alle überregionalen Klubs, die nicht zu den Jakobinergesellschaften gehörten, verbot der Sicherheitsausschuss. Zeugnisse der Staatsbürgertreue wurden obligatorisch und Hausdurchsuchungen alltäglich. Die Gefängnisse waren bald überfüllt und die Prozesse eine Farce. Die **Guillotine**, die „Sense der Gleichheit", wie der Volksmund sie nannte, wurde zum Inbegriff der „Schreckensherrschaft", und der girondistische Konventsabgeordnete *Pierre-Victurnien Vergniaud* meinte vor seiner Hinrichtung: „Die Revolution frisst, gleich Saturn, ihre eigenen Kinder." Die Verantwortlichen rechtfertigten ihre blutige Herrschaft durch das *„Grundgesetz der Revolutionsregierung"* (4. Dezember 1793). Bald fielen selbst Revolutionsanhänger wie Danton dem Terror zum Opfer. Aber auch Robespierre verlor durch den Terror seinen Rückhalt. Am 27. Juli 1794 (*9. Thermidor des Jahres II*) stürzte ihn eine Mehrheit

Guillotine: Hinrichtungsgerät, benannt nach dem Arzt Joseph Ignace Guillotin (1738 - 1834), der sich als Abgeordneter in der Konstituante für einen humaneren und für alle Stände gleichen Vollzug der Todesstrafe eingesetzt hatte

▲ **Hinrichtung mit der Guillotine.**
Zeichnung von Michael Welply, 2007.

des Parlaments, um die „Schreckensherrschaft" zu beenden. Er und 105 seiner engsten Anhänger wurden ohne Prozess hingerichtet. Die Bilanz des Terrors: Landesweit waren von März 1793 bis Ende Juli 1794 etwa 500 000 Menschen verhaftet und circa 50 000 guillotiniert worden. Diese geschätzten Zahlen berücksichtigen die Toten der Aufstände nicht.

Nach der „Schreckensherrschaft" ■ Die neue Regierung beseitigte Polizei- und Justizterror, Wirtschaftslenkung und Meinungsdruck schrittweise. Politische Gefangene wurden entlassen und die Jakobinerklubs geschlossen. Eine „Säuberung" des öffentlichen Dienstes von Jakobinern begann. Die Not der städtischen Kleinbürger hielt allerdings an, denn die Lebensmittelpreise wurden wieder freigegeben und stiegen zusätzlich noch wegen der anhaltenden Inflation. Als die Sansculotten im Mai 1795 *„Brot und die Verfassung von 1793"* forderten und das Parlament bedrohten, beendeten regierungstreue Truppen diese letzte große Aktion der Sansculotten blutig.

Im August 1795 veröffentlichte der Nationalkonvent eine neue Verfassung; es war die dritte seit 1791 (▸ M6). Mit ihr wurde das Zensuswahlrecht wieder eingeführt. Danach erfüllten nur noch etwa 30 000 Franzosen die Voraussetzungen, um Wahlmänner zu werden und Abgeordnete wählen zu können.

Noch stärker als die vorhergehenden Regierungen versuchten die neuen Machthaber durch eine expansive Außenpolitik, die innenpolitische Misere auszugleichen. Sie ließen ihr Volksheer im Glauben an die Revolution und Nation gegen die stehenden Heere der traditionellen Mächte Europas marschieren. Mit Erfolg: Am Ende des *Ersten Koalitionskrieges* 1797 war das gesamte linksrheinische Gebiet erobert.

▲ **Olympe de Gouges.**
Diese Pastellminiatur von 1785 gilt als das einzige zuverlässige Porträt der 1748 geborenen Schriftstellerin und Frauenrechtlerin, die 1791 die „Erklärung der Rechte der Frau und Bürgerin" (siehe M3, Seite 99 f.) verfasste.

Lesetipp
Paul Noack, Olympe de Gouges 1748-1793. Kurtisane und Kämpferin für die Rechte der Frau, München 1992

Die Revolution und die Frauen ■ Mit dem Sturz der Girondisten im Juni 1793 endete auch der von wenigen Frauen und Männern geführte politische Dialog zwischen den Geschlechtern. Dabei hatten Frauen im revolutionären Alltag – wie der Zug der Marktfrauen nach Versailles zu Beginn der Revolution gezeigt hatte – eine wichtige Rolle übernommen. Sie demonstrierten gegen Missstände, entsandten Deputationen und meldeten sich mit Petitionen und Streitschriften zu Wort. Frauen organisierten sich teils in Volksgesellschaften der Männer, teils in eigenen Klubs. Nach Kriegsbeginn stellten sie freiwillige Frauenregimenter für den Kampf gegen die Feinde der Revolution auf. Trotzdem waren, sieht man von dem im September 1792 erlassenen Scheidungsrecht ab, Forderungen nach Verbesserung ihrer Stellung in Ehe und Familie, in Ausbildung und Berufsleben weitgehend unberücksichtigt geblieben. Von der Mitarbeit in den Kommunen und im Parlament blieben Frauen weiterhin ausgeschlossen.

Nach gewalttätigen Ausschreitungen verbot der Nationalkonvent im Oktober 1793 alle Frauenklubs. Danach wurde den Frauen auch das Petitionsrecht genommen und der Besuch des Parlaments sowie der Volksgesellschaften untersagt. Die gelenkte Presse verunglimpfte politisch aktive Frauen nun als „unweiblich" und „blutrünstig" und forderte sie auf, ihre republikanischen Aufgaben im Haushalt, in der Familie und bei der Erziehung der Kinder zu erfüllen. Es blieb nicht bei verbalen Diskriminierungen: Frauen wurden in Gefängnisse geworfen und starben auf dem Schafott. *Olympe de Gouges*, die in einem Manifest die freie Wahl des Volkes zwischen Monarchie, föderativer oder zentralistischer Republik verlangt hatte, wurde am 3. November 1793 wegen

▲ **Tanz um den Freiheitsbaum.**
Ölgemälde (19 x 30 cm) eines unbekannten Künstlers, um 1793.
Ab 1790 wurden in Frankreich „Freiheitsbäume" gesetzt. Man knüpfte damit – wie schon in den amerikanischen Kolonien – an die Tradition des Maibaumes an. Im Frühjahr 1792 standen in ganz Frankreich zehntausende solcher Bäume. Die Revolutionsheere brachten sie auch ins Rheinland. Dort wurden etwa 100 Freiheitsbäume errichtet. Das Bild zeigt vermutlich eine Szene, die in Aachen stattfand.
- *Beschreiben Sie die abgebildete Szene.*
- *Analysieren Sie die Symbole und die Zusammensetzung der Tanzenden.*
- *Arbeiten Sie den Standpunkt des Künstlers heraus.*

„Gefährdung der Volkssouveränität" hingerichtet. Madame *Manon Roland*, die mit einem führenden Girondisten verheiratet war und einen einflussreichen Salon geführt hatte, verurteilte ein Revolutionsgericht fünf Tage später wegen „Konspiration gegen die Republik und Entfachung des Bürgerkrieges" zum Tode.

Wirkung auf Deutschland Überall im territorial zersplitterten Heiligen Römischen Reich Deutscher Nation brachen mit den Nachrichten vom Sturm auf die Bastille alte sowie neue soziale, rechtliche und konfessionelle Konflikte aus. Es kam zu regional begrenzten Bauern- und Handwerkerunruhen in Baden, in der Pfalz, im Rheinland, in Kursachsen und in Schlesien sowie zu lokalen Aktionen in Trier, Köln, Göttingen, Hamburg, Nürnberg, Ulm und Reutlingen. Sie alle wurden mit Gewalt unterdrückt.

Der französische Versuch, die Gedanken der Aufklärung in praktische Politik umzusetzen, wurde zunächst von einem großen Teil des Bildungsbürgertums mit Sympathie verfolgt. Es entstanden ein ausgedehnter Revolutionstourismus nach Paris und eine breite Revolutionspublizistik. Zentren der intellektuellen Auseinandersetzung mit der Revolution waren die Universitäten, die höheren Schulen, Lesegesellschaften und Freimaurerlogen. In einigen deutschen Städten wurden auch politische Vereinigungen nach dem Vorbild der französischen Jakobinerklubs gegründet.

Nirgendwo sonst im Reich fanden die Ideen der Französischen Revolution eine so weite Verbreitung wie in Mainz. Angeregt von den Franzosen, die am 21. Oktober 1792

Internettipp
www.historicum.net/themen/franzoesische-revolution

Lesetipps
- *Wolfgang Kruse, Die Französische Revolution, Paderborn 2005*
- *Axel Kuhn, Die Französische Revolution, Stuttgart 2012*
- *Susanne Lachenicht, Die Französische Revolution, Darmstadt 2012*
- *Ernst Schulin, Die Französische Revolution, München [5]2013*
- *Hans-Ulrich Thamer, Die Französische Revolution, München [3]2009*

Mainz besetzt hatten, und gefördert von dem kurz darauf gegründeten Jakobinerklub wurde in den von den alten Herrschern befreiten Gebieten Anfang 1793 ein *„Nationalkonvent der freien Deutschen diesseits des Rheins“* gewählt. Am 18. März riefen dessen Abgeordnete einen *„Rheinisch Deutschen Freistaat“* für das Gebiet zwischen Landau und Bingen aus. Doch der erste deutsche Versuch, eine auf Freiheit, Gleichheit und Eigentum beruhende demokratische Staats- und Gesellschaftsordnung einzuführen, scheiterte wenige Monate später – einerseits, weil die Franzosen begannen, das Land wirtschaftlich auszubeuten, andererseits, weil zur gleichen Zeit Rheinhessen und die Pfalz von österreichisch-preußischen Truppen zurückerobert wurden. Abgesehen davon hatte das Schicksal der französischen Flüchtlinge und die Hinrichtung Ludwigs XVI. den Kreis der deutschen Revolutionsanhänger nach 1793 stark schrumpfen lassen.

Unabhängig davon wurden in den deutschen Staaten zwischen 1790 und 1798/99 mehrere Verfassungen entworfen. Sie machen die intensive juristische Auseinandersetzung mit den Entwicklungen in den USA und Frankreich deutlich und begründen zugleich die demokratische Verfassungstradition in Deutschland (▸ M 7).

Napoleon Bonaparte (1769-1821): Er kämpfte zunächst gegen die Royalisten; kam dann 1799 durch einen Staatsstreich an die Regierung, krönte sich 1804 selbst zum Kaiser der Franzosen und nannte sich fortan Napoleon I.

Das „amtliche“ Ende der Revolution In Paris brachen erneut Machtkämpfe aus, als sich militärische Rückschläge einstellten. In dieser Lage rief Sieyès, der Mann der ersten Stunde, den 30-jährigen, aus korsischem Kleinadel stammenden **Napoleon Bonaparte** zu Hilfe. Als siegreicher Oberbefehlshaber der Truppen in Italien war er zur unentbehrlichen Stütze der Machthaber geworden. Das hinderte Bonaparte nicht, die Regierung am 9. November 1799 (*18. Brumaire des Jahres VIII*) zu stürzen und den Widerstand des Parlaments mit Waffengewalt zu brechen. Ein Kollegium von drei Konsuln trat an die Stelle der alten Regierung. Bonaparte wurde Erster Konsul und ließ sich seine Stellung vom Volk bestätigen. Von über drei Millionen Stimmen wurden nur 1562 gegen ihn abgegeben – bei allerdings vier Millionen Enthaltungen. Danach erklärte er die Revolution für „amtlich beendet“.

Das vermögende Bürgertum wurde damit letztlich zum Gewinner der Revolution. Es hatte von der Veräußerung der Nationalgüter am stärksten profitiert und den Adel endgültig aus wichtigen Positionen in Verwaltung und Militär verdrängt. Die städtischen Unterschichten und die kleinen Bauern gehörten zu den eigentlichen Verlierern der Revolution. Ihre soziale und politische Lage hatte sich nicht wesentlich verbessert.

M1 Vom Gesellschaftsvertrag

Einer der wirkungsmächtigsten Schriftsteller der Aufklärung ist der 1712 in Genf geborene Calvinist Jean-Jacques Rousseau. Er veröffentlicht 1762 in Amsterdam sein politisches Hauptwerk „Du contrat social ou principes du droit politique". Diese Schrift über die vertragstheoretische Grundlegung der Gesellschaft beginnt mit der Feststellung: „Der Mensch ist frei geboren, und überall liegt er in Ketten." Um ihn daraus zu befreien, schlägt Rousseau vor:

▲ **Jean-Jacques Rousseau.**
Kupferstich, um 1753.

„Finde eine Form des Zusammenschlusses, die mit ihrer ganzen gemeinsamen Kraft die Person und das Vermögen jedes einzelnen Mitglieds verteidigt und schützt und durch die doch jeder, indem er sich mit allen vereinigt, nur sich selbst gehorcht und genauso frei bleibt wie zuvor." Das ist das grundlegende Problem, dessen Lösung der *Gesellschaftsvertrag* darstellt. [...]
Wenn man also beim *Gesellschaftsvertrag* von allem absieht, was nicht zu seinem Wesen gehört, wird man finden, dass er sich auf Folgendes beschränkt: Gemeinsam stellen wir alle, jeder von uns, seine Person und seine ganz Kraft unter die oberste Richtschnur des *Gemeinwillens*; und wir nehmen, als Körper, jedes Glied als untrennbaren Teil des Ganzen auf.
Dieser Akt des Zusammenschlusses schafft augenblicklich anstelle der Einzelperson jedes Vertragspartners eine sittliche Gesamtkörperschaft, die aus ebenso vielen Gliedern besteht, wie die Versammlung Stimmen hat, und die durch ebendiesen Akt ihre Einheit, ihr gemeinschaftliches Ich, ihr Leben und ihren Willen erhält. Diese öffentliche Person, die so aus dem Zusammenschluss aller zustande kommt, trug früher den Namen Polis, heute trägt sie den der Republik oder der staatlichen Körperschaft, die von ihren Gliedern Staat genannt wird, wenn sie passiv, Souverän, wenn sie aktiv ist, und Macht im Vergleich mit ihresgleichen. Was die Mitglieder betrifft, so tragen sie als Gesamtheit den Namen Volk, als Einzelne nennen sie sich Bürger, sofern sie Teilhaber der Souveränität, und Untertanen, sofern sie den Gesetzen des Staates unterworfen sind. [...]
Damit nun aber der Gesellschaftsvertrag keine Leerformel sei, schließt er stillschweigend jene Übereinkunft ein, die allein die anderen ermächtigt, dass, wer immer sich weigert, dem *Gemeinwillen* zu folgen, von der gesamten Körperschaft dazu gezwungen wird, was nichts anderes heißt, als dass man ihn zwingt, frei zu sein [...]. [...]
Aus dem Vorhergehenden folgt, dass der *Gemeinwille* immer auf [...] das öffentliche Wohl abzielt: woraus allerdings nicht folgt, dass die Beschlüsse des Volkes immer gleiche Richtigkeit haben. Zwar will man immer sein Bestes, aber man sieht es nicht immer. Verdorben wird das Volk niemals, aber oft wird es irregeführt, und nur dann scheint es das Schlechte zu wollen.
Es gibt oft einen beträchtlichen Unterschied zwischen dem *Gesamtwillen* und dem *Gemeinwillen*; dieser sieht nur auf das Gemeininteresse, jener auf das Privatinteresse und ist nichts anderes als eine Summe von Sonderwillen: Aber nimm von ebendiesen *das Mehr* und *das Weniger* weg, das sich gegenseitig aufhebt, so bleibt als Summe der Unterschiede der *Gemeinwille*. [...] Um wirklich die Aussage des *Gemeinwillens* zu bekommen, ist es deshalb wichtig, dass es im Staat keine Teilgesellschaften gibt und dass jeder Bürger nur seine eigene Meinung vertritt.

Jean-Jacques Rousseau, Gesellschaftsvertrag, übersetzt und hrsg. von Hans Brockard, Stuttgart 1977, S. 10, 21 und 30 ff.

1. *Arbeiten Sie die Unterscheidung Rousseaus von Gesamtwillen und Gemeinwillen heraus.*
2. *Überprüfen Sie den Nutzen des Gesellschaftsvertrages für den Einzelnen und für die Gesamtheit aller Bürger.*
3. *Nehmen Sie vor dem Hintergrund pluralistischer Demokratiekonzeptionen (wie z.B. in der Bundesrepublik Deutschland) Stellung zu Rousseaus Entwurf eines Gemeinwesens.*

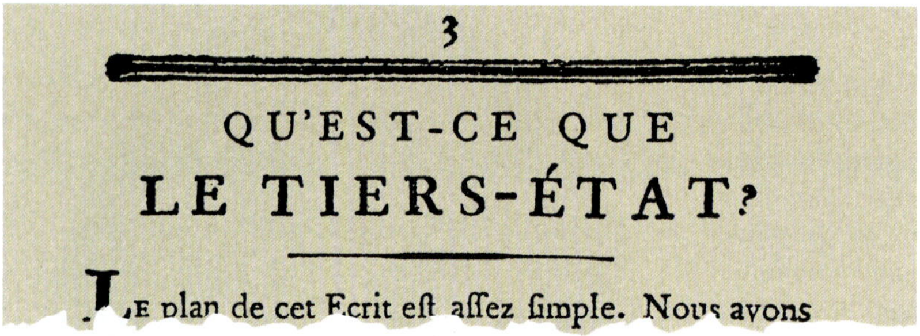
3

QU'EST-CE QUE LE TIERS-ÉTAT?

Le plan de cet Ecrit eſt aſſez ſimple. Nous avons

▲ „Qu'est-ce que le tiers-état?"
Überschrift des ersten Kapitels der Schrift von Emmanuel Joseph Sieyès, um 1788/89.

M2 „Was ist der Dritte Stand?"

Der katholische Geistliche Emmanuel Joseph Sieyès, genannt Abbé Sieyès, verfasst Ende 1788 die Schrift „Qu'est-ce que le tiers-état?". Sie wird im Januar 1789 anonym veröffentlicht, erreicht eine Auflage von über 30 000 Exemplaren und wird damit zur maßgeblichen „Kampfschrift" des Dritten Standes:

Der Plan dieser Schrift ist ganz einfach. Wir haben uns drei Fragen vorzulegen.

1. Was ist der Dritte Stand? ALLES.
2. Was ist er bis jetzt in der politischen Ordnung gewesen? NICHTS.
3. Was verlangt er? ETWAS ZU SEIN. [...]

Also, was ist der Dritte Stand? Alles, aber ein gefesseltes und unterdrücktes Alles. Was wäre er ohne den privilegierten Stand? Alles, aber ein freies und blühendes Alles. Nichts kann ohne ihn gehen; alles ginge unendlich besser ohne die anderen. [...]
Was ist eine Nation? Eine Körperschaft von Gesellschaftern, die unter einem gemeinschaftlichen Gesetz leben und durch dieselbe gesetzgebende Versammlung repräsentiert werden usw. [...]
Der Dritte Stand umfasst also alles, was zur Nation gehört; und alles, was nicht der Dritte Stand ist, kann sich nicht als Bestandteil der Nation ansehen. Was also ist der Dritte Stand? ALLES. [...]
Unter dem Dritten Stand muss man die Gesamtheit der Bürger verstehen, die dem Stand der gewöhnlichen Leute (l'ordre commun) angehören. Alles, was durch das Gesetz privilegiert ist, einerlei auf welche Weise, tritt aus der gemeinschaftlichen Ordnung heraus, macht eine Ausnahme für das gemeinschaftliche Gesetz und gehört folglich nicht zum Dritten Stand. [...]
Der Dritte Stand hat bis zur Stunde keine wahren Vertreter auf den Generalständen gehabt. Er hat also keinerlei politische Rechte. [...]
Was verlangt der Dritte Stand? Etwas zu werden.
[...] Man kann die wirklichen Forderungen des Dritten Standes nur nach den authentischen Beschwerden beurteilen, welche die großen Stadtgemeinden (municipalités) des Königreichs an die Regierung gerichtet haben. Was sieht man da? Dass das Volk etwas sein will, und zwar nur das Wenigste, was es sein kann. [...] Es will haben 1. echte Vertreter auf den Generalständen, das heißt Abgeordnete, die aus seinem Stand kommen und die fähig sind, die Interpreten seines Willens und die Verteidiger seiner Interessen zu sein. Was nützt es ihm, an den Generalständen teilzunehmen, wenn das dem seinen entgegengesetzte Interesse dort dominiert? [...] Es verlangt weiter 2. eine Zahl von Vertretern, die derjenigen ebenbürtig ist, welche die beiden anderen Stände zusammen besitzen. Diese Gleichheit der Vertretung wäre indessen völlig illusorisch, wenn jede Kammer eine eigene Stimme besäße. Der Dritte Stand verlangt deshalb 3., dass die Stimmen nach Köpfen und nicht nach Ständen gezählt werden. [...]
Ich bitte zu beachten, welch gewaltiger Unterschied zwischen der Versammlung des Dritten Standes und den Versammlungen der beiden anderen Stände besteht. Ersterer vertritt fünfundzwanzig Millionen Menschen und berät über die Interessen der Nation. Die beiden letzteren haben, sollten sie zusammentreten, nur die Vollmacht von ungefähr zweihunderttausend Einzelpersonen und denken nur an ihre Vorrechte. Man wird sagen, der Dritte Stand allein könne keine „Generalstände" bilden. Nun, umso besser, dann wird er eben eine „Nationalversammlung" bilden!

Eberhard Schmitt und Rolf Reichardt (Hrsg.), Emmanuel Joseph Sieyès. Politische Schriften 1788-1790, München/Wien [2]1981, S. 119, 123-125, 127, 130, 131 und 180

1. *Erklären Sie, was die Ausführungen von Sieyès zu einer revolutionären „Kampfschrift" macht.*
2. *Arbeiten Sie Sieyès' Argumente dafür heraus, dass nur ein Stand die Nation vertreten könne.*
3. *Entwickeln Sie aus dem Beitrag eine Definition des Begriffes „Nation".*

M3 Menschenrechte für alle?

Die „Erklärung der Menschen- und Bürgerrechte" wird am 26. August 1789 von der Verfassunggebenden Versammlung (Konstituante) verkündet und der Verfassung von 1791 vorangestellt (linke Spalte). In Anlehnung an dieses Dokument veröffentlicht 1791 die 43-jährige Schriftstellerin Olympe de Gouges eine „Erklärung der Rechte der Frau und Bürgerin" (rechte Spalte):

Da die Vertreter des französischen Volkes, als Nationalversammlung eingesetzt, erwogen haben, dass die Unkenntnis, das Vergessen oder die Verachtung der Menschenrechte die einzigen Ursachen des öffentlichen Unglücks und der Verderbtheit der Regierungen sind, haben sie beschlossen, die natürlichen und unveräußerlichen und heiligen Rechte der Menschen in einer feierlichen Erklärung darzulegen, damit diese Erklärung allen Mitgliedern der Gesellschaft beständig vor Augen ist und sie unablässig an ihre Rechte und Pflichten erinnert; damit die Handlungen der Gesetzgebenden wie der Ausübenden Gewalt in jedem Augenblick mit dem Endzweck jeder politischen Einrichtung verglichen werden können und dadurch mehr geachtet werden; damit die Ansprüche der Bürger, fortan auf einfache und unbestreitbare Grundsätze begründet, sich immer auf die Erhaltung der Verfassung und das Allgemeinwohl richten mögen. Infolgedessen erkennt und erklärt die Nationalversammlung in Gegenwart und unter dem Schutze des Allerhöchsten folgende Menschen- und Bürgerrechte:

Artikel 1
Die Menschen sind und bleiben von Geburt frei und gleich an Rechten. Soziale Unterschiede dürfen nur im gemeinen Nutzen begründet sein.

Artikel 2
Das Ziel jeder politischen Vereinigung ist die Erhaltung der natürlichen und unveräußerlichen Menschenrechte. Diese Rechte sind Freiheit, Eigentum, Sicherheit und Widerstand gegen Unterdrückung. [...]

Artikel 4
Die Freiheit besteht darin, alles tun zu können, was einem anderen nicht schadet. So hat die Ausübung der natürlichen Rechte eines jeden Menschen nur die Grenzen, die den anderen Gliedern der Gesellschaft den Genuss der gleichen Rechte sichern. Diese Grenzen können allein durch Gesetz festgelegt werden. [...]

Artikel 6
Das Gesetz ist der Ausdruck des allgemeinen Willens. Alle Bürger haben das Recht, persönlich oder durch ihre Vertreter

Wir, die Mütter, Töchter, Schwestern, Vertreterinnen der Nation, verlangen in die Nationalversammlung aufgenommen zu werden. In Anbetracht dessen, dass Unkenntnis, Vergessen oder Missachtung der Rechte der Frauen die alleinigen Ursachen öffentlichen Elends und der Korruptheit der Regierungen sind, haben wir uns entschlossen, in einer feierlichen Erklärung die natürlichen, unveräußerlichen und heiligen Rechte der Frau darzulegen, damit diese Erklärung allen Mitgliedern der Gesellschaft ständig vor Augen ist und sie unablässig an ihre Rechte und Pflichten erinnert; damit die Machtausübung von Frauen ebenso wie jene von Männern jederzeit und somit auch mehr geachtet werden kann; damit die Beschwerden von Bürgerinnen, nunmehr gestützt auf einfache und unangreifbare Grundsätze, sich immer zur Erhaltung der Verfassung, der guten Sitten und zum Wohl aller auswirken mögen.
Das an Schönheit wie Mut im Ertragen der Mutterschaft überlegene Geschlecht anerkennt und erklärt somit, in Gegenwart und mit dem Beistand des Allmächtigen, die folgenden Rechte der Frau und Bürgerin:

Artikel I
Die Frau ist frei geboren und bleibt dem Manne gleich in allen Rechten. Die sozialen Unterschiede können nur im allgemeinen Nutzen begründet sein.

Artikel II
Ziel und Zweck jedes politischen Zusammenschlusses ist der Schutz der natürlichen und unveräußerlichen Rechte sowohl der Frau als auch des Mannes. Diese Rechte sind: Freiheit, Sicherheit, das Recht auf Eigentum und besonders das Recht auf Widerstand gegen Unterdrückung. [...]

Artikel IV
Freiheit und Gerechtigkeit besteht darin, den anderen zurückzugeben, was ihnen zusteht. So wird die Frau an der Ausübung ihrer natürlichen Rechte nur durch die fortdauernde Tyrannei, die der Mann ihr entgegensetzt, gehindert. Diese Schranken müssen durch Gesetz der Natur und Vernunft revidiert werden. [...]

Artikel VI
Das Gesetz sollte Ausdruck des allgemeinen Willens sein. Alle Bürgerinnen und Bürger sollen persönlich oder durch ihre

[Erklärung von 1789]

an seiner Formung mitzuwirken. Es soll für alle gleich sein, mag es beschützen, mag es bestrafen. Da alle Bürger in seinen Augen gleich sind, sind sie gleicherweise zu allen Würden, Stellungen und Beamtungen nach ihrer Fähigkeit zugelassen ohne einen anderen Unterschied als den ihrer Tugenden und ihrer Talente.

Artikel 7

Jeder Mensch kann nur in den durch das Gesetz bestimmten Fällen und in den Formen, die es vorschreibt, angeklagt, verhaftet und gefangen gehalten werden. [...]

Artikel 10

Niemand soll wegen seiner Meinung, selbst religiöser Art, beunruhigt werden, solange ihre Äußerungen nicht die durch das Gesetz festgelegte öffentliche Ordnung stören.

Artikel 11

Die freie Mitteilung der Gedanken und Meinungen ist eines der kostbarsten Menschenrechte. Jeder Bürger kann also frei schreiben, reden, drucken unter Vorbehalt der Verantwortlichkeit für den Missbrauch dieser Freiheit in den durch Gesetz bestimmten Fällen. [...]

Artikel 17

Da das Eigentum ein unverletzliches und heiliges Recht ist, kann es niemandem genommen werden, wenn es nicht die gesetzlich festgelegte, öffentliche Notwendigkeit augenscheinlich erfordert und unter der Bedingung einer gerechten und vorherigen Entschädigung.

[Olympe de Gouges von 1791]

Vertreter an seiner Gestaltung mitwirken. Es muss für alle das Gleiche sein. Alle Bürgerinnen und Bürger, die gleich sind vor den Augen des Gesetzes, müssen gleichermaßen nach ihren Fähigkeiten, ohne andere Unterschiede als die ihrer Tugenden und Talente, zu allen Würden, Ämtern und Stellungen im öffentlichen Leben zugelassen werden.

Artikel VII

Für Frauen gibt es keine Sonderrechte; sie werden verklagt, in Haft genommen und gefangen gehalten in den durch das Gesetz bestimmten Fällen. Frauen unterstehen wie Männer den gleichen Strafgesetzen. [...]

Artikel X

Niemand darf wegen seiner Meinung, auch wenn sie grundsätzlicher Art ist, verfolgt werden. Die Frau hat das Recht, das Schafott zu besteigen. Sie muss gleichermaßen das Recht haben, die Tribüne zu besteigen, vorausgesetzt, dass ihre Handlungen und Äußerungen die vom Gesetz gewahrte öffentliche Ordnung nicht stören.

Artikel XI

Die freie Gedanken- und Meinungsäußerung ist eines der kostbarsten Rechte der Frau, denn diese Freiheit garantiert die Vaterschaft der Väter an ihren Kindern. Jede Mutter kann folglich in aller Freiheit sagen: „Ich bin die Mutter eines Kindes, das du gezeugt hast", ohne dass ein barbarisches Vorurteil sie zwingt, die Wahrheit zu verschleiern. [...]

Artikel XVII

Das Eigentum gehört beiden Geschlechtern vereint oder einzeln. Jede Person hat darauf ein unverletzliches und heiliges Anrecht. Niemandem darf es als wahres Erbteil der Nation vorenthalten werden, es sei denn, eine öffentliche Notwendigkeit, die gesetzlich festgelegt ist, mache es augenscheinlich erforderlich, jedoch unter der Voraussetzung einer gerechten und vorher festgesetzten Entschädigung.

Ute Gerhard, Menschenrechte – Frauenrechte 1789, in: Viktoria Schmidt-Linsenhoff (Hrsg.), Sklavin oder Bürgerin? Französische Revolution und Neue Weiblichkeit 1760-1830, Frankfurt am Main 1989, S. 68-72

1. *Erläutern Sie die Funktion der Präambeln beider Erklärungen.*
2. *Geben Sie die wesentlichen Rechte, die den Bürgern nach den jeweiligen Texten eingeräumt werden, wieder.*
3. *Leiten Sie aus diesen Rechten bzw. Forderungen möglicherweise bestehende Missstände ab.*
4. *Die Forderungen von Olympe de Gouges sind unseren heutigen Vorstellungen näher. Prüfen Sie diese These.*

M4 „Macht alle gleich!"

In Paris beschließen die Sansculotten am 2. September 1793 folgende Adresse an den Nationalkonvent:

Abgeordnete des Volkes!
[...] Beeilt euch, den Preis der Grundnahrungsmittel unverrückbar festzusetzen, ebenso den der Rohstoffe, den Arbeitslohn, die Industrieprofite und die Handelsgewinne; ihr habt dazu das Recht und die Macht ... „Aber wie!" werden euch die Aristokraten, die Royalisten, die Gemäßigten, die Ränkeschmiede sagen. „Heißt das nicht Hand an das Eigentum legen, das heilig sein soll und unverletzlich?" [...] Zweifellos; aber wissen sie nicht, diese Schurken, wissen sie nicht, dass Eigentum nur soweit gut ist, als es den Bedarf des Einzelnen befriedigt? Wissen sie nicht, dass keiner das Recht hat, etwas zu tun, was dem anderen schaden kann? Was gibt es Schändlicheres, als willkürlich einen Preis für die Lebensmittel zu verlangen, den sieben Achtel der Bürger nicht aufbringen können? [...]
2. Alle Grundnahrungsmittel sind unveränderlich auf den Preis der sogenannten „früheren Jahre" 1789 bis 1790 festzusetzen, jedoch in Ansehung ihrer unterschiedlichen Qualität.
3. Ebenso sollen die Rohstoffpreise festgesetzt werden, und zwar so, dass die Industrieprofite, die Arbeitslöhne und die Handelsgewinne durch Gesetz in Grenzen gehalten werden und den gewerblichen Arbeiter, den Bauer und den Kaufmann in die Lage versetzen, sich nicht nur die Dinge zu verschaffen, die er zum Leben braucht, sondern auch all das, was es ihm angenehm machen kann. [...]
8. Es soll ein Maximum für Vermögen festgesetzt werden. [...]
11. Ein Bürger soll nicht mehr als eine Werkstatt oder einen Laden besitzen dürfen. [...]

Walter Markov, Revolution im Zeugenstand. Frankreich 1789-1799, Bd. 2: Gesprochenes und Geschriebenes, Leipzig [2]1986, S. 489 f.

1. *Charakterisieren Sie das Wirtschaftsmodell, das die Sansculotten fordern.*
2. *Überprüfen Sie, ob die Forderungen mit Artikel 4 der Erklärung der Menschenrechte (M3, Seite 99) vereinbar sind.*

M5 „Gesetz über die Verdächtigen"

Der „Große Terror" beginnt für viele Historiker mit diesem Gesetz vom 17. September 1793:

Artikel 2. Als Verdächtige gelten: **1.** alle, die sich durch ihr Verhalten, ihre Beziehungen oder ihre in Wort oder Schrift geäußerten Ansichten als Anhänger der Tyrannei, des Föderalismus[1] und als Feinde der Freiheit erwiesen haben; **2.** alle, die sich nicht auf die durch das Gesetz vom 21. März dieses Jahres vorgeschriebene Weise über die Mittel ihrer Existenz und die Erfüllung ihrer Bürgerpflichten ausweisen können; **3.** alle, denen die Beglaubigung der Staatsbürgertreue verweigert worden ist; **4.** durch den Nationalkonvent oder seine Kommissare von ihren Ämtern suspendierte oder abgesetzte und nicht wieder eingesetzte öffentliche Beamte, namentlich diejenigen, die kraft des Gesetzes vom 12. August dieses Jahres abgesetzt worden sind oder noch abgesetzt werden müssen; **5.** jene unter den ehemaligen Adligen, ob Männer, Frauen, Väter, Mütter, Söhne oder Töchter, Brüder oder Schwestern wie auch Bevollmächtigte von Emigranten, die nicht beständig ihre Verbundenheit mit der Revolution kundgetan haben; **6.** alle, die in dem Zeitraum zwischen dem 1. Juli 1789 und der Verkündung des Gesetzes vom 8. April 1792 emigriert sind, auch wenn sie in der von diesem Gesetz bestimmten Frist oder davor nach Frankreich zurückgekehrt sein sollten.

Walter Markov, a. a. O., S. 499 f.

1. *Nehmen Sie zu dem Gesetz Stellung. Beachten Sie dabei, dass die Mehrheit des Nationalkonvents dafür stimmte.*
2. *In der Auseinandersetzung zwischen der städtischen Volksbewegung und den Girondisten (siehe M4 und M5) sieht die marxistisch geprägte Revolutionsgeschichtsschreibung den Beginn eines Klassenkampfes zwischen „Bourgeoisie" und „Proletariat". Erläutern Sie diese Vorstellung. Berücksichtigen Sie dazu auch den Theorie-Baustein „Revolution" (siehe M2, Seite 105 f.).*

[1] Als Parteigänger des Föderalismus galten alle, die die Einheit der Republik infrage stellten.

M6 Staatsform und Wahlrecht von 1789 bis 1795

Zwischen 1789 und 1799 werden in Frankreich vier Verfassungen verabschiedet. Sie alle dokumentieren unterschiedliche Stadien der Revolution und sind Ausdruck eines intensiven Erfahrungs- und Lernprozesses.

	Ancien Régime (Wahlordnung von 1789)	Verfassung von 1791	Verfassung von 1793 (trat nicht in Kraft)	Verfassung von 1795
Regierungsform	absolutistische Monarchie	konstitutionelle Monarchie	Republik	Republik
Staatsoberhaupt	König	König	–	5 Direktoren
Vertretungssystem	Generalstände (beratende Funktion) 1. Stand: ca. 300 Vertreter 2. Stand: ca. 300 Vertreter 3. Stand: ca. 600 Vertreter	Nationalversammlung für 2 Jahre (etwa 745 Vertreter aus 83 Départements)	Nationalrepräsentation für 1 Jahr (je 1 Abgeordneter auf 40 000 Einwohner, 749 Abgeordnete, zuzüglich 28 aus den Kolonien)	– Rat der Alten (250 Mitglieder) – Rat der Fünfhundert (beide Räte wurden alljährlich zu einem Drittel erneuert)
Wahlverfahren	nach Ständen	indirekt	direkt	indirekt
Wahlberechtigung (in den Urversammlungen)	– Männer (beim Adel auch Frauen) – 25 Jahre – Eintragung in die Steuerliste	– Männer – 25 Jahre – fester Wohnsitz seit einem Jahr – weder Tagelöhner noch Dienstleute – Steuerleistung im Wert von 3 Arbeitstagen –Zensuswahlrecht – Mitglied der Nationalgarde – Bürgereid	– Männer – 21 Jahre – ein Jahr in Frankreich	– Männer – 21 Jahre – ein Jahr in Frankreich und/oder (ehemaliger) Soldat – Jungwähler sollten lesen und schreiben können und einer qualifizierten Arbeit nachgehen
Voraussetzungen, um als Wahlmann bestellt zu werden	–	– aktives Bürgerrecht – 25 Jahre	–	– aktives Bürgerrecht – 25 Jahre
Eigentum/Einkommen im Wert von				
– in Städten über 6 000 Einwohner		– 200 Arbeitstagen		– 100 Arbeitstagen
– in Städten unter 6 000 Einwohner		– 100 - 150 Arbeitstagen		– 150 Arbeitstagen
– auf dem Land		– ca. 150 Arbeitstagen		– 150 - 200 Arbeitstagen
Zahl der Wahlmänner	–	etwa 45 000	–	etwa 30 000
Voraussetzungen, um als Abgeordneter gewählt zu werden	–	aktives Bürgerrecht	aktives Bürgerrecht	Rat der Fünfhundert: – 30 Jahre – fester Wohnsitz seit 10 Jahren Rat der Alten: – 40 Jahre – fester Wohnsitz seit 15 Jahren

1. *Vergleichen Sie die vier Verfassungen hinsichtlich der politischen Teilhaberechte der Bevölkerung.*
2. *Erklären Sie das unterschiedliche Ausmaß der Teilhaberechte.*
3. *Arbeiten Sie heraus, welche Interessen welcher gesellschaftlicher Gruppen Niederschlag in den jeweiligen Verfassungen gefunden haben.*

M7 Ein Verfassungsentwurf für Deutschland von 1798/99

Der „Entwurf einer republikanischen Verfassungsurkunde, wie sie in Deutschland taugen möchte" wird im Sommer 1798 verfasst und ein Jahr später gedruckt. Er umfasst über 500 Artikel, ist von der französischen Verfassung von 1795 beeinflusst worden (siehe M6) und findet am Oberrhein, in Baden und Württemberg großes Interesse. Der oder die Verfasser sind bis heute nicht eindeutig nachgewiesen.

Zweiter Teil. Grundartikel der Verfassung des deutschen Freistaates

1\. Die deutsche Völkerschaft ist ihr einziger Oberherr. Sie verfasset und vollziehet ihre Gesetze und strafet die Übertreter derselben. -> Gewaltenteilung

2\. Sie bildet einen einzigen unzerteilbaren Körper unter einem und demselben Gesetze; keine Abteilung derselben hat eine abgesonderte Gewalt. Sie ist der eine und unzerteilbare deutsche Freistaat.

3\. Keine Macht und kein Ausspruch kann je einen Teil von ihr trennen. [...]

16\. Die Mehrheit der Stimmen drückt die Annahme und den Willen des deutschen Volkes aus. Dieses will allemal, was der Erhaltung der menschlichen Gesellschaftsrechte und der Grundartikel seiner Verfassung gedeihlich ist. [...]

48\. Die Gesetze, Urteile und Verfügungen, die nicht zur Erhaltung der menschlichen Gesellschaftsrechte und der Grundartikel der deutschen Verfassung beitragen oder derselben entgegenstehen, sind ungiltig. [...]

81\. Die Freiheit der Meinungen ist unantastbar, soweit sie sich mit der Ruhe, Ordnung, dem Wohl des Staats, den Menschen- und Gesellschaftsrechten und Grundartikeln der Verfassung vertragen. [...]

Dritter Teil. Verfassungsform. Zweiter Abschnitt: Bürgerlicher Zustand der Staatsglieder

1\. Jeder ist des ganzen Freistaates und nicht besonderer Kreise, Bezirke oder Gemeinden Bürger.

2\. Jeder deutsche Bürger [...] ist im ganzen Umfange des Freistaates zu allen Ämtern stimm- und wahlfähig.

3\. Deutscher Bürger ist, wer einen Nahrungszweig hat, republikanisch denkt und (eines, das sich durch Arbeit selbst ernähren kann)

a) in einem deutschen Kreise oder von einem Vater oder einer Mutter geboren ist, die wirklich noch deutsche Bürger sind, oder

b) ein Jahr lang in Deutschland ein erlaubtes Gewerbe getrieben oder der Wissenschaften oder Künste gepflogen hat und giltige Beweise von seiner guten Aufführung aufweisen kann [...], oder

c) eine nützliche Erfindung oder Entdeckung in den Freistaat gebracht oder dem Staate andere nützliche Dienste geleistet und seine Ergebenheit an denselben tätig bewiesen hat, oder

d) sich durch eine schöne Tat auszeichnet, oder [...]

g) sich um die Menschheit, um die Sache der Freiheit und Gleichheit verdient gemacht und sich niemals als Feind des deutschen Freistaates bewiesen hat.

4\. Deutscher Bürger kann nicht sein:

a) Wer wegen seines Hasses gegen Freiheit und Gleichheit und Menschenrechte seinen Geburts- oder Aufenthaltsort verließ oder verlassen musste; [...]

c) wer Gesinnungen heget, die nicht mit den Grundsätzen von Freiheit und Gleichheit übereinstimmen [...].

Horst Dippel (Hrsg.), Die Anfänge des Konstitutionalismus in Deutschland. Texte deutscher Verfassungsentwürfe am Ende des 18. Jahrhunderts, Frankfurt am Main 1991, S. 184-187, 190 und 192 f.

1\. *Fassen Sie die hier ausgewählten demokratischen Elemente des Verfassungsentwurfs zusammen.*

2\. *Erklären Sie den Begriff „Freistaat".*

3\. *Vergleichen Sie die Bestimmungen zum Staatsbürgerrecht aus dem Verfassungsentwurf mit dem Grundgesetz für die Bundesrepublik Deutschland.*

4\. + *Überprüfen Sie, ob die Bestimmungen mit den Menschen- und Bürgerrechten von 1789 (siehe M3, Seite 99 f.) vereinbar sind.*

Kompetenz:
Theoretische Vorstellungen über Revolutionen analysieren und beurteilen

Revolutionärer Wandel

Revolutionen sind ganz besondere Formen des geschichtlichen Wandels. Sie unterscheiden sich von lang dauernden, evolutionären Prozessen durch schnelle und radikale, stark beschleunigte Veränderungen in Politik, Recht, Gesellschaft, Wirtschaft, Kultur und Technik (▸ M1). Der aus der Astronomie stammende Begriff „Revolution" wird erst seit dem 17. Jahrhundert auf die Geschichte angewendet, zunächst im Sinne des Wortes als „Wiederkehr", dann als „Umwälzung" bzw. „Wiederherstellung" alter Rechte und Zustände. Erst mit der Amerikanischen und der Französischen Revolution (▸ M3) erfuhr das Wort seine heutige Bedeutung eines abrupten Wandels, der meist politische Freiheiten und soziale Fortschritte bringen soll. Beide Revolutionen beeinflussten die sozialen, nationalen und rechtlichen Forderungen auch späterer Revolutionen.
Mit der Suche nach Ursachen und Gründen für den revolutionären Wandel befasst sich die Revolutionstheorie. Sie analysiert das Besondere dieser Form des Wandels, nicht nur, um ihn zu erklären, sondern auch, um ihn zukünftig beeinflussen zu können. Ein Beispiel dafür ist die Gesellschafts- und Revolutionsanalyse von *Karl Marx* und *Friedrich Engels* (▸ M2).
Heute erarbeiten Sozialwissenschaftler, Politologen und Historiker überprüfbare Kriterien, um revolutionären Wandel beschreiben, analysieren und beurteilen zu können (▸ M4). Bei der Bewertung von Revolutionen nehmen in demokratisch verfassten Gesellschaften die während der Amerikanischen und Französischen Revolution verkündeten Menschen- und Bürgerrechte einen besonderen Stellenwert ein. Auf sie setzten noch 1989/90 viele Menschen in der DDR sowie den autoritären und diktatorischen Staaten Ost- und Mitteleuropas, um einen revolutionären politischen Wandel mit friedlichen Mitteln zu erreichen. Ihre Erfolge ließen die berechtigte Frage aufkommen, ob die Anwendung von Gewalt wirklich ein fester Bestandteil aller Revolutionen sei.

M1 Was sind Revolutionen?

Der Kölner Historiker Theodor Schieder definiert den Begriff „Revolution" 1972 so:

Je größer der Anwendungsbereich eines Begriffs wird, desto schwieriger ist es, seinen spezifischen Gehalt zu bestimmen. Dies gilt auch für den Begriff „Revolution". Man wird sich daher im einzelnen Fall einer Revolution an die Ereignisse zu halten haben, die im Geschehensablauf durch relativ feste Daten oder Datenketten markiert sind. Diese Ereignisse spielen sich in der Regel innerhalb der politischen Institutionen ab, erfassen aber je nach ihrer Komplexität gesellschaftliche, kulturell-ideologische, materielle Lebensbereiche. Diese Komplexität ist es, die revolutionäre Ereignisse nach ihrer historischen Bedeutung unterscheiden lässt: Ein *Staatsstreich* führt beispielsweise nur einen irregulären Regierungswechsel oder – in der Monarchie – eine irreguläre Erbfolge herbei, ohne an der Grundstruktur eines politischen und sozialen Systems etwas zu ändern. [...] *Rebellionen* können als Form der Wiederherstellung einer bestimmten politischen Struktur und Sozialstruktur, als Akt sozialer Chirurgie verstanden werden, mit dem eine durch Machtmissbrauch von Einzelnen oder ganzen Schichten gestörte Ordnung restituiert[1] wird. In der modernen Revolutionssoziologie unterscheidet man solche Vorgänge auf drei Ebenen – auf der Ebene 1. der *Regierung*, 2. der *Regierungsform* und 3. der *Gesellschaftsverfassung* – und bemisst danach den Wirkungsgrad und die Stufe einer revolutionären Aktion. [...]
Die großen modernen Revolutionen sind insofern Totalrevolutionen, als von ihnen alle Bereiche erfasst und in verschiedenem Grad dauerhaft umgeformt wurden. Ihnen kommt auch Ausstrahlung über ihren nationalen Ursprungsherd hinaus zu.

Theodor Schieder, Artikel „Revolution", in: C. D. Kernig (Hrsg.), Sowjetsystem und demokratische Gesellschaft. Eine vergleichende Enzyklopädie, Bd. V, Freiburg/Basel/Wien 1972, Sp. 696

1. *Beschreiben Sie die von Schieder genannten Typen des schnellen Wandels. Notieren Sie dazu die jeweiligen Charakteristika in einem Schaubild.*
2. *Erläutern Sie Schieders Modell, indem Sie selbst gewählte historische Beispiele untersuchen.*
3. *Entwickeln Sie eine eigene Definition des Begriffes „Revolution".*

[1] **restituieren**: zurückgeben; hier im Sinne von wiederherstellen

M2 „Ein Gespenst geht um in Europa – das Gespenst des Kommunismus“

Karl Marx und Friedrich Engels schreiben vom Dezember 1847 bis Januar 1848 im Auftrag des „Bundes der Kommunisten“ das „Manifest der Kommunistischen Partei“; in ihrer „Kampfschrift“ heißt es:

Es ist hohe Zeit, dass die Kommunisten ihre Anschauungsweise, ihre Zwecke, ihre Tendenzen vor der ganzen Welt offen darlegen und dem Märchen vom Gespenst des Kommunismus ein Manifest der Partei selbst entgegenstellen. [...]

Bourgeois und Proletarier[1]

Die Geschichte aller bisherigen Gesellschaft ist die Geschichte von Klassenkämpfen. Freier und Sklave, Patrizier und Plebejer, Baron und Leibeigener, Zunftbürger und Gesell, kurz, Unterdrücker und Unterdrückte standen in stetem Gegensatz zueinander, führten einen ununterbrochenen, bald versteckten, bald offenen Kampf, einen Kampf, der jedesmal mit einer revolutionären Umgestaltung der ganzen Gesellschaft endete oder mit dem gemeinsamen Untergang der kämpfenden Klassen. [...]
Die aus dem Untergange der feudalen Gesellschaft[2] hervorgegangene moderne bürgerliche Gesellschaft hat die Klassengegensätze nicht aufgehoben. Sie hat nur neue Klassen, neue Bedingungen der Unterdrückung, neue Gestaltungen des Kampfes an die Stelle der alten gesetzt.
Unsere Epoche, die Epoche der Bourgeoisie, zeichnet sich jedoch dadurch aus, dass sie die Klassengegensätze vereinfacht hat. Die ganze Gesellschaft spaltet sich mehr und mehr in zwei große feindliche Lager, in zwei große, einander direkt gegenüberstehende Klassen: Bourgeoisie und Proletariat. [...]
Jede dieser Entwicklungsstufen der Bourgeoisie war begleitet von einem entsprechenden politischen Fortschritt. [...] Die Bourgeoisie hat in der Geschichte eine höchst revolutionäre Rolle gespielt. [...]

[1] „Unter **Bourgeoisie** wird die Klasse der modernen Kapitalisten verstanden, die Besitzer der gesellschaftlichen Produktionsmittel sind und Lohnarbeit ausnutzen. Unter **Proletariat** die Klasse der modernen Lohnarbeiter, die, da sie keine eigenen Produktionsmittel besitzen, darauf angewiesen sind, ihre Arbeitskraft zu verkaufen, um leben zu können.“ Fußnote von Engels zur englischen Ausgabe von 1888.

[2] **Feudalismus**: In dieser Gesellschaftsordnung des Mittelalters und der Frühen Neuzeit übt der adlige Lehnsherr richterliche, politische und militärische Herrschaftsfunktionen aus. Bürger und Bauern, der „Dritte Stand“, genießen den Schutz des Lehnsherrn, sind ihm aber zu Diensten und Abgaben verpflichtet und unterstehen seiner Herrschaft.

▸ **Titelblatt des „Manifestes“.** *Im Februar 1848 erschien das „Manifest“ ohne Angabe der Verfasser in London in einer Auflage von nur 500 Exemplaren, weitere Auflagen folgten. Eine größere Leserschaft fand es erst in den 1870er-Jahren durch die Sozialdemokraten. Inzwischen zählt diese „Kampfschrift“ zu den häufigsten gedruckten Büchern der Welt.*

Das Bedürfnis nach einem stets ausgedehnteren Absatz für ihre Produkte jagt die Bourgeoisie über die ganze Erdkugel. [...] In demselben Maße, worin sich die Bourgeoisie, d. h. das Kapital, entwickelte, in demselben Maße entwickelte sich das Proletariat. [...] Aber mit der Entwicklung der Industrie vermehrt sich nicht nur das Proletariat; es wird in größeren Massen zusammengedrängt, seine Kraft wächst, und es fühlt sie mehr. [...] [Die Bourgeoisie] produziert vor allem ihren eigenen Totengräber.

Proletarier und Kommunisten

[...] Der erste Schritt in der Arbeiterrevolution [ist] die Erhebung des Proletariats zur herrschenden Klasse, die Erkämpfung der Demokratie. [...] Das Proletariat wird seine politische Herrschaft dazu benutzen, der Bourgeoisie nach und nach alles Kapital zu entreißen, alle Produktionsinstrumente in den Händen des Staats, d. h. des als herrschende Klasse organisierten Proletariats, zu zentralisieren und die Masse der Produktionskräfte möglichst rasch zu vermehren. [...]
An die Stelle der alten bürgerlichen Gesellschaft mit ihren Klassen und Klassengegensätzen tritt eine Assoziation[3], worin die freie Entwicklung eines jeden die Bedingung für die freie Entwicklung aller ist. [...]
Mit einem Wort, die Kommunisten unterstützen überall jede revolutionäre Bewegung gegen die bestehenden gesellschaftlichen und politischen Zustände. [...]
Die Kommunisten verschmähen es, ihre Ansichten und Absichten zu verheimlichen. Sie erklären es offen, dass ihre Zwecke nur erreicht werden können durch den gewaltsamen Umsturz aller bisherigen Gesellschaftsordnung. Mögen die

[3] **Assoziation**: im Sinne von Marx und Engels freiwillige Verbindung aller Gesellschaftsmitglieder, nicht nur einer gesellschaftlichen Teilgruppe

herrschenden Klassen vor einer kommunistischen Revolution zittern. Die Proletarier haben nichts in ihr zu verlieren als ihre Ketten. Sie haben eine Welt zu gewinnen.
Proletarier aller Länder, vereinigt euch!

Theo Stammen und Alexander Classen (Hrsg.), Karl Marx: Das Manifest der kommunistischen Partei, Paderborn 2009, S. 66-69, 72, 74, 77, 84-86, 96 und 207

1. + *Beschreiben Sie mithilfe eines Schaubildes das Revolutionsverständnis von Marx und Engels. Unterscheiden Sie dabei die verschiedenen Phasen der revolutionären Entwicklung.*
2. *Setzen Sie die Merkmale der bürgerlichen, sozialistischen und kommunistischen Gesellschaft zueinander in Beziehung.*
3. *Erläutern Sie, warum Revolutionen nach Marx und Engels gesetzmäßig sind.*
4. *Nehmen Sie Stellung zum Demokratieverständnis von Marx und Engels (siehe bes. Zeilen 44 ff.). Grenzen Sie es vom heutigen Demokratieverständnis ab.*
5. *Krise und Ende der römischen Republik lassen sich als eine (proletarische) Revolution im Sinne von Marx und Engels begreifen. Problematisieren Sie diese Aussage.*

M3 Reformen können gefährlich sein

Der französische Schriftsteller und Politiker Alexis de Tocqueville analysiert in den 50er-Jahren des 19. Jahrhunderts die Ursachen der Französischen Revolution und verallgemeinert seine Untersuchung zu folgender grundsätzlichen Hypothese:

Man gelangt nicht immer nur dann zur Revolution, wenn eine schlimme Lage zur schlimmsten wird. Sehr oft geschieht es, dass ein Volk, das die erdrückendsten Gesetze ohne Klage und gleichsam, als fühlte es sie nicht, ertragen hatte, diese gewaltsam beseitigt, sobald ihre Last sich vermindert. Die Regierung, die durch eine Revolution vernichtet wird, ist fast stets besser als die unmittelbar voraufgegangene, und die Erfahrung lehrt, dass der gefährlichste Augenblick für eine schlechte Regierung der ist, wo sie sich zu reformieren beginnt.

Alexis de Tocqueville, Der alte Staat und die Revolution, hrsg. von Jacob Peter Mayer, Reinbek 1969, S. 153

1. + *Vergleichen Sie die Bedeutung von Revolutionen für Tocqueville und Marx / Engels (M2).*
2. *Überprüfen Sie Tocquevilles Aussage über Revolutionen auf der Grundlage Ihres Wissens über die Französische Revolution. Beziehen Sie sich auch – auf Grundlage eigener Recherche – auf die russische Revolution von 1917.*

M4 Über Ursachen von Revolutionen

Der an der School of Public Policy der George Mason University in Virginia lehrende Jack A. Goldstone nennt 1991 folgende zusammenwirkende Trends für die Zusammenbrüche von Staaten:

1. Zunehmender Druck auf die Staatsfinanzen, da die Inflation die Staatseinnahmen unterhöhlte und das Bevölkerungswachstum die Realausgaben erhöhte. Die Staaten versuchten, sich selbst zu erhalten, indem sie die Einnahmen auf verschiedene Arten erhöhten, doch diese Versuche entfremdeten Eliten, Bauernschaft und die städtischen Konsumenten vom Staat und versagten gleichzeitig als Mittel gegen die wachsende Verschuldung und schließlich den Bankrott.
2. Konflikte zwischen Eliten wurden immer vorherrschender, da eine größere Zahl an Familienmitgliedern und die Inflation es manchen Familien erschwerte, ihren Status zu halten, während Bevölkerungswachstum und steigende Preise zum Aufstieg anderer Familien und somit zu Anwärtern neuer Elitepositionen führten. Die finanziell schwache Situation des Staates erlaubte es diesem nicht, allen diesen Anwärtern entsprechende Positionen zur Verfügung zu stellen, und innerhalb der Elitehierarchie kam es zu beträchtlichen Änderungen und Verschiebungen. [...] Wenn die zentralen Autoritäten dann aufgrund von Bankrott oder Krieg zusammenbrachen, traten beim Kampf um die Macht die Elitegruppen in den Vordergrund.
3. Die Unruhen in der Bevölkerung nahmen in dem Maße zu, in dem Konkurrenz um Boden, Landflucht, übersättigte Arbeitsmärkte, abnehmendes Realeinkommen und Anstieg des Anteils der jugendlichen Bevölkerung zu einem Anstieg des Potenzials für Massenmobilisierung innerhalb der Bevölkerung führten. Unruhen traten sowohl in ländlichen als auch in städtischen Gebieten [...] in verschiedenen Varianten auf: Als Hungeraufstände, Angriffe auf die Landbesitzer und Staatsbeamte oder Land- und Nahrungsbeschlagnahmungen. [...]
4. Die Bedeutung der [...] Ideologien nahm zu.

Jack A. Goldstone, Revolution and Rebellion in the Early Modern World, 1991; zitiert nach: Shmuel N. Eisenstadt, Die großen Revolutionen und die Kulturen der Moderne, Wiesbaden 2006, S. 44 f. (vereinfacht)

1. + *Fassen Sie die Ursachen für eine Revolution nach Goldstone zusammen. Tipp: Verwenden Sie die Form eines Schaubilds mit Folge- und Beziehungspfeilen.*
2. *Analysieren Sie die Französische Revolution mithilfe der von Goldstone genannten Faktoren.*
3. *Erläutern Sie Goldstones Überlegungen anhand eines selbst gewählten historischen Beispiels.*

Was sind Modernisierungen?

Kompetenz:
Ursachen, Erscheinungsformen und Dauer von Veränderungsprozessen beschreiben, analysieren und beurteilen

Modernisierung steht für Fortschritt. In den Sozialwissenschaften, zu denen die Geschichte gehört, bezeichnet sie eine bestimmte Form des sozialen, wirtschaftlichen, gesellschaftlichen und kulturellen Wandels. Die Entwicklung von der traditionellen Agrar- zur Industrie- und dann zur Dienstleistungsgesellschaft gilt als ein Modernisierungsprozess. Auch der Weg von der Adelsherrschaft zur Demokratie ist ein solcher Prozess. Dabei zeigt sich meist ein widersprüchliches Bild aus althergebrachten dauerhaften Strukturen, aus Rückschritten und modern wirkendem Wandel.
Modernisierung kann das Ergebnis einer bewusst geplanten Politik sein oder sie ergibt sich indirekt. Grundsätzlich verläuft sie nicht kontinuierlich und harmonisch. Sie ist mit Krisen, Umbrüchen und Revolutionen verbunden.[1]
Historiker untersuchen die Geschichte bestimmter Entwicklungen, um die Faktoren herauszufinden, die gesellschaftlichen Wandel lenken, fördern oder behindern. Sie analysieren auch die Folgen der Modernisierung. Ihre Überlegungen fassen sie in Theorien zusammen. Kritik entzündet sich an den Modernisierungstheorien vor allem dann, wenn sie
- ausgesuchte Prozesse isoliert beschreiben,
- die Modernisierung unkritisch bewerten und
- Wechselbeziehungen zwischen Tradition und Moderne ausblenden.

[1] Siehe dazu die Theorie-Bausteine „Krise“ (Seite 74 bis 76) und „Revolution“ (Seite 104 bis 106).

M1 Traditional – Modern

Hans-Ulrich Wehler (siehe auch Seite 348) lehrt von 1971 bis 1996 an der Universität Bielefeld Geschichte. Er hat 1975 folgenden Katalog von Begriffen zusammengestellt, um seine modernisierungstheoretischen Vorstellungen anschaulich zu machen:

	Traditional	*Modern*
Alphabetismus[1]	gering	hoch
Berufe	einfach, stabil	ausdifferenziert, wechselnd
Soziale Bewegung	stabil	mobil
Soziale Differenzierung	gering	hoch
Einkommen	niedrig, große Unterschiede	hoch, tendenzielle Angleichung
Familie	Dominanz großer Primärgruppe	Kernfamilie, konkurrierender Gruppeneinfluss
Herrschaft	lokal, personal	zentralistisch, anonym
Kommunikation	personal	Medien
Konflikte	offen, disruptiv[2]	institutionalisiert, eingehegt
Soziale Kontrolle	direkt, personal	indirekt, bürokratisch
Lebenserwartung	gering	hoch
Mobilität	gering	hoch

→

[1] **Alphabetismus**: Fähigkeit, lesen und schreiben zu können
[2] **disruptiv**: störend

Politische Partizipation[3]	gering	groß
Produktivität	gering	hoch
Recht	religiös, personalistisch	abstrakt, formelle Verträge
Religion	Dogmatik, Staatsbeistand	Säkularisierung, Trennung von Staat und Kirche
Siedlungsweise	ländlich	städtisch
Sozialstruktur	homogen, stabile lokale Gruppen	heterogen, hohe Mobilität
Technik	gering	hoch
Wirtschaft	agrarische Subsistenzweise[4]	Technologie

Zit. nach: Hans-Ulrich Wehler, Modernisierungstheorie und Gesellschaftsgeschichte, in: ders., Die Gegenwart als Geschichte, München 1995, S. 20 (gekürzt)

1. *Erklären Sie einzelne Begriffspaare. Hier ein kurzes Beispiel: „Recht: In traditionellen Gesellschaften ist das Rechtswesen oft an religiösen Werten orientiert, und ein Urteil wird nicht unabhängig von Macht und Einfluss der Prozessbeteiligten gesprochen. In modernen Gesellschaften ..."*
2. *Wehler hat diese Gegenüberstellung als „Dichotomien-Alphabet" bezeichnet. Erläutern Sie den Begriff.*
3. *Modernisierungen sind stets positiv. Nehmen Sie Stellung zu dieser Aussage.*

[3] **Partizipation**: Teilhabe
[4] **agrarische Subsistenzweise**: bäuerliche Wirtschaft für den Eigenbedarf

M2 Basisprozesse untersuchen

Hans-Ulrich Wehler (siehe M 1) schreibt in einem Aufsatz von 1998:

Diese historische Modernisierungsforschung bevorzugt die Analyse eines Bündels von Basisprozessen, z. B.

- die Entwicklung des Kapitalismus, insbesondere des Industriekapitalismus;
- die Bildung von Klassen und damit neuer Muster der sozialen Ungleichheit;
- die Entstehung und den Ausbau des bürokratischen Anstaltsstaats[1], vor allem in Form des Nationalstaats mit einem demokratischen politischen System;
- die kulturelle Mobilisierung[2] und Rationalisierung;
- die „Entzauberung" der Welt: die Verwissenschaftlichung der Produktion und der Lebensführung;
- die Urbanisierung usw.

Zugleich gibt die historische Modernisierungsforschung Entwicklungskriterien an (die Bewegung hin zum Kapitalismus, zur Klassengesellschaft, zum modernen Staat), die idealtypisch-hypothetisch[3] verwendet werden können. Sie macht auch die normativen Implikationen[4] klar, um die in jeder Modernisierungsforschung kein Weg herumführt und die deshalb [...] diskussionsfähig gemacht werden müssen.

Hans-Ulrich Wehler, Diktaturenvergleich, Totalitarismustheorie, DDR-Geschichte, in: ders., Umbruch und Kontinuität. Essays zum 20. Jahrhundert, München 2000, S. 120

Weisen Sie „normativ[e] Implikationen" (Zeile 18) nach Wehler in den von Flemming (M3) referierten Modernisierungstheorien nach.

[1] **bürokratischer Anstaltsstaat**: Fachleute führen die Staatsgeschäfte nach demokratisch festgelegten Regeln.
[2] **kulturelle Mobilisierung**: Alte, überlieferte Rollen weichen neuen Lebensstilen freier Individualität.

[3] **idealtypisch-hypothetisch**: Auf der Grundlage theoretischer Überlegungen werden Analysekriterien oder Modelle gewonnen, die z. B. bei der Untersuchung historischer Ereignisse helfen können.
[4] **normative Implikationen**: Annahmen über Gesetzmäßigkeiten

M3 Modernisierungstheorie als Denkanstoß

Jens Flemming lehrt von 1992 bis 2009 an der Universität Kassel Geschichte. Er schreibt in einem Lexikonartikel von 1994 über Modernisierungstheorien:

Modernisierungstheorien oder Elemente von Modernisierungstheorien, wie sie derzeit in der Geschichtsschreibung benutzt werden, versuchen den sozialen, kulturellen und wirtschaftlichen Wandel zu erfassen, der sich im Zeitalter der industriellen und demokratischen Revolution seit dem späten 18. Jh. vollzieht. Dabei geht es um den Übergang von Agrar- zur Industrie-, von der ständischen zur Klassengesellschaft. Geprägt wird dieser Prozess durch die fortschreitende „Entzauberung der Welt" (Max Weber[1]). Ältere Regelwerke, Normen für Sinnbezüge werden fragwürdig, Religion und Kirche müssen sich der Konkurrenz der Wissenschaften erwehren. Am Ende stehen der säkularisierte Mensch und die säkularisierte Gesellschaft. An die Stelle von Selbstgenügsamkeit und Statik treten Bewegung, Tempo und Mobilität. Darin eingeschlossen sind Bürokratisierung, Rationalisierung und Zentralisierung, Mechanisierung und Kommerzialisierung, Verstädterung, steigende Produktivität und steigende Masseneinkommen. Konflikte werden institutionalisiert und verrechtlicht, insoweit entschärft und gezähmt. Verkehrsmittel durchdringen Landstriche und ganze Kontinente, Raum und Zeit, Metropole und Peripherie rücken zusammen. Moderne Gesellschaften sind im Vergleich zu traditionalen komplexer, arbeitsteiliger und durchlässiger. Sozialer Status orientiert sich nicht mehr an Geburt und Herkunft, sondern an individueller Tüchtigkeit und beruflicher Leistung. Staatliche Herrschaft bedarf neuer Formen der Legitimation, muss Möglichkeiten der politischen Teilhabe für alle bieten, die Erwartungen und Interessen der Bürger zu befriedigen. Milieus und Lebenswelten verlieren an Geschlossenheit und Bindekraft, Rollen und Rollenbilder verändern sich ebenso wie die Beziehungen der Geschlechter, der Generationen und Klassen.

Ein derartiges Raster von Merkmalen und Kategorien entworfen zu haben ist zweifellos ein Verdienst. Der Nachteil jedoch ist, dass diese ungeordnet, ohne plausiblen inneren Zusammenhang bleiben; Überhaupt arbeiten Modernisierungstheorien mit relativ starren, schematischen Gegensatzpaaren, die in dieser Reinheit gewöhnlich nicht in der Wirklichkeit anzutreffen sind[2]. Historische Prozesse verlaufen nicht linear, sondern in Sprüngen, sind widersprüchlich und vielschichtig. Fortschritt und Rückschritt, Tradition und Modernität sind nicht säuberlich getrennt, sondern liegen häufig dicht beieinander. Kennzeichnend ist die Gleichzeitigkeit höchst unterschiedlicher Entwicklungen und Entwicklungslinien, spannend sind die Brüche, die Ambivalenzen und Mischungsverhältnisse. Insofern liefern sozialwissenschaftliche Konzepte der Modernisierung bestenfalls Denkanstöße, Ausgangspunkte für vergleichende Betrachtungen. Idealtypen, die sich am historischen Material aber erst noch zu bewähren haben.

Manfred Asendorf, Jens Flemming, Achatz von Müller und Volker Ullrich (Hrsg.), Geschichte. Lexikon der wissenschaftlichen Grundbegriffe, Hamburg 1994, S. 446 f.

1. *Fassen Sie Flemmings Ausführungen zu Modernisierungstheorien zusammen.*
2. *Beurteilen Sie ausgehend von den kritischen Anmerkungen zur Modernisierungstheorie, ob diese ein sinnvolles Modell zur Betrachtung geschichtlicher Prozesse sein können.*
3. *Entwickeln Sie ausgehend von M1, M2 und M3 einen Kriterienkatalog, mit dem sich untersuchen lässt, ob ein Modernisierungsprozess vorliegt, und überprüfen Sie anhand dessen, inwieweit bei der Französischen Revolution und der römischen Republik Formen von Modernisierungsprozessen auszumachen sind.*

[1] **Max Weber** (1864-1920): deutscher Jurist, Soziologe und Nationalökonom

[2] Vgl. M1, Seite 107 f.

Kompetenz:
Historische Fachliteratur als interpretierte Vergangenheit analysieren und einordnen

Internettipp
Besprechungen von neuen Sachbüchern finden Sie unter http://hsozkult.geschichte.hu-berlin.de unter dem Stichwort „Rezensionen".

Umgang mit historischer Fachliteratur

Historische Fachliteratur ist ein Sammelbegriff für wissenschaftliche Veröffentlichungen zur Geschichte. Darin entwickeln Historiker aus Quellen und Fachliteratur historische Darstellungen oder setzen sich mit bereits vorliegenden wissenschaftlichen Werken auseinander. Historische Fachliteratur umfasst Bücher eines Autors (Monografien), Aufsätze, gedruckte Vorträge, Lexikonartikel und Buchbesprechungen (Rezensionen).
Die Literatur über die Französische Revolution ist nahezu unüberschaubar. Ein Verzeichnis der Aufsätze und Bücher zu dem Thema von 1985 enthält bereits über 42000 Titel und 1989, anlässlich des 200. Jahrestages der Erstürmung der Bastille, kamen erneut unzählige hinzu.
Die Forschung über die Französische Revolution ist von unterschiedlichen wissenschaftlichen und politisch-ideologischen Anschauungen geprägt (▸ M1 bis M4). Es gibt keine objektive, für immer gültige oder richtige und verbindliche Geschichtsschreibung. Wichtig ist die Einsicht, dass diese immer abhängig ist von der Person, die die Forschung betreibt, von der Zeit, in der geforscht wird, von den Fragen, die der Forscher an die Vergangenheit stellt, von den ausgewerteten Quellen und von der benutzten Literatur. Um den Text eines Historikers zu verstehen, die Darstellung der Geschichte, die er entwirft, einordnen, und die Zuverlässigkeit seiner Deutung beurteilen zu können, helfen die unten angeführten Leitfragen sowie Wissen über die Quellen und den Stand der historischen Forschung. Von besonderer Bedeutung ist es jedoch, die Qualität der wissenschaftlichen Arbeitsweise und den Standpunkt des Autors zu prüfen.

Formale Kennzeichen

- Wer ist der *Autor* (Name, Beruf, Funktion)?
- Welche *Textsorte* liegt vor (z.B. Lexikonartikel, Auszug aus einem Fachbuch, Essay)?
- An welchem Ort und ggf. in welchem *Medium* (z.B. wissenschaftliche Zeitschrift, Zeitung, Internet) wurde der Text veröffentlicht?
- Wann ist der Text veröffentlicht worden (*Erscheinungsjahr*) und gab es möglicherweise einen besonderen *Anlass* (z.B. Jubiläum, Jahrestag) für die Veröffentlichung?

Textinhalt und -struktur

- Was sind *Thema* und *Hauptaussage* des Textes? Welchen Zeitraum, welches Ereignis und welche Personen behandelt der Text?
- Welche *Textstruktur* ist erkennbar? Welche *Behauptungen* oder *Thesen* werden aufgestellt? Mit welchen *Argumenten* werden diese gestützt und welche *Belege* (Quellen, Fachliteratur) werden verwendet?
- Welche *sprachlichen Besonderheiten* weist der Text ggf. auf (Sprache, Stil)?

Intention und Standpunkt des Autors

- An welchen *Adressaten* richtet sich der Text?
- Welche *Aussageabsicht* hat der Autor (z.B. sachlich informieren, unterhalten)?
- Auf welche *wissenschaftliche oder politische Diskussion* geht der Autor ein?
- Welchen (wissenschaftlichen, ideologischen oder politischen) *Standpunkt* nimmt der Autor ein?

Bewertung

- Welche *wissenschaftliche Qualität* besitzen die Ausführungen? Wurde das Thema schlüssig und mit Mitteln der wissenschaftlichen Objektivität bearbeitet?
- Sind die *Wertungen* des Autors – soweit er welche vornimmt – plausibel begründet?

M1 „Im Zentrum der modernen Weltgeschichte“

Albert Soboul fasst das Ergebnis der Französischen Revolution 1973 wie folgt zusammen:

Mit der radikalen Zerstörung der gesamten feudalen Hinterlassenschaft, der Befreiung der Bauern von den Herrenrechten, den kirchlichen Zehnten und – eingeschränkt – auch von den kollektiven Zwängen (contraintes communautaires), mit der Aufhebung der Zunftmonopole und der Herstellung des nationalen Marktes beschleunigte die Französische Revolution die Entwicklung des Übergangs vom „Feudalismus“ zum Kapitalismus und bildete zugleich eine ihrer entscheidenden Etappen. Indem sie andererseits die provinziellen Besonderheiten und die lokalen Vorrechte aufhob und die Staatsgewalt des Ancien Régime zerbrach, schuf sie vom Direktorium bis zum Empire die Voraussetzungen eines modernen Staates, der den wirtschaftlichen und sozialen Interessen der Bourgeoisie entsprach. [...]
Die Französische Revolution steht damit im Zentrum der modernen Weltgeschichte, am Kreuzweg verschiedener gesellschaftlicher und politischer Strömungen, welche die Nationen entzweit haben und noch weiterhin entzweien werden. Ihr Enthusiasmus begeistert die einen, die an die Kämpfe für Freiheit und Unabhängigkeit und an ihren Traum von der brüderlichen Gleichheit denken – bei anderen löst er Hassgefühle aus. Den einen bedeutet ihr aufgeklärter Geist einen Angriff auf Privileg und Tradition – andere sehen darin maßlose Vernunft, die mit ihrer gewaltigen Kraft die ganze Gesellschaft neu ordnen wollte. Die Revolution, ob bewundert oder gefürchtet, lebt weiter im Bewusstsein der Menschen.

Albert Soboul, Die große Französische Revolution. Ein Abriss ihrer Geschichte (1789-1799), Frankfurt am Main [5]1988, S. 571 ff.

M2 „Die erste Erfahrung mit der Demokratie“

In einem Essay von 1978 hebt François Furet hervor:

Was die Originalität des damaligen Frankreich ausmacht, ist nicht, dass es von einer absoluten Monarchie zu einem repräsentativen Regime übergegangen ist, oder von der Welt des Adels zur bürgerlichen Gesellschaft: Das übrige Europa ging den gleichen Weg ohne Revolution und ohne Jakobiner, wenn auch die Ereignisse in Frankreich hier und da die Entwicklung beschleunigen und Nachahmer erzeugen konnten. Doch die Französische Revolution ist eben keine Übergangsphase, sondern ein Ursprung, sowie das Trugbild eines Ursprungs. Das Einmalige an ihr macht sie historisch interessant, und übrigens ist gerade dieses „Einmalige“ allgemein geworden: Es ist die erste Erfahrung mit der Demokratie.

Am 19. Januar 1989 bemerkt Furet in einem Vortrag:

Wenn man am Begriff einer *bourgeoisen Revolution* festhält, sollte man ihn [...] unbestimmt lassen [...] und darin bloß die Spitze einer umfassenderen Bewegung sehen, die ein wenig vage als Fortschritt der *civilisation* beschrieben wird. So betrachtet, lässt sich ein Ensemble von Bedingungen für 1789 ausmachen, darunter ein quantitatives Wachstum der Wirtschaft, Fortschritte in Verkehr und Handel, die Verschönerung der Städte und eine glanzvollere Kunst zu leben, die Modernisierung und Vereinheitlichung des Königreichs durch den Staat – alles Dinge, für die die Menschen des 18. Jahrhunderts einen so ausgeprägten Sinn hatten. Die Französische Revolution war ein Kind des Wachstums und nicht eine Krise der Stagnation. Der Historiker gewinnt jedoch keine größere Klarheit, wenn er die Bourgeoisie zur einzigen Triebkraft der Revolution macht, denn so, wie der historische Prozess verlaufen ist, war sie weder der einzige Akteur noch der einzige Nutznießer der Revolution. Er muss sich deshalb von der Vorstellung freimachen, als gäbe es zur Erklärung von 1789 einen Königsweg, um den sich alle Ursachenverkettungen ordnen und dessen Achse als Hauptakteur der Bewegung der bürgerlichen Gesellschaft die Bourgeoisie darstellte. [...]
Die Französische Revolution war vor allem ein Laboratorium der modernen Politik; sie bietet eine ungewöhnlich komplexe Fülle politischer Materialien sowie eine Vielzahl von intelligenten Akteuren und scharfsinnigen Kommentatoren.

Erster Text: François Furet, 1789 – vom Ereignis zum Gegenstand der Geschichtswissenschaft, Frankfurt am Main 1980, S. 96; zweiter Text: Ders., Zur Historiographie der Französischen Revolution heute, München 1989, S. 30-32

M3 Einfluss auf die politische Kultur Europas

Rolf E. Reichardt schreibt 1998 über die Französische Revolution:

Überall wirkte die Revolution bei unzufriedenen Gruppen als Anstoß, überfällige Reformen und Veränderungen im jeweils eigenen Land energischer zu betreiben. Überall löste sie eine Welle politischer Publizistik von neuer Radikalität und sozialer Reichweite aus, welche die revolutionären Grundvorstellungen und Schlagworte verbreitete. Überall verband sich damit sowohl eine neuartige Klubkultur als auch eine internationale Freiheits- und Gleichheitssymbolik – beides nach französischem Vorbild. Überall wurden durch die so bewirkten Akkulturationsprozesse[1] neue soziale Gruppen und Schichten an die Politik herangeführt beziehungsweise zusätzlich politisiert [...]. Überall bildeten sich in Auseinandersetzung mit der Revolution deutlicher als zuvor gegensätzliche politische Lager heraus. So hat die Französische Revolution, wie unterschiedlich sie auch vordergründig auf einzelne Länder einwirkte, letztlich wichtige Impulse zur Herausbildung einer gemeinsamen, tendenziell demokratischen politischen Kultur Europas gegeben.

Rolf E. Reichardt, Das Blut der Freiheit. Französische Revolution und demokratische Kultur, Frankfurt am Main ³2002, S. 331

[1] **Akkulturation**: Übernahme fremder geistiger und materieller Kulturgüter durch Einzelpersonen oder ganze Gruppen

M4 Zweifel an der Bedeutung der Revolution

Hans Fenske kommt in einem Beitrag von 2004 zu folgender Betrachtung:

Die Eruption in Frankreich gab dem Konservatismus außerordentlich viel Nahrung. [...] Der konservative, im Dienst Wiens stehende Publizist Friedrich von Gentz brachte das Ende 1805 in einem Brief an den Historiker Johannes von Müller in wenige Sätze. Zwei Prinzipien konstituierten die Welt, so schrieb er: das des immerwährenden Fortschritts und das der notwendigen Beschränkung des Fortschritts. Die besten Zeiten seien diejenigen, in denen sich beide Tendenzen im Gleichgewicht befänden. Wenn aber, „wie in unserem Jahrhundert, Zerstörung alles Alten die herrschende, die überwiegende Tendenz wird, so müssen die ausgezeichneten Menschen bis zur Halsstarrigkeit altgläubig werden". So wie Gentz dachten viele. Es ist zu vermuten, dass sich die Erfolgsaussichten der vielen reformwilligen Persönlichkeiten unter dem Eindruck der Entwicklung in Frankreich wenigstens ab 1792 verschlechterten, dass ihr Weg schwieriger wurde. Genau messen lässt sich das nicht, aber es ist doch erwägenswert, ob die europäischen Staaten 1815 ohne die Französische Revolution nicht auch dort gestanden hätten, wo sie tatsächlich waren. Es ist sogar denkbar, dass sie auf dem Wege zum modernen Verfassungsstaat schon weiter vorangekommen wären.

Hans Fenske, Staatsformen im Zeitalter der Revolutionen, in: Alexander Gallus und Eckhard Jesse (Hrsg.), Staatsformen von der Antike bis zur Gegenwart. Ein Handbuch, Köln ²2007, S. 185

1. *Vergleichen Sie die Bedeutung, die die Historiker Soboul, Furet, Reichardt und Fenske der Französischen Revolution* ✚ *zuschreiben (M1 bis M4).*
2. *Recherchieren Sie den wissenschaftlichen und ggf. ideologischen Hintergrund der vier Historiker.*

Beispiel und Analyse

Analysieren Sie die Darstellung der Bedeutung der Französischen Revolution durch Albert Soboul (M1).

Formale Kennzeichen Albert Soboul (1914-1982) gilt als einer der bedeutendsten Kenner der Französischen Revolution und hatte ab 1967 für lange Zeit den Lehrstuhl für die Geschichte der Französische Revolution an der Sorbonne in Paris inne. Der vorliegende Text ist ein Auszug aus Sobouls Monografie „Précis d'histoire de la Révolution française". Dieses Standardwerk über die Französische Revolution erschien 1962 in Frankreich und wurde in viele Sprachen übersetzt.

Textinhalt und -struktur Der kurze Text weist keine argumentierende Struktur auf. Es handelt sich hier vielmehr um eine Zusammenfassung und Darstellung zentraler Thesen: Für Soboul markiert die Französische Revolution erstens den Übergang von der feudalen zur

kapitalistischen Gesellschaft. Sie schuf die wirtschaftlichen und sozialen Voraussetzungen für einen modernen bürgerlichen Staat. Somit komme ihr zweitens eine zentrale Stellung in der modernen Weltgeschichte zu, deren Wirkung noch immer anhalte.
Soboul bedient sich einer gut verständlichen Sprache und verzichtet auf möglicherweise nicht allgemein und unmittelbar verständliche Fachbegriffe der Geschichtswissenschaft. Einige der verwendeten Begriffe wie das Gegensatzpaar „Feudalismus“ und „Kapitalismus“ (M1, Zeile 7f.) oder die Bezeichnung „Bourgeoisie“ (M1, Zeile 14) weisen Anklänge an die Begriffsverwendung der sozialistisch geprägten Forschung auf. Eine solche ideologische Prägung lässt sich jedoch nicht eindeutig festmachen, da die Begriffe im vorliegenden Textauszug ebenso in ihrer allgemeinsprachlichen Verwendung gebraucht sein könnten.

Intention und Standpunkt des Autors Wie bereits die Verwendung einer allgemeinverständlichen Sprache zeigt, wendet sich Soboul nicht nur und nicht vorrangig an Fachkollegen, sondern an eine breitere Leserschaft. Sein Ziel ist es, über die Entwicklung der Französischen Revolution zu informieren. Auch macht er seine Konstruktion von Geschichte und seine Forschungsergebnisse zugänglich. Es ist ihm offenbar ein besonderes Anliegen, die überaus große Bedeutung der Französischen Revolution, die „im Zentrum der modernen Weltgeschichte“ (M1, Zeile 15f.) stehe, hervorzuheben. Soboul steht hierbei in der Tradition der sozialistischen Geschichtsschreibung, die die universitäre Forschung zur Französischen Revolution in der Mitte des 20. Jahrhunderts in Frankreich prägte. Nach der Revolutionstheorie von Marx und Engels (vgl. M2, Seite 105f.) stellt die Französische Revolution als „bürgerliche Revolution“ mit dem Sieg des Bürgertums über den Adel und der kapitalistischen über die feudalen Produktionsverhältnisse einen ersten notwendigen Schritt auf dem Weg zur „klassenlosen“ Gesellschaft des Kommunismus dar.

Bewertung Die Feststellung, dass der Französischen Revolution zentrale weltgeschichtliche Bedeutung zukomme, begründet Soboul im vorliegenden Textausschnitt nicht näher. Diese Zuschreibung einer weltweiten Bedeutung lässt sich jedoch in den Kontext der marxistischen Revolutionstheorie einordnen. Nach dieser ist der Kommunismus das weltweite Ziel der Geschichte. Andere Historiker wie Rolf Reichardt (vgl. M3, Zeile 14 bis 18) und François Furet (vgl. M2, Zeile 35f.) weisen der Revolution hingegen vor allem Bedeutung für den europäischen oder von europäischen politischen Werten geprägten Raum zu.
Auch Sobouls Deutung der Revolution als notwendige Phase auf dem Weg vom Feudalismus zum bürgerlichen Kapitalismus steht in der Kritik. Furet kritisiert diese Deutung als zu monokausal (vgl. M2, Zeile 25 bis 38). Tatsächlich ist fraglich, ob angesichts der Dauer der Revolution und der oft sehr unterschiedlichen inhaltlichen Forderungen und Ziele verschiedener Gruppierungen von einem einheitlichen Prozess ausgegangen werden kann. Extremer noch ist die Haltung des Historikers Hans Fenske, der die Bedeutung der Revolution für die Entwicklung moderner Staatswesen bezweifelt (vgl. M4, Zeile 16 bis 21).

1.3 Mauerfall und „Wende“ in der DDR 1989

◂ **Volksfeststimmung am Brandenburger Tor.**
Foto, 9./10. November 1989, Berlin.
Auf beiden Seiten der Grenze kam es in der Nacht vom 9. zum 10. November 1989 zu volksfestartigen Verbrüderungsszenen. Menschen aus Ost und West kletterten auf die Mauer am Brandenburger Tor.

In der DDR entsteht eine Opposition	**1982**	Pfarrer Rainer Eppelmann und Robert Havemann fordern im „Berliner Appell – Frieden schaffen ohne Waffen“ mehr Toleranz und freie Meinungsäußerung.
	1985	Die „Initiative Frieden und Menschenrechte“ (IFM) wird von Bürgerrechtlern in Ost-Berlin gegründet.
	7.5.1989	Bürgerrechtler protestieren gegen die gefälschten Wahlergebnisse bei den Kommunalwahlen.
	September/ Oktober 1989	Bürgerrechtler gründen das Neue Forum, Demokratie Jetzt, den Demokratischen Aufbruch und die Sozialdemokratische Partei (SDP).
Massenproteste, Massenflucht	**4.9.1989**	Die erste „Montagsdemonstration“ findet in Leipzig statt.
	10./11.9.1989	Die ungarische Regierung erlaubt DDR-Bürgern die Ausreise über ihre Grenzen.
	9.10.1989	Etwa 70 000 Menschen demonstrieren friedlich in Leipzig für demokratische Reformen. Die Sicherheitskräfte greifen nicht ein.
Das SED-Regime zerfällt	**18.10.1989**	Generalsekretär Erich Honecker wird entmachtet, sein Nachfolger wird Egon Krenz.
	4.11.1989	Über 500 000 Menschen fordern auf dem Berliner Alexanderplatz einen „eigenständigen Weg“ der DDR.
	7.11.1989	Die Regierung der DDR tritt zurück, am Tag darauf folgt der Rücktritt des Politbüros der SED.
Ende der DDR	**9.11.1989**	Die Grenzübergänge nach West-Berlin und in die Bundesrepublik werden geöffnet.
	Dezember 1989	Die SED verzichtet auf ihr Herrschaftsmonopol, das Ministerium für Staatssicherheit wird aufgelöst.
	18.3.1990	Die ersten freien Wahlen zur Volkskammer finden statt.
	12.4.1990	Die Volkskammer wählt Lothar de Maizière zum Ministerpräsidenten der DDR.
	1.7.1990	Die D-Mark wird in der DDR eingeführt.
	3.10.1990	Durch den Beitritt der fünf ostdeutschen Länder und Ost-Berlins zur Bundesrepublik ist die Wiedervereinigung Deutschlands vollzogen.

Um die Mitte der 1980er-Jahre wandelten sich *Friedens- und Umweltinitiativen* in der DDR zu einer regimekritischen *Bürgerrechtsbewegung*. Vorbild waren die Oppositionsbewegungen „Solidarność“ in Polen und „Charta 77“ in der Tschechoslowakei. Die Reformpolitik *Michail Gorbatschows* in der Sowjetunion ließ auf Veränderungen hoffen.

Im Frühjahr 1989 machten Bürgerrechtler Wahlfälschungen bei DDR-Kommunalwahlen öffentlich bekannt. Im September entstand eine neue Welle von Flüchtlingen aus der DDR, die über die ČSSR und Ungarn in die Bundesrepublik ausreiste. Zur selben Zeit begannen in Leipzig Montagsdemonstrationen. Die Protestbewegung fand immer stärkeren Zulauf. Angesichts der anhaltenden Proteste im ganzen Land wurde *Erich Honecker* vom Politbüro Mitte Oktober entmachtet. Der völlig überraschende *Fall der Berliner Mauer* am 9. November 1989 und die Öffnung der Grenzen zur Bundesrepublik beschleunigten den Machtverfall des DDR-Regimes. Die Führungsspitze der *SED* trat geschlossen zurück. In Verhandlungen mit den Bürgerrechtlern wurden freie Wahlen für den März 1990 vereinbart. Die „Wende“ war gelungen, die kommunistische Herrschaft beendet.

Die „*friedliche Revolution*“ trägt ihren Namen zu Recht – denn der Sturz des SED-Regimes gelang ohne die Anwendung von Gewalt. Friedlich waren auch die Ziele. Die mehrheitlich geforderte deutsche Einheit („Wir sind ein Volk!“) durfte nicht gegen den Willen der Nachbarn in Europa durchgesetzt werden. Zugleich drängte die Zeit: Die DDR-Wirtschaft befand sich im freien Fall und die *Massenflucht* ließ nicht nach. Nur eine rasche deutsche Einheit versprach eine Stabilisierung der Lage. Nach einem komplizierten Diskussions- und Verhandlungsprozess im Frühjahr und Sommer 1990 erfolgte schließlich am 3. Oktober 1990 mit dem Beitritt der fünf neu gebildeten ostdeutschen Länder und Ost-Berlins zur Bundesrepublik die Wiedervereinigung Deutschlands. Eine Volksabstimmung über eine neue gesamtdeutsche Verfassung gab es nicht, stattdessen galt das Grundgesetz jetzt für ganz Deutschland.

Wichtige Namen
- Bärbel Bohley
- Rainer Eppelmann
- Michail Gorbatschow
- Robert Havemann
- Erich Honecker
- Egon Krenz
- Lothar de Maizière
- Hans Modrow

Wichtige Begriffe
- Bürgerrechtsbewegung
- Evangelische Kirche
- Friedens- und Umweltgruppen
- Friedliche Revolution
- „Initiative Frieden und Menschenrechte“ (IFM)
- Massendemonstrationen
- Massenflucht
- Mauerfall
- Neues Forum
- „Runder Tisch“
- Sozialistische Einheitspartei Deutschlands (SED)

In diesem Kapitel erwerben Sie die **Kompetenz**,
- die politische und wirtschaftliche Situation in der DDR in den 1980er-Jahren zu charakterisieren und zu analysieren,
- die Formierung von Oppositionsgruppen zu beschreiben und die Forderungen nach Reformen zu erläutern,
- die Auflösungs- und Wandlungsprozesse vom Sommer 1989 bis zum März 1990 zu erörtern.

Zur Methoden-Kompetenz siehe Seite 134 bis 136 („Autobiografie“).

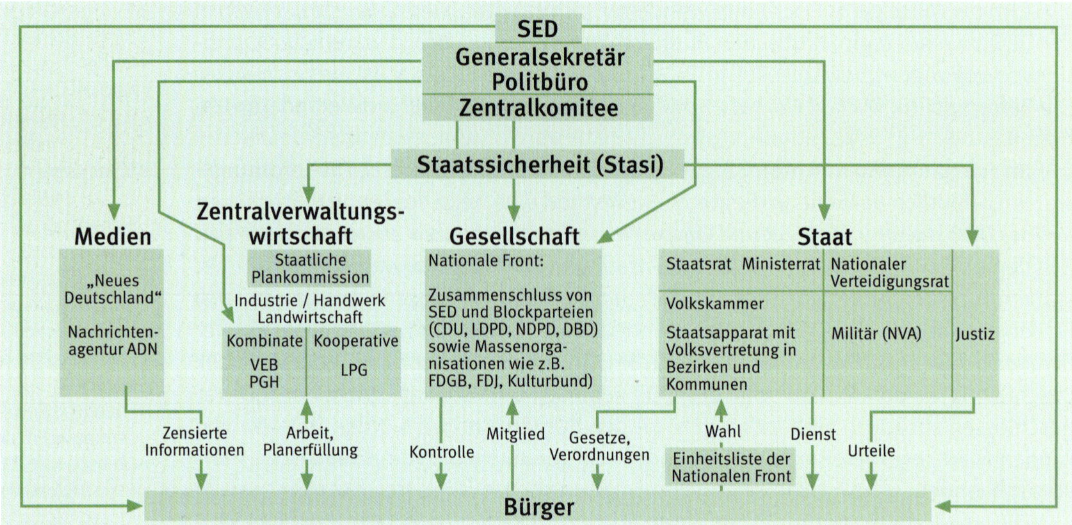

▲ **Die Verfassungswirklichkeit in der DDR.**
Grafik nach Eberhard Wilms.
▪ *Analysieren Sie das Schaubild mithilfe der Leitfragen auf Seite 23.*

SED: Die 1946 aus der erzwungenen Vereinigung von SPD und KPD entstandene SED hatte sich den Führungsanspruch in die Verfassung festschreiben lassen; er wurde erst am 1. Dezember 1989 rückgängig gemacht.

Staatssicherheitsdienst („Stasi“): Das 1950 gegründete Ministerium für Staatssicherheit (MfS) war Geheimpolizei, geheimer Nachrichtendienst und Organ strafrechtlicher Untersuchungen. Die Stasi unterstand allein der SED-Spitze. Eine parlamentarische Kontrolle bestand nicht.

Soziale Marktwirtschaft: Wirtschaftsordnung, in der der Markt Produktion und Verteilung von Gütern regelt. Angebot und Nachfrage regulieren weitgehend die Preise. Der Staat garantiert die Vertragsfreiheit, den Wettbewerb und ein funktionierendes Geldwesen.

Planwirtschaft: Wirtschaftsordnung, in der die Produktion von Gütern sowie deren Verteilung nach staatlich festgelegten Plänen (z.B. Fünfjahrespläne) vorgenommen wird.

Nach sowjetischem Vorbild: die DDR Vier Jahre nach dem Ende des Zweiten Weltkrieges wurden zwei deutsche Staaten gegründet: die Bundesrepublik Deutschland (23. Mai 1949) und die Deutsche Demokratische Republik (7. Oktober 1949). Die Entwicklung beider deutscher Teilstaaten fand vor dem Hintergrund des *Kalten Krieges* statt. Ein politischer, wirtschaftlicher und militärischer Konkurrenzkampf bestand zwischen den Großmächten USA und UdSSR und ihren jeweiligen Verteidigungsbündnissen. Während mit der Bundesrepublik im Westen Deutschlands unter der wohlwollenden Führung der USA und Großbritanniens ein demokratischer und wirtschaftlich prosperierender Rechtsstaat entstand, entfaltete sich die DDR im Osten zu einem von der Sowjetunion abhängigen Staat, in dem die *Sozialistische Einheitspartei Deutschlands* (**SED**) diktatorisch herrschte. Zum Vorbild wurde die *Kommunistische Partei der Sowjetunion* (*KPdSU*). Diejenigen, die nach Ansicht der Kommunisten der „Herrschaft der Arbeiterklasse“ im Weg standen, wurden entmachtet oder ausgeschaltet – durch eine gelenkte Justiz, durch Enteignungen oder durch den **Staatssicherheitsdienst** (kurz „*Stasi*“), der die Bevölkerung überwachte und einschüchterte.[1]

Im Gegensatz zur Bundesrepublik, in der die **Soziale Marktwirtschaft** galt, wurde in der DDR die sozialistische **Planwirtschaft** nach sowjetischem Vorbild eingeführt. Der Aufbau der Industrie in der DDR gestaltete sich schwierig. Zum Ausgleich für Versorgungsmängel verlangte das Regime ständig höhere Arbeitsleistungen. Das führte zu Unruhen in den Belegschaften, während immer mehr Bürger das Land in Richtung Bundesrepublik verließen (▸ M1). Der Arbeiteraufstand vom Juni 1953 weitete sich zum *Volksaufstand* aus. Die Bevölkerung stellte nicht nur wirtschaftliche Forderungen, sondern verlangte auch freie Wahlen und die Wiedervereinigung. Der Aufstand wurde durch die Rote Armee mit Zustimmung der SED-Führung niedergeschlagen. Er bildete einen Höhepunkt des Ost-West-Konflikts und zeigte die Abhängigkeit des SED-Regimes von der sowjetischen Schutzmacht.

[1] Siehe hierzu auch M3, Seite 128.

▲ **Die Verwaltungseinteilung der DDR ab 1952.**
Nach: Die Fischer Chronik Deutschland '49-'99. Ereignisse – Personen – Daten, Frankfurt am Main 1999, Sp. 121

Die Stabilisierung des Regimes unter **Walter Ulbricht** gelang erst, nachdem sich die DDR im Jahre 1961 durch die *Berliner Mauer* und einen „Todesstreifen“ entlang der innerdeutschen Grenze gegenüber dem Westen abgeriegelt hatte. Die *Massenflucht* war damit beendet, die Bürger mussten sich in der Diktatur einrichten.

Das SED-Regime wollte in den 1960er-Jahren den „Klassenfeind“ Bundesrepublik ökonomisch überholen. Dieses Vorhaben misslang zwar, doch gelangte die DDR-Wirtschaft an die Spitze aller **Ostblockstaaten**. Das Regime schmückte sich dazu mit sportlichen Erfolgen und betonte die Modernität seiner Frauenförderung und Bildungspolitik. Die DDR-Verfassung von 1968 garantierte sogar ein „Recht auf Arbeit“.

Von Ulbricht zu Honecker Zum Bruch zwischen Ulbricht und der Sowjetführung kam es in der Frage der Deutschlandpolitik. Die deutsche Bundesregierung unter dem sozialdemokratischen Kanzler *Willy Brandt* bemühte sich seit 1970 um eine Normalisierung der Beziehungen zu Moskau und Ost-Berlin. Die UdSSR begrüßte die *Entspannungspolitik* und bestand wie Ulbricht auf der vollen Anerkennung der DDR. Allerdings wollte sie dessen Pläne, im Alleingang enge wirtschaftliche Beziehungen zur Bundesrepublik zu knüpfen, nicht dulden. Angesichts der Engpässe bei der Versorgung der Bevölkerung sowie der schlechten Wirtschaftslage verlor er auch den internen Rückhalt in der SED. In Absprache mit Moskau zwang die Parteiführung Ulbricht zum Rücktritt. Die treibende Kraft dieses Machtwechsels war **Erich Honecker**, der im Mai 1971 zum Ersten Sekretär (seit 1976 Generalsekretär) der SED gewählt wurde. Unter der neuen Regierung gelang schließlich der DDR die lang ersehnte internationale Anerkennung als zweiter deutscher Staat.

Honecker vereinte bald alle wichtigen Ämter (Vorsitzender des Nationalen Sicherheitsrates, Staatsratsvorsitzender) auf sich. Gestützt auf *Erich Mielke* (Leiter der Staatssicherheit) und *Günter Mittag* (Sekretär für Wirtschaftsfragen) sowie den bürokratischen Apparat an der Spitze der SED, behielt er die alleinige Kontrolle über Partei, Staat und Verwaltung. Am umfassenden Machtanspruch der SED änderte sich nichts.

„Einheit von Wirtschafts- und Sozialpolitik“ In der Ära Honecker blieb es bei der weltanschaulichen Abgrenzung vom Westen und von der Bundesrepublik. Der Sozialismus sei das bessere Gesellschaftssystem, er sei gerechter und menschlicher als der Kapitalismus. Die Menschen in der DDR nahmen aber weiterhin den Wohlstand und

Walter Ulbricht (1893-1973): 1950-1971 Generalsekretär der SED, 1960-1971 Staatsratsvorsitzender der DDR

Ostblockstaaten: Unter der Führung der Sowjetunion zählten dazu die DDR, Polen, die Tschechoslowakei, Ungarn, Rumänien, Albanien (bis 1968) und Bulgarien.

Erich Honecker (1912-1994): kommunistischer Politiker, baute nach 1946 die Jugendorganisation der SED, die „Freie Deutsche Jugend“, auf. 1961 organisierte er den Bau der Berliner Mauer. Ab 1971 Nachfolger Ulbrichts als SED-Chef; 1976-1989 Staatsratsvorsitzender der DDR.

▸ **Geschichte In Clips:**
Zur Ära Honecker (1971-1989) siehe Clip-Code 32013-01

Lesetipp
Ulrich Mählert, Kleine Geschichte der DDR, München [6]2009

die demokratischen Freiheiten der Bundesrepublik zum Maßstab, die in der DDR nicht durchzusetzen waren.

Dem SED-Regime war klar, dass sich der Rückhalt der Bevölkerung nicht allein durch Überwachung, Unterdrückung und Propaganda erzwingen ließ. Die Regierung setzte auf Sozialleistungen und Konsum. Schon 1971 hatte Honecker erklärt, die wichtigsten Aufgaben der Politik seien die Verbesserung des Lebensstandards und die Herstellung sozialer Gleichheit. Als vorrangige Ziele galten der Wohnungsbau, die Anhebung von Löhnen und Renten und eine bessere Versorgung mit Waren und Dienstleistungen. Die Regierung erhob die *„Einheit von Wirtschafts- und Sozialpolitik"* zum Programm: Ökonomisches Wachstum und technischer Fortschritt sollten den Ausbau des Sozialstaats und die Steigerung der Wirtschaftsleistung ermöglichen (▸ M2).

Das Konzept schien anfangs erfolgreich. Die Industrieproduktion stieg zwischen 1970 und 1974 um etwa 30 Prozent, die durchschnittlichen Löhne in der gleichen Zeit um 14 Prozent. Zahlreiche soziale Vergünstigungen kamen Frauen und Jugendlichen (nicht dagegen den Senioren) zugute, die Mieten und die Kosten für Grundnahrungsmittel sowie Gebrauchsgüter für das tägliche Leben blieben stabil. Immer mehr DDR-Haushalte verfügten seit Beginn der 1970er-Jahre über eine eigene Waschmaschine, einen Kühlschrank, ein Fernsehgerät und selbst ein Auto, auf das man allerdings viele Jahre warten musste.

Gesetzesreformen in den 1970er-Jahren Die Umwandlung der Gesellschaft im Zeichen des „real existierenden Sozialismus" schritt weiter voran. Neue Gesetzeswerke sollten die veränderten Verhältnisse abbilden. 1975 trat das *Zivilgesetzbuch der DDR* an die Stelle des Bürgerlichen Gesetzbuches, das noch aus der Zeit vor der deutschen Teilung herrührte. Nach dem neuen Gesetz besaß Volkseigentum („sozialistisches Eigentum") Vorrang vor persönlichem Eigentum. Schon ab 1972 waren die verbliebenen Betriebe in privater Hand verstaatlicht worden. Die ehemaligen Besitzer erhielten bestenfalls eine geringe finanzielle Entschädigung.

Durch die neuen gesetzlichen Regelungen wurde die **Bodenreform** der späten 1940er-Jahre ebenso rechtlich gedeckt wie alle weiteren Enteignungen und Kollektivierungen. Als Folge dieser Maßnahmen verschwanden im Laufe der 1970er-Jahre der bäuerliche Mittelstand und das Wirtschaftsbürgertum aus der ostdeutschen Gesellschaft.

Seit 1977 gab es ein *Arbeitsgesetzbuch der DDR*. Es beseitigte das Streikrecht für Beschäftigte und hob die **Tarifautonomie** auf – beides hatte bis dahin nur noch formal bestanden. Das Gesetzeswerk legte großen Wert auf die soziale Sicherheit. So bestand fast völliger Schutz vor Kündigung; Ausnahmen galten bei politischem Fehlverhalten, das zum Berufsverbot führen konnte. Einerseits sollte das Arbeitsrecht dem sozialen Frieden dienen (etwa durch Arbeitsplatzgarantie), andererseits hemmte es die Wirtschaft, da es weder Leistungsanreize noch betriebliche Mitbestimmung vorsah.

Bodenreform: Im Zuge der Bodenreform wurde tausenden Großgrundbesitzern ihr Land entschädigungslos entzogen und an Landarbeiter, landlose Bauern, Flüchtlinge und Vertriebene verteilt. Ein Drittel des enteigneten Bodens erhielten die Länder, Kreise und Gemeinden.

Tarifautonomie: Löhne und Arbeitsbedingungen werden von Gewerkschaften und Arbeitgeberverbänden vereinbart, ohne dass sich der Staat einmischt.

Öffnung gegenüber dem Westen: die KSZE Die DDR nahm seit 1972 an der *„Konferenz über Sicherheit und Zusammenarbeit in Europa"* (*KSZE*) teil. Sie unterzeichnete am 1. August 1975 im finnischen Helsinki die *KSZE-Schlussakte*, in der die Teilnehmer ihre Gleichberechtigung, Souveränität und territoriale Unantastbarkeit anerkannten, auf Gewalt verzichteten und sich zur Achtung der Menschenrechte verpflichteten.

Ost-Berlin feierte dies als weiteren Schritt zur internationalen Anerkennung. Die DDR-Regierung wollte sich v.a. als Exportnation dem Westen öffnen, die Bevölkerung

Internettipp
Auszüge aus den Bestimmungen der KSZE-Schlussakte befinden sich unter: www.hdg.de/lemo/html/dokumente/NeueHerausforderungen_vertragKSZESchlussakte/index.html

▲ **Protestplakat vor der Dresdner Kreuzkirche.**
Foto, 13. Februar 1982.
Das eingekreiste „A" steht für Ausreise.

sollte dagegen von den Einflüssen des Kapitalismus und der Demokratie abgeschirmt bleiben. Diese Politik schlug jedoch fehl. Unter Berufung auf die KSZE-Schlussakte forderten viele DDR-Bürger mehr Freiheiten, v.a. Meinungs- und Pressefreiheit sowie die Möglichkeit zur Ausreise (▸ M3).

Niedergang der DDR-Wirtschaft Gegen Ende der 1970er-Jahre brach die Konjunktur der DDR-Wirtschaft ein. Das entsprach zwar einer weltweiten Entwicklung. Doch während sich die westlichen Industrieländer davon wieder erholten, gelang das der DDR und den übrigen Ostblockstaaten nicht.

Der Niedergang der DDR-Wirtschaft während der 1980er-Jahre war das Ergebnis kurz- und langfristiger Ursachen:

- Rohstoffknappheit. Die DDR war auf Erdöl angewiesen, das vorwiegend aus der UdSSR stammte. Seit den Ölkrisen der 1970er-Jahre drosselte die Sowjetunion die Ölzufuhr. Die DDR verwendete das Öl für die Produktion von Exportwaren und musste für den übrigen Energiebedarf auf die heimische Braunkohle ausweichen. Die Umstellung war kostspielig und belastete die Wirtschaft schwer.
- Unzureichende Modernisierung. In den Industriebetrieben mangelte es an Rationalisierung und Investitionen. Um Arbeitslosigkeit zu vermeiden, waren viele Stellen überbelegt, Arbeitskräfte wurden nicht sinnvoll eingesetzt und mussten veraltete Geräte bedienen. Für neue Ausstattungen fehlte das Kapital. Um 1989 waren weniger als die Hälfte aller Industrieanlagen jünger als zehn Jahre (in der Bundesrepublik betrug die Quote damals rund 70 Prozent). In Schlüsseltechnologien wie der Mikroelektronik verpasste die DDR den internationalen Anschluss.

▲ **Der „Silbersee" in Bitterfeld.**
Foto vom Juni 1990.
Der See war biologisch tot und glänzte silbern. In ihn wurden vor allem Abfälle einer Filmfabrik eingeleitet. Umweltdaten waren in der DDR Staatsgeheimnis.
Informieren Sie sich im Internet über die Umweltsituation und -politik in der DDR. Stellen Sie Ihre Ergebnisse in einem Kurzreferat vor. Siehe hierzu zum Beispiel: www.umwelt-im-unterricht.de/hintergrund/umweltpolitik-der-ddr

Devisen: Zahlungsmittel in ausländischer Währung. Die DDR brauchte fremde Währungen aus dem Westen, weil sie für ihr eigenes Geld im westlichen Ausland keine gleichwertigen Waren und Dienstleistungen erwerben konnte.

- Exportschwäche, Devisenmangel und Verschuldung. Die zahlreichen Produkte, die auf dem Weltmarkt nicht konkurrenzfähig waren, mussten mit enormen staatlichen Zuschüssen verbilligt werden. Ohne den Export fehlten die **Devisen**, mit denen Rohstoffe und Westwaren eingekauft werden konnten. Die DDR importierte weit mehr, als sie ausführte, und nahm dafür immer höhere Kredite auf (▶ M4).
- Krise des Binnenmarktes. Die schlecht ausgerüsteten Wirtschaftsbetriebe konnten auch nicht den Bedarf an Konsumgütern im Inland (z.B. Kfz, Baumaterial) decken (▶ M5). Daher nahm der Verbrauch weiter ab, obwohl die Nettolöhne stiegen. Die Menschen sparten das Geld, das nicht mehr in die Wirtschaft zurückfloss.
- Verlangsamter Strukturwandel. Der Wandel der DDR-Wirtschaft verlor immer mehr an Tempo. Im Zeitraum von 1950 bis 1989 sank der Anteil der Land- und Forstwirtschaft von 26 auf elf Prozent. Industrie- und Handwerk waren bis Anfang der 1980er-Jahre von 40 auf 51,5 Prozent angewachsen, machten aber bis 1989 weiterhin 50 Prozent der Gesamtwirtschaft aus. Dagegen erreichte der Handels- und Dienstleistungssektor bis Ende der 1980er-Jahre nur einen Anteil von knapp 40 Prozent. Dieses Zahlenverhältnis entsprach der Situation in der Bundesrepublik von 1965.
- Planwirtschaft und Einbindung in den RGW. Die DDR hielt unter Honecker an der staatlichen zentralen Lenkung der Wirtschaft fest. Die Betriebe konnten ohne die Zustimmung der Staates nichts unternehmen und unmittelbar auf die Bedarfslage reagieren. Die Versorgung der Bevölkerung mit Gebrauchsgütern verschlechterte sich deshalb stetig. Für die Wirtschaft galt die Erfüllung von langfristigen Plänen, nicht die flexible Orientierung an Angebot und Nachfrage. Hinzu kam die internationale Dimension der Planwirtschaft in Gestalt des *Rates für Gegenseitige Wirtschaftshilfe* (*RGW*). Dieses Gremium unter Leitung der UdSSR regelte, welches Mitgliedsland welche Produkte herstellte und wohin abführte. Anstatt sich an den Weltmarkt anzupassen, blieb die DDR-Wirtschaft von den übrigen Volkswirtschaften des Ostblocks abhängig.
- Personalmangel und Überalterung. Seit Bestehen der DDR schrumpfte ihre Bevölkerung. Von 1946 bis 1964 nahm die Einwohnerzahl in Ostdeutschland von 18,4 auf 17 Millionen ab, sank bis 1981 auf 16,7 Millionen und fiel weiter. Vor allem in der jüngeren Generation war der Arbeits- und Fachkräftemangel dramatisch, da die DDR-Führung auch keine Fachkräfte aus dem Ausland anwarb.

Zu Beginn der 1980er-Jahre unternahm die Regierung den Versuch, die Ausfuhren massiv zu erhöhen. Die DDR setzte angesichts des hohen Weltmarktpreises für Erdöl auf die Verarbeitung von sowjetischem Öl und den Export von Treibstoffen, Heizmitteln, Chemiefasern und Kunstdünger (Erdölderivate). Eine Zeitlang wurden damit Gewinne erzielt und Schulden abgebaut. Als sich der Ölpreis Ende 1985 plötzlich halbierte, ging der Absatz der Produkte drastisch zurück. Der Aufschwung brach erneut zusammen. Unterdessen führten Ernteausfälle zu Versorgungsengpässen. 1982 hatten Polen und Rumänien, zu deren Gläubigern die DDR gehörte, ihre Zahlungsunfähigkeit erklärt. Der DDR drohte ihrerseits der Staatsbankrott.

1983 und 1984 gewährte die Bundesrepublik zinslose *Milliardenkredite* zur Stützung der DDR. Im Gegenzug wurden die Minenfelder und Selbstschussanlagen an der innerdeutschen Grenze entfernt, die DDR ließ politische Häftlinge – gegen West-Mark – frei und gewährte Reiseerleichterungen. Aber diese Transferleistungen reichten ebensowenig wie der **Mindestumtausch** aus, um die rasante Verschuldung der DDR aufzuhalten.

Mindestumtausch („Zwangsumtausch“): Besucher der DDR und Ost-Berlins mussten täglich einen bestimmten Betrag in DDR-Mark umtauschen. Dies trug der Regierung Devisen ein.

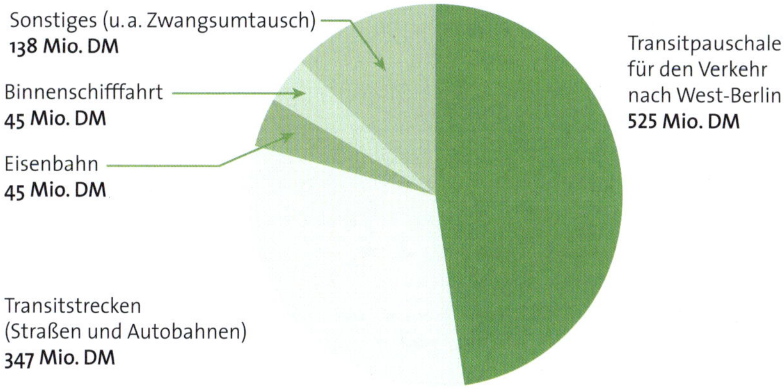

◂ **Zahlungen der Bundesrepublik an die DDR um 1980 (Schätzung).**
Nach: Die Fischer Chronik. Deutschland, a.a.O., Sp. 711

- *Analysieren Sie die Statistik mithilfe der Leitfragen auf Seite 256.*

Propaganda statt Reformen Schon 1976 hatte sich die DDR mit umgerechnet 2,6 Milliarden Euro verschuldet, damals ein Staatsgeheimnis, das nur Honecker und einigen Vertrauten bekannt war. 1989 entsprach die Auslandsverschuldung von 25 Milliarden Euro bereits dem volkswirtschaftlichen Nettoprodukt eines Jahres. Der wirtschaftliche Zusammenbruch war nur eine Frage der Zeit.

Das Honecker-Regime war mit seiner „Einheit von Wirtschafts- und Sozialpolitik“ gescheitert, änderte jedoch nichts an den viel zu hohen Ausgaben für den Sozialstaat. Die Regierung rührte weder an den subventionierten Mietpreisen noch an der Höhe der Löhne oder an den Arbeitsplätzen. Künstlich wurden damit Vollbeschäftigung und eine gute Versorgung aufrechterhalten. „Künstlich“ bedeutete: „auf Pump“ und unter Verschweigen der tatsächlichen Situation.

Die oberste Staats- und Parteispitze wiegte die breite Bevölkerung mit gefälschten Bilanzen und Durchhalteparolen in Sicherheit. So verkündete die SED-Führung im Oktober 1988 feierlich das Erreichen ihres Zieles, drei Millionen neue Wohnungen seit 1976 gebaut zu haben. Tatsächlich waren erst 1,9 Millionen Wohnungen fertiggestellt (mitgezählt wurden dabei auch Wohnheimplätze für Senioren und Studenten).

Die Propaganda übertönte jede Kritik, selbst innerhalb der SED. Sie wirkte nicht zuletzt im westlichen Ausland, wo man die Missstände in der DDR kaum wahrnahm. Dabei halfen populäre Maßnahmen und Inszenierungen wie die Einweihung des modernen Sport- und Erholungszentrums in Ost-Berlin (1981) oder der Wiederaufbau der Semperoper in Dresden. Das Bild von der erfolgreichen DDR überdauerte damit die Wirklichkeit, vor allem in den Köpfen der Machthaber. Das DDR-Regime zeigte sich unfähig zu Reformen und wurde zum Opfer seiner eigenen Selbsttäuschung.

Wachsende Kritik von Friedens- und Umweltgruppen in der DDR Die Krise der kommunistischen Herrschaft in der DDR entzündete sich nicht nur am Versagen der Ökonomie. Den Boden für den Massenprotest des Jahres 1989 bereiteten oppositionelle Gruppierungen, die seit den frühen 1980er-Jahren mit wachsendem Selbstbewusstsein das Regime herausforderten, aber auch viele einzelne Bürger, die unter Berufung auf die von der DDR 1975 unterschriebene KSZE-Schlussakte[1] ihre Menschenrechte einforderten.

Anfangs waren es vor allem *Friedens- und Umweltgruppen*, die unter dem Schutz der Kirchen einen Freiraum von staatlicher Erziehung schufen und die ökologische Krise, die offiziell ignoriert wurde, zur Sprache brachten. Zunächst entstanden diese

[1] Siehe hierzu Seite 118 f.

▶ **Informationsblatt des Friedens- und Umweltkreises der Zionskirchgemeinde Berlin (Ausschnitt).**
Papier (29,7 x 21 cm), nach September 1986.
Umweltaktivisten wie die Mitglieder der 1986 gegründeten Umweltbibliothek in der Ost-Berliner Zionskirche und anderenorts versuchten die Öffentlichkeit für die überall sichtbare Umweltzerstörung zu sensibilisieren.

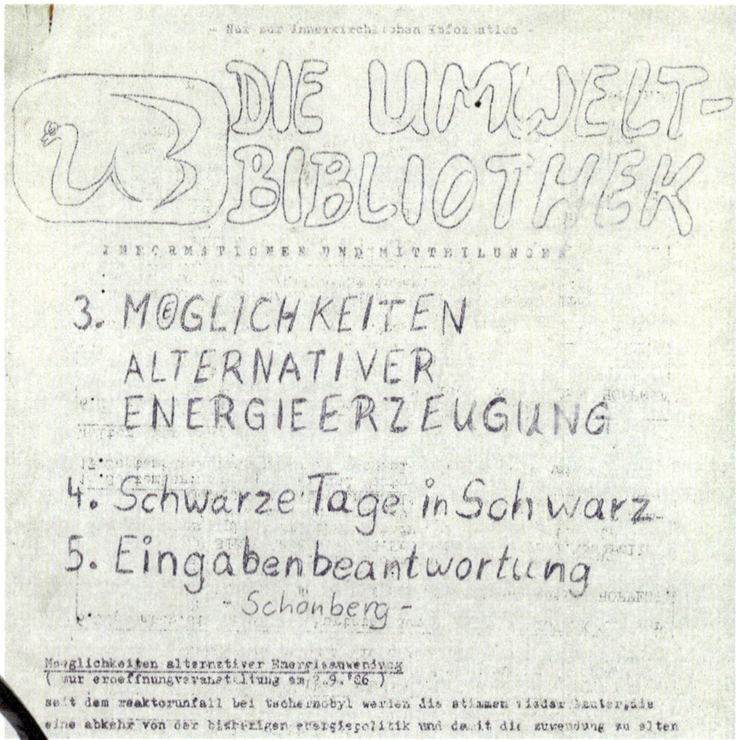
DIE UMWELT-BIBLIOTHEK

3. MÖGLICHKEITEN ALTERNATIVER ENERGIEERZEUGUNG
4. Schwarze Tage in Schwarz
5. Eingabenbeantwortung
- Schönberg -

seit dem reaktorunfall bei tschernobyl werden die stimmen wieder lauter, die eine abkehr von der bisherigen energiepolitik und damit die zuwendung zu alten

◀ **Plastik des Symbols „Schwerter zu Pflugscharen“.**
Eisenguss (27,1 x 9,8 x 21 cm), 1978.
Unter dem Motto „Schwerter zu Pflugscharen“ forderte die christliche Friedensbewegung zur Abrüstung auf. Trotz Betonung ihrer Friedensliebe verbot die SED-Führung jegliche Friedenssymbole und forderte die Bischöfe auf, die Friedensaktivisten zu bremsen. Sie erreichte damit das Gegenteil.
- *Recherchieren Sie, was als Vorbild für das Symbol diente.*

informellen Zusammenschlüsse von aufbegehrenden DDR-Bürgern aus der Empörung über konkrete Maßnahmen des SED-Staates. Die Einführung des „Wehrkundeunterrichts“ an allen Schulen seit 1978, die staatlich verordnete Militarisierung der Gesellschaft sowie die Aufrüstung in Ost und West entwickelten sich alsbald zu Plattformen für eine umfassendere Kritik. Eine wichtige Rolle spielte etwa der von Pfarrer **Rainer Eppelmann** und *Robert Havemann* gemeinsam formulierte „Berliner Appell – Frieden schaffen ohne Waffen“ (1982). Die Forderungen nach Toleranz und Anerkennung des Rechts auf freie Meinungsäußerung unterschrieben innerhalb weniger Monate Tausende.

In Friedensseminaren und Friedenswerkstätten fanden sich zumeist jugendliche Teilnehmer aus der ganzen DDR zusammen. Ihr gemeinsames Protestsymbol war ein Aufnäher mit der Aufschrift „Schwerter zu Pflugscharen“. Die Staatsmacht reagierte mit Verhaftungen und Ausbürgerungen prominenter Oppositioneller und vor allem mit dem massiven Einsatz von sogenannten *Inoffiziellen Mitarbeitern (IM)* der Staatssicherheit. Die beabsichtigte „Zersetzung“ oppositioneller Gruppierungen ging so weit, dass manche Friedenskreise von Stasi-Spitzeln regelrecht unterwandert wurden.

Rainer Eppelmann (*1943): evangelischer Pfarrer, 1989 Mitbegründer der Partei „Demokratischer Aufbruch“ (DA), seit 1990 Mitglied der CDU, 1990 Minister für Verteidigung und Abrüstung in der letzten DDR-Regierung

Eine Bürgerrechtsbewegung entsteht 1985 gründeten Bürgerrechtler in Ost-Berlin – darunter **Bärbel Bohley**, *Ralph Hirsch, Gerd Poppe, Wolfgang Templin, Vera Wollenberger* – die *„Initiative Frieden und Menschenrechte“* (*IFM*). Die zunächst stark christlich-pazifistisch ausgerichtete Protestbewegung gewann eine neue Qualität. Erstmals erhoben ostdeutsche Oppositionelle Forderungen nach einer freiheitlichen Demokratie, wie sie die Bürgerrechtsbewegungen in Polen (**Solidarność**), Ungarn und der Tschechoslowakei (**Charta 77**) schon länger vertraten.

Die Reformpolitik in der Sowjetunion unter dem neuen Staats- und Parteichef **Michail Gorbatschow** machte den Oppositionsbewegungen in den kommunistischen Staaten Ostmitteleuropas Mut. Gorbatschow versuchte mit einer Politik der *„Offenheit“* (*Glasnost*) und der *„Umgestaltung“* (*Perestroika*), den Sozialismus zu reformieren und leistungsfähiger zu machen. Als deutlich wurde, dass die Sowjetunion in ihren Vasallenstaaten das kommunistische System nicht mehr mit militärischer Gewalt halten würde, brachen die Dämme: Die herrschenden Parteidiktaturen wurden von Reformkräften abgelöst. Vorreiter dieser Entwicklung waren Polen und Ungarn.

In der DDR solidarisierten sich nun immer mehr Menschen mit jenen, die verhaftet, ausgebürgert oder auf andere Weise eingeschüchtert werden sollten. Zu den dauerhaften aktiven Regimegegnern zählten nur wenige hundert Personen, die jedoch viele tausend Sympathisanten gewinnen konnten. Allmählich entstand ein landesweites Netzwerk durch im Untergrund gedruckte Zeitschriften und Flugblätter, Treffen und Protestaktionen.

Landesweite Aufmerksamkeit und wachsende Anerkennung in der Bevölkerung erhielten die Bürgerrechtler im Zusammenhang mit den *Kommunalwahlen vom 7. Mai 1989*. In mehreren Städten der DDR beobachteten Vertreter dieser Gruppen die Auszählung der Stimmen und protestierten anschließend gegen die festgestellten Wahlfälschungen.

Flucht vor der Staatsmacht Immer mehr Bürger stellten einen Antrag auf Ausreise aus der DDR, obwohl sie in vielen Fällen deswegen jahrelang benachteiligt und schikaniert wurden. Im ersten Halbjahr 1989 gestattete die Regierung 46343 Personen die Übersiedlung in die Bundesrepublik. Doch die Hoffnung der SED, auf diese Weise wieder Ruhe herstellen zu können, erfüllte sich nicht. Im Gegenteil: Im Sommer 1989 lagen bereits eine Viertelmillion weiterer Ausreiseanträge vor.

Am 10./11. September erlaubte die reformkommunistische Regierung Ungarns, die bereits seit Mai ihre Grenzsperren nach Österreich abbaute, fluchtwilligen Urlaubern aus der DDR die Ausreise. Über 25000 Menschen nutzten das neue Schlupfloch im bislang undurchlässigen „Eisernen Vorhang“. Andere fanden Einlass in den diplomatischen Vertretungen der Bundesrepublik in Prag, Warschau und Ost-Berlin. Nach langwierigen Verhandlungen zwischen beiden deutschen Regierungen durften sie Anfang Oktober in den Westen übersiedeln.

Unter dem Eindruck der Massenflucht aus der DDR entschlossen sich die Bürgerrechtler zur Gründung öffentlich auftretender Oppositionsgruppen. Anfang September 1989 rief das *Neue Forum* zum freien Dialog im öffentlichen Raum auf – ein unerhörter Vorgang in einer kommunistischen Diktatur (▸ M6). Später traten weitere Bürgerbewegungen hervor: *Demokratie Jetzt, Demokratischer Aufbruch, Sozialdemokratische Partei (SDP), Grüne Partei* und andere. Mit unterschiedlicher Akzentuierung forderten sie eine Reform der DDR. Dazu zählten das Recht auf freie Meinungsäußerung, Rechtsstaatlichkeit und Gewaltenteilung, Zulassung weiterer Parteien und Organisationen, Versammlungsfreiheit und Streikrecht, Kontrolle des Sicherheitsapparates.

Bärbel Bohley (1945-2010): Malerin, Friedensaktivistin und Politikerin, 1989 Mitbegründerin der Bürgerrechtsorganisation „Neues Forum“ (NF)

Internettipp
Einen Blick auf Demokratiebewegungen im östlichen Europa und auf „1989“ als europäischen Prozess bietet folgender Link: www.deutsche-einheit-leipzig.de

Solidarność: dt. „Solidarität“; Bezeichnung für eine polnische Gewerkschaft, die 1980 entstand und großen Einfluss auf die politische Wende von 1989 hatte

Charta 77: Petition gegen Menschenrechtsverletzungen, veröffentlicht im Januar 1977; gleichzeitig der Name für die in den 1970er- und 80er-Jahren aktive Bürgerrechtsbewegung in der Tschechoslowakei, die zum Zentrum der Opposition gegen das kommunistische Regime wurde

Michail Sergejewitsch Gorbatschow (*1931): letzter sowjetischer Staats- und Parteichef 1985-1991; erhielt 1990 den Friedensnobelpreis

Internettipps
Zur Oppositionsbewegung in der DDR siehe u.a.:
www.havemann-gesellschaft.de
www.jugendopposition.de
www.ddr89.de

In der DDR strebten die Bürgergruppierungen eine parlamentarische Demokratie mit basisdemokratischen Elementen an, keineswegs aber die Abschaffung der Eigenstaatlichkeit. Zum Teil wurde über einen sogenannten „Dritten Weg“ als Alternative zur westlichen Konsumgesellschaft nachgedacht: „Weder Diktatur noch Konsumgesellschaft“ (▸ M7).

Egon Krenz (*1937): SED-Politiker, 1989 DDR-Staatsratsvorsitzender und Generalsekretär der SED. 1997 wegen Totschlags im Zusammenhang mit den Todesschüssen an der innerdeutschen Grenze zu mehrjähriger Freiheitsstrafe verurteilt.

▸ **Geschichte In Clips:** Zum Mauerfall und zur Wiedervereinigung siehe Clip-Code 32013-02

Massenprotest und friedliche Revolution Seit Anfang September 1989 demonstrierten in Leipzig an jedem Montag nach Friedensgebeten in der Nikolaikirche immer mehr Menschen für Reisefreiheit statt Massenflucht. In Ost-Berlin, Leipzig und Potsdam hielten Bürgerrechtler Mahnwachen für politische Gefangene. Das alles geschah unter den Augen der Stasi, die die Protestwelle mit Verhaftungen auflösen wollte. In den ersten Oktobertagen spitzte sich in vielen Städten die Situation gefährlich zu. Während die Machthaber den 40. Jahrestag der DDR am 6. und 7. Oktober vor den Kameras des In- und Auslands und im Beisein des sowjetischen Staats- und Parteichefs Gorbatschow mit Pomp, Militärparaden und Aufmärschen begingen, versuchten sie gleichzeitig, mit einem Riesenaufgebot bewaffneter Sicherheitskräfte die Demonstranten einzuschüchtern.

Honecker weigerte sich, Reformen einzuleiten, zu denen ihm Gorbatschow dringend geraten hatte („Wer zu spät kommt, den bestraft das Leben“).

Die große *Montagsdemonstration* am 9. Oktober in Leipzig brachte den Umschwung. 70 000 Menschen demonstrierten friedlich, im klaren Bewusstsein, dass es dabei zu einem Blutbad kommen könne (▸ M8). Ähnliches geschah in Ost-Berlin, wo am 4. November 1989 fast 500 000 Menschen für Meinungs-, Presse- und Versammlungsfreiheit demonstrierten (▸ M9). Obgleich die bewaffneten Kräfte in höchste Alarmbereitschaft versetzt waren, blieb der Befehl zur Zerschlagung der Demonstrationen aus. Honecker, der die Bürgerproteste nötigenfalls gewaltsam beenden lassen wollte, wurde am 18. Oktober 1989 von einer Gruppe im Politbüro um **Egon Krenz** abgesetzt. Krenz übernahm Honeckers Ämter. Die politische Führung versuchte jetzt, durch Gesprächsangebote an die Bevölkerung die Situation wieder in den Griff zu bekommen. Doch die Menschen wollten sich nicht mehr mit kleinen Korrekturen der bisherigen Politik zufriedengeben. „Wir sind das Volk!“, riefen sie selbstbewusst den Machthabern zu, und im November mischte sich darunter immer häufiger der Ruf „Wir sind ein Volk!“.

Das Ende der SED-Diktatur Die anhaltende Massenflucht und der zunehmende Massenprotest im ganzen Land untergruben innerhalb weniger Wochen das brüchige Machtfundament der SED. Das Ende ihrer Herrschaft beschleunigte die Öffnung der Mauer und der Grenzübergänge nach West-Berlin und in die Bundesrepublik am 9. November 1989. Die Annahme der SED-Führung, mit der von den Demonstranten geforderten Reisefreiheit das Regime noch in letzter Minute stabilisieren zu können, erwies sich als Illusion. Nach

◂ **Umjubelter Grenzübertritt.**
Foto vom 9./10. November 1989.
In Berlin nutzten mehr als eine halbe Million Menschen die Grenzöffnung zu einem Kurzbesuch im Westteil der Stadt.

▶ **Der Zentrale Runde Tisch der DDR in Berlin-Niederschönhausen.**
Foto von 1989.
Um mit der Bürgerbewegung ins Gespräch zu kommen, richtete Ministerpräsident Hans Modrow am 7. Dezember 1989 nach polnischem Vorbild den Zentralen Runden Tisch ein, der die Bürgerrechtler in wichtige Entscheidungen einband. Gemeinsam vereinbarten SED-Regierung und Bürgerrechtler freie Volkskammerwahlen für den 18. März 1990 und arbeiteten einen Verfassungsentwurf sowie ein neues Wahlgesetz für die demokratische Umgestaltung der DDR aus. Währenddessen nahm die in der Bevölkerung geforderte Einheit Deutschlands immer mehr Gestalt an. Nach den Volkskammerwahlen im März 1990 und dem hohen Wahlsieg der Ost-CDU wurden die Bürgerrechtler schließlich von der politischen Bühne gedrängt und von den Ereignissen, die sie selbst angestoßen hatten, überrollt.

dem *Fall der Mauer* besuchten Millionen den anderen Teil Deutschlands und entschieden sich gegen die DDR.

Unter dem Druck der Bevölkerung gab die SED ihre Vormachtstellung schrittweise auf. Im Dezember 1989 wurde ihre „führende Rolle" aus der Verfassung gestrichen, das Ministerium für Staatssicherheit aufgelöst, Politbüro und Zentralkomitee traten geschlossen zurück, Staats- und Parteichef Krenz legte seine Ämter nieder. Die *friedliche Revolution* in der DDR hatte gesiegt, die SED-Diktatur war zusammengebrochen.

Seit Mitte November 1989 amtierte eine SED-Regierung unter Ministerpräsident **Hans Modrow**. Sie stand von Beginn an unter Erfolgszwang. Die Probleme der Wirtschaft, über die jetzt in aller Öffentlichkeit berichtet und diskutiert wurde, ließen sich von der DDR allein nicht mehr bewältigen. Zugleich hielt die Ausreisewelle an. Im November und Dezember 1989 kehrten 176 650 Menschen der DDR den Rücken. Anfang Dezember wurde ein *„Runder Tisch"* eingeführt. Die Vertreter der SED und die wichtigsten Bürgerrechtsgruppen traten zu diesem Gesprächsforum zusammen. Somit bekamen Oppositionsgruppierungen erstmals Einfluss auf die Regierungspolitik.

Unter öffentlichem Druck stimmten die Regierung Modrow und die inzwischen neu formierte SED/**PDS** den Forderungen des Runden Tisches nach baldigen Neuwahlen zu. Am 18. März 1990 fanden die ersten freien Wahlen zur DDR-Volkskammer statt. Die „Allianz für Deutschland", eine Verbindung von CDU mit Bundeskanzler Helmut Kohl als Parteivorsitzenden an der Spitze, der konservativen Deutschen Sozialen Union (DSU) und dem Demokratischen Aufbruch erhielt 47,8 Prozent der Stimmen.

Die SPD erreichte knapp 22 Prozent, und nur 20 Prozent der Wähler unterstützten jene Parteien, die sich für eine eigenständige DDR eingesetzt hatten. Die Mehrheit der DDR-Bürger hatte sich für die umgehende Einbeziehung Ostdeutschlands in ein wiedervereinigtes Deutschland ausgesprochen.

Grundgesetz oder neue Verfassung? Am 12. April 1990 wählte die Volkskammer **Lothar de Maizière** zum Ministerpräsidenten und bestätigte sein Kabinett der Großen Koalition aus CDU, SPD, Liberalen, DSU und Demokratischem Aufbruch (DA). Diese Parteien hatten sich auf das Ziel geeinigt, „Wohlstand und soziale Gerechtigkeit für alle Bürger der DDR zu sichern, Freiheit und Rechtsstaatlichkeit durchzusetzen, die Einheit

Hans Modrow (*1928): SED-Politiker, 1989/90 Regierungschef der DDR (Vorsitzender des Ministerrates); 1990-1994 Abgeordneter der PDS im Bundestag; seit 2007 Mitglied der Partei „Die Linke"

PDS: Partei des Demokratischen Sozialismus, seit Dezember 1989 Rechtsnachfolgerin der SED

Internettipps
Über die friedliche Revolution von 1989/90 informiert: www.revolution89.de
Eine Chronologie der Ereignisse von 1989/90 bietet folgender Link: www.stiftung-aufarbeitung.de/chronik-89-90-1152.html

Lothar de Maizière (*1940): Mitglied der CDU (Ost), von April bis Oktober 1990 letzter Regierungschef (ab August auch Außenminister) der DDR, trat kurz nach der Wiedervereinigung als Bundesminister wegen Stasi-Vorwürfen zurück

▲ **Gedenken an die friedliche Revolution von 1989.**
Foto, 18. April 2010, Leipzig. Auf dem Kirchhof der Nikolaikirche wurde 1999 eine mit Palmwedeln gekrönte Säule aus dem Kirchenschiff nachgebildet. Die Idee der freistehenden Gedenksäule stammt von dem Leipziger Künstler Andreas Stötzner. Sie steht symbolisch für den Gedanken des Aufbruchs, der aus der Kirche hinausgetragen wird.
- *Recherchieren Sie nach weiteren Erinnerungsorten der friedlichen Revolution.*

Lesetipp
Andreas Rödder, Geschichte der deutschen Wiedervereinigung, München 2011

Filmtipp
Good bye, Lenin!; Deutschland 2003, Regie: Wolfgang Becker

Deutschlands nach Verhandlungen mit der BRD auf der Grundlage von Artikel 23 des Grundgesetzes zügig und verantwortungsvoll für die gesamte DDR gleichzeitig zu verwirklichen und damit einen Beitrag zur europäischen Friedensordnung zu leisten“.

Nach Artikel 23 GG konnten die neu gegründeten fünf Länder der DDR (Brandenburg, Mecklenburg-Vorpommern, Sachsen, Sachsen-Anhalt, Thüringen) der Bundesrepublik beitreten. Dafür hatten sich bereits während des Wahlkampfes namhafte Politiker der „Allianz für Deutschland“ ebenso wie die Bundesregierung in Bonn ausgesprochen – mit dem Argument, dass die in der DDR mit Händen greifbare Erosion der Wirtschaft und ein bedrohlicher Zerfall der politischen Strukturen eine rasche Vereinigung unumgänglich machten. Die oppositionelle SPD in Bonn sprach sich für die Wiedervereinigung nach Artikel 146 aus, also eine neue gesamtdeutsche und durch eine Volksabstimmung in Kraft gesetzte Verfassung.

In der DDR sympathisierten viele Bürgerrechtler mit einer gemeinsamen neuen Verfassung. In Westdeutschland brachten vor allem Schriftsteller und Intellektuelle aus dem linksliberalen Milieu einer raschen Vereinigung wenig Sympathie entgegen und sprachen kritisch vom „Anschluss“ der DDR. Der prominente Sozialphilosoph Jürgen Habermas sah in einer neuen gesamtdeutschen Verfassung die Grundlage für das „republikanische Selbstverständnis künftiger Generationen“, während im anderen Fall die Bürger die Vereinigung nur passiv hinnehmen würden. Andere Kritiker hofften auf eine „Runderneuerung“ des Grundgesetzes mit mehr basisdemokratischen Elementen (Volksentscheid), sozialen und ökologischen Grundrechten (Recht auf Arbeit, Umweltschutz) und stärkeren Begrenzungen der kapitalistischen Wirtschaftsordnung.

Die Debatte spiegelte die Kontroverse zwischen den Anhängern des sogenannten „Dritten Weges“ und den Verfechtern der Fortführung der in der Bundesrepublik entstandenen Lebens-, Sozial- und Wirtschaftsordnung. Die Bevölkerung in Ost- wie in Westdeutschland wollte mehrheitlich keine neue Verfassung. Das zeigte sich in Umfragen und bei allen Wahlen im Jahr 1990. Die politische und soziale Ordnung des Grundgesetzes hatte sich in den Augen der meisten Bürger bewährt.

Nach einem komplizierten Diskussions- und Verhandlungsprozess im Frühjahr und Sommer 1990 erklärte die Volkskammer am 23. August 1990 mit überwältigender Mehrheit den Beitritt der DDR zum Geltungsbereich des Grundgesetzes nach Artikel 23 mit Wirkung zum 3. Oktober 1990. Mit der auf diesem Weg vollzogenen *Wiedervereinigung* entstand eine um die DDR erweiterte Bundesrepublik, in der sich für die Ostdeutschen fast alles bisher Gewohnte veränderte: politische Ordnung, gesellschaftliche Rahmenbedingungen, Wirtschaftssystem. Aber auch die Westdeutschen mussten sich neuen Bedingungen anpassen, zu denen vor allem die langdauernde Finanzierung der hohen Folgekosten der Einheit und die von zahlreichen Einschnitten begleitete Erneuerung des Sozialstaates gehörten.

M1 Übersiedler und Flüchtlinge zwischen DDR und Bundesrepublik

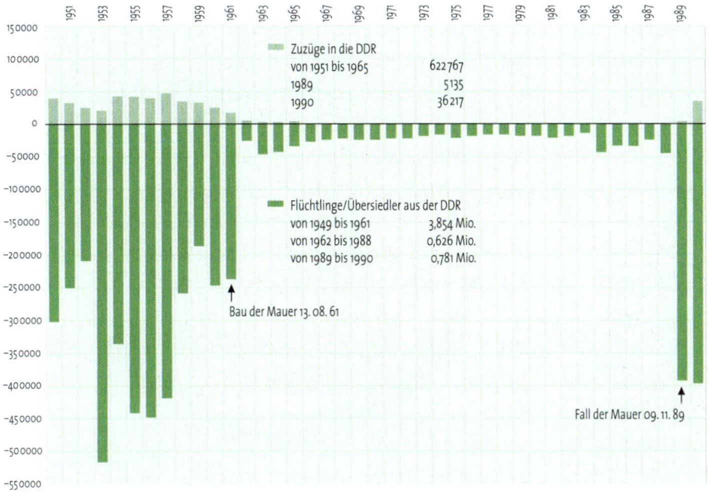

Nach: Hartmut Wendt, Wanderungen in Deutschland zwischen Ost und West [...], in: Paul Ganz und Franz-Josef Kemper (Hrsg.), Mobilität und Migration in Deutschland, Erfurt 1995, S. 6-8, und Matthias Judt (Hrsg.), DDR-Geschichte in Dokumenten. Beschlüsse, Berichte, interne Materialien und Alltagszeugnisse, Berlin 1998, S. 545 f.

1. *Überlegen Sie, welche Motive es für die Migration zwischen den beiden deutschen Staaten gegeben hat.*
2. *In der Zentralkartei der DDR war die registrierte Zahl der Übersiedler immer doppelt so hoch wie von Behörden der Bundesrepublik angegeben. Ab 1966 machte die DDR überhaupt keine Angaben mehr zur Zahl der Übersiedler. Erklären Sie mögliche Gründe, warum das Ausmaß von Flucht und Übersiedlung politisch stets sehr brisant war.*
3. *Erläutern Sie die Folgen der Fluchtbewegung für Staat, Gesellschaft und Wirtschaft der DDR.*

M2 Sozialpolitik und Legitimation der SED-Herrschaft

In einer Untersuchung über die Wirksamkeit der Sozialpolitik für die Akzeptanz des DDR-Regimes durch die Bürger heißt es:

Von der Sozialpolitik hatten sich die SED und die Staatsführung der DDR großen ökonomischen und politischen Nutzen erhofft. Voraussetzung und Ansporn wirtschaftlicher Leistung und Produktivitätssteigerung sollte sie sein und als Quelle von Legitimität dienen, um den grundlegenden Mangel an Anerkennung des SED-Regimes zu kompensieren. Ist dies erreicht worden?

Die sozialwissenschaftliche Forschung neigt zu der These, die Politik der sozialen Sicherung habe zur Stabilisierung des SED-Regimes beigetragen. Der paternalistische[1] Herrschaftsmechanismus der Sozialpolitik habe Wohlverhalten und konsumorientierte Anpassung hervorgerufen oder verstärkt, so wird die Stabilisierungsthese begründet. Zumindest zeitweise sei es gelungen, mit der Sozialpolitik eine Brücke zwischen den Herrschenden und den Beherrschten zu schlagen, so pflichten manche dieser Auffassung bei, meist unter Berufung auf die Aufwertung der Sozialpolitik in den 70er-Jahren.

Allerdings betonen alle seriösen Untersuchungen die Grenzen der Legitimierung der DDR-Sozialpolitik und deren widersprüchlichen, teils Anerkennung stiftenden, teils Protest hervorrufenden Wirkungen. [...]

Hockerts[2] zufolge sind die „sozialistischen Errungenschaften“ wie Vollbeschäftigung und Grundversorgung von der Bevölkerung insgesamt angenommen und genutzt worden. Aber als Herrschaftsstützen seien sie viel zu schwach, wenn nicht gar morsch gewesen. [...]

Die Sozialpolitik fand nicht nur Zustimmung, sie rief auch Widerspruch hervor, zum Beispiel aufgrund offenkundiger Leistungsmängel, wie im Falle der mangelhaften Altenpflege, der verfallenden Bausubstanz in den Städten, der Ausstattungsmängel des Gesundheitswesens, und Unzufriedenheit ob der Vernachlässigung produktionsferner Lebenslagen und Risiken, wie bei vielen Rentnern. [...]

Damit sind Kehrseiten der DDR-Sozialpolitik angesprochen, die kaum legitimierend wirken. Zu den Legitimierungsgrenzen ist ein Weiteres zu zählen: Die DDR-Sozialpolitik legte ihre Bürger viel stärker als die Sozialpolitik westlicher Prägung auf eine Politiknehmerrolle fest. Soweit dies den Politiknehmer der unbotmäßigen Eigeninitiative beraubte, konnte man darin eine system- und ideologiegerechte Konsequenz sehen. Doch der Politiknehmerstatus förderte Anspruchshaltung und Passivität. Überdies verhinderte er, was die DDR-Sozialpolitik der parteioffiziellen Ideologie zufolge eigentlich bewirken sollte: die Entwicklung von Qualifikation und Staatsbürgertugenden einer loyalen, produktiven und konstruktiv mitwirkenden „sozialistischen Persönlichkeit“. Doch von der war ebenso wenig zu sehen wie von der Steigerung der Produktivität, die man sich von der „Einheit von Wirtschafts- und Sozialpolitik“ erhoffte.

Eine noch gefährlichere Legitimierungsgrenze bestand für die Sozialpolitik der DDR in dem Ost-West-Vergleich, vor al-

[1] **paternalistisch**: väterlich bevormundend

[2] **Hans Günter Hockerts**: deutscher Zeithistoriker (*1943)

lem dem Vergleich mit der Bundesrepublik Deutschland. Hier stößt man auf die Achillesferse des DDR-Sozialismus. Im Ost-West-Vergleich erwiesen sich seine „sozialen Errungenschaften“ einschließlich der Sozialleistungen als mittelmäßig, nicht selten als unzulänglich, oft als unattraktiv. Das ergab sich aus den repressiven Strukturen des Staatswesens und dem niedrigeren Entwicklungsstand der DDR-Wirtschaft, der rückständigen Technologie, der geringen Qualität der Dienstleistungen, der niedrigeren Kaufkraft der Sozialeinkommen und Löhne und dem unzureichenden Angebot an Konsumgütern des gehobenen Bedarfs. Die nur mäßige Produktivität der DDR-Wirtschaft bedeutete einen großen Rückstand an volkswirtschaftlichem Wohlstand sowie an privatem und öffentlichem Konsumniveau gegenüber den fortgeschrittenen westlichen Industrieländern wie der Bundesrepublik Deutschland. Vor diesem Rückschritt schrumpften die „sozialen Errungenschaften“ des SED-Staates zu Wohltaten, welche die überwältigende Mehrheit der DDR-Bürger bei erster Gelegenheit gegen die volle Teilhabe an den Gütern der Sozialen Marktwirtschaft und des Sozialstaats der Bundesrepublik Deutschland eintauschte.

Manfred G. Schmidt, Grundzüge der Sozialpolitik in der DDR, in: Eberhard Kuhrt, Hannsjörg F. Buck und Gunter Holzweißig (Hrsg.), Die Endzeit der DDR-Wirtschaft – Analysen zur Wirtschafts-, Sozial- und Umweltpolitik, Opladen 1999, S. 297 ff.

1. *Listen Sie Vor- und Nachteile der „Einheit von Wirtschafts- und Sozialpolitik“ auf. Erläutern Sie, ob man tatsächlich von einer „Einheit“ sprechen kann.*
2. *Charakterisieren Sie den Einfluss des permanenten Vergleichs mit der Bundesrepublik auf die Mentalität der DDR-Bevölkerung.*

M3 Richtlinien für „Operative Vorgänge“

1976 werden im Ministerium für Staatssicherheit (MfS) folgende Richtlinien in Umlauf gebracht:

2.3.4 Das Herausbrechen von Personen [...]
Das Herausbrechen ist darauf zu richten, Personen aus feindlichen Gruppen für eine inoffizielle Zusammenarbeit zu werben, um dadurch in die Konspiration der Gruppe einzudringen und Informationen und Beweise über geplante, vorbereitete oder durchgeführte Handlungen sowie Mittel und Methoden ihres Vorgehens zu erarbeiten, Anknüpfungspunkte und Voraussetzungen für eine notwendige Paralysierung[1] und Einschränkung der feindlichen Handlungen bzw. zur Auflösung der Gruppen zu schaffen. [...]

[1] **Paralysierung**: Lähmung

▲ **Erinnerung an den 20. Jahrestag des MfS.**
Wandteller (Durchmesser 36 cm) von 1970.

2.6.1 Zielstellung und Anwendungsbereiche [...]
Maßnahmen der Zersetzung sind auf das Hervorrufen sowie die Ausnutzung und Verstärkung solcher Widersprüche bzw. Differenzen zwischen feindlich-negativen Kräften zu richten, durch die sie zersplittert, gelähmt, desorganisiert und isoliert und ihre Handlungen einschließlich deren Auswirkungen vorbeugend verhindert, wesentlich eingeschränkt oder gänzlich unterbunden werden. [...]
2.6.2 Formen, Mittel und Methoden [...]
Bewährte Formen sind:
- systematische Diskreditierung des öffentlichen Rufes, des Ansehens und des Prestiges [...];
- systematische Organisierung beruflicher und gesellschaftlicher Misserfolge zur Untergrabung des Selbstvertrauens einzelner Personen;
- zielstrebige Untergrabung von Überzeugungen [...];
- Erzeugen von Misstrauen und gegenseitigen Verdächtigungen innerhalb von Gruppen [...].

Matthias Judt (Hrsg.), a.a.O., S. 471

1. *Erläutern Sie die Wirkung dieser Maßnahmen.*
2. *Finden Sie Beispiele für von der Staatssicherheit verfolgte Personen oder Gruppen. Prüfen Sie, inwieweit die genannten Methoden angewandt wurden.*
3. *Vergleichen Sie anhand der Quelle die Situation im Inneren des Landes mit den Versprechungen der DDR-Führung auf internationaler Ebene.*

▶ **„Ich kenne keine Produkte, ich kenne nur Produktion."**
Karikatur von Heinz Behling, 1978.

- *Analysieren Sie die Karikatur. Auf welche Probleme der DDR-Wirtschaft weist der Karikaturist hin?*

M4 Die DDR am Rande der Zahlungsunfähigkeit

Ende Oktober 1989 erarbeiten leitende Wirtschaftsfunktionäre der SED eine Analyse der ökonomischen Lage der DDR. Das Expertengremium leitet der langjährige Chef der Staatlichen Plankommission und Politbüro-Mitglied Gerhard Schürer:

Die Verschuldung im nichtsozialistischen Wirtschaftsgebiet ist seit dem VIII. Parteitag[1] gegenwärtig auf eine Höhe gestiegen, die die Zahlungsfähigkeit der DDR infrage stellt. [...]
Im Zeitraum seit dem VIII. Parteitag wuchs insgesamt der Verbrauch schneller als die eigenen Leistungen. Es wurde mehr verbraucht als aus eigener Produktion erwirtschaftet wurde zulasten der Verschuldung im NSW[2], die sich von 2 Mrd. VM[3] 1970 auf 49 Mrd. VM 1989 erhöht hat. Das bedeutet, dass die Sozialpolitik seit dem VIII. Parteitag nicht in vollem Umfang auf eigenen Leistungen beruht, sondern zu einer wachsenden Verschuldung im NSW führte. [...]
Der Fünfjahresplan 1986-1990 für das NSW wird in bedeutendem Umfang nicht erfüllt. Bereits in den Jahren 1971-1980 wurden 21 Mrd. VM mehr importiert als exportiert. Das ist im Zusammenhang mit der dazu erforderlich gewordenen Kreditaufnahme und den Zinsen die Hauptursache des heutigen außergewöhnlich hohen Schuldenberges. [...] Die Konsequenzen der unmittelbar bevorstehenden Zahlungsunfähigkeit wäre ein Moratorium (Umschuldung), bei der der Internationale Währungsfonds bestimmen würde, was in der DDR zu geschehen hat. [...] Es ist notwendig, alles zu tun, damit dieser Weg vermieden wird. [...]
Auch wenn alle diese Maßnahmen in hoher Dringlichkeit und Qualität durchgeführt werden, ist der im Abschnitt I dargelegte, für die Zahlungsfähigkeit der DDR erforderliche NSW-Exportüberschuss nicht sicherbar.
1985 wäre das noch mit großen Anstrengungen möglich gewesen. Heute besteht diese Chance nicht mehr. Allein ein Stoppen der Verschuldung würde im Jahre 1990 eine Senkung des Lebensstandards um 25-30% erfordern und die DDR unregierbar machen. Selbst wenn das der Bevölkerung zugemutet werden würde, ist das erforderliche exportfähige Endprodukt in dieser Größenordnung nicht aufzubringen. [...]
Trotz dieser Maßnahmen ist es für die Sicherung der Zahlungsfähigkeit 1991 unerlässlich, zum gegebenen Zeitpunkt mit der Regierung der BRD über Finanzkredite in Höhe von 2-3 Mrd. VM über bisherige Kreditlinien hinaus zu verhandeln. Gegebenenfalls ist die Transitpauschale der Jahre 1996-1999 als Sicherheit einzusetzen. [...]
Dabei schließt die DDR jede Idee von Wiedervereinigung mit der BRD oder der Schaffung einer Konföderation aus.

Maria Haendcke-Hoppe-Arndt, Außenwirtschaft und innerdeutscher Handel, in: Eberhard Kuhrt, Hannsjörg F. Buck und Gunter Holzweißig (Hrsg.), Die wirtschaftliche und ökologische Situation der DDR in den 80er Jahren, Opladen 1996, S. 63 ff.

1. *Fassen Sie die Folgen der Wirtschaftspolitik Honeckers zusammen.*
2. *Beschreiben Sie, auf welche Weise die Schuldenlast abgetragen wird.*
3. *Untersuchen Sie, warum Honecker der Entwicklung nicht früher Einhalt geboten hat.*

[1] Parteitag der SED 1971 in Ost-Berlin, auf dem die Politik des kurz zuvor abgesetzten Ulbricht kritisiert und als neue „Hauptaufgabe" die „Einheit von Wirtschafts- und Sozialpolitik" beschlossen wurde.
[2] **NSW**: Nichtsozialistisches Wirtschaftsgebiet
[3] **VM**: Valutamark (= D-Mark)

▲ **Alltag in der Mangelwirtschaft.**
Foto aus Leipzig vom März 1989.
Die DDR-Bürger mussten immer improvisieren, besonders wenn sie Ersatzteile für die Wartungsarbeiten ihres PKW brauchten wie dieser Leipziger Bürger.

M5 „Wenn man da nicht Leute kannte ...“

Ein Betroffener berichtet nach 1989 darüber, wie man sich mit der Versorgung in der DDR arrangiert hat:

In der DDR kann ein Mann alleine nicht für den Unterhalt einer Familie sorgen. Wenn es ein guter Monat ist, dann verdiene ich so tausend Mark, wenn man Leistung macht. Da kommt es auf den Tag an. [...]
Wenn man in einen Gemüseladen reinkommt und Schwein hat, dann liegen dort ein paar deutsche Zwiebeln. Die nimmt man raus aus der Steige, dann hat man schon die Pfoten voll Schmiere. Die Möhren sehen aus, wie man sie vom Acker runterholt. Die Radieschen auch. Die waren nicht gewaschen und nichts. Ich meine, das liegt auch ein bisschen an der Schlamperei der Leute. Wenn ich so einen Laden hätte, ich hätte sie wahrscheinlich in einem Eimer abgewaschen. Aber es ist nicht ihr Laden, es geht sie nichts an. Und da die Leute die Sachen brauchen, kaufen sie das eben. Also, das stimmt, Kraut gab es in den letzten Jahren in Hülle und Fülle. Anderes Gemüse aber nur zu der Jahreszeit. Und dann kriegt man das aber auch nicht jeden Tag. Da muss man Anfang der Woche Blumenkohl kaufen, wenn man den am Freitag essen will. Aber das ist nicht so schlimm. Der Blumenkohl hier hat doch schon meistens Flecken. Obst hat man kaum gesehen. Äpfel gab es, aber Kirschen oder Erdbeeren nur ganz selten. Wenn man da nicht Leute kannte, die einen Garten haben und verkauft haben, da hätte man so was nie gekriegt. [...] Mit Obst war es die Jahre ganz schlecht. Einmal im Jahr, vor Weihnachten, gab es Apfelsinen. [...]
Manche Lebensmittel bekommt man nicht: Tomatenmark, Ketch-up, solches Zeug. Ganz Seltenes kriegt man nur durch Beziehungen. Man muss in der DDR Beziehungen haben. Man muss viele Leute kennen, dann kriegt man mal was. [...]
Aber auf der anderen Seite wird das Geld zum Fenster rausgeschmissen. In den Neubaugebieten zum Beispiel, wo Fernheizung ist, die können das gar nicht regeln. Da ist kein Thermostat. Die machen die Fenster auf, damit die Wärme hinaus kann. Die rennen drinnen nur im Turnhemd rum. Die baden und versauen das Wasser. Die Kosten sind alle in der Miete enthalten. Die haben noch nicht einmal eine Wasseruhr. Es ist gleich, wie viel Wasser man verbraucht. [...]
Wer Grundeigentum hat, der darf nicht so ohne Weiteres drauf bauen. Da hat erst einmal der Staat das Vorrecht zum Bauen. Wenn jetzt auf den Dörfern oder auch hier in Saalfeld jemand bauen möchte, kriegt er in der Regel seine 500 Quadratmeter zugeteilt. Dann hat man so ein kleines bisschen Garten. Das Haus wird vorgeschrieben, der Typ, den man bauen darf. Aber das macht man erst seit den letzten Jahren. Das Haus wird Eigentum, aber der Grund und Boden nicht. [...] Wenn man so ein Haus baut, muss man sich eine Feierabendbrigade suchen, die einem das hochzieht. Das sind Bauarbeiter, die so was nach Feierabend machen oder im Urlaub oder auch sonnabends und sonntags. Es gibt auch keine Baufirmen. Hier baut man alles in Eigeninitiative. [...] Manches Material haben die auch nicht so gekriegt, wie die wollten. Oder sie mussten es irgendwie teuer bezahlen, weil sie auf normalem Weg nicht drangekommen sind. Das ist jetzt nicht so, wenn sie ihre Wasserleitung oder ihre Heizung legen wollen, dass sie da in die Märkte, wo das Material verteilt wird, fahren können, und sie alles bekommen, was sie haben wollen. Da gibt es manchmal nur ein Halbzoll-Rohr oder mal nur ein Viertelzoll-Rohr. Dann gibt es keine Winkel oder keinen Wasserhahn. Sie müssen da schon rennen.

Mike Dennis und Johannes-Dieter Steinert, Deutschland 1945-1990. Von der bedingungslosen Kapitulation zur Vereinigung, Schwalbach 2005, S. 213 f.

1. *Arbeiten Sie aus dem Text die Folgen einer Planwirtschaft heraus.*
2. *Charakterisieren Sie die Haltung des Berichterstatters. Stellen Sie Vermutungen an, wie sich diese Folgen auf die Mentalität der Bevölkerung auswirkten.*

M6 Gründungsaufruf der Initiativgruppe „Neues Forum"

Der von 30 Personen unterzeichnete Gründungsaufruf der Initiativgruppe „Neues Forum" trägt kein Datum. Bereits Anfang September 1989 haben ihn mehrere hundert Personen unterschrieben, Ende des Jahres über 200 000:

In unserem Lande ist die Kommunikation zwischen Staat und Gesellschaft offensichtlich gestört. Belege dafür sind die weitverbreitete Verdrossenheit bis hin zum Rückzug in die private Nische oder zur massenhaften Auswanderung. [...]
In Staat und Wirtschaft funktioniert der Interessenausgleich zwischen den Gruppen und Schichten nur mangelhaft. Auch die Kommunikation über die Situation und die Interessenlage ist gehemmt. Im privaten Kreis sagt jeder leichthin, wie seine Diagnose lautet, und nennt die ihm wichtigsten Maßnahmen. Aber die Wünsche und Bestrebungen sind sehr verschieden und werden nicht rational gegeneinander gewichtet und auf Durchführbarkeit untersucht. Auf der einen Seite wünschen wir uns eine Erweiterung des Warenangebots und bessere Versorgung, andererseits sehen wir deren soziale und ökologische Kosten und plädieren für die Abkehr von ungehemmtem Wachstum. Wir wollen Spielraum für wirtschaftliche Initiative, aber keine Entartung in eine Ellenbogengesellschaft. Wir wollen das Bewährte erhalten und doch Platz für Erneuerung schaffen, um sparsamer und weniger naturfeindlich zu leben. Wir wollen geordnete Verhältnisse, aber keine Bevormundung. [...]
Um all diese Widersprüche zu erkennen, Meinungen und Argumente dazu anzuhören und zu bewerten, allgemeine von Sonderinteressen zu unterscheiden, bedarf es eines demokratischen Dialogs über die Aufgabe des Rechtsstaates, der Wirtschaft und der Kultur. Über diese Fragen müssen wir in aller Öffentlichkeit, gemeinsam und im ganzen Land, nachdenken und miteinander sprechen. [...]
Wir bilden deshalb gemeinsam eine politische Plattform für die ganze DDR, die es Menschen aus allen Berufen, Lebenskreisen, Parteien und Gruppen möglich macht, sich an der Diskussion und Bearbeitung lebenswichtiger Gesellschaftsprobleme in diesem Lande zu beteiligen. Für eine solche übergreifende Initiative wählen wir den Namen Neues Forum.
Die Tätigkeit des Neuen Forums werden wir auf gesetzliche Grundlagen stellen. Wir berufen uns hierbei auf das in Art. 29 der Verfassung der DDR geregelte Grundrecht, durch gemeinsames Handeln in einer Vereinigung unser politisches Interesse zu verwirklichen. [...]
Allen Bestrebungen, denen das Neue Forum Ausdruck und Stimme verleihen will, liegt der Wunsch nach Gerechtigkeit, Demokratie und Frieden sowie Schutz und Bewahrung der Natur zugrunde. Es ist dieser Impuls, den wir bei der kommenden Umgestaltung der Gesellschaft in allen Bereichen lebensvoll erfüllt wissen wollen.
Wir rufen alle Bürger und Bürgerinnen der DDR, die an der Umgestaltung unserer Gesellschaft mitwirken wollen, auf, Mitglieder des Neuen Forums zu werden. Die Zeit ist reif.

Charles Schüddekopf (Hrsg.), „Wir sind das Volk!" Flugschriften, Aufrufe und Texte einer deutschen Revolution, Reinbek 1990, S. 29-31

1. *Arbeiten Sie die Ziele des Neuen Forums heraus.*
2. *Überlegen Sie, weshalb die Gruppe sich als Initiative bezeichnet und keine Partei gründet.*
3. ➕ *Vorschlag für ein Referat: Die Bürgerbewegungen in den Ostblockstaaten im Verlauf der achtziger Jahre des 20. Jahrhunderts – Gemeinsamkeiten und Unterschiede.*

M7 Die Stunde der Bürgerbewegungen

Mit eigenen Aufrufen wenden sich zwischen August und Oktober 1989 auf Betreiben einiger Bürgerrechtler weitere Initiativbewegungen an die Menschen in der DDR. Sie werben für ihre politischen Ziele und die Mitwirkung an einer Reform der DDR. Sie gehen dabei ein hohes Risiko ein, weil die SED keine Vereinigungen und Initiativen außerhalb ihres Machtbereiches duldet und bisher entsprechende Gruppen stets als Staatsfeinde verfolgt hat. Der erste Aufruf der Bürgerbewegung „Demokratie Jetzt" erscheint am 12. September 1989:

Liebe Freunde, Mitbürgerinnen, Mitbürger und Mitbetroffene!
Unser Land lebt in innerem Unfrieden. Menschen reiben sich wund an den Verhältnissen, andere resignieren. Ein großer Verlust an Zustimmung zu dem, was in der DDR geschichtlich gewachsen ist, geht durch das Land. Viele vermögen ihr Hiersein kaum noch zu bejahen. Viele verlassen das Land, weil Anpassung ihre Grenzen hat.
Vor wenigen Jahren noch galt der „real existierende" Staatssozialismus als der einzig mögliche. Seine Kennzeichen sind das Machtmonopol einer zentralistischen Staatspartei, die staatliche Verfügung über die Produktionsmittel, die staatliche Durchdringung und Uniformierung der Gesellschaft und die Entmündigung der Bürgerinnen und Bürger. Trotz seiner unbestreitbaren Leistungen für soziale Sicherheit und Gerechtigkeit ist es heute offenkundig, dass die Ära des Staatssozialismus zu Ende geht. Es bedarf einer friedlichen, demokratischen Erneuerung. [...]
Der Sozialismus muss nun seine eigentliche, demokratische Gestalt finden, wenn er nicht geschichtlich verloren gehen soll. Er darf nicht verloren gehen, weil die bedrohte Menschheit auf der Suche nach überlebensfähigen Formen mensch-

lichen Zusammenlebens Alternativen zur westlichen Konsumgesellschaft braucht, deren Wohlstand die übrige Welt bezahlen muss.

Entgegen aller Schönfärberei sind die politischen, ökonomischen und ökologischen Krisenzeichen des Staatssozialismus auch „in den Farben der DDR" unübersehbar. Nichts aber deutet darauf hin, dass die SED-Führung zum Umdenken bereit ist. Es scheint, als spekuliere sie auf ein Scheitern der Reformen in der Sowjetunion. Es kommt aber darauf an, die demokratische Umgestaltung mitzuvollziehen. [...]

Der Wunsch vieler Bürgerinnen und Bürger nach einer Demokratisierung des Verhältnisses von Staat und Gesellschaft kann in der DDR noch immer nicht öffentlich zur Sprache gebracht werden. Deshalb rufen wir auf zu einer Bürgerbewegung „Demokratie Jetzt".

Wir wenden uns an alle, die von der Not unseres Landes betroffen sind. Wir laden alle Initiativgruppen mit ähnlichen Anliegen zum Zusammengehen ein. Wir hoffen auf ein Bündnis aller reformfreudigen Kräfte, auch von Christen und kritischen Marxisten. Lasst uns gemeinsam nachdenken über unsere Zukunft, über eine solidarische Gemeinschaft, in der

- soziale Gerechtigkeit, Freiheit und Menschenwürde für alle gewahrt sind,
- der gesellschaftliche Konsens im öffentlichen Dialog gesucht und durch den gerechten Ausgleich verschiedener Interessen verwirklicht wird,
- die verantwortliche und schöpferische Arbeit der Bürgerinnen und Bürger einen lebendigen Pluralismus unseres Gemeinwesens schafft,
- Rechtsstaatlichkeit und Rechtssicherheit den inneren Frieden sichern,
- Ökonomie und Ökologie in Einklang gebracht werden,
- Wohlstand nicht mehr auf Kosten der armen Länder vermehrt wird,
- Lebenserfüllung in Gemeinschaftlichkeit und schöpferischem Tun für das Gemeinwohl mehr als bisher gesucht und gefunden werden kann. [...]

Lassen Sie uns zusammengehen und gemeinsam die Hoffnung wieder aufrichten in unserem Land! [...]

Bitte abschreiben und weitergeben.

Gerhard Rein (Hrsg.), Die Opposition in der DDR. Entwürfe für einen anderen Sozialismus, Berlin 1989, S. 59-61

1. *Beschreiben Sie das politische und juristische Umfeld, in dem der Aufruf erschien.*

2. *Das Papier benennt die aktuellen Probleme in der DDR. Inwieweit schlägt es konkrete Lösungen vor?*

3. *Beurteilen Sie die Chance eines „Dritten Weges" zwischen Marktwirtschaft und Planwirtschaft unter besonderer Berücksichtigung der Verhältnisse in der DDR.*

M8 Am Rande eines Bürgerkrieges

Ein Augenzeuge berichtet über die Montagsdemonstration vom 9. Oktober 1989 in Leipzig:

In Betrieben wurde davor gewarnt, nach 16 Uhr die Innenstadt zu betreten; Mütter sollten ihre Kinder bis 15 Uhr aus den Krippen und Kindergärten des Zentrums abholen; Schülern und Studenten wurde mit Relegation[1] für den Fall der Beteiligung an „Aktionen" gedroht. Gerüchte schwirrten durch die Stadt. Man munkelte von MG-Nestern auf zentralen Gebäuden, befürchtete den Einsatz von Fallschirmjägern [...]. In Krankenhäusern wurden Notbetten aufgestellt und vor allem die chirurgischen und Intensivstationen verstärkt besetzt. Tausende von zusätzlichen Blutkonserven standen bereit. [...]

Leipzig glich an diesem Tag einem Heerlager. Nach späteren Aussagen von Bereitschaftspolizisten war ihnen vormittags mitgeteilt worden, dass ein friedlicher Ausgang der Demonstration wenig wahrscheinlich sei und sie vorbereitet sein müssten, möglichen Gewalttätigkeiten zu begegnen. Dementsprechend trugen sie Kampfausrüstung [...]. Auf dem Hof der VP-Bezirksbehörde[2] standen „aufmunitionierte" Schützenpanzerwagen bereit, die tonnenschweren Stahlkolosse ausgerüstet mit Räumschilden, die Fahrer mit MPi und je sechzig Schuss Munition. Die Polizeitruppe zählte insgesamt dreitausend Mann, davon zwölfhundert zur Verstärkung aus den Bezirken Halle und Neubrandenburg herbeibeordert. Hinzu kamen noch fünf Hundertschaften von Betriebskampfgruppen sowie eine sicher vierstellige Anzahl von Einsatzkräften des Ministeriums für Staatssicherheit, dessen Arsenale nicht nur Handfeuerwaffen bargen. [...]

In der Nikolaikirche und in drei weiteren Gotteshäusern wurde während der Friedensgebete ein von sechs Persönlichkeiten der Stadt getragener Aufruf zur Besonnenheit verlesen: „Unsere gemeinsame Sorge und Verantwortung haben uns heute zusammengeführt. Wir sind von der Entwicklung in unserer Stadt betroffen und suchen nach einer Lösung. Wir alle brauchen einen freien Meinungsaustausch über die Weiterführung des Sozialismus in unserem Land. Deshalb versprechen die Genannten heute allen Bürgern, ihre ganze Kraft und Autorität dafür einzusetzen, dass dieser Dialog nicht nur im Bezirk Leipzig, sondern auch mit unserer Regierung geführt wird. Wir bitten Sie dringend um Besonnenheit, damit der friedliche Dialog möglich wird."

Dieser gemeinsame Appell des Kabarettisten Bernd-Lutz Lange, des Gewandhauskapellmeisters Kurt Masur und des

[1] **Relegation**: Verweis von der Schule bzw. Hochschule
[2] **VP**: Volkspolizei

Theologen Peter Zimmermann sowie der Sekretäre der SED-Bezirksleitung Kurt Meyer, Jochen Pommert und Roland Wötzel wurde um 18 Uhr auch vom Sender Leipzig und etwa eine Stunde später vom Stadtfunk ausgestrahlt. Die engagierte wie couragierte Wortmeldung hat unzweifelhaft beigetragen zum friedlichen Verlauf dieses Tages, ohne jedoch die voreilig bescheinigte entscheidende Rolle gespielt zu haben. Einzig die geballte Kraft der siebzigtausend angsterfüllten und dennoch nicht weichenden Menschen in der Innenstadt und auf dem Ring erzwang um 18.25 Uhr den endgültigen Rückzug der bewaffneten Einheiten. Jene Namenlosen meinte wohl Christoph Hein, als er vorschlug, Leipzig zur „Heldenstadt der DDR“ zu ernennen.

Wolfgang Schneider, Leipziger Demontagebuch, Leipzig 1990, S. 71 f.

1. *Analysieren Sie verschiedene Gefahrenmomente im Verlauf des Tages.*

2. *Diskutieren Sie darüber, aus welchen Gründen die SED-Führung auf den Einsatz von Gewalt verzichtet hat.*

▲ Transparent der Demonstration vom 4. November 1989 in Berlin.
Format: 60 x 129 cm.

- *Einige der Losungen, die auf den Transparenten während der Berliner Großkundgebung zu lesen waren, sind auf folgender Internetseite zusammengetragen: www.dhm.de/ausstellungen/4november1989/htmtrans.html Arbeiten Sie die in den Losungen kritisierten Missstände heraus und erläutern Sie diese anschließend.*

M9 Gibt es eine Zukunft für die Deutsche Demokratische Republik?

Bei einer Großkundgebung auf dem Berliner Alexanderplatz am 4. November 1989 rufen Schriftsteller und Künstler der DDR (u.a. Christa Wolf, Heiner Müller und Stefan Heym) zu einem eigenständigen Weg ihres Staates auf. Anschließend veröffentlichen sie am 26. November 1989 den Appell „Für unser Land“:

Unser Land steckt in einer tiefen Krise. Wie wir bisher gelebt haben, können und wollen wir nicht mehr leben. Die Führung einer Partei hatte sich die Herrschaft über das Volk und seine Vertretungen angemaßt, vom Stalinismus geprägte Strukturen hatten alle Lebensbereiche durchdrungen. Gewaltfrei, durch Massendemonstrationen hat das Volk den Prozess der revolutionären Erneuerung erzwungen, der sich in atemberaubender Geschwindigkeit vollzieht. Uns bleibt nur wenig Zeit, auf die verschiedenen Möglichkeiten Einfluss zu nehmen, die sich als Auswege aus der Krise anbieten.
Entweder können wir auf der Eigenständigkeit der DDR bestehen und versuchen, mit allen unseren Kräften und in Zusammenarbeit mit denjenigen Staaten und Interessengruppen, die dazu bereit sind, in unserem Land eine solidarische Gesellschaft zu entwickeln, in der Frieden und soziale Gerechtigkeit, Freiheit des Einzelnen, Freizügigkeit aller und die Bewahrung der Umwelt gewährleistet sind.
Oder wir müssen dulden, dass, veranlasst durch starke ökonomische Zwänge und durch unzumutbare Bedingungen, an die einflussreiche Kreise aus Wirtschaft und Politik in der Bundesrepublik ihre Hilfe für die DDR knüpfen, ein Ausverkauf unserer materiellen und moralischen Werte beginnt und über kurz oder lang die Deutsche Demokratische Republik durch die Bundesrepublik vereinnahmt wird.
Lasst uns den ersten Weg gehen. Noch haben wir die Chance, in gleichberechtigter Nachbarschaft zu allen Staaten Europas eine sozialistische Alternative zur Bundesrepublik zu entwickeln. Noch können wir uns besinnen auf die antifaschistischen und humanistischen Ideale, von denen wir einst ausgegangen sind. Alle Bürgerinnen und Bürger, die unsere Hoffnung und unsere Sorge teilen, rufen wir auf, sich diesem Appell durch ihre Unterschrift anzuschließen.

Blätter für deutsche und internationale Politik, Januar 1990, S. 124 f.

1. *Erläutern Sie die grundlegende Alternative der zukünftigen Politik, die die Verfasser sehen.*

2. *Erörtern Sie die Einstellung zum alten System der DDR, die sich darin spiegelt.*

Kompetenz:
Autobiografische Texte als gelebte Vergangenheit analysieren und als historische Quelle beurteilen

Autobiografien als historische Quellen

Prominente verfassen meist im fortgeschrittenen Alter *Autobiografien*[1], um der Öffentlichkeit Rechenschaft abzulegen. Viele dieser Lebensbeschreibungen setzen bereits in der frühen Kindheit ein. Sie versuchen, den Selbstfindungsprozess hin zur individuellen Persönlichkeit zu reflektieren. Berichte über die späteren sozialen Rollen schließen sich an, werden aber nicht so in den Mittelpunkt gerückt wie bei *Memoiren*[2] oder *Erinnerungen* von Politikern, Künstlern oder Sportlern. Diese spiegeln vor allem das eigene Wirken als Erwachsener und die Leistungen im Beruf. Daneben spielen Begegnungen mit anderen interessanten Zeitgenossen eine Rolle.

Autobiografien sind grundsätzlich subjektiv: Nur einer kommt mit seinen Erfahrungen und Meinungen zu Wort. Sie werden in der Regel mit großem zeitlichen Abstand zu den Ereignissen verfasst, zumindest teilweise ohne ausführliche Unterlagen aus dem Gedächtnis, sodass sich Fehler einschleichen und Lücken bleiben können. Oft überwiegen Thesen und Wertungen, die nicht immer begründet werden. Bislang unbekannte Informationen werden selten preisgegeben. Vor allem bei Politikern dienen Memoiren mehr zur Rechtfertigung getroffener Entscheidungen als zu deren selbstkritischen Reflexion. Sie sollen den Autor in einem günstigen Licht erscheinen lassen. Dies beeinflusst ihren Wert, sodass weitere Quellen heranzuziehen sind.

▲ **„Winter im Sommer – Frühling im Herbst."**
Vorderseite des Buchumschlags.

Formale Kennzeichen

- Wer ist der *Verfasser*?
- Welche *Funktion*, welchen *Beruf* oder welche *Stellung* in der Gesellschaft hat er?
- *Wann*, *wo* und *aus welchem Anlass* wurde der Text verfasst und veröffentlicht?

Textinhalt

- Was ist *Gegenstand* des Textes? Was wird thematisiert?
- Welche *Aspekte* werden hervorgehoben, kaum behandelt oder weggelassen?
- Welche *Merkmale* kennzeichnen den Text (*Sprache*, *Stil*, *Wertungen*)?

Historischer Kontext

- Welchen *Zeitraum*, welche *Ereignisse* oder *Entwicklungen* und welche *Personen* behandelt der Text?

Intention und Wirkung

- An welche *Adressaten* wendet sich der Text?
- Welche *Wirkung* möchte der Verfasser erzielen?

Einordnung und Bewertung

- Wie lässt sich der Text *einordnen* und *bewerten*? Ist er glaubwürdig?
- Wie ist der *Quellenwert* des Textes zu beurteilen?
- Welche Bewertungen der Autobiografie geben *Literaturkritiker*?
- Gibt es alternative oder ergänzende Quellen, mit denen sich die *Aussagen* des Verfassers *überprüfen* lassen?

[1] **Autobiografie**: von griech. „autos": selbst; „bios": leben; „graphein": schreiben
[2] **Memoiren**: von lat. „memoria": Gedächtnis

Beispiel und Analyse

Joachim Gauck schreibt in seinen 2009 veröffentlichten Erinnerungen über den Herbst 1989:

Bis zum Herbst 1989 war ich ein Pastor gewesen, der im kirchlichen Dienst aufging, dabei seinen Jugendlichen, seinen Gesprächskreisen und seiner Gemeinde im Gottesdienst die Wahrheit nicht schuldig blieb – das war in Rostock bekannt –, aber ich gehörte keiner außerkirchlichen Opposition an. Im Herbst 1989 wuchs ich Schritt für Schritt in eine politische Rolle hinein. Der Sturm hatte mich mitgenommen; nie waren wir aktiver als in diesen Wochen. Binnen Kurzem nannte mich eine Rostocker Zeitung „Revolutionspastor“ [...].

Rasend schnell breitete sich aus, was in Sachsen auf die Formel gebracht worden war „Wir sind das Volk“. Ich hörte in diesem Satz mit, was deren Erfinder 1989 wahrscheinlich noch gar nicht im Kopf hatten. Mit der Ermächtigung der Vielen ging die Ermächtigung des Einzelnen einher. Wer einst nur als Staatsinsasse mit staatlich geregelter Eingangs- und Ausgangsordnung aus dem Biotop gelebt hatte, erkannte nun seine Rechte, erklärte sich für zuständig. Die Losung war ein ernster Appell an den, der sie aussprach: Wenn du das Volk bist, also der Souverän, dann trägst du auch Verantwortung. „Wir sind das Volk“ sollte in jedem Klassenzimmer hängen. Gibt es einen schöneren Satz aus dem langen Kampf für Menschen- und Bürgerrechte in diesem Land? Gehörte er nicht ins kollektive Gedächtnis der ganzen Nation?

Damals wehte mit dem Satz aus Sachsen eine doppelte Botschaft über das Land: Den Einen bestritt sie das Recht zu herrschen, weil sie ohne Recht herrschten, die Anderen forderte sie auf, den nun offenen Raum zu betreten, die Macht, die auf der Straße lag, zu übernehmen, an das Recht zu binden und als frei gewählte Volksvertretung auszuüben.

Auch Tausende von Parteimitgliedern der SED spürten die Kraft, die von der Losung ausging. Die neue Mündigkeit wirkte ansteckend. Viele einfache Parteimitglieder protestierten durch Austritt, sie wollten nicht länger Teil einer herrschenden Klasse sein, die als Gegner oder als Feind des Volkes agierte, andere waren ermutigt: Bald würden die reaktionären Bastionen der ideologischen Festung gestürmt, alte Kader gestürzt und sogar aus der Partei ausgeschlossen sein.

Sicher wäre all dies auch ohne eine starke Losung geschehen, aber mit ihr ging es schneller und besser. Am Ende wurde aus unserer Protestbewegung eine Revolution. Das Oberste, was für alle Zeiten hatte oben sein wollen, wurde nach unten gekehrt. Ganz ohne Gewalt [...].

Revolution war bis dahin immer mit Gewalt verbunden gewesen. Viele sprechen daher lieber von einem Zusammenbruch, einem Kollaps, einer Implosion, einer Wende, zumindest von einer „friedlichen“, einer „samtenen“ oder einer „verhandelten“ Revolution im Osteuropa des Jahres 1989 [...]. All diese Einschränkungen ändern für mich nichts an der grundlegenden, eine Revolution kennzeichnenden Tatsache, dass eine staatliche Ordnung durch das Volk gestürzt und durch ein neues System ersetzt worden ist – auch wenn kein Blut floss und die Aufbegehrenden Transparente und Kerzen statt Waffen in den Händen hielten.

Damals, im Herbst 1989, versuchten Partei und Staat noch, die Mobilisierung der Bevölkerung umzuleiten, die Menschen von der Straße weg- und in institutionalisierte Bahnen zurückzulenken. Dialogveranstaltungen sollten die Unzufriedenheit auffangen und die Meinungsführerschaft der Partei wiederherstellen. Der stellvertretende Rostocker Bürgermeister erschien sogar in unserem Fürbittgottesdienst am 19. Oktober, um für eine derartige Veranstaltung am folgenden Tag in der Ostseehalle zu werben.

Hätte die SED ein Jahr zuvor, etwa auf dem Kirchentag 1988 [...], auf die privilegierte Rolle der Partei verzichtet und einen Parteienpluralismus akzeptiert, wir Bürgerbewegte wären auf das Dialogangebot eingegangen. Jetzt sahen wir in den Herrschenden keinen Dialogpartner mehr, sondern nutzten die öffentlichen Diskussionen in der Sport- und Kongresshalle, um sie zu delegitimieren.

Joachim Gauck, Winter im Sommer – Frühling im Herbst. Erinnerungen, München 2009, S. 212 - 214

Einschätzung seiner bisherigen politischen Haltung

Erklärung für sein wachsendes Engagement

Bewertung der Losung „Wir sind das Volk“

Anders als bisher in der DDR zählt das Individuum

Politische Rechte werden beansprucht, bringen aber auch Verantwortung für das gesellschaftliche Handeln mit sich.

Zuordnung der Losung „Wir sind das Volk“ zu den Menschen- und Bürgerrechten

Signalwirkung der Losung

Reaktionen einiger SED-Mitglieder

Von der Protestbewegung zur Revolution

Gewaltfreiheit als Merkmal

Alternative Begriffe für die Vorgänge in der DDR

Begründung für die Bezeichnung „Revolution“

Der „Dialogversuch“ der SED kommt zu spät und misslingt.

Früheres Einlenken der SED hätte Gespräche mit der Opposition ermöglicht.

Parteienpluralismus als Forderung

„Delegitimierung“ der SED

Formale Kennzeichen Der Text ist ein Auszug aus den 2009 veröffentlichten Erinnerungen des seit März 2012 amtierenden Bundespräsidenten Joachim Gauck an den Herbst 1989 in der DDR.

Textinhalt Zum politischen Engagement motivierte Gauck die Losung „Wir sind das Volk", die er als Verdichtung des Kampfes für Menschen- und Bürgerrechte in der DDR und als Ermutigung begriff, sich mit anderen für den Sturz des SED-Regimes einzusetzen. Gauck deutet die Entwicklung im Herbst 1989 als Übergang vom Protest zur Revolution, deren Kennzeichen der Verzicht auf Gewalt gewesen sei. Das Volk habe friedlich die bisherige Staatsordnung durch eine neue ersetzt. Das SED-Angebot eines Dialogs mit dem Volk sei zu spät gekommen, um ihre Macht und die DDR zu retten. Diskussionen hätten das Ziel gehabt, die SED zu „delegitimieren". Gauck schreibt meist verständlich und authentisch, jedoch keineswegs anspruchslos, was seine teilweise langen Sätze und zahlreiche Fremdwörter belegen.

Historischer Kontext Gauck war evangelischer Pastor in Rostock. Er stand dem SED-Regime schon jahrelang kritisch gegenüber, trat aber bis zum Herbst 1989 nicht als Oppositioneller hervor. Während der Endphase der DDR schloss er sich der Bürgerrechtsbewegung an. Er wurde von März bis Oktober 1990 Abgeordneter der ersten frei gewählten „Volkskammer" der DDR.

Intention und Wirkung Gauck richtet sich mit seiner Autobiografie an einen breiten Leserkreis. Er zeigt, wie die Losung „Wir sind das Volk" jene Kraft entfaltete, die aus schnell anwachsenden Protestdemonstrationen eine Revolutionsbewegung zugunsten einer pluralistischen Demokratie mit Menschen- und Bürgerrechten machte.

Einordnung und Bewertung Gauck analysiert rational die Entwicklung in der DDR im Herbst 1989, indem er die Bedeutung der wesentlichen Faktoren beschreibt, ohne sich und seine Rolle in den Vordergrund zu stellen. Er will durch Beschreiben erklären. Er besteht auf der Verwendung des Wortes „Revolution" für die Vorgänge, die zur friedlichen Veränderung von Staat und Gesellschaft hin zur parlamentarischen Demokratie mit Parteienpluralismus geführt haben, wobei er seine Bewertungen kennzeichnet, erläutert und begründet.

1. *Erörtern Sie Joachim Gaucks verwendete Bezeichnung „Revolution" für die Vorgänge in der DDR. Berücksichtigen Sie dabei den Theorie-Baustein „Revolution" auf Seite 104-106.*
2. *Vielleicht hat Sie der Textauszug neugierig gemacht, mehr aus Gaucks Erinnerungen zu lesen. Dann könnten Sie die Qualität von Gaucks Darstellung als historisches Dokument beurteilen. Ziehen Sie zur Überprüfung andere Veröffentlichungen zu den beschriebenen Ereignissen heran.*

1. *Gliedern Sie den Weg der römischen Republik zum Kaiserreich.*
2. *Analysieren Sie die Ursachen für das Scheitern der Gracchen, Marius' und Sullas' im Zuge der Bewältigung der Krisen der römischen Republik.*
3. *Weisen Sie – auf der Grundlage Ihnen bekannter Definitionen des Begriffes „Krise" – Krisenphänomene in der römischen Republik, im (vor)revolutionären Frankreich und in der DDR nach.*
4. *Sowohl nach dem Niedergang der römischen Republik als auch nach dem Scheitern der ersten französischen Republik wurden Kaiserreiche etabliert. Erklären Sie diese Entwicklung.*
5. *Die Französische Revolution wird u. a. als „bürgerliche Revolution", der Zusammenbruch der DDR als „friedliche Revolution" bezeichnet. Überprüfen Sie diese Begriffe unter Anwendung von Ihnen bekannten Revolutionstheorien.*
6. *Beurteilen Sie, inwieweit die Politik der Gracchen, die Französische Revolution und die deutsche Wiedervereinigung zu politischen, gesellschaftlichen und wirtschaftlichen Modernisierungsprozessen beigetragen haben.*

◂ **SPQR.**
Foto, um 1990.
Die Abkürzung der Formel „Senat und Volk von Rom" (lat. SENATUS POPULUSQUE ROMANUS) befindet sich u.a. auf Münzen und Gebäuden. Noch heute dient die Abkürzung in Rom – wie auf diesem Kanaldeckel – zur Bezeichnung öffentlichen Eigentums.

- *Arbeiten Sie heraus, auf welche historischen Begebenheiten bzw. Ereignisse die beiden Bilder verweisen.*
- *Erklären Sie, inwiefern das Geschichtsbewusstsein der Staaten hier zum Ausdruck kommt.*

▸ **Festakt vor dem Brandenburger Tor in Berlin.**
Foto, 9. November 2009.
In Berlin wurden rund 1 000 von Jugendlichen aus aller Welt gestaltete Dominosteine aus Styropor zu Fall gebracht.

2. Wechselwirkungen und Anpassungsprozesse in der Geschichte

- Wie vollzogen sich Flucht, Vertreibung und Umsiedlung im Zusammenhang des Zweiten Weltkrieges in Deutschland und Europa?
- Welche Hintergründe und Vorstellungen lagen dieser „radikalsten Bevölkerungsumsetzung der modernen Geschichte“ (Klaus-Dietmar Henke) zugrunde?
- Wie entwickelte sich die Erinnerung an jenen Millionen Menschen umfassenden „Bevölkerungstransfer“ bis in die heutige Zeit?
- Wie begegneten sich unterschiedliche Kulturkreise in der Geschichte und welche Transformationsprozesse hatte dies zur Folge?

2.1 Flucht, Vertreibung und Umsiedlung im Umfeld des Zweiten Weltkrieges

◂ **Deutsche Vertriebene in Berlin.**
Foto von Gerhard Gronefeld vom Juni 1945.
Im Monat nach dem Ende des Zweiten Weltkrieges erreichen diese deutschen Vertriebenen den Berliner Bahnhof Lichterfelde-Süd.
- *Beschreiben Sie das Foto.*
- *Charakterisieren Sie die Situation der Menschen.*

Der Weg in den Krieg	**23.8.1939**	Deutschland und die UdSSR vereinbaren die territoriale Aufteilung Osteuropas.
	1.9.1939	Der Zweite Weltkrieg beginnt mit dem Überfall Deutschlands auf Polen.
Zwangsmigration im Zweiten Weltkrieg	**1940/41**	Ca. 1,2 Mio. Polen und Juden werden aus dem Wartheland und Westpreußen vertrieben.
	Oktober 1944	In Deutschland arbeiten fast acht Millionen ausländische Zwangsarbeitskräfte.
	16.10.1944	Die massenhafte Flucht der deutschen Bevölkerung aus Osteuropa beginnt.
	4.-11.2.1945	Auf der Konferenz von Jalta wird die Westverschiebung Polens anerkannt.
„Bevölkerungstransfers“ der Nachkriegszeit	**8.5.1945**	Die deutsche Wehrmacht kapituliert bedingungslos.
	Mai/Juni 1945	In den sogenannten „Beneš-Dekreten“ wird der Besitz von Deutschen in der Tschechoslowakei beschlagnahmt.
	Juni 1945	Beginn der sogenannten „wilden Vertreibungen“ der Deutschen und der millionenfachen Folgewanderungen in die Vertreibungsgebiete.
	17.7.-2.8.1945	Auf der Potsdamer Konferenz wird eine „ordnungsgemäße und humane“ Überführung der deutschen Bevölkerung aus Polen, der Tschechoslowakei und Ungarn beschlossen.
	Januar 1946	In Polen, der Tschechoslowakei und Südosteuropa beginnt die organisierte Ausweisung der Deutschen.
	1950	Volkszählungen ergeben, dass knapp 12,5 Millionen Flüchtlinge und Vertriebene in die Bundesrepublik Deutschland und in die DDR gelangt sind.
Integration der Flüchtlinge und Vertriebenen	**6.7.1950**	Im Görlitzer Abkommen erkennt die DDR die Oder-Neiße-Linie als polnisch-deutsche Grenze an.
	6.8.1950	Die „Charta der deutschen Heimatvertriebenen“ wird verkündet.
	1952	Das Lastenausgleichsgesetz regelt die Entschädigung für Flüchtlinge und Vertriebene.
	7.12.1970	Im Warschauer Vertrag erkennt die BRD die Westgrenze Polens als unverletzlich an.
	12.9.1990	Im Zwei-plus-Vier-Vertrag werden die Ostgrenzen des vereinigten Deutschlands endgültig festgeschrieben.

Das 20. Jahrhundert wird oft als „Jahrhundert der Flüchtlinge“ oder als „Jahrhundert der Vertreibungen“ betitelt. Vor allem der Zweite Weltkrieg führte in Europa zu einer beispiellos hohen Zahl von Zwangswanderungen, die vor allem aus der Expansion und schließlich der Niederlage des nationalsozialistischen „Dritten Reiches“ resultierten. Deutschland hatte einen Krieg entfacht, der wahrscheinlich 40 Millionen Europäer das Leben kostete und große Teile des Kontinents zerstörte. Das NS-Regime wollte die Herrschaft über Europa auch erreichen, indem millionenfach Europäer dazu genötigt wurden, ihre Heimat unter Zwang zu verlassen. Das Scheitern der nationalsozialistischen Gewaltpolitik führte schließlich dazu, dass mit und nach Kriegsende Millionen Deutsche ihre Heimat in Ost-, Ostmittel- und Südosteuropa verlassen mussten.

Zwangsmigrationen sind Ergebnis einer Nötigung zur Abwanderung aus politischen, ethno-nationalen, rassistischen oder religiösen Gründen. Viele Menschen begaben sich auf die Flucht vor den vorrückenden Truppen oder militärischen Auseinandersetzungen, die ihr Leben bedrohten. Neben die Flucht trat die *Evakuierung*: Regierungen und lokale Behörden forderten im Krieg Teile der eigenen Bevölkerung auf, Städte und Dörfer zu verlassen, weil die Front näher rückte oder aufgrund von Luftangriffen Lebensgefahr bestand. In der Regel gingen sowohl die Evakuierungsbehörden als auch die betroffene Bevölkerung davon aus, dass eine Rückkehr nach dem Ende der Notsituation möglich sei. Zwangsmigration im und nach dem Krieg konnte aber auch gewaltsame Vertreibung oder Umsiedlung bedeuten, die sich oft auf ganze Bevölkerungsgruppen erstreckte. *Umsiedlung* kann definiert werden als staatliche Zwangsmaßnahme zur zielgerichteten Verlagerung von Siedlungsschwerpunkten größerer (Minderheiten-)Gruppen, *Vertreibung* verweist demgegenüber auf eine staatliche Zwangsmaßnahme der Initiierung und Durchsetzung räumlicher Bevölkerungsbewegungen, die keine Maßnahmen zur Wiederansiedlung umfassten. Nicht selten verbanden sich solche Formen mit einer *Deportation* zur *Zwangsarbeit*.

Die Zahl der Flüchtlinge, Vertriebenen und Deportierten kann allein für die militärische Expansionsphase Deutschlands zwischen 1939 und 1943 auf europaweit 30 Millionen Menschen geschätzt werden und damit auf nicht weniger als fünf Prozent der Bevölkerung des Kontinents. Spätestens seit Anfang 1943 schmolz das Territorium des „Großdeutschen Reiches“ und seiner Verbündeten zusammen. Nimmt man auch die zwischen 1943 und 1945 zu beobachtenden Massenzwangswanderungen hinzu, so kann für den Zweiten Weltkrieg insgesamt von 50 bis 60 Millionen Flüchtlingen, Vertriebenen und Deportierten ausgegangen werden. Und nach Kriegsende nahm das Ausmaß der Zwangsmigrationen nicht ab. Schätzungen gehen davon aus, dass nun weitere 25 Millionen Menschen zu Bewegungen im Raum vornehmlich in Ostmittel-, Südost- und Osteuropa gezwungen wurden, darunter waren mehr als die Hälfte Deutsche. Die Folgen für Deutschland und Europa waren weitreichend.

In diesem Kapitel erwerben Sie die **Kompetenz**,
- die Hintergründe für die Zwangswanderungen im Umfeld des Zweiten Weltkrieges in Europa zu erläutern und dazu Stellung zu nehmen,
- die Bedingungen von Flucht, Vertreibung, Umsiedlung und Deportation für die Betroffenen zu analysieren,
- die Folgen der Zwangswanderungen für Gesellschaften, Ökonomie und politische Systeme zu interpretieren.

Zur Methoden-Kompetenz siehe Seite 183 bis 185 („Karte“). Zum Kompetenzerwerb im Hinblick auf Konzepte zur Erklärung von Bedingungen, Formen und Folgen von Migration lesen Sie Seite 146 bis 149 („Theorie-Baustein: Migration“).

Wichtige Namen
- Edvard Beneš
- Winston Churchill
- Heinrich Himmler
- Adolf Hitler
- Josef Stalin

Wichtige Begriffe
- Deportation
- Displaced Persons
- „Ethnische Säuberungen“
- Evakuierung
- Flucht
- Integration
- Kriegsgefangene
- Potsdamer Konferenz
- Umsiedlung
- Vertreibung
- Vertriebenenverbände
- „Volksdeutsche“
- Zwangsarbeit
- Zwangsmigration

Hinweis
Zur jüdischen Emigration aus Deutschland nach Beginn der NS-Herrschaft 1933 siehe Seite 287ff.

Das „Jahrhundert der Flüchtlinge"

Internettipp
Das Lernportal „The Unwanted" widmet sich dem Themenbereich „Zwangsmigration im 20. Jahrhundert" anhand ausgewählter europäischer Länder bzw. Regionen: http://lernportal.the-unwanted.com

Zwangsmigration und Nationalstaatsbildungen *Zwangsmigrationen*[1] gab es nicht erst mit dem Zweiten Weltkrieg. Schon immer reagierten Menschen durch *Flucht* auf bewaffnete Konflikte und auf Gewalt. Über Jahrhunderte war zudem die Vorstellung weit verbreitet, durch *Vertreibungen*, *Umsiedlungen* und *Deportationen* ließe sich Herrschaft stabilisieren oder könnten Gebiete gesichert werden, die während eines Krieges erobert worden waren.

Einen zentralen Hintergrund für die Geschichte der Zwangsmigrationen des 20. Jahrhunderts stellte die Geschichte von Nationalstaatsbildungen und nationalistischer Aus- und Abgrenzung dar. Nationen und Nationalstaaten sind vorgestellte und hergestellte Gemeinschaften. Bevölkerungen mussten in langen Prozessen davon überzeugt werden, einer als einheitlich verstandenen Nation anzugehören und viele Gemeinsamkeiten (Geschichte, Kultur, Sprache, Literatur usw.) mit anderen Menschen einer gleichen Nation zu haben. Nationale Integration bedeutete immer auch die Abgrenzung gegenüber (angeblichen) äußeren Gegnern des eigenen Nationalstaates, womit sich viele der sogenannten Einigungskriege[2] des 19. Jahrhunderts erklären lassen. Zugleich ging es um den Ausschluss von Gruppen innerhalb der eigenen Grenzen, die nicht als zugehörig verstanden wurden: Diese Minderheiten galten als Gefahr für innere Sicherheit, Gesellschaft und Kultur der Nation. Deshalb wurden sie häufig unterdrückt, indem beispielsweise deren Sprache oder die Pflege einer eigenen Kultur verboten wurde. Verbunden war damit oft der Versuch, Einwanderung ausländischer Staatsangehöriger zu verhindern, um die Bildung neuer Minderheiten zu blockieren.

„ethnische Säuberungen": gewaltsames Entfernen einer Bevölkerungsgruppe vom Territorium eines Staates

Zwangsmigration und Krieg Verschiedene Gründe lassen sich finden, warum der Kampf gegen Minderheiten in Kriegssituationen des 20. Jahrhunderts so weit ging, dass Staaten versuchten, sie vollständig vom eigenen Territorium zu entfernen (**„ethnische Säuberungen"**): Kriege förderten im 19. und 20. Jahrhundert extremen Nationalismus. Kriegsziele ließen sich dann erreichen, wenn in der Bevölkerung Fremdenfeindlichkeit und Hass auf Minderheiten wuchs. Massenausweisungen, Massenumsiedlungen und Vertreibungen waren allerdings nur möglich, wenn die Minderheiten außerhalb des eigenen Staatsgebietes aufgenommen werden konnten. Dazu war in der Regel ein scharfes Machtgefälle zwischen zwei Staaten nötig, in der ein unterlegener Staat gezwungen werden konnte, Minderheiten aufzunehmen. Eine solche Situation ergab sich zumeist erst nach kriegerischen Konflikten. Darüber hinaus waren Staaten meist erst in Kriegen – zumal den Weltkriegen des 20. Jahrhunderts – in der Lage, Massenausweisungen oder Massenvertreibungen durchzuführen. Denn nur im Krieg gab es genügend Personal (Soldaten) und Machtmittel (Geld, Zugriff auf Transportkapazitäten, Lager), um Minderheiten auszutreiben. Nur im Krieg oder unmittelbar danach waren Minderheiten derart dem Hass ausgesetzt, ausgegrenzt und machtlos, dass sie keinen Widerstand leisten konnten und sie niemand unterstützte.

[1] Zum Begriff „Zwangsmigration" siehe Seite 141.

[2] Gemeint sind unter anderem die deutschen „Einigungskriege" von 1864, 1866 und 1870/71, an deren Ende die Gründung des Deutschen Reiches stand.

◂ **Wohnungsnot bei griechischen Flüchtlingen.**
Foto aus Athen von 1924. Griechische Flüchtlinge aus der Türkei müssen in den Logen des Athener Opernhauses kampieren, da die Wohnungen in der Stadt nicht ausreichen.

„Ethnische Säuberungen" im 20. Jahrhundert Die lange Geschichte der „ethnischen Säuberungen" im 20. Jahrhundert begann mit den Balkankriegen[1] unmittelbar vor dem Ausbruch des Ersten Weltkrieges und fand ihren ersten Höhepunkt mit dem griechisch-türkischen „Bevölkerungsaustausch", der im Friedensvertrag von Lausanne 1923 festgeschrieben worden war. Er beendete den Griechisch-Türkischen Krieg (1920-1922) und legte fest, dass es keine Griechen auf türkischem Territorium – mit Ausnahme Istanbuls – mehr zu geben habe und keine Muslime in Griechenland. Ergebnis: Etwa 1,3 Millionen Griechen und ca. 430 000 Türken flohen oder wurden umgesiedelt (▸ M1).

Die Zwangsmigrationen im und nach dem Ersten Weltkrieg beschränkten sich nicht auf den griechisch-türkischen „Bevölkerungsaustausch" (▸ M2 und M3). Die ehemaligen Mittelmächte des Ersten Weltkrieges, also das Deutsche Reich, Österreich-Ungarn, das Osmanische Reich und Bulgarien als die Kriegsverlierer, waren in der unmittelbaren Nachkriegszeit gezwungen, insgesamt mindestens zwei Millionen Menschen aus den verlorengegangenen Territorien aufzunehmen. Es kann davon ausgegangen werden, dass aufgrund der politischen Veränderungen durch die Friedensverträge nach dem Ersten Weltkrieg etwa fünf Millionen Menschen unfreiwillig die Grenzen überschritten. Und auch nach dem Ende von Flucht, Vertreibung und Umsiedlung im Umfeld des Zweiten Weltkrieges endete die Geschichte extremer Nationalismen und durch sie herbeigeführter Zwangsmigrationen keineswegs: Im Zusammenhang der Auflösung der britischen Kolonie Indien 1947 und der Teilung in die Staaten Indien und Pakistan mündete beispielsweise die nationalistisch aufgeheizte, von zahllosen Gewalttaten gekennzeichnete Atmosphäre in eine riesige Welle von Flucht und Vertreibung. Sie betraf 14 bis 16 Millionen Menschen, wobei sich der Umfang der Fluchtbewegungen aus Indien nach Pakistan sowie aus Pakistan nach Indien mehr oder minder entsprach. Das „Jahrhundert der Flüchtlinge" endete in Europa schließlich mit Millionen von Flüchtlingen und Vertriebenen durch den Zerfall Jugoslawiens in den 1990er-Jahren und den Kriegen zwischen den Nachfolgestaaten.

[1] 1912 führten Serbien, Bulgarien, Griechenland und Montenegro einen Feldzug, um die von ihren Landsleuten besiedelten Gebiete von der osmanischen Herrschaft zu befreien. Als dies gelungen war, brach 1913 ein Krieg der Sieger um die Beute aus.

Lesetipps

- *Klaus J. Bade, Europa in Bewegung. Vom späten 18. Jahrhundert bis zur Gegenwart, München 2000*
- *Mathias Beer (Hrsg.), Europa auf dem Weg zum ethnisch reinen Nationalstaat? Europa in Geschichte und Gegenwart, Tübingen ²2007*
- *Philipp Ther, Die dunkle Seite der Nationalstaaten. „Ethnische Säuberungen" im modernen Europa, Göttingen 2011*

M1 „Ethnische Säuberungen" als Mittel internationaler Politik

Der Historiker Philipp Ther erläutert die Ausweitung „ethnischer Säuberungen"[1] im 20. Jahrhundert:

Als deren eigentlicher Auftakt [der „ethnischen Säuberungen"] werden die beiden Balkankriege von 1912 und 1913 betrachtet. Die Bevölkerungsverschiebungen während und infolge dieser Kriege waren primär ethnisch motiviert, staatlich geplant und organisiert. Außerdem strebten die beteiligten Nationalstaaten danach, ihre Herrschaft über umstrittene Gebiete durch eine ethnische Homogenisierung abzusichern und betrieben daher eine gezielte und flächendeckende Ansiedlungspolitik. Die Balkankriege stellten noch in anderer Hinsicht eine Zäsur dar, denn auf sie folgten erstmals internationale Abkommen zum „Austausch" von Minderheiten. Allerdings lässt sich das nicht mit einer besonderen Tradition der Gewalt und Intoleranz auf dem „Balkan" erklären. Entscheidend waren vielmehr ein internationaler Konsens und die Rolle der westlichen Großmächte. [...] Das Abkommen von Lausanne von 1923, das erstmals die flächendeckende ethnische Säuberung zweier Staaten, der Türkei und Griechenlands, mit sich brachte, markiert den Höhepunkt dieser Periode [1912 bis 1925]. Entgegen der Meinung der existierenden Literatur beschränkten sich ethnisch definierte Bevölkerungsverschiebungen nicht auf diesen Teil Europas. Auch im Elsass gab es eine Politik der „Épuration",[2] mit der Frankreich als demokratischer Nationalstaat einen Präzedenzfall im mittleren Europa schuf. Dies spricht erneut dafür, ethnische Säuberungen als eine „dunkle Seite" [Mark Mazower] nicht nur der osteuropäischen, sondern der gesamteuropäischen Geschichte zu betrachten.

Philipp Ther, Die dunkle Seite der Nationalstaaten. „Ethnische Säuberungen" im modernen Europa, Göttingen 2011, S. 18

1. *Charakterisieren Sie den Begriff der „ethnischen Säuberung" anhand der im Text angesprochenen Beispiele.*
2. *Interpretieren Sie, was Philipp Ther unter der „dunklen Seite" der europäischen Geschichte versteht.*

M2 Das „Jahrhundert der Flüchtlinge" beginnt

Im Zusammenhang der Revolution von 1917 und dem darauf folgenden Bürgerkrieg fliehen aus Russland bis zu zwei Millionen Menschen. Unter dem Titel „Die neue Völkerwanderung" plädiert die in Berlin erscheinende linksliberale „Vossische Zeitung" am 6. Januar 1922 für eine Asylgewährung für russische Flüchtlinge:

Der große Krieg hat eine Bewegung unter den Völkern Europas und Asiens eingeleitet, die möglicherweise den Anfang eines großen geschichtlichen Prozesses nach Art der Völkerwanderung darstellt. Eine besondere Rolle spielt die russische Emigration, die in der neueren Geschichte ohne Beispiel ist. Es handelt sich bei dieser Emigration um ein ganz großes politisches, wirtschaftliches, soziales und kulturelles Problem, das nicht mit Schlagworten und nicht mit Augenblicksmaßnahmen zu lösen ist. Nach Angaben der beteiligten Hilfsorganisationen handelt es sich gegenwärtig in Deutschland um 250 000 bis 300 000 russische Emigranten. Die deutschen Behörden erklären, dass sie dauernd bemüht seien, Deutschland von den fremdstämmigen Elementen zu entlasten. Sie erklären aber, dass eine Massenabschiebung ebenso unmöglich sei wie eine freiwillige Abwanderung. [...] Für Europa ergibt sich die Notwendigkeit, die russische Emigration nicht als kurzfristiges Intermezzo anzusehen. [...] Man muss sich dabei über den elementaren Charakter der Wanderbewegung klar sein, der gegenüber mit bloßen Verboten und Polizeimaßnahmen wenig erreicht werden kann. Ebenso wenig angebracht ist eine parteipolitische Einstellung, sei es auf der Linken, sei es auf der Rechten.
Das deutsche Volk ist heute in Armut und Not gestürzt. Seine Fähigkeit, die Armut und Not anderer mitzuempfinden und zu lindern, ist durch eigene Sorgen gemindert. Aber gerade die Schicksalsgemeinschaft, die der Krieg für die Unterlegenen geschaffen hat, zwingt dazu, über die augenblickliche Belastung hinaus an kommende Möglichkeiten der Zusammenarbeit zu denken. Natürlich gehört der enge Raum, der uns zugemessen ist, in erster Linie den eigenen Landeskindern und den Heimkehrern. Man darf aber niemals vergessen, dass der Flüchtling, wenn er sich den Gesetzen des Landes fügt, bei allen Kulturvölkern ein Asylrecht genießt.

Zitiert nach: Karl Schlögel (Hrsg.), Russische Emigration in Deutschland 1918 bis 1941. Leben im europäischen Bürgerkrieg, Berlin 1995, S. 34

1. *Fassen Sie die Botschaft des Artikels zusammen.*
2. *Erklären Sie, was der Verfasser mit den „eigenen Sorgen" Deutschlands meint. Informieren Sie sich dazu über die Belastungen der Weimarer Republik auf Seite 359 ff.*
3. *Nehmen Sie Stellung zum letzten Satz des Textes.*

[1] Siehe hierzu Seite 143.
[2] **Épuration** (frz.: Säuberung): Unmittelbar nach dem Ersten Weltkrieg verfolgte Frankreich in Elsass und Lothringen gegenüber den etwa 200 000, seit 1871 aus dem „Reich" zugewanderten Menschen eine Politik der Selektion und Ausweisung.

M3 Bevölkerungsverschiebungen zwischen 1917 und 1938

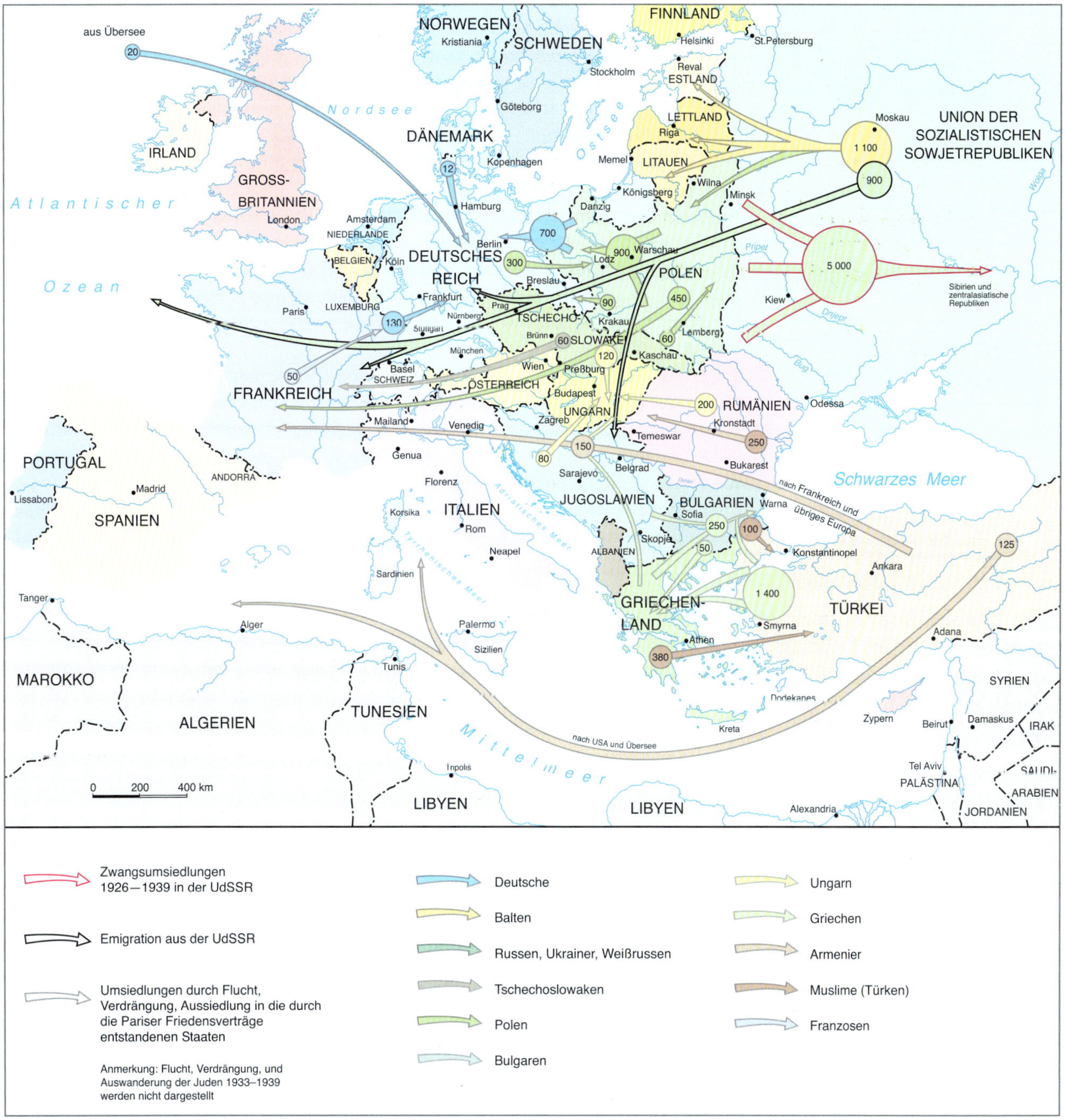

Karte nach: Haus der Heimat des Landes Baden-Württemberg (Hrsg.), Umsiedlung, Flucht und Vertreibung der Deutschen als internationales Problem. Zur Geschichte eines europäischen Irrwegs, Stuttgart [3]2009, S. 53

1. *Analysieren Sie, worüber die Karte informiert und welcher Darstellungsformen sie sich dazu bedient.*
2. *Setzen Sie M1, M2 und M3 miteinander in Beziehung, indem Sie die in den Texten angesprochenen*
+ *Bevölkerungsbewegungen in der Karte verorten und in Form einer Tabelle darstellen.*
3. *Überprüfen Sie, warum hier der Zeitausschnitt von 1917 bis 1938 gewählt wurde.*

Kompetenz:
Theorien über Bedingungen, Formen und Folgen von Migration benennen und erklären

Wanderungsbewegungen prägen die Menschheitsgeschichte

Migration (lat. migrare: wandern) ist in Deutschland seit vielen Jahrzehnten ein wichtiges Thema. Während des Zweiten Weltkrieges und in der unmittelbaren Nachkriegszeit gab es zehnmillionenfache Zwangswanderungen, die durch die nationalsozialistische Expansionspolitik ausgelöst worden waren. Von der Gründung der beiden deutschen Staaten 1949 bis zum Mauerbau im August 1961 strömten dann Hunderttausende von Einwohnern der DDR in die Bundesrepublik. In den folgenden Jahren bis 1973 warb die Bundesrepublik Millionen von „Gastarbeitern" vor allem aus der Türkei, Italien, Spanien und Griechenland an. Das Thema Migration blieb auch nach der Wiedervereinigung Deutschlands 1990 von großer Bedeutung. Die Grenzen innerhalb der Europäischen Union wurden immer durchlässiger, bis schließlich ein weitgehend freier Arbeitsmarkt etabliert wurde. Heute wird in Deutschland darüber diskutiert, ob es ausreichend Einwanderer gibt, um den Fachkräftebedarf decken zu können. Gleichzeitig wird die Meinung vertreten, die Einwanderung bringe zu viele soziale Probleme mit sich (▸ M1).

Angesichts der Aktualität des Themas gerät häufig in Vergessenheit, dass Wanderungsbewegungen die Geschichte der Menschheit schon immer geprägt haben. Dies gilt nicht nur für die umfangreiche europäische Massenauswanderung des 19. Jahrhunderts, die 50 bis 60 Millionen Europäer auf andere Kontinente führte, sondern auch bereits für das Altertum und das Mittelalter. Denn unter Migration ist nichts weiter als die Verlagerung des Lebensmittelpunktes von einem Ort zu einem anderen zu verstehen. Dabei ist nicht von entscheidender Bedeutung, dass eine große Entfernung überbrückt wird (auch die Flucht von Ost- nach West-Berlin zur Zeit der zwei deutschen Staaten war eine Migration). Wichtig ist vielmehr, dass eine politische, soziale, geografische oder kulturelle Grenze überschritten wird. So ist der Wechsel von einem Land in ein anderes ebenso als Migration zu verstehen wie die Abwanderung vom Land in die Stadt oder die saisonale (und damit zeitlich beschränkte) Arbeitsmigration aus einer Region in eine andere (▸ M2). Mit Migration geht immer auch eine Neuorientierung einher, da am neuen Ort eben manches anders ist. Früher wurden Migranten daher vor allem als Fremde betrachtet, die sich der neuen Umgebung anpassen mussten. Heute geht man davon aus, dass Integration ein Prozess ist, den sowohl die Migranten als auch die Angehörigen der Aufnahmegesellschaft durchlaufen. Die Migranten verändern die Gesellschaft, in die sie kommen, und werden gleichzeitig von dieser verändert (▸ M3).

▸ **Kriegsbild.**
Gemälde von Frans Masereel aus dem Jahre 1941.
Am 12. Juni 1940 verließen Tausende Paris, darunter auch der belgische Grafiker, Zeichner und Maler Frans Masereel. Zwei Tage später marschierten deutsche Truppen in die Hauptstadt Frankreichs ein.
Das hier gezeigte Gemälde gehört zu einer Folge von Ölbildern unter dem Titel „Souvenirs de juin 1940" (dt.: „Erinnerungen vom Juni 1940").

- *Charakterisieren Sie die Form von Migration, die im Gemälde dargestellt wird.*

M1 „Homo migrans“

Der Historiker Klaus J. Bade erläutert die historische und aktuelle Bedeutung von Migration:

Das Thema „Migration“ hat in Europa negative Hochkonjunktur. Den Hintergrund bilden weltweite Migrationsprobleme und europäische Ängste vor wachsendem „Wanderungsdruck“. Aktuelle Interessen führen auch zu Fragen an die Geschichte der Wanderungen in, aus und nach Europa; denn aktuelle Migrationsprozesse kann besser beurteilen, wer abgeschlossene – mithin historische – überblickt und die Entwicklungslinien kennt, an deren Ende die Probleme der Gegenwart stehen. [...]

Den „Homo migrans“ gibt es, seit es den „Homo sapiens“ gibt; denn Wanderungen gehören zur Conditio humana[1] wie Geburt, Fortpflanzung, Krankheit und Tod. Migrationen als Sozialprozesse sind, von Flucht- und Zwangswanderungen abgesehen, Antworten auf mehr oder minder komplexe ökonomische und ökologische, soziale und kulturelle Existenz- und Rahmenbedingungen. Die Geschichte der Wanderungen ist deshalb immer auch Teil der allgemeinen Geschichte und nur vor ihrem Hintergrund zu verstehen. [...]

Raumbezogen kann man, trotz vieler Überschneidungen, z. B. Aus-, Ein- und Binnenwanderungen unterscheiden. Orientierungshilfe bietet auch die Frage nach Anlässen, Motiven und Zwecken. Dabei kann man z. B. wirtschaftlich und beruflich-sozial motivierte Migrationen eingrenzen und innerhalb dieses Feldes wiederum Erwerbsmigrationen als Existenznotwendigkeit (subsistence migration) oder als Verbesserungschance (betterment migration) unterscheiden. Durch Verlust bzw. Zerstörung der wirtschaftlichen Existenzgrundlagen, mithin letztlich ebenfalls wirtschaftlich bedingt, sind aber z. B. auch jene Überlebenswanderungen, für die das späte 20. Jahrhundert den Sammelbegriff „Umweltflucht“ geprägt hat. Von so motivierten Migrationen kann man wiederum religiös-weltanschaulich, politisch, ethno-nationalistisch oder rassistisch bedingte Flucht- bzw. Zwangswanderungen abgrenzen. Dazu zählen auch die Vertreibungen und Zwangsumsiedlungen des 20. Jahrhunderts, bei denen die Bewegung von Menschen über Grenzen häufig die Folge der Bewegung von Grenzen über Menschen war.

Klaus J. Bade, Europa in Bewegung. Migration vom späten 18. Jahrhundert bis zur Gegenwart, München 2002, S. 12 f.

1. *Geben Sie wieder, wie Klaus J. Bade den Begriff Migration erklärt.*
2. *Vergleichen Sie die Definition von Migration mit*
   \+ *derjenigen von Jochen Oltmer (M2).*
3. *Arbeiten Sie die Bedingungen von Migration heraus.*
4. *Erörtern Sie anhand selbst gewählter Beispiele, ob sich die Aussagen Bades auch auf außereuropäische Gesellschaften und vormoderne Zeiten übertragen lassen.*

M2 Formen von Migration

Der Historiker Jochen Oltmer benennt wichtige Merkmale von Migration:

Migration ist die auf einen längerfristigen Aufenthalt angelegte räumliche Verlagerung des Lebensmittelpunktes von Individuen, Familien, Gruppen oder auch ganzen Bevölkerungen. [...] Unterscheiden lassen sich verschiedene Erscheinungsformen räumlicher Bevölkerungsbewegungen. Dazu zählen vor allem Arbeits- und Siedlungswanderungen, Bildungs-, Ausbildungs- und Kulturwanderungen, Heirats- und Wohlstandswanderungen sowie Zwangswanderungen. [...]

Räumliche Bewegungen zur Erschließung oder Ausnutzung von Chancen strebten nicht ausschließlich nach einer Stabilisierung oder Verbesserung der ökonomischen und sozialen Lage von Zuwanderern im Zielgebiet. Wanderungszweck konnte gleichermaßen die Verbesserung der Situation in der Herkunftsgesellschaft sein, wie bei den saisonalen Arbeitswanderungen oder bei den Rückwanderungen nach Jahren oder Jahrzehnten der Erwerbstätigkeit in der Fremde. Eine ausgesprochen hohe Bedeutung haben bis in die Gegenwart für einzelne Haushalte, für regionale Ökonomien oder selbst für ganze Volkswirtschaften die mehr oder minder regelmäßigen Geldüberweisungen durch Migranten an zurückbleibende Familienmitglieder (Rücküberweisungen).

Migration bildete in den genannten Kontexten ein Element der Lebensplanung und verband sich häufig mit (erwerbs-)biografischen Grundsatzentscheidungen wie Heirat, Wahl des Berufs oder Arbeitsplatzes; der überwiegende Teil der Arbeits-, Ausbildungs-, Siedlungs- und Heiratswanderer war also jung. Der Wanderungsentschluss resultierte in derartigen sozialen Konstellationen aus persönlichen Entscheidungen oder Arrangements in Familienwirtschaften. Individuelle und familienwirtschaftliche Handlungsalternativen gab es allerdings vor allem dann nicht, wenn aufgrund von wirtschaftlichen, sozialen oder umweltbedingten Krisen existenzielle Not drohte oder herrschte. [...]

Die Bedeutung der Informationsvermittlung mithilfe verwandtschaftlich-bekanntschaftlicher Netzwerke kann nicht

[1] **Conditio humana**: notwendige Bedingung, unerlässliche Voraussetzung des Menschseins

Formen	Merkmale, Teilphänomene und Beispiele
Arbeitswanderung	Migration zur Aufnahme unselbstständiger Erwerbstätigkeit in Gewerbe, Landwirtschaft, Industrie und im Dienstleistungsbereich
Bildungs- und Ausbildungswanderung	Migration zum Erwerb schulischer, akademischer oder beruflicher Qualifikationen (Schülerinnen und Schüler, Studierende, Lehrlinge/Auszubildende)
Dienstmädchen-/Hausarbeiterinnen-wanderung	Migration im Feld der haushaltsnahen Dienstleistungen, häufig gekennzeichnet durch relativ enge Bindung an eine Arbeitgeberfamilie, ungeregelte Arbeitszeiten und prekäre Lohnverhältnisse
Entsendung	Grenzüberschreitende, temporäre Entsendung im Rahmen und im Auftrag von Organisationen/Unternehmen: „Expatriats"/„Expats"; Kaufleute und Händlerwanderungen zur Etablierung/Aufrechterhaltung von Handelsfilialen; Migration im Rahmen eines militärischen Apparates (Söldner, Soldaten, Seeleute), von Beamten oder von Missionaren
Gesellenwanderung	Wissens- und Technologietransfer durch Migration im Handwerk, Steuerungsinstrument in gewerblichen Arbeitsmärkten durch Zünfte
Heirats- und Liebeswanderung	Wechsel des geografischen und sozialen Raumes wegen einer Heirat oder einer Liebesbeziehung
Kulturwanderung	Wechsel in kulturell attraktive Städte und Stätten („Künstlerkolonien", Weltstädte/„Global Cities" als kulturelle Zentren)
Nomadismus/Migration als Struktur	Permanente oder wiederholte Bewegung zur Nutzung natürlicher, ökonomischer und sozialer Ressourcen durch Viehzüchter, Gewerbetreibende, Dienstleister oder brandrodende Bauern
Siedlungswanderung	Migration mit dem Ziel des Erwerbs von Bodenbesitz zur landwirtschaftlichen Bearbeitung
Sklaven- und Menschenhandel	Migration (Deportation) zur Realisierung von Zwangsarbeit, d.h. jeder Art von Arbeit oder Dienstleistung, die von einer Person unter Androhung irgendwelcher Strafen verlangt wird
Wanderarbeit	Arbeitswanderung im Umherziehen, ortlose Wanderarbeitskräfte finden sich vor allem im Baugewerbe (Eisenbahnbau, Kanalbau)
Wanderhandel	Handelstätigkeit im Umherziehen, meist Klein- und Kleinsthandel, z.B. Hausierer
Wohlstands-wanderung	Migration finanziell weitgehend unabhängiger Personen aus vornehmlich klimatischen oder gesundheitlichen Erwägungen (Rentner- und Seniorenwanderung, „lifestyle migration")
Zwangswanderung	Migration, die sich alternativlos aus einer Nötigung zur Abwanderung aus politischen, ethno-nationalen, rassistischen oder religiösen Gründen ergibt (Flucht, Vertreibung, Deportation, Umsiedlung)

▲ **Migrationsformen.**
Nach: Jochen Oltmer, Globale Migration. Geschichte und Gegenwart, München 2012, S. 20f.

- *Vergleichen Sie die Migrationsform „Zwangswanderung" mit den anderen Migrationsformen.*

überschätzt werden. Verwandte oder Bekannte bildeten z.B. die erste Station oder das direkte Ziel der Reise von 94 Prozent aller Europäer, die um 1900 in Nordamerika eintrafen. Mindestens 100 Millionen private Auswandererbriefe sind 1820-1914 aus den USA nach Deutschland geschickt worden und kursierten in den Herkunftsgebieten im Verwandten- und Bekanntenkreis. Herkunftsräume und Zielgebiete waren mithin über transatlantische Migrationsnetzwerke, durch Verwandtschaft, Bekanntschaften und Herkunftsgemeinschaften zusammengehaltene Kommunikationssysteme miteinander verbunden. [...]

Staatliches Handeln bildete einen der wichtigsten Hintergründe für die Entwicklung von Zwangswanderungen als einer weiteren wesentlichen Migrationsform. Zwangsmigration war durch eine Nötigung zur Abwanderung verursacht, die keine realistische Handlungsalternative zuließ. Sie konnte Flucht vor Gewalt sein, die Leben und Freiheit direkt oder erwartbar bedrohte, zumeist aus politischen, ethno-nationalen, rassistischen oder religiös-konfessionellen Gründen. Zwangsmigration konnte aber auch gewaltsame Vertreibung, Deportation oder Umsiedlung bedeuten, die sich oft auf ganze Bevölkerungsgruppen erstreckte. Nicht selten verbanden sich solche Formen mit Zwangsarbeit. Zwangsmigration war meist Ergebnis von Krieg, Bürgerkrieg oder Maßnahmen autoritärer Regime – vor allem die Weltkriege bildeten elementare Katalysatoren in der Geschichte der Zwangswanderungen im 19. und 20. Jahrhundert.

Jochen Oltmer, Migration im 19. und 20. Jahrhundert, München 2010, S. 1f. und 4-6

Hintergrund	• Chancenwahrnehmung (Arbeits- und Siedlungswanderungen, Bildungs- und Ausbildungswanderungen) • Zwang (Flucht, Vertreibung, Deportation, meist politisch und weltanschaulich bedingt oder Folge von Kriegen) • Krise (z. B. Abwanderung aufgrund menschlicher oder natürlicher Umweltzerstörung, akuter wirtschaftlicher und sozialer Notlagen) • Entsendung im Rahmen von Organisationen und Institutionen • Kultur (Kulturwanderungen, Wohlstandswanderungen)
Raum	• intraregional (Nahwanderungen) • interregional (mittlere Distanz) • grenzüberschreitend (muss keine großen Distanzen umfassen, der Grenzübertritt hat aber in der Regel erhebliche rechtliche Konsequenzen für das Individuum) • interkontinental (große Distanzen mit in der Regel relativ hohen Kosten)
Richtung	• unidirektional (Wanderung zu einem Ziel) • etappenweise (Zwischenaufenthalte werden eingelegt, v. a. um Geld für die Weiterreise zu verdienen) • zirkulär (mehr oder minder regelmäßiger Wechsel zwischen zwei Räumen) • Rückwanderung
Dauer des Aufenthalts	• saisonal • ein- und mehrjährig • Arbeitsleben • Lebenszeit und intergenerationell

▲ **Hintergründe und raum-zeitliche Dimensionen von Migration.**
Nach: Jochen Oltmer, a. a. O., S. 23

■ ✚ *Entwickeln Sie mithilfe der Tabelle eine Typologisierung der Bevölkerungsverschiebungen im Umfeld des Zweiten Weltkrieges.*

1. *Fassen Sie die Formen von Migration nach Jochen Oltmer (M2) zusammen.*
2. *Analysieren Sie die Bedeutung von sozialen Netzwerken für Migration.*
3. *Erläutern Sie anhand eines selbst gewählten historischen Beispiels Gründe von freiwilliger und unfreiwilliger Migration.*
4. *Erörtern Sie ausgehend von M1 und M2, inwiefern in Bezug auf das 20. Jahrhundert vom „Jahrhundert der Vertreibungen" gesprochen werden kann.*

M3 Folgen der Migration

Der Historiker Dirk Hoerder schreibt über die Folgen der Migration:

Migranten geben am Ziel ihre alltägliche Lebensweise, ihre materielle Kultur nicht auf. Sie assimilieren sich nicht bedingungslos, sondern beginnen einen schrittweisen Prozess der Akkulturation, einer Annäherung an die neue Gesellschaft. Sie ändern Gewohnheiten und Praktiken, erlernen die neue Sprache oder zumindest die für sie relevanten Sprachregister in einem Prozess des Aushandelns von notwendigen oder geforderten Veränderungen. Sie sind bereit zu einer (teilweisen) Eingliederung (*accommodation, adjustment*), wobei die Empfängergesellschaft die Möglichkeiten zur Integration oder Inkorporation bieten muss. Ohne diese beidseitige Bereitschaft erfolgt eine Selbstsegregation oder Ausgrenzung. Die volle Teilhabe an der neuen Gesellschaft wird prozesshaft über – meist – drei Generationen erreicht. Die Rhetorik des „Kulturverlustes" belastet den Prozess, das Einbringen von Eigenheiten und Arbeitskraft, die die neue Gesellschaft ihrerseits verändern, erleichtert ihn. Je nach staatlich gesetztem Rahmen können Neuankömmlinge und Alteingesessene eine Gemeinschaft bilden oder in Nation und ethnische Enklaven zerfallen.

Dirk Hoerder, Geschichte der deutschen Migration. Vom Mittelalter bis heute, München 2010, S. 12 f.

1. *Analysieren Sie die Folgen von Migration nach Dirk Hoerder.*
2. ✚ *Suchen Sie nach weiteren Folgen der Migration. Stellen Sie Ihre Ergebnisse in einem Schaubild dar. Erklären Sie dieses.*
3. *Überprüfen Sie, welche von Hoerders Aussagen auf die Entwicklung in Deutschland nach 1945 übertragbar sind.*
4. *Erörtern Sie, inwiefern Migration Auswirkungen auf das nationale Selbstverständnis einer Gesellschaft hat.*

Vertreibung, Deportation und Zwangsarbeit im Zweiten Weltkrieg

▶ **Sowjetische Zwangsarbeiter in einem süddeutschen Rüstungsbetrieb.**
Foto von 1943.
Zur Kennzeichnung der Zwangsarbeiter dienten nummerierte Armbinden.
- *Charakterisieren Sie ausgehend von dem Foto die Lebens- und Arbeitssituation von Zwangsarbeitern im nationalsozialistischen Deutschland. Berücksichtigen Sie dabei auch den Verfassertext auf Seite 152 sowie M2 auf Seite 154 f.*

Deutschland als Motor von Massenzwangswanderungen Deutschland war im Zweiten Weltkrieg Motor und Zentrum von massenhaften Zwangswanderungen in Europa. Das „Dritte Reich" war nur deshalb in der Lage, beinahe sechs Jahre lang Krieg zu führen, weil es ihn von vornherein als Raub- und Beutekrieg geplant hatte und durchzuführen begann. Die mit Deutschland verbündeten Staaten sowie die von 1938 an erworbenen bzw. eroberten Länder und Landesteile hatten hierbei die Aufgabe, mit ihrer landwirtschaftlichen und industriellen Produktion, mit ihren Rohstoffen und mit ihrer Bevölkerung der deutschen Kriegswirtschaft zu dienen (▶ M1). Im Laufe des Krieges stieg die Bedeutung der geraubten Güter und Menschen für die deutsche Kriegswirtschaft immens an: Im Oktober 1944 wurden fast acht Millionen ausländische Arbeitskräfte in Deutschland gezählt, darunter knapp sechs Millionen Zivilisten und rund zwei Millionen Kriegsgefangene. Sie stammten aus insgesamt 26 Ländern.

Internettipp
Über die Ausstellung „Zwangsarbeit. Die Deutschen, die Zwangsarbeiter und der Krieg" informiert folgende Homepage: www.ausstellung-zwangsarbeit.org

Ausländische Zwangsarbeiter im NS-Deutschland Die genannten rund acht Millionen stellten die punktuelle Höchstzahl der ausländischen Arbeitskräfte dar. Die Gesamtzahl der Ausländer, die während des Krieges in Deutschland tätig gewesen waren, lag ohne Zweifel höher. Sie verringerte sich aber beispielsweise durch erfolgreiche Flucht, Todesfälle oder das Zurückschicken in die Heimat bei schweren Erkrankungen bzw. Invalidität. Schätzungen sprechen von zehn Millionen, wahrscheinlich waren es sogar eher zwölf bis 14 Millionen Menschen, von denen 80 bis 90 Prozent als *Zwangsarbeiter* gelten können. Bei den Herkunftsländern der im Herbst 1944 registrierten knapp acht Millionen ausländischen Arbeitskräfte dominierte die UdSSR mit einem Anteil von mehr als einem Drittel (2,8 Millionen). 1,7 Millionen kamen aus Polen und 1,2 Millionen aus Frankreich, jeweils mehrere Hunderttausend zudem noch aus Italien, den Niederlanden, Belgien, der Tschechoslowakei und Jugoslawien.

Ein Blick auf ihren Anteil an der Gesamtbeschäftigung lässt die enorme wirtschaftliche Bedeutung der ausländischen Zwangsarbeitskräfte für die deutsche Wirtschaft erkennen: Insgesamt stellten die ausländischen Arbeitskräfte im August 1944 etwa ein Viertel der Beschäftigten. In einigen Wirtschaftsabteilungen bzw. Betrieben war ihre Bedeutung besonders hoch. Das galt etwa für die Landwirtschaft, die 1944 einen Anteil ausländischer Zwangsarbeitskräfte von 46 Prozent erreichte, oder für den Bergbau mit 34 Prozent. In manchen Industriebetrieben mit einem hohen Anteil unqualifizierter Arbeit kamen vier Fünftel aller Beschäftigten aus dem Ausland. Ein Drittel der ausländischen Arbeitskräfte waren Frauen – ein Großteil jünger als 20 Jahre –, insgesamt lag das Durchschnittsalter bei 20 bis 24 Jahren. Selbst Kinder wurden zur Arbeit nach Deutschland transportiert (▸ M2).

Internettipps
- *Ein digitales Archiv über die Zwangsarbeit von 1939 bis 1945 befindet sich unter: www.zwangsarbeit-archiv.de*
- *Zur Ausstellung „Auf der Spur europäischer Zwangsarbeit. Südniedersachsen 1939-1945" siehe: www.zwangsarbeit-in-niedersachsen.eu*

Verlauf des „Ausländer-Einsatzes" Die Beschäftigung ausländischer Arbeitskräfte unter Zwang setzte im Deutschen Reich bereits kurz nach Kriegsbeginn 1939 ein. 300 000 polnische Kriegsgefangene bildeten die erste große Gruppe. Sie wurden vor allem in der deutschen Landwirtschaft beschäftigt. Aufgrund von Rekrutierungen unter der Zivilbevölkerung im besetzten Polen stieg die Zahl der polnischen Arbeiterinnen und Arbeiter im Reich innerhalb etwa eines halben Jahres nach Beginn des Krieges auf eine Million an. In diesem kurzen Zeitabschnitt fand ein Wandel in der „Rekrutierung" ausländischer Arbeitskräfte statt: Die zunächst favorisierte, aber aus Sicht der Besatzungsbehörden zu wenig erfolgreiche Anwerbung auf freiwilliger Basis wurde von regelrechten Beutezügen auf Arbeitskräfte abgelöst, die dann nach Deutschland deportiert wurden. Damit aber war der Arbeitskräftehunger der expandierenden deutschen Kriegswirtschaft, der zugleich immer mehr Beschäftigte als Soldaten entzogen wurden, nicht gestillt. Eine Million französische Kriegsgefangene kam im Frühjahr und Sommer 1940 hinzu. Anwerbeaktionen und Deportationen in den 1940 eroberten Ländern von Norwegen im Norden bis Frankreich im Süden liefen an.

Vor den nächsten Offensiven der deutschen Truppen in Richtung Südost- und Osteuropa lag im Frühjahr 1941 die Zahl der zum großen Teil zwangsrekrutierten Ausländer bereits bei drei Millionen. Immer noch dominierten Beschäftigungsverhältnisse in der Landwirtschaft. Die deutsche Arbeitskräftenachfrage war trotz dieser hohen Zahl an ausländischen Beschäftigten noch nicht gedeckt. Mit dem deutschen Überfall auf die UdSSR vom 22. Juni 1941 stieg der Bedarf angesichts der Mobilisierung der Truppenreserven und der Ausweitung der Rüstungsproduktion. Dennoch verbot die nationalsozialistische Führung zunächst ausdrücklich eine Beschäftigung von sowjetischen Kriegsgefangenen oder in den neu eroberten Gebieten rekrutierten Zivilarbeitskräften in der deutschen Kriegswirtschaft aus „rassischen" und ideologischen Gründen. Die nationalsozialistischen Machthaber gingen davon aus, dass der erwartete schnelle Sieg über die UdSSR in diesem „Weltanschauungs- und Vernichtungskrieg" zudem in kürzester Zeit zu einem Nachlassen der Nachfrage nach Arbeitskräften in der Kriegswirtschaft führen werde.

Lesetipps
- *Ulrich Herbert, Fremdarbeiter. Politik und Praxis des „Ausländer-Einsatzes" in der Kriegswirtschaft des Dritten Reiches, Bonn ³1999*
- *Mark Spoerer, Zwangsarbeit unter dem Hakenkreuz. Ausländische Zivilarbeiter, Kriegsgefangene und Häftlinge im Deutschen Reich und im besetzten Europa 1939-1945, Stuttgart/München 2001*

Rassistische Hierarchien Nach der **Rassenideologie** des Nationalsozialismus bildeten „arische" Deutsche die Spitze der „rassischen" Hierarchie. Ihnen folgten die Menschen aus Nord- und Westeuropa, auf den untersten Stufen befanden sich Polen, sowjetische Arbeitskräfte, Juden sowie Sinti und Roma. Demnach galt die Bevölkerung der in der UdSSR eroberten Gebiete als minderwertig und gefährlich. Das lässt auch das Schicksal der sowjetischen Kriegsgefangenen deutlich werden: Von den 3,3 Millionen im Jahre

Rassenideologie: Der aus der Biologie stammende Begriff „Rasse" wurde im 19. Jh. auf Menschen angewandt und zur weltanschaulichen Frage. Rassistisches Denken geht davon aus, dass die eigene Rasse einer fremden überlegen ist („Sozialdarwinismus"). Rassismus fand immer dort Anhänger, wo andere Bevölkerungsgruppen unterdrückt und entrechtet wurden, um eigene Machtpositionen zu behaupten und zu erlangen.

▲ **Nationalsozialistisches Propagandaplakat.**
Plakat, Ende 1939.
- *Beschreiben Sie das Plakat.*
- *Ordnen Sie die Botschaft des Plakates in den Zusammenhang der rassistischen Zielsetzungen der deutschen Eroberer in Ost- und Ostmitteleuropa ein.*
- *Beurteilen Sie den Quellenwert der Darstellungen.*

1941 kriegsgefangenen sowjetischen Soldaten starb mehr als die Hälfte noch im gleichen Jahr. Sie wurden in den Lagern oder auf dem Weg dorthin umgebracht, verhungerten oder erfroren, weil die deutschen Behörden bewusst keine angemessene Versorgung zur Verfügung stellten. Von den 5,7 Millionen sowjetischen Kriegsgefangenen, die zwischen 1941 und 1945 in deutsche Hand gerieten, überlebten 3,5 Millionen – weit mehr als die Hälfte – die deutsche Kriegsgefangenenschaft nicht.

Weil der erhoffte Sieg gegen die UdSSR aber bei enormen deutschen Todesraten an den Fronten und trotz einer stetigen Steigerung der Rüstungsproduktion auf sich warten ließ, verschärfte sich die Arbeitskräftesituation im Reich immer weiter. Sowjetische Kriegsgefangene indes standen als Arbeitskräfte kaum mehr zur Verfügung. Nun wurde in den eroberten sowjetischen Gebieten die Rekrutierung von Zivilarbeitskräften durch zivile und militärische Dienststellen vorangetrieben. Zwischen dem Frühjahr 1942 und der Rückeroberung des von deutschen Truppen besetzten Territoriums der UdSSR, die mit dem Vorstoß der Roten Armee bis an die polnische Grenze im August 1944 erreicht war, wurden 2,5 Millionen zivile Zwangsarbeitskräfte von der deutschen „Arbeitseinsatz"-Verwaltung in das Reichsgebiet deportiert. Im Durchschnitt waren es also wöchentlich mehr als 20 000 Menschen.

Deutschland wurde mit einem ganzen Lagersystem für ausländische Zwangsarbeitskräfte überzogen. Schätzungen zufolge waren es insgesamt über 20 000 Zwangsarbeitslager. Ausländische Arbeitskräfte gab es überall, in der Stadt wie auf dem Land, in Handwerksbetrieben wie in Großkonzernen, auf kleinen Bauernhöfen wie in großen Gutsbetrieben. Entsprechend der rassistischen nationalsozialistischen Ideologie behandelten die deutschen Behörden die ausländischen Zwangsarbeitskräfte je nach Nationalität ganz unterschiedlich. Arbeiterinnen und Arbeiter aus verbündeten Ländern sowie aus den besetzten Gebieten im Westen waren in den Arbeits- und Lebensverhältnissen weitaus besser gestellt als jene aus dem Osten.

Umsiedlungen und Vertreibungen im Osten ■ Das Interesse der deutschen Eroberer ging in den besetzten Gebieten, vor allem Ost- und Ostmitteleuropas, über die wirtschaftliche Ausbeutung noch deutlich hinaus. Denn die Besatzungspolitik zielte auf dauerhafte Herrschaftssicherung, auf die Etablierung einer streng nach rassistischen Kriterien ausgerichteten „deutschen Ordnung", die Bevölkerungsgruppen und Nationalitäten hierarchisierte. Um eine solche rassistische Weltordnung herzustellen, sollten ganze Bevölkerungen zugunsten eines vorgeblichen „Volkes ohne Raum" umgesiedelt, vertrieben und deportiert werden (**Lebensraumideologie**). Etwa neun Millionen Menschen waren davon betroffen. Zwischen 1939 und 1944 wurden als Nutznießer der Umsiedlungen eine Million Menschen deutscher Herkunft (sogenannte **„Volksdeutsche"**) aus ihren außerhalb der Reichsgrenzen gelegenen Siedlungsgebieten in Südost-, Ostmittel- und Osteuropa „heim ins Reich" gelockt oder genötigt. Sie sollten in den von Polen und der Tschechoslowakei eroberten Gebieten angesiedelt werden, die dem Reich unmittelbar angegliedert worden waren (▶ M3).

Lebensraumideologie: fester Bestandteil der NS-Außenpolitik zur Vergrößerung des deutschen „Lebensraumes im Osten" (Polen und Russland). Das Recht dazu wurde aus der Rassenideologie abgeleitet (siehe Seite 151).

„Volksdeutsche": Angehörige deutscher Minderheiten in Ost-, Ostmittel- und Südosteuropa, die nicht über eine deutsche Staatsangehörigkeit verfügten

◀ **„Willkommen in Großdeutschland."**
Foto vom 28. Februar 1941. „Volksdeutsche" Umsiedler aus Litauen treffen in Eydtkuhnen/Tschernyschewskoje, einer ostpreußischen Grenzstation, ein.
- *Beschreiben Sie das Foto.*
- *Charakterisieren Sie die Funktion der Darstellung im Rahmen der Umsiedlungspolitik.*

Die Umsiedlung dieser „Volksdeutschen" begann 1939 mit 100 000 Menschen aus dem seit 1918 italienischen Südtirol, die vor allem im bis 1938 österreichischen, danach „großdeutschen" Tirol, Vorarlberg und Kärnten angesiedelt wurden. 1940/41 betraf sie 130 000 „Volksdeutsche" aus Estland und Lettland sowie 100 000 Bessarabien-Deutsche, die vor allem den dem Reich angegliederten Gebieten Polens („Reichsgau Danzig-Westpreußen", „Reichsgau Posen"/„Warthegau") zugewiesen wurden. Zuletzt ging es 1944 um 250 000 „Volksdeutsche" aus Wolhynien, Galizien und Siebenbürgen, die ins Reichsgebiet kamen.

Voraussetzung für die Ansiedlung dieser „Volksdeutschen" war immer die Vertreibung und Ermordung der ansässigen polnischen, tschechischen und jüdischen Bevölkerung, die 1939/40 eingeleitet worden war (▸ M4). 1940/41 etwa wurden ca. 1,2 Millionen Polen und Juden aus den ehemals polnischen, nunmehr dem Reich angegliederten „Reichsgauen" Wartheland und Danzig-Westpreußen vertrieben zugunsten der neu anzusiedelnden „Volksdeutschen". Das sollte aber nur der Anfang sein. Die Gesamtplanung für dieses Gebiet lag bereits vor. Denn von den mehr als zehn Millionen Menschen, die in diesem Gebiet lebten, galten nur 1,7 Millionen als „eindeutschungsfähig". 7,8 Millionen Polen und 700 000 Juden sollten vertrieben werden.

Lesetipp
Jerzy Kochanowski und Maike Sach (Hrsg.), Die „Volksdeutschen" in Polen, Frankreich, Ungarn und der Tschechoslowakei. Mythos und Realität, Osnabrück 2006

Der „Generalplan Ost" Der 1942 aufgestellte „Generalplan Ost" zielte darauf, die für Polen schon zum Teil umgesetzte Politik zugunsten deutscher Siedler auf Osteuropa insgesamt bis zum Ural auszudehnen. Der „Generalplan Ost" ging dabei von der Umsiedlung und Vertreibung von 45 Millionen Menschen aus. Das deutsche „Volk ohne Raum" sollte sich auf diese Weise Platz verschaffen. Bleiben durften aus der eingesessenen Bevölkerung nach diesem Plan nur die, die als Arbeitssklaven für die deutschen Herren noch nützlich zu sein schienen (▸ M5).

Internettipp
Wissenswerte Informationen über den „Generalplan Ost" liefert folgender Link: www.dfg.de/pub/generalplan

◂ **Heinrich Himmler (1900-1945).**
Himmler war als „Reichsführer SS" einer der Hauptverantwortlichen für den Massenmord an den europäischen Juden sowie als „Reichskommissar für die Festigung des Deutschtums" für die Vertreibung und Ermordung der in den besetzten Gebieten ansässigen Bevölkerung zuständig. Er beging nach seiner Festnahme bei Kriegsende Selbstmord.

M1 Mit schonungsloser Offenheit

Am 4. Oktober 1943 hält Heinrich Himmler in Pozna/Posen (Polen) eine Ansprache vor SS-Gruppenführern. Darin legt er dar:

Wie es den Russen geht, wie es den Tschechen geht, ist mir total gleichgültig. [...] Ob die anderen Völker im Wohlstand leben oder ob sie verrecken vor Hunger, das interessiert mich nur soweit, als wir sie als Sklaven für unsere Kultur brauchen, anders interessiert mich das nicht. Ob bei dem Bau eines Panzergrabens 10 000 russische Weiber an Entkräftung umfallen oder nicht, interessiert mich nur insoweit, als der Panzergraben für Deutschland fertig wird. Wir werden niemals roh und herzlos sein, wo es nicht sein muss; das ist klar. Wir Deutsche, die wir als einzige in der Welt eine anständige Einstellung zum Tier haben, werden ja auch zu diesen Menschentieren eine anständige Einstellung einnehmen [...].

Zitiert nach: www.1000dokumente.de/pdf/dok_0008_pos_de.pdf (Zugriff: 13. Februar 2014)

1. *Charakterisieren Sie die Haltung Himmlers bezüglich der Bevölkerung in den eroberten Gebieten.*
2. *Erläutern Sie die Botschaft der Rede vor dem Hintergrund der Funktionen Himmlers im NS-Staat. Siehe dazu auch die Informationen in der Bildlegende.*
3. *Nehmen Sie Stellung zu der Aussage Himmlers, dass man „niemals roh und herzlos sein" (Zeile 8 f.) werde.*

▴ **Regeln zum Umgang mit polnischen Zwangsarbeitern.**
„Schaubild der Woche" im Amstettner Anzeiger vom 18. April 1943.
▪ *Analysieren Sie Bild und Text.*

M2 Zur Zwangsarbeit nach Deutschland

In ihren Erinnerungen schildert Halina Dengler, 1926 in Polen geboren, ihre Erfahrungen als Zwangsarbeiterin:

Meine Gruppe befand sich in einem Zug, der in Richtung Inden [bei Aachen] fuhr. In dieser Stadt führte man uns auf den Hof des örtlichen Arbeitsamts. Dort warteten schon die Deutschen, bei denen wir arbeiten sollten. Wir wurden in der Reihenfolge der Anträge zugeteilt, die die örtlichen Bauern gestellt hatten. Die Nummer ihres Antrages entsprach der Nummer, die man uns vorher gegeben hatte. Die Deutsche, die gekommen war, um mich abzuholen, fuhr mit mir weiter nach Rahden [in Ostwestfalen]. Die Deutsche führte mich gleich in einen kleinen Raum neben der Küche, der ab sofort meine Wohnung sein sollte. Es war ein kleines Stübchen mit einem kleinen Fenster ohne Ofen. [...]
Am nächsten Tag wurde ich um 5 Uhr früh geweckt. Von diesem Tag an musste ich dreimal täglich sechs Kühe melken und eben so oft die Schweine füttern (etwa 60 Stück). Zu meinen Pflichten gehörte auch die tägliche Futterzubereitung für das Vieh, das heißt, ich musste in zwei riesigen Kesseln Kartoffeln dämpfen und das Futter mischen. Das alles trug ich in einem Eimer in den Schweinestall und den Kuh-

stall. Ich musste auch auf dem Feld arbeiten. Das war eine schwere Arbeit, zu schwer für mich. Mein Arbeitstag begann um 5 Uhr morgens und endete um 22 Uhr abends. Ich habe auch alle Hausarbeiten verrichtet wie das Aufräumen der Zimmer der Hausbewohner und der Hotelgäste, das Geschirrspülen nach den Mahlzeiten von manchmal mehr als fünfzig Personen. Ich wurde auch beim Wäschewaschen beschäftigt, Wäsche gab es bergeweise (wegen des Hotels). [...] Wir durften uns [...] ohne besonderen Passierschein nicht außerhalb des Arbeitsplatzes aufhalten und das Haus verlassen im Sommer nach 21 Uhr, im Winter nach 19 Uhr. Alle Polen, die zur Arbeit da waren, mussten auf der Brustseite das Erkennungszeichen „P" aufgenäht haben, es war also leicht, uns sogar aus der Ferne zu erkennen. Jeder von uns bekam fünf solcher Abzeichen. Ich musste sie auf dem Kleid, dem Pullover usw. aufgenäht tragen, sogar auf der Schürze. Die Deutschen waren brutal zu uns, auf Schritt und Tritt behandelten sie die polnischen Arbeiter von oben herab. Sie gaben uns zu verstehen, dass wir als Polen nichts sind, dass wir zufrieden sein sollten, dass wir überhaupt lebten und dass die Arbeit für die Deutschen im Reich eine Auszeichnung für uns sei.

Zitiert nach: Grzegorz Hryciuk, Małgorzata Ruchniewicz, Bożena Szaynok und Adrzej Żbikowski, Umsiedlungen, Vertreibungen und Fluchtbewegungen 1939-1959. Atlas zur Geschichte Ostmitteleuropas, Warschau 2012 (Bonn 2012), S. 78 f. (Quelle: Z literą „P". Polacy na robotach przymusowvch w hitlerowskiej Rzeszy 1939-1945. Wspomnienia, Auswahl und Bearbeitung R. Dylinski, M. Flejsierewicz und S. Kubiak, Einleitung C. Łuczak, Poznan 1976, S. 132-134)

1. *Beschreiben Sie den Tagesablauf und die Tätigkeiten von Halina Dengler.*

2. *Arbeiten Sie die im Text dargestellte Behandlung der Zwangsarbeitskräfte in Deutschland heraus.*

3. *Erörtern Sie, inwiefern in der Haltung zu den ausländischen Arbeitskräften die Rezeption der NS-Weltanschauung durch die deutsche Bevölkerung deutlich wird. Berücksichtigen Sie auch die Abbildung auf Seite 154.*

M3 Die Umsiedlung „volksdeutscher" Gruppen von 1939 bis 1944

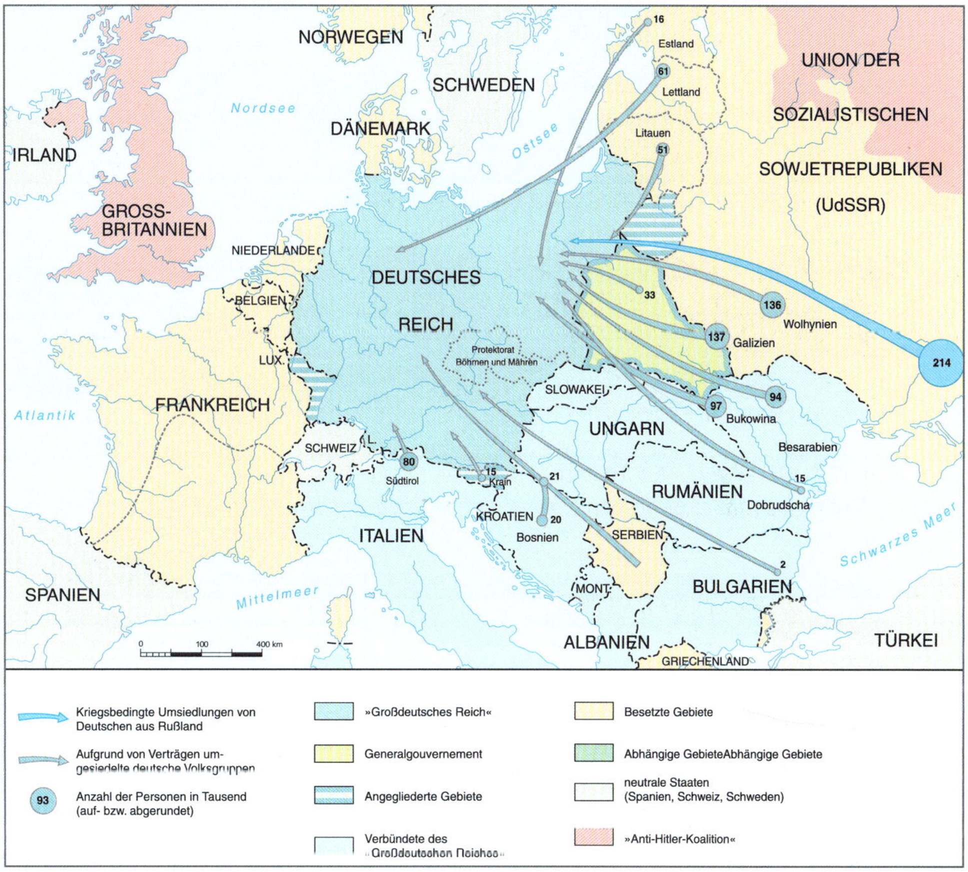

Karte nach: Haus der Heimat des Landes Baden-Württemberg (Hrsg.), Umsiedlung, Flucht und Vertreibung der Deutschen als internationales Problem. Zur Geschichte eines europäischen Irrwegs, Stuttgart ³2009, S. 55

1. *Geben Sie die in der Karte aufgeführten quantitativen und territorialen Informationen in Form einer Tabelle wieder.*

2. *Erläutern Sie anhand der Karte die Politik der Nationalsozialisten gegenüber den „Volksdeutschen".*

3. *Beurteilen Sie, inwiefern die Umsiedlung „volksdeutscher" Gruppen tatsächlich einer „Eindeutschung" eroberter Gebiete dienen konnte.*

▲ **Verhaftete Kinder.**
Foto vom November 1942.
Das Foto zeigt polnische Kinder, die in ein Lager in der Umgebung von Zamość deportiert werden sollen.

M4 Fremde in Zamość

Im Gebiet von Zamość im besetzten Polen ist der Aufbau eines Mustergaus „reichsdeutscher und volksdeutscher Wehrbauern" geplant. Die Räumung polnischer Dörfer beginnt im November 1941 und endet im August 1943. Aus 290 Dörfern werden rund 110 000 Polen vertrieben. In seinem Tagebuch gibt Zygmunt Klukowski Zeugnis über diese Vorgänge:

8. Dezember [1942]
[...] Es kommen Nachrichten aus den ausgesiedelten Dörfern. Die Deutschen treffen kaum jemanden in ihnen an. Interessant ist, dass die hierher gebrachten fremden Ankömmlinge – irgendwelche zigeunerhaften Typen von Volksdeutschen aus Bessarabien, die vor allem russisch sprechen – aus den ihnen zugewiesenen Höfen zurück nach Zamość flüchten. Vor allem fürchten sie die Rache der Ausgesiedelten, außerdem finden sie dort gähnende Leere vor. Die Ausgesiedelten kehren manchmal in ihre Dörfer zurück und bedrohen die neuen Einwohner. [...]

10. Juli, zehn Uhr abends [1943]
[...] Vor sechs Uhr in der Frühe fingen sie an, in der Stadt zu trommeln. Wir waren uns im Klaren, dass es etwas wichtiges sein muss, wenn sie um eine so frühe Stunde eine öffentliche Ankündigung machen. Es stellte sich heraus, dass alle Einwohner ohne Ausnahme, unabhängig von Geschlecht und Alter, sich unverzüglich abmarschbereit auf dem Marktplatz einfinden sollten. [...] Nach Zwierzyniec [im Generalgouvernement (im besetzten Polen)] wurden einige zehn Busse mit Leuten gebracht, die keine Arbeitskarten hatten, also Landwirte, Stadtbewohner, Ladenbesitzer, Arbeitslose zusammen mit ihren Familien. Wie viele aus der Stadt selbst abtransportiert wurden, ist schwer zu sagen. [...]
Schon ab dem frühen Morgen tauchten auf den Straßen der Stadt neue Menschen auf – Männer in Zivilkleidung mit Karabinern[1] auf der Schulter und Frauen mit Kindern, die deutsch sprachen. Sie schauten sich neugierig um und hielten nach den besten Häusern Ausschau. Im Laufe des Tages kamen immer mehr von ihnen. [...]

Neun Uhr abends
[...] Gegen fünf Uhr nachmittags breitete sich neue Panik in der Stadt aus; man begann damit, einige Leute aus ihren Wohnungen zu entfernen. [...] Nachmittags kamen viele Fuhrwerke in die Stadt, die mit verschiedenen Gegenständen beladen und an die Kühe angebunden waren. Das sind die neuen Ansiedler, die in unser Gebiet geschickt worden sind. [...]

[1] **Karabiner**: spezieller Gewehrtyp

9. August
[...] Die neuen Deutschen führen sich bei uns immer dreister auf, sie übernehmen polnische Läden, viele Bürger haben sie aus ihren Wohnungen vertrieben, aus den Wohnungen haben sie Hotels und Restaurants gemacht und wozu sie sie sonst brauchen konnten. [...]

14. Oktober
[...] Die angesiedelten Deutschen machen sich immer mehr breit. [...] Aber man kann überall sehen, dass sich die Deutschen nicht allzu sicher fühlen. Die Dorfführer haben Angst, zuhause zu übernachten. Alle Angesiedelten sprechen ständig davon, dass sie so schnell wie möglich „nach Hause" möchten.

Zitiert nach: Grzegorz Hryciuk, Małgorzata Ruchniewicz, Bożena Szaynok und Adrzej Żbikowski, a. a. O., S. 165 f. (Quelle: Zygmunt Klukowski, Zamojszczyzna, Bd. I: 1918-1943, Warschau 2007, S. 315-381)

1. *Erläutern Sie, wie die Deportation der ansässigen Bevölkerung und die Ansiedlung von „Volksdeutschen" im Gebiet von Zamość ablief.*
2. *Interpretieren Sie, wie es den „Volksdeutschen" erging, die in dieses Gebiet umgesiedelt wurden.*
3. (+) *Überprüfen Sie auf der Grundlage einer zusätzlichen Internetrecherche, warum die „Aktion Zamość" Ende 1943 scheiterte. Stellen Sie Ihr Ergebnis in einem Kurzreferat vor.*

M5 „Volksdeutsche" Umsiedler

Die Historikerin Isabel Heinemann schildert das Schicksal der „Volksdeutschen", die nach Deutschland und in von Deutschland besetzte Gebieten umgesiedelt worden sind:

Der NS-Staat postulierte das vollständige Aufgehen der „Volksdeutschen" in der „Volksgemeinschaft"[1], doch von einer Integration der Gruppe bis 1945 kann nur sehr bedingt gesprochen werden. Einigen gelang als Siedler unter deutscher Besatzung oder als Angehörige deutscher Institutionen der Aufbau einer (befristeten) neuen Existenz, doch verharrte das Gros der „volksdeutschen" Umsiedler bis 1945 (und vielfach darüber hinaus) in Lagern. Anstatt den erhofften eigenen Hof in Danzig-Westpreußen oder im „Warthegau" zu bewirtschaften, arbeiteten viele „Volksdeutsche" als Landarbeiter auf fremden Höfen oder als Arbeiter in der (Rüstungs-)Industrie des „Altreiches". Auch wenn der NS-Staat vorgab, nach einmal erwiesener „rassischer Eignung" grundsätzlich nicht mehr zwischen den deutschen Reichsbürgern zu differenzieren, sah die Realität gerade für die „Volksdeutschen" anders aus: Am besten gelang die Integration noch den Zuwanderern aus Estland und Lettland, da sie die erste große Umsiedlergruppe bildeten, zugleich über ein vergleichsweise hohes Ausbildungsniveau verfügten und/oder großen Besitz zurückgelassen hatten, für den sie entsprechend entschädigt wurden. Die anderen Zuwanderer, insbesondere aus Ostpolen, der Sowjetunion und Rumänien hatten es im Reich und den besetzten Gebieten sehr viel schwerer: Sie kamen, als kaum noch Siedlerstellen vergeben werden konnten, waren oft arm und schlecht ausgebildet. Viele hatten darüber hinaus Probleme mit der deutschen Sprache und der nationalsozialistischen „Leitkultur". Das machte sie umgehend als Angehörige einer Minderheit kenntlich und führte dazu, dass die Einheimischen sie abschätzig als „Polen", „Russen" oder „Rumänen" betrachteten. Das Lamento über „rassisch untaugliche" und „undeutsch" auftretende „Volksdeutsche" durchzieht auch die Berichte der Umsiedlungsinstanzen der SS.

[1] **„Volksgemeinschaft"**: nach der völkischen Weltanschauung und Propaganda die soziale Einheit aller Deutschen unabhängig von Stand, Beruf und Konfession. Gemäß den rassistischen Vorstellungen des Nationalsozialismus zählten zur „Volksgemeinschaft" weder Juden, Roma und Sinti, noch Homosexuelle und „Asoziale".

Isabel Heinemann, „Volksdeutsche" Umsiedler in Deutschland und in von Deutschland besetzten Gebieten im Zweiten Weltkrieg, in: Klaus J. Bade, Pieter C. Emmer, Leo Lucassen und Jochen Oltmer (Hrsg.), Enzyklopädie Migration in Europa. Vom 17. Jahrhundert bis zur Gegenwart, Paderborn 2007, S. 1081-1087, hier S. 1085-1087

1. *Fassen Sie zusammen, wie es nach Isabel Heinemann um die Integration der „volksdeutschen" Umsiedler bestellt war.*
2. (+) *Setzen Sie Heinemanns Ausführungen in Beziehung zu den in M4 geschilderten Erfahrungen der „Volksdeutschen".*
3. *Beurteilen Sie das Schicksal der „volksdeutschen" Umsiedler. Berücksichtigen Sie dabei auch, inwiefern die nationalsozialistische Vorstellung einer „Heim ins Reich"-Bewegung der Realität der Umsiedlung entsprach.*
4. *Die „Volksdeutschen" selbst verstanden sich nach dem Krieg zumeist als „Opfer" der nationalsozialistischen Politik. Doch wird man dem Schicksal der „volksdeutschen" Minderheiten in Ost- und Südosteuropa nicht gerecht, wenn man nicht auch ihre Begeisterung für das NS-Regime und ihre Kollaborationsbereitschaft berücksichtigt. Erörtern Sie die Frage, ob die „volksdeutschen" Umsiedler „Opfer" der nationalsozialistischen Politik waren.*

Flucht und Vertreibung der Deutschen von 1945 bis 1949

▸ **Geschichte In Clips:** Zur Flucht, Vertreibung und Umsiedlung im Umfeld des Zweiten Weltkrieges siehe Clip-Code 32013-03

Millionen verlieren ihre Heimat Die letzten nationalsozialistischen Umsiedlungen „Heim ins Reich" von 250 000 „Volksdeutschen" aus Wolhynien, Galizien und Siebenbürgen 1944 hatten schon den Charakter einer Fluchtbewegung vor der Roten Armee. Sowjetische Truppen erreichten im August 1944 in Ostpreußen die Grenze des Deutschen Reiches und überschritten sie im Oktober des Jahres erstmals. In den Ostprovinzen des Reiches und in den deutschen Siedlungsgebieten jenseits dessen Grenzen in Ost-, Ostmittel- und Südosteuropa hatten vor Beginn des Zweiten Weltkrieges rund 18 Millionen Reichsdeutsche und „Volksdeutsche" gelebt. Etwa 14 Millionen von ihnen, der weitaus überwiegende Teil also, flüchtete in der Endphase des Krieges in Richtung Westen oder wurde nach Kriegsende ausgewiesen, vertrieben bzw. deportiert.

Für die beiden 1949 gegründeten deutschen Staaten lassen die Zahlen der Volkszählungen von 1950 die Bilanz dieser millionenfachen Fluchtbewegungen und Vertreibungen deutlich werden. Danach waren insgesamt ca. 12,5 Millionen Flüchtlinge und Vertriebene aus den nunmehr in polnischen und sowjetischen Besitz übergegangenen ehemaligen Ostgebieten des Deutschen Reiches und aus den Siedlungsgebieten der „Volksdeutschen" in die Bundesrepublik Deutschland und in die DDR gelangt. Weitere 500 000 lebten in Österreich und anderen Ländern. Rund 350 000 Deutsche, die vornehmlich aus den Ostgebieten des Reiches, aus Jugoslawien, Rumänien und Ungarn stammten, waren in die UdSSR deportiert worden. Hunderttausende hatten die Flucht, die Vertreibungen oder die Deportationen nicht überlebt.

Von den 12,5 Millionen Flüchtlingen und Vertriebenen in Bundesrepublik und DDR des Jahres 1950 kam mit fast sieben Millionen der größte Teil aus den ehemaligen Reichsgebieten östlich von Oder und Neiße. Als nächstgrößere Gruppe folgten knapp drei Millionen Flüchtlinge und Vertriebene aus der Tschechoslowakei, hinzu traten 1,4 Millionen aus dem Polen der Vorkriegsgrenzen, 300 000 aus der bis 1939 unter der Verwaltung des Völkerbundes[1] stehenden Freien Stadt Danzig, knapp 300 000 aus Jugoslawien, 200 000 aus Ungarn und 130 000 aus Rumänien.

Verlauf der Fluchtbewegung Die Großoffensive der Roten Armee im Januar 1945 zwischen Ostseeküste und Karpaten ließ die deutsche Ostfront in kurzer Zeit zusammenbrechen. Ende Januar schon war Ostpreußen abgeschnitten. Ende März/Anfang April hatten die sowjetischen Truppen bereits Oder und Neiße erreicht, die folgende nächste Großoffensive Mitte April führte innerhalb weniger Tage zur Einschließung und innerhalb zweier Wochen zur Eroberung Berlins. Diese sehr rasch voranschreitende sowjetische Offensive war begleitet von der panikartigen Flucht von rund der Hälfte der an die zwölf Millionen Menschen zählenden deutschen Bevölkerung in den Ostprovinzen des Reiches. Die Eisenbahnen und große, gut ausgebaute Straßen durften die Flüchtlinge, die häufig mit Pferdewagen oder zu Fuß mit Handkarren unterwegs waren, meist nicht nutzen: Überall hatte der Transport von deutschen Soldaten und der Nachschub für die Truppen Vorrang vor den Flüchtlingsbewegungen. Weil die russischen Truppen auch deshalb nicht selten schneller vorankamen als die schwerfälligen

[1] **Völkerbund**: nach dem Ersten Weltkrieg im Zusammenhang mit dem Versailler Vertrag 1920 von 32 Staaten gegründete internationale Organisation zur Wahrung des Friedens und zur Zusammenarbeit aller Völker mit Sitz in Genf

▲ **Abschied von Zuhause.**
Foto von Hanns Tschira aus dem schlesischen Lübchen.
Die Dorfbewohner begeben sich im Winter 1944/45 zu einem Sammelpunkt, weil die Rote Armee näher rückt.

Flüchtlingstrecks, wurden 1,5 Millionen Flüchtlinge aus einigen lange umkämpften Ostseehäfen über das Meer in Richtung Westen transportiert. Manche erreichten ihr Ziel nicht, z.B. die rund 9000 zumeist ostpreußischen Flüchtlinge auf der „Wilhelm Gustloff", die am 30. Januar 1945 nach dem Torpedotreffer eines sowjetischen U-Boots in der Danziger Bucht sank.

Die Flucht im strengen Winter bedeutete für Unzählige unvorstellbares Leid und für Hunderttausende den Tod (▸ M1). Hintergründe waren sinnlose Durchhalteparolen und verspätet einsetzende Evakuierungsmaßnahmen der nationalsozialistischen Behörden, katastrophale Bedingungen angesichts der Kälte, unzureichende Ausrüstung und Versorgung, Bewegung zwischen den Fronten, Angriffe der Roten Armee auf die Flüchtlingstrecks, Plünderungen, Brandschatzungen, Massenvergewaltigungen und Mord. Mitleid hatte in Europa kaum jemand angesichts der Ereignisse des von Deutschland angezettelten Zweiten Weltkrieges, des Völkermordes an den europäischen Juden, des Terrorregimes in den besetzten Gebieten oder der Massenzwangsarbeit in der nationalsozialistischen Kriegswirtschaft.

„Wilde Vertreibungen" ■ Im April 1945 gab es in den nunmehr vollständig von sowjetischen, zum Teil auch von polnischen Truppen eroberten Ostgebieten des Reiches noch über vier Millionen Deutsche. In den folgenden drei Monaten kehrten über eine Million Flüchtlinge wieder in diese Gebiete zurück, häufig, weil die Trecks von der Roten Armee überholt worden waren, an ein Weiterkommen nicht zu denken war und die Rückkehr in die Ausgangsgemeinden Schutz und Überleben versprach. Mit der Absperrung von

Film- und Lesetipps
- *Die Gustloff; Deutschland 2008, Regie: Joseph Vilsmaier (zweiteiliger Fernsehfilm)*
- *Günter Grass, Im Krebsgang. Eine Novelle, Göttingen 2002*

Film- und Internettipps
- *Die Flucht; Deutschland 2007, Regie: Kai Wessel (zweiteiliger Fernsehfilm)*
- *Hintergrundinformationen zum Film liefert folgender Link: www.daserste.de/dieflucht/*

Oder und Neiße durch sowjetische und polnische Truppen Ende Juni/Anfang Juli 1945 brach diese Rückwanderungsbewegung weitgehend ab.

Frühling und Frühsommer 1945 waren in den neuen polnischen Westgebieten und in der Tschechoslowakei durch zahllose Gewaltakte und die sogenannten „wilden Vertreibungen“ von noch verbliebenen Deutschen gekennzeichnet (▸ M2). Als „wild“ galten diese Maßnahmen deshalb, weil es noch keinen alliierten Beschluss über die territoriale Zugehörigkeit der deutschen Ostgebiete gab und über die Zukunft der deutschen Bevölkerung in Ost-, Ostmittel- und Südosteuropa. Von diesen Vertreibungen waren bis zu 800 000 Sudetendeutsche in der Tschechoslowakei und bis zu 300 000 Deutsche entlang der neuen polnischen Westgrenze an Oder und Neiße betroffen (▸ M3 und M4).

Potsdamer Konferenz Auf der Potsdamer Konferenz (17. Juli bis 2. August 1945) legten die Siegermächte Großbritannien, die UdSSR und die USA dann das Ziel einer „ordnungsgemäßen und humanen Überführung deutscher Bevölkerungsteile“ fest (▸ M5). Aber „ordnungsgemäß und human“ liefen die Vertreibungen auch in der Folge nicht ab. Die Austreibung aus den Dörfern und Städten, die Internierung in häufig völlig überfüllten Lagern, die Massentransporte unter katastrophalen Versorgungsbedingungen, brutaler Bewachung und ständigen Plünderungen führten zu ungezählten Opfern (▸ M6 und M7). Die Vertreibungen brachten 1946 weitere zwei Millionen und 1947 eine halbe Million Menschen aus den ehemaligen Reichsgebieten östlich von Oder und Neiße in die vier alliierten Besatzungszonen Restdeutschlands. Hinzu kamen 1946 rund 1,2 Millionen Menschen aus der Tschechoslowakei und 170 000 aus Ungarn.

Mit dem Ende der organisierten Vertreibungen 1949/50 verblieben nur wenige Deutsche in Ost-, Ostmittel- und Südosteuropa (▸ M8). In Polen sollen es Schätzungen zufolge zwischen 400 000 und einer Million gewesen sein, in der Tschechoslowakei hingegen so gut wie niemand. Aus Rumänien flüchteten vor Kriegsende nur einige Zehntausend Deutsche, nach Kriegsende gab es zwar Planungen, Deutsche zu vertreiben, sie wurden aber nicht umgesetzt. Allerdings sind Anfang 1945 rund 70 000 Angehörige der deutschen Minderheit in Rumänien als Arbeitskräfte in die UdSSR deportiert worden. Wesentlich umfänglicher als im Falle Rumäniens waren Evakuierungen, Fluchtbewegungen und Vertreibungen von Deutschen aus Jugoslawien, erreichten bei Weitem aber nicht das Ausmaß der Maßnahmen in Polen oder der Tschechoslowakei. Wahrscheinlich fast die Hälfte der in der Vorkriegszeit ca. 400 000 bis 500 000 Angehörigen der deutschen Minderheit in Jugoslawien blieb im Land. Ungarn bot wiederum einen anderen Fall. Fluchtbewegungen in Richtung Westen aus der deutschen Minderheit gab es fast nicht, auch „wilde Vertreibungen“ fanden nicht statt. Seit Anfang 1946 aber wurde ein Großteil der Ungarndeutschen ausgewiesen und in das besetzte Deutschland transportiert. Von den vor Kriegsbeginn vielleicht 400 000 bis 500 000 Angehörigen der deutschen Minderheit lebten nach 1950 wohl noch mehr als 200 000 in Ungarn. Ein Großteil dieser Menschen, die zunächst noch weiter in Polen, Jugoslawien, Rumänien oder Ungarn blieben, kamen schließlich zwischen den 1950er- und 90er-Jahren mit dem von der Bundesrepublik Deutschland gewährten Status des „Aussiedlers“ nach Westdeutschland.

Lesetipps

- *Mathias Beer, Flucht und Vertreibung der Deutschen. Voraussetzungen, Verlauf, Folgen, München 2011*
- *Wolfgang Benz (Hrsg.), Die Vertreibung der Deutschen aus dem Osten. Ursachen, Ereignisse, Folgen, Frankfurt am Main 1995*
- *R. M. Douglas, „Ordnungsgemäße Überführung“. Die Vertreibung der Deutschen nach dem Zweiten Weltkrieg, München ²2012*
- *K. Erik Franzen und Hans Lemberg, Die Vertriebenen. Hitlers letzte Opfer, Berlin/München 2001*

M1 Flucht nach Westen

Weil die sowjetische Armee immer weiter nach Ostpreußen vorrückt und der Vater zum Volkssturm eingezogen wird, flüchten die Abiturientin M.M., ihre Mutter und ihre Schwester aus der Stadt Lyck/Ełk in Richtung Westen. Am 10. Februar 1945 erreichen sie das Frische Haff:

Das Eis war brüchig; stellenweise mussten wir uns mühsam durch 25 cm hohes Wasser hindurchschleppen. Mit Stöcken tasteten wir ständig die Fläche vor uns ab. Zahllose Bombentrichter zwangen uns zu Umwegen. Häufig rutschte man aus und glaubte sich bereits verloren. Die Kleider, völlig durchnässt, ließen nur schwerfällige Bewegungen zu. Aber die Todesangst vertrieb die Frostschauer, die über den Körper jagten.
Ich sah Frauen Übermenschliches leisten. Als Treckführerinnen fanden sie instinktiv den sichersten Weg für ihre Wagen. Überall auf der Eisfläche lag verstreuter Hausrat herum; Verwundete krochen mit bittenden Gebärden zu uns heran, schleppten sich an Stöcken dahin, wurden auf kleinen Schlitten von Kameraden weitergeschoben.
Sechs Stunden dauerte unser Weg durch dieses Tal des Todes. Dann hatten wir, zu Tode ermattet, die Frische Nehrung erreicht. In einem winzigen Hühnerstall sanken wir in einen flüchtigen Schlaf. Unsere Mägen knurrten vor Hunger.
Am nächsten Tage liefen wir in Richtung auf Danzig weiter. Unterwegs sahen wir grauenvolle Szenen. Mütter warfen ihre Kinder im Wahnsinn ins Meer, Menschen hängten sich auf; andere stürzten sich auf verendete Pferde, schnitten sich Fleisch heraus, brieten die Stücke über offenem Feuer; Frauen wurden im Wagen entbunden. Jeder dachte nur an sich selbst – niemand konnte den Kranken und Schwachen helfen.

Flucht über das Haff nach dem Westen des Reiches, Original vom 9.11.1951, zitiert nach: Bundesministerium für Vertriebene (Hrsg.), Die Vertreibung der deutschen Bevölkerung aus den Gebieten östlich der Oder-Neiße, Bd. I/1, Bonn 1954, S. 80-82 (Dokument Nr. 20)

1. *Beschreiben Sie die Situation auf dem Frischen Haff im Frühjahr 1945.*
2. *Erklären Sie auf der Grundlage einer weitergehenden Recherche in Fachbüchern oder im Internet, warum viele Menschen den Fluchtweg über das Frische Haff wählten. Formulieren Sie Ihre Ergebnisse in Form eines Zeitungsartikels und versehen Sie diesen mit einer prägnanten Überschrift.*
3. *Interpretieren Sie die von der Autorin gewählte Metapher „Tal des Todes“ (Zeile 15).*

▲ Flüchtlingstreck auf dem zugefrorenen Frischen Haff in Ostpreußen.
Die Aufnahme entstand vermutlich im Februar 1945. Sie wurde als Standbild in einem Beitrag der „Deutschen Wochenschau“ vom 16. März 1945 verwendet.

M2 Befehl zur Vertreibung der Deutschen

In einem Befehl des Kommandos der 2. Armee der polnischen Streitkräfte[1] über die Fortsetzung der raschen Aussiedlung der Deutschen vom 24. Juni 1945 heißt es:

Mit den Deutschen verfahren wir, wie sie es mit uns getan haben. Viele haben schon vergessen, wie sie unsere Kinder, Frauen und Alten behandelt haben. Die Tschechen wussten so zu handeln, dass die Deutschen von selbst aus ihrem Gebiet flohen.
Man muss seine Aufgaben auf so harte und entschiedene Weise ausführen, dass sich das germanische Ungeziefer nicht in den Häusern versteckt, sondern von selbst vor uns fliehen wird und dann im eigenen Land Gott für die glückliche Rettung seines Kopfes danken wird. Wir vergessen nicht, dass Deutsche immer Deutsche bleiben werden. Bei der Ausführung unserer Aufgabe dürfen wir nicht bitten, sondern müssen befehlen.
Der Chef des Stabes der 7. Infanteriedivision hat berichtet, dass die Division im Laufe von zwei Tagen über 40 000 Deutsche ausgesiedelt hat – wofür ich dem Befehlshaber der Division meine Anerkennung ausspreche.

[1] Die polnische Armee war seit 1943 mit Unterstützung der Sowjetunion wieder aufgebaut worden.

Ich befehle allen Kommandierenden der Division, mit der Aussiedlung der Deutschen in ihren Regionen rücksichtslos und schnell fortzufahren.

Zitiert nach: Włodzimierz Borodziej und Hans Lemberg (Hrsg.), „Unsere Heimat ist uns ein fremdes Land geworden ...“. Die Deutschen östlich von Oder und Neiße 1945-1990. Dokumente aus polnischen Archiven, Bd. 1, Marburg 2000, S. 160 f. (Dokument Nr. 35)

1. *Beschreiben Sie, wie im Dokument von den Deutschen gesprochen wird.*
2. *Ordnen Sie die Quelle in den historischen Kontext ein.*
3. *Erklären Sie, wie die Vertreibung gerechtfertigt wird.*
4. *Erörtern Sie die dargelegte Rechtfertigung.*

M3 Anschlag vom 14. Juli 1945

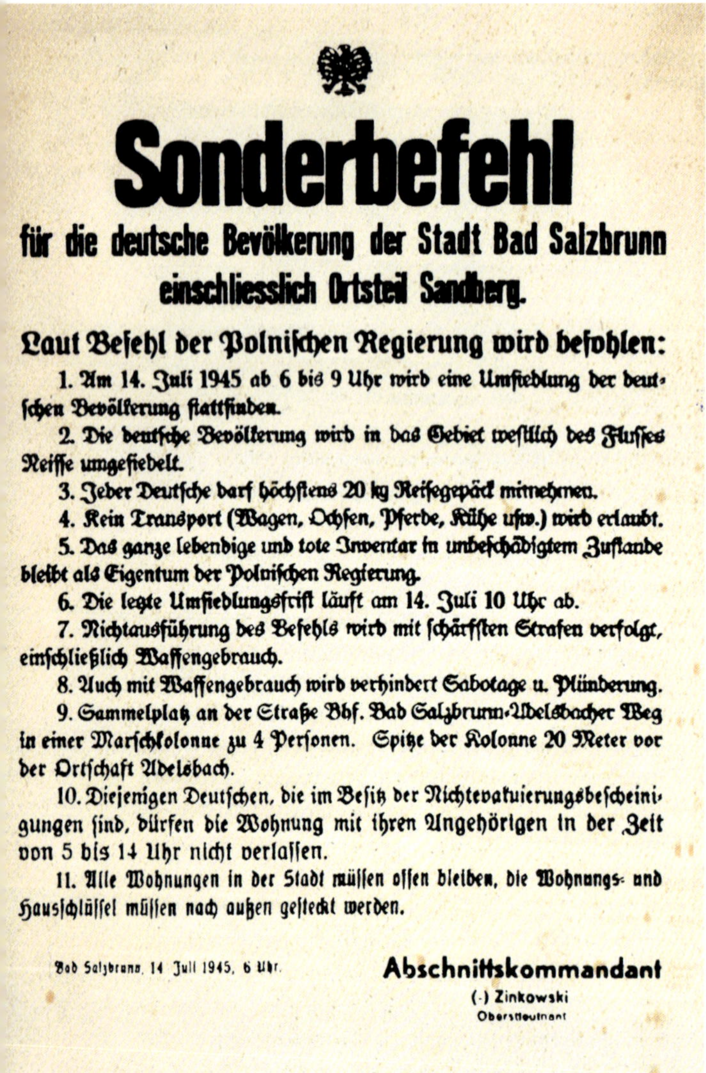

Sonderbefehl

für die deutsche Bevölkerung der Stadt Bad Salzbrunn einschliesslich Ortsteil Sandberg.

Laut Befehl der Polnischen Regierung wird befohlen:

1. Am 14. Juli 1945 ab 6 bis 9 Uhr wird eine Umsiedlung der deutschen Bevölkerung stattfinden.
2. Die deutsche Bevölkerung wird in das Gebiet westlich des Flusses Neisse umgesiedelt.
3. Jeder Deutsche darf höchstens 20 kg Reisegepäck mitnehmen.
4. Kein Transport (Wagen, Ochsen, Pferde, Kühe usw.) wird erlaubt.
5. Das ganze lebendige und tote Inventar in unbeschädigtem Zustande bleibt als Eigentum der Polnischen Regierung.
6. Die letzte Umsiedlungsfrist läuft am 14. Juli 10 Uhr ab.
7. Nichtausführung des Befehls wird mit schärfsten Strafen verfolgt, einschließlich Waffengebrauch.
8. Auch mit Waffengebrauch wird verhindert Sabotage u. Plünderung.
9. Sammelplatz an der Straße Bhf. Bad Salzbrunn-Adelsbacher Weg in einer Marschkolonne zu 4 Personen. Spitze der Kolonne 20 Meter vor der Ortschaft Adelsbach.
10. Diejenigen Deutschen, die im Besitz der Nichtevakuierungsbescheinigungen sind, dürfen die Wohnung mit ihren Angehörigen in der Zeit von 5 bis 14 Uhr nicht verlassen.
11. Alle Wohnungen in der Stadt müssen offen bleiben, die Wohnungs- und Hausschlüssel müssen nach außen gesteckt werden.

Bad Salzbrunn, 14 Juli 1945, 6 Uhr.

Abschnittskommandant
(-) Zinkowski
Oberstleutnant

1. *Geben Sie die Anweisungen für die deutsche Bevölkerung in Ihren eigenen Worten wieder.*
2. *Erklären Sie mithilfe von M4, warum die Wohnungs- und Haustürschlüssel nach außen stecken bleiben sollten (M3, Nr. 11).*

M4 Aus polnischer Perspektive

Ein Umsiedler aus den polnischen Ostgebieten schildert die Vertreibung der Deutschen aus Neustettin/Szczecinek im Mai 1945:

Auf dem Hof eines der Häuser war Bewegung, Geschäftigkeit, irgendwelche Schreie, fast Gejammer. Zum ersten Mal wurden wir Zeugen, wie Deutsche aus ihren Wohnungen vertrieben wurden. Das machten ein paar Zivilisten mit Karabinern und weiß-roten Armbinden. Wir errieten, dass das unsere Miliz war. Sollte eben dies die Rache sein für das, was sich die Deutschen uns, den Polen gegenüber, in den Kriegsjahren haben zu Schulden kommen lassen? Ob das Herumschubsen zweier alter Frauen und eines alten Mannes uns Befriedigung, Genugtuung bringen soll. ... Der Besitz dieser ausgesiedelten Menschen, in ein paar Bündel eingeschnürt, hatte Platz in einem Kinderwagen. [...]
Die von den Milizionären gestoßenen Deutschen gesellten sich zu einer Gruppe von ähnlichen Gestalten, die in einer nahegelegenen Grünanlage versammelt waren, und wir zogen mit Triumphgefühlen in unsere „Villa“ ein. Im Laufen schafften wir es jenes magische Blatt zu schreiben „VON EINEM POLEN ÜBERNOMMEN“ und, nachdem wir es am Gartentor befestigt hatten, stürmten wir zum Bahnhof, wo Mutter auf uns wartete. [...] Auf dem Bahnsteig in der Nähe gruppierte sich der Transport der Deutschen, man wartete auf die Bereitstellung der Waggons. Das war ein trübes Bild. Das waren alles ältere Menschen, oft Invaliden mit einer sichtbaren Behinderung, sicher durch denselben Krieg zu Schaden gekommen. Ohne Mühe erkannten wir unter ihnen „unsere“ Deutschen. Mutter ließ sich nur gegen großen Widerstand überreden, in das Haus zu gehen; wie soll das denn gehen? Das ist doch nicht unseres! Erst sollen diese Leute alle ihre Sachen nehmen, dann erst tragen wir unseren armseligen Krempel hinein und legen uns mit ruhigem Gewissen zum Schlafen nieder. Wir konnten Mutter überzeugen, dass die Deutschen eingewilligt hatten, dass wir hier wohnen, und dass sie morgen kommen würden, ihre Sachen zu holen.

Zitiert nach: Grzegorz Hryciuk, Małgorzata Ruchniewicz, Bożena Szaynok und Adrzej Żbikowski, Umsiedlungen, Vertreibungen und Fluchtbewegungen 1939-1959. Atlas zur Geschichte Ostmitteleuropas, Warschau 2012 (Bonn 2012), S. 186 (Quelle: Bronislaw Kowacz, Miejsce przechodnie, „Karta“, Nr. 21 (1997), S. 93 f.)

1. *Beschreiben Sie die in M4 dargestellte Vertreibung einer deutschen Familie.*
2. *Setzen Sie M2, M3 und M4 in Beziehung und erläutern Sie, wie die „wilden Vertreibungen" durchgeführt wurden.*
3. *Vergleichen Sie M2 und M4 miteinander, indem Sie die unterschiedlichen Sichtweisen darlegen.*
4. *Interpretieren Sie, warum der Umsiedler das Blatt mit der Aufschrift „Von einem Polen übernommen" für „magisch" (siehe Zeile 17 f.) hält.*

M5 „Ordnungsgemäße Überführung deutscher Bevölkerungsteile"

Vom 17. Juli bis zum 2. August 1945 findet im Potsdamer Schloss Cecilienhof ein Treffen der drei alliierten Siegermächte Sowjetunion, USA und Großbritannien statt, um das weitere Vorgehen nach dem Ende der Kampfhandlungen in Europa zu klären. Im Protokoll der Konferenz vom 2. August heißt es im Artikel XIII:

Die Konferenz erzielte folgendes Abkommen über die Ausweisung Deutscher aus Polen, der Tschechoslowakei und Ungarn:

Die drei Regierungen haben die Frage unter allen Gesichtspunkten beraten und erkennen an, dass die Überführung der deutschen Bevölkerung oder Bestandteile derselben, die in Polen, Tschechoslowakei und Ungarn zurückgeblieben sind, nach Deutschland durchgeführt werden muss. Sie stimmen darin überein, dass jede derartige Überführung, die stattfinden wird, in ordnungsgemäßer und humaner Weise erfolgen soll. Da der Zustrom einer großen Zahl Deutscher nach Deutschland die Lasten vergrößern würde, die bereits auf den Besatzungsbehörden ruhen, halten sie es für wünschenswert, dass der alliierte Kontrollrat in Deutschland zunächst das Problem unter besonderer Berücksichtigung der Frage einer gerechten Verteilung dieser Deutschen auf die einzelnen Besatzungszonen prüfen soll. Sie beauftragen demgemäß ihre jeweiligen Vertreter beim Kontrollrat, ihren Regierungen so bald wie möglich über den Umfang zu berichten, in dem derartige Personen schon aus Polen, der Tschechoslowakei und Ungarn nach Deutschland gekommen sind, und eine Schätzung über Zeitpunkt und Ausmaß vorzulegen, zu dem die weiteren Überführungen durchgeführt werden könnten, wobei die gegenwärtige Lage in Deutschland zu berücksichtigen ist. Die tschechoslowakische Regierung, die Polnische Provisorische Regierung und der Alliierte Kontrollrat in Ungarn werden gleichzeitig von obigem in Kenntnis gesetzt und ersucht werden, inzwischen weitere Ausweisungen der deutschen Bevölkerung einzustellen, bis die betroffenen Regierungen die Berichte ihrer Vertreter an den Kontrollausschuss geprüft haben.

Amtsblatt des Kontrollrats in Deutschland, Ergänzungsblatt Nr. 1, Berlin 1946, S. 19 f.

1. *Geben Sie die wesentlichen Bestimmungen des Artikels XIII wieder.*
2. *Ordnen Sie das Abkommen in den historischen Kontext ein, indem Sie herausstellen, welche Geschehnisse vorausgingen und welche Intentionen die Siegermächte mit den Beschlüssen in Artikel XIII verfolgten.*
3. *Beurteilen Sie, von welchen zukünftigen Problemen die Ausführungen ausgehen.*

M6 Fußmarsch zur Reichsgrenze

Elisabeth Scheithauer lebt mit ihren drei Kindern in Freiwaldau/Jesenik im Ostsudetenland. 1947 berichtet sie von ihrer Vertreibung aus der Tschechoslowakei:

Am 26. Juli 45 kamen plötzlich drei bewaffnete tschechische Soldaten und ein Polizist in meine Wohnung und ich musste dieselbe binnen einer halben Stunde verlassen. Ich durfte gar nichts mitnehmen. Wir wurden auf einen Sammelplatz getrieben und wussten nicht, was mit uns geschehen wird. In der großen Angst und Verwirrung über den plötzlichen Befehl hatte ich mir das verfügbare Bargeld (1200 RM) mitgenommen, wovon mir die Tschechen bei einer scharfen Kontrolle 1000 RM weggenommen haben. Unter starker Bewachung mussten wir auf dem Sammelplatz viele Stunden warten, gegen Abend wurden wir unter grässlichen Beschimpfungen und Peitschenschlägen aus dem Heimatort fortgeführt. Nach sechsstündigem Fußmarsch mussten wir im Freien übernachten und wurden dann eine Woche lang in einem primitiven Lager, einem Kalkwerk, festgehalten. Verpflegung gab es keine und wir mussten mit dem wenigen, was wir uns an Essen mitgenommen hatten, auskommen. Es wurde uns immer noch nicht gesagt, was mit uns geschehen soll, bis wir am 2. 8. 45 zum Bahnhof mussten und auf offene Kohlenwagen und Loren verladen wurden. Vor Abfahrt des Transportes bekamen wir pro Eisenbahnwagen 1 Brot. Während der Fahrt regnete es in Strömen und wir wurden bis auf die Haut nass abgesehen davon, dass wir dabei Todesangst ausstehen mussten. Die Kinder wurden krank und ich wusste mir vor Verzweiflung bald keinen Rat. Nach zwei Tagen wurden wir in Tetschen ausgeladen. Wir waren hungrig und erschöpft und mussten in diesem Zustand den Weg bis zur Reichsgrenze zu Fuß antreten. Wir wurden mit Peitschenhie-

ben und Schreckschüssen immer wieder angetrieben und viele sind am Wege liegen geblieben. [...]
Ich und mein Mann waren in der Heimat nicht politisch tätig und die menschenunwürdige Ausweisung, durch die wir zu Bettlern gemacht worden sind, ist ein himmelschreiendes Unrecht. Wir sehnen uns in unsere geliebte Heimat zurück und hoffen, dass uns das geraubte Menschenrecht wiedergegeben wird.

Elisabeth Scheithauer, Beglaubigungsvermerk Stadt Rathenow, 23.4.1947, ebenda, Bericht 276, zitiert nach: Alois Harasko, Die Vertreibung der Sudetendeutschen. Sechs Erlebnisberichte, in: Wolfgang Benz (Hrsg.), Die Vertreibung der Deutschen aus dem Osten. Ursachen, Ereignisse, Folgen, Frankfurt am Main 1995, S. 132-147, hier S. 138f.

1. *Beschreiben Sie den Verlauf der Vertreibung von Elisabeth Scheithauer und ihrer Familie.*
2. *Informieren Sie sich über die sogenannten „Beneš-Dekrete" und erläutern Sie den Zusammenhang zu den geschilderten Geschehnissen.*
3. *Erörtern Sie die Problematik des „himmelschreiende[n] Unrecht[s]" (Zeile 33f.), von dem die Autorin spricht.*

▲ **Gebrandmarkt und gedemütigt.**
Foto aus Prag vom 20. Juli 1945.
Sudetendeutsche warten in Prag auf ihren Abtransport.

M7 Ein britischer Leserbrief

In einem Leserbrief, der am 23. Oktober 1945 in der „Times" erscheint, schreibt der britische Mathematiker, Philosoph und Friedensforscher Bertrand Russell (1872-1970) zur Vertreibung der deutschen Bevölkerung:

In Osteuropa werden jetzt von unseren Verbündeten Massendeportationen beispiellosen Ausmaßes durchgeführt, und man hat ganz offensichtlich die Absicht, viele Millionen Deutsche auszulöschen, nicht durch Gas, sondern dadurch, dass man ihnen ihr Zuhause und ihre Nahrung nimmt und sie einem langen schmerzhaften Hungertod ausliefert. [...]
Sind Massendeportationen Verbrechen, wenn sie von unseren Feinden während des Krieges durchgeführt werden, und gerechtfertigte Maßnahmen sozialer Anpassung, wenn unsere Verbündeten sie im Frieden veranlassen? [...] Soll das Kriegsrecht künftig das Töten feindlicher Staatsbürger rechtfertigen, nachdem der Widerstand des Feindes am Ende ist? [...]
Im Potsdamer Protokoll wurde verfügt, dass die Ausweisungen von Deutschen in „geregelter und humaner Weise" durchgeführt werden sollten. Und es ist allerdings bekannt – sowohl durch öffentliche Berichte als auch durch zahlreiche Briefe, die britische Familien von Verwandten und Freunden in den Besatzungsarmeen erhielten – dass diese Bedingungen durch unsere russischen und polnischen Verbündeten nicht beachtet worden sind.

The Times, 23.10.1945, S. 5, zitiert nach: Bertrand Russell, Yours Faithfully, Bertrand Russell: A Lifelong Fight for Peace, Justice, and Truth in Letters to the Editor, Chicago 2002, S. 162f. (übersetzt von Nikolaus Barbian)

1. *Geben Sie wieder, welche Geschehnisse Russell anprangert.*
2. *Ordnen Sie die Quelle in die Entwicklungen nach dem Potsdamer Abkommen ein.*
3. *Nehmen Sie Stellung zu dem im Text anklingenden Vergleich zwischen der NS-Judenverfolgung und der Vertreibung der Deutschen.*
4. *Erörtern Sie die von Russell aufgeworfenen Fragen (Zeile 7 bis 12).*

▸ Ausweisung von deutschen Vertriebenen.
Foto vom 16. Mai 1946.
Vom Bahnhof Modřany werden Deutsche aus Prag in Güterzügen in die von Amerikanern besetzte Zone im Westen abtransportiert.
- *Charakterisieren Sie die auf dem Bild gezeigte Situation.*

M8 „Ethnische Säuberungen"

Der Historiker Philipp Ther schreibt zu den Zielen, die die Siegermächte mit Blick auf die Nachkriegsordnung verfolgt haben:

Der Umfang, die Einseitigkeit und Totalität der ethnischen Säuberung der Deutschen aus Ostmitteleuropa war einmalig. Dies ist auf den deutschen Angriffskrieg und Besatzungsterror zurückzuführen, der unabhängig vom Holocaust[1] jegliche Maßstäbe sprengte. Man sollte das Motiv der Bestrafung für vergangene Untaten jedoch nicht überbewerten. Auch im Fall der Deutschen stand ein zukunftsgerichtetes Denken im Vordergrund oder wie Churchill[2] es im Dezember 1944 kurz und bündig ausdrückte, die Vermeidung „endloser Schwierigkeiten" mit nationalen Minderheiten. Ein vorsichtiges Umdenken setzte ein, als die Alliierten mit den Folgen ihrer Beschlüsse konfrontiert waren. Die akute Flüchtlingskrise in Deutschland im Sommer und Herbst 1945 und die Wahrnehmung des Elends in westlichen Medien führten zu einer Distanzierung von ethnischen Säuberungen. Wie bereits der Paragraf XIII des Potsdamer Abkommens[3] zeigt, sollten die Bevölkerungsverschiebungen fortan besser gesteuert werden. Doch die Westmächte rückten nicht von ihrem Grundsatzbeschluss für einen „Transfer" ab.

Philipp Ther, Die dunkle Seite der Nationalstaaten. „Ethnische Säuberungen" im modernen Europa, Göttingen 2011, S. 235

1. *Arbeiten Sie heraus, welche Beweggründe mit der Vertreibung der Deutschen aus Ostmitteleuropa verbunden waren.*
2. *Setzen Sie M5, M7 und M8 (Seite 163 ff.) miteinander in Beziehung.*
3. *An anderer Stelle spricht Ther in Bezug auf die Nachkriegsordnung von Kontinuitäten mit der nationalsozialistischen Neuordnung Zentral- und Südosteuropas in den Jahren 1938 bis 1944: Das vorrangige Ziel sei jeweils die Homogenisierung von Nationalstaaten gewesen. Interpretieren Sie diese Kontinuitätsthese.*

[1] **Holocaust**: Der Begriff wird heute für die systematische Vernichtung von etwa sechs Millionen europäischer Juden und anderer Opfergruppen während des „Dritten Reiches" verwendet. Siehe hierzu auch Seite 312 ff.

[2] **Winston Churchill** (1874-1965): britischer Journalist, Offizier und Politiker, während des Zweiten Weltkrieges britischer Premierminister

[3] Siehe hierzu M5 auf Seite 163.

Vertreibungserfahrungen: Frauen und Kinder

Veränderungen der traditionellen Geschlechterverhältnisse? Erfahrungen von Flucht und Vertreibung machten mehrheitlich Frauen und Kinder, während die erwachsenen Männer zumeist wegen des Kriegsdienstes abwesend waren. Zeitzeugenberichte von Frauen, die Flucht und Vertreibung erlebt hatten, verweisen vor allem auf zwei zentrale Ebenen: Frauen als Akteurinnen und Frauen als Opfer. Aufgrund traditioneller Vorstellungen waren Frauen bis dahin nur selten in verantwortlichen gesellschaftlichen Positionen zu finden. Ihnen wurde in der Regel die Rolle als Begleiterin und Helferin des Mannes in seiner Funktion als „Familienvorstand" zugewiesen. Bereits während des Krieges aber hatte sich das Rollenverhältnis verändert. Frauen mussten immer häufiger Positionen von Männern übernehmen, in den Familien waren sie oft auf sich allein gestellt und ausschließlich für die Familie verantwortlich. Nur sehr selten thematisieren die Erlebnisberichte die Rolle von Frauen als Wählerinnen der NSDAP, als Mitträgerinnen des Aufstiegs der nationalsozialistischen Herrschaft, als Unterstützerinnen der deutschen Expansionspolitik im Krieg, als Täterinnen in Konzentrationslagern oder im Kontext der Unterdrückung der zahllosen Zwangsarbeitskräfte.

In Berichten über Flucht- und Vertreibungserfahrungen erscheinen Frauen häufig als aktiv Handelnde, die Initiative ergreifen, Flüchtlingstrecks führen und weitreichende Verantwortung für Familie und Dorfgemeinschaften übernehmen. Sie werden als Ernährerin der Familie beschrieben, die nun als diejenigen fungieren, die den Schutz und das Überleben der Familie zu garantieren haben. Nicht selten wird in den Erlebnisberichten direkt oder indirekt die in der traditionellen Geschlechterordnung betonte Autorität des Mannes infrage gestellt: Männer sind abwesend, Männer versagen als Beschützer von Ehefrauen und Kindern sowie als Ernährer und Versorger der Familien. Wahrgenommen werden sie einerseits als fliehende Soldaten, die den Flüchtlingstrecks keine Hilfe und keinen Schutz bieten, und andererseits – als Angehörige der Roten Armee – als Hauptbedrohung von Sicherheit, Unversehrtheit und Überleben (▸ M1).

Tatsächlich waren in der Situation von Flucht und Vertreibung überkommene Hierarchien und Machtstrukturen in den Geschlechterverhältnissen keineswegs außer Kraft gesetzt: Frauen wurden von Männern häufig als wehrlose Opfer wahrgenommen, und ihre Wehrlosigkeit nutzten Männer vor allem sexuell aus. Davon berichten die zahllosen Schilderungen von massenhaften und systematischen Vergewaltigungen durch Soldaten. Sie betrafen wahrscheinlich Hunderttausende von Frauen und bedeuteten überaus schwere Demütigungen, demonstrierten Frauen Schutzlosigkeit und grenzenlose Ohnmacht in extremer Weise. Traumatisierungen als häufige Folge beeinflussten bei vielen Frauen das zukünftige Leben grundlegend (▸ M2).

Internettipp
Über vertriebene Frauen im Umfeld des Zweiten Weltkrieges informiert folgende Internetseite: www.vertriebene-frauen.de

Kinder als Flüchtlinge und Vertriebene Zeitzeugen, die als Kinder Flucht und Vertreibung erlebt hatten, beschreiben ihre Kindheit in den Ostprovinzen des Reiches und in den Siedlungsgebieten in Ost-, Ostmittel- und Südosteuropa in aller Regel als unbeschwert, behütet und glücklich. Konflikte, Beschwernisse, Mangel oder Trennungserfahrungen werden demgegenüber kaum erwähnt. Dies lässt sich darauf zurückführen, dass die Erlebnisse von Flucht und Vertreibung als einschneidend und tief greifend erfahren wurden. Sie waren derart mit Angst, Entbehrungen, Leid und Gewalt verbunden, dass die Situation davor immer in einem sehr hellen Licht erschien und alles Positive darauf projiziert wurde.

Kinder erfuhren die Flucht anders als Erwachsene. Sie hatten zumeist keine Kenntnisse über die drohenden Gefahren des Krieges, nicht zuletzt deshalb, weil ihre Eltern sie schützen wollten, indem sie das Vorrücken der Fronten verschwiegen. Kinder wurden häufig vom Aufbruch der Flüchtlingstrecks überrumpelt, konnten sich die Ereignisse der Flucht kaum erklären und nicht in ihr kindliches Weltbild einfügen. Die Strapazen der wochen- und monatelangen Flucht in der extremen Kälte des Winters 1944/45, als im Osten zwischen Dezember und Februar Temperaturen von minus 20 Grad herrschten, Gewalterfahrungen und Todesangst mussten um so tief greifender wirken. Unerwartet und unvorbereitet Zeugen der Gewalt des Krieges, der Kämpfe, der Plünderungen der Häuser, Dörfer und Städte, der Verwüstungen, von Tod und Vergewaltigungen zu werden, bedeuteten einen krassen Einschnitt im Leben der Kinder. Flucht und Vertreibung brachte für viele von ihnen einen Abschied von der Kindheit mit sich (▸ M3). Häufig ist in den Erlebnisberichten von Zeitzeugen vom frühen Erwachsenwerden die Rede.

Lesetipps
- *Stefan Aust und Stephan Burgdorff (Hrsg.), Die Flucht. Über die Vertreibung der Deutschen aus dem Osten, München 2005*
- *Silke Satjukow (Hrsg.), Kinder von Flucht und Vertreibung, Erfurt ²2010*

Findelkinder und „Wolfskinder“ Viele Kinder mussten wesentlich mehr Eigenverantwortung und Aufgaben für andere übernehmen als vor der Flucht und der Vertreibung. Sie mussten mithelfen, schweres Gepäck zu tragen, kleinere Geschwister zu versorgen und wurden Teil des Überlebenskampfes der Familien. Ihre Ängste und Bedürfnisse blieben häufig unbeachtet, kaum jemand nahm noch Rücksicht auf sie und ihre besonderen Bedürfnisse. Vielen Erwachsenen galten sie nun als Konkurrenten um knappe Güter und Rettungsmöglichkeiten. Schätzungen gehen davon aus, dass Hunderttausende Kinder von ihren Müttern getrennt wurden und sich ein Wiedersehen erst nach Wochen, Monaten und zum Teil Jahren ergab. Dem 1945 eingerichteten Suchdienst des Deutschen Roten Kreuzes zufolge war unmittelbar nach dem Zweiten Weltkrieg jeder vierte Deutsche auf der Suche nach Eltern, Ehepartnern, Kindern und Menschen aus der engeren Verwandtschaft. Die Karteien des Suchdienstes umfassten allein 33 000 Findelkinder aus dem Kontext von Flucht und Vertreibung, über die keine Identitätsangaben vorlagen. Vor allem in Ostpreußen blieb eine große Zahl Kinder in der Situation der überstürzten Flucht allein zurück. Um der besseren Versorgungslage willen und um Sicherheit zu finden, schlugen sich rund 5 000 dieser Waisen allein oder in kleinen Gruppen nach Osten, insbesondere nach Litauen, durch. Litauische Familien nahmen diese sogenannten „Wolfskinder“ auf, manche verdingten sich als Arbeitskräfte auf Bauernhöfen oder versuchten, durch Betteln zu überleben. Manche blieben auf Dauer in Litauen, viele kamen nach Jahren und Jahrzehnten in den Westen. Auch für sie gilt: Flucht und Vertreibung veränderten die betroffenen Familien grundlegend und prägten zum Teil den Alltag über lange Zeit.

Internettipp
Im Bestand des „Kirchlichen Suchdienstes“ sind Informationen über 20 Millionen Menschen aus den Vertreibungsgebieten im Zeitraum von 1939 bis 1945 enthalten; siehe: www.kirchlicher-suchdienst.de

▸ **Ankunft in Westdeutschland.**
Foto vom August 1948.
Diese Kinder sind soeben mit einem Transport aus den ehemaligen deutschen Gebieten in Polen gekommen.
- *Charakterisieren Sie die beabsichtigte Wirkung des Fotos.*

▲ **Flucht aus Danzig.**
Foto vom 30. März 1945.
Danzig/Gdańsk wurde am 30. März 1945 von der Roten Armee erobert.

■ *Schreiben Sie aus der Sicht einer der auf dem Foto dargestellten Frauen einen Tagebucheintrag zum 30. März 1945.*

M1 Flucht aus Polen

Annemarie Müller wird 1904 in Warka in der Nähe von Warschau geboren. Sie erinnert sich an die Geschehnisse im Frühjahr 1945:

Am 16. Februar wurden alle Männer zum Volkssturm eingezogen, jetzt waren nur noch Frauen, Kinder und Mädchen auf den Dörfern. Am 17. wurde uns gesagt, Mütter und Kinder sollten sich bereit halten, um eventuell mit der Bahn abtransportiert zu werden. Um 2 Uhr nachts kam deutsche Polizei und sie sagte uns, wir sollten so schnell wie möglich fliehen, der Russe sei dicht hinter ihnen. Ich hatte meine drei Kinder schon vorher fertig angezogen, mit dem Kutscher in einer Stunde den Wagen fertig aufgeladen, und in der Morgendämmerung fuhren wir los.

Bis zum Abend waren wir 30 km gefahren, die Straßen waren voll mit Wagen, aus allen Nebenstraßen kamen mehr dazu. Am Vormittag des nächsten Tages wurde schon in den Treck hineingeschossen und wir fuhren durch Brände und rauchende Gehöfte. Da ging es mir zum ersten Mal auf: Es kann alles schiefgehen, unser Vertrauen ist missbraucht. Es war schon allgemeine Mutlosigkeit, es hieß, es geht ja doch nur in den Tod. Ich war aber noch nicht mutlos. [...]

Wir fuhren den ganzen Tag auf Seitenstraßen und etwas abseits der Straße auf einen Bauernhof zum Übernachten. Hier lag schon alles voll mit Flüchtlingswagen, und im Haus – eine Küche mit zwei Stuben – lagen die Menschen. Wir legten uns dazu in die Küche und schliefen. Kaum waren wir eingeschlafen, kamen Russen rein, sehr viele. Wir mussten sofort aufstehen und rausgehen. Ich kauerte mich mit den Kindern in eine Ecke auf dem Hof draußen. Die Russen untersuchten unsere Wagen mit Taschenlampen. Dann nahmen sie Bertl Mergentaler, die auch bei uns saß, weg in die Scheune; dann kamen sie zu mir, einer hockte sich neben mich und sprach auf mich ein, soviel verstand ich, dass ich mit ihm in die Scheune sollte. Ich weinte und zeigte ihm meine drei verängstigten Kinder. Darauf winkte er den anderen und sie gingen weg.

Ich hatte genug tote Frauen hinter den Häusern liegen gesehen und glaubte zu wissen, was mit mir geschieht. Um meine Kinder würde sich niemand mehr kümmern. Ich wollte sterben und suchte schnell mein Messer, das scharf war, und erzählte den Kindern, wir wollten sterben und in den Himmel. Sie nickten ernsthaft mit ihren verängstigten Gesichtern.

Aber wir kamen nicht mehr dazu. Der ganze Haufen Russen kam zurück und bedeutete mir, ich sollte mitkommen. Sie führten uns ins Haus zurück. Ein junger Offizier sprach etwas deutsch, sagte mir, ich solle keine Angst haben, einer Mutter mit Kindern täten sie nichts. An diesem Abend fühlte ich sehr, dass es eine schützende Hand über mich gibt.

Am nächsten Morgen fuhr ich [mit] Bertl zusammen auf einem Wagen. Schon am Abend vorher sahen wir überall im Straßengraben die dunklen Gestalten im Schnee, die Toten, Erschossenen. Jetzt am Tage sah ich sie mit wächsernen, erstarrten Gesichtern. Haare und Kleider waren bereift. Fast alle mit Genickschuss, die Männer mit dem Ausschuss durch die Nase. Bei den Frauen sah man selten den Einschuss, im Gesicht jedenfalls nicht. Die Frauen aber waren immer kaum bekleidet. Ich habe das eine Bild immer noch vor Augen: Drei junge Mädels, nur Schlüpfer hatten sie an und Hüte auf dem Kopf, saßen aufgebahrt am Straßenrand mit furchtbaren Gesichtsausdrücken. Auch auf der Straße lagen die Leichen.

Es war fürchterlich, über die schon zermanschten Haufen hinwegfahren zu müssen.

Annemarie Müller, Gescheiterte Flucht vor den Russen aus Polen, zitiert nach: www.dhm.de/lemo/forum/kollektives_gedaechtnis/149/ (Zugriff: 19. Februar 2014)

1. *Analysieren Sie den Text, indem Sie die Erlebnisse herausstellen, in denen Frauen als Handelnde, und solche, in denen sie als Opfer männlicher Gewalt dargestellt werden.*
2. *Entwickeln Sie eine Einschätzung zu der Frage, wie die betroffenen Frauen durch derartige Erfahrungen geprägt wurden.*

M2 Flucht aus dem Riesengebirge

Im Erlebnisbericht der Schriftstellerin L. K. aus Oberschreiberhau/Szklarska Poręba, Kreis Hirschberg in Niederschlesien, heißt es zum Einmarsch der Roten Armee in Niederschlesien im Frühjahr 1945:

Nachts um ein Uhr schrillen die Haustürklingeln: Sofortiger Evakuierungsbefehl! Alle Frauen und Kinder haben binnen weniger Stunden den Ort zu räumen. Einem Blitzschlag gleich trifft alle vernichtend diese Nachricht. [...] Fieberhaft werden die notwendigen Dinge verpackt, man darf ja nur so wenig mitnehmen, um die Fahrzeuge nicht zu belasten. Man nimmt natürlich in der Eile und Aufregung das Verkehrteste, man kann alles noch nicht fassen. [...]
Alle Stoßgebete waren vergeblich: 20 Minuten erklang mitten in der Nacht das tiefe Summen der Sirenen, gleich den Posaunen des Jüngsten Gerichts. Es kamen die ersten Fahrzeuge, Truppen folgten in unübersehbarem Ausmaß. [...]
Die Sowjets drangen in die Häuser ein, holten sich alles, was sie brauchten, alle Vorräte wurden geplündert, und immer und immer wieder erklang der Ruf nach Schnaps. Die Schaufenster waren binnen weniger Minuten Trümmerstätten, und die Waren, die nicht mitgenommen wurden, lagen zerstreut und zerfetzt auf der Straße umher. In ihrer großen Angst hatten die Besitzer der Häuser ihre Türen vernagelt, von innen regelrechte Barrikaden gebaut. Doch nichts nützte, kein Riegel, kein Balken, die durchziehenden Soldaten öffneten jede Tür, jedes Tor, und die oft markerschütternden Schreie der Frauen und Mädchen jeden Alters ließen einem das Blut in den Adern erstarren. Überall verbargen sich die armen Frauen, unter den Betten, hinter und in den Schränken, im Heu, auf dem Speicher. Aber alle Tarnungsversuche waren vergeblich, denn jede Frau wurde gefunden, misshandelt und dann vergewaltigt unter Bedrohung der Familienmitglieder, die einschließlich der kleinen und kleinsten Kinder im Raum Zeuge sein mussten.

▲ Flüchtende Mutter mit ihren Kindern.
Foto von 1945.
- *Charakterisieren Sie die Situation der gezeigten Familie. Gehen Sie dabei auch auf die Mimik und Gestik der Personen sowie die Rolle der Kinder ein.*

Bundesministerium für Vertriebene (Hrsg.), Die Vertreibung der deutschen Bevölkerung aus den Gebieten östlich der Oder-Neiße, Bd. I/1, Bonn 1954, S. 462-464 (Dokument Nr. 126)

1. *Recherchieren Sie zur Rolle sexueller Gewalt in bewaffneten Konflikten und charakterisieren Sie die hier geschilderten Geschehnisse vor diesem Hintergrund.*
2. *Nehmen Sie Stellung zu dieser „Methode der Kriegsführung".*

M3 Auf dem Rückweg nach Beuthen

Während des Krieges ist Familie Bienert nach Steyr in Österreich evakuiert worden. Nach dem Kriegsende im Mai 1945 versucht Johannes Bienert, geboren 1928, mit seiner Mutter und seinen kleinen Geschwistern zurück in die Heimat, ins oberschlesische Beuthen/Bytom zu kommen:

Die Situation im Zug, der 8 oder 10 Waggons lang war und mit dem wir 6 Wochen unterwegs waren, hatte sich mittlerweile zum Schlimmsten entwickelt. Es herrschte Chaos, Krankheit (hauptsächlich Durchfall), Hunger, Sterbefälle ... [...]

▲ **Abschied.**
Foto von Benno Wundshammer am 30. März 1945.
Ein Junge nimmt vor der Flucht nach dem Westen Abschied von seinem in Trümmern liegenden Elternhaus in Lauban/Lubań (Niederschlesien).
- *Erklären Sie ausgehend von der gezeigten Szene, was der Abschied von der Heimat für Kinder bedeutete.*

Wenn einer krank wurde, hatten die Angehörigen gar keine Zeit mehr, sich darum zu kümmern. Jeder war auf sich allein gestellt. Die Kranken wurden einfach vergessen, das waren überwiegend die älteren Leute, die Mütter oder so. Sie mussten aber aus ihren eigenen Waggons raus, damit sie nicht noch mehr Menschen ansteckten. Dann lagen sie da mutterseelenallein. Ihre Angehörigen hatten die eigenen Kinder zu versorgen. Man merkte auch, dass sich niemand um die Leute, die da krank im Waggon mitten im Zug lagen, kümmerte. Die Kranken waren total apathisch. Von Tag zu Tag ging es nur ums nackte Überleben.

Ich war der einzige junge Mann in dem ganzen Konvoi. Deswegen hatte ich eine harte Aufgabe übernommen. Ich machte jeden, oder jeden zweiten, Tag die Tür des Waggons auf, in dem die Kranken waren. Da lagen dann welche, die waren schon 2 bis 3 Tage tot. Bei einigen krochen schon die Würmer aus den Kleidern wegen des Durchfalls.

Ich musste unterwegs die Leichen beerdigen. Ich packte die Toten an den Beinen und zog sie aus ca. 1 m Höhe aus dem Waggon. [...]

Meine kleine Schwester, Heidrun, gehörte auch zu den Toten, war auch mit dabei. [...]

Meine Mutter konnte sich nicht trennen von ihrer toten Tochter und es dauerte lange, bis ich sie überreden konnte. Der Zug hielt wieder in so einem polnischen Ort, die Lok war weg. Da sprach ich mit der Mutter, dass die Kleine wenigstens beerdigt werden sollte. Ich wollte Heidrun nicht die Böschung herunterschmeißen. Das konnte ich nicht. Wir gingen dann auf den Friedhof und klingelten beim katholischen Pfarrer. Meine Mutter konnte Polnisch und sprach mit ihm. Da fragte er: „Niemiec albo polak?" „Seid ihr Deutsche oder Polen?" Da antwortete die Mutter: „Deutsche!" Da sagte der Pfarrer: „Dann kann das Kind verrecken!" Und er knallte die Tür zu.

Das war ja die Zeit nach dem Krieg. Die Deutschen waren gerade erst raus, die hatten Frauen und Kinder in Polen vergewaltigt. Überall war verbrannte Erde, alles war kaputt gemacht. Das sollte ja alles zerstört werden, als die Deutschen sich zurückzogen. Da waren der Hass und die Wut noch so aufgestaut. Jetzt standen wir da mit dem Bündel. Wir hatten noch diese Mullwindeln, die waren wie so eine kleine Decke, in denen war das kleine Baby eingewickelt. Jetzt standen wir da, die Mutter mit dem toten Kind auf dem Arm. Ich sagte ihr, dass wir wieder zurück zum Zug müssten. Und dann, als wir den Friedhof verlassen wollten, mussten wir an einer Leichenhalle vorbei. Ich machte die Tür auf. In einem offenen Sarg lag ein alter, toter Mann. Ich nahm der Mutter das Kind weg und sagte, dass Heidrun dadurch wenigstens unter die Erde käme. Ich hob dem Toten die Beine hoch und schob das kleine Bündelchen da drunter. Anschließend musste ich erst einmal eine halbe Stunde lang meine Mutter wegzerren. Die wollte da gar nicht weg. Wir mussten aber wieder zurück zum Zug, zu den drei Geschwistern. Keiner wusste, wo wir mit dem toten Kind hingegangen waren. Wir hatten meinen Geschwistern Marianne, Susanne und Wolfgang nichts gesagt. Wir kamen gerade noch rechtzeitig am Zug an. Eine neue Lok war angespannt und es ging weiter.

Hannes Bienert, Auf dem Rückweg nach Beuthen, zitiert nach: www.hdg.de/lemo/forum/kollektives_gedaechtnis/661/index.html (Zugriff: 19. Februar 2014)

1. *Beschreiben Sie die Situation im Zug.*
2. *Ordnen Sie den Weg der Familie Bienert in den größeren Zusammenhang von Rückkehr und Verbleib von Deutschen in den ehemaligen Ostgebieten des Deutschen Reiches ein.*
3. *Interpretieren Sie, inwiefern auf dem Weg nach Beuthen Kindheit und Jugend des Johannes Bienert endeten.*

„Verschiebebahnhof" Europa: Kriegsfolgewanderungen

„Verschiebung" von Bevölkerungen als politisches Konzept Neben Fluchtbewegungen, Vertreibungen und Umsiedlungen von Deutschen traten in den letzten Kriegsmonaten oder nach Kriegsende 1945 in Ost-, Ostmittel- und Südosteuropa zahlreiche Zwangswanderungen anderer Gruppen. Darüber hinaus lassen sich millionenfache Migrationsbewegungen in die Gebiete beobachten, die im Kontext der Zwangswanderungen größere Teile ihrer Bevölkerung verloren hatten. Bereits in der Zwischenkriegszeit und insbesondere während des Zweiten Weltkrieges war in Europa intensiv über „ethnische Flurbereinigungen" nachgedacht worden. Diskutiert wurde, welche Minderheiten wohin „verschoben" werden konnten, um auf diese Weise homogene Bevölkerungen zu schaffen, Minderheitenkonflikten zu entgehen und Herrschaft insbesondere auch in neu eroberten Gebieten zu sichern und zu stabilisieren. Ins Visier der Planer gerieten dabei beispielsweise sowohl Rumänen, die in Ungarn, Jugoslawien und Bulgarien lebten, als auch Bulgaren, die in Rumänien, Jugoslawien oder Griechenland siedelten. Ungarn sollten aus der Tschechoslowakei entfernt werden, ebenso Italiener aus Jugoslawien oder Albaner aus Griechenland. Viele weitere Gruppen traten hinzu. Den politischen Eliten schien in der offenen Situation des Kriegsendes, die durch grundlegende Machtverschiebungen innerhalb und zwischen den Staaten gekennzeichnet war, die Gelegenheit gekommen zu sein, lange in den Blick genommene Veränderungen in der Bevölkerungszusammensetzung unter Zwang vorzunehmen.

Polnische Zwangsmigration Von den Umsiedlungen und Vertreibungen der Nachkriegszeit waren neben den Deutschen vor allem Polen betroffen. Der Zweite Weltkrieg hatte in Polen Millionen Opfer gekostet, große Teile des Landes völlig zerstört und sehr umfangreiche Zwangswanderungen ausgelöst. Die deutschen Besatzer ermordeten mit ca. drei Millionen Juden beinahe die gesamte jüdische Bevölkerung des Landes. Weitere drei Millionen Polen waren als Soldaten und Zivilisten Opfer der Kampfhandlungen geworden oder von deutschen Besatzern im Westen und sowjetischen Besatzern im Osten umgebracht worden. Wahrscheinlich 3,5 Millionen Polen wurden als Zwangsarbeitskräfte, Konzentrationslagerhäftlinge oder Kriegsgefangene von Deutschen interniert oder deportiert. Mit Kriegsende schließlich wurde das Territorium des polnischen Staates um rund 200 Kilometer nach Westen verschoben: Die Sowjetunion wollte die im Rahmen des „Hitler-Stalin-Paktes" von 1939 erworbenen und mit Beginn des Zweiten Weltkrieges eroberten polnischen Ostgebiete nicht wieder an Polen zurückgeben (▸ M1). Für die fast 180 000 Quadratkilometer, die im Osten verloren gingen, wurde Polen mit rund 100 000 Quadratkilometern ehemals deutschem Territorium im Westen entschädigt.

Der territorialen Verschiebung folgte eine Verschiebung von Bevölkerungen (▸ M2). Bereits 1939/40 waren viele Polen aus den nun sowjetischen ostpolnischen Gebieten ausgewiesen

▾ Zwangsumsiedlung im Wartheland.
Foto von Wilhelm Holtfreter, um 1940, Schwarzenau bei Gnesen.
Als Teil der „ethnischen Säuberungen" durch die Nationalsozialisten wird die polnische Bevölkerung mit Waffengewalt abtransportiert. Die hier gezeigten Polen sind mit ihrem Gepäck auf dem Weg zum Bahnhof.

▲ **„In den angegliederten Gebieten."**
Ausschnitt aus dem Ölgemälde (130 x 98 cm) des polnischen Künstlers Henryk Stażewski von 1950/51.
Das Gemälde zeigt einen Genossenschaftsbauern in den neuen polnischen Westgebieten.
▪ *Interpretieren Sie das Gemälde.*

und vertrieben worden. Rund zwei Millionen Polen aus den ehemals ostpolnischen Territorien mussten seit 1944 auf der Basis von Verträgen zwischen der UdSSR und Polen nach Westen ziehen. Sie wurden unter anderem in den Gebieten Polens angesiedelt, die bis 1945 deutsches Reichsgebiet gewesen waren und dessen deutsche Bevölkerung gerade geflohen war oder vertrieben wurde (▸ M3). Ukrainer, Weißrussen und Litauer mit bislang polnischer Staatsangehörigkeit mussten im Gegenzug Polen verlassen und wurden in die UdSSR transportiert. Das konfiszierte Land der geflüchteten und vertriebenen Deutschen wurde rasch wieder besiedelt. In den neuen polnischen Gebieten lag die Bevölkerungszahl im August 1947 bereits wieder bei über fünf Millionen, drei Millionen Menschen kamen aus Zentralpolen in die eroberten Landstriche, mindestens eine weitere Million Zwangswanderer aus den an die UdSSR abgetretenen polnischen Ostgebieten, eine Million Polen hatten hier schon vor 1945 gelebt (▸ M4).

Reibungslos und geordnet erfolgten die vielen Umsiedlungen keineswegs. Der Krieg hatte einen Großteil der Infrastruktur zerstört, die enormen Dimensionen der Umsiedlungen in relativ kurzer Zeit und die langen Wege erforderten Transportkapazitäten, die bei Weitem nicht im nötigen Umfang zur Verfügung standen. Die Versorgung mit Lebensmitteln und Gütern des täglichen Verbrauchs blieb bei Kriegsende und in der unmittelbaren Nachkriegszeit sehr prekär. Organisatorische Zuständigkeiten waren häufig unklar. Nicht selten mussten Menschen sich ohne Vorbereitungen auf den Weg machen, ihre Habe zurücklassen und wussten nicht, wohin sie unter welchen Umständen transportiert wurden. Häufig genug warteten Umsiedler Wochen und Monate in Lagern und Verladeeinrichtungen auf den Abtransport. Der Zwangscharakter der Abwanderungen war offensichtlich: Jenen, die sich nicht sogleich bereit erklärten, den Anweisungen der Aussiedlungsbehörden zu folgen, wurden hohe Steuerlasten auferlegt, Plünderungen, Inhaftierungen, polizeilicher Druck oder die Abgabe von Teilen des Eigentums kamen hinzu.

Lesetipps
▪ *Beata Halicka, Polens Wilder Westen. Erzwungene Migration und die kulturelle Aneignung des Oderraums 1945-1948, Paderborn 2013*
▪ *Thomas Urban, Der Verlust. Die Vertreibung der Deutschen und Polen im 20. Jahrhundert, Bonn 2005*

„Umsiedlungen" in der Tschechoslowakei Auch in der Tschechoslowakei waren nach Kriegsende umfangreiche Bevölkerungsbewegungen zu beobachten. Die Tschechoslowakei verlor 1945 mit der Karpotho-Ukraine ihren östlichsten Landesteil an die UdSSR, ein „Bevölkerungsaustausch" wurde zwischen beiden Staaten vereinbart, Slowaken in die Tschechoslowakei und Ukrainer in die Sowjetunion umgesiedelt. Darüber hinaus vereinbarte die Tschechoslowakei die Übersiedlung von Minderheiten und den Austausch von Bevölkerungsteilen auch mit Rumänien, Jugoslawien und Ungarn. Bis 1950 kamen auf diese Weise an die 270 000 Tschechen und Slowaken vor allem aus Rumänien, Ungarn, Jugoslawien und der UdSSR in den tschechoslowakischen Staat.

Als wesentlich umfänglicher erwiesen sich die Bewegungen innerhalb des Territoriums. Innerhalb sehr kurzer Zeit siedelten sich 1,8 Millionen Tschechen und Slowaken im Sudetenland an, dessen deutsche Bevölkerung gerade vertrieben worden war. Zunächst kamen Tschechen und Slowaken aus eigenem Antrieb in die Sudetengebiete. Bereits im Herbst 1945 aber organisierte der tschechoslowakische Staat die Ansiedlung, lenkte die Bewegungen und die Verteilung des riesigen Besitzes an landwirtschaftlichem Boden, an Häusern und an anderen beweglichen und unbeweglichen Gütern, die die vertriebenen Deutschen hatten hinterlassen müssen. Die mit den Umsiedlungen und mit der Nutzung dieser Güter verbundenen Hoffnungen erfüllten sich bei Weitem nicht immer. So gab es zwar manche Tschechen und Slowaken, die als Landarbeitskräfte oder landwirtschaftliche Kleinbesitzer über genügend Erfahrungen verfügten, um die ehemals sudetendeutschen Bauernhöfe übernehmen und erfolgreich bewirtschaften zu können. Viele der Zuwanderer aber kamen nicht aus der Landwirtschaft, ihnen fehlten folglich die nötigen Qualifikationen. Die Möglichkeiten, Einfluss auf ihre wirtschaftliche Zukunft zu nehmen, waren nicht selten gering, weil sie sich mit dem Landbesitz zufrieden geben mussten, der ihnen zugeteilt worden war. In vielen Fällen gaben die Neusiedler die Bauernstellen wieder auf und gingen als Industriearbeitskräfte oder Handwerker in die Städte. Dennoch erhöhte sich die Bevölkerung in den ehemals von Sudetendeutschen besiedelten Gebieten rasch wieder. Das lag nicht nur an der starken Zuwanderung, sondern auch daran, dass die Neuzuwanderer in der Regel jung waren, rasch heirateten und die Geburtenraten überdurchschnittlich hoch waren.

Ethnische Homogenisierung Die ausgesprochen umfangreichen Fluchtbewegungen, Vertreibungen und Umsiedlungen veränderten die Bevölkerungszusammensetzung im Osten Europas erheblich. Im Ergebnis näherte sich der Grad an ethnischer Homogenität der Bevölkerungen in vielen Staaten Ostmittel- und Südosteuropas den Vorstellungen der Planer an (▸ M5). Minderheiten hatten nunmehr ein bei Weitem geringeres Gewicht: Während im Polen der Zwischenkriegszeit rund ein Drittel der Bevölkerung zu den Minderheiten gezählt hatte, waren es nach dem Abschluss von Fluchtbewegungen, Vertreibungen und Umsiedlungen Anfang der 1950er-Jahren nur noch drei Prozent. Ähnliches galt für die Tschechoslowakei, wo ebenfalls ein Drittel der Vorkriegsbevölkerung aus Minderheiten bestanden hatte und nunmehr nur noch 15 Prozent dazu zählten, oder in Rumänien, wo sich der Minderheitenanteil von 28 auf zwölf Prozent verringerte.

M1 Der Hitler-Stalin-Pakt

Der deutsch-sowjetische Nichtangriffsvertrag vom 23. August 1939 gibt dem nationalsozialistischen Deutschland die benötigte Handlungsfreiheit, um am 1. September 1939 Polen zu überfallen. Er enthält neben regulären Nichtangriffs- und Neutralitätsklauseln auch ein geheimes Protokoll zur territorialen Aufteilung Osteuropas. Darin heißt es:

Aus Anlass der Unterzeichnung des Nichtangriffspaktes zwischen dem Deutschen Reich und der Union der Sozialistischen Sowjetrepubliken haben die unterzeichneten Bevollmächtigten der beiden Teile in streng vertraulicher Aussprache die Frage der Abgrenzung der beiderseitigen Interessensphären in Osteuropa erörtert. Die Aussprache hat zu folgendem Ergebnis geführt:

1. Für den Fall einer territorialpolitischen Umgestaltung in den zu den baltischen Staaten (Finnland, Estland, Lettland und Litauen) gehörenden Gebieten bildet die nördliche Grenze Litauens zugleich die Grenze der Interessensphäre Deutschlands und der UdSSR. Hierbei wird das Interesse Litauens am Wilnaer Gebiet beiderseits anerkannt.

2. Für den Fall einer territorialpolitischen Umgestaltung der zum polnischen Staat gehörenden Gebiete werden die Interessensphären Deutschlands und der UdSSR ungefähr durch die Linie der Flüsse Pissa, Narew, Weichsel und San abgegrenzt. Die Frage, ob die beiderseitigen Interessen die Erhaltung eines unabhängigen polnischen Staates erwünscht erscheinen lassen und wie dieser Staat abzugrenzen wäre, kann endgültig erst im Laufe der weiteren politischen Entwicklung geklärt werden. In jedem Falle werden beide Regierungen diese Frage im Wege einer freundschaftlichen Verständigung lösen.

3. Hinsichtlich des Südostens Europas wird von sowjetischer Seite das Interesse an Bessarabien betont. Von deutscher Seite wird das völlige politische Desinteressement an diesen Gebieten erklärt.

Deutsches Auswärtiges Amt. Nichtangriffsvertrag zwischen Deutschland und der Union der Sozialistischen Sowjetrepubliken und Geheimes Zusatzprotokoll, 23. August 1939, in: Akten zur Deutschen Auswärtigen Politik, 1918-1945, Baden-Baden 1956, Serie D: 1937-1945, Bd. VII: Die letzten Wochen vor Kriegsausbruch, 9. August bis 3. September 1939, S. 206 f. (Dokument Nr. 229)

1. *Fassen Sie die Kernpunkte des geheimen Zusatzprotokolls zusammen.*

2. *Arbeiten Sie mithilfe einer zusätzlichen Recherche die deutsche und die sowjetische Interessensphäre in Osteuropa heraus.*

3. **+** *Setzen Sie M1 und M2 miteinander in Beziehung und erläutern Sie, welche Auswirkungen die Vereinbarungen auf die polnische Bevölkerung hatten.*

4. *Beurteilen Sie, inwiefern von einer deutsch-sowjetischen „Beutepartnerschaft“ (Daniel Koerfer) gesprochen werden kann.*

M2 „Bevölkerungsverschiebungen“ in Polen von 1939 bis 1947

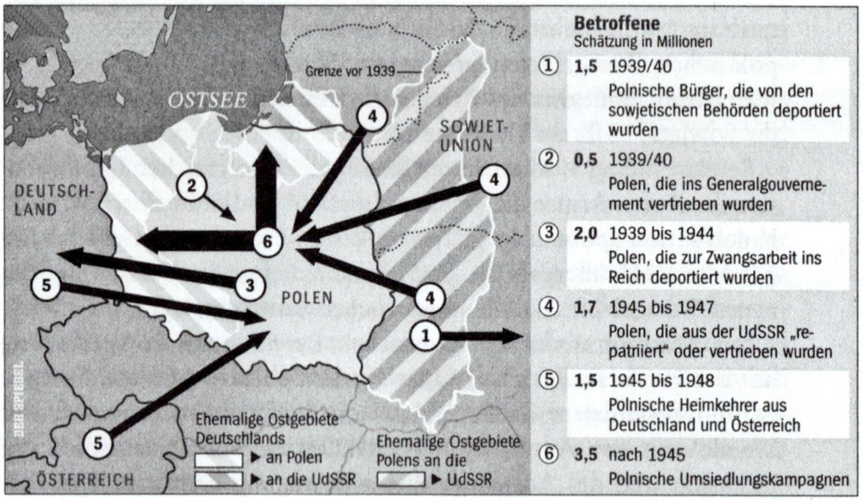

Karte nach: Stefan Aust und Stephan Burgdorff (Hrsg.), Die Flucht. Über die Vertreibung der Deutschen aus dem Osten, München 2005, S. 137

1. *Beschreiben Sie anhand der Karte die Zwangsmigrationen von und nach Polen zwischen 1939 und 1947.*

2. *Erklären Sie auf der Grundlage Ihrer Kenntnisse die Bevölkerungsbewegung von 1939 bis 1944 (Nr. 3).*

M3 Raub der Geschichte

Der Journalist Rainer Traub schreibt über die Folgen der „Westverschiebung" Polens:

Bereits Anfang 1945 strömten im Sog der erfolgreichen Großoffensive der Roten Armee die ersten polnischen Siedler in einer „wilden" Kolonisation spontan in die entvölkerten Oder-Neiße-Gebiete. Am 23. Mai 1945 übergab die Sowjetunion Polen die Verwaltung der neuen Westgebiete mit einem feierlichen Staatsakt.

Der Massentransfer der polnischen Bevölkerung in Verbindung mit der Neubesiedlung des Oder-Neiße-Gebietes war eine Aufgabe von unvorstellbarer Größe. [...]

Etwa 7,5 Millionen Deutsche, die aus den Oder-Neiße-Gebieten und Südostpreußen verjagt wurden, sollten schnellstmöglich ersetzt werden; Stalin[1] wollte vollendete Tatsachen schaffen, bevor seine Westalliierten Gelegenheit hatten, die territorialen Zugeständnisse zu revidieren.

Die Neusiedler unterteilten sich in drei heterogene Gruppen: Die „Repatrianten" beziehungsweise „Umsiedler" aus der Sowjetunion; die Remigranten aus West-, Mittel- und Südosteuropa; schließlich die Umsiedler aus Zentralpolen. [...]

Die „Sabuschanije", wie die Umsiedler von „jenseits des Bug" genannt wurden, durften zwar mehr von ihrem Hab und Gut mit nach Westen nehmen als etwa die aus Ostpreußen vertriebenen Deutschen. Aber da sie ihr Schicksal dem „großen Bruder" verdankten, galten sie offiziell als freiwillige Umsiedler und mussten bis zum Untergang des Sowjetimperiums öffentlich über ihr Schicksal schweigen: Sie waren nicht nur ihrer Heimat, sondern auch ihrer Geschichte beraubt worden.

Rainer Traub, Raub der Geschichte – Polen als Verlierer unter den Siegermächten, in: Stefan Aust und Stephan Burgdorff (Hrsg.), a. a. O., S. 133-142, hier S. 138 f.

1. *Setzen Sie M2 und M3 in Beziehung und erläutern Sie, was unter der „Westverschiebung" Polens zu verstehen ist.*
2. *Erklären Sie mithilfe von M2 die Gruppen unter den „Neusiedlern" (Zeile 15 bis 18).*
3. *Beurteilen Sie, inwiefern Polen als Kriegsverlierer bezeichnet werden kann.*

[1] **Josef W. Stalin** (1878-1953): aus Georgien stammender russischer Revolutionär; ab 1922 Generalsekretär der Kommunistischen Partei. Er errichtete in der Sowjetunion eine totalitäre Herrschaft, die bis zu seinem Tod dauerte.

M4 Von der Ukraine nach Niederschlesien

In einem Erinnerungsbericht eines Polen, der 1945 als Kind mit seiner Familie aus den ehemaligen polnischen Ostgebieten nach Niederschlesien „umgesiedelt" worden ist, heißt es:

Ich dachte, dass mit dem Ende des Krieges auch unser langjähriges Leid zu Ende sei, dass der Vater bald nach Hause zurückkehren werde und alles wieder so werde wie in der guten alten Zeit. Leider vergingen die Tage und keiner der Polen kehrte nach Hause zurück. [...] Die sowjetischen Behörden eröffneten den Polen: Der Krieg ist zu Ende, ihr Polen müsst nach Polen ausreisen, denn die Gebiete, auf denen ihr zurzeit lebt, gehören nicht mehr euch, sind nicht mehr polnisch. Deshalb hieß es, sich Dokumente zu beschaffen und gen Westen zu fahren. [...]

Die Reise dauerte sechs Wochen, von Oktober bis Dezember 1945. [...] Die Reise war eine wahre Hölle. Den Vorrang bei der Durchfahrt hatten die Transporte, die in östliche Richtung fuhren und die von der Front zurückkehrenden Soldaten und den requirierten deutschen Besitz transportierten. Wir mussten auf Nebengleisen warten, dem Hunger sowie den Überfällen ukrainischer Banden und sowjetischer marodierender Soldaten ausgesetzt. Es war eine Zeit des Chaos und der Gesetzlosigkeit. Was Recht war, bestimmte damals der Stärkere. An der Endstation in Lesna/Waldhöhe bei Lubari Sleski/Schlesisch Lauban kamen wir Ende November/Anfang Dezember an. [...]

Wir übernahmen einen kleinen Hof, den uns der Schultheiß angewiesen hatte und auf dem eine deutsche Familie mit drei Generationen wohnte [...]. [...] Einige Monate lang waren die Deutschen uns gegenüber misstrauisch; sie beobachteten uns aufmerksam und verfolgten jede unserer Bewegungen auf dem Hof. Als der Vater eines Tages aus dem Verschlag Heu für das Vieh holte, stieß er auf ein Versteck, in dem einige Koffer mit verschiedenen Habseligkeiten der Besitzer waren. Er bat den deutschen Bauern in die Scheune und sagte: Hier habe ich eure Sachen gefunden, bitte nehmt sie mit ins Haus und packt sie aus, denn hier verkommen sie. Falls ihr noch etwas versteckt habt, so könnt ihr es ruhig mit ins Haus nehmen. Es gehört euch und von unserer Seite wird euch niemand etwas wegnehmen. Dessen könnt ihr sicher sein. Genauso machten es die Deutschen. Seit diesem Vorfall fassten sie zu uns Vertrauen, das Eis des Misstrauens war gebrochen. Nicht alle Polen verhielten sich gegenüber den Deutschen korrekt. Es gab Fälle, wo Deutsche geschlagen, ausgeraubt und gequält wurden. Diese Polen glaubten, dass sie die Herren seien und dass ihnen alles erlaubt sei, die Deutschen hingegen ihre Untertanen seien. [...]

Mit den Deutschen lebten wir über ein Jahr in Eintracht und Freundschaft zusammen. Zusammen arbeiteten wir auf dem Feld bei der Heumahd und bei der Ernte. Zusammen begingen wir Feiertage und Familienfeste wie Namens- und Geburtstage. Immer besser verstanden die Deutschen, dass wir nicht freiwillig zu ihnen gekommen waren, sondern dass wir unsere heimatlichen Gefilde hatten verlassen müssen. [...]
Im Frühjahr 1947 kam eine Verordnung zur Aussiedlung der deutschen Bevölkerung. „Unsere" Deutschen wurden ebenfalls für die Ausreise registriert. Was durften sie mitnehmen? Nur so viel, wie sie selbst tragen konnten.

Archiwum Wschodnie, Centrum Karta w Warszawie, Sygnatur II/2155/p, str. 14-20 (Ostarchiv des Zentrums Karta in Warschau, Signatur II/2155/p, S. 14-20) (übersetzt von Claudia Kraft), zitiert nach: Claudia Kraft, Vertreibungen und Umsiedlungen in, aus und nach Polen. Kontexte aufzeigen, in: Geschichte lernen, H. 105, 2005, S. 31-37, hier S. 37

1. *Beschreiben Sie den Ablauf des Transportes und der Ansiedlung.*
2. *Ordnen Sie die Umsiedlung der Familie in den größeren Zusammenhang der „Westverschiebung" Polens ein.*
3. *Vergleichen Sie die hier geschilderte Beziehung zu den Deutschen und deren Aussiedlung mit anderen Ihnen bekannten Beispielen.*
4. *Interpretieren Sie die Stimmung in Polen bei Kriegsende.*

M5 Die „Entmischung" Mitteleuropas

Der Osteuropa-Historiker Karl Schlögel beschäftigt sich mit den brutalen Umwälzungen in Mitteleuropa:

Nirgends war Europa vielfältiger und dichter als an dieser Schnittstelle der alten Vielvölkerreiche, die nun von den Nachfolgestaaten, die selbst immer noch Vielvölkerstaaten waren, eingenommen wurden. Über Jahrhunderte hin hatten sich hier durch Siedlungsbewegungen Gemengelage[1] und Mischzonen gebildet, die bis ins 20. Jahrhundert hinein den Boden für eine an Bezügen und Spannungen reiche Kultur bereitet hatten. [...]
Wenn es irgendwann eine multikulturelle Welt gegeben hat, die nicht Kitsch und Folklore war, dann dort, wo griechisch-orthodoxe und armenische Christen, Katholiken und Protestanten, Altgläubige und Juden miteinander auskommen mussten. Vielsprachigkeit war kein Bildungsprivileg, sondern eine Lebensbedingung – für Marktfrauen und Universitätsprofessoren gleichermaßen. Jene „multiple Identität", von der man in postmodernen Zeiten so viel Aufhebens macht, hat es schon einmal gegeben, und zwar als ziemlich weit verbreiteten Typ.
[...] Das Leben folgte vielen Rhythmen, den Feiertagen der diversen Konfessionen, Volksgruppen und Stände. Man mochte sich vielleicht nicht, aber man wusste, dass es noch etwas anderes gab als die eigene kleine Welt. Das produzierte einen Relativismus, der ziemlich lange hielt. All dies ist der Grund, weshalb dieser Raum in besonderem Maße zum Experimentierfeld der Moderne wurde – und zum Schauplatz ihres Scheiterns.
Europa ist dort, wo es am dichtesten war, gesprengt worden. Man kann diesen Prozess als die „Entmischung" Europas bezeichnen, an dessen Ende ethnische Säuberung, Völkermord und ethnisch fast vollständig homogene Staaten stehen. Es handelt sich um den gewalttätigsten Entwurzelungsvorgang der modernen Geschichte.

Karl Schlögel, Bugwelle des Krieges – Die Völkerverschiebungen im 20. Jahrhundert, in: Stefan Aust und Stephan Burgdorff (Hrsg.), a.a.O., S. 179-196, hier S. 185 f.

1. *Beschreiben Sie die „multikulturelle Welt" Mitteleuropas.*
2. *Erläutern Sie auch anhand selbstgewählter Beispiele, was Schlögel unter der „Entmischung" Europas versteht.*
3. *Überprüfen Sie, ob im Falle Mitteleuropas von einem Schauplatz von Kulturkontakt und Kulturkonflikt gesprochen werden kann. Siehe hierzu auch den Theorie-Baustein auf Seite 248 ff.*
4. *Entwickeln Sie eine Einschätzung zu der Frage, inwieweit wir heute gegen den Wahn und die Rezepte von „Entmischung" und „Homogenisierung" geschützt sind.*

[1] **Gemengelage**: Zusammentreffen von sehr unterschiedlichen Gegebenheiten

Europa verlässt Deutschland: die Abwanderung der „Displaced Persons“

Begriff „Displaced Persons“ Neben Flucht und Vertreibung der Deutschen und den nachfolgenden Wanderungen in die Vertreibungsgebiete gab es in der unmittelbaren Nachkriegszeit des Zweiten Weltkrieges zahlreiche weitere räumliche Bewegungen, die als Kriegsfolgen verstanden werden können. Dazu zählte die Migration der rund zehn bis zwölf Millionen „*Displaced Persons*“ (DPs) auf dem Gebiet der vier alliierten Besatzungszonen in Deutschland. Den Begriff „Displaced Persons“ hatten die US-amerikanischen Militärbehörden eingeführt. Sie meinten damit all jene nicht-deutschen Staatsangehörigen, die im Verlaufe des Krieges vom nationalsozialistischen Deutschland aus ihren Herkunftsländern vertrieben oder deportiert worden waren. Zumeist handelte es sich um ehemalige Zwangsarbeitskräfte. Zu den DPs zählten aber auch Kriegsgefangene und Konzentrationslagerhäftlinge. Die Displaced Persons kamen aus weiten Teilen Europas, entstammten rund 20 Nationalitäten mit über 35 verschiedenen Sprachen. Sie unterstanden der direkten Fürsorge der vier alliierten Besatzungsmächte und den von ihnen zugelassenen internationalen Hilfsorganisationen (▸ M1).

Rückführung der „Displaced Persons“ Ursprünglich war es das Ziel der Militärregierungen und Hilfsorganisationen, die DPs so rasch wie möglich zu sammeln und in die jeweiligen Heimatländer zurückzubringen. Das gelang allein in den ersten vier Monaten nach der deutschen Kapitulation im Mai 1945 über fünf Millionen DPs, wobei der Anteil der ehemaligen Zwangsarbeitskräfte, Kriegsgefangenen und Konzentrationslagerhäftlinge aus Westeuropa überproportional hoch war. Schon bis Juli 1945 waren zum Beispiel 99 Prozent aller DPs, die aus Westeuropa stammten, aus Norddeutschland zurückgeführt („repatriiert“) worden oder hatten sich selbstständig auf den Heimweg begeben. Für die DPs aus dem östlichen Europa erwies sich die Rückkehr, nicht zuletzt wegen der Kriegszerstörungen und der deswegen katastrophalen Transportsituation, als schwieriger (▸ M2). Nicht alle DPs waren freiwillig unterwegs: Entsprechend einer Vereinbarung zwischen den Westalliierten und der UdSSR wurden Displaced Persons sowjetischer Staatsbürgerschaft auch zwangsweise repatriiert, wiewohl die westalliierten Behörden wussten, dass sie, als angebliche „Kollaborateure“, mit Lagerhaft und Repressionen, Offiziere vielfach auch mit der Todesstrafe zu rechnen hatten, weshalb nicht wenige anstelle der Deportation den Freitod wählten (▸ M3).

Seit Herbst 1945 verringerten sich die Abtransportziffern immer weiter. Ende 1945 gab es in den drei Westzonen Deutschlands noch etwa 1,7 Millionen DPs. Displaced Persons polnischer Herkunft bildeten in den Westzonen mit rund 800 000 Personen Ende 1945 die stärkste Gruppe unter den noch nicht Repatriierten. Aus dem Baltikum stammten etwa 180 000 DPs, und die sowjetische Staatsbürgerschaft besaßen zu diesem Zeitpunkt rund 55 000 DPs. Zu diesem Zeitpunkt lag die Zahl der Displaced Persons im Gebiet des späteren Landes Niedersachsen bei rund 280 000. Immerhin sechs Prozent der niedersächsischen Gesamtbevölkerung stellten die DPs – mit durchaus erheblichen regionalen Unterschieden: Im Emsland lebten 32 000 DPs bei einer deutschen Einwohnerschaft von 185 000. Noch wesentlich höhere Bevölkerungsanteile gab es zu diesem Zeitpunkt in den Landkreisen Fallingbostel mit 58 Prozent sowie Celle mit 48 Prozent als Spitzenreitern im niedersächsischen Raum.

Internettipp
Über das „Displaced Persons Camp Bergen-Belsen“ informiert folgende Homepage: http://bergen-belsen.stiftung-ng.de/de/geschichte/dp-camp

Im gesamten Jahr 1946 lag die Zahl der Repatriierungen nur noch bei etwa 500 000. Hintergrund für die abnehmenden Transportziffern war die immer geringere Rückkehr-

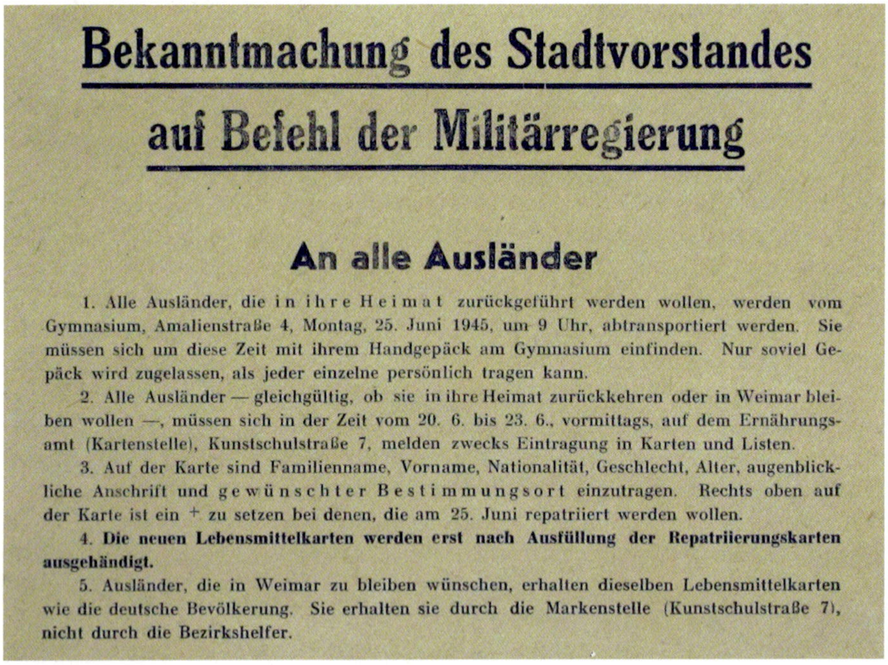

Bekanntmachung des Stadtvorstandes
auf Befehl der Militärregierung

An alle Ausländer

1. Alle Ausländer, die in ihre Heimat zurückgeführt werden wollen, werden vom Gymnasium, Amalienstraße 4, Montag, 25. Juni 1945, um 9 Uhr, abtransportiert werden. Sie müssen sich um diese Zeit mit ihrem Handgepäck am Gymnasium einfinden. Nur soviel Gepäck wird zugelassen, als jeder einzelne persönlich tragen kann.

2. Alle Ausländer — gleichgültig, ob sie in ihre Heimat zurückkehren oder in Weimar bleiben wollen —, müssen sich in der Zeit vom 20. 6. bis 23. 6., vormittags, auf dem Ernährungsamt (Kartenstelle), Kunstschulstraße 7, melden zwecks Eintragung in Karten und Listen.

3. Auf der Karte sind Familienname, Vorname, Nationalität, Geschlecht, Alter, augenblickliche Anschrift und gewünschter Bestimmungsort einzutragen. Rechts oben auf der Karte ist ein + zu setzen bei denen, die am 25. Juni repatriiert werden wollen.

4. Die neuen Lebensmittelkarten werden erst nach Ausfüllung der Repatriierungskarten ausgehändigt.

5. Ausländer, die in Weimar zu bleiben wünschen, erhalten dieselben Lebensmittelkarten wie die deutsche Bevölkerung. Sie erhalten sie durch die Markenstelle (Kunstschulstraße 7), nicht durch die Bezirkshelfer.

▸ **Bekanntmachung des Stadtvorstandes Weimar.**
Handzettel vom Juni 1945.
- *Geben Sie die Auflagen wieder, die den als „Ausländer" bezeichneten Menschen in der Stadt Weimar gemacht werden.*
- *Ordnen Sie den Aufruf der Stadtverwaltung Weimar in den Zusammenhang der Nachkriegsgeschehnisse ein.*

bereitschaft der DPs. Dazu trugen die Errichtung kommunistischer Systeme in den Ländern Ostmittel- und Südosteuropas ebenso bei wie die dortigen territorialen Veränderungen und die schwierige wirtschaftliche Situation. Zahlreiche DPs hatten im Krieg ihre gesamten Familien verloren, ihre Heimatorte waren zerstört, ihre Gesundheit ruiniert. Anknüpfungspunkte für den Aufbau einer neuen Existenz in den Herkunftsländern gab es für viele nicht mehr.

Jüdische „Displaced Persons" Eine besondere Gruppe bildeten im besetzten Deutschland die jüdischen DPs, denn viele unter ihnen hatten sich erst nach Kriegsende in die Obhut der Westalliierten in Mitteleuropa begeben. Vor diesem Hintergrund wuchs unter den DPs seit dem Sommer 1945 der Anteil der Juden deutlich an. Ein großer Teil der polnischen Juden, die nach Kriegsbeginn 1939 in die UdSSR ausgewichen waren, nutzten ihr Herkunftsland nur für die Durchwanderung in Richtung Westen. Insbesondere der Pogrom im südostpolnischen Kielce im Juli 1946 mit 42 Toten und rund 80 Verletzten trieb die Abwanderung von Juden aus Polen weiter an. In der US-Besatzungszone in Deutschland hatte die Zahl der jüdischen DPs im Januar 1946 bei 36 000 gelegen, erreichte im Oktober 1946 dann bereits 141 000. Der deutsche Südosten wurde vor allem deshalb zum bevorzugten Ziel der jüdischen Zuwanderer, weil die US-amerikanische Besatzungsmacht sie unter den DPs privilegierte, indem sie als besonders hilfsbedürftig eingestuft und für sie eigene Lager eingerichtet wurden. Neben die im Umfang dominierenden polnischen Juden traten rund 25 000 ungarische und ca. 20 000 rumänische Juden, die insbesondere 1946 und 1947 die DP-Lager im besetzten Deutschland erreichten.

Internettipp
Über den „Pogrom von Kielce" berichtet ein Artikel des „Spiegel" von 1996: www.spiegel.de/spiegel/print/d-8947483.html

Bis in das Jahr 1947 behinderten die ostmittel- und südosteuropäischen Staaten sowie die UdSSR die Abwanderung der Juden nicht, ließen sich vielmehr auf Verhandlungen mit jüdischen Organisationen ein, die die Abwanderung von Juden förderten, um das Projekt der Gründung eines jüdischen Staates voranzutreiben. Für einen Großteil der jüdischen DPs mündete der mehrmonatige oder mehrjährige Aufenthalt in den Lagern in Westdeutschland in die Abwanderung nach Palästina bzw. Israel, das schließlich mit rund 200 000 Menschen zwei Drittel von ihnen aufnahm. Die USA erreichten ca. 72 000 und Kanada etwa 16 000. Im November 1949 verzeichnete das Gebiet der ehemaligen US-Besatzungszone nur noch 15 000 jüdische DPs in neun Lagern, während es im Januar des Jahres noch fast 65 000 in 48 Lagern gewesen waren. Seit 1952 gab es nur noch das *Lager Föhrenwald* bei München, das jene Juden beherbergte, die Deutschland nicht verlassen wollten oder konnten, häufig weil sie alt und krank waren (▸ M4). Im Februar 1957, fast zwölf Jahre nach Kriegsende, wurde Föhrenwald als letztes Lager für jüdische DPs aufgelöst.

▲ Holzschild am Eingang des Lagers Föhrenwald.
Foto von 1951.

Internationale Flüchtlingshilfe ■ Nicht nur für die jüdischen Flüchtlinge, sondern für alle DPs, die nicht in ihre Herkunftsländer zurückkehren konnten oder wollten, bildete die Abwanderung aus dem besetzten Deutschland eine wesentliche Perspektive. Das *Resettlement-Programm* der im Juni 1947 gegründeten *International Refugee Organization (IRO)* (dt.: *Internationale Flüchtlingsorganisation*) erfasste bis 1951 insgesamt ca. 712 000 DPs. Ziele der von der IRO unterstützten DP-Migration waren vor allem die USA (für 273 000 DPs), Australien (136 000) und Kanada (83 000) sowie die westeuropäischen Staaten Frankreich und Großbritannien mit insgesamt 110 000 Menschen. Nur ein kleiner Teil der DPs blieb in Deutschland zurück. Die Gründe dafür waren vielfältig, manche waren bei den Auswanderungsprogrammen nicht berücksichtigt worden, weil sie als zu alt, zu krank oder zu wenig arbeitsfähig galten. Andere wiederum hatten Arbeit und Erwerb gefunden und sahen außerhalb Deutschlands keine besseren Chancen für sich. Als die Westalliierten 1950 die Verantwortung für die DPs an die Bundesregierung übergaben, dürften sich noch rund 150 000 von ihnen im Bundesgebiet aufgehalten haben, von denen etwa ein Drittel immer noch in Lagern lebte.

Vom DP zum „heimatlosen Ausländer“ ■ Mit dem *„Gesetz über die Rechtsstellung heimatloser Ausländer im Bundesgebiet“* vom 25. April 1951 wurde in der Bundesrepublik ein spezieller, im Vergleich zum internationalen Flüchtlingsrecht großzügiger Rechtsstatus für die DPs geschaffen. Er glich sie zwar in weiten Bereichen der rechtlichen Position der Bundesbürger an, führte aber eben gerade nicht zu einer vollständigen Gleichstellung mit deutschen Flüchtlingen und Vertriebenen. Entschädigungsansprüche regelte das Gesetz nicht. Das führte angesichts einer restriktiven Wiedergutmachungspraxis deutscher Verwaltungen und Gerichte in der Folgezeit dazu, dass viele „heimatlose Ausländer“ keine Entschädigung dafür erhielten, was sie während der nationalsozialistischen Diktatur erlitten hatten.

Das Verhältnis der deutschen Bevölkerung zu den DPs war in der unmittelbaren Nachkriegszeit in aller Regel von Abwehrhaltungen und Vorurteilen geprägt. Die diskriminierende nationalsozialistische Rede von den „Untermenschen“ aus dem Osten tat dabei ebenso ihre Wirkung wie die verallgemeinerten und Schrecken verbreitenden Nachrichten über gewalttätige Ausschreitungen und Plünderungen befreiter Zwangsarbeitskräfte nach dem Ende der nationalsozialistischen Diktatur. DPs galten weithin als unter der Obhut der Alliierten stehende Privilegierte, die der deutschen Polizeihoheit entzogen waren. Nur selten ist in der deutschen Nachkriegsgesellschaft in den DPs mehr gesehen worden als ein Besatzungsproblem – ihr Schicksal als Opfer der nationalsozialistischen Herrschaft wurde weithin verdrängt und verschwiegen.

Internettipp
Zum Wortlaut des „Gesetzes über die Rechtsstellung heimatloser Ausländer im Bundesgebiet“ von 1951 siehe: www.gesetze-im-internet.de/bundesrecht/hauslg/gesamt.pdf

Lesetipp
Wolfgang Jacobmeyer, Vom Zwangsarbeiter zum heimatlosen Ausländer. Die Displaced Persons in Westdeutschland 1945-1951, Göttingen 1985

▲ **Nach der Eroberung Berlins.**
Foto von Boris Puschkin, Mai 1945.
Ausländische Staatsangehörige begeben sich nach der sowjetischen Eroberung von Berlin zu den Sammelpunkten der Stadt.
▪ *Charakterisieren Sie die Situation der Menschen auf dem Foto.*

M1 Befreiung aus der Zwangsarbeit

Walentina P. Bogatschenko ist in den letzten Kriegsjahren als Zwangsarbeiterin in der Schraubenfabrik in Wiesbaden beschäftigt gewesen. Im Jahr 2001 erinnert sie sich an die Geschehnisse nahe der Stadt Wiesbaden im Frühjahr 1945:

Eines Morgens erklärte man uns, wir sollten uns parat machen und die Abzeichen annähen. Wir wurden losgeschickt – ich weiß nicht mehr wohin. Unsere Kolonne wurde von den [deutschen] Aufsehern bewacht. Wir gingen sehr lange. Dann verschwanden aber die Wachleute, und wir sahen einen amerikanischen Jeep. Wir waren sehr froh. Die Amerikaner gaben uns etwas zu essen und schickten uns weiter. Wir verstanden, dass der Krieg zu Ende war, und kehrten um. Unterwegs schlossen wir uns einigen Tschechen an. Mit denen zusammen kehrten wir auch zurück. In einem Aufnahmelager, wo Leute von verschiedenen Nationen anwesend waren, bekamen die Tschechen und wir zwei Zimmer. [...] Man gab uns gutes Essen, abends spielten wir Fußball, guckten Filme an. Dann kam aber die Zeit der Abreise.

Hedwig Brüchert, Zwangsarbeit in Wiesbaden. Der Einsatz von Zwangsarbeitskräften in der Wiesbadener Kriegswirtschaft 1939 bis 1945, Schriften des Stadtarchivs Wiesbaden, Bd. 8, Wiesbaden 2003, S. 264

1. *Erläutern Sie, inwiefern die geschilderten Erlebnisse beispielhaft für das Geschehen in Deutschland in den Jahren 1945/46 waren.*
2. *Nehmen Sie Stellung zu der Frage, ob es sich hier tatsächlich um eine „Befreiung" handelt.*

M2 Wege und Irrwege nach dem Ende des Zweiten Weltkrieges

Im Folgenden werden zwei Lebenswege jüdischer Überlebender aus Wilna skizziert:

Lily Mazur Margules wurde 1924 im polnischen Wilna geboren und nach dem deutschen Angriff auf die UdSSR 1941 im dortigen Ghetto interniert. Sie überlebte unter anderem das KZ Kaiserwald, die Zwangsarbeit in den Dünawerken (KZ Riga) und das KZ Stutthof. Im März 1945 befreite die Rote Armee sie schwer an Typhus erkrankt in Ostpreußen. Zur

Erholung kam sie in das Ostseebad Zoppot. An eine Rückkehr war nicht zu denken, weil Wilna in der Zwischenzeit Teil der UdSSR geworden war. Im polnischen Lodz traf sie im Herbst 1945 eine Cousine und blieb hier, um sich auf die Migration nach Palästina im Rahmen einer Jugendgruppe vorzubereiten. Ein Jahr später reiste die gesamte Gruppe über Prag und München nach Fürstenbach in Bayern, um hier eine landwirtschaftliche Ausbildung zu durchlaufen. Die nächste Station bildete im Herbst 1946 das DP-Lager Leipheim bei Ulm. Zum Jahreswechsel 1946/47 überquerte die Gruppe illegal die italienische Grenze, erreichte das DP-Lager Grugliacco in der Nähe Turins, wo sie ihren späteren Mann kennenlernte, den sie in Turin heiratete. Ein vor dem Zweiten Weltkrieg nach Buenos Aires ausgewanderter Onkel bezahlte eine Schiffspassage nach Argentinien und kümmerte sich um die Visen. 1956 zog das Ehepaar mit den beiden Söhnen nach New York.

Samuel Bak wurde 1933 in Wilna geboren und war nach der deutschen Besetzung in einem Arbeitslager in der Stadt interniert worden. Nach dessen Auflösung versteckten er und andere Familienangehörige sich 1944 in einem Kloster bei Wilna. Mithilfe überlebender Wilnaer Juden kamen seine Mutter und er nach Lodz, wo Samuel Bak nach vier Jahren erstmals wieder eine Schule besuchte. Hier erfuhr er auch vom Tod des Vaters, der im Ghetto Wilna ermordet worden war. Mithilfe einer zionistischen Organisation kamen Mutter und Sohn über Stettin in das Berliner Aufnahmelager Schlachtensee und von hier aus in das DP-Lager Landsberg in Bayern. Hier heiratete die Mutter einen litauischen Juden, der das KZ Dachau überlebt hatte. Die Familie zog von Landsberg aus 1948 nach Israel. Samuel Bak lebt heute in den USA in der Nähe von Boston.

Zusammengestellt nach: Anna Lipphardt, Vilne. Die Juden aus Vilnius nach dem Holocaust. Eine transnationale Beziehungsgeschichte, Paderborn 2010, S. 147-151

1. *Analysieren Sie die beiden Lebenswege, indem Sie sie mithilfe einer Karte räumlich erschließen.*
2. *Arbeiten Sie heraus, wo sich die Wege von Lily Mazur Margules und Samuel Bak überschneiden, und erläutern Sie, warum es hier zu diesen Überschneidungen kommt.*
3. *Erörtern Sie anhand der beiden Beispiele die Problematik der „Displaced Persons" in den Nachkriegsjahren.*

M3 Zwangsarbeit oder Zusammenarbeit?

1943 wird Wladimir Justschenko als fünfjähriges Kind mit seinen Eltern aus dem Gebiet von Tschernigow in der Ukraine nach Wiesbaden verschleppt. Dort lebt er im Reichsbahnlager „Rudolf". Im Jahr 2002 gibt er Zeugnis von der Rückkehr der Familie in ihre „Heimat":

Ein sowjetischer Major hielt eine pathetische Rede: „Die Heimat wartet auf Euch ...!" Damit war das schöne freie Leben [in der amerikanischen Besatzungszone] zu Ende. Das war eine sehr schöne Zeit gewesen: Gesang, gutes Essen, Freiheit. [...] Wir wurden also in die Heimat zurückgeschickt. Sobald wir die Grenze überschritten hatten zwischen Polen und der Ukraine, merkten wir sofort, dass die schönen Worte des Majors nichts mit der Realität zu tun hatten. Zuerst kehrten wir in das Dorf zurück, da die Großmutter es unbedingt wiedersehen wollte. Da sahen wir, dass es vollständig verwüstet war; überall wuchs Gras, sonst war nichts erhalten geblieben. [...]
1947 wurde mein Vater vor Gericht gestellt. Wer in Deutschland gewesen war, wurde als Feind betrachtet. Er wurde zu zehn Jahren Haft verurteilt, er wusste jedoch nicht wofür. Die Gerichtsverhandlung dauerte zwei Tage. Dann wurde der Vater nach Sibirien verschickt, nach Mariinsk. [...] Nach Stalins Tod gab es eine Amnestie, und mein Vater wurde freigelassen. Als man seinen Fall gerichtlich überprüfte, stellte sich heraus, dass er unschuldig war. Er wurde freigesprochen.

Hedwig Brüchert, a. a. O., S. 280 f.

1. *Geben Sie Wladimir Justschenkos Erlebnisse nach seiner Rückkehr in eigenen Worten wieder.*
2. *Erklären Sie, warum „Displaced Persons" wie Justschenkos Vater in ihren Herkunftsländern häufig verfolgt wurden.*
3. *Beurteilen Sie, ob in Fällen wie dem der Familie Justschenko von einer „Heimkehr" gesprochen werden kann.*

M4 „Föhrenwald – Wartesaal der Unglücklichen“

In der Süddeutschen Zeitung vom 21. Mai 1953 berichtet der Journalist Joachim Steinmayr über das Lager Föhrenwald bei München. Im Vordergrund des Artikels steht ein etwa 50-jähriger jüdischer Schäftemacher[1], der das KZ überlebt hat. Nach der Befreiung geht er nach Haifa (Israel), kann dort jedoch wegen gesundheitlicher Probleme nicht bleiben. Seine weitere Reise führt ihn nach Frankreich. Dort stellt ihm die kanadische Botschaft in Paris eine Einwanderungsbewilligung in Aussicht. Auf diese darf er aber nicht in Frankreich warten, da seine befristete Aufenthaltsgenehmigung nicht verlängert wird. Man befürchtet, dass er dem französischen Staat zur Last fallen könnte. Auf Empfehlung eines französischen Beamten bricht er schließlich nach Deutschland auf:

Also kam der Schäftemacher nach Föhrenwald, dem letzten jüdischen Lager in Deutschland. Er bezog dort als „Illegaler“ mit seiner Frau ein kahles Zimmer. Ein Stuhl steht darin und ein halb durchgebrochenes Bett, das nachts durch Anbau der beiden Koffer verbreitert wird. Er bekommt Fürsorgeunterstützung (an die 100 Mark im Monat) und die deutschen Behörden meinen, den Vorschriften nach ganz zurecht, dass das Dasein des Schäftemachers auch in Deutschland nicht in Ordnung ist. [...]

Was den Insassen gesetzlich zusteht, wird von der deutschen Lagerverwaltung und den übergeordneten Behörden peinlich genau erfüllt. Und dennoch bleibt der Zustand in Föhrenwald unbefriedigend, vielleicht gerade deshalb, weil die Verantwortlichen zu sehr auf Korrektheit bedacht sind und darüber manchen Lösungsweg übersehen, den zwar nicht Paragrafen, wohl aber das menschliche Herz eingeben würde.

Wohin mit den Kranken und Leidenden?

Föhrenwald soll aufgelöst werden. Wohin also mit den Tbc-Leuten[2], von den Beauftragten der Auswanderungsländer bisher mit einem bedauernden Blick auf das Röntgenbild abgelehnt? Wohin mit den Siechen, die im Krankenhaus dahindämmern? Wohin mit den „besonderen Fällen“, die klagend ihr Schicksal erzählen? Wohin zum Beispiel mit Frau Zaschkewitz, einer Deutschen aus Breslau mit sieben Kindern, deren jüdischer Mann an einer schweren Neurose leidet und nie mehr wird arbeiten können? Frau Zaschkewitz ist deutsche Staatsbürgerin, trotzdem lebt sie im Lager. Man weist ihr keine Wohnung zu, ihre Kinder sind in einem Heim untergebracht. Sie hat nicht das Geld, sie auch nur zu besuchen. [...]

„Wenn man sich um jeden Einzelnen von uns nicht nur nach Versorgungsbestimmungen, sondern, jeden Fall einzeln abwägend, auch nach menschlichen Gesichtspunkten kümmern würde, wenn man nach ganz verschiedenen Wegen suchen würde, dem Einzelnen zu helfen, dem ein Auswanderungspapier, jenem eine Wohnung, diesem einen Platz im Altersheim verschaffen würde, dann könnte das Lager ganz von selbst verschwinden“, meint der Schäftemacher aus Haifa und fügt hinzu: Wenn ein paar hundert Menschen vorübergehend ein europäisches Standquartier für ihre Auswanderung suchen, weil ihre östliche Heimat verschlossen ist, sollen es ihnen nicht, auch wenn es gegen die Vorschriften ist, die Deutschen gewähren?

Solange die Leute von Föhrenwald geschlossen in ihrem Lager bleiben und als ein Kollektiv der deutschen Fürsorge zur Last fallen, so lange werden sie, wenn man ihnen etwa vorwirft, im Monat mit 90 000 Mark einen übermäßigen Stromverbrauch zu betreiben, antworten: „Und wie ist das mit dem Strom, der Tag und Nacht durch den Drahtverhau von Auschwitz gejagt worden ist?“ Eine solche Antwort muss einem Deutschen die Erwiderung verschlagen. Schon deshalb ist eine Diskussion über Föhrenwald samt seiner Illegalen so schwer.

Joachim Steinmayr, Föhrenwald – Wartesaal der Unglücklichen. Das letzte jüdische Lager in Deutschland. Ein „Illegaler“ erzählt sein Schicksal, in: Süddeutsche Zeitung, 21. Mai 1953

1. *Beschreiben Sie das Leben im Lager Föhrenwald.*
2. *Charakterisieren Sie die Eigenart des Lagers Föhrenwald.*
3. *Erläutern Sie die im Artikel thematisierten Probleme der im Lager lebenden „Displaced Persons“.*
4. *Nehmen Sie Stellung zum Umgang der deutschen Bevölkerung und Behörden mit den Lagerbewohnern.*
5. *In der Nachkriegszeit hatten viele jüdische „Displaced Persons“ Schwierigkeiten, ein Aufnahmeland zu finden. Erörtern Sie die Praxis der Siegermächte bezüglich der DPs.*

[1] Als „Schäfte“ bezeichnet man die Oberteile von Schuhen. Das Anfertigen von Schäften ist Bestandteil des Schuhmacherhandwerkes.
[2] „Tbc“ steht für die bakterielle Infektionskrankheit Tuberkulose.

Karten analysieren und interpretieren

Kompetenz:
Die räumliche Darstellung von Ereignissen und Entwicklungen beschreiben, analysieren und interpretieren

Karten geben eine Orientierung in Raum und Zeit. Sie informieren sowohl über topografische und geografische Gegebenheiten als auch beispielsweise über Ereignisse und Entwicklungen in bestimmten Gebieten oder sich verändernde Ländergrenzen und Lebensräume von Bevölkerungen.
Prinzipiell lassen sich zwei Arten von Karten unterscheiden. 1. *Historische Karten*: Sie wurden mit den Mitteln und den Erkenntnisinteressen der damaligen Zeit erstellt und zeigen, welche Vorstellungen Menschen bzw. Kartenzeichner und ihre Auftraggeber von der Welt hatten. 2. *Geschichtskarten*: Sie wurden von Historikern oder historisch arbeitenden Geografen angefertigt, um Aussagen über die Vergangenheit besser darstellen zu können.
Karten sind anschaulich und häufig leicht verständlich, bereiten aber auch spezifische Probleme. Bei historischen Karten erschließen sich Bilder, Zeichen und Symbole nicht immer unmittelbar. Darüber hinaus haben sich die Verfahren zur Abbildung geografischer Räume ständig weiterentwickelt, sodass alte Karten oft Verzerrungen enthalten. Zudem sind Karten keine objektiven Darstellungen, sondern bilden subjektive Deutungen der Welt ab. So spiegeln historische Karten immer auch das Wissen und Denken ihrer Entstehungszeit. Moderne Karten sind häufig bewusst angelegt worden, um bestimmte (z. B. politische oder kulturelle) Aussagen zu treffen.
Schließlich sind auch die Darstellungsmöglichkeiten von Karten limitiert. Sie können nur begrenzt zeitliche Entwicklungen und Abläufe zeigen. Schwierig ist es auch, komplexe gesellschaftliche und kulturelle Zusammenhänge abzubilden.
Eine kritische Auseinandersetzung mit Karten erfordert nicht nur grundlegende Kenntnisse über den historischen und thematischen Hintergrund, sondern auch das richtige „Lesen“ der Legende, der Zeichen und Symbole.

Formale Kennzeichen

- Um welchen *Kartentyp* handelt es sich?
- Wann und wo wurde die Karte *erstellt* oder *veröffentlicht*?
- Wer hat die Karte entworfen und/oder in *Auftrag* gegeben?

Karteninhalt

- Über welches *Thema* informiert die Karte?
- Welchen *Raum* und welche *Zeit* stellt die Karte dar?
- Zeigt die Karte einen *Zustand* oder eine *Entwicklung*?
- Welche *Darstellungsformen* nutzt die Karte (Symbol, Bild, Text, Farbgebung etc.)?
- Sind die *Informationen* ausreichend für das von der Karte dargestellte Thema?
- Finden sich *Widersprüche* in den Informationen?
- Entspricht die geografische/topografische Darstellung unseren heutigen Kenntnissen?

Historischer/aktueller Kontext

- In welchen historischen/politischen *Zusammenhang* lässt sich die Karte einordnen?
- Welche *Ursachen*, *Entwicklungen* oder *Folgen* lassen sich aus der Karte ablesen?

Bewertung und Intention

- An welchen *Adressatenkreis* wendet sich die Karte?
- Welchen *Zweck*, welche *Funktion* verfolgt sie?
- Auf welche wissenschaftlichen oder politischen Diskussionen geht sie ein?
- Ist eine bestimmte *Sichtweise*, eine politisch-ideologische Zielsetzung erkennbar?
- Welche Fragen kann die Karte beantworten und welche nicht?

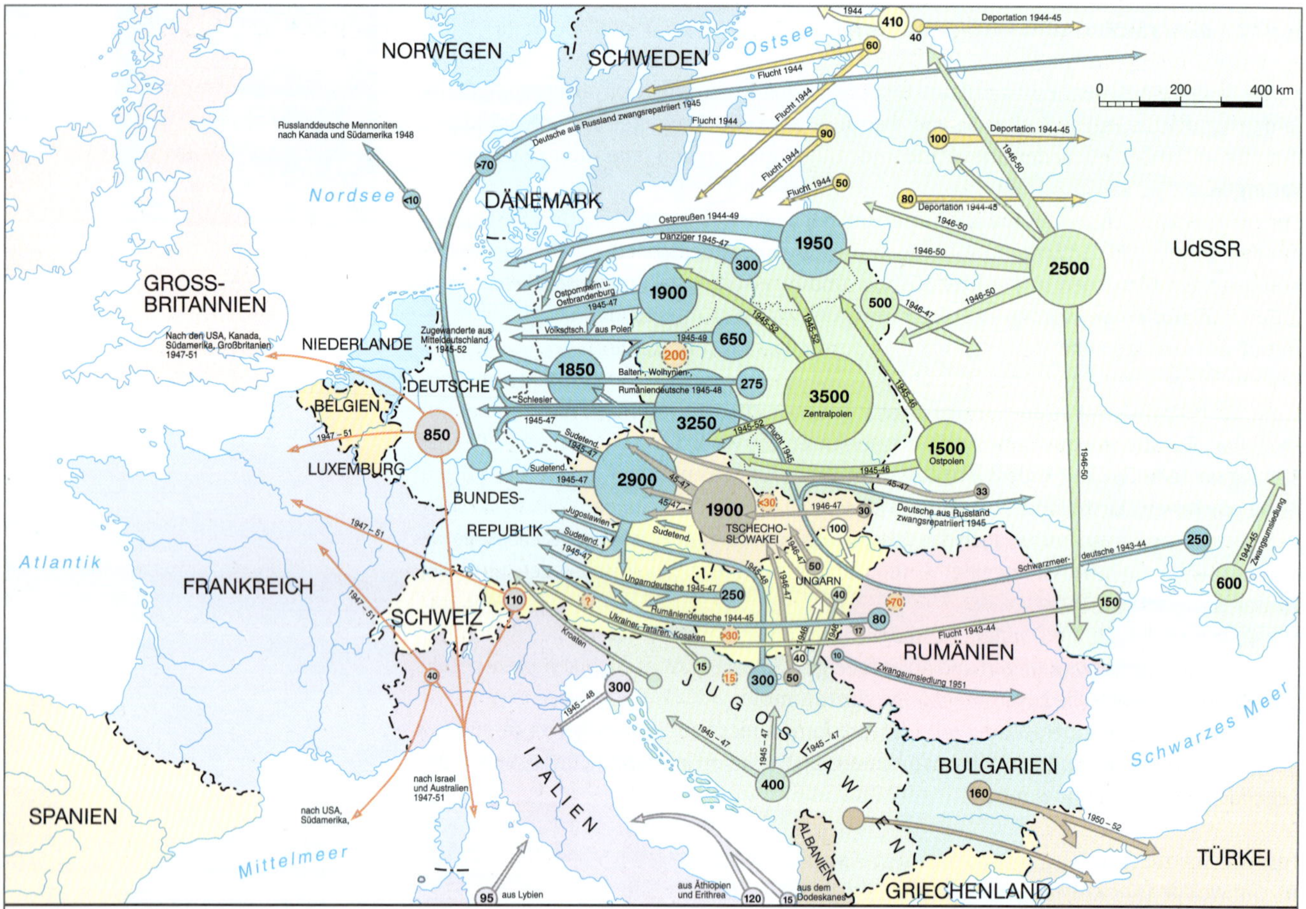

Evakuierung, Flucht, Vertreibung und Abwanderung von Deutschen aus den ostmittel-, südost- und osteuropäischen Ländern, aus den Reichsgebieten östlich der Oder und der sowjetischen Zone Deutschlands, Zwangsumsiedlung von Deutschen aus dem rumänischen Banat in die Bărăgan-Steppe

Finnische Vertriebene

Flucht von Balten vor der Roten Armee und Deportation von Balten nach der sowjetrussischen Besetzung des Baltikums

Flucht von Ukrainern, Tataren, Kosaken, Weißrussen vor der Roten Armee; Zwangsumsiedlung von Krimtataren, Kaukasiern, Kalmüken nach Einzug der Roten Armee; Umsiedlung von Ukrainern aus Polen nach der UdSSR, Ansiedlung von Russen in den baltischen Staaten, im nördlichen Ostpreußen und im ehemaligen Ostpolen

Italienische Flüchtlinge und Vertriebene aus den an Jugoslawien abgetretenen Gebieten und aus den ehemaligen italienischen Kolonien

Umgesiedelte Ungarn aus der Slowakei und Jugoslawien

Ansiedlung von Tschechen und Slowaken aus Böhmen, Mähren, Sudeten, Schlesien, der Slowakei und den Nachbarländern in den zuvor von Deutschen besiedelten Gebieten der Tschechoslowakei

Umgesiedelte Kroaten, Slowenen und Serben aus Ungarn; Ansiedlung von Bosniern, Montenegriniern und Serben in den ehemals deutsch-bewohnten Gebieten Jugoslawiens

Ansiedlung von Polen in den ostdeutschen Reichsgebieten

Neuansiedlung von DP's (Russen,Balten, Polen Serben, Juden etc.) in Westeuropa, Israel und Übersee durch die IRO

Vertreibung von Türken aus Bulgarien in dieTürkei

250 Zahl der Vertriebenen, Deportierten, Ansiedler in Tausend

150 Deportation von Deutschen in die Sowjetunion bis Kriegsende in Tausend

▲ **„Europäische Bevölkerungsbewegungen 1944-1952."**
Karte nach: Haus der Heimat des Landes Baden-Württemberg (Hrsg.), Umsiedlung, Flucht und Vertreibung der Deutschen als internationales Problem. Zur Geschichte eines europäischen Irrwegs, Stuttgart [3]2009, S. 72

Formale Kennzeichen Es handelt sich um eine Geschichtskarte, die 2009 in einem Heft zum Thema „Umsiedlung, Flucht und Vertreibung der Deutschen als internationales Problem" erschienen ist. Das Heft wurde vom Haus der Heimat des Landes Baden-Württemberg herausgegeben.

Karteninhalt Die Karte informiert über die räumlichen Bevölkerungsbewegungen in Europa zwischen 1944 und 1952. Durch die Darstellung der Bewegung von Menschen in einem Zeitraum von neun Jahren zeigt sie eine Entwicklung. Dabei bedient sie sich verschiedener Darstellungsformen: Die Farbflächen lassen die politischen Verhältnisse nach 1945 erkennen, zusätzlich markieren schwarze Linien (die aus Punkten und Strichen bestehen) die Staatsgrenzen. Einen Sonderfall bildet Deutschland, da die schwarze Linie hier die Grenzen von 1990 und eine grau gestrichelte Linie die innerdeutsche Grenze bis 1990 zeigt. Grau gepunktete Linien deuten die Grenzen des Deutschen Reiches von 1937 an. Farbige Kreise stellen durch verschiedene Größen und schwarze Zahlen die Zahl der Vertriebenen, Deportierten und Ansiedler in Tausend dar. Ausgehend von diesen zeigen entsprechend farbige Pfeile die Richtungen der Bevölkerungsbewegungen, die durch kurze Textangaben näher erläutert werden. Hinzu kommen dünne rote Kreise und Pfeile, die die Neuansiedlung von DPs durch die IRO angeben, sowie orangefarbene Kreise und Zahlen, die die Deportation von Deutschen in die Sowjetunion bis Kriegsende in Tausend zeigen. Die Darstellung ist in einigen Teilen nicht unmittelbar verständlich: Bei manchen Farbflächen wird nicht angegeben, welche Staaten dargestellt sind, eine Angabe zum Zeitpunkt der eingezeichneten Grenzen fehlt und Bundesrepublik und DDR sind nicht farblich voneinander abgehoben. Davon abgesehen bietet die Karte jedoch eine hohe Dichte an Informationen und stellt das genannte Thema umfassend dar.

Historischer Kontext Von 1939 bis 1945 wurden 50 bis 60 Millionen Flüchtlinge, Vertriebene und Deportierte zur Migration gezwungen. Nach Kriegsende kamen noch einmal etwa 25 Millionen Menschen hinzu. Die Karte erläutert einen gewichtigen Teil dieser Bevölkerungsbewegungen im Umfeld des Zweiten Weltkriegs. Es wird deutlich, dass fast kein Gebiet in Ostmittel-, Ost-, Südost- und Südeuropa im dargestellten Zeitraum von Flucht, Vertreibung und Umsiedlung verschont blieb.
Hintergrund dessen war der Gedanke des ethnisch gereinigten, von Minderheiten befreiten Nationalstaates. Die Umsetzung dessen führte zu gewaltigen Bevölkerungsverschiebungen, die keineswegs nur Deutsche betrafen, sondern darüber hinaus eine Vielzahl anderer Bevölkerungsgruppen in Europa.

Bewertung und Intention Die Geschichtskarte richtet sich an historisch interessierte Leser. Sie soll die europäische Dimension der Problematik von Flucht, Vertreibung und Umsiedlung im Umfeld des Zweiten Weltkrieges deutlich machen. Dadurch zeigt sich die Karte der internationalen Diskussion um die genannte Problematik verpflichtet. Fragen nach den Ursachen und Folgen der Bevölkerungsverschiebungen werden zwar nicht beantwortet, doch hätten weitere Informationen wohl auch zu einer Überfrachtung der Karte geführt. Die komplexen Entwicklungen der Bevölkerungsverschiebungen von 1944 bis 1952 werden umfassend und anschaulich abgebildet.

1. *Arbeiten Sie die Gesamtzahlen für die farblich differenzierten Bevölkerungsbewegungen heraus und stellen Sie sie in Form einer Tabelle oder eines Diagramms dar.*

\+

2. *Erörtern Sie, inwiefern es sich bei dem Thema „Flucht, Vertreibung und Umsiedlung im Umfeld des Zweiten Weltkrieges" um ein internationales Problem handelt.*

Verteilungskonflikte: die Aufnahme von Flüchtlingen und Vertriebenen

Lesetipp
Andreas Kossert, Kalte Heimat. Die Geschichte der deutschen Vertriebenen nach 1945, München 2008

Städte	Kriegszerstörungen (in Prozent)
Düren	99
Paderborn	97
Bocholt	89
Hanau	88
Köln	70
Dortmund	66
Duisburg	65
Kassel	64
Braunschweig	52
Hannover	51

▲ **Wohnungsnot in Deutschland am Ende des Krieges (Schätzungen).**

Verteilung der Flüchtlinge und Vertriebenen in den Besatzungszonen ■ In den vier Besatzungszonen in Deutschland gab es keine gleichmäßige Verteilung der Flüchtlinge und Vertriebenen. Insgesamt war der Osten Deutschlands, also die Sowjetische Besatzungszone (SBZ), von der Zuwanderung von Flüchtlingen und Vertriebenen stärker betroffen als der Westen. Innerhalb der drei westlichen Besatzungszonen waren wiederum die östlichen Gebiete stärker belastet als die westlichen. Ende 1947 lag der Anteil der Flüchtlinge und Vertriebenen an der Gesamtbevölkerung in der SBZ bei 24,3 Prozent. Die US-Zone blieb demgegenüber mit 17,7 Prozent ebenso zurück wie die britische Besatzungszone mit 14,5 Prozent. In der französischen Besatzungszone erreichte der Flüchtlingsanteil an der Gesamtbevölkerung wegen der Weigerung der französischen Besatzungsbehörden, Flüchtlinge und Vertriebene aufzunehmen, sogar nur rund ein Prozent (▸ M1).

Vielen Zeitgenossen schienen die Probleme der Massenzuwanderung in einem durch massive Zerstörungen gekennzeichneten Nachkriegsdeutschland kaum lösbar. Immerhin waren am Ende des Krieges mehr als vier Millionen Wohnungen ganz oder teilweise zerstört, das entsprach mehr als einem Fünftel des gesamten Vorkriegsbestandes und betraf vor allem die Städte. Auch wenn die Wohnungssituation auf dem Lande besser zu sein schien, gab es auch hier kaum freien Wohnraum. Der Bombenkrieg über den deutschen Städten hatte dazu geführt, dass, vor allem zwischen 1943 und 1945, an die zehn Millionen „Evakuierte" zeitweilig oder auf Dauer ihre Heimatstädte verlassen hatten, um freiwillig oder aufgrund der Evakuierungsmaßnahmen auf dem Land Schutz zu suchen. Schon vor Beginn der Zuwanderung von Flüchtlingen und Vertriebenen waren damit die Unterkunftsmöglichkeiten auf dem Lande stark beschränkt.

Niedersachsen als Aufnahmeland ■ Das in der britischen Besatzungszone gelegene Niedersachsen war in den deutschen Westzonen neben Schleswig-Holstein und Bayern eines der Hauptaufnahmegebiete von Flüchtlingen und Vertriebenen („*Hauptflüchtlingsländer*").[1] Vornehmlich die Flüchtlingszuwanderung führte dazu, dass die niedersächsische Bevölkerung trotz der Kriegsverluste um ca. 50 Prozent anwuchs – von 4,5 Millionen im Jahr 1939 auf 6,8 Millionen im Jahr 1950. Innerhalb Niedersachsens ergaben sich in der Verteilung der Flüchtlinge und Vertriebenen klare Ungleichgewichte mit einem sehr deutlichen Ost-West-Gefälle: Die Regierungsbezirke und Kreise im Osten Niedersachsens nahmen wesentlich mehr Flüchtlinge und Vertriebene auf als die mittleren und westlichen. Einheimische stellten 1946 in den westlichsten Regierungsbezirken Aurich und Osnabrück drei Viertel, in den Bezirken Braunschweig, Hannover, Hildesheim, Oldenburg und Stade zwei Drittel, im Regierungsbezirk Lüneburg aber nur noch die Hälfte der Bevölkerung. Dabei gilt für Niedersachsen insgesamt, dass beinahe die Hälfte aller Flüchtlinge und Vertriebenen in Gemeinden mit weniger als 2000 Einwohnern unterkam.

Lesetipps
- *Klaus J. Bade, Hans-Bernd Meier und Bernhard Parisius (Hrsg.), Zeitzeugen im Interview. Flüchtlinge und Vertriebene im Raum Osnabrück nach 1945, Osnabrück 1997*
- *Bernhard Parisius, Viele Flüchtlinge suchten sich ihre neue Heimat selbst. Zur Aufnahme von Flüchtlingen und Vertriebenen im westlichen Niedersachsen, Aurich 2004*

[1] Siehe hierzu die Karte (M1) auf Seite 189.

▲ **Flüchtlinge auf dem Bahnhof von Hannover.**
Foto (Ausschnitt) von Wilhelm Hauschild aus dem Jahr 1946.
Frauen und Kinder waren nach Flucht und Vertreibung oftmals auf sich allein gestellt.

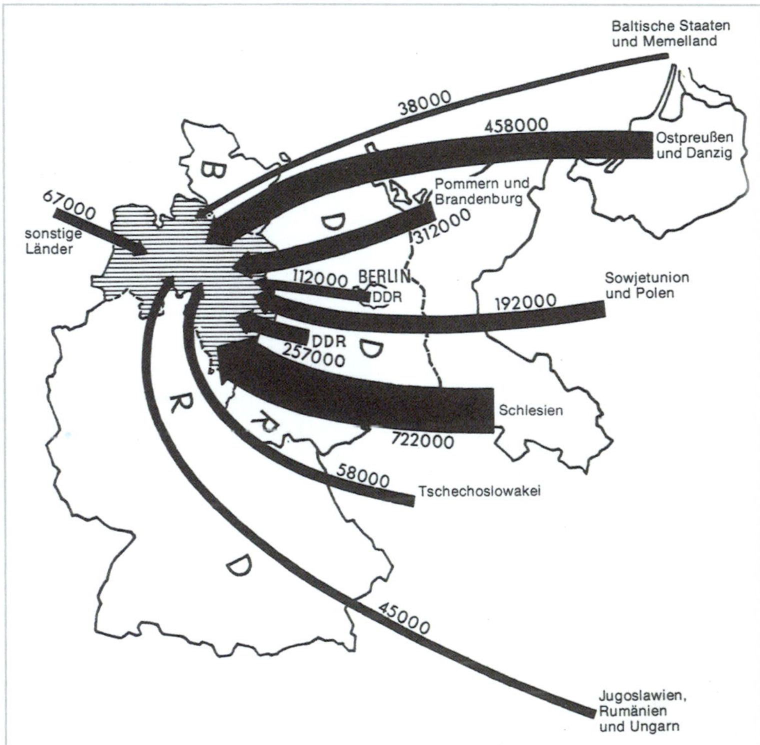

▲ **Herkunftsgebiete der Flüchtlinge und Vertriebenen (Volkszählung 1950).**
Karte nach: Walter Bradatsch und Hansgeorg Loebel, Neue Heimat in Niedersachsen, Alfeld 1979, S. 52

Analysieren Sie die Karte, indem Sie die dort aufgeführten quantitativen und territorialen Informationen in Form einer Tabelle darstellen.

Schwierige Wohn- und Lebensbedingungen Spannungen und Konflikte zwischen Einheimischen und Flüchtlingen resultierten zunächst zumeist aus der Unterkunftsfrage. Gab es keine freiwillige Abgabe von Wohnraum, reagierten deutsche und westalliierte Dienststellen – im Laufe der Zeit immer öfter – mit Zwangseinweisungen. Häufig wurden Dienstboten- oder Abstellkammern, Ställe oder andere Funktionsräume mit spartanischer Ausstattung provisorisch und primitiv als Unterkunft ganzer Familien hergerichtet („*Notwohnungen*"). Auseinandersetzungen zwischen Einheimischen und Zuwanderern waren vorprogrammiert: Allein im Jahre 1946 beschwerten sich beispielsweise in der Provinz Brandenburg mehr als 45 000 Flüchtlinge und Vertriebene schriftlich bei der zuständigen Behörde über alltägliche Konflikte mit Einheimischen. Zumeist ging es um Probleme der Wohnungsversorgung. Bei einer repräsentativen Umfrage in den Ländern der US-amerikanischen Besatzungszone äußerten 1949 insgesamt 61 Prozent der befragten Einheimischen, Flüchtlinge und Vertriebene seien „Störenfriede" in ihrem unmittelbaren Umfeld, darunter 40 Prozent mit Hinweis auf wohnungsbedingte Schwierigkeiten. Verstärkt wurden diese Verteilungskonflikte durch vielfältige kulturelle Grenzziehungen und Auseinandersetzungen: Traditionen, Sitten, Gebräuche oder Handlungsmuster unterschieden sich, Katholiken trafen auf Protestanten, Stadt- auf Landbewohner oder Angehörige deutscher Minderheiten aus Ost-, Ostmittel- und Südosteuropa auf traditionsbewusste Einheimische. Verschärfend wirkten tief verankerte Vorurteile der Einheimischen gegen Menschen aus „dem Osten", die auf die Flüchtlinge und Vertriebenen projiziert wurden (▸ M2).

Vor allem mit dem Eintreffen der großen Vertriebenentransporte des Jahres 1946 erwies es sich als zunehmend schwieriger, Flüchtlinge und Vertriebene in privaten Haushalten unterzubringen. Seither wuchs die Zahl der Lagerbewohner. Überall entstanden neben den bereits bestehenden Erstaufnahme-, Durchgangs- und Quarantä-

▶ **Ankunft in Friedland.**
Foto von 1945/46.
Das Grenzdurchgangslager Friedland wurde von der britischen Besatzungsmacht in der gleichnamigen Gemeinde im Landkreis Göttingen errichtet. Am 20. September 1945 nahm es seinen Betrieb auf. Internettipp: www.grenzdurchgangslager-friedland.niedersachsen.de Links im Bildhintergrund sind sogenannte „Nissenhütten" zu erkennen. Solche Wellblechhütten waren ursprünglich als billige und schnell zu errichtende Unterkünfte für Soldaten entwickelt worden. Nach dem Zweiten Weltkrieg dienten sie in der britischen und amerikanischen Besatzungszone als Behausung für Tausende von Flüchtlingen und Vertriebenen.

nelagern nun auch regelrechte *Wohnlager*, die der längerfristigen Unterbringung von Flüchtlingen und Vertriebenen dienten. Nicht selten handelte es sich um ehemalige Kriegsgefangenen- und Zwangsarbeiterlager, Kasernenanlagen, Fabrikgebäude, Bunker oder sogar ehemalige nationalsozialistische Konzentrationslager wie beispielsweise das Lager Dachau bei München (▶ M3).

Neben der Unterkunftsfrage war die Versorgung mit Lebensmitteln eine der großen Herausforderungen im Nachkriegsdeutschland. Im Konflikt um die Verteilung mit Lebensmitteln standen Flüchtlinge und Vertriebene gegenüber den Einheimischen in der Regel zurück (▶ M4). Wie sehr eine mangelhafte Versorgung die Gesundheit gefährdete, zeigt eine Untersuchung des Gesundheitsamtes in Göttingen: Im Juni 1947 waren hier 1800 zufällig vorbeigekommene Passanten gewogen worden. Nur 203 hatten ihr Normalgewicht. In 297 Fällen wurde ein Untergewicht von fünf bis zehn Prozent registriert, bei 274 Menschen ein Untergewicht von zehn bis 15 Prozent, im Falle von 375 Personen lag es bei 15 bis 25 Prozent. Bei 322 Passanten galt das Untergewicht als akut gesundheitsgefährdend. 412 Menschen waren bis auf die Knochen abgemagert. In erster Linie handelte es sich bei den Betroffenen um Flüchtlinge und Vertriebene.

Jahr	Durchschnittlicher Kalorienverbrauch in Deutschland (pro Tag/Person)
1939	2435
1948	1382

▲ **Kalorienverbrauch in Deutschland.**

Arbeit Mit der vorrangigen Unterbringung der Flüchtlinge und Vertriebenen in den stark landwirtschaftlich geprägten Gebieten verbanden sich erhebliche Probleme, Arbeit zu finden. Bis zur Währungsreform 1948 arbeiteten viele Flüchtlinge und Vertriebene unentgeltlich, häufig lediglich für Kost und Logis als Hilfskräfte in landwirtschaftlichen Betrieben. Im Oktober 1948 waren unter den Flüchtlingen und Vertriebenen in Niedersachsen 58 Prozent der Arbeiter und 40 Prozent der Angestellten berufsfremd beschäftigt. Es gab zwar eine Arbeitslosenunterstützung, die aber kaum ausreichte und in wertloser Reichsmark ausbezahlt wurde. Lohnarbeit im herkömmlichen Sinne blieb wegen der Wertlosigkeit der Währung beinahe ebenso bedeutungslos. Unterbeschäftigung, Gelegenheitsjobs, legale und illegale Tauschaktivitäten kennzeichneten den Arbeitsalltag. Die Produktivität war niedrig angesichts der schwierigen Ernährungslage, der mangelhaften Versorgung mit Betriebsmitteln und Rohstoffen und des katastrophalen Zustandes der gesamten Infrastruktur.

M1 Flüchtlinge und Vertriebene in Deutschland 1945 bis 1950

Karte nach: Haus der Heimat des Landes Baden-Württemberg (Hrsg.), Umsiedlung, Flucht und Vertreibung der Deutschen als internationales Problem. Zur Geschichte eines europäischen Irrwegs, Stuttgart [3]2009, S. 73

1. *Analysieren Sie die Karte mithilfe der Fragen auf Seite 183 (Methoden-Baustein „Karte").*
2. *Beurteilen Sie, ob man von einer gleichmäßigen Verteilung der Flüchtlinge und Vertriebenen im angegebenen Zeitraum sprechen kann.*

▲ **Fastnachtsumzug im badischen Lahr.**
Foto um 1950.
▪ *Interpretieren Sie das Foto.*

M2 Ankunft im Westen

Frau F., geboren 1931 in Schlesien, wird mit ihrer Mutter und ihren Geschwistern nach der Flucht im Jahr 1945 in der Nähe von Osnabrück bei einer Försterfamilie einquartiert:

Viele neugierige Einheimische, hiesige Leute sahen uns jetzt, mit Familien, mit kleinen Kindern, wir sahen ja nicht gerade empfangend aus, denn unsere Grundreinigung und Wäscherei, die musste ja erst noch beginnen jetzt von der langen Fahrt. In den Lagern sind wir wohl von Ungeziefern befreit worden, aber dass wir appetitlich aussahen, das konnte man also nicht gerade sagen. Und wenn da eine Mutter mit neun Kindern jetzt hier vor einem Försterehepaar mit einer kleinen, hübschen Tochter steht, die hübsch, niedlich, fein angezogen ist und da kommt nun eine Mutter mit neun Kindern, da kann sich ja jeder ein Bild machen, was die Familie eigentlich für einen Schreck gekriegt hat. Die haben also gedacht, da kommen irgendwelche Wilde an, weiß der Kuckuck woher, ob nun Polacken oder Russen oder sonst was. Also ich hatte das Gefühl – ich war da 14 Jahre und meine kleinen Geschwister – wir hatten das Gefühl und ich hatte das sogar sehr stark, dass Familie T. dachte, wir sind Ausländer. Dafür haben sie uns alle im ersten Moment gehalten. Meine kleinen Geschwister, die hielten meine Mutter an der Hand und das Erste, was sie sagten, „Mama, Hunger!" Da sagte die Frau T., „ach, Deutsch sprechen könnt Ihr auch!" Das ist mir also bis heute noch im Gedächtnis geblieben, dass die Familien von hier eigentlich über unser Schicksal bis dahin überhaupt keine Ahnung hatten, dass die über nichts unterrichtet waren, nicht vorbereitet waren, dass die gar nicht wussten, was auf sie zukommt.

Klaus J. Bade, Hans-Bernd Meier und Bernhard Parisius (Hrsg.), Zeitzeugen im Interview. Flüchtlinge und Vertriebene im Raum Osnabrück nach 1945, Osnabrück 1997, S. 125 f.

1. *Geben Sie in Ihren eigenen Worten wieder, welche Erfahrungen Frau F. und ihre Familie nach ihrer Ankunft in Niedersachsen machen.*
2. *Erklären Sie die Reaktion der Familie T. auf die Neuankömmlinge.*
3. *Entwickeln Sie eine Einschätzung zu der Frage, warum Frau F. die Szenen ihrer Ankunft im Osnabrücker Land bis heute im Gedächtnis geblieben sind.*
4. *Erörtern Sie, ob es sich bei der Aufnahme der Flüchtlinge und Vertriebenen im Nachkriegsdeutschland um einen „Kulturkontakt" im Sinne der Ausführungen auf Seite 248 ff. (Theorie-Baustein „Kulturkontakt und Kulturkonflikt") handelt.*

M3 Flüchtlinge und Vertriebene in Weetzen

Vom Leben der Flüchtlinge in Weetzen, einem Stadtteil von Ronneberg in der Region Hannover, berichtet die Hannoversche Presse am 16. Dezember 1947:

„Warum seid Ihr gekommen? Wir haben Euch nicht gerufen!" Mit diesen hartherzigen Worten empfing sie ein Beauftragter der Gemeinde Weetzen. Und genauso wie der Empfang war dann auch die Unterbringung der Flüchtlinge. Ein dunkler Raum in einer Gastwirtschaft, dessen Größe wir auf 24 Quadratmeter schätzen, beherbergt nicht weniger als 25 Personen, Frauen, Männer und Kinder. Die Luft ist stickig. Es gibt weder Außenfenster noch eine andere Lüftungsmöglichkeit. Die Wände sind triefnass. Das auf den Fußboden geschüttete Stroh ist feucht, es liegt schon vier Wochen da, neues kann angeblich nicht beschafft werden. Auch die Decken und Kleidungsstücke sind feucht. An diesen Schlafraum schließt sich ein zweiter, größerer, in dem weitere 18 Personen wohnen, an, außerdem ist es der Aufenthalts- und Kochraum. An dem großen Herd kochen bei unserem Eintritt acht Parteien, Wäsche hängt zum Trocknen auf einer Leine. Kinder spielen. In einer Ecke liegt eine Frau mit einem kleinen Mädchen auf Stroh. Seit ihrer Ankunft vor vier Wochen ist sie noch nicht aufgestanden, vielleicht ist sie zu schwach dazu, vielleicht ist ihr aber auch alles gleichgültig geworden. Die anderen versorgen sie notdürftig mit Essen und Trinken.

In den beiden Räumen gibt es keine Glühbirnen. Eine geliehene wurde für eine Rübensaftküche zurückgefordert und nicht wiedergebracht. Holz für den Herd ist nur spärlich vorhanden. Um sich zu waschen, müssen diese 42 Menschen zwischen zwei und 64 Jahren in der Zeit von 7 bis 8:30 Uhr früh in die einen halben Kilometer entfernte Zuckerfabrik gehen, wo es Waschräume gibt.

Eines der Flüchtlingsschicksale möge für alle sprechen. Es handelt sich um eine Frau in mittleren Jahren. Sie wurde von den deutschen Truppen beim Rückzug aus der Ukraine mit nach Polen genommen, in Litzmannstadt [Łódź] 1945 verhaftet, von ihren beiden kleinen Töchtern getrennt, sechs Monate ins Gefängnis gesteckt und dann neun Monate in ein Arbeitslager. Nach einem Jahr Sklavenarbeit bei polnischen Bauern floh sie, brachte monatelang in Lagern zu, bis sie nach Weetzen in diese Flüchtlingsunterkunft eingewiesen wurde. Wie wohlbehütet ist dagegen das Leben der meisten Einheimischen verlaufen!

Als uns einige der Flüchtlinge bis auf die Straße begleiteten, trug man gerade zwei große Plattenkuchen vorbei. Die Flüchtlinge haben sich abgewandt. In wenigen Tagen ist Weihnachten.

Hannoversche Presse, 16.12.1947, S. 2, zitiert nach: Thomas Berger und Karl-Heinz Müller, Lebenssituationen 1945-1948, Hannover 1983, S. 137f.

1. *Beschreiben Sie die im Artikel dargestellte Situation der Flüchtlinge und Vertriebenen in Weetzen.*
2. *Charakterisieren Sie, was an dieser Situation typisch ist für die Lage der Vertriebenen nach 1945.*
3. *Arbeiten Sie heraus, welche Haltung der Autor des Artikels zum Flüchtlingsproblem einnimmt.*
4. *Der Osteuropa-Historiker Andreas Kossert beschreibt das Nachkriegsdeutschland in Bezug auf die Aufnahme der Flüchtlinge und Vertriebenen als „Kalte Heimat". Erörtern Sie, inwiefern diese Bezeichnung zutreffend ist. Beziehen dabei auch M2 und M3 mit ein.*
5. *Nehmen Sie in Form eines Essays Stellung zu der Frage, was es bedeutet, die Heimat zu verlieren.*

M4 Die Notlage der Flüchtlinge

Auf einer Dienstbesprechung der Kreisflüchtlingsbetreuer des Kreises Stadthagen am 21. August 1946 wird festgehalten:

Die Flüchtlinge haben bisher eine bewunderungswürdige Geduld gehabt und haben sich die gutgemeinten „Vertröstungen der Kreisflüchtlingsbetreuer" angehört und haben gewartet. Die augenblickliche Not muss aber geradezu katastrophale Formen annehmen, wenn nicht noch vor Beginn des Winters wenigstens ausreichend Herde, Öfen, Betten, Strohsäcke, Decken, Schuhe und auch Kopftöpfe herangeschafft werden ...

Zusammenfassend sei also hiermit festgestellt:

1. Ein Großteil der Flüchtlinge kann unter den augenblicklichen Verhältnissen weder arbeiten noch leben.
2. Wenn keine baldige Hilfe kommt, dann werden Resignation, Abkehr vom politischen Wiederaufbau, Misstrauen gegenüber dem Wesen der Demokratie, Blüte des Schwarzen Marktes, Anwachsen von Vergehen und Verbrechen usw. unvermeidlich sein.
3. Der augenblickliche Zustand darf kein Dauerzustand sein. Vor Beginn des Winters muss wenigstens die größte Not gelindert sein.

Da allgemein bekannt ist, dass zum Teil noch beachtliche Mengen von Verbrauchsgütern gelagert werden, stelle ich hiermit, zugleich im Namen des Kreisflüchtlingsausschusses, die nachdrückliche Forderung, dass alles getan wird, um

1. eine Freigabe der Lagerbestände zu erreichen und
2. eine Erhöhung der Produktion bei den wichtigsten Verbrauchsgütern herbeizuführen.

Niedersächsisches Staatsarchiv Bückeburg, zitiert nach: Klaus Maiwald, Flüchtlinge und Vertriebene im Schaumburger Land, in: Praxis Geschichte, 1989, H. 3, S. 22

1. *Geben Sie die Forderungen des Kreisflüchtlingsausschusses wieder.*
2. *Erklären Sie die Hintergründe für die geschilderte Notlage.*
3. *Entwickeln Sie eine Einschätzung dazu, ob die aufgezeigten Befürchtungen für den Fall, dass keine Hilfe kommen sollte, realistisch sind.*

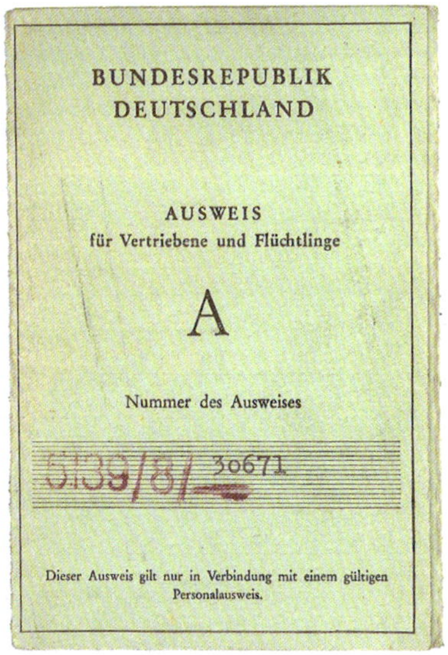

▸ **Ausweis für Vertriebene und Flüchtlinge.**
Die Ausweise „A" und „B" waren für Vertriebene und Flüchtlinge aus den ehemaligen deutschen Ostgebieten, den Ausweis „C" erhielten „Sowjetzonenflüchtlinge", also als Flüchtlinge anerkannte Abwanderer aus der SBZ bzw. DDR.

Rasche Integration der Flüchtlinge und Vertriebenen?

Statusverlust durch Flucht und Vertreibung Für die Flüchtlinge und Vertriebenen bedeutete die Zwangsmigration auch einen sozialen und wirtschaftlichen Statusverlust. Es dauerte Jahrzehnte, bis er ausgeglichen war und die Flüchtlinge und Vertriebenen im Blick auf die beruflichen Positionen, die finanzielle Ausstattung und die Wohnverhältnisse das Niveau der Einheimischen erreicht hatten. Auch in anderen Bereichen lassen sich viele Faktoren finden, die auf eine lange Dauer der Integration der Flüchtlinge und Vertriebenen hindeuten: So traten Heiratsverbindungen zwischen Flüchtlingen und Vertriebenen einerseits und Einheimischen andererseits viele Jahre relativ selten auf. Erst in der zweiten Generation, also bei den Kindern der Zwangsmigranten, änderte sich dies. Über mentale Belastungen und Traumatisierungen, die die Ereignisse von Flucht und Vertreibung mit sich gebracht hatten, wurde ebenfalls über Jahrzehnte nicht gesprochen.

Wohnungsbau für Flüchtlinge und Vertriebene 1950 hatte gerade einmal ein Viertel der 2,6 Millionen Haushaltungen von Flüchtlingen und Vertriebenen eine eigene abgeschlossene Wohnung. Zwei Drittel aller Flüchtlings- und Vertriebenenfamilien lebten zur Untermiete und ein Zehntel in „Notwohnungen" oder Lagern. Bis 1956 stieg jedoch der Anteil der Flüchtlinge und Vertriebenen mit abgeschlossenen Wohnungen im Vergleich zu 1950 auf das Dreifache an. Anfang der 1960er-Jahre galten die Wohnverhältnisse von einheimischer und zugewanderter Bevölkerung als weithin angeglichen. Hintergrund waren die umfangreichen staatlichen Wohnungsbauprogramme, zinsgünstige Kredite und Steuervorteile sowie insbesondere die Initiative der Flüchtlinge und Vertriebenen selbst. Ihnen gelang es durch Eigenleistungen, Nachbarschaftshilfe oder die Gründung von Siedlungsgenossenschaften, die Wohnungsnot zu überwinden. Nun war nicht nur in einem Großteil der Gemeinden die Siedlungsfläche durch „Ostlandviertel" mit charakteristischen Straßennamen (Königsberger Straße, Breslauer Straße, Danziger Straße etc.) erweitert worden, zum Teil kam es auch zu Gründungen separater Gemeinden bzw. Städte für Flüchtlinge und Vertriebene (z.B. Espelkamp in Nordrhein-Westfalen, Neugablonz und Neutraubling in Bayern).

Arbeitsmarktentwicklung und Sozialhilfe Im September 1948 stellten Flüchtlinge und Vertriebene noch 61 Prozent aller Sozialhilfeempfänger in Niedersachsen. Die Zahl der Erwerbslosen lag in Westdeutschland 1950 unter den Flüchtlingen und Vertriebenen dreifach höher als unter den Einheimischen. Die Weiterwanderungen der Flüchtlinge und Vertriebenen zu den Arbeitsplätzen vor allem nach der Gründung der Bundesrepublik Deutschland und nach dem Beginn der Hochkonjunkturphase Anfang der 1950er-Jahre korrigierten diese Entwicklung: Starke Abwanderungen erfolgten aus den ländlichen Regionen in die städtisch-industriellen Räume und aus den „Hauptflüchtlingsländern" Bayern, Schleswig-Holstein und Niedersachsen in die Bundesländer, die bis dahin eine geringe Flüchtlingszuwanderung erlebt hatten, wie Nordrhein-Westfalen, Baden-Württemberg und Rheinland-Pfalz.

Umsiedlungsprogramme Zwischen 1949 und Ende der 1950er-Jahre wurden in der Bundesrepublik Deutschland auf der Basis von fünf *Umsiedlungsprogrammen* rund eine Million Flüchtlinge und Vertriebene in andere Bundesländer umverteilt. Zeitgleich

siedelten 1,7 Millionen Flüchtlinge und Vertriebene ohne staatliche Unterstützung in andere Bundesländer um. Dazu kamen weitere hunderttausendfache Bewegungen innerhalb der Bundesländer. Die Hochkonjunktur des „Wirtschaftswunders" seit Anfang der 1950er-Jahre erleichterte fundamental die wirtschaftliche und soziale Integration der Flüchtlinge und Vertriebenen. Gleichzeitig bildeten sie ein qualifiziertes Arbeitskräftepotenzial, das das „Wirtschaftswunder" in erheblichem Maße mittrug. Dabei prägte sich allerdings das für viele Einwanderergruppen typische „Unterschichtungsphänomen" aus: Flüchtlinge und Vertriebene übernahmen hauptsächlich statusniedrige berufliche Positionen und verfügten dementsprechend auch über geringere Einkünfte.
Aufstiegsmöglichkeiten gab es für viele von ihnen vor allem in den 1960er-Jahren mit der Zuwanderung von ausländischen Arbeitsmigranten, die ihrerseits dann die niedrigsten Arbeitsmarktpositionen einnahmen. Dennoch war auch Anfang der 1970er-Jahre der durch die Zwangsmigration eingetretene soziale und wirtschaftliche Statusverlust der Flüchtlinge und Vertriebenen weiterhin nicht vollständig kompensiert.

Internettipp
Der Landschaftsverband Westfalen-Lippe informiert über das Thema „Aufbau West – Vertreibung und Wirtschaftswunder" unter www.lwl.org/LWL/Kultur/Aufbau_West/home

„Lastenausgleich" Staatliche Eingriffe trugen nicht nur über die Umsiedlungsprogramme erheblich zur Integration der Flüchtlinge und Vertriebenen bei (▸ M1). Bereits unmittelbar nach Kriegsende etablierte sich eine Sonderverwaltung. Sie sollte die möglichst rasche Integration gewährleisten, für Wohnraum, Versorgungsgüter und Arbeit sorgen. Im Angesicht der schweren Umverteilungskonflikte der unmittelbaren Nachkriegszeit galten vielen Einheimischen aber die Maßnahmen der Flüchtlingsbehörden und die gesetzlichen Sonderregelungen als Privilegierung der Flüchtlinge und Vertriebenen. Mithin hielten sie die ablehnende Haltung der Einheimischen aufrecht oder verstärkten sie gar. Das erklärt auch zum Teil lautstarke Kritik gegenüber Ad-hoc-Maßnahmen wie Sammelaktionen oder Aufrufe zur Hilfe sowie die gesetzliche Verankerung von Unterstützungsleistungen, wie insbesondere das im August 1949 in Westdeutschland verabschiedete *„Soforthilfegesetz"*. Dieses gewährte eine monatlich ausgezahlte Unterhaltshilfe und garantierte erstmals einen Rechtsanspruch auf finanzielle Unterstützung für Flüchtlinge und Vertriebene. Im Mai 1952 kam mit dem *„Lastenausgleichsgesetz"* die Entschädigung von Vermögensverlusten hinzu. In den Lastenausgleichsfonds flossen vor allem Vermögensabgaben der Bevölkerung. Die Auszahlungen begannen in der zweiten Hälfte der 1950er-Jahre, die 60er-Jahre bildeten den Höhepunkt. Bis 2001 beliefen sie sich auf insgesamt rund 145 Milliarden DM, eine staatliche Summe, die keine Vermögensumverteilung bewirkte, aber

▲ **Forderung nach „Lastenausgleich".**
Foto von 1951.
In Bonn demonstrieren Flüchtlinge und Vertriebene für gerechte Entschädigungen.
- *Beschreiben Sie das Foto.*
- *Arbeiten Sie die Argumente heraus, mit denen die Flüchtlinge und Vertriebenen ihre Forderungen untermauern.*
- *Erklären Sie, warum der „Lastenausgleich" für die Vertriebenen und Flüchtlinge eine so hohe Bedeutung hatte und zugleich von vielen Einheimischen abgelehnt wurde.*

Internettipp
Zum „Lastenausgleichsgesetz" von 1952 siehe: www.gesetze-im internet.de/lag

▲ **SED-Wahlplakat.**
Plakat aus Köthen (Sachsen-Anhalt), um 1946.
- *Beschreiben Sie das Plakat.*
- *Charakterisieren Sie die politische Botschaft an die Flüchtlinge und Vertriebenen.*

die Integration der Flüchtlinge und Vertriebenen erleichterte. Sie verbesserte deren wirtschaftliche und soziale Situation und stellte für die Leistungsempfänger ein Symbol der Anerkennung ihrer besonderen Lage dar.

Sowjetische Besatzungszone/DDR Auch in der Sowjetischen Besatzungszone war eine Sonderverwaltung etabliert worden, auch in der DDR gab es anfänglich Hilfen und zinslose Kredite, allerdings keine Entschädigungsleistungen (▸ M2). Ende der 1940er-Jahre wurden die Sonderbehörden für Flüchtlinge und Vertriebene aufgelöst, Anfang der 1950er alle rechtlichen Sonderregelungen für Flüchtlinge und Vertriebene aufgehoben. Hintergrund war das Bemühen der DDR-Führung, die Integration der „Umsiedler", „ehemaligen Umsiedler" und „Neubürger", wie sie offiziell in der Sowjetischen Besatzungszone bzw. DDR hießen, zu beschleunigen und keine politischen Diskussionen über die neuen Ostgrenzen aufkommen zu lassen. Die Integration der Zwangsmigranten wurde bereits Ende der 1940er-Jahre offiziell für abgeschlossen erklärt. Dem Bestreben, eine homogene sozialistische Gesellschaft zu schaffen, fiel in den 1950er-Jahren schließlich auch der lange als unverdächtig geltende Begriff des „Neubürgers" zum Opfer, sodass kein begrifflicher Bezug auf die Millionen von Kriegsfolgewanderern mehr existierte.

Flucht, Vertreibung und Integration als vielgestaltige Prozesse Flucht und Vertreibung führten zu einem durch vielfältige Konflikte gekennzeichneten und langwährenden Integrationsprozess, bei dem die Frage der Staatsangehörigkeit keine Rolle spielte (▸ M3 und M4). Die Voraussetzungen erwiesen sich dabei sowohl aufseiten der Einheimischen als auch aufseiten der Zuwanderer als vielgestaltig. Die verallgemeinernde Rede von „den" Flüchtlingen und Vertriebenen muss dabei differenziert werden. Die unterschiedliche politische, wirtschaftliche, soziale und kulturelle Situation der Flüchtlinge und Vertriebenen in ihren Herkunftsgebieten führte ebenso zu einer ausgesprochen heterogenen Zusammensetzung der Zuwanderung wie die sehr verschiedenen generationellen und geschlechtsspezifischen Erfahrungen von Flucht und Vertreibung. Für die Integration war nicht nur die Frage von Belang, in welcher Besatzungszone, in welcher Region oder welchem Ort Flüchtlinge und Vertriebene ankamen, sondern auch, zu welchem Zeitpunkt sie flüchteten oder vertrieben wurden oder wie sie in den Herkunftsgebieten bzw. in den Zielgebieten administrativ kategorisiert wurden und welche Belastungen, Chancen oder Rechte sich daraus ergaben.

Lesetipps
- *Henning Burk u.a. (Hrsg.), Fremde Heimat: das Schicksal der Vertriebenen nach 1945, Berlin 2011*
- *Albrecht Lehmann, Im Fremden ungewollt zuhaus. Flüchtlinge und Vertriebene in Westdeutschland 1945-1990, München 1991*

M1 Mahnung an die Flüchtlinge und Vertriebenen

Der Minister für Flüchtlingsangelegenheiten des Landes Niedersachsen, Heinrich Albertz (SPD), in einer Rede vor dem Niedersächsischen Landtag am 4. August 1948:

Eine Landesregierung im deutschen Westen und ein Landesminister für Flüchtlingsangelegenheiten haben im Augenblick nur eine konkrete, allerdings eine sehr bittere und sehr nüchterne Aufgabe: den Millionen Vertriebenen im westdeutschen Raum zu ihren primitivsten Lebensrechten zu verhelfen! Die Forderung auf Rückgabe der deutschen Ostgebiete kostet mich oder irgendeinen verantwortlichen Politiker im deutschen Raum im Augenblick gar nichts. Es kostet mich aber etwas, in Hannover, in Lüneburg, in Stade, in Braunschweig oder sonstwo dafür einzutreten, dass endlich alle Deutschen in unserem Lande vor dem Gesetz gleich sind (Sehr richtig! bei der SPD) und dass diese durch den Gesetzgeber festgestellte Gleichberechtigung aus einer papiernen Fiktion zu einer Wirklichkeit des täglichen Lebens wird. Was ich in dieser Richtung, meine sehr verehrten Damen und Herren, seit der Übernahme meines Amtes in unserem Lande festgestellt habe, ist ebenso erschreckend wie erschütternd. Man hält zwar Flüchtlingsversammlungen ab mit großen Transparenten „Gebt uns unsere Heimat wieder!", aber unter diesen Plakaten verrecken die Menschen. Man wühlt in immer deutlicherer Form nationalistische Leidenschaften auf, aber das soziale Gewissen schweigt oder ist schon längst gestorben.

Darum haben meine Freunde und ich eine sehr deutliche und nüchterne Meinung vom Flüchtlingsproblem im westdeutschen Raum. Wir wollen mit allen nur denkbaren Mitteln die Vertriebenen an die echte soziale und politische Verantwortung heranführen. Der Vertriebene soll seine Heimat niemals vergessen, aber sein Verstand hat hier wach zu sein, und seine tägliche harte und schwere Arbeit hat sich ausschließlich auf den Kampf um seine Existenz im westdeutschen Raum und um die Wiederherstellung der zerstörten sozialen Gerechtigkeit zu richten.

Der Entwurf des Gesetzes über die Bildung eines Parlamentarischen Rates[1], der uns das Grundgesetz einer neuen deutschen Ordnung schenken soll, ist der gegebene Anlass, das mit allem Ernst, aber auch mit aller Schärfe auszusprechen. Obwohl niemand von uns jemals den berechtigten Anspruch auf die Grenzen Deutschlands nach dem Stande von 1937 aufgeben wird, haben wir hier zu leben und zu arbeiten und auch politisch zu handeln, als ob kein einziger der Ostvertriebenen seine Heimat in absehbarer Zeit wiedersehen würde. Gebe Gott, dass dieses Als-Ob eine Illusion bleibt. Solange wir aber der nüchternen Wirklichkeit der augenblicklichen politischen Lage gegenüberstehen, werden wir jedenfalls mit allen Mitteln zu verhindern wissen, dass uns ausgerechnet der entwurzelte ostdeutsche Mensch für einen neuen Nationalismus reif geschossen wird, und zwar lediglich, um die eigene soziale Bequemlichkeit zu schützen. Denn gerade der Vertriebene soll wesentlicher Träger der neuen Ordnung sein, die eine Ordnung der deutschen Armut ist und die die Erfahrungen der Besitzlosigkeit der Ostvertriebenen in sich schließen muss – oder wir gehen alle miteinander zugrunde.

Niedersächsischer Landtag, 1. WP., 42. Sitzung, 4. August 1948, Sp. 2210

[1] **Parlamentarischer Rat**: ein von den Ministerpräsidenten der westdeutschen Länder auf Anordnung der Westalliierten eingesetztes politisches Organ, dessen Hauptaufgabe es war, das Grundgesetz für die Bundesrepublik Deutschland auszuarbeiten

1. *Fassen Sie Albertz' Hauptanliegen zusammen.*
2. *Arbeiten Sie heraus, welche Perspektive Albertz den Flüchtlingen und Vertriebenen in Bezug auf ihre „alte Heimat" bietet.*
3. *Interpretieren Sie die im Text genannten Befürchtungen hinsichtlich eines „neuen Nationalismus" (Zeile 47f.) unter den Flüchtlingen und Vertriebenen.*

M2 Zur Lage der „Umsiedler" in Deutschland

Der Vorsitzende der Sozialistischen Einheitspartei Deutschlands (SED), Wilhelm Pieck, führt in einer Rede auf der 8. Tagung des Deutschen Volksrates am 22. Juli 1949 in Ost-Berlin zur Situation der „Umsiedler" in Deutschland aus:

Es sind wohl 11 Mio. Menschen, die infolge der Grenzziehung, die von den Besatzungsmächten auf den Konferenzen von Jalta und Potsdam an der Oder und Neiße zwischen Polen und Deutschland vorgenommen wurde, ihre Heimat verloren haben. Mit ihrer Umsiedlung, die auch von den westlichen Besatzungsmächten beschlossen wurde, wurde dem übrigen Deutschland die Verpflichtung auferlegt, den Umsiedlern zu helfen, in dem verkleinerten Deutschland eine neue Heimat und wirtschaftliche Existenz zu finden. Diese Verpflichtung ist auch von der Bevölkerung in der sowjetischen Besatzungszone ehrlich erfüllt worden. Im Westen Deutschlands aber wurde den Umsiedlern nicht geholfen. Es wurde ihnen weder Land gegeben noch eine Existenz verschafft. Sie werden als Ortsfremde behandelt, und jede Gleichberechtigung wird ihnen versagt. Um nun der Empörung der Umsiedler über diese Behandlung zu steuern, sucht man sie mit der Behauptung zu betrügen, dass die Oder-Neiße-Grenze wieder aufgehoben wird und sie in ihre Heimat zurückkehren werden. Das ist ein schamloser Betrug ohnegleichen. Die Leute, die das den Umsiedlern einreden, wissen, dass an dieser Grenze nichts mehr geändert wird, es sei denn, dass der Versuch dazu durch einen neuen Krieg unternommen werden sollte. Aber werden die Umsiedler durch einen neuen Krieg etwas gewinnen? Nein! Sie werden durch einen Krieg in ein noch schlimmeres Elend gestürzt werden!

Stiftung Archiv der Parteien und Massenorganisationen der DDR im Bundesarchiv, DY 16/1747, zitiert nach: Manfred Wille (Hrsg.), Die Vertriebenen in der SBZ/DDR. Dokumente, Bd. 3: Parteien, Organisationen, Institutionen und die Umsiedler 1945-1953, Wiesbaden 1999, S. 367

1. + *Setzen Sie Piecks Rede in Beziehung zu Albertz' Ausführungen in M1.*
2. *Überprüfen Sie Piecks Aussagen in Bezug auf die westdeutsche Vertriebenenpolitik.*

M3 Integration der Flüchtlinge und Vertriebenen in Westdeutschland

(Bundes-)Land	Erwerbspersonen in Land- und Forstwirtschaft/Industrie und Handwerk/Handel und Verkehr in % 1946	Beschäftigungsindex (Verhältnis der Beschäftigungsquoten der vertriebenen und der nichtvertriebenen Bevölkerung) 1950	Arbeitslosigkeit unter den Vertriebenen in % 1950/54	Wohnungsindex (Verhältnis von vertriebenen und nichtvertriebenen Wohnparteien in Untermiete) 1950/56	Von 100 Vertriebenen wählten eine Interessenpartei bei Bundestagswahlen 1953/57/61	Konnubtialitätsindex (Verschwägerungsgrad zwischen Vertriebenen und Nichtvertriebenen) 1950/60
Schleswig-Holstein	28,54/33,6/16,4	91	13,1/5,7	2,3/2,1	41/30/14	69/87
Hamburg	3,6/40,0/33,2	121	2,2/3,3	1,7/1,3	24/14/7	77/90
Niedersachsen	34,5/33,4/14,7	88	7,9/4,4	2,5/2,0	42/30/24	70/85
Bremen	4,2/40,1/29,0	114	4,3/3,1	1,9/1,4	29/15/25	78/87
Nordrhein-Westfalen	15,3/50,5/17,3	105	2,1/1,2	2,2/1,4	21/18/6	77/85
Hessen	29,9/37,4/14,8	90	4,9/3,0	2,4/1,7	36/31/22	74/86
Rheinland-Pfalz	42,8/31,2/12,6	84	5,8/2,4	2,8/1,7	20/19/5	74/89
Saarland	–	–	–	–	–	–/97
Baden-Württemberg, darin:	–	88	3,4/1,8	2,8/1,7	34/28/15	58/81
• *Württemberg-Baden*	31,1/39,7/13,6	91	–	–	–	57/–
• *Württemberg-Hohenzollern*	44,8/33,2/8,7	–	–	–	–	61/–
• *(Süd-)Baden*	42,3/30,1/10,9	–	–	–	–	63/–
Bayern	37,2/33,6/13,5	81	7,6/3,9	2,7/2,0	40/35/21	66/85
Bundesgebiet	**29,2/38,6/15,4**	**90**	**6,5/3,1**	**2,5/1,8**	**34/26/15**	**67/83**

K. Erik Franzen und Hans Lemberg, Die Vertriebenen. Hitlers letzte Opfer, Berlin/München 2001, S. 323

Interpretieren Sie die vorliegende Statistik. Inwiefern kann von einem „Integrationserfolg" gesprochen werden?

M4 „Das Eingliederungswunder – Realität und Mythos"

Der Historiker Mathias Beer schreibt 2005 zu Realität und Mythos des angeblichen „Eingliederungswunders":

Vor dem Hintergrund der katastrophalen Bedingungen des Experiments und seines so schnell nicht zu erwartenden Gelingens meldeten sich früh Stimmen zu Wort, die analog zum Wirtschaftswunder von einem Integrationswunder sprachen. Das Bild vom Wunder entwickelte sich bald zu einem Topos[1]. Die Flüchtlinge und Vertriebenen „leben politisch, beruflich und materiell nicht anders als die Deutschen, die hier seit Generationen ansässig sind. Dass das gelingen konnte, ist das eigentliche Wunder unserer Nachkriegsgeschichte", bilanzierte 1979 der zuständige Staatssekretär im Bundesministerium des Inneren. Wie jeder Topos weist das Bild vom Integrationswunder zwei Seiten auf, eine reale und eine, die sich eine Gesellschaft im Laufe der Zeit von dieser Realität zurechtlegt.

Die sich vollziehende wirtschaftliche, soziale und politische Integration der Flüchtlinge und Vertriebenen gab die sozialpolitische Antwort auf die zunächst offene Flüchtlingsfrage. Aus Trümmern wurden in der Tat solide Fundamente. Nicht der befürchtete politische und wirtschaftliche Unruheherd war das Ergebnis, sondern ein im westlichen Bündnis verankertes demokratisches, wirtschaftlich prosperierendes Staatswesen, selbst das Resultat der letztendlich gelungenen Zusammenführung und Verflechtung von Alt- und Neubürgern. Die erheblichen sozialen Spannungen, die dem neuen Staat in die Wiege gelegt worden waren, konnten bald abgebaut werden. [...] Zweifellos, die Eingliederung von Millionen von Flüchtlingen und Vertriebenen war eine beispiellose Leistung, die nicht hoch genug eingeschätzt werden kann.

Darüber darf aber nicht vergessen werden, dass das Bild vom Integrationswunder den Eingliederungsprozess in unzulässiger Weise glorifiziert. Mit Wohnungen und Arbeitsplätzen waren die Flüchtlinge und Vertriebenen relativ rasch versorgt, und sie hatten auch gleichberechtigt an den Segnungen des Wirtschaftswunders teil. Aber aufgrund des vom Anfang der 1970er-Jahre verfügbaren empirischen Materials ist nachvollziehbar, dass auch zu diesem Zeitpunkt noch keine Chancengleichheit zwischen Alt- und Neubürgern bestand. Sieht man sich die individuell und alterspezifisch bestimmte psychologische Seite des Eingliederungsvorgangs an, so zeigt die Integration bis in die Gegenwart ihre Folgen [...]. Es ist auch bei der Eingliederung der Flüchtlinge und Vertriebenen von einem Prozess auszugehen, der drei und mehr Generationen in Anspruch nimmt und der von Beharren und Einfügen gekennzeichnet ist.

Zum Mythos des Integrationswunders gehört auch, dass sich der Eingliederungsprozess von fast einem Viertel der bundesdeutschen Bevölkerung quasi selbstläufig und weitgehend geräuschlos, auf wundersame Weise vollzogen habe. Das positive Ergebnis des Experiments stand weder von Anfang an fest, auch wenn es rückblickend so erscheinen mag, noch verlief es spannungsfrei. Im Gegenteil, es war ein Vorgang, der in einem von Auseinandersetzungen geprägten langen Zeitraum beiden Seiten große Anstrengungen und Anpassungsleistungen abverlangte. Das Zusammenwachsen vollzog sich unter den Bedingungen eines in hohem Maße als „Konfliktgemeinschaft" zu charakterisierenden Gegeneinander, das sich erst allmählich zu einem Nebeneinander entwickelte, um dann zum Zusammen- und schließlich zum Miteinanderleben von Alt- und Neubürgern zu führen.

Mathias Beer, Flüchtlinge und Vertriebene in den Westzonen und der Bundesrepublik Deutschland, in: Stiftung Haus der Geschichte der Bundesrepublik Deutschland (Hrsg.), Flucht, Vertreibung, Integration, Bielefeld 2005, S. 108-123, hier S. 122 f.

1. *Geben Sie in eigenen Worten wieder, was Beer unter Realität und Mythos des „Eingliederungswunders" versteht.*
2. *Setzen Sie Beers Ausführungen mit M1 und M3 in Beziehung.*
3. *Erläutern Sie, welche Maßnahmen und Entwicklungen das Zustandekommen des „Integrationserfolges" in Westdeutschland ermöglichten.*
4. *Erörtern Sie, inwiefern von einem „Eingliederungswunder" gesprochen werden kann.*

[1] **Topos**: feste Wendung, immer wieder gebrauchte Formulierung

Flucht und Vertreibung als Erinnerungsort

▲ **„Kreuz des deutschen Ostens" im niedersächsischen Bad Harzburg.**
Foto vom 22. Februar 2011. Das Kreuz wurde 1950 errichtet und 2000 durch eine neue Konstruktion ersetzt. Die Inschrift lautet heute: „Stätte des Gedenkens an Vertreibung und Heimatverlust. Stätte der Ablehnung jeder Gewaltherrschaft. Kreuz der Verständigung, der Versöhnung und des Friedens."

- *Nehmen Sie Stellung zum Namen des Kreuzes.*
- *Recherchieren Sie, ob es auch in Ihrer Umgebung ein Vertriebenendenkmal gibt, und beurteilen Sie, ob mit Blick auf „Flucht und Vertreibung" von einem Tabuthema gesprochen werden kann.*

An Flucht und Vertreibung öffentlich erinnern Gegenwärtig gibt es schätzungsweise 1500 Denkmäler, die in der Bundesrepublik an Flucht und Vertreibung von Deutschen am Ende des Zweiten Weltkrieges sowie in der unmittelbaren Nachkriegszeit erinnern. Allein diese hohe Zahl an Gedenkorten, die über die Jahrzehnte seit Anfang der 1950er-Jahre entstanden sind, weist auf die erhebliche Präsenz des Themas in der öffentlichen Wahrnehmung hin. Das Reden und Schreiben über Flucht und Vertreibung ist – anders als vielfach in den vergangenen Jahren zu lesen und zu hören war – keineswegs mit einem Tabu besetzt gewesen. Zahlreiche Gedenkveranstaltungen, Debatten im Bundestag, Sonderbriefmarken, wissenschaftliche Publikationenen, Romane, Ausstellungen, Filme, Fernsehdokumentationen und eben auch Denkmäler dokumentieren vielmehr die stete und intensive öffentliche Erinnerung an Flucht und Vertreibung sowie an die Geschichte der Deutschen in den „Vertreibungsgebieten" in der Bundesrepublik seit ihrer Gründung 1949.

Funktionen von Erinnerung Der Inhalt dessen, woran erinnert wurde, änderte sich allerdings erheblich. Öffentliche Erinnerung ist kein Selbstzweck, sondern erfüllt spezifische Funktionen und handfeste Interessen. Mit „Erinnerungen" werden politische Inhalte verbunden. „Erinnern" und „verschweigen" sind aktive Prozesse, die von unterschiedlichen Akteuren vorangetrieben und im Konflikt oder im Konsens ausgehandelt werden. Das „kollektive Gedächtnis" ist nicht einfach vorhanden und fest zementiert. Es ist vielmehr eine gesellschaftliche Konstruktion, die gefüllt ist mit ständig sich wandelnden Selbst- und Fremdbildern. Erinnerung ist immer auch eine Machtfrage, ein Ergebnis politischer Instrumentalisierungen, die dem Ziel folgen, politische Vorstellungen zu dokumentieren sowie innen- und außenpolitische Auseinandersetzungen für sich zu entscheiden.

Flucht und Vertreibung sowie der damit eng verbundene „deutsche Osten" als „Vertreibungsgebiet" wurden in der Bundesrepublik anfänglich vor allem deshalb auf der politische Bühne thematisiert, weil sich damit die Forderung nach einer Revision der deutschen Ostgrenzen und nach der Rückgabe der nach dem Zweiten Weltkrieg verlorenen Ostgebiete des Deutschen Reiches aufrechterhalten ließ. Außerdem lagen die „Vertreibungsgebiete" seit den späten 1940er-Jahren als Teil des „Ostblocks" jenseits des „Eisernen Vorhanges" und gehörten damit zum von der Sowjetunion angeführten Feind im „Kalten Krieg". Deshalb bildete die Erinnerung an Flucht und Vertreibung auch ein Element des die frühe Bundesrepublik prägenden, im Alltag stets präsenten Antikommunismus. Darüber hinaus verfolgte die Erinnerungspolitik das Ziel, die mit vielen politischen, wirtschaftlichen und sozialen Herausforderungen verbundene Integration der Flüchtlinge und Vertriebenen zu begleiten, indem immer wieder die Zugehörigkeit der zugewanderten Zwangsmigranten zur „deutschen Nation" und zur Bevölkerung der Bundesrepublik hervorgehoben wurde (▸ M1). Insbesondere in den 1950er-Jahren war zudem die stete bundesdeutsche Thematisierung von Flucht und Vertreibung mit der Hoffnung verbunden, finanzielle Unterstützung aus dem Ausland für die Integration von Flüchtlingen und Vertriebenen erhalten zu können. Auch später noch sollte der Hinweis auf diese materiellen Belastungen anderen Staaten deutlich machen, dass die Aufnahme von Asylsuchenden aus Europa und anderen Teilen der Welt die Bundesrepublik überfordere.

In den Reden bundesdeutscher Politiker und in den medialen Diskussionen der 1950er- und 60er-Jahre begannen Flucht und Vertreibung mit dem Vormarsch der Roten Armee über die Reichsgrenzen im Osten. Der Zweite Weltkrieg, die Bedingungen, Formen und Folgen der deutschen Eroberungszüge seit 1939 blieben demgegenüber meist unerwähnt. Und wenn Deutsche mit den Ereignissen des Zweiten Weltkrieges und mit deutschen Massenmorden konfrontiert wurden, dann sollte der Hinweis auf „Vertreibungsverbrechen“ und auf von Deutschen erlittenes Unrecht relativierend wirken und ein moralisches Gegengewicht bieten.

▲ **„Die Flucht der Deutschen.“**
Titelbild einer Spezialausgabe des Magazins „Der Spiegel“, Nr. 2 von 2002.

Recherchieren Sie verschiedene Formen von Erinnerung zum Thema „Flucht und Vertreibung der Deutschen“. Gestalten Sie dazu ein Plakat.

Politische Instrumentalisierungen Im Kontext der politischen Instrumentalisierung der Flüchtlinge und Vertriebenen als Opfer und als Objekte für politische Forderungen blieb wenig Raum für deren persönliche Erinnerungen und Erfahrungen: Erst seit den 1980er-Jahren haben sich mancherlei Initiativen entwickelt, die die biografische Dimension ernst nahmen und damit das Handeln von Flüchtlingen und Vertriebenen als Individuen, die ihr Leben gestalteten, Flucht und Vertreibung individuell erinnerten, verarbeiteten, bewältigten und mitteilten. Bis dahin war die persönliche Erinnerung an Flucht und Vertreibung, aber auch an die eigene Geschichte in den Herkunftsgebieten und die individuelle Bindung an eine emotionale Heimat vornehmlich eine private Angelegenheit geblieben. Und kaum jemals in den Fokus der Erinnerungspolitik geriet auch die Aufnahme und Integration von Flüchtlingen und Vertriebenen, denen die Aufnahmebevölkerung anfangs nur selten solidarisch, tolerant und hilfsbereit begegnete, sodass Ausgrenzung für die Zuwanderer zum Alltag gehörte. Damit blieb die öffentliche Erinnerung an Flucht und Vertreibung aus politischen Gründen insgesamt ausgesprochen selektiv: Das, woran in der Öffentlichkeit als Flucht und Vertreibung erinnert wurde, hatte durch das Verschweigen der Bezüge zum Zweiten Weltkrieg keine Vorgeschichte und durch das Verschweigen der Probleme der Integration auch keine Folgen. Sie hatte nicht einmal Menschen zum Gegenstand, sondern nur Opfer (▸ M2).

Die Erinnerung an Flucht und Vertreibung in der DDR und in Ostmittel- und Südosteuropa nahm andere Züge an. In der Sowjetischen Besatzungszone und in der frühen DDR waren politische Diskussionen um die neuen Grenzziehungen im Osten und um die ehemaligen deutschen Ostgebiete politisch unerwünscht. Nicht zuletzt deshalb lag es im Bemühen der SED-Führung, keine öffentliche Erinnerung an Flucht und Vertreibung zuzulassen.[1] Auch in den Staaten Ostmittel- und Südosteuropas gab es über viele Jahrzehnte kein amtliches Interesse an einer Erinnerung an die Zwangsmigration und die vormalige Anwesenheit von Deutschen.

▲ **„Zehn Jahre Vertreibung 1945 - 1955.“**
Sonderbriefmarke der Deutschen Bundespost von 1955.

[1] Siehe hierzu ausführlich Seite 194.

▸ **„Zentrum gegen Vertreibung."**
Karikatur von Walter Hanel, September 2003.

- *Analysieren Sie die Karikatur. Informieren Sie sich dazu im Vorfeld über die Stiftung „Zentrum gegen Vertreibungen" des Bundes der Vertriebenen und über die Debatte die darüber geführt wurde. Internettipp: www.zeitgeschichte-online.de/themen/materialien-zur-debatte-um-das-zentrum-gegen-vertreibungen*

Lesetipps

- *Eva und Hans Henning Hahn, Die Vertreibung im deutschen Erinnern. Legenden, Mythos, Geschichte, Paderborn 2011*
- *Jan M. Piskorski, Vertreibung und deutsch-polnische Geschichte. Eine Streitschrift, Osnabrück 2005*

Internettipp

Ende August 2013 unterzeichneten die Ministerpräsidenten von Bayern und Hessen eine Proklamation zur Einführung eines Gedenktages für die Opfer von Flucht, Vertreibung und Deportation. Der Gedenktag soll in Bayern und Hessen erstmals am 14. September 2014 begangen werden. Siehe hierzu: www.bayern.de/presse4 mitteilungen-.1255.10449097/index.htm

Erinnerungspolitischer Wandel In der Bundesrepublik setzten erinnerungspolitische Veränderungen in den frühen 1970er-Jahren ein. Mit der bundesdeutschen „Neuen Ostpolitik" begann eine neue Phase: Weil sich die Bundesregierung um eine Verständigung mit den Staaten Ost-, Ostmittel- und Südosteuropas bemühte, sah sie keinen Raum mehr für das regierungsamtliche Herausstellen von „Vertreibungsverbrechen" und das Beharren auf einer Revision der deutschen Grenzen im Osten (▸ M3). Das Thema wurde aber nicht grundsätzlich in der öffentlichen Diskussion tabuisiert, vielmehr traten andere erinnerungspolitische Akteure deutlich stärker in den Vordergrund. Darunter sind insbesondere die staatlich weitreichend finanzierten und privilegierten Interessenverbände von Flüchtlingen und Vertriebenen mit dem „Bund der Vertriebenen" an der Spitze zu nennen. Zugleich begann mit der zunehmenden geschichtswissenschaftlichen Auseinandersetzung mit der nationalsozialistischen Diktatur, dem Zweiten Weltkrieg und der unmittelbaren Nachkriegszeit eine intensive Einordnung der Geschehnisse von Flucht und Vertreibung in die Gewaltgeschichte des 20. Jahrhunderts.

Mit dem Zusammenbruch der autoritären kommunistischen Systeme im Osten Europas und der Öffnung des „Eisernen Vorhanges" 1989/90 kam es schließlich zu einer verstärkten Europäisierung der Geschichte von Flucht, Vertreibung und Umsiedlung im Umfeld des Zweiten Weltkrieges. Die Zwangsmigrationen der Deutschen werden heute

- als Ereignis und Ergebnis des Zweiten Weltkrieges verstanden,
- aus der Geschichte der nationalsozialistischen Expansionspolitik heraus erklärt,
- als europäisches, schließlich auch globales Phänomen und Problem der Entwicklung nationalstaatlicher Homogenisierungsvorstellungen verortet und
- als ein zentrales Ereignis in die Geschichte der Zwangsmigrationen im Europa des 20. Jahrhunderts gefügt (▸ M4 und M5).

M1 „Charta der deutschen Heimatvertriebenen“

Am 5. August 1950 unterzeichnen die Sprecher der Vertriebenenverbände bzw. ostdeutschen Landsmannschaften die sogenannte „Charta der deutschen Heimatvertriebenen“. Am folgenden Tag wird sie bei einer Massenkundgebung in Stuttgart-Bad Cannstatt verkündet. Darin heißt es:

1. Wir Heimatvertriebenen verzichten auf Rache und Vergeltung. Dieser Entschluss ist uns ernst und heilig im Gedenken an das unendliche Leid, welches im Besonderen das letzte Jahrzehnt über die Menschheit gebracht hat. **2.** Wir werden jedes Beginnen mit allen Kräften unterstützen, das auf die Schaffung eines geeinten Europa gerichtet ist, in dem die Völker ohne Furcht und Zwang leben können. **3.** Wir werden durch harte, unermüdliche Arbeit teilnehmen am Wiederaufbau Deutschlands und Europas. Wir haben unsere Heimat verloren. Heimatlose sind Fremdlinge auf dieser Erde. Gott hat die Menschen in ihre Heimat hineingestellt. Den Menschen mit Zwang von seiner Heimat trennen, bedeutet, ihn im Geiste töten. Wir haben dieses Schicksal erlitten und erlebt. Daher fühlen wir uns berufen zu verlangen, dass das *Recht auf die Heimat* als eines der von Gott geschenkten Grundrechte der Menschheit anerkannt und verwirklicht wird. [...]

Die Völker der Welt sollen ihre Mitverantwortung am Schicksal der Heimatvertriebenen als der vom Leid dieser Zeit am schwersten Betroffenen empfinden. Die Völker sollen handeln, wie es ihren christlichen Pflichten und ihrem Gewissen entspricht. Die Völker müssen erkennen, dass das Schicksal der deutschen Heimatvertriebenen, wie aller Flüchtlinge, ein Weltproblem ist, dessen Lösung höchste sittliche Verantwortung und Verpflichtung zu gewaltiger Leistung fordert. Wir rufen die Völker und Menschen auf, die guten Willens sind, Hand anzulegen ans Werk, damit aus Schuld, Unglück, Leid, Armut und Elend für uns alle der Weg in eine bessere Zukunft gefunden wird.

www.hdg.de/lemo/html/dokumente/JahreDesAufbausInOstUndWest_erklaerungCharta DerHeimatvertriebenen/index.html (Zugriff: 4. März 2014)

1. *Gliedern Sie die „Charta“ nach Erklärungen und Forderungen und geben Sie deren zentrale Inhalte wieder.*

2. *Ordnen Sie die Quelle in den historischen Kontext ein, indem Sie insbesondere auf die Vorgeschichte von Flucht und Vertreibung eingehen.*

3. *Interpretieren Sie den Verzicht auf „Rache und Vergeltung“ (Zeile 1 f.).*

▲ **Verkündung der „Charta“.**
Foto von 1950.
Am 6. August 1950 wird die „Charta der deutschen Heimatvertriebenen“ auf einer Kundgebung von rund 70 000 Heimatvertriebenen vor dem Neuen Schloss in Stuttgart verkündet.

M2 „Opfergeschichten“

Der Historiker Philipp Ther schreibt zu den Opfern „ethnischer Säuberungen“:

Opfergeschichten haben in jüngster Zeit eine globale Konjunktur. Dies ist begrüßenswert, denn es vervollständigt die Kenntnisse über Gruppen, deren Schicksal der öffentlichen Aufmerksamkeit lange Zeit entgangen ist. Doch mit der Anerkennung vergangenen Leids verbinden sich politische Interessen. Außerdem impliziert der Begriff des Opfers eine Dichotomie[1] mit Tätern. Vor allem bei den deutschen Vertriebenen, aber auch in vielen anderen Fällen funktioniert diese Gegenüberstellung nicht. Man muss grundsätzlich zur Kenntnis nehmen, dass die Opfer ethnischer Säuberungen oft Partei in einem länger anhaltenden Konflikt genommen oder sogar selbst Gewalt angewandt hatten.

Diese Feststellung beinhaltet nicht, dass man keine Empathie empfinden sollte. Jede Reise auf dem Flüchtlingstreck, jedes erfrorene Kind und jeder erschossene Familienangehörige, die Aufnahme im Flüchtlingslager, der mühsame Beginn eines neuen Lebens fern der alten Heimat bedeutete großes Leid. Doch diese vielfältigen Traumata erschweren häufig den Blick auf Betroffene jenseits der eigenen Gruppe. [...] Außerdem liegt in der Konzentration auf die Opfer die Gefahr, dass

[1] **Dichotomie:** Zweiteilung

die Erklärung der Ursachen ethnischer Säuberungen [...] in den Hintergrund rückt.

Philipp Ther, Die dunkle Seite der Nationalstaaten. „Ethnische Säuberungen" im modernen Europa, Göttingen 2011, S. 17

1. *Geben Sie wieder, was es nach Ther bei der Beschäftigung mit „Opfergeschichten" zu bedenken gilt.*
2. *Setzen Sie M1 und M2 (siehe Seite 201 f.) miteinander in Beziehung.*
3. *Nehmen Sie Stellung zu der in M1 zum Tragen kommenden Auffassung, dass die Flüchtlinge und Vertriebenen die vom Leid jener Zeit am schwersten Betroffenen seien (vgl. Zeile 18 bis 20).*

M3 Annäherung zwischen Polen und Deutschen

Polnische Bischöfe verweisen in einem Brief an ihre deutschen Amtsbrüder vom 18. November 1965 auf beiderseitige Opfer:

Die Belastung der beiderseitigen Verhältnisse ist immer noch groß und wird vermehrt durch das sogenannte „heiße Eisen" dieser Nachbarschaft. Die polnische Westgrenze an Oder und Neiße ist, wie wir wohl verstehen, für Deutschland eine äußerst bittere Frucht des letzten Massenvernichtungskrieges – zusammen mit dem Leid der Millionen von Flüchtlingen und vertriebenen Deutschen (auf interalliierten Befehl der Siegermächte – Potsdam 1945 – geschehen). [...] Für unser Vaterland, das aus dem Massenmorden nicht als Siegerstaat, sondern bis zum Äußersten geschwächt hervorging, ist es eine Existenzfrage (keine Frage „größeren Lebensraumes"!); es sei denn, dass man ein über 30-Millionen-Volk in den engen Korridor eines „Generalgouvernements" von 1939 bis 1945 hineinpressen wollte – ohne Westgebiete; aber auch ohne Ostgebiete, aus denen seit 1945 Millionen von polnischen Menschen in die „Potsdamer Westgebiete" hinüberströmen mussten. Wo sollten sie auch damals hin.
Und trotz alledem, trotz dieser fast hoffnungslos mit Vergangenheit belasteten Lage, gerade aus dieser Lage heraus, hochwürdige Brüder, rufen wir Ihnen zu: Versuchen wir zu vergessen! Keine Polemik, kein weiterer kalter Krieg, aber der Anfang eines Dialogs. [...]
In diesem allerchristlichsten und zugleich sehr menschlichen Geist strecken wir unsere Hände zu Ihnen hin [...], gewähren Vergebung und bitten um Vergebung.

Im Antwortschreiben der deutschen Bischöfe vom 5. Dezember 1965 heißt es:

Millionen von Polen mussten aus dem Osten in die ihnen zugewiesenen Gebiete übersiedeln. Wir wissen wohl, was darum für das heutige Polen diese Gebiete bedeuten. Aber auch Millionen Deutsche mussten ihre Heimat verlassen, in der ihre Väter und Vorfahren lebten. Diese waren nicht als Eroberer in das Land gezogen, sondern im Laufe der Jahrhunderte durch die einheimischen Fürsten gerufen worden. Deshalb müssen wir Ihnen in Liebe und Wahrhaftigkeit sagen: Wenn diese Deutschen von „Recht auf Heimat" sprechen, so liegt darin – von einigen Ausnahmen abgesehen – keine aggressive Absicht. Unsere Schlesier, Pommern und Ostpreußen wollen damit sagen, dass sie rechtens in ihrer alten Heimat gewohnt haben und dass sie dieser Heimat verbunden bleiben. Dabei ist ihnen bewusst, dass dort jetzt eine junge Generation heranwächst, die das Land, das ihren Vätern zugewiesen wurde, ebenfalls als ihre Heimat betrachtet.

Erster Text: Edith Heller, Macht, Kirche, Politik. Der Briefwechsel zwischen den polnischen und deutschen Bischöfen im Jahre 1965, Köln 1992, S. 211 f.; zweiter Text: Edith Heller, a. a. O., S. 217

1. *Fassen Sie die Botschaften der Briefe zusammen.*
2. *Erläutern Sie, welche Schritte der Annäherung zwischen Polen und Deutschen hier vollzogen werden.*
3. *Setzen Sie die Quellen M1 und M3 auf Seite 201 und 202 in Beziehung.*
4. *Im Zwei-plus-Vier-Vertrag wurden die Ostgrenzen des vereinigten Deutschland im Jahr 1990 endgültig festgeschrieben. Beurteilen Sie, was dies für das von den Vertriebenen geforderte „Recht auf Heimat" einerseits und für die deutsch-polnischen Beziehungen andererseits bedeutete.*

M4 Vertreibungen als europäisches Thema

Der Historiker Bernd Faulenbach legt dar, warum Flucht und Vertreibung am Ende des Zweiten Weltkrieges und danach heute zu einem europäischen Thema geworden sind:

Zwangsmigrationen, Flucht, Vertreibungen, Deportationen und Ähnliches waren im 20. Jahrhundert ein verbreitetes Phänomen, das nach Schätzungen verschiedener Historiker 50 bis 70 Millionen Menschen betraf, von denen etwa 14 Millionen Deutsche waren. Auf jeden vertriebenen Deutschen entfallen mithin mindestens zwei weitere Vertriebene anderer Nationalität, die ein vergleichbares Schicksal erlitten

haben. In jedem Fall war für die betroffenen Menschen – ungeachtet ihrer Nationalität – Vertreibung mit Leid vielfältiger Art verbunden. Häufig bedeutete sie auch den Tod.
Vertreibungen fanden in Europa im Wesentlichen in drei Wellen statt, von den Balkankriegen bis zum griechisch-türkischen „Bevölkerungsaustausch" 1923/24 ging die erste Welle, die zweite setzte am Vorabend des Zweiten Weltkrieges ein und erstreckte sich bis Ende der 1940er-Jahre, die dritte hat in unserer Gegenwart in den 1990er-Jahren stattgefunden. Die zweite umfasste bei Weitem die meisten Menschen, Millionen kamen in dieser Zeit bei den Vertreibungen um.
Aufs Ganze gesehen spielten der Nationalismus und das Ziel, ethnisch „reine" Nationalstaaten zu schaffen, eine zentrale Rolle als Triebkräfte der Vertreibungen, doch waren auch machtpolitische und imperialistische Kalküle bedeutsam. Hierbei waren in der Regel Kriege und Kriegsfolgen die Voraussetzung von Vertreibungen, wenn sie nicht sogar den wesentlichen Inhalt des Krieges mit ausmachten. [...]
Der europäische Zusammenhang der Vertreibung der Deutschen ist damit offensichtlich. Keine Frage: Bei den Deutschen handelte es sich um die größte der vertriebenen Gruppen; bei ihrer Vertreibung kam eine beträchtliche Zahl von Menschen ums Leben, [Norman M.] Naimark geht von mehr als zwei Millionen aus. Und doch ist die Vertreibung der Deutschen nur ein Teil der europäischen Tragödie.

Bernd Faulenbach, Vertreibungen – ein europäisches Thema, in: Stiftung Haus der Geschichte der Bundesrepublik Deutschland (Hrsg.), Flucht, Vertreibung, Integration, Bielefeld 2005, S. 188-195, hier S. 189 f.

1. *Beschreiben Sie, was Flucht und Vertreibung nach Faulenbach zu einem europäischen Thema macht.*
2. *Ordnen Sie die NS-Politik in Osteuropa und die Flucht und Vertreibung der Deutschen in den skizzierten europäischen Zusammenhang ein.*

M5 „Erst die deutschen Hausaufgaben machen"

Die Historiker Eva und Hans Henning Hahn schreiben 2003 zu einer Europäisierung der Erinnerung an die Vertreibung der Deutschen aus Osteuropa:

Wichtigster Stein des Anstoßes [...] ist [...] die Verschleierung historischer und politischer Zusammenhänge durch das Schlagwort „ethnische Säuberungen". Es suggeriert, die Sehnsucht nach ethnischer Homogenität sei der Hauptgrund dafür gewesen, dass die Gegner Hitlerdeutschlands während des Zweiten Weltkrieges auf die Idee gekommen seien, deutsche Minderheiten aus Osteuropa auszusiedeln. Die Chimäre[1] des monoethnischen Staates sei die Ursache dafür gewesen, warum sie die furchtbaren Umsiedlungen sanktioniert hätten. [...]
Die Vertreibung, 1945 durchgeführt und in Potsdam sanktioniert, war die Frucht einer Ratlosigkeit angesichts des Krieges und seiner Vorgeschichte. Dies mit dem Schlagwort ethnische Säuberung zu europäisieren, ist keine adäquate historische Interpretation. Es verschleiert, verdeckt, vernebelt und führt letztlich dazu, den Nationalsozialismus und seine Praxis „ebenbürtig" zu machen.
Für die Vertriebenenverbände und ihre seit über 50 Jahren als ready-made angebotene Argumentationsfigur erweist sich die Vokabel „ethnische Säuberung" heute als höchst dienlich. Wäre es nicht an der Zeit, zunächst die deutschen Hausaufgaben zu erledigen, bevor man daran geht, das europäische Gedächtnis an die Vertreibungen zu gestalten? [...]
Der notwendigen und erkenntnisfördernden Polyphonie[2] historischer Erinnerungen, Perspektiven und Interpretationen werden Schlagworte übergestülpt. Davor kann nur gewarnt werden. Eine angestrebte gemeinsame gesamteuropäische Gedächtniskultur darf nicht nationale Erinnerungsprobleme europäisch verwässern und entsorgen. Eine neue europäische Erinnerungskultur darf nicht darin bestehen, sich auf eine gemeinsame Interpretation im Sinne des kleinsten gemeinsamen Nenners zu einigen.

Eva und Hans Henning Hahn, Erst die deutschen Hausaufgaben machen, in: Frankfurter Rundschau vom 25. Juli 2003

1. *Geben Sie wieder, welche Gefahren die Autoren in einer Europäisierung des Erinnerns an die Vertreibung der Deutschen aus Osteuropa sehen.*
2. *Erläutern Sie die Bedeutung „ethnischer Säuberungen" in der europäischen Geschichte.*
3. *Setzen Sie M1 (Seite 201) und M5 in Beziehung, indem Sie erläutern, in welcher Form die im Text angesprochene „Argumentationsfigur" der Vertriebenenverbände in der „Charta" auftaucht.*
4. *Erörtern Sie, ausgehend von M4 (Seite 202 f.) und M5, die Chancen und Gefahren eines europäischen Gedenkens.*

[1] **Chimäre**: Trugbild, Hirngespinst
[2] **Polyphonie**: Mehrstimmigkeit

2.2 Romanisierung in der Kaiserzeit

▲ **Ohne Worte.**
Karikatur aus der englischen Zeitschrift „PUNCH", 1912.
- *Erläutern Sie, welche Vorzüge der römischen Kultur hier hervorgehoben werden.*
- *Analysieren Sie, welche Aussage der Zeichner mit dieser Karikatur wohl vermitteln wollte. Beachten Sie dabei die Entstehungszeit der Karikatur.*

Beginn der Kaiserzeit	**27 v. Chr.**	Mit Augustus und dem „Prinzipat" beginnt die römische Kaiserzeit.
	um 30	Jesus von Nazareth predigt in Palästina. Von ihm nimmt das Christentum seinen Ausgang.
	70	In Jerusalem wird der jüdische Tempel durch die Römer zerstört.
Expansion und Grenzsicherung	**98-117**	Unter Kaiser Trajan erreicht das Römische Reich seine größte Ausdehnung.
	117-138	Unter dem auf der Iberischen Halbinsel geborenen Kaiser Hadrian erhalten die Grenzen des Reiches ein festes Verteidigungssystem.
Integration	**212**	Kaiser Caracalla gewährt allen freien Bewohnern des Reiches das römische Bürgerrecht.
Rom und die Christen	**ab 250**	Es kommt zu reichsweiten Christenverfolgungen. Diese enden erst unter Kaiser Galerius und Kaiser Konstantin I., als das Christentum zur erlaubten Religion (311/313) erklärt wird.
Übergang zur „Spätantike"	**284-305**	Die Kaiserzeit unter Diokletian markiert den Übergang zur Epoche der Spätantike.

Seit dem späten 19. Jahrhundert wird der Begriff „*Romanisierung*“ verwendet, um den kulturellen, religiösen, politischen und wirtschaftlichen Einfluss Roms in einem großen Teil Europas und der Welt des Mittelmeeres zu beschreiben. Zeitlich bezieht sich der Begriff in der Regel auf die sogenannte *Kaiserzeit*, also etwa die Jahre von 27 v. Chr. bis 284 n. Chr. In dieser antiken Epoche erreichte die römische Herrschaft ihren Höhepunkt, sowohl hinsichtlich ihrer geografischen Ausdehnung als auch hinsichtlich ihres kulturellen Einflusses. Romanisierungsprozesse fanden daher nicht nur in West- und Mitteleuropa, sondern auch in Teilen Osteuropas, Kleinasiens, des Nahen Ostens und Nordafrikas statt. Die Grenzen der Romanisierung ergaben sich nicht allein aus den politischen Grenzen des Römischen Reiches. Wie stark der Einfluss Roms war, hing auch von den einheimischen Kulturen und deren Verhältnis zu Rom ab.

Der Begriff „Romanisierung“ ist in jüngster Zeit kritisiert worden, weil er dahingehend verstanden werden kann, dass den von Rom eroberten Völkern eine bestimmte Kultur aufgezwungen worden sei. Tatsächlich handelte es sich aber eher um die Vermischung zahlreicher Kulturen. Rom übernahm Praktiken, Erkenntnisse und Verfahren von den eroberten Völkern und in diesen wurde vieles aus Rom übernommen. Die Eroberungen veränderten also nicht nur die eingenommenen Gebiete, sondern auch Rom. Ferner waren in den eroberten Territorien gerade die Eliten häufig darauf bedacht, möglichst römisch zu leben.

Wird Romanisierung als ein wechselseitiger Prozess verstanden, bei dem sich viel „Römisches“ in Europa und der Welt des Mittelmeeres etablierte, dann kann man bis heute die Folgen der Romanisierung in Europa sehen. Dies gilt zum Beispiel für die romanischen Sprachen (Italienisch, Rumänisch, Französisch, Spanisch, Portugiesisch, Katalanisch und andere), aber auch für zahlreiche Städte, die auf Gründungen aus römischer Zeit zurückgehen. Dies gilt außerdem für unser Rechtsverständnis, das eine seiner Wurzeln in Rom hat, und schließlich für das *Christentum*, welches sich über Rom in Europa verbreitete. Das Christentum ist auch ein gutes Beispiel dafür, dass Romanisierungsprozesse manchmal zur Verbreitung einer kulturellen Praxis beitragen konnten, die ursprünglich gar nicht aus Rom stammte. Romanisierung sollte daher vor allem als kulturelle Annäherung der Völker Europas und der Mittelmeerwelt während der römischen Kaiserzeit verstanden werden.

Wichtige Namen
- Augustus (Octavian)
- Caracalla
- Diokletian
- Galerius
- Hadrian
- Jesus von Nazareth
- Konstantin I.
- Trajan

Wichtige Begriffe
- Bürgerrecht
- Christentum
- Infrastruktur
- Imperium Romanum
- Judentum
- Kaiserkult
- Kolonien
- Lokale Elite
- Monotheismus
- Mysterienkulte
- Pax Romana
- Polytheismus
- Prinzipat
- Provinzen
- Provinzverwaltung
- Romanisierung
- Römische Armee

In diesem Kapitel erwerben Sie die **Kompetenz**,
- Assimilations- und Integrationsprozesse (Provinzverwaltung, römische Armee, Infrastruktur) in der Kaiserzeit zu beschreiben und zu erklären,
- den Umgang des Imperiums mit Kulten und Religionen (u.a. Mithraskult, Judentum, Christentum) zu charakterisieren und zu beurteilen,
- die Idee und Praxis der pax Romana zu erläutern.

Zur Methoden-Kompetenz siehe Seite 224 bis 225 („Münze“).

▲ **Statue des Augustus im Panzer.**
Rund zwei Meter hohe Statue aus Marmor, ca. 20 v. Chr., gefunden in Primaporta bei Rom; farbiger Rekonstruktionsversuch.
- *Erklären Sie, was die Statue den Betrachtern aus der Ferne und in der Nähe vermitteln sollte.*

Die Kaiserzeit als Epoche Rom hatte seit seinen Ursprüngen im 5. Jahrhundert v. Chr. als republikanischer Stadtstaat zunächst die Apennin-Halbinsel und anschließend immer größere Teile des Mittelmeerraums und des westlichen Kontinentaleuropas erobert. Die militärische Expansion des Stadtstaates stellte seine politische Ordnung im Laufe der Jahrhunderte immer wieder vor große Probleme. Zunehmend entschieden Kriegszüge darüber, wer in Rom politische Macht erhielt. Ein erfolgreicher Heerführer genoss Ansehen und verfügte über ihm ergebene Truppen, sodass er sich im Zweifelsfall gegen seine Gegner durchsetzen konnte. Die letzten hundert Jahre der *römischen Republik* waren von blutigen Kämpfen zwischen verschiedenen Gruppierungen und ihnen verbundenen Heerführern gekennzeichnet. Als sich einer dieser Heerführer namens Octavian (63 v. Chr - 14 n. Chr.) durchsetzte, reformierte er die Republik (*res publica restituta*). Im Jahr 27 v. Chr. beschloss der römische **Senat**, dass Octavian – zunächst für zehn Jahre – die Machtbefugnisse in etwa der Hälfte der Provinzen übertragen wurden und er fortan *Augustus* (dt.: „der Erhabene") genannt werden sollte. Da Augustus die Macht in den noch nicht befriedeten Provinzen erhielt, bedeutete dies, dass er Oberbefehlshaber über den überwiegenden Teil des römischen Heeres war. Dies sicherte seine Macht gegenüber allen Konkurrenten.

Um seine herausgehobene Rolle im Staat zu benennen, nahm Augustus den Titel *„princeps"* (dt.: „Erster unter Gleichen") an. Nach dieser Bezeichnung erhielt die Herrschaftsform des Augustus auch ihren Namen: *Prinzipat*. Damit begann die *Kaiserzeit*. Durch das Kaisertum wurde der Erhalt der römischen Ordnung gesichert. Denn die meisten grundlegenden sozialen und politischen Strukturen änderten sich zunächst nicht. In den folgenden Jahrzehnten bauten Augustus und die nachfolgenden Kaiser ihre Stellung zunehmend aus, auch wenn das Kaisertum sich zu keinem Zeitpunkt in eine Erbmonarchie nach frühneuzeitlichen Vorstellungen verwandelte.

Das Ende der Kaiserzeit wird gewöhnlich als eine längere Übergangsphase beschrieben. In der Regel werden die Reformen des Kaisers *Diokletian* (236/45 - 312 n. Chr.) zwischen 284 und 305 als Beginn der Epoche der *Spätantike* betrachtet. Diese war durch grundlegende Veränderungen der römischen Herrschaft in Europa, der Mittelmeerwelt und Vorderasien gekennzeichnet. In der zweiten Hälfte des 3. Jahrhunderts entstanden erste Reiche innerhalb des Römischen Reiches, und einzelne Provinzen wurden von Rom aufgegeben.

Das Imperium Romanum Das Römische Reich erlebte unter Kaiser *Trajan* (53 - 117) seine größte Ausdehnung. Sie übertraf die aller bis dahin existierenden Reiche. Nie wieder sollten die Welt des Mittelmeers, große Teile Kleinasiens und Europas eine politische Einheit bilden. Die territoriale Entwicklung war nicht allein der Verdienst der Kaiser, denn ein Großteil des Reiches entstand bereits in Zeiten der Republik. Aber in der Kaiserzeit gelang es, die Expansion weiter voranzutreiben und die römische Herrschaft über mehrere Jahrhunderte zu festigen (▸ M1). Das Römische Reich verwandelte die eroberten Gebiete in *Provinzen*. Deren Grenzen ergaben sich dabei weniger aus naturräumlichen Bedingungen (z. B. Flüsse oder Berge) oder aus ethnischen Kriterien (z. B. Sprachgruppen), sondern aus militärischen und verwaltungstechnischen Überlegungen. Unter der Regierungszeit von Kaiser Diokletian (284 - 305) kam es zur Neugestaltung der Provinzordnung. Die Gesamtzahl der Provinzen im Reich wurde erheblich erhöht und auch das bis dahin privilegierte römische Italien in Provinzen eingeteilt,

Senat (lat. senatus: Rat erfahrener Politiker): oberster Rat des Römischen Reiches. In ihn wurde nur aufgenommen, wer Magistrat („Regierungsbeamter") gewesen war und über großes Vermögen verfügte. Unter Augustus umfasste der Senat 600 Mitglieder. Siehe zum Senat zur Zeit der römischen Republik Seite 15.

▲ Das Römische Reich zur Zeit seiner größten Ausdehnung, um 117.

■ *Analysieren Sie die Karte mithilfe der Leitfragen des Methoden-Bausteins auf Seite 183 f.*

womit es seine Sonderstellung (u.a. Steuervorteile) verlor. Der nun einsetzende Zerfallsprozess des *Imperium Romanum* war daher weniger der Überlegenheit eines anderen Großreiches geschuldet, als vielmehr der allmählichen Machtverschiebung zwischen verschiedenen Teilen des Reiches. 330 wurde mit Konstantinopel eine zweite gleichberechtigte Hauptstadt eingerichtet, und im Osten wie im Westen entstanden zahlreiche mit Rom konkurrierende Städte (Antiochia, Alexandria, Mediolanum-Mailand). Als die Westgoten im Jahr 410 Rom eroberten, triumphierten sie nicht über das Zentrum eines Weltreiches. Denn Rom hatte schon viele Machtbefugnisse an zahlreiche Städte und Provinzen des Reiches abgetreten.

Romanisierung und „Selbst-Romanisierung“ ■ Die Ausdehnung der römischen Herrschaft basierte auf der Stärke der Streitkräfte. In unzähligen Kriegen wurden die Gegner Roms besiegt. Die Beherrschung der eroberten Gebiete stützte sich aber nicht allein auf Waffengewalt. Zwar hatte Rom auch in Friedenszeiten Dutzende von Truppeneinheiten im ganzen Reich stationiert, doch wurden sie häufig nicht im Kampf, sondern für den Bau von Straßen, Brücken, Aquädukten und ähnlichen Infrastrukturprojekten eingesetzt. Die Stabilität der römischen Herrschaft verdankte sich vor allem jenem Prozess, den die historische Forschung als *Romanisierung*, also als „Römisch-Werden“ bezeichnet. Im Laufe der Jahrhunderte glichen sich die Lebensweisen in den römischen Provinzen immer stärker an (▶ M2). Die Städte erhielten ähnliche Bauten, Latein als Kommunikationsmedium gewann an Gewicht, römische Gesetze galten und römische Münzen kursierten. Vor allem die Elite übernahm römische Gepflogenheiten: Mahlzeiten, Kleidung, Baderituale, den Festkalender und viele andere alltägliche Verrichtungen.

Lesetipps

- *Thomas Harrison (Hrsg.), Imperien der Antike, Darmstadt 2010*
- *Eckhard Meyer-Zwiffelhoffer, Imperium Romanum. Geschichte der römischen Provinzen, München 2009*

▲ **Wandelhalle mit Medusenmedaillons im Severischen Forum in Leptis Magna (Libyen).**
Foto vom Dezember 2007.
In der antiken Stadt Leptis Magna lebten wohl bis zu 100 000 Einwohner. Der römische Kaiser Septimius Severus (146 - 211) stammte von hier. Er ließ seine Heimatstadt umfangreich ausbauen. Seit 1982 zählt Leptis Magna zum UNESCO-Weltkulturerbe.
- *Recherchieren Sie weitere Informationen über die Ruinenstätte aus Nordafrika. Erläutern Sie, inwiefern bei Leptis Magna von einer erfolgreichen Romanisierung gesprochen werden kann.*

Romanisierung wurde sowohl von oben erzwungen als auch von unten gewünscht. Dass römisches Recht galt und der Kaiser verehrt wurde, waren Anliegen Roms, die notfalls auch mit Gewalt vertreten wurden. Allerdings konnte den Menschen nicht vorgeschrieben werden, römische Mode und Sitten zu übernehmen. Vielmehr wurde die römische Kultur oft bereitwillig übernommen und kopiert. Romanisierung war daher häufig kein Zwang, sondern aktives Handeln, eben „*Selbst-Romanisierung*". Dabei verband sich die Bewunderung für Rom mit der Hoffnung, durch Übernahme des römischen „way of life" die eigene Stellung, die Position der Familie, des Clans oder der eigenen Provinz verbessern zu können.

Am Ende wendete sich die Romanisierung gegen Rom selbst. Da die Provinzen mehr und mehr Rom glichen, verschwanden die Unterschiede und in mancherlei Hinsicht auch die Überlegenheit Roms. Romanisierung und Widerstand gegen Rom waren daher keine sich ausschließenden Gegensätze. Zwar gab es auch Völker, die sich gegen alle römischen Einflüsse wehrten. Häufig übernahmen aber auch die Gegner Roms Elemente römischer Kultur, zum einen weil dies in Jahrhunderten römischer Herrschaft unausweichlich war, zum anderen weil die römischen Techniken und Verfahren sich als nützlich erwiesen hatten. Der Niedergang Roms seit dem 4. Jahrhundert war also auch Ausdruck der erfolgreichen Romanisierung. Rom hatte die Völker, die es besiegt hatte, im Laufe seiner Herrschaft erheblich geprägt, sodass die nun neu entstehenden Reiche – wie z.B. das der Westgoten – auf die eine oder andere Weise die römische Tradition weitertrugen. Romanisierung war daher ein Prozess, dessen Folgen wir bis heute beobachten können: in den romanischen Sprachen, im Christentum römischer Prägung, in den auf Rom zurückgehenden Vorstellungen unseres Rechtssystems und in den bis heute existierenden römischen Stadtgründungen. Romanisierung ist daher

▲ **Rekonstruktion der Saalburg bei Bad Homburg v.d. Höhe (Hessen).**
Zeitgenössisches Foto.
Der ursprüngliche Bau stammt aus dem 2. Jahrhundert. Auf antiken Fundamenten wurde zwischen 1897 und 1907 das einstige Römerkastell rekonstruiert. Dieses bewachte und schützte damals wie viele andere Kastelle den rund 550 Kilometer langen Limes (Grenzwall), der das Römische Reich vom wenig erschlossenen Siedlungsgebiet kleinerer Völker trennte.
Die Homepage des Museums (www.saalburgmuseum.de) informiert u.a. über die Geschichte der Saalburg und den archäologischen Park.

nicht nur für Europa und die Mittelmeerwelt von Bedeutung. Denn ab 1492 trugen die europäischen Erben Roms ihre Sprachen, ihre Religion, ihr Recht und ihre Weltbilder nach Amerika.

Heer und Provinzverwaltung In der Kaiserzeit verfügte Rom über Truppen von insgesamt ca. 350 000 Mann. Diese waren in *Legionen* unterteilt, die vor allem in den Randprovinzen des Reiches standen. Schon in der frühen Kaiserzeit wurde ein *stehendes Heer* geschaffen. Es war Rom bzw. dem Kaiser verpflichtet, während zur Zeit der Römischen Republik die Truppen vor allem ihren jeweiligen Feldherren die Treue hielten. Da das Heer der Kaiserzeit nicht mehr demobilisiert wurde, kam es zur Einrichtung von festen Legionsstandorten und unter Kaiser *Hadrian* (76 - 138) zur Errichtung eines festen Verteidigungssystems an den Reichsgrenzen. Die Standorte der Legionen dienten als Zentrale einer oder mehrerer Legionen und glichen mit ihren Gebäuden aus Holz oder Stein kleinen „Lager"-Städten. Tatsächlich hielten sich aber häufig viele der jeweils 5 500 bis 6 000 Mann starken Legionen nicht am eigentlichen Standort auf. Ihnen waren zahlreiche Aufgaben zugeteilt, die heute die Polizei übernimmt. Sie bewachten Straßen, Brücken und selbst Bergwerke oder Steinbrüche. Darüber hinaus wurden sie in befriedeten Gebieten zunehmend zum Ausbau der Infrastruktur eingesetzt. Die Legionen romanisierten die Provinzen aber nicht allein durch Polizeitätigkeit und Bauvorhaben. Sie verschmolzen auch zunehmend mit der Provinzbevölkerung. In der Regel bestanden die Heereseinheiten etwa zur Hälfte aus *Hilfstruppen* (*auxilia*), die aus den verschiedensten Provinzen kamen. Diese Hilfstruppen wurden von Rom aus gehoben und unterstanden römischen Offizieren oder wurden zumindest von Römern überwacht. Sie trugen langfristig auch zur Romanisierung der Einheimischen bei. Denn in der Armee eigneten sich die Soldaten die römische Sprache und Lebensweise an. Nach Ende ihrer Dienstzeit erhielten sie das römische Bürgerrecht und ein Stück Land. Die Zugehörigkeit zu den Hilfstruppen in römischen Provinzen wurde von vielen Einheimischen als Möglichkeit gesehen, die eigene Position zu verbessern. Als Soldat und eventuell sogar Offizier Roms konnten sie Ansehen und Einfluss erwerben (▸ M3).

Im Vergleich zur Armee war die zivile Verwaltung Roms winzig. Sie bestand zu Beginn der Kaiserzeit bestenfalls aus wenigen Tausend und in der Spätantike aus etwa 35 000 Personen. An der Spitze einer Provinz stand ein römischer *Statthalter*, der dort die Herrschaft Roms repräsentierte. Da er über keine Verwaltung im heutigen Sinne verfügte, beschränkten sich seine Aufgaben auf die Erhaltung der öffentlichen Ordnung und die Verteidigung der Provinz. In der Finanzverwaltung waren *Prokuratoren* tätig. Diese kaiserlichen Beauftragten kontrollieren die Eintreibung der Steuern in den Provinzen, um eine Ausbeutung durch die Statthalter zu unterbinden.

Die Städte Städte bildeten neben der Armee eine wichtige Säule der römischen Herrschaft. Im Osten und an der Küste der Iberischen Halbinsel hatte Rom Gebiete erobert, in denen das politische Leben bereits in Städten und Siedlungen konzentriert war. Rom bemühte sich, an die bestehenden städtischen Ordnungen anzuknüpfen. Dazu gehörte vor allem, dass die Städte sich mithilfe eines *Stadtrates* selbst verwalteten, der sich aus den Angehörigen der lokalen Elite zusammensetzte. Dies beinhaltete auch, dass sich die Städte mit Eingaben oder gar Beschwerden an den Kaiser wenden durften.

Rom schuf in den Provinzen eine Hierarchie von Städten, die sich vor allem an deren Loyalität orientierte. Wer Rom treu diente, wurde ausgezeichnet. Städte, die gegen Rom gekämpft oder sich erhoben hatten, wurden bestraft oder gar zerstört.

In jenen Teilen des Reiches, in denen es keine Städte im römischen Sinne gab, kam es zu neuen Stadtgründungen. Insbesondere an den Grenzen des Reiches schufen die Römer *Kolonien* (*coloniae*), in denen sie römische Bürger ansiedelten, die die neu eroberte Region sichern sollten. Die Gründung von Kolonien diente von Beginn an der Versorgung von ausgemusterten Soldaten, den Veteranen. Diese ließen sich in einer neu gegründeten Stadt (einer Kolonie) nieder und erhielten dann häufig das römische Bürgerrecht, was gleichbedeutend mit einem gewissen sozialen Status war.

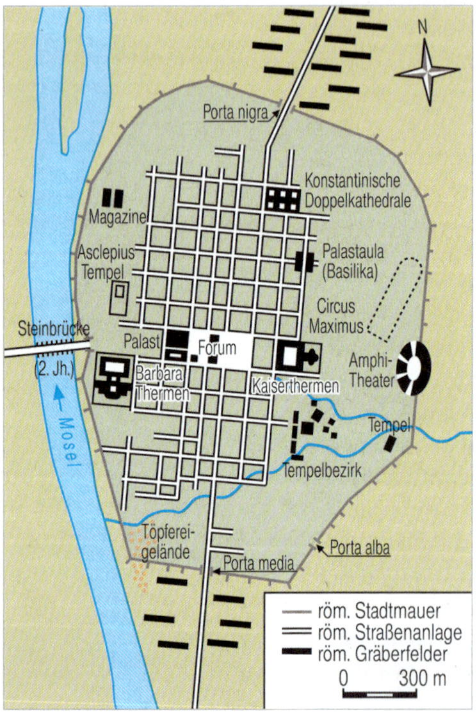

◂ **Stadtplan von Trier im 4. Jahrhundert.**
Rekonstruktionszeichnung.
Die in Rheinland-Pfalz liegende Stadt Trier wurde von den Römern um 16 v. Chr. unter dem Namen „Augusta Treverorum" (dt.: „Stadt des Augustus im Land der Treverer") gegründet. Von 293 bis 392 wurde sie eine der kaiserlichen Residenzen im Westen des Römischen Reiches.

- *Beschreiben Sie den Stadtgrundriss. Suchen Sie anschließend auf einem modernen Stadtplan die Steinbrücke und die Porta nigra in Trier.*
- *Erklären Sie anhand des Stadtplans die Bedeutung der Stadt für Handel und Kultur.*

Alte und neue Städte bildeten Zentren römischer Lebensart. Dies ließ sich schon an zahlreichen Gebäuden, häufig der gesamten Anlage einer Stadt beobachten. Es gab einen Hauptplatz (*forum*), an dem große Gebäude wie Markthallen und/oder Tempel standen. Es waren Brunnen und häufig auch Thermen vorhanden, deren Wasserzufuhr hölzerne oder steinerne Wasserleitungen sicherstellten. Gepflasterte und mit Säulenreihen/Kolonnaden (Säulengängen) geschmückte Straßen durchzogen teilweise die Städte.

In einer römischen Stadt leben hieß, auf römische Art und Weise zu leben. Dies galt nicht nur für eine kleine Elite, die sich einen exklusiven Lebensstil leisten konnte und die lokalen Schaltstellen der politischen Macht besetzte. Dies traf auch für einen großen Teil der einfachen Leute zu. Denn auch sie lebten innerhalb einer von römischer Architektur geprägten Stadt, besuchten Märkte und Feste auf den römisch gestalteten Plätzen oder Theateraufführungen und Kämpfe in römischen Amphitheatern. So wurde die Stadt für breite Bevölkerungsschichten zum Raum und zum Motor der Romanisierung (▸ M4).

Die Eliten Der Beginn der Kaiserzeit bedeutete keine grundlegende Veränderung der sozialen Strukturen des Reiches. Die Zusammensetzung der Eliten im Kaiserreich entsprach daher zunächst im Großen und Ganzen ihrer Zusammensetzung in republikanischer Zeit. Sie bestanden aus der *Reichsaristokratie* und den *lokalen Eliten*.

Die Reichsaristokratie umfasste einen Teil der Ritterschaft und der Senatoren. Der Senat hatte zwar seine herausragende Stellung an den Kaiser abgetreten. Dennoch stützte sich auch die kaiserliche Herrschaft auf die Zusammenarbeit mit dem Senat und den Rittern als Funktionselite, die die Stabilität der Kaiserzeit sicherte. Um vom Kaiser zum Ritter ernannt zu werden, musste man nicht nur wohlhabend sein, sondern dem Kaiser auch lange treu gedient haben.

Die lokalen Eliten setzten sich vor allem aus den Großgrundbesitzern in den Provinzen zusammen. Inhaber politischer und religiöser Ämter auf lokaler und provinzialer Ebene wurden als *Magistrate* bezeichnet, Mitglieder des Stadtrates als *Dekurionen*. Auch hier fanden sich vom Kaiser ernannte Ritter.

Es waren diese Eliten, die maßgeblich zur Romanisierung im Imperium Romanum beitrugen. Die dem römischen Lebensstil nacheifernden lokalen Eilten zeigten damit, dass sie ein Teil der herrschenden Ordnung waren, und drückten gleichzeitig gegenüber Rom ihre Loyalität und Verbundenheit aus. Dies führte im Laufe der Jahrhunderte dazu, dass die römischen Kaiser immer mehr Angehörige aus den Provinzen in die Reichsaristokratie beriefen. Ritter aus den eroberten Gebieten erhielten Aufgaben in Rom und wurden schließlich in den Senat aufgenommen. Dies stieß zwar anfangs auf Widerstand, wurde aber mit zunehmender Romanisierung der eroberten Gebiete ein übliches Verfahren. Selbst die römischen Kaiser stammten nicht zwangsläufig aus Rom: Hadrian (76-138) war in Italica auf der Iberischen Halbinsel geboren, *Septimius Severus* (146-211) in Leptis Magna in Nordafrika, *Caracalla* (188-217) im heutigen Lyon und *Verus Maximinus* (172/73-238) auf der östlichen Balkanhalbinsel. Letztgenannter Kaiser trug sogar den Beinamen „Thrax", der auf seine thrakische Herkunft verwies. Auch wenn Rom bis Ende des 3. Jahrhunderts das unbestrittene Zentrum des Imperium Romanum blieb, so waren es doch nicht nur Römer oder Italiker, die im Reich herrschten. Vielmehr rekrutierte Rom die Eliten aus allen Teilen seines Herrschaftsgebietes, sofern sie römische Lebensart und Wertvorstellungen übernahmen. Da sie im kulturellen und politischen Sinn Römer wurden, konnten sie ins Zentrum der Macht vorstoßen (▸ M5).

▲ **Handel zwischen Germanen und Römern.**
Rekonstruktionszeichnung von Ute Thönissen, 2002.
- *Beschreiben Sie das Geschehen auf dem Bild. Was erfahren Sie daraus über den Handel?*

Handel und Wirtschaft Die relative politische Stabilität während der Kaiserzeit schuf gute Voraussetzungen für die Wirtschaftsentwicklung. Der überwiegende Teil der Bevölkerung war in der Landwirtschaft beschäftigt und von ihr hing das Wohlergehen des Reiches maßgeblich ab. Die Blüte der Städte basierte großenteils auf der Tatsache, dass das jeweilige Umland ausreichend Lebensmittel produzierte, um die Stadtbewohner zu ernähren. Die *pax Romana*[1] (dt.: römischer Frieden) half der Landwirtschaft dadurch, dass sie den Handel über weite Entfernungen begünstigte. So wurde aus Sizilien und Nordafrika Getreide auf die Italische Halbinsel exportiert, während von der Iberischen Halbinsel Olivenöl in viele Regionen des Reiches gelangte. Begünstigt wurde der Handel nicht nur durch die langen Friedenszeiten im Reich sowie die Eindämmung von Piraterie und Bandenwesen, sondern auch durch Straßenbau und Münzprägungen. Rom baute in fast allen Provinzen Straßen, die als Kommunikationsnetze innerhalb und zwischen den Provinzen dienten (▸ M6). Das römische Münzwesen stellte schließlich über Jahrhunderte sicher, dass Handel auf Geldbasis getrieben werden konnte. Das Römische Reich war jedoch kein einheitlicher Wirtschaftsraum. Dazu war die Bedeutung der Subsistenzwirtschaft (Selbstversorgung) und der rein lokalen Märkte zu groß. Allerdings ermöglichte es das Imperium Romanum, dass regionaler Handel und Fernhandel in einem Umfang betrieben werden konnten, wie dies vorher nicht möglich war. Dies führte dazu, dass der Handel sich romanisierte. Denn er beruhte auf römischen Münzen und häufig auch auf römischem Recht und römischer Sprache (▸ M7).

Die Sprache Die Sprache ist jener Bereich, in dem die Romanisierung bis heute am leichtesten zu sehen (und zu hören) ist. In großen Teilen des ehemaligen Imperium Romanum werden auch heute noch Sprachen gesprochen, deren Wurzel das von Rom aus verbreitete Latein ist. Hierzu gehören u.a. Spanisch, Französisch, Portugiesisch und Rumänisch. Die iberische Kolonialherrschaft in Amerika und später der französische Kolonialismus in Nordamerika, Afrika und Asien haben die romanischen Sprachen über die ganze Welt verbreitet.

Die römischen Kaiser hatten weder Interesse noch die Mittel, um Latein als Sprache für die 50 bis 60 Millionen Menschen im Römischen Reich durchzusetzen. Für die

[1] Siehe hierzu vor allem Seite 216, M1.

allermeisten Bewohner gab es keinen Schulunterricht, und überall wurden die alten, regionalen Sprachen gesprochen. Die Eliten in den Provinzen hatten dagegen ein großes Interesse, Latein zu erlernen, war es doch für die Kommunikation mit Rom unerlässlich und zugleich ein Ausweis der eigenen Nähe zur römischen Kultur. So gab es auf der einen Seite einen jahrhundertelangen Spracherwerb aufseiten der provinzialen Eliten. Auf der anderen Seite siedelten Latein sprechende Kolonisten in unzähligen Provinzen des Reiches und brachten die Sprache mit. Für beide Prozesse war die Armee ein wichtiger Katalysator, denn der Aufstieg in der Armee erforderte die Beherrschung der lateinischen Sprache. Gleichzeitig brachten die Armee und ausgemusterte Soldaten Latein in die Provinzen (▸ M8).

Trotz der enormen Verbreitung der lateinischen Sprache überlebten zahlreiche Sprachen das Römische Reich. Zum Teil waren dies Sprachen ohne Schriftsysteme, aber auch einige wenige Schriftsprachen überdauerten die römische Herrschaft (z. B. Hebräisch). In der Spätantike entwickelten sich dann angesichts der nachlassenden Bedeutung Roms in manchen Gegenden neue Schriften (z. B. Koptisch). Unter allen Sprachen stellte das Griechische eine Ausnahme dar, da es im Osten als zweite offizielle Sprache fungierte. Die spätere Teilung in ein West- und ein Oströmisches Reich führte zu einem weitgehenden Niedergang des Lateinischen im Osten. Mit Ausnahme des Rumänischen finden sich heute in Osteuropa keine romanischen Sprachen von Bedeutung.

Römisches Recht Roms Herrschaft beruhte auf schriftlichem Recht, also auf schriftlich fixierten Regeln mit allgemeinem Geltungsanspruch. Seit den Anfängen Roms hatte sich eine lange, viele Bereiche des Lebens umfassende Tradition römischen Rechts entwickelt, die im Laufe der Jahrhunderte ständig erweitert und verändert wurde.

Römische Herrschaft in einer Provinz drückte sich dadurch aus, dass Rom schriftliche Rechtsverordnungen für die entsprechende Provinz erließ (▸ M9). Sie regelten die Beziehung zwischen der Provinz und Rom, aber auch die Verhältnisse innerhalb einer Provinz. Vor allem im Osten waren sich verschiedene Städte nicht wohl gesonnen, sodass die römischen Verordnungen darauf abzielten, die Konflikte in den Provinzen zu reduzieren. Gleichzeitig dienten sie dazu, jene Städte und Gruppen zu belohnen, die Rom treu ergeben waren, während die Gegner Roms rechtlich bestraft wurden. Römische Rechtsverordnungen regelten aber auch die Rechte und Pflichten von Privatpersonen. Dies galt sowohl für politische (z. B. Bürgerrechte) als auch für private Fragen (z. B. Eigentumsrechte). Als Kaiser Caracalla 212 die reichsweite Vergabe des Bürgerrechts für alle freien Bewohner einführte, hob er auf rechtlicher Ebene die Trennung zwischen Römern, Italikern und den anderen Bewohnern des Imperium Romanum auf. Ein Bürger einer Provinz verfügte fortan über die gleichen Bürgerrechte wie ein Römer.

Ein zentraler Aspekt des Römischen Rechts war die Rechtsprechung. Diese unterstand in den Provinzen dem Statthalter, der dazu einen Rat (bzw. ein Gericht) einberief, welcher sich während der Gerichtstage versammelte. Aufgrund des großen Einflusses des vorsitzenden Statthalters entsprachen die Verfahren zwar nicht unserem heutigen Verständnis von Fairness und Gleichbehandlung der Parteien, aber sie fußten auf geschriebenem Recht und Provinzen konnten z. B. gegen Statthalter Klage erheben, die sie ausgebeutet hatten.

Die jahrhundertelange Praxis von schriftlicher Rechtsetzung und Rechtsverfahren beeinflusste das Rechtsverständnis in den Provinzen nachhaltig. Römisches Recht stabilisierte die Herrschaft und überdauerte sie. Bis heute ist ein großer Teil des europäischen Rechts von den ursprünglich in Rom entwickelten Rechtsvorstellungen geprägt.

▲ **Das Pantheon in Rom zur Kaiserzeit.**
Undatierte Rekonstruktionszeichnung von Peter Connolly.
Als Pantheon wird die Gesamtheit der Götter bezeichnet. In Rom wurde ihnen auch ein Tempel geweiht, der nach neuesten Forschungserkenntnissen zwischen 114 und 119 errichtet wurde. Es ist das größte vollständig erhaltene Bauwerk der römischen Antike.

Der Kaiserkult Die kultische Verehrung des Herrschers war eine gängige Praxis vieler Völker des Altertums. In Rom begann die göttliche Verehrung der Herrscher nach dem Tod von *Gaius Iulius Caesar* (100 v. Chr.-44 v. Chr.), als dieser zum Gott erklärt wurde. Lebende Kaiser wurden in Rom nicht als Götter verehrt, während dies in verschiedenen Provinzen durchaus üblich war. Dort huldigten die Bewohner den Kaisern wie auch ihren lokalen Gottheiten. Da die religiösen Vorstellungen der Zeit die Göttlichkeit von Menschen und die Verehrung einer Vielzahl von Gottheiten (*Polytheismus*) gestatteten, war es kein großes Problem, den Kaiserkult in die religiösen Praktiken der meisten unterworfenen Völker zu integrieren. Die Aufnahme des lebenden oder der verstorbenen Kaiser in das *Pantheon* der lokalen Gottheiten verband Rom mit den unterworfenen Völkern und drückte gleichzeitig Roms Überlegenheit aus (▸ M10).

Der Bau von Tempeln zu Ehren des lebenden oder verstorbenen Kaisers löste im Osten des Reiches häufig handfeste Machtkämpfe zwischen lokalen Eliten aus. Denn solche Tempel demonstrierten die Nähe und Loyalität zu Rom, das jeden Bau genehmigen musste. Die Vorrangstellung durch einen Tempel kam auch dadurch zum Ausdruck, dass sie Orte von Feiern und Festlichkeiten waren. Hier versammelten sich die politischen Machtträger und auch das einfache Volk, um dem Kaiser zu huldigen. Dies konnte einhergehen mit Opfern, Festen und Wettkämpfen, sodass eine Tempelanlage die gesellschaftliche und zum Teil auch wirtschaftliche Stellung einer Stadt unterstrich. Während der Feierlichkeiten repräsentierten Statthalter, Priester und andere Amtspersonen die römische Ordnung. Der Kaiserkult diente daher nicht nur dazu, einen Gott oder eine göttliche Person zu verehren. Er diente auch dazu, den Menschen die soziale und politische Ordnung zu demonstrieren sowie die Eliten und das einfache Volk an Rom zu binden.

Umgang des Imperiums mit Kulten und Religionen Im Laufe der Jahrhunderte vermischten sich römische Kultpraktiken mit lokalen Religionen. Nicht nur dem Kaiser, sondern auch den eigenen lokalen Göttern wurde immer stärker auf römische Art und Weise gehuldigt. Vielfach kam es zur Aufnahme fremder Götter anderer Völker in die religiöse Vorstellungswelt der Römer. Während der Kaiserzeit erfreute sich der aus dem Orient stammende *Kult des Mithras*, eines Gottes des Lichtes, insbesondere beim römischen Heer großer Beliebtheit.

Der grundsätzliche offene Umgang der Römer mit Religionen und Göttern wurde durch das *Judentum* (▸ M11) und das *Christentum* infrage gestellt. Da es sich bei ihnen um *monotheistische Religionen* handelt, verbieten sie anderen Göttern zu huldigen (erstes der Zehn Gebote). Aufgrund dessen lehnten sie es auch ab, die römischen Kaiser als Götter zu verehren. Nachdem *Jesus von Nazareth* um 30 in Palästina gepredigt hatte, versuchte Rom zunächst, die neue Religion in ihre Glaubensvorstellungen zu integrieren. Die Christen aber blieben bei ihrer Intoleranz gegenüber anderen religiösen Ansichten und machten einen Kompromiss unmöglich. So begann Rom in den zwanziger Jahren des 2. Jahrhunderts, das Christentum als Straftatbestand zu verfolgen.

Die seit 250 einsetzenden reichsweiten Christenverfolgungen fanden mit dem Toleranzedikt des Kaisers *Galerius* (um 250 - 311) ihr Ende (▸ M12). Im Jahre 311 hatte dieser das Christentum als Religion erlaubt. Damit tolerierte nun auch Rom eine Religion, die römische Vorstellungen nicht akzeptierte und den Kaiserkult explizit ablehnte. Auf der Gegenseite hatte das Christentum schon lange von seinen Vorstellungen Abstand genommen, das Ende der Welt – und das hieß: das Ende des Imperium Romanum – stünde unmittelbar bevor. Dies führte zu der Auffassung, dass die Verteidigung der bestehenden Ordnung einhergehen konnte mit einem gottgefälligen christlichen Leben. Ein solches Verhalten konnte sich auch auf das vermutlich in der zweiten Hälfte des 1. Jahrhunderts entstandene Matthäusevangelium (22, 21) berufen: „Gebt dem Kaiser, was des Kaisers ist, und Gott, was Gottes ist."

▲ **Mithras-Kultbild (Ausschnitt).**
Römisch, um 200.
Unter einem Rundbogen mit den zwölf Tierkreiszeichen ist der Gott Mithras mit römischer Tunika dargestellt, wie er einen Stier erdolcht. Blut galt als Quelle des Lebens. Der Mithras-Kult erreichte im Römischen Reich im 2. und 3. Jahrhundert seinen Höhepunkt. Im 4. Jahrhundert wurde er vom Christentum verdrängt.
- *Der Mithras-Kult zählt zu den Mysterienkulten (Mysterien: geheime religiöse Feiern). Recherchieren Sie, welche weiteren Mysterienkulte im Römischen Reich existierten. Erklären Sie vor diesem Hintergrund, inwiefern der Kontakt mit anderen Kulturen die religiösen Vorstellungen der Römer veränderte.*

Die spätere Integration des Christentums in Herrscherkult und Herrscherpraxis durch Kaiser *Konstantin I.* (270/288 - 337) war durchaus auch im Interesse Roms. Er bestätigte 313 im *Toleranzedikt von Mailand* nicht nur die Anerkennung des Christentums, sondern privilegierte und praktizierte es sogar. Zugleich hielt Konstantin an alten Kultpraktiken fest und wurde nach seinem Tod als Gott verehrt. Gleichwohl bedeutete die sogenannte *Konstantinische Wende*, dass das Christentum sich von nun an innerhalb des Römischen Reiches massiv verbreiten konnte.

Das Christentum kann als Teil der jahrhundertelangen Romanisierungsprozesse betrachtet werden, da es sich seit dem 4. Jahrhundert gerade dank der Strukturen des Imperium Romanum ausdehnen konnte. Gleichzeitig war es den alten römischen religiösen Vorstellungen so fremd, dass die Christianisierung auch zum Ende des Reiches, so wie es viele Jahrhunderte bestanden hatte, beitrug.

M1 Pax Romana

Der Althistoriker Werner Dahlheim erklärt die Langlebigkeit des Römischen Reiches:

Alle Segnungen, die die Kaiser in den Augen der Zeitgenossen gebracht haben, gipfelten in der Vorstellung des Friedens, der *pax Romana*. Seit Augustus ist pax eine Gottheit mit Anspruch auf kultische Verehrung: Der 13-9 v. Chr. gebaute Altar der pax Augusta stellte durch das Beiwort zugleich unmissverständlich die Beziehung zur Person und zur Herrschaft des Kaisers her. Die Formel vom Kaiser als Friedensbringer betonte zunächst die Wiederherstellung der Eintracht (*concordia*) der Bürger, die in der Tat die erste große Leistung des ersten Monarchen gewesen war. Gemeint war damit nicht nur das Ende der Bürgerkriege, sondern das gesamte Spektrum der inneren Befriedung: die Einigung mit dem Senat, die Befriedung des Militärs, die Sicherheit vor Umsturz, Enteignung und politischem Terror. Nicht damit gemeint war der Friede nach außen; im Gegenteil: Die Erfolge der römischen Waffen bildeten die andere Seite des inneren Friedens, den sie sicherten und weiter ausbauten.
Im zweiten Jahrhundert war die römisch gewordene Welt überzeugt, mit dem gewonnenen Frieden den glücklichen Endpunkt aller Geschichte, das goldene Zeitalter erreicht zu haben. Die, welche außerhalb dieser Welt standen, Barbaren und Fremde, waren zum Gegenstand des Bedauerns geworden. Innerhalb dieser Welt bedeutete das Ende der Kriege der Völker die Gewissheit, allein die zivilisierte Welt zu verkörpern: Nur in ihr war die städtische Zivilisation vorherrschend, nur sie kannte die umfassende Sicherheit des Rechts, und nur innerhalb ihrer Grenzen war der freie Austausch von Gütern und Meinungen möglich.

Werner Dahlheim, Die griechisch-römische Antike, Bd. 2: Rom, Paderborn [3]1997, S. 237 f.

1. *Erläutern Sie, welche Vor- und Nachteile die Unterwerfung unter Rom mit sich bringen konnte.*
2. *Erörtern Sie, inwiefern die Vorstellung einer überlegenen Zivilisation heutigen Auffassungen widerspricht.*

M2 Die Iberische Halbinsel wird romanisiert

Der griechische Geograf und Geschichtsschreiber Strabon (um 63 v. Chr.-nach 23 n. Chr.) schildert die Romanisierung verschiedener Volksstämme im heutigen Spanien:

Der Segen des Landes hat bei den Turdetanern auch Zivilisation und Gemeinsinn zur Folge gehabt; auch bei den Keltikern dank ihrer Nachbarschaft [...], aber bei ihnen weniger (sie leben ja meist in Dörfern); die Turdetaner dagegen, besonders die am Baetis, sind ganz zu dem Lebensstil der Römer übergegangen und bewahren nicht einmal mehr eine Erinnerung an ihre eigene Sprache: Ferner sind die meisten Latiner geworden und haben römische Siedler bekommen, sodass nur noch wenig daran fehlt, dass sie sämtlich Römer sind; auch die neuerdings zusammengesiedelten Städte, Pax Augusta bei den Keltikern, Augusta Emerita bei den Turdulern und Caesaraugusta im Gebiet der Keltiberer, und einige andere Siedlungen illustrieren den Umschwung besagter Gemeinwesen; so werden denn auch alle Iberer, die zu dieser Kategorie gehören, *togati*[1] genannt (darunter sind auch die Keltiberer, die ehedem als die wildesten von allen galten).

Strabon, Geographika 3, 2, 15, nach: Strabon, Geographika. Mit Übersetzung und Kommentar, hrsg. von Stefan Radt, Bd. 1, Göttingen 2003, S. 381

1. ✚ *Recherchieren Sie die modernen Namen der genannten Städte bzw. Regionen. Informieren Sie sich, ob in diesen Gebieten bis heute römische Spuren vorhanden sind. Geben Sie Ihre Ergebnisse in einer kleinen Präsentation wieder.*
2. *Arbeiten Sie die Kriterien der Romanisierung nach Strabon heraus.*
3. *Nehmen Sie zu der Frage „Romanisierung – Fluch oder Segen?“ Stellung. Beziehen Sie dabei auch die Sichtweise Strabons mit ein.*

M3 Wie trägt das Militär zur Romanisierung bei?

Der griechische Schriftsteller Plutarch (um 45-um 125 n. Chr.) beschreibt, wie der römische Feldherr Quintus Sertorius (123-72 v. Chr.) unterworfene Völker an Rom zu binden versucht:

Durch solche Taten erwarb sich Sertorius die Bewunderung und Liebe der Barbaren und ebenso dadurch, dass er durch Einführung römischer Bewaffnung, Formierung und Befehlserteilung ihre wilde und rohe Kampfweise beseitigte und ihre Streitmacht aus einer großen Räuberbande zu einem wirklichen Heer machte. Auch sparte er nicht mit Gold und Silber, womit er ihre Helme schmücken und ihre Schilde reich verzieren ließ, lehrte sie, buntgestickte Waffenröcke und Mäntel zu tragen, und indem er ihnen dabei half und ihre Wünsche förderte, schmeichelte er sich bei ihnen ein. Am meisten aber gewann er sie für sich durch sein Verfahren mit ihren Söhnen. Er ließ nämlich die vornehmsten Knaben

[1] **togati**: Personen, die die Toga tragen. Die Toga war ein typisches Kleidungsstück des römischen Bürgers. Siehe Seite 13.

aus den Stämmen in der großen Stadt Osca[1] zusammenziehen, bestellte für sie Lehrer in Griechisch und Latein und machte sie so tatsächlich zu Geiseln, während er vorgab, er lasse sie dazu erziehen, dass sie, Männer geworden, an der Regierung und Staatsverwaltung teilnehmen könnten. Die Väter freuten sich dann außerordentlich, wenn sie ihre Söhne in purpurverbrämten Kleidern wohlgeordnet zur Schule gehen sahen, wo Sertorius die Lehrer für sie besoldete, häufig Prüfungen abnahm, an diejenigen, die sich auszeichneten, Preise verteilte und ihnen die goldenen Umhängekapseln schenkte, die die Römer *bulla* nennen.

Plutarch, Sertorius 14, 1 ff., nach: Plutarch, Große Griechen und Römer, eingeleitet und übersetzt von Konrat Ziegler, Bd. 5: Die Bibliothek der Alten Welt, Griechische Reihe, Zürich/Stuttgart 1960, S. 196

1. *Beschreiben Sie, wie Sertorius laut Plutarch das Militär einsetzte, um die Loyalität der Unterworfenen zu erlangen.*
2. *Erläutern Sie, wer in der Darstellung Plutarchs durch die Unterwerfung der „Barbaren" Vorteile erzielt.*
3. *Überprüfen Sie, welche allgemeinen Elemente der Rechtfertigung von Herrschaft sich in dem Text von Plutarch finden.*

▲ Pont del Diable (dt.: Teufelsbrücke) bei Tarragona (Spanien). *Das Aquädukt wurde vermutlich im 1. Jahrhundert erbaut und versorgte noch bis ins Mittelalter die Stadt mit Wasser. Seit 2000 gehört es zum UNESCO-Weltkulturerbe.*

M4 Städte strahlen in Glanz und Anmut

Der griechische Schriftsteller und Redner Aelius Aristides (117 - um 181) hält Mitte des zweiten Jahrhunderts vor Kaiser Antoninus Pius (86 - 161) in Rom folgende Rede:

So sind denn die Städte frei von Besatzungen, kleine Reiter- und Infanterieabteilungen genügen als Aufsicht für ganze Völker, [...] viele Völker wissen überhaupt nicht, wo ihre Besatzungen stehen. [...] An Kriege, ja, dass es sie je gegeben hat, glaubt man nicht mehr, wie man sonst von Mythenerzählungen hört, hört die Menge von ihnen. Und wenn auch einmal Kämpfe an den Grenzen des Reiches stattfinden [...], dann gehen sie wie Mythen schnell vorüber und mit ihnen das Gerede über sie. [...] Reich besetzt sind die Küsten am Meere und das Binnenland mit Städten, teils neu gegründeten, teils solchen, die unter eurer Herrschaft und von euch gefördert worden sind. [...] Wie an einem Festtage hat der ganze Erdkreis sein altes Gewand, das Eisen, abgelegt, sich festlichem Schmucke und allem, was das Leben froh macht, nach Lust und Belieben zugewandt. Jeder andere Wettstreit ist den Städten fremd geworden: Nur darum eifert mit Macht jede einzelne, als die schönste und anmutigste dazustehen. Überall Gymnasien[1], Springbrunnen, Vorhallen, Tempel, Werkstätten, Schulen [...]. Städte stehen strahlend in Glanz und Anmut, die ganze Erde ist wie ein Paradiesgarten geschmückt: Brandrauch aus den Ebenen und Signale von Freund und Feind sind verschwunden, als hätte sie ein Wind davongetragen, jenseits von Land und Meer. An ihre Stelle traten anmutige Schauspiele aller Art und festliche Wettspiele ohne Zahl. So hören, wie ein heiliges, unauslöschliches Feuer, die festlichen Zusammenkünfte nicht auf, sie gehen von Stadt zu Stadt. [...] Ja, das vielgesprochene Wort, dass die Erde die Mutter von allen und gemeinsames Vaterland ist, ihr habt es aufs Schönste zur Wahrheit werden lassen. Denn heute können Hellenen[2] wie Barbaren, mit und ohne Habe, ziehen, wohin es jeden verlangt, ohne alle Schwierigkeiten, gerade als zögen sie von einer Heimatstadt zur anderen. [...] [Es] bedeutet Sicherheit genug, ein Römer zu sein oder, besser gesagt: einer von denen, die unter eurer Herrschaft stehen.

Aelius Aristides, Rede auf Rom, 67, 70, 94, 97, 99 f., nach: Walter Arend (Bearb.), Altertum. Geschichte in Quellen, München [3]1978, S. 679 f.

1. *Fassen Sie zusammen, wie Aelius Aristides die römischen Städte beschreibt.*
2. *Erklären Sie, wie sich das (städtische) Leben unter römischer Herrschaft verändert hat.*
3. *Erörtern Sie, warum nur wenige Soldaten zur Sicherung der Herrschaft im Innern des Reiches benötigt wurden.*

[1] **Osca**: die heutige, im Nordwesten Spaniens liegende Stadt Huesca

[1] **Gymnasien**: Sportstätten
[2] **Hellenen**: Griechen

M5 Römischer Lebensstil bei den Briten

Der römische Senator und Schriftsteller Tacitus (um 55-um 120) ehrt seinen Schwiegervater Agricola nach dessen Tod mit einer Biografie. Darin beschreibt er das Vorgehen Agricolas als Statthalter in der Provinz Britannien:

Sobald aber der Sommer nahte, zog er das Heer zusammen, war allenthalben mit auf dem Marsch, lobte die Manneszucht und hielt die Truppe zusammen; den Platz für das Lager bestimmte er selbst, Gewässer und Wälder erkundete er als erster, den Feinden ließ er unterdessen keine Ruhe, unternahm vielmehr ganz plötzlich verheerende Streifzüge; sobald er jedoch genug Schrecken verbreitet hatte, schonte er sie wieder und zeigte ihnen die Lockungen des Friedens. Durch solche Maßnahmen ließen sich viele Stämme, die bis dahin unabhängig geblieben waren, bewegen, Geiseln zu stellen und von ihrer Erbitterung abzulassen. Er belegte ihr Gebiet mit Stützpunkten und Kastellen, und zwar mit derart planmäßiger Sorgfalt, dass kein anderer neu eroberter Teil Britanniens so ruhig in römischen Besitz überging.
Der folgende Winter wurde zur Ausführung sehr heilsamer Pläne verwendet. Denn um die verstreuten und primitiv lebenden Menschen, die infolgedessen zum Kriege leicht geneigt waren, durch Annehmlichkeiten an Ruhe und friedliches Verhalten zu gewöhnen, ermunterte er sie persönlich und unterstützte sie mit staatlichen Mitteln, Tempel, öffentliche Plätze und Häuser in der Stadt zu bauen, lobte die Eifrigen und tadelte die Säumigen; so trat Anerkennung und wetteiferndes Bemühen an die Stelle des Zwanges. Ferner ließ er die Söhne der Vornehmen in den freien Künsten[1] bilden [...]. So kam es, dass die Menschen, die eben noch die römische Sprache ablehnten, nun die römische Redekunst zu erlernen begehrten. Von da an fand auch unser Äußeres Beifall, und die Toga wurde häufig getragen; und allmählich gab man sich dem verweichlichenden Einfluss des Lasters hin: Säulenhallen, Bädern und erlesenen Gelagen. Und so etwas hieß bei den Ahnungslosen Lebenskultur, während es doch nur ein Bestandteil der Knechtschaft war.

Tacitus, Agricola, 21, nach: Tacitus, Das Leben des Iulius Agricola, herausgegeben und übersetzt von Rudolf Till, Berlin ⁵1988, S. 35

1. *Beschreiben Sie, wie sich das Leben in Britannien unter römischer Herrschaft änderte.*
2. *Arbeiten Sie Vor- und Nachteile heraus, die sich nach Tacitus für die Britannier aus der Übernahme des römischen Lebensstils ergeben.*
3. *Tacitus steht dem luxuriösen römischen Lebensstil seiner Zeit kritisch gegenüber. Weisen Sie diese Einstellung anhand der Quelle nach.*
4. *Nehmen Sie Stellung zu Tacitus' Einschätzung, die Übernahme des römischen Lebensstils sei „Bestandteil der Knechtschaft" (Zeile 30-32).*

[1] Zu den freien Künsten zählten Grammatik, Rhetorik, Dialektik, Arithmetik, Geometrie, Musik und Astronomie.

M6 Straßen verbinden

Der griechische Geschichtsschreiber Strabon (siehe auch M2, Seite 220, sowie M10, Seite 225) erläutert die Verkehrslage der Stadt Lugdunum (heute Lyon):

Lugdunum liegt durch das Zusammenströmen der Flüsse und durch seine Nähe zu allen Teilen wie eine Burg in der Mitte des Landes; daher hat auch Agrippa[1] die Straßen von dort aus gezogen: die durch das Kemmenon-Gebirge bis zu den Santonern und nach Aquitanien, die zum Rhein und drittens die zum Ozean bei den Bellovacern und den Ambianern; die vierte ist die ins Narbonitische und zu der Massaliotischen Küste. Man kann aber auch Lugdunum und das darüber hinaus liegende Land links liegen lassen, direkt am Poeninus eine Abzweigung nehmen, auf der man nach Überquerung der Rhone oder des Lemenna-Sees in die Ebenen der Helvetier kommt, und von dort über das Iura-Gebirge in das Land der Sequaner und der Lingonen hinübersteigen; bei ihnen teilt die Straße sich in zwei Durchgangsstraßen: eine zum Rhein und eine zum Ozean.

Strabon, Geographika 4, 6, 11, nach: Strabon, a.a.O., S. 547f.

1. *Erläutern Sie die Bedeutung, die das Straßennetz für Lyon besaß.*
2. *Suchen Sie das von Strabon beschriebene Straßennetz auf einer modernen Karte. Vergleichen Sie es mit den heutigen Autobahnrouten. Hat sich die Position Lyons verändert?*
3. *Die Länge des römischen Fernstraßennetzes betrug im 2. Jahrhundert rund 80 000 km. In der Kaiserzeit bestanden Verbindungen nicht nur mit den Provinzen, sondern auch über die Reichsgrenzen hinaus. Beurteilen Sie die Bedeutung des Straßennetzes für den Romanisierungsprozess.*

[1] **Marcus Vipsanius Agrippa** (63/64-12 v. Chr.): römischer Feldherr und Politiker, verheiratet mit der Tochter Augustus'

M7 Herstellung und Verbreitung von Terra sigillata-Keramik

Die Alltagskultur in den Provinzen wird in Schriftquellen nur selten ausführlich beschrieben. Die kulturelle Entwicklung des Römischen Reiches fernab des Zentrums muss daher vor allem aus archäologischen Quellen erschlossen werden. Dabei spielen Keramikfunde eine besondere Rolle. Mit diesen Funden können wir den antiken Menschen noch heute direkt auf den Esstisch schauen, denn obwohl die meisten Gefäße zerbrochen sind, bleiben die Scherben aus gebranntem Ton im Unterschied zu anderen Materialien in vielen Fällen selbst nach Jahrhunderten noch gut erhalten.
Die teils glattwandige, teils reliefverzierte Terra sigillata (= gestempelter Ton) war vom 1. bis 3. Jahrhundert die beliebteste Geschirrkeramik der Römer. Sehr charakteristisch ist die rot glänzende Oberfläche, die nur mit bestimmten Tonarten und einer gezielten Luftzufuhr während des Brennvorgangs erreicht werden konnte. Aufgrund dieser besonderen Anforderungen war die Terra sigillata trotz einer sehr gut organisierten Produktion keine billige Ware. Da der Hersteller seine Gefäße mit einem Namensstempel versah, lassen sich die Funde bestimmten Herstellungsorten zuordnen.

1. *Beschreiben Sie die Entwicklung bei den Herstellungsorten der Terra sigillata (Karte).*

▲ Terra sigillata-Gefäße aus italienischen und südfranzösischen Herstellungsorten.
1. Jahrhundert, in der Rheinregion gefunden.

Internettipp
www.terra-sigillata-museum.de

2. ➕ *Vergleichen Sie das Verbreitungsgebiet der Terra sigillata mit dem Gebiet des Römischen Reiches (siehe hierzu auch die Karte auf Seite 207).*
3. *Erklären Sie wichtige Erkenntnisse, die die Verbreitung der Terra sigillata den Archäologen und Historikern heute liefert.*

▸ Wichtige Herstellungsorte von Terra sigillata-Keramik.

M8 Latein versus Griechisch

Der Althistoriker Eckhard Meyer-Zwiffelhoffer erklärt die Bedeutung der lateinischen Sprache im Römischen Reich:

Rom hatte nie versucht, die lateinische Sprache und Schrift reichsweit durchzusetzen, aber sie war die Sprache der Herrschaft. In den Legionen und Auxiliarverbänden wurde lateinisch geschrieben und gesprochen, ebenso in der Verwaltung, soweit es deren interne Kommunikation betraf. Die Münzlegenden der Reichsprägung waren lateinisch und alle kaiserlichen Gesetze ebenfalls. Doch erkannte Rom das Griechische als zweite offizielle Sprache insofern an, als die Kommunikation des Kaisers und der römischen Amtsträger mit der Provinzialbevölkerung im Osten auf Griechisch erfolgte. Auch in den Gerichtsverhandlungen konnte auf Griechisch gesprochen werden; kaiserliche Edikte[1], Reskripte[2] und andere Dokumente wurden übersetzt. Denn die hohen römischen Amtsträger und auch die meisten Kaiser waren seit der Republik zweisprachig gewesen.

In der östlichen Reichshälfte setzte sich das Lateinische nie als zweite Sprache durch. Nur die provinzialen Aristokraten, die in den Reichsdienst eintreten wollten, und die Soldaten lernten Latein. In der Spätantike, als das Reich faktisch geteilt war,[3] verschärfte sich die sprachliche Trennung: In Rom und den westlichen Provinzen lernten nur noch wenige Aristokraten Griechisch und in der östlichen Hälfte immerhin all diejenigen Latein, die römisches Recht studierten und im Heer und der Ziviladministration Dienst taten. Aber schon die Bischöfe im Osten des Reichs konnten kein Latein mehr, sowenig wie die Bischöfe im Westen Griechisch [...]. Unter Justinian[4] schließlich zog dann das Griechische auch in die Reichsverwaltung ein, wie seine noch erhaltenen Gesetze („Novellen") zeigen.

Eckhard Meyer-Zwiffelhoffer, Imperium Romanum. Geschichte der römischen Provinzen, München 2009, S. 115 f.

1. *Arbeiten Sie vergleichend die Stellung der lateinischen und der griechischen Sprache heraus.*
2. ✚ *Analysieren Sie, inwiefern sich der Umgang mit der griechischen Sprache von dem in M3 (Seite 216 f.) beschriebenen Vorgehen unterscheidet.*

[1] **Edikt**: kaiserliche Verordnung
[2] **Reskript**: kaiserlicher Bescheid auf eine Eingabe von Untertanen oder römischen Amtsträgern hin
[3] Im Jahr 395 zerfiel das Römische Reich in eine Ost- und eine Westhälfte.
[4] **Justinian I.** (um 482 - 565): oströmischer Kaiser von 527 bis 565

M9 Ein Problemfall in der Provinzialverwaltung

Plinius der Jüngere (61/62 - um 113) kommt 111 als römischer Statthalter in die Provinz Bithynien und Pontus an der türkischen Schwarzmeerküste. Er schreibt häufig an Kaiser Trajan, um sich Rat zu holen. Sein Schriftwechsel mit dem Kaiser bietet einen Einblick in die Verwaltung einer Provinz und ist im zehnten Buch seiner „Epistulae" überliefert. Im Zusammenhang mit der Ernennung neuer Ratsherren (Dekurionen) wendet sich Plinius an Trajan:

Das Gesetz des Pompeius, das für die Bewohner von Bithynien und Pontus gilt,[1] fordert keine Geldzahlungen von denjenigen, die von den Zensoren[2] in den Stadtrat gewählt werden. Die Männer aber, die Deiner Huld zufolge in einigen Städten über die gesetzmäßige Zahl hinaus gewählt werden durften, haben teils 1000, teils 2000 Denare[3] gezahlt. Der Prokonsul Anicius Maximus hat daraufhin verfügt – was freilich nur für einige wenige Städte gilt –, dass auch die von den Zensoren gewählten Ratsherren jeweils verschiedene Summen zu zahlen hätten. Darum bleibt nichts anderes übrig, als dass Du selbst entscheidest, ob in sämtlichen Städten alle, die künftig zu Ratsherren gewählt werden, für ihren Eintritt eine bestimmte Summe zu entrichten haben. [...]

Trajan antwortet:

Ob alle, die in irgendeiner Stadt Bithyniens Ratsherren werden, ein Antrittsgeld zu entrichten haben oder nicht, das kann ich nicht grundsätzlich entscheiden. Man soll sich also meiner Meinung nach, was immer das sicherste ist, jeweils an das Gesetz der betreffenden Stadt halten. Was die Männer betrifft, die ehrenhalber Ratsherren werden, so meine ich eher, sie sollten so handeln, dass sie aufgrund einer Leistung[4] den übrigen vorgezogen werden.

C. Plinius Caecilius Secundus, Briefe, 10, 112 - 113, nach: ders., Sämtliche Briefe, übersetzt und herausgegeben von Heribert Philips und Marion Giebel, Stuttgart 1998, S. 799 ff.

1. *Geben Sie mit eignen Worten das rechtliche Problem wieder, das Plinius dem Kaiser vorlegt.*
2. *Erläutern Sie, inwiefern der Kaiser das „Prinzip der Subsidiarität", nach dem möglichst viel vor Ort geregelt wird, verfolgt.*

[1] Das Gesetz aus dem Jahre 63 v. Chr. regelte die grundlegenden Aspekte der römischen Herrschaft in der Provinz.
[2] Beamte, die neue Ratsherren einsetzen
[3] Im 1. Jahrhundert bekam ein gut verdienender Arbeitnehmer etwa 1 Denar am Tag.
[4] in der Regel eine wohltätige Geldspende

M10 Kaiserkult bei den Galliern

Der griechische Geschichtsschreiber Strabon (siehe auch M2, Seite 216, sowie M6, Seite 218) berichtet von einem Heiligtum im heutigen Lyon:

Lugdunum selber denn, gegründet am Fuß einer Spitze beim Zusammenfluss des Arar-Flusses und der Rhone, haben die Römer in Besitz. Es ist, abgesehen von Narbo, die volkreichste Stadt von allen, denn sie wird als Handelsplatz benutzt und die Statthalter der Römer prägen dort ihre Silber- und Goldmünzen; ferner liegt das von allen Galatern gemeinsam für Caesar Augustus gestiftete Heiligtum vor dieser Stadt an dem Zusammenfluss der Flüsse (es besteht aus einem stattlichen Altar mit einer Inschrift der Namen der Völker – sechzig an der Zahl –, Bildnissen eines jeden dieser Völker).

Strabon, Geographika 4, 3, 2, nach: Strabon, a.a.O., S. 499-501

1. *Fassen Sie mit eignen Worten die wichtigsten Aspekte des von Strabon beschriebenen Heiligtums zusammen.*
2. *Erklären Sie mögliche Gründe für die Nennung der Stämme im Altar.*
3. *Erörtern Sie die Verbindung von religiöser und politischer Macht anhand dieser Quelle.*

▲ Vorder- und Rückseite einer römischen Münze.
- *Beschreiben Sie Vorder- und Rückseite der Münze.*
- *Erläutern Sie, wer und was dargestellt sind. Entschlüsseln Sie die Beschriftung mithilfe der Tabelle auf Seite 225.*
- *Ordnen Sie die Münze zeitlich ein.*
- ✚ *Erörtern Sie die politische Aussage der Münze. Berücksichtigen Sie dabei auch M11 und die Abbildung auf Seite 222.*

M11 Umgang mit den Juden

Der Althistoriker Eckhard Meyer-Zwiffelhoffer beschreibt die Stellung der Juden im Römischen Reich:

Die Juden in Palästina und zum Teil auch in der Diaspora[1] waren die einzigen römischen Untertanen, die in ihrer Mehrheit die römische Herrschaft ablehnten. Zwar gestanden ihnen die Kaiser eine Lebensweise gemäß dem jüdischen Gesetz zu, doch stießen sie mit ihren Sitten und Privilegien – dass sie am Sabbath[2] nicht vor Gericht erscheinen oder keinen Militärdienst leisten mussten – bei ihrer nichtjüdischen Umgebung wie bei den römischen Statthaltern auf wenig Verständnis: Die Aufstände in Mesopotamien, der Kyrenaika und Ägypten (115-117) resultierten aus Konflikten mit den griechischen und ägyptischen Nachbarn. Das jüdische Kernland in Galiläa, Judäa und Samaria war seit der Herrschaft des römischen Vasallenkönigs Herodes und seiner Dynastie die unruhigste Region des gesamten Imperiums geworden. Kleinere Aufstände waren an der Tagesordnung, und das Bandenwesen war allenthalben anzutreffen. Verantwortlich dafür war eine explosive Mischung aus wirtschaftlicher Not vieler Kleinbauern und Pächter, massiven sozialen Spannungen zwischen der lokalen, zum Teil romfreundlichen jüdischen Aristokratie und der breiten Bevölkerung sowie religiösem Fanatismus und Sektenbildung.
Seit der Fremdherrschaft der von Rom eingesetzten Herodes-Dynastie, die entgegen dem Herkommen über das Hohepriesteramt in Jerusalem verfügte, war der Traum von einem eigenen jüdischen Staat wieder virulent geworden. Viele jüdische Sekten hegten Endzeiterwartungen oder hofften auf den Messias[3]. In den ersten Jahrzehnten nach der Zeitenwende traten zahlreiche Messiasfiguren auf und scharten Anhänger um sich; einer von ihnen war Jesus „Christus". Sie

[1] **Diaspora** (griech.: Zerstreuung): die jüdischen Gemeinden außerhalb Palästinas
[2] **Sabbath**: wöchentlicher jüdischer Feier- und Ruhetag zur Erinnerung an die Schöpfung der Welt und an Israels Befreiung aus der ägyptischen Sklaverei

[3] Der erwartete Messias sollte die Juden von der römischen Fremdherrschaft befreien und das jüdische Reich wiedererrichten.

▲ **Plünderung des jüdischen Tempels in Jerusalem.**
Ausschnitt aus einem Relief am Titusbogen auf dem Forum Romanum in Rom, nach 81.
Der Triumphbogen wurde vom Senat zu Ehren Kaiser Titus' (39-81) errichtet. Er eroberte mit seinem Heer im Jahre 70 die Stadt Jerusalem und zerstörte den jüdischen Tempel. Damit verloren die Juden ihr politisches und religiöses Zentrum. Das Relief zeigt römische Soldaten, wie sie ihre Beute aus dem jüdischen Tempel tragen. Dazu zählten u. a. der goldene Schaubrottisch mit den Silbertrompeten (rechts) sowie der goldene siebenarmige Leuchter (Menora; links von der Bildmitte).
▪ *Erörtern Sie, warum die Soldaten mit den erbeuteten Kultgeräten auf dem Triumphbogen dargestellt wurden.*

suchten zumeist den Konflikt mit der etablierten Orthodoxie der Pharisäer, der jüdischen Aristokratie und den römischen Behörden – die Statthalter ließen Tausende von ihnen mitsamt ihren Anführern kreuzigen. Die gewaltsamen sozialen Spannungen unter den Juden und der religiöse Fanatismus der Zeloten („Eiferer")[4] und anderer Gruppen führte – entzündet durch die Ignoranz und Verachtung der römischen Präfekten und später der Prokuratoren von *Iudaea*[5] – zum Ausbruch der beiden großen jüdischen Aufstände, die tatsächlich die römische Herrschaft infrage stellten (66-70/73 und 132-135). Sie mussten mit einem großen Aufgebot an Legionen, Auxiliarverbänden und Hilfstruppen der Vasallenfürsten niedergekämpft werden.

Eckhard Meyer-Zwiffelhoffer, Imperium Romanum, a.a.O., S. 84 f.

[4] jüdische Widerstandsbewegung
[5] Von 6 bis 70 n. Chr. war Iudaea Teil der römischen Provinz Syria, dann bis 135 n. Chr. eine eigenständige Provinz, die nach dem zweiten Aufstand in „Syria Palaestina" umbenannt wurde.

1. *Fassen Sie zusammen, was die Stellung des Judentums nach Meyer-Zwiffelhoffer charakterisierte.*
2. *Erklären Sie, warum die Juden oft unterdrückt worden sind, obwohl die Römer in religiösen Fragen in der Regel tolerant waren.*
3. *Erläutern Sie Gemeinsamkeiten und Unterschiede der Konflikte mit Rom im Juden- und im Christentum.*
   ✚ *Ziehen Sie dazu auch das Internet oder Lexika sowie M12 heran. Stellen Sie Ihre Ergebnisse in einem Kurzreferat vor.*
4. *Beurteilen Sie, ob sich der jüdische Widerstand gegen Rom mit heutigen religiös begründeten Kriegen vergleichen lässt.*

M12 Toleranzedikt des Kaisers Galerius

Der aus Nordafrika stammende christliche Autor Laktanz (um 250 - nach 317) beschreibt in seiner Schrift „Über die Todesarten der Verfolger" die gewaltsamen Tode der Christenverfolger als Beweis für deren Fehlverhalten. Darin zitiert er einen aus dem Jahre 311 stammenden Erlass des Kaisers Galerius:

Unter den übrigen Verordnungen, die wir immer zu Nutz und Frommen des Staates erlassen, hatten wir seinerzeit den Willen bekundet, alles entsprechend den alten Gesetzen und der staatlichen Ordnung der Römer einzurichten und dafür zu sorgen, dass auch die Christen, die die Religion ihrer Väter verlassen hatten, wieder zur Vernunft zurückkehrten. Aus irgendeinem Grunde hatte diese Christen ein solcher Eigensinn erfasst und solche Torheit befallen, dass sie nicht mehr den Grundsätzen der Alten folgten, die vielleicht ihre eigenen Vorfahren zuerst eingeführt hatten, sondern sich nach eigenem Gutdünken und Belieben selbst Gesetze machten, an die sie sich hielten, und da und dort bunte Menschenmengen zu einer Gemeinde vereinigten. Nachdem dann von uns der Befehl ergangen war, dass sie zu den Grundsätzen der Alten zurückkehren sollten, wurden viele in Prozesse auf Leben und Tod verwickelt, viele auch von Haus und Herd vertrieben. Da aber die meisten bei ihrem Vorsatz beharrten und wir sahen, dass sie weder den Göttern den Kult und die Verehrung zollten, die ihnen gebührt, noch den Kult des Christengottes ausübten, so haben wir in Anbetracht unserer großen Milde und im Hinblick auf unsere ständige Gepflogenheit, allen Menschen Verzeihung zu gewähren, diese unsere bereitwilligst gewährte Nachsicht auch auf die Christen ausdehnen zu müssen geglaubt. Sie sollen also erneut Christen sein und ihre Versammlungsstätten wiederherstellen, jedoch unter der Bedingung, dass sie nicht der Ordnung zuwiderhandeln. In einem weiteren Schreiben werden wir den Provinzstatthaltern Weisung erteilen, wie sie sich zu verhalten haben. In Ansehung dieser unserer Gnade sollen die Christen daher zu ihrem Gott für unser Wohlergehen, das des Staates und ihr eigenes beten, auf dass der Staat in jeder Hinsicht unversehrt bleibe und sie sorglos in ihren Wohnsitzen leben können.

Laktanz, Über die Todesarten der Verfolger, 34, 1-5, nach: Hans Jürgen Hillen (Bearb.), Die Geschichte Roms. Römische und griechische Historiker berichten, Düsseldorf 2006, S. 384 f.

▲ **Kaiser Konstantin I. („der Große").**
Nachzeichnung eines Silbermedaillons, Durchmesser 2,5 cm, um 315. Zwei Jahre nach dem Toleranzedikt von Kaiser Galerius bestätigte Kaiser Konstantin I. die Anerkennung des Christentums als erlaubte Religion.

- *Interpretieren Sie die Aussage des Medaillons. Beachten Sie dabei die am Helmbusch vorne und am Schild angebrachten Symbole.*

1. *Beschreiben Sie den Umgang des Römischen Reiches mit den Christen vor dem Umdenken Kaiser Galerius'.*
2. *Arbeiten Sie heraus, was Kaiser Galerius gegenüber den Christen beschließt und wie er sein Verhalten begründet.*
3. *Nehmen Sie dazu Stellung, inwieweit den von Galerius genannten Gründen geglaubt werden kann.*
4. *Beurteilen Sie, ob der Erlass von Kaiser Galerius einen Neuanfang der römischen Religionspolitik bedeutet. Informieren Sie sich in diesem Zusammenhang über das Vorgehen Roms gegenüber den Christen vor allem ab der Mitte des 3. Jahrhunderts.*

Kompetenz:
Zahlungsmittel früherer und heutiger Zeit beschreiben sowie eventuell enthaltene Zeichen, Symbole oder politische Aussagen erläutern und interpretieren

Münzen als Quellen

Münzen bilden in der Geschichtswissenschaft eine wichtige Quellengruppe. Auf ihnen finden wir nicht nur Angaben über ihren Wert, sondern zum Teil auch Informationen über ihren Herstellungsort, über die Währung oder andere für den Gebrauch notwendige Hinweise. Zudem können sie politische Aussagen enthalten, so zum Beispiel wenn ein König oder ein staatliches Symbol auf ihnen abgebildet wird. Häufig werden bildliche Darstellungen durch Wörter oder Wortfolgen in abgekürzter Form ergänzt. Daher sind Münzen sowohl Bild- als auch Textquellen. Die wissenschaftliche Beschäftigung mit Münzen wird als Numismatik bezeichnet.

Münzen in der Antike

Alltagsgegenstände besaßen als Kommunikationsmedium in der Antike eine große Bedeutung. Bildliche Darstellungen an oder auf Gebäuden, Kleidung und Münzen eigneten sich hervorragend, um z.B. politische Botschaften zu vermitteln. Münzen sind auch aus diesem Grund für die antike Geschichte ungleich wichtiger als für die moderne Geschichte.
Römische Münzen wurden meistens in hoher Stückzahl hergestellt und zirkulierten im ganzen Reich, sodass viele Personen sie zu Gesicht bekamen. Der erste Römer, der sich selbst auf einer Münze darstellen ließ, war *Gaius Iulius Caesar*. Seinem Vorbild folgten die meisten Herrscher der Kaiserzeit. Sie ließen ihre Köpfe – oft mit Lorbeerkränzen oder seit dem 4. Jahrhundert mit Diademen – auf die Vorderseiten der Münzen prägen. Ihre Porträts waren zunächst annähernd realistisch, erst in der Spätantike wurden sie idealisiert. Die abgekürzten Inschriften gaben dann den jeweiligen Namen und die Ehrentitel an.
Auf die Rückseiten der Münzen wurden Bilder und Abkürzungen gesetzt, die in der Regel auf besondere politische Ereignisse oder Programme verwiesen. Sie zeigen beispielsweise besiegte Feinde, gestiftete Bauwerke oder Götter. Häufig sind auch Personifikationen von *Fortuna* (Glück), *Pietas* (Frömmigkeit, Pflichtgefühl), *Concordia* (Eintracht), *Felicitas* (Glück), *Iustitia* (Gerechtigkeit) oder *Liberalitas* (Großzügigkeit) auf den Münzen zu finden. Diese Figuren interpretieren das dargestellte Ereignis oder Programm und verweisen auf den auf der Vorderseite abgebildeten Herrscher. Darüber hinaus enthalten Münzen oft auch abgekürzte Hinweise auf Münzstätten und Prägeorte.

Formale und inhaltliche Kennzeichen

- Wann und wo ist die Münze entstanden?
- Wer hat die Münze in *Auftrag* gegeben?
- Wen oder was zeigt die Münze?
- Welche *Wörter*, *Abkürzungen*, *Zahlen* oder *Symbole* werden verwendet? Wofür stehen sie bzw. was bedeuten sie?
- Welche Aussagen ergeben sich durch das *Zusammenspiel von Vorder- und Rückseite*?

Historischer Kontext

- Aus welchem *Anlass* ist die Münze geprägt worden?
- Auf welche *Person*, auf welchen *Sachverhalt* oder welches *Ereignis* nimmt die Münze Bezug?

Intention und Wirkung

- Wie lassen sich *Aussage* und *Wirkung* der Münze bewerten?

AVG	Augustus	PP	Pater Patria = Vater des Vaterlandes
CAES	Caesar	PR	Populus Romanus = geprägt auf Beschluss durch ...
COS	Konsul	SC	Senatus consultum = geprägt auf Senatsbeschluss
IMP	Imperator	TR P	tribunicia potestas = Amtsgewalt des Volkstribunen
PM	Pontifex Maximus = oberster Priester, heute Papst	I, II, III	Zählung für die Amtsperioden

▲ Abkürzungen bei Münzbeschriftungen (Auswahl).

Beispiel und Analyse

▲ Vorder- und Rückseite einer römischen Münze (Analysebeispiel).

Formale und inhaltliche Kennzeichen Auf der Vorderseite ist ein männlicher Kopf im Profil zu erkennen. Der angedeutete Umhang könnte eine Toga sein, also das Kleidungsstück des römischen Bürgers. Die Umschrift erklärt, wer auf der Münze abgebildet ist: Es handelt sich um den römischen Kaiser Hadrian (76-138; Kaiser von 117 bis 138).
Auf der Rückseite befindet sich eine allegorische (sinnbildliche) Darstellung der Gerechtigkeit. Sie wird als eine sitzende Frauenfigur gezeigt, die in ihrer ausgestreckten rechten Hand eine Opferschale (*patera*) für ein Trankopfer (*Libation*) und in der linken ein Zepter hält. Es umlaufen sie die Worte bzw. Abkürzungen „Iustitia", „Aug(usti)" und „P(ater) P(atriae)", was soviel wie „Augusteische (d.h.: kaiserliche) Gerechtigkeit Vater des Vaterlandes" heißt. Damit wird also das Prinzip der Gerechtigkeit mit Kaiser Hadrian verknüpft, der sich gleichzeitig als „Vater des Vaterlandes" darstellt. Auf der Rückseite ist außerdem die Abkürzung „S(enatus) C(onsultum)" zu lesen, was bedeutet, dass die Münze auf Beschluss des Senats geprägt wurde. Unter der Frauenfigur befindet sich zudem die Abkürzung „COS" (= Konsul) III". Sie gibt einen Hinweis auf die Prägezeit.

Historischer Kontext Die Münze ist anlässlich des dritten Konsulats Kaiser Hadrians geprägt worden, das er vom 1. Januar bis 30. April 119 innehatte. Die Münze erinnert zum einen an das von Hadrian ausgeübte Amt, zum anderen an die „gerechte" Politik des Kaisers.

Intention und Wirkung Die politische Aussage der Münze lautet, dass Hadrian Vater des Vaterlandes ist und die Gerechtigkeit im Römischen Reich sicherstellt. Außerdem wird durch die Münze deutlich, dass Hadrian die Unterstützung des Senats genießt. Denn schließlich wurde die Münze auf Veranlassung des Senats geprägt.

Suchen Sie in Münzkatalogen oder im Internet nach Abbildungen weiterer römischer Münzen der Kaiserzeit und analysieren Sie diese mithilfe der Leitfragen auf Seite 224.

2.3 China und die imperialistischen Mächte

◂ **Der ehemalige deutsche Bahnhof in Tsingtau (heute Qingdao) im deutschen Pachtgebiet Kiautschou.**
Foto vom Sommer 1988.
In der chinesischen Hafenstadt Tsingtau haben sich bis heute Wohnhäuser, einige Kasernen und eine Brauerei aus der deutschen Kolonialzeit erhalten, die um die Jahrhundertwende entstanden sind.

Äußere und innere Krisen

1644 - 1911 Die Qing-Dynastie herrscht im Kaiserreich China.

1839 - 1842 Erster Opiumkrieg; Großbritannien setzt im Vertrag von Nanjing die Öffnung chinesischer Häfen für britische Händler durch. Damit beginnt eine Serie „ungleicher Verträge“.

1851 - 1864 Der Taiping-Aufstand gegen die Qing-Dynastie kostet Millionen von Menschen das Leben.

1856 - 1860 Zweiter Opiumkrieg; Großbritannien sichert sich zusammen mit anderen europäischen Staaten und den USA Sonderrechte in China.

seit 1860 Im Rahmen der „Selbststärkungsbewegung“ werden Modernisierungsmaßnahmen im Land ergriffen.

1879 Japan besetzt die Ryūkyū-Inseln und gliedert sie unter dem Namen Okinawa in den eigenen Staat ein.

„Wettlauf nach China“

1895 Der Vertrag von Shimonoseki besiegelt die Niederlage Chinas im Krieg gegen Japan. Ein „Wettlauf nach China“ beginnt.

1897 Das Deutsche Reich besetzt die Bucht von Kiautschou im Osten Chinas.

1898 Die „Reform der hundert Tage“ des Kaisers Guangxu scheitert am Widerstand der Reformgegner.

1899 Die USA fordern den freien Zugang zu den chinesischen Märkten („Open Door Policy“).

1900 Im Boxeraufstand erhebt sich die Landbevölkerung gegen den Einfluss ausländischer Mächte. Er wird mithilfe internationaler Truppen niedergeschlagen.

1912 Nach Ende des Kaisertums wird die Republik ausgerufen.

Vom Zweiten Weltkrieg zur Ausrufung der Volksrepublik

1931 Mit der Besetzung der Mandschurei im Nordosten Chinas beginnt Japan die Eroberung chinesischer Gebiete.

1937 Bei der Einnahme von Nanjing richten japanische Truppen ein Blutbad unter der Zivilbevölkerung an.

1945 Nach dem Abwurf von Atombomben auf Hiroshima und Nagasaki erklärt Japan die Kapitulation und gibt auch seine Ansprüche auf dem asiatischem Festland auf. China gehört zu den Siegermächten des Zweiten Weltkrieges. Bis 1947 werden die noch existierenden „ungleichen Verträge“ mit den USA und Großbritannien aufgelöst.

1949 Mit dem Sieg der Kommunisten und der Ausrufung der Volksrepublik China (1. Oktober) endet der jahrzehntelange chinesische Bürgerkrieg.

Bis weit ins 18. Jahrhundert hatte China keine intensiven Beziehungen zum überseeischen Ausland. Das Land war weder Opfer europäischer Eroberungen, noch hatte es selbst überseeische Eroberungen in Angriff genommen. Dies änderte sich im 19. Jahrhundert, da sich die Machtbalance zwischen China und den sich industrialisierenden Ländern in Europa, Amerika und Asien radikal veränderte. China durchlebte im 19. Jahrhundert zahlreiche innenpolitische Krisen und *Bürgerkriege*, die das Land erheblich schwächten. Gleichzeitig gewannen Großbritannien, Frankreich, Deutschland sowie die USA und Japan aufgrund der Industrialisierung enorme militärische Schlagkraft, die es möglich machte, in China zu intervenieren.

Die militärische Überlegenheit Großbritanniens zwang im ersten *Opiumkrieg* (1839-1842) China dazu, den Briten enorme Handelsvorteile zu gewähren. In späteren Kriegen nutzten Japan, Russland, die USA, Deutschland und Frankreich die militärische Schwäche Chinas, um Teile des Landes zu besetzen oder sich Vorteile im Handel zu verschaffen. Dies bedeutete, dass diese Länder ihre Produkte in China gut verkaufen konnten und es damit dem Land erschwerten, einen eigenständigen Industrialisierungsprozess in Gang zu setzen. Die politischen Kräfte in China entwickelten verschiedene Projekte, um den ausländischen Einfluss im Land zurückzudrängen. Eine Gruppe von Reformern wollte durch Übernahme ausländischer Praktiken die Industrialisierung im Land befördern und China dadurch stärken. Andere dagegen pochten auf die uralten chinesischen Traditionen und wollten daraus Stärke ziehen. Der Widerstand gegen die imperialistischen Mächte fand auf vielen Ebenen statt. Der größte militärische Aufstand ging als *Boxeraufstand* in die Geschichte ein (1900). Er wurde von den ausländischen Mächten brutal niedergeschlagen

Der Zusammenbruch des Kaisertums und die Einführung der Republik 1911/12 waren nicht zuletzt Folge der Unfähigkeit des politischen Systems Chinas, das Land zu reformieren und gegen äußere Feinde zu verteidigen. Das Ende des Kaisertums brachte aber zunächst nicht die erhoffte Stabilisierung des Landes. Im Gegenteil, China wurde von Aufständen und Bürgerkriegen erschüttert und schließlich teilweise von Japan besetzt. Nach jahrzehntelangen innenpolitischen Auseinandersetzungen, Bürgerkriegen und dem Krieg gegen Japan gelang es schließlich den Kommunisten unter der Führung *Mao Zedongs* im Jahre 1949, an die Macht zu kommen und dem Land eine stabile politische Ordnung zu geben.

Wichtige Namen
- Cixi
- Guangxu
- Mao Zedong
- Yuan Shikai
- Hong Xiuquan („Tianwang")

Wichtige Begriffe
- Boxeraufstand
- Bürgerkrieg
- Guomindang
- Missionierung
- „Open Door Policy"
- Opiumkriege
- Reform der hundert Tage
- Selbststärkungsbewegung
- Taiping-Aufstand
- „ungleiche Verträge"

In diesem Kapitel erwerben Sie die **Kompetenz**,
- das Selbstverständnis und das Weltbild der Chinesen und der Europäer zu charakterisieren,
- die Kontakte mit den imperialistischen Mächten und ihre Folgen (u.a. „ungleiche Verträge", Missionierung, „Open Door Policy") zu analysieren und zu erläutern,
- die Reaktionen auf den imperialistischen Einfluss (u.a. Selbststärkungsbewegung, Boxeraufstand, Reformansätze) zu interpretieren.

Zur Methoden-Kompetenz siehe Seite 256 bis 258 („Statistik"). Zum Kompetenzerwerb im Hinblick auf Theorien und Kontroversen zu Kulturkontakt und Kulturkonflikt lesen Sie Seite 248 bis 251 („Theorie-Baustein: Kulturkontakt und Kulturkonflikt") über historische Erklärungsmodelle zu Transformationsprozessen informiert Seite 252 bis 255 („Theorie-Baustein: Transformationsprozess").

▲ **Porträt des Kaisers Qianlong (1711-1799).**
Gemälde des italienischen Malers und Jesuiten Giuseppe Castiglione, Chinatinte auf Papier, um 1737.
Unter Kaiser Qianlong stand das chinesische Reich auf dem Höhepunkt seiner Macht und erreichte mit fast zwölf Millionen Quadratkilometern die größte Ausdehnung seiner Geschichte.
Zu Kaiser Qianlong siehe auch Seite 239 und M3 auf Seite 240.

Die Blütezeit der Qing-Dynastie Die chinesische Geschichte kennt im Gegensatz zur europäischen keine Epochen wie Altertum, Mittelalter und Neuzeit. Sie wird vielmehr in die Herrschaftszeiten der Geschlechter, aus denen die Kaiser stammten, unterteilt. Das chinesische Kaiserreich existierte mit wechselnden Dynastien von 221 v. Chr. bis 1911. Seit 1644 war die *Qing-Dynastie* an der Macht. Die ersten anderthalb Jahrhunderte ihrer Herrschaft stellen eine Blütezeit in der Geschichte Chinas dar (▸ M1).

Unter den Qing-Kaisern erreichte das Land seine größte territoriale Ausdehnung. Im Norden gehörte die Mongolei (einschließlich der heute unabhängigen Nordmongolei) zu China. Im Westen reichten die Grenzen fast bis an das Kaspische Meer und schlossen Tibet und das östliche Turkestan ein. An das Reich der Qing war ein Gürtel selbstständiger, aber abhängiger Staaten angelagert, der von den Ryūkyū-Inseln und Korea im Osten über Südostasien bis Nepal reichte.

Der territorialen Expansion nach außen entsprach ein enormes Bevölkerungswachstum im Innern. Seit Beginn der Qing-Herrschaft hatte sich die Bevölkerung verdreifacht. Um 1800 lebten knapp 300 Millionen Menschen in China. Dies entsprach rund 35 Prozent der Weltbevölkerung (▸ M2). Das große Bevölkerungswachstum war Ausdruck einer immer leistungsstärkeren Landwirtschaft. Neue Anbauflächen wurden in großem Umfang erschlossen, und man baute neue Produkte vornehmlich amerikanischen Ursprungs wie Süßkartoffeln, Mais, Erdnüsse, aber auch Tabak und Baumwolle an. In vielen Regionen waren erfolgreiche Ernten von der Kontrolle der Flüsse abhängig, sodass der Aufschwung der Landwirtschaft sich auch den staatlichen Wasserbauprojekten verdankte. Chinas territoriale, demografische und wirtschaftliche Größe war damit nicht zuletzt Ausdruck eines mächtigen Staates, der sich auf eine loyale Beamtenschaft und eine schlagkräftige Armee stützte. Beide waren auch deshalb notwendig, weil China kein homogener Nationalstaat war, sondern ein aus zahlreichen Ethnien, Sprachfamilien und Kulturgruppen zusammengesetztes *Vielvölkerreich*.

Der Niedergang im 19. Jahrhundert China war im 18. Jahrhundert den europäischen Mächten mindestens ebenbürtig. Nicht nur die Landwirtschaft war äußerst leistungsfähig, auch der Bergbau, das Handwerk und der Handel brauchten keinen Vergleich zu scheuen. Zentrale Bedeutung kam der Textilindustrie und der Porzellanmanufaktur zu. In beiden Bereichen arbeiteten Hunderttausende von Menschen, und die Produkte wurden inner- und außerhalb Chinas verkauft. Auch wenn bis zum Ende des 18. Jahrhunderts über 90 Prozent der Bevölkerung auf dem Land lebten, blühten auch Bildung und Gelehrsamkeit. Theater eröffneten, und Druckereien ermöglichten einer immer größeren Zahl von Menschen den Zugang zu chinesischer Literatur. Gegen Ende des 18. Jahrhunderts mehrten sich allerdings auch die Krisensymptome. Das Vielvölkerreich hatte zunehmend mit Aufständen zu kämpfen, deren Niederschlagung die Staatsfinanzen belastete. Gleichzeitig stellte das Bevölkerungswachstum die Landwirtschaft vor immer größere Aufgaben, da nur ein kleiner Teil des chinesischen Bodens für den

Lesetipps
- *Thoralf Klein, Geschichte Chinas von 1800 bis zur Gegenwart, Paderborn ²2009*
- *Helwig Schmidt-Glintzer, Kleine Geschichte Chinas, Frankfurt am Main 2010*

◂ **„Das Reich der Mitte."** *Foto vom französischen Diplomaten und Fotografen Auguste François, um 1900. Bauern überqueren eine Hängebrücke, die die Provinz Yunnan im Südwesten Chinas mit Tibet verbindet. Brücken wie diese gab es im chinesischen Reich schon seit über 1000 Jahren.*

Ackerbau geeignet war. Und schließlich machten sich zunehmend Korruption und Ineffizienz von der Staatsspitze bis zu den unteren Rängen der Bürokratie bemerkbar.

Die ab 1800 zunehmend offenkundig werdenden Probleme entwickelten sich für China zur existenzgefährdenden Krise, da gleichzeitig Europa im Zuge der Industrialisierung einen enormen Aufschwung erlebte. Die Ersetzung der Handarbeit durch Maschinenarbeit und die Erzeugung von Energie durch Dampfkraft veränderten Wirtschaft und Gesellschaft zunächst in Großbritannien und anschließend in zahlreichen Ländern Europas und in den USA. Die Maschinisierung der Produktion ging einher mit Revolutionen im Transportwesen, zunächst durch Ausdehnung des Kanalsystems für die Schifffahrt, später durch die Eisenbahn und die Dampfschifffahrt. Die Industrielle Revolution machte schließlich aus dem Riesen China einen ökonomischen Zwerg.[1]

Chinesische Handelspolitik Die chinesischen Herrscher schlossen ihr Reich nicht von der Welt ab, aber sie waren darauf bedacht, europäische Einflüsse unter Kontrolle zu halten. Der Handel mit Europa und den USA war nicht frei, sondern unterlag strikten Kontrollen. Lediglich im Hafen von Guangzhou (Kanton) durften Europäer und US-Amerikaner Geschäfte tätigen. Allerdings konnten sie nur mit einer begrenzten Zahl chinesischer Firmen Handel treiben, die von kaiserlichen Beamten dazu bestimmt wurden. Vor allem den Briten war dieses System ein Dorn im Auge und sie versuchten mehrmals, die chinesische Regierung von einer liberaleren Handelspolitik zu überzeugen. Dieses Vorhaben blieb allerdings erfolglos (▸ M3).

Die Chinesen hatten lange Zeit gar keinen Grund, ihre Grenzen zu öffnen, profitierten sie doch von dem bestehenden System in erheblichem Maße. Während Tee, Porzellan und Textilien aus China nach Europa, insbesondere Großbritannien, verkauft wurden, gab es kaum etwas, was die Chinesen aus Europa hätten einführen wollen.

[1] Siehe hierzu vergleichend die Statistik zur Weltindustrieproduktion, Seite 257 (Methoden-Baustein).

▲ **„Sie haben dieses Gift auf der Stelle zu kaufen."**
Karikatur aus der Pariser Satirezeitschrift „Le Charivari", 1840. Die französische Karikatur legt dem Engländer folgende Worte in den Mund: „Sie haben dieses Gift auf der Stelle zu kaufen, damit wir eine Menge Tee zum Verdauen unseres Roastbeefs bekommen."
- *Interpretieren Sie Zeichnung und Text.*

Die Handelsbilanz wies daher einen großen Überschuss aufseiten Chinas aus. Durch den Handel gelangte ein kontinuierlicher Fluss von Silbergeld in das ostasiatische Land, der wie ein dauerhaftes Konjunkturprogramm wirkte. Den Briten gefiel es dagegen nicht, dass die Chinesen ihre Märkte verschlossen und gleichzeitig in großem Umfang Waren nach Europa ausführten. Sie fanden mit Opium ein Produkt, das in China nicht hergestellt, aber in immer größerem Umfang nachgefragt wurde. So begannen britische und US-amerikanische Händler Ende des 18. Jahrhunderts, Opium aus dem britischen Indien und aus der Türkei nach China zu exportieren. Der chinesischen Regierung wurde schnell klar, dass dieses Rauschmittel nicht nur massive gesundheitliche Schäden bei den Konsumenten zur Folge hatte, sondern auch die Handelsbilanz zuungunsten Chinas veränderte. 1821 verbot sie den Opiumhandel, was allerdings keinerlei Konsequenzen hatte. Im Gegenteil, nachdem sich der Handel zwischen 1800 und 1833 verfünffacht hatte, verdoppelte er sich nochmals bis 1838. Der chinesischen Regierung missfiel diese Entwicklung, da in ihren Augen nun zu viel Silber das Land verließ. Dies brachte die chinesische Wirtschaft in ernsthafte Probleme. Sie beschloss daher, gegen das illegale Opiumgeschäft vorzugehen. 1839 schickte sie einen hochrangigen Beamten nach Guangzhou, der nach wochenlangen Auseinandersetzungen die Ausländer schließlich zwang, ihre Opiumvorräte zur Vernichtung herauszugeben.

Opiumkriege und „ungleiche Verträge" Das Vorgehen der chinesischen Regierung nahm Großbritannien zum Anlass, Krieg gegen das Reich der Mitte zu führen. Im Sommer 1839 wurde eine Flotte von 16 Kriegsschiffen entsandt, die ein Jahr später China erreichte. Das ostasiatische Land besaß keine Kriegsmarine im herkömmlichen Sinn, da bisher keine Gefahren von See gedroht hatten. Den Briten war es daher ein Leichtes, die traditionellen chinesischen Segelschiffe, Dschunken genannt, zu versenken. Um Häfen und Flussmündungen zu kontrollieren, reichte es in der Regel, ein einziges Schiff vor Ort zu lassen. So gelang es den Briten innerhalb von zwei Jahren, die wichtigsten Häfen und Flussmündungen zu beherrschen. Nach der Einnahme von Nanjing in Zentralchina konnten die Briten den Chinesen 1842 einen Vertrag diktieren, der alle ihre Forderungen enthielt. So musste China fünf von Großbritannien ausgesuchte Häfen für den Handel mit Großbritannien öffnen und den Briten erlauben, sich ihre chinesischen Geschäftspartner frei zu wählen. Die britischen Händler brauchten in den Hafenstädten nun nicht mehr in den von den chinesischen Behörden zugewiesenen Vierteln wohnen, sondern konnten sich ihren Wohnsitz innerhalb der fünf Städte frei aussuchen. Zu ihrem Schutz und ihrer Vertretung durften die Briten Konsulate in den Städten einrichten. Zölle und Abgaben auf importierte Waren mussten niedrig sein und verschafften so den britischen Händlern einen Wettbewerbsvorteil. Darüber hinaus trat China die Insel Hongkong an Großbritannien ab. Es dauerte schließlich über

▲ **Briten greifen 1842 die chinesische Stadt Nanjing an.**
Chinesische Darstellung, um 1842.
- *Beschreiben Sie die dargestellte Szene.*
- *Analysieren Sie, warum die Briten den Chinesen im Kampf überlegen waren.*
- *Erklären Sie, ob die Zeichnung einen „Krieg“ darstellt.*

150 Jahre, bis Hongkong 1997 zurück an China fiel. Angesichts dieser demütigenden Vereinbarungen erschienen die horrenden Beträge, die China an Großbritannien und britische Händler zahlen musste, fast zweitrangig.

Hatte der *erste Opiumkrieg* deutlich gemacht, dass Großbritannien in der Lage war, seine Interessen auch an der chinesischen Küste militärisch durchzusetzen, so zeigte der *zweite Opiumkrieg* (1856-1860), dass die Staaten Europas auch einen Landkrieg in China gewinnen konnten. Anlass war dieses Mal das Entern eines unter britischer Flagge segelnden chinesischen Schiffes durch chinesische Beamte, die illegalen Opiumschmuggel vermuteten. Als die gefangen genommenen Besatzungsmitglieder trotz des Verlangens Großbritanniens nicht freigelassen wurden, erklärten die Briten China den Krieg. Dieser Kriegserklärung schloss sich auch Frankreich an. Russland und die USA blieben offiziell neutral, nutzten aber diese Position ihrerseits zum Abschluss vorteilhafter Abkommen mit China. Nachdem 1858 ein Friedensvertrag unterzeichnet worden war, begann der Krieg von Neuem, als der chinesische Kaiser die Einrichtung diplomatischer Vertretungen seiner Kriegsgegner in der Hauptstadt Peking ablehnte. Daraufhin marschierte 1860 eine britisch-französische Armee nach Peking und verwüstete die kaiserlichen Paläste. Die 1858 und 1860 unterzeichneten Verträge ergänzten den Vertrag von 1842 und weitere in der Zwischenzeit geschlossene Vereinbarungen. Die Briten unterlagen nun nicht mehr der chinesischen Justiz, und sie genossen bei Besitz eines britischen Passes Reisefreiheit im Kaiserreich. Eine große Zahl von Städten am Meer und an Flüssen wurden für den britischen Handel geöffnet. Andere europäische Staaten, die USA und sogar einige Staaten in Lateinamerika schlossen ähnlich lautende Verträge mit China ab. Das ostasiatische Land musste seinen Untertanen darüber hinaus erlauben auszuwandern.

Die Opiumkriege und die *„ungleichen Verträge“* unterwarfen letztlich die chinesische Außen- und Handelspolitik europäischen und US-amerikanischen Forderungen. Die harschen Bedingungen der Verträge schienen darüber hinaus sicherzustellen, dass es China nicht gelingen würde, das internationale Machtverhältnis zu seinen Gunsten zu verschieben. Die Europäer und US-Amerikaner profitierten von der Öffnung Chinas, da sie nun ihre Waren hier verkaufen konnten, auch wenn die Märkte nicht so viel Profit abwarfen wie ursprünglich erhofft. Die chinesische Wirtschaft wurde aber wie beabsichtigt stärker mit Europa und den USA verbunden. Denn schließlich hatten sich die Sieger der Opiumkriege niedrige Zölle und sogar die Einfuhr der von China verbotenen Droge Opium garantieren lassen.

▲ **„Tianwang, der Taipingkaiser."**
Zeitgenössischer Holzstich. Der chinesische Revolutionär Hong Xiuquan (1814 - 1864) führte den Taiping-Aufstand an. Er sah sich als jüngerer Bruder Jesu Christi und verband christliche mit chinesischen religiösen Vorstellungen. 1851 nahm er den Titel „Himmlischer König" („Tianwang") an.

Innere Krisen und Aufstände Die „ungleichen Verträge" verstärkten die wirtschaftlichen und sozialen Probleme Chinas, die sich seit dem Ende des 18. Jahrhunderts abgezeichnet hatten. Die Spannungen entluden sich in Aufständen, die sich zum Teil zu Bürgerkriegen entwickelten. Schätzungsweise etwa 20 Millionen Chinesen starben beim *Taiping-Aufstand* (1851 - 1864). Er richtete sich gegen die Qing-Dynastie, die aufgrund ihrer Herkunft aus der Mandschurei im Nordosten Chinas als unchinesisch verurteilt wurde. Den Aufständischen gelang es, große Gebiete in Zentral- und Ostchina zu erobern. Der Versuch, 1853 Peking einzunehmen, scheiterte allerdings. Die Stadt Nanjing blieb jedoch bis 1864 in den Händen der Rebellen (▶ M4). Gleichzeitig mit dem Aufstand im Südosten wurde die Qing-Dynastie von der *Nian-Rebellion* im Norden des Landes bedroht (1861 - 1868), und zwischen 1855 und 1877 tobten im Südwesten, im Nordwesten sowie in Turkestan *Aufstände von Muslimen*, die insgesamt zehn Millionen Todesopfer forderten. Ende der 1860er-Jahre hatte China sich daher nicht nur aufgrund des Eindringens der Europäer und US-Amerikaner, sondern auch aufgrund dieser blutigen Bürgerkriege radikal geändert. Große Teile des Landes waren verwüstet, Millionen Menschen waren gestorben, die Landwirtschaft lag darnieder und die Staatsfinanzen waren am Ende. Hohe Zivilbeamte in den Provinzen (*Provinzgouverneure*), die zugleich als Generäle die siegreichen Qing-Truppen geführt hatten, besaßen nun ungeheure Macht und nahmen die politische Führungsrolle ein. Dadurch wurde die Zentralregierung in Peking stark geschwächt, zumal seit 1862 alle Kaiser als Minderjährige auf den Thron gelangten.

Japanisch-Chinesischer Krieg (1894/95) Im letzten Viertel des 19. Jahrhunderts nahm der ausländische Einfluss in China eine neue Qualität an. China verlor seine vorherrschende Stellung in Ostasien und musste fremden Mächten im eigenen Land immer umfassendere Rechte gewähren. Ein besonderer Schock war es für die chinesische Elite, dass das – im Vergleich zu China – kleine Japan sich im letzten Drittel des Jahrhunderts zu einer neuen regionalen Vormacht entwickelte. Japan hatte seit 1867 große Reformprojekte in Angriff genommen, um die Selbstständigkeit des Landes gegenüber den europäischen Mächten und den USA zu verteidigen. Diese Reformen verschoben auch die Machtbalance im Verhältnis zu China. 1879 besetzte Japan die bis dahin unabhängigen, aber eng mit China verbundenen Ryūkyū-Inseln und gliederte sie als Präfektur Okinawa in sein Staatsgebiet ein. Schon fünf Jahre zuvor hatte die Regierung in Tokio Kriegsschiffe nach Taiwan geschickt, um dort eine sogenannte „Strafexpedition" durchzuführen. China war nicht in der Lage, sich gegen diese Aggression zu verteidigen, und musste schließlich sogar Entschädigungszahlungen an Japan leisten.

▲ China von der Mitte des 19. bis zum Anfang des 20. Jahrhunderts.

Zum zentralen Streitpunkt wurde schließlich Korea. 1894 besetzte Japan die von China abhängige Halbinsel und erklärte den Krieg. Trotz jahrzehntelanger Modernisierungsbemühungen unterlag die chinesische Kriegsmarine den japanischen Streitkräften. Den Japanern gelang es, in wenigen Schlachten die chinesischen Verbände fast völlig zu vernichten, sodass Japan die Friedensbedingungen 1895 diktieren konnte. China musste im *Vertrag von Shimonoseki* unter anderem Taiwan als Kolonie an Japan abtreten, die Unabhängigkeit Koreas anerkennen, chinesische Häfen für den japanischen Außenhandel öffnen und sich zu Entschädigungszahlungen an Japan verpflichten, die ein Vielfaches der jährlichen Staatseinnahmen betrugen.

Imperialistische Herrschaft in China Die Niederlage gegen Japan löste einen „Wettlauf nach China“ aus. Denn nun wollten sich auch andere Länder im chinesischen Machtbereich Einflusssphären sichern. Frankreich hatte sich nach zweijährigem Krieg schon 1885 die Herrschaft über das vormals von China dominierte Vietnam gesichert. 1897 nahm das Deutsche Reich die Ermordung zweier deutscher Missionare zum Anlass, die Kiautschou-Bucht (Provinz Shandong) im Osten Chinas zu besetzen. Da China nicht in der Lage war, das Gebiet zu verteidigen, willigte es in einen Vertrag ein, in dem das Deutsche Reich Kiautschou für 99 Jahre pachtete. Theoretisch blieb Kiautschou ein

◂ **„Ein Spuk am hellen, lichten Tage."**
Karikatur aus „Der Wahre Jacob" vom 11. September 1911.
- *Beschreiben Sie die Karikatur.*
- *Analysieren Sie, wie der Zeichner die Situation Chinas im Jahre 1911 deutet.*
- *Vergleichen Sie die in der Karikatur dargestellte Lage Chinas mit der heutigen Stellung des Landes.*

Teil Chinas, tatsächlich wurde es eine deutsche Kolonie, von der aus die wirtschaftliche Durchdringung Chinas von deutscher Seite vorangetrieben werden sollte. Den Deutschen folgten in kurzem Abstand andere Länder. 1898 pachtete Russland die Hafenstadt Lüshun (Port Arthur) im Nordosten des Landes, Großbritannien das in der Provinz Shandong gelegene Weihaiwei. Zudem erweiterten die Briten das Territorium von Hongkong durch einen weiteren Pachtvertrag. Frankreich übernahm hingegen das an der südchinesischen Küste gelegene Guangzhouwan. Die Pachtgebiete dienten den imperialistischen Mächten als Brückenköpfe, um ihren wirtschaftlichen und politischen Einfluss in China auszubauen. Um die eigene Position zu verbessern, ließen sich Japan, Frankreich, Großbritannien und das Deutsche Reich sogenannte „Interessensphären" zuteilen, die ohne ihr Einverständnis nicht an andere Länder vergeben werden konnten. Denn längst ging es den ausländischen Mächten nicht mehr allein darum, ihre Waren in China zu verkaufen. Ihnen lag vielmehr daran, die Wirtschaft in China zu kontrollieren. Europäische und japanische Firmen sicherten sich die Vorrechte für den von China bezahlten Bau von Eisenbahnlinien. Sie beuteten Bodenschätze aus und spielten eine immer größere Rolle im Finanzwesen des Landes. Alles schien darauf hinzudeuten, dass China von den imperialistischen Mächten in Kolonien geteilt werden würde. Gegen diese Entwicklung protestierten allerdings die USA. In Washington versprach man sich von einer für alle interessierten Mächte „offenen Tür" in China („*Open Door Policy*") einen größeren Nutzen für die heimischen Wirtschaftsinteressen und pochte deshalb darauf, dass China als – zumindest auf dem Papier – selbstständiger Staat erhalten blieb (▸ M5). So rettete letztlich die Konkurrenz unter den imperialistischen Ländern die staatliche Einheit eines auf seine Kernterritorien geschrumpften Chinas.

Reformversuche und Intrigen Seit etwa 1860 unternahm eine Reihe von Provinzgouverneuren im Rahmen der sogenannten *Selbststärkungsbewegung* Anstrengungen, insbesondere das Militär den modernen Anforderungen anzupassen. Es wurde eine Werft- und Rüstungsindustrie aufgebaut sowie Eisenbahn- und Telegrafenlinien errichtet. Einige wenige Spezialschulen sollten chinesische Experten in Völkerrecht, Fremdsprachen und moderner Technologie heranbilden. Gleichzeitig bestanden aber große Ängste, China zu sehr zu verändern. Die politische und soziale Ordnung sollte so weit wie möglich erhalten bleiben. Nach der Niederlage gegen Japan und den zahlreichen Gebietsabtretungen waren Reformen dringender geboten als je zuvor. Im Juni 1898 griff der junge Kaiser *Guangxu* (1871-1908) Ideen einer Gruppe radikaler Reformer auf und erließ in den folgenden drei Monaten 27 Gesetzesbestimmungen, um China zu modernisieren. Die sogenannte *Reform der hundert Tage* zielte vor allem auf eine Veränderung des Bildungswesens und des Beamtenapparates. Sie sollte den Staat effizienter machen und eine neue Mentalität der chinesischen Politik hervorbringen. Ein solches Projekt musste auf den erbitterten Widerstand all jener Kräfte stoßen, die von der existierenden Bürokratie profitierten. Und tatsächlich gelang es den Reformgegnern unter Führung der Kaiserinwitwe *Cixi* (1835-1908) die Reformen zu stoppen. Der junge Kaiser wurde zwar nicht abgesetzt, aber entmachtet. Führende Vertreter des Reformvorhabens wurden verhaftet und hingerichtet. Die Monarchie hatte sich als unfähig erwiesen, sich den Anforderungen der Zeit anzupassen (▸ M6).

Boxeraufstand und Ende des Kaiserreiches Unabhängig von den Reformbemühungen an der Spitze des Staates hatte sich Ende der 1890er-Jahre in der nordchinesischen Provinz Shandong eine Volksbewegung entwickelt, die in den Ausländern den Grund für ihre Misere sah. Der Fremdenhass entlud sich besonders gegenüber christlichen Missionaren, die aus Europa nach China kamen (▸ M7). Anhänger der **Boxerbewegung** töteten Missionare und stritten unter der Parole „Unterstützt die Qing, vernichtet die Fremden" für ein von ausländischen Einflüssen freies China (▸ M8). Als die Aufständischen in Peking das Gesandtschaftsviertel belagerten, schloss sich die Kaiserinwitwe Cixi der Erhebung an und erklärte den imperialistischen Mächten den Krieg. Dies stärkte die Boxerbewegung und führte zur Ermordung Hunderter von Europäern und Tausender chinesischer Christen. Sechs europäische Länder, Japan und die USA schickten daraufhin Truppen nach China. Ein Expeditionsheer marschierte nach Peking, befreite das belagerte Gesandtschaftsviertel und zerschlug mit großer Brutalität die Boxerbewegung (▸ M9). Im *Boxerprotokoll* von 1901 musste China die Mandschurei an Russland abtreten und sich zu der gigantischen Zahlung von 67 Millionen Pfund Sterling verpflichten. Darüber hinaus durften die ausländischen Mächte nun Maßnahmen ergreifen, um ihre Staatsangehörigen in Peking und anderswo militärisch zu schützen. China blieb zwar formal unabhängig, nach dem Boxeraufstand konnte die chinesische Regierung aber endgültig keine Politik der Abschottung mehr betreiben. Unter den chinesischen Eliten bestand nun Einigkeit darüber, dass internationale Gleichberechtigung für China nur zu erreichen war, wenn es sich stärker an ausländischen Modellen orientierte (v.a. Japan, aber auch die USA und Europa).

Um die Jahrhundertwende schien die Qing-Dynastie am Ende. Sie hatte sich als unfähig erwiesen, sich zu reformieren, und unfähig, einen Volksaufstand gegen die ausländischen Mächte erfolgreich anzuführen. So gewannen jene Bewegungen an Bedeutung, die die politische Ordnung ändern wollten. Der Qing-Hof selbst legte die Grundlagen zur Entstehung einer konstitutionellen Monarchie, radikale Revolutionäre hingegen plädierten für die Abschaffung der Monarchie und Einführung der Republik. Alle diese Bewegungen profitierten von den Kontakten nach Europa und den USA, da sie dort Anregungen für Veränderungen des politischen Systems bekamen. Gleichzeitig

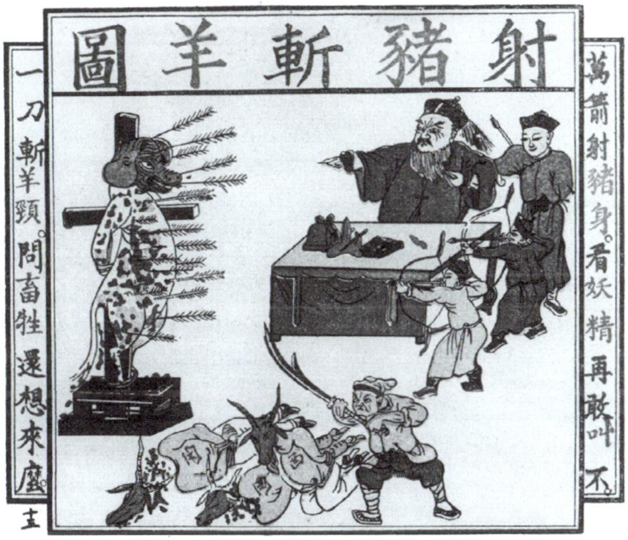

▲ **„Das Schwein erschießen und die Ziegen köpfen!"**
Chinesisches antichristliches Plakat, um 1900.
Das Schwein ganz links steht für Jesus Christus, die Ziegen am unteren Bildrand sollen Ausländer versinnbildlichen.

- *Charakterisieren Sie die dargestellten Personen.*
- *Arbeiten Sie heraus, an welchen Adressatenkreis sich die Darstellung richtet.*
- *Interpretieren Sie die „Botschaft" des Plakates.*

Boxerbewegung: benannt nach den Kampfübungen ihrer Anhänger oder deren Namen „In Rechtschaffenheit vereinigte Faustkämpfer" erschwerte die Präsenz der imperialistischen Mächte es der chinesischen Regierung, die Opposition zu unterdrücken, da die Revolutionäre in den ausländischen Konzessionsgebieten sicheren Unterschlupf finden konnten. Der Wechsel lag also schon seit Jahren in der Luft, als im Oktober 1911 die republikanische Revolution ausbrach. Innerhalb von Wochen schlossen sich zahlreiche Provinzen der Erhebung an und erklärten sich von Peking unabhängig. Auf einem Treffen der aufständischen Provinzen wählten sie den westlich geprägten Arzt und revolutionären Reformer *Sun Yatsen* (1866/70-1925) zum Provisorischen Präsidenten der *Republik China*. Im Februar 1912 dankte der letzte chinesische Kaiser ab. Das mehr als 2000 Jahre alte chinesische Kaiserreich existierte nicht mehr.

Bürgerkriege Die Ausrufung der Republik ist zwar ein markantes Datum der chinesischen Geschichte, sie führte aber nicht zu einem grundsätzlichen Kurswechsel. Im Gegenteil, der Zerfall des Landes in unterschiedliche Parteien und Provinzen ging unvermindert weiter. Daran änderte auch die Verabschiedung einer Verfassung (1912) und die Wahl eines Parlaments (1913) nichts. Der neue Präsident *Yuan Shikai* (1859-1916) erwies sich als autoritärer Machthaber, der seine Macht nicht mit anderen Verfassungsorganen teilen wollte. So ließ er bald nach der Wahl des Parlaments die mit Abstand größte Partei, die *Guomindang* (Nationalpartei), verbieten und löste das Parlament und alle Provinzversammlungen auf. Als Yuan sich 1915 selbst zum Kaiser proklamieren ließ, überspannte er den Bogen endgültig. Seine wichtigste Stütze, das Militär, erhob sich. Yuan trat zurück und starb kurz darauf. Das schnelle Scheitern der republikanischen Ordnung führte zu einem jahrzehntelangen *Bürgerkrieg*, in dem eine ganze Reihe von politischen Kräften in wechselnden Bündnissen gegeneinander kämpfte. In den 1920er-Jahren gewannen zwei zunächst eng kooperierende, bald jedoch heftig verfeindete Parteien die Oberhand. Auf der einen Seite die Guomindang, die sich zunächst eng mit der Sowjetunion verbündet hatte, dann aber in brutalen Säuberungsaktionen alle Kommunisten in den eigenen Reihen beseitigte. Auf der anderen Seite eine zunächst kleine kommunistische Partei, die dank der Neuorientierung der Guomindang großen Zulauf erhielt und sich unter der Leitung *Mao Zedongs* (1893-1976) seit Ende der 1920er-Jahre zunächst in ländlichen Gegenden Chinas eine Machtbasis erarbeitete (▸ M10). Erst 1949, nach einem fast 20-jährigen und nur für wenige Jahre unterbrochenen Bürgerkrieg, setzten sich die Kommunisten endgültig durch.[1]

Japanische Interventionen Der Zerfall Chinas drückte sich auch in der zunehmenden Einmischung Japans aus. Für die Geschichte Chinas gilt daher nicht, dass der Erste Weltkrieg das Ende des imperialistischen Zeitalters markierte. Im Gegenteil, zwar beendete der Krieg den deutschen Einfluss im Reich der Mitte, dafür aber spielte Japan im Laufe der nächsten Jahre eine immer größere Rolle. 1914 eroberte Japan den deutschen Stützpunkt Tsingtau in Nordostchina und erhielt auf der Pariser Friedenskonferenz 1919 trotz vehementer Proteste in China von der Regierung in Peking die deutschen Sonderrechte in Kiautschou übertragen sowie eine Verlängerung der Pachtverträge in der Mandschurei, die Japan nach dem siegreichen Krieg gegen Russland 1905 übernommen hatte. Japan hatte somit in drei Kriegen (1894/95 gegen China, 1904/05 gegen Russland, 1914-1918 im Ersten Weltkrieg an der Seite Großbritanniens

[1] Siehe hierzu Seite 237 f.

gegen Deutschland) eine Vormachtstellung in Ostasien errungen. Die Hoffnung der chinesischen Regierung und der öffentlichen Meinung, die Vorstöße Japans in chinesische Gebiete würden von den Siegermächten nach dem Ersten Weltkrieg verurteilt, erfüllte sich nicht. Auch wenn China Deutschland 1917 den Krieg erklärt hatte, so wurde es doch weiterhin nicht als ein gleichberechtigter Verhandlungspartner angesehen.

China im Zweiten Weltkrieg Die Geschichte des Zweiten Weltkrieges in Ostasien ist eng mit der imperialistischen Expansion Japans auf das asiatische Festland verbunden. Nachdem Japan seit dem Ersten Weltkrieg zunehmend Einfluss auf die Politik und Wirtschaft Chinas gewonnen hatte, ging das Land in den 1930er-Jahren dazu über, chinesisches Staatsgebiet zu annektieren. 1931 besetzte Japan die Mandschurei und gründete dort einen „Marionettenstaat“, an dessen Spitze es den letzten Kaiser Chinas stellte (zunächst als Präsident, ab 1934 als Kaiser). In den folgenden Jahren gelang es Japan, die Kontrolle über die Mongolei und Teile Nordchinas zu erhalten, auch wenn diese Gebiete formal weiterhin zu China gehörten. Als im Anschluss an einen Schusswechsel zwischen japanischen und chinesischen Soldaten in der Nähe von Peking 1937 offene Kriegshandlungen zwischen Japan und China ausbrachen, war dies zugleich der Beginn des Zweiten Weltkrieges in Asien. Japan gelang es, große Gebiete an den chinesischen Küsten zu erobern und dort „Marionettenregierungen“ einzurichten. Auch Nanjing, das zwischenzeitlich Hauptstadt der Republik China geworden war, nahmen 1937 japanische Truppen ein. Sie richteten dort ein Blutbad unter der Zivilbevölkerung an, das nach vorsichtigen Schätzungen 150 000 Menschen das Leben kostete. Die chinesische Regierung war längst in schwerer zugängliche Gebiete geflohen (▶ M11).

Den Japanern gelang es allerdings zu keinem Zeitpunkt, ganz China zu erobern. Denn sie kämpften gleichzeitig gegen die verschiedenen Armeen der chinesischen Bürgerkriegsparteien. China wurde zudem von Russland und den formal neutralen USA mit Waffen und Material unterstützt. Russland war seit dem Krieg von 1904/05 ein Gegner Japans in Ostasien und gleichzeitig seit 1941 der stärkste Verbündete Großbritanniens im europäischen Krieg gegen das nationalsozialistische Deutschland. Der japanische Angriff auf die US-Marinebasis in Pearl Harbor (Hawaii) im Dezember 1941 gab dem Krieg in Ostasien eine entscheidende Wende. China wurde zum wichtigsten asiatischen Verbündeten der USA im Kampf gegen Japan. Als die Atombombenabwürfe auf Hiroshima und Nagasaki Japan 1945 zur Kapitulation zwangen, bedeutete dies auch die Aufgabe aller japanischen Ansprüche auf dem asiatischen Festland. Da China nun zu den Siegermächten des Zweiten Weltkrieges gehörte, wurden die noch bestehenden „ungleichen Verträge“ mit den USA und Großbritannien bis 1947 aufgehoben.

Die Revolution von 1949 Innenpolitisch stand China am Ende des Zweiten Weltkrieges nicht besser da als am Ende des Ersten. Im Land brach der während der Kriegsjahre aufgeschobene blutige Bürgerkrieg wieder aus, und es stand zu befürchten, dass angesichts der inneren Konflikte die neuen Supermächte USA und Sowjetunion nun an die Stelle der alten imperialistischen Mächte treten würden. Anders als in den 1920er-Jahren gelang es aber in der zweiten Hälfte der 1940er-Jahre der *Kommunistischen Partei Chinas* relativ rasch, die Oberhand zu gewinnen. Innerhalb von nur vier Jahren besiegten sie ihren großen Gegner, die Guomindang, vollständig und zwangen ihn, sich auf die Insel Taiwan zurückzuziehen.

▲ **Ausrufung der Volksrepublik China.**
Foto vom 1. Oktober 1949. Mao Zedong spricht auf einer Rednertribüne auf dem Tiananmen-Platz (Platz des Himmlischen Friedens) in Peking vor etwa 300 000 Menschen. Er war von 1945 bis 1976 Vorsitzender der Kommunistischen Partei Chinas. Von 1949 bis 1954 stand er der zentralen Volksregierung vor, von 1954 bis 1959 übte er das Amt des Staatspräsidenten der Volksrepublik China aus.

Am 1. Oktober 1949 proklamierte Mao Zedong die *Volksrepublik China*. Die Regierung der Kommunisten beendete die Epoche der Bürgerkriege und baute einen stabilen und mächtigen Staat auf (▸ M12). Dieser Staat bediente sich von Beginn an brutaler und häufig terroristischer Methoden, um Widerstand oder auch nur Kritik zu unterdrücken. Gleichzeitig leitete er grundlegende Reformen ein, z. B. hinsichtlich der Gleichstellung der Frau und der Verteilung der landwirtschaftlich nutzbaren Flächen.

China behauptet sich ■ Die Machtergreifung der Kommunisten führte zu einem selbstbewussteren Auftreten nach außen. Die Mandschurei war schon 1946 an China zurückgefallen, und 1950 besetzte China erneut Tibet, das sich nach der Ausrufung der Republik 1912 mit britischer Hilfe für unabhängig erklärt hatte. Die Äußere Mongolei blieb dagegen ein unabhängiger, eng mit der Sowjetunion verbundener Staat, während die Innere Mongolei 1947 eine autonome Region Chinas wurde. Auch Taiwan bewahrte unter der Führung der Guomindang seine Selbstständigkeit gegenüber dem kommunistischen China.

Der entscheidende Konflikt spielte sich in Korea ab, das bis zur japanischen Besetzung 1894 ein von China abhängiger Staat gewesen war. Hier hatten sich die Sowjetunion und die USA nach dem Zweiten Weltkrieg auf eine Zweiteilung geeinigt, wobei der Süden zur US-amerikanischen Einflusssphäre wurde. In den Augen der chinesischen Führung konnte dies nur als Fortsetzung der imperialistischen Politik Japans verstanden werden. Mit sowjetischer Einwilligung und Unterstützung überfiel Nordkorea 1950 Südkorea. Daraufhin schickten die Vereinten Nationen eine internationale Streitmacht unter amerikanischer Führung. Diese Armee vertrieb nicht nur die nordkoreanischen Streitkräfte, sondern rückte weit nach Nordkorea vor. Dies musste die chinesische Regierung alarmieren, war doch auch der Boxeraufstand gegen die Ausländer fünfzig Jahre zuvor von einer internationalen Streitmacht unterdrückt worden. China war daher an der Existenz eines anti-US-amerikanischen Nordkoreas interessiert und schickte seine Streitkräfte in den Krieg gegen die von den USA geführten Truppen.

Anders als in den Jahrzehnten zuvor erwiesen sich die chinesischen Streitkräfte ihren europäischen und US-amerikanischen Gegnern aber dieses Mal als gleichwertig. Keine der beiden Seiten war in der Lage, sich entscheidende Vorteile zu erkämpfen. Der Krieg endete schließlich 1953 durch einen Waffenstillstand. Er bestätigte im Großen und Ganzen die alten Grenzlinien zwischen Nord- und Südkorea. China hatte seine Feinde zwar nicht vom ostasiatischen Festland vertreiben können. Es war nun aber erstmals seit dem ersten Opiumkrieg von 1839 in der Lage, ausländische Armeen von seinen Grenzen fernzuhalten. So konnte China wieder beginnen, eine eigenständige Politik in und außerhalb des Landes zu verfolgen.

▲ **Kaiser Qianlong bei einem Siegesfest nach dem Feldzug gegen die Westmongolen (Ausschnitt).**
Chinesisches Rollenbild von Lang Shihning, 1760.

M1 Blütezeit der Qing-Dynastie

Die Historikerin Sabine Dabringhaus beschreibt die Situation Chinas im 18. Jahrhundert:

Die Periode etwa zwischen 1725 und 1777 wird als eine Zeit beispiellosen Wohlstands beschrieben. Bevölkerung und Wirtschaft prosperierten. Dank der technologischen Veränderungen und dem hohen Spezialisierungsgrad von Arbeitskraft und Ressourcennutzung, der Dörfer und Städte miteinander verband, hatte sich eine Marktwirtschaft entwickelt. Ihr beständiges Wachstum beruhte auf verschiedenen Formen zunehmender Produktivität, dem blühenden Binnen- und Außenhandel und einem hohen Konsumniveau. Nach dem Vorbild der von den Provinzbehörden eingerichteten öffentlichen Getreidespeicher der Städte begannen Anfang des 18. Jahrhunderts auch Lokalgemeinden, Getreidespeicher einzurichten, sodass es seit den 1730er-Jahren ein landesweites Getreidevorratssystem gab, auf das bei Ernteausfällen zurückgegriffen werden konnte. Die darin zur Verfügung gestellten Nahrungsmittel umfassten in den 1780/90er-Jahren fünf bis zehn Prozent der Gesamtproduktion. Obwohl China im 18. Jahrhundert immer wieder von schweren Dürre- und Flutkatastrophen heimgesucht wurde, war die Qing-Regierung in der Lage, betroffenen Kreisen Steuerbefreiung zu gewähren und die Bevölkerung mit den Getreidevorräten zu versorgen. Auch gelang es ihr, eine ernste monetäre[1] Krise zu verhindern, da sie sich durch den steigenden Warenexport auf dem Weltmarkt mit Silber versorgen konnte und den Kupferbedarf durch internen Abbau deckte. Die Steigerung der landwirtschaftlichen Produktion beruhte auf mehreren Faktoren, vor allem weltweiter Klimaerwärmung, neuen Agrartechnologien und territorialer Expansion. Auch die anfängliche niedrige Besteuerung konnte festgesetzt werden, da bis in die späte Qianlong-Zeit[2] interne Rebellion und externe Aggression den Staat kaum zu höheren Belastungen zwangen. Selbst als um 1800 Schwierigkeiten bei der Niederschlagung des Weißer-Lotus-Aufstandes[3] und wachsende Korruption in der Qing-Bürokratie eine Wende ankündigten, war die Bevölkerung Chinas besser ernährt, gekleidet und untergebracht und profitierte von einem vielseitigeren Wirtschaftsleben als die Menschen in anderen Gebieten Asiens oder in vielen Teilen Europas.

Sabine Dabringhaus, Geschichte Chinas. 1279-1949, München 2006, S. 45

[1] **monetär**: geldlich, das Geld betreffend
[2] **Qianlong** (1711-1799): regierte in der Qing-Zeit von 1736 bis 1796 als Kaiser; siehe auch Seite 228 und M3 auf der Seite 240
[3] **Weißer Lotus**: chinesische Geheimgesellschaft, deren Ursprünge bis ins 12. Jahrhundert reichen. Sie war vor allem im Norden Chinas verbreitet.

1. *Geben Sie wieder, worin sich die chinesische Blütezeit im 18. Jahrhundert ausdrückt.*
2. *Erklären Sie, wie hoch der Lebensstandard der chinesischen Bevölkerung im Vergleich zu Bewohnern anderer Länder war. Was sagt der Text zu dieser Frage, was vermuten Sie?*
3. *Nehmen Sie zu der vermeintlichen kulturellen Überlegenheit der Europäer, Japaner und US-Amerikaner vor dem Hintergrund dieser Quelle Stellung.*

M2 Bevölkerungsentwicklung Chinas

Jahr	Weltbevölkerung (in Millionen)	Chinas Bevölkerung (in Millionen)	Anteil an der Weltbevölkerung (in Prozent)
1650	550	123	22,4
1750	725	260	35,9
1850	1175	412	35,1
1950	2556	552	21,6
1980	4458	987	22,1
1996	5772	1224	21,2

Nach: Thoralf Klein, Geschichte Chinas. Von 1800 bis zur Gegenwart, Paderborn [2]2009, S. 134

1. *Beschreiben Sie vergleichend die Bevölkerungsentwicklung Chinas und der Welt.*
2. *Erläutern Sie, warum die Zeit zwischen 1850 und 1950 zu einem deutlichen Niedergang der weltweiten Bedeutung der chinesischen Bevölkerung führte. Suchen Sie nach möglichen Gründen für die Veränderungen.*

M3 „Diese Bitte […] kann nicht in Erwägung gezogen werden“

Der englische König Georg III. (1738 - 1820) ersucht den chinesischen Kaiser im Jahre 1793 über eine Gesandtschaft um einen Handels- und Freundschaftsvertrag sowie die Einrichtung einer ständigen diplomatischen Vertretung. Kaiser Qianlong (1711 - 1799) antwortet ihm:

Was Euer dringendes Gesuch angeht, einen Eurer Untertanen abzuordnen, dass er an meinem Himmlischen Hof akkreditiert werde und die Kontrolle über den Handel Eures Landes mit China ausüben soll, so steht diese Bitte im Gegensatz zu den Gewohnheiten meiner Dynastie und kann nicht in Erwägung gezogen werden […]. Wenn Ihr versichert, dass Eure Hochachtung für Unsere Himmlische Dynastie Euch mit dem Wunsch nach unserer Kultur erfüllt, muss doch darauf hingewiesen werden, dass unsere Gebräuche und Gesetzgebung sich so vollständig von den Euren unterscheiden, dass, selbst wenn Euer Gesandter in der Lage wäre, die Ansätze unserer Kultur aufzunehmen, unsere Gewohnheiten und Sitten unmöglich in Euern fremden Boden verpflanzt werden könnten. Daher würde durch die Bestellung eines Botschafters nichts gewonnen werden, wie geschickt er auch sein würde. Meine Herrschaft über die weite Welt hat das eine Ziel, vollkommen zu regieren und die Staatspflichten zu erfüllen: Fremde und kostspielige Gegenstände interessieren mich nicht. […] Der hervorragende Ruf unserer Dynastie ist in jedes Land unter dem Himmel gelangt, und Herrscher aller Völker haben ihre Tributabgabe auf dem Land- und Seeweg überbracht. Wie Euer Gesandter mit eigenen Augen sehen kann, besitzen wir alles. Ich lege keinen Wert auf fremde Gegenstände, die fremdländisch oder geschickt erfunden sind, und ich habe keine Verwendung für die Produktion Eures Landes. […] Es schickt sich, o König, meinen Willen zu achten und mir in Zukunft noch größere Verehrung und Loyalität zu erweisen, sodass Ihr durch ständige Unterwerfung unter unseren Thron Frieden und Wohlwollen für Euer Land sichert.

Günter Schönbrunn (Bearb.), Das bürgerliche Zeitalter 1815 - 1914. Geschichte in Quellen, München 1980, S. 531 f.

1. *Arbeiten Sie die Haltung des chinesischen Kaisers gegenüber dem englischen König und sein Selbstverständnis in Bezug auf die Außenwelt heraus.*
2. *Entwickeln Sie eine Antwort des englischen Königs in Form eines Briefes an den chinesischen Kaiser.*
3. *Nehmen Sie Stellung zu der These, dass China durch eine positivere Reaktion auf die britische Gesandtschaft und die Öffnung seiner Märkte für das Ausland die Chance auf eine gleichberechtigte Rolle in der Welt gehabt hätte.*

M4 Der Taiping-Aufstand

Der Historiker Helwig Schmidt-Glintzer äußert sich über den Taiping-Aufstand:

Unter den Hunderten Rebellionen jener Zeit aber nimmt der Taiping-Aufstand (1851 - 1864) in mehrerlei Hinsicht eine Sonderstellung ein, zumal er als einer der größten Bürgerkriege im 19. Jahrhundert überhaupt gelten muss. In ehemals dicht besiedelten Gebieten habe man, zeitgenössischen Berichten zufolge, nach den Aufständen tagelang durch verlassene Ortschaften und ein Meer von Leichen gehen können, ohne eine Menschenseele anzutreffen. Fünfzehn Jahre Mordbrennerei und Hungersnot kosteten schätzungsweise 20 Millionen Chinesen das Leben, und es gibt Hinweise darauf, dass auch diese Zahlen noch erheblich zu niedrig sind. Dieser Krieg veränderte China und schuf gänzlich neue Machtverhältnisse. Dazu gehört eine erweiterte Militarisierung Zentralchinas, wo der General Zeng Guofan (1811 - 1872), der seit 1853 eine Armee gegen die Taiping-Bewegung organisiert hatte, seine Machtstellung befestigte. Seit 1860 hatte er unbeschränkte Vollmachten erhalten, die es ihm ermöglichten, im Jahre 1861 drei Militärzonen einzurichten, von denen er die eine (Jiangsu) Li Hongzhang (1823 - 1901), die andere (Zhejiang) Zuo Zongtang (1812 - 1885) und jene von Anhui sich selbst unterstellte. Vor allem war der Taiping-Aufstand Ausdruck eines religiös-ideologischen und sozialen Prozesses, der auch wegen der Anknüpfung an alte Utopien zunächst so erfolgreich verlief. Ihr Anführer Hong Xiuquan (1813 - 1864), ein Angehöriger des chinesischen Hakka-Volkes, war eine höchst charismatische Gestalt, die sich als jüngerer Bruder Christi ausgab und eine von christlichen Missionsparolen nicht unwesentlich bestimmte Programmatik verfolgte.

Helwig Schmidt-Glintzer, Kleine Geschichte Chinas, Frankfurt am Main 2008, S. 130

1. *Informieren Sie sich im Internet oder in Lexika über den Anführer des Taiping-Aufstandes Hong Xiuquan. Überlegen Sie, warum er und seine Überzeugungen eine große Anziehungskraft auf Zehntausende ausübten. Erklären Sie mögliche Gründe.*
2. *Arbeiten Sie heraus, welche Machtverschiebungen innerhalb des chinesischen Staates der Aufstand nach Helwig Schmidt-Glintzer begünstigte.*
3. *Erörtern Sie, inwiefern der Aufstand auch eine Folge des langen Kulturkontaktes mit Europa ist.*

▶ **Open Door Policy.**
US-amerikanische Karikatur um 1900.
- *Erklären Sie, für welches Land jeweils die drei Männer im Vordergrund stehen. Begründen Sie Ihre Meinung.*
- *Analysieren Sie die Haltung des Karikaturisten zur „Open Door"-Politik der USA.*

M5 Die USA verkünden eine Politik der „offenen Tür"

Der amerikanische Außenminister John Hay (1838-1905) richtet am 6. November 1899 ein Rundschreiben an die Regierungen von Deutschland, Großbritannien, Frankreich, Russland und Japan:

Die Vereinigten Staaten haben das ernste Bestreben, allen Grund für Spannungen zu beseitigen, und wünschen zugleich, dem Handel aller Nationen die unbezweifelbaren Vorteile zu sichern, welche aus einer formellen Anerkennung der dort „Interessensphären" beanspruchenden Mächte entstehen würden. Sie wünschen, dass alle Nationen vollständige Gleichheit bei der Behandlung ihres Handels und ihrer Schifffahrt innerhalb solcher Sphären genießen sollen. Deshalb würde es die Regierung der Vereinigten Staaten begrüßen, wenn die Regierung Ihrer Majestät formelle Zusicherungen gäbe und dazu mithülfe, ähnliche Zusicherungen von den anderen interessierten Mächten (über die folgenden Punkte) zu erlangen. Erstens soll in keiner Weise in irgendwelchen Vertragshäfen und überkommenen Privilegien innerhalb Chinas interveniert werden. Zweitens soll der derzeitige chinesische Vertragszoll auf alle Güter innerhalb der genannten „Interessensphären" erhoben werden (außer in den „freien Häfen"), und zwar unabhängig davon, von welcher Nation diese Güter stammen. Die so erhobenen Zölle sollen von der chinesischen Regierung eingezogen werden. Drittens soll eine solche Macht keine höheren Hafengebühren für Schiffe fremder Nationalität in einem Hafen innerhalb einer solchen Sphäre erheben, und für keine Güter sollen von irgendeiner Nation höhere Eisenbahnfrachtraten verlangt werden, als sie für ähnliche Güter von den eigenen Bürgern über gleiche Transportentfernungen erhoben werden.

Günter Schönbrunn (Bearb.), a.a.O., S. 599

Erläutern Sie anhand der Quelle die amerikanische „Open Door Policy". Wer profitierte vor allem von dieser Politik?

M6 Reformen sind notwendig

Die Niederlage Chinas im Krieg gegen Japan 1895 beschleunigt die imperialistische Einflussnahme der Großmächte, die nun zur Kolonialisierung einiger chinesischer Randgebiete und der intensiven wirtschaftlichen Durchdringung des Landes übergehen. Angesichts des äußeren Drucks und daraus folgender schwerer innerer Krisen äußert sich der chinesische Schriftsteller und Reformer Liang Qichao (1873-1929) im Jahre 1896 in einer Denkschrift:

Diejenigen, die gegen Veränderungen eintreten, behaupten fortwährend: „Wir folgen den Vorfahren, folgen den Vorfahren." Wissen sie, dass von den prähistorischen, antiken, mittelalterlichen und modernen Zeiten bis zum gegenwärtigen Tage viele Hunderttausende und Myriaden[1] von Veränderungen geschehen sind? [...] Dennoch dachten der Prinz und das Volk, die oberen und unteren Klassen immer störrisch, dass „unsere heutigen Gesetze von unseren Vorfahren benutzt wurden, um das Reich zu regieren, und es wurde gut regiert". Sie beachteten diese [Gesetze] starrsinnig, folgten der Tradition kritiklos. [...]

[1] **Myriade**: im Griechischen eine Anzahl von 10 000; steht im Plural meist für eine unzählige, große Menge

Das Alter des Landes China kommt dem Indiens gleich, und die Fruchtbarkeit des Landes ist der Türkei überlegen, aber Chinas Anpassung an fehlerhafte Denkweisen und die Unfähigkeit sich aufzuraffen macht es auch zu einem Bruder dieser zwei Länder. [...] Immer wenn es eine Überschwemmung oder eine Trockenheit gibt, sich die Verkehrsverhältnisse verschlechtern, gibt es keine Möglichkeit, Nahrungsmittel zu transportieren [...]. Die Mitglieder von Geheimgesellschaften sind über das ganze Land verbreitet und warten auf ihre Chance. Die Industrie ist unterentwickelt, Debatten über den Handel finden nicht statt, die selbst erzeugten Güter sind täglich schwerer zu verkaufen. [...] Der Druck nimmt jeden Tag zu und unsere finanziellen Quellen sind fast ausgetrocknet. Die Schulen werden schlecht verwaltet und die Studenten [...] wissen nicht, wie man auch nur ein praktisches Ding erledigt. Die fähigsten Studenten arbeiten an kleinen Übungen, an blumenreichem Schreiben und an verschiedenen Kleinigkeiten. Erzähle ihnen über die Weite der Ozeane, so reißen sie ihre Augen auf und glauben es nicht. [...]
[In den europäischen Ländern] wird die Industrie gefördert und der Handel geschützt, weil die Europäer fürchten, dass die Quellen des Reichtums von anderen erobert werden könnten und ihr Land dadurch geschwächt und erschüttert würde. Generäle müssen über Kenntnisse verfügen, Soldaten müssen lesen und schreiben können und Tag und Nacht so üben, als ob ein Feind bereits im Anmarsch wäre; [...] ihre Schiffe und Waffen sind modern und sie wetteifern miteinander in Manövern, weil sie fühlen, dass sie bereits bei der leichtesten militärischen Schwäche geschlagen werden würden und sich vielleicht niemals wieder erheben könnten. Alle anderen verwaltungstechnischen Maßnahmen sind ähnlich. Sie konkurrieren miteinander und stimulieren sich gegenseitig jeden Tag. Deshalb entwickeln sie ihre Talente und die Weisheit ihres Volkes durch Nacheiferung, und der Wohlstand und die Stärke ihrer Länder reichen immer aus, dass sie gegeneinander Krieg führen können. [...] Aber dieses sogenannte unabhängige oder isolierte Land, China, hat niemals große Feinde gesehen. Stolz betrachtet es sich selbst als hoch und mächtig und behauptet, niemand käme ihm gleich.

Ssu-yu Teng und John K. Fairbank, China's Response to the West. A Documentary Survey 1839-1923, Cambridge/Mass. 1965, S. 154-157 (übersetzt von Boris Barth)

1. *Fassen Sie zusammen, warum Liang Qichao Reformen des chinesischen Staates für notwendig hält.*
2. *Erklären Sie die Ursachen, auf die Liang Qichao die Lage seines Landes zurückführt.*
3. *Analysieren Sie sein Bild von Europa.*
4. *Entwickeln Sie aus den Ausführungen von Liang Qichao*
+ *ein konkretes Reformprogramm.*

M7 Missionierung in China

Der deutsche Geograf und Forscher Ferdinand von Richthofen (1833-1905) reist mehrere Jahre durch Asien und versucht, sich als Chinaexperte zu profilieren. Auch um als Wissenschaftler in einem besseren Licht zu erscheinen, verfasst er scharfe Kritiken an anderen in China lebenden Europäern. 1898 berichtet er über Missionare des Franziskaner-Ordens in der Provinz Shandong an der Ostküste Chinas:

Die Geografie von China war den Missionaren unbekannt, und selbst in ihrer eigenen Provinz kannten sie wenig mehr als die Namen und annähernde Lage der Missionsstationen. [...] Es setzte mich besonders in Verwunderung, dass die meisten die chinesische Sprache nicht beherrschten und sich um die Erlernung der Schriftzeichen nicht kümmerten. Überhaupt hatten sie, mit Ausnahme der Förmlichkeiten, von allem, was chinesisch ist, unvollkommene Vorstellungen und hielten es nicht für der Mühe wert, in dessen Geist einzudringen. [...] Hier [in Jinan], wie anderwärts, hörte ich die Klage, dass die meisten der neuen Christen sich nur taufen ließen, um den fremden Schutz zu erhalten.

Der seit 1895 als österreichischer Botschafter in China tätige Arthur von Rosthorn (1862-1945) schreibt über die christlichen Missionen:

Die religiöse Propaganda – China durch den Frieden von Nanking im Jahre 1842 aufgezwungen – war dem Volke und der Regierung schon lange ein Dorn im Auge. Nicht als ob die Chinesen in religiöser Hinsicht fanatisch oder auch nur intolerant wären; allein die christlichen Kirchen verboten den Ahnenkult, der die Grundlage der Familienordnung ist, und die Konvertiten[1] lösten sich naturgemäß aus der Familiengemeinschaft los, was zu allerlei Streitigkeiten und Störungen des sozialen Gleichgewichts führte. Dazu kam, dass die katholische Geistlichkeit ihre Proselyten[2] vielfach durch persönliche Intervention bei den Behörden begünstigte, was bisweilen Rechtsbeugungen zur Folge hatte und böses Blut machte. Dem abergläubischen Volke war leicht einzureden, dass die Missionen, welche in selbstloser Weise Spitäler und Orphelinate[3] unterhielten, diese Institute kommerziell ausbeuteten.

1 **Konvertit**: Person, die zu einem anderen Glauben oder einer anderen Konfession übergetreten ist
2 **Proselyt**: Neubekehrter
3 **Orphelinat**: Waisenhaus

Der Historiker Thoralf Klein geht auf positive Folgen der christlichen Missionierung ein:

Der positive Aspekt, das Engangement der Mission für die Modernisierung Chinas, machte sich denn auch vor allem in den beiden Jahrzehnten nach 1900 bemerkbar. Begonnen hatte es jedoch weitaus früher. Schon in den 1860er-Jahren hatten einige Missionare der Selbststärkungsbewegung vor allem mit Übersetzungen wissenschaftlicher Werke zugearbeitet, andere gründeten Krankenhäuser, Schulen und Universitäten. Sie setzten sich auch für gesellschaftliche Reformen ein, etwa für die Abschaffung des Fußebindens bei Frauen oder die Bekämpfung des Opiumkonsums. Mit diesen Maßnahmen unterstützten sie den chinesischen Staat in seinen Modernisierungsbestrebungen und machten sich dort unentbehrlich, wo dessen Kapazitäten nicht ausreichten. Insgesamt gingen die Protestanten mit größerem Einsatz zu Werke als die Katholiken, wobei die führende Rolle wiederum den Amerikanern zufiel. Viele von diesen stützten sich auf die Idee des „Social Gospel", der zufolge die Christianisierung nicht mehr durch direkte Evangelisierung, sondern mittels sozialer Projekte erfolgen sollte. Diese Impulse wirkten sich auch auf die chinesischen Christen aus: In den Großstädten wurden sie infolge ihrer modernen Ausbildung Teil der neuen professionellen Mittelklasse; auf dem Land galt dies hingegen nur für diejenigen, die den Sprung in die Städte schafften. Infolgedessen galt das Christentum in China bis in die 1920er-Jahre als genuin moderne Religion.

Erster und zweiter Text: Sabine Dabringhaus, Der Boxer-Aufstand in China (1898-1900). Studienbrief der FernUniversität Hagen. Grundkurs Neuzeitliches Asien, Kurseinheit 7, 1992, S. 28 f.; dritter Text: Thoralf Klein, a.a.O., S. 280

1. *Beschreiben Sie, wie sich die Tätigkeit der Missionare in China hier darstellt (erster bis dritter Text).*
2. *Analysieren Sie, inwiefern der Bericht von Richthofen auch die Konkurrenz zwischen Kirche und Staat im 19. Jahrhundert spiegelt (erster Text).*
3. *Erläutern Sie, warum die Missionare in China als Bedrohung empfunden wurden (zweiter Text).*
4. *Erklären Sie, inwiefern das Christentum als etwas Fremdes in China verstanden werden konnte (dritter Text).*
5. *Erörtern Sie, welche Rolle die christliche Missionierung bzw. die Missionare in China nach Thoralf Klein einnahmen. Vergleichen Sie mit der Darstellung von Ferdinand von Richthofen (erster und dritter Text).*

▲ **St. Josephs Kathedrale in Peking.**
Foto von 2008.
Ein italienischer Jesuit ließ 1655 die St. Josephs Kirche errichten. Nach einem Brand wurde sie 1904 wieder aufgebaut.
Die ersten Jesuiten gelangten Ende des 16. Jahrhunderts nach China. Die katholischen Missionare ließ Kaiser Yongzheng (1678-1735) jedoch bereits in den 1720er-Jahren ausweisen, nachdem der Papst den chinesischen Namen für den christlichen Gott verboten hatte. Das Christentum galt nun als illegal. Erst die ab 1842 geschlossenen „ungleichen Verträge" legalisierten es wieder. Seit 1860 strömten katholische und protestantische Missionare nach China. Bis um 1900 drangen die christlichen Prediger immer weiter ins Landesinnere vor. Die Missionare traten oft mit einem aggressiven Sendungsbewusstsein auf, was zu Spannungen führte, die sich nicht selten in gewaltsamen Auseinandersetzungen entluden.

- *Recherchieren Sie in Lexika, Fachbüchern oder dem Internet weitere Texte und Bilder zum Thema „Missionierung in China bis zum Beginn des 20. Jahrhunderts" und interpretieren Sie diese.*

M8 Die Boxerbewegung

Das Vordringen der Fremden durch die deutsche Besetzung der Kiautschou-Bucht sowie Flut- und Dürrekatastrophen lösen Ende der 1890er-Jahre in Nordchina große Unruhen aus. Vor diesem Hintergrund formiert sich der sich schnell ausbreitende religiöse Geheimbund der Yihetuan (I-ho t'uan), deren Mitglieder sich selbst als „Milizen für Gerechtigkeit und Eintracht" bezeichnen, jedoch von den Europäern allgemein „Boxer" genannt werden. In einem ihrer Aufrufe aus dem Jahr 1900 heißt es:

Seit der Periode von Hsien-feng[1] haben die Katholiken mit Fremden konspiriert, haben China Schwierigkeiten bereitet, unser Nationaleinkommen vergeudet, unsere Klöster aufgebrochen, buddhistische Bilder zerstört und die Friedhöfe unseres Volkes beschlagnahmt. [...] Dies hat auch die Bäume und Pflanzen des Volkes betroffen, sodass sie durch Katastrophen von Heuschrecken und Trockenheit fast in jedem Jahr leiden müssen. Unsere Nation ist des Friedens und unser Volk der Sicherheit beraubt. [...] Weil einige Personen ihre fremde Religion und betrügerische Technik nutzen, das Volk zu täuschen, ist der Himmel oben zornig und sendet viele kluge Männer, um auf die Erde herabzusteigen und zu dem göttlichen Altar zu kommen, damit unsere Jugend in die I-ho-Gesellschaft initiiert wird. „I" bedeutet Freundlichkeit, und „ho" bedeutet Höflichkeit; Freundlichkeit und Höflichkeit werden Stadt und Land friedlich und harmonisch machen. Unser Volk soll die richtigen Prinzipien und Tugenden als Grundlage nehmen und soll sich der Landwirtschaft als seinem Beruf ergeben. Das Volk soll dem Buddhismus folgen und gehorchen.

Im Sommer 1900 verbreiten die Boxer Plakate mit folgendem Text:

Die Geister helfen den Fäusten, den Milizen für Gerechtigkeit und Eintracht, aus dem einfachen Grund, weil die Teufel in China Unruhe stiften. [...] Der Herrscher des Himmels ist wütend, der Herrscher der Unsterblichen ist ärgerlich, gemeinsam steigen sie die Berge herab, um die Lehre zu verkünden. Die Geister kommen aus den Höhlen heraus, die Unsterblichen steigen die Berge herab, sie verbinden sich mit den menschlichen Körpern, um den Faustkampf zu üben. Sie zerstören Eisenbahngleise, sie reißen Telegrafendrähte herunter und brennen wütend Dampfschiffe nieder. Die großen französischen Teufel sind in ihren Herzen von gewaltiger Angst ergriffen, die Engländer, Amerikaner, Deutschen und Russen sind alle in einer unangenehmen Lage. Die ausländischen Teufel werden alle vollkommen vernichtet. Die große Qing beruhigt das Land völlig.

[1] **Hsien-feng** (1831-1861): auch Xianfeng, Kaiser aus der Qing-Dynastie von 1850 bis 1861

Erster Text: Ssu-yu Teng und John K. Fairbank, a.a.O., S. 189 (übersetzt von Boris Barth); zweiter Text: Sabine Dabringhaus, Der Boxeraufstand in China (1900/1901). Die Militarisierung des kulturellen Konflikts, in: Eva Maria Auch und Stig Förster (Hrsg.), „Barbaren" und „Weiße Teufel". Kulturkonflikte und Imperialismus in Asien vom 18. bis zum 20. Jahrhundert, Paderborn 1997, S. 123-144, hier S. 123

1. *Arbeiten Sie aus den Quellen die Motive der Boxerbewegung heraus. Welche kulturellen und gesellschaftlichen Vorstellungen werden hier deutlich?*
2. *Vergleichen Sie in tabellarischer Form Beweggründe und Ziele der Boxerbewegung mit jenen des Reformers Liang (M6). Bestimmen Sie jeweils das Verhältnis zur Regierung und überlegen Sie, welche Schlüsse sich auf Herkunft und Stellung der Boxerbewegung und des Reformers ziehen lassen.*
3. *Nehmen Sie zu der Art und Weise Stellung, mit der die Boxerbewegung ihre Ziele erreichen will.*

M9 „Pardon wird nicht gegeben"

Als die Übergriffe der Boxer gegen Ausländer mit der Ermordung des deutschen Gesandten Klemens Freiherr von Ketteler am 20. Juni 1900 und der darauf folgenden Belagerung des Gesandtschaftsviertels in Peking durch chinesische Regierungstruppen eskalieren, hält Kaiser Wilhelm II. (1859-1941) am 27. Juli 1900 in Bremerhaven eine Ansprache vor den deutschen Truppen, die zur Bekämpfung des „Boxeraufstandes" nach China entsandt werden. Obwohl die Reichsbehörden gegenüber der Presse auf eine teilweise Streichung der Rede bestehen, wird sie am folgenden Tag vollständig in der Nordwestdeutschen Zeitung publiziert und als „Hunnenrede" Wilhelms II. weltbekannt:

Zum ersten Mal, seit das Deutsche Reich wiedererstanden ist, tritt an Sie eine große überseeische Aufgabe heran. Dieselben sind früher in größerer Ausdehnung an uns herangetreten, als die meisten Meiner Landsleute erwartet haben. Sie sind die Folgen davon, dass das Deutsche Reich wiedererstanden ist und damit die Verpflichtung hat, für seine im Ausland lebenden Brüder einzustehen im Momente der Gefahr. [...] Die Aufgabe, zu der Ich Euch hinaussende, ist eine große. Ihr sollt schweres Unrecht sühnen. Ein Volk, das, wie die Chinesen, es wagt, tausendjährige alte Völkerrechte umzuwerfen und der Heiligkeit der Gesandten und der Heiligkeit des Gastrechtes in abscheulicher Weise hohnspricht, das ist ein Vorfall, wie er in der Weltgeschichte noch nicht vorgekommen ist und dazu von einem Volke, welches stolz ist auf eine vieltausendjährige Kultur. Aber Ihr könnt daraus ersehen, wohin eine Kultur kommt, die nicht auf dem Christentum aufgebaut ist: Jede heidnische Kultur, mag sie noch so schön und herrlich sein, geht zugrunde, wenn große Aufgaben an sie herantreten. So sende ich Euch aus, dass Ihr bewähren sollt einmal Eure alte deutsche Tüchtigkeit, zum zweiten die Hingebung, die Tapferkeit und das freudige Ertragen jedweden Ungemachs und zum dritten Ehre und Ruhm unserer Waffen und Fahnen. Ihr sollt Beispiele abgeben von der Manneszucht und Disziplin, aber auch der Überwindung und Selbstbeherrschung. Ihr sollt fechten gegen eine gut bewaffnete Macht, aber Ihr sollt auch rächen, nicht nur den Tod des Gesandten, sondern auch vieler Deutscher und Europäer. Kommt ihr an den Feind, so wird er geschlagen, Pardon wird nicht gegeben; Gefangene nicht gemacht. Wer Euch in die Hände fällt, sei in Eurer Hand. Wie vor tausend Jahren die Hunnen unter König Etzel sich einen Namen gemacht, der sie noch jetzt in der Überlieferung gewaltig erscheinen lässt, so möge der Name Deutschland in China in einer solchen Weise bekannt werden, dass niemals wieder ein Chinese es wagt, einen Deutschen auch nur scheel anzusehen. [...] Gebt, wo es auch sei, Beweise Eures Mutes, und der Segen Gottes wird sich an Eure Fahnen heften und es Euch geben, dass das Christentum in jenem Lande seinen Eingang finde. Dafür steht Ihr Mir mit Eurem Fahneneid, und nun glückliche Reise. Adieu Kameraden.

Bernd Sösemann, Die sogenannte Hunnenrede Wilhelms II. Textkritische und interpretatorische Bemerkungen zur Ansprache des Kaisers vom 27. Juli 1900 in Bremerhaven, in: Historische Zeitschrift 222 (1976), S. 349 f.

1. *Geben Sie die wesentlichen Inhalte der Ansprache Kaiser Wilhelms II. wieder.*
2. *Analysieren Sie Stil und Wortwahl der Ansprache. Charakterisieren Sie die Sichtweise des Kaisers gegenüber China.*
3. *Erklären Sie, welche Bedeutung der Anspielung auf die Hunnen zukommt und was dies über das Selbstverständnis des Kaisers aussagt.*
4. *Erörtern Sie, warum die Reichsbehörden eine Veröffentlichung der vollständigen Rede zu verhindern suchten.*

M10 China unter der Guomindang

Der Historiker Thoralf Klein beschreibt die Schwierigkeiten der Guomindang (GMD)-Regierung, China zu stabilisieren:

In der Zeit zwischen 1927 und 1937 (der sogenannten Nanjing-Periode) verfolgte die GMD mit Chiang Kaishek[1] an der Spitze den Plan eines umfassenden Aufbaus. Trotz vieler Anstrengungen und Erfolge und obwohl es seine Herrschaft wenn nötig mit brutaler Gewalt verteidigte, verfügte das Regime über keine hinreichende Stabilität. Chiang Kaishek konnte sich weder auf die Loyalität der Partei noch auf diejenige des Militärs vollständig verlassen. Bis Mitte der 1930er-Jahre führten Meutereien und Rebellionen von Koalitionen aus innerparteilichen Gegnern Chiangs und regionalen Militärmachthabern immer wieder zu regelrechten Bürgerkriegen. Schon im Herbst 1927 kam es zur militärischen Auseinandersetzung zwischen der Regierung Chiangs in Nanjing und einer prokommunistisch eingestellten GMD-Gegenregierung in Wuhan, die eine schwere Niederlage hinnehmen musste und daraufhin zusammenbrach. Zwischen 1931 und 1936 befand sich mit der Provinz Guangdong sogar die ursprüngliche Machtbasis der GMD in offener Sezession von der Regierung in Nanjing. Während Chiang bis Mitte der 1930er-Jahre die Oberhand über seine Gegner in den eigenen Reihen gewann, gelang es ihm nicht, den Bürgerkrieg mit den Kommunisten und ihrer Roten Armee erfolgreich zu beenden. In vier Einkreisungsfeldzügen erwies sich die kommunistische Partisanenstrategie als erfolgreich. Erst die fünfte, von deutschen Militärberatern eingeleitete Kampagne von Herbst 1933 bis Frühjahr 1934 brachte die kommunistischen Streitkräfte vor allem durch die konsequente Abriegelung des Sowjetgebiets mittels eines Systems von Blockhäusern an den Rand der Niederlage.
Die Führung der KPCh[2] ordnete daher schließlich die Evakuierung der Sowjets an und ließ nur eine Nachhut zur Abwehr der GMD-Streitkräfte zurück. Rund 90 000 Menschen machten sich im Oktober 1934 auf den später so genannten Langen Marsch. Nach einem außerordentlich verlustreichen Exodus durch die Provinzen Südwestchinas erreichten ein Jahr später rund 8 000 bis 9 000 Überlebende die nordwestliche Provinz Shaanxi, wo die Partei 1936 ihr neues Hauptquartier in der kleinen Stadt Yan'an einrichtete.

Thoralf Klein, a.a.O., S. 51

1. *Fassen Sie zusammen, wodurch nach Thoralf Klein die Guomindang-Regierung geschwächt wird.*
2. *Erläutern Sie anhand des Textes, wie die Guomindang-Regierung mit ihren Gegnern umgeht.*
3. *Beurteilen Sie, was die innere Bedrohung der GMD-Herrschaft für den späteren Krieg gegen Japan (seit 1937) bedeutete.*

[1] **Chiang Kaishek** (1887-1975): chinesischer Politiker und Offizier, seit 1925 Parteiführer der Guomindang
[2] **KPCh**: Kommunistische Partei Chinas; 1921 gegründet, seit 1949 vorherrschende Partei der Volksrepublik China

▲ **Japanische Truppeneinheiten kurz nach der Einnahme des Bahnhofs von Shanghai.**
Foto vom November 1937.

M11 Japanische Besatzer

Die Historikerin Sabine Dabringhaus schildert den Krieg gegen Japan:

Japan hatte auf die Zurückhaltung der anderen Großmächte gehofft. Tatsächlich gelang es dem „Freien China" der Nationalregierung, die internationale Stimmung für sich zu gewinnen, doch blieb konkrete Hilfe aus. Zunächst war nur die Sowjetunion bereit, Chiang Kaishek materiell und mit begrenzten Kampfeinsätzen aus der Luft zu unterstützen. Bis 1941 stand China gegen Japan allein. Auf die Eroberung Shanghais folgte der Fall der ehemaligen nationalchinesischen Hauptstand Nanjing. Nach der Einnahme der von Kampftruppen und Regierungsbehörden geräumten Großstadt am 12. Dezember 1937 fielen dort in den folgenden sieben Wochen vermutlich über 200 000 Menschen einem unvorstellbar grausamen Dauermassaker an der Zivilbevölkerung und an Kriegsgefangenen zum Opfer. Die Untaten wurden von einer entfesselten japanischen Soldateska begangen und hätten ohne die stillschweigende Duldung des japanischen Oberkommandos ihr schreckliches Ausmaß nicht erreichen können.

Die Nationalregierung hatte sich zu dieser Zeit nach Chongqing in der Provinz Sichuan zurückgezogen und mobilisierte die schlagkräftigsten unter den ihr verbliebenen Verbänden zum Kampf um Wuhan. Weder die zentralchinesische Metropole noch Kanton, die wichtigste Großstadt im Süden, ließen sich halten. Beide fielen im September 1938 den Japanern in die Hände. Damit endete die Blitzkriegphase der japanischen Invasion. Der japanische Vormarsch hatte die Isolierung der industriellen Basis in den Küstenregionen vom chinesischen Hinterland erreicht. Die von Chiang Kaishek angeordnete Zerstörung der Deiche des Huanghe, die Tausende von Zivilisten tötete und zu einer katastrophalen Hungersnot in der Region führte, hemmte den Vormarsch der Japaner, ohne ihn stoppen zu können. Alle wichtigen Schlachten der ersten Kriegsjahre endeten mit Niederlagen der GMD-Truppen. Auch im weiteren Verlauf des Krieges vermochte die nationalchinesische Armee den Japanern kaum ernsthaften Widerstand entgegenzusetzen. Nur wenig erfolgreicher verliefen die Aktionen der Roten Armee. Ihre Achte Feldarmee errang im September 1938 den ersten chinesischen Sieg seit Kriegsbeginn und stellte sich in der dreimonatigen „Schlacht der Hundert Regimenter" den Japanern entgegen. Vor allem in Nordchina waren hinter den japanischen Linien die berühmten kommunistischen Guerilla-Kämpfer aktiv. Ihnen gelang es nicht, die Japaner nennenswert zurückzudrängen, doch banden sie viele japanische Kräfte und trugen dazu bei, dass sich die japanische Kontrolle auf die Großstädte und die strategisch wichtigen Eisenbahnlinien beschränkte. In ihren Besatzungsgebieten entlang der Küste herrschten die Japaner mithilfe von Marionettenverwaltungen.

Sabine Dabringhaus, Geschichte Chinas, a.a.O., S. 99 f.

1. *Charakterisieren Sie das Verhalten der japanischen Truppen in China.*
2. *Erklären Sie, welche der Bürgerkriegsparteien die japanische Besatzung besser überstand und warum.*
3. *Erörtern Sie die Entwicklung Chinas und Japans im imperialistischen Zeitalter. Nennen Sie für die unterschiedliche Entwicklung Gründe. Sie können dazu zusätzlich auch die Darstellung im Buch heranziehen.*

M12 Staatsgründung 1949

Anlässlich der Gründung der Volksrepublik China sagt Mao Zedong am 1. Oktober 1949:

Trotz Bildung einer Regierung ist unsere revolutionäre Arbeit nicht beendet. Die imperialistischen Reaktionäre im In- und Ausland werden ihre Niederlage nicht einfach stillschweigend hinnehmen. Sie werden noch versuchen, einen letzten Widerstand zu leisten. Wenn die Ruhe und Ordnung einmal hergestellt sein wird, werden sie zur Sabotage Zuflucht nehmen und auf verschiedene Arten den Versuch machen, wieder an die Macht zu kommen. Wir dürfen daher unsere Wachsamkeit nicht vermindern. China muss mit allen Ländern und Völkern, die den Frieden und die Freiheit lieben, ganz besonders aber mit der Sowjetunion und den osteuropäischen Staaten die Einheit herstellen. Chinas dringlichste Aufgabe besteht im wirtschaftlichen Aufbau.

Der Historiker Helwig Schmidt-Glintzer schreibt über die Gründung der Volksrepublik China unter Mao Zedong:

Trotz der häufigen Verwendung des Föderalismus-Begriffs *lianbang* durch Mao Zedong in den 30er- und 40er-Jahren des 20. Jahrhunderts – noch im Jahre 1945 sprach Mao Zedong von der föderalen Struktur eines zukünftigen China – gab es doch niemals einen ernsthaften Zweifel daran, dass für China der Einheitsstaat das Ziel sein müsse. Nach der langen Dauer eines Einheitsstaates auf chinesischem Boden hatten am Ausgang der Qing-Zeit zentralistische bzw. integrationistische Vorstellungen überwogen. Hinzu trat im späten 19. Jahrhundert die Forderung eines Großteils der Elite, die Nation müsse gestärkt werden. Die Restrukturierung des Staates im Zuge der Niederwerfung sozialer Unruhen zusammen mit dem Auftreten der imperialistischen Mächte ließ es daher nicht zu einer Ausdifferenzierung lokaler und regionaler Interessen einerseits und einer Beschränkung der zentralen Staatsmacht andererseits kommen. Denn obwohl sich nach dem Ende des Kaiserreiches zunächst kein neues nationales Machtzentrum herausbildete und man daher von einer Zeit der Zersplitterung sprechen muss, begünstigte dies nicht die Bildung und das Anwachsen einer bürgerlichen Schicht, die zum Träger einer bürgerlichen Revolution hätte werden können. Die ideologischen Kämpfe und die wirtschaftliche und administrative Entwicklung förderte eher eine Fragmentierung innerhalb der Elite.

Erster Text: Keesings Archiv der Gegenwart, XVIII./XIX. Jg. (1948/49), S. 2074, zweiter Text: Helwig Schmidt-Glintzer, a.a.O., S. 186 f.

1. *Beschreiben Sie die innen- und außenpolitischen Ziele der kommunistischen Regierung.*
2. *Erklären Sie, was Mao Zedong mit „imperialistischen Reaktionäre[n] im In- und Ausland" (Zeile 2 f.) gemeint haben könnte.*
3. *Analysieren Sie, warum es nach Schmidt-Glintzer keinen Zweifel daran geben konnte, dass Mao Zedong und die Kommunistische Partei Chinas eine zentralistische Staatsform bevorzugen würden.*
4. *Laut dem Historiker Helwig Schmidt-Glintzer ging 1949 das „Jahrhundert der chinesischen Revolution" zu Ende. Erläutern Sie diese Aussage.*
5. *Erörtern Sie, warum der 1. Oktober einer der wichtigsten nationalen Feiertage Chinas ist. Welche Gemeinsamkeiten und Unterschiede lassen sich zum Feiertag „12. Oktober" (siehe hierzu Seite 443 ff.) feststellen?*

Kompetenz:
Theoretische Vorstellungen und Kontroversen über Kulturkontakt und Kulturkonflikt erläutern und beurteilen

Kulturkontakt

Einige Theorien zum Kulturkontakt gehen davon aus, dass jeder Mensch einer bestimmten Kultur angehört und als Vertreter seiner Kultur gesehen werden kann. Demnach lässt sich die gesamte Menschheitsgeschichte als eine ununterbrochene Abfolge von Kulturkontakten betrachten. Diesen Überlegungen folgend wird z.B. die Geschichte des Römischen Reiches als eine Verbreitung der römischen Kultur, also als „Romanisierung"[1], beschrieben. Auch die im späten Mittelalter einsetzende europäische Expansion ist vielfach als ein langer Prozess der Europäisierung der Welt dargestellt worden. Vom 15. bis zum 19. Jahrhundert wurde Amerika erobert und europäisiert. Im 19. und im 20. Jahrhundert war es der moderne europäische Kolonialismus, welcher die Kulturen in Afrika und Asien herausforderte und beeinflusste (▸ M1).
Gegen eine solche Vorstellung des Kulturkontakts ist von einigen Wissenschaftlern eingewandt worden, dass Kultur sich nicht einfach übertragen lasse. Vielmehr bedeute Kulturkontakt immer Vermischung. So habe das Römische Reich auch Rom erheblich verändert (man denke nur an das Christentum), und die außereuropäischen Kulturen seien viel weniger von Europa geprägt geworden, als es die These der „Europäisierung der Welt" unterstelle. Dagegen sei die europäische Geschichte erheblich von der außereuropäischen Welt beeinflusst worden, wie zum Beispiel durch die amerikanischen Edelmetalle oder all die Nahrungsmittel aus der „Neuen Welt". Sinnvoll sei es daher, von einer ununterbrochenen Geschichte des kulturellen Austauschs und der kulturellen Vermischung zu sprechen. Dies bedeute aber auch, dass es reine Kulturen nicht gebe. Kulturen seien immer das Ergebnis von Kulturkontakten und befänden sich immer im Wandel.[2]

Kulturkonflikt

Nach dem Zusammenbruch der Sowjetunion 1991 und dem Ende des Kalten Krieges stellte der amerikanische Politikwissenschaftler *Samuel Phillips Huntington* die These auf, dass die Konflikte in der Welt in der Zukunft zwischen verschiedenen Großkulturen verlaufen würden. Die in seinem Modell wichtigsten Kulturen sind der Westen, der Islam und China. Um einen Dritten Weltkrieg zu vermeiden, müsste der Westen seine Kultur verteidigen und dürfe nicht darauf hoffen, dass die anderen Kulturen sich ihm annähern würden (▸ M2). Huntington widersprach damit der Vorstellung, die engere Verflechtung der Welt würde die Unterschiede zwischen den Kulturen abschwächen. Huntingtons Auffassung ist vielfach scharf kritisiert worden. Insbesondere ist dem Politikwissenschaftler vorgeworfen worden, dass die von ihm beschriebenen Kulturen gar nicht als Einheiten existierten, da sowohl der Westen als auch der Islam und China aus vielfältigen Gesellschaften bestünden, die nicht auf einen kulturellen Nenner reduziert werden könnten. Huntington vertrete eine Vorstellung vom Westen, die einen großen Teil der westlichen Bevölkerung ausschließe (▸ M3).

[1] Lesen Sie über den Prozess der Romanisierung das Kapitel „Romanisierung in der Kaiserzeit"; Seite 204 ff.
[2] Vgl. dazu den Theorie-Baustein „Transformationsprozesse" auf Seite 252 bis 255.

M1 Kulturbegegnung

Der Schweizer Historiker Urs Bitterli unterscheidet verschiedene Formen der Kulturbegegnung in der Geschichte der europäischen Expansion nach Amerika, Afrika und Asien:

Unter Kulturberührung verstehen wir das in seiner Dauer begrenzte erstmalige oder mit großen Unterbrüchen erfolgende Zusammentreffen einer kleinen Gruppe von Reisenden mit Vertretern einer geschlossenen archaischen Bevölkerungsgruppe, wie es besonders den Charakter der frühen Entdeckungsfahrten bestimmt. [...]
Solche Zusammentreffen hatten für beide Teile sowohl den Reiz wie die Bedrohlichkeit des Neuen und Überraschenden. [...]
Zum Kulturkontakt kam es in solchen Fällen, wenn die rückwärtigen Verbindungen zum Mutterland sich sichern und ausbauen ließen und sich andererseits aus der ersten Berührung ein dauerhaftes Verhältnis wechselseitiger Beziehungen zur Eingeborenenbevölkerung ergab, ohne dass Landnahme und Kolonisation von europäischer Seite beabsichtigt gewesen wären. [...]
Kulturberührung und Kulturkontakt blieben bis zum Ende des achtzehnten Jahrhunderts die häufigsten Formen der kulturellen Begegnung zwischen Zivilisierten und Eingeborenen in Übersee. Wenn diese Begegnung einen besonders aggressiven Charakter gewann und die Europäer sich entschlossen, ihre militärisch-technische Überlegenheit mehr oder weniger rücksichtslos so lange einzusetzen, bis die Eingeborenen entweder ausgerottet, in unwegsames Hinterland zurückgetrieben oder aber derart unterjocht waren, dass sie ihr kulturelles Eigenleben einem weite Daseinsbereiche erfassenden Abhängigkeitsverhältnis aufzuopfern hatten, wird man von einem Kulturzusammenstoß sprechen müssen. [...]
Im Unterschied zu den bereits beschriebenen Formen der kulturellen Begegnung setzen Akkulturation[1] und vor allem Kulturverflechtung ein länger dauerndes Zusammenleben und Zusammenwirken von Bevölkerungsgruppen verschiedener Kultur im selben geografischen Raum voraus. Während in der Beziehung, die wir als Kulturkontakt bezeichnet haben, Aspekte des Handels oder der Mission in der Regel im Vordergrund stehen und die Permanenz des gegenseitigen Verhältnisses nicht so sehr durch Ansiedlung und Fortpflanzung der einen Partnergruppe, als vielmehr durch die laufende Ablösung ihrer Vertreter durch Neuankömmlinge gesichert wird, vollzieht sich besonders die Kulturverflechtung vor dem Hintergrund einer intensiven gesellschaftlichen Durchdringung. Diese Durchdringung tritt dann an die Stelle des historisch häufiger zu beobachtenden Kulturzusammenstoßes, wenn sich zwischen zwei oder mehreren Kulturen die zwingende Notwendigkeit zur existenzsichernden Zusammenarbeit und das Bewusstsein einer verpflichtenden Aufeinanderangewiesenheit ergibt.

Urs Bitterli, Die „Wilden" und die „Zivilisierten". Grundzüge einer Geistes- und Kulturgeschichte der europäisch-überseeischen Begegnung, München [2]1991, S. 81, 95, 130 und 161

[1] **Akkulturation**: kultureller Anpassungsprozess

1. *Beschreiben Sie die von Urs Bitterli genannten Formen der Kulturbegegnung. Notieren Sie dazu die jeweiligen Charakteristika in einem Schaubild.*
2. *Arbeiten Sie Stärken und Schwächen der von Bitterli entwickelten Kategorien heraus.*
3. *Überprüfen Sie anhand eines selbst gewählten historischen Beispiels, ob sich die von Bitterli genannten Formen der Kulturbegegnung anwenden lassen.*

M2 „Kampf der Kulturen"

In seinem 1996 erschienenen Buch „The Clash of Civilizations and the Remaking of World Order" äußert sich der amerikanische Politikwissenschaftler Samuel Phillips Huntington über die Entwicklung der Kulturen:

Das zentrale Thema dieses Buches lautet: Kultur und die Identität von Kulturen [...] prägen heute, in der Welt nach dem Kalten Krieg, die Muster von Kohärenz[1], Desintegration und Konflikt. Die fünf Teile dieses Buches entwickeln diese Hauptaussage weiter.
Teil Eins. Zum ersten Mal in der Geschichte ist globale Politik sowohl multipolar als auch multikulturell; Verwestlichung ist etwas anderes als Modernisierung; und wirtschaftliche und soziale Modernisierung erzeugt weder eine universale Kultur irgendeiner Art noch die Verwestlichung nichtwestlicher Gesellschaften.
Teil Zwei. Das Machtgleichgewicht zwischen den Kulturkreisen verschiebt sich: Der Westen verliert an relativem Einfluss; asiatische Kulturen verstärken ihre wirtschaftliche, militärische und politische Macht; der Islam erlebt eine Bevölkerungsexplosion mit destabilisierenden Folgen für muslimische Länder und ihre Nachbarn; und nichtwestliche Kulturen bekräftigen selbstbewusst den Wert ihrer eigenen Grundsätze.
Teil Drei. Eine auf kulturellen Werten basierende Weltordnung ist im Entstehen begriffen: Gesellschaften, die durch kulturelle Affinitäten[2] verbunden sind, kooperieren miteinan-

[1] **Kohärenz**: Zusammenhang
[2] **Affinität**: hier Ähnlichkeit

der. Bemühungen, eine Gesellschaft von einem Kulturkreis in einen anderen zu verschieben, sind erfolglos; und Länder gruppieren sich um die Führungs- und Kernstaaten ihrer Kultur.

Teil Vier. Seine universalistischen Ansprüche bringen den Westen zunehmend in Konflikt mit anderen Kulturkreisen, am gravierendsten mit dem Islam und China. Auf lokaler Ebene bewirken Bruchlinienkriege (im Wesentlichen zwischen Muslimen und Nichtmuslimen) den „Schulterschluss verwandter Länder“, die Gefahr einer breiteren Eskalation und damit Bemühungen von Kernstaaten um Eindämmung und Unterbindung dieser Kriege.

Teil Fünf. Das Überleben des Westens hängt davon ab, dass die Amerikaner ihre westliche Identität bekräftigen und die Westler sich damit abfinden, dass ihre Kultur einzigartig, aber nicht universal ist, und sich einigen, um diese Kultur zu erneuern und vor der Herausforderung durch nichtwestliche Gesellschaften zu schützen. Ein weltweiter Kampf der Kulturen kann nur vermieden werden, wenn die Mächtigen dieser Welt eine globale Politik akzeptieren und aufrechterhalten, die unterschiedliche kulturelle Wertvorstellungen berücksichtigt. [...]

Weltpolitik wird heute nach Maßgabe von Kulturen und Kulturkreisen umgestaltet. In dieser Welt werden die hartnäckigsten, wichtigsten und gefährlichsten Konflikte nicht zwischen sozialen Klassen, Reichen und Armen oder anderen ökonomisch definierten Gruppen stattfinden, sondern zwischen Völkern, die unterschiedlichen kulturellen Einheiten angehören. [...] Menschen, die durch Ideologien getrennt, aber durch eine Kultur geeint waren, finden zusammen [...]. Gesellschaften, die durch Ideologie oder historische Umstände geeint, aber kulturell vielfältig waren, fallen [...] auseinander [...]. Länder mit kulturellen Affinitäten kooperieren miteinander auf wirtschaftlichem und politischem Gebiet. Internationale Organisationen, die auf Staaten mit kultureller Gemeinsamkeit basieren, wie etwa die Europäische Union, sind viel erfolgreicher als solche, die kulturelle Grenzen zu überschreiten suchen. Fünfundvierzig Jahre lang war der Eiserne Vorhang die zentrale Trennungslinie in Europa. Diese Linie hat sich um mehrere hundert Kilometer nach Osten verschoben. Heute ist es die Linie, die die Völker des westlichen Christentums auf der einen Seite von muslimischen und orthodoxen Völkern auf der anderen trennt.

Samuel P. Huntington, Kampf der Kulturen. Die Neugestaltung der Weltpolitik im 21. Jahrhundert, München [7]2002, S. 19 f. und 24 f.

▲ **Samuel Phillips Huntington (1927-2008).**
Foto vermutlich aus den 1990er-Jahren.

1. *Geben Sie mit eigenen Worten die Thesen von Samuel P. Huntington wieder.*
2. *Suchen und analysieren Sie historische Beispiele, die sowohl die Argumentation von Huntington stützen als auch sie infrage stellen könnten.*
3. *Erörtern Sie, inwiefern Huntingtons Vorstellung abgeschlossener Kulturkreise Ihrer eigenen Erfahrung und den historischen Darstellungen in diesem Lehrbuch entspricht.*

M3 Doch kein Kampf?

Der deutsche Politikwissenschaftler Ulrich Menzel kritisiert Huntingtons Vorstellung vom „Kampf der Kulturen":

[Muss] das auch zwangsläufig heißen, dass die schiere Existenz unterschiedlicher Kulturen die einzig relevante oder zumindest die dominante Konfliktursache des 21. Jahrhunderts sein wird? [...] Und selbst wenn es Kulturkonflikte gibt, was spricht dagegen, sie auf kooperative Weise lösen zu können? Ganz so wie die zweifellos immer vorhandenen unterschiedlichen wirtschaftlichen Interessen nicht zwangsläufig immer zu militärischen Konflikten geführt haben, sondern durchaus konsensual gelöst werden können und vielfach auch gelöst wurden. [...]

Der gravierendste Einwand resultiert allerdings aus der Inkonsequenz, die in Huntingtons eigener Argumentation angelegt ist, und aus den normativen[1] Schlussfolgerungen, die daraus gezogen werden. Auf der einen Seite wird die Einzigartigkeit der westlichen Kultur betont, die es zu bewahren und neu zu stärken gilt. Andererseits wird einem Kulturrelativismus[2] und damit Einmischungsverbot gegenüber der übrigen Welt das Wort geredet. Dies übersieht aber zweierlei: Erstens ist die westliche Kultur keineswegs statisch, besteht nicht nur aus Elementen wie dem vormodernen Christentum, katholischer oder puritanischer Orthodoxie, Gegenreformation und Inquisition, sondern besteht auch aus Opposition und Gegenbewegungen wie Reformation, Humanismus, Aufklärung, Rationalismus, Säkularisierung und der Propagierung universalistischer Werte. Insofern ist der Westen zumindest beides, religiös und säkular[3] [...], wobei letzteres sicher die stärkere Komponente bildet. [...] Alle Menschen sind in der westlichen Vorstellung nicht nur gleich, sie haben auch gleiche Rechte, und zwar nicht nur gleiche soziale und ökonomische, sondern auch gleiche Freiheitsrechte. Und das heißt zweitens, dass die Bekräftigung und Verfolgung westlicher Werte eben gerade die Einmischung weltweit, die universale Deklaration der Menschenrechte, die Charta der Vereinten Nationen, den Idealismus, die Vorstellung der one world, der global governance, das „Projekt Weltethos" [...] als paradigmatischen Gegenentwurf zu Huntington, die Ausweitung der westlichen Wertegemeinschaft verlangt.

Geradezu grotesk wird die Argumentation Huntingtons, wenn er zwar das heutige Griechenland aus dem Westen ausgrenzen will, gleichzeitig aber das klassische, d.h. in erster Linie das griechische Erbe zu den Wurzeln der christlichen Kultur zählt, jedoch die orientalischen Wurzeln des Christentums unterschlägt bzw. geflissentlich übersieht oder auch übersieht, dass die westliche Kultur sehr viel germanisches und keltisches und damit heidnisches, also keinesfalls aufklärerisches oder christliches Kulturgut inkorporiert hat.

Ulrich Menzel, Globalisierung versus Fragmentierung, Frankfurt am Main 1998, S. 87-90

1. *Fassen Sie die wesentlichen Aspekte der Argumentation von Ulrich Menzel zusammen.*
2. *Vergleichen Sie die Vorstellungen von Kultur bei Menzel und Huntington (M2). Erläutern Sie die Unterschiede.*
3. *Entwickeln Sie eigene Definitionen von „Kulturkontakt" und „Kulturkonflikt".*

[1] **normativ**: maßgebend, als Leitsatz dienend
[2] **Kulturrelativismus**: Diese Richtung betrachtet die Kulturen als ganzheitliche Systeme. Sie sind nicht miteinander zu vergleichen, sondern können nur in ihrem jeweiligen kulturellen Kontext betrachtet werden.
[3] **säkular**: weltlich

- Huntington ~~existen~~ Existenz gleicher Kulturen führt zu gewalttätigen Konflikten die im Krieg enden muss
  → Bsp. gg Huntington: Mauerfall
- westliche Kultur gilt zu wahren, → gibt aber multikulturelle Verbindungen, die durch Akzeptanz entstehen (Gegensatz)

⇒ Kulturen sind ein unflexibles und starres System (Menzel

Kompetenz:
Wandlungsprozesse charakterisieren und Theorien über deren Ursachen, Erscheinungsformen und Dauer beschreiben, analysieren und beurteilen

Wechselspiel von Wandel und Kontinuität

Geschichte handelt von Wandel und Kontinuität. Die Beschäftigung mit der Vergangenheit steht daher immer vor der Frage, wie das gleichzeitige Sich-Verändern und Gleichbleiben beschrieben und erklärt werden kann. Dies ist auch der Hintergrund vieler historischer Debatten, wenn z.B. danach gefragt wird, ob der Nationalsozialismus ein Bruch in der deutschen Geschichte war oder in der Kontinuität langfristiger Entwicklungen stand. Häufig laufen solche Diskussionen darauf hinaus, die Frage nach Wandel und Kontinuität weniger allgemein zu stellen, sondern vielmehr einzelne Bereiche der Geschichte zu betrachten. Eine radikale Veränderung des politischen Systems muss keine Veränderung der sozialen Schichtung bedeuten. Der Ausgang eines Krieges mag die internationalen Machtverhältnisse beeinflussen; aber hat er zwingenderweise auch Konsequenzen für die Geschlechtergeschichte?
Für die wissenschaftliche Auseinandersetzung mit Wandel und Kontinuität ist vor allem der französische Historiker *Fernand Braudel* (1902-1985) von großer Bedeutung. In seinem 1949 erschienenen und 1966 grundlegend überarbeiteten Werk über „Das Mittelmeer und die mediterrane Welt in der Epoche Philipps II." unterschied er zwischen drei verschiedenen Zeitebenen: „Strukturen" mit einer „langen Dauer" (longue durée) von mehreren Jahrhunderten, „Konjunkturen" mit einer mittleren Dauer von einigen Jahrzehnten und kurzfristigen „Ereignissen" (▸ M1). Seit Braudel ist somit klar, dass historische Zeit relativ ist und von den Themen, die uns beschäftigen, abhängt.
Fernand Braudel zählte zu einer Gruppe französischer Historiker, die der „Schule der Annales" („Ecole des Annales") angehören. Sie ist eine bedeutende, über mehrere Generationen wirkende Historikerschule, die Methoden aus der Soziologie und der Geografie für die Geschichtswissenschaft nutzbar macht und auch Disziplinen wie Psychologie, Linguistik und Wirtschaftswissenschaften mit einbezieht. Die „Ecole des Annales" beschäftigt sich u.a. auch mit der Erforschung der Kultur- und Mentalitätsgeschichte. Ihr Name leitet sich von der seit 1929 erscheinenden geschichtswissenschaftlichen Zeitschrift „Annales" ab.
Zahlreiche Schlüsselbegriffe der Geschichte bezeichnen Veränderungen unterschiedlichster Natur. Dazu gehören u.a. Begriffe wie Revolution, Reform und Krise, aber auch Industrialisierung, Urbanisierung und Europäisierung sowie Expansion, Kolonisation oder Romanisierung. „Transformation" (lat. transformare: „umgestalten", „verwandeln") bezieht sich ähnlich wie der Begriff „Revolution" nicht auf eine konkrete historische Entwicklung. Er ist vielmehr ein Oberbegriff, der tief greifende Veränderungen (Trans-Formierungen) bezeichnet. Sprechen wir von Transformationsprozessen, so meinen wir also nicht eine langsame Veränderung eines bestimmten Aspekts einer Gesellschaft, sondern wir beziehen uns auf einen Wandel, durch den grundlegende Strukturen einer Gesellschaft innerhalb eines überschaubaren Zeitraums verändert werden. Einer der wichtigsten Begriffe, um solche Veränderungen der letzten Jahrhunderte zu beschreiben, ist „Modernisierung" (▸ M2). Denn Modernisierung bezieht sich nicht auf einen Teilaspekt des Wandels (in der Politik oder Wirtschaft), sondern auf alle Bereiche menschlichen Lebens (einschließlich der Wertvorstellungen und Weltanschauungen). Gegen die Modernisierungstheorien ist in den letzten Jahren eingewandt worden, sie seien zu stark auf Europa ausgerichtet und berücksichtigten nicht die Rolle Lateinamerikas, Afrikas und Asiens. Daher gewann der Begriff „Globalisierung" an Bedeutung, da man hofft, mit ihm die weltweiten Verflechtungen der Veränderungen der letzten Jahrzehnte und Jahrhunderte besser beschreiben zu können (▸ M3).

M1 „Geschichte in mehrere Etagen [...] zerlegen“

Der Historiker Fernand Braudel entwickelt in der Mitte des 20. Jahrhunderts die Vorstellung verschiedener Zeitebenen. Im Vorwort zu seinem Werk „Das Mittelmeer und die mediterrane Welt in der Epoche Philipps II.“ schreibt er:

Dieses Buch zerfällt in drei Teile, von denen jeder den Versuch einer Gesamterklärung unternimmt.

Der erste führt eine gleichsam unbewegte Geschichte vor, die des Menschen in seinen Beziehungen zum umgebenden Milieu; eine träge dahinfließende Geschichte, die nur langsame Wandlungen kennt, in der die Dinge beharrlich wiederkehren und die Kreisläufe immer wieder neu beginnen. Diese fast außer der Zeit liegende, dem Unbelebten benachbarte Geschichte wollte ich weder vernachlässigen noch sie, wie es traditionell in so vielen Büchern geschieht, als nutzlose geografische Einführung an die Schwelle der eigentlichen Darstellung verbannen: jene Geschichte mit ihren mineralischen Landschaften, Äckern und Blumen, die man rasch vorzeigt und von der dann nie mehr die Rede ist, als ob die Blumen nicht in jedem Frühling wiederkämen, als ob die Herden in ihren Wanderungen innehielten, als ob die Schiffe nicht auf einem realen Meer segeln müssten, das sich mit den Jahreszeiten verändert.

Oberhalb dieser unbewegten Geschichte lässt sich eine Geschichte langsamer Rhythmen ausmachen; man möchte fast sagen – wäre dem Ausdruck sein voller Sinn nicht verloren gegangen – eine soziale Geschichte, die der Gruppen und Gruppierungen. Wie diese Grundsee das mediterrane Leben als Ganzes aufwühlt, das ist die Frage, die ich mir im zweiten Teil meines Buches gestellt habe. Dort werden nacheinander die Ökonomien, die Staaten, die Gesellschaften und die Zivilisationen untersucht; und damit mein Verständnis der Geschichte deutlicher wird, versuchte ich schließlich zu zeigen, wie all diese aus der Tiefe wirkenden Kräfte im komplexen Bereich des Krieges am Werk sind. Denn der Krieg ist, wie wir wissen, keine reine Domäne individueller Verantwortlichkeiten.

Der dritte Teil endlich ist der der traditionellen Geschichte; wenn man so will, der Geschichte nicht im Maßstab des Menschen, sondern des Individuums; der Ereignisgeschichte [...]. Eine ruhelos wogende Oberfläche, vom Strom der Gezeiten heftig erregte Wellen. Eine Geschichte kurzer, rascher und nervöser Schwankungen. Überempfindlich, wie sie ist, versetzt der geringste Schritt all ihre Messinstrumente in Alarm. So ist sie von allen die leidenschaftlichste, menschlich reichste, doch die gefährlichste auch. Misstrauen wir dieser Geschichte, deren Glut noch nicht abgekühlt ist, der Geschichte, wie sie die Zeitgenossen im Rhythmus ihres Lebens – das kurz war wie das unsere – empfunden, beschrieben, erlebt haben. Sie hat die Ausmaße ihres Zorns, ihrer Träume und ihrer Illusionen. Im 16. Jahrhundert folgt der eigentlichen Renaissance die Renaissance der Armen, Bescheidenen, die begierig sind zu schreiben, von sich zu erzählen, zu den anderen zu sprechen. Diese kostbaren Berge von Papier geben ein ziemlich verzerrtes Bild, verdecken die verlorene Zeit, stehen außerhalb der Wahrheit. Der Historiker, der die Papiere Philipps II.[1] liest, gleichsam an seinem Platz und an seiner Stelle, fühlt sich in eine bizarre, dimensionslose Welt versetzt. Eine Welt heftiger Leidenschaften, gewiss; blind wie jede lebendige Welt, wie die unsere, unbekümmert um die geschichtlichen Tiefen, um jene lebhaften Gewässer, auf denen unser Boot dahinzieht wie das trunkenste aller Schiffe. Eine gefährliche Welt, deren Zauber wir jedoch gebannt haben werden, sobald wir die großen, lautlosen Strömungen in der Tiefe erkennen, deren Richtung sich nur feststellen lässt, wenn man große Zeiträume umfasst. Die dröhnenden Ereignisse sind oft nur Augenblicke, nur Erscheinungen jener großen Schicksale und erklären sich nur aus diesen.

▲ **Fernand Braudel.**
Foto vom 1. Oktober 1984.

So sind wir dahin gelangt, die Geschichte in mehrere Etagen zu zerlegen oder, wenn man will, in der Zeit der Geschichte eine geografische, eine soziale und eine individuelle Zeit zu unterscheiden.

Fernand Braudel, Das Mittelmeer und die mediterrane Welt in der Epoche Philipps II., Bd. 1, Frankfurt am Main [2]2001, S. 20 f.

1. *Fassen Sie die Thesen von Fernand Braudel zu den verschiedenen historischen Zeitebenen mit eigenen Worten zusammen.*
2. *Erläutern Sie die Aussagen Braudels anhand eines selbst gewählten historischen Beispiels.*
3. *Erörtern Sie, inwiefern der Klimawandel in Braudels Vorstellungen von Geschichte zu integrieren ist.*

[1] **Philipp II.** (1527-1598): seit 1556 König von Spanien, seit 1580 auch König von Portugal

M2 Modernisierungstheorie

Der Historiker Hans-Ulrich Wehler (siehe auch Seite 107f.) erläutert den Begriff „Modernisierung", indem er die Vorstellungen anderer Wissenschaftler darlegt, und begründet den Vorteil einer „historischen Modernisierungstheorie":

Modernisierung sei ein revolutionärer, unausweichlicher, irreversibler, globaler, komplexer, systemischer, langwieriger, aber in Phasen unterteilbarer, tendenziell homogenisierender und – last not least – progressiver Prozess.
In diesem Modernisierungsprozess setzten sich angeblich vor allem sechs Subprozesse durch:
1. Wirtschaftliches Wachstum als eine kumulative Dauerbewegung industrieller Expansion; sie soll hier nicht weiter verfolgt werden.
2. „Strukturelle Differenzierung", wie sie Herbert Spencer oder vor ihm Adam Smith als Basisaxiom[1] entwickelt hat. Aus dem alteuropäischen „ganzen Haus" gliedert sich eine zunehmend arbeitsteilige Wirtschaft, aus Herrschaft als individueller Verfügungsgewalt über einen Personenverband die überindividuelle Staatsorganisation eines Territoriums, aus dem öffentlichen Leben die bürgerliche Privat- und Intimsphäre aus. Auf einer Integrationsebene müssen dann, ganz à la Spencer, die Differenzierungen wieder vermittelt werden, etwa im Konsens über allgemein akzeptierte Werte.
3. Wertewandel, z.B. im Sinne von Parsons als Übergang von partikularistischen, diffusen, unspezifischen zu universalistischen, funktional spezifizierten Wertemustern, die in Sozialisationsprozessen verinnerlicht und handlungsleitend werden.
4. Mobilisierung. Sie wird verstanden als Erzeugung von räumlicher und sozialer Mobilität, aber auch als Erhöhung der Erwartungen (kulturelle Mobilisierung, Revolution of Rising Expectations) und als Verfügbarmachung von Ressourcen und Mitteln.
5. Partizipation. Je komplizierter die Differenzierung, umso mehr – so der Gedankengang – seien Vermittlungsmechanismen erforderlich, die Teilnahme unabweisbar machen. Und je erfolgreicher die Mobilisierung von Ressourcen sei, umso wichtiger würden Entscheidungsgremien, in denen zur Legitimierung von Präferenzentscheidungen Mitwirkung notwendig werde.
6. Institutionalisierung von Konflikten. Um die Tradition ungeregelter Konflikte überwinden zu können, die noch im 19. Jahrhundert (z.B. im Konflikt zwischen Kapital und Arbeit) tendenziell an die Grenze des Bürgerkrieges führen konnten, sei eine Vermeidungsstrategie erforderlich, die Konflikte dadurch einhegt, dass sie organisations- und verfahrensabhängig gemacht werden. Der gezähmte Konflikt kann fortab zum konfliktimitierenden Ritual werden, bei dem Drohgebärde und Imponiergehabe die potenziell systemsprengende Wirkung ersetzen (Tarifkonflikt).
Den Hauptgewinn des Modernisierungsprozesses sehen viele Theoretiker [...] in der anwachsenden Herrschaft des Menschen über seine natürliche und soziale Umwelt, anders gesagt: in der anhaltenden Ausweitung der Steuerungs- und Leistungskapazitäten. [...]
[...] Die historische Modernisierungstheorie trägt dazu bei:
a) die Voraussetzungen für den epochalen Einschnitt im ausgehenden 18. Jahrhundert weiter zu klären,
b) die Zäsur, den Durchbruch der „Moderne" genauer zu bestimmen,
c) die Folgewirkungen im Okzident und dann für die Welt, die Epoche der Modernisierung präziser als bisher zu analysieren. In diesem Sinn beansprucht sie tendenziell, die moderne Epoche allmählich auf eine adäquate historische Theorie zu bringen. Sie begreift mithin, um es zu wiederholen, Modernisierung als einen auf ganz spezifischen Ausgangskonstellationen beruhenden „bestimmten Typ des sozialen Wandels, der im 18. Jahrhundert eingesetzt hat ..., der seinen Ursprung hat in der englischen Industriellen Revolution ... und in der politischen Französischen (und Amerikanischen) Revolution; er besteht im wirtschaftlichen und politischen Vorangang einiger Pioniergesellschaften und den darauf folgenden Wandlungsprozessen der Nachzügler"; diese stehen vor dem Problem, „ihre historisch überkommene Struktur und ihre typischen Spannungen (einschließlich des Impulses zur Modernisierung) mit den Einwirkungen der von außen kommenden Ideen und Techniken in einen Zusammenhang zu bringen" [Reinhard Bendix].
[...] Für die Analyse dieses okzidentalen Modernisierungsprozesses bietet die historische Modernisierungstheorie mit der Summe aller ihrer Überlegungen und Begriffe, Theoreme[2] und Ergebnisse das zurzeit wahrscheinlich differenzierteste Instrumentarium an.

Hans-Ulrich Wehler, Modernisierungstheorie und Geschichte, Göttingen 1975, S. 16f. und 59

1. *Geben Sie wieder, was Hans-Ulrich Wehler unter „Modernisierung" und unter „Modernisierungstheorie" versteht.*

2. *Erklären Sie, warum der Begriff „Modernisierung" mehr umfasst als z.B. der Begriff „Industrialisierung".*

3. **+** *Überprüfen Sie, ob sich Braudels Vorstellungen von Zeit (M1) in dem von Wehler beschriebenen Begriff der „Modernisierung" finden.*

[1] **Axiom**: Grundsatz, der keines Beweises bedarf

[2] **Theorem**: Lehrsatz

M3 Globalisierung

Die Historiker Jürgen Osterhammel und Niels P. Petersson erläutern den Begriff „Globalisierung“:

„Globalisierung“ scheint sich schon von der Wortform her für einen Platz unter den Makroprozessen der modernen Welt zu qualifizieren. Man muss den Begriff nicht gleich auf die oberste Ebene, also direkt neben (oder gar über) „Modernisierung“, stellen und in der zunehmenden Verdichtung ferner Zusammenhänge das Hauptmerkmal der Weltentwicklung sehen. Es genügt zu fragen, ob „Globalisierung“ möglicherweise so aussagekräftig und so wichtig sein könnte wie etwa „Industrialisierung“. Das wäre schon eine ganze Menge und würde das Deutungsrepertoire der Geschichtswissenschaft deutlich bereichern. Es wäre umso willkommener, als sich keine der oben genannten „Ierungen“ auf Zusammenhänge zwischen Völkern, Staaten und Zivilisationen bezieht. Sie alle machen sich im nationalen und regionalen Rahmen bemerkbar und werden auch auf diese Weise wissenschaftlich untersucht. Sollte „Globalisierung“ sich einen Rang unter den großen Entwicklungsbegriffen verdienen, dann wäre damit endlich eine breite Lücke gefüllt. Es gäbe dann eine Stelle, an der alles Inter-Kontinentale, Inter-Nationale, Inter-Kulturelle (usw.) untergebracht werden könnte, das gegenwärtig zwischen den etablierten „Diskursen“ der Historiker heimatlos herumvagabundiert.

Dass aber überhaupt eine solche Lücke existiert, liefert uns den Ausgangspunkt für die folgenden Überlegungen. Wir schlagen nicht vor, die bisherige Geschichtsschreibung in Bausch und Bogen zu verwerten, und hüten uns vor dem albernen Anspruch, die Geschichte der Neuzeit als eine der Globalisierung neu schreiben zu wollen. Wir werden vielmehr versuchen, aus der *Perspektive* von Globalisierung einen neuen Blick auf die Vergangenheit zu werfen. Man kann es auch anders sagen: Dass viele Aspekte unseres Daseins heute nur noch im Zusammenhang weltweiter Verflechtungen verstanden werden können, ist ein Gemeinplatz. Haben solche Verflechtungen aber nicht auch in der Vergangenheit eine größere Rolle gespielt, als es im gängigen Geschichtsbild zum Ausdruck kommt? Welcher Art waren diese Verflechtungen, wie funktionierten sie, und summierten sie sich wirklich zu einem Prozess eigenen Charakters, der es rechtfertigt, den neu geschaffenen Begriff der „Globalisierung“ dafür zu verwenden? Schließlich: Wenn sich die letzte Frage bejahen lässt – kann man dann eine Zeitenwende gegen Ende des 20. Jahrhunderts identifizieren, an der Globalisierungstendenzen so dramatisch und dominant wurden, dass man es wagen kann, von einer tiefen Zäsur, also dem Beginn einer neuen Epoche zu sprechen, eines „globalen Zeitalters“ (Martin Albrow), einer „Zweiten Moderne“ (Ulrich Beck, Anthony Giddens) oder welches Etikett man auch immer wählen mag?

Jürgen Osterhammel und Niels P. Petersson, Geschichte der Globalisierung. Dimensionen. Prozesse. Epochen, München 2003, S. 9 f.

1. *Charakterisieren Sie den Begriff „Globalisierung“ nach Jürgen Osterhammel und Niels P. Petersson.*
2. *Erläutern Sie, was Osterhammel und Petersson mit der „oberste[n] Ebene“ (siehe Zeile 4) meinen und wie sich in ihrer Darstellung „Globalisierung“ dazu verhält.*
3. *Nehmen Sie dazu Stellung, ob die „Globalisierung“ heute etwas grundlegend Neues ist.*

Kompetenz:
Statistische Daten beschreiben und Zusammenhänge analysieren sowie Thesen mit ihrer Hilfe überprüfen

Geschichte in Zahlen

Statistiken stellen eine systematische Sammlung von Informationen in Form von Zahlen dar. Aus ihren Daten lassen sich für einen bestimmten Zeitraum Zustände, Verhältnisse, Zusammenhänge und Entwicklungen ablesen. Statistisches Material begegnet uns in Tabellen oder Diagrammen, die beispielsweise Informationen über die Wahlergebnisse, die Arbeitslosenquote oder die Entwicklung der Geburten eines Landes beinhalten. Statistiken können absolute (genaue, gerundete) Zahlen oder relative Werte wie Prozentangaben enthalten. Einige Statistiken verwenden auch Indexwerte. Hierbei werden Zahlen eines Ausgangsjahres gleich 100 gesetzt und die Daten früherer oder späterer Jahre im Verhältnis zu diesem Bezugspunkt betrachtet.
Die Qualität einer Statistik hängt von der Erhebung der Daten und deren mathematischer Umsetzung ab. Für viele historische Aussagen ist es schwierig, gute Statistiken zu erzeugen, da die Daten fehlen. Denn der Aufschwung der Statistik begann erst zwischen dem 16. und 18. Jahrhundert mit der Entstehung der modernen Staaten, deren Regierungen an möglichst vielen und genauen quantitativen Angaben über ihr Land interessiert waren. Die mathematische Umsetzung der erhobenen Daten lässt sich häufig nicht kontrollieren, da man gewöhnlich lediglich das Ergebnis lesen kann. Daher erfordert die Lektüre von Statistiken einen kritischen Blick.

Formale Kennzeichen

- Um welche *Art* von Statistik handelt es sich? Passt die *Darstellungsweise* zum Thema (Tabelle, Kreis-, Kurven-, Säulendiagramm etc.)?
- Wer hat die Statistik wann und wo *erstellt*, *veröffentlicht* oder in *Auftrag* gegeben?

Inhalt

- Worüber informiert die Statistik (*Thema/Inhalt*, *Zeit*, *Raum*, *Messgrößen*)?
- Welche *Zahlenwerte* (absolute Werte, Prozentangaben, Indizes) werden verwendet?
- Woher stammt das statistische Material? Sind Rückschlüsse auf die *Zuverlässigkeit* möglich?
- Welche *Zustände* oder *Entwicklungen* lassen sich ablesen?
- Welche *Fachbegriffe* kommen vor und müssen geklärt werden? Welches *Hintergrundwissen* ist zur Einordnung nützlich?

Historischer Kontext

- Auf welchen *Zeitraum*, welches *Ereignis* oder welchen *Sachverhalt* bezieht sich die Statistik?

Intention und Wirkung

- Welche *Aussage* (*Absicht*) lässt sich der Statistik entnehmen?
- Kann die *Zielgruppe* bestimmt werden?
- Müssen die Angaben durch *andere Informationen* ergänzt werden?
- Stimmen die *Aussagen* der Statistik mit anderen Quellen überein?

Beispiel und Analyse

	1750	1800	1830	1860	1880	1900
Großbritannien	1,9	4,3	9,5	19,9	22,9	18,5
Habsburger Reich	2,9	3,2	3,2	4,2	4,4	4,7
Frankreich	4,0	4,2	5,2	7,9	7,8	6,8
Deutsche Staaten/Deutschland	2,9	3,5	3,5	4,9	8,5	13,2
Italienische Staaten/Italien	2,4	2,5	2,3	2,5	2,5	2,5
Russland	5,0	5,6	5,6	7,0	7,6	8,8
USA	0,1	0,8	2,4	7,2	14,7	23,6
Japan	3,8	3,5	2,8	2,6	2,4	2,4
China	32,8	33,3	29,8	19,7	12,5	6,2
Indien/Pakistan	24,5	19,7	17,6	8,6	2,8	1,7
Andere	19,7	19,4	18,1	15,5	13,9	11,6

▲ **Relative Anteile an der Weltindustrieproduktion (in Prozent).**
Nach: Paul Kennedy, Aufstieg und Fall der großen Mächte, Frankfurt am Main 1991, S. 237

Formale Kennzeichen Die Statistik stammt aus einem fachwissenschaftlichen Buch aus dem Jahr 1991. Der Auftraggeber ist nicht festzustellen, vermutlich ist die Statistik im Zusammenhang mit der Publikation entstanden. Die Darstellung des statistischen Materials in Tabellenform ist dem Thema angemessen.

Inhalt Die Statistik stellt die relativen Anteile ausgewählter Länder an der weltweiten Industrieproduktion in Prozent dar. Sie trifft keine Aussage über den Umfang der Weltindustrieproduktion. Auf welchen Daten die Statistik beruht, geht nicht hervor. Rückschlüsse auf die Zuverlässigkeit des statistischen Materials sind daher nicht möglich.
Die Statistik umfasst den Zeitraum von 1750 bis 1900. Es werden mehr Daten für die zweite Hälfte des 19. Jahrhunderts dargestellt als für die zweite Hälfte des 18. oder die erste Hälfte des 19. Jahrhunderts. Die Daten zeigen eine klare Entwicklung. Einige Länder gewinnen an Anteilen an der Weltindustrieproduktion (z.B. Großbritannien, USA), andere Länder verlieren (z.B. China, Indien/Pakistan). Die Statistik zeigt auch, in welchen Zeiten diese Verschiebungen besonders stark waren, nämlich 1830 und 1860 für Großbritannien und 1860 und 1900 für die USA. Darüber hinaus zeigt sie einen etwas geringeren Bedeutungsgewinn für Deutsche Staaten/Deutschland und andere europäische Länder, einschließlich Russland. Massive Bedeutungsverluste erlitten dagegen die großen kontinentalasiatischen Länder China und Indien/Pakistan, im geringeren Umfang auch Japan und die übrige Welt.

Historischer Kontext Die Statistik beleuchtet die Entwicklung der Weltindustrieproduktion vor dem Hintergrund der Industrialisierung. In England begann sie in der zweiten Hälfte des 18. Jahrhunderts, in anderen westeuropäischen Ländern, in den USA und Asien setzte sie später ein.
Aus der Statistik lassen sich allerdings keine Rückschlüsse auf den Umfang von Industrialisierungs- und De-Industrialisierungsprozessen schließen, sondern lediglich auf Verschiebungen zwischen verschiedenen Ländern von 1750 bis 1900.

Intention und Wirkung Die Statistik hat offenkundig das Interesse, Aussagen über die besondere Entwicklung der relativen Anteile Großbritanniens, der USA, Indiens/Pakistans und Chinas zu treffen. Die Informationen über andere Länder sind weniger prägnant oder unkenntlich. So werden einige relativ große Länder wie Mexiko in der Rubrik „Andere“ zusammengefasst. Die Darstellungsweise verzerrt die Daten aber nicht. Kritisch kann lediglich angemerkt werden, dass die Datenbasis unklar ist und nicht geklärt ist, was denn genau unter „Industrieproduktion“ verstanden wird.

1. *Vergleichen Sie die Entwicklung der Industrieproduktion von Europa, den USA und Asien.*
2. *Erörtern Sie, inwiefern die Veränderung relativer Anteile Ausdruck von Entwicklungen in absoluten Zahlen ist.*
3. *Setzen Sie die Daten der Tabelle in Verbindung mit der Geschichte Chinas im 19. Jahrhundert (siehe hierzu Seite 228 ff.). Überprüfen Sie, inwiefern historische Fakten die in der Statistik gezeigte Entwicklung stützen.*

Jahr	Gesamtwert in Hongkong-Tael*	Tee	Seide	Ölsaat	Bohnen	Felle/ Leder	Baumwolle	Wolle	Kohle	andere Artikel
1868	6182000	53,8	39,7	–	1,0	–	0,9	–	–	4,6
1880	7788400	45,9	38,0	0,1	0,2	0,5	0,2	0,4	–	14,7
1890	8714400	30,6	33,9	0,6	0,4	1,4	3,4	1,6	–	18,1
1900	15899700	16,0	30,4	2,5	1,9	4,3	6,2	1,9	–	36,8
1905	22788800	11,2	30,1	3,4	3,0	6,6	5,3	3,7	–	36,7
1913	40330600	8,4	25,3	7,8	5,8	6,0	4,1	2,4	1,6	38,6

Jahr	Gesamtwert in Hongkong-Tael*	Opium	Baumwollwaren	Baumwollgarn	Getreide	Zucker	Tabak	Kohle	Petroleum	Erze, Metalle	Maschinen, Fahrzeuge	andere Artikel
1868	6328200	33,1	29,0	2,5	0,8	0,8	–	2,1	–	4,8	–	26,9
1880	7929300	39,3	24,9	4,6	0,1	0,4	–	1,2	–	5,5	–	24,0
1890	12709300	19,5	20,2	15,3	9,6	0,9	–	1,6	3,2	5,7	0,3	23,7
1900	21107000	14,8	21,5	14,3	7,0	3,0	0,5	3,1	6,6	4,7	0,7	23,8
1905	44710100	7,7	25,6	15,0	2,9	5,1	1,4	1,6	4,5	10,4	3,0	22,8
1913	57016300	7,4	19,3	12,7	5,2	6,4	2,9	1,7	4,5	5,3	2,2	32,4

* zu 0,75 Hongkong-Dollar (um 1880-1913)

▲ **Chinesische Exporte (oben) und Importe (unten) im Zeitalter des Imperialismus (Warenanteile in Prozent).**
Nach: Der Große Ploetz. Die Enzyklopädie der Weltgeschichte, Freiburg im Breisgau [35]2008, S. 1212 f.
▪ *Analysieren Sie die Statistiken mithilfe der Leitfragen auf Seite 256.*

1. *Erläutern Sie den Zusammenhang der Bewegung von „Menschen über Grenzen und Grenzen über Menschen“ (Klaus J. Bade) am Beispiel von Zwangsmigrationen im Umfeld des Zweiten Weltkrieges.*
2. *Erklären Sie die Umstände von Flucht und Vertreibung der Deutschen in drei Phasen: 1. Flucht, 2. „wilde Vertreibungen“, 3. organisierte Vertreibungen.*
3. *Der Historiker K. Erik Franzen bezeichnet die Vertriebenen als „Hitlers letzte Opfer“. Überprüfen Sie diese Aussage.*
4. *Vergleichen Sie Erscheinungsformen von Flucht, Vertreibung und Umsiedlung im Umfeld des Zweiten Weltkrieges mit den Merkmalen von Zwangsmigrationen (siehe Seite 147 f., M2).*
5. *Überprüfen Sie, ob im Zusammenhang der langfristigen Integration der Flüchtlinge und Vertriebenen in der Bundesrepublik, bei der Romanisierung in der Kaiserzeit und beim Wirken der imperialen Mächte in China Transformationsprozesse nachweisbar sind.*
6. *Charakterisieren Sie das Verhältnis von Kolonialmacht und Kolonialisierten auf kultureller und sozialer Ebene in Bezug auf gegenseitige Annäherung oder Abgrenzung. Beziehen Sie hierbei verschiedene Ihnen bekannte historische Beispiele ein.*
7. *Erläutern Sie, welche Rolle die Angleichung von staatlichen und ethnischen Grenzen für das Prinzip des Nationalstaates im Europa des 20. Jahrhunderts spielte.*
8. *Erörtern Sie die Bedeutung einer vor 1944/45 ansetzenden historischen Kontextualisierung und einer internationalen Perspektive für das Erinnern an Flucht und Vertreibung.*
9. *Nehmen Sie Stellung zu der Frage, inwiefern eine europäische Erinnerungskultur an Flucht und Vertreibung Wertmaßstäbe für die Zukunft setzen kann. Berücksichtigen Sie dabei auch die Diskussion um den aktuellen Umgang der EU mit Flüchtlingen.*

◂ **Ausstellung „Zweite Heimat“.**
Foto vom 14. März 2004.
Eine Schülerin und eine Auszubildende betrachten Exponate einer Ausstellung im Haus der Geschichte in Wittenberg, die sich mit Flucht, Vertreibung und Integration von Deutschen nach dem Zweiten Weltkrieg in Sachsen-Anhalt beschäftigt. Ein kurzes Video zur Ausstellung finden Sie unter www.pflug-ev.de/zweite%20heimat.htm

- *Bereiten Sie selbst eine kleine Ausstellung zum Thema „Flucht, Vertreibung und Integration“ vor, in der Sie ein selbst gewähltes Flüchtlingsbeispiel in den Vordergrund stellen und charakterisieren. Nutzen Sie für Ihre Recherchen das Internet und/oder Fachbücher.*

3. Wurzeln unserer Identität

- Welche Bedeutung haben Entwicklung und Ende der Weimarer Republik, der Nationalsozialismus und die Teilung Deutschlands für das nationale Selbstverständnis der Deutschen heute?
- Wie ist der Umgang mit der nationalsozialistischen Vergangenheit in der deutschen Nachkriegszeit und nach der Wiedervereinigung Deutschlands zu beurteilen?
- Immer wieder wird von den zwei deutschen Diktaturen im 20. Jahrhundert gesprochen. Ist der darin angelegte Vergleich zwischen dem nationalsozialistischen System und der DDR angemessen?

3.1 Nationalsozialismus und deutsches Selbstverständnis

◂ **Aufmarsch in Nürnberg zum „Reichsparteitag der Arbeit".**
Foto vom September 1937.

Der Weg in die Diktatur: „Gleichschaltung"	**30.1.1933**	Adolf Hitler wird vom Reichspräsidenten zum Reichskanzler ernannt.
	28.2.1933	Die Verordnung „Zum Schutz von Volk und Staat" setzt die Grundrechte außer Kraft.
	23.3.1933	Durch das „Ermächtigungsgesetz" erhält die Regierung Hitler diktatorische Vollmacht.
	31.3.1933	Die Länder werden „gleichgeschaltet".
Ausgrenzung und Verfolgung: der totalitäre Staat	**1.4.1933**	Jüdische Unternehmen, Geschäfte und Praxen werden boykottiert.
	7.4.1933	Das „Gesetz zur Wiederherstellung des Berufsbeamtentums" schließt politische Gegner und Juden vom Staatsdienst aus.
	Juni/Juli 1933	Parteien, die sich nicht selbst auflösen, werden verboten.
	14.10.1933	Das Deutsche Reich tritt aus dem Völkerbund aus.
	15.9.1935	Die „Nürnberger Gesetze" entziehen den Juden ihre staatsbürgerlichen Rechte und verbieten „arisch"-jüdische Eheschließungen.
	22.10.1936	Ein Vierjahresplan soll Deutschland gezielt auf den Krieg vorbereiten.
	13.3.1938	Österreich wird an das Deutsche Reich „angeschlossen".
	9./10.11.1938	Die Nationalsozialisten gehen gewaltsam gegen Juden vor („Novemberpogrom").
Krieg und Holocaust	**1.9.1939**	Mit dem deutschen Angriff auf Polen beginnt der Zweite Weltkrieg.
	1941	Die systematische Vernichtung der europäischen Juden setzt ein.
	20.1.1942	Auf der „Wannsee-Konferenz" wird die begonnene „Endlösung der Judenfrage" koordiniert und organisiert.
	Februar 1943	Die Geschwister Scholl werden bei einer Flugblattaktion ergriffen und hingerichtet.
	19.4.-16.5.1943	Die SS schlägt den Aufstand im Warschauer Ghetto nieder.
	20.7.1944	Das Attentat Graf von Stauffenbergs auf Hitler schlägt fehl.
	27.1.1945	Das Vernichtungslager Auschwitz-Birkenau wird befreit (Holocaustgedenktag).
	8.5.1945	Das Deutsche Reich kapituliert bedingungslos; in Europa endet der Krieg.
	20.11.-1.10.1946	Im Nürnberger Prozess werden die Hauptverantwortlichen für die Kriegsverbrechen zur Rechenschaft gezogen.
	1963/65	In Frankfurt am Main finden die Auschwitz-Prozesse statt.

Die Nationalsozialisten gestalteten nach der *„Machtergreifung“* 1933 das öffentliche Leben grundlegend um – bis hin zu alltäglichen Gesten. Durch den Hitlergruß sollte die Bevölkerung ihr Einverständnis mit dem Regime ebenso bekunden wie durch das Hissen der Hakenkreuzfahne. Die Deutschen sollten eine *„Volksgemeinschaft“* bilden und dem „Führer“ *Adolf Hitler* dienen. Eindrucksvolle Massenveranstaltungen inszenierten nationale Größe und den Führerkult. „Ein Volk, ein Reich, ein Führer“ war die Parole, nach der ab 1933 der Rechtsstaat und die Gewaltenteilung abgeschafft und der *Einparteienstaat* errichtet wurde. Die *„Gleichschaltung“* 1933/34 beendete die Selbstständigkeit von Ländern, Organisationen und Behörden, staatlich kontrollierte Medien lenkten die öffentliche Meinung. Die Grundrechte des Einzelnen wurden nicht anerkannt, oppositionelle Parteien und Zeitungen verboten. In den Jugendorganisationen der *NSDAP* wurden Jungen und Mädchen zu treuen und willigen Gefolgsleuten des „Führers“ bzw. treusorgenden Müttern erzogen.

Kennzeichen des Nationalsozialismus und seiner Ideologie waren der *Antisemitismus* und eine Rassenlehre, die sich mit der Vorstellung vom „notwendigen Kampf der Rasse um Lebensraum“ vermischte. Was mit einem radikaler werdenden Antisemitismus in den 1920er-Jahren begann, mündete in eine rücksichtslose und menschenverachtende Ausgrenzung und Vertreibung von Andersdenkenden und „Rassefeinden“. Ihren grausamen Höhepunkt erreichte die NS-Herrschaft mit dem *Holocaust* (*Shoa*), der sich bereits in den *„Nürnberger Gesetzen“* von 1935 und dem *„Novemberpogrom“* vom 9. auf den 10. November 1938 angekündigt hatte: die systematische Verfolgung und Ermordung von Millionen europäischer Juden in den *Konzentrations- und Vernichtungslagern*. Der am 1. September 1939 begonnene *Zweite Weltkrieg* war die Konsequenz der auf dieser Ideologie basierenden NS-Außenpolitik, die von der Revision des Versailler Vertrages ausging und auf Eroberung und Unterwerfung anderer Völker zielte.

Gegen Krieg, NS-Herrschaft sowie die Judenverfolgung, die spätestens im Zweiten Weltkrieg zum „offenen Geheimnis“ wurde, regte sich zwar kein breiter *Widerstand*; die *„Weiße Rose“*, die Verantwortlichen des Attentats vom 20. Juli 1944, der Widerstand aus den Kirchen und der Arbeiterbewegung, die vielfältigen Formen der Ablehnung im Alltag, unangepasstes Verhalten oder Hilfe für die Verfolgten zeigen jedoch, dass nicht alle das Regime akzeptierten. Beendet wurde die NS-Diktatur erst durch die militärische Niederlage und die *bedingungslose Kapitulation* des Deutschen Reiches am 8. Mai 1945. Die zerstörten deutschen Städte waren nach Kriegsende das sichtbare Ergebnis der nationalsozialistischen Eroberungs- und Vernichtungspolitik. Dennoch stand noch bis in die 1960er-Jahre ein großer Teil der Deutschen dem Nationalsozialismus positiv gegenüber. Vergessen und Verdrängen der nationalsozialistischen Vergangenheit überwogen. Vor allem fiel den meisten das Eingeständnis sehr schwer, dass die Zustimmung der Deutschen zum NS-Regime vorherrschend gewesen war, unangepasstes Verhalten oder gar Widerstand hingegen selten.

In diesem Kapitel erwerben Sie die **Kompetenz**,
- die Hintergründe und Inhalte der NS-Ideologie und deren Umsetzung in die Praxis zu erläutern und zu beurteilen,
- Anpassung und Widerstand im nationalsozialistischen Deutschland zu analysieren und charakterisieren,
- zur Aufarbeitung von Schuld und Verantwortung nach 1945 Stellung zu nehmen.

Zur Methoden-Kompetenz siehe Seite 320 bis 322 („Essay“) und Seite 331 bis 334 („Historischer Spielfilm“). Zum Kompetenzerwerb im Hinblick auf Deutungen des deutschen Selbstverständnisses im 19. und 20. Jahrhundert lesen Sie Seite 347 bis 351 („Deutschlands Weg in den Nationalsozialismus – ein Sonderweg?“).

Wichtige Namen
- Winston Churchill
- Adolf Eichmann
- Georg Elser
- Joseph Goebbels
- Reinhard Heydrich
- Heinrich Himmler
- Adolf Hitler
- Helmuth James Graf von Moltke
- Benito Mussolini
- Franklin D. Roosevelt
- Hans und Sophie Scholl
- Josef W. Stalin
- Claus Schenk Graf von Stauffenberg
- Harry S. Truman

Wichtige Begriffe
- Anti-Hitler-Koalition
- Antikominternpakt
- Antisemitismus
- Bedingungslose Kapitulation
- „Drittes Reich“
- Einparteienstaat
- „Endlösung der Judenfrage“
- „Ermächtigungsgesetz“
- Euthanasie
- Führerprinzip
- „Gleichschaltung“
- „Hitler-Stalin-Pakt“
- Holocaust (Shoa)
- Konzentrations- und Vernichtungslager
- Kreisauer Kreis
- Lebensraumpolitik
- Nationalsozialismus
- „Novemberpogrom“
- „Nürnberger Gesetze“
- Nürnberger Prozess
- „Machtergreifung“
- Nationalsozialistische Deutsche Arbeiterpartei (NSDAP)
- „Rote Kapelle“
- Schutzstaffel (SS)
- Sozialdarwinismus
- Sturmabteilung (SA)
- Völkermord
- „Volksgemeinschaft“
- Wannsee-Konferenz
- Warschauer Ghettoaufstand
- Wehrmacht
- „Weiße Rose“
- Widerstand
- Zweiter Weltkrieg

Die NS-Ideologie

Lesetipps
- *Ernst Piper, Kurze Geschichte des Nationalsozialismus, Hamburg 2007*
- *Dietmar Süß und Winfried Süß (Hrsg.), Das „Dritte Reich". Eine Einführung, München ²2008*
- *Hermann Vinke, Das Dritte Reich. Eine Dokumentation mit zahlreichen Biografien und Abbildungen, Ravensburg 2010*

Nationalismus Die in der ersten Hälfte des 19. Jahrhunderts in Deutschland populär gewordene Idee des *Nationalismus* hatte hohe Erwartungen für die Zukunft geschaffen, die von der Politik nicht eingelöst werden konnten. 1871 war der deutsche Nationalstaat als kleindeutsches Reich entstanden, das viele Deutsche ausschloss. Durch die demografische und industrielle Entwicklung gewann das Deutsche Reich an Stärke und betrieb nach der Thronbesteigung Kaiser Wilhelms II. 1888 verstärkt Weltmachtpolitik. Nationalistische Forderungen wurden im Deutschen Reich immer aggressiver vorgetragen und waren mit rassistischen Vorstellungen gepaart.

Europäische und koloniale Großmachtpläne waren nach dem Ersten Weltkrieg mit den im *Versailler Friedensvertrag* festgelegten Gebietsabtretungen Deutschlands und der Auflösung der Donaumonarchie zerronnen. In den Nachbarstaaten der Weimarer Republik lebten nun deutschsprachige Minderheiten, die sich auch durch Zwangsmaßnahmen nicht integrieren ließen. Der Kriegsschuldartikel im Versailler Vertrag, die vermeintliche Härte der Friedensbedingungen und der Sturz der Monarchie gaben extrem nationalistischen Tendenzen zusätzlich Nahrung.[1]

An die Spitze der Gegner der Weimarer Republik stellten sich die Nationalsozialisten, deren Nationalismus allerdings über den des Bürgertums noch hinausging. Ihrer Meinung nach sollten nicht so sehr gemeinsame Kultur und Geschichte das Band einer Nation sein, sondern die Rassengleichheit (▸ M1).

Rassismus und Antisemitismus Die nationalsozialistische Weltanschauung setzte sich insgesamt aus verschiedenen Versatzstücken zusammen, die ihre Wurzeln überwiegend im späten 19. Jahrhundert hatten und in deren Zentrum Rassismus und *Antisemitismus* standen.

Adolf Hitler (1889-1945): seit 1921 Vorsitzender der NSDAP; 1933 Ernennung zum Reichskanzler; vgl. auch Seite 363.

Adolf Hitler und seine Anhänger griffen dabei auch auf die Lehre des *Sozialdarwinismus* zurück, der die Theorie des englischen Naturforschers *Charles Darwin* von der „natürlichen Auslese der Arten" (1859) stark vereinfachte und auf die menschliche Gesellschaft übertrug. In seiner radikalen Ausprägung propagierte der Sozialdarwinismus, dass im „Kampf ums Dasein" nur die „Stärkeren" überleben könnten. Unter Missachtung geistiger, sittlicher und religiöser Werte diente die Verfälschung der Darwin'schen Ideen einer menschenverachtenden Ideologie, die bald zur praktischen Politik wurde. Von allen Rassen sei die „nordische" oder „**arische**" die wertvollste. Daher sollte es Aufgabe des *Nationalsozialismus* sein, der „arischen Herrenrasse" in Mitteleuropa ein Machtzentrum zu schaffen.

„Arisch" → „Arier": im ethnologisch-sprachwissenschaftlichen Sinne Völker der indogermanischen Sprachfamilie. Im 19. Jahrhundert wurde der Begriff in eine rassische Überlegenheit der „weißen", dann der germanischen Rasse umgedeutet. In der NS-Rassenideologie bezeichnete „Arier" die überlegene „Herrenrasse".

„Zigeuner": Mit diesem abwertenden Begriff wurden die Volksgruppen der Sinti und Roma bezeichnet.

Wichtigste Voraussetzung dabei war für Hitler die „Reinhaltung der Rasse" (▸ M2). Das nach Auffassung Hitlers kranke oder rassisch minderwertige Erbgut sollte aus der „Volks- und Blutsgemeinschaft" entfernt werden. Rassismus und Antisemitismus wurden damit zum Instrument der Ausgrenzung und Verfolgung von Minderheiten, zu denen besonders die Juden sowie die Sinti und Roma (**„Zigeuner"**) zählten.

Bereits in der zweiten Hälfte des 19. Jahrhunderts verbreitete sich die Ansicht, die Juden seien nicht eine religiöse Gruppe innerhalb des deutschen Volkes, sondern eine eigene „Rasse". Die Nationalsozialisten machten die Juden verantwortlich für alle echten und scheinbaren Fehlentwicklungen. Angeblich könnten Juden keine aufbauenden Kulturleistungen vollbringen, sondern nur zerstören. Sie erstrebten die Weltherrschaft und würden damit den Weltuntergang herbeiführen. Diesen zu verhindern,

[1] Vgl. dazu ausführlich das Kapitel „Die Weimarer Republik und ihre Bürger", Seite 357.

▸ **Feststellung der Haarfarbe an einem jüdischen Kind.**
Foto von 1936.
Nach der nationalsozialistischen Rassenideologie sollte das Erbgut der deutschen „Herrenrasse" durch „Rassenhygiene" rein gehalten werden. Zu diesem Zweck ermittelten „Rassenexperten" auf der Grundlage pseudowissenschaftlicher Gutachten besondere Merkmale, an denen sich rassisch oder erbbiologisch „minderwertige" Gruppen erkennen und aus der „Volksgemeinschaft aussortieren" ließen. Dies betraf in erster Linie die Juden, Sinti, Roma und Slawen, aber auch körperlich und seelisch behinderte Menschen oder „Asoziale". Siehe dazu auch Seite 311.

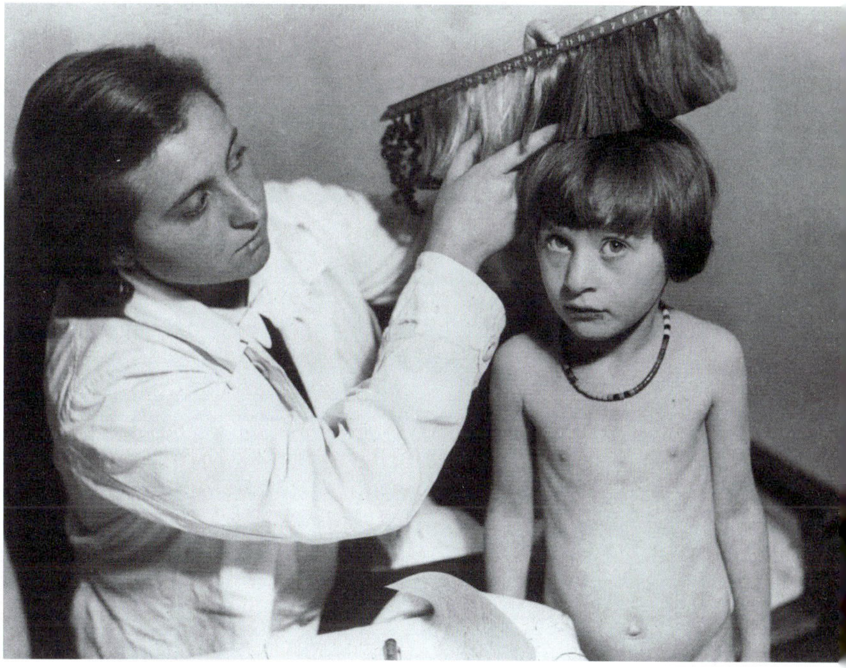

erklärte die NS-Ideologie zur Aufgabe des „Ariers", der dadurch zum Retter der Weltkultur werde. Durch diesen Rassenwahn unterschied sich der Judenhass der *NSDAP* vom traditionellen Antisemitismus der Kaiserzeit sowie dem anderer faschistischer Parteien.

Nationalsozialistische Ideologie der „Volksgemeinschaft" Die „*Volksgemeinschaft*" war für die Nationalsozialisten in erster Linie durch gemeinsames „deutsches Blut" und einen einheitlichen „Rassekern" bestimmt. Diese zum Mythos erhobene deutsche „Bluts- und Schicksalsgemeinschaft" führten die Nationalsozialisten bis auf die Germanen zurück, in deren Stammesgesellschaften es keine Klassen und sozialen Schranken gegeben habe. Daher galt es, alle Klassen-, Gruppen- und Parteieninteressen zu beseitigen und die Einheit der Volksgenossen in einem „sozialen Volksstaat" herzustellen, in dem alle Unterschiede zum Wohle der Gemeinschaft eingeebnet werden sollten (▸ M3).

Damit war jedoch keine soziale Gleichheit gemeint. Im Gegenteil: Die Nationalsozialisten traten für eine klare Schichtung des Volkes in oben und unten, für politische, gesellschaftliche und geschlechtsspezifische Hierarchien ein. Vor allem aber stützten sie sich auf die Lehre von der angeblichen Ungleichheit der Rassen. Nur ein von „Minderwertigen", „Fremdrassigen" und „Gemeinschaftsfremden" gereinigtes Volk könne „Volksgemeinschaft" sein.

Damit die NSDAP ihre Ziele überhaupt erreichen konnte, sollte die nationalsozialistische „Volksgemeinschaft" auch eine Gesinnungsgemeinschaft sein, in der sich jeder Einzelne widerspruchslos zur nationalsozialistischen Weltanschauung bekannte. Wer sich abwartend verhielt, sollte durch Propaganda erzogen werden. Wer sich widersetzte, den „rassischen", politischen oder moralischen Normen und den Leistungsanforderungen der Partei nicht genügte, wurde als „Volksschädling" oder „Gemeinschaftsfremder" ausgeschlossen und bekämpft. „Rassereinheit" und politisches Wohlverhalten bestimmten darüber, wer zur „Volksgemeinschaft" gehörte und wer nicht. Die „Volksgemeinschaft" war das Instrument, mit dem sich die weltanschaulichen und politischen Ziele des Nationalsozialismus durchsetzen ließen.

Lesetipps
- *Frank Bajohr und Michael Wildt (Hrsg.), Volksgemeinschaft. Neue Forschungen zur Gesellschaft des Nationalsozialismus, Frankfurt am Main 2009*
- *Hans Ulrich Thamer und Simone Erpel (Hrsg.), Hitler und die Deutschen. Volksgemeinschaft und Verbrechen, Dresden 2010 (Ausstellungskatalog)*

▲ **Plakat von 1934.**
Das Plakat nutzt ein bekanntes Propagandafoto von Adolf Hitler und wurde vermutlich zur Volksabstimmung vom 19. August 1934 (nach dem Tod des Reichspräsidenten Paul von Hindenburg) über die Zusammenlegung des Reichspräsidenten- und des Reichskanzleramtes in der Person des „Führers und Reichskanzlers" Adolf Hitler hergestellt.
- *Beurteilen Sie das Plakat. Inwiefern spiegelt sich darin der Charakter der Wahlen seit 1933?*

„Führer" und Volk Die „Volksgemeinschaft" bestand nicht aus freien Individuen, sondern war durch das Verhältnis von „Führer" und „Gefolgschaft" bestimmt. Der Einzelne hatte seine Interessen dem Gemeinwohl unterzuordnen. Was dem Gemeinwohl diente, darüber entschied allein Hitler.

Herausragende Persönlichkeiten sollten, so Hitler, eine führende Rolle innerhalb der „Volksgemeinschaft" einnehmen. Die Auswahl wurde nicht auf demokratische Weise, sondern durch Berufung von oben vorgenommen. „Autorität jedes Führers nach unten und Verantwortung nach oben" lautete die von Hitler aufgestellte Maxime. Das System gipfelte in dem „Führer" Adolf Hitler. Er sollte nur der von ihm häufig zitierten „Vorsehung" verantwortlich sein.

Emotional untermauerte die NSDAP das Ganze durch die Inszenierung eines *„Führerkults"*, der das Vorbild des italienischen Diktators **Benito Mussolini**, genannt „Duce" (ital.: „Führer), nachahmte. Ein Führerbild hing später in allen Amts- und Schulräumen und sollte in jeder Wohnung einen Ehrenplatz erhalten. „Heil Hitler" war der offiziell geforderte „Deutsche Gruß" für jeden. Die Person Adolf Hitlers wurde zum Bindeglied zwischen Führerstaat und „Volksgemeinschaft" und zum Idealbild stilisiert. Hier flossen Ideen der obrigkeitsstaatlichen Ordnung des 18. und 19. Jahrhunderts ein, die Hitler zum verehrungswürdigen Ersatzmonarchen emporhoben und den Einzelnen in widerspruchslose Unterordnung zwangen. Für das Regime war es überlebenswichtig, den „Führerkult" immer wieder zu beleben.

Weltmachtpläne Als biologisch definierter Verband ging die „Blutsgemeinschaft" über das Staatsvolk und damit über die Grenzen Deutschlands hinaus. Der „Herrenrasse" gebühre, so Hitler, wegen ihrer Bedeutung für die Weltgeschichte ein angemessener *„Lebensraum"* in Europa. Da er zurzeit nicht vorhanden sei, müsse er durch Krieg erobert und langfristig gesichert werden.

Der angestrebte Lebensraum müsse zudem genügend Ressourcen umfassen, denn die Nation der Zukunft solle wirtschaftlich unabhängig sein und sich an einer bäuerlichen Lebensweise orientieren. Auch eine strategische Erwägung spielte eine wichtige Rolle: Eine Weltmacht der Zukunft brauchte in seinen Augen ein entsprechend großes Gebiet als Basis für Angriff und Verteidigung. Die „Blut und Boden"-Ideologie war eine entscheidende Triebkraft des nationalsozialistischen Eroberungs- und Vernichtungskrieges.

Benito Mussolini (1883-1945): italienischer Politiker; 1922 zum Ministerpräsidenten ernannt; errichtete eine Diktatur; 1945 von Widerstandskämpfern erschossen

Gegen Liberale und Marxisten Liberalismus und Marxismus bezeichnete Hitler als „jüdische Erfindungen", die zum Verderben der „Herrenrasse" eingeführt worden seien. Für den Liberalismus sind individuelle Freiheit und Selbstverwirklichung grundlegende Werte. Demgegenüber forderte die NS-Regierung unter Missbrauch und Verfälschung alter preußisch-deutscher Traditionen den totalen Einsatz der Volksgenossen. Treue, Dienstbereitschaft und absoluter Gehorsam „standen" über den durch die Weimarer Verfassung garantierten Grundrechten. Die allgegenwärtige Ordnungs-

▲ **„Am Anfang war das Wort."**
Gemälde von Otto Hoyer, 1937.
- *Betrachten Sie die Zuhörer und beschreiben Sie die Bevölkerungsgruppen.*
- *Analysieren Sie den Titel des Bildes und erläutern Sie den Kontext, in den der Maler sein Objekt damit stellen will.*

macht des Staates dürfe nicht durch liberale Verfassungsgrundsätze eingeschränkt werden. Das politische System der Weimarer Republik, das sich um die Verwirklichung des liberalen Rechts- und Verfassungsstaates bemüht hatte, wurde als Epoche undeutscher westlicher Überfremdung interpretiert.

Darüber hinaus nahm Hitler für sich in Anspruch, der Zerstörer des Marxismus zu sein. Die Propaganda einer Klassenversöhnung, bei der alte Sozialstrukturen und Klassenschranken überwunden wurden, hatte großen Erfolg. „Volksgemeinschaft" und „Sozialismus der Tat" waren Prinzipien, die auch weite Kreise der Arbeiterschaft an den Nationalsozialismus banden.

Lesetipp
Norbert Frei, Der Führerstaat. Nationalsozialistische Herrschaft 1933 bis 1945, München [8]2007

M1 Was will die NSDAP?

Auf der ersten großen Massenversammlung der NSDAP am 24. Februar 1920 verkündet Adolf Hitler im Münchener Hofbräuhaus das Parteiprogramm:

1. Wir fordern den Zusammenschluss aller Deutschen aufgrund des Selbstbestimmungsrechtes der Völker zu einem Großdeutschland.
2. Wir fordern die Gleichberechtigung des deutschen Volkes gegenüber den anderen Nationen, Aufhebung der Friedensverträge von Versailles und St. Germain[1].
3. Wir fordern Land und Boden (Kolonien) zur Ernährung unseres Volkes und Ansiedlung unseres Bevölkerungsüberschusses.
4. Staatsbürger kann nur sein, wer Volksgenosse ist. Volksgenosse kann nur sein, wer deutschen Blutes ist, ohne Rücksichtnahme auf Konfession. Kein Jude kann daher Volksgenosse sein. [...]
6. Das Recht, über Führung und Gesetze des Staates zu bestimmen, darf nur dem Staatsbürger zustehen. Daher fordern wir, dass jedes öffentliche Amt, gleichgültig welcher Art, gleich ob im Reich, Land oder Gemeinde, nur durch Staatsbürger bekleidet werden darf.
Wir bekämpfen die korrumpierende Parlamentswirtschaft einer Stellenbesetzung nur nach Parteigesichtspunkten ohne Rücksicht auf Charakter und Fähigkeiten. [...]
8. Jede weitere Einwanderung Nichtdeutscher ist zu verhindern. Wir fordern, dass alle Nichtdeutschen, die seit dem 2. August 1914 in Deutschland eingewandert sind, sofort zum Verlassen des Deutschen Reiches gezwungen werden. [...]
13. Wir fordern die Verstaatlichung aller (bisher) bereits vergesellschafteten (Trusts) Betriebe.
14. Wir fordern Gewinnbeteiligung an Großbetrieben.
15. Wir fordern einen großzügigen Ausbau der Altersversorgung.
16. Wir fordern die Schaffung eines gesunden Mittelstandes und seine Erhaltung. Sofortige Kommunalisierung der Groß-Warenhäuser und ihre Vermietung zu billigen Preisen an kleine Gewerbetreibende, schärfste Berücksichtigung aller kleinen Gewerbetreibenden bei Lieferung an den Staat, die Länder oder Gemeinden. [...]
18. Wir fordern den rücksichtslosen Kampf gegen diejenigen, die durch ihre Tätigkeit das Gemeininteresse schädigen. Gemeine Volksverbrecher, Wucherer, Schieber usw. sind mit dem Tode zu bestrafen, ohne Rücksichtnahme auf Konfession und Rasse. [...]
23. Wir fordern den gesetzlichen Kampf gegen die bewusste politische Lüge und ihre Verbreitung durch die Presse. Um die Schaffung einer deutschen Presse zu ermöglichen, fordern wir, dass [...] sämtliche Schriftleiter und Mitarbeiter von Zeitungen, die in deutscher Sprache erscheinen, Volksgenossen sein müssen [...]. Zeitungen, die gegen das Gemeinwohl verstoßen, sind zu verbieten. Wir fordern den gesetzlichen Kampf gegen eine Kunst- und Literaturrichtung, die einen zersetzenden Einfluss auf unser Volksleben ausübt, und die Schließung von Veranstaltungen, die gegen vorstehende Forderungen verstoßen.
24. Wir fordern die Freiheit aller religiösen Bekenntnisse im Staat, soweit sie nicht dessen Bestand gefährden oder gegen das Sittlichkeits- und Moralgefühl der germanischen Rassen verstoßen. Die Partei [...] bekämpft den jüdisch-materialistischen Geist in und außer uns und ist überzeugt, dass eine dauernde Genesung unseres Volkes nur erfolgen kann von innen heraus auf der Grundlage: Gemeinnutz vor Eigennutz.
25. Zur Durchführung alles dessen fordern wir die Schaffung einer starken Zentralgewalt des Reiches. Unbedingte Autorität des politischen Zentralparlaments über das gesamte Reich und seine Organisationen im Allgemeinen.

Der Aufstieg der NSDAP in Augenzeugenberichten, herausgegeben und eingeleitet von Ernst Deuerlein, München [4]1980, S. 108-111

1. *Gliedern Sie das Programm in politische Ziele.*
2. *Erläutern Sie, welche Programmpunkte sich direkt aus dem verlorenen Krieg erklären.*
3. *Arbeiten Sie heraus, welche Programmpunkte mit dem Vertrag von Versailles unvereinbar waren.*
4. *Erörtern Sie, welche politischen Interessen in dem Programm berücksichtigt sind. Gegen welche Bevölkerungsgruppen wendet es sich?*

M2 Die Rassenideologie des Nationalsozialismus

Während seiner neunmonatigen Haftzeit in Landsberg verfasst Hitler 1924 den ersten Band seiner programmatischen Schrift „Mein Kampf". Er erscheint 1925 mit dem Untertitel „Eine Abrechnung" im parteieigenen Verlag. Der zweite Band folgt 1926. Das Werk wird in 16 Sprachen übersetzt und erreicht eine Gesamtauflage von zehn Millionen Exemplaren. Im Mittelpunkt stehen Hitlers rassistische, antisemitische und völkische Anschauungen:

Die Sünde wider Blut und Rasse ist die Erbsünde dieser Welt und das Ende einer sich ihr ergebenden Menschheit. [...]
Es ist ein müßiges Beginnen, darüber zu streiten, welche Rasse oder Rassen die ursprünglichen Träger der menschlichen Kultur waren und damit die wirklichen Begründer des-

[1] Friedensvertrag der Alliierten mit Österreich

sen, was wir mit dem Worte Menschheit alles umfassen. Einfacher ist es, sich diese Frage für die Gegenwart zu stellen, und hier ergibt sich auch die Antwort leicht und deutlich. Was wir heute an menschlicher Kultur, an Ergebnissen von Kunst, Wissenschaft und Technik vor uns sehen, ist nahezu ausschließlich schöpferisches Produkt des Ariers. Gerade diese Tatsache aber lässt den nicht unbegründeten Rückschluss zu, dass er allein der Begründer höheren Menschentums überhaupt war, mithin den Urtyp dessen darstellt, was wir unter dem Worte „Mensch" verstehen. [...]

Der Arier ist nicht in seinen geistigen Eigenschaften an sich am größten, sondern im Ausmaße der Bereitwilligkeit, alle Fähigkeiten in den Dienst der Gemeinschaft zu stellen. Der Selbsterhaltungstrieb hat bei ihm die edelste Form erreicht, indem er das eigene Ich dem Leben der Gesamtheit willig unterordnet und, wenn die Stunde es erfordert, auch zum Opfer bringt. [...]

Den gewaltigsten Gegensatz zum Arier bildet der Jude. Bei kaum einem Volke der Welt ist der Selbsterhaltungstrieb stärker entwickelt als beim sogenannten auserwählten. [...] Da nun der Jude – aus Gründen, die sich sofort ergeben werden – niemals im Besitze einer eigenen Kultur war, sind die Grundlagen seines geistigen Arbeitens immer von anderen gegeben worden. Sein Intellekt hat sich zu allen Zeiten an der ihn umgebenden Kulturwelt entwickelt. Niemals fand der umgekehrte Vorgang statt. Denn wenn auch der Selbsterhaltungstrieb des jüdischen Volkes nicht kleiner, sondern eher noch größer ist als der anderer Völker, wenn auch seine geistigen Fähigkeiten sehr leicht den Eindruck zu erwecken vermögen, dass sie der intellektuellen Veranlagung der übrigen Rassen ebenbürtig wären, so fehlt doch vollständig die allerwesentlichste Voraussetzung für ein Kulturwerk, die idealistische Gesinnung. [...] Der Jude ist nur einig, wenn eine gemeinsame Gefahr ihn dazu zwingt oder eine gemeinsame Beute lockt; fallen beide Gründe weg, so treten die Eigenschaften eines krassesten Egoismus in ihre Rechte, und aus dem einigen Volk wird im Handumdrehen eine sich blutig bekämpfende Rotte von Ratten. Wären die Juden auf dieser Welt allein, so würden sie ebensosehr in Schmutz und Unrat ersticken wie in hasserfülltem Kampf sich gegenseitig zu übervorteilen und auszurotten versuchen, sofern nicht der sich in ihrer Feigheit ausdrückende restlose Mangel jedes Aufopferungssinnes auch hier den Kampf zum Theater werden ließe. [...]

Demgegenüber erkennt die völkische Weltanschauung die Bedeutung der Menschheit in deren rassischen Urelementen. Sie sieht im Staat prinzipiell nur ein Mittel zum Zweck und fasst als seinen Zweck die Erhaltung des rassischen Daseins der Menschen auf. Sie glaubt somit keineswegs an eine Gleichheit der Rassen, sondern erkennt mit ihrer Verschiedenheit auch ihren höheren oder minderen Wert und fühlt sich durch diese Erkenntnis verpflichtet, gemäß dem ewigen Wollen, das dieses Universum beherrscht, den Sieg des Besseren, Stärkeren zu fördern, die Unterordnung des Schlechteren und Schwächeren zu verlangen. Sie huldigt damit prinzipiell dem aristokratischen Grundgedanken der Natur und glaubt an die Geltung dieses Gesetzes bis herab zum letzten Einzelwesen. Sie sieht nicht nur den verschiedenen Wert der Rassen, sondern auch den verschiedenen Wert des Einzelmenschen. [...] Nein, es gibt nur ein heiligstes Menschenrecht, und dieses Recht ist zugleich die heiligste Verpflichtung, nämlich: dafür zu sorgen, dass das Blut rein erhalten bleibt, um durch die Bewahrung des besten Menschentums die Möglichkeit einer edleren Entwicklung dieser Wesen zu geben. [...] Ein völkischer Staat wird damit in erster Linie die Ehe aus dem Niveau einer dauernden Rassenschande her-

▲ **Plakat für die Propaganda-Ausstellung „Der ewige Jude" in München 1937.**

- *Erläutern Sie die hier verwendete Bildsymbolik. Warum hat die Gestalt Russland unter dem Arm?*
- ➕ *Entwickeln Sie am Beispiel des Plakats eine Definition des Begriffs „Stereotyp". Nehmen Sie Stellung zur Wirkung von Stereotypen.*

auszuheben haben, um ihr die Weihe jener Institution zu geben, die berufen ist, Ebenbilder des Herrn zu zeugen und nicht Missgeburten zwischen Mensch und Affe.

Adolf Hitler, Mein Kampf. Zwei Bände in einem Band, München [5]1933, S. 272, 420 f. und 444 f.

1. *Geben Sie die Argumente wieder, mit denen Hitler die „arische" von der „jüdischen Rasse" unterscheidet.*
2. *Erläutern Sie die Wertmaßstäbe, die Hitler an menschliches Dasein anlegt.*
3. *Analysieren Sie die Wendung „Ebenbilder des Herrn zu zeugen" (Zeile 73). Vergleichen Sie das Menschenbild Hitlers mit dem christlich-humanistischen.*
4. *Erörtern Sie den hier verwendeten Begriff der Rasse.*

M3 Die nationalsozialistische „Volksgemeinschaft"

Aus der Rede Hitlers zum Erntedankfest im niedersächsischen Bückeberg am 1. Oktober 1933:

Der Nationalsozialismus hat weder im Individuum noch in der Menschheit den Ausgangspunkt seiner Betrachtungen, seiner Stellungnahmen und Entschlüsse. Er rückt bewusst in den Mittelpunkt seines ganzen Denkens das Volk. Dieses Volk ist für ihn eine blutmäßig bedingte Erscheinung, in der er einen von Gott geweihten Baustein der menschlichen Gesellschaft sieht.
Das einzelne Individuum ist vergänglich, das Volk ist bleibend. Wenn die liberale Weltanschauung in ihrer Vergötterung des einzelnen Individuums zur Zerstörung des Volkes führen muss, so wünscht dagegen der Nationalsozialismus das Volk zu schützen, wenn nötig, auf Kosten des Individuums. Es ist notwendig, dass der Einzelne sich langsam zur Erkenntnis durchringt, dass sein eigenes Ich unbedeutend ist, gemessen am Sein des ganzen Volkes [...], dass vor allem die Geistes- und Willenseinheit einer Nation höher zu schätzen sind als die Geistes- und Willenseinheit des Einzelnen.

In seiner Rede am Heldengedenktag am 10. März 1940 sagt Hitler über die „Volksgemeinschaft":

Kein Volk hat mehr Recht zu feiern als das deutsche!
In schwerster geopolitischer Lage konnte das Dasein unseres Volkes immer wieder nur durch den heroischen Einsatz seiner Männer sichergestellt werden. Wenn wir seit 2000 Jahren ein geschichtliches Dasein leben, dann nur, weil in diesen 2000 Jahren immer Männer bereit gewesen sind, für dieses Leben der Gesamtheit ihr eigenes einzusetzen und – wenn nötig – zu opfern. [...]
Für was sie einst kämpften, kämpfen nunmehr auch wir. Was ihnen hoch genug war, um – wenn notwendig – dafür zu sterben, soll uns in jeder Stunde zu gleicher Tat bereit finden. Der Glaube aber, der sie beseelte, hat sich in uns allen nur noch verstärkt. Wie immer auch das Leben und das Schicksal des Einzelnen sein mag, über jedem steht das Dasein und die Zukunft der Gesamtheit. Und hier hebt uns etwas noch über vergangene Zeiten empor: Uns allen ist das erschlossen worden, für was in früheren Zeiten so viele noch unbewusst kämpfen mussten: das deutsche Volk!
In seiner Gemeinschaft leben zu dürfen, ist unser höchstes irdisches Glück. Ihr anzugehören, ist unser Stolz. Sie in bedingungsloser Treue in den Zeiten der Not zu verteidigen, unser fanatischer Trotz. [...] Wenn die andere Welt der plutokratischen[1] Demokratien gerade gegen das nationalsozialistische Deutschland den wildesten Kampf ansagt und seine Vernichtung als oberstes Kriegsziel ausspricht, dann wird uns damit nur das bestätigt, was wir ohnedies wissen: dass nämlich der Gedanke der nationalsozialistischen Volksgemeinschaft das deutsche Volk auch in den Augen unserer Gegner besonders gefährlich, weil unüberwindlich macht. Über Klassen und Stände, Berufe, Konfessionen und alle übrige Wirrnis des Lebens hinweg erhebt sich die soziale Einheit der deutschen Menschen ohne Ansehen des Standes und der Herkunft, im Blute fundiert, durch ein tausendjähriges Leben zusammengefügt, durch das Schicksal auf Gedeih und Verderb verbunden.
Die Welt wünscht unsere Auflösung. Unsere Antwort kann nur der erneute Schwur zur größten Gemeinschaft aller Zeiten sein. Ihr Ziel ist die deutsche Zersplitterung. Unser Glaubensbekenntnis – die deutsche Einheit. Ihre Hoffnung ist der Erfolg der kapitalistischen Interessen, und unser Wille ist der Sieg der nationalsozialistischen Volksgemeinschaft!

Erster Text zitiert nach: Johannes Hampel, Der Nationalsozialismus, Bd. 2: 1935-1939. Friedenspropaganda und Kriegsvorbereitung, hrsg. von der Bayerischen Landeszentrale für politische Bildung, München [2]1993, S. 271; zweiter Text zitiert nach: Max Domarus, Hitler. Reden und Proklamationen 1932-1945, kommentiert von einem deutschen Zeitgenossen, Bd. 2.1, Würzburg 1963, S. 1477 ff.

1. *Charakterisieren Sie Hitlers Vorstellung von der deutschen „Volksgemeinschaft".*
2. *Erläutern Sie die Stellung des Individuums und die sich daraus ergebenden Konsequenzen für den Einzelnen. Vergleichen Sie mit unserem heutigen Menschenbild und heutigen Rechtsvorstellungen.*
3. *Erörtern Sie, welches Geschichtsbild Hitler zeichnet und zu welchem Zweck er dies tut.*

[1] **Plutokratie**: Geldherrschaft bzw. Staatsform, in der allein der Besitz politische Macht garantiert

Machtübernahme und „Gleichschaltung“

„Führer in ein neues Zeitalter“ ■ Als Adolf Hitler am 30. Januar 1933 von Reichspräsident *Paul von Hindenburg*[1] zum Reichskanzler ernannt wurde, schien sich rein äußerlich nichts Wesentliches an der politischen Situation im Deutschen Reich geändert zu haben. Hitler war Chef eines Präsidialkabinetts wie seine drei unmittelbaren Amtsvorgänger. Der „Führer“ und seine Partei feierten die Berufung in die Regierungsverantwortung jedoch als *„Machtergreifung“*. Die Fackelzüge, die am Abend des 30. Januar in Berlin und vielen Städten Deutschlands von der NSDAP unter Beteiligung konservativer Kräfte inszeniert wurden, huldigten nicht einem weiteren Kanzler der Republik, sondern dem „Führer in ein neues Zeitalter“.

Die neue Regierung besaß keine Mehrheit im Reichstag. Hitler ließ dennoch Koalitionsverhandlungen, die ihm eine Majorität gesichert hätten, bewusst scheitern. Stattdessen wurden der Reichstag aufgelöst und Wahlen für den 5. März anberaumt. Die parlamentsfreie Atempause wollte Hitler nutzen, um mithilfe von Notverordnungen vollendete Tatsachen zu schaffen und die Wähler massiv zu beeinflussen, denn das Erreichen der absoluten Mehrheit schien für die NSDAP in greifbare Nähe gerückt.

▲ **Postkarte zum „Tag von Potsdam“.**
Der neue Propagandaminister Joseph Goebbels gestaltete die erste Sitzung des neuen Reichstages nach dem Machtwechsel in der Potsdamer Garnisonkirche als Schauspiel der „nationalen Wiedererweckung“. Am Grab Friedrichs des Großen gaben sich Hitler und Reichspräsident Paul von Hindenburg am 21. März 1933 feierlich die Hand.
- *Erklären Sie die Bildsymbolik.*
- *Erörtern Sie die politische „Botschaft“ des Bildes.*

Der Reichstagsbrand und seine Folgen ■ Am 27. Februar, eine Woche vor der Wahl, brannte der Reichstag in Berlin. Am Tatort wurde der Holländer *Marinus van der Lubbe* festgenommen. Wahrheitswidrig verkündeten die Nationalsozialisten, dass die Brandstiftung der Beginn eines kommunistischen Umsturzes sein sollte. Die genauen Hintergründe des Reichstagsbrandes sind bis heute nicht geklärt, aber die meisten Historiker gehen von einer Alleintäterschaft van der Lubbes aus.

Hitler veranlasste sofort die Verhaftung von 4 000 kommunistischen Abgeordneten und Funktionären, ferner das Verbot der kommunistischen und sozialdemokratischen Presse. Die von Hindenburg am 28. Februar 1933 erlassene *Verordnung zum Schutz von Volk und Staat* schuf die rechtlichen Voraussetzungen, um die Grundrechte außer Kraft zu setzen (▸ M1).

Trotz massiver Behinderung der anderen Parteien und eines pausenlosen Propagandaaufwandes war das Wahlergebnis des 5. März für die NSDAP enttäuschend. Sie verfehlte mit 43,9 Prozent der abgegebenen Stimmen klar die erhoffte absolute Mehrheit.

Am 21. März wurde der Reichstag in der Garnisonkirche zu Potsdam mit einem Staatsakt eröffnet. Zwei Tage nach dem *Tag von Potsdam* legte Hitler den Abgeordneten ein *Gesetz zur Behebung der Not von Volk und Reich*, das sogenannte *„Ermächtigungsgesetz“*, zur Abstimmung vor. Obwohl NSDAP und *Deutschnationale Volkspartei* (DNVP) eine handlungsfähige Mehrheit im Reichstag bildeten, sollte der Regierung – zunächst auf vier Jahre – das Recht eingeräumt werden, Gesetze ohne Mitwirkung von Reichstag und Reichsrat zu erlassen. Parlamentarismus und Gewaltenteilung wurden damit

[1] Vgl. zu Hindenburg ausführlich Seite 362.

aufgehoben, alle Staatsgewalt konzentrierte sich auf die Exekutive. Da die Gesetze auch inhaltlich von der Verfassung abweichen konnten, waren die Grundpfeiler der Staatsordnung von Weimar ausgehöhlt.

Die Vertreter der bürgerlichen Parteien gaben eingeschüchtert nach, in der Hoffnung, Schlimmeres zu verhüten und durch ihr Entgegenkommen später Einfluss auf die Durchführung des Gesetzes nehmen zu können. Nur die SPD verweigerte ihre Zustimmung, konnte damit die notwendige Zweidrittelmehrheit allerdings nicht verhindern. Mit 444 gegen 94 Stimmen wurde das „Ermächtigungsgesetz“ am 23. März 1933 im Reichstag angenommen.

Internettipp

Die mutige Rede des SPD-Reichstagsabgeordneten und Fraktionsvorsitzenden Otto Wels zur Ablehnung des „Ermächtigungsgesetzes“ findet man unter: http://www.dhm.de/lemo/html/dokumente/wels/index.html

„Gleichschaltung“ von Ländern und Verwaltung Mit dem „Ermächtigungsgesetz“ hatte Hitler formalrechtlich legal den Freibrief erhalten, Staat und Gesellschaft „gleichzuschalten“. Partei und Regierung beseitigten in den ersten Monaten nach der Machtübernahme schrittweise das föderalistische Eigenleben von Ländern und Gemeinden: Landtage, Stadt- und Gemeinderäte wurden nach dem Ergebnis der Reichstagswahl vom 5. März 1933 umgebildet. Von missliebigen Parteien errungene Sitze verfielen, sodass die Nationalsozialisten fast überall ein Übergewicht erhielten. Darüber hinaus setzte Hitler in den Ländern Reichsstatthalter ein, die befugt waren, Regierungen zu bilden und zu entlassen. Jeder Reichsstatthalter war seinerseits an die Weisungen des „Führers“ gebunden, die totale Kontrolle der Gebietskörperschaften damit gesichert.

Maßgeblich zur Festigung des neuen Regimes trug die *„Gleichschaltung“* des Verwaltungsapparates bei. Schon in den ersten Tagen nach der „Machtergreifung“ waren in Säuberungsaktionen widerstrebende Beamte aus dem Dienst entfernt worden. Legalisiert wurden die Entlassungen erst nachträglich durch das *Gesetz zur Wiederherstellung des Berufsbeamtentums* vom 7. April 1933. Drohung und Einschüchterung, aber auch das im Beamtentum verankerte obrigkeitsstaatliche Denken passten die Beamtenschaft rasch in das Herrschaftsgefüge ein.

▲ Kennzeichen der „Gleichschaltung“.
Bereits vor 1933 waren die Mitglieder der NSDAP zum Tragen von uniformierter Kleidung verpflichtet. Nach der „Machtergreifung“ wurde die Uniformierung im Sinne des Führer- und Folgschaftsprinzips auf fast sämtliche Bereiche des öffentlichen Lebens ausgedehnt. Wer sich weigerte, musste mit disziplinarischen Maßnahmen rechnen.

Die Deutsche Arbeitsfront Statt Parteienkonflikt und Klassenkampf propagierte die NSDAP eine „Volksgemeinschaft der Arbeiter der Faust und Stirn“. Der Interessengegensatz zwischen Arbeitgeber und Arbeitnehmer, die sich als Glieder desselben Volks fühlen sollten, wurde für aufgehoben erklärt. Arbeitnehmer- und Arbeitgeberverbände wurden „gleichgeschaltet“. Um das eigene Überleben zu sichern, distanzierten sich die Gewerkschaften im März 1933 von der SPD und gelobten, sich künftig auf die Erfüllung sozialer Aufgaben zu beschränken. Die Mitarbeit im neuen Staat schien gesichert, als die Regierung den 1. Mai, den Tag der internationalen Arbeiterbewegung, zum gesetzlichen Feiertag erklärte. Doch bereits weniger als 24 Stunden nach den gemeinsam begangenen Großveranstaltungen besetzten parteieigene Kommandotrupps, vorwiegend SA und SS, Büros und Häuser der Freien Gewerkschaften und brachten die führenden Funktionäre in Konzentrationslager. Alle Arbeitnehmervereinigungen wurden in die am 10. Mai gegründete *Deutsche Arbeitsfront* (DAF) überführt.

▶ **Szene einer Reichstagssitzung 1935 nach einer Hitlerrede.**
- *Beschreiben Sie den Bildaufbau und die Wirkung des Fotos.*
- *Der Volksmund nannte den Reichstag seit 1933 „Reichsgesangverein“. Erläutern Sie, warum.*

1934 waren in dieser Einrichtung 21 Millionen Arbeiter und Angestellte organisiert. Nachdem auch die Unternehmerverbände unter nationalsozialistische Leitung gestellt worden waren, wurde die DAF im November 1933 in eine Vereinigung von Arbeitgebern und Arbeitnehmern umorganisiert. Streik und Aussperrung waren verboten. Interessenkonflikte durften die Wirtschaftsverbände nicht mehr im Rahmen ihrer Tarifautonomie regeln – dies übernahm ein vom Regime bestellter „Treuhänder der Arbeit“.

Der Einparteienstaat entsteht Um die politische Opposition endgültig auszuschalten, wurde nach der Zerschlagung der *Kommunistischen Partei Deutschlands* (KPD) im Sommer 1933 die *Sozialdemokratische Partei Deutschlands* (SPD) verboten. Die anderen Parteien lösten sich unter massivem Druck selbst auf. Im Reichstag saßen fortan nur noch Mitglieder der NSDAP. Da das Parlament als Gegengewicht zur Exekutive praktisch ausgeschaltet war, konnte Hitler mit Führererlassen regieren, die an die Stelle von Gesetzen traten.

Nach dem Tod Hindenburgs am 2. August 1934 stand der Diktatur Hitlers endgültig nichts mehr im Wege. Ohne Wahl übernahm er das Amt des Reichspräsidenten und nannte sich nun „Führer und Reichskanzler“. Die Reichswehr und alle Beamten mussten sich durch einen Eid persönlich auf Hitler verpflichten (▶ M2).

Lesetipp
Ian Kershaw, Der NS-Staat, Hamburg ⁴2009

Totale Organisation Bereits mit dem Eintritt in die Grundschule sollten die Jugendorganisationen der NSDAP, *Hitler-Jugend* (HJ) und *Bund Deutscher Mädel* (BDM), möglichst alle Kinder eines Jahrgangs erfassen. In beiden Organisationen wurde die Jugend im Sinn der nationalsozialistischen Ideologie gedrillt. Nicht mehr die liberalen Bildungsziele der Weimarer Zeit zählten, sondern Gleichschritt und Wehrertüchtigung. Alle Jugendverbände wurden früher oder später in HJ und BDM überführt. Per Gesetz erhoben die Nationalsozialisten die Hitler-Jugend 1936 zur „Staatsjugend“, wodurch diese zu einem wichtigen Kontroll- und Erziehungsinstrument wurde. Nationalpolitische Erziehungsanstalten und Adolf-Hitler-Schulen, denen Schülerheime angeschlossen waren, hatten die Aufgabe, die körperliche Ertüchtigung und die ideologische Indoktrinierung nachhaltig zu fördern. Ziel war nicht eine wissenschaftliche Ausbildung, sondern die Heranbildung einer gesinnungstreuen Elite. Die Eltern mussten in diesen Institutionen kein Schulgeld entrichten.

Der Erziehung zu einer Volksgemeinschaft ohne Standesunterschiede sollte auch der *Reichsarbeitsdienst* dienen: Ab 1935 wurde jeder Jugendliche zwischen 18 und 25 Jahren zur Ableistung eines halbjährigen Arbeitsdienstes verpflichtet.

Lesetipp
Arno Klönne, Jugend im Dritten Reich. Die Hitlerjugend und ihre Gegner, Köln ³2008

Filmtipp
Napola – Elite für den Führer; Deutschland 2004, Regie: Dennis Gansel

Für viele Berufssparten bestanden zudem gesonderte, der NSDAP untergeordnete Vereinigungen, z.B. der NS-Lehrerbund oder der NS-Ärztebund. Menschen in Beruf oder Freizeit, Gesunde und Invalide, Jugendliche und Greise, Frauen und Männer – sie alle sollte das parteigesteuerte Organisationsnetz des totalitären Staates erfassen. Dies gelang mithilfe von Unterorganisationen wie der Deutschen Arbeitsfront (DAF), dem NS-Studentenbund und anderen mehr. Das Netz war so eng geknüpft, dass der Einzelne kaum entschlüpfen konnte (▸ M3 und M4).

Lesetipp
Kathrin Kompisch, Täterinnen. Frauen im Nationalsozialismus, Köln u.a. 2008

Die „deutsche Frau" Ideologisch wie personell war die NSDAP eine Männerpartei, Frauen hatten in den höheren Hierarchie-Ebenen von Partei und Staat keine Chance. *Gertrud Scholtz-Klink*, die „Reichsfrauenführerin", hatte sich im Sinne der Nationalsozialisten vor allem durch eines qualifiziert: Sie war Mutter von elf Kindern.

Natürlich brauchte die Partei auch Anhängerinnen, deshalb wurden die Frauen umworben. Das ideologische Konzept dazu war denkbar einfach: Die deutsche Frau sollte als treu sorgende Gattin und Mutter den „artgerechten" Fortbestand des Volkes gewährleisten und dem Mann zu Hause den Rücken freihalten für seine Pflichten am Arbeitsplatz und im Krieg. Vielen Frauen erschien die klare Rolle, die die Nationalsozialisten ihnen zuwiesen, durchaus attraktiv. Wie den Männern wurden auch ihnen eine Gemeinschaft und ein Solidaritätsgefühl angeboten, deren negative Seiten – der Ausschluss von Kranken, Gebärunfähigen, jüdischen Frauen, Homosexuellen und anderen unerwünschten Minderheiten – nur wenigen zu Bewusstsein kam.

Zusätzlich zum BDM und der Nationalsozialistischen Frauenschaft (NSF) entstand im Oktober 1933 das Deutsche Frauenwerk (DFW) als Sammelbecken für die „gleichgeschaltete" bürgerliche Frauenbewegung. In diesen Organisationen trafen sich Millionen zum Meinungsaustausch, zu gemeinsamen häuslichen Arbeiten, zu ideologischer Schulung und zu karitativer Tätigkeit. Hilfswerke für Mutter und Kind, Mütterschulen und der zum offiziellen Feiertag erhobene Muttertag werteten die „deutsche Frau" und ihren Beitrag für die Gemeinschaft propagandistisch auf. Die kinderreiche Familie wurde verherrlicht und durch Beihilfen gefördert.

▲ **Blumenstecken im Haushaltskurs des Mütterdienstes.**
Foto von 1938.

▸ **SS-Aufseherinnen des KZ Bergen-Belsen.**
Foto vom 15. April 1945 nach der Befreiung durch britische Truppen.

Noch so bescheidene Ansätze einer Frauenemanzipation lehnte Hitler persönlich ab; den Hochschulabschluss für Frauen missbilligte er. Ehestandsdarlehen mit teilweisem oder vollem Schuldenerlass, je nach Kinderzahl, sollten verheiratete Frauen bewegen, die Berufswelt zu verlassen und sich ganz der Familie zu widmen. Freilich hat das NS-Regime die Emanzipation durch Dauer und Folgen des Krieges auf das Wirtschaftsleben dann wider Willen doch gefördert. Denn Frauen mussten die Aufgaben der in den Krieg gezogenen Männern übernehmen.

Auch im Krieg nahmen Frauen eine durchaus aktive Rolle ein: als Helferinnen der *Wehrmacht*, des Reichsluftschutzbundes, des Deutschen Roten Kreuzes, der **Schutzstaffel** (SS) oder der **Geheimen Staatspolizei** (Gestapo) waren sie nicht nur im Reich, sondern auch in den besetzten Gebieten tätig. In den Konzentrationslagern versahen etwa 10 000 Frauen als weibliches SS-Gefolge ihren Dienst.

Schutzstaffel (SS): 1925 gegründete Parteiformation zum persönlichen Schutz Hitlers, ab 1934 „selbstständige Organisation“ der NSDAP mit polizeilicher Machtbefugnis

Geheime Staatspolizei (Gestapo): Die 1933 gegründete Organisation verfolgte politische Gegner des NS-Staates.

Führung oder Chaos? Die Ausschaltung oppositioneller Gruppen schien auf den ersten Blick die Staatsmacht zu stärken, die sich nicht länger im pluralistisch-liberalen Meinungsstreit behaupten musste. Es zeigte sich jedoch, dass neben den Staat nun die NSDAP als „Trägerin des deutschen Staatsgedankens“ trat. Die Partei durchdrang die Gesellschaft und trat damit in Konkurrenz zu den staatlichen oder kommunalen Institutionen.

Die Folge war ein undurchsichtiger Wirrwarr von Kompetenzen. Während der Staat üblicherweise das öffentliche Leben auf der Basis von Gesetzen reglementiert und gestaltet, trafen jetzt Parteiorganisationen oder deren Repräsentanten neben der staatlichen Bürokratie Einzelentscheidungen. Hinter der sorgfältig aufgebauten Fassade des unumschränkten Führerwillens tobten Machtkämpfe zwischen staatlicher Bürokratie, NSDAP, SS, **Sicherheitsdienst** (SD), Gestapo und Reichswehr. Prinzipiell hatte jedoch Hitler stets das letzte und entscheidende Wort.

Vielfach verschmolzen Partei und Staatsorganisation miteinander. So hatten die Gauleiter der NSDAP häufig zugleich hohe Ämter in den „gleichgeschalteten“ Ländern inne oder die Ortsgruppenleiter der Partei übernahmen gleichzeitig das Bürgermeisteramt. Die Kontrolle der öffentlichen Hand und des gesellschaftlichen Alltags ließ die Parteibürokratie ständig anwachsen. Gab es 1935 33 Gauleiter, 827 Kreisleiter, 21 000 Ortsgruppenleiter und 260 000 Zellen- und Blockleiter, so betrug die Zahl dieser Funktionäre zwei Jahre später bereits 700 000. Während des Krieges waren es zwei Millionen.

Sicherheitsdienst (SD): 1931 als Geheimdienst der SS zur Überwachung politischer Gegner und Parteimitglieder eingerichtet, ab 1934 parteiinterner Nachrichtendienst der NSDAP

M1 Verordnung „Zum Schutz von Volk und Staat“ und „Ermächtigungsgesetz“

Am 28. Februar 1933, einen Tag nach dem Reichstagsbrand, erlässt Reichspräsident Hindenburg eine Verordnung „Zum Schutz von Volk und Staat“. Aufgrund des Artikels 48, Absatz 2 der Reichsverfassung wird „zur Abwehr kommunistischer staatsgefährdender Gewaltakte“ Folgendes verordnet:

§ 1. Die Artikel 114, 115, 117, 118, 123, 124 und 153 der Verfassung des Deutschen Reiches werden bis auf Weiteres außer Kraft gesetzt. Es sind daher Beschränkungen der persönlichen Freiheit, des Rechts der freien Meinungsäußerung, einschließlich der Pressefreiheit, des Vereins- und Versammlungsrechts, Eingriffe in das Brief-, Post-, Telegrafen- und Fernsprechgeheimnis, Anordnungen von Haussuchungen und von Beschlagnahmen sowie Beschränkungen des Eigentums auch außerhalb der sonst hierfür bestimmten gesetzlichen Grenze zulässig.

§ 2. Werden in einem Lande die zur Wiederherstellung der öffentlichen Sicherheit und Ordnung nötigen Maßnahmen nicht getroffen, so kann die Reichsregierung insoweit die Befugnisse der obersten Landesbehörde vorübergehend wahrnehmen.

Das folgende „Gesetz zur Behebung der Not von Volk und Reich“ („Ermächtigungsgesetz“) vom 23. März 1933 stellt zusammen mit der Verordnung „Zum Schutz von Volk und Staat“ die verfassungsrechtliche Grundlage des NS-Staates dar:

Art. 1. Reichsgesetze können außer in dem in der Reichsverfassung vorgesehenen Verfahren auch durch die Reichsregierung beschlossen werden. [...]

Art. 2. Die von der Reichsregierung beschlossenen Reichsgesetze können von der Reichsverfassung abweichen, soweit sie nicht die Einrichtung des Reichstages und des Reichsrates als solche zum Gegenstand haben. Die Rechte des Reichspräsidenten bleiben unberührt.

Art. 3. Die von der Reichsregierung beschlossenen Reichsgesetze werden vom Reichskanzler ausgefertigt und im Reichsgesetzblatt verkündet. Sie treten, soweit sie nichts anderes bestimmen, mit dem auf die Verkündung folgenden Tag in Kraft. Die Artikel 68 bis 77 der Reichsverfassung finden auf die von der Reichsregierung beschlossenen Gesetze keine Anwendung.

Art. 4. Verträge des Reiches mit fremden Staaten, die sich auf Gegenstände der Reichsgesetzgebung beziehen, bedürfen nicht der Zustimmung der an der Gesetzgebung beteiligten Körperschaften. Die Reichsregierung erlässt die zur Durchführung dieser Verträge erforderlichen Vorschriften.

Ingo von Münch (Hrsg.), Gesetze des NS-Staates. Dokumente eines Unrechtsystems, zusammengestellt von Uwe Brodersen, Paderborn [3]1994, S. 23 und 63

1. *Erläutern Sie, welche Konsequenzen die Notverordnung „Zum Schutz von Volk und Staat“ und das „Ermächtigungsgesetz“ für den politischen Alltag haben mussten.*
2. *Beurteilen Sie, welche Möglichkeiten der Opposition und der Gewaltenkontrolle zu diesem Zeitpunkt noch gegeben waren.*

M2 Die Autorität des „Führers“

Hitler erklärt in „Mein Kampf“:

Die Bewegung vertritt im Kleinsten wie im Größten den Grundsatz der unbedingten Führerautorität, gepaart mit höchster Verantwortung. Die praktischen Folgen dieses Grundsatzes in der Bewegung sind nachstehende: Der erste Vorsitzende einer Ortsgruppe wird durch den nächsthöheren Führer eingesetzt, er ist der verantwortliche Leiter der Ortsgruppe.
Sämtliche Ausschüsse unterstehen ihm, und nicht er umgekehrt einem Ausschuss. Abstimmungs-Ausschüsse gibt es nicht, sonder nur Arbeits-Ausschüsse [...] Der gleiche Grundsatz gilt für die nächsthöhere Organisation, den Bezirk, den Kreis oder den Gau. Immer wird der Führer von oben eingesetzt und gleichzeitig mit unbeschränkter Vollmacht und Autorität bekleidet. Nur der Führer der Gesamtpartei wird aus vereinsgesetzlichen Gründen in der Generalmitgliederversammlung gewählt. Er ist aber der ausschließliche Führer der Bewegung. Sämtliche Ausschüsse unterstehen ihm und nicht er den Ausschüssen. Er bestimmt und trägt damit aber auch auf seinen Schultern die Verantwortung. Es steht den Anhängern der Bewegung frei, vor dem Forum einer neuen Wahl ihn zur Verantwortung zu ziehen, ihn seines Amtes zu entkleiden, insofern er gegen die Grundsätze der Bewegung verstoßen oder ihren Interessen schlecht gedient hat. An seine Stelle tritt dann der besser könnende, neue Mann, jedoch mit gleicher Autorität und gleicher Verantwortlichkeit. Es ist eine der obersten Aufgaben der Bewegung, dieses Prinzip zum bestimmenden nicht nur innerhalb ihrer eigenen Reihen, sondern auch für den gesamten Staat zu machen. Wer Führer sein will, trägt bei höchster unumschränkter Autorität auch die letzte und schwerste Verantwortung. Wer dazu nicht fähig oder für das Ertragen der Folgen seines Tuns zu feige ist, taugt nicht zum Führer. Nur der Held ist dazu berufen. Der Fortschritt und die Kultur der Menschheit

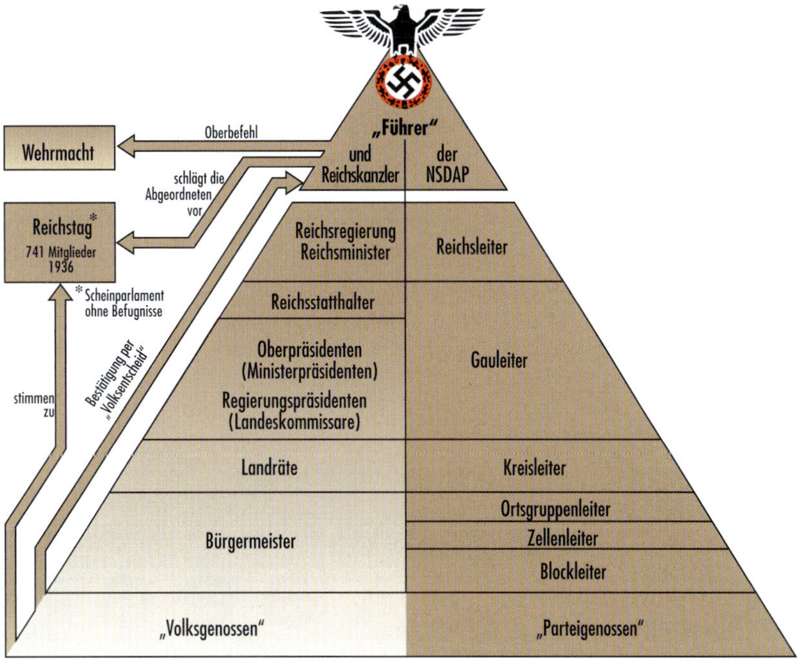

▶ **Staat und Partei im „Führerstaat“.**

- *Beschreiben Sie den Aufbau des „Führerstaates“.*
- *Parteienhierarchie und Staatsämter überschnitten sich sowohl in ihren Kompetenzen als auch personell: Mit zwei Ausnahmen waren z. B. alle Reichsstatthalter zugleich auch Gauleiter in ihrem Amtsbereich. Erörtern Sie, welche Probleme dies mit sich brachte.*

sind nicht ein Produkt der Majorität, sondern beruhen ausschließlich auf der Genialität und der Tatkraft der Persönlichkeit. Diese heranzuzüchten und in ihre Rechte einzusetzen, ist eine der Vorbedingungen zur Wiedergewinnung der Größe und Macht unseres Volkstums.

Adolf Hitler, Mein Kampf. Zwei Bände in einem Band, München [51]1933, S. 378 f.

Charakterisieren Sie das „Führerprinzip“.

M3 „Gleichschaltung“ im Alltag

Ernst Niekisch, der 1939 wegen „literarischen Hochverrats“ zu einer lebenslänglichen Zuchthausstrafe verurteilt wird, interpretiert um 1935 die tief greifenden Veränderungen in der Gesellschaft:

Ein Taumel der „Gleichschaltung“ erfasste das ganze Volk. Alle öffentlichen und privaten Einrichtungen, Organisationen und Korporationen, alle wirtschaftlichen Betriebe und kulturellen Gesellschaften, alle Verbände und Vereine „schalteten sich gleich“. Zweck der Gleichschaltung war die Herstellung der „Volksgemeinschaft“. Die „Volksgemeinschaft“ ist kein gesellschaftlicher Ordnungszustand höherer Art. Nirgends trügt der Schein mehr, als er hier es tut. [In] der „Volksgemeinschaft“ soll das ganze Volk auf die formlos chaotische Existenzweise menschlichen Abschaums heruntergebracht werden. Sinn und Inhalt der Volksgemeinschaft ist lediglich die Solidarität des lumpenproletarischen Gesindels.

Irgendwelche untergeordneten Organe oder Angestellte zogen plötzlich ihr nationalsozialistisches Mitgliedsbuch, das sie bisher sorgfältig verborgen gehabt hatten, aus der Tasche und trumpften damit auf; zuweilen war es der Portier, der sich überraschend als Vertrauensmann der nationalen Revolution entpuppte und sich über Nacht zum wichtigsten und ersten Mann emporschwang. Das Mitgliedsbuch und das braune Hemd waren Ausweise, durch welche sich die Inhaber befugt hielten, nach den Zügeln zu greifen und die Leitung zu übernehmen. [...]

Der Punkt, an dem der Hebel ansetzt, welcher den Menschen gleichschaltet, ist die Existenzfrage. Wenn der Mann nicht richtig liegt, bekommt er kein Futter mehr. Unverhüllter wurde noch niemals auf den Magen gedrückt, um die richtige Gesinnung herauszupressen. Der Beamte zitterte um Gehalt und Versorgung: Das „Gesetz zur Wiederherstellung des Berufsbeamtentums“ brachte den festen Turm seiner „wohlerworbenen Rechte“ zum Einsturz. [...] Die nationalsozialistische Empörung über marxistische „Parteibuchbeamte“ entlarvte sich als purer Brotneid; die „Wiederherstellung des Berufsbeamtentums“ bestand darin, alle Ämter mit nationalsozialistischen Parteibuchbeamten zu überschwemmen.

Die bürokratische Gleichschaltung war eine groß angelegte Veranstaltung allgemeiner „Umbonzung“. Angestellten und

Arbeitern erging es nicht besser; sie verloren die Arbeitsplätze, wenn ihr Eifer der Gleichschaltung enttäuschte. Entzog sich ein Arbeiter dem anbefohlenen Aufmarsch, wurde er fristlos entlassen: Er war als „Staatsfeind" nicht würdig, wirtschaftlich geborgen zu sein. Der Organisationszwang, dem die Angehörigen der freien Berufe, Gewerbetreibenden, Handwerker, Kaufleute, Unternehmer unterlagen, bot Handhaben, sie zu maßregeln; wurden sie aus ihrer „Berufskammer" entfernt, war ihnen das Recht auf Berufsausübung genommen; sie waren brotlos und ins wirtschaftliche Nichts verstoßen. Die nationalsozialistische Weltanschauung zog ihre überzeugende Kraft aus der Sorge um den Futterplatz; weil der nationalsozialistische Herr den Brotkorb monopolisiert hatte, sang jedermann sein Lied.

Ernst Niekisch, Das Reich der niederen Dämonen, Hamburg 1953, S. 131-135

1. *Geben Sie wieder, wie Niekisch den Begriff „Gleichschaltung" definiert.*
2. *Erläutern Sie die Gründe dafür, dass die „Gleichschaltung" nach Meinung des Autors so reibungslos verlief.*
3. *Erörtern Sie auf der Basis von Niekischs Darstellung Anspruch und Wirklichkeit der nationalsozialistischen „Volksgemeinschaft".*

M4 Der Weg des „gleichgeschalteten" Staatsbürgers

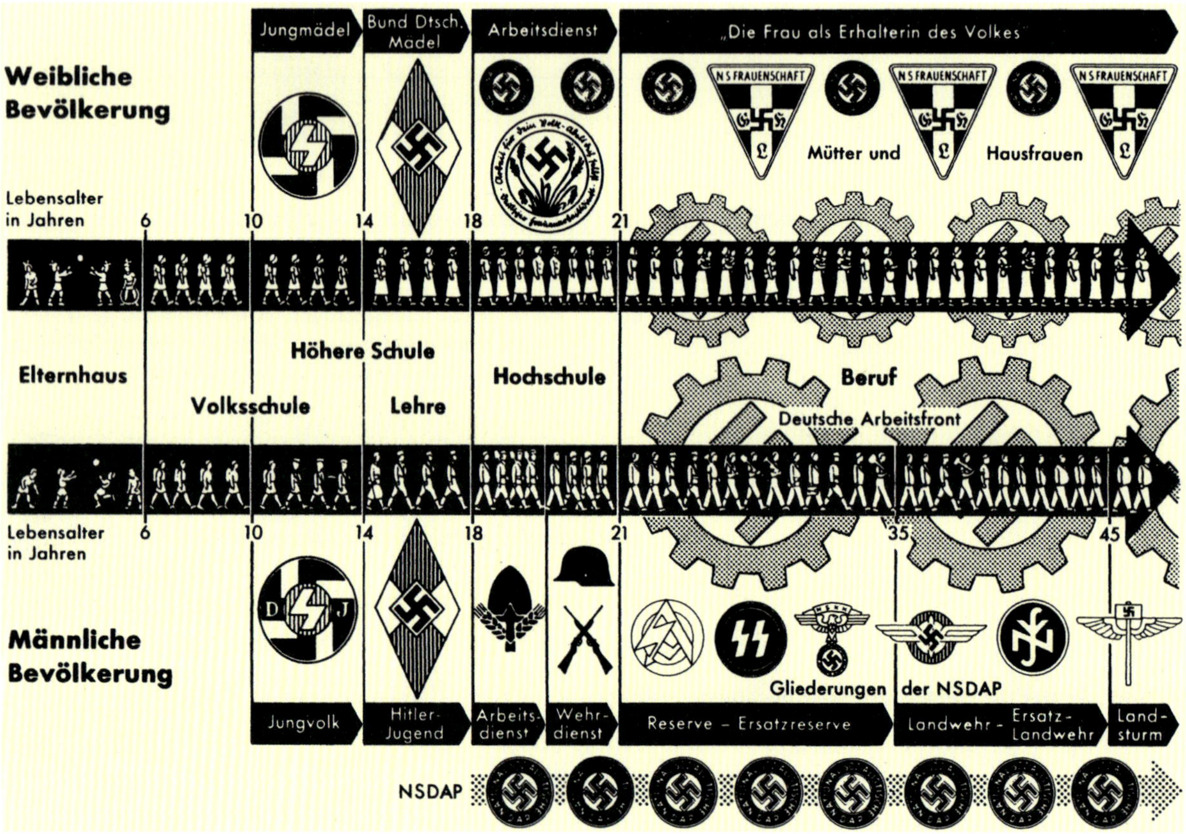

* Die sechs Embleme (Gliederungen der NSDAP, rechts unten) repräsentieren von links nach rechts die folgenden Organisationen: Sturmabteilung (SA), Schutzstaffel (SS), Nationalsozialistisches Kraftfahrkorps (NSKK), Nationalsozialistisches Fliegerkorps (NSFK), Nationalsozialistische Volkswohlfahrt (NSV), Nationalsozialistische Handels- und Gewerbeorganisation (NS-Hago).

1. *Erläutern Sie anhand der Grafik den Weg des „gleichgeschalteten" Staatsbürgers.*
2. *Überprüfen Sie, wer sich dem Zwang der „Gleichschaltung" am ehesten entziehen konnte.*

Herrschaft und Propaganda

„Volksaufklärung“ ■ Die wirkungsvollste Form, die Gesellschaft nachhaltig zu beeinflussen, sah Hitler in der Propaganda. Sein „Reichsminister für Volksaufklärung und Propaganda“, **Joseph Goebbels**, schaltete Presse, Film und Rundfunk weitgehend gleich. Goebbels ließ zunehmend nur noch Informationen in Rundfunk und Presse verbreiten, die sein Ministerium für die Veröffentlichung freigab. Unerwünschte Presseorgane wurden zeitweise oder auf Dauer verboten. Filme, Bücher, Illustrierte und Zeitschriften unterlagen der Zensur.

Vor allem den Rundfunk setzte Goebbels für seine Propaganda ein. „Volksempfänger“ waren für jeden erschwinglich und wurden zum Kauf empfohlen. Das Hören ausländischer Sender war hingegen verboten und gegen Ende des Krieges sogar mit der Todesstrafe bedroht. Die „Wochenschau“, die vor den viel besuchten Spielfilmen ablief, wurde genau redigiert. Wie Goebbels selbst erklärt hatte, galt ein „neuer Begriff der Meinungs- und Pressefreiheit“, der alle Berichterstattung an das „nationale und völkische Interesse“ band. Ein ausgeklügeltes Spitzelsystem, das ganz Deutschland überzog, diente nicht nur dem Aufspüren und der Ausschaltung von Regimegegnern, sondern auch der Erkundung der Volksstimmung. Dabei spielten die Blockwarte, zu deren Aufgaben die genaue Beobachtung der Bewohner der ihnen unterstellten Häuserblocks gehörte, eine wichtige Rolle. Gegenpropaganda sollte da einsetzen, wo sich Unzufriedenheit zeigte.

▲ **Werbung für den Volksempfänger, 1936.**
Zwischen 1933 und 1941 stieg der Anteil der deutschen Haushalte mit Rundfunkgerät von 25 auf 65 Prozent.

„Wider den undeutschen Geist“ ■ Auch Kultur und Kirche wurden „gleichgeschaltet“. Christliche Feiertage wurden ihrer religiösen Bedeutung entkleidet und nach Belieben des Regimes umgedeutet. Weihnachten sollte sich aus einem Fest des Friedens zum Gedenktag der Wintersonnenwende, der Hoffnung des Wiedererstehens und der Freiheit Deutschlands entwickeln. Ein neuer Feierkultus entstand.

Was echte Kulturgüter waren, legte die NSDAP fest: Rückbesinnung auf das germanische Erbe, die Verherrlichung der „arischen Rasse“ in allen Epochen der Geschichte. 1933 wurde zur Kontrolle des gesamten Kulturbetriebs die *Reichskulturkammer* eingerichtet. Jüdische Mitbürger, Marxisten und Pazifisten verbannte die Partei als „Zerstörer arischen Erbes“ aus dem Kulturbetrieb.

Am 10. Mai 1933 fanden in Berlin und anderen Universitätsstädten öffentliche *Bücherverbrennungen* statt. Wertvolle Kunstwerke, die nicht nationalsozialistischen Vorstellungen entsprachen, wurden als „entartete Kunst“ aus Museen und Galerien verbannt, beschlagnahmt, zerstört oder ins Ausland verkauft. 1937 wurde eine Auswahl eingezogener Kunstwerke zusammengestellt und als Wanderausstellung *„Entartete Kunst“* in München und anderen Städten Deutschlands bei freiem Eintritt zur „Abschreckung“ gezeigt. Die betroffenen Künstler erhielten, soweit sie noch lebten und nicht emigriert waren, Ausstellungs- und Arbeitsverbot. 1939 verbrannten die Nationalsozialisten in Berlin öffentlich 1000 verfemte Kunstwerke.

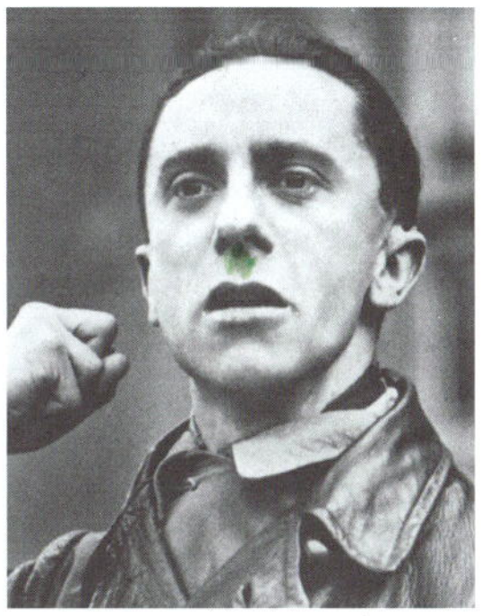

Joseph Goebbels (1897-1945): Chef-Ideologe des Nationalsozialismus und einer der führenden Politiker des „Dritten Reiches“, 1933 bis 1945 Reichsminister für Volksaufklärung und Propaganda und Präsident der Reichskulturkammer, beging am Kriegsende Selbstmord.

▸ Reichsparteitag 1936 in Nürnberg.
Die SS ist zum „Großen Appell" angetreten.

◂ Der nächtliche Appell der Politischen Leiter beim „Reichsparteitag der Ehre" auf dem Zeppelinfeld in Nürnberg.
Foto des NS-Fotografen Heinrich Hoffmann, September 1936.
Das Zeppelinfeld, eine Aufmarscharena mit Tribünen und Rednerkanzel, war Teil einer Reihe von Bauten, die für das elf Quadratkilometer große Reichsparteitagsgelände geplant worden waren. Der sogenannte „Lichtdom" wurde von rings um das Gelände angebrachten Flakscheinwerfern erzeugt.

Massenmobilisierung Offizieller Höhepunkt aller Massenmobilisierung waren die jährlichen Reichsparteitage in Nürnberg (▸ M1): Auf einem nie ganz vollendeten Gelände hielt die Partei beeindruckende Aufmärsche und sportliche Wettkämpfe ab. Sie sollten nationale Größe suggerieren und die Bevölkerung für den *Einparteienstaat* begeistern. Staatsbesuche, Empfänge, National- und Parteigedenktage oder neue pseudokultische Veranstaltungen glichen in ihrem Ablauf religiösen Festen. Auch die Olympischen Spiele, die 1936 in Berlin stattfanden, nutzte das NS-Regime zu einer sorgfältig inszenierten Selbstdarstellung (▸ M2).

Soziale Errungenschaften? Hitler versprach den „Aufbau des sozialen Volksstaates", in dem „alle Staatsbürger die gleichen Rechte und Pflichten besitzen sollten". Zwar waren die innerbetrieblichen Mitbestimmungsrechte durch die Zwangsvereinigung der Arbeitnehmerverbände in die Deutsche Arbeitsfront (DAF) entfallen, auf der anderen Seite erhielt die „Gefolgschaft" durch eine moderne Absicherung mehr, als die Gewerkschaften bis 1933 erstritten hatten: Kündigungsschutz, Verlängerung des bezahlten Urlaubs (von drei auf sechs bis zwölf Tage), verbesserte Sozialleistungen der Unternehmen. Die Unterorganisation der DAF „*Kraft durch Freude*" (KdF) wollte das Arbeitsleben angenehmer gestalten: Belegschaftsräume wurden verbessert, Kantinenessen, Filme und Theatervorstellungen verbilligt angeboten.

▲ **NS-Propaganda.**
Von links nach rechts: Propagandaplakat für die Nationalsozialistische Volkswohlfahrt (NSV), 1934; Werbeplakat der NS-Organisation „Kraft durch Freude" für den Volkswagen, 1938; Plakat zu den Olympischen Spielen, 1936.
- *Analysieren Sie, inwiefern die Plakate nationalsozialistischen Ideologien entsprechen.*
- *Erörtern Sie, warum das offizielle Olympiaplakat auf NS-Embleme verzichtete. Vergleichen Sie dazu M2 auf Seite 282.*

In einem der DAF gehörenden Werk wurde der „KdF-Wagen", der spätere „Volkswagen", gebaut. Zum Preis von 990 Reichsmark sollte er auch für den „kleinen Mann" erschwinglich sein. Mit für den Massentourismus bereitgestellten Erholungsmöglichkeiten, Sonderzug- und sogar Schiffsreisen suchte das Regime in bisher nicht gekanntem Ausmaß lang gehegte Urlaubsträume zu erfüllen. All diese Angebote und Vergünstigungen dienten dem Zweck, die Arbeits- und Produktionsleistungen zu steigern und alle Bevölkerungsschichten in die „Volksgemeinschaft" zu integrieren (▸ M3).

Sozialpolitisch führte die NS-Regierung zum Teil Errungenschaften der Weimarer Zeit wie die Arbeitslosenversicherung weiter, setzte aber auch neue Schwerpunkte. Zu den wichtigsten Einrichtungen gehörte die Parteiorganisation *Nationalsozialistische Volkswohlfahrt* (NSV), die in der Armenfürsorge, der Jugendhilfe und der Mutter-und-Kind-Betreuung tätig war. Die Einrichtung dehnte ihre Zuständigkeit auf nahezu alle freien, staatlichen und kirchlichen Bereiche der Wohlfahrtspflege aus. 1943 gehörten ihr 17 Millionen Mitglieder an. Hinzu kam das im Herbst 1933 gegründete *Winterhilfswerk des Deutschen Volkes* (WHW), das sich durch Haus-, Straßen- und Betriebssammlungen sowie seit Herbst 1937 durch Zwangsabzüge von Löhnen und Gehältern finanzierte und Sachmittel an bedürftige Haushalte verteilte. Öffentlichkeitswirksam in Szene gesetzt, sollten die Aktivitäten das NS-Regime in der Rolle des Wohltäters inszenieren und die „Volksgemeinschaft" stärken. Unterstützt wurden nur „rassisch wertvolle" und vorübergehend in Not geratene Menschen; „Nichtarier", „Asoziale" und andere „Gemeinschaftsfremde" blieben von vornherein ausgeschlossen. Die nationalsozialistische Sozialpolitik und Wohlfahrtspflege verfolgte klare politische Ziele: die akute Not zu lindern und damit soziale Unruhen zu vermeiden, die Fürsorge als breit angelegtes Kontroll- und Selektionsinstrument zu nutzen und die Bevölkerung für das Regime einzunehmen.

M1 „Massensuggestion"

In „Mein Kampf" erläutert Hitler die Aufgabe der Massenveranstaltungen:

Die Massenversammlung ist auch schon deshalb notwendig, weil in ihr der Einzelne [...] das Bild einer größeren Gemeinschaft erhält, was bei den meisten Menschen kräftigend und ermutigend wirkt. [...] Wenn er [der Einzelne] aus seiner kleinen Arbeitsstätte oder aus dem großen Betrieb, in dem er sich recht klein fühlt, zum ersten Mal in die Massenversammlung hineintritt und nun Tausende und Tausende von Menschen gleicher Gesinnung um sich hat, wenn er als Suchender in die gewaltige Wirkung des suggestiven Rausches und der Begeisterung von drei- bis viertausend anderen mitgerissen wird, wenn der sichtbare Erfolg und die Zustimmung von Tausenden ihm die Richtigkeit der neuen Lehre bestätigen [...], dann unterliegt er selbst dem zauberhaften Einfluss dessen, was wir mit dem Wort Massensuggestion bezeichnen. Das Wollen, die Sehnsucht, aber auch die Kraft von Tausenden akkumuliert sich in jedem Einzelnen. Der Mann, der zweifelnd und schwankend eine solche Versammlung betritt, verlässt sie innerlich gefestigt: Er ist zum Glied einer Gemeinschaft geworden.

Adolf Hitler, Mein Kampf. Zwei Bände in einem Band, München $^{469-473}$1939, S. 535 f.

1. *Arbeiten Sie heraus, welche Ziele das Regime mit den Massenveranstaltungen verfolgte.*
2. *Nehmen Sie Stellung zu der beschriebenen Wirkungsabsicht. Vergleichen Sie mit den Abbildungen auf Seite 280.*

M2 Eine Show für die Welt

Der Romanist Victor Klemperer, der jüdischer Abstammung ist, schildert in seinem Tagebuch, wie die 1936 in Deutschland stattfindenden Olympischen Spiele von den Nationalsozialisten zur Selbstdarstellung genutzt werden. Er notiert am 13. August 1936:

Die Olympiade, die nun zu Ende geht, ist mir doppelt zuwider. 1. als irrsinnige Überschätzung des Sports; die Ehre eines Volkes hängt davon ab, ob ein Volksgenosse zehn Zentimeter höher springt als alle anderen. Übrigens ist ein Neger aus USA am allerhöchsten gesprungen, und die silberne Fechtmedaille für Deutschland hat die Jüdin Helene Meyer gewonnen (ich weiß nicht, wo die größere Schamlosigkeit liegt, in ihrem Auftreten als Deutsche des Drittes Reichs oder darin, dass ihre Leistung für das Dritte Reich in Anspruch genommen wird). [...] Und 2. ist mir die Olympiade so verhasst, weil sie nicht eine Sache des Sports ist – bei uns meine ich –, sondern ganz und gar ein politisches Unternehmen. „Deutsche Renaissance durch Hitler", las ich neulich. Immerfort wird dem Volk und den Fremden eingetrichtert, dass man hier den Aufschwung, die Blüte, den neuen Geist, die Einigkeit, Festigkeit und Herrlichkeit, natürlich auch den friedlichen, die ganze Welt liebevoll umfassenden Geist des Drittes Reiches sehe. Die Sprechchöre sind (für die Dauer der Olympiade) verboten, Judenhetze, kriegerische Töne, alles Anrüchige ist aus den Zeitungen verschwunden, bis zum 16. August, und ebensolange hängen überall Tag und Nacht die Hakenkreuzfahnen.

Victor Klemperer, Ich will Zeugnis ablegen bis zum Letzten. Tagebücher 1933-1945, hrsg. von Walter Nowojski unter Mitarbeit von Hadwig Klemperer, Berlin 1995, S. 292

1. *Geben Sie wieder, inwiefern die Nationalsozialisten ihr Auftreten gegenüber der Weltöffentlichkeit änderten.*
2. *Nehmen Sie anhand aktueller Beispiele Stellung zu der von Klemperer angeprangerten Politisierung des Sports.*
3. *Beurteilen Sie den Wert sportlicher Großveranstaltungen*
   a) für die Außendarstellung einer Nation
   b) für eine mögliche Völkerverständigung.

M3 Wie erfolgreich war die Propaganda?

Der Historiker Bernd Jürgen Wendt untersucht die tatsächliche Wirkung der nationalsozialistischen Propaganda auf die Bevölkerung:

Dringend muss davor gewarnt werden, unkritisch aus den oft eindrucksvollen Produkten der nationalsozialistischen Propaganda etwa durch die unkommentierte Vorführung von Wochenschauen oder Propagandafilmen bereits auf ihre tatsächliche Wirkung zu schließen.

Resistenz oder Anfälligkeit gegenüber nationalsozialistischer Propaganda und Indoktrination waren wesentlich abhängig von der politischen Einstellung, dem sozialen und politischen Milieu, in dem man aufgewachsen war und lebte, von Erziehung und Schulbildung, Wohnort und persönlichem Umfeld.

Goebbels war stets bemüht, in einer taktischen „Variationstoleranz" (Bracher) propagandistische Indoktrination differenziert nach den Adressaten und schichtenspezifisch einzusetzen, auch gewisse Rücksichten auf kulturelles Erbe und bürgerliche Traditionspflege zu nehmen, sterile Uniformität zu vermeiden und dort, wo er es für angebracht hielt,

etwa bei der Darbietung eines deutschen (!) Jazz, in der Schlagerkultur oder bei Hollywoodfilmen selbst noch mit der emigrierten Marlene Dietrich[1] die Zügel zu lockern. [...]
Die Propagierung der Idee des Nationalsozialismus, so verschwommen und eklektisch[2] sie auch sein mochte, stieß dort auf eine zusätzliche Resonanz, wo sie offenkundig Erfolge aufweisen konnte. Denn das Leben damals verhieß vielen, die vorher davon nicht einmal zu träumen gewagt hatten, um den Preis der politischen Anpassung einen höheren Grad an Mobilität, freiere Lebensformen etwa für junge Mädchen, die über BDM und Beruf dem Mief dörflicher Enge entwachsen konnten, materielle Vorteile wie einen Arbeitsplatz, die Chance individueller Bewährung, nichtakademische Karrieremuster, soziale Betreuung oder auch ein reiches Angebot für die Gestaltung der Freizeit mit KdF-Reisen[3], Kulturveranstaltungen usf.

Bernd Jürgen Wendt, Deutschland 1933-1945. Das Dritte Reich, Hannover 1995, S. 142-144

1. *Erläutern Sie, warum die NS-Propaganda nach Wendt nur zum Teil erfolgreich war. Beziehen Sie M2 auf Seite 282 in Ihre Überlegungen ein.*
2. *Nehmen Sie Stellung: Sind wir heute weniger anfällig für Propaganda?*

[1] **Marlene Dietrich** (1901-1992): Sie war nach ihrem Welterfolg mit „Der blaue Engel" von 1930 die bekannteste deutsche Schauspielerin. Dietrich stellte sich gegen die Nationalsozialisten und ging in die USA.
[2] **eklektisch**: zusammengesucht, ohne eigenen Stil
[3] **Kraft durch Freude (KdF)**: Unterorganisation der Deutschen Arbeitsfront (DAF); siehe dazu Seite 280.

▲ Plakat zum Dokumentarfilm der Olympischen Spiele in Berlin 1936 von Leni Riefenstahl.

▪ *Recherchieren Sie im Internet oder in Lexika über Leni Riefenstahl und ihr Verhältnis zum Nationalsozialismus. Nehmen Sie Stellung zum Verhältnis von Kunst und Politik im NS-Staat.*

▲ **Der Präsident des Volksgerichtshofs Roland Freisler.**
Foto vom 8. August 1944. Am „Volksgerichtshof", seit 1936 als ordentliches Gericht für Hoch- und Landesverrat zuständig, wurden bis 1945 rund 5 200 Todesurteile gefällt. Die meisten von ihnen gehen auf das Konto Freislers, der seit 1942 den Vorsitz führte und wegen seiner fanatischen und demütigenden „Schauprozesse" als berüchtigtster Strafrichter der NS-Zeit gilt.

Ausgrenzung und Verfolgung

Der Rechtsstaat wird ausgehöhlt Mit der Verordnung des Reichspräsidenten „Zum Schutz von Volk und Staat" vom 28. Februar 1933 war die erste Schranke des Rechtsstaates gefallen. Die Polizei konnte nun ohne Angabe des Grundes Personen bespitzeln oder verhaften, durfte sie ohne Verhör durch einen Richter festsetzen, konnte Wohnungen durchsuchen, Eigentum beschlagnahmen, Zeitungen zensieren und verbieten, Telefone überwachen, Parteien und Vereine auflösen.

Die Schaffung neuer Straftatbestände, so z. B. die Kritik an der Regierung, das Verbreiten ausländischer Nachrichten oder ganz generell der Verstoß gegen das „gesunde Volksempfinden", öffnete willkürlichen Urteilen Tür und Tor. Für Delikte wie Hochverrat legten die neuen Machthaber rückwirkend die Todesstrafe fest. Waren zwischen 1907 und 1932 in Deutschland 1400 Menschen zum Tode verurteilt und 345 hingerichtet worden, so sprachen die Strafgerichte unter nationalsozialistischer Herrschaft zwischen 1933 und 1944 13405 Todesurteile aus, von denen 11 881 vollstreckt wurden.

Polizei und Justiz Im Rahmen der „Gleichschaltung" übernahmen die Nationalsozialisten in den Ländern die Polizeigewalt. Neben den regulären Polizeiapparat stellten sie eine Hilfspolizei. Deren Truppen bestanden überwiegend aus Männern der **Sturmabteilung** (SA) und der Schutzstaffel (SS)[1]. Den paramilitärischen Verbänden der nationalsozialistischen „Kampfzeit" wurden damit hoheitliche Polizeibefugnisse zugestanden.

Die Folgen erlebte man anlässlich des *Röhm-Putsches* am 30. Juni 1934, als Hitler Meinungsverschiedenheiten mit dem SA-Führer *Ernst Röhm* zum Anlass nahm, gemeinsam mit Reichswehr und SS politische Gegner zu beseitigen. Ohne Einschaltung der Justiz ermordeten SS-Männer etwa 100 Angehörige der SA und Bürger verschiedenster politischer und gesellschaftlicher Herkunft. Das „Gesetz über Maßnahmen der Staatsnotwehr" vom 3. Juli 1934 sollte nachträglich die Vorgänge rechtfertigen.

Formal zunächst der Leitung der SA unterstellt, betrachtete sich die SS unter **Heinrich Himmler** als eine Art Geheimorden in schwarzer Uniform, durch einen Schwur dem „Führer" zu ewiger Treue verpflichtet. Seit der Entmachtung der SA blieb die SS in ihrer elitären Rolle unangefochten. Nach der „Machtergreifung" war sie Hauptinformantin für die Geheime Staatspolizei (Gestapo), die politische Gegner des NS-Staates verfolgte. „Sicherheit" und Kontrolle gehörten zu den Hauptaufgaben der Organisation. Konsequenterweise wurde deshalb Himmler 1936 Chef der Polizei, die in der Folgezeit praktisch aus dem Staatsapparat ausgegliedert wurde. Die Polizei war damit nicht länger an Recht und Gesetz gebunden, sondern zum Handlanger des „Führerwillens" geworden. SS-Angehörige saßen auf wichtigen Posten in den Massenorganisationen der Partei wie DAF oder HJ und in der staatlichen Verwaltung. In den *Konzentrationslagern* (KZ) führten SS-Männer Experimente durch und quälten Menschen systematisch zu Tode.

Sturmabteilung (SA): 1920 gebildete, militärisch organisierte und uniformierte Saalschutz- und Kampftruppe der NSDAP.

Heinrich Himmler (1900-1945): „Reichsführer SS"; ab 1936 zudem Chef der Deutschen Polizei; einer der Hauptverantwortlichen für den Holocaust und die zahlreichen Verbrechen der Waffen-SS; 1945 Selbstmord

[1] Zur SS vgl. Seite 275.

▶ **Gefangene an der großen Straßenwalze im Konzentrationslager Dachau.**
Foto von 1933.
Das KZ Dachau wurde bereits im März 1933 errichtet und war Vorbild für zahlreiche weitere Lager. Hier inhaftierte das Regime zuerst politische Gegner, später Juden, Homosexuelle, Geistliche, Sinti und Roma. Dachau war das einzige frühe Konzentrationslager, das bis zur Befreiung 1945 bestehen blieb. Bis dahin waren insgesamt mehr als 200 000 Menschen in Dachau und seinen Außenlagern eingesperrt. 30 000 Tote wurden registriert, die tatsächliche Opferzahl liegt weitaus höher. Das einstige KZ ist heute eine Gedenkstätte.

◀ **„Appell im November 1938."**
Zeichnung des ehemaligen KZ-Häftlings Karl Freund vom 17. Dezember 1938.
Morgens und abends fand bei jeder Witterung der Zählappell statt. Fehlte jemand, mussten die übrigen Häftlinge über Stunden oder sogar die ganze Nacht hindurch Strafappell stehen. Völlig unzureichend gekleidet, von Hunger, Müdigkeit und Krankheiten geschwächt, war dies eine Tortur, die mancher Häftling nicht überlebte.

Bei all diesen Vorgängen gab es kaum Proteste oder Rücktritte, denn viele Richter und Staatsanwälte waren eingeschüchtert, da das „Gesetz zur Wiederherstellung des Berufsbeamtentums" die Möglichkeit geschaffen hatte, missliebige Beamte aus dem Dienst zu entfernen. Seit der „Machtergreifung" liefen sie ohnehin Gefahr, dass ihre Urteile von den Nationalsozialisten „korrigiert" wurden (▶ M1).

Eine andere Aushöhlung des Rechtsschutzes bedeutete beispielsweise die Einrichtung des *Volksgerichtshofs*. Vor ihm waren die Rechte der Angeklagten beschränkt, das Urteil stand in aller Regel im Vorhinein fest. Umgekehrt verschoben die Justizbehörden Verfahren gegen Mitglieder der SA und SS bis zur nächsten Amnestie.

Unterdrückung von Opposition Um jede Opposition im Keim zu ersticken, entstand gleich nach der „Machtergreifung" ein ausgeklügeltes Spitzelsystem. Es diente nicht nur dem Aufspüren und Ausschalten von Regimegegnern, sondern auch der Erkundung der Volksstimmung. Die Gestapo wurde dabei von breiten Teilen der Bevölkerung unterstützt, die ihre Arbeitskollegen, Nachbarn oder Verwandten denunzierten. Ohne diese Mitarbeit und die Amtshilfe der Kriminalpolizei, Schutzpolizei und Gendarmerie wäre der Aufbau des engmaschigen Überwachungs- und Terrorapparates nicht möglich gewesen. Neben der Überredung und Überzeugung für das System war er ein weiteres Mittel, um die „Volksgemeinschaft" zu schließen.

▲ Fenster eines Berliner Modegeschäftes.
Foto vom 1. April 1933.
Ähnliche Aushänge oder direkt an Wände und Fenster geschmierte Parolen waren im April 1933 überall in Deutschland zu lesen.
- *Erörtern Sie, mit welchen Gefühlen die Betroffenen auf diese Parolen reagiert haben mögen.*
- *Suchen Sie im Internet, in Fachbüchern oder in Archiven nach weiteren Fotos und Berichten von Aktionen gegen Juden während der NS-Zeit. Interpretieren Sie die Reaktionen der unterschiedlichen am Geschehen beteiligten Menschen, der Täter, Opfer, Helfer und Zuschauer. Bestimmen Sie wenn möglich Ort, Zeit, Umstände und beteiligte Personen.*

Von Anfang an wurden politische Gegner und Andersdenkende verfolgt, verhaftet, gefoltert und getötet. Die sogenannte „Schutzhaft" war gegen Ende des Ersten Weltkrieges, ab 1916, als streng begrenzte Vorbeugehaft verordnet worden. Im „Dritten Reich" entwickelte sie sich zu einem planmäßig eingesetzten Instrument politischen Terrors, das keiner richterlichen Kontrolle unterlag. Schon wenige Wochen nach der „Machtergreifung" entstanden die ersten Konzentrationslager in Dachau nahe München und in Oranienburg bei Berlin. Seit Anfang März 1933 wurden vor allem Sympathisanten und Mitglieder der KPD und der SPD eingewiesen, unter dem Deckmantel der „Umerziehung" zur Arbeit gezwungen und gefoltert. Ende Juli verzeichnete die amtliche Statistik etwa 27 000 Häftlinge.

Ab 1935 dienten die Lager nicht mehr ausschließlich zur „Umerziehung" oder „Ausschaltung" von politischen Gegnern, sondern als Ort für Personengruppen, die generell zu „Volksschädlingen" erklärt worden waren. Dazu zählten Juden, Sinti und Roma, aber auch religiöse Minderheiten wie die Zeugen Jehovas, in Deutschland lebende Ausländer, ferner „Gewohnheitsverbrecher" sowie sozial gebrandmarkte Menschen wie „Arbeitsscheue" und Homosexuelle, später auch Partisanen und Kriegsgefangene aus den besetzten Gebieten.

Diskriminierung und Entrechtung ▪ Die Entrechtung und Ausgrenzung der Juden hatte schon bald nach der „Machtergreifung" begonnen und wurde schrittweise radikaler (▸ M2). Bereits ab Februar 1933 setzte die gewaltsame Vertreibung jüdischer Richter und Staatsanwälte aus den Gerichten, der Boykott gegen jüdische Arztpraxen, Anwaltskanzleien, Geschäfte und Warenhäuser ein. SA-Leute postierten sich vor jüdischen Läden, pöbelten deren Inhaber an, versperrten Kunden den Eingang und beschmierten die Schaufenster mit judenfeindlichen Parolen.

Das „Gesetz zur Wiederherstellung des Berufsbeamtentums" vom April 1933 markierte den Übergang zur staatlich gelenkten und systematischen Verfolgung. Es verlangte von allen Beamten den Nachweis „arischer Abstammung". Wer als „arisch" gelten durfte, bestimmte der *„Arierparagraf"*. Ähnliche Gesetze traten später für andere einflussreiche Berufsstände in Kraft.

Die *„Nürnberger Gesetze"* von 1935 machten die „arische Abstammung" zur Bedingung für die Anerkennung als Vollbürger (▸ M3). Eheschließungen zwischen „Ariern" und Juden wurden als „Rassenschande" verboten und mit Haft, später mit dem Tode bestraft. Bereits bestehende Ehen wurden für nichtig erklärt.

Wie die Juden wurden auch die etwa 30 000 auf Reichsgebiet lebenden Sinti und Roma durch „Rassegesetze" diskriminiert und entrechtet. Nach der Vorstellung der Nationalsozialisten galten die Sinti und Roma als „Volksschädlinge" und „Untermenschen". Juden sowie Sinti und Roma erhielten Ausgangsverbote, durften keine öffentlichen Schulen, Theater, Kinos oder Cafés mehr besuchen. Jüdischen Haushalten wurden Gas und Strom abgesperrt. Ab 1938 wurden die Pässe der Juden mit einem „J"

Lesetipp
Saul Friedländer und Orna Kenan, Das Dritte Reich und die Juden. 1933-1945, München 2010

Internettipp
Ende Januar 2013 hat der Bayerische Rundfunk eine „Dokumentarische Höredition" mit dem Titel „Die Quellen sprechen" gestartet. In 16 Folgen werden mehrere Hundert Briefe, Tagebucheinträge, Verordnungen und Befehle des NS-Regimes, aber auch Zeitungsberichte und andere Quellen vorgetragen, die die Verfolgung, Entrechtung und Ermordung der europäischen Juden zwischen 1933 und 1945 spiegeln. Siehe: http://die-quellen-sprechen.de

gestempelt, Sinti und Roma erhielten ab März 1939 besondere „Rasseausweise“. Die zunehmende Ausgrenzung aus dem sozialen und gesellschaftlichen Umfeld machte das Leben für die Betroffenen unerträglich.

Gewalt gegen Juden von Anfang an Nach dem 30. Januar 1933 nahmen die gewaltsamen Übergriffe auf Juden zu. Polizei und Behörden reagierten jedoch nicht. Als Vergeltung für das Attentat des 17-jährigen Juden *Herschel Grynszpan* auf den Legationssekretär *Ernst vom Rath* an der deutschen Botschaft von Paris folgte der Pogrom vom 9. auf den 10. November 1938 („*Novemberpogrom*“ oder verharmlosend „Reichskristallnacht“, ▸ M4 und M5). Reichsweit wurden Hunderte von Synagogen in Brand gesteckt, über 8 000 jüdische Geschäfte und zahllose Wohnungen zerstört, etwa 100 jüdische Mitbürger getötet und rund 30 000 in Konzentrationslager verschleppt. Viele starben an den Folgen der Misshandlungen oder nahmen sich selbst das Leben.

▸ **Geschichte In Clips:** Zum „Novemberpogrom“ siehe Clip-Code 32013-04

Für den Schaden mussten die Opfer anschließend auch noch zahlen: eine Milliarde Reichsmark. Versicherungsleistungen wurden zugunsten des Reiches eingezogen. Dieses „Sühnegeld“ bedeutete – zusammen mit der Ausschaltung der Juden aus den letzten Positionen der Wirtschaft – für viele Familien den finanziellen Ruin.

Enteignung und Vertreibung Viele Juden dachten, der „Novemberpogrom“ sei der Höhepunkt des Schreckens gewesen. Nach Diskriminierung und Entrechtung zielten die nun folgenden Maßnahmen jedoch darauf, den jüdischen Bürgern ihre Existenz zu rauben und ein Leben in Deutschland damit unmöglich zu machen.

Bereits im April 1933 hatte mit dem Boykottaufruf gegen jüdische Geschäfte der Ausschluss der Juden aus dem Wirtschaftsleben begonnen. Der Entzug öffentlicher Aufträge, ausbleibende Kundschaft und bürokratische Schikanen zwangen die jüdischen Gewerbetreibenden, ihre Geschäfte zu schließen oder zu Spottpreisen zu verkaufen. Diese Aufkäufe durch „Arier“, die die Notlage ihrer jüdischen Mitbürger ausnutzten, wurden als „Arisierung“ bezeichnet. Von 100 000 jüdischen Betrieben existierten im April 1938 noch knapp 40 000. Wenig später machten weitere Berufsverbote und die „Zwangsarisierung“ jüdischen Immobilienbesitzes dem jüdischen Geschäftsleben ein Ende. Die „Verordnung zur Ausschaltung der Juden aus dem deutschen Wirtschaftsleben“ vom 12. November 1938 vernichtete die noch verbliebenen Existenzen. Juden mussten Wertpapiere, Schmuck, Edelmetall und Kunstgegenstände weit unter Wert an den Staat verkaufen, dem Hauptprofiteur des Raubes an den jüdischen Vermögen.

Versteigerungen

Berichtigung! Die für Dienstag, Mittwoch und Donnerstag angesetzten Versteigerungen finden Vilbeler Straße 26 statt. Kroll, OGV.

Versteigerung. Am Donnerstag und Freitag, dem 11. und 12. Dezember 1941, versteigere ich freiwillig, z. T. aus nichtarischem Besitz, in meinen Geschäftsräumen, Fahrgasse 118, folgende gut erhaltene Gegenstände: 4 Herrenzimmer in Eiche in verschiedenen Größen, 1 Schlafzimmer in Birke mit Frisiertoilette und Waschtisch, 3 Schlafzimmer in Eiche und Nußbaum, 1 Speisezimmer in Eiche mit 6 Stühlen, 2 Sesseln und Standuhr, 4 Speisezimmer in Eiche, 1 Speisezimmer in Nußbaum, 1 mod. Vitrine, 5 Schreibtische, 2 3türige Schränke; Polstermöbel: 1 Lederklubgarnitur, 2 Kautschdivane, 3 Ledersessel, 1 Sofa, 2 Sessel und 4 Stühle, modern, Polstersessel, Chaiselongue u. -decken, Roßhaar-, Kapok- und Wollmatratzen, Schonerdecken, Steppdecken, Federzeug, Tisch-, Bett- u. Leibwäsche, Kleider, Schuhe, deutsche Teppiche und Brücken, Vorlagen, Läufer, Eß- und Kaffeeservice, Schreibtischgarnituren, 1 großer Posten schöne Kristallschalen, Teller, Vasen und Gläser, Aufstellsachen und Porzellane, Bronzen, Haus- und Küchengeräte; Einzelmöbel: 1- u. 2türige Schränke, Waschtische, Nachtschränke, Metall- und Holzbetten; Nähmaschinen, Standuhr, Näh-, Zier- und Rauchtische, kompl. Küchen- u. Einzelschränke, 1tür. Spiegelschrank, Truhen, Staubsauger, Zugtische, Schrankkoffer, Koffer, Flurgarde-

▲ **Versteigerungsanzeige von „nicht-arischem“ Besitz in der Frankfurter Zeitung 1941.**
In den Kriegsjahren fanden fast täglich Versteigerungen von jüdischem Besitz statt, der bei den Deportationen zurückgelassen werden musste. Nur wenige Deutsche empfanden bei den Käufen Skrupel.

Mit Beginn des *Zweiten Weltkrieges* radikalisierte sich die „Judenpolitik“. Die deutschen Juden wurden nun offiziell als „Reichsfeinde“ behandelt. Das NS-Regime richtete Sperrstunden ein, in denen sie ihre Wohnungen nicht verlassen durften. Seit dem 15. September 1941 mussten alle Juden vom sechsten Lebensjahr an einen gelben Stern auf der Kleidung tragen, der sie öffentlich stigmatisierte. Ab dem 1. Juli 1943 waren die Juden unter Polizeirecht gestellt und damit endgültig entrechtet. Zu diesem Zeitpunkt lebten jedoch nur noch wenige Juden in Deutschland. Wer es nicht geschafft hatte, das Reich zu verlassen oder in einem sicheren Versteck unterzutauchen, wurde ab Oktober 1941 mit Sammeltransporten in die besetzten Gebiete depor-

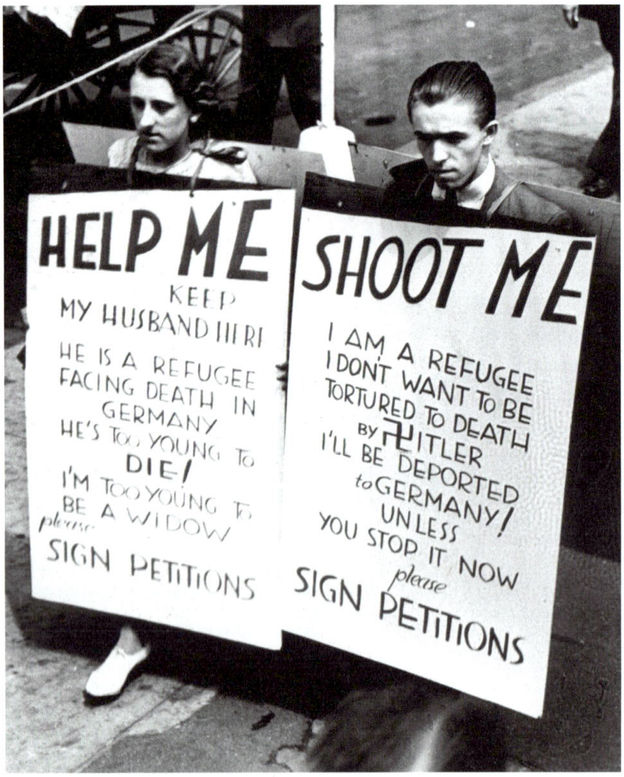

◄ **Jüdische Emigranten protestieren in New York gegen die Abschiebung.**
Foto vom 12. Juni 1936.
Das jüdische Ehepaar Richter protestiert auf der amerikanischen Einwandererinsel Ellis Island gegen die drohende Abschiebung zurück nach Deutschland, weil es keine gültigen Einreisepapiere besaß.

tiert, vor allem in die **Ghettos** in Polen (z.B. Litzmannstadt/Łodź im Warthegau, Ghettos im **Generalgouvernement**). In Ghettos wie Minsk oder Riga auf dem Gebiet der damaligen Sowjetunion wurden vor dem Eintreffen der Transporte aus dem Reich mehrere Tausend Juden erschossen, um Platz für die Neuankömmlinge zu schaffen. Zeitweise kam es auch zu Massenerschießungen deutscher Juden, so wurden die ersten aus Berlin in Riga eintreffenden Juden ebenfalls sofort ermordet.

Emigration ■ Zwischen 1933 und 1945 ergriffen allein im deutschsprachigen Raum über eine halbe Millionen Menschen die Flucht ins Ausland, um dem wachsenden Terror des NS-Regimes zu entgehen. Über 90 Prozent waren jüdischer Herkunft; die übrigen Emigranten gehörten zu den politischen Gegnern des Nationalsozialismus, die von Verfolgung und KZ-Haft bedroht waren oder wie viele Künstler und Wissenschaftler keine Existenzmöglichkeiten mehr hatten.

Die jüdische Emigration vollzog sich in Schüben und erreichte 1938 nach dem „Novemberpogrom" ihren Höhepunkt. Bis zu diesem Zeitpunkt hatten etwa 130 000 Juden Deutschland verlassen; in den folgenden zwei Jahren flohen fast noch einmal so viele. Abgesehen davon, dass sie ihre Heimat nicht verlassen wollten, raubte ihnen der NS-Staat durch die Beschlagnahmung von Besitz und Vermögen das notwendige Geld für die Auswanderung. Zusätzlich waren die Ausreisewilligen von den NS-Behörden systematischen Schikanen und Demütigungen im Kampf um die notwendigen Ausreisepapiere ausgesetzt. Mit Unterstützung ausländischer Hilfsorganisationen bemühten sich jüdische Hilfsvereine, die Ausreisewilligen zu beraten, Kontakte in alle Welt herzustellen und Mittel für die Auswanderung ins Exil zu beschaffen.

Angesichts der wachsenden Flüchtlingsströme verschärften jedoch immer mehr Länder ihre Aufnahmebedingungen, da sie soziale und wirtschaftliche Belastungen befürchteten. Daneben sorgten in einigen Ländern Fremdenfeindlichkeit und Antisemitismus für die Durchsetzung strikterer Einwanderungsgesetze. Auch eine im Sommer 1938 im französischen Evian-les-Bains einberufene Flüchtlingskonferenz änderte an der Haltung des Auslands nichts. Erst nach dem „Novemberpogrom" öffneten wieder Länder ihre Grenzen in größerem Umfang für Juden. Bis September 1939 retteten sich 75 000 Flüchtlinge – darunter 10 000 Kinder ohne ihre Eltern – nach Großbritannien.

Mit Beginn der systematischen Deportationen wurde Juden im Oktober 1941 offiziell die Ausreise verboten. Viele unternahmen verzweifelte Versuche, illegal über die Grenzen zu gelangen, oder blieben hilflos zurück, was meist den sicheren Tod bedeutete.

Ghetto: primär in Polen und den besetzten Gebieten der Sowjetunion eingerichtete abgesperrte Wohnbezirke, in denen die jüdische Bevölkerung unter unmenschlichen Bedingungen zusammengepfercht und häufig sich selbst überlassen wurde. Die Konzentrierung der Juden wurde gleichzeitig für die Ausbeutung ihrer Arbeitskraft genutzt. Katastrophale hygienische Verhältnisse, Unterversorgung und Epidemien führten zum Tod vieler zehntausend Menschen. Nach Auflösung der Ghettos wurde die jüdische Bevölkerung fast ausnahmslos in Vernichtungslager deportiert.

Generalgouvernement: Bezeichnung für die besetzten polnischen Gebiete, die nicht unmittelbar dem Reich angegliedert worden waren

M1 „Recht ist, was dem Volke nützt"

Hans Frank, seit 1934 Reichsminister, Präsident der Akademie für deutsches Recht (1933-1942) und seit 1939 Generalgouverneur von Polen äußert sich im Januar 1936 zur Funktion der Gerichte im „Führerstaat":

1. Der Richter ist nicht als Hoheitsträger des Staates über den Staatsbürger gesetzt, sondern er steht als Glied in der lebendigen Gemeinschaft des deutschen Volkes. Es ist nicht seine Aufgabe, einer über der Volksgemeinschaft stehenden Rechtsordnung zur Anwendung zu verhelfen oder allgemeine Wertvorstellungen durchzusetzen, vielmehr hat er die konkrete völkische Gemeinschaftsordnung zu wahren, Schädlinge auszumerzen, gemeinschaftswidriges Verhalten zu ahnden und Streit unter Gemeinschaftsgliedern zu schlichten.
2. Grundlage der Auslegung aller Rechtsquellen ist die nationalsozialistische Weltanschauung, wie sie insbesondere in dem Parteiprogramm und den Äußerungen unseres Führers ihren Ausdruck findet.
3. Gegenüber Führerentscheidungen, die in die Form eines Gesetzes oder einer Verordnung gekleidet sind, steht dem Richter kein Prüfungsrecht zu. Auch an sonstige Entscheidungen des Führers ist der Richter gebunden, sofern in ihnen der Wille, Recht zu setzen, unzweideutig zum Ausdruck kommt.
4. Gesetzliche Bestimmungen, die vor der nationalsozialistischen Revolution erlassen worden sind, dürfen nicht angewendet werden, wenn ihre Anwendung dem heutigen gesunden Volksempfinden ins Gesicht schlagen würde. [...]
5. Zur Erfüllung seiner Aufgaben in der Volksgemeinschaft muss der Richter unabhängig sein. Er ist nicht an Weisungen gebunden. [...]

Günter Schönbrunn (Bearb.), Weltkriege und Revolutionen, München [5]1995, S. 317

1. *Arbeiten Sie die Änderungen heraus, die hier im Vergleich zur bisherigen Rechtsauffassung angesprochen werden. Vergleichen Sie die Stellungnahme auch mit den einschlägigen Artikeln unseres Grundgesetzes.*
2. *Erläutern Sie, womit diese Änderungen von Frank gerechtfertigt werden.*
3. *Erörtern Sie die Konsequenzen dieser neuen Auffassung für die Rechtspraxis.*

▲ Zum Besuch des preußischen Innenministers an ihrem Ausbildungsort in Jüterbog (Brandenburg) haben sich angehende Juristen diese Aktion ausgedacht.
Foto von 1934.

M2 „Sein eigenes Begräbnis erleben"

Die jüdische Ärztin Hertha Nathorff dokumentiert in ihrem Tagebuch die Repressalien, denen sie mit zahlreichen Kolleginnen und Kollegen zusammen ausgesetzt ist. 1939 emigriert sie in die USA.

14. April 1933
„Sie schalten gleich". Nein, sie wüten. Aus allen Berufen, aus allen Stellen schalten sie die Juden aus „zum Schutze des deutschen Volks". Was haben wir diesem Volk denn bis heute getan? In den Krankenhäusern ist es furchtbar. Verdiente Chirurgen haben sie mitten aus der Operation herausgeholt und ihnen das Wiederbetreten des Krankenhauses einfach verboten. Andere haben sie auf Wagen geladen und unter dem Gejohl der Menge durch die Stadt geführt. Verschiedene Bekannte sind Hals über Kopf auf und davon ins Ausland, weil sie politisch verdächtig waren. Mein altes Krankenhaus hat seine tüchtigsten und besten Ärzte verloren, die und die Patienten sind verzweifelt, es geht alles drunter und

▲ **Boykottzettel an einer Arztpraxis in Berlin.**
Foto vom 1. April 1933.

drüber. Die Hetzreden des Herrn Goebbels übersteigen alles, was an Hetze und Verlogenheit bisher da war, und das Volk hört es an und schweigt – und vor allem, die führenden Ärzte, die prominenten Professoren, was tun sie für ihre verratenen Kollegen? [...]

April 1933
Ein Brief vom Magistrat Charlottenburg: „Sie werden gebeten, Ihre Tätigkeit als leitende Ärztin der Frauen- und Beratungsstelle einzustellen!" Aus.
Also herausgeworfen – aus. Meine armen Frauen, wem werden sie nun in die Hände fallen? Fast 5 Jahre habe ich diese Stelle geleitet, groß und bekannt gemacht, und nun? Aus, aus – ich muss es mir immer wieder sagen, damit ich es fassen kann.

Mai 1933
[...] Nun fangen sie in meiner Sprechstunde an, mich zu fragen, ob ich etwa Jüdin bin. Ihr Rasseninstinkt ist bewundernswert. „Frau Doktor, Sie sind doch eine so reizende Frau, warum haben Sie bloß einen Juden geheiratet?" Ganz fassungslos habe ich die Patientin angeschaut.

12. Mai 1933
Eine Patientin kommt weinend zu mir. Sie war bei der üblichen Vortragsstunde ihres Betriebs, und da wurde gelehrt: Wer einmal Beziehungen zu einem Juden gehabt hat, kann nie mehr rein arische Kinder bekommen. Und sie hat früher einmal einen jüdischen Freund gehabt. Ich habe lange reden müssen, das etwas primitive Geschöpf von dem Blödsinn dieser Behauptung zu überzeugen. Jetzt atmet sie auf: „Frau Doktor, ich wollte schon den Gashahn aufmachen, da bin ich im letzten Augenblick noch zu Ihnen gelaufen."
Ja, aber wie viele haben niemand, zu dem sie laufen können, und dann?

15. Mai 1933
Kollege H. ist tot! Selbstmord – er hat es nicht ertragen können, dass er nicht als voll anerkannt wird. Ich kann es so gut verstehen. Wahrlich, hätte ich nicht Mann und Kind, ich – ich weiß nicht, was ich täte. [...]

30. Juni 1933
Die letzte Kassen-Sprechstunde. Ich habe tapfer durchgehalten. Meine Wohnung gleicht einem blühenden Garten. Abschiedsblumen. Wie das ist, sein eigenes Begräbnis zu erleben! [...]

Barbara Bronnen (Hrsg.), Geschichten vom Überleben. Frauentagebücher aus der NS-Zeit, München 1998, S. 32-36

1. *Beschreiben Sie, wie der nicht betroffene Teil der Bevölkerung auf die Zwangsmaßnahmen reagierte.*
2. *Beurteilen Sie die gesellschaftlichen Folgen der antisemitischen Maßnahmen.*

M3 „Nürnberger Gesetze"

Aus dem „Reichsbürgergesetz" und dem „Blutschutzgesetz" („Nürnberger Gesetze") vom 15. September 1935:

3 a) „Reichsbürgergesetz", 15. September 1935:
§ 1 (1) Staatsangehöriger ist, wer dem Schutzverband des Deutschen Reiches angehört und ihm dafür besonders verpflichtet ist.
(2) Die Staatsangehörigkeit wird nach den Vorschriften des Reichs- und Staatsangehörigkeitsgesetzes erworben.
§ 2 (1) Reichsbürger ist nur der Staatsangehörige deutschen oder artverwandten Blutes, der durch sein Verhalten beweist, dass er gewillt und geeignet ist, in Treue dem deutschen Volk und Reich zu dienen.

(2) Das Reichsbürgerrecht wird durch Verleihung des Reichsbürgerbriefes erworben.

(3) Der Reichsbürger ist der alleinige Träger der vollen politischen Rechte nach Maßgabe der Gesetze.

3 b) „Gesetz zum Schutze des deutschen Blutes und der deutschen Ehre", 15. September 1935:

Durchdrungen von der Erkenntnis, dass die Reinheit des deutschen Blutes die Voraussetzung für den Fortbestand des deutschen Volkes ist, und beseelt von dem unbeugsamen Willen, die deutsche Nation für alle Zukunft zu sichern, hat der Reichstag einstimmig das folgende Gesetz beschlossen, das hiermit verkündet wird:

§ 1 (1) Eheschließungen zwischen Juden und Staatsangehörigen deutschen oder artverwandten Blutes sind verboten. Trotzdem geschlossene Ehen sind nichtig, auch wenn sie zur Umgehung dieses Gesetzes im Ausland geschlossen sind.

(2) Die Nichtigkeitsklage kann nur der Staatsanwalt erheben.

§ 2 Außerehelicher Verkehr zwischen Juden und Staatsangehörigen deutschen oder artverwandten Blutes ist verboten.

§ 3 Juden dürfen weibliche Staatsangehörige deutschen oder artverwandten Blutes unter 45 Jahren in ihrem Haushalt nicht beschäftigen.

§ 4 (1) Juden ist das Hissen der Reichs- und Nationalflagge und das Zeigen der Reichsfarben verboten.

(2) Dagegen ist ihnen das Zeigen der jüdischen Farben gestattet. Die Ausübung dieser Befugnis steht unter staatlichem Schutz.

§ 5 (1) Wer dem Verbot des § 1 zuwiderhandelt, wird mit Zuchthaus bestraft.

(2) Der Mann, der dem Verbot des § 2 zuwiderhandelt, wird mit Gefängnis oder Zuchthaus bestraft.

(3) Wer den Bestimmungen der §§ 3 oder 4 zuwiderhandelt, wird mit Gefängnis bis zu einem Jahr und mit Geldstrafe oder mit einer dieser Strafen bestraft. [...]

Wolfgang Michalka (Hrsg.), Deutsche Geschichte 1933-1945, Frankfurt am Main 1993, S. 95 f.

1. *Arbeiten Sie die Folgen des „Gesetzes zum Schutze des deutschen Blutes und der deutschen Ehre" für das Zusammenleben der jüdischen und nichtjüdischen Bevölkerung heraus.*

2. *Erörtern Sie die Auswirkungen des „Reichsbürgergesetzes".*

▲ **Öffentliche Diskriminierung eines Paares.**
Foto aus Norddeutschland, 1933.

M4 Das „Novemberpogrom" in unterschiedlicher Perspektive

Die Sopade, wie sich die SPD im Prager, später Pariser Exil nennt, gibt seit 1934 regelmäßig „Deutschland-Berichte" heraus und informiert mithilfe eines geheimen Berichterstattersystems über die Situation im nationalsozialistischen Deutschland. Nach dem 9./10. November 1938 berichtet sie:

Alle Berichte stimmen dahin überein, dass die Ausschreitungen von der großen Mehrheit des deutschen Volkes scharf verurteilt werden. In den ersten Pogromtagen sind im ganzen Reich viele hundert Arier verhaftet worden, die ihren Unwillen laut geäußert haben. Oft wird die Frage gestellt: „Wer kommt nach den Juden an die Reihe?" – Man muss sich allerdings – wie groß die allgemeine Empörung auch sein mag – darüber klarwerden, dass die Brutalitäten der Pogromhorden die Einschüchterung gesteigert und in der Bevölkerung die Vorstellung gefestigt haben, jeder Widerstand gegen die uneingeschränkte nationalsozialistische Gewalt sei zwecklos. [...] Bemerkenswert ist übrigens, dass, wie nach jeder früheren Welle von Ausschreitungen so auch diesmal wieder, das Gerede auftaucht, Hitler habe das nicht gewollt. „Hitler will zwar, dass die Juden verschwinden, aber er will doch nicht, dass sie totgeschlagen und so behandelt werden" usw. usw.

◄ **Passanten vor einem zerstörten jüdischen Geschäft in Hannover.**
Foto vom 10. November 1938.

Aus den Ermittlungsakten der Staatsanwaltschaft beim Landgericht Wiesbaden zum Judenpogrom in Wiesbaden-Biebrich am 10. November 1938:

Die Übergriffe begannen damit, dass am 10. November 1938 mit Tagesbeginn eine Personengruppe die Biebricher Synagoge erbrach und das Innere verwüstete. Aufgrund dieses Ereignisses waren an diesem Morgen bereits sehr viel Leute in den Biebricher Straßen unterwegs. Etwa gegen 8 Uhr versammelte sich eine große, zahlenmäßig kaum schätzbare Menschenmenge vor dem Konfektionshaus der jüdischen Kaufleute Halberstadt und Bloch in der Hopfgartenstr. 13. Nachdem einige Leute Backsteine gegen die Fenster und Türen geworfen hatten, drang eine Anzahl von ihnen in das Haus und in die im ersten Stock dieses Hauses gelegenen einzigen Wohnungen der beiden Geschäftsinhaber ein. Die Möbel wurden durcheinandergeworfen und größtenteils völlig zertrümmert. Während die jüdischen Wohnungen Biebrichs nacheinander heimgesucht wurden, erschien gegen Mittag eine große Menschenzahl in der Rathausstraße. Sie versammelte sich vor dem Grundstück Nr. 44. Unter Drohrufen drang ein Teil in die im ersten Stock gelegene Wohnung des jüdischen Apothekers Oppenheimer und zerstörte das gesamte Inventar. Nachdem der größte Teil zerschlagen war, wälzte sich die Menge zum Haus Nr. 69, in dem der jüdische Getreidehändler Oppenheim wohnte. Von da aus ging es vor das Haus Nr. 8 des Kaufmanns Lewy. In beide Wohnungen drang von den unten versammelten Leuten eine Anzahl ein und verwüstete die gesamte Inneneinrichtung.
Im Verlaufe des Nachmittags erschien auch in der Elisabethenstr., vor dem Haus des jüdischen Kaufmanns Stern, eine große Menschenmenge. Unter den Rufen „Wo ist der Jude? Wir schneiden ihm den Hals ab!" drang ein Teil von den Leuten mit Gewalt in die Stern'sche Wohnung. Der Zeuge Stern war zu dieser Zeit nicht in seinen Räumen. Die Eindringlinge trafen ihn in der Wohnung seines nichtjüdischen Schwiegersohnes Teidicksmann im Parterre. Einige Leute nahmen Stern fest und brachten ihn mit einem Lastkraftwagen zur Polizeiwache. Anschließend wurde die Wohnung Sterns zerstört. Sämtliche Küchenmöbel wurden zerschlagen, das Geschirr zertrümmert und die Federbetten aufgeschlitzt.

Erster Text: Klaus Behnken (Hrsg.), Deutschland-Berichte der Sozialdemokratischen Partei Deutschlands (Sopade) 1934-1940, Bd. 5 (1938), Frankfurt am Main 1980, S. 1204 f. und 1209; zweiter Text: Hessisches Hauptstaatsarchiv Wiesbaden Abt. 468 Nr. 260, Bd. 3, Blatt 346/347

1. *Vergleichen Sie die Berichte miteinander und erklären Sie das unterschiedliche Verhalten.*
2. *Erörtern Sie, welche Ziele das Regime mit solchen Lage- und Stimmungsberichten verfolgte.*

M5 „Gedenken heißt immer auch Erinnern“

Im Jahr 2000 hält der Präsident des Zentralrates der Juden in Deutschland, Paul Spiegel, anlässlich der Veranstaltung zum Gedenken an die Reichspogromnacht am 9. November 1938 in Berlin folgende Rede:

Die Erinnerungen an die Geschehnisse von damals werden spontan gegenwärtig, wenn wir die Bilder der letzten Wochen und Monate sehen: wenn Synagogen angegriffen und geschändet werden wie etwa in Lübeck, Erfurt, in meiner Heimatstadt Düsseldorf und auch hier in Berlin. Wir sehen voll Zorn und Verbitterung die Bilder, wenn Menschen durch die Straßen gejagt werden, wenn sie öffentlich geschlagen, immer öfter auch getötet werden. [...]

Machen Sie Ihre demokratisch gewählten Politiker mitverantwortlich für das, was hier geschieht. Was nützt es, in einer Sondersitzung des Deutschen Bundestages nach den Attentaten auf die Synagogen in Düsseldorf und Berlin in wohl klingenden Reden den Antisemitismus zu verdammen, wenn einige Politiker am nächsten Tag Worte wählen, die missverstanden werden können? Wenn sie die Zuwanderungsfrage heute aus taktischen Gründen zum Wahlkampfthema machen wollen, von sogenannten „nützlichen“ und „unnützen“ Ausländern faseln. [...]

Wir alle sind jeden Tag – an einem Tag wie heute ganz besonders – aufgefordert, endlich Ernst zu machen mit dem Schutz der Menschenwürde. Nur wenn wir dies auch ernst nehmen, werden Gedenkveranstaltungen wie die heutige nicht zu inhaltlosen, lästigen Ritualen oder Inszenierungen, sondern sind sinnvolle Zeichen einer lebendigen und starken Demokratie.

Gedenken heißt immer auch Erinnern. Wir in der jüdischen Gemeinschaft haben von Kindheit an gelernt, dass Erinnern ein wichtiger Bestandteil unserer Geschichte ist. Der Talmud sagt: „Das Geheimnis der Erlösung heißt Erinnerung.“ Wir sind es den Opfern der Shoa schuldig, sie und ihre Leiden niemals zu vergessen! Wer diese Opfer vergisst, tötet sie noch einmal!

Die Welt, 10. November 2000

1. *Erläutern Sie den Vorwurf Spiegels an einige Politiker, „Worte [zu] wählen, die missverstanden werden können“ (Zeile 14 f.). Finden Sie aktuelle Beispiele.*
2. *Erörtern Sie, inwiefern Spiegel hier Geschichtspolitik betreibt.*
+ *Verfassen Sie einen Essay über die heutige Bedeutung der Menschenwürde.*

▲ **Gedenktafel für die zerstörte Synagoge in Hannover.**
Die Tafel wurde 1978 angebracht.

▲ **Nationalsozialistisches Plakat zur „Volksabstimmung" 1936.**
Bei den Reichstagswahlen vom 29. März 1936 erhielten die Nationalsozialisten nach offiziellem Ergebnis 99 Prozent der Stimmen.

* Quasi-Arbeitslose

Wirtschaft für den Krieg

Die Überwindung der Wirtschaftskrise Hitler war 1933 mit dem Versprechen angetreten, mithilfe von „zwei großen Vierjahresplänen" die wirtschaftlichen und sozialen Probleme zu überwinden und allen Deutschen „Arbeit und Brot" zu verschaffen. Davon ausgeschlossen waren die Juden und andere Minderheiten, die von den Nationalsozialisten ab 1933 aus dem deutschen Wirtschaftsleben verdrängt wurden.[1]

Tatsächlich konnte das Regime schneller Erfolge vorweisen als Anhänger und Gegner im In- und Ausland dies für möglich gehalten hätten. Bis 1936 sank die Zahl der Arbeitslosen von über sechs auf unter zwei Millionen. Industrieproduktion und Sozialprodukt lagen über den Marken der „goldenen Zwanzigerjahre". Wie hatte es zu diesem erstaunlichen Aufschwung kommen können?

Genauere Untersuchungen haben gezeigt, dass die Nationalsozialisten die Arbeitslosenzahlen schönten, indem sie nicht alle Arbeitssuchenden in der offiziellen Statistik aufführten (▸ M1). Unter anderem entzogen sie bestimmten Berufsgruppen ihren Anspruch auf Arbeitslosenunterstützung. Obwohl arbeitslos, wurden diese dann ab 1933 von der offiziellen Zählung ausgeklammert.

Bereits vor der „Machtergreifung" signalisierten viele Wirtschaftsdaten einen positiven Trend. Als Hitler die Regierung übernahm, war der Tiefpunkt der Weltwirtschaftskrise bereits überwunden. Die ersten Arbeitsbeschaffungsmaßnahmen der Nationalsozialisten führten nur fort, was bereits von den vorigen Regierungen eingeleitet worden war. Ebenso setzte das 1935 in Form des Reichsarbeitsdienstes (RAD) eingeführte Beschäftigungsprogramm für Jugendliche lediglich Pläne aus der Weimarer Republik fort.* Für die Frauen richteten die Nationalsozialisten einen freiwilligen Arbeitsdienst ein. Gleichzeitig sollte eine breit angelegte Kampagne gegen das sogenannte Doppelverdienertum verheiratete Frauen aus dem Erwerbsleben drängen, um weitere Arbeitsplätze zu schaffen.

Die unvermeidliche Wirkungsverzögerung der am Ende der Weimarer Zeit begonnenen Arbeitsbeschaffungsprogramme machte die Hitler-Regierung zum Nutznießer. Diese schrieb den Rückgang der Arbeitslosigkeit in der Folge allein ihrer Politik zu und schlachtete die vermeintlich schnellen Erfolge propagandistisch aus. Zugpferd der Propaganda war der Autobahnbau, der jetzt mit großem Aufwand einsetzte und wirkungsvoll als Beleg für die Überwindung der Arbeitslosigkeit herausgestellt wurde. In Wahrheit trug er nichts zur Arbeitsbeschaffung bei. Auch hier griffen die Nationalsozialisten auf die Planungen früherer Regierungen zurück. Obwohl der Einsatz von Maschinen absichtlich beschränkt wurde, war die Anzahl der dort beschäftigten Arbeiter (125 000 im Jahr 1936) vergleichsweise gering. Im Gegenzug verschlang der Autobahnbau bis zur kriegsbedingten Einstellung der Baumaßnahmen 1941/42 sechs Milliarden Reichsmark.

Viele der in blindem Aktionismus verordneten Maßnahmen, in denen tausende Arbeitslose schwerste Erdarbeit leisten mussten, waren ökonomisch meist wenig

[1] Siehe dazu Seite 286 f.

sinnvoll oder sogar kontraproduktiv. Die ideologisch unterfütterten Arbeitsprogramme halfen zwar, die Arbeitslosigkeit zu senken, einen höheren Lebensstandard brachten sie für die Masse der Bevölkerung jedoch nicht. Der Preis für die wirtschaftlichen „Erfolge" musste vielmehr mit längeren Arbeitszeiten, niedrig gehaltenen Löhnen und Engpässen bei Konsumgütern bezahlt werden (▸ M2). Ein nationalsozialistisches „Wirtschaftswunder" oder Vollbeschäftigung hat es nie gegeben. Zu keinem Zeitpunkt ging es der nationalsozialistischen Führung wirklich darum, den Arbeitslosen zu helfen und die Wirtschaft wieder in Schwung zu bringen, sondern allein um die Aufrüstung für den nächsten Krieg.

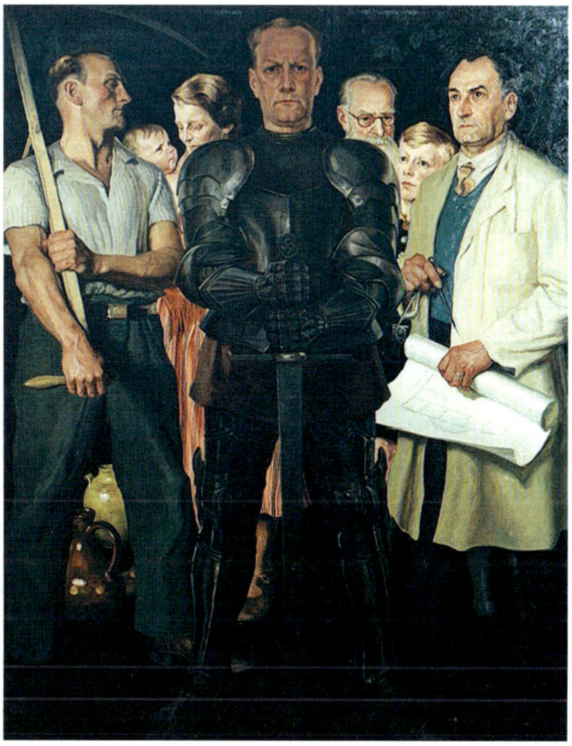

▲ **„Deutsche Symphonie."**
Gemälde von Hans Toepper, ca. 1938.

- *Beschreiben Sie das Gemälde. Beachten Sie dabei Vorder- und Hintergrund-, Zentral- und Seitenposition, Alter und Geschlecht, Blickkontakt und Attribute der Abgebildeten.*
- *Interpretieren Sie das hier versinnbildlichte Gesellschaftsmodell und leiten Sie daraus die politischen Konsequenzen ab.*

Ideologische Wendepunkte Zentrale Angriffsziele der NSDAP vor 1933 waren die Großindustrie, Großbanken, Warenhäuser und Handelsketten gewesen. Gegen diese „Erfindungen des Judentums und des Liberalismus" hatte die Partei für Kleinhändler, Gewerbetreibende und für Kleinbauern gekämpft.[1]

Nach der „Machtergreifung" indessen stellten die Nationalsozialisten bald fest, dass sie die Modernisierung der Industriegesellschaft in Deutschland fördern mussten, wenn sie Großmachtpolitik betreiben wollten. Den dafür notwendigen Prozess beschleunigten sie durch die Förderung der Großindustrie und durch nachhaltige Mobilisierung der Gesellschaft. Den Machthabern war der „Verrat" an den eigenen Prinzipien sehr wohl bewusst. Deshalb sollte in einer fernen Zukunft, wenn der „Lebensraum im Osten" erst gewonnen war, die propagierte Wirtschafts- und Gesellschaftsutopie im neu zu besiedelnden Gebiet verwirklicht werden.

Schulden für die Aufrüstung Soweit man von einem spezifisch deutschen „Wirtschaftsaufschwung" ab 1933 sprechen kann, stand dieser auf zwei Säulen: auf der Planung, Deutschland wieder kriegsbereit zu machen, und auf einer höchst riskanten Schuldenpolitik. Nachdem die Nationalsozialisten eine wirtschaftsfreundliche Politik, die Beibehaltung von Privateigentum und Gewinnorientierung in Aussicht gestellt hatten, fanden sie dafür auch Unterstützung von Unternehmerschaft und Banken.

In der Folge förderten die Nationalsozialisten durch Subventionen, Steuererleichterungen und Staatsaufträge vor allem die rüstungsrelevante Industrie (▸ M3). Ab Ende 1934 begann die Umstellung der wirtschaftlichen Produktion auf die Bedürfnisse der „Wehrwirtschaft". Die Ausgaben im Bereich von Rüstung und Reichswehr stiegen explosionsartig an. Von 30 Milliarden ausgegebenen Reichsmark konnten jedoch lediglich 18 Milliarden aus Steuermitteln gedeckt werden. Die Staatsverschuldung wuchs dramatisch (▸ M4).

Die Ausgaben für die Rüstung wurden nicht über Banknoten, sondern über sogenannte Mefo-Wechsel finanziert. Reichsbankpräsident *Hjalmar Schacht*, der seit 1935 auch Reichswehrminister und Generalbevollbemächtigter für die Kriegswirtschaft war,

[1] Vgl. das Parteiprogramm der NSDAP von 1920 auf Seite 268.

▶ **Grundsteinlegung für das Volkswagenwerk in Wolfsburg durch Adolf Hitler.**
Foto vom 26. Mai 1938. 1934 forderte Hitler den Bau eines Wagens, der für jeden „Volksgenossen" erschwinglich sein sollte. Die Produktion des aufwändig beworbenen „KdF-Wagens" sollte von den Käufern durch die Einzahlung von Sparraten vorfinanziert werden. Die Sparer wurden enttäuscht: Ab 1939 produzierte das neue Volkswagenwerk nur noch Militärfahrzeuge.

hatte im März 1933 mit dem Kapital von fünf Industrieunternehmen, darunter Krupp und Siemens, die Scheinfirma Metallurgische Forschungsgesellschaft (Mefo) gegründet. Diese versah Wechsel von Rüstungslieferanten mit ihrer Unterschrift, sodass sie bei der Reichsbank gegen Bargeld eingereicht werden konnten. So ließ sich die Aufrüstung auf Pump verschleiern, denn die Wechsel galten nicht als Staatsschulden und wurden nicht im Reichshaushalt verzeichnet. Als die Mefo-Wechsel fällig wurden und nicht gezahlt werden konnten, warnte Schacht Hitler Anfang 1939 vor der Inflationsgefahr und trat als Reichsbankpräsident zurück. Die Tilgung der horrenden Fehlbeträge sollte später durch die Einnahmen aus besetzten Territorien erfolgen. Der Eroberungskrieg war von Anfang an in der Wirtschaftspolitik mit eingeplant.

Autarkiestreben Verbunden mit der Aufrüstung war das Ziel der deutschen Führung, die eigene Wirtschaft autark, also von ausländischen Gütern und Rohstoffen möglichst unabhängig zu machen, um Versorgungsengpässe im Kriegsfall zu vermeiden. Dazu sollten die Einfuhren eingeschränkt und die Produktion von Rohstoffen, Fertigwaren sowie auch landwirtschaftlichen Erzeugnissen im Inland gesteigert werden. 1936 versuchte Hitler in einem Vierjahresplan, die wichtigsten Initiativen dafür zu bündeln. So mussten unter anderem jetzt einheimische Bodenschätze auch dann abgebaut werden, wenn sie qualitativ schlechter oder aufwändiger zu gewinnen waren als die auf dem Weltmarkt gehandelten Güter. Außerdem trieb man ohne Rücksicht auf Kosten die synthetische Erzeugung von Benzin und Gummi voran. Solche Förderstrategien wurden nicht allein von den führenden Nationalsozialisten entwickelt, sondern trugen zum Teil deutlich die Handschrift derjenigen Großunternehmen, die ein massives Interesse an der Aufrüstung hatten. Mit diesen Investitionen in den zukünftigen Krieg brachte sich Hitler-Deutschland am Ende der Dreißigerjahre selbst in Zugzwang, da die Schuldenpolitik ein bedrohlich steigendes Inflationsrisiko verursachte. Die Hypotheken auf die „Eroberung neuen Lebensraumes" mussten eingelöst werden.

Lesetipp
Adam Tooze, Ökonomie der Zerstörung, München 2008

M1 Entwicklung der Arbeitslosigkeit

a) Unsichtbar Arbeitslose, gemessen an den registrierten Arbeitslosen (Prozent)

Neben den bei den Arbeitsämtern als Arbeit suchend registrierten Arbeitslosen gab es auch Erwerbspersonen, die zwar Arbeit suchten, sich aber nicht bei den Arbeitsämtern meldeten, weil sie keinen Anspruch auf Arbeitslosengeld oder schlechte Aussichten auf eine Vermittlung hatten. Diese werden als unsichtbar Arbeitslose bezeichnet. Dazu zählten die Berufsgruppen der Hausgehilfinnen, der in der Fischerei Beschäftigten sowie Land- und Forstarbeiter, die ab 1933 ihren Anspruch auf Arbeitslosenunterstützung verloren. Schlechte Aussichten auf Arbeitsvermittlung hatten im Zeichen der NS-Kampagne gegen das sogenannte Doppelverdienertum vor allem verheiratete Frauen, die wegen mangelnder Bedürftigkeit in der Regel auch kein Arbeitslosengeld bezogen.

	Winter	Frühjahr	Sommer	Herbst
1931	18	20	24	24
1932	22	26	29	28
1934	36	50	53	45

b) Arbeitslosigkeit im Januar 1933 und 1934 im Vergleich (Mio.)

Neben den registrierten und den unsichtbar Arbeitslosen berücksichtigt die folgende Statistik auch Quasi-Arbeitslose. Dies sind Erwerbspersonen ohne reguläre Anstellung, die bei den Arbeitsämtern als arbeitslos registriert waren, jedoch von den Nationalsozialisten ab 1933 aus der Arbeitslosenstatistik ausgeklammert worden sind, weil sie bei Notstandsarbeiten, als Landhelfer oder im Arbeitsdienst tätig waren.

	Januar 1933	Januar 1934
Registrierte Arbeitslose	6,0	3,8
Unsichtbar Arbeitslose	1,5	1,4
Quasi-Arbeitslose	0,1	0,8
Arbeitslose insgesamt	7,6	6,0

Christoph Buchheim, Michael Hutter und Harold James (Hrsg.), Zerrissene Zwischenkriegszeit. Wirtschaftshistorische Beiträge. Knut Borchardt zum 65. Geburtstag, Baden-Baden 1994, S. 106

1. *Analysieren Sie die Entwicklung der Arbeitslosigkeit.*
2. *Beurteilen Sie die Ergebnisse. Welche Schlüsse lassen sich daraus ziehen?*

M2 Einkommen, Arbeitszeiten und Lebenshaltung

	1928	1929	1932	1933	1934	1935	1936	1937
Bruttosozialprodukt (Mrd. RM*)	–	89,0	58,0	59,0	67,0	74,0	83,0	93,0
davon Konsum	–	72,0	81,0	78,0	75,0	72,0	65,0	64,0
Beschäftigung (Mio.; Jahresdurchschnitt)	–	18,4	12,9	13,4	15,5	16,4	17,6	18,9
Durchschnittliche Arbeitszeit in der Industrie (wöchentlich)	–	46,04	41,47	42,94	44,56	44,44	45,56	46,06
Löhne und Gehälter (Mrd. RM)	44,9	–	27,4	27,7	31,2	35,4	37,7	41,5
Vermögens- und Unternehmereinkommen, unverteilte Gewinne (Mrd. RM)	25,6	–	15,6	16,7	19,4	22,1	25,2	28,6
Stundenverdienste in der Industrie (Arbeiter, Durchschnitt) Index 1932 = 100	–	132,7	100	96,9	99,3	100,8	102,5	104,6
Wochenverdienste (Arbeiter) Index 1932 = 100	–	149,4	100	102,2	109,7	112,3	116,6	120,6
Lebenshaltungsindex 1932 = 100		127,7	100	97,8	100,4	102,0	103,2	103,7

Der große Ploetz, Freiburg i. Br. [35]2008, S. 965

* RM = Reichsmark

1. *Fassen Sie die wichtigsten Trends der Statistik mit eigenen Worten zusammen.*
2. *Analysieren Sie die Entwicklung der durchschnittlichen Arbeitszeit.*
3. *Interpretieren Sie die Entwicklung von Löhnen und Lebenshaltung aus Arbeitnehmersicht.*

M3 Wirtschaft in Zahlen

a) Selbstversorgungsgrad bei Grundnahrungsmitteln in Prozent

	1927/28	1938/39
Brotgetreide	79	115
Kartoffeln	96	100
Zucker	100	101
Fleisch	91	97
Fett	44	57

Karl-Dietrich Bracher, Manfred Funke und Hans Adolf Jacobsen (Hrsg.), Nationalsozialistische Diktatur 1933-1945, Bonn 1983, S. 308

b) Produktion wichtiger Grundstoffe (in 1000 Tonnen)

	1928	1935[1]	1938[2]	1939[2]
Steinkohleförderung	150871	151908	186186	187956
Braunkohleförderung	165185	147005	194985	212109
Erdölförderung	92	427	609	885
Eisenerzförderung	6475	6044	12351	14710
Benzine aller Art (aus Mineralöl)	241	877,8 (1936)	1494	
Treibstofferzeugung der Hydriersynthese-werke[3]	–	–	766	1049,6
Kunstkautschuk-erzeugung	–	–	5,2	22,4

[1] einschl. Saargebiet
[2] einschl. Österreich
[3] Dort wurde synthetisches Benzin durch Kohleverflüssigung hergestellt.

Der große Ploetz, a. a. O., S. 975

c) Rüstungsausgaben, öffentliche Investitionen und Sozialprodukt (in Mio. Reichsmark)

	1932	1933	1934	1935	1936	1937	1938	1939
Rüstung (Wehrmacht)	620	720	3300	5150	9000	10850	15500	32300
Öffentliche Investitionen	1970	2430	3460	3890	4220	4620	5530	–
davon Verkehr	850	1238	1694	1876	2144	2400	3376	–
Öffentliche Verwaltung	800	810	1200	1400	1400	1420	1200	–
Versorgungsbetriebe	218	200	289	390	500	600	700	–
Wohnungsbau	150	185	275	220	175	200	250	–
Rüstung in Prozent der öffentlichen Investitionen	21,5	29,6	96,2	132,4	213,3	234,8	280,3	–
Anteil der Rüstung am Volkseinkommen (Prozent)	1,4	1,6	6,3	8,7	13,7	14,7	18,9	23

Nach: Dietmar Petzina, Werner Abelshauser und Anselm Faust, Sozialgeschichtliches Arbeitsbuch III. Materialien zur Statistik des Deutschen Reiches 1914-1945, München 1978, S. 149

1. *Erläutern Sie die wirtschaftlichen Anstrengungen, die während der NS-Zeit unternommen wurden.*
2. *Trennen Sie die Bereiche in einen zivilen und militärischen Sektor und interpretieren Sie die Unterschiede im Versorgungs- bzw. Produktionsfortschritt.*

M4 Schuldenentwicklung in Mrd. Reichsmark (jeweils am 31.3.)

1932	11,4	1936	14,4
1933	11,6	1937	16,1
1934	11,8	1938	19,1
1935	12,5	1939	30,7

Kurt G. A. Jeserich u. a. (Hrsg.), Deutsche Verwaltungsgeschichte, Bd. 4, Stuttgart 1985, S. 855

1. *Erörtern Sie die Schuldenentwicklung und setzen Sie sie in Bezug zur Ausgabenentwicklung in M3.*
2. *Beurteilen Sie auf der Grundlage von M1 bis M4: Gab es ein nationalsozialistisches „Wirtschaftswunder“?*

Der Weg in den Krieg

Grundlagen der NS-Außenpolitik Die Öffentlichkeit in den europäischen Staaten beobachtete mit Misstrauen die nationalsozialistische „Machtergreifung": den NS-Straßenterror, die Aushöhlung der Weimarer Verfassung, die Ausschaltung der Parteien sowie die einsetzende antijüdische Politik. Aber Hitler beließ zunächst den bisherigen Außenminister *Konstantin von Neurath* im Amt. Dies schien die Kontinuität der Weimarer Außenpolitik zu verbürgen, die auf diplomatischem Weg versucht hatte, eine Revision des Versailler Vertrages und politische sowie militärische Gleichberechtigung zu erreichen.

Die Pläne Hitlers blieben aber nicht bei einer Revision der Versailler Regelungen stehen (▸ M1 und M2). Ziele seiner Außenpolitik waren die Eroberung von „Lebensraum" im Osten Europas und die Herrschaft der „arischen Rasse". Die Zerschlagung der kommunistischen UdSSR und zugleich des „jüdischen Bolschewismus" insgesamt bildeten den eigentlichen Kern von Hitlers außenpolitischem Programm. Letztendlich sollte wohl die Beherrschung eines europäischen Imperiums als Ausgangspunkt dienen, im Bündnis mit Japan und eventuell Großbritannien in einem Krieg der Kontinente gegen die USA die Weltherrschaft des Deutschen Reiches zu vollenden. Hitler ging dabei in den Dreißigerjahren keineswegs nach einem bestimmten Plan vor, sondern reagierte jeweils mit Skrupellosigkeit auf die Veränderungen der internationalen Politik – und er hatte Glück.

▲ **„Spineless ‚Leaders' of Democracy."**
Englische Karikatur von David Low von 1936.
- *Analysieren Sie die Einstellung des Karikaturisten zur Demokratie.*
- *Interpretieren Sie die Haltung des Zeichners gegenüber der englischen Politik.*
- *Erörtern Sie die Bedeutung einer nichtdeutschen Quelle für unser Geschichtsbild vom „Dritten Reich".*

Bruch mit Versailles Schon im Oktober 1933 trat das Deutsche Reich aus dem Völkerbund aus. Im Januar 1934 schloss es einen Nichtangriffspakt mit Polen und durchbrach damit die außenpolitische Isolation. Die Sowjetunion war jetzt gewarnt und suchte den Schulterschluss mit den ehemaligen Alliierten. Im September 1934 trat sie dem Völkerbund bei. Schon im Juli 1934 hatte Hitler einen nationalsozialistischen Putsch in Österreich vorangetrieben, um den 1919 von den Alliierten verbotenen Anschluss Österreichs an das Deutsche Reich vorzubereiten. Die Aktion scheiterte am massiven Einspruch des Nachbarlandes Italien. Mussolini drohte mit militärischem Eingreifen.

Am 13. Januar 1935 fand die im Versailler Vertrag vorgesehene Volksabstimmung über die Zukunft des Saargebietes statt. Das Votum von 91 Prozent der Bevölkerung für die Rückkehr ins Deutsche Reich feierte das Naziregime als großen Erfolg. Kurz darauf erklärte Hitler alle Rüstungsbeschränkungen des Versailler Vertrages für nichtig und führte die allgemeine Wehrpflicht wieder ein.

Drei Monate später, am 18. Juni 1935, kam sogar ein deutsch-englisches Abkommen zustande, in dem die relative Stärke der Flotten beider Länder festgeschrieben wurde. Damit hatte sich ein Siegerstaat über das Verbot hinweggesetzt, militärische Abkommen mit Deutschland zu schließen. Im März 1936 besetzten deutsche Truppen das entmilitarisierte Rheinland. Die Westmächte reagierten auch auf diese Vertragsverletzung nur mit Protesten. Der Versailler Vertrag war bedeutungslos geworden.

▲ **Diktatoren unter sich: Mussolini und Hitler während der Münchener Konferenz.**
Foto (Ausschnitt) vom 29. September 1938.

Neue Bündnisse Als Hitler Ende 1935 Italien im Krieg gegen Äthiopien unterstützte, begann die Annäherung der beiden faschistischen Diktaturen. Am 1. November 1936 verkündete Mussolini die „Achse Berlin-Rom". Ein Jahr später trat Italien auch dem *Antikominternpakt* bei, in dem sich Deutschland und Japan 1936 dazu verpflichtet hatten, weltweit den Kommunismus zu bekämpfen und die Sowjetunion außenpolitisch zu isolieren. Im März 1939 schloss sich dem Pakt auch Spanien unter General *Franco* an, den die Nationalsozialisten und die italienischen Faschisten im Bürgerkrieg seit 1936 massiv unterstützt hatten. Wenn auch das von Hitler stets angestrebte Bündnis mit England nicht zustande gekommen war, so schien das „weltpolitische Dreieck" Berlin-Rom-Tokio eine Politik ohne – oder sogar gegen – das britische Weltreich zuzulassen.

Der amerikanische Präsident *Franklin D. Roosevelt* signalisierte zwar in einer Rede eine Abwendung von der Neutralitätspolitik, aber weder Hitler noch Mussolini ließen sich davon beeindrucken. England, Frankreich und die meisten anderen westeuropäischen Länder hatten mit inneren Problemen und den Nachwirkungen der Weltwirtschaftskrise zu kämpfen. Sie wollten unbedingt am Frieden festhalten und setzten auf *Appeasement* („Beschwichtigung") als Maxime ihrer Außenpolitik. Nur so ist es zu erklären, dass das Deutsche Reich keinen ernsthaften Widerstand fand und ab 1938 die Aggressivität seiner Außenpolitik noch steigern konnte.

Expansion 1937/38 hatte Hitler die Billigung Mussolinis sicher, als er versuchte, massiven Einfluss auf Österreich zu gewinnen. Die österreichische Regierung setzte in ihrer Not eine Volksabstimmung über die Selbstständigkeit an, doch Hitler kam dem zuvor und marschierte am 12. März 1938 mit seinen Truppen ein. Die Mehrzahl der Österreicher bereitete ihm einen triumphalen Empfang. Unter dem Eindruck dieser Zustimmung verkündete Hitler am 15. März vor begeisterten Menschenmassen auf dem Wiener Heldenplatz „den Eintritt meiner Heimat in das Deutsche Reich". In den folgenden Wochen wurden in Österreich jedoch etwa 80 000 Menschen verhaftet, darunter viele Politiker des alten Systems sowie Juden.

Auch in Deutschland fand Hitlers Politik jetzt fast uneingeschränkte Zustimmung. Nun forderte Hitler die „Lösung des Sudetenproblems", die für ihn darin bestand, die deutschsprachig dominierten Gebiete der Tschechoslowakei dem Reich einzugliedern. Er machte sich dabei bestehende Konflikte zunutze. Nicht nur die Deutschen, auch Polen, Ungarn und andere Volksgruppen in der Tschechoslowakei erhoben Autonomieforderungen. Mit seiner Beteuerung, das sudetendeutsche Gebiet sei die letzte territoriale Forderung des Deutschen Reiches, konnte Hitler sich wiederum durchsetzen. Auf der *Konferenz von München* am 29. September 1938 legten Deutschland, Italien, Frankreich und England ohne Beteiligung von Vertretern der Tschechoslowakei die Modalitäten für die geforderten territorialen Veränderungen fest. Nur ein halbes Jahr später waren Hitlers Beteuerungen als Lügen entlarvt. Am 15. März 1939 marschierten deutsche Truppen in der „Rest-Tschechei" ein. Am Tag darauf wurde das

▲ Die Erweiterung des Deutschen Reiches zwischen 1933 und 1939.

Protektorat Böhmen und Mähren de facto der Reichsverwaltung unterstellt. Diesmal konnte das Deutsche Reich seinen Schritt nicht mehr mit dem Hinweis auf das Selbstbestimmungsrecht der Völker begründen. Erneut griffen die anderen europäischen Mächte nicht ein, aber sie wussten nun, dass sie nicht länger zusehen konnten.

Schon Ende März gaben Frankreich und England eine verbindliche Garantieerklärung für Polen ab, das zunehmend die Zielscheibe aggressiver deutscher Propaganda wurde. Der nächste Schritt der Machtausdehnung auf Kosten Polens musste den von Hitler längst einkalkulierten Krieg bedeuten.

In dieser Phase gelang der deutschen Diplomatie ein spektakulärer Erfolg: Die Nationalsozialisten, die sich immer als schärfste Feinde des „Bolschewismus" verstanden und inszeniert hatten, schlossen einen Nichtangriffspakt mit der Sowjetunion („*Hitler-Stalin-Pakt*"; ▸ M3). Diese hatte kurz zuvor noch Verhandlungen über einen britisch-französisch-sowjetischen Dreibund unter möglicher polnischer Beteiligung geführt, die aber gescheitert waren.

Der sowjetische Diktator *Josef W. Stalin* konnte sich nun bei einem zu erwartenden Angriff Deutschlands auf Polen aus allen Kampfhandlungen heraushalten und wusste seine Einflusssphäre in Osteuropa gesichert. In einem geheimen Zusatzprotokoll vereinbarten Deutschland und die Sowjetunion die Aufteilung Polens.

M1 Kampf gegen Versailles

Nur wenige Tage nach der „Machtergreifung", am 3. Februar 1933, führt Hitler vor den Befehlshabern von Heer und Marine seine außenpolitischen Vorstellungen aus. Die Rede wird von Generalleutnant Curt Liebmann protokolliert:

Ziel der Gesamtpolitik allein: *Wiedergewinnung der pol. Macht.* Hierauf muss gesamte Staatsführung eingestellt werden (alle Ressorts!).

1. *Im Innern.* Völlige Umkehr der gegenwärt. innenpol. Zustände in D. Keine Duldung der Betätigung irgendeiner Gesinnung, die dem Ziel entgegensteht (Pazifismus!). Wer sich nicht bekehren lässt, muss gebeugt werden. Ausrottung des Marxismus mit Stumpf und Stiel. Einstellung der Jugend u. des ganzen Volkes auf den Gedanken, dass nur d. Kampf uns retten kann u. diesem Gedanken gegenüber alles zurückzutreten hat. (Verwirklicht in d. Millionen d. Nazi-Beweg. Sie wird wachsen.) Ertüchtigung der Jugend u. Stärkung des Wehrwillens mit allen Mitteln. Todesstrafe für Landes- u. Volksverrat. Straffste autoritäre Staatsführung. Beseitigung des Krebsschadens der Demokratie!

2. *Nach außen.* Kampf gegen Versailles. Gleichberechtigung in Genf[1]; aber zwecklos, wenn Volk nicht auf Wehrwillen eingestellt. Sorge für Bundesgenossen. [...]

4. *Aufbau der Wehrmacht* wichtigste Voraussetzung für Erreichung des Ziels: Wiedererringung der pol. Macht. Allg. Wehrpflicht muss wieder kommen. Zuvor aber muss Staatsführung dafür sorgen, dass die Wehrpflichtigen vor Eintritt nicht schon durch Pazif., Marxismus, Bolschewismus vergiftet werden oder nach Dienstzeit diesem Gifte verfallen.

Wie soll pol. Macht, wenn sie gewonnen ist, gebraucht werden? Jetzt noch nicht zu sagen. Vielleicht Erkämpfung neuer Export-Mögl., vielleicht – und wohl besser – Eroberung neuen Lebensraumes im Osten u. dessen rücksichtslose Germanisierung. [...] – Gefährlichste Zeit ist die des Aufbaus der Wehrmacht. Da wird sich zeigen, ob Fr[ankreich] *Staatsmänner* hat; wenn ja, wird es uns Zeit nicht lassen, sondern über uns herfallen (vermutlich mit Ost-Trabanten).

Wolfgang Michalka (Hrsg.), Deutsche Geschichte 1933-1945. Dokumente zur Innen- und Außenpolitik, Frankfurt am Main 1993, S. 17f.

1. *Geben Sie die Ziele der nationalsozialistischen Außenpolitik wieder.*
2. *Arbeiten Sie heraus, welche Reaktionen Hitler von den europäischen Nachbarn auf seine Außenpolitik erwartet.*
3. *Charakterisieren Sie stilistische Besonderheiten der hier verwendeten Quellenform. Berücksichtigen Sie dabei, welche Position der Schreiber bei der Übermittlung der „Fakten" einnimmt.*

M2 „Frieden und Freundschaft"

Für die Öffentlichkeit gibt Hitler am 17. Mai 1933 vor dem Reichstag erstmals eine außenpolitische Erklärung ab:

Wenn ich in diesem Augenblick bewusst als deutscher Nationalsozialist spreche, so möchte ich namens der nationalen Regierung und der gesamten Nationalerhebung bekunden, dass gerade uns in diesem jungen Deutschland das tiefste Verständnis beseelt für die gleichen Gefühle und Gesinnungen sowie für die begründeten Lebensansprüche der anderen Völker. Die Generation dieses jungen Deutschlands, die in ihrem bisherigen Leben nur die Not, das Elend und den Jammer des eigenen Volkes kennenlernte, hat zu sehr unter dem Wahnsinn gelitten, als dass sie beabsichtigen könnte, das gleiche anderen zuzufügen. [...] Indem wir in grenzenloser Liebe und Treue an unserem eigenen Volkstum hängen, respektieren wir die nationalen Rechte auch der anderen Völker aus dieser selben Gesinnung heraus und möchten aus tiefinnerstem Herzen mit ihnen in Frieden und Freundschaft leben. [...] Wir aber haben keinen sehnlicheren Wunsch, als dazu beizutragen, dass die Wunden des Krieges und des Versailler Vertrages endgültig geheilt werden. Deutschland will keinen anderen Weg dabei gehen als den, der durch die Verträge selbst als berechtigt anerkannt ist. Die Deutsche Regierung wünscht, sich über alle schwierigen Fragen mit den Nationen friedlich auseinanderzusetzen. Sie weiß, dass jede militärische Aktion in Europa auch bei deren völligem Gelingen, gemessen an den Opfern, in keinem Verhältnis stehen würde zu dem Gewinn.

Max Domarus, Hitler. Reden und Proklamationen 1932-1945, Bd. 1, Würzburg 1962, S. 271-273

1. *Erläutern Sie, welches Deutschlandbild Hitler zeichnet.*
2. *Vergleichen Sie M2 mit M1. Berücksichtigen Sie dabei den jeweiligen Kontext.*
3. *Erörtern Sie die Zielsetzung, die Hitler mit seiner öffentlichen außenpolitischen Erklärung verfolgte.*

[1] Sitz des Völkerbundes

M3 Der Nichtangriffspakt mit der UdSSR

Im August 1939 wird der Öffentlichkeit ein Abkommen präsentiert, das der sowjetische Außenminister Wjatscheslaw M. Molotow mit dem deutschen Außenminister Joachim von Ribbentrop ausgehandelt hat:

Art. 1 Die beiden vertragschließenden Teile verpflichten sich, sich jeden Gewaltakts, jeder aggressiven Handlung und jedes Angriffs gegeneinander, und zwar sowohl einzeln als auch gemeinsam mit anderen Mächten, zu enthalten.
Art. 2 Falls einer der vertragschließenden Teile Gegenstand kriegerischer Handlungen seitens einer dritten Macht werden sollte, wird der andere vertragschließende Teil in keiner Form diese dritte Macht unterstützen. [...]
Art. 4 Keiner der beiden vertragschließenden Teile wird sich an irgendeiner Mächtegruppierung beteiligen, die sich mittelbar oder unmittelbar gegen den anderen Teil richtet.
Geheimes Zusatzprotokoll[1]: Für den Fall einer territorial-politischen Umgestaltung der zum polnischen Staate gehörenden Gebiete werden die Interessensphären Deutschlands und der UdSSR ungefähr durch die Linie der Flüsse Narew, Weichsel und San abgegrenzt.
Die Frage, ob die beiderseitigen Interessen die Erhaltung eines unabhängigen polnischen Staates erwünscht erscheinen lassen und wie dieser Staat abzugrenzen wäre, kann endgültig erst im Laufe der weiteren politischen Entwicklung geklärt werden. In jedem Falle werden beide Regierungen diese Frage im Wege einer freundschaftlichen Verständigung lösen.

OSTEUROPA. Zeitschrift für Gegenwartsfragen des Ostens, 39. Jg. (1989), S. 417-419

▲ **„Fragt sich, wie lange die Flitterwochen dauern werden?"**
Karikatur von Clifford K. Berryman im „Washington Star" vom 9. Oktober 1939.

1. *Geben Sie die Punkte des deutsch-sowjetischen Abkommens wieder.*
2. *Erläutern Sie, was der Nichtangriffspakt über die außenpolitischen Planungen beider Länder aussagt.*
3. *Erörtern Sie die Bedeutung des geheimen Zusatzprotokolls.*

[1] Das Zusatzprotokoll wurde im Westen 1948 bekannt; die Sowjetunion bestritt bis 1989 die Existenz dieser Abmachung.

Der Zweite Weltkrieg

▲ **Europa im Zweiten Weltkrieg.**

▲ **Winston Churchill.**
Der britische Journalist, Offizier und Politiker Winston Churchill (1874-1965) war von 1940 bis 1945 und 1951 bis 1955 Premierminister und von 1940 bis 1955 Führer der Konservativen. 1953 erhielt er den Nobelpreis für Literatur.

Hitlers Anfangserfolge 1939/40 ■ Am 1. September 1939 griffen deutsche Truppen ohne Kriegserklärung Polen an. Nach Ablauf ihrer Ultimaten erklärten Frankreich und Großbritannien Deutschland am 3. September den Krieg. Allerdings hielten sich die Westmächte vorläufig in der Defensive, weil sie sich militärisch noch zu schwach fühlten. Daher konnte die deutsche Wehrmacht Polen so schnell besiegen, dass sie später von einem „Blitzkrieg" sprach. Bereits Ende September wurde Polen zwischen Deutschland und der Sowjetunion aufgeteilt.

Als die englische Regierung auf deutsche Friedensangebote nicht reagierte, ließ Hitler im April 1940 Dänemark und Norwegen besetzen, einen Monat später Belgien, die Niederlande und Luxemburg. In Frankreich stießen deutsche Streitkräfte bis nach Calais vor, am 14. Juni zogen die Deutschen in Paris ein.

Die Briten – seit Mai 1940 unter dem konservativen Premierminister *Winston Churchill* – waren entschlossen, den Krieg gegen das Deutsche Reich unter allen Umständen durchzustehen. Daher strebten Hitler und sein Generalstab eine Invasion auf den Britischen Inseln an. Der Plan erwies sich aber als grobe Fehleinschätzung. Zum ersten Mal erreichte Hitler sein militärisches Ziel nicht. Im Gegenteil: Die strategische Lage verschlechterte sich durch die immer deutlichere Parteinahme der USA für die Engländer.

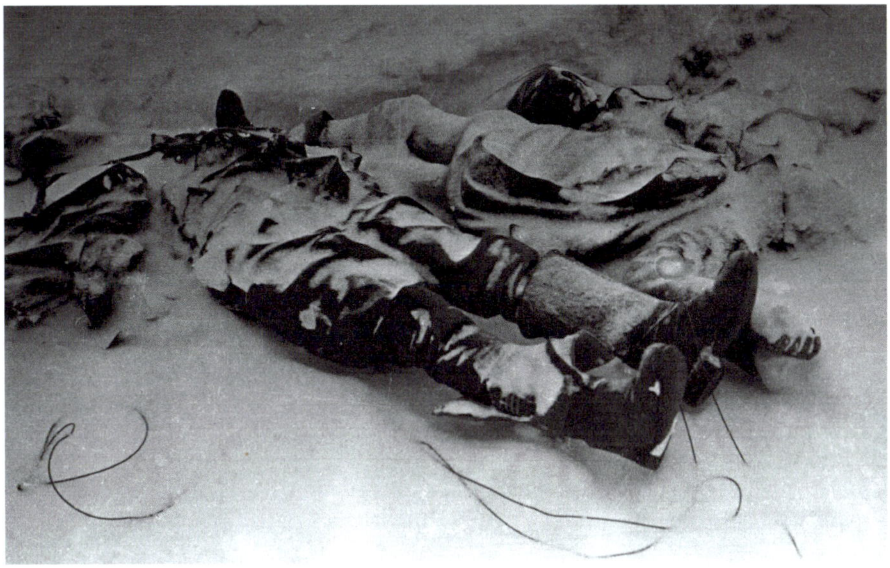

▲ **Tote Soldaten auf dem Schlachtfeld bei Stalingrad.**
Foto von 1943.

Krieg gegen die Sowjetunion Ohne im Westen den Gegner besiegt zu haben, kündigte Hitler bereits im Sommer 1940 der Spitze der Wehrmacht den Krieg gegen die Sowjetunion an. Er wartete allerdings dazu noch das nächste Frühjahr ab, weil deutsche Truppen dem italienischen Bündnispartner auf dem Balkan und in Nordafrika beistehen mussten.

Mit einem Überraschungsangriff eröffnete Hitler im Juni 1941 ohne Kriegserklärung den Kampf gegen die Sowjetunion (▸ M1). Zwar gelang es in der Anfangsphase, weit ins Innere des Landes vorzudringen, doch auf Dauer erwies sich das Prinzip des „Blitzkrieges" hier als völlig unrealistisch. Nachschubprobleme, die Weite des Landes und das raue Klima, auf das die Wehrmacht nur unzureichend vorbereitet war, stoppten den deutschen Vormarsch gemeinsam mit einer zunehmend gut organisierten Roten Armee. In einer Kesselschlacht bei *Stalingrad* gelang der sowjetischen Armee Anfang 1943 ein überwältigender Sieg, dessen psychologische Wirkung für beide Seiten von großer Bedeutung war.

Gegen die tiefe Niedergeschlagenheit in der Bevölkerung versuchte Propagandaminister Goebbels anzukämpfen, indem er zum *totalen Krieg* aufrief, doch der Mythos, der den „Führer" umgeben hatte, war zerstört (▸ M2).

Die deutsche Wirtschaft im Krieg Die NS-Machthaber waren bemüht, die Belastungen für die deutsche Bevölkerung in möglichst engen Grenzen zu halten. Niemand sollte Hunger leiden, denn Hitler lebte in ständiger Angst vor Streiks und inneren Unruhen, wie sie am Ende des Ersten Weltkrieges stattgefunden hatten. Nicht zuletzt durch die enormen Gebietsgewinne gelang es, die Zufuhr an Rohstoffen und Lebensmitteln ins Deutsche Reich zu steigern. Rücksichtslos wurde die jüdische Enteignungspolitik in den besetzten Ländern fortgeführt, die fremden Staatskassen bis zum Bankrott mit riesigen Kontributionen belastet und Produktion, Ressourcen und Lebensmittel für die deutschen Bedürfnisse ausgebeutet. Den durch den deutschen Lebensmittelraub verursachten Hungersnöten fielen Millionen Menschen zum Opfer.

▲ **Ukrainische Familie, die zur Zwangsarbeit nach Volzum in Niedersachsen verschleppt wurde.**
Foto vom Mai 1943.
Meist kamen die Kinder mit ihren Eltern, oft waren sie aber auch ganz auf sich allein gestellt.

Lesetipp
Volkhard Knigge u. a. (Hrsg.), Zwangsarbeit. Die Deutschen, die Zwangsarbeiter und der Krieg, Weimar 2010 (Ausstellungskatalog)

Internettipp
www.mit-stempel-und-unterschrift.de

Zu den Maßnahmen, mit denen die Leistung der deutschen Kriegswirtschaft gesteigert werden sollte, zählte auch der Einsatz ausländischer Gefangener und Zwangsarbeiter (▸ M3). Da 1,8 Millionen Kriegsgefangene den Ausfall der in die Wehrmacht eingezogenen Männer nicht ausgleichen konnten, wurden in den besetzten Gebieten systematisch arbeitsfähige Menschen gefangen genommen und nach Deutschland geschickt – rund sechs Millionen Frauen und Männer insgesamt, darunter auch Kinder ab zehn Jahre. Diese Altersgrenze wurde ab 1943 oft noch unterschritten. Fast drei Millionen „Fremdarbeiter" stammten aus der Sowjetunion, rund zwei Millionen aus Polen. Massentransporte in Güterwaggons, schlechte Behandlung und Unterbringung, mangelhafte Ernährung sowie schwerste körperliche Arbeit gehörten zu den unmenschlichen Bedingungen, denen die Opfer in der Regel ausgesetzt waren.

Gleichzeitig nahm mit dem Krieg der politische Druck auf die Bevölkerung zu. Offene Kritik an dem Krieg und Zweifel am „Endsieg" wurden gerichtlich verfolgt, wobei die Nationalsozialisten sich nicht nur auf die Gestapo verlassen konnten, sondern auch auf ein Heer von Denunzianten.

Der europäische Krieg wird zum Weltkrieg Am 7. Dezember 1941 eröffnete Japan mit einem Luftangriff auf die amerikanische Pazifikflotte in *Pearl Harbor* die Kampfhandlungen gegen die USA. Deutschland und Italien erklärten daraufhin, ohne vertraglich gegenüber Japan verpflichtet zu sein, den Vereinigten Staaten wenige Tage später den Krieg. Dagegen formierte sich auf der anderen Seite die **Anti-Hitler-Koalition** einschließlich der UdSSR, die der britische Premierminister Churchill – trotz weltanschaulicher Bedenken – förderte.

Anti-Hitler-Koalition: die Gegner des nationalsozialistischen Deutschland mit den USA, Großbritannien und der Sowjetunion an der Spitze. Die „Großen Drei" legten gemeinsame Kriegsziele wie die bedingungslose Kapitulation Deutschlands, Japans und Italiens fest.

Die großen Materialreserven, das Industriepotenzial und die frischen Truppen der USA verhalfen den Alliierten auch im Westen zu einer deutlichen Überlegenheit. Als den Amerikanern und Engländern am 6. Juni 1944 die Landung an der Küste der Normandie gelang, war die deutsche Niederlage nur noch eine Frage der Zeit. Da die

▸ **Deutsche Soldaten auf dem Weg in die Gefangenschaft.**
Foto vom 4. Mai 1945.
Mehr als 10,5 Millionen deutsche Soldaten waren bei Kriegsende in alliierter Gefangenschaft. Erst 1956 kehrten die letzten deutschen Kriegsgefangenen aus der Sowjetunion zurück.

◂ **Die zerbombte Innenstadt von Hamburg.**
Wie in vielen anderen deutschen Städten wurden in Hamburg große Teile der Innenstadt durch alliierte Bombenangriffe zerstört. Umgekehrt legten die Deutschen allein in Großbritannien ein Dutzend Städte in Trümmer.

nationalsozialistische Führung verbissen den Widerstand aufrechterhielt, sanken die meisten deutschen Großstädte unter den alliierten Luftangriffen in Schutt und Asche. Erst als die Rote Armee vor Berlin stand, begingen Hitler und mehrere seiner Mitarbeiter Selbstmord. Daraufhin erfolgte die deutsche Gesamtkapitulation, die am 8. Mai 1945 in Kraft trat. Der Krieg in Europa war zu Ende.

Der Zweite Weltkrieg endete drei Monate später mit der *bedingungslosen Kapitulation* Japans, nachdem die USA über Hiroshima und Nagasaki erstmals Atombomben abgeworfen hatten. Der amerikanische Präsident *Harry S. Truman*, der nach dem Tode Roosevelts im April 1945 die Macht übernommen hatte, schob Bedenken gegen die gewaltige Zerstörungskraft der Atomwaffen u.a. mit dem Hinweis beiseite, dass die Japaner nur auf diese Weise zur „bedingungslosen Kapitulation" gezwungen werden könnten. Über 200 000 Menschen starben bei den Bombenabwürfen sofort. Die Langzeitfolgen der radioaktiven Verseuchung wurden erst später deutlich: Zahllose Menschen starben an Leukämie und an anderen Krebserkrankungen.

Lesetipp
Jörg Friedrich, Der Brand. Deutschland im Bombenkrieg 1940-1945, Berlin 2004

Filmtipp
Der Untergang; Deutschland / Italien / Österreich 2004, Regie: Oliver Hirschbiegel

M1 „Völlige Vernichtung“

Am 10. Oktober gibt der Oberbefehlshaber der 6. Armee, General von Reichenau, folgenden Befehl zum „Verhalten der Truppen im Ostraum“ aus, der von Hitler als vorbildlich bezeichnet und danach auch von anderen Truppenteilen übernommen wird:

Hinsichtlich des Verhaltens der Truppe gegenüber dem bolschewistischen System bestehen vielfach noch unklare Vorstellungen. Das wesentlichste Ziel des Feldzuges gegen das jüdisch-bolschewistische System ist die völlige Zerschlagung der Machtmittel und die Ausrottung des asiatischen Einflusses im europäischen Kulturkreis. Hierdurch entstehen auch für die Truppe Aufgaben, die über das hergebrachte einseitige Soldatentum hinausgehen. Der Soldat ist im Ostraum nicht nur ein Kämpfer nach den Regeln der Kriegskunst, sondern auch Träger einer unerbittlichen völkischen Idee und der Rächer für alle Bestialitäten, die deutschem und anverwandtem Volkstum zugefügt wurden. Deshalb muss der Soldat für die Notwendigkeit der harten, aber gerechten Sühne am jüdischen Untermenschentum volles Verständnis haben. Sie hat den weiteren Zweck, Erhebungen im Rücken der Wehrmacht, die erfahrungsgemäß stets von Juden angezettelt wurden, im Keime zu ersticken. Der Kampf gegen den Feind hinter der Front wird noch nicht ernst genug genommen.

Immer noch werden heimtückische, grausame Partisanen und entartete Weiber zu Kriegsgefangenen gemacht, immer noch werden halb uniformierte oder in Zivil gekleidete Heckenschützen und Herumtreiber wie anständige Soldaten behandelt und in die Gefangenenlager abgeführt. [...] Fern von allen politischen Erwägungen der Zukunft hat der Soldat zweierlei zu erfüllen:

1.) die völlige Vernichtung der bolschewistischen Irrlehre, des Sowjetstaates und seiner Wehrmacht.

2.) die erbarmungslose Ausrottung artfremder Heimtücke und Grausamkeit und damit die Sicherung des Lebens der deutschen Wehrmacht in Russland. Nur so werden wir unserer geschichtlichen Aufgabe gerecht, das deutsche Volk von der asiatisch-jüdischen Gefahr ein für allemal zu befreien.

Reinhard Rürup (Hrsg.), Der Krieg gegen die Sowjetunion 1941-1945. Eine Dokumentation, Berlin 1991, S. 122

1. *Geben Sie mit eigenen Worten wieder, welche Aufgaben den Soldaten „im Ostraum“ laut Befehl zukommen.* *
2. *Informieren Sie sich über damalige und heutige Völkerrechtsvereinbarungen, die auch im Krieg gültig bleiben. Arbeiten Sie heraus, inwiefern die Deutschen dagegen verstoßen haben.*

* und wie werden sie gerechtfertigt?

3. *Erklären Sie, warum es unter den Soldaten „unklare Vorstellungen“ über die Kriegsführung gab.*
4. *Erörtern Sie, inwiefern die deutsche Kriegsführung eine Umsetzung der nationalsozialistischen Rassenideologie ist (Seite 268 ff., M2).*
5. + *Keine Ausstellung wurde in Deutschland so kontrovers diskutiert wie die Wanderausstellung zu den Verbrechen der Wehrmacht während des Zweiten Weltkrieges, die zwischen 1995 und 1999 und danach noch einmal in überarbeiteter Form zwischen 2001 und 2004 in zahlreichen Städten gezeigt wurde. Informieren Sie sich über den Inhalt und die zeitgenössische Diskussion zu der „Wehrmachtsausstellung“ (vgl. Seite 339). Nehmen Sie in einem Essay Stellung zu der Debatte.*

M2 Bombenangriffe und Durchhalteparolen

Jörg Friedrich, der sich bei seinen Forschungen mit den Bombenangriffen auf Deutschland und deren Auswirkungen befasst, schildert die durch die alliierte Luftüberlegenheit ausgelöste Stimmung in der deutschen Bevölkerung und die Gegenpropaganda des NS-Regimes:

Der dringlichsten Frage der Volksgenossen weicht der Staat aus: „Wo hat der Feind angegriffen, wie hoch sind die Verluste?“ Zeitungen kleiden die Ruhrschlacht in Phrasen. „Standhaftigkeit gegen Mordbrenner.“ „Härte und Entschlossenheit gegen britischen Terror.“ Das Informationsloch wird gefüllt vom Gerücht. Das Gerücht übertreibt, doch folgt die Wirklichkeit ihm nach. Es ist ihr ein Stück voraus. Anfang Juli [1943] sind ihm „neuartige Kampfmethoden der Feindmächte“ bekannt. Die Brände greifen rasch um sich. [...] Nach der Bearbeitung der „Ruinenstädte des Ruhrgebiets“ greift der Luftterror nach dem gesamten Reichsgelände. Berlin, München, Nürnberg werden „Stalingrad gleichgemacht“. Im Westen entsteht das Aufmarsch- und Kriegsgebiet, Tausende nicht identifizierbare Leichen gelangen in Massengräber. Der Phosphor lässt sie zu kleinen Mumien schrumpfen. Sie sind im Keller bei lebendigem Leibe verbrannt. Um ein Uhr nachts steht die Bevölkerung vor den Bunkern Schlange. Im Hamburger Feuersturm vergeht die Siegeszuversicht. Das Sicherheitsgefühl ist „urplötzlich zusammengesackt“. Ein quälendes Gefühl sagt, dass ein Gegner, der solche Attacken führt, unbezwinglich ist. „Die werden uns fertigmachen.“ Wir sollten aufhören, „um jeden annehmbaren Preis Schluss machen“, denn „die Opfer werden von Tag zu Tag größer“. [...] Am 8. November 1943 hält Hitler seine letzte öffentliche Rede vor den „Alten Kämpfern“; sie wird auf Magnetophonband mitgeschnitten, um 20:15 Uhr sendet sie der Funk. Er spricht

▲ **Ausbildung von Kindersoldaten für den „Volkssturm".**
Foto um 1944/45.
Obwohl die militärische Niederlage der Wehrmacht nicht mehr abzuwenden war, schickte Hitler mit Erlass vom 25. September 1944 ein letztes Aufgebot an die Front: alte Männer, Kinder und Jugendliche. Nur notdürftig ausgerüstet und ausgebildet, diente der „Volkssturm" als Kanonenfutter für die alliierten Armeen

vorwiegend von der Kraft, die das Opfer verleiht. Wer seinen Besitz eingebüßt habe, könne den Rückgewinn nur vom Sieg erwarten. „So sind Hunderttausende von Ausgebombten die Avantgarde der Rache." Die Industrieschäden seien belanglos, die zwei oder drei Millionen ruinierter Wohnungen in kürzester Zeit wieder aufgebaut, „mögen sie zerstören, so viel sie wollen". Ihn schmerze die Pein der Frauen und Kinder, doch beuge er sich in Dankbarkeit vor dem Allmächtigen, dass er keine schwereren Prüfungen, den Kampf auf deutschem Boden, geschickt habe, „sondern dass er es fertig bringen ließ, gegen eine Welt der Übermacht diesen Kampf erfolgreich weit über die Grenzen des Reiches hinauszutragen". Deutschland werde niemals den Fehler von 1918 wiederholen, eine Viertelstunde vor zwölf die Waffen niederzulegen. „Darauf kann man sich verlassen: Derjenige, der die Waffen als allerletzter niederlegt, das wird Deutschland sein, und zwar fünf Minuten nach zwölf." [...] Wenn der Führer von Vergeltung spricht, kommt sie auch. Andererseits ist sein Latein am Ende, sonst würde er nicht den Allbarmherzigen anrufen. „Die Not hat ihn beten gelehrt." Wenigstens erwähnt er die Qual der Frauen und Kinder und nicht die Dome. Ganz gegen seine Art hat Hitler weniger anzukünden, was Deutschland auszuteilen, als was es einzustecken vermag.

Jörg Friedrich, Der Brand, München 2002, S. 479 und 481 f.

1. *Recherchieren Sie das Ausmaß der durch die alliierte Luftüberlegenheit ausgelösten Zerstörung in den Städten (vgl. Seite 307). Beschreiben Sie die Folgen für die Bevölkerung und ihre Stimmung.*
2. *Erläutern Sie die Versuche der NS-Propaganda, hier gegenzusteuern.*
3. *Nehmen Sie Stellung zu den Konsequenzen dieses Steuerungsprozesses.*

▲ **Kennzeichen für Zwangsarbeiter, um 1942.**
„Ostarbeiter" aus der Sowjetunion und polnische Arbeiter, die zur Zwangsarbeit nach Deutschland verschleppt wurden, mussten auf ihrer Kleidung die Aufnäher „Ost" bzw. „P" tragen.

- *Erklären Sie, warum die „Ostarbeiter" gekennzeichnet wurden.*
- *Im Jahr 2000 wurde im deutschen Bundestag ein Gesetz über die Entschädigung für ehemalige Zwangsarbeiter beschlossen. Informieren Sie sich darüber und nehmen Sie in einem Referat Stellung dazu.*

M3 Einsatz von Arbeitskräften im Krieg

Angaben in Millionen

	Reichsbürger	darunter Frauen	Zwangsarbeiter u. Kriegsgefangene	Einberufene
1939	39,1	14,6	0,3	1,4
1940	34,8	14,4	1,2	5,7
1941	33,1	14,1	3,0	7,4
1942	31,3	14,4	4,1	9,4
1943	30,3	14,8	6,3	11,2
1944	28,4	14,9	7,1	13,0

Wolfgang Schneider, Frauen unterm Hakenkreuz, Hamburg 2001, S. 158

1. *Analysieren Sie die Tendenzen und Verschiebungen in den Zahlen der Arbeitskräfte.*
2. *Erläutern Sie die Gründe für die Entwicklung des Frauenanteils an den zivilen Arbeitskräften.*
3. *Erörtern Sie gesellschaftliche Veränderungen im Reich, die sich durch die Verschiebungen in der Arbeits- und Alltagswelt ergeben haben könnten.*

M4 Tote des Zweiten Weltkrieges

Sichere Angaben über die Verluste liegen nicht vor. Die Zahlen basieren auf neueren Schätzungen.

Sowjetunion	26,3 Mio.	davon 15 Mio. Zivilisten
Deutschland	7,3 Mio.	davon 0,5 Mio. Zivilisten und 2,1 Mio. Flucht- und Vertreibungsopfer
Polen	4,52 Mio.	davon 4,2 Mio. Zivilisten
Japan	1,8 Mio.	davon 0,6 Mio. Zivilisten
Jugoslawien	1,7 Mio.	davon 1,3 Mio. Zivilisten
Frankreich	0,81 Mio.	davon 0,5 Mio. Zivilisten
USA	0,4 Mio.	
Großbritannien	0,39 Mio.	davon 62 000 Zivilisten
Ungarn	0,38 Mio.	davon 0,3 Mio. Zivilisten
Rumänien	0,38 Mio.	
Tschechoslowakei	0,38 Mio.	
Italien	0,33 Mio.	
Niederlande	0,21 Mio.	davon 0,2 Mio. Zivilisten
Gesamtverluste	**ca. 55 Mio.**	

Nach: Rüdiger Overmans, 55 Millionen Opfer des Zweiten Weltkrieges?, in: Militärgeschichtliche Mitteilungen 2/90, S. 1033 ff., Martin Vogt (Hrsg.), Deutsche Geschichte. Von den Anfängen bis zur Gegenwart, Frankfurt am Main ³2006, S. 773 und Fischer Weltalmanach '91, Frankfurt am Main 1990, S. 544

Erläutern Sie, was die Zahl der getöteten Zivilisten über die Art der Kriegsführung aussagt.

Terror und Holocaust

▲ **Plakat, um 1937.**

▪ *Erläutern Sie, wie das NS-Regime hier versucht, die Akzeptanz in der Bevölkerung für die heuchlerisch als „Euthanasie" bezeichneten Krankenmorde zu erhöhen.*

Vorstufe zum Völkermord: das „Euthanasie"-Programm Nach den pseudobiologischen Lehren von „Rassenhygiene" und „Erbgesundheit", wie sie die Nationalsozialisten vertraten, galten alle „sozial oder rassisch Unerwünschten" wie die Sinti und Roma und alle slawischen Völker, darunter vor allem Russen und Polen, die Zeugen Jehovas, Homosexuelle oder **„Asoziale"** als „minderwertig" und „lebensunwert". Dazu zählten auch „erbkranke", geistig und körperlich behinderte Menschen. Das „Gesetz zur Verhütung erbkranken Nachwuchses" vom 14. Juli 1933 ordnete die Zwangssterilisation von Menschen mit vermeintlich verändertem Erbgut an. Ab 1935 wurden schwangere Frauen, bei denen eine „Erbkrankheit" diagnostiziert wurde, zur Abtreibung gezwungen.

In den Monaten vor Kriegsbeginn wurden konkrete Vorbereitungen für den ersten systematischen Massenmord des NS-Regimes getroffen. Seit August 1939 mussten Hebammen und Ärzte den Gesundheitsämtern alle behinderten Neugeborenen und Kleinkinder melden. Diese Meldepflicht war die Grundlage der im Herbst 1939 einsetzenden, verharmlosend als **„Euthanasie"** bezeichneten Ermordung kranker Kinder in eigens eingerichteten „Kinderfachabteilungen". Bis zum Kriegsende 1945 forderte die „Kindereuthanasie" schätzungsweise zwischen 5 000 und 10 000 Opfer.

Unter dem Deckmantel des Krieges wurde das „Euthanasie"-Programm auf Erwachsene ausgedehnt. Hitler ermächtigte den Leiter der Kanzlei des Führers, *Philipp Bouhler*, und seinen Begleitarzt *Karl Brandt* zunächst mündlich, später in einem Schreiben, „unheilbar Kranken" den „Gnadentod" zu gewähren. Tarngesellschaften organisierten die als **„Aktion T4"** benannte „Vernichtung unwerten Lebens". Ab 1940 wurden etwa 70 000 Menschen in sechs zu Tötungsanstalten umgerüsteten „Heil- und Pflegeanstalten" mit dem Giftgas Kohlenmonoxid ermordet.

Trotz aller Geheimhaltung und Verschleierungsversuche waren die Morde spätestens im Frühjahr 1941 in weiten Teilen des Reiches bekannt. In der Bevölkerung regte sich öffentlicher Protest, vor allem vonseiten der Angehörigen der Opfer und auch einiger Bischöfe, wie dem evangelischen Landesbischof *Theophil Wurm* oder dem Münsteraner Bischof *Clemens August Graf von Galen*. Ende August 1941 ließ Hitler das „Euthanasie"-Programm offiziell einstellen. Bald darauf begann der Krankenmord in den besetzten sowjetischen Gebieten durch Erschießung und den Einsatz von Gaswagen. Er wurde – in anderer Form und weniger auffällig – auch im Reich fortgesetzt. Viele tausend Kranke ließ man verhungern oder tötete sie durch überdosierte Medikamente. Insgesamt wird die Zahl der Opfer auf etwa 275 000 geschätzt. Die Methoden und das Personal der T4-Aktion kamen auch im Generalgouvernement zum Einsatz.

„Asoziale": in der NS-Zeit als minderwertig geltende, „arbeitsscheue" oder unangepasst lebende Menschen u.a. aus sozialen Unterschichten, wie Bettler, Landstreicher, Prostituierte, Fürsorgeempfänger oder Alkoholiker

„Euthanasie": Sterbehilfe, abgeleitet von griech. „guter" oder „leichter Tod"

„Aktion T4": nach dem Verwaltungssitz der Vernichtungsaktion in der Tiergartenstraße 4 in Berlin bezeichneter Code

Beginn der Massenmorde Nach der Ausgrenzung und Vertreibung der deutschen Juden begann mit dem Zweiten Weltkrieg die Vernichtung der europäischen Juden.

Bereits im Herbst 1939 zeigte sich, welch neuartige Dimension der von Hitler vom Zaun gebrochene Krieg erreichen sollte, der im Osten als „Kampf um Lebensraum" geführt wurde. Unter der Leitung des von Heinrich Himmler neu geschaffenen und von *Reinhard Heydrich* geführten Reichssicherheitshauptamtes (RSHA) rückten eigens für den Angriff auf Polen aufgestellte Einsatzgruppen der Sicherheitspolizei und des SD hinter der Wehrmacht vor, um Hitlers rassenideologisches Völkermordkonzept in die Tat umzusetzen. Ein Großteil des eroberten Landes sollte ins Deutsche Reich einge-

Lesetipp
Harald Welzer, Täter. Wie aus ganz normalen Menschen Massenmörder werden, Frankfurt am Main [5]2011

▲ **Adolf Eichmann.**
Eichmann (1906-1962, hingerichtet) war SS-Obersturmbannführer, seit 1939 Leiter beim RSHA, Amt IV, Referat IV D 4 „Auswanderung und Räumung", dann Referat IV B 4 „Judenangelegenheiten", und zentraler Organisator der Deportation von 3 Mio. Juden.

Völkermord (Genozid): Auslöschung willkürlich definierter Gruppen von Menschen unter zumeist extrem brutalen Begleitumständen; der englische Begriff für Völkermord, *genocide*, geht auf den poln.-jüd. Juristen Raffael Lemkin zurück, der ihn im Jahr 1944 prägte. Beispiele für Genozide in der Geschichte sind der Holocaust sowie der Völkermord an den Armeniern während des Ersten Weltkrieges.

gliedert und von umgesiedelten Deutschen aus den baltischen Staaten und anderen osteuropäischen Gebieten „germanisiert" werden. Die jüdische Bevölkerung wurde ins überbevölkerte Generalgouvernement[1] vertrieben, in Ghettos zusammengepfercht oder sofort erschossen. Repräsentanten der polnischen Oberschicht, Intellektuelle, Geistliche, aber auch Arbeiter und Gewerkschafter wurden zu Tausenden ermordet oder in Konzentrationslager deportiert. Wer nicht „germanisiert" werden konnte – nach deutschen Schätzungen über 95 Prozent der polnischen Bevölkerung – musste harte Zwangsarbeit verrichten.

Zwischen 1939 und 1941 wurden in den verschiedenen Ressorts des Auswärtigen Amtes und des RSHA Pläne für eine „territoriale Endlösung der Judenfrage" ausgearbeitet. Diese sahen vor, alle Juden aus dem deutschen Machtbereich in große Judenreservate in Osteuropa, auf die Insel Madagaskar („Madagaskar-Plan") vor der Ostküste Afrikas oder andere entfernte Orte zu deportieren. Während diese Pläne wieder fallengelassen wurden, begann sich ein Programm für eine „Endlösung" herauszubilden, das von Anfang an auf einen **Völkermord (Genozid)** zielte. Das bei den improvisierten Vertreibungs- und Tötungsaktionen erreichte Ausmaß von Gewalt stellte dafür die Weichen.

Die „Endlösung" Bis heute sind sich die Wissenschaftler uneinig, wann im engsten Führungszirkel des Regimes die Entscheidung für den Völkermord an den europäischen Juden fiel. Planung und Verwirklichung galten als „Geheime Reichssache". Die meisten Historiker datieren diesen Entschluss auf Oktober 1941. Der letzte Schritt war eine Generalermächtigung zur vollständigen Ermordung der europäischen Juden durch Hitler im Dezember 1941 (▸ M1). Die Verwaltung der *„Endlösung der Judenfrage"* übernahm Heydrich, die Organisation der Deportationen, vor allem außerhalb des Generalgouvernements und der Sowjetunion, wurde *Adolf Eichmann*[2] übertragen.

Noch vor dem Überfall auf die Sowjetunion erhielten die Einsatzgruppen und Polizeieinheiten Sondervollmachten, „in eigener Verantwortung gegenüber der Zivilbevölkerung Exekutivmaßnahmen zu treffen". Auch die Gestapo, Bataillone der Ordnungspolizei, Brigaden der Waffen-SS und Angehörige der Wehrmacht, der Zivilverwaltung sowie Freiwilligenverbände aus den besetzten Gebieten beteiligten sich an den Massakern (▸ M2). In der UdSSR waren die einmarschierenden deutschen Truppen an manchen Orten als Befreier vom Bolschewismus begrüßt worden. Doch die Brutalität von Wehrmacht, SS und anderen Einheiten ließ die Stimmung rasch umschlagen. Von Anfang an war der Feldzug gegen die Sowjetunion ein Raub- und Vernichtungskrieg, dem auch nahezu zwei Millionen sowjetische Kriegsgefangene zum Opfer fielen.

◂ **Deportation der Remscheider Sinti und Roma.**
Foto vom 3. März 1943.
Das Foto zeigt etwa 30 bis 40 Sinti und Roma auf dem Weg zum Hauptbahnhof in Remscheid (Nordrhein-Westfalen). Bewacht werden Sie von uniformierten Beamten und Zivilisten. Die Remscheider Sinti und Roma wurden ins das Vernichtungslager Auschwitz-Birkenau deportiert. Zu Auschwitz siehe Seite 314 und 319.

[1] Siehe hierzu Seite 288.
[2] Siehe Seite 460 f.

▲ **Orte des Terrors und der Vernichtung von 1941 bis 1945.**

Nach einer Anfang 2013 veröffentlichten Holocaust-Studie aus den USA gab es im besetzten Europa nicht – wie bisher angenommen – um die 7000 Lager und Ghettos, sondern wohl 42 500 Zwangsarbeits- und Gefangenenlager, Konzentrationslager und Ghettos. Die meisten Lager wurden im Reich selbst und in den annektierten und besetzten Gebieten Polens errichtet.

Karte erstellt vom Institut für Zeitgeschichte, München – Berlin, 2007.

Ab Juni 1941 ermordeten die Einsatzgruppen in den besetzten Gebieten der Sowjetunion mindestens 900 000 Menschen. Nahezu die ganze jüdische Bevölkerung der eroberten Gebiete, Sinti und Roma, Kriegsgefangene und Kommunisten wurden durch Massenerschießungen und durch Autoabgase in LKWs getötet (▸ M3 und M4). Bei der größten dieser Mordaktionen in der Schlucht von Babi Jar bei Kiew im September 1941 starben innerhalb von zwei Tagen mehr als 33 000 Juden. Insgesamt wurden rund 2,4 Millionen sowjetische Juden ermordet.

Am 20. Januar 1942 trafen sich hohe Verwaltungsbeamte, SS-Offiziere und Staatssekretäre aus dem Innen-, Justiz- und Außenministerium unter der Leitung von Heydrich in einer Villa am Berliner Wannsee, um die „praktische Durchführung“ der bereits begonnenen „Endlösung der Judenfrage“ zu koordinieren. Laut Konferenzprotokoll der nach ihrem Tagungsort benannten „*Wannsee-Konferenz*" sollten über elf Millionen europäische Juden ermordet werden.

Im Osten mündeten die Massaker und Exekutionen schon zu diesem Zeitpunkt in einen industriell betriebenen Massenmord. Bereits im Frühjahr 1940 war auf polnischem Boden das *Konzentrationslager Auschwitz* errichtet worden, ab 1942 *Vernichtungslager* (Auschwitz II) (▸ M5). Die Planungen für die Vernichtungslager gehen auf das Jahr 1941 zurück. Das erste dieser Lager wurde im Warthegau mitten im Dorf Kulmhof (Chelmno) auf Initiative des Gauleiters *Arthur Greiser* im Dezember 1941 eingerichtet. Mit Belzec, Sobibor und Treblinka entstanden im Jahr 1942 weitere Vernichtungslager im Generalgouvernement.

Im Gegensatz zu den Menschen, die die Transporte nach Auschwitz bzw. Auschwitz II (Auschwitz-Birkenau) in den Güter- und Viehwaggons[1] überlebt hatten und vor Ort für den Tod in den Gaskammern oder zur Zwangsarbeit „selektiert" wurden, wurden die zumeist polnischen Juden nach ihrer Ankunft in Chelmno und den Vernichtungslagern der **„Aktion Reinhardt"** fast ausnahmslos sofort getötet. Nur wenige, die man für Hilfsarbeiten benötigte, ließ man zunächst am Leben. Noch „arbeitsfähige" Personen hatte man bereits vorher in den Ghettos für die Zwangsarbeit ausgewählt. In Belzec wurde der Massenmord im Dezember 1942 eingestellt, Sobibor und Treblinka wurden Ende 1943 geschlossen.

Die Deportationszüge aus allen Teilen Europas rollten bereits seit Mitte des Jahres 1942 nach Auschwitz, ab Sommer 1943 fuhren nahezu alle Züge dorthin. Neben dem massenhaften Mord in den Gaskammern durch das Blausäurepräparat Zyklon B starben die Häftlinge dort von Beginn an auch durch extrem harte und gefährliche Zwangsarbeit, Folter, medizinische Versuche und unmenschliche Lebensbedingungen.

Nahezu eine Millionen jüdische Opfer sind für Auschwitz dokumentiert, zwischen 870 000 und 925 000 wurden zwischen Juli 1942 und August 1943 in Treblinka ermordet, ca. 435 000 zwischen März und Dezember 1942 in Belzec, etwa 160 000 bis 200 000 von April bis Juni 1942 und von Oktober 1942 bis Oktober 1943 in Sobibor, 152 000 in Kulmhof, zwischen 80 000 und 110 000 in Lublin-Majdanek, vermutlich 65 000 in Maly Trostinez. Als seit 1944 die Ostfront näher rückte und die Lager im Osten auf Befehl Himmlers geräumt wurden, kamen zudem unzählige KZ-Insassen auf den grausamen „Todesmärschen" in den Westen durch Hunger, Kälte oder die Schüsse von SS-Männern ums Leben. Insgesamt fielen dem **Holocaust (Shoa)** mindestens 5,29 Millionen, wahrscheinlich aber knapp über sechs Millionen Juden aus ganz Europa zum Opfer, darunter mindestens 1,5 Millionen jüdische Kinder unter 14 Jahren.

Auf ein Programm zur Ermordung sämtlicher Sinti und Roma legte sich das NS-Regime nie fest, jedoch erließ Heinrich Himmler Ende 1942 den Befehl, alle noch im Deutschen Reich lebenden „zigeunerischen Sippen" und „Zigeuner-Mischlinge" nach Auschwitz zu deportieren. Die Zahl der ermordeten Sinti und Roma ist schwer zu bestimmen. Hochrechnungen gehen von 120 000, zeitweise von 200 000 bis zu 500 000 Opfern aus, die von den Einsatzgruppen hinter den Fronten in Osteuropa und in den Vernichtungslagern getötet wurden. Allein in Auschwitz starben etwa 23 000 Sinti und Roma aus elf Staaten.

Darüber hinaus kostete der Vernichtungskrieg im Osten zehntausende Angehörige der slawischen Bevölkerungsgruppen, vor allem Polen und Russen, sowie der Sorben in der Lausitz, der Masuren in Ostpreußen und der Kaschuben in Westpreußen das Leben.

„Aktion Reinhardt": Bezeichnung für die massenhafte Vernichtung jüdischer Männer, Frauen und Kinder in den Lagern Belzec, Sobibor und Treblinka ab Frühjahr 1942. Die Opfer kamen primär aus dem Generalgouvernement, aber auch aus Holland, Frankreich, Thrakien, Mazedonien und aus dem Lager Theresienstadt. Vermutlich wurde die Mordaktion nach dem Tod Heydrichs Anfang Juni 1942 nach ihm benannt. In den Lagern der „Aktion Reinhardt" wurden die Menschen mit von Dieselmotoren erzeugtem Kohlenmonoxid getötet.

Holocaust (Shoa) (griech. holócaustos: völlig verbrannt bzw. Brandopfer): wurde zunächst als Lehnwort ins Englische übernommen, gilt heute weltweit als Synonym für die systematische Ermordung von mindestens sechs Millionen europäischer Juden und anderer Opfergruppen. In der jüdischen Tradition wird für diesen Genozid der Begriff „Shoa" (hebr. „Großes Unheil, Katastrophe") verwendet, der sich jedoch ausschließlich auf die Judenvernichtung bezieht.

Lesetipps

- *Frank Bajohr und Dieter Pohl, Der Holocaust als offenes Geheimnis. Die Deutschen, die NS-Führung und die Alliierten, München 2007*
- *Wolfgang Benz, Der Holocaust, München ⁷2008*
- *Ders. und Barbara Distel (Hrsg.), Der Ort des Terrors. Geschichte der nationalsozialistischen Konzentrationslager, 9 Bde., München 2005-2009*
- *Peter Longerich u.a. (Hrsg.), Enzyklopädie des Holocaust. Die Verfolgung und Ermordung der europäischen Juden, München/Zürich 1998*
- *Barbara Rogasky, Der Holocaust. Ein Buch für junge Leser, Berlin 2002*

[1] Die deutschen Juden wurden in Personenwaggons nach Auschwitz gebracht.

M1 Die Entscheidung für die „Endlösung“

Die Frage, wann die Entscheidung gefallen ist, alle europäischen Juden zu ermorden, ist bis heute in der Forschung umstritten, weil es keinen schriftlichen Befehl dazu gibt. Adolf Hitler erklärt am 30. Januar 1939:

Wenn es dem internationalen Finanzjudentum inner- und außerhalb Europas gelingen sollte, die Völker noch einmal in einen Weltkrieg zu stürzen, dann wird das Ergebnis nicht die Bolschewisierung der Erde und damit der Sieg des Judentums sein, sondern die Vernichtung der jüdischen Rasse in Europa.

Zwei Jahre danach macht sich Joseph Goebbels Aufzeichnungen über eine Rede Hitlers vom 12. Dezember 1941 auf einer Tagung der Reichs- und Gauleiter der NSDAP:

Bezüglich der Judenfrage ist der Führer entschlossen, reinen Tisch zu machen. Er hat den Juden prophezeit, dass, wenn sie noch einmal einen Weltkrieg herbeiführen würden, sie dabei ihre Vernichtung erleben würden. Das ist keine Phrase gewesen.
Der Weltkrieg ist da, die Vernichtung des Judentums muss die notwendige Folge sein. Diese Frage ist ohne jede Sentimentalität zu betrachten. Wir sind nicht dazu da, Mitleid mit den Juden, sondern nur Mitleid mit unserem deutschen Volk zu haben. Wenn das deutsche Volk jetzt wieder im Ostfeldzug an die 160 000 Tote geopfert hat, so werden die Urheber dieses blutigen Konflikts dafür mit ihrem Leben bezahlen müssen.

Christian Gerlach, Krieg, Ernährung, Völkermord. Forschungen zur deutschen Vernichtungspolitik im Zweiten Weltkrieg, Hamburg 1998, S. 123 f.

Erläutern Sie, mit welchen Absichten hier die „Vernichtung der jüdischen Rasse“ gerechtfertigt wird.

M2 Serbien ist von Juden und Zigeunern frei

Das Reichssicherheitshauptamt hat entschieden, dass die in Serbien lebenden oder dorthin verbrachten Juden umzubringen seien. Mit Befehl vom 4. Oktober 1941 wird die Massenexekution von Juden und Zigeunern eingeläutet – begründet als Mittel zur Bekämpfung des Widerstandes. Bis zum November 1941 wird der größte Teil der männlichen Juden und Zigeuner vom 14. Lebensjahr an aufwärts ermordet. Der mit der Erschießungsaktion beauftragte Oberleutnant Hans-Dieter Walther verfasst am 1. November 1941 einen Geheimbericht über die „Erschießung von Juden und Zigeunern“:

Nach Vereinbarung mit der Dienststelle der SS holte ich die ausgesuchten Juden bzw. Zigeuner vom Gefangenenlager Belgrad ab. Die Lkw. der Feldkommandantur 599, die mir hierzu zur Verfügung standen, erwiesen sich als unzweckmäßig aus zwei Gründen:
1. Werden sie von Zivilisten gefahren. Die Geheimhaltung ist dadurch nicht sichergestellt.
2. Waren sie alle ohne Verdeck oder Plane, sodass die Bevölkerung der Stadt sah, wen wir auf den Fahrzeugen hatten und wohin wir dann fuhren. Vor dem Lager waren Frauen der Juden versammelt, die heulten und schrien, als wir abfuhren.
Der Platz, an dem die Erschießung vollzogen wurde, ist sehr günstig. Er liegt nördlich von Pančevo unmittelbar an der Straße Pančevo – Jabuka, an der sich eine Böschung befindet, die so hoch ist, dass ein Mann nur mit Mühe hinauf kann. Dieser Böschung gegenüber ist Sumpfgelände, dahinter ein Fluss. Bei Hochwasser (wie am 29.10.) reicht das Wasser fast bis an die Böschung. Ein Entkommen der Gefangenen ist daher mit wenig Mannschaften zu verhindern. Ebenfalls günstig ist der Sandboden dort, der das Graben der Gruben erleichtert und somit auch die Arbeitszeit verkürzt.
Nach Ankunft etwa 1 1/2 - 2 km vor dem ausgesuchten Platz stiegen die Gefangenen aus, erreichten im Fußmarsch diesen, während die Lkw. mit den Zivilfahrern sofort zurückgeschickt wurden, um ihnen möglichst wenig Anhaltspunkte zu einem Verdacht zu geben. Dann ließ ich die Straße für sämtlichen Verkehr sperren aus Sicherheits- und Geheimhaltungsgründen.
Die Richtstätte wurde durch 3 l. M.G. und 12 Schützen gesichert:
1. Gegen Fluchtversuch der Gefangenen.
2. Zum Selbstschutz gegen etwaige Überfälle von serbischen Banden.
Das Ausheben der Gruben nimmt den größten Teil der Zeit in Anspruch, während das Erschießen selbst sehr schnell geht (100 Mann 40 Minuten).
Gepäckstücke und Wertsachen wurden vorher eingesammelt und in einem Lkw. mitgenommen, um sie dann der NSV[1] zu übergeben.
Das Erschießen der Juden ist einfacher als das der Zigeuner. Man muss zugeben, dass die Juden sehr gefasst in den Tod gehen – sie stehen sehr ruhig –, während die Zigeuner heulen, schreien und sich dauernd bewegen, wenn sie schon auf dem Erschießungsplatz stehen.
Einige sprangen sogar vor der Salve in die Grube und versuchten sich totzustellen.
Anfangs waren meine Soldaten nicht beeindruckt. Am 2. Tag jedoch machte sich schon bemerkbar, dass der eine oder

[1] **NSV**: Nationalsozialistische Volkswohlfahrt, vgl. Seite 281.

andere nicht die Nerven besitzt, auf längere Zeit eine Erschießung durchzuführen. Mein persönlicher Eindruck ist, dass man während der Erschießung keine seelischen Hemmungen bekommt. Diese stellen sich jedoch ein, wenn man nach Tagen abends in Ruhe darüber nachdenkt.

Zitiert nach: Walter Manoschek, „Serbien ist judenfrei". Militärische Besatzungspolitik und Judenvernichtung in Serbien 1941/42, München [2]1995, S. 100 f.

1. *Beschreiben Sie das Vorgehen des deutschen Heeres in Serbien.*

2. *Erläutern Sie das Verhalten der Soldaten. Welche Erklärung hat Walther dafür?*

3. *Analysieren Sie die Sprache, in der hier über die Massenmorde berichtet wird. Nehmen Sie Stellung dazu.*

M3 „Posener Rede"

Am 4. Oktober 1943 hält Heinrich Himmler bei der SS-Gruppenführertagung im polnischen Posen eine Rede:

Ich will hier vor Ihnen in aller Offenheit auch ein ganz schweres Kapitel erwähnen. Unter uns soll es einmal ganz offen ausgesprochen sein, und trotzdem werden wir in der Öffentlichkeit nie darüber reden. [...]
Ich meine jetzt die Judenevakuierung, die Ausrottung des jüdischen Volkes. Es gehört zu den Dingen, die man leicht ausspricht. – „Das jüdische Volk wird ausgerottet", sagt ein jeder Parteigenosse, „ganz klar, steht in unserem Programm, Ausschaltung der Juden, Ausrottung, machen wir." Und dann kommen sie alle an, die braven 80 Millionen Deutschen, und jeder hat seinen anständigen Juden. Es ist ja klar, die anderen sind Schweine, aber dieser eine ist ein prima Jude. Von allen, die so reden, hat keiner zugesehen, keiner hat es durchgestanden. Von Euch werden die meisten wissen, was es heißt, wenn 100 Leichen beisammen liegen, wenn 500 daliegen oder wenn 1000 daliegen. Dies durchgehalten zu haben, und dabei – abgesehen von Ausnahmen menschlicher Schwächen – anständig geblieben zu sein, das hat uns hart gemacht. Dies ist ein niemals geschriebenes und niemals zu schreibendes Ruhmesblatt unserer Geschichte, denn wir wissen, wie schwer wir uns täten, wenn wir heute noch in jeder Stadt – bei den Bombenangriffen, bei den Lasten und bei den Entbehrungen des Krieges – noch die Juden als Geheimsaboteure, Agitatoren und Hetzer hätten. [...] Die Reichtümer, die sie hatten, haben wir ihnen abgenommen. Ich habe einen strikten Befehl gegeben, den SS-Obergruppenführer Pohl durchgeführt hat, dass diese Reichtümer selbstverständlich restlos an das Reich abgeführt wurden. Wir haben uns nichts davon genommen. Einzelne, die sich verfehlt haben, werden gemäß einem von mir zu Anfang gegebenen Befehl bestraft, der androhte: Wer sich auch nur eine Mark davon nimmt, der ist des Todes. [...] Wir hatten das moralische Recht, wir hatten die Pflicht gegenüber unserem Volk, dieses Volk, das uns umbringen wollte, umzubringen. Wir haben aber nicht das Recht, uns auch nur mit einem Pelz, mit einer Uhr, mit einer Mark oder mit einer Zigarette oder mit sonst etwas zu bereichern. Wir wollen nicht am Schluss, weil wir einen Bazillus ausrotteten, an dem Bazillus krank werden und sterben. Ich werde niemals zusehen, dass hier auch nur eine kleine Fäulnisstelle entsteht [...]. Insgesamt aber können wir sagen, dass wir diese schwerste Aufgabe in Liebe zu unserem Volk erfüllt haben. Und wir haben keinen Schaden in unserem Innern, in unserer Seele, in unserem Charakter daran genommen. [...] Im Großen und Ganzen war unsere Haltung gut. Manches ist auch in unseren Reihen noch zu bessern. Dieses auszusprechen, ist mit der Sinn dieses Appells der Kommandeure und der Gruppenführer. Ich möchte dieses Kapitel überschreiben mit der Überschrift „Wir selbst".

Zitiert nach: www.nationalsozialismus.de/dokumente/texte/heinrich-himmler-posener-rede-vom-04-10-1943-volltext.html [15. Mai 2012]

▲ **Massenexekution.**
Foto von 1941.
Ein Soldat einer Einsatzgruppe ermordet einen Juden am Rand eines Massengrabes bei Winniza in der Ukraine.

1. *Analysieren Sie Himmlers Menschenbild und seine moralischen Vorstellungen, die aus der Rede deutlich werden. Von welchem Bild des SS-Mannes geht er aus?*
2. *Erläutern Sie, was die Rede über die Öffentlichkeit der Verbrechen aussagt.*
3. *Beurteilen Sie, inwiefern die Rede als „Schlüsseldokument" für die „Endlösung der Judenfrage" und den Holocaust angesehen werden kann.*

M4 „Ganz normale Männer" als Mörder?

Der amerikanische Historiker Daniel Jonah Goldhagen untersucht die Hauptursache der Judenmorde.

Es musste sich etwas ändern, unbedingt. Das Wesen der Juden galt den Deutschen jedoch als unveränderlich, da in ihrer „Rasse" begründet, und nach vorherrschender deutscher Auffassung waren die Juden eine Rasse, die der germanischen Rasse in unüberwindlicher Fremdheit gegenüberstand. Hinzu kam, dass der „Augenschein" den Deutschen zeigte, dass die Mehrheit der Juden sich bereits assimiliert hatte, zumindest in dem Sinne, dass sie Manieren, Kleidung und Sprache des modernen Deutschland übernommen hatte. Also hatten die Juden jede erdenkliche Möglichkeit gehabt, zu guten Deutschen zu werden – und diese ausgeschlagen. Der unumstößliche Glaube an die Existenz einer „Judenfrage" führte mehr oder weniger selbstverständlich zu der Annahme, die einzige „Lösung" bestehe darin, alles „Jüdische" in Deutschland zu „eliminieren": auszugrenzen und zu beseitigen. [...]
Hätten die ganz gewöhnlichen Deutschen die eliminatorischen Ideale ihrer Führung nicht geteilt, dann hätten sie dem sich stetig verschärfenden Angriff auf ihre jüdischen Landsleute und Brüder mindestens ebenso viel Widerstand und Verweigerung entgegengesetzt wie den Angriffen ihrer Regierung gegen die Kirchen oder dem sogenannten Euthanasieprogramm. [...]
Hitler und die Nationalsozialisten taten also nichts anderes, als den bestehenden und angestauten Antisemitismus freizusetzen und zu aktivieren.

Der Jurist Claus Arndt, der in den 1960-Jahren an Untersuchungen über die belasteten Polizeieinheiten beteiligt ist, schreibt in einem 1998 veröffentlichten Brief an Goldhagen:

Ich muss jedoch erhebliche Zweifel anmelden gegen die Richtigkeit jener These von Ihnen, dass die Mordtaten der Polizeiangehörigen in Polen und anderswo [...] antisemitisch begründet waren. Bei aller Würdigung der Abscheulichkeit des Antisemitismus halte ich diese Ursachenfeststellung für eine Verharmlosung der Motivierung der Täter.
Leider war deren Motivation viel schlimmer: Sie bestand in ihrem ethisch-moralischen Unvermögen, von menschlichen Werten getragen zu handeln. Ihr Motto war: „Befehl ist Befehl". Es war die Weigerung und totale Unfähigkeit, nach menschlichen und moralischen Grundsätzen zu handeln. Dies wurde nicht zuletzt dadurch bewiesen, dass die Betroffenen sich nicht nur Juden gegenüber so verhielten, sondern auch jeder Menschengruppe gegenüber, die von den ihnen erteilten Befehlen betroffen war. Die gleichen Polizisten sind bei der Vernichtung und Ermordung zum Beispiel der polnischen Intelligenz gegen die Frauen und Kinder dieser Gruppe mit ebenderselben Grausamkeit, Gefühllosigkeit und Brutalität vorgegangen wie gegen Juden.

Der amerikanische Historiker Christopher R. Browning untersucht am Beispiel des Reserve-Polizeibataillons 101, das in Polen 1942 während einer „Aktion" etwa 1200 Juden erschossen hat, die Motive der Männer:

Im Bataillon kristallisierten sich einige ungeschriebene „Grundregeln" heraus. Für kleinere Erschießungsaktionen wurden Freiwillige gesucht beziehungsweise die Schützen aus den Reihen derjenigen genommen, die bekanntermaßen zum Töten bereit waren [...]. Bei großen Einsätzen wurden die, die nicht töten wollten, auch nicht dazu gezwungen. [...]
Neben der ideologischen Indoktrinierung war ein weiterer entscheidender Aspekt [...] das gruppenkonforme Verhalten. Den Befehl, Juden zu töten, erhielt das Bataillon, nicht aber jeder einzelne Polizist. Dennoch machten sich 80 bis 90 Prozent der Bataillonsangehörigen ans Töten, obwohl es fast alle von ihnen – zumindest anfangs – entsetzte und anwiderte. Die meisten schafften es einfach nicht, aus dem Glied zu treten und offen nonkonformes Verhalten zu zeigen. Zu schießen fiel ihnen leichter. Warum? Zunächst einmal hätten alle, die nicht mitgemacht hätten, die „Drecksarbeit" einfach den Kameraden überlassen. Da das Bataillon die Erschießungen auch dann durchführen musste, wenn einzelne Männer ausscherten, bedeutete die Ablehnung der eigenen Beteiligung die Verweigerung des eigenen Beitrags bei einer unangenehmen kollektiven Pflicht. Gegenüber den Kameraden war das ein unsozialer Akt. [...]
Es gibt auf der Welt viele Gesellschaften, die durch rassistische Traditionen belastet und aufgrund von Krieg oder Kriegsdrohung in einer Art Belagerungsmentalität befangen sind. Überall erzieht die Gesellschaft ihre Mitglieder dazu, sich der Autorität respektvoll zu fügen, und sie dürfte ohne diese Form der Konditionierung wohl auch kaum funktionieren. [...] In jeder modernen Gesellschaft wird durch die Kom-

plexität des Lebens und die daraus resultierende Bürokratisierung und Spezialisierung bei den Menschen, die die offizielle Politik umsetzen, das Gefühl für die persönliche Verantwortung geschwächt. In praktisch jedem sozialen Kollektiv übt die Gruppe, der eine Person angehört, gewaltigen Druck auf deren Verhalten aus und legt moralische Wertmaßstäbe fest. Wenn die Männer des Reserve-Polizeibataillons 101 unter solchen Umständen zu Mördern werden konnten, für welche Gruppe von Menschen ließe sich dann noch Ähnliches ausschließen?

Erster Text: Daniel Jonah Goldhagen, Hitlers willige Vollstrecker. Ganz gewöhnliche Deutsche und der Holocaust, übers. v. Klaus Kochmann, Berlin 1996, S. 107 f., 489 und 518; zweiter Text: Claus Arndt, in: „Die Zeit" vom 15.01.1998; dritter Text: Christopher R. Browning, Ganz normale Männer. Das Reserve-Polizeibataillon 101 und die „Endlösung" in Polen, übers. v. Jürgen Peter Krause, Reinbek bei Hamburg [4]2007, S. 224, 241 und 246 f.

1. + *Fassen Sie jeweils die Kernaussagen von Goldhagen, Arndt und Browning mit eigenen Worten zusammen. Vergleichen Sie die Erklärungsansätze.*
2. *Nehmen Sie Stellung zu den Aussagen.*
3. *Erörtern Sie anhand Brownings Überlegungen, ob sich Massenverbrechen wie der Holocaust wiederholen können.*

M5 Menschen in Auschwitz

Der österreichische Historiker Hermann Langbein wird 1941 als kommunistischer Widerstandskämpfer in das KZ Dachau eingeliefert, von wo er nach Auschwitz deportiert wird. 1945 gelingt ihm auf dem Evakuierungstransport die Flucht. In den Lagern gehört Langbein jeweils zur Leitung der internationalen Widerstandsbewegung, nach 1945 ist er Generalsekretär des Internationalen Auschwitzkomitees. In seinem Buch „Menschen in Auschwitz" beschreibt er, was die vielen in und um die Konzentrationslager arbeitenden und lebenden Zivilisten wissen konnten und wie sie mit ihrem Wissen umgingen:

„Wir wussten wirklich nichts von Auschwitz und der Judenvernichtung", beteuerten viele Zeugen vor den Frankfurter Richtern, die hohe Funktionen im Staatsapparat oder in der Partei innehatten, als in Auschwitz die Krematorien Tag und Nacht gebrannt hatten; derlei Versicherungen bekommt man nicht nur in deutschen Gerichtssälen zu hören. Viele, die im Dritten Reich Rang und Namen hatten, bemühen sich nachträglich um den Nachweis, die Menschenvernichtung sei ein strengstens gehütetes Geheimnis der SS gewesen. Ihnen gab Kaduk[1] eine drastische Antwort, als er während des Frankfurter Auschwitz-Prozesses einmal lospolterte:

„Wenn die Öfen gebrannt haben, dann war eine Stichflamme von fünf Meter Höhe, die hat man vom Bahnhof aus gesehen. Der ganze Bahnhof war voll von Zivilisten. Niemand hat etwas gesagt. Auch Urlauberzüge waren dort. Oft haben die Urlauberzüge Aufenthalt in Auschwitz gehabt und der ganze Bahnhof war vernebelt. Die Wehrmachtsoffiziere haben aus dem Fenster geguckt und haben gefragt, warum es so riecht, so süß. Aber keiner hat den Mut gehabt zu fragen: Was ist denn los? Hier ist doch keine Zuckerfabrik. Wozu sind denn die Schornsteine da?" [...]

Die Tausende an den Vernichtungsstätten eingesetzten SS-Männer waren zwar zu Stillschweigen verpflichtet. Dass jedoch eine solche Verpflichtung nicht jahrelang von so vielen Menschen strikt eingehalten werden kann, liegt auf der Hand, noch dazu, wenn man die Demoralisierung dieser Truppe in Betracht zieht.

Der Schweizer René Juvet berichtet, dass ihn einmal während einer Bahnfahrt durch Bayern ein ihm unbekannter SS-Mann ansprach, der offenbar unter der Wirkung von Alkohol schilderte, wie furchtbar es im KZ Mauthausen zugehe, wo er stationiert war. Sollte Juvet der einzige gewesen sein, der auf einem solchen Weg zufällig Kenntnis von in KZs begangenen Verbrechen erhalten hat?

Wie viele haben Pakete aus den Vernichtungslagern nach Hause geschickt, so wie der Universitätsprofessor Kremer, der in seinem Tagebuch darüber Buch geführt hat? Sollte sich kein Empfänger jemals darüber Gedanken gemacht haben, woher diese im Krieg rar gewordenen Güter stammten?

SSler in gehobenen Stellungen wohnten mit ihren Familien im Lagerbereich. Wer kann glauben, dass alle Frauen und Kinder – die in Auschwitz Vergasen gespielt haben – das Schweigegebot jahrelang eisern eingehalten haben? Eisenbahner kamen bis zur Rampe und sahen aus unmittelbarer Nähe, was vorging. Angestellte der Reichsbahn nahmen Monat für Monat viele Kilo schwere Sendungen von Zahngold in Empfang. In der Filzfabrik Alex Zink in Roth bei Nürnberg wurden Frauenhaare verarbeitet, die diese Firma laufend säckeweise von der Kommandantur in Auschwitz kaufte – eine halbe Mark pro Kilogramm. Das Räderwerk der Tötungsorganisation reichte weit über die Vernichtungsstätten hinaus. [...] Die alliierten Rundfunkanstalten berichteten immer wieder über den organisierten Massenmord im Osten.

[...] Allerdings war es so, wie Ernest K. Bramsted schreibt: „Für viele wurden die falschen Gräuelmärchen der Alliierten

[1] **Oswald Kaduk** (1906 - 1997): Kaduk war Aufseher im Konzentrationslager Auschwitz, wo er als einer der grausamsten, brutalsten und ordinärsten SS-Männer galt. Im ersten Auschwitz-Prozess 1963 - 1965 gehörte er zu den Hauptbeschuldigten. Zum Prozess vgl. Seite 337.

▲ **„Aussortierung" ungarischer Juden an der sogenannten „Rampe" von Birkenau.**
Foto (Ausschnitt) vom Mai oder Juni 1944.
Ab Mai 1942 begann in Auschwitz-Birkenau der systematische Massenmord, zunächst in zwei provisorischen Gaskammern. Ab Mitte des Jahres entstanden insgesamt vier neue Krematorien mit Gaskammern im Kellergeschoss (Krematorium II und III) bzw. im Erdgeschoss (Krematorium IV und V); diese wurden ab März 1943 genutzt. Die sogenannte „Judenrampe", ein Gleis, das vom Bahnhof außerhalb direkt in das Lager führte, kam nach knapp einjähriger Bauzeit erst ab Mai 1944 zum Einsatz. Zu diesem Zeitpunkt erreichte die Massenvernichtung in Birkenau ihren Höhepunkt: Innerhalb von drei Monaten wurden etwa 450 000 Juden aus Ungarn nach Auschwitz deportiert. Auf der Rampe wurden die „noch einsatzfähigen" Männer und Frauen zunächst ins Lager aufgenommen und später zur Zwangsarbeit vornehmlich auf Reichsgebiet überstellt. Ein Teil, vor allem Zwillingskinder, fiel den KZ-Ärzten um Dr. Josef Mengele für „medizinische" Experimente zum Opfer. Die große Mehrzahl der Ankommenden, vor allem Alte, Kranke, schwangere Frauen und Mütter mit Kindern, wurde jedoch als „arbeitsunfähig" eingestuft und – unter dem Vorwand, sich duschen und desinfizieren zu müssen – unverzüglich in die Gaskammern geschickt.

(während des Ersten Weltkrieges) eine Art schützender Vorhang, hinter dem sich ihre Gemüter verstecken konnten, um sich nicht über die aktuellen Gräuel informieren zu müssen, die das Naziregime verübte." Wer sich nicht durch unheilvolle Nachrichten seine Ruhe stören lassen wollte, fand Gründe, um alle Gerüchte von sich wegzuschieben.

Nicht wenige Deutsche, die keine SS-Uniform trugen, haben aber nicht nur von der Menschenvernichtung gehört; viele sind als Zivilangestellte mit Auschwitz in Berührung gekommen und haben selbst gesehen, was dort geschah. [...]

Wenn man die Wahrheit nicht erfahren wollte, dann konnte man sich selbst im Bereich des Feuerscheins der Krematorien und des widerlichen Geruchs, den verbranntes Menschenfleisch verbreitet, blind stellen. Der so wie Heydrich bei den IG-Werken beschäftigte Schlosser Hermann Hausmann beteuerte, es sei zwar damals von Vergasungen der Gefangenen gesprochen worden, aber „wir straubten uns, das zu glauben". Wer sich erfolgreich gesträubt hat, kann nachträglich versichern, er hätte damals nichts von alldem erfahren.

Hermann Langbein, Menschen in Auschwitz, Frankfurt am Main u.a. 1980, S. 502-505

1. *Beschreiben Sie, welche Personengruppen direkt oder indirekt mit dem Vernichtungslager in Berührung kamen. Ergänzen Sie um weitere.*
2. *Erläutern Sie, wie hier der Umgang der Deutschen mit ihrem Wissen über die Verbrechen erklärt wird. Nehmen Sie dazu Stellung.*
3. *Erörtern Sie, aus welchem Grund sich die SS nachträglich bemüht hat, die Massenvergasungen als Geheimnis darzustellen.*
4. *Nehmen Sie Stellung zu der Frage, ob Holocaust und Krieg nach Hitlers Machtantritt 1933 unvermeidbar waren. Vergleichen Sie den Essay auf Seite 321 f.*

Kompetenz:
Die Problemstellung eines (historischen) Themas erfassen und anhand von kritischen Fragestellungen und Thesen multiperspektivisch erläutern, diskutieren und beurteilen

Was ist ein Essay?

Wenn wir ein Thema knapp, kenntnisreich, kritisch, klar und sprachlich ausgefeilt auf wissenschaftlichem Niveau erörtern, ist uns ein Essay gelungen. Ein historischer Essay ist der Versuch, eine Antwort auf ein Problem oder eine zentrale Frage zu geben.
Anders als das systematisch angelegte Referat erhebt der Essay weder Anspruch auf eine detailgenaue Darstellung von Sachverhalten noch referiert er den aktuellen Forschungsstand. Ziel ist es, das Thema in einem größeren Zusammenhang aus verschiedenen Perspektiven verständlich zu diskutieren, eigene Positionen zu entwickeln und dem Leser subjektive, zur weiteren Auseinandersetzung anregende Antworten zu geben.

Vorarbeit

- Grundlage ist zunächst eine Idee für ein *Thema*. Als Anregungen können aktuelle Ereignisse oder Anlässe wie Jubiläen, historische Jahrestage dienen.
- Anschließend ist eine gründliche *Recherche* und intensive *Auseinandersetzung* mit dem Thema notwendig, um ein *Konzept* mit einer tragfähigen *Leitfrage* entwickeln zu können. Sammeln Sie *Argumente* für und gegen bestimmte Thesen und ordnen Sie diese Ihrem Konzept zu. Konzentrieren Sie sich auf wesentliche Aspekte.
- Entwerfen Sie einen realistischen *Zeitplan* für die Bearbeitungsschritte Recherche, Konzept, Schreiben und Überarbeitung.

Aufbau

- *Ausgangspunkt* ist ein Problem, eine offene Frage oder eine provokante These. Die *Überschrift* sollte bereits die *Kernaussage* wiedergeben und den Leser neugierig machen, etwa als Zitat, Metapher, Frage.
- Ein motivierender *Einstieg* („Aufhänger“) führt anschaulich in das Thema ein und kann die Gründe für die Wahl des Themas sowie seine Relevanz erklären.
- Das Problem wird genannt, in den *historischen Kontext* eingeordnet und seine *Bedeutung* erläutert, indem etwa kontroverse Positionen argumentativ gegenübergestellt werden.
- Die *These/Stellungnahme* gibt die Argumentationslinie vor.
- Der *Hauptteil* enthält die *Argumentation*, die den eigenen Standpunkt plausibel erläutert, mit *Beispielen*, eigenen und fremden *Thesen* (Sekundärliteratur, Zeitungsartikel) oder *Belegen* (Statistiken, Daten, Fakten) untermauert und *Gegenpositionen* widerlegt. Der Essay ist frei von Quellennachweisen und Fußnoten, fremde Positionen und Zitate werden jedoch im Text kenntlich gemacht („Wie Autor A belegt ...“ oder „Autor B meint dazu ...“).
- Das *Fazit* fasst das *Ergebnis der Erörterung* knapp zusammen, spitzt sie auf eine *abschließende Stellungnahme* zu und nennt offene oder *weiterführende Aspekte*.

Überarbeitung

- Bevor Sie an die *Überarbeitung* gehen, sollten Sie den Essay einige Zeit ruhen lassen, um innere Distanz zu ihm zu gewinnen. *Prüfen* Sie dann die Argumentation noch einmal gründlich. Stimmt der Bezug zum Thema? Ist der Aufbau logisch? Weicht die Darstellung vom „roten Faden“ ab? Wurden nur Fakten gereiht statt argumentiert? Ist das Fazit schlüssig?
- Feilen Sie abschließend an der *Sprache*, denn sprachliche und inhaltliche Klarheit sind nicht zu trennen. Formulieren Sie präzise, voraussetzungslos, verständlich und anschaulich.

Waren Holocaust und Krieg nach dem Machtantritt Hitlers unvermeidbar?

Kernaussage als offene Frage und provokante These

Volk ohne Grenzen

Ein Essay von Michael Wildt

Motivierender, anschaulicher Einstieg mit aussagekräftigen Zitaten

Nur vier Tage nach seiner Ernennung zum Reichskanzler traf sich Adolf Hitler mit den Befehlshabern der Reichswehr in der Privatwohnung des Chefs der Heeresleitung, General der Infanterie Kurt Freiherr von Hammerstein. Was er den zwei Dutzend versammelten Generälen am Abend dieses 3. Februar zu sagen hatte, bildete den Kern seines politischen Programms: „Völlige Umkehrung der gegenwärtigen innenpolitischen Zustände in Deutschland", so notierte Generalleutnant Curt Liebmann Hitlers Ausführungen. „Keine Duldung der Betätigung irgendeiner Gesinnung, die dem Ziel entgegensteht (Pazifismus!). Wer sich nicht bekehren lässt, muss gebeugt werden. Ausrottung des Marxismus mit Stumpf und Stiel." Und: „Beseitigung des Krebsschadens der Demokratie" sowie „Eroberung neuen Lebensraums im Osten und dessen rücksichtslose Germanisierung". [...]

Problem mit knappen Hintergrundinformationen (Kriegsziele und Aufrüstung)

Von Anfang an wollte die nationalsozialistische Führung den Krieg um „Lebensraum" führen. Der dazu notwendigen Aufrüstung galten alle Aufmerksamkeit, alle Ressourcen ihrer Politik. Dazu mobilisierte sie die deutsche Bevölkerung und sämtliche ökonomischen Mittel, selbst mit der Konsequenz, durch die immense Schuldenwirtschaft die deutsche Volkswirtschaft zu zerrütten. In ihrem zynischen Kalkül würden die Beschlagnahmungen, die Kontributionen und der Raub von Vermögen aus den eroberten Gebieten die volkswirtschaftliche Bilanz Deutschlands wieder ausgleichen. Und die jungen Eliten in Staat, Militär und Wirtschaft unterstützten diese Politik, weil sie Gestaltungskraft, Expansion und Machtzuwachs bedeutete.

These/Stellungnahme (Krieg war nicht unvermeidbar)

So eindeutig die nationalsozialistische Politik von 1933 an auf den Krieg ausgerichtet war, so unvermeidlich war er dennoch nicht. Wie Hitlers vorsichtiges Taktieren bei der Besetzung des Rheinlands zeigt, war er sich in diesen ersten Jahren der NS-Herrschaft keineswegs sicher, dass seine Politik aufgehen könnte. Eine entschlossene Reaktion der europäischen Nationen, insbesondere Frankreichs, Englands und auch Italiens, hätte der deutschen Expansionspolitik durchaus Einhalt gebieten können.

Argumentation (Frühes Eingreifen der Westmächte hätte Krieg verhindern können)

Doch deuteten die Westmächte die deutsche Außenpolitik als bloße Revision des Versailler Vertrags, dessen Bestimmungen sie mittlerweile durchaus als zu hart beurteilten. Als der britische Premier Chamberlain nach Abschluss des Münchener Abkommens 1938 nach London zurückkehrte, wurde er als „peacemaker" gefeiert, der einen drohenden europäischen Krieg abgewendet habe. Italien betrieb selbst eine Eroberungspolitik im Mittelmeerraum, für die es deutsche Unterstützung brauchte. Und alle, einschließlich des Vatikans, sahen es gern, wenn sich die nationalsozialistische Aggressivität gegen den Bolschewismus und die Sowjetunion richtete. Den Kern der nationalsozialistischen Politik, den Krieg um „Lebensraum", der an den europäischen Grenzen von 1914 nicht haltmachte, haben die übrigen europäischen Mächte zu spät erkannt, um rechtzeitig eingreifen zu können. Erst als Hitler Polen überfiel, erklärten Großbritannien und Frankreich dem Nazi-Regime den Krieg.

Thesen, Beispiele und Belege untermauern die eigene Position (Westmächte erkannten die Gefahr zu spät)

Verknüpfung der Kernaspekte Krieg und Holocaust; ergänzende These/Stellungnahme (Holocaust war nicht unvermeidbar)

Der Krieg entschied auch über das Schicksal der europäischen Juden. Unvermeidbar war der Holocaust jedoch nicht, obwohl das neue Regime von Anfang an unmissverständlich klarmachte, dass es eine radikal antisemitische Politik betreiben würde. Der Boykott jüdischer Geschäfte am 1. April 1933, die gleich nachfolgenden Gesetze zum Ausschluss von Juden aus dem Öffentlichen Dienst sowie die zahlreichen antisemitischen Verordnungen und Schikanen im Reich ließen an der Entschlossenheit des NS-Regimes, die Juden aus Deutschland zu vertreiben, keinen Zweifel. [...]

These

Die Grundlinien der antisemitischen Politik des NS-Regimes in der Vorkriegszeit waren bereits 1933 zu erkennen: die deutschen Juden sozial zu isolieren, sie zu berauben und aus Deutsch-

Beispiel für Beleg

land zu vertreiben. Das Parteiprogramm der NSDAP von 1920 hatte unmissverständlich unter Punkt 4 festgelegt: „Staatsbürger kann nur sein, wer Volksgenosse ist. Volksgenosse kann nur sein, wer deutschen Blutes ist, ohne Rücksichtnahme auf Konfession. Kein Jude kann daher Volksgenosse sein." 37 000 deutsche Juden verließen 1933 das Land, in den folgenden vier Jahren waren es jeweils gut über 20 000.

Den Flüchtlingen wurden zahlreiche Steuern, Abgaben, Gebühren auferlegt, sodass sie von ihrem Vermögen nur einen geringen Bruchteil für ihr neues Leben im Ausland mitnehmen konnten. [...]

Hintergrundinformationen (jüdische „Emigrationspolitik")

Doch geriet die antisemitische Politik des Regimes, die deutschen Juden zugleich auszurauben und vertreiben zu wollen, in einen unüberbrückbaren Widerspruch, denn mittellose jüdische Menschen waren im Ausland nicht erwünscht und besaßen kaum eine Chance, irgendwohin emigrieren zu können. So behinderten die Nationalsozialisten durch ihre Raubpolitik selbst, was sie erreichen wollten: die Vertreibung der Juden aus Deutschland. Die Auswanderung, stellte der Oberabschnitt Süd des Sicherheitsdienstes der SS (SD) Ende 1937 fest, sei „praktisch zum Stillstand gekommen".

These (Hindernisse bei Vertreibung führten zu größerer Radikalität des NS-Regimes)

Solche selbstgeschaffenen Sackgassen führten im NS-Regime nicht dazu, pragmatisch auf Schwierigkeiten zu reagieren und die Zielvorgaben zu überprüfen. Vielmehr versuchte man, die Hindernisse mit noch größerer Radikalität und Entschlossenheit des Willens zu überwinden. [...] Das Regime begann, die „Judenfrage" mit systematischer Gewalt zu „lösen".

Die Atmosphäre in Deutschland im Jahr 1938 blieb gewalttätig aufgeladen. Die vom NS-Regime inszenierte Sudetenkrise führte zu einer immer schriller werdenden Pressekampagne für die „unterdrückten" Sudetendeutschen in der Tschechoslowakei, die „heim ins Reich" geholt werden sollten. Zugleich wuchs die Angst vor einem Krieg, der um das Sudetenland geführt werden müsste. In Behördenberichten war von einer „wahren Kriegspsychose", sogar von „Panik" die Rede. [...]

These (spannungsgeladene Vorkriegsatmosphäre steigerte Gewaltbereitschaft)

Die Zerstörungswut, die hasserfüllten Emotionen, die wenige Wochen später den Novemberpogrom beherrschten, sind nur mit der gewalttätigen Aufladung des Jahres 1938 und den Spannungen, die Europa an den Rand des Krieges brachten, zu begreifen. [...]

Die kleinen Pogrome in der Provinz im September und Oktober sowie die Gewaltexzesse am 9. und 10. November 1938 zielten nicht mehr allein auf Diskriminierung und Isolierung der jüdischen Nachbarn, sondern auf deren endgültige Vertreibung und auf die Auslöschung der jüdischen Kultur in Deutschland. Morde wurden dabei billigend in Kauf genommen. [...]

Im Schatten des Krieges radikalisierte sich die nationalsozialistische Verfolgungspolitik zum Massenmord. Zwar lag die Auslöschung ganzer jüdischer Gemeinden, wie sie im Vernichtungskrieg gegen die Sowjetunion im Spätsommer 1941 geschah, ebenso wie die systematische Deportation der europäischen Juden in die Vernichtungslager oder der Massenmord von Hunderttausenden in den Gaskammern noch außerhalb des Horizonts der Täter. Aber ihrem Denken, ihrer Absicht, ein „judenfreies" Europa zu schaffen, war der Völkermord inhärent.

Fazit als knappe Zusammenfassung der Argumente/ eigene Stellungnahme (erst durch Krieg steigerte sich antisemitische Verfolgung zum Massenmord)

Abschließende undogmatische Stellungnahme

Aber erst der Krieg ließ die Verfolgung zur Vernichtung werden. Der Holocaust, die systematische, organisierte Ausrottung der europäischen Juden, war keineswegs mit der Machtergreifung unvermeidlich, er lag 1933 noch außerhalb des Horizonts antisemitischer Politik. Aber die Unerbittlichkeit, mit der alle Juden aus dem deutschen Machtbereich zum Verschwinden gebracht werden sollten, sowie der unbedingte Wille zum Krieg machten den Holocaust zu einer Handlungsoption, die der Politik der Nationalsozialisten innewohnte. Es führte kein zwangsläufiger Weg von der Machtergreifung 1933 nach Auschwitz, doch unter den Gewaltverhältnissen, in der rassistischen Logik, die mit kaltem Kalkül Menschen in Problemfälle verwandelte, schien der Massenmord schließlich für viele Deutsche eine „Endlösung" zu sein.

Michael Wildt, Volk ohne Grenzen. Waren Holocaust und Krieg nach dem Machtantritt Hitlers unvermeidbar?, in: Spiegel Special Geschichte 1/2008, S. 136-143, hier S. 136, 139 und 141-143

Zwischen Anpassung und Widerstand

Anpassung, Opposition, Widerstand Eine breite *Widerstandsbewegung* gegen das NS-Regime hat es nicht gegeben. Hitlers Herrschaft wurde über viele Jahre von einer großen Mehrheit des deutschen Volkes akzeptiert. Selbst in Kreisen, die keine enge Identifikation mit den Zielen und Wertmaßstäben der Nationalsozialisten aufbrachten, verließen sich die meisten auf die politische Führung und arrangierten sich mit dem NS-Staat. Durch die wirtschaftlichen und politischen „Erfolge" gelang es dem Regime immer wieder, bei großen Teilen der deutschen Bevölkerung Zustimmung und Begeisterung hervorzurufen. Erst die Kriegserfahrung, vor allem die Bombardierung deutscher Städte, ließ bei den meisten die Begeisterung in stille Resignation umschlagen.

Neben der Begeisterung für das System und dem bloßen Mitmachen gab es jedoch in allen sozialen Schichten immer Gruppen und Einzelpersonen, die sich nicht mit der NS-Herrschaft abfinden wollten und ihre Ablehnung auf andere Weise, etwa durch passive Verweigerung oder *nonkonformes*, d.h. *unangepasstes Verhalten* ausdrückten. Das Verweigern des Hitler-Grußes, die Umgehung einzelner Gesetze oder das Hören ausländischer „Feindsender" zeigen, dass die „Volksgemeinschaft" nicht so geschlossen war, wie es die Propaganda zu vermitteln suchte.

Nur eine Minderheit hatte den Mut, Maßnahmen der NS-Herrschaft öffentlich zu kritisieren oder nicht zu befolgen, noch weniger wagten es, Juden und anderen Verfolgten zu helfen oder das Regime zu bekämpfen. Zwischen der stillen Verweigerung und der Planung und Durchführung eines Umsturzes gab es eine Vielzahl von Abstufungen (▸ M1). So differenziert die Motive des Widerstandes auch waren, gemeinsam war allen Gruppierungen der feste Glaube an ethische Grundnormen, der ihnen die Kraft zu einem eigenverantwortlichen Denken gab. Nachfolgende Generationen haben den Zeitgenossen immer wieder vorgeworfen, kaum und viel zu spät Widerstand gegen das NS-Regime geleistet zu haben. Dass die Erfolge des Widerstandes bescheiden blieben, lag vor allem am fehlenden Rückhalt in der Bevölkerung und an der Brutalität, mit der die Nationalsozialisten jede Opposition im Keim zu ersticken suchten. Hinzu kam die Heterogenität der Widerstandsgruppen. Nach der frühen Zerschlagung der Arbeiterbewegung waren es Einzelpersonen und kleine isolierte Gruppen unterschiedlicher Herkunft und Ausrichtung, die den Mut zum Protest fanden. Widerstand bedeutete Gefahr, nicht nur für die eigene Person, sondern auch für Familie und Freunde. Unzählige Widerstandskämpfer bezahlten ihren Einsatz mit dem Leben.

Lesetipps
- *Wolfgang Benz (Hrsg.), Lexikon des deutschen Widerstandes, Frankfurt am Main [3]2008*
- *Arno Lustiger, Rettungswiderstand. Über die Judenretter in Europa während der NS-Zeit, Göttingen 2011*
- *Gerd R. Ueberschär, Für ein anderes Deutschland. Der deutsche Widerstand gegen den NS-Staat 1933-1945, Frankfurt am Main [2]2006*

Ziele und Formen Die letzte Übersteigerung des NS-Regimes seit Beginn des Zweiten Weltkrieges hatte zwar viele von der Notwendigkeit der Gewalt gegen die Diktatur überzeugt, aber auf die Frage „Was dann?" gab es keine eindeutige Antwort. Die Vorstellungen der politischen Zukunft reichten von der Errichtung einer Monarchie oder eines ständischen Staates über verschiedene demokratische Staatsformen bis hin zu einer kommunistischen Gesellschaft.

Einzelpersonen, lose Gesprächskreise oder Verschwörergruppen arbeiteten auf sehr verschiedene Weise, meist ohne gegenseitige Kontakte wegen des hohen Risikos eines Verrates. Es wurden Flugblätter verteilt, Gegenparolen an die Hauswände belebter Straßen geschrieben, ausländische Sender abgehört und regimefeindliche Nachrichten verbreitet. In Rüstungsbetrieben kam es zu Arbeitsniederlegungen und Sabotageakten. Trotz NS-Terror und Lebensgefahr gab es Männer und Frauen, die verfolgten Juden halfen, sie versteckten oder auf andere Weise vor dem sicheren Tod zu bewahren

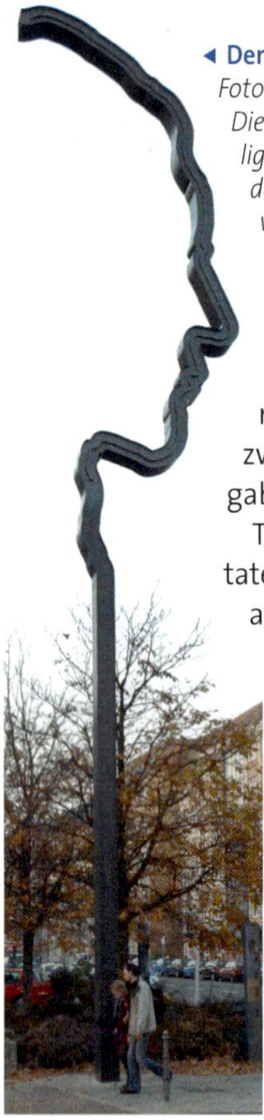

◀ **Denkmal für Georg Elser.**
Foto vom 9. November 2011.
Die 17 Meter hohe Stahlskulptur in der Berliner Wilhelmstraße, nahe Hitlers ehemaliger Reichskanzlei, wurde am 8. November 2011 eingeweiht. Sie zeigt die Silhouette des Gesichts von Georg Elser und leuchtet bei Dunkelheit. Bis in die 1990er-Jahre wurde Elser in der offiziellen Gedenkkultur kaum gewürdigt. Heute gibt es etliche Gedenkstätten, Straßen, Plätze und Schulen, die nach ihm benannt sind. Seit 2001 wird in seinem Namen ein Preis für Zivilcourage verliehen.

▶ **Geschichte In Clips:**
Zum Elser-Attentat siehe Clip-Code 32013-05

versuchten (▶ M2). Nicht selten waren an solchen Aktionen mehrere Personen oder Familien beteiligt. Ihr Beispiel zeigt, dass es zwar riskante, aber viele unterschiedliche Handlungsmöglichkeiten gab.

Trotz umfangreicher Sicherheitsvorkehrungen sind mehrere Attentate auf Hitler zur Ausführung gekommen. *Georg Elser*, ein Tischler aus Württemberg, scheiterte aber am 8. November 1939 in München mit einem Bombenanschlag ebenso wie alle anderen, die Hitler mit Gewalt zu beseitigen versuchten. Vermutlich wurden über 10 000 Angehörige des Widerstandes von NS-Schergen getötet oder vom Volksgerichtshof zum Tode verurteilt.

Widerstand aus der Arbeiterbewegung ▀ Schon vor 1933 hatten Kommunisten und Sozialdemokraten gegen die Nationalsozialisten gekämpft. Sie wurden deshalb nach der Machtübernahme Hitlers sofort massiv verfolgt. Partei- und Gewerkschaftsmitglieder wurden verhaftet, zur Flucht ins Ausland gezwungen oder ermordet (▶ M3). Ein gemeinsames Vorgehen kam allerdings nicht zustande, da die politischen Gegensätze zwischen KPD und SPD zu groß waren. Die ins Exil geflohenen und im Lande verbliebenen Kommunisten und Sozialdemokraten versuchten, die Kontakte zu den eigenen Mitgliedern sowie zu anderen Widerstandsgruppen aufrechtzuerhalten, verbreiteten Flugblätter, organisierten Hilfe für Verfolgte und entwarfen Pläne für die Zeit nach dem „Dritten Reich". Um der Verfolgung zu entgehen, operierten sie aus dem Untergrund und bildeten möglichst kleine lokale oder locker verbundene größere Netzwerke.

Eine dieser Widerstandsgruppen war die *„Rote Kapelle"*. Die Bezeichnung stammte von der Geheimen Staatspolizei und galt einer seit 1939 bestehenden, vorwiegend kommunistisch orientierten Gruppe, die die UdSSR über Funk mit Berichten zur politischen, wirtschaftlichen und militärischen Lage versorgte. In einer Geheimdruckerei erstellten konspirative Helfer Zeitschriften und Flugblätter mit Reden von Bischof Clemens August Graf von Galen, *Thomas Mann*, Winston Churchill und Josef Stalin. Nach der Enttarnung einer Spionageaktion wurde die Organisation 1942/43 zerschlagen und viele Mitglieder hingerichtet.

Die „Weiße Rose" ▀ Die Angehörigen der *„Weißen Rose"* waren fast ausschließlich Studenten bis zum Alter von 25 Jahren. In bürgerlichen Elternhäusern mit vorwiegend christlichen Traditionen aufgewachsen, hatten sie zum Teil begeistert der Hitler-Jugend angehört, aber bald die moralische Verwerflichkeit der NS-Bewegung durchschaut.

▲ **Gedenkblock der Deutschen Bundespost von 1964 zum Jahrestag des Attentates auf Hitler am 20. Juli 1944.**
- *Informieren Sie sich über die Biografien der abgebildeten Personen. Vergleichen Sie die Motive ihres Widerstandes und das jeweilige Vorgehen.*

Durch ihren Fronteinsatz wurden einige Zeugen der Unmenschlichkeit von Kriegsführung und Besatzungspolitik und hegten bald Zweifel am „Endsieg". In München, wo die meisten Angehörigen der „Weißen Rose" studierten, bildete sich um die Geschwister *Hans und Sophie Scholl, Willi Graf, Alexander Schmorell* und ihren Universitätslehrer, den Musikwissenschaftler *Kurt Huber*, ein Freundeskreis.

Im Sommer 1942 erschien das erste Flugblatt der „Weißen Rose". 100 Exemplare verschickte man an ausgesuchte Adressen. Mitte Februar 1943 wurde das letzte Flugblatt in einer Auflage von 3000 Exemplaren erstellt und wieder teilweise per Post versandt. Bei der Verteilung des Rests im Lichthof der Universität hielt ein Hausmeister die Geschwister Scholl fest und übergab sie der Polizei. In mehreren Prozessen wurden Angehörige des Freundeskreises, darunter auch das Geschwisterpaar, zum Tode verurteilt und hingerichtet, andere erhielten Gefängnisstrafen.

Filmtipp
Sophie Scholl – Die letzten Tage; Deutschland 2005, Regie: Marc Rothemund

Die Rolle der Kirchen Obwohl die Kirchen vor der „Machtergreifung" die Unvereinbarkeit von Weltanschauung und Politik mit der christlichen Lehre betonten, änderten sie ihre ablehnende Haltung gegenüber dem neuen Regime.

In einem 1933 mit dem Heiligen Stuhl geschlossenen Abkommen (*Reichskonkordat*) garantierte die NS-Regierung der katholischen Kirche ihre Unabhängigkeit und die Nichteinmischung des Staates in kirchliche Institutionen. Im Gegenzug war Geistlichen jegliche politische Betätigung untersagt. Als die Nationalsozialisten jedoch dazu übergingen, Bekenntnisschulen und katholische Verbände aufzulösen oder „gleichzuschalten", Klöster und kirchliche Heime zu enteignen, forderte dies Protest heraus. Im März 1937 wandte sich der Papst mit einer *Enzyklika* gegen die Verdrängung des Christentums und die „Vergötzung" des Nationalsozialismus, nicht jedoch gegen die NS-Verbrechen. Lediglich einzelne Priester, Ordensgeistliche und Laien verurteilten offen die Judendiskriminierung und die Tötung behinderter Menschen („Euthanasie") (▸ M4).

Filmtipp
Der neunte Tag; Deutschland / Luxemburg / Tschechien 2004, Regie: Volker Schlöndorff

Die evangelische Kirche war gespalten. Die nationalsozialistische Richtung der *Deutschen Christen* setzte sich für die „Gleichschaltung" der evangelischen Landeskirchen ein. Dagegen formierte sich im Mai 1934 auf Initiative des Pfarrers *Martin Niemöller* die *Bekennende Kirche*, der sich mehr als die Hälfte der evangelischen Pfarrer

▲ Polnische Briefmarke von 1948 zum fünften Jahrestag des Warschauer Ghettoaufstandes.
Die Juden waren keineswegs nur passive Opfer der NS-Herrschaft. Eindrucksvollster Beweis dafür ist der jüdische Aufstand im Warschauer Ghetto, wo die Nazis 500 000 Juden in einen kleinen abgeriegelten Bezirk eingepfercht hatten. Als immer mehr Juden in Lager deportiert wurden, bildete sich die „Jüdische Kampforganisation", die im Frühjahr 1943 einen bewaffneten Aufstand organisierte. Der Aufstand scheiterte zwar, jedoch wirkte er wie eine Aufforderung: In zahlreichen Ghettos und Konzentrationslagern gab es Revolten. Über 1,5 Millionen Juden beteiligten sich zudem in den alliierten Armeen oder als Partisanen am Kampf gegen den NS-Staat.
- *Nehmen Sie Stellung zu der Frage, warum der jüdische Widerstand für das Selbstverständnis der Juden so wichtig ist.*

anschloss. In Schriften und Predigten protestierten sie gegen die staatliche Vereinnahmung der Kirche, die nationalsozialistische Rassenpolitik und die Konzentrationslager.

Militärischer Widerstand – der 20. Juli 1944 Der einzige Machtfaktor im Hitlerstaat, der zur Organisation und Durchführung eines Umsturzes in der Lage schien, war das Militär. Außerdem waren die Generäle die ersten Befehlsempfänger für Hitlers maßlose Eroberungspläne, und da dieser sprunghaft und ohne strategischen Sachverstand befehligte, wuchs aufseiten der militärischen Führung die Skepsis. Selbst moralische Einwände kamen zum Tragen, denn der rassistische Vernichtungskrieg Hitlers ging für viele weit über das hinaus, was Berufssoldaten zu tun bereit waren (▸ M5). Generaloberst *Ludwig Beck*, der 1938 wegen Hitlers Einmarsch in die Tschechoslowakei als Generalstabschef zurückgetreten war, versuchte seitdem, den Widerstand gegen das Regime zu organisieren. Gemeinsam mit dem ehemaligen Oberbürgermeister von Leipzig, *Carl Friedrich Goerdeler*, plante er schon eine neue deutsche Regierung und knüpfte Kontakte mit dem Ausland. Doch dies war höchst gefährlich, außerdem gab es in den scheinbar erfolgreichen Jahren des Regimes weder in der militärischen Führung noch in der Bevölkerung genügend Unterstützung. Erst nach der militärischen Wende Anfang 1943 erhielt die Verschwörung größeren Rückhalt und mehr Teilnehmer, so neben *Henning von Tresckow* den aus einem alten schwäbischen Adelsgeschlecht stammenden Obersten *Claus Schenk Graf von Stauffenberg*, der als Mitglied des Generalstabs direkten Zugang zu Hitler hatte. Die Ausweitung des Kreises der Verschwörer erhöhte aber auch die unmittelbare Gefahr. So waren ihnen die Sicherheitskräfte auf der Spur und hatten bereits einige Mitwisser verhaftet. Am 20. Juli 1944 nutzte Stauffenberg eine günstige Gelegenheit und deponierte eine Aktentasche voll Sprengstoff in Hitlers Nähe. Die Bombe verfehlte ihren Zweck. Hitler entkam verletzt, berief sich aber künftig auf die „Vorsehung", die ihn geschützt habe. Das Regime nahm grausam Rache. Graf Stauffenberg und seine engsten Mitarbeiter wurden noch in derselben Nacht erschossen. Die Geheime Staatspolizei verhaftete 7000 Personen, auch solche, die mit der Verschwörung nichts zu tun hatten. Himmlers Anordnung der „absoluten Sippenhaftung" bedeutete, dass Verwandte für die Tat mitverantwortlich waren und gleichfalls bestraft wurden.

Der Kreisauer Kreis Auf dem schlesischen Gut Kreisau, das dem Sachverständigen für Kriegs- und Völkerrecht im Oberkommando der Wehrmacht, *Helmuth James Graf von Moltke*, gehörte, trafen sich seit Ende 1938 Männer verschiedener Anschauungen und Herkunft: Konservative, Sozialisten, ehemalige Gewerkschaftsvertreter, Großgrundbesitzer, protestantische und katholische Geistliche. Der *Kreisauer Kreis* erarbeitete Grundsätze für einen Staats- und Gesellschaftsaufbau nach dem Sturz Hitlers. Staatsstreichpläne wurden zwar nicht konkret ausgearbeitet, aber es bestanden Kontakte zu Widerstandsgruppen im In- und Ausland, so auch zu den Attentätern vom 20. Juli 1944. Viele Mitglieder des Kreisauer Kreises, wie Moltke, Pater *Alfred Delp* oder der Gewerkschaftsführer *Julius Leber*, wurden hingerichtet.

▸ **Kriegsprotest.**
Dieser Zettel wurde 1942 in einer Zugtoilette bei Wuppertal gefunden.

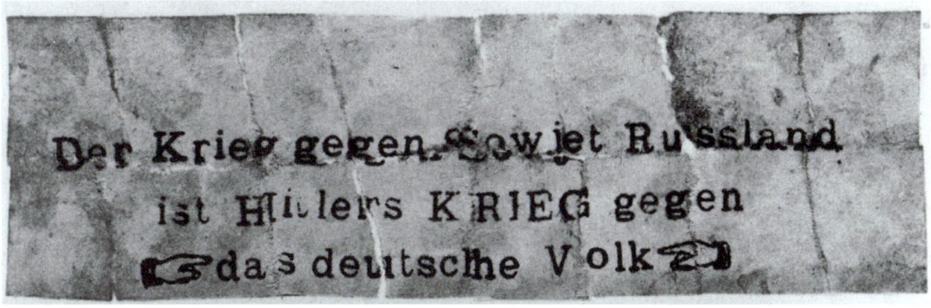

M1 Was heißt Widerstand?

Der Historiker Wolfgang Benz definiert, was unter dem Begriff Widerstand im Nationalsozialismus verstanden werden kann:

Die Bezeichnung Widerstand fasst als Oberbegriff verschiedenartige Einstellungen, Haltungen und Handlungen zusammen, die gegen den Nationalsozialismus als Ideologie und praktizierte Herrschaft gerichtet waren. Im weitesten Sinne sind darunter die ins Exil geflohenen Antifaschisten ebenso zu verstehen, die wenig oder keine Möglichkeit hatten, etwas ähnlich Entscheidendes gegen die Regierung Hitlers zu unternehmen, wie die Männer, die das Attentat des 20. Juli 1944 unternahmen. Zum Widerstand rechnet man auch diejenigen, die sich weder durch Lockung noch durch Zwang vom Nationalsozialismus vereinnahmen ließen; die ihre geistige Unabhängigkeit, ihre demokratische oder rechtsstaatliche Überzeugung, die Werte und Normen ihres Milieus – etwa im Rahmen der Arbeiterbewegung oder innerhalb kirchlicher und sonstiger religiöser und weltanschaulicher Bindungen – bewahrten und verteidigten.
Im engeren Sinne ist aber zwischen den kritischen bis abweisenden Haltungen der Verweigerung und Selbstbehauptung einerseits und den bewussten Anstrengungen zur Änderung der Verhältnisse andererseits zu unterscheiden. Opposition gegen das Unrechtsregime war noch nicht gleichbedeutend mit persönlichem Einsatz und den damit verbundenen Gefährdungen. Diesen setzte sich jeder aus, der mit Flugblättern, Wandparolen, als Kurier zu Regimegegnern im Ausland aktiv war oder einem Verschwörerkreis angehörte, in dem der Sturz der Diktatur und eine neue Staats- und Gesellschaftsordnung geplant wurden.
Verweigerung (als individuelle Abwehr des nationalsozialistischen Herrschaftsanspruchs und als Selbstbehauptung von Gruppen), Opposition (als Haltung grundsätzlicher Gegnerschaft) und Widerstand als bewusstes Handeln waren Formen kritischer und gegnerischer Einstellung zum NS-Regime. Sie bauten aufeinander auf und steigerten sich von der passiven Abwehr zum aktiv verwirklichten Wunsch nach Veränderung des Regimes. [...]
Um der damaligen Wirklichkeit zu entsprechen und um den verschiedenen Formen von Opposition gerecht zu werden, ist Widerstand im eigentlichen Sinn nicht nur als Haltung zu definieren, sondern als Handeln, das auf grundsätzlicher Ablehnung des Nationalsozialismus beruhte, das auch ethischen, politischen, religiösen, sozialen oder individuellen Motiven darauf abzielte, zum Ende des Regimes beizutragen. Voraussetzung und Anlass war eine Haltung von Dissens zum NS-Regime (Ian Kershaw) oder von „weltanschaulicher Distanz" (Richard Löwenthal). Widerstand wurde daraus, wenn diese Haltung sich zur Absicht verdichtete, eine Änderung der Verhältnisse herbeizuführen. Widerstand im eigentlichen Sinne war dann jeder „bewusste Versuch, dem NS-Regime entgegenzutreten" (Christoph Kleßmann) und die damit verbundenen Gefahren auf sich zu nehmen.

Wolfgang Benz, Der 20. Juli 1944 und der Widerstand gegen den Nationalsozialismus, Erfurt 2004, S. 17-19

1. *Geben Sie mit eigenen Worten wieder, was Benz als Widerstand definiert.*
2. *Der Historiker Detlef Peukert unterscheidet verschiedene Formen abweichenden Verhaltens während des Nationalsozialismus, die von Nonkonformität (unangepasstem Verhalten) über Verweigerung und Protest bis zum Widerstand reichen. Als Widerstand definiert er nur, wenn das NS-Regime als Ganzes abgelehnt und Maßnahmen zu dessen Beseitigung getroffen wurden. Vergleichen Sie mit der Definition von Benz.*
3. *Bewerten Sie diese Form von Kategorisierung.*

M2 Rettungswiderstand

Der 1924 in Polen geborene deutsche Historiker, Schriftsteller und Publizist Arno Lustiger hat den Holocaust überlebt und sammelt seit vielen Jahren Materialien über die Judenrettung während der NS-Zeit. Sein Buch „Rettungswiderstand" versammelt Berichte über Judenretter aus rund 30 europäischen Ländern. Darunter findet sich auch die Geschichte des Feldwebels Anton Schmid, der 1942 für seine Rettungsaktionen im besetzten Litauen vom Kriegsgericht zum Tode verurteilt worden ist:

Am 24. Juni 1941 marschierten die deutschen Truppen in Wilna ein. Die Verfolgung der Juden begann sofort. [...] Bis Ende 1941 waren 33 000 von den 57 000 Juden Wilnas ermordet worden, 12 000 „legale" Juden mit gelben Scheinen, Ausweis einer produktiven Tätigkeit, sollten zunächst am Leben bleiben. [...]

Auf diese tragische Situation stieß Feldwebel Anton Schmid, als er nach Wilna versetzt wurde. [...] Er hatte die Aufgabe, Soldaten, die die Verbindung zum Truppenteil verloren hatten, einzusammeln und an die Front zu schicken. Seine Dienststelle befand sich im Wilnaer Bahnhof und in einigen dazugehörigen Gebäuden.

Innerhalb weniger Monate, zwischen Spätsommer 1941 und Januar 1942, vollbrachte er schier unglaubliche Heldentaten. Er transportierte mit seinem Wehrmachtslastwagen, mit Marschbefehlen, die er selbst ausstellte, über dreihundert Juden aus Wilna nach Woronowo, Grodno, Bialystok und Lida, denn die Juden Weißrusslands waren noch nicht so wie in Wilna von der Vernichtung bedroht. Schmid rettete ihnen damit zunächst das Leben. Je 20 bis 25 seiner Schützlinge mussten sich nach einem ausgeklügelten System in Schmids Werkstätten verstecken und dort übernachten, bis der Abfahrtstermin kam. Schmid beschäftigte in den seiner Sammelstelle angeschlossenen Werkstätten 140 Handwerker, die er mit „gelben Scheinen" ausstattete, was sie und ihre Familien vor Razzien schützte. Er versorgte sie auch mit Lebensmitteln. [...]

Feldwebel Schmid war in dieser schrecklichen Zeit über das Geschehen in Wilna bestens informiert. Dieses Wissen bedeutete für ihn, keinen Befehl, keine Anweisung, kein Verbot seitens der Wehrmacht, SS, Gestapo oder Zivilverwaltung bezüglich der Juden zu beachten. Seine eigenen Beobachtungen und Gefühle konnte er mit keinem seiner Kameraden oder Vorgesetzten teilen. Als Teil der Besatzungsmacht hätte er, wie die meisten seiner Kameraden, fern von der Front, ein sorgenloses, angenehmes Leben führen können. Er entschied sich aber, der Stimme seines Gewissens zu folgen, und bezahlte das mit seinem Leben.

Arno Lustiger, Rettungswiderstand. Über die Judenretter in Europa während der NS-Zeit, Göttingen 2011, S. 96 f.

1. *Erklären Sie den Begriff „Rettungswiderstand".*
2. *Stellen Sie die abschließende Aussage über Anton*
+ *Schmid den Argumenten von Arndt und Browning in M4 auf Seite 317 f. gegenüber. Nehmen Sie Stellung.*

M3 Kommunistischer Widerstand

Dagobert Biermann war Kommunist und arbeitete im Hamburger Hafen. Nach dem Krieg erzählt seine Frau Emmi vom Schicksal ihres Mannes:

1936 war ich schwanger, und grad da begann wieder die illegale Arbeit. Hitler ließ Kriegsmaterial nach Spanien liefern. Da wollten die Faschisten die Republik kaputthauen, und die Nazis halfen denen dabei. Mein Bruder war Ewerführer[1] im Hamburger Hafen. Er hatte Wind davon bekommen, dass Schiffe mit Munition nach Spanien rausgehen. Getarnt waren die als Handelsschiffe. Wir mussten die Arbeiter in Spanien doch warnen! Die sollten die gleich übern Schnabel nehmen[2], wenn die da ankommen. Mein Bruder spionierte aus, wo die Schiffe lagen, und notierte sie. Unter Lebensgefahr! Aber er war ja roter Betriebsrat gewesen und hatte eine gute Nummer im Hafen. Die Kollegen verpfiffen ihn nicht. Die Unterlagen wurden nach Spanien geschmuggelt. Wenn ein Waffenschiff im Hafen lag, rief mein Mann den Herbert Michaelis, unsern Kurier, an, und der nahm die neuesten Nachrichten mit. [...]

Mein Mann kam in „Schutzhaft". So hieß das damals. Ich wollte genau wissen, wo er sitzt, aber ich wurde immer abgewiesen. Eines Tages hab ich dann doch erfahren, dass er in Fuhlsbüttel ist. Und man erlaubte mir, seine Wäsche zu holen und ihm neue zu bringen. Aber ich hab ihn nicht gesehen, nur das Blut, das an der Wäsche klebte. Die Wäsche wurde von der SS in Empfang genommen, und die haben die Wäsche gegen das Licht gehalten, ob auch nichts darin versteckt ist. Einmal machte ich eine Entdeckung. Da, wo die kleinen Stäbe in den Hemdkragen kamen, die Stelle war zugenäht. Darin war ein Kassiber[3], auf dünnem Papier geschrieben. Da stand drauf: „Michaelis packt aus." Das war das Zeichen, jetzt sollte der Prozess beginnen. Zwei Jahre hatte das gedauert. Solange hatten die gebraucht, bis sie was zusammengestoppelt hatten gegen meinen Mann. [...] Für den Prozess kam extra der Volksgerichtshof nach Hamburg. [...] Mein Mann und mein Bruder hatten zuerst immer geleugnet, etwas mit der Sache zu tun zu haben, mit den Waffen und den Informationen für die Spanier. Aber dann wurden Geschosse auf den Tisch gepackt, die mein Bruder aus dem Hafen mitgebracht hatte. Sogar Dumdumgeschosse hatte er von den Schiffen geklaut, die reißen große Wunden. Die hatten wir Michaelis mitgegeben, damit die Spanier wussten, was ihnen blühte.

[1] **Ewer**: kleines Küstenschiff
[2] umgangssprachlich: etwas übernehmen, in Empfang nehmen
[3] **Kassiber**: geheimer Brief von einem oder an einen Gefangenen

Mein Bruder hat mir später erzählt, wie er sich verteidigt hat. Er hat auf doof gemacht. Im Hafen klauen alle mal, hat er gesagt, nur so aus Spaß wird geklaut. Und dann hat er immer Platt gesprochen, das war für die Richter was Neues. Die Richter wollten darauf hinaus, mein Mann hätte meinen Bruder beauftragt, die Sache auszubaldowern. Das hätte gereicht, dann hätten sie ihn gleich umgebracht. Der Pflichtverteidiger meines Bruders war aber ausnahmsweise ein guter Mann. Er wollte meinen Bruder direkt fragen: „Hat Biermann Sie beauftragt?" Wenn er dann mit Nein antwortet, musste der Anklagepunkt fallengelassen werden. Aber die Anwälte mussten alle Fragen vorlegen. Die Frage wurde natürlich nicht zugelassen, die wollten meinem Mann an den Kragen. Da hat der Anwalt alles auf eine Karte gesetzt und die Frage einfach dazwischengerufen. Und mein Bruder sagte natürlich sofort: „Nee, mein Schwager hat mich nicht dazu beauftragt." Damit entfiel der Punkt.

Mein Bruder wurde freigesprochen. Ein „irregeleiteter Arbeiter", meinten die Richter. Mein Mann kriegte sechs Jahre. Ich war bei der Urteilsverkündung dabei, bin am Schluss schnell durch die Barriere gelaufen und hab ihm die Hand gedrückt. Wir wurden sofort auseinandergerissen. Er konnte mich noch trösten: „Die sechs Jahre sitz ich auf einer Arschbacke ab." Das war 1937. Er ist nie wieder rausgekommen.

Harald Focke und Uwe Reimer, Alltag der Entrechteten, Reinbek bei Hamburg 1980, S. 27ff.

1. *Beschreiben Sie die politische Arbeit, die hier von Kommunisten geleistet wurde.*
2. *Analysieren Sie die Motive der Beteiligten.*
3. *Arbeiten Sie aus dem Text die speziellen Merkmale der hier verwendeten Quellengattung heraus.*

M4 „Wir fordern Gerechtigkeit"

Immer wieder nutzt der katholische Bischof von Münster, Clemens August Graf von Galen, seine Predigten, um Unrecht und Missstände des NS-Regimes, besonders die Tötung behinderter Menschen („Euthanasie") und die Enteignung von Klöstern, anzuprangern. Der folgende Auszug stammt aus einer Predigt vom 13. Juli 1941:

Bei den Anordnungen und Strafverfügungen der Geheimen Staatspolizei ist die Verwaltungsgerichtsbarkeit ausgeschlossen. Da wir alle keinen Weg kennen, der für eine unparteiische Kontrolle der Maßnahmen der Geheimen Staatspolizei, ihrer Freiheitsbeschränkungen, ihrer Aufenthaltsverbote, ihrer Verhaftungen, ihres Gefangenhaltens deutscher Volksgenossen in Konzentrationslagern gegeben wäre, so hat bereits in weitesten Kreisen des deutschen Volkes ein Gefühl der Rechtlosigkeit, ja feiger Ängstlichkeit Platz gegriffen, das die deutsche Volksgemeinschaft schwer schädigt. – Die Pflicht meines bischöflichen Amtes, für die sittliche Ordnung einzutreten, die Pflicht meines Eides, in dem ich vor Gott und vor dem Vertreter der Reichsregierung gelobt habe, nach Kräften „jeden Schaden zu verhüten, der das deutsche Volk bedrohen könnte", drängen mich, angesichts der Taten der Geheimen Staatspolizei diese Tatsache öffentlich warnend auszusprechen.

Meine Christen! Man wird mir vielleicht den Vorwurf machen, mit dieser offenen Sprache schwäche ich jetzt im Kriege die innere Front des deutschen Volkes. Demgegenüber stelle ich fest: Nicht ich bin die Ursache einer etwaigen Schwächung der inneren Front, sondern jene, die ungeachtet der Kriegszeit, ungeachtet der augenblicklichen Not, ja, jetzt hier in Münster zum Abschluss einer Schreckenswoche schauriger Feindesangriffe, schuldlose Volksgenossen ohne Gerichtsurteil und Verteidigungsmöglichkeit in harte Strafe nehmen, unsere Ordensleute, unsere Brüder und Schwestern, ihres Eigentums berauben, auf die Straße setzen, aus dem Lande jagen! Sie zerstören die Rechtssicherheit, sie untergraben das Rechtsbewusstsein, sie vernichten das Vertrauen auf unsere Staatsführung. Und darum erhebe ich im Namen des rechtschaffenen deutschen Volkes, im Namen der Majestät der Gerechtigkeit und im Interesse des Friedens und der Geschlossenheit der inneren Front meine Stimme, darum rufe ich laut als deutscher Mann, als ehrenhafter Staatsbürger, als Vertreter der christlichen Religion, als katholischer Bischof: „Wir fordern Gerechtigkeit!"

Bleibt dieser Ruf ungehört und unerhört, wird die Herrschaft der Königin Gerechtigkeit nicht wiederhergestellt, so wird unser deutsches Volk und Vaterland trotz des Heldentums unserer Soldaten und ihrer ruhmreichen Siege an innerer Fäulnis und Verrottung zugrunde gehen!

Lasset uns beten für alle, die in Not sind, besonders für unsere Ordensleute, für unsere Stadt Münster, dass Gott weitere Prüfungen von uns fernhalte, für unser deutsches Volk und Vaterland und seinen Führer:

Vater unser ...

Peter Löffler (Bearb.), Bischof Clemens August Graf von Galen. Akten, Briefe und Predigten 1933-1946, Band 2: 1939-1946 (Veröffentlichungen der Kommission für Zeitgeschichte, Reihe A: Quellen, Band 42), Paderborn [2]1996, S. 850f.

1. *Analysieren Sie Beweggründe und Ziele für Galens Predigt.*
2. *Überprüfen Sie, inwiefern es sich bei dieser Predigt um eine Form von Widerstand handelt.*

◂ **Ehemalige Hinrichtungsanlage und heutige Gedenkstätte Plötzensee in Berlin.**
Foto von 2011.
Das Gefängnis Plötzensee war während der NS-Zeit eine der größten Hinrichtungsstätten in Deutschland. Zwischen 1933 und 1945 wurden dort 2891 Menschen ermordet. Etwa die Hälfte der Hingerichteten waren deutsche Widerstandskämpfer. 1942 wurde im Hinrichtungsraum ein Stahlträger mit acht Eisenhaken eingebaut. An diesem Haken wurden die Verurteilten erhängt, zunächst die Angehörigen der Widerstandsorganisation „Rote Kapelle“, später die am Umsturzversuch vom 20. Juli 1944 beteiligten Widerstandskämpfer.

M5 Widerstand im Militär

Die Offiziere Henning von Tresckow und Claus Schenk Graf von Stauffenberg sind maßgeblich an einem Bombenanschlag auf Hitler am 20. Juli 1944 beteiligt. Tresckow distanzierte sich seit 1934 innerlich vom Regime und beteiligte sich an mehreren Attentaten auf Hitler. Ein Weggefährte erinnert sich an ein Treffen mit ihm am 17. November 1942 beim Oberkommando der Heeresgruppe Mitte in Smolensk:

Hier griff Henning ein. Er müsse mir etwas Entscheidendes sagen. Unser Generalstab verdiene diesen Namen nicht mehr. Nur noch die Kragenspiegel und die karmesinroten Streifen an den Hosen ließen ihn noch als solchen erscheinen. Clausewitz und der alte Moltke seien nicht mehr gefragt. Hitler habe – mit seinen eigenen Worten – gefordert, der Generalstabsoffizier müsse sein wie ein „Bluthund, der gierig an der Leine zerre, um, losgelassen, sich auf den Feind zu stürzen und ihn zu zerfleischen“. Eine Beleidigung des Generalstabs seien diese Worte des Führers gewesen. Hitler wolle nur noch „subalterne Erfüllungsgehilfen“ im Generalstab haben. „Erfüllungsgehilfen im Dienste eines Kapitalverbrechers“, rief er. Und er wiederholte die Worte. [...]
Nach einer Pause fragte ich ihn, was an den Gerüchten von Übergriffen der SS gegen die Zivilbevölkerung in den rückwärtigen Gebieten sei. Diese Gerüchte träfen zu, antwortete er, allerdings mit der Ergänzung, dass es sich nicht um einzelne Übergriffe handele, sondern um planmäßige Ausrottungen von Menschen. Man habe bei der Heeresgruppe zuverlässige Informationen, dass der SD und die SS Spezialeinheiten gebildet hätten, die das sorgfältig organisiert betrieben, und zwar in einem Umfang, der jede Fantasie übersteige. Während wir, die Soldaten an der Front, uns vorne totschießen lassen dürften, betreibe die SS in unserem Rücken ein grauenvolles Geschäft. Er, Henning, sehe darin eine Schändung der Opferbereitschaft des Soldaten an der Front. Fassungslos hatte ich ihm zugehört. Es war ungeheuerlich, was er gesagt hatte. Dann sprach er davon, dass er auf den Tag hinarbeite, an dem dies alles zu Ende sei. Niemand könne heute sagen, wann dieser Tag komme, aber kommen werde er mit Sicherheit, und er werde schrecklich sein.

Im Juni 1944 soll Tresckow gegenüber Freunden erklärt haben:

Das Attentat auf Hitler muss erfolgen, um jeden Preis. Sollte es nicht gelingen, so muss trotzdem der Staatsstreich versucht werden. Denn es kommt nicht mehr auf den praktischen Zweck an, sondern darauf, dass die deutsche Widerstandsbewegung vor der Welt und vor der Geschichte unter Einsatz des Lebens den entscheidenden Wurf gewagt hat. Alles andere ist daneben gleichgültig.

Kurz vor dem Attentat vom 20. Juli 1944, das Hitler überlebt hat, sagt Stauffenberg zu einer Bekannten:

Es ist Zeit, dass jetzt etwas getan wird. Derjenige allerdings, der etwas zu tun wagt, muss sich bewusst sein, dass er wohl als Verräter in die deutsche Geschichte eingehen wird. Unterlässt er jedoch die Tat, dann wäre er ein Verräter vor seinem eigenen Gewissen.

Erster Text: Reinhard Rürup (Hrsg.), Der Krieg gegen die Sowjetunion. Eine Dokumentation, Berlin 1991, S. 193; zweiter Text: Peter Steinbach und Johannes Tuchel (Hrsg.), Widerstand in Deutschland 1933-1945. Ein historisches Lesebuch, München [3]2000, S. 326; dritter Text: Peter Hoffmann, Claus Schenk Graf von Stauffenberg und seine Brüder, Stuttgart 1992, S. 395

1. *Beschreiben Sie die Motive des Widerstandes im Militär.*
2. *Erklären Sie, wie es möglich war, dass ein radikaler Regimegegner jahrelang höchste Funktionen innehatte. Welche Schlüsse lässt das auf die Person und die Stabilität des Regimes zu?*
3. *Erörtern Sie, unter welchen Umständen in unserem Staat ein Widerstandsrecht besteht. Berücksichtigen Sie dazu auch Artikel 20 des Grundgesetzes.*
4. *Erörtern Sie, warum der Widerstand im deutschen Selbstverständnis nach Kriegsende zunächst eine zwiespältige Rolle spielte.*

Umgang mit historischen Spielfilmen

Historische Spielfilme legen für ihre Handlung historische Personen, Ereignisse oder Epochen zugrunde. Wie andere Spielfilme auch gehorchen sie den Regeln der Filmdramaturgie. Sie haben immer das Ziel, den Zuschauer zu unterhalten und Spannung zu erzeugen.
Im Gegensatz dazu erheben historische Dokumentationen nicht in erster Linie den Anspruch zu unterhalten. Sie wollen vielmehr den Zuschauern Wissen über die Vergangenheit vermitteln. Sie verwenden historische Quellen und versuchen, die Zusammenhänge herzustellen.
Manche Spielfilme verwenden Historisches nur als Kulisse für ihre Erzählungen und berücksichtigen die historische Wahrheit nur wenig. Andere versuchen, die Geschichte mit filmischen Mitteln auf der Grundlage von Quellen möglichst exakt zu rekonstruieren. Bei Spielfilmen über historische Persönlichkeiten, den sogenannten „Biopics", bilden die gesicherten biografischen Erkenntnisse die Basis für den Film. Lücken in der Überlieferung werden in der Regel frei ergänzt, Dialoge oder Situationen erfunden, um durch die zusammenhängende Handlung die Person näher zu charakterisieren.
Als Informationsquelle für reale historische Ereignisse sind deshalb historische Spielfilme niemals uneingeschränkt zu nutzen. Die folgenden Hinweise ermöglichen die Analyse von historischen Spielfilmen wie dem gewählten Beispiel: „Georg Elser – Einer aus Deutschland".

Kompetenz:
Die Entstehung, die Dramaturgie und die Wirkung eines historischen Spielfilms analysieren und seine Bedeutung für die Wahrnehmung geschichtlicher Phänomene erörtern

Formale Kennzeichen
- Wer hat den Film in *Auftrag* gegeben und produziert?
- Wo wurde der Film gezeigt?

Inhalt
- Was ist das *Thema* des Films?
- Welche *Ereignisse* und *Personen* werden dargestellt?
- Welche *filmsprachlichen Mittel* werden verwendet?

Historischer Hintergrund
- Welche *Fakten* über das thematisierte historische Geschehen lassen sich ermitteln?
- Wo stimmen historische Tatsachen und Film nicht überein?
- Wo fügt der Film den historischen Ereignissen etwas hinzu?
- Bei Spielfilmen, die sich nicht auf konkrete historische Personen und Ereignisse beziehen: Erfasst die Darstellung des vergangenen Geschehens das Wesentliche?

Intention und Wirkung
- Welches Bild von der dargestellten Zeit und von den Personen wird vermittelt?
- Welche *Zielgruppen* will der Film erreichen?
- Welche *Denkanstöße* vermittelt der Film?
- Welche Bedeutung hat die *Musik*?

Bewertung und Fazit
- Wie werden die historischen Ereignisse filmisch umgesetzt? Sind *Tendenzen* erkennbar?
- Wo müssten andere Informationen ergänzt werden? Wo müsste korrigiert werden?
- Welche *Rezensionen* zu dem Film gibt es?

Allgemeine Hinweise zur Filmanalyse

Struktureinheiten von Filmen

Die beiden wichtigsten filmischen Einheiten (Abschnitte) sind:

1. *Einstellung (shot)*: Bei ihr handelt es sich um die kleinste Einheit des Films. Sie umfasst den Zeitraum von der Aufblende bis zur Abblende der Kamera. Meist ist sie nur wenige Sekunden lang, sie kann aber auch einige Minuten dauern.
2. *Sequenz*: Sie besteht meist aus mehreren Einstellungen und bildet eine inhaltlich zusammenhängende Einheit des Films.

Kameraperspektiven

Unterschieden werden muss zwischen „Vogelperspektive" (Kamera von oben), „Froschperspektive" (Kamera von unten) oder „Normalsicht" (Kamera auf Augenhöhe).
Mit der „Froschperspektive" können Personen erhoht und bedrohlich dargestellt werden, die Vogelperspektive lässt die Zuschauer auf Personen herabblicken und vermindert sie in der Bedeutung.

Einstellungsgrößen

Je nach dem, was ins Bild gerückt ist, spricht man von „Panoramaeinstellung"/„Supertotale" (Landschaft, bei der Menschen nur klein zu erkennen sind), „Totale" (Personen werden in ihrer Umgebung gezeigt), „Naher Einstellung" (Personen vom Kopf bis zur Körpermitte), „Großaufnahme" (Kopf und Teile der Schultern) oder „Detail". Die Übergänge zwischen den Einstellungsgrößen sind dabei fließend.
Die Totale ordnet eine Person in ihr Umfeld ein, lässt sie unter Umständen verloren und „einsam" wirken, Großaufnahmen erhöhen die Bedeutung einer Person, betonen ihre Individualität.

Hell-Dunkel-Kontraste/Farben

Ein weiteres Gestaltungsmittel sind Farben. Sie haben auf den Betrachter unterschiedliche Wirkungen. So gelten blaue Farben in der Regel als kalt, rote und braune Töne hingegen als warm und emotional.

Sequenz	Dauer (in Min.)	Zahl der Einstellungen	Besonderheiten

Das *Sequenzprotokoll* ist der Ausgangspunkt für jede Filmanalyse. In ihm werden die Dauer der einzelnen Abschnitte und Besonderheiten in der Filmsprache notiert.

Unter Besonderheiten können u.a. aufgeführt werden:
Wo gibt es auffällige Großaufnahmen und Kamerapositionen?
Wie bewegt sich die Kamera?
Wie ist das Verhältnis von kurzen und langen Einstellungen?
Wo gibt es auffällige „Schnittstellen"?

Welche Wirkung erzielen Geräusche bzw. Musik?
Wie sind die Dialoge ausgestaltet?
Wie spricht die Gedankenstimme?
Wie umfangreich ist der Kommentar?
Was sind die Kernsätze?

◂ **Muster für ein Sequenzprotokoll.**

Beispiel und Analyse

Georg Elser wird von SA-Männern auf der Toilette des Bürgerbräukellers zusammengeschlagen, weil er den Hitler-Gruß verweigert. Am Ende der Sequenz uriniert ein SA-Mann auf den am Boden liegenden Elser. Zwei unbeteiligte Besucher erleben die Misshandlungen Elsers und verlassen schweigend die Toilette. Funktion der Sequenz: Sie zeigt zum einen das mutige, unangepasste Verhalten Elsers. Zum anderen wird deutlich, dass der Einzelne dem brutalen Regime ausgeliefert ist und von Zeugen und Mitwissern keine Hilfe erwarten kann.

▲ **Georg Elser.**
Foto von 1939.
Im Film wird Elser von dem Schauspieler Klaus Maria Brandauer dargestellt.

Filmische Elemente

Kadrierung:
Fliesenrand, Toilettenbegrenzung suggerieren Enge und Ausweglosigkeit.

Schwaches Licht, dunkle und düstere Atmosphäre:
Bedrohlichkeit der Situation

SA-Männer in Froschperspektive; der auf Elser eintretende Mann füllt fast die gesamte Bildhöhe aus:
Optische Vergrößerung zeigt Überlegenheit und Stärke.

Die stark verschmutzten Fliesen und der Fußboden steigern die Ekelhaftigkeit der Sequenz.

Georg Elser aus leichter Vogelperspektive:
Optische Erniedrigung und Unterlegenheit. Die Kamera ist Elsers Blickwinkel näher als dem der SA-Männer.

Einstellungsgröße Totale:
Der Zuschauer übersieht die gesamte Szene. Als Beobachter wird er zur Stellungnahme aufgefordert. Zugleich erlebt er die Szene aus der Distanz.

Formale Kennzeichen Der Film wurde produziert von zwei Produktionsfirmen in Zusammenarbeit mit dem bayerischen und österreichischen Runkfunk. Er kam 1989 in die Kinos.

Inhalt Der Film stellt dar, wie der aus dem württembergischen Königsbronn stammende Tischler Georg Elser sein Attentat auf Hitler im Münchener Bürgerbräukeller 1938 plant und durchführt. Gegenfigur ist der Gestapo-Mann Wagner, der den Anschlag beinahe verhindert und für die Verhaftung Elsers sorgt.

Historischer Kontext Informationen zum Leben Georg Elsers bieten neben Zeitzeugenberichten die Angaben Elsers, die er bei Verhören nach seiner Verhaftung machte. Demnach entschloss sich Elser, der grundsätzlich pazifistisch eingestellt war, zu dem Attentat, als er nach dem Münchener Abkommen am 29. September 1938 die Kriegsgefahr erkannte. Elser konstruierte selbst eine Bombe mit Zeitschalter und installierte sie im Münchener Bürgerbräukeller. Mit ihr wollte er Adolf Hitler, der dort am 8. November 1939 zum Gedenken an seinen gescheiterten Putschversuch 1923 sprach, und weitere Mitglieder der NS-Führung töten. Weil Hitler einige Minuten früher als geplant den Saal verlassen hatte, entkam er dem Anschlag. Die Bombe tötete insgesamt acht Personen und verletzte 63. Noch am selben Abend wurde Elser an der Grenze zur Schweiz in Konstanz festgenommen. Er sollte nach dem Krieg in einem Schauprozess verurteilt werden. Am 9. April 1945, wenige Wochen vor Kriegsende, wurde er im Konzentrationslager Dachau ohne Prozess hingerichtet.
Die NS-Propaganda machte den englischen Geheimdienst für das Attentat verantwortlich, was aber nicht zutraf. Elser war ein Einzeltäter. Er zeigte bereits früh eine Abneigung gegen den Nationalsozialismus. In den Verhören bei der Gestapo gab er dafür verschiedene Gründe an: die Verschlechterung der Lebensbedingungen der Arbeiter nach 1933, die Ansprüche der HJ auf die Jugend und nicht zuletzt die Aufrüstungspolitik und Kriegspläne Hitlers. Obwohl er nach eigenen Angaben immer die Kommunistische Partei gewählt hatte und 1928/29 auch der Schutztruppe der Kommunistischen Partei beitrat, war er politisch vor 1933 kaum aktiv.

Intention und Wirkung Die Kernaussage ist, dass es sich bei Elser um einen Einzeltäter aus dem Volk handelt, der das Attentat allein plante und durchführte. Der Film orientiert sich im Wesentlichen an den gesicherten Fakten zu Elsers Leben und zu den Vorbereitungen der Tat. Erfunden sind die Figur des Gestapo-Offiziers Wagner und die Liebesbeziehung zu der Kellnerin Annemarie.
Einige Episoden werden hinzugefügt, die historisch nicht belegbar sind, aber den Charakter Elsers verdeutlichen sollen. So wird Elser von SA-Männern auf der Toilette des Bürgerbräukellers niedergeschlagen (siehe Seite 333). In einer anderen Sequenz tarnt er sich als SA-Mann, um besseren Zugang zum Gastraum zu haben.
Mit seiner spannenden Handlung wendet sich der Film an ein breites Publikum. Er will zeigen, dass es auch einem Einzelnen möglich war, sich gegen die Diktatur zu stellen. Und nicht zuletzt will der Film die Erinnerung an einen exemplarischen Widerstandskämpfer wachhalten: „Kein Denkmal erinnert an ihn", heißt es am Ende des Films (vgl. Seite 324).

Bewertung und Fazit Der Film wurde mit renommierten Filmpreisen ausgezeichnet. Er darf nicht als detailgetreue Darstellung von Elsers Leben verstanden werden. Die Würdigung eines mutigen Einzelattentäters beruht jedoch auf historischen Tatsachen.

1. *Der Titel des Films lautet „Georg Elser – Einer aus Deutschland". Erläutern Sie, inwiefern Intention und Aussage des Films bereits im Titel vorweggenommen werden.*
2. *Der Film besitzt fiktive Elemente. Beurteilen Sie, inwiefern er trotzdem zur historischen Erinnerung beitragen kann.*
3. *Erörtern Sie, warum dem Medium Film in der Erinnerungskultur eine besondere Rolle zukommt.*

Aufarbeitung von Schuld und Verantwortung

NS-Prozesse: Beginn einer Aufarbeitung? Nach 1945 stand die Frage nach der Schuld im Vordergrund. Opfer und Befreier stellten zunächst die *Kollektivschuldthese* auf, nach der das gesamte deutsche Volk für die Verbrechen Verantwortung trage. Die Deutschen sollten sich mit ihrer Vergangenheit und den Folgen der Hitler-Diktatur auseinandersetzen. Die Alliierten veröffentlichten Bilder und Berichte aus den Konzentrationslagern und zwangen die Bewohner der nahe gelegenen Städte, die Lager und die Opfer anzusehen.

In dieser ersten, bis 1949 reichenden Phase des Umgangs mit der NS-Vergangenheit – der „Phase der politischen Säuberung" (*Norbert Frei*) – übernahmen die Siegermächte die Ahndung der nationalsozialistischen Verbrechen. Von November 1945 bis Oktober 1946 brachten sie die Hauptkriegsverbrecher – 21 ehemalige hohe Parteiführer, Minister und Generäle – vor ein internationales Militärgericht (*Nürnberger Prozess*). Nach fast einjähriger Verhandlung wurden zwölf Angeklagte zum Tode verurteilt, sieben erhielten lange Haftstrafen, drei wurden freigesprochen. In allen vier Besatzungszonen fanden zwischen 1945 und 1949 zahlreiche weitere Prozesse gegen mutmaßliche NS-Täter statt.

▲ **Konfrontation mit den Verbrechen.**
Foto vom 16. April 1945.
Die Täter und Mitläufer, die Sieger und Richter, die Opfer und Zeugen: Auf Befehl des US-Generals George S. Patton mussten sich etwa tausend Weimarer Bürger das gerade befreite KZ Buchenwald ansehen.

Der Nürnberger Prozess mit seinen hunderten von Zeugen, tausenden Beweisdokumenten und erschütternden Fotos und KZ-Filmen, die britische und amerikanische Truppen bei der Befreiung gemacht hatten, trug maßgeblich zur Aufhellung der Geschichte des NS-Regimes bei. Ein nachträgliches Bemänteln und Beschönigen der nationalsozialistischen Verbrechen ist seitdem unmöglich. Allerdings dienten die NS-Prozesse auch vielen Deutschen als Entlastung: Während die noch lebenden, vormals führenden Kräfte des NS-Regimes vor Gericht standen, glaubte sich die Bevölkerung von der Frage einer Mitverantwortung entbunden.

Lesetipp
Jörg Osterloh und Clemens Vollnhals (Hrsg.), NS-Prozesse und deutsche Öffentlichkeit. Besatzungszeit, frühe Bundesrepublik und DDR, Göttingen 2011

Entnazifizierung und Umerziehung Neben der Aburteilung der Kriegsverbrecher gehörte auch eine umfassende politische Säuberung zum Entnazifizierungskonzept der Alliierten im besetzten Deutschland. Ehemalige NS-Aktivisten sollten aus Ämtern entfernt und bestraft werden. Anders als Briten und Franzosen betrieben die Amerikaner die Entnazifizierung mit großer Strenge und einem gewaltigen bürokratischen Aufwand. Insgesamt waren in den Westzonen über 500 000 Männer und Frauen von Massenentlassungen betroffen; mehr als 170 000 NS-Aktivisten wurden in Internierungslager gebracht („automatischer Arrest"), die meisten von ihnen aber bald wieder entlassen – die letzten 1948.

In der *Sowjetischen Besatzungszone* (SBZ) waren über eine halbe Millionen Menschen aus dem beruflichen und öffentlichen Leben ausgeschaltet worden. Anders als

▲ **Rückgabe von Nazibüchern in der Schule.**
Foto um 1945.

im Westen wurde neben der personellen Säuberung auch eine „strukturelle“ Entnazifizierung zur „Ausrottung der Reste des Faschismus“ durchgeführt. Die Kommunisten gingen dabei gezielt gegen gesellschaftliche Gruppen vor, die ihnen beim Aufbau des Sozialismus im Weg standen. Dies betraf hauptsächlich Großgrundbesitzer und Industrielle. Sie wurden pauschal als Nazi-Täter verurteilt und enteignet.

1946/47 wurde die Entnazifizierung in den westlichen Besatzungszonen in deutsche Hände übertragen. Jeder Deutsche über 18 Jahre musste einen Fragebogen über seine berufliche und politische Vergangenheit ausfüllen. *Spruchkammern* stuften die erfassten Personen in fünf Kategorien ein: Hauptschuldige, Belastete, Minderbelastete, Mitläufer und Entlastete. Straffrei sollten nur Entlastete und Mitläufer ausgehen. Den übrigen drohten Gefängnis oder Straflager, Geldstrafe und Berufsverbot.

Der Versuch, alle Täter ihrer gerechten Strafe zuzuführen, scheiterte letztlich an Art und Umfang des Vorhabens (▸ M1). Es war die Zeit der „Persilscheine“, die man sich wechselseitig ausstellte, aber auch der Denunziation und der Korruption. Schuldigen gelang es immer wieder, durch Fälschung ihrer Angaben oder Entlastungszeugen als „Mitläufer“ eingestuft zu werden. Die große Mehrheit der Bevölkerung fühlte sich diskriminiert und forderte ein schnelles Ende der Überprüfungen.

Mit Beginn des *Kalten Krieges* wurde die Entnazifizierung 1948 in der SBZ und um 1950 in den westlichen Besatzungszonen eingestellt. „Die schwungvoll gestartete Entnazifizierung endet im Westen als Farce und im Osten als Selbstbeweihräucherung“, urteilt die Journalistin *Irmgard Hochreither*.

Viel nachhaltiger als die Entnazifizierung erwies sich die Umerziehung der Bevölkerung zu Rechtsstaat und Demokratie. Auch hier waren die US-Amerikaner vorbildlich. Sie gestalteten das Erziehungswesen, Lehrpläne, Presse und Rundfunk um, hielten politische Kurse ab und richteten Amerikahäuser als kulturelle Begegnungsstätten ein. Aber auch in der SBZ gab es Umerziehungsmaßnahmen. Sie dienten jedoch vorrangig der Verbreitung von Kenntnissen über die Sowjetunion.

„Schlussstrich-Mentalität“ Gegen Ende der Besatzungszeit wandelte sich die Bewertung der justiziellen Aufarbeitung in der Bevölkerung. 1949 hielt nur noch jeder Dritte Deutsche die Nürnberger Prozesse für gerecht. Ein Großteil sah sich als „Opfer Hitlers“ und – nach Jahren der Entnazifizierung und Umerziehung – auch als „Opfer der Alliierten“ und ihrer „Siegerjustiz“. Die Bevölkerung glaubte, die Vergangenheit nun genügend „aufgearbeitet“ zu haben. Eine „Schlussstrich-Mentalität“ machte sich breit, weil, so meinten viele, die eigentlichen Schuldigen schon längst bestraft worden seien.

Regierung, Parlament und Medien ließen es in dieser zweiten Phase, der „Phase der Vergangenheitspolitik“, an eindeutigen Verurteilungen des NS-Regimes und seiner Verbrechen nicht fehlen. Bundespräsident *Theodor Heuss* kritisierte wiederholt alle Tendenzen zur Verdrängung der Vergangenheit und unterstrich immer wieder die Ehrenhaftigkeit der Widerstandskämpfer des 20. Juli 1944 und anderer Gegner des Nationalsozialismus. Dennoch blieb der Umgang mit der jüngsten Vergangenheit in der Adenauer-Ära zwiespältig.[1]

Auf Druck der Amerikaner und gegen den Willen großer Teile der Bevölkerung verpflichtete sich die Bundesrepublik 1952 im *Luxemburger Abkommen* zu umfangreichen Entschädigungszahlungen für die jüdischen Opfer. Vergleichbare „Wiedergutmachungen“ leistete die DDR nicht.[2]

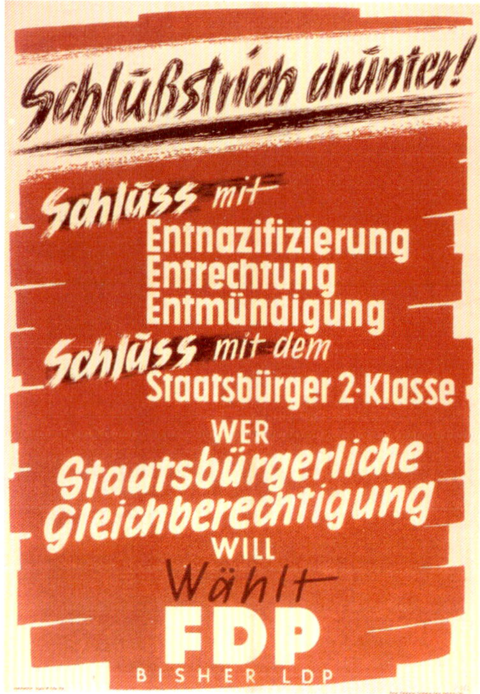

▲ **Wahlplakat der Freien Demokratischen Partei (FDP) zur Bundestagswahl 1949.**

„Vergangenheitsbewältigung“ Erst mit der Gründung der *Zentralen Stelle der Landesjustizverwaltungen zur Aufklärung nationalsozialistischer Gewaltverbrechen* (kurz: Zentralstelle oder Zentrale Stelle) 1958 in Ludwigsburg und der systematischen strafrechtlichen Verfolgung von NS-Tätern in den Vernichtungslagern begann in der Bundesrepublik eine neue Phase im Umgang mit der Vergangenheit (▸ M2). 1961 wurde Adolf Eichmann, dem Organisator der jüdischen Deportationen, in Jerusalem der Prozess gemacht[3]; 1963 bis 1965 folgte der *Frankfurter Auschwitz-Prozess*, dem sich weitere Verfahren (Majdanek-Prozess 1975/81 in Düsseldorf) anschlossen. 750 weitere NS-Täter wurden seit Gründung der Ludwigsburger Zentralstelle 1958 rechtskräftig verurteilt.

Die großen NS-Prozesse der 1960er-Jahre förderten das ganze Ausmaß der Massenvernichtung zutage und die Medien sorgten dafür, dass die Auseinandersetzung mit den Verbrechen zu einer öffentlichen Angelegenheit wurde. Das mit den Prozessen veröffentlichte Aktenmaterial zeigte, wie weit die NS-Herrschaft in alle Bereiche von Staat und Wirtschaft hineingereicht hatte und wie groß die Unterstützung gewesen war, die sie dort gefunden hatte. Die bundesdeutsche Öffentlichkeit wurde buchstäblich im Gerichtssaal über die Verbrechen des Nationalsozialismus aufgeklärt. Die Menschen sahen die NS-Herrschaft nicht mehr nur als verhängnisvollen „Betriebsunfall“ an oder hielten allein einen kleinen Kreis um Hitler für das „Dritte Reich“ verantwortlich. Ein Umdenken setzte ein und damit die dritte Phase, die „Phase der Vergangen-

Lesetipp
Fritz Bauer Institut (Hrsg.), „Gerichtstag halten über uns selbst ...“. Geschichte und Wirkung des ersten Frankfurter Auschwitz-Prozesses, Frankfurt am Main 2001

Internettipp
Das Webspecial „Das Ende des Schweigens“ informiert über den Frankfurter Auschwitz-Prozess 1963-65: www.hr-online.de/website/static/spezial/auschwitzprozess/index.html

[1] Vgl. dazu im Kapitel „Deutsches Selbstverständnis nach 1945“ Seite 389 f.
[2] Vgl. ebd. Seite 390.
[3] Vgl. dazu auch M2 auf Seite 460 f.

▲ **Ortsbesichtigung im KZ Auschwitz.**
Foto vom 14. Dezember 1964.
Die Mitglieder des Frankfurter Schwurgerichts und zahlreiche Journalisten passieren das Lagertor des Konzentrationslagers Auschwitz im Rahmen des Auschwitz-Prozesses. Am 20. Dezember 1963 wurde in Frankfurt am Main der Prozess gegen 22 ehemalige Bewacher des Lagers eröffnet.

heitsbewältigung". Orte des NS-Terrors, etwa frühere Konzentrationslager wie Dachau, wurden zu Gedenkstätten, auch gewann der Nationalsozialismus in westdeutschen Lehrplänen sowie in der politischen Bildung zunehmend an Bedeutung.

Für die weitere juristische Aufarbeitung gab der Deutsche Bundestag den Weg frei. Die NS-Verbrechen drohten nach damaligem Recht 20 Jahre nach Kriegsende zu verjähren. Nach langen Debatten beschloss der Bundestag 1969, Völkermord von jeder Verjährungsfrist auszunehmen. Seit 1979 gilt das auch für gewöhnlichen Mord.

Während die Demokratie der Bundesrepublik immer mehr akzeptiert wurde, wuchs die Kritik an Deutschlands undemokratischer Vergangenheit. Zahlreiche NS-Täter hatten neben den vielen Mitläufern im großen Vergessen untertauchen, ihre Karrieren in der Bundesrepublik fortsetzen und erneut in Schlüsselpositionen aufsteigen können. Die Jüngeren forderten die ältere Generation dazu auf, sich ihrer Vergangenheit zu stellen.[1]

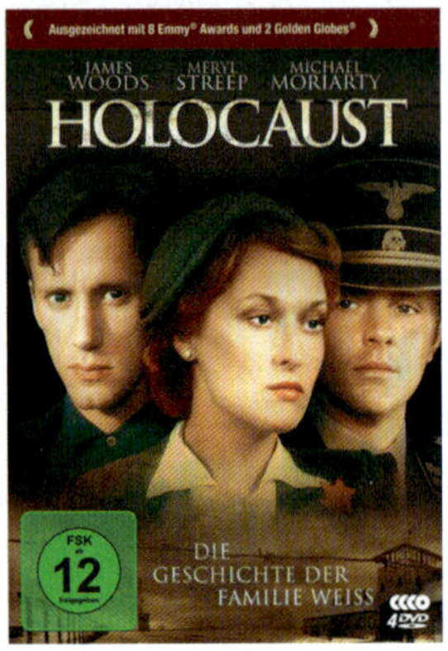

▲ **„Holocaust."**
Filmplakat zur TV-Serie von 1979.

Der Holocaust im Fokus der Aufmerksamkeit ■ Ende der 1970er-Jahre begann die „Phase der Vergangenheitsbewahrung", in der sich die Beschäftigung mit dem Nationalsozialismus, vor allem aber auch mit dem Holocaust, deutlich intensivierte und in zahlreichen Diskussionen um Gedenktage, Gedenkreden oder Museen ihren Ausdruck fand.

Im Januar 1979 hatte die bundesdeutsche Öffentlichkeit die Ausstrahlung der vierteiligen US-Fernsehserie „Holocaust" erschüttert. Sie zeigte am Schicksal einer Berliner Arztfamilie die Ausgrenzung und schließlich die Ermordung der Juden und illustrierte detailliert die verschiedenen Formen des Massenmordes. In der wissenschaftlichen Forschung und publizistischen Öffentlichkeit war die Beschäftigung mit dem Holocaust bis zu diesem Zeitpunkt jedoch so weit zurückgegangen, dass der Historiker *Ulrich Herbert* rückblickend von einer „zweiten Verdrängung" spricht. Erst Mitte der Achtzigerjahre wandten sich Historiker dem Thema verstärkt zu. Neben den Juden kamen nun auch andere Opfergruppen in den Blick: „Zigeuner", Behinderte, „Asoziale", Homosexuelle, Kriegsgefangene, Zwangsarbeiter und Deserteure. Im Unterschied zu den 1960er-Jahren, in denen die NS-Prozesse den Fokus auf die Täter gelegt hatten, kam nun viel stärker die Perspektive der Opfer und Überlebenden ins Bewusstsein der Öffentlichkeit.

[1] Vgl. dazu Seite 396 f.

Kontroversen um die Vergangenheit und den Holocaust gab es nach wie vor. Einen der Höhepunkte stellte zweifelsohne der *Historikerstreit* in den Jahren 1986/87 dar, in dem Fachwelt und Presse über die historische Einzigartigkeit des Holocaust und die Rolle der „Vergangenheitsbewältigung“ diskutierten (▸ M3).

In der DDR hatte das Thema Holocaust eine geringere Bedeutung. Nicht der Antisemitismus, sondern der Kampf gegen „die Arbeiterklasse“ und gegen die Sowjetunion sei das wesentliche Element des „Hitler-Faschismus“ gewesen, lautete die immer wieder propagierte Doktrin der SED-Führung. Die Juden erfuhren daher auch keine besondere Anerkennung als Opfer. Erst Ende der 1980er-Jahre rückte die politische Führung der DDR den Holocaust und die Opfer des Antisemitismus stärker in den Fokus.[1]

Der Nationalsozialismus und die Gegenwart Wie aktuell die deutsche Vergangenheit ist, erweisen die heftigen Diskussionen um die Beteiligung der Bundeswehr an NATO-Einsätzen in Kriegsgebieten, wie 2007 in Afghanistan.

Auch die geschichtswissenschaftliche Erforschung des „Dritten Reiches“ ist längst nicht abgeschlossen. Immer wieder haben Untersuchungen zur NS-Zeit öffentliche Kontroversen ausgelöst. Zuletzt sorgte das Buch „Das Amt und die Vergangenheit – Deutsche Diplomaten im Dritten Reich und in der Bundesrepublik“ für eine scharf geführte Debatte. Es zeigt, wie sehr das Auswärtige Amt von Anfang an in die verbrecherische Politik der Nationalsozialisten und die Durchführung des Holocaust eingebunden war und dass zahlreiche schwer Belastete dort nach 1945 ihre Karrieren fortsetzen konnten.

▲ Besucher der Wehrmachtsausstellung im Münchener Rathaus.
Foto vom 24. Februar 1997. Die Ausstellung „Vernichtungskrieg. Verbrechen der Wehrmacht 1941-1945“ des Hamburger Instituts für Sozialforschung, die zwischen 1995 und 2004 in verschiedenen deutschen Städten gezeigt wurde, sorgte für Aufruhr und wissenschaftlichen Streit. Sie widerlegte die Ansicht, die deutsche Armee sei am Völkermord in Osteuropa unbeteiligt gewesen.

Die Gewichtung deutscher Schuld und Verantwortung bleibt bis heute umstritten. Mehr noch: Der Ruf, dieses Kapitel deutscher Geschichte „zu den Akten“ zu legen, kommt bis heute quer durch alle Gesellschaftsschichten auf. Zwar steht vor allem der Holocaust nach wie vor im Fokus publizistischer und wissenschaftlicher Debatten. Jedoch wurde in den letzten Jahren deutlich, dass sich das Interesse zunehmend auch auf die Deutschen verlagert – und zwar auf die Deutschen als Opfer. Der Historiker Norbert Frei warnt, damit würden die Opfer des NS-Regimes zwangsläufig zurückgedrängt, und er benennt die gegenwärtigen Chancen im Umgang mit der NS-Vergangenheit: „Das Gebirge an Schuld, das die Deutschen in den Jahren 1933 bis 1945 aufgehäuft haben, bekommt klarere Konturen, je weiter wir uns davon entfernen. Im Laufe der Zeit werden die Fragen zudem immer wieder anders gestellt, manche tauchen überhaupt erst aus der Distanz auf. Insofern glaube ich, dass diese Vergangenheit uns weiter interessieren und auch beunruhigen wird. Angesichts der Dimensionen der Verbrechen wäre alles andere unnormal und überraschend.“

Lesetipp
Hamburger Institut für Sozialforschung (Hrsg.), Verbrechen der Wehrmacht. Dimensionen des Vernichtungskrieges 1941-1944, Hamburg ²2001

[1] Zur Auseinandersetzung der DDR mit dem Nationalsozialismus vgl. Seite 388 f. und 391 ff.

▸ **Begegnung mit Zeitzeugen.**
Foto vom 16. April 2005. Ein früherer Häftling erläutert Schülern in der Gedenkstätte des ehemaligen KZ Sachsenhausen bei Berlin Fotos und Dokumente.

Eine neue „Gedenkkultur" Die Vorstellung über den Nationalsozialismus wird heute immer mehr von medialen Darstellungen wie Geschichtsdokumentationen oder Spielfilmen geprägt, die das Thema popularisieren und aus den wissenschaftlichen und politischen Kontroversen herausheben.

In wenigen Jahren werden die letzten Zeitgenossen des NS-Regimes verstorben sein. Daher gewinnen Formen des öffentlichen Gedenkens immer mehr an Bedeutung, welche die individuelle durch eine gemeinsame Erinnerung – ein *kollektives Gedächtnis* – ersetzen.[1]

Eine besondere Form der Aufarbeitung ist daher die Gedenkkultur. Gedenktage, Gedenktafeln und Museen sollen symbolisch an die Vergangenheit erinnern und die Verbrechen der nationalsozialistischen Diktatur im öffentlichen Bewusstsein wachhalten. So wurde der *27. Januar*, der *Tag der Befreiung des Vernichtungslagers Auschwitz-Birkenau*, 1996 zum nationalen Gedenktag und 2005 zum internationalen Holocaustgedenktag erklärt.[2]

Wie schwierig es ist, eine angemessene Gedenkstätte zu gestalten, zeigen die Diskussionen um das *Denkmal für die ermordeten Juden Europas in Berlin* (▸ M4). 1988 gründeten die Publizistin *Lea Rosh* und der Historiker *Eberhard Jäckel* eine Bürgerinitiative zur Errichtung einer Gedenkstätte. In der Öffentlichkeit wurde heftig darum gestritten, ob nicht ein Mahnmal für alle Opfer des NS-Terrors errichtet werden sollte. Schließlich entschied sich der Bundestag 1999 für einen Entwurf des New Yorker Architekten *Peter Eisenman*.[3]

Einen besonders kritischen Umgang mit der Geschichte fordern unsere europäischen Nachbarn, mehr noch die Opfer und Hinterbliebenen. Auch wenn das Deutschland der Nachkriegszeit einen überwiegend positiven Beitrag zum friedlichen Zusammenleben der Völker leisten konnte, wird es noch lange am Umgang mit den dunklen Seiten seiner Vergangenheit gemessen werden (▸ M5 und M6).

Internettipps
- *www.topographie.de*
- *www.zukunft-braucht-erinnerung.de*

[1] Vgl. dazu den Theorie-Baustein „Geschichtsbewusstsein und Geschichtskultur", Seite 465 bis 468.
[2] Vgl. dazu das Kapitel „Geschichts- und Erinnerungskultur: der 27. Januar als Gedenktag", Seite 448 ff.
[3] Vgl. M4, Seite 343 f. und M14, Seite 415.

M1 Schwarz wird weiß

1946 erscheint im Münchener Satireblatt „Simplicissimus“ die Karikatur „Schwarz wird weiß oder Mechanische Entnazifizierung“ von Max Radler mit einem Gedicht von J. Menter. Zu sehen ist der von einem alliierten Besatzungsoffizier (oben rechts) beaufsichtigte bayerische „Entnazifikator“, als Patent Heinrich Schmitt, dem bayerischen Sonderminister für politische Befreiung zugeschrieben, der für die Entnazifizierung in Bayern zuständig gewesen ist:

Springt immer rein! Was kann euch schon passieren,
Ihr schwarzen Böcke aus dem braunen Haus[1]!
Man wird euch schmerzlos rehabilitieren.
Als weiße Lämmer kommt ihr unten raus.

Wir wissen schon: Ihr seid es nie gewesen!
(Die andern sind ja immer schuld daran – –)
Wie schnell zum Guten wandeln sich die Bösen,
Man schwarz auf weiß im Bild hier sehen kann.

Jürgen Kniep, Wiederaufbau und Wirtschaftswunder, Augsburg 2009, S. 68

1. *Beschreiben Sie die einzelnen Bildelemente.*
2. *Erläutern Sie mithilfe des Gedichtes die Aussage der Karikatur. Gegen wen richtet sich die Kritik?*
3. *Erörtern Sie, welche Haltung Radler und Menter zur Entnazifizierung einnehmen.*

[1] **Braunes Haus**: Bezeichnung für die NS-Parteizentrale in München von 1930 bis 1945

M2 Die Ludwigsburger Zentralstelle

Adalbert Rückerl, seit 1961 als Staatsanwalt bei der Zentralen Stelle der Landesjustizverwaltung zur Aufklärung nationalsozialistischer Verbrechen in Ludwigsburg tätig, die er von 1966 bis 1984 geleitet hat, schreibt über die Anfänge der Behörde:

Der entscheidende Impuls für die Intensivierung und Konzentration der Strafverfolgung nationalsozialistischer Verbrechen ging [...] von einem Verfahren aus, das mehr oder weniger zufällig in Gang gekommen war. Ein ehemaliger SS-Oberführer, im Jahre 1941 Polizeidirektor in Memel, der nach dem Kriege unter falschem Namen ein Flüchtlingslager in der Nähe von Ulm geleitet hatte – aus dem Entnazifizierungsverfahren als „nicht betroffen" hervorgegangen – und nach Aufdeckung seiner Identität entlassen worden war, hatte gerichtlich auf Wiedereinstellung in den Staatsdienst geklagt. Als über diesen Prozess in der Presse berichtet wurde, erinnerte sich ein Leser daran, dass dieser Mann zu Beginn des Russland-Feldzuges im Juni 1941 in maßgebender Position an Massenerschießungen von Juden im deutsch-litauischen Grenzgebiet beteiligt gewesen war. Er wurde 1956 verhaftet.
Die in diesem Verfahren breit angelegten, mit Sorgfalt und großem Nachdruck betriebenen Ermittlungen, die dann zu dem sogenannten „Ulmer Einsatzkommando-Prozess" führten, brachten schließlich die Gewissheit, dass zahlreiche vor allem im Osten begangene schwerste NS-Verbrechen bis dahin gerichtlich nicht geahndet worden waren. [...]
Man erkannte, dass der Ahndung der bisher offensichtlich strafrechtlich nicht erfassten NS-Verbrechen Ermittlungen vorauszugehen hatten, die jedes bisher bekannte Ausmaß staatsanwaltschaftlicher Aufklärungsarbeit bei Weitem übersteigen musste. Auf Anregung des baden-württembergischen Justizministeriums [...] beschlossen Justizminister und -senatoren der deutschen Bundesländer einschließlich Berlin auf ihrer Konferenz am 3. Oktober 1958 in Bad Harzburg die Errichtung einer „Zentralen Stelle der Landesjustizverwaltungen zur Aufklärung nationalsozialistischer Verbrechen" (kurz: Zentrale Stelle). [...]
Die Aufgabenstellung der Zentralen Stelle bewirkte praktisch eine Umkehrung der bei der Strafverfolgung von NS-Verbrechen bis dahin geübten Verfahrensweise. Die Untersuchungen setzten nun nicht mehr erst auf eine Anzeige gegen einen Tatverdächtigen hin ein, wie es bisher die Regel war; vielmehr lösen wie auch immer geartete Hinweise auf eine strafrechtlich noch verfolgbare Tat die Ermittlungen nach den noch unbekannten oder noch nicht ausfindig gemachten Tatbeteiligten aus.
[...] Wohl wurde die Zentrale Stelle alsbald von einem Teil der Presse und gelegentlich auch von Politikern in einer der täglichen Arbeit und dem kollegialen Verhältnis zu den nach wie vor die Hauptlast tragenden Staatsanwaltschaften eher abträglichen Weise zu einer Art Aushängeschild der Justiz und zu einem Symbol des Rechtswillens der Bundesrepublik Deutschland hochstilisiert. Dies sollte jedoch nicht den Blick auf die Tatsache verstellen, dass die damals nach Ludwigsburg abgeordneten, von ihren Heimatbehörden in der Regel überdurchschnittlich gut beurteilten Kräfte ihre Aufgabe von Anfang an durchaus ernst nahmen.
Im Jahre 1959, praktisch im ersten vollen Jahr ihres Bestehens, leitete die Zentrale Stelle 400 Vorermittlungsverfahren ein. Die wichtigsten davon betrafen unter anderem die von den Einsatzgruppen und Einsatzkommandos der Sicherheitspolizei und des SD in der Sowjetunion, die von Sicherheits- und Ordnungspolizei sowie vom Volksdeutschen Selbstschutz in Polen und die in den Vernichtungslagern Auschwitz, Belzec, Sobibor, Treblinka und Chelmno begangenen Verbrechen.

Adalbert Rückerl, NS-Verbrechen vor Gericht. Versuch einer Vergangenheitsbewältigung, Heidelberg 1982, S. 140, 142, 145 und 147

1. *Geben Sie die Umstände wieder, die zum „Ulmer Einsatzkommando-Prozess" geführt haben. Welche Rückschlüsse lassen sich daraus auf die Praxis der Entnazifizierung ziehen?*
2. *Charakterisieren Sie Aufgaben und Ziele der Ludwigsburger Zentralstelle.*
3. *Erörtern Sie im historischen Kontext, warum die Zentralstelle auch als „Aushängeschild" angesehen wurde.*
4. *Überprüfen Sie in Lexika, Fachbüchern oder im Internet, wie die Arbeit der Ludwigsburger Zentralstelle heute rückblickend bewertet wird.*

M3 Wie lange haften die Nachgeborenen?

Am 11. Juli 1986 greift der Sozialphilosoph Jürgen Habermas mit seinem in der Wochenzeitung „Die Zeit" veröffentlichten Essay führende Historiker der Bundesrepublik an, vor allem Ernst Nolte. Dieser hat die Ursachen des Holocaust in Zusammenhang mit den stalinistischen Terrorakten in der Sowjetunion gebracht. Dies brachte ihm den Vorwurf ein, die NS-Verbrechen verharmlosen zu wollen. Daraus entstand eine heftige Debatte um die „Einmaligkeit" des nationalsozialistischen Völkermordes („Historikerstreit"), bei der es auch um die Frage ging, wie „normal" die NS-Zeit jemals in der deutschen Geschichte werden könne. Dazu schreibt Habermas:

Unsere Situation hat sich, im Vergleich zu der vor vierzig Jahren [...], gründlich verändert. Damals ging es um die Unterscheidung zwischen der persönlichen Schuld der Täter und der kollektiven Haftung derer, die es – aus wie immer verständlichen Gründen – unterlassen hatten, etwas zu tun. Diese Unterscheidung trifft nicht mehr das Problem von Nachgeborenen, denen das Unterlassungshandeln ihrer Eltern und Großeltern nicht zur Last gelegt werden kann. Gibt es für diese überhaupt noch ein Problem der Mithaftung? [...]
Nach wie vor gibt es die einfache Tatsache, dass auch die Nachgeborenen in einer Lebensform aufgewachsen sind, in der das möglich war. Mit jenem Lebenszusammenhang, in dem Auschwitz möglich war, ist unser eigenes Leben [...] innerlich verknüpft. Unsere Lebensform ist mit der Lebensform unserer Eltern und Großeltern verbunden durch ein schwer entwirrbares Geflecht von familialen, örtlichen, politischen, auch intellektuellen Überlieferungen – durch ein geschichtliches Milieu also, das uns erst zu dem gemacht hat, was und wer wir heute sind. Niemand von uns kann sich aus diesem Milieu herausstehlen, weil mit ihm unsere Identität, sowohl als Individuen wie als Deutsche, unauflöslich verwoben ist. [...] Wir müssen also zu unseren Traditionen stehen, wenn wir uns nicht selber verleugnen wollen. [...] Aber was folgt aus dieser existenziellen Verknüpfung mit Traditionen und Lebensformen, die durch unaussprechliche Verbrechen vergiftet worden sind? [...] Überträgt sich etwas von dieser Haftung auch noch auf die nächste und die übernächste Generation? Aus zwei Gründen, denke ich, sollten wir die Frage bejahen.
Da ist zunächst die Verpflichtung, dass wir in Deutschland – selbst wenn es niemand sonst mehr auf sich nähme – unverstellt, und nicht nur mit dem Kopf, die Erinnerung an das Leiden der von deutschen Händen Hingemordeten wachhalten müssen. [...] Wenn wir uns über dieses Benjamin'sche Vermächtnis[1] hinwegsetzten, würden jüdische Mitbürger, würden überhaupt die Söhne, die Töchter und die Enkel der Ermordeten in unserem Lande nicht mehr atmen können. Das hat auch politische Implikationen. Jedenfalls sehe ich nicht, wie sich das Verhältnis der Bundesrepublik beispielsweise zu Israel auf absehbare Zeit „normalisieren" könnte. [...]
Nach Auschwitz können wir nationales Selbstbewusstsein allein aus den besseren Traditionen unserer nicht unbesehen, sondern kritisch angeeigneten Geschichte schöpfen. Wir können einen nationalen Lebenszusammenhang, der einmal eine unvergleichliche Versehrung der Substanz menschlicher Zusammengehörigkeit zugelassen hat, einzig im Lichte von solchen Traditionen fortbilden, die einem durch die moralische Katastrophe belehrten, ja argwöhnischen Blick standhalten. Sonst können wir uns selbst nicht achten und von anderen nicht Achtung erwarten.
Diese Prämisse hat bisher das offizielle Selbstverständnis der Bundesrepublik getragen. Der Konsens wird heute von rechts aufgekündigt. Man fürchtet nämlich eine Konsequenz: Eine kritisch sichtende Traditionsaneignung fördert in der Tat nicht das naive Vertrauen in die Sittlichkeit bloß eingewöhnter Verhältnisse; sie verhilft nicht zur Identifikation mit ungeprüften Vorbildern.

Jürgen Habermas, Vom öffentlichen Gebrauch der Historie, in: „Historikerstreit". Die Dokumentation der Kontroverse um die Einzigartigkeit der nationalsozialistischen Judenvernichtung, München 1987, S. 246 ff.

[1] Der Literaturwissenschaftler Walter Benjamin (1892-1940) war jüdischer Herkunft und nahm sich auf der Flucht vor der Gestapo das Leben. In seinen Aufzeichnungen fand sich die dringende Mahnung, dass die immerwährende Erinnerung an die grausamen Verbrechen der Deutschen die einzig mögliche Sühne wäre.

1. *Erläutern Sie, was Habermas mit einer „kritisch angeeigneten Geschichte" (Zeile 44) meint.*
2. *Analysieren Sie, welche „Erkenntnisinteressen" in der Interpretation des „Dritten Reiches" Habermas bestimmten Gruppen von Zeitgenossen vorwirft.*
3. *Nehmen Sie Stellung zur Frage der „Mithaftung der Nachgeborenen" und des „richtigen Umgangs" mit der Geschichte des „Dritten Reiches". Wie wirkt sich dies auf das deutsche Selbstverständnis aus?*

M4 „Wer darf vergessen werden?"

Der Einweihung des staatlichen Denkmals für die ermordeten Juden Europas („Holocaust-Mahnmal") im Mai 2005 geht eine über 15 Jahre dauernde Planungs- und Vorbereitungsphase voraus, die in Politik und Presse kontrovers diskutiert wird. Der Historiker Reinhart Koselleck (1923-2006) greift 1998 mit einem in der „Zeit" veröffentlichten Artikel in die Überlegungen des Deutschen Bundestages für einen Konzeptentwurf ein:

Die erste Möglichkeit ist [...] ein Denkmal nur für die ermordeten Juden zu schaffen, unter striktem Ausschluss jeder anderen Opfergruppe [...]. Dann müssen wir räumlich, ikonografisch[1], zeitlich und finanziell die jüdischen Wünsche einlösen: ein Opfermal. Oder wir errichten ein Mahnmal beziehungsweise ein Schandmal, jedenfalls ein Denkmal, das primär an die Tat und die Täter erinnert, die die Juden erschlagen, erschossen, vergast, beseitigt und in Asche, Luft

[1] **Ikonografie**: Bestimmung, Beschreibung oder Erklärung von Bildinhalten

▲ **Das Holocaust-Mahnmal in Berlin, Denkmal für die ermordeten Juden Europas.**
Das Denkmal befindet sich südlich des Brandenburger Tors in der Mitte Berlins auf einem Gelände, das bis 1945 zum Regierungsviertel gehörte und ab 1961 von Mauer und Grenzstreifen eingenommen wurde. Auf 19 000 m² Fläche befinden sich rund 2 700 Stelen aus Beton. Die Wege dazwischen lassen nur Platz für je eine Person. Beim Begehen sorgt dies für Isolation und hält zum Nachdenken an. Zugleich soll die Stelenform an einen jüdischen Friedhof erinnern. Unter dem Gelände ist ein „Ort der Information" eingerichtet, der die Geschichte des Völkermordes an den europäischen Juden dokumentiert. Jährlich suchen mehrere Millionen Menschen das Mahnmal auf.

und Wasser aufgelöst haben. Also ein Täterdenkmal? Nur scheinbar sind diese beiden Projekte identisch. Errichten wir ein Mahnmal, das die unsäglichen Taten der Deutschen erinnert, dann können wir nicht haltmachen vor den Millionen Toten anderer Gruppen, die von uns als Täter ebenso ermordet worden sind wie die Juden. Oder sollen wir als Erben der Täter eine Grenze ziehen zwischen den mit Gas Ermordeten, zum Beispiel in Sonnenstein, und jenen mit Gas Umgebrachten in Chelmno oder Sobibor? Die Vernichtungskategorien wurden von den Rasseideologen der SS entwickelt, sortiert und exekutiert – der Tod war der gleiche, so einmalig und so verschieden die Menschen auch waren, die unschuldig in diese Mordmaschine eingeschleust wurden. [...]

Aus einem Denkmal nur für die Juden allein folgt zwingend, dass wir für alle anderen Opfergruppen entsprechende Denkmäler errichten müssen. Dies ist die zweite Möglichkeit, die verwirklicht zu werden fordert. Jede Lösung unterhalb dieser Vielfalt von Denkmälern wäre verlogen. Doch bisher ist es nur bei Lippenbekenntnissen zur Toleranz geblieben. Für keine der anderen Opfergruppen gibt es eine staatliche Initiative oder private Pressure-groups, als seien ihre Toten Tote minderen Ranges, die eher der Vergessenheit anheimgegeben werden dürfen. Es ist die makabre Ironie dieser zweiten Lösung, dass wir uns weiterhin an die Häftlingskategorien der SS halten, die in den Konzentrationslagern alle so oder so definierten Gruppen gegeneinander ausspielte. Akzeptieren wir einmal das Denkmal nur für die Juden, dann erhebt sich daraus unentrinnbar jene oft zitierte Denkmalshierarchie, die je nach Zahl der Ermordeten und je nach Einfluss der Überlebenden die nazistischen Tötungskategorien festschreibt und in unterschiedlichen Größenordnungen versteinert. Es stellt sich die Frage, ob wir als Nation der Täter diese Folgelasten gutheißen können. [...]

Weder moralisch noch politisch gibt es irgendeinen Grund, diese Millionen Toten, die demselben Terrorsystem zum Opfer gefallen sind wie die Juden, aus unserem Denkmal auszusparen. Daraus folgt die dritte Möglichkeit: dass wir nur ein einziges Denkmal errichten dürfen, ein Mal, das an alle Ermordeten und Beseitigten gemeinsam erinnert. Dann bleibt keiner der von uns ermordeten unschuldigen Menschen aus der mahnenden Erinnerung des Täter-Mals ausgeschlossen. Dies ist die wirkliche geschichtliche Folgelast, die wir als Deutsche auf uns zu nehmen haben.

Die Zeit, Nr. 13/1998, 19. März 1998
[www.zeit.de/1998/13/holocaust.txt.19980319.xml; Zugriff: 10. Januar 2013]

1. *Arbeiten Sie die Argumente Kosellecks heraus. Was könnten Sie ihm entgegenhalten?*
2. *Erläutern Sie, was er unter einem Opfer- und einem Täterdenkmal versteht. Welche Schwierigkeiten werden in Bezug auf eine mit dem Holocaust verbundene „Erinnerungskultur" deutlich?*
3. ➕ *Stellen Sie die Aussagen Kosellecks denen von Wolfgang Thierse in M14 auf Seite 415 gegenüber. Beurteilen Sie die unterschiedlichen Standpunkte.*

M5 „Erinnerungskultur“ statt Geschichtsbewusstsein?

Der Historiker Norbert Frei über die moderne Gedenk- und Erinnerungskultur:

Der „letzte Zeitzeuge“ gilt unserer durchmedialisierten Gegenwart als Indikator dafür, wie nahe uns ein Thema noch ist und noch zu gehen hat.
Im Wissen um die Mechanismen schnüren Film und Fernsehen, Magazine und Museen, aber natürlich auch Historiker und politische Bildungseinrichtungen seit Monaten, zum Teil sogar seit Jahren, am Gedenkpaket 1939 – 1949 – 1989. Selbstredend bedürfen dabei die Produktionen zum 70. Jahrestag des deutschen Überfalls auf Polen, zum 60. Geburtstag der Bundesrepublik und zur 20. Wiederkehr des Mauerfalls unterschiedlicher Intonation. In einer Hinsicht aber werden sich die meisten ähneln: im Rekurs auf den Zeitzeugen und das durch ihn verkörperte Authentizitätsversprechen.
Der Vorstellung, dass es die Stimme des Dabeigewesenen ist, die historisches Verstehen garantiert, ist kaum mehr wirkungsvoll entgegenzutreten in einer Gesellschaft, in der „Erinnerungskultur“ an die Stelle von Geschichtsbewusstsein getreten ist. [...]
Unter dem Tugendgebot der Erinnerung scheint weiten Teilen der politischen Klasse, freilich nicht allein in der Bundesrepublik, jeder Begriff von Geschichte und von den Vorzügen einer Geschichtsschreibung, die sich unabhängig von politischen Identitätsstiftungsversuchen und Nützlichkeitserwägungen entfaltet, abhanden gekommen zu sein. Wem als Politiker oder als Bürger jedoch daran liegt, dass nicht nur „gedacht und erinnert“, sondern gewusst und verstanden wird, der kann sich nicht auf die Frage beschränken, wie viele seiner Zeitgenossen ein historisch gewordenes Ereignis noch erlebt oder nicht mehr erlebt haben. Und dem muss es am Ende nicht darum gehen, Vergangenheit „lebendig zu halten“ – wohl aber um Chancen, sie sich begreifend anzueignen. Dazu bedarf es nicht der meist wohlmeinenden, aber oft unterkomplexen Didaktisierung im Format des „Ich erinnere mich“, sondern der Begünstigung von Problembewusstsein, Differenzierungsbedürfnis und kritischer Aufklärung. [...]
Im Unterschied zur Zeitgenossenschaft, die nun ihren Abschluss findet, ist die „Arena der Erinnerungen“ gerade erst eröffnet. Denn das „Zeitalter des Gedenkens“, für dessen Entstehen „Auschwitz“ die erste und entscheidende Ursache war, kommt nicht zu Ende, aber es geht nicht mehr in diesem Ursprung auf. In einer Welt vernetzter Gedächtnisse und globaler Imagologien[1] ist der Holocaust zu einer Metapher geworden, die für vieles stehen kann, und Hitler – auch – zur Gruselgröße einer multimedialen Populärkultur.
Eine angemessene – und das heißt nicht zuletzt: auf sich verändernde Fragen Auskunft gebende – Vergegenwärtigung der nationalsozialistischen Vergangenheit bleibt auch im 21. Jahrhundert politisch-moralisches Gebot und intellektuelle Herausforderung. Nötig allerdings ist dazu Wissen, nicht nur die Bereitschaft zur Erinnerung. Mit Blick auf eine Gegenwart, die kein persönliches Erinnern an die NS-Zeit mehr kennen wird, sind deshalb neue Anstrengungen gefragt. Das ist im Übrigen nicht allein eine Frage unseres kulturellen Selbstverständnisses, sondern von praktischem Sinn und politischem Nutzen: Denn nur dort, wo aufgeklärtes Geschichtsbewusstsein entsteht, wird der Abbau kollektiver Mythen möglich, die Europa auch sechs Jahrzehnte nach dem Ende des Zweiten Weltkriegs noch beschweren.

Norbert Frei, 1945 und wir. Das Dritte Reich im Bewusstsein der Deutschen. Erweiterte Taschenbuchausgabe, München 2009, S. 17 f. und 36 f.

1. *Fassen Sie zusammen, wie Frei die moderne Gedenk- und Erinnerungskultur bewertet.*
2. *Erläutern Sie, was er damit meint, dass die „Erinnerungskultur an die Stelle von Geschichtsbewusstsein getreten ist“.*
3. *Entwickeln Sie Vorschläge, wie eine von Frei geforderte „angemessene Vergegenwärtigung der nationalsozialistischen Vergangenheit“ aussehen könnte.*

[1] **Imagologie** (heute: interkulturelle Hermeneutik): vergleichende Wissenschaft, die sich mit dem „Bild vom anderen Land“ in Bezug auf Sprache, Kultur, Ansichten und Werte beschäftigt

M6 „Bewältigte Vergangenheit"

Die Titelbildcollage des Magazins „Der Spiegel" vom 8. Mai 1995 zeigt im Vordergrund einen Ausschnitt aus Caspar David Friedrichs Landschaftsgemälde „Der Wanderer über dem Nebelmeer" (um 1818).

Titelblatt des Magazins „Der Spiegel", Nr. 19 vom 8. Mai 1995

1. *Untersuchen Sie die Bildelemente und erläutern Sie, auf welche Themen und Probleme der deutschen Geschichte diese hinweisen. Diskutieren Sie, warum das Gemälde Caspar David Friedrichs für das Thema ausgewählt wurde und wofür der Wanderer jeweils steht.*
2. *Interpretieren Sie die Aussage des Titelbildes.*
3. *Beurteilen Sie die Haltung der Redakteure zum Umgang mit der NS-Zeit und gegenüber dem Thema „Vergangenheitsbewältigung".*

Die These vom „deutschen Sonderweg“

Kompetenz:
Interpretationen und Kontroversen zum „deutschen Sonderweg“ beschreiben, analysieren und beurteilen

Wie ist es zu erklären, dass sich in einem modernen, kulturell und industriell hochentwickelten Land wie Deutschland ein derart radikales Diktaturregime entwickeln konnte, das die Welt in einen verheerenden Krieg stürzte und in der Ermordung von über sechs Millionen Menschen gipfelte?

Zu dieser Frage sind zahllose Studien mit unterschiedlichen Antworten und Erklärungsansätzen verfasst worden. Die seit den 1960er- und 70er-Jahren dominierende These besagt, dass Deutschland einen „Sonderweg“ in die Moderne beschritten habe, der sich auffällig von dem anderer west- und mitteleuropäischer Staaten unterscheide (▶ M1). Die Ausgangsfrage lautet dabei, warum Länder wie Großbritannien oder Frankreich die ökonomische und politische Krise um 1930 überstanden, während das Deutsche Reich die Demokratie aufgab und durch eine totalitäre Diktatur ersetzte.

Die Vorstellung eines deutschen Sonderweges gab es bereits im 19. Jahrhundert. Historiker, Publizisten und Bildungsbürgertum feierten den „deutschen Sonderweg“ als den überlegenen Weg der Deutschen. Dieser wurde in Abgrenzung zum „Erzfeind“ Frankreich mit der Ablehnung der „westlichen“, als „undeutsch“ empfundenen politischen Prinzipien der Französischen Revolution verbunden. Durch die führende Rolle Preußens im Reich wurde zudem dessen militärische Tradition zur Grundlage deutscher Größe umgedeutet. Die in all dem deutlich werdende Arroganz verstärkte sich im Ersten Weltkrieg durch die „Ideen von 1914“ und erst recht nach der Niederlage 1918, ehe sie die nationalsozialistische Ideologie zu welthistorischer Größe überhöhte und pervertierte.

Nach dem Zusammenbruch des „Dritten Reiches“ kehrte sich die bislang positiv verstandene „Sonderwegs“-These in ihr Gegenteil um. Im Vergleich mit anderen Staaten sahen Historiker in der Entwicklung Deutschlands einen negativen Sonderweg. Dieser habe mit dem Scheitern der 1848er-Revolution, spätestens mit der Reichsgründung 1871 als einer „Revolution von oben“ und Bismarcks autoritärem Regime begonnen, durch die Schwächung der liberal-demokratischen Kräfte das Scheitern Weimars und den Sieg des Nationalsozialismus ermöglicht und nach dem Ende des Zweiten Weltkrieges und des deutschen Nationalstaates sein Ende gefunden.

Vor allem seit den 1980er-Jahren mehrten sich jedoch kritische Stimmen gegen diese lückenlos negative Kontinuitätslinie. So habe das Kaiserreich auch Positives vorzuweisen und auch das Scheitern der Weimarer Republik sei nicht von vornherein alternativlos gewesen. Vor allem wurde kritisiert, dass ein historischer Sonderweg die Existenz von „Normalwegen“ voraussetze, die es nicht gebe (▶ M2).

Der Historiker *Heinrich August Winkler* hält an der These vom deutschen „Sonderweg“ auch nach 1945 fest. Er beschreibt die späte Entwicklung Deutschlands zu Nationalstaat und Demokratie als „langen Weg nach Westen“, der erst mit der Wiedervereinigung 1990 zum Abschluss gekommen sei (▶ M3).

Lesetipps

- *Hans-Ulrich Wehler, Deutsche Gesellschaftsgeschichte, Bd. 5: Von der Gründung der beiden deutschen Staaten bis zur Vereinigung 1949-1990, München 2008*
- *Heinrich August Winkler, Der lange Weg nach Westen, 2 Bde., München [7]2010*

▲ **Propagandapostkarte aus dem Jahr 1933.**
- *Beschreiben und benennen Sie die abgebildeten Personen.*
- *Erläutern Sie, welche Wirkung die Art der Darstellung und die Botschaft erzielen sollten.*
- *Beurteilen Sie die auf der Postkarte hergestellte Kontinuitätslinie.*

▲ **Hans-Ulrich Wehler (*1931).**
Foto vom 15. Oktober 2008.

M1 Worum geht es bei der „Sonderwegs"-These?

Der Historiker Hans-Ulrich Wehler (siehe auch Seite 107) fasst in einem Aufsatz aus dem Jahr 1998 die „Sonderwegs"-These zusammen:

Am Anfang steht die Vorstellung von einem positiven deutschen Sonderweg, der von 1871 bis 1945 das Deutsche Reich im Vergleich mit den „westlichen Demokratien" als weit überlegen erscheinen ließ. [...]

Die radikale Umwertung in einen negativen „Sonderweg" ging aus den Erfahrungen des Nationalsozialismus hervor. Denn die Schlüsselfrage seit 1933/1945 lautet: Warum hat Deutschland als einziges westliches Industrie- und Kulturland einen Radikalfaschismus in der Gestalt des nationalsozialistischen Regimes mit all seinen mörderischen Konsequenzen des Genozids und Vernichtungskrieges hervorgebracht?

Es war diese Frage, die emigrierte deutsche Historiker und Sozialwissenschaftler seit den frühen 40er-Jahren umtrieb [...].

Auf der Suche nach deutschen Sonderbedingungen, die den Nationalsozialismus ermöglicht hatten, lenkte diese kompetente Expertengruppe die Aufmerksamkeit auf ein Bündel von historisch wirkungsmächtigen Faktoren, die zusammengenommen eine verhängnisvolle Konstellation geschaffen hätten: Da gab es seit dem ausgehenden 18. Jahrhundert, vollends dann seit 1914 ein deutsches „Sonderbewusstsein", das auf die Unterscheidung vom „Westen" statt auf die Gemeinsamkeiten axiomatischen Wert legte. Da blieb eine „bürgerliche Revolution" aus, wie sie angeblich die „klassischen" Revolutionsländer England, Nordamerika und Frankreich erlebt hatten. Dadurch wurde der Liberalismus irreparabel geschwächt und in die Kümmerform einer Bewegung gepresst, die immer nur eine vom Staat gewährte „Libertät" erwartete. Auf der anderen Seite blieben die traditionellen Machteliten im Adel, im Heer, in der Bürokratie so stark und selbstbewusst, dass sie, gewissermaßen über ihre legitime Lebenszeit hinaus, die Parlamentarisierung und Demokratisierung des politischen Lebens blockieren konnten. Während die industrielle und soziale Modernisierung voranschritten, erzeugte die Bremswirkung dieses traditionellen Überhangs ein so gefährliches Spannungsverhältnis, dass unter den neuen Bedingungen des verlorenen Weltkrieges und der Weltwirtschaftskrise seit 1929 der Weg in die autoritäre, dann die diktatoriale Regierungsform als akzeptable Lösung erschien. Wegen der Verformungen der politischen Modernität konnte dann selbst das NS-Regime eine bis 1945 belastbare Loyalitätsbasis gewinnen. [...]

So sehr manche Vorstellung von deutschen „Eigentümlichkeiten" inzwischen infrage gestellt worden ist, bleibt doch ein Geflecht von soziostrukturellen und vor allem politischen Sonderbedingungen bestehen, die freilich ihre dramatische Wirkung erst seit der zweiten Hälfte des 19. Jahrhunderts entfaltet haben.

Der deutsche Nationalstaat wurde vergleichsweise sehr spät durch drei riskante Einigungskriege geschaffen. Die Nationsbildung konnte, genau genommen, erst seit 1871 vorankommen und erzeugte einen aggressiven, expansionistischen Nationalismus. Mit der Niederlage der 48er-Revolution und dem Erfolg in den Integrationskriegen 1864 und 1871 verband sich eine immense Aufwertung des Militärs [...]. Das Bürgertum dagegen konnte seine Zielutopie von einer „Bürgerlichen Gesellschaft" unter bürgerlicher Herrschaft nicht verwirklichen [...].

Der Liberalismus wurde durch den Ausgang der Revolution [...] und als Folge der konservativen „Wende" von 1878/79 derart geschwächt, dass er, etatistisch[1] gezähmt, seine politikgestaltende Kraft weiterhin einbüßte. Nirgendwo sonst in Europa geriet er auch so zwischen die Mühlsteine von demo-

[1] **etatistisch**: ausschließlich auf das Staatsinteresse bzw. die zentralistische Staatsmacht ausgerichtet

kratischem Wahlrecht, selbstständiger Arbeiterbewegung und „Kanzlerdiktatur". Und diese Arbeiterbewegung verlor durch die – vielleicht allzu – frühe Parteigründung die Chance einer sozialliberalen Koalition mit dem Liberalismus, ehe sie sich [...] in einem eigenen sozialmoralischen Milieu einigelte – und damit auch isolierte.

Letztlich entscheidend für den deutschen „Sonderweg" wurde aber das politische Herrschaftssystem. Denn nur in Deutschland, als einzigem westlichen Land, setzte sich mit der Reichsgründung zwanzig Jahre lang eine charismatische Herrschaft in der Gestalt des Bismarckregimes durch. Die Sonderstellung der Kanzlerpersönlichkeit hat nicht nur in der formativen Phase eines soeben erst geschaffenen Staates die Grundelemente der Politischen Kultur geprägt und das kulturelle Gedächtnis besetzt. Vielmehr hat sie auch auf lange Sicht eine verhängnisvolle Anfälligkeit geschaffen: von Ludendorff über den „Ersatzkaiser" Hindenburg bis hin zum neuen Charismatiker, dem „zweiten Bismarck" seit 1933.

All diese Phänomene waren mit wirtschaftlichen und wissenschaftlichen Spitzenleistungen durchaus vereinbar. Sie haben aber die politische Kollektivmentalität verformt und die Chancen liberaler und demokratischer Politik, damit von Problembewältigung in gesellschaftlicher Eigenverantwortung rigoros reduziert, dagegen die plebiszitäre Akklamation und Loyalität gegenüber dem „Führer" strukturell ermöglicht. Die wenigen glücklichen Jahre der Weimarer Republik können das „Sonderweg"-Argument nicht entkräften. Erst der aberwitzige Preis für den „Deutschen Weg" in die Moderne hat ihm jede Attraktivität genommen.

Hans-Ulrich Wehler, Umbruch und Kontinuität: Essays zum 20. Jahrhundert, München 2000, S. 84 ff.

1. *Geben Sie wieder, was unter dem „deutschen Sonderweg" verstanden wird.*
2. *Arbeiten Sie die Kriterien heraus, die laut Wehler für den Sonderweg der Deutschen kennzeichnend gewesen sind.*
   ✚ *Stellen Sie Ihre Ergebnisse in einem Schaubild zusammen.*
3. *Beurteilen Sie die genannten Faktoren. Fallen Ihnen weitere Argumente zur Untermauerung oder zur Kritik an der Sonderwegs-These ein? Vergleichen Sie dazu auch das Kapitel „Die Weimarer Republik und ihre Bürger" ab Seite 352, vor allem M11 auf Seite 378 f.*

M2 „Sonderwege" und „Normalwege" in der Geschichte?

Der Historiker Horst Möller gibt auf einer Tagung im November 1981 im Hinblick auf den deutschen „Sonderweg" Folgendes zu bedenken:

Grundsätzlich ist festzustellen: Die Diskussion über den „deutschen Sonderweg" ist immer geprägt worden durch fundamentale Erschütterungen, seien es nun Revolutionen oder Kriege. Und diese Erschütterungen haben jeweils zu spezifischen Wertungen mit politischer Pointe geführt. Solche auslösenden Erschütterungen waren die Revolutionen von 1848/49, der Erste Weltkrieg, die Revolution von 1918/19, die NS-Machtergreifung 1933 und auch das Kriegsende 1945. Ein Blick auf die Sonderwegsvorstellungen nach diesen Daten lässt jedesmal eine Veränderung in der Bewertung erkennen. [...]

Die Rede vom deutschen Sonderweg impliziert zweierlei: Einmal impliziert sie die Annahme, dass es in der Geschichte Normalwege gibt, und zweitens impliziert sie – zumindest der Intention nach – einen Vergleich, denn sonst könnte man nicht sinnvoll vom Sonderweg sprechen.

Hört der Historiker den Begriff Sonderweg einer Nation, dann antwortet er normalerweise: In der Geschichte gibt es, streng genommen, nur Sonderwege. Insofern ist es nichts Besonderes, vom „deutschen Sonderweg" zu sprechen: Jeder europäische Staat – und natürlich auch die außereuropäischen Staaten – hat gewissermaßen einen Sonderweg in die Moderne beschritten. Gerade eine tiefere historische Betrachtung demonstriert schnell: Die Prämisse eines Normalwegs ist nicht verifizierbar und außerordentlich fragwürdig. Dies umso mehr, als sie meist eine Idealisierung des vermeintlichen Normalwegs impliziert.

So etwa die Annahme, England – der Staat, in dem die moderne parlamentarische Demokratie am frühesten verwirklicht worden ist – habe den historischen Normalweg beschritten. Nun stellen die Historiker immer wieder fest: Gerade die historische Entwicklung Englands kann – verglichen mit der anderer europäischer Staaten – als Sonderweg par excellence gelten. Auch erweist sich jede Idealisierung schnell als unbegründet, wenn man sich die englische „Demokratie" des 19. Jahrhunderts vorurteilsfreier ansieht: Bis zu den letzten Wahlrechtsreformen der achtziger Jahre war England keineswegs eine moderne Demokratie. Man kann sogar sagen, das Wahlrecht des Deutschen Kaiserreichs von 1871 war während des ersten Jahrzehnts moderner als das englische. [...]

Schließlich: Es muss bei einem komparatistischen Vorgehen dieser Art begründet werden, warum England und Frank-

reich, und nicht auch andere Staaten – beispielsweise: Spanien, Italien oder auch osteuropäische Länder – die Vergleichskriterien liefern. Ausschließliche politische Orientierung des Vergleichs an der heutigen Demokratie mittel- und westeuropäischen Zuschnitts ist zwar politisch begründbar, aber geschichtswissenschaftlich fragwürdig.
Mit diesem Plädoyer für den Vergleich und der Forderung nach kritischer Reflexion über die historische Kategorie eines deutschen Sonderwegs soll nicht die Berechtigung dieser Fragestellung bestritten werden, soll keineswegs einer unangemessenen Beruhigung gegenüber der Problematik der deutschen Geschichte des 20. Jahrhunderts das Wort geredet werden. Die Frage ist unabweisbar: Warum kam es unter den west- und mitteleuropäischen Staaten einzig in Deutschland zu einer Diktatur von solch singulärer Radikalität?

Horst Möller, in: Deutscher Sonderweg – Mythos oder Realität? Kolloquium des Instituts für Zeitgeschichte, München 1982, S. 9-15, hier S. 10 ff.

1. *Fassen Sie die wesentlichen Aspekte der Argumentation von Horst Möller zusammen.*
2. *Erläutern Sie, warum und auf welche Weise die Sonderwegsvorstellungen jeweils durch die genannten Kriege und Revolutionen erschüttert worden sind.*
3. *Beurteilen Sie auf der Grundlage der Aussagen von Möller die Funktion von historischen Deutungen wie der Sonderwegs-These.*

M3 Das Ende deutscher Sonderwege

In seiner zweibändigen deutschen Geschichte mit dem Titel „Der lange Weg nach Westen" setzt sich der Historiker Heinrich August Winkler mit der Frage des deutschen Sonderwegs auseinander. In einem Interview mit der Wochenzeitschrift „Focus" erklärt er, warum der deutsche Sonderweg 1990 an sein Ende gekommen ist:

FOCUS: Wofür steht bei Ihnen der Begriff des „Westens"?
Winkler: Das Buch handelt von den großen Schwierigkeiten der Deutschen mit den Ideen des Westens, mit den Ideen von 1789, also von Freiheit, Gleichheit, Brüderlichkeit – und von einer auffälligen Tatsache: Viel später als die Franzosen und Engländer kamen die Deutschen zu einem Nationalstaat.
FOCUS: Woran lag das?
Winkler: Am Heiligen Römischen Reich und an den Mythen, die sich darum rankten. Das Reich wollte mehr sein als ein Nationalstaat, es wollte universal sein und war doch nach dem Dreißigjährigen Krieg kein Machtfaktor mehr. Als das Reich 1806 zusammenbrach, war der Reichsmythos noch lange nicht tot.
FOCUS: Ist also das „Reich" das Antiwestliche und der Nationalstaat das Westliche?
Winkler: Mit dem Westen meine ich Nationalstaat plus Demokratie. Das Bismarck-Reich besaß zwar rechtsstaatliche und liberale Strukturen, aber keine parlamentarisch verantwortliche Regierung. [...]
In meiner Sicht stellen jedoch erst die Jahre 1933 bis 1945 die äußerste Steigerung dessen dar, was man die deutsche Abweichung vom Westen, den deutschen Sonderweg genannt hat. Der Reichsmythos hat in den Jahren vor 1933 eine ungewöhnliche Anziehungskraft auf rechte Intellektuelle ausgeübt. Das Reich war die Gegenparole zur Republik von Weimar, zum Friedensvertrag von Versailles, aber auch zur kleindeutschen Reichsgründung von 1871. [...] Indem Hitler deutsches Sendungsbewusstsein mit der großdeutschen Idee verband, ermöglichte er es großen Teilen des gebildeten Deutschlands, sich in ihm wiederzuerkennen. Das kann man unter anderem in den fatalen Schriften deutscher Historiker im Zweiten Weltkrieg nachlesen.
FOCUS: Hitler als Messias eines großdeutschen Reiches? Als Vollstrecker der Parole: „Am deutschen Wesen soll die Welt genesen"?
Winkler: Die Idee einer deutschen Sendung findet sich schon bei Fichte, dem ersten Rektor dieser Universität. Die deutsche Sprache ist nicht nur Ursprache, die Deutschen sind nicht nur Urvolk. Ihnen steht auch die geistige Weltherrschaft zu. Aus einer zunächst kulturellen Idee entwickelte sich eine heilsgeschichtliche Überzeugung. Sie eignete sich vorzüglich zur Kompensation tatsächlicher politischer Ohnmacht. Das war nach 1806 nicht anders als in der Weimarer Republik. [...]
FOCUS: Die fatalen Auswirkungen des deutschen Reichsmythos sind jedoch keineswegs alles, was Sie in Ihrer deutschen Geschichte seit 1806 aufbieten. Wo sind die erfreulichen Teile Ihrer Story? [...]
Winkler: Der antiwestliche deutsche Sonderweg war 1945 an sein Ende gekommen. Der Krater des deutschen Nationalismus war ausgebrannt. Im Kalten Krieg gab es dann aber zwei neue Sonderwege. Einmal den westdeutschen, der davon ausging, dass die Bundesrepublik nun eine postnationale[1] Demokratie unter Nationalstaaten sei, die sich besonders dazu eigne, in ein größeres Europa integriert zu werden. Daneben forcierte die DDR mangels nationaler Identität ihren proletarischen Internationalismus[2] innerhalb des Warschauer Paktes. Auch da kann man von einer Art Nachkriegssonderweg sprechen, ebenso wie bei den Versuchen der DDR, eine sozialistische deutsche Nation zu erfinden.

[1] **post**: lat. für „nach", „hinter"
[2] **Internationalismus**: Streben nach internationalem Zusammenschluss

FOCUS: Womit wurden diese Sonderwege überwunden?
Winkler: Eben durch das Besondere der Wiedervereinigung am 3. Oktober 1990. Die alte Forderung „Freiheit und Einheit", das Programm der gescheiterten 1848er-Revolution, wurde endlich verwirklicht. Auf dem Territorium der alten Bundesrepublik und der DDR hat sich ein demokratischer Nationalstaat mit allseits anerkannten und bejahten Grenzen etabliert, der seinen zehnten Geburtstag hinter sich hat. [...]
FOCUS: Was wäre demnach die „Leitkultur" in Deutschland und Europa?
Winkler: [...] In der Sache kann es weder um Musik- oder Esskultur gehen, sondern nur um das, was man politische Kultur nennt, was sich in unserer Verfassung niederschlägt. Das Grundgesetz ist eine westliche und zugleich eine deutsche Verfassung, in der sich besondere deutsche Erfahrungen von der Revolution von 1848 über die Weimarer Republik bis hin zur Herrschaft des Nationalsozialismus niederschlagen. Zu einem deutschen Verfassungspatriotismus gehört daher auch die kritische Aneignung der deutschen Geschichte.

FOCUS Magazin Nr. 50 (2000), zitiert nach: www.focus.de/kultur/medien/kultur-am-ende-deutscher-sonderwege_aid_184869.html [26.04.2012]

1. *Vergleichen Sie die von Winkler genannten „Sonderwegs"-Faktoren mit denen von Wehler in M1.*
2. *Erklären Sie den Reichsmythos. Lesen Sie dazu den Theorie-Baustein „Nation – Begriff und Mythos", Seite 380 bis 385.*
3. *Nehmen Sie Stellung zu Winklers Interpretation des „deutschen Sonderwegs" nach 1945. Vergleichen Sie dazu das Kapitel „Deutsches Selbstverständnis nach 1945" ab Seite 386.*

▲ **Heinrich August Winkler (*1938).**
Foto von 2012.

3.2 Die Weimarer Republik und ihre Bürger

◄ **Arbeitslose im Hof des Arbeitsamtes in Hannover.**
Foto von Walter Ballhause, 1930.

Entstehung der Republik	9.11.1918	Die Revolution stürzt die Monarchie; Deutschland wird Republik.
	11.11.1918	Der Erste Weltkrieg endet mit Kapitulation und Waffenstillstand.
	5.-12.1.1919	Der „Spartakus-Aufstand" in Berlin wird niedergeschlagen.
	19.1.1919	Frauen und Männer wählen die Verfassunggebende Nationalversammlung.
	7.5.1919	Der deutschen Delegation wird der Versailler Vertrag vorgelegt. Er regelt die Nachkriegsordnung in Europa. Artikel 231 legt die Alleinschuld Deutschlands und seiner Verbündeten fest.
	11.8.1919	Die Reichsverfassung tritt in Kraft: Deutschland ist parlamentarische Demokratie.
	Ende 1919	Die Generäle Erich Ludendorff und Paul von Hindenburg bekräftigen die „Dolchstoßlegende".
	13.-17.3.1920	Der Kapp-Putsch schlägt fehl.
Krisenjahre	1921/22	Attentate auf die „Erfüllungspolitiker" häufen sich.
	8./9.11.1923	Der rechtsradikale Hitler-Putsch in München scheitert.
	November 1923	Die Regierung beendet die Hyperinflation mit einer Währungsreform.
Gefährdete Stabilität	26.4.1925	Nach dem Tod Friedrich Eberts (28.2.) wird Hindenburg neuer Reichspräsident.
	1927	Die Arbeitslosenversicherung tritt in Kraft.
	24./29.10.1929	Der Zusammenbruch der New Yorker Börse löst eine Weltwirtschaftskrise aus.
Verfall der Demokratie	1930	Die Große Koalition aus SPD, Zentrum und bürgerlich-liberalen Parteien zerbricht als letzte Regierung mit einer Mehrheit im Parlament. Ab 29. März regiert Heinrich Brüning als Kanzler des ersten Präsidialkabinetts dauerhaft mit Notverordnungen.
	14.9.1930	In den Reichstagswahlen erhalten die radikalen Parteien einen deutlichen Stimmenzuwachs.
	1932	Mit 6,128 Millionen erreicht die Zahl der Arbeitslosen ihren Höchststand.
	31.7.1932	Bei den Reichstagswahlen wird die NSDAP stärkste Partei.
	6.11.1932	Bei den Reichstagswahlen muss die NSDAP Verluste hinnehmen, bleibt aber stärkste Partei.
	28.1.1933	Kurt von Schleicher tritt als Reichskanzler zurück, nachdem Reichspräsident Hindenburg ihm das Vertrauen entzogen hat.
	30.1.1933	Reichspräsident Hindenburg ernennt Adolf Hitler zum Reichskanzler.

In politischen Debatten wurden und werden immer wieder Erfahrungen aus der Weimarer Republik herangezogen, um eigene Standpunkte argumentativ zu untermauern. So wurden in der 2008 einsetzenden Finanz- und Wirtschaftskrise gern Vergleiche mit der *Weltwirtschaftskrise* von 1929 gezogen. Die Krise habe damals die radikalen Parteien gestärkt und *Adolf Hitler* den Weg zur Macht geebnet, lautete die Warnung.

Demokratiefeindliche Aktionen und Radikalisierung gefährdeten freilich die Weimarer Republik von Anfang an. Der verlorene Krieg und die Revolution von 1918/19 waren für alle Deutschen ein Schock. Die junge Republik wurde erschüttert von Streiks, politischen Morden und bewaffneten Aufständen. Im Krisenjahr 1923 vernichtete die *Hyperinflation* das Geldvermögen jedes Bürgers und versuchte Hitler in einem gescheiterten Putsch, die Regierungsgewalt zuerst in München und dann in Berlin zu übernehmen.

Die Republik überstand die schweren Krisen nicht nur, sie schien in den Jahren 1924 bis 1929, den *„Goldenen Zwanzigern“*, sogar unumkehrbar aufzublühen. Die Arbeitslosigkeit sank, Produktion und Konsumniveau stiegen an. Die radikalen Parteien, die Nationalisten auf der Rechten und die Kommunisten auf der Linken, verloren Mitglieder und Wähler. Bildende Kunst, Theater und Film fanden international Beachtung und Wertschätzung.

Die Wirtschaftskrise ab 1929 verschärfte jedoch die strukturellen Schwächen der Weimarer Republik. Weltanschauungs- und Interessenparteien fanden sich immer weniger zu konstruktiver Regierungsarbeit bereit. Die republikfeindlichen Parteien gewannen bei jeder Wahl hinzu. Bürger aller Schichten verloren jedes Vertrauen in die Demokratie und setzten ihre Hoffnung auf eine nationale oder kommunistische Diktatur.

Doch die Geschichte der Weimarer Republik liefert nicht nur Argumente für Reden und Diskussionen. Das Scheitern der ersten deutschen Demokratie war eine historische Erfahrung, aus der schon die Gründerväter der Bundesrepublik wegweisende Lehren zogen. Bis heute ist die politische Kultur Deutschlands vom Willen durchdrungen, die Fehler von Weimar nicht zu wiederholen. Bis in die Gegenwart wurden antidemokratische Kräfte mit allen politischen und rechtlichen Mitteln in die Schranken gewiesen.

In diesem Kapitel erwerben Sie die **Kompetenz**,
- die Gründungsphase der Weimarer Republik zu beschreiben und zu analysieren,
- die gesellschaftlichen Gruppen und ihre Einstellung zur Republik (u.a. Kommunisten, Sozialdemokraten, Freikorps, alte Eliten) zu charakterisieren,
- zu den Repräsentanten der Republik als Identifikationsfiguren (u.a. Friedrich Ebert, Paul von Hindenburg) Stellung zu nehmen.

Zur Methoden-Kompetenz siehe Seite 367 bis 369 („Politisches Plakat“). Zum Kompetenzerwerb im Hinblick auf „Nation – Begriff und Mythos“ siehe den entsprechenden Theorie-Baustein auf Seite 380 bis 385.

Wichtige Namen
- Heinrich Brüning
- Friedrich Ebert
- Paul von Hindenburg
- Adolf Hitler
- Karl Liebknecht
- Erich Ludendorff
- Rosa Luxemburg
- Hermann Müller
- Franz von Papen
- Walther Rathenau
- Philipp Scheidemann
- Kurt von Schleicher
- Gustav Stresemann

Wichtige Begriffe
- Arbeiter- und Soldatenräte
- Deutsche Demokratische Partei (DDP)
- Deutsche Volkspartei (DVP)
- Deutschnationale Volkspartei (DNVP)
- „Dolchstoßlegende“
- Freikorps
- „Goldene Zwanziger“
- Hitler-Putsch
- Hyperinflation
- Kapp-Putsch
- Kommunistische Partei Deutschlands (KPD)
- Massenarbeitslosigkeit
- Nationalsozialistische Deutsche Arbeiterpartei (NSDAP)
- Notverordnungen
- „Novemberrevolution“
- Parlamentarismus
- „Rat der Volksbeauftragten“
- Sozialdemokratische Partei Deutschlands (SPD)
- Spartakus-Aufstand
- Unabhängige Sozialdemokratische Partei Deutschlands (USPD)
- Versailler Vertrag
- Wahlrecht
- Währungsreform
- „Weimarer Koalition“
- Weimarer Verfassung
- Weltwirtschaftskrise
- Zentrum

Lesetipps
- *Dieter Gessner, Die Weimarer Republik, Darmstadt [3]2009*
- *Eberhard Kolb, Die Weimarer Republik, München [7]2009*

Kriegsende und Revolution Im Herbst 1918 konnten das Deutsche Reich und seine Verbündeten den Krieg gegen die militärisch überlegenen *Alliierten* nicht mehr fortsetzen.

Im September 1918 gestand die *Oberste Heeresleitung* (OHL) der Reichsregierung die Niederlage ein. Die Chefs der OHL, die Generäle und Oberbefehlshaber der deutschen Truppen an der Ostfront *Erich Ludendorff* und *Paul von Hindenburg*, waren entschiedene Gegner jeglicher demokratischer Reformen. Jetzt forderten sie die Bildung einer vom Parlament getragenen Regierung. Diese sollte die Waffenstillstandsverhandlungen führen und damit auch die Verantwortung für den Zusammenbruch übernehmen, um so die militärische Führung vom Makel der Niederlage freizuhalten. Anfang Oktober 1918 bildete Reichskanzler Prinz *Max von Baden* eine neue Regierung aus Vertretern der *Sozialdemokratischen Partei Deutschlands* (SPD), des *Zentrums* und der liberalen *Fortschrittspartei*.

Als Ende Oktober 1918 Matrosen den Befehl der Marineleitung verweigerten, für eine inzwischen militärisch sinnlose Schlacht gegen die Briten auszulaufen, wurden sie in Kiel verhaftet. Ein Aufstand brach aus, der zur Keimzelle der sich rasch ausbreitenden Revolution („*Novemberrevolution*“) wurde. Spontan und ohne festes Konzept gebildete *Arbeiter- und Soldatenräte* übernahmen in vielen Städten die politische Gewalt. Sie forderten ein Ende des Krieges, die Abdankung des Kaisers und eine Demokratisierung von Wirtschaft, Gesellschaft und Militär.

Anfang November stürzten die ersten Monarchien, in allen deutschen Staaten traten die Fürsten zurück. Um einen Bürgerkrieg zu verhindern, verkündete Reichskanzler Max von Baden eigenmächtig die Abdankung Kaiser *Wilhelms II.* Zugleich bot er ohne verfassungsrechtliche Legitimation *Friedrich Ebert*, dem Vorsitzenden der SPD, sein Amt an. Als Vorsitzender der größten Fraktion im Reichstag sollte er eine neue Regierung bilden.

▸ **Geschichte In Clips:**
Zur Ausrufung der Republik siehe Clip-Code 32013-06

Räterepublik: Herrschaftsform, die eine direkte Demokratie mithilfe von Räten verwirklichen will. Die Räte werden auf verschiedenen Ebenen gewählt bis hin zum Zentralrat. Sie sind an die Weisungen der Wähler gebunden und vereinen gesetzgebende, ausführende und rechtsprechende Gewalt auf sich.

Unruhen und Kompromisse Während Ebert die Entscheidung über die künftige Staatsform einer rasch zu wählenden Nationalversammlung überlassen wollte, rief sein Parteifreund *Philipp Scheidemann* in Berlin die „Deutsche Republik“ aus. Damit kam dieser *Karl Liebknecht*, dem Führer des aus radikalen Sozialisten bestehenden *Spartakusbundes*, zuvor, der zwei Stunden später die „Sozialistische Republik Deutschland“ verkündete. Aus dem Spartakusbund ging am 1. Januar 1919 die *Kommunistische Partei Deutschlands* (KPD) hervor. Aus Angst vor einer sozialistischen **Räterepublik**, in der die Macht nach russischem Vorbild auf Arbeiter- und Soldatenräte übergehen sollte, einigten sich SPD und *Unabhängige Sozialdemokratische Partei Deutschlands* (USPD) am 10. November auf eine Übergangsregierung, den „*Rat der Volksbeauftragten*“. Dieser sah sich nun nach Ende des Krieges mit großen politischen Problemen und einem drohenden wirtschaftlichen Zusammenbruch konfrontiert.

Um einen Bürgerkrieg zu verhindern und die geordnete Rückführung der deutschen Truppen zu gewährleisten, entschloss sich Ebert zu einer Zusammenarbeit mit dem Reichswehrgeneral *Wilhelm Groener*, der den Rückzug der deutschen Truppen leitete. Im Namen der Obersten Heeresleitung bekundete Groener seine Loyalität gegenüber der Regierung und versprach militärische Unterstützung bei Unruhen (*Ebert-Groener-Pakt*). Als Gegenleistung erwartete er den gemeinsamen „Kampf gegen den Radikalismus und Bolschewismus“.

Daneben beschloss der „Rat der Volksbeauftragten“ bei Unruhen den Einsatz von privat gegründeten Selbstschutzverbänden, sogenannten *Freikorps*. Sie bestanden aus ehemaligen Berufssoldaten, Abenteurern, Studenten oder Schülern, meist Männer, die nach dem Krieg kein Zuhause und keine Arbeit hatten und nicht in ein ziviles Leben zurückgefunden hatten. Die meisten waren extrem antirepublikanisch und antikommunistisch eingestellt.

Vom 5. bis 12. Januar 1919 stand Berlin im Zeichen des *Spartakus-Aufstandes*. Tausende Anhänger des Spartakusbundes um Karl Liebknecht und *Rosa Luxemburg* lieferten sich Straßenschlachten mit Regierungstruppen und Freikorps. Die Aufständischen wollten die Wahlen verhindern und den Arbeiter- und Soldatenräten zur Regierungsgewalt verhelfen (▸ M1). Der Aufstand wurde blutig niedergeschlagen, Rosa Luxemburg und Karl Liebknecht nach ihrer Verhaftung von Offizieren ermordet. Das brutale Vorgehen der Truppen und Freikorps löste auch in anderen Städten Streiks und bewaffnete Aufstände aus. Erst im Mai 1919 gelang es der Regierung, die letzten Unruhen zu beenden.

▲ Ausrufung der Republik und der Bildung des „Rates der Volksbeauftragten“.
Fotomontage als Bildpostkarte von 1918.
Am 9. November 1918 rief Philipp Scheidemann (SPD) von einem Fenster des Reichstages die Republik aus. Die Szene wird eingerahmt von den Mitgliedern des neu gebildeten „Rates der Volksbeauftragten“; links (von o. nach u.): Hugo Haase (USPD), Otto Landsberg (SPD), Wilhelm Dittmann (USPD); rechts: Friedrich Ebert (SPD), Philipp Scheidemann und Emil Barth (USPD).

Nationalversammlung und neue Verfassung Am 19. Januar 1919 fand die Wahl zur Verfassunggebenden Nationalversammlung statt. Es ergab sich die Zusammenarbeit der drei größten Fraktionen, die schon während des Krieges im Reichstag kooperiert hatten: SPD, Zentrum und *Deutsche Demokratische Partei* (DDP). Sie bildeten die sogenannte „*Weimarer Koalition*“, die mit 76,1 Prozent der Stimmen die deutliche Mehrheit des Volkes hinter sich vereinigte (331 von insgesamt 423 Mandaten). Die Opposition war gespalten: Links stand die radikal-sozialistische USPD und rechts die national-bürgerlich ausgerichtete *Deutsche Volkspartei* (DVP) sowie die völkische, konservativ-monarchistische *Deutschnationale Volkspartei* (DNVP). Die KPD hatte die Wahlen zur Nationalversammlung boykottiert und sich gar nicht erst aufstellen lassen.

Um sich den politischen Unruhen in Berlin zu entziehen, trat die Nationalversammlung am 6. Februar 1919 in Weimar zusammen (▸ M2). Sie sollte bis zur ersten Reichstagswahl im Juni 1920 eine vorläufige Regierung bilden und dem Deutschen Reich eine *Verfassung* geben. Ebert wurde am 11. Februar zum ersten Reichspräsidenten gewählt. Noch am selben Tag beauftragte er Scheidemann, eine Regierung zu bilden. Nach über fünfmonatiger Beratung nahm die Weimarer Nationalversammlung die neue Verfassung an. Das Deutsche Reich wurde zur *parlamentarischen Republik* erklärt (▸ M3).

Am 11. August 1919 trat die neue Verfassung in Kraft. Erstmals in Deutschland musste das monarchistische Prinzip dem Grundsatz der Volkssouveränität weichen.

Dem Reichstag oblag nun neben dem Recht auf Gesetzgebung auch die Kontrolle der Regierung, d.h. Kanzler und Minister benötigten für ihre Amtsführung sein Vertrauen. Jeder von ihnen konnte durch ein Misstrauensvotum zum Rücktritt gezwungen werden. Mit besonderen Vollmachten war der Reichspräsident ausgestattet. Er allein ernannte und entließ den Kanzler und konnte den Reichstag auflösen. Außerdem war er Oberbefehlshaber der Reichswehr. Bei Stö-

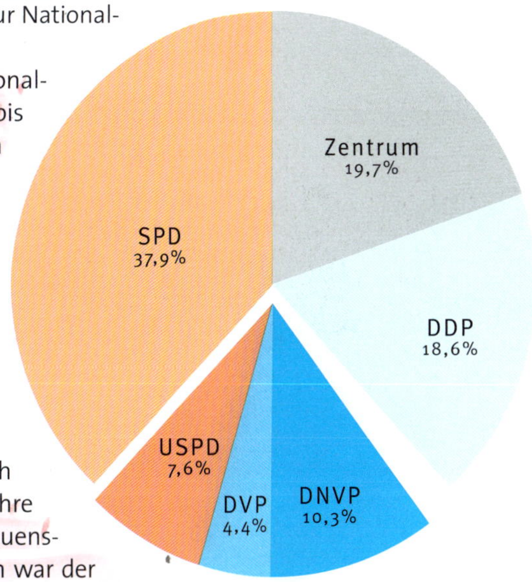

▲ Ergebnis der Wahlen zur Nationalversammlung 1919.

rung der öffentlichen Sicherheit und Ordnung im Reich konnte der Reichspräsident mit dem *Artikel 48* die zu ihrer Wiederherstellung nötigen Maßnahmen treffen und notfalls die Reichswehr einsetzen. Im Laufe der Jahre wurde dieser Artikel jedoch verstärkt unter Umgehung des Parlaments herangezogen, um wirtschaftliche und soziale Probleme zu lösen.[1]

Demokratische Errungenschaften Zu den demokratischen Errungenschaften der Weimarer Republik gehört die verfassungsrechtliche Gleichstellung der Geschlechter. In der Revolution erfüllte der „Rat der Volksbeauftragten" bei den Wahlen zur Nationalversammlung 1918 eine sozialdemokratische Forderung: das aktive und passive *Wahlrecht* für Frauen. Mit einer Wahlbeteiligung von fast 90 Prozent machten die Frauen von ihrem Stimmrecht regen Gebrauch, 41 von 310 Kandidatinnen zogen 1919 in die Weimarer Nationalversammlung ein. Ein solcher Anteil wurde erst wieder 1983 im zehnten Bundestag erreicht.

Männer und damit also erstmals Frauen über 20 Jahren erhielten nach der neuen Verfassung das Recht, alle vier Jahre die Abgeordneten des Reichstages und alle sieben Jahre den Reichspräsidenten zu wählen. Um jede einzelne Stimme zur Geltung zu bringen, galt das Verhältniswahlrecht: Jede Partei erhielt für 60 000 gültige Stimmen ein Mandat. Eine Sperrklausel, die den kleinen Parteien – auch „Splitterparteien" genannt – den Zutritt zum Reichstag hätte verwehren können, gab es nicht. Dies galt als besonders gerecht und demokratisch. Dabei wurde übersehen, dass die durch das Verhältniswahlrecht bewirkte Parteienvielfalt die Konsensfindung und damit die Bildung von regierungsfähigen Mehrheiten erschwerte. Hinzu kam, dass die Parteien kaum zu Kompromissen bereit waren und damit die Regierung schwächten.

Als Gegengewicht zum Reichstag führte die Weimarer Verfassung Elemente der direkten Demokratie ein: Volksbegehren und Volksentscheid. Die Staatsbürger sollten sich durch Plebiszite direkt an der staatlichen Willensbildung beteiligen. In der Praxis wurden die Volksabstimmungen jedoch von den Gegnern der Republik zur Manipulation der Massen einzusetzen versucht. Solche Bestrebungen scheiterten jedoch bis 1933 an den fehlenden Mehrheiten.

Der zweite Hauptteil der Weimarer Verfassung enthielt einen Katalog an Grundrechten und Grundpflichten (Art. 109-165): Rechtsgleichheit, Freizügigkeit, Recht der freien Meinungsäußerung, Freiheit der Person, Glaubens- und Gewissensfreiheit sowie soziale Grundrechte, darunter der Schutz und die Förderung von Ehe und Familie, das Recht auf Arbeit, den Schutz der Jugend, die Förderung des Mittelstandes und vieles mehr. Die wichtige Aufgabe der Kontrolle der Staatsmacht erfüllte dieser Katalog jedoch nicht in vollem Umfang, da viele Grundrechte in Krisenzeiten durch Notverordnungen gemäß Artikel 48 außer Kraft gesetzt werden konnten.

▲ **Zum ersten Mal dürfen die Frauen in Deutschland zur Wahl gehen.**
Foto vom 19. Januar 1919.

[1] Vgl. dazu Seite 364 ff.

Dass die Lebenswirklichkeit von den Vorgaben der Grundrechte abwich, verdeutlicht die Situation der Frauen in der Weimarer Republik. Nach der Reichsverfassung hatten Frauen und Männer nun „grundsätzlich dieselben staatsbürgerlichen Rechte und Pflichten“ (Art. 109). Aber weder auf dem Arbeitsmarkt, wo Frauen für die gleiche Arbeit weniger Lohn erhielten, noch im Familienrecht galt der Gleichberechtigungsgrundsatz. Für Tätigkeiten, die über die Hausarbeit hinausgingen, brauchten Frauen die Erlaubnis des Ehemannes. So bestimmte es das Bürgerliche Gesetzbuch noch bis 1977. Das Frauenwahlrecht und die steigende Zahl weiblicher Mitglieder in Parteien und Gewerkschaften änderten nichts daran, dass führende Positionen der Politik weiterhin nur von Männern besetzt blieben.

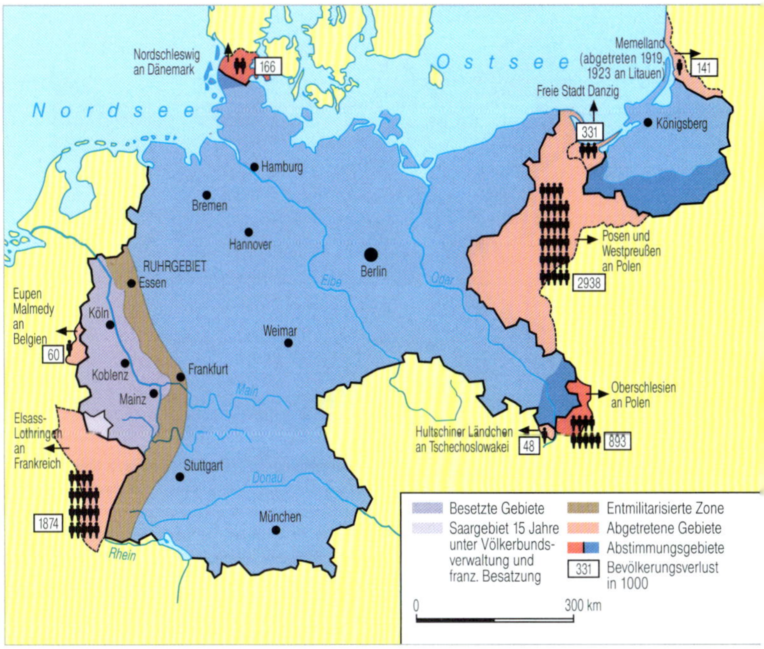

▲ Deutsche Gebiets- und Bevölkerungsverluste nach dem Friedensvertrag von Versailles.

- *Arbeiten Sie die Ergebnisse des Vertrags heraus und diskutieren Sie, welche Festlegungen für die deutsche Bevölkerung besonders schwer zu akzeptieren waren.*

Belastete Friedensordnung: der Versailler Vertrag

Während in Deutschland noch Reichswehr und Freikorps die revolutionären Unruhen niederschlugen, wurde am 18. Januar 1919 in Versailles bei Paris die Friedenskonferenz ohne Beteiligung der Besiegten eröffnet. Auf ihr sollte die Nachkriegsordnung in Europa festgelegt werden. Am 7. Mai 1919 wurde der deutschen Delegation der fertige Vertrag mit 440 Artikeln vorgelegt: Deutschland verlor im Westen, Osten und Norden des Reiches 13 Prozent des Staatsgebietes sowie rund zehn Prozent der Bevölkerung. Es musste alle seine Kolonien aufgeben und weitgehende militärische Beschränkungen akzeptieren. Ferner sollten für die Kriegsschäden der anderen Mächte Ausgleichszahlungen (Reparationen) in noch festzulegender Höhe erbracht werden.

Von Anfang an belastete der von den Siegermächten nach Kriegsende geschlossene Friedensvertrag die Republik schwer. Seine Bestimmungen lösten in der deutschen Öffentlichkeit, in der man auf einen milden **„Wilson-Frieden“** gehofft hatte, Empörung und Proteststürme aus. Vor allem der Artikel 231 des Vertrages, der sogenannte Kriegsschuldartikel, wurde in Deutschland als moralische Ächtung des ganzen Volkes empfunden. Reichskanzler Scheidemann bezeichnete den Vertrag als unannehmbar. Als die deutschen Einsprüche erfolglos blieben, trat die Regierung Scheidemann zurück. Um das Ultimatum der Alliierten zu erfüllen, wurde die neue Regierung von der Nationalversammlung beauftragt, den Vertrag zu unterschreiben. Den Politikern, die sich unter dem Druck der Verhältnisse dazu bereit erklärt hatten, gestanden anfänglich alle Parteien ehrenhafte Motive zu. Doch schon bald wurde der Versailler Vertrag von der äußersten Rechten bis hin zur Sozialdemokratie wegen des Kriegsschuldartikels und der umfangreichen Reparationen als ein „Diktat“- und „Schandfriede“ abgelehnt. Republikfeindliche Kräfte nutzten die Vorbehalte der Bevölkerung aus, um mit Kampfparolen wie „Heerlos! Wehrlos! Ehrlos!“ gegen die Republik zu hetzen und die „Erfüllungspolitiker“ zu beschimpfen. „Versailles“ wurde zur Diffamierungsparole schlechthin, die Republik für die Belastungen des Friedensvertrages verantwortlich gemacht.

„Wilson-Frieden“: Der US-amerikanische Präsident Woodrow Wilson hatte am 8. Januar 1918 einen „14-Punkte-Plan“ vorgelegt, in dem er seine Vorstellungen von den Grundlagen einer zukünftigen Friedensordnung in Europa formulierte. Diese sollte auf dem Selbstbestimmungsrecht der Völker und dem Autonomie- und Nationalitätenprinzip basieren.

▲ **Wahlplakat der DNVP von 1924.**
- *Erläutern Sie den Plakattext.*
- *Interpretieren Sie die Zielsetzung des Plakats und beurteilen Sie die Wirkung von Text und Bild.*

„Dolchstoßlegende" Neben dem vom Reichstag widerwillig angenommenen *Versailler Vertrag* radikalisierte die *„Dolchstoßlegende"* die Bevölkerung der Nachkriegszeit (▸ M4). Schon im November 1918 verbreiteten rechtsradikale Zeitungen die angebliche Bemerkung eines britischen Generals, die deutsche Armee sei „von hinten erdolcht" worden. Streiks und politische Unruhen in der Heimat hätten sie zur Kapitulation gezwungen. Die beiden Generäle Erich Ludendorff und Paul von Hindenburg machten sich diese Version zu eigen und verbreiteten Ende 1919 eine Verschwörungstheorie, mit der sie die eigene Schuld an der militärischen Niederlage von sich ablenken und vor allem auf die Sozialdemokratie abwälzen wollten. Sie besagte, das deutsche Heer sei im Weltkrieg „im Felde unbesiegt" geblieben und habe erst durch oppositionelle „vaterlandslose" Zivilisten aus der Heimat einen „Dolchstoß von hinten" erhalten.

Ein Großteil der Bevölkerung glaubte dieser Verfälschung der Tatsachen, zumal die Öffentlichkeit an einer vorurteilsfreien Auseinandersetzung mit dem Geschehen im Ersten Weltkrieg kaum interessiert war. Zudem unterschätzten vor allem die Sozialdemokraten, welche Gefahren davon ausgingen. Die „Dolchstoßlegende" vergiftete das politische Klima und diente deutschnationalen, völkischen und anderen rechtsextremen Gruppen und Parteien zur Propaganda gegen die „Novemberrevolution", die Auflagen des Versailler Vertrages, die Linksparteien, die ersten Regierungskoalitionen der Weimarer Republik, die Verfassung und den *Parlamentarismus*.

Republikaner ohne Mehrheit? Von Anfang an waren im Reichstag nicht nur staatstragende, demokratisch gesinnte Politiker vertreten. Nur drei der zahlreichen Parteien bekannten sich ausdrücklich zur parlamentarisch-demokratischen Republik und hatten maßgeblich an der Weimarer Verfassung mitgearbeitet: die SPD, die DDP und das Zentrum – die Parteien der „Weimarer Koalition".

Die SPD ging bei den Wahlen zur Nationalversammlung 1919 und bei den Reichstagswahlen bis 1930 jeweils als stärkste Kraft hervor, erreichte jedoch nie die absolute Mehrheit. Bis zum Ende der Republik war sie auf Reichsebene mit wenigen Ausnahmen in der Opposition.

Die linksliberale DDP vertrat vor allem das Bildungsbürgertum, Kaufleute, Beamte und Angestellte. Neben der SPD war sie die Partei, die sich am entschiedensten zur Weimarer Republik bekannte. Mit **Walther Rathenau** stellte die DDP 1922 den Außenminister. Schon ab 1920 verlor sie jedoch in großem Maß Stimmen und sank zur Splitterpartei ab. Das Zentrum war die Partei des politischen Katholizismus. Ihr kam eine bedeutende Stellung zu, da sie sich für alle sozialen Schichten einsetzte und sie mit fast allen Parteien koalitionsfähig war. Von 1919 bis 1932 war sie in nahezu jeder Reichs-

Walther Rathenau (1867-1922): Industrieller und Schriftsteller; 1919 Mitbegründer der DDP; 1922 von Rechtsradikalen ermordet regierung vertreten. 1920 entstand mit der *Bayerischen Volkspartei* (BVP) die bayerische Variante des Zentrums.

Bereits bei den ersten Reichstagswahlen am 6. Juni 1920 verlor die Weimarer Koalition jedoch ihre Mehrheit und erreichte sie danach auf Reichsebene nicht mehr.

Gegner der Republik Die links- und rechtsradikalen Gruppierungen und Parteien bekämpften den Parlamentarismus von Anfang an mit allen Mitteln – wenn auch mit unterschiedlichen Zielvorstellungen. Mit ihrer Kompromisslosigkeit stellten sie die Arbeit des Parlaments infrage und gefährdeten die politische Stabilität der Republik.

Die kommunistische KPD und die linkssozialistische USPD lehnten die Republik ab, weil ihnen die Revolution von 1918/19 nicht weit genug gegangen war. Sie betrachteten alle Gegner des Rätesystems, besonders die SPD, als „Handlanger des Kapitalismus“, da deren Zusammenarbeit mit den alten Eliten die notwendige revolutionäre Umgestaltung Deutschlands verhindert habe. Die USPD schloss sich zwar 1922 wieder der SPD an. Da ihre radikalen Mitglieder jedoch der KPD beitraten, entwickelte sich diese zu einer ernst zu nehmenden Kraft.

Die rechtskonservative DNVP war ein Sammelbecken völkisch-nationalistischer, konservativer Kreise. Ihr gehörten vor allem die alten Eliten aus Adel, Militär, Großgrundbesitz und Großbürgertum an. Nach 1928 rückte die Partei stark nach rechts und kooperierte mit der NSDAP, an die sie seit 1930 viele Wähler verlor. Als verbindendes Element für die unterschiedlichen Interessen ihrer Wählerschaft diente der DNVP bereits früh der Antisemitismus. Zu den Sympathisanten der radikalen Rechten zählten die Anhänger des Kaiserreiches, vor allem Offiziere, Professoren, Richter, Unternehmer und Landwirte. Die einen fürchteten um Einfluss und Vorteile, die sie zuvor in den führenden Kreisen des Kaiserreiches hatten geltend machen können. Die anderen sahen in der Demokratie nur eine verachtenswerte Herrschaft der Masse.

▲ **„Sie tragen die Buchstaben der Firma – aber wer trägt den Geist?!“**

Karikatur von Thomas Theodor Heine aus dem „Simplicissimus“ vom 21. März 1927.

- *Beschreiben und benennen Sie die gezeigten gesellschaftlichen Gruppen. Halten Sie die Auswahl für repräsentativ?*
- *Nehmen Sie Stellung zu der Frage, ob eine Republik nur funktionieren kann, wenn die Bürger ihren „Geist“ tragen.*

Angriffe von links und rechts Zu den „Kampfmitteln“ der Links- und Rechtsradikalen gehörten Verleumdungen führender Politiker, Streiks und Straßenkämpfe, aber auch politische Morde (▸ M5). Nach der Unterzeichnung des Versailler Friedensvertrages und dem Beginn der Reparationszahlungen häuften sich Attentate radikaler Rechter auf die „Erfüllungspolitiker“ und „Novemberverbrecher“. Illegale Nachfolgeorganisationen der seit 1920 verbotenen Freikorps agierten als Kampfbünde unter Tarnnamen weiter. Am berüchtigtsten war die *Organisation Consul* (OC). Am 26. August 1921 ermordeten Angehörige der OC *Matthias Erzberger*, den ehemaligen Reichsfinanzminister und Unterzeichner des Waffenstillstandsabkommens von 1918. Als am 24. Juni 1922 Außenminister Walther Rathenau Opfer eines Anschlages wurde, sollte mit einem „Gesetz zum Schutz der Republik“ den Terrorgruppen Einhalt geboten werden. Die erhoffte Wirkung blieb jedoch aus, da die Justizbehörden Mordanschläge von links und rechts nicht gleichermaßen verfolgten.

Neue Staatsform – alte Eliten Dass selbst Gesetze den rechten Terror nicht stoppen konnten, hing mit der Rolle der Justiz zusammen. Nahezu alle Richter aus dem Kaiserreich blieben in ihren Ämtern. Viele Urteile zeigten ihre Abneigung gegen die Republik. Attentäter von rechts konnten vor Gericht mit milden Strafen für ihre „nationale Tat" rechnen, während Terroranschläge von links mit der vollen Härte des Gesetzes geahndet wurden.

Wie in der Justiz konnten sich auch in der Reichswehr die alten Eliten an der Macht halten. Sie blieb ein „Staat im Staate" (▸ M6). Bei Putschversuchen von links ging sie mit aller Konsequenz vor, wie etwa beim Spartakus-Aufstand. Bei Angriffen von rechts hielt sie sich weitgehend zurück. Dies zeigte sich bei dem Putsch einer Gruppe um die führenden Vertreter der rechtsextremen antirepublikanischen Bewegung, General Erich Ludendorff und *Wolfgang Kapp*. Sie unternahmen mit der Unterstützung von Freikorps vom 13. bis 16. März 1920 einen Umsturzversuch (*Kapp-Putsch*). Die meisten Reichswehrkommandeure standen zwar dem Putsch ablehnend gegenüber, setzten aber die Reichswehr nicht zum Schutze des Staates ein. Angeblich wollten sie verhindern, dass Reichswehreinheiten aufeinander schießen müssten.

In der überwiegend monarchistisch-konservativ geprägten Beamtenschaft fand die Republik keine Stütze. Auch bei den Führungskräften der Wirtschaft sowie an den Universitäten herrschten antidemokratische und antirepublikanische Ressentiments vor. 1934 schrieb die SPD rückblickend: „Dass sie den alten Staatsapparat fast unverändert übernahm, war der schwere historische Fehler, den die deutsche Arbeiterbewegung beging."

Haltung des Bürgertums Nicht nur die alten Eliten, auch große Teile des Besitz- und Bildungsbürgertums wollten die Weimarer Republik nicht akzeptieren. Viele Bürger trauerten dem pompös-militaristischen Auftreten der kaiserlichen Führungsschichten nach. Die Unruhen und blutigen Kämpfe der Anfangsjahre verstärkten ihre Abneigung gegen eine Republik, bei der sie den Glanz und die innere Sicherheit des Kaiserreiches vermissten. Durch die politischen und wirtschaftlichen Krisen sowie den raschen sozialen Wandel in den 1920er-Jahren fürchtete das Bürgertum um seinen gesellschaftlichen Status. Antimoderne und antiliberale Einstellungen waren weit verbreitet und häufig mit antisemitischen Vorurteilen verbunden.

Neben DDP, DNVP und dem Zentrum gehörte auch die DVP zu den sogenannten „bürgerlichen" Parteien, die in Abgrenzung zu den Arbeiterparteien das gemäßigte rechtskonservative Lager vertraten. Die DVP war in den Anfangsjahren noch monarchistisch und republikfeindlich geprägt. **Gustav Stresemann** brachte sie auf einen demokratischen und republikanischen Kurs, stieß dabei aber stets auf Widerstand in seiner Partei. Nach Stresemanns Tod tendierte die DVP immer stärker nach rechts, blieb jedoch im Vergleich zur DNVP und der ab 1924 kandidierenden rechtsradikalen *Nationalsozialistischen Deutschen Arbeiterpartei* (NSDAP)[1] gemäßigt und sank 1932 zur Bedeutungslosigkeit herab.

Gustav Stresemann (1878-1929): Politiker der Nationalliberalen Partei (Kaiserzeit) und der DVP; 1923-1929 Außenminister; 1923 Reichskanzler

Bürger und Parteien Im Parteienspektrum der Weimarer Republik spiegelte sich die politische Polarisierung der Bevölkerung wider. Ein Großteil der Deutschen, die sich in den ersten Jahren und der relativ stabilen Phase von 1924 bis 1929 zur parlamentarischen Demokratie bekannten, waren sogenannte „Vernunftrepublikaner" – Bürger, die

[1] Vgl. dazu Seite 362 und Seite 365 f.

eigentlich loyal zur Monarchie gestanden hatten, nach der erfolgreichen Revolution aber bereit waren, die junge Demokratie zu unterstützen. In den Krisenjahren der Republik ab 1929 wandelte sich die latente Republikfeindschaft in offene Ablehnung. Viele wandten sich den radikalen rechten und linken Parteien zu.[1]

Der Weimarer Republik fehlte eine stabile demokratische Tradition. Durch autoritäre, antidemokratische und militaristische Traditionen und Mentalitäten blieb vielen der Umgang mit der parlamentarischen Demokratie fremd. Auch wenn die Wahlbeteiligung mit durchschnittlich 80 Prozent hoch lag, war die Skepsis der Bevölkerung gegenüber den Parteien groß. Schuld daran waren ihre enge programmatische Ausrichtung und ihre Bindung an Interessengruppen. Im Kaiserreich hatte es keinen Zwang zur Koalitionsbildung gegeben, da die Regierung vom Parlament unabhängig war. Die Parteien hatten nicht gelernt, Kompromisse zu schließen, und vertraten nur die Interessen ihrer Wähler. Zudem existierten bei einem großen Teil der Bevölkerung noch obrigkeitliche Vorstellungen von einer über den Parteien stehenden Politik des Allgemeinwohls.

Zwei Präsidenten – zwei Welten Maßgeblich geprägt wurde die Weimarer Republik durch die beiden Reichspräsidenten Friedrich Ebert und Paul von Hindenburg. Ihre völlig gegensätzlichen Persönlichkeiten und politischen Überzeugungen stehen für die inneren Widersprüche der ersten deutschen Demokratie. Der eine galt als Symbol der neuen parlamentarischen Ordnung, der andere als Repräsentant der untergegangenen Monarchie (▸ M7 und M8).

Ebert, aus einfachen Verhältnissen stammend, hatte sich zum Parteivorsitzenden der SPD hochgearbeitet. Nach Kriegsende stellte er sich an die Spitze der Revolution, um sie in parlamentarische Bahnen zu lenken. Als Repräsentant der Sozialdemokratie, die im Kaiserreich unterdrückt worden war, trat Ebert für die Mitbestimmung aller Gruppen ein. Eine sozialistische Räterepublik und damit die Herrschaft einer Klasse, wie es von revolutionären linken Kräften gefordert wurde, widersprach seiner demokratischen Grundüberzeugung. Dafür fand er viel Anerkennung. Er musste jedoch Entscheidungen treffen, die ihm viele Gegner einbrachten und ihn zunehmend auch von seiner Partei und der Arbeiterschaft entfremdeten. Wegen seines Bündnisses mit den alten Eliten galt Ebert für die Kommunisten als „Verräter der Arbeiterklasse". Auch die politische Rechte diffamierte Ebert als „Verräter". Sie bezichtigte ihn, während des Ersten Weltkrieges Streiks von Arbeitern organisiert und dadurch die Niederlage des Deutschen Reiches verschuldet zu haben („Dolchstoßlegende"[2]). Verhasst war er vor allem, weil er die Unterzeichnung des Versailler Vertrages verantworten musste.

▲ **Friedrich Ebert (1871-1925).**
Foto um 1920.
Der Sohn eines Schneidermeisters aus Heidelberg arbeitete als Sattler, Redakteur und Gastwirt. Er engagierte sich früh in Partei und Gewerkschaft, war ab 1913 SPD-Vorsitzender, übernahm nach Ausrufung der Republik 1918 die Regierungsgeschäfte und wurde 1919 erster Reichspräsident der Weimarer Republik.

Geschätzt wurde der erste Reichspräsident weithin für seine unparteiische, untadelige Amtsführung und seine aufrichtige Persönlichkeit. Manche Historiker betonen, dass es Eberts Verdienst gewesen sei, eine Brücke zwischen verschiedenen gesellschaftlichen Lagern und Parteien geschlagen und auf diese Weise die Basis der Weimarer Demokratie verbreitert zu haben.

Wie kaum ein anderer Politiker wurde Ebert zur Zielscheibe politischer und persönlicher infamer Angriffe, insbesondere rechtskonservativer Kreise. Indem sie das Staatsoberhaupt in den Schmutz zogen, konnten sie zugleich die verhasste Republik schädigen. Um sich gegen solche Verleumdungen („Landesverrat") gerichtlich zur Wehr zu setzen, verschob Ebert eine dringend notwendige Operation. Er starb überraschend am 28. Februar 1925.

[1] Vgl. dazu Seite 365 f.
[2] Zur „Dolchstoßlegende" vgl. Seite 358 und M4 auf Seite 372 f.

▲ **Paul von Hindenburg (1847-1934).**
Foto von 1930.
Als Sohn eines adligen Offiziers und Gutsbesitzers durchlief Hindenburg ab 1866 eine militärische Karriere. Er wurde 1914 zum Oberbefehlshaber der Truppen an der Ostfront berufen und stieg im Ersten Weltkrieg zum Generalfeldmarschall auf. Von 1925 bis 1934 war er Reichspräsident, als welcher er am 30. Januar 1933 Adolf Hitler zum Reichskanzler ernannte.

Sein Nachfolger wurde der hochbetagte Generalfeldmarschall Paul von Hindenburg, Abkömmling eines alten ostpreußischen Adelsgeschlechts. Hindenburg hatte 1914 in der Nähe von Tannenberg in Ostpreußen mit seinem Heer gegen russische Truppen gesiegt, was ihn zum gefeierten Nationalhelden werden ließ. Die Niederlage des Ersten Weltkrieges konnte Einfluss und Ansehen des „Siegers von Tannenberg“[1] nichts anhaben – auch weil Hindenburg es verstand, der „Dolchstoßlegende“ besonderes Gewicht zu verleihen. Dabei hätte Hindenburg sogar den soldatisch „ehrenvollen Untergang“ Deutschlands einer Kapitulation vorgezogen, ohne die Konsequenzen für die Bevölkerung zu bedenken.

Weil nach Eberts Tod bei der Neuwahl des Reichspräsidenten im ersten Wahlgang kein Bewerber die erforderlichen Stimmen für sich gewinnen konnte, einigten sich die Rechtsparteien für den zweiten Wahlgang auf den nach wie vor populären Paul von Hindenburg. Vor seiner Kandidatur versicherte sich der Feldmarschall noch der Zustimmung des ehemaligen Kaisers im holländischen Exil, dem er sich nach wie vor verpflichtet fühlte. Mit Hindenburg erreichten die rechten Parteien viele Wähler, die sich Glanz und nationale Größe des Kaiserreiches zurückwünschten. Am 26. April 1925 ging Hindenburg als Sieger aus der Wahl hervor.

Hindenburg erwies sich als neuer Reichspräsident zunächst loyal gegenüber der Weimarer Reichsverfassung. Im Zentrum seines politischen Denkens stand jedoch die Wiederherstellung der alten „Größe“ Deutschlands. Er umgab sich mit Beratern, die wie er selbst aus monarchistischen, militärischen Kreisen stammten und eine autoritäre, vom Parlament unabhängige politische Ordnung wollten. Unter Hindenburgs Präsidentschaft erlebte die Republik einen schleichenden Verfassungswandel, der 1930 in der Berufung der „*Präsidialkabinette*“ und einer Aushöhlung des Parlamentarismus mündete.[2]

▸ **Geschichte In Clips:**
Zum Hitler-Putsch siehe Clip-Code 32013-07

Der Hitler-Putsch in München Besonders München wurde zu einem Sammelbecken der rechten Kräfte. Ehemalige Freikorps-Führer und rechtsradikale Prominenz, wie Ludendorff und weitere Akteure des gescheiterten Kapp-Putsches, fanden dort ein neues Betätigungsfeld. Unter dem Einfluss rechtskonservativer und republikfeindlicher Kräfte betrieb die bayerische Regierung eine gegen Berlin gerichtete Politik. So wurde die noch unbedeutende NSDAP unter ihrem Vorsitzenden *Adolf Hitler* geduldet, obwohl sie in Preußen, Sachsen, Thüringen und Hamburg, 1923 dann auch in Hessen und Braunschweig verboten wurde.

1919 war Adolf Hitler der kurz zuvor in München gegründeten *Deutschen Arbeiterpartei* (DAP) beigetreten, die sich 1920 in NSDAP umbenannte. Mit gehässigen Reden gegen die Republik und maßloser Hetze gegen die Juden machte er die Partei bald zum Tagesgespräch in München. Im Herbst 1923 wollte Hitler nach dem Vorbild des italienischen Faschisten *Benito Mussolini* einen „Marsch auf Berlin“ durchführen. Am 8. November 1923 erklärte er auf einer republikfeindlichen Veranstaltung im Münchener Bürgerbräukeller den Ausbruch der „nationalen Revolution“ und die Absetzung der Reichsregierung. Am folgenden Tag unternahm er mit General Ludendorff einen Demonstrationszug zur Feldherrnhalle, um die Bevölkerung für seine Umsturzpläne zu

[1] Die Schlacht fand nicht direkt bei Tannenberg statt. Dennoch setzte Hindenburg später die Bezeichnung „Schlacht bei Tannenberg“ durch, um eine Verbindung zur verlorenen Schlacht von Tannenberg/Grunwald des Deutschen Ordens von 1410 herzustellen, die nun durch seinen Sieg gerächt worden sei.

[2] Dazu ausführlich auf Seite 364 ff.

gewinnen (*Hitler-Putsch*). Doch die Landespolizei stoppte den Zug mit Waffengewalt. Viele Putschisten wurden getötet, die Anführer verhaftet. Obwohl Hitler als österreichischer Staatsbürger hätte ausgewiesen werden können, erhielt er fünf Jahre Festungshaft in Landsberg am Lech, wurde jedoch bereits nach neun Monaten wieder entlassen. Ludendorff wurde freigesprochen. In den milden Strafen zeigte sich die Sympathie, die die Putschisten in den führenden Justiz- und Regierungskreisen genossen.

Putsch und Prozess hatten die Popularität Hitlers und seiner Partei vergrößert. Nach seiner Haftzeit änderte er nicht sein Ziel, sondern nur die Taktik: 1925 gründete er die NSDAP unter seiner uneingeschränkten Führerschaft neu und versuchte nun, durch die Schaffung einer Massenbasis die Regierung auf legalem Wege zu übernehmen.

▲ Adolf Hitler (1889-1945, Selbstmord).
Foto, unterzeichnet in der Festung Landsberg, 28. April 1924, mit dem Motto „Erst recht!". Hitler stammte aus dem österreichischen Braunau (Inn), kam 1913 nach München, wo er sich erfolglos als Künstler durchschlug. 1914 freiwillige Teilnahme am Ersten Weltkrieg in bayerischem Regiment, Verwundung und Auszeichnung, 1919 Propagandist der DAP, seit 1920 NSDAP; 1921 Vorsitzender der Partei, 1923 Hitler-Putsch und Festungshaft, 1925 Neugründung der NSDAP und Aufstieg zur Massenpartei, 1933 Ernennung zum Reichskanzler, ab 1934 „Führer und Reichskanzler".

Weitere Hypotheken Neben den Angriffen von links und rechts hatte die Weimarer Republik seit ihrer Gründung mit vielen weiteren Problemen zu kämpfen. Die Kriegskosten hatten zu einer hohen Verschuldung des Reiches und einer Inflation geführt. Die Versorgung der Kriegsinvaliden, Witwen und Waisen und die Reparationen belasteten die Staatsfinanzen. Die Industrie war infolge des Krieges geschwächt. Das Deutsche Reich hatte wichtige Wirtschaftszentren und Rohstoffquellen verloren. Steigende Inflation und Arbeitslosigkeit ließen die Unzufriedenheit mit der Republik in der Bevölkerung wachsen.

Im November 1923 erreichten Staatsverschuldung und Inflation eine neue Rekordhöhe, Löhne und Gehälter wurden wegen des rapiden Wertverfalls des Geldes wöchentlich, bald sogar täglich ausbezahlt. Die Regierung führte eine *Währungsreform* durch. Bereits Anfang 1924 war die Inflation weitgehend überwunden. Jedoch hatten weite Teile des Mittelstandes, kleine Unternehmer, Handwerker, Händler, Beamte, Angestellte und Rentner, ihre Ersparnisse verloren. Sie fühlten sich von der Republik betrogen und waren deswegen anfällig für radikale Parolen, die ihnen Rettung vor dem Absinken ins Proletariat versprachen.

Von der „Great Depression" zur Weltwirtschaftskrise Nach Überwindung der *Hyperinflation* und des Hitler-Putsches 1923 empfanden die meisten die Jahre bis 1929 als politisch und wirtschaftlich relativ stabil. Besonders wegen der beeindruckenden Entwicklungen im kulturell-gesellschaftlichen Bereich bezeichnet man diese Phase als die sogenannten *„Goldenen Zwanziger"*. Trotzdem gelang es nicht, die Republik zu festigen. Da die Löhne und Sozialleistungen wesentlich stärker gestiegen waren als der Produktivitätsfortschritt, konnten die Unternehmen nicht ausreichend investieren, Arbeitsproduktivität und Exportleistungen erreichten nicht einmal das Vorkriegsniveau. Entlassungen und Arbeitslosenzahlen, die zwischen 1924 und 1929 im Jahresdurchschnitt nicht unter die Einmillionengrenze sanken, waren die Folge. Streiks und Aussperrungen häuften sich.

▸ Geschichte In Clips:
Zum New Yorker Börsencrash und der Wirtschaftskrise im Deutschen Reich siehe Clip-Codes 32013-08 und 32013-09

Aufgrund eines hektischen Spekulationsfiebers in den USA brach am 24. Oktober 1929 und noch einmal am 29. Oktober die New Yorker Börse zusammen; das gesamte amerikanische Wirtschaftssystem kollabierte. Die Krise in den USA wirkte sich wegen der internationalen Wirtschaftsverflechtungen zwangsläufig auch auf andere Länder aus. Deutschland traf die weltweite Depression besonders heftig. Produktionsrückgänge, Firmenzusammenbrüche, Bankenschließungen und massive Arbeitslosigkeit waren die Folge. Im Februar 1932 meldeten sich 6,1 Millionen Menschen arbeitslos. Die tatsächliche Zahl lag noch höher; in Deutschland hatte nahezu jede zweite Familie

Internettipp/Zusatzmaterial
Zur Wirtschaftskrise im Deutschen Reich siehe auch: Klaus Dieter Hein-Mooren und Friedrich Huneke (Hrsg.), Weltwirtschaftskrise. Krisen, Umbrüche und Revolutionen, Bamberg 2011
▸ Internet Code 32013-10

unter der Krise zu leiden. Die Unterstützung für Arbeitslose bewegte sich bereits am Rande des Existenzminimums. Trotzdem wurde sie ab Juni 1932 noch einmal gekürzt. Eine allgemeine Katastrophenstimmung machte sich breit.

▲ **Arbeitssuchende.**
Foto aus Berlin, 1930.

Der Parlamentarismus auf dem Prüfstand Nachdem eine bürgerliche Koalition bereits nach einem Jahr wieder auseinandergebrochen war, fanden am 20. Mai 1928 Neuwahlen statt. Dem Fraktionsvorsitzenden der SPD, *Hermann Müller*, gelang es, mit DVP, DDP, BVP und Zentrum eine „Große Koalition" zu bilden. Die programmatischen Gegensätze zwischen den regierenden Parteien führten jedoch von Anfang an zu Spannungen. Allein der integrativen Persönlichkeit Gustav Stresemanns war es zu verdanken, dass die Große Koalition nicht schon nach kurzer Zeit auseinanderbrach.

Nach Stresemanns Tod 1929 glaubten die Parteien, eine „Politik schädlicher Kompromisse" nicht länger vor den eigenen Anhängern vertreten zu können. Als die SPD-Reichstagsfraktion einen Vorschlag zur Sanierung der Arbeitslosenversicherung ablehnte, trat am 30. März 1930 Reichskanzler Müller zurück. Bereits zu diesem Zeitpunkt, so der Historiker Hans-Ulrich Wehler, war mit dem Zerfall der Großen Koalition „die parlamentarische Republik gescheitert".

Regieren ohne Mehrheit Für Reichspräsident Paul von Hindenburg, seinen antidemokratischen Beraterstab und die Reichsführung ergab sich mit dem Scheitern der Großen Koalition die Gelegenheit, schon länger erwogene außerparlamentarische Lösungen zur Bewältigung der ständigen Krisen umzusetzen. Unterstützung fand dieser Plan in den rechten Kreisen des Bürgertums und bei den großen Interessenverbänden der Industrie und der Agrarwirtschaft. Das Parlament sollte entmachtet und die SPD, die mit Abstand stärkste Fraktion im Reichstag, aus den politischen Entscheidungsprozessen herausgehalten werden. Hindenburg wollte mit dieser Regierungsbildung neuen Stils die alten Eliten, also die Repräsentanten der konservativ-bürgerlichen Parteien, der Reichswehr sowie adlige Gutsherren und Industrielle, wieder an die Macht bringen.

Eine der treibenden Kräfte war General **Kurt von Schleicher**, Chef des Ministeramtes im Reichswehrministerium. Er schlug Hindenburg vor, eine nach rechts orientierte bürgerliche Regierung zu ernennen, die nur dem Reichspräsidenten verantwortlich sein sollte („Präsidialkabinett"). Der Präsident sollte dabei die Handlungsfähigkeit der Regierung durch Einsatz der Verfassungsartikel 48 (Notverordnungsrecht) und 25 (Reichstagsauflösung) sicherstellen.

Kurt von Schleicher (1882-1934): 1932 Reichswehrminister; 1932/33 Reichskanzler

Heinrich Brüning (1885-1970): 1930-1932 Reichskanzler; 1934 Emigration in die USA

Hindenburg stimmte zu und ernannte am 29. März 1930 den konservativ-nationalen Fraktionsvorsitzenden des Zentrums, **Heinrich Brüning**, zum Reichskanzler. Dieser nahm mit einer rigiden Sparpolitik die anhaltend hohe Arbeitslosigkeit und das Elend großer Bevölkerungsteile in Kauf, um den Alliierten die Unerfüllbarkeit ihrer Reparationsforderungen vor Augen zu führen. Gehaltskürzungen im öffentlichen Dienst, Leistungsabbau im sozialen Bereich und Steuererhöhungen führten allerdings dazu, dass die Kaufkraft der Bevölkerung sank und die Einnahmen des Staates weiter zurückgingen.

Als sich der Reichstag im Juli 1930 weigerte, einem Bündel einschneidender sozialpolitischer Maßnahmen der Regierung zuzustimmen, löste ihn der Reichspräsident auf und setzte für den 14. September Neuwahlen fest. In der Zwischenzeit regierte Brüning mit *Notverordnungen* weiter.

Die radikalen Parteien führten einen Wahlkampf, wie man ihn bisher in Deutschland noch nicht erlebt hatte. NSDAP und KPD schürten die Angst der Menschen vor einem sozialen Abstieg und versprachen „Arbeit und Brot“. Die NSDAP verbreitete ihre nationalistisch-antisemitischen Parolen lautstark mit organisierten Massenaufmärschen mit Uniformen, Marschmusik, Fahnen und Plakaten, Flugblättern und geschulten Rednern. Ihre Stimmenzahl wuchs von 800 000 (1928) auf nun 6,4 Millionen, ein in der Geschichte des deutschen Parlamentarismus beispielloser Aufschwung, der die NSDAP hinter der SPD zur zweitstärksten Fraktion im Reichstag machte. Der Verfall der bürgerlichen Mitte setzte sich rapide fort. In den Augen der Öffentlichkeit hatten Demokratie und Parlamentarismus versagt.

▲ **„Notverordnung.“**
Karikatur von Erich Schilling aus dem „Simplicissimus“ vom 16. Februar 1931.
Sie trägt folgende Unterschrift: „Nach den Erfahrungen der letzten Wochen ist verfügt worden, dass jeder Demonstrationszug seinen eigenen Leichenwagen mitzuführen hat.“

- *Beschreiben Sie, auf welches Problem die Karikatur anspielt.*
- *Erläutern Sie die Gefahren für ein demokratisches Staatswesen, wenn das Gewaltmonopol nicht mehr ausschließlich beim Staat liegt.*

Der Aufstieg der NSDAP Als sich die NSDAP 1920 ihr Parteiprogramm gegeben hatte, war sie eine unter zahllosen radikalen Splitterparteien. Bis Januar 1933 wuchs die Zahl ihrer Mitglieder auf 849 000 an, die NSDAP wurde zur Massenpartei. Was machte die Partei für so viele Menschen attraktiv?

Der Schock der Kriegsniederlage, der als nationale Demütigung empfundene Versailler Vertrag, die Revolution mit ihren blutigen Auseinandersetzungen, schließlich die negativen psychologischen Folgen von Inflation und *Massenarbeitslosigkeit* ließen die antiliberalen, antimarxistischen und antisemitischen Parolen Adolf Hitlers auf fruchtbaren Boden fallen. Die Zeitgenossen wollten in ihm den starken Mann sehen, einen Führer und „Erlöser“, der die Nation vor dem drohenden Untergang retten und sie wieder zu politischer Größe führen würde. Tatkraft und Durchsetzungsvermögen der NSDAP zogen Mitglieder und Wähler an, in protestantischen Regionen mehr als in katholischen, in Kleinstädten bzw. ländlichen Regionen eher als in Großstädten. Emotionale Appelle an „Ehre, Größe, Heroismus, Opferbereitschaft, Hingabe“, nicht wirtschaftliche Versprechungen führten der „Bewegung“ ihre Wähler und Sympathisanten zu. Viele von ihnen wollten mit ihrem Wahlverhalten nur die Unzufriedenheit mit den gegenwärtigen Verhältnissen ausdrücken. Dies erklärt auch die starken Schwankungen der NSDAP in der Gunst der Wähler.

Nach Ausbruch der *Weltwirtschaftskrise* ging das Vertrauen in die politischen Institutionen auch bei jenen Bürgern verloren, die die Republik bislang akzeptiert hatten. Die Furcht vor dem sozialen Abstieg, vor dem die etablierten Parteien nicht zu schützen schienen, einte Menschen ganz unterschiedlicher Herkunft.

Der Weg in die Diktatur Nach den „Erbitterungswahlen“ von 1930 war im Reichstag eine parlamentarische Mehrheitsbildung nahezu unmöglich geworden (▸ M9). Der Verfall des Parlamentarismus setzte sich rapide fort. Während der Reichstag 1930 immerhin noch 94 Sitzungen abhielt, sank die Zahl bis 1932 auf lediglich 13. Waren es 1930 noch 98 Gesetze, die der Reichstag verabschiedete, so blieben 1932 gerade fünf. Im Gegenzug dazu steigerte sich die Anzahl der Notverordnungen von fünf (1930) auf 66 (1932). Der Reichstag musste tatenlos zusehen, wie die politische Macht in die Hände

	1928	1930	1932/1	1932/2	1933
Autoritäres Lager (NSDAP, DVP, DNVP)	26	30	45	42	55
Demokratisches Lager (SPD, DDP, Zentrum, BVP)	49	43	38	36	33
Linkes Lager (KPD)	11	13	14	17	12
Splitterparteien	14	14	3	5	–

▲ **Politische Grundorientierung im deutschen Parteienspektrum 1928-1933 (in Prozent).**
Nach: Hans-Ulrich Wehler, Deutsche Gesellschaftsgeschichte, Bd. 4, München 2003, S. 359

der Regierung und der Bürokratie überging. Trotz fehlender Mehrheit im Parlament konnte Reichskanzler Brüning nach der Wahl seine Notverordnungspraxis fortsetzen. Denn die SPD tolerierte seinen Kurs, aus Gründen der Staatsräson und aus Furcht vor einer weiteren Radikalisierung bei Neuwahlen, die zu einem Kabinett unter Beteiligung der Nationalsozialisten führen konnten.

Nachdem Brüning immer mehr das Vertrauen von Reichspräsident Hindenburg verloren hatte, der die Regierung nicht länger mithilfe der Notverordnungen stützen wollte, trat er zurück. Sein Nachfolger wurde **Franz von Papen**.

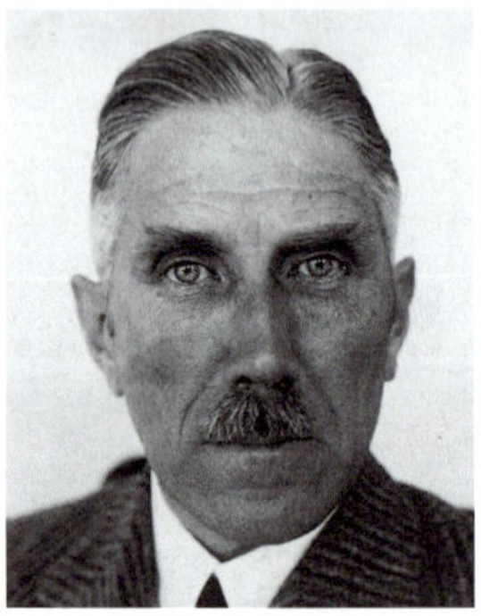

Franz von Papen (1879-1969): 1932 Reichskanzler; im Nürnberger Prozess gegen die Hauptkriegsverbrecher 1946 freigesprochen

Brüning hatte sich als Chef des ersten Präsidialregimes bemüht, mit dem Reichstag zusammenzuarbeiten, auch wenn er sich nicht an parlamentarische Entscheidungen gebunden fühlte. Seine Nachfolger dagegen suchten, gestützt auf eine breite antiparlamentarische, republikfeindliche Allianz, die offene Auseinandersetzung mit dem Reichstag (▸ M10). Franz von Papen bildete ein neues Kabinett, in dem von elf Ministern sieben adlig waren („Kabinett der Barone"). Der Reichstag wurde am 4. Juni aufgelöst und Neuwahlen für den 31. Juli ausgeschrieben. Hitler verweigerte auch dieser Regierung die Zusammenarbeit und attackierte sie schonungslos.

Die Neuwahlen am 31. Juli 1932 brachten der NSDAP einen sensationellen Erfolg. Sie verdoppelte ihre Mandatszahl und wurde stärkste Fraktion. Nach diesem Wahlerfolg forderte Hitler für sich das Amt des Reichskanzlers. Hindenburg lehnte ab. Gleich in der ersten Sitzung des neu gewählten Reichstages am 30. August sprach eine deutliche Mehrheit dem Reichskanzler das Misstrauen aus (512 gegen 42). Dennoch blieb Papen im Amt und löste den Reichstag erneut auf. Am 6. November fanden abermals Neuwahlen statt. Die NSDAP verlor überraschend zwei Millionen Wähler. Hitler sah, dass ihm nicht mehr viel Zeit blieb, sein Ziel zu erreichen, zumal vieles auf eine Verbesserung der Wirtschaftslage hindeutete. Papen beabsichtigte, zur Überwindung der parlamentarischen Blockade den Staatsnotstand auszurufen. Mit Zustimmung des Reichspräsidenten sollten dabei einige Bestimmungen der Verfassung außer Kraft gesetzt werden. Hindenburg verweigerte diesen Plänen die Zustimmung und entließ Papen am 3. Dezember.

Dessen Nachfolger, General Kurt von Schleicher, scheiterte mit seinem Versuch, für seine Wirtschafts- und Beschäftigungspolitik einen Teil der NSDAP, die Gewerkschaften und die SPD zu gewinnen. Reichspräsident Hindenburg wurde nun von seinen engsten Beratern, führenden Unternehmern aus Wirtschaft und Industrie sowie vor allem durch Papen bedrängt, Hitler zum Reichskanzler zu ernennen. Papen winkte der Vizekanzlerposten. Zusammen mit den anderen konservativen Ministern glaubte er, die Nationalsozialisten ausreichend unter Kontrolle zu haben. Am 28. Januar 1933 trat Schleicher zurück. Zwei Tage später ernannte Hindenburg Hitler zum Reichskanzler (▸ M11).

Politische Plakate analysieren

Kompetenz:
Die Gestaltungsmittel, den Inhalt und die Wirkung eines Plakats erläutern und beurteilen sowie die politische Botschaft interpretieren

Plakate sind öffentliche Aushänge oder Anschläge, die informieren, werben oder zu Aktionen aufrufen. Um möglichst viele Menschen anzusprechen, werden sie überwiegend an stark frequentierten Standorten platziert. Ihr Ziel ist es, durch „plakative", also auffällige gestalterische Mittel und Schlagworte (Slogans) auf den ersten Blick zu wirken und durch eine meist suggestive, an das Unterbewusstsein gerichtete Botschaft in Erinnerung zu bleiben.
Politische Plakate gibt es – ob als Bekanntmachung der Regierung, als Protest gegen soziale Missstände oder zur Verteufelung des Kriegsgegners – in Deutschland seit Anfang des 19. Jahrhunderts. Ihre Bedeutung als Massenmedium erreichten sie jedoch erst in der Weimarer Republik. Da es nun zwar Pressefreiheit, aber noch kein Fernsehen oder Radio gab, nutzten die Parteien Plakate als schlagkräftige Agitations- und Propagandamittel im Kampf um Wählerstimmen.
In dem Maße, wie sich die politischen Auseinandersetzungen in der Anfangs- und Endphase der Republik zuspitzten, wurden auch die Texte und Bilder der Parteien radikaler. Die politischen Gegner wurden diffamiert, Feindbilder aufgebaut und Bedrohungsszenarien beschworen. Obwohl durch die unterschiedlichen künstlerischen Stilrichtungen der Epoche beeinflusst, bedienten sich die Parteien für ihre Plakate häufig derselben Motive und Gestaltungsmittel: überdimensionale Figuren, etwa der politische Gegner als „Untermensch" oder der unbeugsame Arbeiter als Ideal des „Kämpfers", Symbole wie der stolze Adler, die giftige Schlange, die Fahne oder Fackel in der Hand des Arbeiters.
Wahlplakate geben keine Auskunft über das Wählerverhalten. Sie spiegeln jedoch in Wort und Bild die politischen Auseinandersetzungen und Ziele der Parteien sowie den Alltag, die Probleme und Grundhaltungen der Zeit.

Formale Kennzeichen

- Um welche *Art* von Plakat handelt es sich?
- Wer hat das Plakat geschaffen oder in *Auftrag* gegeben?
- Wann und wo ist es entstanden bzw. veröffentlicht worden?

Plakatinhalt

- Wen oder was zeigt das Plakat auf welche Weise?
- Was wird thematisiert?
- Wie ist das Plakat aufgebaut? Welche *Gestaltungsmittel* werden verwendet (Verhältnis von Text und Bild, Perspektive, Haltung der Figuren, Schriftgröße und -art, Farben, Symbole, Übertreibungen, Verwendung bestimmter Stilmittel)?
- Was bedeuten die Gestaltungsmittel?

Historischer Kontext

- Auf welches *Ereignis*, welchen *Sachverhalt* oder welche *Person* bezieht sich das Plakat?
- Was ist der *Anlass* für die Veröffentlichung?

Intention und Wirkung

- An wen wendet sich das Plakat?
- Ist es gegen jemanden gerichtet? Werden *Feindbilder* dargestellt?
- Welche *Aussageabsicht* verfolgt der Künstler bzw. Auftraggeber?
- Welche *Wirkung* soll das Plakat beim zeitgenössischen Betrachter erzielen?

Beispiel und Analyse

SA-Mann mit Schirmmütze und Hakenkreuz: *personifizierter „Feind der Demokratie" von rechts*

Farbgebung: *Rot als Farbe der Sozialdemokratie, Schwarz-Rot-Gold als Nationalfarben Deutschlands während der Weimarer Republik; Symbol der republiktreuen Kräfte*

Totenkopf mit Reichswehrhelm: *Allegorie auf Gefahr des Militarismus und die Toten des Ersten Weltkrieges*

Schriftzug/Wahlslogan: *Verweis auf politische Gegner („Feinde der Demokratie!") und eigenes demokratisches Selbstverständnis*

Kommunist mit rotem Stern auf der Kappe: *personifizierter „Feind der Demokratie" von links, symbolisiert Gefahr des Bolschewismus*

Dolch: *Symbol für Gewalt und Hinterhältigkeit, Verweis auf „Dolchstoßlegende"*

Schriftzug/Wahlaufruf: *nennt Wahlziel (politische Gegner durch Wahl ausschalten; Erhalt von Republik und Demokratie), Verweis auf Auftraggeber und Listenplatz*

▲ Wahlplakat der SPD von 1930.

Formale Kennzeichen Das Wahlplakat wurde 1930 von der SPD in Auftrag gegeben.

Plakatinhalt Das Plakat zeigt die „Feinde der Demokratie" in dreifacher Personifizierung: Den Hauptteil füllt ein schwarz gezeichneter, nur an wenigen weißen Konturen erkennbarer Mann aus; Schirmmütze und Hakenkreuz identifizieren ihn als Mitglied der SA. In seiner linken Faust hält er einen Dolch, der die Gewaltbereitschaft des politischen Gegners verdeutlichen und auf die „Dolchstoßlegende" (vgl. dazu Seite 358) anspielen soll. Die rechte Hand des Mannes ist nach dem Betrachter ausgestreckt, den er aus dem Dunkel heraus anzugreifen und anzubrüllen scheint. Die schemenhaft umrissene Figur links hinten trägt eine Kappe mit rotem Stern, was sie als Kommunist zu erkennen gibt. Rechts ragt ein Totenkopf mit Reichswehrhelm und Bajonett hervor, wohl eine Allegorie auf die Gefahr des nationalistischen Militarismus oder die Toten des Ersten Weltkrieges.
Die Schriftzüge bestehen aus Großbuchstaben und nennen das Motto: Die „Feinde der Demokratie" sollen beseitigt („Hinweg damit!") und die Republik gerettet werden. Die dominierenden Farben Schwarz-Rot-Gold stehen als Nationalfarben der ersten deutschen Republik für die demokratischen Kräfte; Rot ist zudem die Farbe der Sozialdemokratie.

Historischer Kontext Anlass für die Veröffentlichung des Wahlplakats war die Reichstagswahl vom 14. September 1930. Es wendet sich gegen die politischen Gegner der SPD von rechts und links, die die Republik seit ihrer Gründung bekämpften. Vor allem die Parteien der extremen Rechten, DNVP und NSDAP, nutzten die „Dolchstoßlegende" zur hasserfüllten Agitation gegen die politischen Vertreter der Weimarer Republik. 1930 hatte sich die parteipolitische Landschaft geändert: Während die liberalen Parteien DDP und DVP immer mehr Anhänger verloren, gewannen NSDAP und KPD von der politischen und sozialen Lage frustrierte Wähler hinzu. Mit dem Rücktritt der letzten sozialdemokratisch geführten Regierung im März 1930 entfiel die Hauptstütze der Weimarer Demokratie. Die SPD kämpfte daher für einen deutlichen Wahlsieg und die Zurückdrängung der extremen Flügelparteien.

Intention und Wirkung Die SPD will den Wählern die von den links- und rechtsextremen Parteien ausgehende Gefahr für Demokratie und Republik veranschaulichen, indem sie ein Bedrohungsszenario aus Gewalt, Terror, Angst und Tod entwirft. Dazu bedient sie sich der Feindbilder und Stereotypen, die die politischen Gegner benutzen. Durch die Umkehrung der Vorwürfe sollen sie als Lügner und Geschichtsklitterer (vgl. das Plakat Seite 358) entlarvt werden. Zugleich wirbt das „Rettungsversprechen" für die eigene Partei: Die SPD will die „Feinde der Demokratie" nicht durch Gewalt, sondern mit demokratischen Mitteln beseitigen.

Bewertung und Fazit Das Plakat war 1930 überall in Deutschland verbreitet. Die Bedrohung wird durch ideenreiche Gestaltung, starke Farben und markanten Zeichenstil, schlagkräftige Slogans, bekannte Symbole und Stereotypen eindrucksvoll und verständlich in Szene gesetzt. Seine beabsichtigte Wirkung hat das Plakat jedoch verfehlt: Bei der Reichstagswahl von 1930 verlor die SPD fast drei Prozent der Stimmen, blieb aber stärkste Partei. Die KPD gewann 2,5 Prozent Stimmenanteil, die NSDAP stieg mit 18,2 Prozent sogar zur zweitstärksten Partei auf.

Vergleichen Sie politische Plakate aus der Weimarer Republik, dem Nationalsozialismus und der frühen Bundesrepublik (siehe z. B. Seite 266, 294, 358, 370, 376 und 391) mit heutigen Plakaten. Überprüfen Sie, inwieweit sich jeweils das politische Selbstverständnis der Zeit widerspiegelt.

Internettipp
www.dhm.de/sammlungen/plakate/bestand.html

◂ **Plakat des Spartakusbundes von 1919.**
- *Beschreiben Sie die Bildelemente und die Wirkung des Plakats.*
- *Analysieren Sie die Aussage des Plakats und beantworten Sie die Frage „Was will Spartakus?“.*

M1 Bürgerliche oder sozialistische Demokratie?

In der „Roten Fahne“, dem Zentralorgan des Spartakusbundes, schreibt Rosa Luxemburg am 20. November 1918:

Das heutige Idyll, wo Wölfe und Schafe, Tiger und Lämmer wie in der Arche Noah friedlich nebeneinander grasen, dauert auf die Minute so lange, bis es mit dem Sozialismus ernst zu werden beginnt. Sobald die famose Nationalversammlung wirklich beschließt, den Sozialismus voll und ganz zu verwirklichen, die Kapitalsherrschaft mit Stumpf und Stiel auszurotten, beginnt auch der Kampf. [...] All das ist unvermeidlich. All das muss durchgefochten, abgewehrt, niedergekämpft werden – ob mit oder ohne Nationalversammlung. Der „Bürgerkrieg“, den man aus der Revolution mit ängstlicher Sorge zu verbannen sucht, lässt sich nicht verbannen. [...]

Die Nationalversammlung ist ein überlebtes Erbstück bürgerlicher Revolutionen, eine Hülle ohne Inhalt, ein Requisit aus den Zeiten kleinbürgerlicher Illusionen vom „einigen Volk“, von der „Freiheit, Gleichheit und Brüderlichkeit“ des bürgerlichen Staates. [...]

Nicht darum handelt es sich heute, ob Demokratie oder Diktatur. Die von der Geschichte auf die Tagesordnung gestellte Frage lautet: bürgerliche Demokratie oder sozialistische Demokratie. Denn Diktatur des Proletariats, das ist Demokratie im sozialistischen Sinne. Diktatur des Proletariats, das sind nicht Bomben, Putsche, Krawalle, „Anarchie“, wie die Agenten des kapitalistischen Profits zielbewusst fälschen, sondern das ist der Gebrauch aller politischen Machtmittel zur Verwirklichung des Sozialismus, zur Expropriation[1] der Kapitalistenklasse – im Sinne und durch den Willen der revolutionären Mehrheit des Proletariats, also im Geiste sozialistischer Demokratie.

Ohne den bewussten Willen und die bewusste Tat der Mehrheit des Proletariats kein Sozialismus. Um dieses Bewusstsein zu schärfen, diesen Willen zu stählen, diese Tat zu organisieren, ist ein Klassenorgan nötig: das Reichsparlament der Proletarier in Stadt und Land.

Die Rote Fahne vom 20. November 1918

1. *Geben Sie die Argumente wieder, mit denen Rosa Luxemburg die Wahl zur Nationalversammlung verwirft. Diskutieren Sie, welche Aussagen situationsbedingt, welche programmatisch sind.*
2. *Suchen und erläutern Sie Widersprüche in der Argumentation von Rosa Luxemburg.*
3. *Beurteilen Sie Rosa Luxemburgs Verständnis der Begriffe „Demokratie“ und „Diktatur“.*

[1] **Expropriation**: Enteignung

M2 „Das deutsche Volk ist frei"

Zur Eröffnung der Nationalversammlung am 6. Februar 1919 hält der Vorsitzende des „Rates der Volksbeauftragten" und kurz darauf zum Reichspräsidenten gewählte Friedrich Ebert eine Rede:

[...] Mit den alten Königen und Fürsten von Gottes Gnaden ist es für immer vorbei. (*Bravo! links. – Widerspruch rechts.*)
Wir verwehren niemandem eine sentimentale Erinnerungsfeier. Aber so gewiss diese Nationalversammlung eine große republikanische Mehrheit hat, so gewiss sind die alten gottgegebenen Abhängigkeiten für immer beseitigt. (*Lebhafter Beifall links.*)
Das deutsche Volk ist frei, bleibt frei und regiert in aller Zukunft sich selbst. (*Bravo! links.*)
Diese Freiheit ist der einzige Trost, der dem deutschen Volke geblieben ist, der einzige Halt, an dem es aus dem Blutsumpf des Krieges und der Niederlage sich wieder herausarbeiten kann. Wir haben den Krieg verloren. Diese Tatsache ist keine Folge der Revolution. (*Sehr wahr! links. – Lebhafter Widerspruch rechts.*)
Meine Damen und Herren, es war die Kaiserliche Regierung des Prinzen Max von Baden, die den Waffenstillstand einleitete, der uns wehrlos machte. (*Zurufe.*)
Nach dem Zusammenbruch unserer Verbündeten und angesichts der militärischen und wirtschaftlichen Lage konnte sie nicht anders handeln. (*Sehr richtig! links.*)
Die Revolution lehnt die Verantwortung ab für das Elend, in das die verfehlte Politik der alten Gewalten und der leichtfertige Übermut der Militaristen das deutsche Volk gestürzt haben. (*Sehr wahr! links.*) Sie ist auch nicht verantwortlich für unsere schwere Lebensmittelnot. (*Widerspruch rechts.*) [...]
Meine Damen und Herren, die provisorische Regierung hat eine sehr üble Erbschaft angetreten. Wir waren im eigentlichsten Wortsinne die Konkursverwalter des alten Regimes (*sehr wahr! bei den Sozialdemokraten*):
Alle Scheuern[1], alle Läger waren leer, alle Vorräte gingen zur Neige, der Kredit war erschüttert, die Moral tief gesunken. Wir haben, gestützt und gefördert vom Zentralrat der Arbeiter- und Soldatenräte [...] unsere beste Kraft eingesetzt, die Gefahren und das Elend der Übergangszeit zu bekämpfen. [...]
Sorgenvoll blickt uns die Zukunft an. Wir vertrauen aber trotz alledem auf die unverwüstliche Schaffenskraft der deutschen Nation. Die alten Grundlagen der deutschen Machtstellung sind für immer zerbrochen. Die preußische Hegemonie, das hohenzollernsche Heer, die Politik der schimmernden Wehr sind bei uns für alle Zukunft unmöglich geworden. Wie der 9. November 1918 angeknüpft hat an den 18. März 1848 (*Zurufe bei den Unabhängigen Sozialdemokraten*), so müssen wir hier in Weimar die Wandlung vollziehen vom Imperialismus zum Idealismus, von der Weltmacht zur geistigen Größe. Es charakterisiert durchaus die nur auf äußeren Glanz gestellte Zeit der Wilhelminischen Ära das Lassallesche Wort[2], dass die klassischen deutschen Denker und Dichter nur im Kranichzug über sie hinweggeflogen seien. Jetzt muss der Geist von Weimar, der Geist der großen Philosophen und Dichter[3], wieder unser Leben erfüllen. (*Zurufe bei den Unabhängigen Sozialdemokraten. – Bravo! bei der Deutschen Demokratischen Partei.*) [...]
So wollen wir an die Arbeit gehen, unser großes Ziel fest vor Augen, das Recht des deutschen Volkes zu wahren, in Deutschland eine starke Demokratie zu verankern (*lebhafter Beifall links*) und sie mit wahrem sozialen Geist und sozialistischer Tat zu erfüllen. (*Erneuter Beifall links.*)

Zitiert nach: Walter Mühlhausen (Hrsg.), Friedrich Ebert. Sein Leben, sein Werk, seine Zeit, Heidelberg 1999, S. 221 f. und 224-226

1. *Arbeiten Sie heraus, gegen welche Vorwürfe sich Ebert wehrt. Von wem stammen diese?*
2. *Erörtern Sie die Ziele, die nach Ebert die Nationalversammlung verfolgt. Inwiefern knüpft sie an den 18. März 1848 an?*

M3 Die Revolution – eine verpasste Chance?

Der Historiker Heinrich August Winkler beschäftigt sich mit der Bedeutung der Revolution von 1918/19:

Manche Historiker meinen, dass die erste deutsche Demokratie vielleicht nicht untergegangen und dann auch Hitler nicht an die Macht gekommen wäre, hätte es damals einen gründlichen Bruch mit der obrigkeitsstaatlichen Vergangenheit gegeben. Tatsächlich war der Handlungsspielraum der regierenden Mehrheitssozialdemokraten [...] in den entscheidenden Wochen zwischen dem Sturz der Monarchie am 9. November 1918 und der Wahl der Verfassunggebenden Deutschen Nationalversammlung am 19. Januar 1919 größer, als die Akteure mit Friedrich Ebert, dem Vorsitzenden des Rates der Volksbeauftragten, an der Spitze selbst meinten. Sie

[1] **Scheuer**: Scheune

[2] Zitiert wird hier Ferdinand Lassalle (1825-1864), der erste Präsident des Allgemeinen Deutschen Arbeitervereins (ADAV), aus dem später die SPD hervorging.

[3] Gemeint sind Christoph Martin Wieland, Johann Wolfgang von Goethe, Friedrich Schiller und Johann Gottfried Herder, die in Weimar wirkten („Weimarer Klassik").

hätten weniger bewahren müssen und mehr verändern können. Es wäre, mit anderen Worten, möglich gewesen, in der revolutionären Übergangszeit erste Schritte zu tun auf dem Weg zu einer Demokratisierung der Verwaltung, der Schaffung eines republikloyalen Militärwesens, der öffentlichen Kontrolle der Macht [...].
Deutschland kannte zwar bis zum Oktober 1918 kein parlamentarisches Regierungssystem, aber seit rund einem halben Jahrhundert das allgemeine, gleiche und direkte Reichstagswahlrecht für Männer, das Bismarck 1866 im Norddeutschen Bund und 1871 im Deutschen Reich eingeführt hatte. Das Kaiserreich lässt sich daher nicht einfach als „Obrigkeitsstaat" beschreiben. Deutschland war um 1918 bereits zu demokratisch, um sich eine revolutionäre Erziehungsdiktatur [...] aufzwingen zu lassen.
Deutschland war auch zu industrialisiert für einen völligen Umsturz der gesellschaftlichen Verhältnisse. [...] Beide Faktoren, der Grad der Demokratisierung und der Grad der Industrialisierung, wirkten objektiv revolutionshemmend.

Heinrich August Winkler, Weimar: Ein deutsches Menetekel, in: Ders. (Hrsg.), Weimar. Ein Lesebuch zur deutschen Geschichte 1918-1933, München 1997, S. 15 ff.

1. *Die Revolution von 1918/19 wird oft als „steckengebliebene" oder „gebremste" Revolution bezeichnet. Erläutern Sie mithilfe der Darstellung auf Seite 354 ff., ob diese Aussagen zutreffend sind.*
2. *Beurteilen Sie die Kritik Winklers am Handeln Eberts. Diskutieren Sie über Möglichkeiten und Grenzen des „Rates der Volksbeauftragten", das politische Geschehen in der revolutionären Phase zu beeinflussen. Berücksichtigen Sie dazu die Aussagen Friedrich Eberts in M2.*

M4 „Dolchstoßlegende"

Reichskanzler Gustav Bauer (SPD), der Nachfolger Philipp Scheidemanns, fordert am 23. Juni 1919, wenige Stunden vor Ablauf des alliierten Ultimatums, die Nationalversammlung auf, den Friedensvertrag unterzeichnen zu lassen:

Die Entente [...] will uns das Schuldbekenntnis auf die Zungen zwingen [...]; es soll uns nichts, gar nichts erspart bleiben. Zur Verknechtung wollen uns die Feinde auch noch die Verachtung aufbürden!
[...] Hier wird ein besiegtes Volk an Leib und Seele vergewaltigt wie kein Volk je zuvor. [...] Unterschreiben wir! Das ist der Vorschlag, den ich Ihnen, im Namen des gesamten Kabinetts, machen muss. Bedingungslos unterzeichnen! Ich will nichts beschönigen.

▲ **„Wir lassen uns den Sieg nicht wieder entwinden."**
Zeichnung von Willy Knabe für das zentrale Monatsblatt der NSDAP und des Schulungsamtes der Deutschen Arbeitsfront, „Der Schulungsbrief", Januar 1942, S. 13.
- *Erörtern Sie, warum die Dolchstoßlegende ein dankbares Motiv für die nationalsozialistische Kriegspropaganda war.*

Die Gründe, die uns zu diesem Vorschlag zwingen, sind dieselben wie gestern. Nur trennt uns jetzt eine Frist von knappen vier Stunden von der Wiederaufnahme der Feindseligkeiten. Einen neuen Krieg könnten wir nicht verantworten, selbst wenn wir Waffen hätten. Wir sind wehrlos. Wehrlos ist aber nicht ehrlos! Gewiss, die Gegner wollen uns an die Ehre; daran ist kein Zweifel. Aber dass dieser Versuch der Ehrabschneidung einmal auf die Urheber selbst zurückfallen wird, dass es nicht unsere Ehre ist, die bei dieser Welttragödie zugrunde geht, das ist mein Glaube bis zum letzten Atemzug.

Ein Untersuchungsausschuss der Nationalversammlung soll nach dem Krieg die Ursachen der deutschen Niederlage ergründen. Generalfeldmarschall Hindenburg erklärt am 18. November 1919:

Trotz der ungeheuren Ansprüche an Truppen und Führung, trotz der zahlenmäßigen Überlegenheit des Feindes konnten

wir den ungleichen Kampf zu einem günstigen Ende führen, wenn die geschlossene und einheitliche Zusammenwirkung von Heer und Heimat eingetreten wäre. [...]
Doch was geschah nun? Während sich beim Feinde trotz seiner Überlegenheit an lebendem und totem Material alle Parteien, alle Schichten der Bevölkerung in dem Willen zum Siege immer fester zusammenschlossen, und zwar umso mehr, je schwieriger ihre Lage wurde, machten sich bei uns, wo dieser Zusammenschluss bei unserer Unterlegenheit viel notwendiger war, Parteiinteressen breit, und diese Umstände führten sehr bald zu einer Spaltung und Lockerung des Siegeswillens. Die Geschichte wird über das, was ich hier nicht weiter ausführen darf, das endgültige Urteil sprechen. Damals hofften wir noch, dass der Wille zum Siege alles andere beherrschen würde. Als wir unser Amt übernahmen, stellten wir bei der Reichsleitung eine Reihe von Anträgen, die den Zweck hatten, alle nationalen Kräfte zur schnellen und günstigen Kriegsentscheidung zusammenzufassen [...].
Was aber schließlich, zum Teil wieder durch Einwirkung der Parteien, aus unseren Anträgen geworden ist, ist bekannt. Ich wollte kraftvolle und freudige Mitarbeit und bekam Versagen und Schwäche. Die Sorge, ob die Heimat fest genug bliebe, bis der Krieg gewonnen sei, hat uns von diesem Augenblicke an nie mehr verlassen. Wir erhoben noch oft unsere warnende Stimme bei der Reichsregierung. In dieser Zeit setzte die heimliche planmäßige Zersetzung von Flotte und Heer als Fortsetzung ähnlicher Erscheinungen im Frieden ein. Die Wirkungen dieser Bestrebungen waren der Obersten Heeresleitung während des letzten Kriegsjahres nicht verborgen geblieben. Die braven Truppen, die sich von der revolutionären Zermürbung freihielten, hatten unter dem pflichtwidrigen Verhalten der revolutionären Kameraden schwer zu leiden; sie mussten die ganze Last des Kampfes tragen. Die Absichten der Führung konnten nicht mehr zur Ausführung gebracht werden. Unsere wiederholten Anträge auf strenge Zucht und strenge Gesetzgebung wurden nicht erfüllt. So mussten unsere Operationen misslingen, es musste der Zusammenbruch kommen; die Revolution bildete nur den Schlussstein. Ein englischer General sagte mit Recht: „Die deutsche Armee ist von hinten erdolcht worden." Den guten Kern des Heeres trifft keine Schuld. Seine Leistung ist ebenso bewunderungswürdig wie die des Offizierkorps. Wo die Schuld liegt, ist klar erwiesen.

Erster Text: Wolfgang Elben, Die Weimarer Republik, Frankfurt am Main [6]1975, S. 40 f.; zweiter Text: Herbert Michaelis und Ernst Schraepler (Hrsg.), Ursachen und Folgen. Vom deutschen Zusammenbruch 1918 und 1945 bis zur staatlichen Neuordnung Deutschlands in der Gegenwart. Eine Urkunden- und Dokumentensammlung zur Zeitgeschichte, Bd. 4, Berlin o. J., S. 7 f.

1. *Erläutern Sie, warum Bauer die Annahme des Vertrages empfahl, obwohl er einige Bestimmungen als unannehmbar bezeichnete.*
2. *Arbeiten Sie heraus, worin nach Ansicht Hindenburgs die Gründe für die Niederlage Deutschlands lagen. Wem lastet er die Schuld an?*
3. *Nehmen Sie Stellung zu seinen Vorwürfen.*
4. + *Beurteilen Sie das Bild, das Hindenburg von Heer und Kriegsende zeichnet. Stellen Sie es der Darstellung von Ebert in M2 gegenüber.*

M5 Die Sühne der politischen Morde

	Pol. Morde von Linksstehenden	Pol. Morde von Rechtsstehenden	Gesamtzahl
Gesamtzahl der Morde	22	354	376
– davon ungesühnt	4	326	330
– teilweise gesühnt	1	27	28
– gesühnt	17	1	18
Zahl der Verurteilten	38	24	62
Geständige Täter freigesprochen	–	23	23

Emil Julius Gumbel, Vier Jahre politischer Mord, Berlin 1922, S. 81

1. *Fassen Sie die Informationen zusammen.*
2. + *Erläutern Sie, welche Einstellung zur Republik in M5 und in der Karikatur auf Seite 374 deutlich wird.*

M6 Die Reichswehr – ein „Staat im Staate"?

Am 26. Mai 1925 kommentiert der SPD-Abgeordnete Daniel Stücklen im Reichstag die Entwicklung der Reichswehr:

Wir haben heute ein Heer der Republik, das, wie ich feststellen will, diesem Staate dient, dessen Leitung erklärt, wir stehen auf dem Boden der Verfassung [...].
Es sind aber [...] recht deutliche Anzeichen dafür vorhanden, dass die Entwicklung der Reichswehr dahin geht, eine Art Staat im Staate zu werden. Das war das, was früher bei den Verhandlungen über die Reichswehr im Hauptausschuss und im Plenum dieses Hauses immer wieder betont wurde, eine gewisse Abgeschlossenheit, ein Korpsgeist, der zur Abge-

schlossenheit führen musste und letzten Endes bewirkte, dass die alte Armee wirklich ein Staat im Staate war, mit einem eigenen Ehrbegriff, ihrem eigenen Strafkodex, mit einem Wort eine Menge Einrichtungen, die von den Einrichtungen der zivilen Bevölkerung losgelöst waren. [...] Die Gefahr ist umso größer, als früher der Soldat nur zwei Jahre diente und nach zwei Jahren in die Massen des Volkes zurücktrat, aus denen er gekommen war. Heute dient der Reichswehrsoldat zwölf Jahre. Zwölf Jahre verlebt er in einer ganz anderen Umwelt. Er ist ganz anderen Einflüssen und Eindrücken preisgegeben; das führt letzten Endes dazu, dass eine gewisse Entfremdung nicht vermieden werden kann.

Wolfgang Michalka und Gottfried Niedhart (Hrsg.), Die ungeliebte Republik. Dokumente zur Innen- und Außenpolitik Weimars 1918-1933, München 1992, S. 220

1. *Erläutern Sie den Ausdruck „Staat im Staate".*
2. *Erörtern Sie, welche Gefahren dies birgt.*
3. *Überprüfen Sie mithilfe von Lexika, Fachliteratur oder dem Internet, wie bei der Gründung der Bundeswehr den von Stücklen angesprochenen Problemen begegnet wurde.*

◂ **Hochverrat vor dem Reichsgericht.**
Karikatur von Gerhard Holler aus der Beilage zum Berliner Tageblatt „Ulk", 1927.
Die Bildunterschrift zu den linksgerichteten Angeklagten lautet: „Ich werde die Republik vor Ihnen zu schützen wissen!" Zu den rechten Uniformierten: „Ich werde Sie vor der Republik zu schützen wissen!"

M7 Ebert – Symbol der Republik

Walter Mühlhausen, Geschäftsführer der Bundesstiftung Reichspräsident-Friedrich-Ebert-Gedenkstätte in Heidelberg, schreibt in einem Ausstellungsband zu Friedrich Ebert:

Als Staatsoberhaupt war Ebert das Symbol der ersten deutschen Republik. Friedrich Ebert musste bei den Reisen bemüht sein, einen eigenen Repräsentationsstil zu entwickeln, der sich von seinem Vorgänger unterschied. Es war schwierig, in einer Gesellschaft, die bislang die pompösen und waffenklirrenden Auftritte Kaiser Wilhelms II. kennengelernt und bejubelt hatte, nun einen betont sachlichen, jeden Persönlichkeitskult vermeidenden Repräsentationsstil einzuführen, einen Stil ohne Pomp und Gloria.
Eine Schweizer Zeitung schrieb 1922, fernab von den Konflikten der innerdeutschen politischen Szene, über das Auftreten des Reichspräsidenten: „Man wartet auf das Oberhaupt der neuen deutschen Demokratie. Punkt zehn kommt Ebert in den Saal, lautlos beinahe. Kein Herold kündigt an. Keine riesigen Leibgarden zerbrechen sich die Pranken beim Präsentieren des Gewehres. Der Präsident der deutschen Republik hat auch sein Gefolge. Aber das ist gerade so schmucklos, so unauffällig wie er selbst. Bei Gott, die Demokratie liegt auch im Anzug. Aber Ebert hat Würde. Der ganze Saal erhebt sich und er dankt mit leichter Verbeugung. Muss nicht leicht sein, so eine demokratische Präsidentenverbeugung. Just nicht zu tief. Und just nicht zu wenig. Ebert hat's heraus. Nicht nur sein Amt hat Würde – er selbst besitzt sie." [...]
In den Kommentaren der Zeitungen spiegelt sich die ganze Bandbreite der politischen Einstellungen wider. Die Republikgegner zogen mit Häme über den Reichspräsidenten her; die Presseorgane aus dem demokratischen Lager würdigten seinen Stil. [...] Unzweifelhaft gelang es Ebert in einem nicht messbaren Umfang, durch sein persönliches Auftreten zumindest einige der Unentschlossenen und Gegner der Republik für die neue Staatsform zu gewinnen, wie zeitgenössische Zeugnisse belegen.
Müßig bleibt die Frage, ob diese Integrationsleistung größer gewesen wäre, wenn er noch mehr öffentlich in Erscheinung getreten wäre: „Aber auch wenn Friedrich Ebert häufiger gereist wäre und offensiver republikanische Akzente gesetzt

◂ **„Einst und jetzt!"**
Karte, vertrieben von der „Deutschen Tageszeitung", 1919.
Das Bild in der Mitte – eingerahmt von Kaiser Wilhelm II. (oben) und Feldmarschall Hindenburg (unten) – zeigt Reichspräsident Friedrich Ebert (rechts) und Reichswehrminister Gustav Noske (links) in Badehosen. Vor ihnen taucht ein Begleiter mit Dreizack aus dem Wasser auf.
Das Badehosen-Bild wurde im August 1919 kurz nach der Vereidigung des Reichspräsidenten erstmals in der „Berliner Illustrirten Zeitung" veröffentlicht. Die Leser reagierten schockiert. Die antirepublikanischen Kräfte missbrauchten das Bild in zahllosen Varianten für ihre Propaganda. Nach einem von Ebert angestrengten Prozess mussten die Bilder vernichtet werden.

hätte, er hätte kein wesentlich größeres Maß an Zustimmung erreichen können, er hätte die ihm entgegengebrachte Häme ertragen müssen. Denn die Gegner des Reichspräsidenten Ebert schlugen auf ihn ein, weil sie über den Mann das Amt und vor allem die Republik beschädigen wollten. Die Integrität des Amtsverständnisses und der Amtsführung von Friedrich Ebert konnte nicht zu einer Integration aller Abseitsstehenden führen. Die Phalanx[1] aus Standesdünkel gegenüber dem Emporkömmling aus dem Arbeitermilieu, die Mauer aus politischer Überheblichkeit gegenüber dem Vertreter der sozialdemokratischen Arbeiterpartei, dem Systemfeind des Kaiserreichs, dem Systemschöpfer der Weimarer Republik, blieb unüberwindbar für Friedrich Ebert."

Walter Mühlhausen (Hrsg.), Friedrich Ebert. Sein Leben, sein Werk, seine Zeit, Heidelberg 1999, S. 259 f.

[1] **Phalanx**: lange, geschlossene (Schlacht-)Reihe

1. *Beschreiben Sie den von Mühlhausen skizzierten Repräsentationsstil Eberts. Inwiefern sollte er den Charakter der neuen Regierungsform widerspiegeln?*
2. *Erläutern Sie, welche Wirkung Ebert zugeschrieben wird.*
3. *Beurteilen Sie das Verhalten der Republikgegner ihm gegenüber und die dafür genannten Gründe.*

M8 Hindenburg – Symbol der Nation

Der Historiker Wolfram Pyta hat eine Biografie zu Hindenburg verfasst. Darin charakterisiert er Hindenburg wie folgt:

Hindenburg war peinlich darauf bedacht, bei allen wichtigen politischen Entscheidungen, an denen er maßgeblich beteiligt war, die Hoheit über deren nachträgliche Deutung zu gewinnen. Kein Schatten sollte sein Ansehen verdunkeln, weil sein ungebrochener Nimbus[1] als siegreicher Feldherr und untadeliger Repräsentant deutscher Kollektiveigenschaften das Erbe bildete, das er aus der Weltkriegszeit mitnahm und möglichst über Generationen hinweg erhalten wissen wollte. Im August 1914 hatte man einen pensionierten General dadurch beglückt, dass man ihm das Kommando einer Armee anvertraute. Ohne große Erwartungen hatte er die Reise zum ostpreußischen Kriegsschauplatz angetreten.[2] Dass er binnen weniger Wochen zum allseits bewunderten Kriegshelden und danach zum nationalen Symbol aufsteigen sollte, hätte Hindenburg sich nicht träumen lassen. Im November 1918 blickte er auf eine geradezu atemberaubende Karriere zurück, mit der er sich ein kulturelles Kapital erworben hatte, das resistent war gegen das Auf und Ab politischer Konjunkturen. Dass ihn das deutsche Volk symbolisch adoptiert hatte, fiel für ihn stärker ins Gewicht als die Kriegsnie-

[1] **Nimbus**: Glanz, Ansehen, „Heiligenschein"
[2] Am 22. August 1914 wurde Hindenburg Oberbefehlshaber der 8. Armee, die südlich von Allenstein in Ostpreußen die größere russische Armee besiegte (Schlacht von Tannenberg).

▲ **Wahlplakat der Deutschnationalen für die Reichspräsidentenwahl am 26. April 1925.**

derlage oder das Ende der Monarchie. Beides war zwar bedauerlich, doch es bereitete ihm keine schlaflosen Nächte und brachte ihn nicht aus dem Tritt. Denn der Fixpunkt seines politischen Denkens war die Vorstellung einer innerlich geeinten Nation, die überhaupt erst die Voraussetzung bildete für einen allmählichen machtpolitischen Aufstieg des Reiches, an dessen Ende sich vielleicht sogar einmal die Aussicht auf eine Wiederherstellung der Monarchie eröffnen konnte. Für Hindenburg war es daher nicht nur ein nachvollziehbares persönliches Interesse, nach Kriegsende einen großen Teil seiner Energie auf die Pflege seines Ansehens zu verwenden. [...] Als ruhender Pol, der in der stürmischen Phase des Übergangs allein Halt und Orientierung gewährte, [...] erfüllte Hindenburg eine wichtige integrative Funktion. Daraus leitete er allerdings den Anspruch ab, dass kein Staubkorn auf sein Ansehen fallen dürfe; denn ein Denkmal, zu dem alle auf der Suche nach Orientierung aufblicken, beschmutzt man nicht. Er war zutiefst entrüstet, wenn sich jemand erdreistete, ihm nicht die nationalpolitisch gebotene Schonung zukommen zu lassen: „Das zurzeit einzige Idol des Volkes, unverdientermaßen meine Wenigkeit, [so Hindenburg an einen Vertrauten] läuft Gefahr, vom Piedestal[3] gerissen zu werden, weil es plötzlich der Kritik ausgesetzt wird."

Der Historiker Heinrich August Winkler analysiert die Gründe für die Wahl Hindenburgs zum Reichspräsidenten im Jahr 1925:

Hindenburgs Wahl war kein Plebiszit für die Wiederherstellung der Monarchie, aber sie war ein Volksentscheid gegen die parlamentarische Demokratie, so wie man sie seit 1919 kennengelernt hatte. Enttäuschung über den grauen republikanischen Alltag ging einher mit einer nostalgischen Verklärung der Vergangenheit. Die liberale „Frankfurter Zeitung" sah die Hauptursache des Wahlausgangs darin, dass die Unpolitischen dem Feldmarschall zur Übermacht verholfen hätten. „Wir wissen doch alle, was diese große Schar bisheriger Nichtwähler diesmal an die Urne geführt hat. Es ist der romantische Strahlenglanz, den die Fieberfantasien verelendeter und in ihrem nationalen Selbstbewusstsein schwer getroffener Volksschichten um das Haupt des Feldherrn gewoben haben, ohne dass sie sich der Tatsache bewusst werden, dass sie persönliches wie nationales Elend einzig jenem alten System kaiserlicher Staats- und Kriegsführung zu danken haben, als dessen Repräsentanten sie jenen Feldherrn verehren. Die romantische Sehnsucht nach vergangenem Glanz und vergangener Größe, das hat diese unpolitischen Schichten an die Urne und Hindenburg zum Siege geführt." [...]

Einige überzeugte Republikaner begannen sich bald mit dem Gedanken zu trösten, dass Hindenburgs Wahl Teile der Rechten mit der Republik aussöhnen könne. Der Schriftsteller Harry Graf Kessler [...] meinte [...] nachdem Hindenburg vom sozialdemokratischen Reichstagspräsidenten Paul Löbe vor der schwarz-rot-goldenen Standarte des Reichspräsidenten auf die Reichsverfassung vereidigt worden war –, nun werde die Republik „mit Hindenburg hoffähig, einschließlich Schwarz-Rot-Gold, das jetzt überall mit Hindenburg zusammen als seine persönliche Standartenfarbe erscheinen wird. Etwas von der Verehrung für ihn wird unvermeidlich darauf abfärben."

Ganz unbegründet waren solche Hoffnungen nicht. Dass Hindenburg die republikanische Verfassung zu respektieren versprach, machte es manchen der bisherigen Verächter der Republik schwer, in unversöhnlicher Feindschaft zum neuen Staat zu verharren.

Erster Text: Wolfram Pyta, Hindenburg. Herrschaft zwischen Hohenzollern und Hitler, München 2007, S. 411 f.; zweiter Text: Heinrich August Winkler, Der lange Weg nach Westen. Deutsche Geschichte 1806-1933, Bonn 2002, S. 372 und 460 f.

[3] **Piedestal**: Sockel von Statuen, Säulen oder Gebäuden

1. *Geben Sie wieder, worauf sich nach Pyta Hindenburgs Ansehen stützte.*
2. *Erläutern Sie, welche Rolle dabei die „Dolchstoßlegende" spielte (siehe M4).*
3. *Hindenburg wurde auch als „Ersatzkaiser" bezeichnet. Erörtern Sie, warum.*
4. + *Laut Pyta „erfüllte Hindenburg eine wichtige integrative Funktion" (Zeile 33 f.). Vergleichen Sie mit Winklers Analyse der Wahl Hindenburgs zum Reichspräsidenten. Nehmen Sie dazu Stellung.*

M9 „Nicht unser Staat"

Der sozialdemokratische Reichstagspräsident Paul Löbe berichtet in seinen Lebenserinnerungen von der parlamentarischen Arbeit nach den Reichstagswahlen von 1930:

Einige Jahre konnte der Reichstag wieder ordnungsgemäß arbeiten. Als aber 1930 das deutsche Volk 107 Nationalsozialisten neben 77 Kommunisten [...] entsandte und 40 deutschnationale Hugenbergianer[1] ihre schützende Hand über die Nazis hielten, brach der Sturm aufs Neue los. Äußerste Rechte und äußerste Linke warfen sich die Bälle zu, unterstützten gegenseitig ihre Obstruktionsanträge[2], begleiteten die jeweiligen Schimpfkonzerte ihrer Antipoden mit tosendem Beifall und versuchten durch unsinnige und demagogische Anträge, die Arbeit des Parlaments und der Regierung lahmzulegen. [...]

Bei einer Reichshaushaltsberatung stellten die Kommunisten eine Reihe von Anträgen, unsympathische Steuern und Abgaben aufzuheben oder herabzusetzen, sodass bei Annahme dieser Anträge die Reichseinnahmen von zehn Milliarden auf sechs vermindert worden wären. Bei dem Ausgabenetat kamen dann so viel populäre Anträge auf Rentenerhöhungen, Wohnhausbauten, Erweiterung des Kreises der Versorgungsberechtigten, dass die Ausgaben des Etats von zehn auf 14 Milliarden steigen mussten. Als ich den kommunistischen Wortführer fragte, woher die Mittel für eine solche Wirtschaft kommen, wie das Defizit von acht Milliarden gedeckt werden sollte, erwiderte er kaltschnäuzig, darüber könne sich ja die Regierung den Kopf zerbrechen, „es ist ja nicht unser Staat, sondern der eure". Genauso unehrlich war die Taktik der nationalsozialistischen Fraktion. Sie beantragte, dass niemand im Reich mehr als tausend Mark Monatseinkommen beziehen sollte, dachte aber gar nicht daran, selbst diesen Grundsatz zu befolgen, sondern wollte mit solch demagogischen Anträgen nur die anderen Parteien in Verlegenheit bringen [...].

Günter Schönbrunn (Bearb.), Weltkriege und Revolutionen, München ^{5}1995, S. 249

[1] **Alfred Hugenberg** (1865-1951): Medienunternehmer, von 1928 bis 1933 Vorsitzender der DNVP
[2] **Obstruktion**: Verschleppung, Verhinderung

▲ **„Der Reichstag wird eingesargt."**
Collage von John Heartfield zum 30. August 1932.
- *Erläutern Sie, wofür bei John Heartfield der Reichstag steht.*
- *Analysieren Sie, warum der Künstler die SPD ins Blickfeld rückt.*
- *Erörtern Sie, inwiefern die Abbildung Heartfields Haltung gegenüber der politischen Entwicklung ausdrückt.*

1. *Erläutern Sie, wie Radikale von links und rechts die parlamentarische Arbeit beeinflussten.*
2. *Erörtern Sie, welche Wirkung dies auf die Öffentlichkeit haben musste.*

M10 Verfassungspläne

Noch als Reichskanzler stellt der ehemalige Zentrumspolitiker Franz von Papen am 12. Oktober 1932 bayerischen Industriellen folgende Pläne vor:

Wir wollen eine machtvolle und überparteiliche Staatsgewalt schaffen, die nicht als Spielball von den politischen und gesellschaftlichen Kräften hin- und hergetrieben wird, sondern über ihnen unerschütterlich steht [...]. Die Reform der

Verfassung muss dafür sorgen, dass eine solche machtvolle und autoritäre Regierung in die richtige Verbindung mit dem Volke gebracht wird. An den großen Grundgesetzen [...] soll man nicht rütteln, aber die Formen des politischen Lebens gilt es zu erneuern. Die Reichsregierung muss unabhängiger von den Parteien gestellt werden. Ihr Bestand darf nicht Zufallsmehrheiten ausgesetzt sein. Das Verhältnis zwischen Regierung und Volksvertretung muss so geregelt werden, dass die Regierung und nicht das Parlament die Staatsgewalt handhabt.

Als Gegengewicht gegen einseitige, von Parteiinteressen herbeigeführte Beschlüsse des Reichstags bedarf Deutschland einer besonderen Ersten Kammer mit fest abgegrenzten Rechten und starker Beteiligung an der Gesetzgebung. Heute ist das einzige Korrektiv gegen das überspitzte parlamentarische System und gegen das Versagen des Reichstags die Verordnungsgewalt des Reichspräsidenten aufgrund des Artikels 48 der Reichsverfassung. Sobald aber wieder stetige und normale Verhältnisse herrschen, wird auch kein Anlass mehr sein, den Artikel 48 in der bisherigen Weise anzuwenden. [...]

Nichts kann das Vertrauen in den Aufstieg der Nation mehr hindern als die Unstabilität der politischen Verhältnisse, als Regierungen, die nur Treibholz sind auf den Wellen der Partei und abhängig von jeder Strömung. Diese Art der Staatsführung der Parteiarithmetik ist im Urteil des Volkes erledigt.

Heinz Hürten (Hrsg.), Weimarer Republik und Drittes Reich 1918-1945 (Deutsche Geschichte in Quellen und Darstellung, Bd. 9), Stuttgart 1995, S. 132 ff.

1. *Fassen Sie zusammen, wie Papen seine Pläne begründet.*
2. *Erläutern Sie, welche von ihm geplanten Verfassungsänderungen nicht mit dem Grundgesetz vereinbar wären.*
3. *Manche Historiker sind der Ansicht, dass die Praxis der Präsidialkabinette die letzte Chance für die Demokratie gewesen sei, andere sehen darin den „Todesstoß" für die Weimarer Republik. Beurteilen Sie diese Auffassungen mithilfe der Darstellung auf Seite 364 ff.*
4. *Nehmen Sie Stellung zu der Frage, inwieweit die Regierung die weitere Entwicklung hätte absehen können. Bewerten Sie Papens Pläne im Hinblick auf die Vorgänge nach 1933.*

M11 Woran scheiterte Weimar?

Der Historiker Eberhard Kolb untersucht, welche Faktoren zum „Scheitern" Weimars beigetragen haben:

Wie wurde Hitler möglich? War die „Machtergreifung" der Nationalsozialisten unter den gegebenen Bedingungen unvermeidlich? Diese Frage, um die alle Erörterungen über das Scheitern Weimars kreisen, wird von der bisherigen Forschung auf recht unterschiedliche Weise beantwortet. Allerdings sind die in der wissenschaftlichen Diskussion zunächst dominierenden monokausalen Erklärungsversuche, in denen der Aufstieg des Nationalsozialismus und die Machtübertragung an Hitler auf eine einzige oder eine allein ausschlaggebende Ursache zurückgeführt wurden, inzwischen ad acta gelegt worden, denn alle derartigen einlinigen Deutungen haben sich als untauglich erwiesen. Die Historiker sind sich heute zumindest darin einig, dass das Scheitern der Republik und die nationalsozialistische „Machtergreifung" nur plausibel erklärt werden können durch die Aufhellung eines sehr komplexen Ursachengeflechts. Dabei sind vor allem folgende Determinanten zu berücksichtigen: institutionelle Rahmenbedingungen, etwa die verfassungsmäßigen Rechte und Möglichkeiten des Reichspräsidenten, zumal beim Fehlen klarer parlamentarischer Mehrheiten; die ökonomische Entwicklung mit ihren Auswirkungen auf die politischen und gesellschaftlichen Machtverhältnisse; Besonderheiten der politischen Kultur in Deutschland (mitverantwortlich z. B. für die Republikferne der Eliten, die überwiegend der pluralistisch-parteienstaatlichen Demokratie ablehnend gegenüberstanden); Veränderungen im sozialen Gefüge, beispielsweise Umschichtungen im „Mittelstand" mit Konsequenzen u. a. für politische Orientierung und Wahlverhalten mittelständischer Kreise; ideologische Faktoren (autoritäre Traditionen in Deutschland; extremer Nationalismus, verstärkt durch Kriegsniederlage, Dolchstoßlegende und Kriegsunschuldspropaganda; „Führererwartung" und Hoffnung auf den „starken Mann", wodurch einem charismatischen Führertum wie dem Hitlers der Boden bereitet wurde); massenpsychologische Momente, z. B. Erfolgschancen einer massensuggestiven Propaganda infolge kollektiver Entwurzelung und politischer Labilität breiter Bevölkerungssegmente; schließlich die Rolle einzelner Persönlichkeiten an verantwortlicher Stelle, in erster Linie zu nennen sind hier Hindenburg, Schleicher, Papen.

Die Antwort, die auf die Frage nach dem Scheitern der Weimarer Demokratie und der Ermöglichung Hitlers gegeben wird, hängt in ihrer Nuancierung wesentlich davon ab, wie die verschiedenen Komponenten gewichtet und dann zu einem konsistenten Gesamtbild zusammengefügt werden, denn Gewichtung und Verknüpfung sind nicht durch das Quellenmaterial in einer schlechthin zwingenden Weise vorgegeben, sie bilden die eigentliche Interpretationsleistung des Historikers.

Eberhard Kolb, Die Weimarer Republik, München ^{7}2009, S. 215 f.

1. *Geben Sie die Ursachen für das Scheitern der Weimarer Republik wieder.*

2. **+** *Erarbeiten Sie ein Schaubild, in dem Sie Ursachen, Zusammenhänge und Wirkungen der Faktoren berücksichtigen.*

3. *„Das Scheitern der Weimarer Republik war vermeidbar." Nehmen Sie Stellung zu dieser These.*

▸ **„Stützen der Gesellschaft."**
Ölgemälde (200 x 108 cm) von George Grosz, 1926. Das Gemälde wurde von dem Kunsthistoriker Hans Hess als eine „große Allegorie des deutschen Staates in der Weimarer Republik" bezeichnet.
- *Beschreiben Sie die abgebildeten Figuren und ordnen Sie sie aufgrund ihrer Attribute bestimmten Gesellschaftsschichten zu.*
- *Analysieren Sie die Aussageabsicht des Künstlers. Gehen Sie dazu auch erläuternd auf den Bildtitel und die oben zitierte Aussage von Hans Hess ein.*

Kompetenz:
Entstehung, Erscheinungsformen und Funktion von Nationen und ihren Mythen erläutern und beurteilen

Was ist eine Nation?

In Europa gibt es heute etwa 50 Staaten. Die meisten davon verstehen sich als Nationalstaaten. Als Nation (von lat. „natio" für Geburtsort, Abstammung) wird gewöhnlich ein Volk bezeichnet, das sich durch die gleiche Sprache, Geschichte, Kultur und durch gleiches Recht verbunden fühlt. Lebt diese Nation in einem Staat mit gemeinsamer Regierung und Verfassung, wird dieser als Nationalstaat angesehen (▸ M1).
Die Menschen neigen dazu, historische Gemeinschaften auch als biologische Abstammungsgemeinschaft anzusehen. Die zahlreichen Wanderungsbewegungen, die es in allen Jahrhunderten gegeben hat, werden dabei übersehen.
Die Vorstellung vom modernen Nationalstaat entwickelte sich während des 18. Jahrhunderts im Umfeld der Amerikanischen und Französischen Revolution[1] und wurde zu einer Leitvorstellung des 19. Jahrhunderts (▸ M2). Zunächst galt „Nation" als Gemeinschaft rechtlich gleichgestellter Staatsbürger, die in Freiheit und Selbstbestimmung in einem eigenen Nationalstaat leben. Diese Vorstellung von „Nation" als Einheit des souveränen Volkes richtete sich in erster Linie gegen den dynastischen Feudalstaat und die ständisch gegliederte Gesellschaft. Bald schon verband sich das Nationalgefühl auch mit einem übersteigerten Nationalismus, der die eigene Nation glorifizierte, andere Nationen herabsetzte und jene ausgrenzte, die nicht zur eigenen Nation zählten (▸ M3).

▲ Das Kyffhäuserdenkmal bei Bad Frankenhausen (Thüringen).
Foto von 2012.
Das Denkmal mit seinem 81 m hohen Turm wurde in den Jahren 1890 bis 1896 zu Ehren Kaiser Wilhelms I. im Kyffhäusergebirge errichtet. Die Anlage entstand auf den Resten der um 1100 erbauten Reichsburg Kyffhausen. Zur „Kyffhäuser-Sage" siehe Seite 381.
- *Die Architektur des Kyffhäuserdenkmals bietet dem Betrachter eine „stufenweise Abfolge der Geschichte". Informieren Sie sich zu diesem Aspekt in der Fachliteratur oder dem Internet.*

Nationen und Mythen

Oft wird die Herkunft eines Volkes mit einem Ursprungs- oder Gründungsmythos verbunden, der ins Mittelalter, in die Antike oder sogar in die vorgeschichtliche Zeit zurückreicht. Seit dem Mittelalter gibt es etwa die Vorstellung, dass „die Deutschen" von „den Germanen" abstammen. Dabei hat es „die Germanen" nie gegeben, sondern lediglich das von den Römern geprägte „Bild" von ihnen. Die Germanenstämme hätten, geeint durch den Cheruskerfürsten Arminius, im Jahr 9 n. Chr. die Legionen des römischen Statthalters Varus besiegt. Die Varusschlacht wurde zum Symbol für den Freiheitskampf des germanischen Volkes gegen die Fremdherrschaft und Arminius – später „Hermann" genannt – zum „Befreier Germaniens", sogar zum „Gründungsvater" der Deutschen stilisiert.[2]
Im 19. Jahrhundert setzte eine wahre „Hermannseuphorie" ein. Während der Zeit Napoleons und der Befreiungskriege stieg der „Hermannsmythos" zum Nationalmythos auf. Hermann wurde zur Leit- und Vorbildfigur der nationalen Erhebung gegen die französische Fremdherrschaft und zum Symbol der kriegerischen Nation. So wie er 1800 Jahre zuvor Varus aus Germanien vertrieben hatte, wollte man nun Napoleon aus Deutschland vertreiben. Nach dem Untergang des Alten Reiches diente der „Hermannsmythos" als Antriebs- und Rechtfertigungsideologie der nationalen Einigung

[1] Siehe das Kapitel „Die Französische Revolution und ihre Wirkung", ab Seite 82 ff.
[2] Zum Arminius/„Hermann"-Mythos informiert ausführlich Seite 423 ff.

◂ **Fußballfans während der Fußball-Weltmeisterschaft 2006 in der Stuttgarter Innenstadt.**
Foto vom 20. Juni 2006. Die Erfolge der deutschen Mannschaft, gepaart mit herrlichem Sommerwetter, erzeugten in großen Teilen der Bevölkerung Hochstimmung und ein nationales Zusammengehörigkeitsgefühl. Ausland und Medien lobten den gutgelaunten neuen deutschen Patriotismus, der die WM 2006 zum „Sommermärchen" werden ließ.

und Hermann als Integrationsfigur. Der auf seinem Denkmal bei Detmold stehende Hermann[3] reckte bei seiner Enthüllung 1875 sein Schwert nicht gegen die Römer, sondern gegen Frankreich, das 1870/71 militärisch besiegt worden war und als jahrhundertelanger „Erbfeind" betrachtet wurde. Das Kaiserreich von 1871 galt dabei als Wiederbelebung des mittelalterlich-germanischen Reiches der Deutschen. Nationale Sehnsüchte waren auch ausschlaggebend für den Aufstieg der Kyffhäuser-Sage um Kaiser Friedrich I. Barbarossa zum Nationalmythos. Der Sage nach wartet Barbarossa im Bergrücken Kyffhäuser schlafend auf den richtigen Moment für seine Wiederkehr. Im 19. Jahrhundert verband sich der Rückgriff auf die verklärte Kaiserherrlichkeit der Stauferzeit mit der Sehnsucht nach einem geeinten Deutschen Reich, die 1871 mit der Gründung des Deutschen Kaiserreichs in Erfüllung zu gehen schien.

Gründungs- oder Orientierungsmythen spielten und spielen nicht nur in Deutschland, sondern in allen Nationalstaaten eine wichtige Rolle (▸ M4). Was Hermann der Cherusker für die Deutschen ist, sind in Frankreich Vercingetorix, der von Caesar im Jahre 52 v. Chr. besiegte Gallierfürst, oder der Frankenkönig Chlodwig, der als Gründer des fränkischen Großreiches zum Stammvater der Franzosen wurde. Durch Deutungen und Mystifizierungen gelang dem 14. Juli – dem Tag des Sturms auf die Bastille in Paris – der Aufstieg vom bedeutenden Ereignis der Französischen Revolution zum Nationalfeiertag.[4] In den USA ist der Unabhängigkeitskrieg als Gründungsmythos tief im kollektiven Gedächtnis verankert.

Politische Mythen sind mehr als eingängig erzählte Geschichten. Sie sind symbolgeladene Vorstellungswelten, die nicht rational argumentieren, sondern durch ihren emotionalen Gehalt wirken und Menschen mobilisieren wollen. Sie interpretieren die Vergangenheit, idealisieren oder verschweigen bestimmte Aspekte. Auf diese Weise können sie politische Ansprüche begründen und nationale Identität stiften. Mythen sind insofern „wirksame Fiktionen", die Einfluss auf die Gegenwart haben.

Zu den politischen Mythen gehören auch symbolische Handlungen, wie das Singen der Nationalhymne oder Hissen der Nationalflagge. Sie drücken eine Übereinstimmung, eine „kollektive Identität", zwischen den Staatsbürgern und ihrem Staat aus. Damit wird deutlich, dass eine nationale Identität auch das Ergebnis einer sozialen Konstruktion ist.

Lesetipp
Herfried Münkler, Die Deutschen und ihre Mythen, Berlin ²2009

Internettipp
www.dhm.de/ausstellungen/mythen

[3] Vgl. hierzu die Abbildung auf der Seite 423.
[4] Siehe zum „14. Juli" insbesondere Seite 430 ff.

M1 Kulturnation und Staatsnation

	Kulturnation	Staatsnation
Grundlegende Merkmale	Menschen gehören durch ihre gemeinsame Geschichte, Sprache, Kultur und Religion einer Nation an, unabhängig davon, ob sie in einem gemeinsamen Staat leben. Ein Nationalgefühl ist bereits vorhanden oder bildet sich allmählich heraus. z. B. Juden	Besteht aus Bürgern, die innerhalb des staatlichen Verbandes die gleichen Rechte haben, unabhängig von ihrer sozialen Stellung, Herkunft, Sprache, Kultur und Religion. z. B. USA
Zugehörigkeit zur Nation	Über die Zugehörigkeit entscheidet nicht das einzelne Individuum, sie ist vielmehr objektiv durch Sprache, Herkunft, gemeinsame Geschichte und Kultur, Religion etc. vorgegeben. Die Zugehörigkeit zu einer Nation entsteht durch ein durch Natur und Geschichte bestimmtes Schicksal.	Die Zugehörigkeit entsteht durch selbstbestimmtes Bekenntnis von Individuen zu einer Nation, etwa durch Einwanderung und Einbürgerung – unabhängig von sozialer oder ethnischer Herkunft, Sprache, Kultur und Religion (Willensnation).
Struktur des Nationalstaates	föderal	zentralistisch
Umgang mit „fremden" nationalen Minderheiten	Ausschluss (Exklusion), bisweilen Zwang zur Integration	Alle Bürger gelten als (zumindest formal) gleichberechtigt.

Erstellt auf der Grundlage von: Uwe Andersen und Wichard Woyke (Hrsg.), Handwörterbuch des politischen Systems der Bundesrepublik Deutschland, Bonn 2009

Finden Sie Beispiele für die beiden Nationentypen. Erörtern Sie die Gründe für Ihre Wahl.

M2 „Imagined Communities"

Der US-amerikanische Politikwissenschaftler Benedict Anderson schlägt in seinem 1983 erstmals veröffentlichten Werk „Imagined Communities: Reflections on the Origin and Spread of Nationalism" folgende Definition von „Nation" vor:

Sie [die Nation] ist eine vorgestellte politische Gemeinschaft – vorgestellt als begrenzt und souverän. *Vorgestellt* ist sie deswegen, weil die Mitglieder selbst der kleinsten Nation die meisten anderen niemals kennen, ihnen begegnen oder auch nur von ihnen hören werden, aber im Kopf eines jeden die Vorstellung ihrer Gemeinschaft existiert. [...]

Die Nation wird als *begrenzt* vorgestellt, weil selbst die größte von ihnen mit vielleicht einer Milliarde Menschen in genau bestimmten, wenn auch variablen Grenzen lebt, jenseits derer andere Nationen liegen. Keine Nation setzt sich mit der Menschheit gleich. Selbst die glühendsten Nationalisten träumen nicht von dem Tag, da alle Mitglieder der menschlichen Rasse ihrer Nation angehören werden [...].

Die Nation wird als *souverän* vorgestellt, weil ihr Begriff in einer Zeit geboren wurde, als Aufklärung und Revolution die Legitimität der als von Gottes Gnaden gedachten hierarchisch-dynastischen Reiche zerstörten. Dieser Begriff erlangte seine Reife in einem historischen Moment, als selbst die frommsten Anhänger jeglicher Universalreligion mit dem lebendigen *Pluralismus* solcher Religionen und dem Auseinandertreten von ontologischen[1] Ansprüchen jeden Glaubens und seiner territorialen Ausdehnung konfrontiert waren. Deshalb träumen Nationen davon, frei zu sein und dies unmittelbar – wenn auch unter Gott. Maßstab und Symbol dieser Freiheit ist der souveräne Staat.

Schließlich wird die Nation als *Gemeinschaft* vorgestellt, weil sie, unabhängig von realer Ungleichheit und Ausbeutung, als „kameradschaftlicher" Verbund von Gleichen verstanden wird. Es war diese Brüderlichkeit, die es in den letzten zwei Jahrhunderten möglich gemacht hat, dass Millionen von Menschen für so begrenzte Vorstellungen weniger getötet haben als vielmehr bereitwillig gestorben sind.

Benedict Anderson, Die Erfindung der Nation. Zur Karriere eines folgenreichen Konzepts, Frankfurt am Main/New York 2005, S. 15-17

1. *Geben Sie mit eigenen Worten wieder, was Anderson unter dem Begriff der „imagined community", also einer „vorgestellten Gemeinschaft" versteht.*

[1] **Ontologie**: Lehre vom Sein, von den Ordnungs-, Begriffs- und Wesensbestimmungen des Seienden

2. *Erläutern Sie, warum Anderson Wert darauf legt, dass es sich bei der Nation um eine Gemeinschaft und nicht um einen politisch-administrativen Großverband handelt.*

3. *Nehmen Sie Stellung zu seiner abschließenden Aussage.*

M3 Nation und Nationalismus

Der Historiker Hans-Ulrich Wehler hat Geschichte, Formen und Folgen von Nation und Nationalismus untersucht:

Nationalismus soll heißen: das Ideensystem, die Doktrin, das Weltbild, das der Schaffung, Mobilisierung und Integration eines größeren Solidarverbandes (Nation genannt), vor allem aber der Legitimation neuzeitlicher politischer Herrschaft dient. Daher wird der Nationalstaat mit einer möglichst homogenen Nation zum Kardinalproblem des Nationalismus.

Nation soll heißen: jene zuerst „gedachte Ordnung", die unter Rückgriff auf die Traditionen eines ethnischen Herrschaftsverbandes entwickelt und allmählich durch den Nationalismus und seine Anhänger als souveräne Handlungseinheit geschaffen wird. Daher führt die Auffassung, dass die Nation den Nationalismus hervorbringe, in die Irre. Umgekehrt ist vielmehr der Nationalismus der Demiurg[1] der neuen Wirklichkeit. [...]

[Die] ältere Nationalismusforschung teilte bis dahin, wie aus der Vogelperspektive deutlich wird, einige gemeinsame, weithin für verbindlich gehaltene Prämissen.

1. Die Nation galt ihr als eine quasi-natürliche Einheit in der europäischen Geschichte. Sie hatte dieses Entwicklungspotenzial seit der Völkerwanderung, spätestens seit dem Mittelalter aufgebaut, sodass die ersten Nationen – wie das oft in biologistischen Metaphern ausgedrückt wurde – nach einem organischen Wachstumsprozess zur Blüte kamen und sich voll entfalten konnten. Häufig gab es auch ein „Dornröschenkuss"-Argument, demzufolge schlummernde Nationen „geweckt" wurden oder irgendwie zu neuem Leben „erwachten". Die Genese dieser Nationen wurde meist als ein divinatorischer[2] Schöpfungsakt vorausgesetzt, aber nie präzise untersucht.

2. Die Nation besitze, lautete eine weitere grundlegende Annahme, das Recht auf ihren eigenen Staat. Neue Nationen dürften ihn sich erkämpfen, alte Nationen, die zeitweilig ohne Staat existierten, müssten ihn wiedergewinnen. So haben namentlich auch deutsche Historiker im Hinblick auf den deutschen Nationalstaat sowohl vor als auch nach 1871 argumentiert.

3. Die Nation bringe allmählich, zumal wenn sie ihre staatliche Hülle besitze, die Ideen- und Wertsysteme hervor, welche die Existenz der Nation rechtfertigten, ihre Vergangenheit deuteten, ihre Zukunft entwürfen. Diese Ideen wurden als Nationalbewusstsein, Patriotismus, Nationalgefühl bezeichnet. Der Begriff „Nationalismus" galt überwiegend als ein pejorativer[3] Ausdruck, der einen exzessiv übersteigerten, bedauerlich eigensüchtigen Patriotismus meinte.

4. [...] Der Nationalismus lässt sich mithin als ein umfassendes „Weltbild" (Max Weber) verstehen – als eine „gedankliche Vision" (Pierre Bourdieu), die moderne Welt zu begreifen und einzuteilen. Die von ihm geschaffene Nation ist ein erstaunlicher Konstruktionserfolg, nach dessen vornationalen Grundlagen aber genau zu fragen ist. [...]

Die konventionelle Auffassung von der Nation – und diese Vorstellung ist im kollektiven historischen Gedächtnis von Angehörigen gegenwärtiger Nationalstaaten tief verankert – insistiert darauf, dass diese Nation seit archaischen Urzeiten bestanden habe. Allenfalls sei sie einmal verdeckt, überfremdet, eingeschläfert worden, bis sie erneut erwachte oder geweckt wurde und damit wieder zum Bewusstsein ihrer selbst kam. [...]

Das neuere Verständnis von Nationalismus sieht in ihm [...] ein durchaus modernes Phänomen, das von der Loyalitätsbindung in älteren Herrschaftsverbänden prinzipiell unterschieden ist. [...] Der Nationsbegriff im Mittelalter und in der Frühen Neuzeit bezieht sich allein auf landsmannschaftliche Vereinigungen von Studenten, Kaufleuten, Handwerkern, auch auf Adelseliten, die ihren Herrschaftsverband zu repräsentieren beanspruchten; er hat aber gar nichts mit der souveränen Handlungseinheit der modernen Nation zu tun.

Erst der Nationalismus erhebt die Nation zur obersten „Rechtfertigungs- und Sinngebungsinstanz" (Heinrich August Winkler), die andere Halbgötter: ob Stammeshäuptlinge, Könige oder Päpste, verdrängt; er selber gewinnt den Charakter einer politischen Religion. Der Staat muss auf seiner Legitimierung durch den Willen der Nation beruhen. Anstelle der überlieferten „Staatsräson" orientiert sich der Nationalstaat primär an „nationalen Interessen", nicht selten auch an der „historischen Mission" seiner Nation. Die nationale Identität erlaubt zwar die Koexistenz mit konfessionellen, regionalen, traditionalen Identitäten, ist aber im Prinzip der höchstrangige Wert. Das nationale Heimatland gilt jetzt als sakrosankt[4]; ein Tausch (nach einem Erbfolgestreit) oder eine Abtretung von Teilen dieses Landes sind nicht mehr legitimierbar. Alle diese unverkennbaren Eigenarten bilden nicht den Stoff vornationaler Loyalität. Deshalb darf der neu-

[1] **Demiurg**: griech. „Handwerker"; bezeichnete in den Lehren der Antike einen Schöpfergott
[2] **divinatorisch**: seherisch, vorahnend

[3] **pejorativ**: sich in seiner Bedeutung negativ verändernd
[4] **sakrosankt**: heilig, unverletzlich, unantastbar

◂ Zur Enthüllungsfeier des Hermannsdenkmals am 16. August 1875.

Holzschnitt aus der Zeitschrift „Kladderadatsch" vom 15. August 1875. Arminius und Martin Luther vor dem Petersdom „gegen Rom". Arminius: „Ich habe gesiegt!" Luther: „Ich werde siegen!"

- *Erläutern Sie die Aussage des Holzschnitts. Warum werden hier Arminius und Luther „gegen Rom" dargestellt? Recherchieren Sie dazu zum nationalen Luthermythos und zum „Kulturkampf".*

artige Charakter des Nationalismus und der Nationen durch die fehlgeleitete Behauptung vormoderner Frühphasen nicht verwischt werden.

Hans-Ulrich Wehler, Nationalismus: Geschichte – Formen – Folgen, München [4]2011, S. 7 f., 10 f., 13 und 36 f.

1. *Fassen Sie Wehlers Definition von Nationalismus und Nation zusammen.*
2. *Stellen Sie das alte und das moderne Verständnis von Nation gegenüber. Erläutern Sie die unterschiedlichen Auffassungen und überlegen Sie, welche Gründe es dafür geben könnte.*
3. *Erörtern Sie die Bedeutung des Nationalismus für die Nation. Nehmen Sie dazu Stellung.*

M4 Was haben Arminius, Luther und die „Stunde Null" gemein?

Die Historikerin Heidi Hein-Kircher definiert 2009 anlässlich des zweitausendjährigen Jubiläums der Varusschlacht in einem Aufsatz politische Mythen und ihre Funktion:

Unter einem Mythos ist eine sinnstiftende Erzählung zu verstehen, die Unbekanntes oder schwer zu Erklärendes vereinfacht mit Bekanntem erklären will. Er entflechtet schwer oder gar nicht erklärbare Vorgänge und stellt sie auf einfache Weise dar, wobei mythisches Denken auf einem Raster apriorischer Prämissen[1] beruht. [...] Eine Gesellschaft besitzt daher zahlreiche, häufig miteinander vernetzte und voneinander abhängige politische Mythen; zumeist bilden politische Mythen ein sich ergänzendes und aufeinander aufbauendes Mosaik, so ist der Arminiusmythos[2] nicht ohne den im 19. Jahrhundert entstandenen Germanenmythos zu verstehen. [...]
So gibt es Gründungs- und Ursprungsmythen, Mythen der Katharsis, der Beglaubigung und Verklärung, wobei aber der politische Gründungsmythos letztlich eine alle anderen umfassende Kategorie ist, da jeder Mythos in seinem Kern über den Sinn und das Entstehen einer Gemeinschaft berichtet. Er behandelt eben nicht irgendeine Person oder irgendein Ereignis, sondern *die* Person, die nach der Interpretation des Mythos einen grundlegenden Beitrag zur Entstehung der Gemeinschaft oder des Gemeinwesens geleistet hat, *das* Schlüsselereignis, das zu deren bzw. dessen Gründung führte, oder *den* Raum, der wesentlich für die Definition des eigenen Territoriums ist. So thematisiert der Varusschlachtmythos den „Wendepunkt der Geschichte Europas" [...], sodass er heute als Ausgangspunkt für das Werden Europas gesehen wird, während er im 19. Jahrhundert für die Identitätsbildung der deutschen Nation von fundamentaler Bedeutung war. In einem engen Zusammenhang steht eine andere Perspektive, nämlich der Blick auf die „Botschaft" politischer Mythen. Sie behandeln einen Erfolg, Niederlage/Verlust und/oder Opfer, wobei Letztere auch im Sinne der historischen „Leistungs-

[1] **apriorische Prämisse**: vorherige Annahme
[2] Siehe hierzu Seite 423 ff.

schau" interpretiert werden. So resultiert die „Stunde Null" aus der vernichtenden Niederlage Nazi-Deutschlands im Zweiten Weltkrieg. [...]
Politische Mythen behandeln nur das, was für die jeweilige Gesellschaft konstitutiv[3] und von Bedeutung ist. Diese im Mythos erzählten Bilder repräsentieren die Werte, Ziele und Wünsche einer sozialen Gruppe. Sie beglaubigen ihre grundlegenden Werte, Ideen und Verhaltensweisen, weil sie die historischen Vorgänge aus ihrer Sicht und in ihrem Sinne interpretieren, sodass diese durch die Erzählung einer geschichtlich wirksamen Einheit zusammengebunden wird. Daher geben politische Mythen nationalen und nicht-nationalen (Massen-)Gesellschaften bzw. Gruppen Sinn, beispielsweise ist etwa der Mythos von „Luther auf der Wartburg" prägend für protestantische Identität geworden. [...]
Eine solche Identitätsbildung ist jedoch nur möglich, wenn zugleich eine Abgrenzung nach außen, zu anderen Gruppen hin, stattfindet. Auch dies wird durch Mythen geleistet, weil sie kennzeichnen, wer zur Gruppe gehört und wer nicht. Dies geschieht, indem Mythen immer den Gegensatz zwischen „gut", also „eigen/selbst", und „böse", also „die anderen", schaffen. [...] Insofern ist ein Mythos auch ein Mittel zur Selbstdarstellung nach innen und außen, etwa indem die Varusschlacht eindeutig auf die Stärke der „Germanen" und damit der dem Mythos folgenden Gruppe, der deutschen Nation, hinweist. Mit dieser Funktion geht die integrative Rolle politischer Mythen einher. [...]
Darüber hinaus können, wie es der Germanenmythos zeigt, politische Mythen zu Elementen von Ideologien werden und auch als deren Essenz, Umschreibung oder Erklärung dienen. Auf diese Weise wird das gegenwärtige politische Handeln, werden territoriale Machtansprüche, Krieg und damit auch die herrschende Gruppe gerechtfertigt. Denn durch einen politischen Mythos werden diejenigen, die ihn „erfunden" haben und ihn fördern, vom Glanz der im Mythos dargestellten Leistung bestrahlt.

Heidi Hein-Kircher, Zur Definition, Vermittlung und Funktion von politischen Mythen, in: Landesverband Lippe (Hrsg.), 2000 Jahre Varusschlacht – Mythos, Stuttgart 2009, S. 149-154, hier S. 149 und 151-154

1. *Definieren Sie den Begriff „politischer Mythos". Erläutern Sie dessen Funktion am Beispiel des Varusschlacht- bzw. Arminiusmythos. Berücksichtigen Sie dabei auch die Seiten 423 ff.*

2. *Analysieren Sie anhand des Textes und auf der Grundlage ergänzender Recherchen, was Arminius, Luther und die „Stunde Null" gemeinsam haben. Ziehen Sie die Abbildung auf Seite 384 hinzu.*

[3] **konstitutiv**: bestimmend

3.3 Deutsches Selbstverständnis nach 1945

◂ **Installation „Die Tore der Deutschen" von Horst Hoheisel.**
Foto vom 27. Januar 1997.
In der Nacht vom 26. auf den 27. Januar 1997, dem Tag der Befreiung des KZ Auschwitz und Tag des Gedenkens an die Opfer des Nationalsozialismus projizierte Hoheisel Fotos des geschlossenen und geöffneten Auschwitz-Tores mit der Inschrift „Arbeit macht frei" auf das Brandenburger Tor in Berlin.

- *Das Brandenburger Tor gilt als Symbol nationaler Identität. Mit seinem „Denkbild" wollte Hoheisel zum Nachdenken über die symbolische und erinnerungskulturelle Funktion des Tores anregen. Erläutern und beurteilen Sie Aussage und beabsichtigte Wirkung der Installation.*

Deutschland nach 1945	**5.6.1945**	Die Siegermächte des Zweiten Weltkrieges übernehmen die Regierungsgewalt in Deutschland, das in vier Besatzungszonen geteilt ist.
	1945/1946	Im Nürnberger Prozess werden die Hauptkriegsverbrecher verurteilt.
	1945-1950	Die Alliierten führen eine Entnazifizierung durch (in der SBZ nur bis 1948).
	1949	Mit der Unterzeichnung des Grundgesetzes am 23. Mai wird die Bundesrepublik gegründet; am 7. Oktober folgt die Gründung der DDR. Die Westdeutsche Regierung erkennt sie nicht als Staat an (Alleinvertretungsanspruch).
	seit 1950	In der DDR ist der 8. Mai als „Tag der Befreiung" bis 1966 gesetzlicher Feiertag; in ganz Deutschland wird das Datum bis heute mit besonderen Gedenkveranstaltungen begangen.
	10.9.1952	Im Luxemburger Abkommen verpflichtet sich die Bundesrepublik zu „Wiedergutmachungszahlungen" an Israel und den verfolgten Juden.
	17.6.1953	Der Volksaufstand in der DDR gegen das SED-Regime wird von sowjetischen Militärs niedergeschlagen. In Westdeutschland wird der 17. Juni zum Nationalfeiertag.
	6.11.1958	In Ludwigsburg wird die Zentralstelle zur Aufklärung von NS-Gewaltverbrechen eingerichtet.
	1961	Die SED lässt in Berlin eine Mauer errichten.
	1963-1965	In Frankfurt am Main finden die Auschwitz-Prozesse statt.
	26.6.1969	Der Bundestag hebt die Verjährungsfrist für Völkermord auf.
	21.12.1972	Im Rahmen der sozial-liberalen Ostpolitik von Bundeskanzler Willy Brandt erkennt die Bundesrepublik die DDR als gleichberechtigten Staat an (Grundlagenvertrag).
	18.9.1973	Beide deutsche Staaten werden Mitglieder der Vereinten Nationen (UN).
Deutschlands Wiedervereinigung	**9.11.1989**	Die Mauer fällt; die innerdeutschen Grenzen sind offen.
	3.10.1990	Die Wiedervereinigung wird vollzogen: „Tag der deutschen Einheit".
Aufarbeitung nach 1990	**1992-1999**	Führende DDR-Funktionäre werden wegen ihrer Verantwortung für die Tötungen an der innerdeutschen Grenze angeklagt und verurteilt.
	1996	Der 27. Januar wird zum Tag des Gedenkens an die Opfer des Nationalsozialismus erklärt; 2005 erhebt ihn die UNO zum Internationalen Holocaustgedenktag.
	2.8.2000	Die Stiftung „Erinnerung, Verantwortung und Zukunft" zur Entschädigung von NS-Zwangsarbeitern wird gegründet.
	10.5.2005	In Berlin wird das Denkmal für die ermordeten Juden in Europa eingeweiht.

Das deutsche Selbstverständnis nach 1945 hatte sich zunächst an den Ereignissen der jüngsten Vergangenheit abzuarbeiten. Durch die Teilung der Welt in ideologische Blöcke, deren Grenze mitten durch Deutschland verlief, entwickelten sich in der DDR und in der Bundesrepublik jeweils völlig unterschiedliche politische Systeme und damit auch unterschiedliche „Aufarbeitungskulturen". Einig waren sich beide Staaten in der historischen Bewertung des NS-Staates als furchtbares Unrechtssystem. Unterschiedlich fielen jedoch die Antworten auf die beiden Fragen aus, wie es zu diesem Zivilisationsbruch kommen konnte, der in der Ermordung von sechs Millionen Menschen gipfelte, und welche Lehren ein Staat daraus ziehen muss. Die Art und Weise, wie beide Staaten die Vergangenheit „bewältigten", ist ein Spiegel der beiden politischen Systeme und diente jeweils zu deren Legitimation.

In den beiden deutschen Staaten entfalteten sich auch sehr unterschiedliche historische Anknüpfungspunkte und Wertesysteme. Diese trugen neben den Leistungen in Wirtschaft, Sport und Kultur zum jeweiligen Selbstverständnis bei und wirken bis heute nach. Die Wiedervereinigung 1990 stellte daher nicht nur eine gewaltige wirtschaftliche Herausforderung dar, sondern auch eine gesellschaftliche. Mit dem Wandel zur „Berliner Republik" vollzieht sich ein Wandel der „nationalen Identität", der auch die veränderte ökonomische, weltpolitische und militärische Rolle der Bundesrepublik reflektiert.

Wichtige Namen
- Konrad Adenauer
- Willy Brandt
- Erich Honecker

Wichtige Begriffe
- Alleinvertretungsanspruch
- Antifaschismus-Ideologie
- Aufarbeitung
- Entnazifizierung
- Gedenkkultur
- Geschichtskultur
- Grundlagenvertrag
- Hallstein-Doktrin
- Kulturpolitik
- Luxemburger Abkommen
- Selbstverständnis
- Sportpolitik
- Vergangenheits-bewältigung

In diesem Kapitel erwerben Sie die **Kompetenz**,
- die Auseinandersetzung mit der NS-Vergangenheit in beiden deutschen Staaten zu charakterisieren und zu analysieren,
- das Selbstverständnis der Bundesrepublik und der DDR in der bipolaren Welt zu erläutern,
- zum Selbstverständnis und zur kulturellen Identität des wiedervereinigten Deutschland im europäischen Kontext Stellung zu nehmen.

Zur Methoden-Kompetenz siehe Seite 401 bis 403 („Karikatur") und Seite 416 bis 418 („Denkmal").

▲ „Er hat mir's doch befohlen!"
Karikatur von 1946.
▪ *Erörtern Sie die Aussage der Karikatur.*

Schuld und Sprachlosigkeit Nach dem Ende des „Dritten Reiches" hätten sich Millionen Deutsche die bittere Frage stellen können, welchen Anteil sie selbst an der jüngsten Vergangenheit hatten. In den ersten Nachkriegsjahren schien sich in der deutschen Bevölkerung jedoch eine Verweigerungshaltung durchzusetzen. Nur eine Minderheit war dazu bereit, über die persönliche oder kollektive Mitverantwortung nachzudenken (▸ M1). Für Scham und Trauer über das schuldhafte Verhalten und die Massenverbrechen fehlte es vielfach an Einsicht, aber auch an Kraft. Nach Krieg, Flucht und Vertreibung waren die Menschen bemüht, das eigene Schicksal und den Alltag zu bewältigen. Zudem war der zeitliche Abstand für eine selbstkritische Betrachtung oder Infragestellung zu gering (▸ M2 und M3). Viele Menschen täuschten Unkenntnis vor. Sie hätten nichts von den Verbrechen in den Konzentrationslagern gewusst. Die meisten sahen sich selbst als Opfer der nationalsozialistischen Ideologie und der bis zuletzt funktionierenden Propaganda. Andererseits gab es aber auch einige Intellektuelle und Politiker, die ein Eingeständnis der Schuld und eine „Wiedergutmachung" forderten. Im August und Oktober 1945 bekannten sich die beiden großen Kirchen in offenen Briefen zu ihrer Verantwortung.

Zwei Staaten – zwei Haltungen Mit der doppelten Staatsgründung im Jahr 1949 zeigten sich bereits grundsätzliche Unterschiede in der Auseinandersetzung der Bundesrepublik und der *Deutschen Demokratischen Republik* (DDR) mit der NS-Zeit.

Die Bundesrepublik Deutschland verstand sich als Gegenmodell zum nationalsozialistischen Regime. Die freiheitlich-demokratischen und rechtsstaatlichen Prinzipien des Grundgesetzes untermauerten dies. Andererseits sah sich der westdeutsche Teilstaat aber auch als Rechtsnachfolger des Deutschen Reiches, dessen Erblast er nun tragen musste.

Gegenüber dem Ausland beanspruchte Bundeskanzler *Konrad Adenauer* (CDU) einen *Alleinvertretungsanspruch* der demokratischen Bundesrepublik für ganz Deutschland. Die DDR erkannte er nicht als eigenständigen Staat an. Sein Staatssekretär im Auswärtigen Amt, *Walter Hallstein*, entwickelte daraus folgende Doktrin (*Hallstein-Doktrin*): Erkannte ein Land die DDR als selbstständigen Staat an, drohte die Bundesrepublik, die diplomatischen Beziehungen zu ihm abzubrechen. Davon war nur die Sowjetunion ausgenommen, die ja zu den vier Siegermächten zählte. Doch die DDR ließ sich auf Dauer nicht vollständig isolieren. Im Zug der *Entspannungspolitik* der 1960er-Jahre wurde die Hallstein-Doktrin schließlich aufgegeben.

Von Anfang an grenzte sich die DDR gegenüber der Bundesrepublik ab und begriff sich als der „bessere" der beiden deutschen Staaten. Die herrschende Staatspartei – die *Sozialistische Einheitspartei Deutschlands* (SED) – verstand die DDR als „antifaschistisches Bollwerk", als Friedensstaat und als sozialistischen Staat, der damit in besonderem Maße als Wohlfahrtsstaat den Menschen diente. In der kommunistischen Weltanschauung galt der „Faschismus" als letzte Stufe einer kranken kapitalistischen Gesellschaft. Das SED-Regime übernahm dieses Geschichtsbild. Der Sozialismus würde demnach den Kapitalismus und somit auch den Faschismus überwinden. Damit konnte auch die im Zuge der Bodenreform durchgeführte Enteignung von rund 7 000 Großgrundbesitzern gerechtfertigt werden, indem diese zu Wegbereitern des Faschismus deklariert wurden. Mit dem Abschluss der „antifaschistisch-demokratischen Umwälzung" und der Gründung der DDR sah man die strukturellen und ideologischen Wurzeln des Nationalsozialismus „ein für alle Mal ausgerissen" (▸ M4). Die DDR lehnte

Lesetipps
▪ *Edgar Wolfrum, Die geglückte Demokratie. Geschichte der Bundesrepublik von ihren Anfängen bis zur Gegenwart, München 2007*
▪ *Hermann Vinke, Die DDR. Eine Dokumentation mit zahlreichen Biografien und Abbildungen, Ravensburg 2008*

daher jede Verantwortung für die NS-Verbrechen ab. Sie überließ es der Bundesrepublik, die deutsche Vergangenheit aufzuarbeiten.

Außenpolitisch rang die DDR jahrzehntelang um internationale Anerkennung. Erst 1955 wurde sie von der Sowjetunion für souverän erklärt und Anfang 1956 als „gleichberechtigtes" Mitglied in den *Warschauer Pakt* aufgenommen. Mit ihrer zweiten Verfassung von 1968, in der die führende Rolle der Partei festgeschrieben wurde, schloss die DDR den Aufbau der sozialistischen „Volksdemokratie" auch rechtlich ab. Aber erst der *Grundlagenvertrag* von 1972, mit dem sich Bundesrepublik und DDR als gleichberechtigte Staaten anerkannten, sowie die Aufnahme beider deutscher Staaten in die Vereinten Nationen (18. September 1973) brachte der DDR breitere internationale Anerkennung.

▲ Propaganda für den Volksentscheid in Sachsen zum „Gesetz über die Übergabe von Betrieben von Kriegs- und Naziverbrechern in das Eigentum des Volkes".
Foto aus Leipzig, 1946.
1946 wurden die Bürger in Sachsen zu einem Volksentscheid über die Enteignung wichtiger Industrie- und Gewerbebetriebe aufgerufen. Zwei Drittel der Bevölkerung stimmten zu. Dies genügte der SED, um die Enteignung auch in allen übrigen Gebieten Ostdeutschlands durchzuführen.

Amnestie und Integration In den westlichen Besatzungszonen hatten trotz aller Entnazifizierungsbemühungen der Alliierten große Teile der führenden Elite des NS-Staates neben den vielen Mitläufern im großen Vergessen untertauchen, ihre Karrieren in der Bundesrepublik fortsetzen und erneut in Schlüsselpositionen aufsteigen können. In der bundesdeutschen Öffentlichkeit regte sich zunächst kaum Kritik. Mehr noch: 1949 und 1954 verabschiedete der Deutsche Bundestag – ihm gehörten in der zweiten Legislaturperiode 129 ehemalige NSDAP-Mitglieder an – einstimmig „Straffreiheitsgesetze", die viele verurteilte NS-Täter begnadigten. Seit 1951 durften aus politischen Gründen entlassene Beamte und Berufssoldaten in den öffentlichen Dienst zurückkehren. Beim Aufbau des Wiesbadener Bundeskriminalamtes seit 1945 waren NS-Beamte maßgeblich beteiligt. Damit wurden nahezu alle, die von alliierten Militärgerichten verurteilt worden waren, wieder frei.

Die westdeutsche „Vergangenheitspolitik" entsprach der in der Gesellschaft der 1950er-Jahre weit verbreiteten „Schlussstrich"-Mentalität. Die „Gnadenwelle" sollte der Stabilisierung der jungen Bundesrepublik dienen. Integration und Aufbau schienen wichtiger als Gerechtigkeit. Auf diese Weise konnten sich auch die Millionen „Mitläufer" des NS-Systems entlastet fühlen. Es gab jedoch auch Politiker, die gegen diesen Hang zur Schuldabwehr auftraten.

Die Sowjets führten die *Entnazifizierung* sehr viel konsequenter als die Westalliierten durch. Aber auch in der SBZ wurden bereits frühzeitig ehemalige NS-Parteigenossen von einer Bestrafung ausgenommen, um ihnen eine Brücke in den neuen sozialistischen Staat zu bauen. Wer sich aktiv am Aufbau des Sozialismus beteiligte, dem winkte eine rasche politische und soziale Integration. Das am 9. November 1949 verabschiedete „Gleichberechtigungsgesetz" der Volkskammer rehabilitierte alle, die allein wegen der Mitgliedschaft in der NSDAP bestraft worden waren. 1952 wurden schließlich auch geringfügig Belastete integriert. Der Bereich der Justiz und der Exekutive blieb ihnen jedoch verschlossen. Die NS-Opferverbände liefen gegen diese Politik Sturm. Weil sich vor allem die Vereinigung der Verfolgten des Naziregimes nicht mit der Politik der Staatsführung abfinden wollte, musste sie 1953 ihre Auflösung bekannt geben.

▲ **Bundeskanzler Konrad Adenauer (rechts) und der israelische Ministerpräsident David Ben Gurion in New York.**
Foto vom 14. März 1960.
Es war das erste deutsch-israelische Treffen führender Politiker nach 1945.

Leistungen der Bundesrepublik für NS-Opfer (in Mrd. Euro)	
Bundesentschädigungsgesetz (BEG)*	44,54
Weitere gesetzliche Regelungen	1,94
Härtefallregelungen	2,78
Leistungen an den Staat Israel	1,76
Globalverträge mit Staaten u.a. (z.B. Claims Conference**)	1,46
Rückerstattung geraubten Vermögens	2,02
Sonderfonds der Bundesländer außerhalb des BEG	1,53
Sonstige Leistungen	4,63
Stiftung „Erinnerung, Verantwortung und Zukunft“	12,56
Gesamt:	63,22

* Das Gesetz von 1956 entschädigte alle Verfolgten, die bis zum 31. Dezember 1952 in der Bundesrepublik oder in West-Berlin wohnten bzw. vor ihrer Auswanderung dort gelebt hatten.
** Jewish Claims Conference: 1951 gegründeter Zusammenschluss von Verbänden, die jüdische Opfer des Nationalsozialismus in Entschädigungsfragen vertreten

Süddeutsche Zeitung vom 15. Juli 2008, S. 6

- *Erläutern Sie, wen das Bundesentschädigungsgesetz ausschloss.*
- *Nehmen Sie Stellung zu der Frage, ob es gerechtfertigt ist, dass die Bundesrepublik heute noch Entschädigungsleistungen aufbringt.*

Entschädigung für NS-Opfer 1950 entstand in Deutschland der Zentralrat der Juden. Er setzte sich für die Rechte der Juden ein und forderte Wiedergutmachung für das erlittene Unrecht. Bundeskanzler Konrad Adenauer ging, nicht zuletzt auf Druck der Amerikaner, auf die jüdischen Forderungen ein. Ende September 1951 bot er im Bundestag dem 1948 in Palästina gegründeten Staat Israel Wiedergutmachungsverhandlungen an.[1] Am 10. September 1952 wurde in Luxemburg mit Israel und jüdischen Organisationen ein Wiedergutmachungsabkommen geschlossen (*Luxemburger Abkommen*). Es stellte unter anderem drei Milliarden DM (1,53 Mrd. Euro) für die Eingliederung von etwa einer halben Million Holocaust-Überlebender in Aussicht. Im Bundestag konnte Adenauer die Ratifizierung des Vertrages nur mithilfe der Opposition durchsetzen, da er in den eigenen Reihen keine Mehrheit für das Abkommen fand.

Auch anderen NS-Opfern stellte die Bundesrepublik Entschädigungen in Aussicht. Über zwei Millionen Anträge zur Wiedergutmachung wurden anerkannt. Allerdings waren die Leistungen für den Einzelnen eher bescheiden: Für einen Monat KZ-Haft gab es einen einmaligen Betrag von 150 DM, für nachgewiesene Gesundheitsschäden waren Renten vorgesehen. Andere Opfergruppen gingen lange Zeit leer aus, etwa die Zwangsarbeiter aus Osteuropa, die erst ab dem Jahr 2000 durch die Stiftung „Erinnerung, Verantwortung und Zukunft“ entschädigt wurden.

Vergleichbare Wiedergutmachungen leistete die DDR nicht. Entsprechende Forderungen Israels wies die SED-Führung rigoros zurück, zumal sie den jungen Staat Israel als Teil des kapitalistischen Weltsystems begriff.

[1] Vgl. zu Israel das Kapitel „Der Holocaust-Gedenktag in Israel“, ab Seite 456.

Antitotalitärer Basiskonsens in der Bundesrepublik Die Bundesregierung bekämpfte sowohl rechts- als auch linksextreme Parteien. Politik und Bürger in der Bundesrepublik fühlten sich jedoch vor allem von „links" bedroht, vom Kommunismus der DDR und der Sowjetunion. Der Kalte Krieg verschaffte dem Antikommunismus immer neue Nahrung. Eine Neigung zur Schwarz-Weiß-Malerei in der bundesdeutschen Gesellschaft – hier die heile Welt des Westens, dort die böse kommunistische Welt des Ostens – war weit verbreitet. In der Bundesrepublik etablierte sich ein „antitotalitärer" Basiskonsens, in den frühere nationalsozialistische, antibolschewistische Kräfte integriert werden konnten (▸ M5). In der immer wieder verwendeten Formel von der „Verteidigung der Freiheit gegen den Bolschewismus" trafen sich Konservative, Liberale und Sozialdemokraten ungeachtet ihrer sonstigen parteipolitischen Gegensätze. So wurde der Antikommunismus zur tragfähigen Integrationsideologie für die noch ungefestigte Demokratie in Westdeutschland.

In der frühen Nachkriegszeit galt in Westdeutschland die Formel „Rechtsradikalismus = Linksradikalismus". Auf diese Weise konnte nicht nur die DDR-Diktatur mit der NS-Diktatur gleichgesetzt, sondern auch manche kritische Frage zur eigenen Geschichte abgewehrt werden (▸ M6). So blieben in der westdeutschen Öffentlichkeit lange Zeit die Verbrechen der Wehrmacht in Polen oder in der Sowjetunion ebenso unbeachtet wie das Schicksal der Millionen ausgebeuteten osteuropäischen Zwangs- oder Fremdarbeiter.

▲ Wahlplakat der CDU zur Bundestagswahl 1953.

Verordneter Antifaschismus in der DDR Die DDR beanspruchte für sich den absoluten Bruch zum „Dritten Reich" und zu allen anderen vorangegangenen „Klassen-Herrschaften". Daher musste sie eine vollkommen neue Traditionslinie erfinden. Auf der Suche nach Legitimität machte die Parteiführung den kommunistischen Widerstand gegen den Nationalsozialismus, in dessen Nachfolge sie den SED-Staat stellte, zum „Gründungsmythos". Der *Antifaschismus* wurde zur Staatsideologie. Aus ehemals kommunistischen Verfolgten und Widerstandskämpfern wurden moralisch unangreifbare politische Führer. Die von diesen verordnete antifaschistische Geschichtsdeutung besagte, dass „der Aufbau des Sozialismus die einzig richtige Konsequenz aus dem Faschismus" sei, denn nur mit der Abschaffung des Kapitalismus sei auch die Grundlage für den Faschismus für immer beseitigt. Somit konnten sich alle, die sich mit dem Sozialismus identifizieren, auch als „Sieger der Geschichte" verstehen. Gerade junge Menschen und Intellektuelle befürworteten den Staat, weil sie so deutlich Abstand zur NS-Vergangenheit wahren konnten (▸ M7). Auch außenpolitisch versuchte sich die DDR mit ihrer antifaschistischen Staatsdoktrin zu legitimieren (▸ M8).

Nicht zuletzt nutzte die DDR den Verweis auf die nationalsozialistische Vergangenheit aus, um den Konkurrenten im Westen, dessen Elite und Beamtenschaft eine kaum gebrochene personelle Kontinuität zum „Dritten Reich" aufwiesen, als „braunes System" darzustellen. Die aufwändigste und folgenreichste Kampagne hierzu startete im Mai 1957 in Ost-Berlin. Während der internationalen Pressekonferenz „Gestern Hitlers Blutrichter – Heute Bonner Justizelite" wurde die NS-Vergangenheit von 118 bundesdeutschen Richtern und Staatsanwälten enthüllt. Im Lauf der folgenden drei Jahre identifizierte die DDR etwa alle sechs Monate weitere 200 Juristen des „Dritten Reiches". Das erregte auch im Ausland Aufmerksamkeit, sodass die bundesdeutsche Politik unter Handlungsdruck geriet. Letztlich beschloss die Ende 1958 tagende Konferenz der

▲ **Plakat der Nationalen Front von 1960.**
Im Vordergrund: die Skulpturengruppe an der 1958 eingeweihten Mahn- und Gedenkstätte des ehemaligen Konzentrationslagers Buchenwald. Das Denkmal fand erst die Zustimmung der Partei, als der Künstler Fritz Cremer Figuren mit Parteibanner und Waffen hinzufügte.
- *Analysieren Sie Aussage und Wirkung des Plakats.*

Lesetipp
Jürgen Danyel (Hrsg.), Die geteilte Vergangenheit. Zum Umgang mit Nationalsozialismus und Widerstand in beiden deutschen Staaten, Berlin 2004

DVD-Tipp
Deutsch-deutsche Geschichte. Umgang mit der NS-Vergangenheit; Grünwald 2008, Produktion: FWU Institut für Film und Bild, in Zusammenarbeit mit der Bundesstiftung zur Aufarbeitung der SED-Diktatur

Justizminister, die Zentrale Stelle der Landesjustizverwaltungen zur Aufklärung nationalsozialistischer Verbrechen zu gründen. Sie trug zwar nicht die Hypothek der NS-belasteten Juristen ab, ließ jedoch die systematische Ermittlung gegen Nazi-Täter, die Anfang der 1950er-Jahre nahezu zum Erliegen gekommen war, wieder Fahrt aufnehmen.[1] Eine vergleichbare Institution gab es in der DDR nicht.

Umgang mit Widerstand und Opfern Die Antifaschismus-Ideologie verlieh den kommunistischen Widerstandskämpfern Heldenstatus, darunter vor allem dem ehemaligen KPD-Vorsitzenden *Ernst Thälmann*, den die Nationalsozialisten 1944 im KZ Buchenwald ermordet hatten. Andere Widerstandsgruppen, etwa aus den Kirchen, dem Bürgertum oder dem Militär, fanden in der DDR ebenso wenig Beachtung wie die vielen Millionen Menschen, die der NS-Rassenideologie zum Opfer fielen (▸ M9). Nicht Antisemitismus und Rassismus, sondern der Kampf gegen „die Arbeiterklasse“ und gegen die Sowjetunion sei das wesentliche Element des „Hitler-Faschismus“ gewesen, lautete die immer wieder propagierte Doktrin der SED-Führung. Eine eingehende Auseinandersetzung mit dem Holocaust, wie sie in der Bundesrepublik in den 1970er-Jahren einsetzte[2], gab es in der DDR nicht. Die Juden, die Sinti und Roma und andere Verfolgte erfuhren daher auch keine besondere Anerkennung als Opfer.

Erst Ende der 1980er-Jahre rückte die politische Führung der DDR den Holocaust stärker in den Fokus. Den Feierlichkeiten zum Gedenken an den 50. Jahrestag der „Reichspogromnacht“ 1988 kam daher eine nie dagewesene Bedeutung zu. So stieg die DDR, resümiert der Historiker *Peter Bender*, erst kurz vor ihrem Ende herunter „vom hohen Ross des ‚Siegers der Geschichte‘ und wurde, was die Bundesrepublik war: ein Nachfolgestaat des Nazi-Reiches“.

In der späteren Bundesrepublik galt die Haltung zum Widerstand gegen das NS-Regime, vor allem die Erinnerung an das Hitler-Attentat vom 20. Juli 1944, als entscheidendes Kriterium dafür, wie die deutsche Bevölkerung ihre Vergangenheit „bewältigte“. Die Verschwörer des 20. Juli bezeugten stellvertretend für die vielen anderen mutigen Frauen und Männer des deutschen Widerstandes, dass es auch in der NS-Zeit ein anderes, besseres Deutschland gegeben hatte. Dies sah jedoch in den ersten Nachkriegsjahren anders aus: Bei vielen Menschen stieß das Thema „20. Juli“ auf Ablehnung, denn es erinnerte an eigene Versäumnisse und die persönliche Schuld. Manche verurteilten die Männer des 20. Juli sogar als Verräter. Im offiziellen Gedenken hatte der 20. Juli jedoch bereits seit 1946 seinen Platz. Nach außen diente er dazu, die Kollektivschuldthese zu widerlegen, nach innen sollte er eine neue Identität in einer freiheitlichen Tradition stiften. Je größer der zeitliche Abstand, desto positiver wurde das Datum bewertet. Zum 60. Jahrestag 2004 erfuhren die Protagonisten des gescheiterten Attentats eine intensive Würdigung durch Politik, Medien und Öffentlichkeit.

Geschichts- und Gedenkkultur Die große Bedeutung der geschichtskulturellen Beglaubigung im Staats- und Gesellschaftssystem der DDR zeigt sich auch in der „gründungsmythischen Dreieinigkeit“ der DDR-Gedenk- und Feiertage: So wurde am

[1] Vgl. im Kapitel „Nationalsozialismus und deutsches Selbstverständnis“ Seite 337 f.
[2] Vgl. ebd. Seite 338 f.

15. Januar der Ermordung von Karl Liebknecht und Rosa Luxemburg gedacht[1], 1950 der 8. Mai als arbeitsfreier Feiertag („Tag der Befreiung des deutschen Volkes vom Hitlerfaschismus", ab 1967 nicht mehr arbeitsfrei) und der 7. Oktober, der Gründungstag der DDR („Tag der Republik"), als Staatsfeiertag eingeführt. Der 8. Mai galt auch als „Tag des Dankes an die Sowjetunion" und der 7. Oktober als „Tag des Stolzes auf die eigene Leistung". Damit fügten sich die Feiertage zu einer Erzählung, in der auf den Kampf und die Opfer, die Erlösung und der Dank an die Befreier sowie schließlich die stolze Feier des Bestehenden folgte.

Völlig anders ging die Bundesrepublik mit ihrer symbolischen Repräsentation und geschichtskulturellen Selbstdeutung um. Hier herrschte nach 1945 in dieser Hinsicht eine große Verunsicherung. In erster Linie wollte sich die Bundesrepublik sowohl gegen das „Dritte Reich" als auch gegen die DDR abgrenzen. In der westdeutschen Bevölkerung wurde der 8. Mai lange eher als „Tag des Zusammenbruchs" als ein Tag der Befreiung angesehen. Er fand erst nach Jahren Eingang in die offizielle *Gedenkkultur*. Auch ein Gründungsdatum, an dem die Bundesrepublik sich hätte feiern können, gab es nicht. Die Bundesrepublik verstand sich als „Provisorium", welches – wie das Grundgesetz – nur so lange Bestand haben sollte, bis sich alle Deutschen in freier Selbstbestimmung eine Verfassung geben und einen Staat bilden würden.

Einen wichtigen Schub für die westdeutsche Identitätsbildung brachte der ostdeutsche Volksaufstand vom 17. Juni 1953. Kurz darauf erklärte der Bundestag den 17. Juni als „Tag der deutschen Einheit" zum ersten und einzigen Staatsfeiertag der alten Bundesrepublik. Der Aufstand habe ein für alle Mal die Behauptung widerlegt, „dass das deutsche Volk nicht die innere Kraft aufbringe, sich gegen Diktatur und Willkür zur Wehr zu setzen". Der 17. Juni wurde damit zum Bestandteil der Nach-Geschichte des Nationalsozialismus und der *Aufarbeitung*. Noch weiter geht der Historiker *Edgar Wolfrum* in seiner Bewertung: „Pointiert ausgedrückt war das Datum der eigentliche Gründungsakt der Bundesrepublik – und durfte es zugleich offiziell gar nicht sein."

▲ Ehrenmal im Innenhof der Gedenkstätte Deutscher Widerstand in Berlin.
Foto (Ausschnitt) von 2011.
Die von dem Bildhauer Richard Scheibe geschaffene Bronzefigur wurde am 20. Juli 1953 eingeweiht.

Lebensstandard als Legitimation: das „Wirtschaftswunder" Nicht nur die gegensätzlichen politischen Kurse, die beide deutsche Staaten einschlugen, auch der Wohlstand der Bevölkerung entwickelte sich unterschiedlich.

In Westdeutschland förderten die Alliierten den raschen wirtschaftlichen Wiederaufbau. Zunächst musste die durch den Krieg verursachte Inflation beseitigt werden. Am 20. Juni 1948 wurde in den Westzonen eine *Währungsreform* durchgeführt und die Deutsche Mark als neues Zahlungsmittel eingesetzt. Was sich anschließend ereignete, grub sich als Gründungsmythos der Bundesrepublik tief ins Bewusstsein der Menschen ein (▸ M10): Über Nacht füllten sich die Geschäfte mit Waren, die bislang nur

▲ Feier für den einmillionsten „Käfer" im Wolfsburger Volkswagenwerk.
Foto vom 5. August 1955.
Der VW-Käfer wurde zum Symbol des deutschen Wirtschaftsaufstiegs. Er wurde insgesamt 21,5 Millionen Mal gebaut.

[1] Vgl. im Kapitel „Die Weimarer Republik und ihre Bürger" Seite 355.

▲ **Käuferschlange in Ost-Berlin.**
Foto aus den 1970er-Jahren.
Weil es an so vielem fehlte, bekamen die DDR-Bürger selten das, was sie kaufen wollten, sondern sie kauften das, was es gerade gab. Schlangestehen gehörte zum Alltag.

mit Mühe auf dem Schwarzmarkt erhältlich gewesen waren. Die Händler hatten ihre Güter bis zur Einführung einer stabilen Währung zurückgehalten.

Die Währungsreform und die 1948 von dem späteren Wirtschaftsminister *Ludwig Erhard* mit Unterstützung der Amerikaner durchgesetzte Einführung der *Sozialen Marktwirtschaft* schufen die Grundlagen für einen beispiellosen Wirtschaftsaufschwung, der für die Zeitgenossen einem „Wirtschaftswunder" gleichkam. Die internationale Nachfrage nach deutschen Produkten wuchs, die Industrieproduktion, die Kaufkraft der Bevölkerung und die Einkommen stiegen an, bereits Ende der 1950er-Jahre herrschte Vollbeschäftigung. Ein spezifisches Lebensgefühl bildete sich aus: das Streben nach bürgerlicher Normalität, Erfolg und materiellem Wohlstand. Auf die „Fresswelle" der frühen 1950er-Jahre folgte eine „Kaufwelle", eine „Reisewelle", die viele Deutsche in ihr Traumland Italien führte, und schließlich die „Motorisierungswelle". Trotz bleibender sozialer Ungleichheit prägte kaum etwas anderes das *Selbstverständnis* der Westdeutschen so sehr wie der wirtschaftliche Erfolg in den ersten beiden Jahrzehnten nach der Gründung der Bundesrepublik.

„Von der Wiege bis zur Bahre" Die sowjetische Besatzungsmacht verzichtete nicht auf Reparationen und Demontage. Hunderte Industrieanlagen wurden in Ostdeutschland abgebaut. Die Einführung der sozialen *Planwirtschaft*, die Verstaatlichung der Industrie, die Kollektivierung der Landwirtschaft und Enteignung vieler kleiner Handels- und Handwerksbetriebe sowie die zentral von der Regierung geplante Güterproduktion – all diese von Moskau verordneten Maßnahmen lähmten die Wirtschaft. Das starre System führte zu ständigen Engpässen in der Industrie und der Versorgung der Bevölkerung mit Gütern des täglichen Lebens. Trotz hoher Arbeitsleistungen blieb der Lebensstandard deutlich niedriger als in der Bundesrepublik. Gerade junge, gut ausgebildete DDR-Bürger zog es in den kapitalistischen Westen. Erst die Abriegelung durch den Bau von Mauer und Selbstschussanlagen 1961 setzte der Massenflucht ein Ende. Die Grenze war jedoch nicht ganz undurchlässig. Von 1961 bis 1988 flohen über 40 000 Personen – teilweise unter spektakulären Umständen – in den Westen.

In den folgenden Jahren verbesserte sich der Lebensstandard. Trotz aller Propaganda blieb die Bundesrepublik aber der einzige von den Bürgern akzeptierte Maßstab. Mit sozialen Vergünstigungen versuchte die SED-Führung, die Bevölkerung positiv zu stimmen und ihre Herrschaft zu sichern. Letztlich akzeptierten die meisten Bürger den „Sozialstaat DDR", der sie „von der Wiege bis zur Bahre" begleitete. Die staatliche Subventionierung von Konsum und Sozialleistungen bei geringer Arbeitsproduktivität der staatlichen Betriebe und dem im Vergleich zum Export wesentlich höheren Import von Waren führte die DDR jedoch in den Bankrott, den die Parteiführung bis zum Schluss zu verheimlichen suchte.

Amerikanisierung im Westen – Zensur im Osten Die von der Bundesregierung verfolgte Westorientierung fand ihre Entsprechung in der persönlichen Lebenswelt der Bürger. Amerikanische Kultur und Lebensart hielten in der Bundesrepublik Einzug, besonders geprägt durch Coca-Cola, Kaugummi und Burger, Jeans, Rock'n'Roll, Hollywood-Filme und Massenmotorisierung. Gleichzeitig machte die von den USA ausgehende Massenkultur die Werte der amerikanischen Demokratie populär: Liberalismus, Pluralismus und Rechtsstaatlichkeit stellten obrigkeitliches Denken und patriarchalische Strukturen infrage. Überall in Westeuropa ging dies mit dem Protest und einem veränderten Lebensgefühl vieler Jugendlicher einher, die nach Freiräumen von Arbeitsethos und Bürgerlichkeit verlangten. Viele der älteren Generation sahen diese Entwicklung als Anzeichen des kulturellen Verfalls, andere wiederum begriffen die Amerikanisierung als historisch längst überfälligen Prozess der kulturellen Demokratisierung und Emanzipation.

Durch diese Entwicklung vollzog sich die deutsche Teilung auch im kulturellen Bereich. Die DDR bot ihren Bürgern keine vergleichbaren Konsummöglichkeiten. Die für den „Westen" stehenden Wertvorstellungen wie Individualismus und Freiheitsdrang standen den Idealen des „real existierenden Sozialismus" entgegen und wurden unterdrückt. Da die westliche Kultur vom „Klassenfeind" propagiert und gelebt wurde, musste sie in der DDR umso negativer bewertet und streng sanktioniert werden. Die Partei versuchte, alle westlichen Einflüsse zu verhindern, Beat-Musik und Jeans wurden viele Jahre verboten.

Demgegenüber erhob die DDR den Anspruch, eine „Kulturgesellschaft" zu sein. Die Staatsführung war stolz, ihren Bürgern kostenlosen Zugang zu Bibliotheken, Theatern und Museen zu bieten. Viele zeitgenössische Autoren wurden von Ost- und Westdeutschen gelesen. Zahlreiche Schriftsteller übten in ihren Werken Kritik an der deutschen Vergangenheit und Gegenwart, die sich oft gegen beide deutsche Staaten richtete. Obwohl Zensur und Publikationsverbot drohten – beides stritt die DDR-Führung offiziell ab –, entstand seit den späten 1960er-Jahren ein Milieu regimekritischer Schriftsteller. Manche von ihnen verließen die DDR, wie etwa *Sarah Kirsch*, *Jurek Becker* oder *Monika Maron*. Der ostdeutsche Schriftsteller und Liedermacher *Wolf Biermann* wurde wegen kritischer Veröffentlichungen 1976 ausgebürgert (▸ M11). Bis in die 1980er-Jahre blieben Künstler und Autoren der Willkür des SED-Regimes ausgesetzt, das entweder über Kritik hinwegsah oder mit harten Maßnahmen reagierte.

Wettstreit der Systeme im Sport Die materiellen Anreize, welche die DDR ihren Bürgern bieten konnte, waren gemessen an westlichen Standards gering. Sie musste daher auf andere Felder ausweichen, auf denen sie die Loyalität der Bevölkerung gewinnen und zugleich der kapitalistischen Konkurrenz erfolgreich Paroli bieten konnte. Sportliche Glanzleistungen sollten die Bürger mit nationalem Stolz erfüllen und dem Land die zunächst verwehrte internationale Anerkennung bringen.

Im Kalten Krieg wurden internationale Sportveranstaltungen zu Arenen im Wettstreit der Systeme (▸ M12). In diesem Sinne sah die DDR ihre Spitzensportler als „Diplomaten im Trainingsanzug". Kein anderes Land der Welt gab anteilsmäßig so viel Geld für die Förderung des Sports aus. Bereits in den Kindergärten und Grundschulen

▲ **Deutsches Turn- und Sportfest in Leipzig.**
Foto vom 15. August 1959. „Jedermann an jedem Ort – einmal in der Woche Sport", so die Losung von DDR-Staatschef Walter Ulbricht. In diesem Sinne betätigte er sich wie hier auf dem III. Turn- und Sportfest in Leipzig als begeisterter Vorturner.

wurden begabte Kinder gefördert. Zudem wurde systematisch gedopt. Die internationalen Erfolge der ostdeutschen Spitzensportler trugen zur Identifikation der Bürger mit ihrem Land bei.

Bedeutend für das Selbstverständnis der westdeutschen Nachkriegsgesellschaft war der Sieg bei der Fußballweltmeisterschaft 1954 in Bern. Durch das „Wunder von Bern" konnten die Deutschen wieder stolz auf ihre Nation sein. Als die DDR bei den Olympischen Spielen von 1968 erstmals mit eigener – und nicht mehr in einer gesamtdeutschen – Mannschaft antrat und von da an im Medaillenspiegel jeweils vor der Bundesrepublik lag, sah sich diese genötigt, die staatliche Sportförderung ihrerseits zu forcieren. Auch im Westen war Doping nicht unbekannt. Im Jahr vor den Olympischen Spielen 1972 in München erklärte Bundesinnenminister *Hans-Dietrich Genscher* in einer Beratung: „Von ihnen als Sportmediziner will ich nur eines: Medaillen für München."

Skandal und Wandel in der Bundesrepublik In den 1960er-Jahren spitzte sich in der Bundesrepublik die Auseinandersetzung um die Vergangenheit zu. Die jüngere Generation kritisierte die Selbstverständlichkeit, mit der ehemalige Mitläufer nach 1945 die Entwicklung der Bundesrepublik bestimmten, und forderte dazu auf, das Schweigen zu brechen. Die meist sehr persönlich geführte Auseinandersetzung der Jugend mit der Vergangenheit ihrer Eltern, Lehrer und Professoren führte oftmals zu einer pauschalen Verurteilung der älteren Generation und ging mit einem inflationären Gebrauch des Faschismus-Vorwurfs einher.

Im Mai 1968 erklärte der Bundestag „Beihilfe zum Mord aus niederen Beweggründen" rückwirkend seit 1960 als straffrei. Da im bundesdeutschen Rechtsverständnis als Haupttäter immer Hitler, Himmler, Heydrich u.a. galten, wurde die Masse der Schreibtisch-Täter stets nur wegen Beihilfe zum Mord angeklagt. Aufgrund der Novelle mussten viele Prozesse und Ermittlungsverfahren gegen NS-Täter eingestellt werden. Was in der offiziellen Sprachregelung als „Panne des Gesetzgebers" galt, nannte die kritische Öffentlichkeit „kalte Amnestie".

Der von 1963 bis 1965 dauernde Frankfurter Auschwitz-Prozess[1] hatte das Ausmaß des NS-Völkermordes, aber auch die Schwierigkeit gezeigt, den Verantwortlichen ihre individuellen Mordtaten nachzuweisen. Mord und Beihilfe zum Mord verjährten bis dahin nach 20 Jahren – so wäre in absehbarer Zeit eine Strafverfolgung von NS-Tötungsverbrechen nicht mehr möglich gewesen. Schließlich handelte der Gesetzgeber: Der Deutsche Bundestag verschob zunächst die Verjährungsfrist, nach weiteren intensiven Debatten im Jahr 1979 entschied er, die Verjährung von Völkermord und Mord ganz aufzuheben. So konnten in den 1960er-Jahren noch zahlreiche Prozesse gegen NS-Täter durchgeführt werden.

Auf politischer Ebene belebte sich vor allem im Zuge der Neuen Ostpolitik unter Bundeskanzler *Willy Brandt* der Diskurs über die NS-Vergangenheit von Neuem. Die Bundesrepublik bemühte sich erfolgreich um eine Verbesserung der deutsch-deut-

[1] Über den Auschwitz-Prozess lesen Sie Seite 337 f.

schen Beziehungen und der Verhältnisse zu den Staaten, die die DDR anerkannt hatten. Dazu gehörten auch Bemühungen um eine Aussöhnung mit den Opfern im Osten, die der berühmte Kniefall Brandts vor dem Mahnmal für die Opfer des Warschauer Ghettos symbolisch ausdrücken sollte.

Stillstand und Ritualisierung in der DDR Eine solche auf den Nationalsozialismus zentrierte Auseinandersetzung der jungen Generation mit der älteren blieb in der DDR aus. Der ritualisierte antifaschistische Bezug auf den Nationalsozialismus wandelte sich nur in Nuancen. Öffentliche Kontroversen waren ohnehin nicht möglich. Neben der diktatorischen Verfasstheit des Staates war das einerseits durch die „antifaschistische Herkunft“ der Herrschenden bedingt. „Wir fühlten eine starke Hemmung, gegen Menschen Widerstand zu leisten, die in der Nazi-Zeit im KZ gesessen hatten“, kommentierte die Schriftstellerin *Christa Wolf* rückblickend. Andererseits war in der DDR die Auseinandersetzung mit dem „Hitler-Faschismus“ ein Dauerthema in Politik, Bildung und Medien. Seit Gründung des Landes war die Bevölkerung durch dutzende Romane, Fernseh- und Kinoproduktionen, die zum Teil auch zum zentral vorgegebenen Schulstoff gehörten, „antifaschistisch“ beeinflusst (z.B. *Bruno Apitz* „Nackt unter Wölfen“).

▲ **Kniefall Willy Brandts am Mahnmal für die Opfer des Warschauer Ghettos.**
Foto vom 7. Dezember 1970.
Mit dieser spontanen Geste während seines Staatsbesuches gedachte Brandt der polnischen Juden, die 1943 beim Aufstand im Warschauer Ghetto von Deutschen ermordet worden waren. Am selben Tag unterzeichnete Brandt den Warschauer Vertrag, in dem die Bundesrepublik die Oder-Neiße-Linie als Westgrenze Polens anerkannte.

- *Brandts Geste löste in der Bundesrepublik heftige Reaktionen aus. Eine Zeitschrift fragte auf der Titelseite: „Durfte Brandt knien?“ Nehmen Sie dazu Stellung.*

Nach 1990: Die Aufarbeitung geht weiter Seit der Deutschen Einheit 1990 hat sich Deutschland einer „doppelten Vergangenheit“ zu stellen. Die Fehler, die bei der ersten „Diktaturbewältigung“ gemacht wurden – vor allem bei der strafrechtlichen Verfolgung der NS-Verbrechen – sollten sich bei der zweiten nicht wiederholen. Das vereinte Deutschland wandte sich, anders als nach 1945, unverzüglich der Aufarbeitung der Vergangenheit zu. Die Verbrechen der DDR-Diktatur wurden öffentlich gemacht, den Opfern wurde materiell und symbolisch Genugtuung verschafft, die Täter wurden bestraft. Für die Geschichtswissenschaft gilt das Thema DDR inzwischen als „überforscht“. Geschichtskulturell aber hat das Thema, vor allem in den Facetten „Repression und Mangel“, weiter Konjunktur.

Seit 1990 gibt es auch eine gesamtdeutsche Erinnerung an den Nationalsozialismus. Befürchtungen, das Thema könnte zu den Akten gelegt werden, erwiesen sich als falsch. Das Bekenntnis zur Verantwortung für die deutschen Gewalttaten steht unverändert. In Wissenschaft, Medien und Kunst ist das Interesse an der NS-Zeit größer denn je. Das Bild jener Epoche wird immer differenzierter. Unternehmensgeschichten etwa klären den Beitrag der deutschen Wirtschaft an der Judenverfolgung sowie an der Ausbeutung von Zwangsarbeitern während des Krieges. Mit der im Jahr 2000

▲ **Der frühere Umgang mit Geschichte wird selbst zur Geschichte.**
Ausgabe von 2009.

gegründeten Stiftung „Erinnerung, Verantwortung und Zukunft" wurden die vielen Millionen ehemaliger Zwangsarbeiter entschädigt und endlich als Opfer anerkannt.

Darüber hinaus widmet sich die Geschichtswissenschaft verstärkt dem Thema „Aufarbeitung der Aufarbeitung" und damit der Frage, wie in Deutschland, aber auch in anderen europäischen Staaten, mit der NS-Vergangenheit von 1945 bis heute umgegangen worden ist.

Internettipp
www.stiftung-aufarbeitung.de

Lesetipp
Heike Tuchscheerer, 20 Jahre vereinigtes Deutschland: eine „neue" oder „erweiterte Bundesrepublik"?, Baden-Baden 2010

Alles neu in der „Berliner Republik"? Im politischen Sprachgebrauch ist seit der deutschen Einheit von der „Berliner Republik" die Rede (▸ M13). Diese Bezeichnung bezieht sich nicht nur auf die neue, modernisierte Hauptstadt, sondern vielmehr auf ein verändertes deutsches Selbstverständnis im europäischen und internationalen Kontext.

Hat sich die deutsche Politik nach 1990 verändert? Dafür sprechen einige Indizien: Die Bundesrepublik drängt auf einen Sitz im Weltsicherheitsrat der UNO. Sie beteiligt sich an internationalen militärischen Kriegseinsätzen im Rahmen der NATO und der UNO. Sie spricht sich vehement gegen den Kriegseinsatz im Irak und gegen Libyen aus. Sie richtet „Gipfelkonferenzen" zur Klärung internationaler Konflikte aus. Und auch bei der Bewältigung der Euro- und Schuldenkrise seit dem Jahr 2008 spielt die Bundesrepublik eine dominierende Rolle.

▲ **Volksfest am Brandenburger Tor zum Tag der deutschen Einheit in Berlin.**
Foto vom 3. Oktober 2011.

Der Wandel von der Bonner zur in „neuer alter Größe" gewachsenen Berliner Republik hat im In- und Ausland auch Unbehagen ausgelöst. Um das Ansehen Deutschlands in der Welt und das Vertrauen des Auslands zu bewahren, knüpft die Berliner Republik an die antirituellen Traditionen der Bundesrepublik an. Dies betrifft auch die alljährliche Ausrichtung der Feier zum „Tag der deutschen Einheit" am 3. Oktober. Bremens Oberbürgermeister *Klaus Wedemeyer* empfahl 1994 auf der zentralen Einheitsfeier: „Rücksichtnahme und Aufrichtigkeit, Behutsamkeit und Realitätssinn nach innen und nach außen sollten uns auch leiten, wenn wir über die deutsche Nation und die kollektive Identität der Deutschen diskutieren."

Innenpolitisch hat sich die Situation von einem „behaglichen" Dreiparteiensystem (CDU, SPD, FDP) zu einem „bunten" Sechsparteiensystem (CDU, SPD, Grüne, Linke, FDP, Piraten) entwickelt, das vielfältigere politische Konstellationen ermöglicht. Von allen Parteien wird heute eine größere ideologische Beweglichkeit und Kompromissfähigkeit eingefordert. Nicht zuletzt sorgen die vielfältigen internationalen Anforderungen – Globalisierung, Terrorismus, Ökologie, Demografie – dafür, dass sich die deutsche Politik stets neu definieren muss.

Ob sich die Orientierung der deutschen Politik am „Zivilisationsbruch Nationalsozialismus" mit wachsendem zeitlichen Abstand halten wird, oder ob dieser historische Bezugspunkt allmählich verblasst, wird sich zeigen. Die politische Auseinandersetzung mit den NS-Verbrechen sollte jedoch nicht beendet werden, weil bis heute Rassismus, Antisemitismus, Ausländerfeindlichkeit und andere rechtsextremistische Auswüchse vielfach auf nationalsozialistischen Vorstellungen gründen. Außerdem hat sich nach 1945 mehrfach gezeigt, dass sich Zivilisationsbrüche in allen Teilen der Welt wiederholen können (z. B. die Massenmorde in Kambodscha oder die Kriegsverbrechen in Jugoslawien und Ruanda).

Ein Land – eine Identität? Seit der „Wiedervereinigung" nähert sich die politische Kultur in den beiden Teilen Deutschlands allmählich einander an. Obwohl Löhne und Gehälter inzwischen weitgehend angeglichen wurden, fühlte sich ein Teil der Ostdeutschen jedoch durch die radikale politische und wirtschaftliche Umstellung ungerecht behandelt. Orientierungslosigkeit, Rechtsradikalismus und eine nostalgische Verklärung des Sozialismus[1] machten sich breit. Insgesamt sind die Menschen in den neuen Bundesländern mit Demokratie, pluralistischer Gesellschaft und Marktwirtschaft weniger zufrieden als die im Westen. Die überwiegende Mehrheit der Bevölkerung steht aber positiv zum wiedervereinigten Deutschland.

Die Unterschiede in der Lebenserfahrung und im Lebensgefühl zwischen den Deutschen in Ost und West waren doch größer, als man das in den aufregenden Monaten der friedlichen Revolution erwartet hatte. Dies betrifft auch das kollektive Gedächtnis und traditionelle Werthaltungen. So spielt etwa im Osten die Erinnerung an den Holocaust immer noch eine geringere Rolle als im Westen, während der Antifaschismus noch immer einen großen Platz einnimmt.

Trotz aller wirtschaftlichen und sozialen Probleme: Der Stolz auf die friedliche Revolution in der DDR und die daraufhin erfolgte Deutsche Einheit hat wesentlich zu einem gemeinsamen Selbstverständnis und zur „inneren Einheit" Deutschlands beigetragen.

▲ **„Daran müssen wir noch arbeiten."**
Karikatur von Rainer Schwalme, 1992.
- *Erklären Sie die Haltung des Zeichners zur deutschen Einheit. Diskutieren Sie, ob die Aussage der Karikatur auch heute noch Gültigkeit hat.*

Filmtipp
ZusammenWachsen – 20 Jahre Deutsche Einheit; Hamburg 2010, Eco Media im Auftrag des Bundesministerium des Innern, unter: www.freiheit-und-einheit.de/cln_156/FuE/DE/Home/Startseite_node.html

Eine neue Geschichtskultur Mit dem Ende der DDR verschwand auch ihre *Geschichtskultur*. Die Symbole des vereinigten Deutschland, die Flagge und Hymne, waren jene der Bundesrepublik. Namen der ostdeutschen Straßen, Plätze und Institutionen, die Denkmäler und symbolträchtigen Gebäude verschwanden, während sich Benennungen, die sich an der Geschichtskultur der alten Bundesländer orientieren, allmählich auch im Beitrittsgebiet verbreiten.

In der Bundesrepublik war die politische Kultur seit Ende der 1970er-Jahre pluraler geworden. Es gab immer mehr bürgergesellschaftliche Initiativen. Das beeinflusste auch die westdeutsche Geschichtskultur. Die (Um-)Benennung von Straßen, Plätzen, Institutionen und Kasernen, die Errichtung, Entfernung oder Umwidmung von Gedenkorten verstand man nun nicht mehr als alleinige Angelegenheit des Staates, sondern als Resultat eines Selbstverständigungsprozesses der Gesellschaft. Auch das 2005 fertiggestellte Denkmal für die ermordeten Juden Europas sowie das 2007 vom Bundestag beschlossene *Freiheits- und Einheitsdenkmal*[2] im Zentrum Berlins hatten bürgergesellschaftliche Ursprünge (▸ M14). Heute gibt es in Deutschland eine Vielzahl von Gedenkstätten, die vom Bund, den Ländern, Kommunen oder von bürgergesellschaftlichen Akteuren errichtet wurden und betrieben werden.

Lesetipp
Dana Giesecke und Harald Welzer, Das Menschenmögliche. Zur Renovierung der deutschen Erinnerungskultur, Hamburg 2012

[1] Siehe hierzu das Kapitel „Ostalgie" auf Seite 436 bis 441.
[2] Vgl. dazu den Methoden Baustein „Denkmäler" auf Seite 416 bis 418.

Andererseits versteht es der Staat zunehmend als seine Aufgabe, die Vergangenheit mit einem offiziellen Gedenkwesen zielgerichtet lebendig zu halten. Dagegen erheben sich auch kritische Stimmen, die diese staatlich „verordnete" Gedenkkultur eher als Hindernis für eine wirkliche Auseinandersetzung und ein lebendiges Geschichtsbewusstsein begreifen.[1]

Gleichzeitig wird die Gedenk- und Erinnerungskultur an Nationalsozialismus und Holocaust immer internationaler, was sich heute vor allem an Museen wie dem *United States Holocaust Memorial Museum* in Washington, D.C., oder dem *Jüdischen Museum* in Berlin zeigt. Auch die Entwicklung des 27. Januar von einem nationalen Gedenktag der Deutschen zum „Internationalen Tag des Gedenkens an die Opfer des Holocaust" verweist auf die Tatsache, dass der Holocaust heute Teil einer *transnationalen Erinnerungskultur* geworden ist.[2]

Etwa seit Beginn des neuen Jahrhunderts haben die Themen Nationalsozialismus und Zweiter Weltkrieg auch in Kino- und TV-Produktionen Konjunktur. Eine neue Generation von Autoren und Regisseuren entwickelt hier eine eigene Sichtweise auf die Vergangenheit, welche in der Geschichtswissenschaft, aber auch in den Medien immer wieder kontrovers diskutiert wird.

▲▶ „Stolpersteine".
Seit 1997 verlegt der Kölner Künstler Gunter Demnig „Stolpersteine". Das sind kleine Betonwürfel mit Messingplatten, auf denen die Namen von NS-Opfern (Juden, Sinti und Roma, politisch und religiös Verfolgte, Homosexuelle, Opfer der „Euthanasie") stehen. Sie werden vor den früheren Wohnhäusern der Opfer in den Gehweg eingelassen. Bis 2012 wurden etwa 35 000 Steine an rund 750 Orten in zehn europäischen Ländern verlegt.

Internettipp
www.stolpersteine.eu

[1] Vgl. im Kapitel „Nationalsozialismus und deutsches Selbstverständnis" M5 auf Seite 345.
[2] Siehe ausführlich dazu das Kapitel „Der 27. Januar als Gedenktag" ab Seite 448.

Karikaturen analysieren

Kompetenz:
Den Inhalt, die Aussage und die Wirkung einer Karikatur analysieren und im historischen Kontext beurteilen

Karikaturen (von ital. caricare für „überladen", „übertreiben") sind gezeichnete historische Quellen: Sie nehmen zu aktuellen politischen oder gesellschaftlichen Ereignissen, Entwicklungen, Zuständen oder Personen kritisch Stellung. Mit den Mitteln der Parodie, der Ironie, der Komik und des Witzes heben sie zentrale Aspekte bewusst hervor, vereinfachen sie oder stellen sie verzerrt dar. Die Öffentlichkeit soll auf politische oder soziale Missstände und Fehlentwicklungen aufmerksam gemacht, zum Nachdenken und Diskutieren angeregt werden.
Worüber die Zeitgenossen lachten oder sich ärgerten, was ihnen gefiel oder was sie ablehnten, erfassen wir nicht auf Anhieb. Um die Aussage einer Karikatur zu entschlüsseln, bedarf es daher der genauen Interpretation und Analyse. In der Regel legen kurze Texte den gezeichneten Figuren Worte in den Mund oder bieten als plakative Unterschriften Hilfen für Deutung und Reflexion. Neben dem Text sind auch Daten wichtige Erschließungshilfen. Generell setzen die Zeichner nicht nur die Kenntnis des dargestellten Sachverhalts voraus, sondern auch die für Karikaturen typische Symbol- und Bildersprache:

- Symbole und Metaphern (Krone und Zepter für Monarchie, Waage für Gerechtigkeit)
- Personifikation und Allegorie („Uncle Sam" für die USA, „Germania" oder der „Deutsche Michel" mit Zipfelmütze für die Deutschen, Engel oder Taube als Friedensbringer)
- Tiervergleiche (der „russische Bär", der „gallische Hahn")
- visualisierte Redensarten („alle sitzen in einem Boot", „den Gürtel enger schnallen")
- historische Bildzitate („Der Lotse geht von Bord", „Die Freiheit führt das Volk")

Formale Kennzeichen

- Wer hat die Karikatur geschaffen oder in *Auftrag* gegeben?
- Wann und wo ist sie entstanden bzw. veröffentlicht worden?

Bildinhalt

- Wen oder was zeigt die Karikatur?
- Was wird thematisiert?
- Welche *Darstellungsmittel* werden verwendet und was bedeuten sie?

Historischer Kontext

- Auf welches *Ereignis*, welchen *Sachverhalt* oder welche *Person* bezieht sich die Karikatur?
- Auf welche *politische Diskussion* spielt sie an?
- Wozu nimmt der Karikaturist konkret Stellung?

Intention und Wirkung

- An welche *Adressaten* wendet sich die Karikatur?
- Welchen *Standpunkt* nimmt der Karikaturist ein?
- Welche *Aussageabsicht* verfolgt er?
- Inwiefern unterstützt ein eventueller Text die Wirkung der Zeichnung?
- Welche *Wirkung* wollte der Karikaturist beim zeitgenössischen Betrachter erzielen?

Bewertung und Fazit

- Wie lässt sich die Aussage der Karikatur insgesamt einordnen und bewerten?
- Wurde das Thema aus heutiger Sicht sinnvoll und überzeugend gestaltet?
- Welche Auffassung vertreten Sie zu der Karikatur?

„Deutscher Michel“
Personifikation des typischen Deutschen

Kanonenrohr
Hinweis auf NATO-Beitritt und Wiederbewaffnung

Schwarzer Horizont
Metapher für ungewisse (politische) Zukunft

Gesichtszüge
klare Identifikation Adenauers

Katholische Krankenschwesterntracht
Hervorhebung/Ironisierung typischer Eigenschaften (Katholik, Adenauers autoritärer Führungsstil)

VW-Käfer, Kühlschrank, TV-Gerät und Geldsack
Symbole für den wirtschaftlichen Aufstieg

▲ **Zufrieden – „Nicht wahr, Michelchen – keine Experimente!“**
Karikatur von H. E. Köhler in der Frankfurter Allgemeinen Zeitung, 1957.

Formale Kennzeichen Die Zeichnung stammt von Hanns Erich Köhler (1905-1983), einem der bekanntesten Karikaturisten der frühen Bundesrepublik. Er veröffentlichte sie 1957 in der Frankfurter Allgemeinen Zeitung, der führenden überregionalen, politisch eher konservativ ausgerichteten deutschen Tageszeitung.

Bildinhalt Die Karikatur zeigt den an seinen charakteristischen Gesichtszügen erkennbaren ersten deutschen Bundeskanzler und CDU-Vorsitzenden Konrad Adenauer. In Anspielung auf seine Prägung als rheinischer Katholik und seinen autoritären Führungsstil ist er als Krankenschwester in Ordenstracht gekleidet. Lächelnd schiebt er eine Kreuzung aus Kinderwagen und Volkswagen, an dem vorn ein Kanonenrohr angedeutet ist. Im Kinderwagen liegen ein Geldsack und der als zufrieden schlafendes Baby dargestellte „Deutsche Michel" mit typischer Zipfelmütze, die Personifikation des deutschen Durchschnittsbürgers. Er hält einen Kühlschrank und einen Fernseher in den Armen. Thema der Karikatur ist die gesellschaftspolitische Situation Mitte der 1950er-Jahre (1957), die von Adenauers langjähriger Kanzlerschaft (1949-1963) und dem „Wirtschaftswunder" geprägt war, das VW-Käfer, Fernseher, Kühlschrank und D-Mark symbolisieren.

Historischer Kontext Mit dem Slogan „Keine Experimente" errangen die CDU/CSU und ihr Spitzenkandidat Adenauer in der Bundestagswahl 1957 mit 50,2 Prozent der Mandate ihren bislang größten Sieg. Es war das erste und einzige Mal, dass eine Partei die absolute Mehrheit erhielt und die alleinige Regierungsfraktion stellen konnte.
Grundlagen für Adenauers Popularität waren der steigende Lebensstandard und die sinkende Arbeitslosigkeit. 1955 hatte die Bundesrepublik zudem mit dem Ende der Besatzungsherrschaft, dem NATO-Beitritt und der folgenden Wiederbewaffnung ihre Souveränität wiedererlangt. Adenauer konnte in seiner dritten Legislaturperiode nun vier Jahre lang ohne Koalitionspartner regieren und seine umstrittenen Ziele auch in der Außenpolitik verwirklichen. Dazu gehörte u.a. der Aufbau der Bundeswehr im NATO-Bündnis, worauf das angedeutete Kanonenrohr und die als schwarzer Horizont ausgemalte ungewisse oder gar dunkle Zukunft anspielen.
Mit seiner Karikatur nimmt Köhler Stellung zur politischen Einstellung der Bevölkerung, die sich in der Bundestagswahl spiegelt. Die meisten Deutschen hielten sich nach dem Krieg politisch zurück, konzentrierten sich auf den wirtschaftlichen Wiederaufbau und ihren privaten Lebensstandard. In Adenauer sahen sie den Garanten für Wohlstand und Stabilität. Für das „Experiment" eines politischen Wechsels gab es keinen Bedarf.

Intention und Wirkung Der Karikaturist will dem Wähler einen Spiegel vorhalten und ihn daran erinnern, seine politische Verantwortung ernst zu nehmen. Adenauer hat sich in den acht Jahren im Kanzleramt ein so hohes Ansehen verschafft, dass ihm der Bundesbürger – mit den Errungenschaften des „Wirtschaftswunders" materiell zufriedengestellt – im Schlaf vertraut und freie Hand lässt, ohne zu wissen, wohin der Weg führt. Der Karikaturist wendet sich nicht gegen Adenauers Politik, sondern das Desinteresse, mit dem sich die Deutschen ihre gerade erst zurückgewonnene politische Mündigkeit aus Bequemlichkeit abnehmen lassen.

Bewertung und Fazit Zeichenstil und Bildkomposition sind einfach, die Personen leicht zu erkennen und auf wenige charakteristische Elemente reduziert. Die Karikatur ist eine gelungene Allegorie, da sie die komplexen Zusammenhänge des gesellschaftspolitischen Klimas der Adenauerzeit mit Text und Symbolik treffend, einfach und damit wirkungsvoll zusammenfasst.

1. *Erläutern Sie, welches politische Selbstverständnis in der Karikatur deutlich wird.*
2. *Nehmen Sie Stellung zur Aktualität der Karikatur. Ist sie auf andere Zeiten übertragbar?*

M1 „Es ist zum Übelwerden"

Der Schriftsteller und Nobelpreisträger Hermann Hesse (1877-1962) lebt seit 1919 in der Schweiz im Tessin. Während der Zeit des Nationalsozialismus ist sein Haus eine Anlaufstelle für etliche Emigranten aus Deutschland auf ihrem Weg ins Exil. Hesse schreibt einen „Offenen Brief" an die Schriftstellerin Luise Rinser, der am 26. April 1946 unter dem Titel „Ein Brief nach Deutschland" in der National-Zeitung (Basel) veröffentlicht wird. Darin heißt es:

Merkwürdig ist das mit den Briefen aus Ihrem Lande! Viele Monate bedeutete für mich ein Brief aus Deutschland ein überaus seltenes und beinahe immer ein freudiges Ereignis. [...]

Dann wurden die Briefe häufiger und länger und unter diesen Briefen waren schon viele, die mir keine Freude machten und die zu beantworten mir bald die Lust verging [...].

Ein Gefangener in Frankreich, kein Kind mehr, sondern ein Industrieller und Familienvater, mit Doktortitel und guter Bildung, stellte mir die Frage, was denn nach meiner Meinung ein gut gesinnter anständiger Deutscher in den Hitlerjahren hätte tun sollen? Nichts habe er verhindern, nichts gegen Hitler tun können, denn das wäre Wahnsinn gewesen, es hätte ihn Brot und Freiheit gekostet, und am Ende noch das Leben. [...]

Da sind nun zum Beispiel alle jene alten Bekannten, die mir früher jahrelang geschrieben, damit aber in dem Augenblick aufgehört haben, als sie merkten, dass man sich durch Briefwechsel mit mir, dem Wohlüberwachten, recht Unangenehmes zuziehen könne. Jetzt teilten sie mir mit, dass sie noch leben, dass sie stets warm an mich gedacht und mich um mein Glück, im Paradies der Schweiz zu leben, beneidet hätten, und dass sie, wie ich mir ja denken könne, niemals mit diesen verfluchten Nazis sympathisiert hätten. Es sind aber viele dieser Bekenner jahrelang Mitglieder der Partei gewesen. Jetzt erzählen sie ausführlich, dass sie in all diesen Jahren stets mit einem Fuß im Konzentrationslager gewesen seien, und ich muss ihnen antworten, dass ich nur jene Hitlergegner ganz ernst nehmen könne, die mit beiden Füßen in jenen Lagern waren, nicht mit dem einen im Lager, mit dem anderen in der Partei [...].

Dann gibt es treuherzige alte Wandervögel, die schreiben mir, sie seien damals, so etwa um 1934, nach schwerem inneren Ringen in die Partei eingetreten, einzig, um dort ein heilsames Gegengewicht gegen die allzu wilden und brutalen Elemente zu bilden und so weiter.

Andere wieder haben mehr private Komplexe und finden, während sie im tiefen Elend leben und von wichtigeren Sorgen umgeben sind, Papier und Tinte und Zeit und Temperament im Überfluss, um mir in sehr langen Briefen ihre tiefe Verachtung für Thomas Mann[1] auszusprechen und ihr Bedauern oder ihre Entrüstung darüber, dass ich mit einem solchen Mann befreundet sei.

Und wieder eine Gruppe bilden jene, die offen und eindeutig all die Jahre mit an Hitlers Triumphwagen gezogen haben, einige Kollegen und Freunde aus früheren Zeiten her. Sie schreiben mir jetzt rührende und freundliche Briefe, erzählen mir eingehend von ihrem Alltag, ihren Bombenschäden und häuslichen Sorgen, ihren Kindern und Enkeln, als wäre nichts gewesen, als wäre nichts zwischen uns, als hätten sie nicht mitgeholfen, die Angehörigen und Freunde meiner Frau, die Jüdin ist, umzubringen und mein Lebenswerk zu diskreditieren und schließlich zu vernichten. Nicht einer von ihnen schreibt, er bereue, er sehe die Dinge jetzt anders, er sei verblendet gewesen. Und auch nicht einer schreibt, er sei Nazi gewesen und werde es bleiben, er bereue nichts, er stehe zu seiner Sache. Wo wäre je ein Nazi zu seiner Sache gestanden, wenn diese Sache schief ging? Ach, es ist zum Übelwerden.

Zitiert nach: Christoph Kleßmann, Die doppelte Staatsgründung. Deutsche Geschichte 1945-1955, Bonn 1991, S. 443 f.

1. *Beschreiben Sie, wie sich die Deutschen in ihren Briefen an Hermann Hesse darstellen.*
2. *Erläutern Sie, welche Gründe es für die Einstellung der Deutschen und ihren Umgang mit dem Nationalsozialismus geben könnte.*
3. *Erörtern Sie die Haltung Hesses, die hier zum Ausdruck kommt.* + *Nehmen Sie selbst Stellung zu den Briefschreibern und verfassen Sie Antworten.*

M2 Mentalitätsbrüche

Der Historiker Hans-Ulrich Wehler spricht von einem vierfachen Mentalitätsbruch, der die Ausgangslage der neu gegründeten Bundesrepublik begünstigt habe:

1. Jedes Liebäugeln mit der Diktatur traf nach 1945 in Westdeutschland auf unüberwindbaren Widerstand. Die Erfahrungen mit dem Führerabsolutismus hatten alle Illusionen, die dieses politische System unlängst noch umhüllt hatten, aufgelöst. [...]

[1] **Thomas Mann** (1875-1955): deutscher Schriftsteller und Nobelpreisträger, der 1933 in die Schweiz und 1938 in die USA emigrierte. Als Gegner der Nationalsozialisten wandte er sich regelmäßig in einer eigenen Radiosendung, gesendet von der BBC, an die deutsche Bevölkerung.

2. Mit dem Untergang des „Dritten Reiches" wurde außerdem die Fata Morgana eines deutschen „Sonderwegs" in die Moderne endgültig aufgegeben. Zwar hatte Deutschland seit jeher zum Okzident: zum westlichen Kulturkreis und europäischen Staatensystem, gehört – insofern ist die Formel vom „langen Weg nach Westen" irreführend. Doch war es seit der zweiten Hälfte des 19. Jahrhunderts mit fatalen Folgen von dessen Modernisierungspfad abgewichen. Das niederschmetternde Resultat des nationalsozialistischen „Sonderwegs" blieb umso wirkungsvoller, als die Blockkonfrontation zwischen sowjetischer Diktatur und westlicher Demokratie die vermeintliche Option für einen neuen „Dritten Weg", den einige irrlichternde Schwarmgeister noch immer für begehbar hielten, denkbar unattraktiv machte.

3. Nachdem der Vulkan des deutschen Radikalnationalismus erstickt worden war, erloschen auch die Leidenschaften, die ihn von einer Eruption zur anderen getrieben hatten. Damit verlor der politische Verband der Deutschen einen seiner Tragpfeiler, insbesondere aber eine Antriebskraft, die ihn seit hundert Jahren bewegt hatte. Die große Frage lautet seither, welcher Loyalitätspol an die Stelle der Nation treten kann, da auch moderne westliche Staaten weiterhin einer integrierenden Programmatik bedürfen. [...]

4. Auch der Bann des charismatischen „Führers" war 1945 endgültig gebrochen worden, nachdem der Selbstmörder ein bis dahin unvorstellbares Chaos heraufgeführt hatte. Trotzdem: Da der Hitler-Mythos sozialpsychisch viel tiefer verankert war, als mancher Kritiker der Führerherrschaft später wahrhaben wollte, ist seine Ausstrahlungskraft nicht über Nacht erloschen. Die ersten Meinungsumfragen ergaben, dass Hitlers Leistungen in den sechs Friedensjahren noch rundum auf Anerkennung trafen. Im Sommer 1952 etwa hielt ihn ein Drittel der Befragten für einen „großen Staatsmann", ein weiteres Viertel besaß eine „gute Meinung" von ihm. Auch 1955 glaubte immerhin fast die Hälfte (48 Prozent), dass Hitler ohne den Krieg als einer „der großen deutschen Staatsmänner" dagestanden hätte. Selbst 1967, als die westdeutsche Wirtschaft und die Bonner Republik schon jahrelang florierten, hielten noch immer 32 Prozent an diesem positiven Urteil fest. Heutzutage mag man das mit einem ungläubigen Kopfschütteln registrieren, aber die zuverlässig ermittelten empirischen Befunde beweisen noch einmal die außergewöhnliche Faszination, die Hitlers charismatische Herrschaft auf seine Deutschen ausgeübt hatte.

Hans-Ulrich Wehler, Deutsche Gesellschaftsgeschichte, Bd. 4: Vom Beginn des Ersten Weltkriegs bis zur Gründung der beiden deutschen Staaten 1914-1949, München 2003, S. 981f.

▲ Titelblatt der satirischen Nachkriegszeitschrift „Ulenspiegel" von Oktober 1946.
Die LDP (Liberal-Demokratische Partei Deutschlands) war eine 1945 in der Sowjetischen Besatzungszone gegründete liberale Partei, die in der DDR zur einflusslosen Blockpartei wurde.
- *Analysieren Sie die Aussage des Bildes.*

1. ➕ *Vergleichen Sie die Aussagen Wehlers mit dem Bericht in M1. Erarbeiten Sie auf dieser Grundlage ein Schaubild zum Selbstverständnis der Deutschen nach dem Krieg.*
2. *Erörtern Sie, welche integrierende Idee heute im wiedervereinigten Deutschland als Antriebskraft wirken könnte.*
3. *Die These vom „deutschen Sonderweg" ist unter Historikern umstritten. Erläutern Sie, ob die These vom „Sonderweg" zum Verständnis der Geschehnisse zwischen 1933 und 1945 beitragen kann. Vergleichen Sie mit dem Theorie-Baustein auf Seite 347 bis 351.*

M3 Einstellungen im Wandel der Zeit

„Wann im 20. Jahrhundert ist es nach Ihrem Gefühl Deutschland am besten gegangen, in welchen Jahren?“

Zeitraum	Jahr der Umfrage			
	1959	1963	1970	1980
vor dem Ersten Weltkrieg	28	16	5	4
1918 bis 1933	5	5	2	2
1933 bis 1939	21	10	5	3
während des Krieges (1940-1945)	1	1	–	–
nach 1945	39	62	–	–
heute, jetzt	–	–	81	80
keine Angabe	6	6	7	11

Nach: Allensbacher Jahrbuch der Demoskopie 1984-1992, München 1993, S. 386

„Wann im 20. Jahrhundert ist es nach Ihrem Gefühl Deutschland am besten gegangen ...?“ Diese Frage wurde von einem Meinungsforschungsinstitut in seinen Umfragen regelmäßig in der Bundesrepublik Deutschland gestellt. Die Tabelle zeigt, wie die Befragten geantwortet haben. Beschreiben Sie anhand der Daten die Einstellung der Westdeutschen zu ihrer Vergangenheit und Gegenwart bis um 1980. Erläutern Sie, welche Tendenzen erkennbar sind und wie sich diese erklären lassen. Ziehen Sie Ihre Ergebnisse aus M1 und M2 hinzu.

M4 Zur „antifaschistischen Umwälzung“ in der DDR

Im Geschichtsschulbuch, das an allen 10. Klassen der Polytechnischen Oberschulen der DDR eingesetzt worden ist, heißt es in der Ausgabe von 1984:

Die Entstehung und Entwicklung der Deutschen Demokratischen Republik war das Resultat der siegreichen antifaschistisch-demokratischen Umwälzung. In diesem revolutionären Prozess kämpften Arbeiter, werktätige Bauern und andere demokratische Kräfte unter Führung der SED für eine antiimperialistisch[1]-demokratische Staatsmacht und für die Durchsetzung des gesellschaftlichen Fortschritts. Die Machtgrundlagen der Monopolbourgeoisie und der Großgrundbesitzer wurden in der antifaschistisch-demokratischen Umwälzung beseitigt, die Wurzeln des Faschismus wurden ausgerottet.

Geschichte Klasse 10, Volk und Wissen, Volkseigener Verlag Berlin 1984, S. 87

[1] **Imperialismus**: Nach Auffassung des Marxismus-Leninismus ist der Imperialismus die fortgeschrittene Stufe des Kapitalismus, da die Industrieländer, um sich Rohstoffe und Absatzmärkte zu sichern, zur Unterwerfung und Ausbeutung anderer Staaten übergehen.

1. *Geben Sie wieder, wie im Schulbuch die „antifaschistisch-demokratische Umwälzung“ in der DDR beschrieben wird. Entspricht die Darstellung den historischen Tatsachen?*
2. *Erläutern Sie mithilfe der Darstellung auf Seite 388 den Faschismus-Begriff, wie ihn die DDR verstand.*
3. *Erörtern Sie, welche Konsequenzen sich aus dieser Geschichtsdarstellung für den Umgang mit der jüngsten Vergangenheit in Politik und Gesellschaft der DDR – auch gegenüber Westdeutschland – ergaben.*

M5 Antikommunismus als Deckmantel?

Der Politikwissenschaftler Dietrich Thränhardt analysiert die Integration ehemaliger Nationalsozialisten in der Bundesrepublik folgendermaßen:

Als Übergangsideologie für die Bundesrepublik, die in die westliche Gesellschaft hineinwuchs, war der Antikommunismus hervorragend geeignet. In ihm konnte man sich mit den ehemaligen Kriegsgegnern, mit der Demokratie, den „westlichen Werten“, dem Christentum, dem „Abendland“ identifizieren, die als positives Gegenbild fungierten. Auch wenn man während des „Dritten Reiches“ unterschiedlichen politischen Lagern angehört hatte, war auf dieser ideologischen Grundlage eine Versöhnung möglich. Die große Menge der ehemaligen Nationalsozialisten und die noch größere Zahl der ehemaligen Antidemokraten konnte auf diese Weise allmählich eine neue positive Identifikation gewinnen, die aber häufig sehr partiell blieb. Nach dem Urteil der Frankfurter Allgemeinen Zeitung war es 1954 bei Bewerbungen eher eine Empfehlung, „PG“ [Parteigenosse, also Mitglied der NSDAP] gewesen zu sein.

Zur Stabilisierung nach innen trug diese neue Dichotomisierung[1] [...] zweifellos bei. Die politische Eingliederung breiter Schichten mit bisher nichtdemokratischer Orientierung gelang in bemerkenswertem Umfang. Die Eingliederung einer so großen Anzahl ehemaliger Nichtdemokraten, vorwiegend in bürgerlichen Kreisen und gesellschaftlich angesehenen

[1] **Dichotomisierung**: Zerlegung einer Gesamtheit in zwei Teilgesamtheiten, die mithilfe eines Merkmals unterschieden werden (z. B. in der Statistik nach Geschlecht: männlich und weiblich)

Berufsgruppen (Ärzte, Lehrer, Verwaltungsbeamte, Richter), barg andererseits die Gefahr des Eindringens von undemokratischen Einflüssen. [...]
Als die neuen Bundesministerien aufgebaut wurden, waren die Überprüfungen durch die Alliierten aufgegeben worden. Sozialdemokraten wurden wegen der harten innenpolitischen Frontstellung kaum eingestellt. Andererseits erhielten aber alle ehemaligen Beamten des „Dritten Reiches“, mit Ausnahme der schwer belasteten, einen Rechtsanspruch auf Beschäftigung (Ausführungsgesetz zu Art. 131 GG). Alle Behörden hatten 20 % der Stellen für diesen Zweck zu reservieren. Da die meisten früheren Spitzenbeamten von den Alliierten entlassen und sogar vorübergehend verhaftet worden waren, standen sie 1949/50 zur Verfügung. Innerhalb der Gruppe der Beamten hatten alte Verbindungen Bestand gehabt: Ein ehemaliger Beamter „zog“ den anderen nach. Im Ergebnis kam es zur Wiederherstellung der alten Bürokratie, einschließlich ihrer NSDAP-Mitglieder. Im Auswärtigen Amt waren 1951 66 % der leitenden Beamten ehemalige NSDAP-Mitglieder. Kritik daran wies Adenauer mit dem Appell zurück, „jetzt mit der Naziriecherei Schluss zu machen“. Für das Bundesjustizministerium ergab eine amerikanische Untersuchung noch höhere Werte. In anderen Ministerien, für die keine Unterlagen vorliegen, dürfte die Entwicklung ähnlich gewesen sein.
Immer wieder wurden diese Besetzungen mit dem Mangel an „Fachleuten“ erklärt. Die Besetzung der Bundesministerien war dabei der spektakulärste und auch greifbarste Fall. Denn es bestand ein Unterschied zwischen einer allgemeinen beruflichen Wiedereingliederung ehemaliger Nationalsozialisten und der Besetzung zentraler Entscheidungspositionen. Insbesondere die Justiz, in der sich der Korpsgeist ihrer Angehörigen bemerkbar machte, wurde weithin restituiert. Erst seit Ende der sechziger Jahre, als breite öffentliche Kritik einsetzte, wurde den schwer belasteten „Blutrichtern“ die Möglichkeit gegeben, sich unter Wahrung ihrer Versorgungsansprüche pensionieren zu lassen. Bestraft wurde keiner.

Dietrich Thränhardt, Geschichte der Bundesrepublik Deutschland, Frankfurt am Main 1996, S. 112 ff.

1. *Fassen Sie die Aussagen Thränhardts mit eigenen Worten zusammen.*

2. *Erläutern Sie, inwiefern der Antikommunismus als „Integrationsideologie“ wirkte.*

3. *Erörtern Sie, ob es in unserer heutigen Gesellschaft auch „Integrationsideologien“ gibt.*

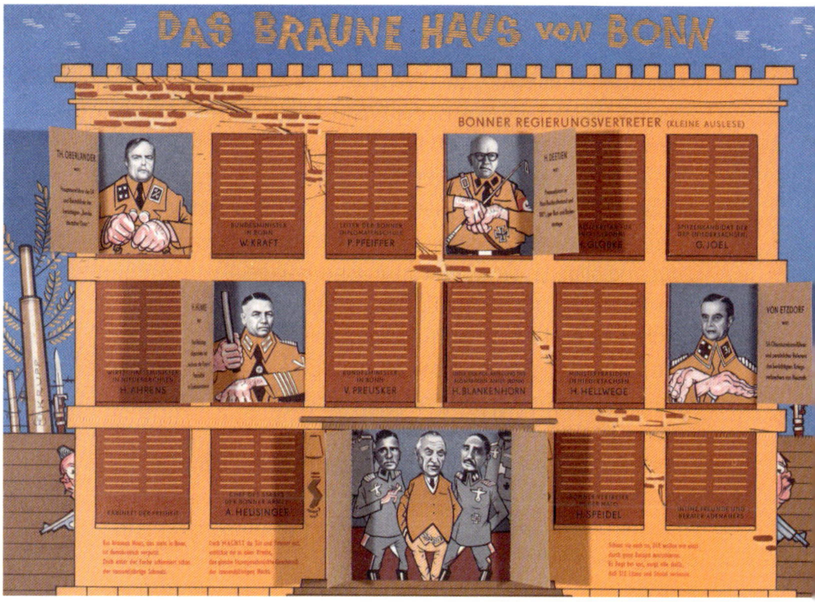

▲ **Das Braune Haus von Bonn.**
Schautafel, herausgegeben von der SED-Abteilung Agitation, Presse, Rundfunk, Berlin-Ost, 1956.
Als „Braunes Haus“ wurde die NS-Parteizentrale in München von 1930 bis 1945 bezeichnet. „Das Braune Haus von Bonn“ zeigt führende Politiker der Bundesrepublik, die im NS-Regime aktiv waren. Dazu gehört etwa Minister Theodor Oberländer (oben links).
- *Erläutern Sie, warum die SED-Führung an der Aufdeckung der „braunen“ Vergangenheit westdeutscher Politiker interessiert war.*

M6 Die zweite Schuld

Der Journalist, Publizist und Schriftsteller Ralph Giordano überlebt den Holocaust als Sohn einer Jüdin in einem Kellerversteck in Hamburg. In seinem 1987 erschienenen Buch „Die zweite Schuld oder Von der Last Deutscher zu sein“ setzt er sich mit der „Vergangenheitsbewältigung“ in der Bundesrepublik Deutschland auseinander:

Jede zweite Schuld setzt eine erste voraus – hier: die Schuld der Deutschen unter Hitler. Die zweite Schuld: die Verdrängung und Verleugnung der ersten nach 1945. Sie hat die politische Kultur der Bundesrepublik Deutschland bis auf den heutigen Tag wesentlich mitgeprägt, eine Hypothek, an der noch lange zu tragen sein wird. Denn es handelt sich nicht um einen bloß rhetorischen Prozess, nicht um einen Ablauf im stillen Kämmerlein. Die zweite Schuld hat sich vielmehr tief eingefressen in den Gesellschaftskörper der zweiten deutschen Demokratie. Kern ist das, was in diesem Buch der „große Frieden mit den Tätern“ genannt wird – ihre kalte Amnestierung durch Bundesgesetze und durch die nahezu

restlose soziale, politische und wirtschaftliche Eingliederung während der ersten zehn Jahre der neuen Staatsgeschichte. Das zweite Codewort, gleichsam der rote Faden von der ersten bis zur letzten Seite, ist der „Verlust der humanen Orientierung", ein tief aus der Geschichte des Deutschen Reiches bis hinein in unsere Gegenwart wirkendes Defizit. Beide Codewörter – der große Frieden mit den Tätern und der Verlust der humanen Orientierung – korrespondieren miteinander und bilden meine Betrachtungsgrundlage.
Hauptschauplatz ist die Bundesrepublik Deutschland, obwohl sich bestimmte Abläufe der zweiten Schuld auch auf die Deutsche Demokratische Republik übertragen ließen. [...] Hauptthema ist die historische Fehlentscheidung einer Mehrheit der heute älteren und alten Generationen, sich mit der nationalsozialistischen Vergangenheit und der eigenen Rolle in ihr nicht ehrlich auseinanderzusetzen, belastende Erinnerungen abzuwerfen und sich mit einem kompromittierenden Abschnitt selbsterlebter und mitgestalteter Nationalgeschichte herauszustehlen. Dies in Mittäterschaft einer Vielzahl bundesdeutscher Politiker aller Parteien, die um der Wählerstimmen willen dem nationalen Kollektiv der Hitleranhänger bei Verdrängung und Verleugnung weit entgegengekommen sind und damit ihren Anteil zur zweiten Schuld beigetragen haben.

Ralph Giordano, Die zweite Schuld oder Von der Last Deutscher zu sein, Hamburg/Zürich 1987, S. 11 f.

1. *Geben Sie wieder, was Giordano unter dem Begriff der „zweiten Schuld" versteht.*

2. *Erläutern Sie die Folgen der „zweiten Schuld" für das Selbstverständnis der Bundesrepublik.*

3. *Der niederländische Historiker Friso Wielenga bewertet die Aufarbeitung der Bundesrepublik im Jahr 1993 folgendermaßen: „Überblickt man den Umgang mit der NS-Vergangenheit im demokratischen Teil Deutschlands seit 1945, ist die These gerechtfertigt, dass diese Vergangenheit nicht ‚verdrängt' wurde, sondern dass sie sich – eher umgekehrt – allmählich in die westdeutsche Identität ‚eingebrannt' hat. Dabei ist nicht bestritten, dass auch vieles versäumt wurde. [...] Aber kein Staat der Welt hat die Konfrontation mit seiner belastenden Geschichte so intensiv angegangen wie der westliche Teil Deutschlands in dem vergangenen halben Jahrhundert."[1] Nehmen Sie begründet Stellung zu den gegensätzlichen Positionen Wielengas und Giordanos. Achten Sie auf den Zeitpunkt der Veröffentlichungen.*

[1] Friso Wielenga, Schatten deutscher Geschichte. Der Umgang mit dem Nationalsozialismus und der DDR-Vergangenheit in der Bundesrepublik, Vierow bei Greifswald 1993, S. 107

M7 Schuldgefühle und Loyalität

Christa Wolf gehört zu den bekanntesten Schriftstellerinnen der DDR. Im Juni 1987 nennt sie folgende Gründe für den Erfolg der Antifaschismus-Ideologie:

Als wir fünfzehn, sechzehn waren, mußten wir uns unter dem niederschmetternden Eindruck der ganzen Wahrheit über den deutschen Faschismus von denen abstoßen, die in diesen zwölf Jahren nach unserer Meinung durch Dabeisein, Mitmachen, Schweigen schuldig geworden waren. Wir mußten diejenigen entdecken, die Opfer geworden waren, diejenigen, die Widerstand geleistet hatten. [...] Das heißt, als wir sechzehn waren, konnten wir uns mit niemandem identifizieren. Dies ist eine wesentliche Aussage für meine Generation. Es ist ein nachwirkendes Defizit für junge Menschen, wenn sie sich mit niemandem identifizieren können. Uns wurde dann ein verlockendes Angebot gemacht: Ihr könnt, hieß es, eure mögliche, noch nicht verwirklichte Teilhabe an dieser nationalen Schuld loswerden oder abtragen, indem ihr aktiv am Aufbau der neuen Gesellschaft teilnehmt, die das genaue Gegenteil, die einzig radikale Alternative zum verbrecherischen System des Nationalsozialismus darstellt. An die Stelle des monströsen Wahnsystems, mit dem man unser Denken vergiftet hatte, trat ein Denkmodell mit dem Anspruch, die Widersprüche der Realität nicht zu verleugnen und zu verzerren, sondern adäquat widerzuspiegeln. Dies waren aktivierende, auch verändernde Angebote. Die Auseinandersetzung, die unausweichlich war, hat uns tief aufgewühlt. Dazu kam, speziell bei mir, aber nicht nur bei mir, die enge Beziehung zu Kommunisten, Antifaschisten durch meine Arbeit damals im Schriftstellerverband [...]. Beeindruckendere Leute als sie konnte es für mich damals nicht geben [...]. Natürlich übernahmen sie eine Vorbildrolle, es bildete sich ein Lehrer-Schüler-Verhältnis heraus, sie waren die absolut und in jeder Hinsicht Vorbildlichen, wir diejenigen, die in jeder Hinsicht zu hören und zu lernen hatten. [...] Für mich ist ein Beweis dafür, daß dieser Zustand weitgehend aus der deutschen Geschichte erwächst, daß Angehörige der gleichen Generation in den anderen sozialistischen Ländern früher kritisch, kühner, weniger brav und zähmbar waren als bei uns. Es lastete nicht die Schuld aus der Zeit des Nationalsozialismus auf ihnen und die Hemmung, sich offen kritisch gegenüber denen zu äußern, die ihre Lehrer und Vorbilder gewesen waren.

Zitiert nach: Matthias Judt (Hrsg.), DDR-Geschichte in Dokumenten, Bonn 1998, S. 59 f.

1. *„Uns wurde dann ein verlockendes Angebot gemacht" (Zeile 11 f.). Erläutern Sie, was Christa Wolf damit meint.*

2. *Erörtern Sie, welche Auswirkungen dies auf ihre Generation und deren Selbstverständnis hatte.*

M8 Antifaschismus als Herrschaftstechnik?

Der Historiker Christoph Classen beschreibt, wie der Antifaschismus in der DDR eingesetzt worden ist:

Dass „der Faschismus" und sein vermeintliches Gegenteil, „der Antifaschismus", oft in viel stärkerem Maße gegenwartsbezogene als historische Kategorien waren, zeigt schließlich der Fall eines Juden und Widerstandskämpfers, dem man – mangels Bereitschaft, Parteimitglied zu werden – den Status des Verfolgten des Naziregimes noch in den siebziger Jahren verweigerte. Als er diese Ungerechtigkeit monierte, erklärte man ihm mit entwaffnender Offenheit: „Es kommt nicht darauf an, was du damals gemacht hast, sondern was du heute machst." Deutlicher lässt sich der Sieg des Gegenwartshorizontes über die Vergangenheit schwerlich zum Ausdruck bringen. [...]
Es läge also nahe, auch das Faschismus-Paradigma in der DDR, das ja mit dem antifaschistischen Selbstverständnis untrennbar verbunden war, analog als vorwiegend taktisch motiviert zu beschreiben. Ohne Zweifel verschmolzen in dieser Kategorie zeitweise nahezu alle gesellschaftlichen Widerstände zu einem „kompakten" Feindbild, das eine Art Sündenbockfunktion für die anhaltenden Schwierigkeiten bei der Umsetzung des revolutionär-utopischen Projekts eines sozialistischen Deutschlands bekam. Ob westliche Bündnis- und Sicherheitspolitik, innerparteiliche Opposition, landesweiter Protest gegen die Zumutungen revolutionär-bürokratischer Umgestaltungspolitik wie im Jahr 1953 oder die bis zum Mauerbau anhaltende Fluchtbewegung: Stets sah man „Faschisten" oder wenigstens ihre Verbündeten am Werk, stets schien die Apokalypse eines neuen, nun atomar geführten Weltkriegs nicht fern. Zugleich ließ sich gegen einen solchen Gegner angesichts der monströsen Verbrechen des Nationalsozialismus buchstäblich jedes Mittel rechtfertigen. Und doch verfehlt jede Interpretation, die [...] den Antifaschismus allein oder in erster Linie als Herrschaftstechnik deutet, einen wesentlichen Aspekt des Phänomens. [...] Der manichäische[1] Charakter solcher Feindbilder stieß offenkundig keineswegs durchgängig auf Ablehnung. Nur so ist zu erklären – was zumeist gleichzeitig unterstellt wird –, dass der DDR-Antifaschismus als Herrschaftslegitimation vergleichsweise erfolgreich gewesen sei. Wenn es sich lediglich um durchschaubare propagandistische Manöver der politischen Elite gehandelt hätte, wie ist es dann möglich gewesen, eine breite und relativ dauerhafte gesellschaftliche Resonanz dafür zu finden?

Christoph Classen, Feindbild Faschismus. Zum Doppelcharakter einer Gegnerkategorie in der frühen DDR, in: Silke Satjukow und Rainer Gries (Hrsg.), Unsere Feinde. Konstruktion des Anderen im Sozialismus, Leipzig 2004, S. 127-148, hier S. 129 f.

▲ Tribüne zur geplanten Parade zum 25. Jahrestag des Mauerbaus in Ost-Berlin.
Foto vom 12. August 1986.

1. *Analysieren Sie Funktion und Zielsetzung des von Classen beschriebenen „Antifaschismus-Paradigmas".*

2. *Nehmen Sie Stellung zu Classens abschließender Frage. Ziehen Sie die Aussagen von Christa Wolf in M7 hinzu.*

3. *Der Politikwissenschaftler Peter Reichel fasst die DDR-Politik wie folgt zusammen: „So blieb die DDR fast bis zuletzt gefangen zwischen antifaschistischer Vergangenheitsverklärung, kommunistischer Zukunftsgewissheit und Schuldabwehr."[2] Erörtern Sie die Aussage auf der Grundlage von M8 und M9 sowie der Darstellung auf Seite 388 bis 397.*

[1] **Manichäismus**: Religion der Spätantike und des frühen Mittelalters, die für die angestrebte Erlösung Askese und Reinheit verlangt; hier wohl eher: Schwarz-Weiß-Malerei.

[2] Peter Reichel, Vergangenheitsbewältigung in Deutschland. Die Auseinandersetzung mit der NS-Diktatur in Politik und Justiz, München ²2007, S. 15

M9 Antifaschismus und Antitotalitarismus

Der Historiker Martin Sabrow vergleicht, wie nach 1945 „Vergangenheitspolitik" betrieben worden ist:

Der ostdeutsche Legitimationsantifaschismus wies schließlich tabuisierende Züge auf, indem er wesentliche Aspekte des Nationalsozialismus aus dem kollektiven Gedächtnis wie aus der wissenschaftlichen Forschung verbannte, darunter so zentrale Fragen wie die Massenattraktivität des Hitler-Regimes und die Teilhabe der Bevölkerung an Verfolgung und Vernichtung. Nie brachte die DDR-Geschichtswissenschaft eine Hitler-Biografie hervor, und bis zum Schluss hielt sie an einem dogmatisierten Denken fest, das Hitler als bloßen Handlanger der Monopole verstand, die KPD als führende Kraft des Widerstandes und das deutsche Volk als verführtes Opfer der Fremdherrschaft einer kleinen Clique. Die erste Überblicksdarstellung der DDR-Geschichtswissenschaft zur NS-Zeit widmete der Shoa kein Kapitel und keinen Unterabschnitt, sondern konzentrierte sich in den vier von 260 der „faschistische[n] Barbarei in den okkupierten Gebieten" gewidmeten Seiten auf die deutschen Gräueltaten in den besetzten Teilen der Sowjetunion. Juden wurden als Opfergruppe in diesem Zusammenhang nur ein einziges Mal, und zwar als Teil der sowjetischen Bevölkerung erwähnt [...].

Eine vergleichbare politische Instrumentalität und Tabuisierungskraft besaß auf der anderen Seite der Grenze der bundesdeutsche Antitotalitarismus. Sie zeigte sich im Umgang etwa mit dem kommunistischen Widerstand, der in der Bundesrepublik aus der symbolischen wie der materiellen Integration ausgeschlossen blieb. Sie zeigte sich ebenso in der Wiedergutmachungspolitik gegenüber den Opfern der nationalsozialistischen Gewaltherrschaft: Der zur westlichen Hemisphäre zählende Staat Israel erhielt Entschädigungsleistungen, osteuropäische Staaten erhielten sie bis 1989 nicht. [...] Seine tabuisierende Kraft bewies der bundesdeutsche Antitotalitarismus, indem er das Bild des christlichen und konservativen Widerstands ebenso von unwillkommenen Zügen zu reinigen erlaubte, wie es der Antifaschismus in Bezug auf den kommunistischen Widerstand vermochte. Die antidemokratischen und teils sogar antisemitischen Grundüberzeugungen vieler Männer des 20. Juli 1944, die in den Anfangsjahren der NS-Herrschaft oft überzeugte Hitler-Anhänger gewesen waren, blieben ebenso im Verborgenen wie die erst jüngst näher beleuchtete Frage der Verstrickung des militärischen Widerstandsflügels in den nationalsozialistischen Genozid. Diese [...] Haltung belastete die frühe Bundesrepublik mit einer unheilvollen und bis zum Anschein der Komplizenschaft reichenden Symbiose von Amnesie und Amnestie, die aus heutiger Sicht als ein empörender „Triumph des ‚Beschweigens'" vor uns steht, sie erlaubte aber zugleich analog zur staatlich verfolgten und gesellschaftlich verlangten Wiedereingliederungspolitik die unzweideutige Verurteilung des NS-Systems, ohne seine ehemaligen Träger und Anhänger auszugrenzen.

Martin Sabrow, Die NS-Vergangenheit in der geteilten deutschen Geschichtskultur, in: Christoph Kleßmann und Peter Lautzas (Hrsg.), Teilung und Integration. Die doppelte deutsche Nachkriegsgeschichte als wissenschaftliches und didaktisches Problem, Bonn 2005, S. 132-151, hier S. 142-144

1. *Geben Sie Gemeinsamkeiten und Unterschiede in der „Vergangenheitsbewältigung" beider deutscher Staaten wieder.*
2. *Erörtern Sie anhand des ostdeutschen Antifaschismus und des bundesdeutschen Antitotalitarismus den Begriff „Vergangenheitspolitik". Wie wirkt sich diese Politik jeweils aus?*

M10 Mythos und Identität

Der Politikwissenschaftler Herfried Münkler beschreibt, welche Funktion „moderne" Mythen in der Bundesrepublik und der DDR übernommen haben:

Politische Mythen haben in allen europäischen Nationen eine wichtige Rolle gespielt, Deutschland allerdings war ein regelrechtes Dorado der politischen Mythografie. Das hängt mit der politischen Deutungshoheit des Bildungsbürgertums und mit der verspäteten Staatsbildung zusammen: Bis 1871 waren Mythen und Symbole die einzige Repräsentation der Nation. Das hatte zur Folge, dass die nationalen Erwartungen und Anstrengungen auf das Feld des Symbolischen verwiesen waren. [...]

Dafür erfolgte nach dem Zweiten Weltkrieg ein mythenpolitischer Schnitt, wie er radikaler nicht hätte sein können. Fast alle politischen Mythen waren desavouiert: An eine Wiederkehr Barbarossas nach langem Schlaf war nicht mehr zu denken, und die Nibelungen hatten auf ihrem Zug nach Osten allesamt den Tod gefunden. Von der germanischen Identität, auf die man zeitweilig so stolz gewesen war, wollte man nichts mehr wissen, und auch der Preußenmythos war anrüchig geworden.

Im Umgang mit den Trümmern der alten deutschen Mythen gingen DDR und Bundesrepublik unterschiedliche Wege: Während die DDR ein neues Mythensystem errichtete, in dessen Zentrum geschichtliche Ereignisse standen, die sich als Vorgeschichte des Arbeiter-und-Bauern-Staates aufbereiten ließen – vom Bauernkrieg über die antinapoleonischen Befreiungskriege bis zum antifaschistischen Widerstand –,

▲ **Monumentalgemälde „Frühbürgerliche Revolution in Deutschland" von Werner Tübke im Panorama Museum im thüringischen Bad Frankenhausen.**
Foto vom 23. Juni 2009.
Am 14. September 1989 war die Gedenkstätte zum Deutschen Bauernkrieg 1525 als letztes DDR-Prestigeobjekt eröffnet worden. Als „Erbin aller humanistischer und progressiver Traditionen Deutschlands" sah sich die DDR gewissermaßen als Finale eines langen und opferreichen Kampfes. Als eines der frühesten und wichtigsten traditionsstiftenden Ereignisse wurden die Bauernkriege von 1524/25 angesehen, welche mit der Reformation zum Ereigniskomplex „frühbürgerliche Revolution in Deutschland" zusammengefasst wurden.

blieben in der Bundesrepublik die mythenpolitischen Trümmerberge zunächst weitgehend unbearbeitet. [...]
Aber ganz hat auch die Bundesrepublik auf Sinnstiftung durch mythische Erzählungen nicht verzichten können. Die Konsummythen [...] dienten nicht nur als Kaufanreize und Marketinginstrumente einer sich in ihrem neuen Wohlstand einrichtenden Gesellschaft, sondern avancierten auch zu Gegenerzählungen zur Mythik der DDR: Sie bestritten deren Anspruch, der bessere deutsche Staat zu sein, und hielten ihr die notorischen Versorgungsdefizite der Bevölkerung und die Einschränkung der Reisefreiheit als Manko der politischen Ordnung vor. Damit konterkarierten die bundesrepublikanischen Konsummythen den antifaschistischen Gründungsmythos, in dem die DDR den Widerstand gegen Hitler und die Zerschlagung des Nazi-Regimes für sich monopolisiert hatte.

Herfried Münkler, Die Deutschen und ihre Mythen, Berlin [2]2009, S. 17 und 19 f.

1. *Fassen Sie zusammen, was Münkler unter dem „mythenpolitische[n] Schnitt" (Zeile 10 f.) versteht.*
2. *Erklären Sie auf der Grundlage von Münklers Ausführungen den Begriff „politischer Mythos". Welche Funktion kommt ihm in Deutschland nach 1945 zu? Vergleichen Sie mit M4 im Theorie-Baustein „Nation – Begriff und Mythos" auf Seite 384 f.*

M11 „Unsere DDR ist ein sauberer Staat"

Im Dezember 1965 spricht Erich Honecker vor dem Zentralkomitee der SED über die Kulturpolitik:

Unsere DDR ist ein sauberer Staat. In ihr gibt es unverrückbare Maßstäbe der Ethik und Moral, für Anstand und gute Sitte. Unsere Partei tritt entschieden gegen die von den Imperialisten betriebene Propaganda der Unmoral auf, die das Ziel verfolgt, dem Sozialismus Schaden zuzufügen. Dabei befinden wir uns in voller Übereinstimmung mit der Bevölkerung der DDR und der überwiegenden Mehrheit der Menschen in Westdeutschland.
Wir stimmen jenen zu, die feststellen, dass die Ursachen für diese Erscheinungen der Unmoral und einer dem Sozialismus fremden Lebensweise auch in einigen Filmen, Fernsehsen-

▲ Der Liedermacher Wolf Biermann bei seinem Auftritt in der Kölner Sporthalle am 13. November 1976.
Mit der Begründung, er habe die DDR kritisiert, wurde Biermann nach seinem Köln-Konzert am 16. November 1976 ausgebürgert. Zu diesem Zeitpunkt hatte er in der DDR bereits elf Jahre Berufsverbot. Seine Ausbürgerung löste eine Protestwelle aus: Zwölf bekannte Schriftsteller unterschrieben eine Petition, 400 weitere DDR-Bürger solidarisierten sich mit ihnen. Die SED-Führung reagierte mit Festnahmen, Parteiausschlüssen und Berufsverboten. Reihenweise verließen daraufhin prominente Künstler und Schriftsteller die DDR.

dungen, Theaterstücken, literarischen Arbeiten und in Zeitschriften bei uns zu sehen sind. Es häuften sich in letzter Zeit auch in Sendungen des Fernsehfunks, in Filmen und Zeitschriften antihumanistische Darstellungen. Brutalitäten werden geschildert, das menschliche Handeln auf sexuelle Triebhaftigkeit reduziert. Den Erscheinungen der amerikanischen Unmoral und Dekadenz[1] wird nicht offen entgegengetreten. Das gilt besonders für den Bereich der heiteren Muse und der Unterhaltung, für einzelne literarische Arbeiten. [...] Biermann wird systematisch vom Gegner zum Bannerträger einer sogenannten literarischen Opposition der DDR, zur Stimme der „rebellischen Jugend" gemacht. Davon zeugen Sendungen westdeutscher Rundfunkstationen, Berichte in der westdeutschen Presse und Rezensionen zu seinem in West-Berlin erschienenen Gedichtband. Biermann wird dort als ein „äußerst freimütiger und kühner Kritiker des mitteldeutschen Regimes" gefeiert. Biermanns sogenannte Gedichte kennzeichnen sein spießbürgerliches, anarchistisches Verhalten, seine Überheblichkeit, seinen Skeptizismus und Zynismus. Biermann verrät heute mit seinen Liedern und Gedichten sozialistische Grundpositionen. Dabei genießt er wohlwollende Unterstützung und Förderung einiger Schriftsteller, Künstler und anderer Intellektueller. Es ist an der Zeit, der Verbreitung fremder und schädlicher Thesen und unkünstlerischer Machwerke [...] entgegenzutreten.

Zitiert nach: Rolf Steininger, Deutsche Geschichte. Darstellungen und Dokumente in vier Bänden, Bd. 3: 1955-1969, Frankfurt am Main 2002, S. 269 f.

[1] **Dekadenz**: kultureller Verfall

1. *Charakterisieren Sie das Bild, das Erich Honecker von der Kultur in der DDR zeichnet. Erläutern Sie, was er von der Kulturpolitik der SED erwartet.*
2. *Erörtern Sie die Begriffe, die Honecker in seiner Kritik verwendet, und finden Sie jeweils Gegenbegriffe.*

M12 Kalter Krieg im Sport

Die Historikerin Uta Andrea Balbier zur Bedeutung des Sports in der Systemkonkurrenz:

Die internationale Sportwelt eröffnete den kalten Kriegern auf beiden Seiten des Eisernen Vorhangs mehrere Möglichkeiten: In der offensichtlichen Wettbewerbssituation um Millimeter und Hundertstelsekunden versuchten beide Blöcke, die Überlegenheit ihres Gesellschaftssystems unter Beweis zu stellen, wie es SED-Generalsekretär Walter Ulbricht der DDR-Sportbewegung bereits zu Beginn der 1950er-Jahre einschärfte. In den 1960er-Jahren wurden im westlichen Lager vergleichbare Stimmen laut, und auch hier schnellte die Sportförderung in die Höhe. Gleichzeitig bot die – ihrem Selbstverständnis nach – unpolitische internationale Sportwelt diplomatisch kaum anerkannten Staaten wie der DDR Manövrierraum: Diese versuchte sich in den Sportstadien der Welt mit eigener Flagge und Hymne in Szene zu setzen, da die Bundesregierung umgekehrt bestrebt war, jede auch nur symbolische Anerkennung des Pankower Regimes zu verhindern. In einer Welt, in der Leistung, nicht ideologische Überzeugung zählte, mauserten sich die DDR-Sportfunktionäre lange vor der diplomatischen Anerkennung ihres Staates zu ernst zu nehmenden Verhandlungspartnern. Innerhalb des Internationalen Olympischen Komitees [...] erreichte sie die Akzeptanz ihrer Existenz Jahre bevor der Grundlagenvertrag 1974 das Verhältnis zwischen der DDR und der Bundesrepublik

▶ Kopf-an-Kopf-Rennen der beiden deutschen Mannschaften beim Staffelwettbewerb der Frauen.
Foto von den Olympischen Sommerspielen in München 1972.
Hier siegte die bundesdeutsche Auswahl knapp vor dem DDR-Team. Im Medaillenspiegel lag die DDR am Ende jedoch deutlich vorn. Die Spiele von 1972 waren die ersten, bei denen die Sportler aus der DDR hinter ihrer Landesfahne in das Stadion einziehen durften. Dies war auf bundesdeutschem Boden zuvor verboten. Als das Internationale Olympische Komitee (IOC) beschloss, die Spiele 1972 nach München zu vergeben, entschied das Bundeskabinett schließlich, das Hissen der „Spalterflagge" zuzulassen.

normalisierte. Die Geschichte des Aufstiegs der DDR im internationalen Sport ist jedoch eng mit der Politisierung der olympischen Bewegung im Kalten Krieg verknüpft. In dem Versuch, politisch neutral zu sein, schuf die olympische Bewegung Tatsachen, die politische Dynamiken auf beiden Seiten des Eisernen Vorhangs freisetzten. Die gesamtdeutsche Olympiamannschaft war von Beginn an – in Ost wie in West – ein Spielball deutschlandpolitischer Interessen.

Uta Andrea Balbier, Kalter Krieg im Stadion, in: Der Kalte Krieg, Darmstadt 2010, S. 91 f.

1. *Fassen Sie zusammen, inwiefern die beiden Blöcke internationale Sportveranstaltungen in Arenen des Kalten Krieges verwandelten.*
2. *Erläutern Sie, weshalb die SED-Führung den Sport systematisch förderte. Gab es weitere mögliche Motive?*
3. *Beurteilen Sie das Verhältnis von Sport und Politik. Nennen Sie Beispiele, in denen der Sport politischen Zwecken diente.*

M13 Was ist die „Berliner Republik"?

Der Journalist Ludwig Watzal 2001 zu Befürchtungen und Bedenken gegenüber der „Berliner Republik":

Als der Publizist Johannes Gross Anfang der neunziger Jahre den Begriff der Berliner Republik in die öffentliche Debatte einführte, schlugen die Wellen hoch. Seither geistert er durch die politischen Feuilletons. Gewichtige Bedenken wurden vorgetragen: Das Ende der Bonner Republik ließ Befürchtungen aufkeimen, Deutschland könnte an Traditionen anknüpfen, die es ins Verderben geführt hatten. Neuer deutscher Größenwahn, das Abstreifen seiner NS-Vergangenheit im Sinne eines historischen Schlussstriches oder das Ende der Westbindung wurden befürchtet. Die Befürworter einer Berliner Republik behaupteten, dass sich durch den Umzug an der innen- wie außenpolitischen Ausrichtung Deutschlands nichts Wesentliches ändern werde. Dass die Herausforderungen an das Land von Berlin aus besser bewältigt werden würden, ist bis heute bloße Behauptung. Der unbestreitbare Vorteil Berlins liegt aber darin, dass es nicht nur politische Hauptstadt, sondern auch gleichzeitig kulturelle Metropole ist.

Der Politologe Kurt Sontheimer beurteilt die „Berliner Republik" im selben Jahr wie folgt:

Von einer Berliner Republik als erneuerter Republik ließe sich reden, wenn durch die Einbeziehung der DDR-Bevölkerung ein politischer Prozess in Gang gekommen wäre, der zu bedeutsamen Änderungen der politischen und wirtschaftlich-sozialen Ordnung der alten Bundesrepublik geführt hätte. Doch dies war nicht der Fall. Nur die Bundesrepublik kam zum Zuge, die andere Seite war geschlagen und hilflos. So konnte die nun von Berlin aus zu regierende Bundesrepublik im Wesentlichen keine andere Republik sein als ihre Vorgängerin mit Regierungssitz in Bonn. Beim Übergang von Bonn nach Berlin hat sich an der Verfassungsordnung und dem politischen System der Bundesrepublik nichts Wesentliches verändert. Die friedliche Revolution der DDR-Bürger kam in der westlichen Bundesrepublik an ihr Ziel und ihr Ende. Auf diese Bundesrepublik hat sie sich nicht verändernd ausgewirkt. Es war ein frommer Wunsch vieler Ostdeutscher zu

▲ **Der Reichstag in Berlin.**

Von seiner Fertigstellung 1894 bis 1933 diente der Bau als Parlamentsgebäude. Nach der Wiedervereinigung beschloss der Deutsche Bundestag, den Reichstagsbau als Sitz des gesamtdeutschen Parlaments zu nutzen. Von 1995 bis 1999 wurde das Gebäude saniert; dabei entstand die gläserne Kuppel, die eine Durchsicht auf den darunterliegenden Plenarsaal ermöglicht. Sie ist für Besucher zugänglich und zu einem Wahrzeichen der Republik geworden.

- *Die „Berliner Republik" versteht sich als bürgernah, transparent, weltoffen, modern und geschichtsbewusst – dies soll auch durch die repräsentativen Regierungsbauten deutlich werden. Beurteilen Sie, ob und inwiefern die Architektur des Reichstages dieses Selbstverständnis wiedergibt.*

meinen, auch die Bundesrepublik müsse sich im Vereinigungsprozess ändern. Sie tat es nicht. [...]

Es sind diese großen und schwierigen Aufgaben des Zusammenwachsens und der gegenseitigen Anerkennung und Toleranz, die der jetzt von Berlin aus regierten Bundesrepublik von der Geschichte zugewiesen worden sind. Ihre Bewältigung, die auch misslingen oder nur unbefriedigend gelingen kann, unterscheidet die heutige Bundesrepublik von ihrer Bonner Variante. Dazu kommen die außerordentlichen Wandlungsprozesse im wirtschaftlichen und sozialen Bereich, die mit dem Allerweltsbegriff der Globalisierung umschrieben werden und die dem Staat einiges von seiner früheren Gestaltungsmacht entziehen. Kurz: Die Berliner Republik von heute unterscheidet sich hinsichtlich ihrer Probleme und Aufgaben, auch in ihrer Stellung im Rahmen der internationalen Ordnung, doch ganz wesentlich von den Problemen, mit denen es Bonn und seine Politiker vor Jahrzehnten zu tun hatten.

Die Historikerin Vera Caroline Simon äußert sich zum Stil der Einheitsfeiern im vereinigten Deutschland:

In Anbetracht der im In- und Ausland gezeichneten Renationalisierungsszenarien war es nicht verwunderlich, dass die symbolische Ausgestaltung des neuen Nationalfeiertags so unprovokativ, ja so zurückhaltend wie möglich ausfiel. [...]

Die nichtmilitärische Ausgestaltung entsprach jedoch nicht allein der außenpolitischen Signalfunktion einer sich der internationalen Vorbehalte bewussten Bundesrepublik. Sie etablierte sich auch in dezidierter Abgrenzung zu den militärischen Zeremonien der DDR, die bereits zu Zeiten der Zweistaatlichkeit als Unterschied zwischen der säbelrasselnden, totalitären DDR und der demokratischen Bundesrepublik angeführt wurde. Bereits der Nationalfeiertag der alten Bundesrepublik, der 17. Juni, sollte [...] ein „geläutertes Nationalbewusstsein“ präsentieren.

Erster Text: Ludwig Watzal, Editorial, in: Aus Politik und Zeitgeschichte, Heft 1-2/2001, S. 2; zweiter Text: Kurt Sontheimer, Berlin schafft keine neue Republik – und sie bewegt sich doch, in: Aus Politik und Zeitgeschichte, Heft 1-2/2001, S. 3-5; dritter Text: Vera Caroline Simon, Gefeierte Nation. Erinnerungskultur und Nationalfeiertag in Deutschland und Frankreich seit 1990, Frankfurt am Main u.a. 2010, S. 84

1. *Fassen Sie zusammen, was unter „Berliner Republik“ verstanden wird.*
2. *Erläutern Sie, welche Erwartungen und Befürchtungen mit ihr verknüpft worden sind.*
3. *„Während sich in Bonn der Verzicht aufs Nationale ausdrückte, wird in Berlin in großem Stil die Nation re-inszeniert. Die Nation will nicht nur imaginiert, sie will auch repräsentiert sein: durch Ideen, Mythen, Erzählungen, Symbole und nicht zuletzt durch die Architektur ihrer neuen Hauptstadt.“[1] Nehmen Sie dazu Stellung.*
4. *Stellen Sie die Berliner Republik jeweils der Bonner und der Weimarer Republik gegenüber. Erörtern Sie Gemeinsamkeiten und Unterschiede.*

M14 „Eine Verpflichtung für Gegenwart und Zukunft“

Am 25. Juni 1999 beschließt der Bundestag die Errichtung eines Denkmals für die ermordeten Juden Europas nach einem Entwurf des amerikanischen Architekten Peter Eisenman. Kurz vor der Eröffnung des Holocaust-Mahnmals in Berlin am 10. Mai 2005 nimmt Bundestagspräsident und zugleich Kuratoriumsmitglied der Denkmal-Stiftung Wolfgang Thierse in einem Interview mit der „Jüdischen Allgemeinen“ (J.A.) dazu Stellung:

THIERSE: [...] Mit dieser Entscheidung [für die Errichtung des Denkmals] bekennt sich der Bundestag dazu, sich nicht nur der freundlichen, der großen Seiten unserer Geschichte zu erinnern, sondern auch der entsetzlichen. Im Sinne einer Verpflichtung für Gegenwart und Zukunft. Das ist ein Bekenntnis zur raison d'etre[2] dieser Republik, die entstanden ist aus den materiellen, geistigen und moralischen Trümmern des nationalsozialistischen Deutschland. Mit der Verpflichtung, immer für Demokratie, Humanität und Toleranz einzustehen, Rassismus, Antisemitismus und Diktatur niemals wieder zuzulassen.

J.A.: Kann ein solches Signal von einer Architektur ausgehen?
THIERSE: Kunstwerke zwingen nicht alle, ja zu sagen. Kunstwerke, das Holocaust-Denkmal ist auch eines, sind eine Einladung. Ich bin überzeugt davon, dass diese Einladung vielfach angenommen werden wird. Sie werden beim Gang durch das Stelenfeld sinnlich und körperlich erfahren können, was das heißt: einsam sein, bedroht sein, bedrängt sein. Wenn die Besucher so emotional berührt in den „Ort der Information“ gehen, dort anhand von Einzelschicksalen erfahren, woran erinnert wird – an die millionenfache Vernichtung von Menschen –, dann kann das Denkmal gut gehen und funktionieren. [...]
J.A.: Viele Juden sagen, sie brauchen ein solches Denkmal nicht.
THIERSE: Das ist richtig.
J.A.: Wer braucht dann das Denkmal?
THIERSE: Es ist doch ganz klar: Das ist kein Denkmal für die überlebenden Juden. Es ist ein Denkmal für uns Deutsche, für unser kollektives Gedächtnis. Damit wir uns daran erinnern, was einmal möglich war. Eine solche verpflichtende Erinnerung geschieht dadurch, dass wir der Opfer gedenken. Verdrängen wir damit die Täter? Nein! Ein Kilometer entfernt steht die „Topographie des Terrors“[3], die zeigt, wie dieser Herrschafts- und Unterdrückungsapparat funktionierte. [...]
J.A.: Zieht das Denkmal nicht allein durch seine Existenz einen Schlussstrich unter die Geschichte?
THIERSE: Warum? Wenn es so wäre, wäre es ein Argument gegen jedes Denkmal, das ja immer der „versteinerte“ Ausdruck eines Diskussionsprozesses ist, der zu einem Ende gekommen ist. Aber Peter Eisenmans Werk hat eben etwas Anstößiges, Anregendes, Irritierendes. Und das Mahnmal steht ja auch in einem Kontext mit dem „Jüdischen Museum“ und der „Topographie des Terrors“. Das ist ein Angebot zur historischen Aufklärung im Selbstversuch.

Jüdische Allgemeine Nr. 18/2005, 6. Mai 2005

1. *Analysieren Sie die Rolle der NS-Zeit im politischen Selbstverständnis der Bundesrepublik, wie sie Thierse hier zum Ausdruck bringt.*
2. *Stellen Sie die Aussagen Thierses denen von Koselleck in M4 auf Seite 343 f. gegenüber. Nehmen Sie und Ihre Mitschüler jeweils eine der Positionen ein und führen Sie die Argumentation fort.*

[1] Aleida Assmann, Geschichte im Gedächtnis. Von der individuellen Erfahrung zur öffentlichen Inszenierung, München 2007, S. 111
[2] **Raison d'etre**: dt. Daseinsberechtigung

[3] Projekt zur Dokumentation des NS-Terrors auf dem Gelände zwischen Prinz-Albrecht-Straße (heute Niederkirchnerstraße), Wilhelmstraße und Anhalter Straße im Berliner Stadtbezirk Kreuzberg, wo sich zwischen 1933 und 1945 das Hauptquartier der Gestapo, der Sitz der SS-Führung und das Reichssicherheitshauptamt befanden. Die Dokumentationsstätte in der Niederkirchnerstraße 8 zählt zu den staatlichen Museen in Berlin.

Kompetenz:
Die Entstehung, Gestaltung und Wirkung eines Denkmals analysieren und seine Bedeutung für die Geschichts- und Erinnerungskultur erörtern

Denkmäler analysieren

Denkmäler sind eine besondere Form von Bauwerken. Sie haben das Ziel, an ein Ereignis, Zeiträume oder Personen zu erinnern, die dem Auftraggeber oder Künstler wichtig sind. Kaum eine andere Quellengattung ist so gut geeignet für historisch-entdeckendes Lernen wie Denkmäler. Sie ermöglichen nicht nur die Beschäftigung mit der Vergangenheit. Darüber hinaus sind sie ein sichtbarer Bestandteil des kulturellen und kollektiven Gedächtnisses eines Landes. Sie führen vor Augen, dass historische Erinnerung der ständigen Veränderung unterworfen ist, und sie drücken das Geschichtsbewusstsein ihrer Entstehungszeit aus. Jeden Betrachter zwingt ein Denkmal zu einer ganz persönlichen Einschätzung. Je besser er die Entstehungsgeschichte kennt und die einzelnen Teile deuten kann, desto mehr geht die Bewertung eines Denkmals über rein subjektive Eindrücke hinaus.
Die Anlässe für die Errichtung eines Denkmals haben sich im Laufe der Jahrhunderte ebenso verändert wie die Art der Gestaltung. Je nachdem welches Kriterium zugrunde gelegt wird, lassen sich Kategorien von Denkmälern unterscheiden. Eine rein äußerliche Einteilung ist die in Denkmäler mit naturalistisch gestalteten Figuren, Baudenkmäler, Industriedenkmäler, Naturdenkmäler und abstrakt gestaltete Denkmäler. Eine andere Unterscheidungsmöglichkeit bietet die Intention eines Denkmals. Mahnmale und Erinnerungsstätten richten zum Beispiel an die Nachwelt den Auftrag, aus der Vergangenheit für die Zukunft zu lernen.

Formale Kennzeichen

- Wann wurde das Denkmal errichtet?
- An welchem *Ort* wurde das Denkmal errichtet?
- Welche Bedeutung haben die *Umgebung* und die *Perspektive des Betrachters* für die Wirkung des Denkmals?

Entstehungsgeschichte

- Welche *Initiativgruppen* haben die Errichtung des Denkmals angeregt?
- Welche *Beweggründe* und *Ziele* hatten die Initiatoren?
- Vor welchem *historischen Hintergrund* wurde das Denkmal errichtet?
- Welche *alternativen Entwürfe* wurden konzipiert?

Inhalt und Gestaltung

- An welche *Persönlichkeit*, an welches *Ereignis*, an welchen *Sachverhalt* soll das Denkmal erinnern?
- Wie sind die dargestellten *Symbole*, *Formeln* und *Allegorien* zu deuten?

Intention und Wirkung

- An welche *Adressaten* richtete sich das Denkmal?
- Welche *Selbstaussagen von Betrachtern* liegen vor?
- Welche *Absicht* verfolgt das Denkmal?
- In welchem *Zusammenhang* stehen *Ort*, *Umgebung* und *Thematik* des Denkmals?

Bewertung und Fazit

- Wie lassen sich *Form* und *Gestaltung* des Denkmals einordnen und bewerten?
- Ist die *beabsichtigte Wirkung* des Denkmals durch die *Gestaltung* umgesetzt?
- Welche *Wirkung* hat das Denkmal auf *heutige Betrachter*?

Rekonstruktion des Stadtschlosses
Das Stadtschloss war Hauptresidenz der brandenburgischen Kurfürsten, später der preußischen Könige und Deutschen Kaiser. Es wurde 1950 im Auftrag der SED abgerissen. An seiner Stelle entstand der „Palast der Republik", Sitz der DDR-Volkskammer. 2007 beschloss der Bundestag den Wiederaufbau des Stadtschlosses als Kulturzentrum („Humboldt-Forum"), der immer wieder verschoben wurde.

Goldene „Schale"
Das Objekt ist entlang der Mittelachse beweglich gelagert und setzt sich in Bewegung, wenn es betreten wird. Es soll das „Gewicht" des Volkes in der Demokratie erfahrbar machen.

Denkmalsockel
Der 80 Meter lange und 40 Meter breite Sockel diente als Fundament für das zwischen 1889 und 1897 erbaute 21 Meter hohe Reiterstandbild von Kaiser Wilhelm I. Das Nationaldenkmal wurde 1950 bis auf den Sockel abgerissen.

Unterseite des Denkmals
Großformatige, gerasterte Bilder von Demonstranten der Herbstrevolution 1989 sollen ihre Bedeutung als Basis der Freiheit und Einheit würdigen.

▲◄ Modell des Freiheits- und Einheitsdenkmals in Berlin.
Bilder des Siegerentwurfs „Bürger in Bewegung" von Johannes Milla (Stuttgart) und Sasha Waltz (Berlin).

Schlossfreiheit
Ehemaliger Straßenzug gegenüber dem früheren Berliner Schloss. Der geschichtsträchtige Ort zeugt von großen Ereignissen der deutschen Geschichte: Märzrevolution 1848, Reichseinheit 1871, zwei Weltkriege, DDR-Diktatur und Deutsche Einheit, die 1990 wenige Meter entfernt mit dem Einigungsvertrag besiegelt wurde.

„Beweggründe"
Goldene Linien aus Zitaten zu den Beweggründen der Bürgerrechtler und Demonstranten leiten den Besucher über die gesamte Denkmaloberseite.

Schriftzug „Wir sind das Volk. Wir sind ein Volk"
Schlüsselsätze der Herbstrevolution und Wiedervereinigung als Aufruf an Besucher, für Freiheit und Demokratie einzustehen. Die Buchstaben dienen als Sitzmöglichkeit und verweisen auf die Bestimmung des Denkmals als Treffpunkt, Bühne und Ort der Besinnung.

Internettipp
www.freiheits-und-einheitsdenkmal.de

Formale Kennzeichen Das vom Bundestag 2007 beschlossene Freiheits- und Einheitsdenkmal – eine 55 Meter lange, bewegliche und begehbare goldene Schale mit dem Titel „Bürger in Bewegung" – soll auf dem großen leeren Sockel des ehemaligen Reiterstandbildes Kaiser Wilhelms I. auf dem Berliner Schlossplatz entstehen. Baubeginn ist voraussichtlich 2013.

Entstehungsgeschichte Schon 1998 hatte sich anlässlich des bevorstehenden 10. Jahrestages der friedlichen Revolution eine Bürgerinitiative zur Errichtung eines Freiheits- und Einheitsdenkmals gebildet. Sie schlug den Sockel des früheren Nationaldenkmals für Kaiser Wilhelm I. – ein Symbol für die Reichsgründung „von oben" – als das geeignete historische Fundament für ein Denkmal der „von unten" erkämpften Freiheit und Einheit vor.
Ein erster Antrag fand im Bundestag keine Mehrheit. Erst 2007 entschieden sich die Abgeordneten für die Realisierung des Projektes. Nachdem sich die Jury bei einem ersten offenen Gestaltungswettbewerb auf keinen der über 500 eingereichten Vorschläge einigen konnte, ging 2011 aus einem zweiten Wettbewerb der Entwurf „Bürger in Bewegung" des Designers Johannes Milla und der Choreografin Sasha Waltz als Sieger hervor.

Inhalt und Gestaltung Das Einheits- und Freiheitsdenkmal ist den mutigen DDR-Bürgern gewidmet, die im Herbst 1989 die Mauer und damit auch die SED-Diktatur zum Einsturz brachten. Es besteht aus einer nach oben und zur Seite offenen gewölbten Form, die an eine Schale erinnert. Form und Funktion spiegeln das Motto „Bürgerbewegung" wider: Die Schale kann betreten und in Auf- und Abwärtsbewegung versetzt werden, sobald sich mindestens fünfzig Personen auf einer Seite versammeln. Entlang der oberen Längsseite bilden große goldene Buchstabenblöcke die Schlüsselsätze der Revolution von 1989: „Wir sind das Volk. Wir sind ein Volk". Der Schriftzug kann als Sitzfläche genutzt werden. In den Asphalt der Denkmalsoberseite sind zudem goldene, geschwungene Linien aus Zitaten eingelassen. Sie nennen die Beweggründe der Bürgerrechtler und Demonstranten. Die Unterseite der Schale ist mit großformatigen, durch Rasterung verfremdeten Fotos von Demonstranten verkleidet. Die Akteure der Herbstrevolution werden damit symbolisch zur Basis, auf der sich die Besucher bewegen. Die Gestaltung des Bereiches unterhalb des Denkmals ist noch unklar.

Intention und Wirkung Das Denkmal soll die Botschaft „Wir sind das Volk!" spielerisch erfahrbar machen: Durch gemeinsame Aktion können die Bürger etwas in Bewegung setzen. Zugleich soll es ein heiterer Ort der Begegnung sein, den die Bürger aktiv nutzen und mitgestalten. Der spielerische „Schaukel-Effekt" lädt zum Betreten und Mitmachen ein. Insofern wird es seinem Anspruch gerecht und lässt die Bürger zu Akteuren und Teilen des Denkmals werden. Insgesamt wirkt es wie eine mobile und monumentale Aussichtsplattform.

Bewertung und Fazit Der Entwurf rief von Anfang an auch Kritik hervor: Die riesige Schale wirke pathetisch und sei lediglich ein Riesenspielzeug für Erwachsene. Entgegen dem Motto „Wir sind das Volk!" sei zudem die Entscheidung dafür ohne Bürgerbeteiligung gefallen. Es gibt auch Zweifel, ob das Denkmal überhaupt sinnvoll ist. Immer wieder wird das Brandenburger Tor als bereits bestehende Erinnerungsstätte der Wiedervereinigung diskutiert. Wie die Öffentlichkeit das Denkmal annimmt, wird sich zeigen.

1. *Beurteilen Sie die Konzeption des Denkmals. Nehmen Sie Stellung zu den Kritikpunkten.*
2. *Das Freiheits- und Einheitsdenkmal soll für die „Idee eines positiven Denkmals" stehen (Edgar Wolfrum). Erörtern Sie, ob damit eine Verschiebung der historischen Erinnerung bzw. ein Wandel der Gedenk- und Erinnerungskultur verbunden ist. Vergleichen Sie es mit dem Holocaust-Mahnmal (siehe M4 auf Seite 343 f. und M14 auf Seite 415).*

1. *Setzen Sie das politische System der Weimarer Republik mit der Demokratie in der Bundesrepublik nach 1949 in Beziehung.*
2. *Erklären Sie das Entstehen des Nationalsozialismus in Deutschland.*
3. *Der US-amerikanische Soziologe und Politikwissenschaftler Daniel Jonah Goldhagen bezeichnet die Deutschen in seinem 1996 erschienenen, gleichnamigen Buch als „Hitlers willige Vollstrecker". Überprüfen Sie diese Aussage.*
4. *Charakterisieren Sie die Entwicklung des Verständnisses von Politik und Gesellschaft in der Bundesrepublik und der DDR zwischen 1949 und 1989.*
5. *Erläutern Sie die Begriffe „Nation", „Nationalität" und „Nationalismus". Berücksichtigen Sie dabei auch konkrete Beispiele der deutschen Geschichte nach 1918.*
6. *Analysieren Sie, auf welche Weise politische Mythen (z.B. Wirtschaftswunder) sowie die Auseinandersetzung mit dem Nationalsozialismus das nationale Bewusstsein im gegenwärtigen Deutschland prägen.*

◂ **Denkmal in der Berliner Rosenstraße, eingeweiht 1995.**
Foto von 1995

Internettipp
www.rosenstrasse-protest.de

Filmtipp
Rosenstraße; Deutschland/Niederlande 2003, Regie: Margarethe von Trotta

Lesetipp
Eine gut zu lesende Zusammenfassung der Ereignisse in der Rosenstraße bietet der Band des Historikers Wolf Gruner, Gedenkort Rosenstraße 2-4. Internierung und Protest im NS-Staat, Berlin 2013

- *Recherchieren Sie die historischen Geschehnisse, die in den Denkmälern aufgegriffen werden.*
- *Vergleichen Sie die Darstellungen des Umgangs mit den Verbrechen des Nationalsozialismus.*

▸ **Denkmal „Züge ins Leben – Züge in den Tod" an der Berliner Friedrichstraße, eingeweiht 2008.**
Foto von 2011.

Internettipp
www.berlin-judentum.de/denkmal/kindertransporte.htm

4. Geschichts- und Erinnerungskultur

- Welche Formen und Ebenen der kollektiven Erinnerung an die Vergangenheit lassen sich unterscheiden?
- Auf welche Weise bilden sich historische Mythen?
- Welche Funktionen haben historische Mythen für einzelne Personen, gesellschaftliche Gruppen oder eine Nation?

4.1 Mythen

◂ **„Die Erstürmung der Bastille."**
Ölgemälde von Charles Thévenin, 1793.
Die Festung war Ende des 14. Jahrhunderts zur Verteidigung gegen die Engländer erbaut und später zum Staatsgefängnis gemacht worden. Die im Bild gezeigte blau-weiß-rote Trikolore (lat. tricolor: dreifarbig) ist eine Kombination aus den Farben der Stadt Paris (blau und rot) und dem weißen Lilienbanner der Monarchie. Offiziell wurde die Trikolore erst 1794 zur Nationalflagge erklärt.

- *Das Gemälde deutet den Sturm auf die Bastille als nationales Ereignis. Erklären Sie diese Aussage.*

Wichtige Namen
- Arminius

Wichtige Begriffe
- „Bastille-Sturm"
- „Hermannsmythos"
- Nationalfeiertag
- Ostalgie
- Varusschlacht

Der Begriff „Mythos" hat für den Historiker eine doppelte Bedeutung: Er weist zum einen auf eine Verfälschung von Tatsachen oder zum anderen auf eine sinnstiftende Erzählung hin. Eine „gefälschte" Geschichte kann von der Geschichtswissenschaft einfacher erkannt und widerlegt werden als zu Mythen gewordene Geschichten. Ihnen kommen die Historiker nur näher, wenn sie diese sinnstiftenden Erzählungen ebenfalls dekonstruieren, das heißt, die angegebenen Tatsachen prüfen und der Frage nachgehen, warum und wieso an ein bestimmtes Ereignis erinnert wurde und wird. Ausgangspunkt für eine umfassende und gründliche Untersuchung dieser Mythen sind oft sogenannte „Erinnerungsorte" (*Lieux de mémoire*). Das können beispielsweise Daten, ein Motto, ein bestimmter Ort oder ein Personenname sein.

Mythen spielen eine wichtige Rolle, um politische Ansprüche zu begründen und Menschen zu mobilisieren. Das Verständnis dafür, einer bestimmten Nation anzugehören, wird davon beeinflusst, wie und wo in der Gegenwart an die gemeinsame Vergangenheit erinnert wird. Grundlage der politischen Mythen sind eingängig erzählte Geschichten, die zum kulturellen Gedächtnis einer Gesellschaft zählen und politische Ansprüche begründen halfen. Sie interpretieren die Vergangenheit, idealisieren bestimmte Aspekte und verschweigen Schattenseiten. Zu den politischen Mythen gehören auch symbolische Handlungen. So werden nationale Gefühle geweckt, wenn die Nationalhymne zu hören und die -flagge zu sehen ist oder wenn ein Nationalfeiertag festlich begangen wird. Auch diese symbolischen Handlungen beruhen oft auf politischen Mythen. Sie drücken eine gemeinsame Übereinstimmung, eine „kollektive Identität", zwischen den Staatsbürgern und ihrem Staat aus. Damit wird deutlich, dass eine nationale Identität nicht nur etwas mit der gemeinsamen Herkunft, dem gemeinsamen Staatsgebiet und Recht, der gemeinsamen Sprache und Religion der Menschen zu tun hat, sondern auch das Ergebnis einer sozialen Konstruktion ist. Herrscher und Regierende können politische Mythen nutzen, um ein Gemeinschaftsgefühl zu erzeugen oder um ihre Macht zu rechtfertigen.

In diesem Kapitel erwerben Sie die **Kompetenz**,
- Beispiele von Mythen zu beschreiben und zu charakterisieren,
- Inhalte und Intentionen von Mythen zu analysieren und zu dekonstruieren.

Mythen der Nationen: Arminius – „Gründungsvater“ der Deutschen?

▲ **Das Hermannsdenkmal bei Detmold.**
Foto von 2006.
Unterbau und Figur sind knapp 54 m hoch. Auf dem Schwert steht: „Deutsche Einigkeit meine Stärke, meine Stärke Deutschlands Macht.“ Unter einem Relief Wilhelms I. befindet sich die Inschrift: „Der lang getrennte Stämme vereint mit starker Hand / Der welsche Macht und Tücke siegreich überwandt / Der längst verlorne Söhne heimführt zum Deutschen Reich / Armin, dem Retter ist er gleich.“

- *Analysieren Sie, welche historischen Parallelen mit dem Spruch gezogen werden. Was bedeutet „welsch“?*

Arminius und die Varusschlacht Noch heute ist das Hermannsdenkmal ein beliebtes Ausflugsziel. Tausende pilgern an jedem Sommerwochenende nach Hiddesen nahe Detmold im südlichen Teutoburger Wald, um die Grotenburg zum Denkmal hinaufzuwandern. Sein Erbauer Ernst von Bandel wollte damit an den Sieg der Germanen über die Römer im Teutoburger Wald erinnern. Dort sollen im Jahr 9 n. Chr. der Cheruskerfürst *Arminius*, „Hermann“ genannt, und die vereinten germanischen Stämme das Heer des römischen Statthalters *Publius Quinctilius Varus* vernichtend geschlagen haben.

Seit etwa 16 v. Chr. unternahmen die Römer Militärzüge bis an die Nordsee, Weser und Elbe, errichteten Militäranlagen und Stützpunkte, um das germanische Gebiet rechts des Rheins zu befrieden und zu sichern. Bald entstanden zivile Siedlungen, allmählich wurde das Gebiet zwischen Weser und Rhein römischer Verwaltung unterstellt. Aus „Germanien“ sollte eine römische Provinz werden.

Arminius war der Sohn eines römerfreundlichen cheruskischen Stammesfürsten. Um sich die Loyalität dieser führenden Familien zu sichern, verliehen ihnen die Römer das Bürgerrecht. Ihre Söhne – so auch Arminius – wurden oft im Reich erzogen und ausgebildet. Als Anführer cheruskischer Hilfstruppen machte Arminius im römischen Heer eine militärische Karriere. Nach seiner Rückkehr nach Germanien 7/8 n. Chr. führte er einen Aufstand gegen die römischen Besatzer an. Er lockte drei Legionen des römischen Feldherrn Varus in einen Hinterhalt. In einem dreitägigen Kampf soll Rom etwa 20 000 Mann verloren haben. Varus beging nach der verheerenden Niederlage Selbstmord.

Was wir über die Germanen, Arminius und die „Schlacht im Teutoburger Wald“ wissen, wissen wir nur aus antiken römischen Schriften (▸ M1 und M2). Schriftliche Quellen der Germanen gibt es nicht. Wo genau die unter Arminius vereint kämpfenden germanischen Völker den Sieg über die Römer errangen, ist bis heute umstritten. Tacitus nennt den Teutoburger Wald als Ort der *Varusschlacht*. Dort, wo heute das Hermannsdenkmal steht, fand sie jedoch mit Sicherheit nicht statt. Archäologen konnten dort keinerlei Spuren eines Kampfes finden. Stattdessen weisen römische und germanische Funde immer deutlicher auf Kalkriese bei Osnabrück als Ort einer großen Schlacht dieser Zeit hin. Ob es sich dabei um die Varusschlacht handelt, darüber sind sich die Forscher allerdings nicht einig.

Arminius: „Befreier Germaniens“? *„Er war zweifellos der Befreier Germaniens, der nicht die Anfänge des römischen Volkes, wie andere Könige und Führer, sondern das Reich in vollster Blüte herausgefordert hat, in Kämpfen mit wechselndem Erfolg, im Krieg aber unbesiegt.“* Mit diesen Worten rühmt Tacitus in seinen Annalen den Cherusker Arminius als großen Rivalen Roms. Das von Tacitus überlieferte Bild prägt vielfach bis heute die Vorstellungen der historischen Ereignisse und der Person des Arminius. Lange galt die Niederlage der Römer als Anfang vom Ende ihrer Herrschaft in Germanien, als „Wendepunkt der Geschichte“ und Arminius als „Befreier Germaniens“.

Möglicherweise trug die verlorene Varusschlacht tatsächlich dazu bei, dass der mittlere und nördliche Teil Deutschlands und Europas nicht römisch wurden, denn die

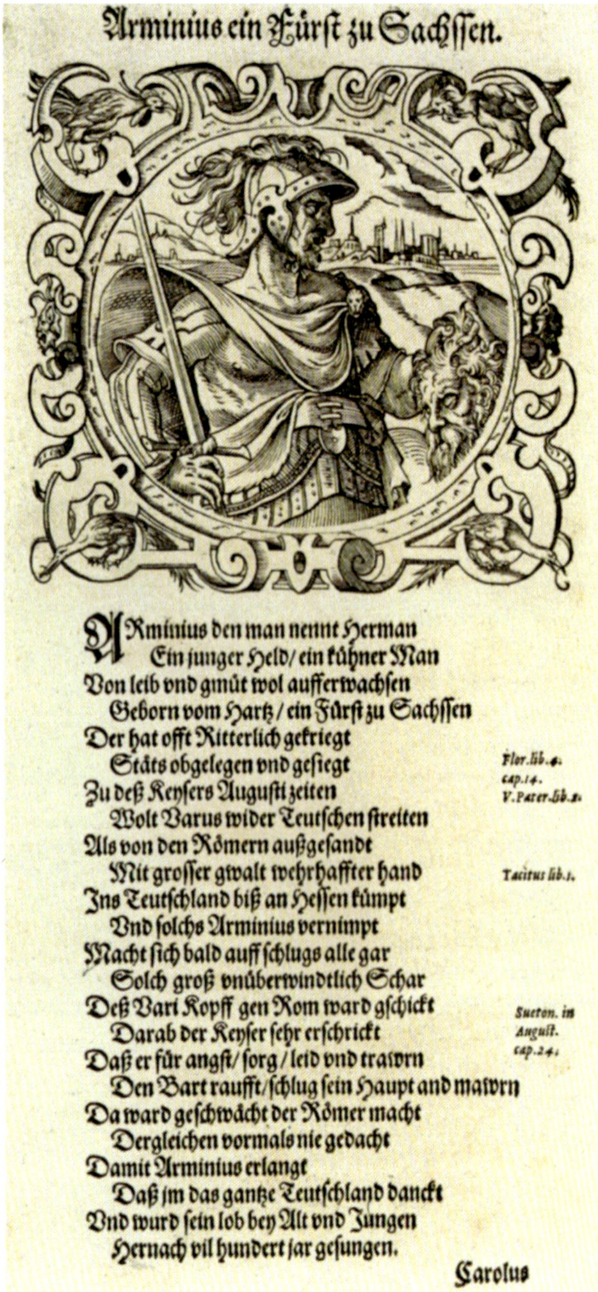

Arminius ein Fürst zu Sachssen.

ARminius den man nennt Herman
Ein junger Held/ ein kühner Man
Von leib vnd gmůt wol aufferwachsen
Geborn vom Hartz / ein Fürst zu Sachssen
Der hat offt Ritterlich gekriegt
Stäts obgelegen vnd gesiegt — Flor. lib. 4. cap. 14.
Zu deß Keysers Augusti zeiten — V. Pater. lib. 2.
Wolt Varus wider Teutschen streiten
Als von den Römern außgesandt
Mit grosser gwalt wehrhaffter hand — Tacitus lib. 1.
Ins Teutschland biß an Hessen kůmpt
Vnd solchs Arminius vernimpt
Macht sich bald auff schlugs alle gar
Solch groß vnüberwindtlich Schar
Deß Vari Kopff gen Rom ward gschickt — Sueton. in August. cap. 24.
Darab der Keyser sehr erschrickt
Daß er für angst/ sorg / leid vnd trawrn
Den Bart raufft/ schlug sein Haupt and mawrn
Da ward geschwächt der Römer macht
Dergleichen vormals nie gedacht
Damit Arminius erlangt
Daß jm das gantze Teutschland danckt
Vnd wurd sein lob bey Alt vnd Jungen
Hernach vil hundert jar gesungen.

Carolus

◂ **Aus Arminius wird Hermann.**
Holzschnitt von Jost Amman von 1566 als Illustration in der seit 1522 erschienenen „Bayerischen Chronik" des Humanisten Johann Turmair alias Johannes Aventinus.
Der bayerische Geschichtsschreiber Aventinus verfasste auf der Grundlage der Annalen des Tacitus die erste deutsche Darstellung der Germanenkriege unter Arminius, hier als Sachsenfürst dargestellt. Er folgt damit der humanistischen Tradition, den Arminiusstoff dem sächsischen Kurfürsten zu widmen. Zugleich unternimmt er den Versuch, aus dem lateinischen Namen Arminius die vermeintliche germanische Urform „Ermann" für „Ehren-Mahner" zu rekonstruieren. Auch die Namensgebung „Hermann" für „Mann des Kriegsvolkes und des Heeres" findet sich bei ihm, wohl von Martin Luther übernommen. In dessen Namensbuch von 1530/1537 wird Arminius als „Hermann" („Heer-Mann") übersetzt.

Römer zogen sich – wenn auch erst einige Jahre später unter Kaiser Tiberius – an den Rhein zurück. Einfluss auf Germanien behielten sie aber trotzdem, nämlich über das erprobte Mittel der Verträge mit benachbarten Völkerschaften. Einen historischen Wendepunkt markiert das Jahr 9 n. Chr. jedoch nicht.

Auch die Vorstellung von einem Freiheitskampf des „germanischen Volkes" widerspricht den historischen Tatsachen. Der Widerstand gegen die römischen Besatzer war keine Sache des Volkes, denn ein „germanisches Volk", das sich zusammengehörig fühlte, gab es nicht. Der von Arminius geführte Aufstand war vielmehr eine Angelegenheit von Führungsgruppen germanischer Stämme, die ihre Stellung durch die römischen Besatzer bedroht sahen und gegen diese Kampfverbände mobilisierten. Interne Stammesrivalitäten und Auseinandersetzungen zwischen pro- und antirömischen Gruppen verhinderten zudem einen geschlossenen germanischen Widerstand. Gerade im Familienclan des Arminius scheint es große Führungsrivalitäten gegeben zu haben: Um das Jahr 21 n. Chr. wurde Arminius von seinen Verwandten ermordet.

„Germanen" und „Deutsche" Wie die Teilnehmer der Einweihungsfeier des Hermannsdenkmals 1875 betrachteten sich die meisten Deutschen im 19. Jahrhundert als Teil eines Volkes, dessen Wurzeln bis zu den „Germanen" und ihrem „Gründungsvater" Arminius zurückreichten. Dabei hat es „die Germanen" nie gegeben, sondern lediglich das von den Römern geprägte „Bild" von ihnen. Seit sie um die Mitte des 1. Jahrhunderts die Völker links des Rheins unterworfen hatten, bezeichneten die Römer die unterschiedlichen Stämme jenseits des Rheins pauschal als „Germanen". Es gibt keinerlei Belege dafür, dass sich diese Völkerschaften selbst so bezeichneten. Obwohl Wissenschaftler vorgeschlagen haben, auf diese Fremdbezeichnung zu verzichten, wird sie doch bis heute beibehalten.

P. CORNE-
LII TACITI HISTORI-
ci de situ, moribus & po
pulis Germaniæ,
libellus.
GERMANIA om̄is
à Gallis Rhætijs-
que & Pannonijs,
Rheno & Danu-
bio fluminibus, à
Sarmatis Dacisq;
mutuo metu aut montibus separa
tur. Cætera Oceanus ambit, latos
sinus & insularũ immensa spatia
complectens, nuper cognitis qui-
A 2 busdam

▸ **Titelblatt der „Germania" des Tacitus.**
Druck von 1519 aus Basel.
Der römische Politiker Publius Cornelius Tacitus (um 55-116/120 n. Chr.) begann um 97 n. Chr. mit der Niederschrift umfangreicher Geschichtsdarstellungen. Die „Germania" wurde seit ihrer Wiederentdeckung 1425 für Jahrhunderte die wichtigste Quelle zu „Germanien" und den „Germanen". 1472 wurde sie erstmals in Bologna, später vor allem im deutschsprachigen Raum gedruckt, wo sie sich mit großer Wirkung verbreitete.

Die „Erfindung" der deutschen Nation Im Mittelalter waren die Schriften des Tacitus und damit auch die Geschichte von Arminius und der Varusschlacht so gut wie vergessen. In der Renaissance durchforsteten italienische Humanisten auf der Suche nach antiken Texten die Klosterbibliotheken. 1425 fanden sie eine Abschrift der verloren geglaubten „Germania" des Tacitus, 1507 seine „Annalen" wieder. Damit wurden die germanische Frühzeit und die Varusschlacht bekannt.

Tacitus hatte Arminius zum „Befreier Germaniens" erklärt. Dies nahmen die Humanisten wörtlich: Mit zunehmender Vereinfachung erklärten sie die Germanen zu Vorfahren der Deutschen, von denen sie ihre kriegerische Stärke und Tugend übernommen hätten.

Zwar gab es bereits in der Antike und im Mittelalter die Vorstellung, dass sich Völker von mythischen Stammvätern herleiteten. Einen gesamtdeutschen Ursprungsmythos gab es vor 1500 jedoch nicht. In der mittelalterlichen Ständegesellschaft hatte das „Herkommen" eine andere Bedeutung. Ein deutscher Adliger fühlte sich seinen französischen oder italienischen Standesgenossen stärker verbunden als den Untertanen seines Landes.

Erst in der Frühen Neuzeit entstand unter Gelehrten von Tacitus ausgehend die Vorstellung eines ethnisch in sich geschlossenen „germanischen" Volkes, das sich geradlinig zur deutschen Nation entwickelt habe. Der Reichsritter *Ulrich von Hutten* feierte Arminius Anfang des 16. Jahrhunderts als einen der „ersten Vaterlandsbefreier", der das „römische Joch" abgeworfen hätte. Arminius, bald in „Hermann" umbenannt, wurde zum ersten deutschen Helden und zum Führer eines germanisch-deutschen Freiheitskampfes, der sich in der Gegenwart fortsetzte.

Nationaler Mythos im 19. Jahrhundert Seit Ende des 18. Jahrhunderts setzte eine wahre „Hermannseuphorie" ein. Den eigentlichen Aufstieg zum Nationalmythos erlebte der „*Hermannsmythos*" seit der Zeit Napoleons und der Befreiungskriege zu Beginn des 19. Jahrhunderts. Hermann wurde zur Leit- und Vorbildfigur der nationalen Erhebung gegen die französische Fremdherrschaft und zum Symbol der kriegerischen Nation. So wie er 1800 Jahre zuvor Varus aus Germanien vertrieben hatte, wollte man nun Napoleon aus Deutschland vertreiben.

Der „Hermannsmythos" wurde nach dem Untergang des alten Reiches immer mehr zur Antriebs- und Rechtfertigungsideologie der nationalen Einigung und Hermann zur Integrationsfigur. Der bayerische König ließ die Varusschlacht 1842 im Giebel der nationalen Gedenkstätte Walhalla verewigen, seit 1836 sammelte ein Verein

▲ **Die Hermannsschlacht im Teutoburger Wald.**
Gemälde von Wilhelm Lindenschmidt d. Ä., um 1840.
- *Analysieren Sie die Bildkomposition.*
- *Erläutern Sie, inwiefern Lindenschmidt den Ausgang der Schlacht vorwegnimmt.*

deutschlandweit für die Errichtung des Hermannsdenkmals (▸ M3). Die großen historiografischen Werke der Zeit begannen wie selbstverständlich mit einer Darstellung der „deutschen Völkerschaften in der Urzeit" und dem „Freiheitskampf der Deutschen gegen Roms Weltmacht". Dies alles war Ausdruck der „organischen" Geschichtsauffassung einer Nation, die sich vorstellte, von einem ethnisch und sprachlich einheitlichen „Volk" (einen „Stamm") abzustammen.

Durch das 19. und die erste Hälfte des 20. Jahrhunderts hindurch wurde der „Hermannsmythos" von nationalen Kreisen verwendet. Der auf seinem Denkmal bei Detmold stehende Hermann reckte bei seiner Enthüllung 1875 sein Schwert nicht gegen die Römer, sondern gegen Frankreich, das 1870/71 militärisch besiegt worden war und als jahrhundertelanger „Erbfeind" betrachtet wurde. Das Kaiserreich von 1871 galt dabei als Wiederbelebung des mittelalterlich-germanischen Reiches der Deutschen.

Nach 1918 wurde der „Arminiusmythos" in „völkischen" Kreisen verwendet. Diese verstanden ihn jedoch nicht als heroischen Sieg der Germanen, sondern stellten die Ermordung des Arminius durch die eigenen Leute der Dolchstoßlegende gleich, nach der die deutsche Armee durch oppositionelle „vaterlandslose" Zivilisten aus der Heimat von hinten „erdolcht" worden sei. Während der Weimarer Republik wurde der „Hermannsmythos" vor allem gegen die Republik und ihre Vertreter instrumentalisiert. So wussten ihn auch die Nationalsozialisten für ihre Zwecke zu nutzen und mit ihrer germanischen Rassenideologie zu verbinden. In unterschiedlicher Weise wurde Arminius somit jeweils als Identifikationsfigur herangezogen.

M1 Arminius gegen Varus: Ein Römer berichtet

Der römische Historiker Velleius Paterculus dient ab 4 n. Chr. unter anderem als Reiterpräfekt und Legat in Germanien. In seinem Werk „Historia Romana" schildert er um 20 n. Chr. die Varusschlacht und die Niederlage der römischen Legionen unter Publius Quinctilius Varus gegen die von dem Cheruskerfürsten Arminius geführten germanischen Stämme:

117. [...] 2. Quinctilius Varus stammte aus einer angesehenen, wenn auch nicht hochadligen Familie. Er war von milder Gemütsart, ruhigem Temperament, etwas unbeweglich an Körper und Geist, mehr an müßiges Lagerleben als an den Felddienst gewöhnt. Dass er wahrhaft kein Verächter des Geldes war, beweist seine Statthalterschaft in Syrien: Als armer Mann betrat er das reiche Syrien, und als reicher Mann verließ er das arme Syrien.

3. Als er Oberbefehlshaber des Heeres in Germanien wurde, bildete er sich ein, die Menschen dort hätten außer der Stimme und den Gliedern nichts Menschenähnliches an sich, und die man durch das Schwert nicht hatte zähmen können, die könne man durch das römische Recht lammfromm machen.

4. Mit diesem Vorsatz begab er sich ins Innere Germaniens, und als habe er es mit Männern zu tun, die die Annehmlichkeiten des Friedens genossen, brachte er die Zeit des Sommerfeldzugs damit zu, von seinem Richterstuhl aus Recht zu sprechen und Prozessformalitäten abzuhandeln.

118. 1. Die Leute dort sind aber – wer es nicht erfahren hat, wird es kaum glauben – bei all ihrer Wildheit äußerst verschlagen, ein Volk von geborenen Lügnern. Sie erfanden einen Rechtsstreit nach dem andern; bald schleppte einer den anderen vor Gericht, bald bedankten sie sich dafür, dass das römische Recht ihren Händeln ein Ende mache, dass ihr ungeschlachtes Wesen durch diese neue und bisher unbekannte Einrichtung allmählich friedsam werde und, was sie nach ihrer Gewohnheit bisher durch Waffengewalt entschieden hätten, nun durch Recht und Gesetz beigelegt würde. Dadurch wiegten sie Quinctilius Varus in höchster Sorglosigkeit, ja, er fühlte sich eher als Stadtprätor, der auf dem römischen Forum Recht spricht, denn als Oberbefehlshaber einer Armee im tiefsten Germanien.

2. Es gab damals einen jungen Mann aus vornehmem Geschlecht, der tüchtig im Kampf und rasch in seinem Denken war, ein beweglicherer Geist, als es die Barbaren gewöhnlich sind. Er hieß Arminius und war der Sohn des Segimer, eines Fürsten jenes Volkes. In seiner Miene und in seinen Augen spiegelte sich sein feuriger Geist. Im letzten Feldzug hatte er beständig auf unserer Seite gekämpft und hatte mit dem römischen Bürgerrecht auch den Rang eines römischen Ritters erlangt. Nun machte er sich die Indolenz[1] unseres Feldherrn für ein Verbrechen zunutze. [...]

3. Erst weihte er nur wenige, dann mehrere in seinen Plan ein. Die Römer könnten vernichtet werden, das war seine Behauptung, mit der er auch überzeugte. Er ließ den Beschlüssen Taten folgen und legte den Zeitpunkt für den Hinterhalt fest.

4. Dies wurde dem Varus von Segestes hinterbracht, einem loyalen Mann jenes Volkes mit angesehenem Namen. Er forderte Varus auf, die Verschwörer in Ketten zu legen. Aber das Schicksal war schon stärker als die Entschlusskraft des Varus und hatte die Klarheit seines Verstandes völlig verdunkelt. Denn so geht es ja: Wenn ein Gott das Glück eines Menschen vernichten will, dann trübt er meistens seinen Verstand und bewirkt damit – was das Beklagenswerteste daran ist –, dass dieses Unglück auch noch scheinbar verdientermaßen eintrifft und sich Schicksal in Schuld verwandelt. Varus wollte es also nicht glauben und beharrte darauf, die offensichtlichen Freundschaftsbezeugungen der Germanen gegen ihn als Anerkennung seiner Verdienste zu betrachten. Nach diesem ersten Warner blieb für einen zweiten keine Gelegenheit mehr.

Zitiert nach: Lutz Walther (Hrsg.), Varus, Varus! Antike Texte zur Schlacht im Teutoburger Wald. Lateinisch-Deutsch. Griechisch-Deutsch, Stuttgart 2008, S. 58-63

1. *Arbeiten Sie die Gründe heraus, die Paterculus für die römische Niederlage in der Varusschlacht anführt.*

2. *Vergleichen Sie seine Charakterisierung von Varus und Arminius.*

M2 Tacitus über die Germanen

In seinem um das Jahr 100 n. Chr. verfassten Werk „De origine et situ Germanorum liber", kurz „Germania", beschreibt der römische Geschichtsschreiber Tacitus in 46 Kapiteln neben Ursprung und Grenzen „Germaniens" auch die Sitten und Gebräuche seiner Bevölkerung:

2. Die Germanen selbst sind, möchte ich meinen, Ureinwohner und von Zuwanderung und gastlicher Aufnahme fremder Völker gänzlich unberührt. Denn ehemals kam nicht auf dem Landwege, sondern zu Schiff gefahren, wer neue Wohnsitze suchte, und das Weltmeer, das ins Unermessliche hinausreicht und sozusagen auf der anderen Seite liegt, wird nur selten von Schiffen aus unserer Zone besucht. Wer hätte auch [...] Asien oder Afrika oder Italien verlassen und Germanien

[1] **Indolenz**: Gleichgültigkeit, Ahnungslosigkeit

aufsuchen wollen, landschaftlich ohne Reiz, rau im Klima, trostlos für den Bebauer wie für den Beschauer, es müsste denn seine Heimat sein? [...]

4. Ich selbst schließe mich der Ansicht an, dass sich die Bevölkerung Germaniens niemals durch Heiraten mit Fremdstämmen vermischt hat und so ein reiner, nur sich selbst gleicher Menschenschlag von eigener Art geblieben ist. Daher ist auch die äußere Erscheinung trotz der großen Zahl von Menschen bei allen dieselbe: wild blickende blaue Augen, rötliches Haar und große Gestalten, die allerdings nur zum Angriff taugen. Für Strapazen und Mühen bringen sie nicht dieselbe Ausdauer auf, und am wenigsten ertragen sie Durst und Hitze; wohl aber sind sie durch Klima und Bodenbeschaffenheit gegen Kälte und Hunger abgehärtet. [...]

6. Auch an Eisen ist kein Überfluss, wie die Art der Bewaffnung zeigt. Nur wenige haben ein Schwert oder eine größere Lanze. Sie tragen Speere oder, wie sie selbst sagen, Framen, mit schmaler und kurzer Eisenspitze, die jedoch so scharf und handlich ist, dass sie dieselbe Waffe je nach Bedarf für den Nah- oder Fernkampf verwenden können. Selbst der Reiter begnügt sich mit Schild und Frame; die Fußsoldaten werfen auch kleine Spieße, jeder mehrere, und sie schleudern sie ungeheuer weit: Sie sind halb nackt oder tragen nur einen leichten Umhang. Prunken[1] mit Waffenschmuck ist ihnen fremd [...].

7. [...] Besonders spornt sie zur Tapferkeit an, dass nicht Zufall oder willkürliche Zusammenrottung, sondern Sippen und Geschlechter die Reiterhaufen oder die Schlachtkeile bilden. Und ganz in der Nähe haben sie ihre Lieben; von dorther können sie das Schreien der Frauen, von dorther das Wimmern der Kinder vernehmen. Ihr Zeugnis ist jedem das heiligste, ihr Lob das höchste: Zur Mutter, zur Gattin kommen sie mit ihren Wunden [...]; auch bringen sie den Kämpfenden Speise und Zuspruch. [...]

18. Gleichwohl halten die Germanen auf strenge Ehezucht, und in keinem Punkte verdienen ihre Sitten größeres Lob. Denn sie sind fast die Einzigen unter den Barbaren, die sich mit einer Gattin begnügen; sehr wenige machen hiervon eine Ausnahme, nicht aus Sinnlichkeit, sondern weil sie wegen ihres Adels mehrfach um Ehebindungen angegangen werden. [...]

19. [...] Die Zahl der Kinder zu beschränken oder ein Nachgeborenes zu töten, gilt für schändlich, und mehr vermögen dort gute Sitten als anderswo gute Gesetze.

Tacitus, Germania. Latein-Deutsch, übersetzt, erläutert und mit einem Nachwort herausgegeben von Manfred Fuhrmann, Stuttgart 2000, S. 9, 11, 13, 15, 27, 29 und 31

[1] **prunken**: prangen, prahlen, zur Schau stellen

1. *Erläutern Sie das Bild, das Tacitus von den Germanen entwirft.*
2. *Tacitus' Aufzeichnungen dienten als Grundlage für die seit der Frühen Neuzeit entwickelte Annahme, die Germanen seien ein ethnisch geschlossenes Volk mit gemeinsamem Ursprung gewesen. Weisen Sie nach, an welche Aussagen dabei angeknüpft wurde.*
3. *Analysieren Sie die Haltung des Autors. Überlegen Sie, inwiefern Tacitus' Schilderungen auf römische Verhältnisse bezogen sein könnten.*
4. *Beurteilen Sie vor dem Hintergrund Ihrer Ergebnisse den Quellenwert von M1 und M2.*

M3 Arminius als deutscher Nationalheld

Nachdem der Architekt und Bildhauer Ernst von Bandel mit seinem seit 1819 geplanten Denkmal der Befreiungskriege zu Ehren des Arminius („Hermann") beim bayerischen König Ludwig I. nicht auf die gewünschte Resonanz gestoßen ist, kehrt er 1834 München den Rücken und sucht im Teutoburger Wald nach einem geeigneten Platz für das Bauwerk. Dort gründet sich 1838 ein „Verein für die Errichtung des Hermanns-Denkmals". Erste Skizzen zu einem „deutschen National-Denkmal" entstehen. 1841 wird auf dem Teutberg südwestlich von Detmold der Grundstein gelegt. Danach geht der Bau nur schleppend voran, da das öffentliche Interesse und damit auch die Fördermittel gering sind. Die nationale Begeisterung nach dem Ende des Deutsch-Französischen Krieges 1871 und Großspenden Kaiser Wilhelms I. ermöglichen schließlich die Fertigstellung. Am 16. August 1875 wird das Hermannsdenkmal feierlich eingeweiht. In einer Broschüre zur Feier der Grundsteinlegung 1841 heißt es:

Da wird die Zeit kommen, wo der alte Kaiser erwacht, der im Kyffhäuser[1] [...] schläft, dem vor langem Schlafen der Bart durch den Felsen gewachsen ist. Wenn die Husaren in die Trompete blasen und die Trommelwirbel durch alle Gauen[2] tönen, dass vor lauter Lärmen die Felsen erdröhnen; da wird der alte Kaiser sich regen, und aus dem Schlummer erwachend und sich besinnend wird er fragen!

[1] Bergrücken in Thüringen, wo einer Sage nach Kaiser Friedrich I. Barbarossa (um 1122-1190) schlafend auf den richtigen Moment für seine Wiederkehr wartet. Im 19. Jahrhundert wurde die Regionalsage zum deutschen Nationalmythos erhoben: Der Rückgriff auf die alte Kaiserherrlichkeit der Stauferzeit verband sich mit der Sehnsucht nach einem geeinten Deutschen Reich, die 1871 in Erfüllung zu gehen schien. Siehe hierzu Seite 381 f.

[2] **Gau**: geschlossener germanischer Siedlungsraum; auch Bezeichnung für eine Region als Verwaltungseinheit

„Was ist das für ein Lärmen in meinen Deutschen Landen, der mich aus dem langen Schlummer erweckt?“ – Und seine Dienstmannen werden ihm antworten müssen: „Das Deutsche Volk ist in Bewegung. Deutschland ist wieder erstanden zur gewaltigen Einheit, zur mächtigen Größe!“ Und der Kaiser wird erstaunt fragen: „Ist das Deutschland, das zerrissen war?“ Und sie werden ihm antworten: „Nein! es ist das Einige Deutschland!“

Und freudig sich ermannend wird der Kaiser sagen: „Das ist wieder Mein Deutschland! Mein großes schönes Deutschland! Die Zeit ist um. Ich habe den langen Schlaf ausgeschlafen. Wohlan! Bringt mir mein Ross, dass ich es besteige, dass ich durch alle Deutschen Gauen reite, und mein Volk mustere. Wo ist der Feind?“ [...] Und erschüttert von dem gewaltigen Jauchzen des Volks, und erweckt durch die deutschen Töne, wird Hermann von seinem Felsen herabsteigen und unter das Volk treten. Und der alte Kaiser und die Fürsten und Könige werden ihm entgegenschreiten, und ihn in ihre Mitte nehmen. Sie werden ihn als den ersten deutschen Helden begrüßen, dem das Vaterland seine Freiheit und Selbstständigkeit verdankt, und der der erste Begründer seiner jetzigen Größe gewesen ist.

Zitiert nach: Ludger Kerssen, Das Interesse am Mittelalter im deutschen Nationaldenkmal, Berlin u.a. 1975, S. 81 f.

▲ **„Germanenumzug“ durch die Detmolder Innenstadt bei den Jubiläumsfeiern zur Varusschlacht 1909.**

1. *Ordnen Sie Text und Bilder in den historischen Kontext ein. Erläutern Sie Bedeutung und Nutzung des Hermannsdenkmals von der Zeit seiner Entstehung bis heute.*

2. *Analysieren Sie, inwiefern der Arminiusmythos für politische Vorstellungen und Ziele in Anspruch genommen wurde. Welche Funktion kommt Arminius dabei zu?*

▶ **Zwermann, der Cheruskerzwerg aus dem Hermannsland.**
Souvenir aus Kunststoff (39 cm), Detmold 2008.
- *Finden Sie weitere Beispiele für historische Persönlichkeiten, Ereignisse oder Symbole, die in ähnlicher Weise für nationale Bestrebungen herangezogen wurden.*

◀ **Kundgebung zum Bezirkstag der NSDAP am Hermannsdenkmal.**
Foto von 1928.
In der Weimarer Republik wurde das Denkmal zu einer Art Wallfahrtsort republik- und demokratiefeindlicher Nationalisten.

Der 14. Juli – ein Mythos?

▲ **Militärparade auf den Champs-Elysées in Paris am Nationalfeiertag.**
Foto vom 14. Juli 2012.
▪ *Erläutern Sie, inwiefern solche Feiern das Geschichtsbewusstsein der Franzosen prägen.*

Lesetipp
Erich Pelzer, 14. Juli 1789 – Geschichte und Mythos eines denkwürdigen Tages, in: Wolfgang Krieger (Hrsg.), Und keine Schlacht bei Marathon. Große Ereignisse und Mythen der europäischen Geschichte, Stuttgart ²2006, S. 187 - 210

Internettipp
Einen Artikel über den Nationalfeiertag 14. Juli finden Sie unter www.ambafrance-de.org/Nationalfeiertag-14-Juli

Nationale Symbolik am 14. Juli Alljährlich wird heute in Frankreich an den 14. Juli erinnert. Nach einer Umfrage von 1989 halten 60 Prozent der Franzosen den *„Bastille-Sturm"* für das wichtigste Ereignis der Französischen Revolution[1]. An den Abenden des 13. Juli finden in allen französischen Dörfern und Städten Feste statt, die an die ausgelassenen Feiern des einfachen Volkes während der Revolutionszeit erinnern. Am folgenden Morgen beschwören dann die Regierenden in Paris die nationale und republikanische Einheit Frankreichs mit einer großen Militärparade. Sie knüpfen damit an die erste Jahresfeier der Revolution vom 14. Juli 1790 an. Die *Nationalfeiertage* enden abends mit aufwändigen Feuerwerken.

Der heutige Umgang mit dem 14. Juli geht nicht unmittelbar und durchgängig auf die Revolution von 1789 zurück. Er ist das Ergebnis von Deutungen und Mystifizierungen. Erst in einer politischen Krisenzeit konnten die Republikaner 1880 den 14. Juli gegen den massiven Widerstand der Monarchisten zum Nationalfeiertag machen. Die von den Republikanern inszenierte Hundertjahrfeier der Revolution 1889 stand noch unter dem Leitmotiv „Eintracht und Befriedung" der innenpolitisch stark zerstrittenen Nation. Erst die militärischen Erfolge Frankreichs über das Deutsche Reich und seine Verbündeten im Ersten und Zweiten Weltkrieg trugen dazu bei, den 14. Juli fast ganz aus seiner ursprünglichen Bedeutung herauszulösen und zu einem Tag der wehrhaften Nation zu machen. In den Grundzügen ist dies bis heute so geblieben.

1989, zur Zweihundertjahrfeier der Revolution (*Bicentenaire de la révolution*), fanden in Frankreich über 6000 Veranstaltungen statt. Sie reichten vom Staatsakt mit Militärparaden über wissenschaftliche Tagungen und Straßenfeste bis zur Pflanzung von Freiheitsbäumen. Dabei wurde aber nicht nur an den „Sturm auf die Bastille" vom 14. Juli und die Einheit der Nation erinnert, sondern auch an die internationale Bedeutung der Erklärung der Menschen- und Bürgerrechte vom 26. August 1789.

[1] Zur Französischen Revolution siehe Seite 82 ff., insbesondere Seite 86 f.

▲ **Sansculotten tragen ein Modell der Bastille.**
Gouache der Brüder Lesueur, 1790/91.
Solche Bastille-Modelle wurden bei Umzügen durch die Städte getragen.

Was machte den 14. Juli zum Mythos? Von Anfang an wurde dem Sturm auf die Bastille am 14. Juli 1789 eine besondere Bedeutung gegeben. Das sahen schon die Zeitgenossen so (▸ M1). Aber worauf beruhte die außerordentliche Symbolkraft der „Bastille"? Die Antwort der Historiker lautet: Sie gründete vor allem darauf, dass

- der „Staatskerker" als „Zwingburg der Despoten" und „Ort des Schreckens" galt;
- das Volk die Festung im Sturm eroberte,
- das Volk die willkürlich verhafteten und seit Jahrzehnten in Ketten liegenden Kritiker des Despotismus befreite,
- die Bastille zerstört und „vermarktet" wurde,
- man die „Sieger der Bastille" zu „Helden der Nation" machte und
- seit dem 14. Juli 1790 des Bastille-Sturms öffentlich gedachte.

Diese Gründe sind, wie die Forschung belegt hat, das „Ergebnis eines kollektiven Mystifizierungsprozesses" (*Rolf Reichardt*). Folgende Argumente sprechen für diese Behauptung:

In zahlreichen vorrevolutionären Schriften, die oft von ehemaligen Häftlingen stammten, wurde die Bastille immer wieder als Ort der despotischen Willkür dargestellt, in der unschuldige Vorkämpfer der Freiheit in menschenunwürdigen Kerkern angekettet um ihr Überleben kämpfen mussten. Diese Schilderungen entsprachen aber 1789 nicht mehr den Tatsachen. Die Bastille war ein fast leeres und unbedeutendes Gefängnis.

Die Bastille wurde nicht im Sturm erobert. Sie war nach einer chaotischen, militärisch wenig wirksamen Belagerung den Aufständischen übergeben worden. 98 Angreifer und sieben Verteidiger kamen dabei ums Leben. Der „Blutzoll" für die befreiende Tat rechtfertigte nicht die anschließende Lynchjustiz der aufständischen Menge an dem gefangenen Gouverneur der Bastille und dem Vorsteher der königlichen Stadtverwaltung, deren Köpfe man auf Piken gespießt zur Schau gestellt hatte.

Die Bastille wurde nicht eingenommen, um zu Unrecht gefangengehaltene und in finsteren Kerkern misshandelte Insassen zu befreien. Die Angreifer suchten nach Waffen und wollten die sie bedrohenden Kanonen auf den Festungstürmen beseitigen. Erst nachträglich wurde die Befreiung „unschuldiger Männer" in der Presse hervorgehoben. Dabei verschwiegen die meisten Reportagen, dass die „Befreier" nur sieben gut genährte Gefangene (zwei Geistesgestörte, vier Fälscher und ein wegen sittlicher Vergehen eingesperrter Adliger) in den Turmzimmern vorgefunden hatten. Statt über Tatsachen zu berichten, schrieb man über einen erfundenen „ehrwürdigen Greis", der „dreißig Jahre" in dem Gefängnis gesessen habe (▸ M2).

Der Vorsatz, die Bastille zu zerstören, entstand nicht am 14. Juli. Seit Mitte der 1780er-Jahre wurde von offizieller Seite aus erwogen, die Festung abzureißen. Noch am Abend des 14. Juli ergriff der 34-jährige Bauunternehmer *Pierre-François Palloy* die Gelegenheit, mit der Schleifung der Festung zu beginnen. Zwei Jahre später war die Bastille baulich nicht mehr vorhanden. Dafür lebte sie nun in den Köpfen der Menschen weiter, denn Palloy hatte sie zur Touristenattraktion gemacht, Bürgerfeste auf ihren Trümmern zelebriert, aus den Steinen Bonbonnieren, Tintenfässer, Würfelbecher und Miniatur-Bastillen machen lassen und dazu Bastille-Modelle als Zeichen der Unfreiheit in alle 83 Départements versandt. Seine revolutionäre Vermarktungsstrategie hatte den Bastille-Mythos vergrößert.

▲ **Fest der Föderation auf dem Marsfeld in Paris am 14. Juli 1790.**
Ölgemälde von Hubert Robert, um 1790.
Das Marsfeld, ein Truppenübungsplatz, befand sich dort, wo heute der Eiffelturm steht. Vor der Militärschule, die rechts im Bildhintergrund zu sehen ist, stand ein Zelt für den König. Auf der gegenüberliegenden Seite der Tribüne, auf der die königliche Familie Platz genommen hatte, war der „Altar des Vaterlandes" errichtet worden, an dem Lafayette, der Kommandeur der Nationalgarde, als Erster den Eid auf „die Nation, das Gesetz und den König" vor 300 000 Menschen ablegte.

Noch am Abend des 14. Juli 1789 gab es in Paris Umzüge für die „Sieger der Bastille" (*Vainqueurs de la Bastille*). Wie römische Imperatoren sollen sie triumphierend durch die Straßen gefahren worden sein. Im Juni 1790 verlieh die Nationalversammlung den offiziell ermittelten 863 „Vainqueurs" (darunter eine Frau und elf deutsche Männer) Vorrechte und Ehrenzeichen dafür, dass sie „ihr Leben aufs Spiel gesetzt hatten, um ihr Vaterland zu befreien und das Joch der Sklaverei abzuschütteln".

Zu den Vorrechten der „Vainqueurs" gehörte es, auf dem Föderationsfest vom 14. Juli 1790 auf einer Ehrentribüne sitzen zu dürfen. Das am ersten Jahrestag des Bastille-Sturms auf dem Pariser Marsfeld begangene Fest galt weniger diesem Ereignis als der Beschwörung der Einheit der Nation. Nationalgardisten aus allen 83 Départements legten hier gemeinsam mit den königlichen Linientruppen feierlich einen Eid auf „die Nation, das Gesetz und den König" ab.

Die gemeinsame Erinnerung an dieses nationale Föderationsfest, das zum Vorbild aller weiteren öffentlichen Revolutionsfeiern wurde, ließ die Kontroversen zwischen Republikanern, Konservativen und Royalisten um die Opfer der Revolution allmählich vergessen. Langfristig trug es dazu bei, dass die Mehrheit der Franzosen den am 6. Juli 1880 durch Gesetz verkündeten 14. Juli als Nationalfeiertag annahm (▸ M3 bis M5).

Welche historische Bedeutung bleibt dem „Bastille-Sturm"? ■ Die Entmythologisierung des 14. Juli sollte nicht dessen historische Einordnung vergessen lassen. Auf der einen Seite erinnerten die Historiker und Politiker daran, dass der Bastille-Sturm unnötig und der Anfang der „Schreckenszeit" gewesen sei. Die eigentliche Revolution habe bereits zuvor mit der Entstehung der Nationalversammlung (17. Juni) und dem Ballhausschwur (20. Juni) stattgefunden, außerdem lag den Abgeordneten seit dem 11. Juli der Entwurf für die Erklärung der Menschen- und Bürgerrechte vor.

Auf der anderen Seite wurde darauf verwiesen, dass am 14. Juli die Nationalversammlung von der Auflösung bedroht, der wichtigste Minister entlassen und das Militär um Paris aufmarschiert war. Erst am 14. Juli siegte „die Entschlossenheit über die Zögerlichkeit", indem das Volk von Paris „das Heft der Politik selbst in die Hand" nahm, so der Historiker *Erich Pelzer*. Der König zog die Truppen zurück, holte den am 11. Juli entlassenen, populären Minister *Jacques Necker* wieder ins Amt und steckte sich am 17. Juli auf dem Festakt zum Gedenken an die Opfer des 14. Juli in Paris unter dem Jubel der Bevölkerung die ihm überreichte blau-rote Kokarde zu seiner lilienweißen an die Hutkrempe. Ein Zurück zu den alten Zuständen war danach nicht mehr möglich.

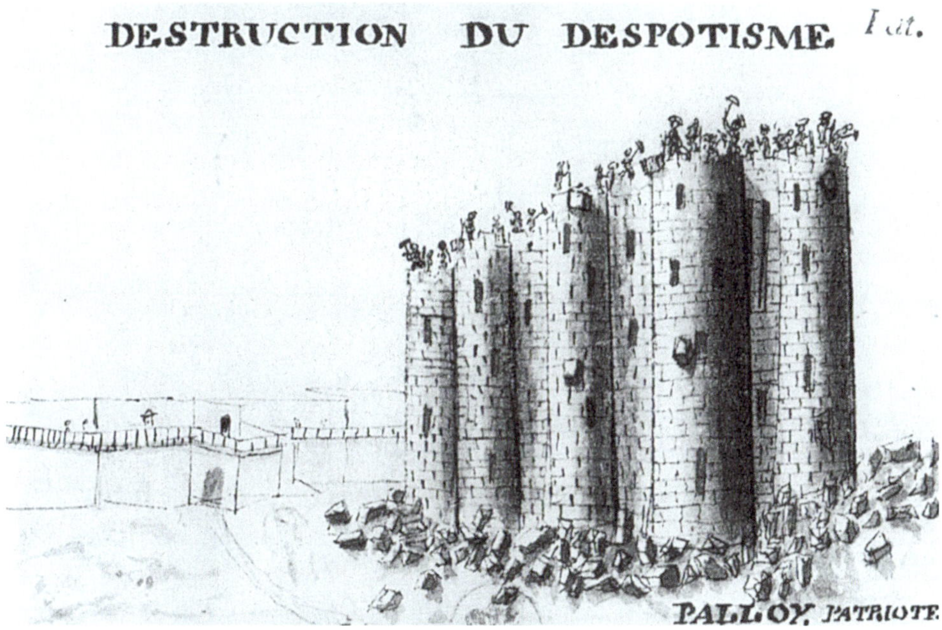

▸ **„Niederschlagung des Despotismus."**
Radierung (70 x 93 cm) von Pierre-François Palloy, 1789.
▪ *Analysieren Sie die Bildsymbolik.*

M1 Zeitzeugenbewertungen

Am 15. Juli 1789 verkündet der 48-jährige Journalist Antoine Joseph Gorsas im „Courrier de Versailles":

Dieser gestrige Kampftag wird als ewig denkwürdig in den Festkalender unserer Geschichte eingehen. Er bereitet die größte und vielleicht glücklichste Umwälzung vor!

Der englische Botschafter Lord Dorset berichtet am 16. Juli 1789 aus Paris an den Duke of Leeds:

Auf diese Weise, Mylord, hat sich die größte Revolution vollzogen, die es je in der Geschichte gab, und wenn man das Gewicht der Ergebnisse in Betracht zieht, hat sie verhältnismäßig wenig Blut gekostet. Von diesem Augenblick können wir Frankreich als ein befreites Land betrachten, den König als einen Monarchen mit sehr eingeschränkter Macht, und der Adel ist mit dem Rest der Nation auf ein Niveau gerückt.

Der englische Arzt Dr. Edward Rigby hält sich seit Anfang Juli als Tourist in Paris auf. Seiner Familie schreibt der 42-Jährige am 19. Juli:

Ich bin Zeuge der außerordentlichsten Revolution gewesen, die vielleicht jemals in der menschlichen Gesellschaft stattgefunden hat. Ein großes und weises Volk kämpfte für die Freiheit und Rechte der Menschheit; sein Mut, seine Umsicht und seine Ausdauer sind mit Erfolg belohnt worden, und ein Ereignis, das zum Glück und Gedeihen von Millionen ihrer Nachkommen beitragen wird, ist mit sehr geringem Blutverlust und mit einer Unterbrechung der Alltagsgeschäfte von nur wenigen Tagen eingetreten.

Der Arzt, Naturwissenschaftler und Publizist Jean-Paul Marat ist bei Beginn der Revolution 46 Jahre alt. Er wird Vertreter der radikalen städtischen Volksbewegung. Am 30. Juni 1790 bilanziert er in seiner Zeitung „L'Ami du Peuple" („Der Volksfreund"):

Es steht fest, dass wir die Revolution dem Aufstand des einfachen Volkes verdanken; und es ist nicht weniger gewiss, dass die Einnahme der Bastille hauptsächlich Zehntausenden armen Arbeitern der Vorstadt Saint-Antoine zu verdanken war.

Erster Text: Walter Markov, Revolution im Zeugenstand. Frankreich 1789 - 1799, Bd. 1: Aussagen und Analysen, Leipzig [2]1986, S. 80 f.; zweiter Text: Erich Pelzer, 14. Juli 1789 – Geschichte und Mythos eines denkwürdigen Tages, in: Wolfgang Krieger (Hrsg.), Und keine Schlacht bei Marathon. Große Ereignisse und Mythen der europäischen Geschichte, Stuttgart [2]2006, S. 194; dritter Text: Gustav Landauer, Briefe aus der Französischen Revolution, Bd. 2, Berlin (Ost) [3]1985, S. 134 f.; vierter Text: Walter Markov, a. a. O., S. 78 f.

▪ *M1 und M2 (siehe Seite 434) liefern Material für einen „kollektiven Mystifizierungsprozess" (Rolf Reichardt). Erläutern Sie diese Aussage.*

▲ **Der Nationalfeiertag am 14. Juli 1880.**
Gemälde (175 x 370 cm) von Alfred Roll, 1882.
■ *Vergleichen Sie, wie 1880 und 2012 (siehe Seite 430) der 14. Juli in Frankreich gefeiert wurde.*

M2 „Erinnert Euch immer ...“

Eine der populärsten Flugschriften über den Sturm auf die Bastille, der Lebensbericht des fiktiven Bastille-Gefangenen Comte de Lorges, erscheint im September 1789; sie endet mit folgendem Aufruf:

Erinnert Euch immer dieses denkwürdigen Tages in den Annalen der Geschichte Frankreichs; es schlug zwölf, und plötzlich war ein dumpfes Geräusch zu vernehmen, das bis in die Tiefe meines Kerkers hinabhallte. [...] Das Geräusch hörte auf, und bald darauf erklangen Triumph- und Freudengesänge in meinen Ohren. Die Soldaten der Freiheit kommen in Massen heran, die Türen meines Kerkers bersten unter den mächtigen Schlägen der Belagerer. [...] Ich möchte ewig feiern, ja, ich möchte, dass dieser vierzehnte Tag des Monats Juli ein Festtag werde und dass die Reste meines Vermögens dafür verwendet werden, jedes Jahr fünf Gefangene, die durch ein übereiltes Urteil in Ketten gelegt wurden, zu befreien.

Hans-Jürgen Lüsebrink und Rolf Reichardt, Die Bastille. Zur Symbolgeschichte von Herrschaft und Freiheit, Frankfurt am Main 1990, S. 167

M3 Vorschlag

Am 21. Mai 1880 stellen 64 Abgeordnete der Deputiertenkammer den Gesetzesantrag, den 14. Juli zum Nationalfeiertag zu erklären. In der entscheidenden Sitzung am 8. Juni 1880 rechtfertigt der radikale Abgeordnete Antoine Achard den Antrag so:

Er erinnert an den Bastille-Sturm vom 14. Juli 1789 und zugleich an das Bundesfest vom 14. Juli 1790. Der Bastille-Sturm war das ruhmreiche Vorspiel, der erste Akt der Revolution; er beschloss die alte Welt und eröffnete die neue Welt. [...] Das Bundesfest hat die moderne Welt geschaffen [... und] auf unzerstörbarer Grundlage die Einheit des Vaterlandes begründet. (Auf der Linken: sehr gut, sehr gut!) – Das Volk [...] hat den 14. Juli immer mehr als jeden anderen Gedenktag gefeiert; er ist sein Fest, weil er das Fest der Freiheit des Vaterlandes war. – Wir schlagen ihnen also in gewisser Weise die Bestätigung eines Volksfestes vor.

Hans-Jürgen Lüsebrink und Rolf Reichardt, a. a. O., S. 247

M4 Widerstand

Die Julifeiern von 1880 eröffnen das Jahrzehnt eines regelrechten Kulturkampfes um die Bedeutung des 14. Juli. Das katholisch und monarchisch gesonnene Frankreich wehrt sich dagegen. In einem 1880 in Grenoble veröffentlichten Beitrag heißt es:

Der 14. Juli 1789 war selbst und in seinen Folgen ein Tag der Unordnung des aufständischen betrunkenen Pöbels, ein Tag der Niedertracht und Lüge, ein Tag des Eidbruchs, ein Tag der militärischen Gehorsamsverweigerung, Fahnenflucht und des Verrats, ein Tag der Plünderungen, der tierischen Barbarei und des Kannibalismus. [...] Kurz, er bedeutet die Freigabe aller Verbrechen und den eigentlichen Beginn jener revolutionären Epoche, die zu Recht Terreur genannt wird.

Hans-Jürgen Lüsebrink und Rolf Reichardt, a. a. O., S. 250

Analysieren Sie die Kontroverse, die der Erklärung des 14. Juli zum Nationalfeiertag vorausging (M3 und M4). Informieren Sie sich in dem Zusammenhang über die Anfangsjahre der französischen Dritten Republik.

M5 „Es lebe die Republik!"

Der Präfekt des südwestlichen Départements Corrèze versendet 1901 folgendes Rundschreiben an alle Bürgermeister:

Wie alle Jahre sind Sie auch diesmal wieder aufgerufen, das nationale Fest, das Fest der Republik zu begehen. Sie werden dem Jahrestag des Bastille-Sturms umso mehr Glanz verleihen, als er das Fest der Regierung geworden ist. [...] Sie schmücken die öffentlichen Gebäude mit den drei Farben, welche die Revolution Frankreich beschert hat. Sie sorgen dafür, dass Schüler, Frauen und Männer zu Banketten, zum Tanz und zu Spielen zusammenkommen. Sie lassen insbesondere das Alter und die Kindheit ehren. Möge eine Gefühlsgemeinschaft für Frieden und Freiheit Ihre Versammlung beseelen, möge aus der Brust aller Bürger ein einziger Ruf erschallen: Es lebe die Republik!

In einem Handbuch mit Musterreden für Bürgermeister, Schuldirektoren und alle Repräsentanten des öffentliches Lebens, das erstmals 1909 veröffentlicht und zuletzt 1983 wiederaufgelegt worden ist, heißt es:

Eine Festung, ein Gefängnis, ein Grab, wo Schuldige wie Unschuldige bei lebendigem Leibe verfaulten, wie es den Großen gefiel. Die Bastille war gleichsam das Symbol, das sichtbare Zeichen des königlichen Despotismus. [...] Ihr bloßer Name versetzte die Tapfersten in Schrecken. [...]
Doch 1789 verlieh eine großmütige Wut über die Ungerechtigkeit und Unterdrückung der Könige dem Volk von Paris ungeahnte Kraft; mit Gewalt bemächtigte es sich dieser geheimnisumwitterten Festung, die als uneinnehmbar galt. Und es gab den Gefangenen die Freiheit zurück, den Opfern einer Autokratie, die es nicht länger ertrug. [...] Mit der Einnahme der Bastille [...] beginnt das Zeitalter des Fortschritts und der Freiheit.

Der französische Generalkonsul Gilles Thibault lädt aus Anlass des Nationalfeiertages am 14. Juli 2007 Gäste aus Politik, Wirtschaft und Kultur in den Innenhof des Düsseldorfer Rathauses zu einem Fest ein. In der kurzen Eröffnungsrede sagt er:

Aber kommen wir [...] auf den 14. Juli, den Tag im Jahre 1789, an dem die Bevölkerung von Paris die Bastille stürmte. Noch heute steht dieses Datum für eines der wichtigsten Ereignisse zur Sicherung der Demokratie weltweit.
Seitdem haben wir hoffentlich aus der Geschichte gelernt, dass Demokratie, Freiheit und Gleichheit niemals gesicherte Werte darstellen, sondern dass permanent um sie gerungen werden muss.

Erster Text: Hans-Jürgen Lüsebrink und Rolf Reichardt, a. a. O., S. 253; zweiter Text: ebda, S. 253; dritter Text: www.botschaft-frankreich.de/konsulate/IMG/ discours_14_juillet_2007.pdf (Zugriff: 14. April 2012)

Charakterisieren Sie anhand von M5, wie sich die „amtliche" Erinnerungsarbeit allmählich veränderte.

Ostalgie

Von der Euphorie zur Ernüchterung Den Beitritt der fünf ostdeutschen Länder zur Bundesrepublik im Oktober 1990 feierten die meisten Ostdeutschen euphorisch. Die friedliche Revolution von 1989/90[1] hatte ihnen die persönliche Freiheit und die D-Mark gebracht, wonach sich Millionen Menschen im Osten jahrzehntelang gesehnt hatten. Doch der mit der Wiedervereinigung verbundene Wandel von Lebensverhältnissen, Arbeitswelt und Wertvorstellungen ging mit vielen Problemen einher.

In Westdeutschland gab man sich einige Zeit der Illusion hin, mit Milliarden-Transfers aus öffentlichen Kassen und durch private Investitionen die neuen Bundesländer in wenigen Jahren in „blühende Landschaften" (*Helmut Kohl*, 1990) verwandeln zu können. Viele hofften gar auf ein neues Wirtschaftswunder, dieses Mal in Ostdeutschland. Doch der Systemwechsel von der zentralen Planwirtschaft zur Sozialen Marktwirtschaft erwies sich als kompliziert und ohne Vorbild. Die geringe Arbeitsproduktivität und fehlende Wettbewerbsfähigkeit der ehemaligen Staatsbetriebe erforderten einen tief greifenden wirtschaftlichen Umbau. Trotz aller Anstrengungen stieg die Arbeitslosigkeit in den neuen Bundesländern dramatisch an. Ernüchterung und Enttäuschung machten sich breit.

▲ **Demonstrant in Berlin.**
Foto, Oktober 2004.

Lebensgefühl im Umbruch Die neuen Bundesbürger mussten ihr Alltagsleben umstellen und sich einer Fülle neuer gesetzlicher Regeln vom Kindergarten bis zur Altersversorgung anpassen. Viele fühlten sich deklassiert und von den „Wessis" überrollt. Auf der anderen Seite sahen sich zahlreiche Bürger in der alten Bundesrepublik durch die Erwartungen ihrer Landsleute im Osten überfordert. Die Unterschiede in der Lebenserfahrung und im Lebensgefühl zwischen den Deutschen in Ost und West waren doch größer, als die Menschen in den Monaten der Euphorie 1989/90 angenommen hatten. Eine nostalgische Verklärung des DDR-Sozialismus – in der Zusammensetzung von „Osten" und „Nostalgie" teils humorvoll, teils kritisch „*Ostalgie*" genannt – erfasste deshalb Teile der ostdeutschen Bevölkerung (▸ M1 und M2). Eine Mischung aus sentimentaler Rückbesinnung auf die DDR, Ablehnung westlicher Lebensart, Ausländerfeindlichkeit, Sehnsucht nach Gemeinschaft, Harmonie und Heimat machte es möglich, dem Regime im Nachhinein positive Seiten abzugewinnen – nach dem Motto „Es war nicht alles schlecht in der DDR" (▸ M3).

Die Diktatur hatte längst ihre Schrecken und Bedrückungen verloren, weil es sie nicht mehr gab, aber die Erinnerung an die „Geborgenheit" im Kollektiv, die ruhige Gangart in den Betrieben, die solidarische Hilfe unter Nachbarn und Freunden war gegenwärtig und verwies auf einen aktuellen Verlust. Bei vielen standen die individuellen Erinnerungen im Vordergrund, während die negativen Seiten des Regimes weitgehend ausgeblendet wurden. Eine Unterscheidung zwischen privater Lebenswelt und politischer Geschichte fand häufig nicht statt (▸ M4).

Dennoch: Nur wenige Bürger im östlichen Teil Deutschlands wollten die DDR zurückhaben. Bei Umfragen im Jahre 2005 sprachen sich nur acht Prozent dafür aus, aber heimisch im vereinten Deutschland fühlte sich nach eigenen Angaben eine breite Mehrheit von 70 Prozent trotzdem nicht. Die Skepsis gegenüber der Praxis der Demokratie und die Unzufriedenheit mit manchen Folgen von Marktwirtschaft und gesellschaftlichem Pluralismus im vereinigten Deutschland hatten nach 1990 stetig zugenommen.

[1] Zur friedlichen Revolution von 1989/90 siehe Seite 124 f.

M1 DDR-Nostalgie

*Der ostdeutsche Historiker Stefan Wolle (*1950) schreibt im Jahre 2009 über die verbreitete DDR-Nostalgie:*

Für die grassierende Sehnsucht nach der machtgeschützten Idylle des Mauerländchens sind weder die Medien noch die Schulen verantwortlich. Die Ostalgieshows, Ostprodukte-Messen und DDR-Partys bedienen das Heimweh nach der Vergangenheit, haben es aber nicht erfunden; der SED-Nachfolgeverein mit dem häufig wechselnden Namen[1] instrumentalisiert die Sehnsucht nach dem treu sorgenden Staat, hat sie aber nicht geschaffen. Die Wurzeln für die seltsamen Wandlungen in der Erinnerungswelt liegen tiefer – in der konkreten Lebenswirklichkeit vor und nach dem Umbruch von 1989/90, im Alltag der DDR, im normalen Leben und Erleben der Menschen. [...]

Die zentrale Kategorie zur Erklärung der DDR ist der Begriff der Sicherheit. [...] Zum einen meinte Sicherheit den Frieden, der von der Sowjetunion und den bewaffneten Organen der DDR beschützt wurde – und nicht zuletzt durch das Sicherheitsorgan, das Ministerium für Staatssicherheit (MfS)[2] [...]. Sicherheit meinte aber auch soziale Sicherheit, vor allem die Sicherheit des Arbeitsplatzes. Aufgrund des niedrigen technologischen Niveaus der Wirtschaft sowie der Republikflucht bis 1961 herrschte in der DDR ein akuter Arbeitskräftemangel. Es gab sogar eine reguläre Arbeitspflicht. Wer ohne ständige Beschäftigung war, musste mit Ärger rechnen, der bis zu einem halben Jahr Arbeitserziehung gehen konnte.

Man wechselte seltener den Wohnort und den Arbeitsplatz als in der westlichen Gesellschaft. Zwischen dem Betrieb und den Werktätigen gab es oft eine feste Bindung. Es war nicht ungewöhnlich, dass Belegschaftsmitglieder schon im Betrieb gelernt hatten, später zum Studium delegiert wurden, dann vom Betrieb eine Wohnung erhielten, ihre Kinder in die Obhut der betrieblichen Einrichtungen gaben und ihren Urlaub im Betriebsferienheim verbrachten. Man muss dies wissen, um zu begreifen, welch schwerer Schlag für viele Menschen nach 1990 der Verlust des Arbeitsplatzes war [...]. Die Menschen definierten sich über ihre Arbeit. Arbeit war Sinnerfüllung, Teilnahme an einem großen Aufbauwerk. [...]

Sicherheit im Alltag bot vor allem das Kollektiv. Das ist das zweite Schlüsselwort zum Verständnis der Alltagsrealität der DDR. [...]

Das Kollektiv war – ganz wie die Mauer – Schutzraum und Gehäuse der Hörigkeit, sei es nun das Klassenkollektiv, das FDJ-Kollektiv, das Arbeitskollektiv oder die Hausgemeinschaft. Es war Transmissionsriemen für die Durchsetzung der politischen Vorgaben der Partei, Instrument der Sozialkontrolle und ideologische Kontrollinstanz – aber auch eine Hilfe bei der Bewältigung von Alltagsproblemen: Bei Umzügen und Wohnungsrenovierungen sprangen die Kollegen ein, denn Möbelwagen und Malerfirmen waren teuer und schwer zu bekommen. [...]

Das dritte Grundelement des Alltagslebens war der ständige Mangel. Der Zusammenhang von Sicherheit und Mangel leuchtet auf den ersten Blick nicht ein. Doch es war gerade die Furcht vor Unsicherheit, die jeden Einspruch der Wirtschaftsfachleute ins Leere laufen ließ. Aus Furcht vor einer politischen Destabilisierung hatte Erich Honecker feste Endverbraucherpreise verordnet. Das erwies sich als sicheres Mittel, die Wirtschaft zu ruinieren. Es entstand ein permanenter Geldüberhang oder, umgekehrt ausgedrückt, ein Mangel an Leistungen und Waren. [...]

Die DDR-Bewohner entwickelten sich zu einem Volk der Jäger und Sammler, immer auf der Pirsch. So wie die Jäger in der Wildnis waren sie gute Fährtensucher, kannten die Lieferzeiten oder bekamen Tipps von den Angehörigen des Verkaufsstellenkollektivs. Man sah eine Schlange, stellte sich an und fragte dann, was es denn gebe. [...]

Nicht dass in der DDR Hunger geherrscht hätte: Im Gegenteil, es wurde mehr gefuttert und getrunken, als der Gesundheit zuträglich war. Was fehlte, waren Qualität und Auswahl, vor allem aber Kontinuität. [...]

Als die eiserne Klammer des Zwangssystems fiel, wurden die eingeübten Überlebensstrategien der Mangelgesellschaft gegenstandslos. Die relative Gleichheit der sozialistischen Einheitsgesellschaft wich schnell einer neuen Ungleichheit zwischen den Verlierern und den Gewinnern der „Wende". Es waren vor allem die Schattenseiten der Marktwirtschaft, mit denen die Bewohner der neuen Länder nun in Berührung kamen. Die politischen Parolen und Symbole der SED-Herrschaft wurden ersetzt durch eine grelle und allgegenwärtige Werbung. Die alte Verlogenheit war durch eine neue abgelöst worden. Diese Gesellschaft sonderte einen beträchtlichen Prozentsatz der erwerbsfähigen Bevölkerung als nicht brauchbar aus. Menschen, deren Selbstwertgefühl sich aus ihrer beruflichen Tätigkeit ergab, fühlten sich plötzlich nutzlos.

In der DDR war das Leben des Einzelnen eingebunden gewesen in eine Art kollektive Sinnerfüllung. Fleißige Arbeit im Betrieb und gesellschaftliche Tätigkeit im Wohnbezirk wurden geehrt und geachtet. [...] Die Notgemeinschaft des Alltags und die Zwangsgemeinschaft des repressiven Staates bildeten eine seltsame Mischung. Es gab ein Grundgefühl dafür, dass jeder seinen Platz, seinen Wert und seine Aufgabe hatte.

[1] Gemeint ist hier die Partei Die Linke.

[2] Zum Ministerium für Staatssicherheit siehe Seite 116 und Seite 128.

Dieses Wertesystem brach 1989/90 zusammen, ohne dass die traditionellen Werte der Zivilgesellschaft automatisch wieder ihren Platz einnahmen. Und auch die Kirche hatte trotz ihrer wichtigen Rolle 1989 [...] ihre Funktion als Hüterin sittlicher Werte verloren. Das Ende der DDR war somit begleitet von einem doppelten Glaubensverlust, der zu einer diffusen Sehnsucht nach einer starken Hand, nach der Geborgenheit der Gruppe, nach einer ideologischen Sinnerfüllung jenseits jeglicher Kritik führte. Das machte Teile der Bevölkerung anfällig für die rückwärtsgewandte Utopie vom Arbeiter-und-Bauern-Paradies, das es so niemals gegeben hat.

Stefan Wolle, Es war einmal die DDR, in: 1989. Die geglückte Revolution. Die ZEIT Geschichte, Hamburg 2009, Heft 2, S. 78-84

1. *Fassen Sie die zentralen Thesen des Autors zusammen.*
2. *Beurteilen Sie die Plausibilität der Thesen.*
3. *Erörtern Sie, ob die DDR-Nostalgie ein zeitbedingtes Phänomen ist, und diskutieren Sie dessen Folgen.*

M2 „Trotziges Ost-Gefühl"

*Tobias Hollitzer (*1966), Leiter der Leipziger Gedenkstätte Museum in der „Runden Ecke", äußert sich 2004 über die „Ostalgiewelle":*

Viele Menschen glorifizieren angesichts aktueller Probleme die DDR in ihrer Erinnerung. Daraus entsteht ein trotziges Ost-Gefühl, das absurde Blüten treibt: Jugendliche tragen die Symbole der Unterdrückung tausendfach auf T-Shirts und Jacken. Im Versandhandel, in Souvenirläden und selbst im Shop des Deutschen Historischen Museums sind sie erhältlich. Das Signet des MfS auf Zollstöcken, als Schlüsselanhänger oder Wandschmuck; das Emblem der SED auf Feuerzeugen; die Lieder von FDJ und Staatssicherheit auf CD gepresst: Woher kommt dieser unreflektierte, unkritische Umgang? Offenbar wird in der Schule zu wenig vermittelt, wird in den Elternhäusern zu vieles verklärt. Ein Übriges taten „Ostalgie-Shows", die 2003 auf fast allen Fernsehkanälen liefen. Doch „Ost" ist nicht „Kult" – wie beispielsweise das ZDF meinte –, sondern „Ost" steht für fast 40 Jahre SED-Diktatur. Die Shows würden nur den Alltag darstellen, hieß es aus den Redaktionen und von den Moderatoren. Gemeint war, dass nur der auf den ersten Blick unpolitische Teil der DDR gezeigt werden solle. Es ist jedoch gerade ein Merkmal von Diktaturen, dass es in ihnen keinen unpolitischen Alltag gibt. In den Sendungen traten fast nur Prominente auf, die schon zu DDR-Zeiten privilegiert waren und deren Alltag mit der DDR-Realität wenig zu tun hatte. „Diplomaten im Trainingsanzug" nahmen ihre Funktion noch einmal wahr und schwärmten von der Überlegenheit des DDR-Sports, ohne ein Wort über das staatliche organisierte Doping zu verlieren. „Unsere Fernsehlieblinge" traten auf, ohne die Zensur sämtlicher Medien auch nur mit einem Wort zu erwähnen. Und wenn es sich doch einmal nicht vermeiden ließ, die Kehrseite des schönen Scheins anzusprechen, brach der Moderator ab oder zog die Bemerkung als Anekdote ins Lächerliche. Die sogenannten DDR-Shows hätten zu wenigstens 80 Prozent anstandslos die SED-Zensur der achtziger Jahre passiert. Erich Honecker[1] und sein Politbüro hätten ihre Freude an einer solchen Vielzahl von Agitationssendungen für den „Sozialismus in den Farben der DDR" im (west-)deutschen Fernsehen gehabt.
Die Shows glichen Kuriositätenkabinetten, die nichts, aber auch gar nichts zur Verständigung zwischen Ost und West beitrugen. Für die mentale Wiedervereinigung brauchen wir eine aufrichtige und von gegenseitiger Akzeptanz geprägte

◂ **Die DDR als Unterhaltungsthema.** *Szene aus der MDR-Show „Ein Kessel DDR", die 2003 ausgestrahlt wurde.*

[1] Zu Erich Honecker siehe Seite 117.

Neugier auf den anderen. Nicht das in der DDR gelebte Leben steht zur Disposition, sondern die kommunistische Diktatur. [...] Ostalgie-Shows verharmlosen die Gefahren, die der Demokratie durch totalitäre Ideologien drohen, und sind eine Verhöhnung der Opfer. Dass sich die Diktatur der Nationalsozialisten nicht auf Autobahnbau und geringe Arbeitslosigkeit reduzieren lässt, haben wir gelernt. Muss betont werden, dass sich das Alltagsleben in der DDR nicht auf Schulmilch und billige Mieten beschränkte? Nostalgie-Shows, die das Leben im „Dritten Reich" auf den vermeintlich unpolitischen Alltag reduzieren, sind zum Glück undenkbar. Eine Ostalgiewelle zieht über das Land. Das klingt wie eine ansteckende Krankheit. Tatsächlich scheint es eine Krankheit zu sein, immer nur Facetten zur Kenntnis nehmen zu wollen. Doch wir müssen uns auch dem Leben in der zweiten deutschen Diktatur offen und ehrlich und vor allem in all seinen Facetten stellen. Nur dann werden wir den Wert heutiger Freiheit und Demokratie zu schätzen und ihn zu verteidigen wissen. Gerade die Beschäftigung mit dem Alltag in totalitären Regimen verdeutlicht, wie sich der Einzelne in solchen Systemen verhält und welchen Zwängen und Versuchungen er ausgesetzt ist.

Tobias Hollitzer, 15 Jahre Friedliche Revolution, in: Aus Politik und Zeitgeschichte, B 41-42/2004, S. 3-6, hier S. 4 f.

1. *Erläutern Sie, welche „aktuelle[n] Probleme" (Zeile 1) Tobias Hollitzer gemeint haben könnte, die zu einer positiven Sicht auf die vergangene DDR führten.*

2. *Arbeiten Sie aus dem Text Erscheinungsformen der „Ostalgiewelle" heraus. Suchen Sie weitere Beispiele, die unter das Motto „Ostalgie" fallen könnten. Erklären Sie anschließend, welche Ursachen es für diese Form von nostalgischer Erinnerung geben könnte.*

3. *Nehmen Sie zu den wichtigsten Kritikpunkten Hollitzers gegen die von einigen Fernsehsendern angeheizte „Ostalgiewelle" Stellung.*

▲ **„Ostalgie-Party".**
Foto von 1996, Neubrandenburg (Mecklenburg-Vorpommern).

▶ **„Zeitreise in Uniform".**
Foto vom September 2005, Harnekop (Brandenburg).
Das Foto zeigt Männer in Uniformen der Nationalen Volksarmee (NVA), der Armee der DDR. Auf einem ehemaligen Militärgelände können Besucher ein NVA-Erlebniswochenende u.a. mit Morgenappell, Frühsport, Geländeübungen und Schießkursen buchen.

M3 Rückblicke: 20 Jahre nach der friedlichen Revolution

Das Meinungsforschungsinstitut Emnid befragt im April 2009 Bürgerinnen und Bürger in allen Bundesländern (Auszug aus der Umfrage):

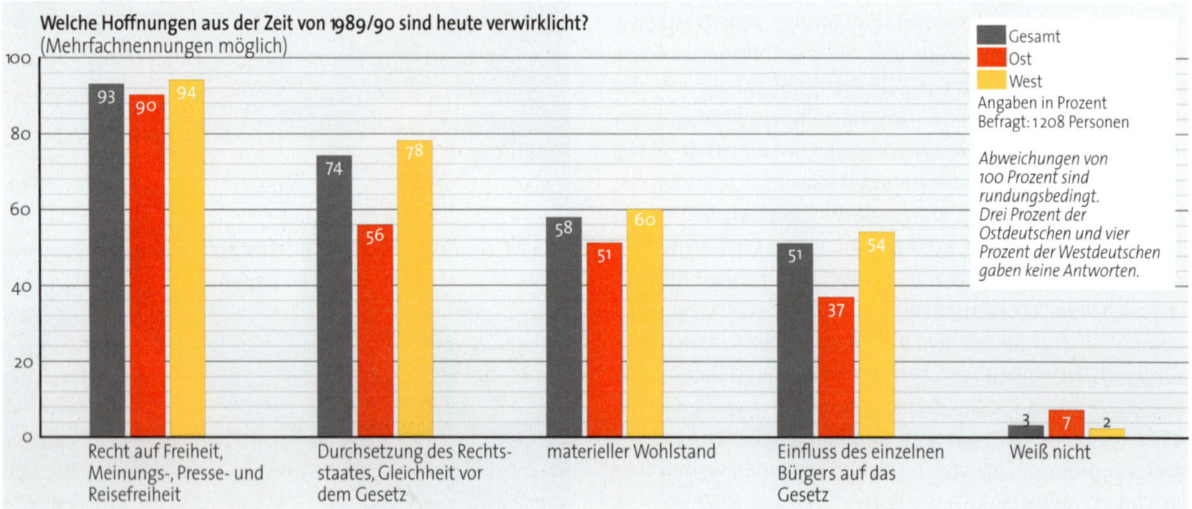

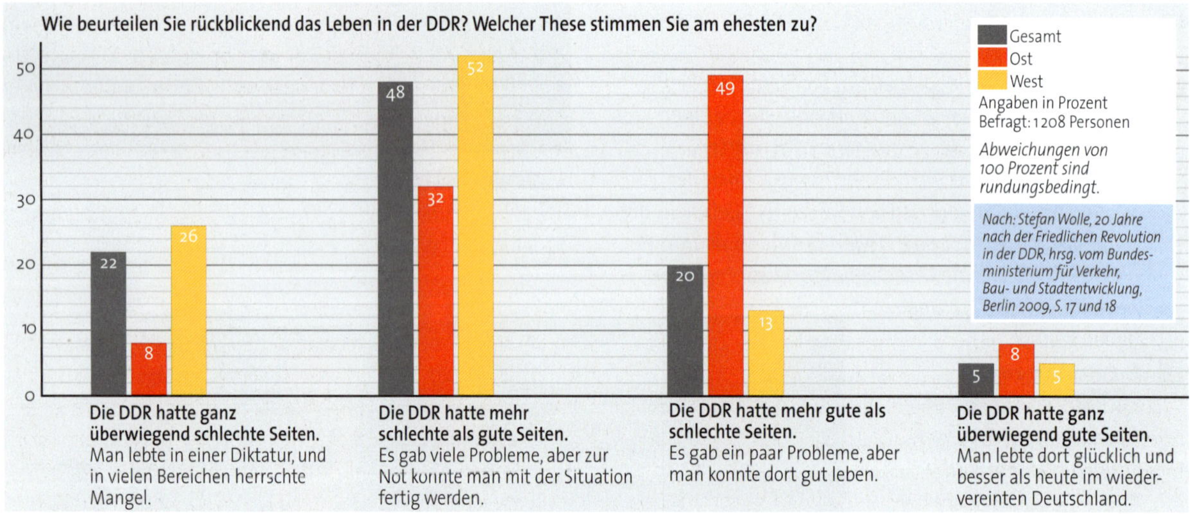

1. *Erläutern Sie die Ergebnisse der Umfrage. Berücksichtigen Sie dabei die Unterschiede zwischen Ost und West.*
2. *Erörtern Sie, welche politischen Konsequenzen aus den Umfrageergebnissen gezogen werden können.*

M4 Drei Formen von Gedächtnis

*Der Historiker Martin Sabrow (*1954) stellt fest, dass heute auf ganz unterschiedliche Art und Weise an die DDR erinnert wird:*

Im Zentrum vor allem des öffentlichen Gedenkens steht das *Diktaturgedächtnis*, das auf den Unterdrückungscharakter der SED-Herrschaft und ihre mutige Überwindung in der friedlich gebliebenen Revolution von 1989/90 abhebt. Die diktaturzentrierte Erinnerung widmet ihre Aufmerksamkeit vorrangig dem Macht- und Repressionsapparat des kommunistischen Regimes, und sie pocht darauf, dass zum Verständnis der DDR die Stasi wichtiger sei als die Kinderkrippe. In diesem Erinnerungsmodus wird den fundamentalen Unterschieden zwischen politischer Freiheit und politischer Unterwerfung ein entschieden höherer Wert für die Würde des menschlichen Lebens zugemessen als den sozialen und wirtschaftlichen Gratifikationen [...]. Stattdessen setzt sich die auf den Unrechtscharakter der SED-Herrschaft ausgerichtete Erinnerung dafür ein, in erster Linie die Schreckensorte der kommunistischen Herrschaft von den sowjetischen Internierungslagern und KGB-Gefängnissen bis zum Überwachungs- und Bespitzelungssystem der Staatssicherheit im Bewusstsein der Nachwelt präsent zu halten. Das Diktaturgedächtnis ist auf den Täter-Opfer-Gegensatz fokussiert. Es räumt Verbrechen, Verrat und Versagen unter der SED-Herrschaft hohen Stellenwert ein und sieht in der Erinnerung an Leid, Opfer und Widerstand die wichtigste Aufgabe einer Vergangenheitsbesinnung, die im Dienst der Gegenwart Lehren aus der Geschichte ermöglichen und so vor historischer Wiederholung schützen soll. Entsprechend ist das Diktaturgedächtnis normativ und teleologisch[1] strukturiert; es zeichnet die DDR als negatives Kontrastbild vor der Folie rechtsstaatlicher Normen und Freiheitstraditionen [...].

Während dieses staatlich approbierte DDR-Bild den Raum der öffentlichen Erinnerung beherrscht, wirkt ein zweites Organisationsmuster der DDR-Erinnerung stärker in die gesellschaftliche Tiefe und pocht hier mit stillem Trotz und dort mit lauter Vehemenz auf sein Eigenrecht. Dies ist ein in Ostdeutschland bis heute vielfach dominantes *Arrangementgedächtnis*, das vom richtigen Leben im falschen weiß und die Mühe des Auskommens mit einer mehrheitlich vielleicht nicht gewollten, aber doch als unabänderlich anerkannten oder für selbstverständliche Normalität gehaltenen Parteiherrschaft in der Erinnerung hält. Das Arrangementgedächtnis verknüpft Machtsphäre und Lebenswelt. Es erzählt von alltäglicher Selbstbehauptung unter widrigen Umständen, aber auch von eingeforderter oder williger Mitmachbereitschaft und vom Stolz auf das in der DDR Erreichte – kurz, es verweigert sich der säuberlichen Trennung von Biografie und Herrschaftssystem, die das Diktaturgedächtnis anbietet, und pflegt eine erinnerungsgestützte Skepsis gegenüber dem neuen Wertehimmel des vereinigten Deutschland, die zwischen ironischer Anrufung und ostalgischer Verehrung der ostdeutschen Lebensvergangenheit oszilliert[2]. [...]

Noch stärker im Schatten der öffentlichen Wahrnehmung existiert schließlich ein weiteres Erinnerungsmuster, das an der Idee einer legitimen Alternative zur kapitalistischen Gesellschaftsordnung festhält. Dieses *Fortschrittsgedächtnis* denkt die DDR vor allem von ihrem Anfang her. Es baut seine Erinnerungen auf der vermeintlichen moralischen und politischen Gleichrangigkeit der beiden deutschen Staaten auf, die zu friedlicher Koexistenz und gegenseitiger Anerkennung geführt hätten [...]. Die Rückbesinnung auf die vermeintlich zu Unrecht verkannten Vorzüge des DDR-Bildungssystems, die hässlichen Gesichtszüge eines aus den Fugen geratenen Weltfinanzsystems, die rückblickende Vorstellung von einer geordneten DDR-Welt, in der der Mensch keine Ware war und für die Gleichstellung der Frau gesorgt war – solcher Art sind die Anknüpfungspunkte, aus denen das Fortschrittsgedächtnis seine Stabilität gewinnt.

In diesem tripolaren Kräftefeld zwischen Diktaturgedächtnis, Arrangementgedächtnis und Fortschrittsgedächtnis wird die DDR-Vergangenheit täglich neu verhandelt.

Martin Sabrow, Die DDR erinnern, in: Ders. (Hrsg.), Erinnerungsorte der DDR, München 2009, S. 18-20

1. *Arbeiten Sie heraus, welche Themen für das Diktaturgedächtnis, das Arrangementgedächtnis und das Fortschrittsgedächtnis jeweils bedeutsam sind.*
2. *Diskutieren Sie, welche Akteure jeweils als Vertreter der einen oder anderen Gedächtnisform infrage kommen.*
3. *Beurteilen Sie, welche der Gedächtnisformen am wirkungsmächtigsten ist und daher am ehesten im kollektiven Gedächtnis der Deutschen überdauern wird.*
4. *Vergleichen Sie die hier beschriebene Situation mit den beiden deutschen Geschichtskulturen nach 1945.*

[1] **teleologisch** (griech. telos: Ziel, Zweck): auf Teleologie beruhend; **Teleologie**: Lehre, dass eine Entwicklung von vornherein zweckmäßig und zielgerichtet angelegt ist

[2] **oszillieren**: schwingen, pendeln

4.2 Nationale Gedenk- und Feiertage in verschiedenen Ländern

◂ **Kolumbus-Denkmal in Madrid (Spanien).**
Foto von 1997.
Am 12. Oktober 1892, 400 Jahre nach Kolumbus' Ankunft in Amerika, wurde das Denkmal auf der Plaza de Colon in Madrid eingeweiht.
- *Beschreiben Sie das Denkmal.*
- *Erklären Sie, welche Sichtweise auf Kolumbus und den 12. Oktober 1492 das Denkmal nahe legt.*

Gedenktage sind Formen der öffentlichen Erinnerung an bedeutsame (meist nationale) Ereignisse oder Personen. Sie werden in der Regel vom Staat festgelegt und organisiert. Dabei sind jährlich wiederkehrende Gedenktage von solchen zu unterscheiden, die als Jubiläen nach einer bestimmten Anzahl von Jahren gefeiert werden.

Gedenktage gibt es nicht erst seit der Gründung von Nationalstaaten, sondern bereits seit Jahrtausenden. Die ersten dieser Feiertage entsprangen einem mythisch-religiösen Geschichtsbewusstsein. Gedenktage erinnern an gemeinsame Ursprünge, an gemeinsame Leiden oder Freuden, an überstandene Kämpfe, an Siege oder Niederlagen. Sie kennen Inklusions- und Exklusionsmechanismen nach dem Schema „Wir sind die Guten" und „Die anderen sind die Bösen": Das protestantische Reformationsfest am 31. Oktober schließt eben die Katholiken nicht ein; die Feier des 17. Juni[1] „umarmt" die Aufständischen und klagt zugleich die SED-Herrschaft an usw. Manche Gedenktage erinnern an gemeinsame Ziele, die vielleicht erst noch erkämpft werden sollen. So halten die Luxemburg/Liebknecht-Feiern nicht nur das Gedenken an den Mord an den beiden Kommunisten 1919[2] wach, sondern schwören die Teilnehmer auch auf die Fortsetzung des Kampfes, die „Einlösung des Erbes" der beiden Opfer ein.

Die organisierte Erinnerung soll generell historische Identität schaffen, eine Gruppe auf gemeinsame Ziele verpflichten, politische Loyalität stiften oder bewahren. Viele Gedenktage personalisieren Geschichte und vermitteln dadurch ein fragwürdiges, oft statisches, ideologisches Geschichtsbild. Aufschlussreich ist es auch zu erkunden, warum und wann welche Gedenktage abgeschafft wurden.

Wichtige Namen
- Christoph Kolumbus

Wichtige Begriffe
- Geschichtsbewusstsein
- Geschichtskultur
- Geschichtswissenschaft
- Historische Erinnerung
- Jom ha-Shoa
- Nationale Gedenktage (12. Oktober; 27. Januar)
- Yad Vashem

In diesem Kapitel erwerben Sie die **Kompetenz**,
- Formen der Gestaltung von Gedenk- und Feiertagen in Geschichte und Gegenwart zu beschreiben, zu charakterisieren und zu vergleichen,
- nationale Gedenk- und Feiertage zu dekonstruieren,
- zu einem Gedenktag Stellung zu nehmen.

Zum Kompetenzerwerb im Hinblick auf historische Erinnerung lesen Sie Seite 463 bis 464, über Theorien zu Geschichtsbewusstsein und Geschichtskultur informiert Seite 465 bis 468.

[1] Zum Volksaufstand am 17. Juni 1953 siehe Seite 393.
[2] Zur Ermordung von Rosa Luxemburg und Karl Liebknecht lesen Sie Seite 355.

Der 12. Oktober 1492

Der 12. Oktober in Amerika und Spanien Im Bordbuch von Christoph Kolumbus heißt es unter dem Datum „11. und 12. Oktober“: „*Wir kamen mit einer Stundengeschwindigkeit von 12 Seemeilen vorwärts und bis 2 Uhr morgens hatten wir 90 Seemeilen durchlaufen. Da die Karavelle ‚Pinta‘ schneller war als die anderen beiden Schiffe und mir vorgefahren war, so entdeckte man an Bord der ‚Pinta‘ zuerst das Land [...]. Als erster erspähte dieses Land ein Matrose, der Rodrigo da Triana hieß, wiewohl ich um 10 Uhr nachts vom Aufbau des Hinterschiffes aus ein Licht bemerkt hatte.*“[1] Anschließend wird weiter ausgeführt, dass Kolumbus das Licht als Anzeichen für nahe liegendes Land hielt. Folglich hätte er also als erster die unbekannte Insel gesehen.

Die Nachricht von den Entdeckungen sprach sich nach seiner Rückkehr wie ein Lauffeuer in Europa herum. Obwohl von Anfang an die Bedeutung dieses Ereignisses allen bewusst war, wurde der Tag der Entdeckung für viele Jahrhunderte nicht gefeiert. Die Geschichte des 12. Oktober als *Gedenk- und Erinnerungstag* (▸ M1 und M2) begann erst Ende des 18. Jahrhunderts. 1792 feierten italienische Einwanderer in den USA erstmals den „*Columbus Day*“. Sie gedachten dabei vor allem der Tatsache, dass es ein katholischer Italiener gewesen war, der Amerika entdeckt hatte. Dies betonte, dass die Geschichte der USA eben nicht nur eine protestantisch-angelsächsische Wurzel hatte, sondern auch einen katholisch-südeuropäischen Ursprung. Im Jahre 1937 wurde der Kolumbus-Tag in den USA zu einem nationalen Feiertag erklärt. Seitdem feiern die US-Amerikaner jeden zweiten Montag im Oktober die erste Reise des genuesischen Seefahrers. Im Laufe der Zeit hat sich der Feiertag aber nicht nur von seinem festen Datum (dem 12. Oktober) gelöst, sondern sich auch seine Anbindung an die italoamerikanische Bevölkerung gelockert. Heute gilt der Tag als ein Fest der gesamten US-amerikanischen Nation.

In Spanien und in Spanischamerika wurde viel später begonnen, den 12. Oktober zu feiern. Erst 1892 gab es in Spanien staatliche Gedenkveranstaltungen, und aus dieser Zeit stammen auch eine Reihe von Kolumbus-Denkmälern in Barcelona, Valladolid oder Madrid. Die Feier zur vierhundertsten Wiederkehr der ersten Kolumbus-Fahrt bedeutete aber noch nicht, dass der 12. Oktober zum nationalen Feiertag erklärt wurde. Dies geschah erst 1918, nachdem in Spanien und in Spanischamerika Initiativen entstanden waren, die einen gemeinsamen Feiertag für die „spanische Rasse“ bzw. das „Spaniertum“ forderten. So erklärten verschiedene hispanoamerikanische Staaten zwischen 1917 und 1928 den 12. Oktober zum Feiertag. Damit sollte der spanischen Kultur gedacht werden. Nur in Mexiko wurde von Beginn an betont, dass die zu feiernde „Rasse“ nicht die spanische, sondern die amerikanische sei. Diese – so die damalige Vorstellung – sei durch die Vermischung von Europäern, Indianern und Afrikanern entstanden.

▲ Lesezeichen mit der Darstellung der ersten Landung Kolumbus' am 12. Oktober 1492.
Das seidene Lesezeichen wurde auf der Weltausstellung in Chicago von 1893 gewebt.

[1] Zitiert nach: Christoph Kolumbus, Bordbuch, Frankfurt am Main/Leipzig 2006, S. 42 f.

▲ **Denkmal zum 500. Jahrestag der ersten Fahrt des Kolumbus in San Juan (Puerto Rico).**
Zeitgenössisches Foto.
Das Denkmal wurde 1992 auf der Plaza del Quinto Centenario in San Juan errichtet. Es hat die Form eines indianischen Totempfahls, der häufig der Darstellung von Mythen oder Geschichten diente. Die Keramikelemente des Denkmals sind Repliken verschiedener vorspanischer Keramiken.
- *Analysieren Sie, welche Sichtweise auf den 12. Oktober 1492 das Denkmal nahe legt.*
- *➕ Vergleichen Sie dieses Denkmal mit dem Kolumbus-Denkmal auf Seite 442.*

Der 12. Oktober 1992 – ein Wendepunkt? Unter verschiedenen Bezeichnungen („Kolumbus-Tag", „Tag der Rasse", „Tag des Spaniertums") etablierte sich der Gedenk- und Feiertag im Laufe des 20. Jahrhunderts in Spanien und in den meisten Teilen Amerikas. Als sich das 500-jährige Jubiläum der ersten Kolumbus-Fahrt näherte, war klar, dass der *12. Oktober 1992* unzählige nationale und internationale Feierlichkeiten hervorrufen würde. So begannen schon Jahre vor dem eigentlichen Datum Auseinandersetzungen darüber, wie der Tag angemessen zu gestalten sei. In Mexiko wurde eine hochrangige „Nationale Kommission zur Erinnerung der fünfhundertsten Wiederkehr der Begegnung zweier Welten" geschaffen, die es sich zur Aufgabe machte, die Vorstellung von „Entdeckung und Eroberung" durch die Idee der „Begegnung zweier Welten" zu ersetzen. Auch in den USA und in Spanien wurde nun stärker betont, dass die erste Fahrt des Kolumbus am Beginn einer gemeinsamen Geschichte stand (▸ M3). Obwohl also die ältere Kolumbus- und Europaverherrlichung bei dem offiziellen Gedenken 1992 etwas in den Hintergrund rückte, nahmen viele Gruppen den 12. Oktober 1992 zum Anlass, um die lange Geschichte der Unterdrückung und Ausbeutung ins Bewusstsein zu rufen. In Lateinamerika gab es internationale Kongresse des „Widerstandes der Eingeborenen, der Schwarzen und der Völker", die auf das Elend der Armen aufmerksam machten und ein Feiern des 12. Oktober ablehnten (▸ M4). All dies trug dazu bei, dass der 12. Oktober 1992 so viel Aufmerksamkeit erhielt wie kein 12. Oktober zuvor.

So hat sich dieser Tag im Laufe der letzten Jahrzehnte und Jahrhunderte zu einem wichtigen Gedenk- und Erinnerungstag entwickelt, an dem verschiedene Staaten und soziale Gruppen ihr Verständnis ihrer Gesellschaft artikulieren und dieses Verständnis kontrovers ausgehandelt wird. Die Geschichte des 12. Oktober hat sich schon lange von Christoph Kolumbus gelöst. Denn dieser war schließlich der Ansicht, dass er eigentlich am 11. Oktober 1492 um 22:00 Uhr „ein Licht" gesehen hatte.

M1 Gedenktage

Der Historiker Klaus Bergmann schreibt über die Funktionen von Gedenktagen:

Die Erinnerung an bestimmte, datierbare historische Ereignisse und Personen, wie sie in Gedenktagen zum Ausdruck kommt, kann von sehr unterschiedlichen „Trägern" ausgehen. Sie kann als kollektive Erinnerung von staatlicher Seite und herrschenden Schichten erwünscht, durch Gesetz festgeschrieben und institutionalisiert wie ritualisiert sein. Oder sie kann als kollektive Erinnerung von Gruppen, Schichten, Klassen, Gemeinschaften oder Vereinen auftreten, die der Bildung einer auch historisch unterfütterten gemeinsamen Identität dient.
Werden Gedenktage vom Staat veranstaltet, haben sie in der Vergangenheit und Gegenwart in erster Linie die politische Funktion der Bestätigung und Bewahrung bestehender Verhältnisse. Sie dienen der Herstellung und Demonstration von brauchbaren Traditionen, sollen Identifikation und Loyalität gegenüber dem politischen System und ein möglichst einheitliches Geschichtsbewusstsein herstellen. Die Gedenk-Geschichten betonen nach dem immer gleichen Grundmuster jenen Zusammenhang von Vergangenheitsdeutung, Gegenwartsverständnis und Zukunftserwartung, der Geschichtsbewusstsein ausmacht: An diesen Tagen wird in der Regel die Geschichte von Ursprung und Abstammung, von Wende und Neuanfang, von Entwicklung und Kontinuität, von daran beteiligten Persönlichkeiten erzählt, um mit der rhetorischen Figur von „Erbe und Auftrag" eine Zukunftsperspektive anzudienen.
Gedenktage und Gedenkjahre, die unterhalb der staatlichen Ebene veranstaltet werden, haben je nach Träger und Veranstalter ebenfalls politische Funktionen – zuweilen bestandskritische, auf mehr oder weniger radikale Veränderungen bedachte (z. B. Arbeiterbewegung im Kaiserreich oder gesellschaftliche/nationale/ethnische Minderheiten), zuweilen integrationsfordernde (Gedenktage von Städten, Dörfern, Vereinen, Gemeinschaften).

Klaus Bergmann, Gedenktage, Gedenkjahre und historische Vernunft, in: Sabine Horn und Michael Sauer (Hrsg.), Geschichte und Öffentlichkeit. Orte – Medien – Institutionen, Göttingen 2009, S. 24-31, hier S. 26-28

1. *Fassen Sie die zentralen Aussagen von Klaus Bergmann über Gedenktage zusammen.*
2. *Arbeiten Sie heraus, was Gedenk- von Erinnerungstagen unterscheidet. Berücksichtigen Sie dabei M2.*
3. *Erörtern Sie, inwiefern Gedenktage in Deutschland der von Bergmann genannten Funktion der „Bestätigung und Bewahrung bestehender Verhältnisse" dienen.*

M2 Erinnerungstage

Die Historiker Etienne François und Uwe Puschner unterscheiden Erinnerungstage von Gedenktagen:

Warum aber sprechen wir von Erinnerungstagen und nicht, wie vielleicht erwartet, von Gedenktagen? [...] [Wir möchten] mit dem Rückgriff auf den Begriff „Erinnerungstage" auf die Vielschichtigkeit und Differenziertheit der Erinnerungskulturen hinweisen: Die kollektiven Erinnerungen erfassen viel mehr als die Bestimmungen und Beschlüsse, die Programme und die Absichten der verschiedenen „Gedächtnisentrepreneurs"[1]. Auch wenn es im Einzelnen nicht immer unproblematisch durchzuführen ist, geht es um die kollektiven Erinnerungen in ihrer Ganzheit. [...]
Bei allen Unterschieden ähneln sich [...] Erinnerungstage zumindest in einem Punkt: Allen ist gemeinsam, dass in ihrem Mittelpunkt nicht so sehr das faktische Ereignis steht, das mit einem festen Datum verbunden ist, sondern vielmehr das verwandelte Ereignis, das am Ende einer doppelten Metamorphose[2] als Erinnerungstag entstanden ist. Die erste Metamorphose machte aus dem geschichtlichen ein „historisches", die zweite Metamorphose aus dem „historischen" ein „erinnerungswürdiges" Ereignis, wobei zugleich meistens beschlossen wurde, seiner an einem bestimmten Tag und in regelmäßigen Abständen zu gedenken. [...]
Entscheidend ist dabei die regelmäßige Wiederholung bzw. Vergegenwärtigung des vergangenen Ereignisses. Auch wenn diese sich wiederholende Vergegenwärtigung nicht formalisiert ist bzw. sein muss, ähnelt sie, weil sie immer kollektiv geschieht, einem Kult. „Als bevorzugter Augenblick der Beschwörung oder sogar der Reaktualisierung der Fakten, Handlungen und Personen, die eine Gemeinschaft gründet", beobachtete Emile Durkheim, „hat der Kult den Charakter eines Gedenkens par excellence."[3] Dies tritt besonders deutlich im Mittelalter und während der Frühen Neuzeit zutage: Liturgisch geprägt und eingebunden in den sakralen Kalender, verbindet die kollektive Erinnerung als „Feier der Geschichte" das reaktualisierte Ereignis mit dem Heiligen und eint die Lebenden mit den Toten, das Jenseits mit dem Diesseits, die Zeit mit der Ewigkeit. Im Verlauf der Moderne traten diese Elemente in den Hintergrund. Dennoch bleibt auch in säkularen Gesellschaften das sakrale Modell des Kalenders und der Liturgie weiterhin unumgänglich: Das Symbolische tritt an die Stelle des Religiösen und wie Peter

[1] **Gedächtnisentrepreneur**: öffentliche oder private Institutionen, die verschiedene Formen von Erinnerung aktivieren
[2] **Metamorphose**: Umgestaltung, Umwandlung
[3] Zitat aus einer Veröffentlichung von Emile Durkheim von 1960

▲ **Straßenparade am Kolumbus-Tag auf der Fifth Avenue in New York City (13. Oktober 2003).**

Novick es am Beispiel der Erinnerung an den Holocaust in den USA bemerkte, hat man es dort mit einer Form von „Zivilreligion“ zu tun, die wie jede Religion durch Dogmen (der „Erinnerungsarbeit“) und Rituale (Gedenkfeiern, Museen) charakterisiert ist.

Etienne François und Uwe Puschner, Warum Erinnerungstage?, in: Dies. (Hrsg.), Erinnerungstage. Wendepunkte der Geschichte von der Antike bis zur Gegenwart, München 2010, S. 13-24, hier S. 16 und 19 f.

1. *Geben Sie das Verständnis von Erinnerungstagen von Etienne François und Uwe Puschner wieder.*
2. *Erläutern Sie die Ähnlichkeit von religiösen und nicht-religiösen Feiertagen.*
3. *Erklären Sie, warum es sowohl religiöse als auch nicht-religiöse Feier- und Erinnerungstage gibt.*

M3 Kolumbus und die USA

In einer Erklärung von George Bush, dem 41. Präsidenten der Vereinigten Staaten von Amerika (1989-1993), heißt es am 10. Oktober 1991 zum bevorstehenden Kolumbus-Tag:

Da sich der 500. Jahrestag der ersten Ankunft von Christoph Kolumbus in Amerika nähert, wird diesem gefeierten Admiral der Meere sowohl in Europa als auch in Amerika wieder mehr Aufmerksamkeit gewidmet. Wir feiern jedes Jahr am Kolumbus-Tag all das, was dieser meisterliche Seemann für unsere Nation bedeutet. Für viele Generationen verkörperte Kolumbus den Forscher- und Entdeckergeist – und den Anfang von Amerika.

Als Kolumbus seine transatlantische Reise begann, vertrat er eine Theorie und suchte seine Chance. Die Reise bedeutete ein Risiko und versprach eine Belohnung. Kolumbus und seine Mannschaft mussten viel Mut und Selbstbewusstsein haben. Diese Eigenschaften hat praktisch jeder große Pionier besessen. So erinnert uns die Geschichte von Christoph Kolumbus daran, dass jede erfolgreiche Forschung und Entdeckung mit dem Willen beginnt, seine Ziele höher zu stecken, neue Horizonte zu suchen und dorthin zu gehen, wohin einen die eigenen Vorstellungen und Erfahrungen führen. Sie erinnert uns auch daran, dass Fleiß und Arbeit die Grundlagen für Lernen und Fortschritt sind.

Am Kolumbus-Tag feiern wir aber nicht nur den Geist des Lernens, sondern auch die Geschichte unserer Nation. Die Begegnung von Kulturen, die Christoph Kolumbus ermöglichte, markierte den Beginn eines neuen Kapitels in der Geschichte. Der darauf folgende Austausch von Wissen, Ressourcen und Ideen zwischen der Alten und der Neuen Welt führte zur Entwicklung zweier Kontinente und zur Geburt einer Nation, die für Freiheit und Möglichkeiten steht.

Der Kolumbus-Tag war lange Zeit etwas Besonderes für Italo-Amerikaner und Amerikaner spanischer Abstammung. Aber wenn wir an den mutigen Sohn Genuas denken, der mit der Hilfe der spanischen Monarchen Ferdinand V. und Isabella I. zwei Hemisphären verband, dann wissen wir, dass dieser Tag für uns alle Bedeutung hat. Es ist der Moment, an die vielen Pioniere zu denken, die wie Kolumbus die Herausforderung des Unbekannten gesucht haben und die Menschheit auf dem Weg des Fortschritts vorangebracht haben. Es ist der Moment, das reiche Erbe der eingeborenen Völker Amerikas und unsere Stärke als eine Nation von Einwanderern zu feiern. An diesem Tag feiern wir auch die engen Bande, die uns mit unseren Nachbarn in Mittel- und Südamerika und in der Karibik verbinden, da wir gemeinsame Erben der Kolumbus-Reise sind. [...] Das Wichtigste am Kolumbus-Tag ist vielleicht, dass er ein Moment ist, an dem wir uns selbst erforschen können, um die Vergangenheit zu studieren und von ihr zu lernen. Dies ermöglicht es uns, den Segen besser zu erkennen, den die Freiheit und die Prinzipien, die alle Amerikaner verbinden, für uns bedeuten.

www.presidency.ucsb.edu/ws/index.php?pid=20090#axzz1W3UfK4O5 (Zugriff: 29. September 2011; übersetzt von Ulrich Mücke)

1. *Fassen Sie die Aussage der Erklärung des damaligen US-Präsidenten zusammen.*
2. *Arbeiten Sie heraus, welche verschiedenen Traditionen des 12. Oktober sich in der Erklärung finden.*
3. *Beurteilen Sie, ob Christoph Kolumbus als ein Vorbild für die US-amerikanische Gesellschaft betrachtet werden kann.*

▲ **„Geld in Sicht!"**
Karikatur vom 10. Oktober 1991.
Die Übersetzung lautet: „Auslandsinvestitionen" (Schiffsrumpf), „Geld in Sicht!" (linke Sprechblase), „Dasselbe haben sie das letzte Mal gesagt. Aber in den Büchern heißt es ‚Land in Sicht!'", „Das ist nicht der einzige Unterschied. Dieses Mal sind sie eingeladen." (rechter Text und rechte Sprechblase)
- *Analysieren Sie die Aussage der Karikatur.*
- *Erörtern Sie, inwiefern die Karikatur auch die Geschichtsschreibung kritisiert.*

M4 Nichts zu feiern

Den 12. Oktober 1992 nehmen Indianerorganisationen zum Anlass, um Protest gegen die Unterdrückung und Ausbeutung der Eingeborenen zu organisieren. Am 21. Juli 1990 verabschieden sie nach einem ersten Treffen der Indianischen Völker in Quito (Ecuador) folgende Deklaration[1]*:*

1. Wir beschließen die völlige Ablehnung der Feierlichkeiten zum fünfhundertsten Jahrestag. Wir verpflichten uns, dieses Datum in eine Gelegenheit zu verwandeln, unsere Einheit und den kontinentalen Kampf für unsere Freiheit zu verstärken.

2. Wir halten an unserem nicht verhandelbaren Projekt der Selbstbestimmung und der Eroberung unserer Autonomie im Rahmen der Nationalstaaten und innerhalb einer neuen Ordnung fest. Wir respektieren, dass jedes Volk selbst bestimmt, wie es seine Kämpfe führt und seine politischen Projekte entwickelt.

3. Wir beteuern unsere Entschlossenheit, unsere Kultur, unsere Bildung und Religion als Grundlagen unserer Identität als Volk zu verteidigen, wodurch wir unsere eigenen Formen des spirituellen Lebens und des kommunalen Zusammenlebens in enger Verbindung zu unserer Mutter Natur behalten und wiedergewinnen. [...]

8. Wir klagen an, dass die indianischen Völker Opfer von Gewalt und Verfolgung sind, was eine offene Verletzung der Menschenrechte bedeutet. Wir fordern daher, unser Recht auf Leben, auf Land und auf die freie Organisation und die freie Umsetzung unserer Kultur zu respektieren. Wir verlangen zugleich die Freilassung unserer politischen Anführer, das Ende der Unterdrückung und die Entschädigung für die verursachten Schäden. [...]

Die kontinentale Kampagne „500 Jahre Widerstand der Indigenen und der Völker" muss verstärkt werden durch die Teilnahme aller unserer Organisationen, damit wir eine alternative Kraft bilden. Die Antwort auf 1992 muss die Einheit und der Einsatz sein.

Unsere Kampagne muss dem Prinzip der Solidarität mit allen Befreiungskämpfen der Völker gehorchen mit dem Ziel, multilateral Beziehungen auf internationaler Ebene zu erreichen.

„Quinto Centenario". Stimmen aus Lateinamerika – ein Presserückblick, Hamburg 1993, S. 61 (übersetzt von Ulrich Mücke)

1. *Geben Sie die wichtigsten Forderungen der Erklärung wieder.*
2. *Erläutern Sie, welche symbolische Bedeutung die Erklärung dem 12. Oktober 1992 beimisst.*
3. *Vergleichen Sie den Umgang mit dem „12. Oktober" mit demjenigen in den USA (M3).*
4. *Nehmen Sie zu der Ablehnung der Feierlichkeiten und den übrigen Forderungen der Indianerorganisationen Stellung.*

[1] Später wurden diese Zusammenkünfte ausgedehnt und hießen Treffen „der Eingeborenen, der Schwarzen und der Völker".

Der 27. Januar als Gedenktag

▲ **Auschwitz-Häftlinge nach der Befreiung.**
Foto vom 27. Januar 1945

Was geschah am 27. Januar 1945? Am 27. Januar 1945 wurden die Überlebenden des Konzentrationslagers Auschwitz durch Truppen der sowjetischen Armee befreit. Der riesige Lagerkomplex, den die Nationalsozialisten ab 1940 am Rande der in „Auschwitz" umbenannten polnischen Stadt Oświęcim und der umliegenden Region errichtet hatten, bestand aus dem größten Vernichtungslager Auschwitz-Birkenau, zwei weiteren Konzentrationslagern und vielen weiteren Außen- und Nebenlagern. In weniger als fünf Jahren wurden dort über eine Millionen Menschen gefoltert, gequält und ermordet.

Um der vorrückenden Roten Armee keine Spuren der Verbrechen zu hinterlassen, ließ Heinrich Himmler bereits ab Oktober 1944 die Krematorien und Gaskammern sprengen, Raubgut und Dokumente verbrennen oder abtransportieren. Mitte Januar begann die SS damit, das Lager Auschwitz zu räumen. Etwa 58 000 Häftlinge wurden auf Todesmärsche geschickt, bei denen die meisten durch Kälte, Hunger, Entkräftung oder die Schüsse der SS-Wachmannschaften ums Leben kamen. Etwa 9 000 kranke oder zu schwache Häftlinge blieben weitgehend auf sich gestellt in den Lagern zurück (▸ M1). Unter diesen richtete die SS noch in den letzten Tagen vor der Befreiung schreckliche Massaker an, bevor sie fluchtartig das Lager verließ.

In einer aus Dokumenten der SS, der Gestapo, des Reichssicherheitshauptamts, aus Kommandanturbefehlen, Bunkerbüchern, Akten des Nürnberger Prozesses und anderen Quellen zusammengestellten Tageschronik der Ereignisse im KZ Auschwitz findet sich zur Ankunft der sowjetischen Armee am 27. Januar folgender Eintrag: *„Am Samstag gegen 9 Uhr erscheint auf dem Gelände des Häftlingskrankenbaus im Nebenlager Monowitz*[1] *der erste russische Soldat einer Aufklärungstruppe der 100. Infanteriedivision des 106. Korps. Eine halbe Stunde später kommt die ganze Abteilung an. Die Soldaten verteilen ihr Brot unter den Kranken. [...] Um 15 Uhr treffen die ersten Aufklärungstrupps der Roten Armee in den Lagern Birkenau und Auschwitz ein und werden von den befreiten Häftlingen freudig begrüßt. Nach dem Entminen des umliegenden Geländes marschieren Soldaten der 60. Armee der 1. Ukrainischen Front unter dem Oberbefehl von Generaloberst Pawel Kuroczkin in das Lager ein und bringen den am Leben gebliebenen Häftlingen die Freiheit."*[2]

[1] Das KZ Monowitz (Auschwitz III) war ein Arbeitslager im polnischen Ort Monowice auf dem Werksgelände der IG Farben AG und lag etwa sechs Kilometer östlich vom Stammlager Auschwitz I.
[2] Danuta Czech, Kalendarium der Ereignisse im Konzentrationslager Auschwitz-Birkenau 1939-1945, Reinbek bei Hamburg 1988, S. 993-995

▲ **Torhaus Auschwitz-Birkenau.**
Foto von Stanislaw Mucha, Februar/März 1945.
Das auf den Schienen zurückgelassene Essgeschirr lässt das Schicksal der Menschen im Lager erahnen. Ebenso wie Auschwitz als Begriff für den Holocaust steht, ist das Bild des Lagertors von Auschwitz-Birkenau im kollektiven Gedächtnis zum Symbol für Auschwitz geworden. Das Bild ist eines von 100 Fotos, die der polnische Fotograf Mucha im Auftrag der sowjetischen Kommission zur Untersuchung der NS-Verbrechen nach der Befreiung des Lagers anfertigte. Er sollte den Zustand des Lagers dokumentieren.
- *Beschreiben Sie die Bildelemente, den Bildaufbau und die Perspektive der Aufnahme.*
- *Analysieren Sie die Wirkung des Bildes.*

Der Anblick der zu Skeletten abgemagerten Menschen, der vielen herumliegenden Leichen der erschossenen und in den letzten Tagen verstorbenen Häftlinge sowie der katastrophalen Verhältnisse im Lager war selbst für die abgebrühtesten Soldaten kaum zu ertragen. Obwohl sofort erste Hilfsmaßnahmen eingeleitet und die Kranken medizinisch versorgt wurden, starben in den nächsten Wochen noch hunderte der über 7000 befreiten Häftlinge an den Folgen der KZ-Haft.

Der 27. Januar – Karriere eines internationalen Gedenktages Nur wenige Deutsche wissen, dass an einem 27. Januar der Komponist Wolfgang Amadeus Mozart und Kaiser Wilhelm II. geboren wurden. Bis vor wenigen Jahren spielte auch der 27. Januar als Tag der Befreiung von Auschwitz im kulturellen und kommunikativen Gedächtnis[1] der Deutschen keine nennenswerte Rolle. In den Nachkriegsjahrzehnten wurde das Datum in der Bundesrepublik hin und wieder mit öffentlichen Gedenkveranstaltungen, in der DDR im Zuge der alljährlichen Befreiungsfeierlichkeiten zum Ende des Zweiten Weltkrieges gewürdigt. Den Status eines nationalen Gedenk- und Feiertages erhielt der 27. Januar jedoch nicht.

[1] Vgl. dazu den Theorie-Baustein „Geschichtsbewusstsein und Geschichtskultur“, Seite 465 bis 468.

▲ **Bundespräsident Roman Herzog bei einer Rede zum zentralen Gedenktag für die Opfer des Nationalsozialismus im Bundestag in Bonn.**
Foto vom 27. Januar 1999.

Durch die vielen offiziellen Gedenkveranstaltungen, die 1995 zum 50. Jahrestag des Kriegsendes in ganz Europa begangen wurden, stieß die Idee eines Gedenktages für die Opfer des NS-Regimes auf internationale Resonanz. Das Ende des *Ost-West-Konfliktes* 1989/91 hatte die Voraussetzungen für eine gemeinsame europäische Erinnerung geschaffen.

In Deutschland setzte sich besonders der Vorsitzende des Zentralrates der Juden in Deutschland, *Ignatz Bubis*, für die Einführung eines solchen Gedenktages ein und schlug das „europäische" Datum des 27. Januar vor. So wie Auschwitz symbolhaft für die Massenvernichtung des europäischen Judentums steht, sollte der Tag der Befreiung dieses Lagers als Symbol für die nationalsozialistische Schreckensherrschaft über Europa gelten. Im Juni 1995 beschlossen die Bundestagsfraktionen, den 27. Januar zum nationalen Gedenktag, nicht aber zum arbeitsfreien Feiertag zu erheben. Am 3. Januar 1996 proklamierte Bundespräsident *Roman Herzog* den 27. Januar offiziell als Tag des Gedenkens an die Opfer des Nationalsozialismus (▸ M2). Das Gedenken bezog er ausdrücklich auf alle, die der nationalsozialistischen Ideologie und Rassepolitik zum Opfer gefallen sind. Alljährlich wird seither im Bundestag mit der Rede des Bundespräsidenten und eines prominenten Zeitzeugen, in den Landtagen mit Sondersitzungen und in vielen Städten mit Gedenkveranstaltungen an das historische Geschehen gedacht.

Mit der Holocaust-Konferenz in Stockholm, an der Vertreter von 47 Staaten teilnahmen, setzte im Jahr 2000 die internationale Karriere des 27. Januar ein. An die Forderung des Forums, einen jährlichen Gedenktag zur Erinnerung an den NS-Völkermord einzuführen, schloss sich wenig später das *Europäische Parlament* an. 2005 wurde der 27. Januar von der EU zum europäischen Gedenktag und im selben Jahr von den *Vereinten Nationen* (*United Nations Organization*, UNO) zum globalen Gedenktag („International Day of Commemoration in Memory of the Victims of the Holocaust") erklärt (▸ M3). Bis 2008 wurde in 34 Staaten ein Holocaust-Gedenktag eingeführt, davon in 21 Staaten am 27. Januar. Auch wenn sich Status und Gedenkpraxis von Land zu Land unterscheiden, ist es der am weitesten verbreitete Gedenktag der Welt.

Die Geschichte des 27. Januar ist ein Beispiel für Geschichtspolitik „von oben". Einführung und globale Ausweitung sind nicht unumstritten, zumal die verordnete Erinnerung oft auch dazu dient, aktuelle politische Entscheidungen zu legitimieren. Daher wird über die Wahl des Datums und die Art der Einführung diskutiert, darüber, für was der Gedenktag steht, an wen erinnert werden soll, welche Funktion ihm zukommt, wie das Gedenken gestaltet und für die Zukunft bewahrt werden kann (▸ M4 und M5). Geschichts- und Erinnerungskultur hat deshalb stets gegenwärtige und künftige Interessen und politischen Ziele zu reflektieren.

M1 Der 27. Januar 1945 in Auschwitz

Unter den Kranken, die von der flüchtenden SS unter furchtbaren Bedingungen im Lagerkomplex Auschwitz zurückgelassen werden, befindet sich auch der an Scharlach erkrankte italienische Chemiker und Schriftsteller Primo Levi. In seinen zwischen Dezember 1945 und Januar 1947 niedergeschriebenen Erinnerungen notiert er, wie er den 27. Januar 1945 im Lager Monowitz nahe Auschwitz erlebt hat:

▲ **Sowjetische Soldaten nach der Ankunft im KZ Auschwitz.**
Foto, Januar 1945.

Wir liegen in einer Welt der Toten und Larven. Um uns und in uns war die letzte Spur von Zivilisation geschwunden. Das Werk der Vertierung, von den triumphierenden Deutschen begonnen, war von den geschlagenen Deutschen vollbracht worden.

Mensch ist, wer tötet, Mensch ist, wer Unrecht zufügt oder erleidet; kein Mensch ist, wer jede Zurückhaltung verloren hat und sein Bett mit einem Leichnam teilt. Und wer darauf gewartet hat, bis sein Nachbar mit Sterben zu Ende ist, damit er ihm ein Viertel Brot abnehmen kann, der ist, wenngleich ohne Schuld, vom Vorbild des denkenden Menschen weiter entfernt als der roheste Pygmäe und der grausamste Sadist.

27. JANUAR. Morgengrauen. Auf dem Fußboden das schandbare Durcheinander verdorrter Glieder, das Ding Sómogyi[1]. Es gibt dringendere Arbeiten. Man kann sich nicht waschen, wir können ihn nicht anfassen, bevor wir nicht gekocht und gegessen haben. Und dann „...rien de si dégoutant que les débordements[2]“, wie Charles richtig meint; der Latrineneimer muss geleert werden. Die Lebenden stellen größere Ansprüche. Die Toten können warten. Wir begaben uns an die Arbeit, wie jeden Tag.

Die Russen kamen, als Charles und ich Sómogyi ein kurzes Stück wegtrugen. Er war sehr leicht. Wir kippten die Bahre in den grauen Schnee.

Primo Levi, Ist das ein Mensch?, München/Wien 1991, S. 164 f.

[1] Ungarischer Mithäftling, der in der Nacht zuvor an einer schweren Infektionskrankheit gestorben ist.

[2] franz.: „nichts ist so abscheulich/ekelhaft wie die Überflutung [mit Fäkalien]“

1. *Beschreiben Sie, wie Levi die letzten Stunden vor der Befreiung erlebt.*
2. *Analysieren Sie Levis Sprache. Wie lässt sie sich erklären?*
3. *Ordnen Sie seinen Bericht einer Quellengattung zu.*
4. *Nehmen Sie Stellung zu Levis Ausführungen über das Menschsein.*

M2 „Die Erinnerung darf nicht enden“

Am 3. Januar 1996 proklamiert Bundespräsident Roman Herzog den 27. Januar zum „Tag des Gedenkens an die Opfer des Nationalsozialismus“. In einer Ansprache im Deutschen Bundestag am 19. Januar 1996 begründet er diesen Schritt:

Am 27. Januar 1945 wurde das Konzentrationslager Auschwitz befreit. Auschwitz steht symbolhaft für millionenfachen Mord – vor allem an Juden, aber auch an anderen Volksgruppen. Es steht für Brutalität und Unmenschlichkeit, für Verfolgung und Unterdrückung, für die in perverser Perfektion organisierte „Vernichtung“ von Menschen. [...]

Viele haben sich schuldig gemacht, aber die entscheidende Aufgabe ist es heute, eine Wiederholung – wo und in welcher Form auch immer – zu verhindern. Dazu gehört beides: die Kenntnis der Folgen von Rassismus und Totalitarismus und

die Kenntnis der Anfänge, die oft im Kleinen, ja sogar im Banalen liegen können.
Im Großen ist das alles noch verhältnismäßig einfach. Wir Deutschen haben mehr als andere lernen müssen, dass das absolut Unfassbare trotz allem geschehen kann. Die Erinnerung hat es uns aber auch erleichtert, daraus die Lehre zu ziehen, und am klarsten ist diese Lehre in Artikel 1 unseres Grundgesetzes formuliert: „Die Würde des Menschen ist unantastbar". Der Satz kennt keine Relativierung. Unter dem Grundgesetz gibt es keine „wertvollen" und „wertlosen" Menschen, keine „Herrenmenschen" und „Untermenschen", keine Volks- und Klassenfeinde, kein „lebensunwertes" Leben. Unsere Verfassung enthält also alle rechtlichen Sicherungen gegen Totalitarismus und Rassismus, mehr als jede andere Verfassung der Welt und darauf können wir stolz sein.
Aber den einzelnen Menschen kann man dagegen nicht nur mit Rechtsnormen immunisieren. Dazu bedarf es zusätzlicher Anstrengungen, gerade bei denen, die das große Verbrechen nicht mehr selbst erlebt haben und denen auch nicht mehr durch Zeitzeugen Erlebtes vermittelt werden kann.
Das war der Grund dafür, dass ich vor zwei Wochen den 27. Januar, den Tag der Befreiung von Auschwitz, mit Zustimmung aller Parteien zum Tag des Gedenkens an die Opfer des Nationalsozialismus erklärt habe. [...] Der 27. Januar soll dem Gedenken an die Opfer der Ideologie vom „nordischen Herrenmenschen" und von den „Untermenschen" und ihrem fehlenden Existenzrecht dienen. Die Wahl des Datums zeigt das unmissverständlich. [...]
Ich wünsche mir, dass der 27. Januar zu einem Gedenktag des deutschen Volkes, zu einem wirklichen Tag des Gedenkens, ja des Nachdenkens wird. Nur so vermeiden wir, dass er Alibi-Wirkungen entfaltet, um die es uns am allerwenigsten gehen darf. Eine Kollektivschuld des deutschen Volkes an den Verbrechen des Nationalsozialismus können wir, wie ich schon sagte, nicht anerkennen; ein solches Eingeständnis würde zumindest denen nicht gerecht, die Leben, Freiheit und Gesundheit im Kampf gegen den Nationalsozialismus und im Einsatz für seine Opfer aufs Spiel gesetzt haben und deren Vermächtnis der Staat ist, in dem wir heute leben.
Aber eine kollektive Verantwortung gibt es, und wir haben sie stets bejaht. Sie geht in zwei Richtungen:

- Zunächst darf das Erinnern nicht aufhören; denn ohne Erinnerung gibt es weder Überwindung des Bösen noch Lehren für die Zukunft.
- Und zum andern zielt die kollektive Verantwortung genau auf die Verwirklichung dieser Lehren, die immer wieder auf dasselbe hinauslaufen: Demokratie, Rechtsstaat, Menschenrechte, Würde des Menschen. [...]

Deshalb meine Mahnung zum Erinnern und zur Weitergabe der Erinnerung. Nicht nur am 27. Januar. Aber vielleicht kann dieser Gedenktag uns dabei helfen.

Ansprache von Bundespräsident Roman Herzog zum Gedenktag für die Opfer des Nationalsozialismus im Deutschen Bundestag am 19. Januar 1996 in: www.bundespraesident.de/SharedDocs/Reden/DE/Roman-Herzog/Reden/1996/01/19960119_Rede.html [Zugriff: 15. Mai 2012]

1. *Fassen Sie die Gründe zusammen, die Roman Herzog für die Einführung des Gedenktages nennt.*
2. *Erläutern Sie, welche Funktion die Erinnerung erfüllen soll.*
3. *Nehmen Sie Stellung zu den Begriffen „Schuld" und „Verantwortung".*
4. *Beurteilen Sie, ob die Ziele, die Herzog mit der Einführung des Gedenktages verfolgte, erreicht worden sind. Erklären Sie seine Absicht, damit „Alibi-Wirkungen" vermeiden zu wollen.*
5. *Entwickeln Sie weitere „Gedenkstrategien" zur Erreichung dieser Ziele.*

M3 Internationales Gedenken an den Holocaust

Am 1. November 2005 erklärt die Generalversammlung der Vereinten Nationen (United Nations Organization, UNO) den 27. Januar zum Internationalen Tag des Gedenkens an die Opfer des Holocaust und nimmt folgende Resolution an:

Die Generalversammlung,
in Bekräftigung der Allgemeinen Erklärung der Menschenrechte, in der verkündet wird, dass jeder Anspruch auf alle darin genannten Rechte und Freiheiten hat, ohne irgendeinen Unterschied, etwa nach Rasse, Religion oder sonstigem Stand,
unter Hinweis auf Artikel 3 der Allgemeinen Erklärung der Menschenrechte, in dem es heißt, dass jeder das Recht auf Leben, Freiheit und Sicherheit der Person hat, [...]
eingedenk dessen, dass das Gründungsprinzip der Charta der Vereinten Nationen, „die kommenden Generationen vor der Geißel des Krieges zu bewahren", die unauflösliche Verbindung bezeugt, die zwischen den Vereinten Nationen und der beispiellosen Tragödie des Zweiten Weltkriegs besteht,
unter Hinweis auf die Konvention über die Verhütung und Bestrafung des Völkermordes, die verabschiedet wurde, um zu verhindern, dass es je wieder zu Völkermorden kommt, wie sie vom Nazi-Regime begangen wurden, [...]
in Würdigung des Mutes und der Einsatzbereitschaft der Soldaten, die die Konzentrationslager befreiten,
erneut erklärend, dass der Holocaust, bei dem ein Drittel des jüdischen Volkes sowie zahllose Angehörige anderer Minderheiten ermordet wurden, auf alle Zeiten allen Menschen als

Warnung vor den Gefahren von Hass, Intoleranz, Rassismus und Vorurteil dienen wird,

1. *beschließt*, dass die Vereinten Nationen den 27. Januar eines jeden Jahres zum Internationalen Tag des Gedenkens an die Opfer des Holocaust erklären werden;

2. *fordert* die Mitgliedstaaten nachdrücklich auf, Erziehungsprogramme zu erarbeiten, die die Lehren des Holocaust im Bewusstsein künftiger Generationen verankern werden, um verhindern zu helfen, dass es in der Zukunft wieder zu Völkermordhandlungen kommt [...];

3. *weist* jede vollständige oder teilweise Leugnung des Holocaust als eines geschichtlichen Ereignisses zurück;

4. *lobt* die Staaten, die sich aktiv um die Erhaltung der von den Nazis während des Holocaust als Todeslager, Konzentrationslager, Zwangsarbeitslager und Gefängnisse genutzten Stätten bemüht haben;

5. *verurteilt vorbehaltlos* alle Manifestationen von religiöser Intoleranz, Verhetzung, Belästigung oder Gewalt gegenüber Personen oder Gemeinschaften auf Grund ihrer ethnischen Herkunft oder religiösen Überzeugung, gleichviel wo sie sich ereignen;

6. *ersucht* den Generalsekretär, als Beitrag zur Verhinderung künftiger Völkermordhandlungen ein Informationsprogramm zum Thema „Der Holocaust und die Vereinten Nationen" aufzustellen und Maßnahmen zur Mobilisierung der Zivilgesellschaft für das Gedenken an den Holocaust und die Holocausterziehung zu ergreifen, um verhindern zu helfen, dass es in der Zukunft wieder zu Völkermord kommt [...].

Zitiert nach: www.humanrights.ch/upload/pdf/070315_UNO_Resolution.pdf [Zugriff: 15. Mai 2012]

1. *Beschreiben Sie die Gründe für die Erklärung des internationalen Holocaust-Gedenktages.*

2. *Arbeiten Sie Aufgaben und Selbstverständnis der UNO heraus.*

3. *Bei der Verabschiedung der Resolution bezeichnete UNO-Generalsekretär Kofi Annan den Gedenktag als „eine wichtige Mahnung an die universelle Lektion des Holocaust". Erläutern Sie, welche Lektion damit gemeint ist.*

4. *In Deutschland und anderen Ländern steht die Leugnung des Genozid unter Strafe. Informieren Sie sich über die Argumente der Holocaust-Leugner (z.B. unter www.bpb.de/publikationen/3STJZH; www.h-ref.de). Nehmen Sie Stellung zu Bedeutung und Wirksamkeit einer strafrechtlichen Verfolgung.*

5. *Beurteilen Sie folgende These: Wenn der 27. Januar zum internationalen Gedenktag erhoben und damit auf die ganze Welt ausgedehnt wird, bedeutet dies nicht zugleich eine Entlastung für die Deutschen?*

▲ **Briefmarke der UNO zum 27. Januar 2008.**

Lesetipp
Markus Tiedemann, „In Auschwitz wurde niemand vergast." 60 rechtsradikale Lügen und wie man sie widerlegt, Mülheim/Ruhr 1996

Internettipp
Animationsclip „Vereinte Nationen" unter: www.e-politik.de/lesen/wissenswerte-animationsclips-zur-politischen-bildung

M4 Offizielle Erinnerung kontra Familiengedächtnis

Die Kulturwissenschaftlerin Aleida Assmann, die sich insbesondere mit den Themen Gedächtnis und Erinnerung beschäftigt, schreibt 2010 zum Holocaust-Gedenktag:

Der 27. Januar, der inzwischen Teil einer transnationalen Erinnerungskultur geworden ist, ist also selbst kein Datum, das in der Erfahrung der deutschen Bevölkerung verankert ist. Überhaupt kommt weder den nationalsozialistischen Verbrechen noch dem Holocaust im deutschen Familiengedächtnis eine bedeutende Rolle zu. Aus *oral history* Studien, die die Tradierung der NS-Zeit und des Holocaust in deutschen Familien untersucht haben, wissen wir, dass sich ein Hiat [eine Kluft] auftut zwischen dem offiziellen Geschichtswissen, das inzwischen in den Schulen vermittelt wird, und den Erinnerungen, die in der Familie tradiert werden. Während die Themen Nationalsozialismus und Holocaust im Geschichtsunterricht eine zentrale Rolle spielen, kreist die Familienerinnerung weitgehend um Themen wie Bombenkrieg, Hunger, Flucht und Vertreibung, die ihrerseits in der Schule (noch) keinen Platz haben. [...]
Während sich die Holocaust-Erinnerungsgemeinschaft geographisch ständig erweiterte, wurde sie zugleich inhaltlich beschränkt. Diejenigen, die sich erinnern, werden immer mehr, diejenigen, die erinnert werden, werden dagegen weniger. Roman Herzog hatte ausdrücklich alle Opfer nationalsozialistischer Vernichtungspolitik ins Bewusstsein der Deut-

▲ **Holocaust-Denkmal von 2005 in Budapest von Gyula Pauer und Can Togay.**
Foto von 2008.

▪ *Recherchieren Sie Hintergrund, Entstehungsgeschichte und Deutungsabsicht des abgebildeten Holocaust-Denkmals.*

schen heben wollen. Von den Opfergruppen der Sinti und Roma, der Homosexuellen und den Opfern der Euthanasie ist im Zuge der Ausweitung der Holocaust-Erinnerung jedoch keine Rede mehr. Es geht immer ausschließlicher um die jüdischen Opfer, von deren kultureller Erinnerungspraxis das Holocaust-Gedenken stark geprägt ist.

[...] Auf der Seite der sich ausweitenden Erinnerungsgemeinschaft gibt es eine paradoxe Leerstelle: Die Nation der Helden des 27. Januar, die Nachfahren der Roten Armee und somit der Befreier von Auschwitz, haben selbst keinen Anteil an diesem Gedenken.

Aleida Assmann, 27. Januar 1945: Genese und Geltung eines neuen Gedenktags, in: Etienne François und Uwe Puschner (Hrsg.), Erinnerungstage. Wendepunkte der Geschichte von der Antike bis zur Gegenwart, München 2010, S. 323 und 332

1. *Geben Sie wieder, warum der 27. Januar laut Assmann nicht in das kommunikative Gedächtnis der Deutschen eingedrungen ist.*

2. *Erläutern Sie, welche Probleme die internationale Ausbreitung des Gedenktages mit sich bringt.*

3. *Erörtern Sie an Beispielen die Aussage, dass das Holocaust-Gedenken stark von den jüdischen Opfern geprägt ist.*

Lesetipp
Harald Welzer u. a., „Opa war kein Nazi." Nationalsozialismus und Holocaust im Familiengedächtnis, Frankfurt am Main ^{6}2008

M5 „Schafft diesen Gedenktag wieder ab!"

Der Soziologe Y. Michal Bodemann verfasst am 26. Januar 1999 folgenden Kommentar in der Tageszeitung taz:

Der 27. Januar, der Tag der Befreiung von Auschwitz, ist seit 1995 der offizielle deutsche Gedenktag. Und niemand merkt es. Es könnte alles so schön werden: erst ein ordentlicher Gedenktag für die Opfer, dazu das für den ausländischen Besucher eindrucksvolle Eisenman-Mahnmal[1]. [...]

Er scheint als Gedenktag für alle Nazi-Opfer weniger kontrovers: Der 27. Januar erinnert an die Befreiung von Auschwitz durch die Rote Armee 1945. Doch zu diesem Zeitpunkt war das KZ nur noch ein Schatten. In den Wochen zuvor hatte sich die Mordmaschinerie verlangsamt, zehn Tage zuvor wurde Auschwitz evakuiert, über 130 000 Häftlinge wurden auf Transporte und Todesmärsche geschickt, und nur ein elendes Überbleibsel von knapp 8 000 Insassen wurde am 27. Januar befreit.

Warum wurde dieser Tag gewählt? Warum keiner der historisch und national bedeutsamen Tage? Warum nicht der 30. Januar 1933, als die Deutschen Hitler zujubelten? Warum nicht der 10. November 1938, der zentrale Tag der Novemberpogrome, als viele Deutsche zusahen und viele mitmachten? Warum nicht der 1. September 1939, der Beginn des Zweiten Weltkriegs? Oder der 20. Januar 1942, der Tag der Wannseekonferenz? Oder der 8. Mai, der Tag nicht der Befreiung eines einzelnen KZ, sondern der Befreiung Europas insgesamt? [...]

Der 27. Januar ist ein fernes, konstruiertes Datum, ohne deutsche Erinnerung, in einem anderen Land und ohne deutsche Akteure, denn selbst die SS-Wachmannschaften waren damals bereits verschwunden.

Für die Verfolgtenseite mag dieser Tag ein Symbol der Befreiung sein, es waren ihre Angehörigen, die nun das Ende dieses Schreckens vor sich sahen. In Deutschland stand hinter der Entscheidung für diesen Tag offenbar die wohlmeinende, doch naive und beschönigende Idee, in Solidarität mit der Opferseite an das Ende des Mordens zu erinnern. Dadurch,

[1] Damit ist das von dem US-amerikanischen Architekten Peter Eisenman entworfene Denkmal für die ermordeten Juden Europas in Berlin gemeint; vgl. dazu Seite 344.

dass der Befreiung von Auschwitz statt seiner Errichtung gedacht wird, stellt sich Deutschland an die Seite der Opfer und der Siegermächte – ein Anspruch, der Deutschen nicht zusteht. Der 27. Januar suggeriert darüber hinaus ein „Ende gut, alles gut". Ein Tag der Erinnerung für Deutsche soll er sein, doch tatsächlich ist es ein Tag der Zubetonierung von Erinnerung, ein Tag, der den historischen Schlussstrich signalisiert.

Wir könnten nun pragmatisch argumentieren: Solange dieser Tag engagiert begangen wird, wäre es ja gut; zumindest besser als gar nichts. Doch der 27. Januar ist eben gerade nicht angenommen worden, er ist ein Tag ohne deutsche Erinnerung geblieben. Die obligatorischen Reden werden zwar gehalten, doch schon bei seiner Einführung 1996 wurden die Feiern im Bundestag um einige Tage vorverlegt, weil es den Abgeordneten so wegen der Urlaubszeit besser passte. Auch 1998 waren die Gedenkfeierlichkeiten Pflichtübungen, die in der Mahnmaldebatte untergingen: Über diesen Tag gab es wenig zu sagen, da kam die Mahnmaldebatte gerade recht. [...]

Y. Michal Bodemann, 27. Januar: Schafft diesen Gedenktag wieder ab!, in: taz vom 26. Januar 1999

1. *Fassen Sie die Aussagen Bodemanns mit eigenen Worten zusammen.*
2. *Vergleichen Sie seine Einschätzung mit den Absichten, die Roman Herzog und die Vereinten Nationen (M2 und M3) zur Einführung des Gedenktages formuliert haben.*
3. *Der Politikwissenschaftler Harald Schmid bezeichnet die Etablierungsgeschichte des 27. Januar – wie auch die des 3. Oktober – als ein Beispiel für etatistische, also vom Staat verordnete, Geschichtspolitik. Beurteilen Sie diese Aussage.*
4. *Verfassen Sie eine Gedenkrede zum 27. Januar, in der Sie auch Stellung zu den in M4 und M5 genannten Kritikpunkten nehmen.*

Der Holocaust-Gedenktag in Israel

Diaspora (griech.: „Zerstreuung"): Bezeichnung für jüdisches Leben außerhalb Israels

Zionismus: politische Bewegung, deren Ziel die Errichtung eines jüdischen Staates in Palästina war. Der Begriff leitet sich von dem Wort Zion ab, das ursprünglich einen Hügel in Jerusalem bezeichnete. Später wurde der Name Zion zum Synonym für die Stadt Jerusalem und das ganze Heilige Land.

Israel und der Holocaust Nach dem Ende des Zweiten Weltkrieges wurde der jüdische Staat Israel für viele Überlebende des Holocaust zur Heimat. Seit Jahrhunderten galt vielen in der **Diaspora** lebenden Juden das Land mit der „heiligen Stadt" Jerusalem als das von Gott versprochene „gelobte Land". Die seit den 1880er-Jahren durch den **Zionismus** beförderte Einwanderung nach Palästina führte zu Konflikten mit der dort lebenden arabischen Bevölkerung. Diese verschärften sich durch die während der NS-Zeit anwachsenden jüdischen Flüchtlingsströme. Zur Lösung des Palästina-Problems beschloss die UNO nach dem Ende des Zweiten Weltkrieges die Teilung des Landes in einen arabischen und einen jüdischen Staat. Daraufhin wurde am 14. Mai 1948 – gegen den Willen der arabischen Nachbarländer – der Staat Israel gegründet.

In den Jahren nach der Staatsgründung wanderten fast 350 000 Juden, die unter der NS-Herrschaft gelebt hatten, nach Israel ein. Das war rund ein Drittel der Gesamtbevölkerung. Dennoch herrschte in Israel – ähnlich wie in Deutschland und in den USA, wo seit 1945 neben Israel die meisten Juden leben – sowohl bei den Opfern als auch in der Öffentlichkeit Schweigen über den Holocaust. Die Erinnerung an die Verbrechen wurde geradezu verdrängt. Die Opferrolle, in die sich die ehemals Verfolgten mit ihren grausamen Erlebnisberichten begeben hätten, passte nicht zu dem von den Zionisten erschaffenen Ideal des „neuen", starken und wehrhaften Juden, der den neuen Staat aufbauen sollte. In der offiziellen Ideologie Israels wurde vielmehr das heroische Bild der jüdischen Widerstandskämpfer mit der Erinnerung an den Holocaust verknüpft.

Die Einwanderer legten mit ihrer Vergangenheit auch ihre Sprache und Kultur, ihre alte Identität ab. Jiddisch, die Sprache der osteuropäischen Juden, war in Israel lange Zeit verpönt. Hebräisch wurde zur Nationalsprache. Nichts sollte mehr an die mit alten Vorurteilen behafteten schwachen und anpassungsbemühten Diasporajuden erinnern, die sich – so der Vorwurf mancher Zeitgenossen – „wie Lämmer zur Schlachtbank" hätten führen lassen. So blieben nicht nur die Holocaust-Überlebenden mit ihren Erinnerungen allein, auch ihre Kinder mussten mit dem Schweigen und den vielen unbeantworteten Fragen leben.

Jom ha-Shoa – ein nationaler Gedenktag Nach der Staatsgründung gab es von offizieller Seite zunächst kein Gedenken an den Holocaust. 1951 fasste das israelische Parlament den Beschluss, einen Gedenktag an die Opfer des Holocaust im jüdischen Kalender einzurichten. Die Überlebenden des Warschauer Ghettoaufstandes[1] schlugen den 19. April vor, den Tag, an dem der Aufstand im Jahr 1943 begann. Da das Datum jedoch zu nah an Pessach, dem jüdischen Osterfest, lag, einigte man sich auf die Tage zwischen Pessach und dem israelischen Unabhängigkeitstag am 14. Mai. Alljährlich wird seither am 27. Nisan, nach gregorianischem Kalender im April oder Anfang Mai,[2] der Jom ha-Shoa, der „Tag des Gedenkens an die Märtyrer und Helden des Holocaust", begangen (▸ M1).

Am 28. August 1953 verabschiedete das Parlament ein Gesetz zur Gründung der nationalen Gedenkstätte Yad Vashem. Die Gedenkstätte liegt auf dem „Berg der Erinnerung" in Jerusalem und hat die Aufgabe, die Erinnerung an die Opfer des Holocaust zu bewahren, wissenschaftlich zu dokumentieren und damit an die nächsten Generationen zu übermitteln. In Yad Vashem finden die offiziellen Gedenkveranstaltungen

[1] Siehe dazu Seite 326.
[2] Der 27. Nisan des jüdischen Kalenders fiel 2014 auf den 27. April. 2015 fällt er auf den 16. April.

▲ **Fotos der Gedenkstätte Yad Vashem in Jerusalem.**
Zu dem weitläufigen Komplex Yad Vashem (von hebräisch „Denkmal", „Name") gehören mehrere Forschungs- und Lehrzentren, Archive, Denkmäler, thematische Parkanlagen, Ausstellungen und Museen. Anhand von Videoinstallationen, Exponaten und Fotografien dokumentiert die Ausstellung den Völkermord an den europäischen Juden. In der „Halle der Namen" (linkes Foto) werden die Namen und persönlichen Daten der jüdischen Opfer des Holocaust gesammelt. Die „Halle der Erinnerung" (rechtes Foto) ist das zentrale Denkmal in Yad Vashem. Auf dem Fußboden sind die Namen von 22 Konzentrationslagern und Vernichtungsstätten eingraviert. Hier findet eine der offiziellen Gedenkveranstaltungen zum Jom ha-Shoa statt, bei der die Namen der Opfer verlesen werden. Jedes Jahr besuchen mehr als zwei Millionen Menschen Yad Vashem. Internettipp: www1.yadvashem.org/yv/de/about/index.asp

zum Jom ha-Shoa statt. Da der Gedenktag jedoch zunächst kaum Aufmerksamkeit fand, wurde er im Jahr 1959 zum gesetzlichen Feiertag erhoben und seine Begehung genau festgelegt.

Die Feierlichkeiten beginnen stets mit dem Sonnenuntergang am 27. Nisan und enden am folgenden Abend. Bei der Eröffnungszeremonie in Yad Vashem werden sechs Fackeln entzündet, die an die sechs Millionen ermordeten Juden erinnern sollen. Um 10 Uhr am nächsten Tag rufen Sirenen im ganzen Land die Menschen zwei Minuten lang zum Innehalten auf. Dann ruhen Verkehr und Arbeit, der Unterricht wird unterbrochen, die Menschen schweigen. In Anwesenheit von Staats- und Regierungsvertretern finden in Yad Vashem eine Kranzniederlegung und Gedenkveranstaltungen statt. Viele öffentliche Einrichtungen sind an diesem Tag geschlossen, Flaggen werden auf Halbmast gesetzt, Fernsehen und Radio verzichten auf Unterhaltungsprogramme und berichten live von den Feierlichkeiten. In den Familien wird der Verwandten gedacht, die dem Holocaust zum Opfer fielen.

▲ **„Marsch der Lebenden" am israelischen Holocaust-Gedenktag im ehemaligen KZ Auschwitz.**
Foto vom 23. April 1998. Am Holocaust-Gedenktag 2008 trugen jüdische Jugendliche in einem „Marsch der Lebenden" zur Erinnerung an die Opfer des Holocaust israelische Flaggen durch das Tor des ehemaligen KZ Auschwitz. Unter den 7000 Teilnehmern befanden sich auch der israelische und der polnische Ministerpräsident. Der Marsch stand im Zusammenhang mit dem 50-jährigen Jubiläum der israelischen Staatsgründung.

Audiotipp
Podcast „Eichmann und die Folgen". Deutschlandradio, 04:09 Min. unter http://ondemand-mp3.dradio.de/file/dradio/2011/11/14/drk_20111114_1155_54fe6d42.mp3

Eine neue Identität entsteht Obwohl mit Yad Vashem und dem Jom ha-Shoa bereits eine offizielle Gedenkkultur begründet worden war, ebnete erst der 1961 in Jerusalem geführte Prozess gegen Adolf Eichmann, den „Organisator der Endlösung", den Weg für öffentliche Debatten und für das Verständnis des Holocaust (▸ M2). In den Familien sprach man nun über die Vergangenheit. Je größer der zeitliche Abstand, desto mehr wuchs auch das öffentliche Interesse für die Erlebnisse der Zeitzeugen.

Einen veränderten Umgang mit der Vergangenheit bewirkten auch der Sechs-Tage-Krieg von 1967 und der Jom-Kippur-Krieg von 1973, in denen Israel sein Gebiet vergrößern bzw. erfolgreich verteidigen konnte. Das Bild der israelischen Kriegshelden trug dazu bei, das Stereotyp vom schwachen und passiven Opfer auszulöschen. In der Folge erlebte auch die Holocaust-Metaphorik eine Hochkonjunktur. So bezeichnete der israelische Ministerpräsident *Menachem Begin* 1982 die Palästinensische Befreiungsorganisation (PLO), die offizielle Vertretung der Palästinenser, als „neonazistische Organisation", den PLO-Führer *Yassir Arafat* als „Hitler im Bunker".

Seit den 1980er-Jahren wurde der Holocaust zum Kern jüdischer Identität und für viele nicht praktizierende Juden zur „zivilen Religion" (▸ M3). Er deckte den Bedarf nach einem gemeinsamen, über alle innerjüdischen Unterschiede hinweg zustimmungsfähigen Symbol. Gleichzeitig wurden andere, traditionelle Grundlagen jüdischer Identität, wie etwa die religiösen Wurzeln, verdrängt. Versuche, die Erinnerung an den als welthistorisch einzigartig begriffenen Holocaust zu entmystifizieren, gelten als „Entheiligung", als eine subtile Form des Antisemitismus. „Ihn [den Holocaust] zu verallgemeinern, würde bedeuten, das tragischste Ereignis in der Geschichte der Juden zu nehmen und es zu einem Unfall der Moderne zu machen" (*Natan Sznaider*).

In den letzten Jahrzehnten hat vor allem bei den jungen israelischen Juden der Holocaust-Gedenktag Jom ha-Shoa immer mehr an Bedeutung gewonnen. Während lange Zeit noch der Unabhängigkeitstag der wichtigere nationale Feiertag gewesen ist, hat spätestens seit den 1990er-Jahren der Jom ha-Shoa dessen Rolle übernommen. Ein Beweis dafür ist die Teilnahme tausender von Jugendlichen an den auf den polnischen Schauplätzen und in Israel durchgeführten Gedenkmärschen, die in Anspielung auf die Todesmärsche am Ende der NS-Zeit „Marsch der Lebenden" genannt werden. Schon früh führten Kanada und die USA „Holocaust-Gedenktage" (Days of Remembrance) ein, die sich an den israelischen Jom ha-Shoa anlehnen. Seit einigen Jahren schließen sich auch andere Staaten oder deren jüdische Gemeinden dem israelischen Vorbild an, so etwa die jüdische Gemeinde in Berlin, die zum Jom ha-Shoa im Jahr 2005 eine Gedenkstunde mit anschließender Lesung der Namen der ermordeten Berliner Juden durchführte.

M1 Der Holocaust im israelischen Gedächtnis

Natan Sznaider, Professor für Soziologie am Academic College of Tel Aviv, zur Entwicklung des israelischen Holocaust-Gedenkens:

In den ersten Jahren der israelischen Staatlichkeit spielte der Holocaust im öffentlichen Leben keine zentrale Rolle. Auf Regierungsebene unternahm man kaum etwas, um an ihn zu erinnern. Erst 1951 verabschiedete das israelische Parlament eine Resolution, die den 27. Nisan als den „Tag der Erinnerung an die Märtyrer und Helden des Holocaust" („Holocaust Martyrs and Heroes Remembrance Day") festlegte, eine Resolution ohne rechtliches Gewicht. Das Datum war sorgfältig gewählt worden. Wie für die meisten israelischen Feiertage nahm man ein hebräisches Datum, den 27. Nisan. Der Tag wurde in die sogenannten „Omer"-Tage gelegt, eine Zeit, in der traditionelle Israelis der Ermordung der Juden durch die Kreuzfahrer gedenken. Außerdem wurde das Datum zwischen dem Ende von Pessach (der Gedenktag für den Aufstand im Warschauer Ghetto) und dem israelischen Unabhängigkeitstag festgesetzt. Hier waren alle Elemente vorhanden: die unendliche jüdische Verfolgungsgeschichte, der Widerstand gegen die Nazis und die Unabhängigkeit des Staates Israel. Das „Dort" und das „Hier" verbunden in uneinheitlicher Einheit. Es dauerte weitere acht Jahre, bis das Parlament 1959 ein Gesetz beschloss, das den gesetzlichen Rahmen für die Begehung dieses Tages festlegte. Vergnügungsstätten hatten geschlossen zu bleiben, und am Morgen sollte ein zweiminütiger Sirenenton im gesamten Land erklingen. [...]

Obgleich wir heute wissen, dass dieses offizielle Schweigen Israels kein Einzelfall, sondern auch für andere Nationen typisch war, unterscheidet es sich von diesem doch durch das Warum. Zuerst einmal wurde die Auslöschung der Juden von den Israelis nie mit den anderen Verbrechen der Nationalsozialisten auf eine Stufe gestellt. Zweitens ist Israel das einzige Land, in dem der Holocaust eine nationale Erfahrung war, bevor man öffentlich über ihn sprach. Das heißt, er war eine Erfahrung, die einen großen Teil der Bevölkerung aus erster oder zweiter Hand betraf. Man könnte mit einigem Grund behaupten, dass diese nationale Erfahrung danach suchte, in Symbolen ausgedrückt zu werden, und dass Israel ironischerweise das eine Land auf der Welt sein könnte, von dem man sagen kann, dass die Erfahrung des Holocaust tatsächlich unterdrückt wurde – wenn wir mit Unterdrückung meinen, dass offizielle Äußerungen bewusst vermieden wurden. In Israel war ein bewusstes kollektives Gedenken unmöglich, solange es keinen geeigneten Rahmen dafür gab. Und ein Rahmen, wie er im heutigen Israel dem Holocaust eine Bedeutung gibt, war zu Beginn unvorstellbar. Deshalb wurde von den offiziellen Regierungsstellen in den ersten Jahren nach Israels Unabhängigkeit praktisch nichts unternommen, um an den Holocaust zu erinnern. Das hatte nichts mit Gefühllosigkeit oder anderen Ausdrucksformen emotionaler Kälte zu tun, wie man heute oft hört. Genauso wenig sind die späteren Äußerungen nur das Ergebnis bewusster Manipulation und „Instrumentalisierung". Sowohl die ursprüngliche Unterdrückung als auch das jetzige geheiligte Gedenken sind gleichermaßen Ausdrucksformen des israelischen Selbstverständnisses und der Stellung Israels in der Welt. Als all diese Faktoren sich änderten, änderte sich zwangsläufig auch Israels Verhältnis zum Holocaust.

▲ **Schweigeminuten in Tel Aviv am Holocaust-Gedenktag.**
Foto vom 29. April 2003.

Als allgemeine Tendenz kann man feststellen, dass die offizielle Bedeutung des Holocaust in Israel sich von etwas, dessen man sich schämen musste, hin zu einer geheiligten Erinnerung, die zu erhalten der Staat verpflichtet war, gewandelt hat. Diese historische Spannung zwischen einem fast säkularen[1] Staat, der wie alle anderen behandelt werden möchte, und einem hybriden[2] Staat, der für sich selbst sowohl moralische als auch religiöse Rechtfertigungen in Anspruch

[1] **säkular**: weltlich
[2] **hybrid**: von lat. hybrida für Mischling; hier aus zwei unterschiedlichen Systemen gemischter Staat

nimmt, spiegelt die Spannung wider, in der sich die israelische Bedeutung des Holocaust befindet: Etwas, das öffentlich unterdrückt wurde, entwickelt sich zu etwas, das einer Säkularisierung religiöser Geschichte gleichkommt. Das „Dort" und das „Hier" begannen zu verschmelzen. Zu Beginn versuchte der entstehende Staat, dessen zentrales Narrativ der Zionismus war, sich von der jüdischen Erfahrung in der Diaspora zu distanzieren. Israel sollte eine neue jüdische Erfahrung repräsentieren, die auf einem heroischen Konzept von Geschichte basierte, das für die Darstellungen der Opfer wenig Raum ließ. Daher begründete der israelische Staat das Gedenken an den Holocaust, indem er Vernichtung und Heldentum miteinander verband. Der nationale „Day of Remembrance and Heroism" erinnert an die Opfer des Holocaust und betont gleichzeitig den Widerstand der zionistischen Partisanen gegen selbigen.

Natan Sznaider, Israel, in: Volkhard Knigge und Norbert Frei (Hrsg.), Verbrechen erinnern. Die Auseinandersetzung mit Holocaust und Völkermord, Bonn 2005, S. 205-218, hier S. 206-209

1. *Geben Sie wieder, warum der „Tag der Erinnerung an die Märtyrer und Helden des Holocaust" auf den 27. Nisan gelegt wurde. Ziehen Sie auch den Text auf S. 456 hinzu.*
2. *Erläutern Sie die Gründe für das „offizielle Schweigen" Israels über den Holocaust.*
3. *Erörtern Sie Israels Verhältnis zum Holocaust. Inwiefern ist es Ausdruck für das nationale Selbstverständnis?*
4. *Vergleichen Sie Entwicklung und Bedeutung des israelischen Holocaust-Gedenktages mit dem deutschen Holocaust-Gedenktag am 27. Januar. Überprüfen Sie Gemeinsamkeiten und Unterschiede. Ziehen Sie hierzu das Kapitel zur Geschichts- und Erinnerungskultur „Der 27. Januar als Gedenktag" auf Seite 448 bis 455 hinzu.*

M2 Die Bedeutung des Eichmann-Prozesses

Im April 1961 wird vor dem Bezirksgericht Jerusalem der Prozess gegen Adolf Eichmann eröffnet. Eichmann ist als SS-Obersturmbannführer und Leiter des „Judenreferates" im Reichssicherheitshauptamt einer der Hauptverantwortlichen für die Deportation und Ermordung von europäischen Juden während des NS-Regimes gewesen. Der israelische Geheimdienst hat ihn 1960 in Argentinien gefasst und nach Jerusalem entführt. Der israelische Schriftsteller Amos Oz analysiert rückblickend die Wirkung des Prozesses:

Viele von uns gingen in den Saal von Bet Ha'am, dem Haus des Volkes, in Jerusalem, um den Satan mit eigenen Augen zu sehen. [...] In dieser Hinsicht bot Adolf Eichmann eine immense Enttäuschung. Keine „Außergewöhnlichkeit" war jenseits der gläsernen Scheidewand wahrnehmbar. Keine fesselnde Eigenart. Keine sichtbare satanische Dimension. Kein Maler hätte ihn als Vorlage für das Bild des Teufels gewählt, kein Schriftsteller hätte aus ihm Inspiration für die Gestalt des Schurken geholt, kein Filmregisseur hätte ihn für die Rolle des Serienmörders engagiert. [...]

Der Eichmann-Prozess hatte nicht bewirkt, dass wir der Existenz der Macht des Bösen und des Bösartigen ins Auge blicken, aber er hat ein Schloss geöffnet, das seit den Mord-Lagern blockiert war.

Zwischen 1945 und dem Beginn des Eichmann-Prozesses 1961 hatte eine Art entsetzte Selbstzensur geherrscht, die die Geretteten daran hinderte, über das erlittene Entsetzliche zu sprechen. Diese Zensur war infolge des Prozesses ein für allemal außer Kraft gesetzt: Die Scham darüber, dass die Juden wehrlose Opfer gewesen waren, wurde beim Anhören der Zeugenaussagen des Eichmann-Prozesses weggespült, nicht

▲ **Der Angeklagte Adolf Eichmann während des Prozesses in Jerusalem in einem kugelsicheren Glaskasten.**
Foto vom 18. April 1961.
Der Prozess wurde ausschließlich auf Hebräisch geführt. Der Angeklagte und sein deutscher Verteidiger verfolgten den Prozess mithilfe einer Simultanübersetzung über Kopfhörer. Eichmann zeigte während des Prozesses keine Reue. Er wurde in allen Anklagepunkten schuldig gesprochen und zum Tod durch den Strang verurteilt. 1962 wurde das Urteil vollstreckt. Der Eichmann-Prozess erregte weltweite Aufmerksamkeit und löste in Deutschland erstmals eine breite öffentliche Debatte über den Holocaust aus.

etwa weil der Mörder durch Juden gefasst worden war, nicht weil er in einem Glaskäfig vor Gericht gestellt wurde, nicht weil die Opfer hier vielleicht einen Ausgleich für ihr Opfer-Sein verspürten – sondern weil das neue Israel endlich aufzuhören begann, den alten Diaspora-Juden zu verachten, weil es sich mit ihm zu identifizieren begann. Weil jeder israelische Jude, eingeschlossen die schon im Land geborenen Helden der Schlachten und Siege, in den Tagen des Eichmann-Prozesses gezwungen war, sich zu fragen, was er getan hätte, was er hätte durchmachen müssen, wenn er in jenen Tagen der Verfolgung und der Morde dort unter den Opfern gewesen wäre.

Amos Oz, Israel und Deutschland. Vierzig Jahre nach Aufnahme diplomatischer Beziehungen. Übersetzt von Lydia Böhmer, Frankfurt am Main 2005, S. 19-24

1. *Beschreiben Sie die Sichtweise von Amos Oz auf Adolf Eichmann.*
2. *Analysieren Sie die Bedeutung des Eichmann-Prozesses für den Umgang der israelischen Bevölkerung mit dem Holocaust. Ziehen Sie M1 hinzu.*
3. *Die 1941 in die USA emigrierte deutsch-jüdische Publizistin und Philosophin Hannah Arendt berichtete 1961 für die amerikanische Presse über den Eichmann-Prozess. Aus ihren Reportagen ging 1963 das umstrittene Buch „Eichmann in Jerusalem. Ein Bericht von der Banalität des Bösen" hervor. In Israel blieb es über Jahrzehnte unübersetzt. Recherchieren Sie über Inhalt und Wirkung des Buches und beurteilen Sie die Reaktionen in Israel vor dem historischen Hintergrund.*

M3 Jüdischer Staat und Holocaust

Der israelische Präsident Shimon Peres am nationalen Holocaust-Gedenktag 2011 in Yad Vashem:

Wir waren allein, ohne ein eigenes Land. Die alliierten Bomber, die über Auschwitz flogen, warfen noch nicht einmal eine einzige Bombe auf die Massenvernichtungsanlagen ab.
Die Shoa hat endgültig bewiesen, dass es keine Alternative für ein eigenes Heimatland für uns gibt. Es gibt keinen Ersatz für die Israelischen Verteidigungskräfte. Heute haben wir unser eigenes Heimatland gegründet. Heute haben wir eine ausgezeichnete Armee, die den Respekt der Welt erworben hat. Wir haben ein demokratisches System, dass den notwendigen Schutz bieten und den nötigen Frieden anstreben kann. Dies ist die Antwort auf einen Feind, auf jeden Feind.
Selbst heute, nach der Shoa, gibt es ein Regime auf der Welt, dessen Führung aus Holocaust-Leugnern und Hetzern besteht. Dies sollte jede Person und jedes Gewissen schockieren. Die fanatische Führung des Iran[1] ist eine Bedrohung für die ganze Welt – nicht nur eine Bedrohung für Israel. Sie bedroht jedes Heim und jeden Ort. Sie ist eine wirkliche Gefahr für die Menschheit. [...]
Wir, das jüdische Volk, waren Opfer von Rassismus, Verfolgung und Diskriminierung, aber wir haben niemals das Gebot vernachlässigt, jeden Menschen zu respektieren. Denn jeder Mensch ist, gemäß unserer Tradition, als Ebenbild Gottes geschaffen. Selbst in einer finsteren Welt strebten und werden wir danach streben, den Nationen ein Licht zu sein.
Dies ist die Bedeutung des Staates Israel: unser Volk physisch und unsere Tradition moralisch zu verteidigen. Jeder Bürger Israels, unabhängig von Religion oder Rasse, weiß, dass Israel das antirassistischste Land auf der Welt ist und bleiben wird. Israel ist das historische Gedenken an die Opfer des Holocaust.

Ministerpräsident Benjamin Netanyahu fordert in seiner Rede am selben Tag:

Alle zivilisierten Völker auf der Welt, all jene, die für sich in Anspruch nehmen, die Lektion aus dem Holocaust gelernt zu haben, müssen eindeutig jene verurteilen, die zur Auslöschung des jüdischen Staates aufrufen. Der Iran bewaffnet sich sogar mit Atomwaffen, um dieses Ziel zu verwirklichen, und bislang hat die Welt ihn nicht gestoppt. [...]
Die erste Lektion besteht also darin, die, die uns bedrohen, ernst zu nehmen. Die nächste Lektion geht aus dem Verständnis hervor, dass Angriffen auf unser Volk seit jeher Wellen des Hasses vorangingen, die den Boden für den Ansturm bereiteten. Daher muss die zweite Lektion, die wir aus dem Holocaust ziehen, darin bestehen, dass wir das wahre Gesicht des Hasses auf unser Volk enthüllen. [...]
Der jahrhundertealte Hass auf die Juden erwacht heute von Neuem und nimmt die Form des Hasses auf den jüdischen Staat an. Auch heute gibt es solche, die den jüdischen Staat für alle Übel auf der Welt verantwortlich machen – von gestiegenen Ölpreisen bis zur Instabilität in unserer Region. Es

[1] Bis zur Iranischen Revolution war das Verhältnis zwischen Israel und dem Iran freundschaftlich. 1979 wurde der vom Westen unterstützte Schah von Persien durch Islamisten – strenggläubige Muslime, die einen auf die „Hingabe an Gott", den Islam, gerichteten grundlegenden gesellschaftlichen und politischen Wandel der muslimischen Staaten fordern – gestürzt. Seither praktiziert die iranische Regierung eine antiwestliche und vor allem antiisraelische Politik. Israel fühlt sich durch einen möglichen iranischen atomaren Angriff bedroht. Zudem stellte der derzeitige iranische Präsident Mahmud Ahmadinedschad in Konfrontation zum Westen den Holocaust wiederholt infrage.

◄ **Ministerpräsident Benjamin Netanyahu bei seiner Ansprache während der Eröffnungszeremonie des Holocaust-Gedenktages 2011 in Yad Vashem.**
Foto vom 2. Mai 2011.

gibt solche, die sagen, dass diese Behauptungen, da fast die ganze Welt an sie glaubt, einen wahren Kern haben müssen. [...]

Und die dritte Lektion ist, dass wir unser eigenes Schicksal in die Hand nehmen müssen. Unsere Beziehungen mit den führenden Staaten der Welt, mit anderen Staaten im Allgemeinen sind extrem wichtig für uns, und wir investieren in sie, nähren sie und entwickeln sie fort. Aber wenn wir nicht die Fähigkeit besitzen, uns selbst zu schützen, wird die Welt uns nicht zur Seite stehen.

www.mfa.gov.il/MFA/Anti-Semitism+and+the+Holocaust/Documents+and+communiques/Opening_ceremony_Holocaust_Remembrance_Day__1-May-2011.htm [15. Mai 2012] (übersetzt von Alexandra Hoffmann-Kuhnt)

1. *Analysieren Sie, welche Rolle die beiden Staatsmänner dem Holocaust in der aktuellen Politik des Staates beimessen.*
2. *Erörtern Sie Beispiele, in denen Ereignisse in der Geschichte zur Legitimation aktueller Politik benutzt werden.*

Geschichte ist überall

Kompetenz:
Funktion von und Umgang mit historischer Erinnerung analysieren und beurteilen

Geschichte ist ein doppeldeutiger Begriff. Er bezeichnet zum einen die Gesamtheit des Vergangenen, zum anderen die Vorstellungen von Vergangenheit. Letztere unterscheiden sich von dem Vergangenen und sind selbst auch dem Wandel der Zeit unterworfen.

Die heutige Geschichtswissenschaft entstand, als sich die Vorstellung von Geschichte im Übergang vom 18. zum 19. Jahrhundert grundlegend änderte. Früher wurde angenommen, dass der Kern des Menschen unverändert bleibe und Geschichte daher in immer neuen Varianten zeige, wie der Mensch eigentlich sei. Jetzt ging man davon aus, dass der Mensch, aber auch sein Denken, Fühlen und seine Moral historischer Veränderung unterworfen ist. Es wurde nun nicht mehr die Meinung vertreten, Geschichten aus der Vergangenheit könnten der Gegenwart als Fallbeispiele für richtiges Handeln dienen. Vielmehr sollte anhand der Beschreibung der Vergangenheit gezeigt werden, wie sich die Welt im Laufe der Zeit verändert hatte. So konnte die Beschäftigung mit Geschichte dazu dienen, die Gegenwart besser zu verstehen (▸ M1).

Die neue Vorstellung von der Vergangenheit (und damit auch von der Gegenwart) ging einher mit einer Professionalisierung von Geschichte. Als universitäre Wissenschaft etablierte sie bestimmte Verfahren (Methoden), die sicherstellen sollten, dass die über die Vergangenheit gemachten Aussagen nachprüfbar sind (▸ M2). Gleichzeitig wurde Geschichte dazu benutzt, um eine lange, glorreiche Vergangenheit der Nationalstaaten darzustellen. Sie wurde daher auch im 19. Jahrhundert ein wichtiges Schulfach. Ihre Bedeutung spiegelte sich aber auch in ihrer Rolle im privaten und öffentlichen Leben. Bis heute ist Geschichte überall: in Denkmälern, in Straßennamen, in Fernsehsendungen, in Zeitungsartikeln, in der Werbung usw. An der Auseinandersetzung mit der Vergangenheit kommt keiner vorbei. Wie sich der Einzelne die Vergangenheit vorstellt, hängt dabei weniger von der Geschichtswissenschaft oder dem schulischen Geschichtsunterricht ab, sondern vielmehr von der Gesamtheit der Geschichtskultur[1].

▲ **Kolumbus zum Kleben.**
Briefmarke aus Laos von 1983.

▲ **Kolumbus in der Innenstadt von New York City.**
Foto, um 1990.

- *Nennen Sie weitere Formen historischer Erinnerung und belegen Sie diese anhand konkreter Beispiele in diesem Band.*

[1] Zur Geschichtskultur siehe ausführlich den Theorie-Baustein auf Seite 465 ff.

M1 Was ist Geschichtswissenschaft?

Der Historiker Jürgen Kocka beschreibt wesentliche Charakteristika der Geschichtswissenschaft:

Die Geschichtswissenschaft ist keine [...] Gesetzeswissenschaft. Zwar geht es ihr nicht nur um einzelne Ereignisse, Personen und Handlungen, sondern auch und vor allem um komplexe Bewegungen und Konstellationen, Prozesse und Strukturen. Auch rekonstruiert sie allgemeine Zusammenhänge und Muster, die für eine Zeit, ein Land, eine Kultur typisch gewesen sein mögen. Sie benutzt und produziert Verallgemeinerungen, oft im engen Austausch mit den benachbarten Sozialwissenschaften. Sie vergleicht und benutzt Begriffe und Theorien explizit. Sie strebt nach Typisierung. Aber sie untersucht die Phänomene in der Regel nicht als Anwendungsfälle allgemeiner Gesetze. Sie bedient sich oft idealtypischer Verfahren, d.h. sie geht davon aus, dass zwischen dem generalisierenden Begriff und der historischen Realität eine sich verändernde Differenz besteht, die es zu beschreiben und zu begreifen gilt. Die Geschichtswissenschaft bringt vor allem raum- und zeitspezifische Einsichten hervor. In letzter Instanz zielt sie auf die Rekonstruktion von „Individualitäten", wenn auch oft der komplexesten Art. Sie sperrt sich gegen die Isolierung von „Variablen", weil sie die Einbettung der Phänomene in ihre Kontexte ernst nimmt. Das Interesse an Wandel und Kontext ist für die Geschichtswissenschaft konstitutiv. Dadurch unterscheidet sie sich von anderen Sozial- und Geisteswissenschaften [...].

Jürgen Kocka, Geschichte als Wissenschaft, in: Gunilla Budde, Dagmar Feist und Hilke Günther-Arndt (Hrsg.), Geschichte. Studium – Wissenschaft – Beruf, Berlin 2008, S. 21

1. *Erklären Sie, was Kocka mit einer „sich verändernde[n] Differenz" (Zeile 15) meint.*
2. *Suchen und erörtern Sie Beispiele, in denen die Auseinandersetzung mit Geschichte zur Kritik an den bestehenden Verhältnissen führt, und Beispiele, in denen Geschichte die bestehenden Verhältnisse verfestigt.*

M2 Objektivität von Geschichtswissenschaft

Der Historiker Volker Sellin geht der Frage nach, ob Geschichtswissenschaft objektiv ist:

Was sollen wir also antworten, wenn demnächst wieder einer kommt und fragt: Ist die Geschichtswissenschaft objektiv? Wir könnten ihm sagen, wir verstünden sein Problem überhaupt nicht. Wissenschaft sei ein Verfahren, um Fragen zu beantworten. Es sei unser Schicksal, dass wir in eine geschichtliche Welt hineingeworfen seien, in der wir bestimmte Vorstellungen, auch Sorgen und Sehnsüchte hätten, in der wir das Leben bestehen und unsere Existenz fristen müssten. Im Vollzug dieses Schicksals wurden wir unwillkürlich vor bestimmte Fragen gestellt – nach den Traditionen, in denen wir stehen, nach den Erfahrungen, die unsere Eltern und Voreltern gemacht hätten, und auch nach den Kräften und Umständen, die uns in unsere konkrete Situation gebracht hätten. Auf diese Fragen eine Antwort zu erhalten, sei uns ein existenzielles Bedürfnis, und dementsprechend sei an der Geschichtswissenschaft für uns entscheidend, ob sie in der Lage sei, unsere Fragen mit hinreichender Sicherheit zu beantworten. Dabei interessiere es uns herzlich wenig, ob unsere Kinder und Enkel dereinst dieselben Fragen stellen und darauf dieselben Antworten finden würden, ob also die Geschichtswissenschaft mit der Beantwortung unserer Fragen zugleich ein Werk für die Ewigkeit vollbringe. Was die Geschichtswissenschaft heute und für uns leiste, darauf komme es uns an, und das sei, nach allem was wir erkennen könnten, immerhin soviel, dass der ganze Aufwand sich lohne.

Volker Sellin, Einführung in die Geschichtswissenschaft, Göttingen 1995, S. 194 f.

1. *Geben Sie Volker Sellins Antwort auf die Frage wieder, ob Geschichtswissenschaft objektiv ist.*
2. *Erläutern Sie Sellins Vorstellung von der schicksalhaften Geschichtlichkeit des Menschen.*

Formen von Geschichtskultur

Kompetenz:
Theoretische Vorstellungen über Bedingungen, Formen und Folgen von Geschichtsbewusstsein und Geschichtskultur benennen und erörtern

Unter *Geschichtskultur* versteht man die „Gesamtheit der Formen, in denen Geschichtswissen in einer Gesellschaft vorhanden und wirksam ist" (*Wolfgang Hardtwig*). Ereignisse oder Produkte, die im Umgang mit Geschichte entstehen, jede Beschäftigung mit Geschichte, sei sie wissenschaftlicher oder privater Natur, ist somit ein Teil der Geschichtskultur. Sie erzeugt neue Perspektiven auf die Vergangenheit und damit ein *Geschichtsbewusstsein* (▶ M1).
Geschichtskultur bedient sich unterschiedlichster wirkmächtiger medialer Formen. Diese können sehr plakativ, aber auch intellektuell oder ästhetisch sehr ambitioniert oder kreativ sein. Vermittelt wird Geschichtskultur über Museen oder Gedenkstätten, über Filme und Literatur – auch Comics und Fantasy-Romane –, über das Feuilleton der großen Tageszeitungen, über Ausstellungen oder Kunst (z. B. Denkmäler), selbst über Computerspiele und Redensarten und vieles andere mehr. Wissenschaftlich erforschte historische Sachverhalte werden dabei häufig als Grundlage benutzt, jedoch von den „Produzenten" von Geschichtskultur auf eigene Art und Weise interpretiert und präsentiert.
Die historische Forschung hat auf diese unterschiedlichen Formen der „Geschichtspräsentation" insgesamt nur sehr wenig Einfluss. Die Geschichtskultur scheint sich völlig unbekümmert nach ihren eigenen Gesetzmäßigkeiten zu entwickeln. Bisweilen werden uralte und banale Klischees weitertransportiert oder eine ganze Epoche durch Mythen zum Gegenstand trivialer Sehnsüchte, etwa nach der angeblich „guten alten Zeit", gemacht. Das Eigenleben der Geschichtskultur sollte dennoch keinesfalls pauschal verdammt werden – man sollte ihr reflektiert begegnen und untersuchen, welche Werthaltungen und Urteile sie reproduziert oder infrage stellt.

Definitionen und Konzepte

Der Kulturwissenschaftler *Jörn Rüsen* unterscheidet drei Dimensionen von Geschichtskultur: Die ästhetische Dimension spricht die Sinne und das Fühlen an, die politische Dimension verfolgt (ideologische) Macht- oder Herrschaftsinteressen, die kognitive Dimension spricht das „Denken" an und zielt auf eine rationale Auseinandersetzung mit dem historischen Thema.
Geschichtsbewusstsein wiederum entwickelt sich in der Auseinandersetzung mit der umgebenden Geschichtskultur. Es entsteht durch den deutenden Umgang mit der Zeit durch *historische Erinnerung* und versucht, die chaotische Fülle von Eindrücken zu ordnen, in eine Struktur zu bringen und ihr einen Sinn zu vermitteln. Nach der Definition des Geschichtsdidaktikers *Karl-Ernst Jeismann* ist Geschichtsbewusstsein der „Zusammenhang von Vergangenheitsdeutung, Gegenwartsverständnis und Zukunftsperspektive".
Zum Konzept von Geschichtskultur und Geschichtsbewusstsein gehört auch, über Erinnerung und Gedächtnis nachzudenken. Während Erinnerung im Hinblick auf Kultur und Geschichte das Nachdenken und den Austausch persönlicher Erfahrungen eines Einzelnen meint, versteht man unter Gedächtnis ein Programm, Vergangenes für eine größere Wir-Gruppe zu bewahren, etwa Nationen, die ihre Geschichte durch Rituale oder Mythen lebendig halten.[1] Die Kulturwissenschaftler *Aleida* und *Jan Assmann* haben auf der Grundlage der Forschungen des französischen Philosophen und Soziologen Maurice Halbwachs Formen und Funktionen des Erinnerns in der Gesellschaft erforscht und drei Formen von „Gedächtnis" definiert: das

[1] Siehe den Theorie-Baustein „Nation – Begriff und Mythos" auf Seite 380 bis 385.

▲ **Aleida und Jan Assmann.**
Foto von 2012.

kollektive, kommunikative und kulturelle Gedächtnis (▶ M2 und M3). Die beiden grundlegenden Formen der Erinnerung sind die Erzählungen der Zeitgenossen und die Forschungen der Historiker; sie fließen in das kollektive Gedächtnis einer Nation ein. Es ist dabei aus drei Gründen in ständiger Bewegung: 1. Die Gesellschaft entscheidet stets aufs Neue, was noch erinnerungswürdig ist. 2. Menschen, die noch aus eigenem Erleben zu den ältesten Erinnerungen sprechen können, sterben aus. 3. Die Erforschung der Quellen aus vergangenen Zeiten schreitet stetig voran und setzt in jeder Generation neue Akzente.

M1 Was bedeuten Geschichtsbewusstsein und Geschichtskultur?

Der Geschichtsdidaktiker Hans-Jürgen Pandel beschreibt Geschichtsbewusstsein und Geschichtskultur in einem Wörterbuch wie folgt:

a) Geschichtsbewusstsein

Geschichtsbewusstsein ist ein psychischer Verarbeitungsmodus historischen Wissens, der zwar über dieses Wissen gebildet wird, ihm gegenüber aber eine relative Selbstständigkeit besitzt. Mangelndes Wissen verhindert nicht Geschichtsbewusstsein – im Gegenteil –, und opulente Kenntnisse verbürgen es noch nicht. Geschichtsbewusstsein ist folglich kein Speichermedium zur Anhäufung von historischem Wissen, sondern ein Sinnbildungsmodus [...], der [...] der Orientierung in der Temporalität von Vergangenheit, Gegenwart und Zukunft dient. Wenn Geschichtsbewusstsein vom Wissen abhängig wäre, müsste es durch Vergessen wieder verschwinden. Die lebensgeschichtliche Entstehung von Geschichtsbewusstsein ist in den Prozess des Spracherwerbs eingebunden. Es wird mit der Sprache erlernt und insofern bildet ein dreijähriges Kind bereits erste Strukturen der Geschichtlichkeit aus (z.B. Temporal- und Wirklichkeitsbewusstsein). Problematisch in geschichtsdidaktischer Hinsicht ist der Wortbestandteil „Bewusstsein" im Begriff. Ein Individuum besitzt auch dann Geschichtsbewusstsein [...], wenn es sich dessen nicht bewusst ist und darüber keine Gedanken machen kann. Da nur Menschen denken, gibt es auch kein sich selbst reflektierendes Geschichtsbewusstsein.

Bis ins 20. Jahrhundert hinein (teilweise bis heute) wurde Geschichtsbewusstsein nicht als analytischer, sondern als ein normativer Begriff gebraucht, der inhaltlich vorschreibt, was und wie Schülerinnen und Schüler über Geschichte denken sollen. Er war im 19. und 20. Jahrhundert vor allem auf Kollektive (Nation, Volk, Rasse, „deutsches Volksschicksal" [Heinrich Roth]) bezogen. Geschichtsbewusstsein galt als Kollektivbewusstsein, das vom Einzelnen ein bestimmtes Denken, Fühlen und Handeln erwartete. Die Schule hatte für die „Prägung des Geschichtsbewusstseins" (Theodor Schieder) zu sorgen. Den heute gebräuchlichen – und geschichtsdidaktisch sinnvollen – Begriff des individuellen Geschichtsbewusstseins hätte das 19. Jahrhundert als widersprüchlich empfunden. Geschichtsunterricht hat heute die Aufgabe, Schülerinnen und Schülern zu helfen, ihr eigenes Geschichtsbewusstsein zu entwickeln und zu gesellschaftlichen Zumutungen Distanz zu erhalten.

b) Geschichtskultur

Geschichtskultur bezeichnet die Art und Weise, wie eine Gesellschaft mit Vergangenheit und Geschichte umgeht. In ihr wird das Geschichtsbewusstsein der in dieser Gesellschaft Lebenden praktisch und äußert sich in den verschiedensten kulturellen Manifestationen (neben Geschichtsschreibung

vor allem Bildende Kunst, Belletristik, Historienfilme, Gedenkreden, Geschichtspolitik, Living history etc.). Geschichtskultur erzeugt neue Perspektiven auf Vergangenheit und macht neue Sinnbildungsangebote [...]. Aber auch Lügen und Legenden (Mythos) gehören zur Geschichtskultur. Neben die wissenschaftliche Rationalität tritt gleichberechtigt die Sinnlichkeit historischer Erfahrung.
Geschichtsdidaktik und Geschichtsunterricht fühlten sich bisher kaum für diese nicht-wissenschaftsförmigen Geschichtsverarbeitungen zuständig, obwohl Schülerinnen und Schüler nach ihrer Schulzeit noch mindestens 60 Jahre ihrer Lebenszeit von stets neuen geschichtskulturellen Aktivitäten und Produkten umgeben sind. Deren Eigenart ist, dass sie ihre Modernität dadurch zum Ausdruck bringen, dass sie sich nicht in den traditionellen Formen und Stilen bewegen.
[...] Erst in der Geschichtskultur ihrer Gegenwart offenbart sich das Geschichtsbewusstsein der Schülerinnen und Schüler. [...]
Geschichtskultur hat es nicht zu allen Zeiten gegeben. Da der Begriff den Kollektivsingular[1] „Geschichte" voraussetzt, der bekanntlich erst gegen Ende des 18. Jahrhunderts aufkam, ist Geschichtskultur ein Phänomen der Moderne. Eine „historische Geschichtskultur" (19. und 20. Jahrhundert) ist didaktisch gesehen unerheblich. Ihr Inhalt besteht meist aus kulturgeschichtlichen Kleinigkeiten, die [...] für heutige Schüler irrelevant sind („Wann hat welcher bayerische Ludwig welche Bilder malen lassen?"). Die Übertragung des Begriffs Geschichtskultur auf Vergangenheit ist zudem methodologisch unsauber. Die geschichtskulturellen Vergegenständlichungen der Vergangenheit („Kinderbücher der DDR") haben längst als Quellen (Texte, Bilder etc.) in den Geschichtsunterricht Eingang gefunden. Geschichtstheoretisch gesehen sind die Hervorbringungen der gegenwärtigen Geschichtskultur sinnbildende Darstellungen, die der „historischen Geschichtskultur" dagegen Quellen.

Hans-Jürgen Pandel, Geschichtskultur, in: Ulrich Mayer u.a. (Hrsg.), Wörterbuch Geschichtsdidaktik, 2. überarb. und erw. Auflage, Schwalbach/Ts. 2009, S. 80 f. und 86 f. (sprachlich vereinfacht)

1. *Geben Sie mit eigenen Worten wieder, was unter Geschichtsbewusstsein und Geschichtskultur verstanden wird.*

2. *„Geschichtsunterricht hat heute die Aufgabe, Schülerinnen und Schülern zu helfen, ihr eigenes Geschichtsbewusstsein zu entwickeln und zu gesellschaftlichen Zumutungen Distanz zu erhalten." (Zeile 37 ff.). Diskutieren Sie diese Aussage und nehmen Sie Stellung dazu, auf welche Weise dieser Anspruch umgesetzt werden kann.*

3. *Erörtern Sie, inwiefern jeder Mensch eigene Vorstellungen von Geschichte haben kann und inwiefern diese Vorstellungen von der Geschichtskultur seiner Gesellschaft geprägt werden.*

4. *Suchen und erörtern Sie Beispiele für Geschichtskultur zum Thema Nationalsozialismus. Beurteilen Sie Aussagewert und Wirkung.*

[1] **Kollektivsingular:** Bezeichnung für einen Gesamt-(kollektiven)-Begriff, der in der Einzahl (Singular) steht, hier also die Geschichte für alle Geschichten der gesamten Vergangenheit

M2 Kommunikatives und kulturelles Gedächtnis

Die Kulturwissenschaftler Aleida und Jan Assmann haben in den 1980er-Jahren die Theorie des kulturellen Gedächtnisses entwickelt. Es ist neben dem kommunikativem Gedächtnis Teil des kollektiven Gedächtnisses, das die Gedächtnisleistung einer Gruppe von Menschen beschreibt. Die Kulturwissenschaftlerin Astrid Erll fasst die Theorien des Assman'schen Konzeptes in einem Handbuch zusammen:

- Das *kommunikative Gedächtnis* entsteht durch Alltagsinteraktion, hat die Geschichtserfahrungen der Zeitgenossen zum Inhalt und bezieht sich daher immer nur auf einen begrenzten, „mitwandernden" Zeithorizont von ca. 80 bis 100 Jahren. Die Inhalte des kommunikativen Gedächtnisses sind veränderlich und erfahren keine feste Bedeutungszuschreibung. Jeder gilt hier als gleich kompetent, die gemeinsame Vergangenheit zu erinnern und zu deuten. Das kommunikative Gedächtnis gehört laut Jan Assmann zum Gegenstandsbereich der Oral History. Es dient Jan und Aleida Assmann als Oppositionsbegriff und Abgrenzungsfolie zum kulturellen Gedächtnis, welches den eigentlichen Fokus ihrer Forschung darstellt.
- Bei dem *kulturellen Gedächtnis* handelt es sich hingegen um eine an feste Objektivationen gebundene, hochgradig gestiftete und zeremonialisierte, v.a. in der kulturellen Zeitdimension des Festes vergegenwärtigte Erinnerung. Das kulturelle Gedächtnis transportiert einen festen Bestand an Inhalten und Sinnstiftungen, zu deren Kontinuierung und Interpretation Spezialisten ausgebildet werden (z.B. Priester, Schamanen oder Archivare). Sein Gegenstand sind mythische, als die Gemeinschaft fundierend interpretierte Ereignisse einer fernen Vergangenheit (wie etwa der Auszug aus Ägypten oder der Kampf um Troja). Zwischen der im Rahmen des kommunikativen und der im Rahmen des kulturellen Gedächtnisses erinnerten Zeit klafft also eine Lücke – oder in den Worten des Ethnologen Jan Vansina: ein mitwanderndes floating gap[1].

[1] **floating gap**: fließende Lücke

In dem 1988 erschienenen Aufsatz „Kollektives Gedächtnis und kulturelle Identität" prägt Jan Assmann den Begriff „kulturelles Gedächtnis" und definiert ihn wie folgt:
„Unter dem Begriff kulturelles Gedächtnis fassen wir den jeder Gesellschaft und jeder Epoche eigentümlichen Bestand an Wiedergebrauchs-Texten, -Bildern und -Riten zusammen, in deren ‚Pflege' sie ihr Selbstbild stabilisiert und vermittelt, ein kollektiv geteiltes Wissen vorzugsweise (aber nicht ausschließlich) über die Vergangenheit, auf das eine Gruppe ihr Bewusstsein von Einheit und Eigenart stützt."

Astrid Erll, Kollektives Gedächtnis und Erinnerungskulturen. Eine Einführung, Stuttgart [2]2011, S. 30 f.

1. *Geben Sie das Konzept des kommunikativen und kulturellen Gedächtnisses wieder.*
2. *Als Jan Assmann 1988 seine Theorie veröffentlichte, „traf er einen erinnerungspolitischen Nerv der Zeit", so die Historikerin Ulrike Jureit. Denn „welche spezifische Bedeutung hat es für eine Nachfolgegesellschaft, wenn ihre jüngste Geschichte [...] einen Verbrechenskomplex einschließt, der als menschheitsgeschichtlich einzigartiger Zivilisationsbruch dimensioniert wird?" Ordnen Sie das Konzept des kollektiven Gedächtnisses in den „Erinnerungs- und Forschungsboom" zum Holocaust ein und beurteilen Sie seine Bedeutung für die Herstellung einer deutschen Identität.*

M3 Gegenüberstellung von kommunikativem und kulturellem Gedächtnis

	Kollektives Gedächtnis - erzeugt und reproduziert ausgewählte identitätsstiftende und gemeinschaftsbildende Erinnerungen einer Gruppe - schafft Mythen und Legenden mit Überzeugungskraft für spätere Zeiten - bleibt bestehen, bis etwas Neues an seine Stelle tritt - ist stets auf einen bestimmten Personenkreis begrenzt (Familie, Stamm, Nation, Klasse, Religion, Schicksalsgemeinschaft etc.)	
	kommunikatives Gedächtnis	*kulturelles Gedächtnis*
Inhalt	alltagsnah, Geschichtserfahrungen im Rahmen individueller Biografien	alltagsfern, mythische Urgeschichte
Formen	informell, wenig geformt, naturwüchsig, entstehend durch Interaktion, Alltag	gestiftet, hoher Grad an Geformtheit, zeremonielle Kommunikation, Fest
Medien der Kommunikation	mündliche Erzählung, Erfahrungen und Hörensagen	Schriften, Objekte, Feiertage, Denkmäler, Musik, Sammlungen und Museen, Rituale/Inszenierung in Wort, Bild, Tanz usw.
Reichweite	reicht etwa 80 Jahre zurück	reicht weit in die Vergangenheit zurück
Dauer	mitwandernder Zeithorizont von 3-4 Generationen, Gedächtnis stirbt mit seinen Trägern, danach setzt „strukturelle Amnesie" ein	absolute Vergangenheit einer mythischen Urzeit, lebt als kultureller Besitz der Gemeinschaft weiter
Träger	unspezifisch, Zeitzeugen einer Erinnerungsgemeinschaft, gebunden an die drei gemeinsam lebenden Generationen	spezialisierte Traditionsträger, nicht an Zeitzeugen gebunden, benötigt „Expertenwissen" (Lehrer, Priester, Schamanen, Künstler etc.)
Erschließung	Methode der „oral history"	traditionelle historische Quellenarbeit

Erstellt auf der Grundlage von: Jan Assmann, Das kulturelle Gedächtnis. Schrift Erinnerung und politische Identität in frühen Hochkulturen, München 1999, S. 56

1. *Charakterisieren Sie die Theorien des kommunikativen und kulturellen Gedächtnisses anhand von Beispielen.*
2. *Nehmen Sie Stellung zu der Frage, welches dieser beiden Gedächtnisse – das kommunikative oder das kulturelle – im Leben jedes Einzelnen mehr Bedeutung besitzt.*

1. *Der französische Ethnologe Claude Lévi-Strauss stellt 1967 fest, dass jeder Mythos eine „doppelte Struktur, historisch und ahistorisch zugleich" besitze. Erklären Sie diese Aussage.*
2. *Erklären Sie, durch welche Einflüsse das Geschichtsbild des Einzelnen auf der einen Seite und die kollektive Erinnerung auf der anderen Seite in unserer Gesellschaft geprägt werden.*
3. *Analysieren Sie anhand eines Beispiels die Zeitgebundenheit von Denkmälern oder Gedenkstätten.*
4. *In vielen deutschen Städten sind Straßen nach historischen Personen benannt, die nach heutigen moralischen Vorstellungen fragwürdig sind (z. B. in Hannover nach dem Kolonialisten und Afrikaforscher Carl Peters, in Braunschweig nach der Schriftstellerin und Befürworterin des Nationalsozialismus Agnes Miegel). Erörtern Sie, ob solche Straßen umbenannt werden sollen.*
5. *Recherchieren Sie zu der Person Claus Schenk Graf von Stauffenberg (siehe auch Seite 326). Erklären Sie, aus welchen Gründen es im Nachkriegsdeutschland zur Mythenbildung um eine solch ambivalente Person kommen konnte.*

▸ **Aktuelle elektronische Grußkarten zum US-amerikanischen „Columbus-Day".**

- *Erklären Sie ausgehend von den Grußkarten, warum das Begehen von Gedenktagen oft umstritten ist.*

Aufgabenstellung

In einer Abiturklausur werden die Aufgaben zusätzlich zum **Pflicht-** und **Kernmodul** eines Semesters ein Thema eines weiteren Semesters (**Semesterübergriff**) ansprechen, und Sie werden in Form einer offenen Frage Kenntnisse über ein **Wahlmodul** einbringen müssen. Im Abitur erhalten Sie unterschiedliche Aufgaben für gA- und eA-Kurse (grundlegendes und erhöhtes Anforderungsniveau).

Pflichtmodul

1. *Fassen Sie nach einer quellenkritischen Einführung die Aussagen Sallusts zu den Ursachen und dem Charakter der Krise der römischen Republik zusammen (M1).*

Pflichtmodul

2. *Ordnen Sie die Aussagen Sallusts zur Entwicklung von Staat und Gesellschaft Roms in den historischen Kontext ein (M1).*

Pflicht-, Wahl- und Kernmodul

3. *Vergleichen Sie anhand der Definition des Historikers Rudolf Vierhaus (M2) die Krise der römischen Republik mit einer Ihnen bekannten Krise aus der Neuzeit.*

Pflicht- und Kernmodul

4. *Prüfen Sie auf Basis Ihres Hintergrundwissens, inwieweit Sallust die Krise der römischen Republik in ihren Ursachen und Ausprägungen im Sinne moderner Krisentheorie systematisch und umfassend erfasst. Beziehen Sie hierbei auch Krisendefinitionen wie die des Historikers Rudolf Vierhaus mit ein (M1 und M2).*

Semesterübergriff

5. *Erörtern Sie ausgehend von den in M3 genannten Kriterien und der Funktion des 14. Juli 1789, ob ein entsprechendes Datum in der Geschichte der römischen Republik die Voraussetzung für einen Erinnerungstag erfüllen kann.*

Alternativ (Wahl- und Kernmodul)

6. *Wende – Umbruch – Revolution? Nehmen Sie ausgehend von den Aussagen des Historikers Andreas Rödder (M4) Stellung zum Ende der DDR.*

Materialien

M1 Die Krise der römischen Republik

Der römische Geschichtsschreiber Sallust (86-35/34 v. Chr.) schreibt in seinem um 40 v. Chr. entstandenen Werk über den Jugurthinischen Krieg (111-105 v. Chr.) über die römischen Republik:

Im Übrigen entstanden der Brauch von Parteien- und Cliquenbildung und die daraus folgenden schlechten Verhaltensweisen wenige Jahre zuvor in Rom aufgrund des Friedens und des Überflusses an den Dingen, die die Menschen für vorrangig halten. Denn vor der Zerstörung Karthagos regierten das Volk und der römische Senat gemeinsam das Gemeinwesen ruhig und gemäßigt, es gab keinen Streit zwischen den Bürgern, weder um Ruhm noch um Herrschaft, die Angst vor dem Feind bewahrte die Bürgerschaft in moralisch rechtschaffenem Verhalten. Als aber jene Furcht aus dem Denken wich, trat naturgemäß das auf, was glückliche Zeiten mit sich bringen, Zügellosigkeit und Hochmut, sodass der [endlich] erlangte Frieden, den sie in schlechten Zeiten ersehnt hatten, härter und bitterer [als die vorherige äußere Bedrohung] war. Denn die Nobilität begann ihren Rang, das Volk seine Freiheit in beliebige Willkür zu verwandeln, ein jeder rechnete, raubte und raffte für sich. So wurde alles in zwei Teile gerissen, das Gemeinwesen, das die Mitte gebildet hatte, zerfleischt.
Im Übrigen war die Nobilität durch enge Gruppenbildung stärker, die Kraft des Volkes [dagegen], ungebündelt und unorganisiert in der Menge, vermochte weniger auszurichten. Nach dem Beschluss weniger Männer wurde Krieg geführt und Frieden geschlossen. In der Gewalt derselben Leute lagen der Staatsschatz, die Provinzen, Ämter, Ehren und Triumphe. Das Volk wurde bedrängt durch Wehrdienst und Not, die Kriegsbeute plünderten die Feldherren mit einigen Wenigen. Derweil wurden die Eltern und kleinen Kinder der Soldaten, gerade so wie ein jeder einen Mächtigeren zum Nachbarn hatte, von ihren Wohnsitzen vertrieben.
So drang mit der Macht Habgier ohne Maß und Beschränkung ein, die alles besudelte und verwüstete, die keine Wertmaßstäbe kannte, der nichts heilig war, bis sie sich selbst zu Fall brachte. Denn sobald sich innerhalb der Nobilität Leute fanden, die wahren Ruhm ungerechter Macht voranstellten, begann die Bürgerschaft in Bewegung zu geraten und eine innere Entzweiung wie ein Erdbeben entstand. Denn nachdem Tib[erius] und C[aius] Gracchus, deren Vorfahren im Punischen und in anderen Kriegen vieles zum Wohl des Staates beigetragen hatten, das Volk in die Freiheit zu führen und die Verbrechen der Wenigen offenzulegen begannen, trat die Nobilität schuldig und daher aufgeschreckt [...] den Aktionen der Gracchen entgegen, und zuerst tötete man durch das Schwert Tiberius, dann wenige Jahre später Gaius, als er den gleichen Weg beschritt [...].
So vernichtete die Nobilität indem sie ihren Sieg nach ihrem Gutdünken nützte, viele Existenzen mit dem Schwert oder durch die Verbannung und erwarb sich bei den Übrigen mehr Angst als Macht. Dies hat oft große Staaten zugrunde gerichtet, wenn die einen die anderen gleich auf welche Art besiegen und die Besiegten sich mit übermäßiger Härte rächen wollen.

Sallust, Bellum Iugurthinum 41,1-42,4, Klaus Bringmann, Krise und Ende der römischen Republik (133-42 v. Chr.), Berlin 2003, S. 101 f.

M2 Was sind Krisen?

Der Historiker Rudolf Vierhaus hat lange Zeit das Max-Planck-Institut für Geschichte in Göttingen geleitet. In einem Lexikonartikel von 2002 definiert er den Begriff „Krisen" so:

Krisen sind Prozesse, deren Anfänge, Höhepunkte, Ende prinzipiell datierbar sind. Niedergangs-, Auflösungs-, Verfallsprozesse sind keine Krisen, wohl aber können ihnen sich steigernde Krisen vorangegangen sein. Krisen sind prinzipiell offene Prozesse; ihre Geschwindigkeit, ihr Ausgang sind nicht zwangsläufig, ihr Ablauf und ihr Wendepunkt selten so deutlich erkennbar wie in einem Krankheitsprozess. [...]
Von Krisen kann gesprochen werden, wenn zuvor bestehende stabile und funktionierende Zustände sich aufzulösen beginnen, erodieren[1], dysfunktional[2] werden und die eingetretenen Störungen nicht mit hergebrachten Mitteln überwunden werden können, sondern eine renovatio, eine Reform, eine Revolution erforderlich wird und erfolgt; geschieht dies nicht, handelt es sich nicht (mehr) nur um eine Krise. Kennzeichen von Krisen ist, dass es in ihrem Prozess Alternativen gibt, Phasen und Konstellationen, in denen sich entscheidet, ob sie überwunden werden können.
Krisen sind keine Naturprozesse, wohl aber können z.B. Erdbeben, Flutkatastrophen, Dürreperioden Krisen auslösen: Hungerkrisen, aber auch Krisen des Vertrauens in die Fähigkeit von Regierung und Verwaltung, mit ihnen fertig zu werden. Naturprozesse können Bedingungen der Möglichkeit von Krisen sein, diese sind von Menschen erfahrene, erlittene, gemachte und genutzte Krisen. Allerdings genügt subjektiv

[1] **erodieren**: hier: zerstören
[2] **dysfunktional**: einer Funktion, Wirkung o.Ä. abträglich, schädlich

oder auch kollektiv geäußertes Krisenbewusstsein nicht als hinreichender Beweis, sondern kann allenfalls als Indiz für tatsächliche Krisen gelten. Indes kann Krisenbewusstsein Verlauf und Ausmaß einer Krise wesentlich beeinflussen. Krisen müssen, um als solche bezeichnet werden zu können, objektiven Charakter haben, also nicht nur herbeigeredet sein, indem vorübergehenden und vereinzelten krisenhaft erscheinenden Symptomen von Veränderung aus Sorge übertriebene Bedeutung zugeschrieben wird. [...]
Es geschieht nicht selten, dass der Krisencharakter gerade langfristiger Veränderungsprozesse, in die viele Menschen und Lebensbereiche involviert waren, nachträglich von der historischen Forschung unterschiedlich interpretiert, infrage gestellt oder überhaupt bestritten wird.

Stefan Jordan (Hrsg.), Lexikon Geschichtswissenschaft. Hundert Grundbegriffe, Stuttgart 2002, S. 193-195

M3 Erinnerungstage

Die Historiker Etienne François und Uwe Puschner schreiben 2010 über Erinnerungstage:

[...] Erinnerungs- bzw. Jahrestage sind „Denkmäler in der Zeit", um die pointierte Formulierung von Aleida Assmann aufzugreifen. Sie ermöglichen den „Übergang von einem latenten[1] Gedächtnis in die Form einer geregelten sozialen Kommemoration[2]" und „stabilisieren die Erinnerung durch mehr oder weniger regelmäßige Wiederholungen als Sinn- und Identitätsangebote bzw. als zukunftsgerichtete Handlungsverpflichtung für folgende Generationen". [...] Entscheidend ist dabei die [...] Vergegenwärtigung des vergangenen Ereignisses. Auch wenn diese sich wiederholende Vergegenwärtigung nicht formalisiert ist bzw. sein muss, ähnelt sie, weil sie immer kollektiv geschieht, einem Kult. [...]
Der 14. Juli ist ein charakteristisches Beispiel für die sich wiederholenden Wandlungsprozesse, die zu einem Erinnerungs- bzw. Gedenktag führen. Zu Beginn, am 14. Juli 1789, hat man es mit einem Aufruhr größeren Ausmaßes zu tun, der sich in eine Reihe von vergleichbaren Protestbewegungen in Paris und in den Provinzen, in den Städten und auf dem Land, einordnet. Sehr schnell aber [...] begann sich ein kollektiver Prozess der Umdeutung durchzusetzen: Das geschichtliche Ereignis wurde rückblickend in ein „historisches" Ereignis verwandelt, das eine Zäsur[3] markiert zwischen einem negativ konnotierten „Vorher", das sogenannte Ancien Régime, und einem positiv belegten „Nachher", die Revolution und die neue Zeit. Diese neue Deutung [...] wurden in den ersten Monaten des Jahres 1790 so stark, dass der Nationalversammlung keine andere Wahl blieb, als am Jahrestag der Erstürmung der Bastille eine große „Fête la Fédération" („Bundesfest") zu veranstalten. [...] Weit entfernt von dem gewalttätigen Geschehen im Jahr zuvor sollte der 14. Juli 1790 das große Fest des Friedens, das Fest des Bündnisses zwischen allen Regionen und Ständen des Königreichs, das Fest der Neugründung des regenerierten Frankreich unter Gottes und der katholischen Kirche Segen und vor allem das Fest einer neuen Eintracht zwischen dem König und der französischen Nation sein. Spätestens dann wurde der 14. Juli zum Erinnerungstag, aber längst nicht zu einem institutionalisierten Gedenktag [...]. Es dauerte fast ein Jahrhundert, bis die siegreiche III. Republik im Jahre 1880 beschloss, in bewusster Anknüpfung an die „Fête la Fédération" von 1790, aus dem Erinnerungstag den französischen Nationalfeiertag zu machen – wobei aus dem Fest, das einst die Einheit zwischen König und Nation gefeiert hatte, ein neues Fest entstand, das die Einheit zwischen Nation und Republik zelebrierte.

Etienne François und Uwe Puschner, Warum Erinnerungstage?, in: Dies. (Hrsg.), Erinnerungstage. Wendepunkte der Geschichte von der Antike bis zur Gegenwart, München 2010, S. 13-24, hier S. 19-21

[1] **latent**: nicht offenkundig, unterschwellig
[2] **Kommemoration**: Erinnerung, Gedenken (ursprünglich kirchliche Gedenktage)
[3] **Zäsur**: Einschnitt, Bruch

M4 „Revolution" in Deutschland?

Der Historiker Andreas Rödder schreibt über das Ende der DDR:

Wie nun sind diese Entwicklungen in der DDR im Herbst 1989 und überhaupt in Deutschland 1989/90 zu bezeichnen? Unterschiedliche Begriffe sind im Umlauf – Wende, Umbruch, Zusammenbruch, Implosion, Revolution, zudem mit Zusatzbegriffen –, die nicht nur unterschiedlich taugliche analytische[1] Instrumente oder konzeptualisierte[2] Sachurteile darstellen, sondern oftmals zugleich politisch-moralische Werturteile enthalten.
„Wende" ist ein offener Begriff für den Gesamtvorgang, doch wurde er von Egon Krenz mit eindeutig systemimmanenter[3] Absicht geprägt; zudem ist er in Westdeutschland durch den Regierungswechsel von 1982 belegt und daher, wie auch der Begriff „Umbruch", als Kennzeichnung des Gesamtvorgangs zu schwach. Das Etikett „Zusammenbruch" benennt einen wichtigen Aspekt: ein handlungsunfähiges, marodes System,

[1] **analytisch**: erklärend
[2] **konzeptualisiert**: in einem Begriff zusammengefasst
[3] **systemimmanent**: hier auf den Rücktritt Honeckers und die angebliche Reformbereitschaft der SED unter Krenz bezogen

das unter dem Anstoß der Bürgerbewegung kollabierte – doch blendet es, und mehr noch der Begriff „Implosion", ebendiesen Anstoß und somit den Anteil der Bürgerbewegung aus, denn ganz von allein brach das Regime nicht zusammen. Umgekehrt schreibt der Begriff „Revolution", zumal in der Komposition als „friedliche" oder gar, mit Großbuchstaben, als „Friedliche Revolution" oder als „Bürgerrevolution", der Opposition bzw. der Bürgerbewegung die entscheidende Bedeutung als verursachende Kraft für das Ende des SED-Staates als einer „Selbstbefreiung" des Volkes zu. Diese Begrifflichkeit blendet die Schwäche des Regimes und die Dimension des Zerfalls der sowjetischen Herrschaft aus und ist zudem sehr normativ aufgeladen, was die analytische Verwendung erschwert.

Dies kann aber nicht bedeuten, den Revolutionsbegriff vollständig auszuschließen. Seine analytische Tauglichkeit hängt nicht von einer missverständlichen öffentlichen Verwendung, sondern von seiner Definition und von seiner Bezeichnungskraft ab [...]. „Revolution" ist ein suggestiver[4] Begriff, dem allerdings eine eindeutige, allgemein akzeptierte Definition fehlt. Für eine handhabbare Begriffsbestimmung bietet sich ein Verständnis von Revolution als fundamentaler Veränderung der bestehenden politischen und sozialen Ordnung an, als Umwälzung, die zu einem Wechsel von Verfassung, politischem System und gesellschaftlichen Strukturen führt. Der Einsatz von Gewalt muss demgegenüber nicht zwingend Bestandteil einer Revolution sein; auch sind die Ursachen für die Kennzeichnung eines Vorgangs als Revolution nicht wesentlich. Entscheidendes Kriterium ist vielmehr der Grad des politisch-gesellschaftlichen Wandels.

In diesem Sinne bedeutete das Ende der SED-Herrschaft in der Tat eine grundlegende Umwälzung des politischen Systems und der Gesellschaft der DDR. Es war keine Revolution in jenem verkürzten und normativ[5] aufgeladenen Sinne der „Friedlichen Revolution", in dem der Bürgerbewegung die alleinige oder vorrangige Bedeutung für den Sturz der Diktatur zugeschrieben wird. Der Gesamtvorgang aber war – auch mit Blick auf die internationale Dimension – nichts anderes als ein grundstürzender Wandel der bestehenden Ordnung und somit eine Revolution, in Deutschland auch mehr als die Ereignisse von 1848 und 1918, die vorbehaltlos als „Revolution" bezeichnet werden. Und in Verbindung mit dem weiteren Fortgang, in dem der Untergang des SED-Regimes und der gesamten DDR schließlich in die Wiedervereinigung Deutschlands mündete, war es: eine deutsche Revolution.

Andreas Rödder, Deutschland einig Vaterland. Die Geschichte der Wiedervereinigung, München 2009, S. 116 f.

[4] **suggestiv**: das Gefühl ansprechend

[5] **normativ**: bewertend

Erwartungshorizont

Zu Aufgabe 1

- Die Quelle ist ein Auszug aus einem Werk des römischen Geschichtsschreibers Sallust, das um 40 v. Chr. entstand. Darin berichtet er rückblickend über die Ursachen und den Charakter der Krise der römischen Republik. Er geht dabei auf die Zeit vor der Zerstörung Karthagos im Dritten Punischen Krieg (149 - 146 v. Chr.) bis zu den Gracchen (um 133 / 123 v. Chr.) ein. Sallust hat als ehemaliger Politiker (u. a. Volkstribun) und Anhänger Caesars fundierte Kenntnisse über die politischen Vorgänge, ist aber auch als parteiisch anzusehen. Sein historisches Werk richtet sich vor allem an die gebildete Schicht Roms (Ritter und Mitglieder der Nobilität), die er informieren, aber auch von seinem moralischen Standpunkt überzeugen will.
- Sallust sieht die Krise als Ausdruck moralischen Verfalls, der durch den Reichtum und die Sicherheit, die Rom nach dem Sieg über den Hauptgegner Karthago erlangte, ausgelöst wurde. Die Nobilität habe sich bewusst von der plebs abgehoben und entfremdet und so die Spaltung der Gesellschaft verursacht. Die Plebejer hätten durch den Druck der besitzenden Bürger ihren Landbesitz als Existenzgrundlage verloren und besäßen durch ihre Unorganisiertheit keinen Einfluss auf politische Entscheidungen. Wenige Adlige bestimmten daher die gesamte Politik und bereicherten sich. Die Gracchen hätten versucht, das Schicksal der Plebejer durch Reformen zu verbessern, wären aber mit ihren Anhängern von der Nobilität aus Angst vernichtet worden. Dieses hätte Rachegelüste erzeugt und die Spaltung der Gesellschaft noch verschlimmert und sei damit eine weitere Ursache für den Niedergang der römischen Republik.

Zu Aufgabe 2

- Sallust spricht die Rückwirkungen der römischen Expansion an, die spätestens nach der Zerstörung Karthagos (Zeile 1 bis 15) offen sichtbar wurden. Er geht dabei auf die wirtschaftlichen und gesellschaftlichen Folgen für die römische Nobilität (Zeile 15 bis 19) und die Plebejer (Zeile 26 ff.) und die damit verbundenen Missstände ein. Weiterhin thematisiert er das Vorgehen der Gracchen, die Lage der Plebejer zu verbessern (Zeile 37 ff.).
- Anknüpfend daran ergänzen Sie auf Basis Ihres Hintergrundwissens Sallusts Aussagen und erläutern den historischen Kontext der Krise der römischen Republik von 146 bis 123 v. Chr. Dabei kann auf folgende Aspekte Bezug genommen werden:
  - Stärkung der ökonomischen und politischen Stellung der Nobilität und der Ritter als publicani infolge der Eroberung des Mittelmeerraumes
  - Verarmung der Kleinbauern
  - beginnender Wandel in der Struktur der römischen Armee (langjährige Dienstzeiten, Probleme bei der Rekrutierung aber auch freiwillige Teilnahme an Feldzügen)
  - Reformvorhaben der Gracchen in ihrer Zielsetzung, Struktur und ihrem Ausgang

Zu Aufgabe 3

- Hier wenden Sie die Kriterien von Vierhaus, die seiner Definition des Begriffes „Krise“ zugrunde liegen (Erosion und Dysfunktionalität, Reformbedarf, Datierbarkeit, Zuspitzung und Wendepunkt, offene Prozesse und Alternativen), auf die römische Republik an, indem Sie die Kriterien des Historikers an konkreten Inhalten festmachen.
  Die nachstehenden Gesichtspunkte bieten dazu eine Hilfe:
  - Die Selbstversorgung der römischen Kleinbauern, das Rekrutierungssystem der römischen Armee und die Provinzverwaltung weisen erhebliche Missstände auf und sind langfristig in ihren Strukturen nicht mehr funktionsfähig (*Erosion und Dysfunktionalität*). Hier besteht ein entsprechender *Reformbedarf*.

  - Die entstehenden Krisen sind *datierbar*. Sie nahmen ihren Anfang vor dem Ende des Zweiten Punischen Krieges (218 bis 201 v. Chr.).
  - Es gibt mehrere Phasen der *Zuspitzung*, die als *Wendepunkte* gesehen werden können, wie z. B. die Reformvorhaben der Gracchen, die Bürgerkriege oder die Umgestaltung der republikanischen Staatsform durch Octavian / Augustus. In den Reformvorhaben der Gracchen, der Restauration Sullas oder den Umgestaltungsideen von Caesar und Octavian / Augustus zeigt sich die *Existenz von Alternativen*, die die Krise der römischen Republik zu einem *offenen Prozess* machen.
- Anschließend vergleichen Sie Ihre Ergebnisse mit einer Krise aus der Neuzeit, z. B. mit der Krise des Ancien Régime. Es könnten u. a. folgende Aspekte genannt werden:
  - Die hohe Staatsverschuldung Frankreichs u. a. durch Hofhaltung, teure Kriege und eine große Armee machte Reformen notwendig (*Dysfunktionalität und Reformbedarf*). Im Gegensatz zur römischen Republik ist hier die Verschuldung des Staates und nicht der Überfluss an wirtschaftlichen Gewinnen ein Auslöser der Krise.
  - Ebenso *dysfunktional* erscheint die Blockade von Reformen durch die Gerichtshöfe und den Adel, der auf seinen Privilegien beharrt. Hier kann ein Bezug zum Scheitern der Reformen der Gracchen an der Haltung der Nobilität hergestellt werden.
  - Auch die Verarmung der Landbevölkerung kann vergleichend zur römischen Republik herangezogen werden. Ein klarer Unterschied ist, dass der Dritte Stand (Bauern und Bürger) über Beschwerdebriefe stärker selbst aktiv wurde, während die Volksversammlung der Plebejer letztlich von Adligen geleitet wurde.
  - Die Krise des Ancien Régime ist in ihren Anfängen bereits in die 70er-Jahre des 18. Jahrhunderts *datierbar*.
  - Wie in der römischen Republik erfolgt auch im Ancien Régime eine Zuspitzung der Krise. Die Einberufung der Generalstände führt letztlich zum Ballhausschwur und in einem weiteren Schritt zum Sturm auf die Bastille. Diese *Wendepunkte* treten ähnlich deutlich hervor wie die Machterlangung von Caesar und Octavian / Augustus und führten ebenso zu einer Umgestaltung des Staates. In Frankreich in deutlicher Weise durch eine Revolution.
  - Die verschiedenen staatstheoretischen Ideen und Ansätze im Zuge der Französischen Revolution zeigen (ggf. noch klarer als in der römischen Republik) die *Offenheit des Prozesses*.

Zu Aufgabe 4
Die Beantwortung der Frage kann auf folgenden Aspekten aufbauend durchgeführt werden:
- Sallust spricht von der Auflösung und Zerstörung von bestehenden gesellschaftlichen Strukturen. Dabei bezieht er nachvollziehbar den wachsenden wirtschaftlichen Reichtum der Nobilität und die Verarmung der plebs ein.
- Die Handlungen der Gracchen werden von ihm treffend als eine *Zuspitzung* beschrieben, die den gesellschaftlichen Konsens zerstören (z. B. Zeile 20 bis 30 und 46 bis 52). In diesem Sinne liegt er auch auf einer Linie mit Vierhaus' Definition des Begriffes „Krise".
- Die Ursache für diesen Verfall sieht Sallust in moralischen und ethischen Unzulänglichkeiten der Regierenden, die sich mit der Ausschaltung der letzten, „erzieherisch" wirkenden Bedrohung in Form von Karthago entwickelt hätten. Ob ein solcher allgemeiner Mentalitätswandel festzustellen ist, der als Ursache gelten kann, ist zu hinterfragen.
- Eine Analyse im Sinne einer *Dysfunktionalität* des politischen Systems (vgl. Vierhaus), das aufgrund der Rückwirkung der Expansion nicht mehr kontrollierbar und damit nicht mehr funktionsfähig war, kommt in Sallusts Darstellung nicht zum Ausdruck. Dies bildet aber einen entscheidenden Faktor in den Ursachen der Krise der römischen Republik.

Zu Aufgabe 5

- Erinnerungstage haben nach den Historikern Etienne François und Uwe Puschner die Funktion, *identitäts- und sinnstiftend* für die Gesellschaft (Zeile 5 bis 8) und damit ein Element zu sein, das die jeweilige Gesellschaft zu einer Gemeinschaft *verbindet* (Zeile 10 bis 12). Dabei unterliegt der Tag bewusst *Veränderungen* (Zeile 13 bis 15).
- Die genannten Kriterien können nun zunächst auf den 14. Juli angewandt und erläutert werden:
  - Der Sturm auf die Bastille unterliegt einem Wandlungsprozess vom Tag eines größeren Aufruhrs (Zeile 15 bis 19) über einen Tag des Bruchs mit dem vorhergehenden System (Zeile 20 bis 25) hin zu einem Festtag des Friedens und der Eintracht zwischen König und Volk (Zeile 29 bis 36), der schließlich zu einem Nationalfeiertag umgestaltet wird (Zeile 38 bis 44). In jeder dieser Phasen bietet der Tag den Franzosen eine Identifikationsmöglichkeit und damit auch die Möglichkeit, sich als Gemeinschaft zu begreifen.
- Als Erinnerungstag in der Geschichte der römischen Republik kann beispielsweise die Schlacht von Actium (2. September 31 v. Chr.) gewählt werden (Alternative: Überquerung des Rubikon durch Caesar am 10. Januar 49 v. Chr.). Folgende Aspekte sind bei der Auseinandersetzung mit dem Datum u. a. zu berücksichtigen:
  - Die Schlacht von Actium kann als Zäsur gedeutet werden.
  - Sinnstiftende Möglichkeiten, dem Datum gemeinschaftlich zu gedenken, bieten sich für die Bewohner des Römischen Reiches (bis zu seinem Untergang) dahingehend, dass sie sich als Teil der wiederhergestellten und vor allem den Frieden versprechenden Ordnung begreifen und ihre Verbundenheit mit Augustus als Identifikationsfigur für „die wiederhergestellte Republik" in einer entsprechenden Erinnerung ausdrücken können.
  - Wandlungsprozesse sind denkbar vom Tag einer siegreichen Schlacht zu einem Tag des Friedens bis hin zum Beginn des Prinzipats als neue bzw. umgestaltete Ordnung. Die Wandlungsprozesse sind allerdings begrenzt, da anders als in Frankreich eine Deutung als Nationalfeiertag nicht infrage kommen kann.
  - Das Datum hat im Vergleich zum 14. Juli in der Gegenwart keine größere gesellschaftliche Bedeutung. Lediglich in der historischen Forschung wird das Datum gewürdigt.
- Auf Basis der genannten Aspekte kann die Erörterung erfolgen, die zu einem auf Sachwissen begründeten Urteil führt.

Zu Aufgabe 6

- Ausgehend von M4 sind verschiedene Begriffe wie „Wende", „Umbruch", „Zusammenbruch", „Implosion" und „Revolution" (darunter „friedliche Revolution" und „Bürgerrevolution") zur Beschreibung des historischen Geschehens von 1989/90 zu bewerten. Dies kann in Form einer Pro- und Contra-Abwägung geschehen.
- Wesentliche Entwicklungen und Ereignisse und ihre Bedeutung für das Ende der DDR können dabei herangezogen werden. Zum Beispiel: Perestroika und Glasnost in der Sowjetunion unter Gorbatschow und die Folgen im Ostblock, Wirtschaftskrise, Bürgerrechtsbewegung (u. a. Neues Forum), Bürgerprotest und Kommunalwahlen in der DDR 1989, Grenzöffnung in Ungarn, Flucht in bundesdeutsche Botschaften in Budapest, Prag und Warschau im Sommer 1989, Massendemonstrationen (u. a. in Leipzig), Öffnung der Berliner Mauer, SED in Auflösung etc.
- Zudem können bekannte Theorien über Revolutionen auf die Entwicklungen von 1989/90 angewendet und ggf. in Kontrast zu M4 gesetzt werden.

Aufgabenstellung

In einer Abiturklausur werden die Aufgaben zusätzlich zum **Pflicht-** und **Kernmodul** eines Semesters ein Thema eines weiteren Semesters (**Semesterübergriff**) ansprechen, und Sie werden in Form einer offenen Frage Kenntnisse über ein **Wahlmodul** einbringen müssen. Im Abitur erhalten Sie unterschiedliche Aufgaben für gA- und eA-Kurse (grundlegendes und erhöhtes Anforderungsniveau).

Pflichtmodul

1. *Fassen Sie M1 und M2 jeweils nach einer textkritischen Einführung zusammen.*
2. *Setzen Sie M1 und M2 in Beziehung und erläutern Sie die historischen Bezüge in beiden Texten.*

Pflicht-, Kern- und Wahlmodul

3. *a) Erläutern Sie anhand eines Ihnen bekannten historischen Beispiels aus Antike oder Neuzeit das Phänomen Kulturkontakt.*
   b) Erläutern Sie ausgehend von M1, M2 und M3, inwiefern sich Vorgeschichte und Folgen von Flucht und Vertreibung im Umfeld des Zweiten Weltkrieges mithilfe einer Ihnen bekannten Theorie von Kulturkontakt bzw. -verflechtung vergleichen lassen.

Semesterübergriff

4. *Erörtern Sie ausgehend von M4 und unter Bezugnahme auf M1 und M2 die Problematik eines Erinnerns an Flucht und Vertreibung in Deutschland. Berücksichtigen Sie dabei auch den Zusammenhang mit dem nationalen Selbstverständnis in der Bundesrepublik.*

Materialien

M1 „Zentrum gegen Vertreibungen“

Im Jahr 2000 wird unter Federführung von Erika Steinbach, Präsidentin des Bundes der Vertriebenen, und Peter Glotz, ehemaliger SPD-Bundestagsabgeordneter, die Stiftung „Zentrum gegen Vertreibungen“ gegründet. Das Vorhaben löst eine breite Debatte über die Formen des Erinnerns aus und stößt vor allem in Polen und Tschechien auf scharfe Kritik. Im Mai 2002 schreibt Steinbach:

Die Stiftung „Zentrum gegen Vertreibungen“ hat sich zur Aufgabe gemacht, einen Überblick über die Integration von 15 Millionen Vertriebenen in Deutschland zu geben, Geschichte und Schicksal der deutschen Heimatvertriebenen aufzuarbeiten und der Vertreibung anderer Völker Raum zu geben. Sie will mit einem Informations- und Dokumentationszentrum dazu beitragen, dass Vertreibung als Mittel von Politik geächtet wird.
Das ist eine Aufgabe der Deutschen selbst. Deutschland muss diesen Teil seiner Geschichte aufarbeiten und sich mit ihm auseinandersetzen.
Es muss deshalb in Deutschland endlich einen Ort geben, an dem dieser dramatische Teil einer gigantischen Bevölkerungsverschiebung erfahrbar wird. Es muss einen Ort geben, an dem erkennbar wird, in welchem Ausmaß die Integration der deutschen Heimatvertriebenen das Land, seine Städte und Dörfer verändert hat. [...] Deshalb ist Berlin als deutsche Hauptstadt für das „Zentrum gegen Vertreibungen“ der richtige Sitz.
Die Vertreibungsgebiete befinden sich in ganz Mittel-, Ost- und Südosteuropa und umfassen insbesondere Estland, Lettland, Russland, Rumänien, Jugoslawien, Polen, die Tschechoslowakei und Ungarn. Es ist erfreulich, dass sich in Polen ein lebhaftes Interesse für das „Zentrum gegen Vertreibungen“ zeigt, ja, dass es Stimmen gibt, die diese Einrichtung in Breslau angesiedelt haben möchten. Es wäre begrüßenswert, wenn sich in Prag oder anderen europäischen Vertreibungsgebieten eine gleichermaßen offene Diskussion entfalten würde. [...]
Es ist ein zentrales Anliegen der Stiftung „Zentrum gegen Vertreibungen“, das Schicksal anderer europäischer Heimatvertriebener nicht auszublenden, sondern zu einem integralen Bestandteil in Berlin zu machen. Dazu sind auch Persönlichkeiten aus unseren Nachbarländern als Ratgeber willkommen.
Der Bund der Vertriebenen hat am 6.9.2000 mit dieser gemeinnützigen Stiftung einen wichtigen Schritt getan. Über den Schmerz des eigenen Schicksals hinaus wird das Thema Vertreibung als ein universelles Menschenrechtsanliegen aufgegriffen. Nicht nur persönliches Leid, sondern der Blick und das Mitgefühl für andere Opfer prägen das Stiftungsanliegen.

Zentrum gegen Vertreibungen. Diskussion in Polen und in Deutschland. Pressemitteilung des Bundes der Vertriebenen Nr. 17 vom 16.5.2002, zitiert nach: www.bund-der-vertriebenen.de/presse/index.php3?id=19 (Zugriff: 4. März 2014)

M2 „Was haben wir uns angetan?“

In einem Interview mit der Wochenzeitung „Die Zeit“ am 28. August 2003 spricht der damalige Außenminister Joschka Fischer über ein mögliches Zentrum gegen Vertreibungen und über das Geschichtsbild der Deutschen:

ZEIT: Herr Außenminister, in Berlin soll ein Zentrum gegen Vertreibungen gebaut werden. Sie selbst waren ungarndeutsches Flüchtlingskind. Wie stehen Sie zu der Idee?
Fischer: Die gegenwärtige Debatte über Deutsche als Opfer, die vor allem mit dem deutschen Rückzug und dem Vormarsch der Roten Armee beginnt, halte ich für völlig verkürzt. Ich sage das auch vor dem Hintergrund des Schicksals meiner eigenen Familie. Wenn wir über Vertreibung sprechen, kann man das, was vorher war, nicht außen vor lassen. Sonst kommt man zu einer völlig falschen Debatte, die da lautet: Die Deutschen waren auch Opfer. Damit relativiert man die historische Schuld und kommt in die unheilvolle Konfrontation einer verzerrten Geschichtswahrnehmung, die weder der Wirklichkeit entspricht noch unseren europäischen Interessen. Die Debatte, die noch offen ist, heißt: Was haben wir uns selbst angetan? Was haben wir dadurch verloren?
ZEIT: Haben das die Deutschen mehr als 50 Jahre nach dem Ende des Krieges noch nicht debattiert?
Fischer: Wir haben offenbar noch nicht wirklich debattiert, was wir verloren haben mit der Selbstzerstörung. Den Schmerz über das Verlorene kann ich gut verstehen. Aber es muss der Schmerz darüber sein, was wir uns selbst angetan haben, und nicht darüber, was andere uns angetan haben.
ZEIT: Aber auch das ist Opferschmerz.
Fischer: Der Schmerz über das Verlorene, über die Zerstörung der deutsch-jüdischen Symbiose, der Schmerz über den unwiederbringlichen Verlust an Kultur, der Schmerz, den man empfindet, wenn man heute etwa in Galizien [Südukraine und Westpolen] oder Thessaloniki [Griechenland] ist, der Schmerz über den Verlust dieser alten jüdischen Kultur, die dort von den Nationalsozialisten dauerhaft zerstört wurde – das alles ist auch eine Selbstzerstörung deutscher Kultur.

Das endete mit der Zerstörung alter deutscher Städte, mit dem Verlust der Heimat und mit der Zerstörung alter deutscher Minderheiten in Südost- und Osteuropa. Dieser Selbstzerstörung kann man allerdings nicht gedenken, indem man bei 1944 beginnt. Das muss früher beginnen. [...]
[...] Wenn man das Thema der Vertreibung national erinnern will, dann geht es nicht um eine Gedenkstätte zur Erinnerung an die Vertriebenen, sondern dann muss es ein Projekt sein, das die deutsche Selbstzerstörung thematisiert. Wenn man beim Aspekt „gegen die Vertreibung" ansetzen will, dann muss das in einem europäischen Kontext stehen, darf es also kein nationales Projekt sein. Denn sonst besteht der begründete Verdacht, dass es letztlich auf das Umschreiben von Geschichte hinausläuft, also eine Täter-Opfer-Verkehrung.

„Was haben wir uns angetan?" Interview der ZEIT mit Außenminister Joschka Fischer vom 28.8.2003, zitiert nach: www.zeit.de/2003/36/Fischer/ (Zugriff: 4. März 2014)

M3 Im Fremden zuhause

Der Journalist Norbert F. Plötzl schreibt 2011 über die Ausgrenzung der Flüchtlinge und Vertriebenen im Westen:

Als Millionen Vertriebene und Flüchtlinge aus den Siedlungsgebieten im Osten verjagt wurden und in das zerstörte Rest-Deutschland drängten, waren sie für die meisten Einheimischen keine Landsleute mehr, sondern unerwunschte Fremdlinge.
Sie wurden als „Polacken" beschimpft, obwohl sie gerade wegen ihres Deutschseins aus der angestammten Heimat ausgewiesen worden waren. Vertriebenensiedlungen wurden als „Neukorea" oder „Bolschewikien" verspottet. [...]
Für die Alteingesessenen waren sie bestenfalls Exoten. Die Neuankömmlinge brachten die hergebrachten Sitten und Strukturen durcheinander. Plötzlich wurden bislang rein evangelische Landstriche von katholischen Schlesiern und Sudetendeutschen bevölkert oder katholische Gegenden von protestantischen Pommern und Ostpreußen durchmischt. [...]
Sie hatten sich nicht aussuchen können, wohin sie kamen. Die Alliierten hatten sich auf bestimmte Kontingente für ihre Besatzungszonen geeinigt und brachten die Vertriebenen dort unter, wo noch Kapazitäten vorhanden schienen. [...]
Nicht nur der schon an der NS-„Volksforschung" beteiligte Vertriebenensoziologe Max Hildebert Boehm beklagte diese „vollkommene Zerstückelung, Zerstreuung und Zerstörung der ostdeutschen Volkstumsgruppen". Auch ein Linker wie Günter Grass erklärte, man habe „die ostdeutschen Provinzen zweimal verloren": zuerst territorial als Ergebnis des selbstverschuldeten Weltkrieges, dann aber auch kulturell durch die selbstverschuldeten Fehler der Nachkriegszeit.
Man hätte, meint Grass, die Flüchtlinge nach 1945 zwar nicht in isolierten, aber doch „geschlossenen Wohngebieten" ansiedeln sollen, „um so das gemeinsame Geisteserbe" Ostdeutschlands bewahren zu können – nicht zuletzt die unterdessen „praktisch verlorenen Dialekte"; immerhin sei zum Beispiel Schlesisch „die Wiege der deutschen Barockliteratur" gewesen. Grass: „Es ist auch ein Stück Kultur verloren gegangen, und zwar unwiederbringlich."

Norbert F. Plötzl, Hitlers letzte Opfer, in: Annette Großbongardt, Uwe Klußmann und Norbert F. Pötzl (Hrsg.), Die Deutschen im Osten Europas. Eroberer, Siedler, Vertriebene, Bonn 2011, S. 235-247, hier S. 235-240

M4 Die Bundesrepublik als „Opfergesellschaft"?

Der Historiker K. Erik Franzen schreibt 2003 zum neueren „Opferdiskurs" in der Bundesrepublik:

Opfer stellen Forderungen. Die Wiederkehr des Opferdiskurses der fünfziger Jahre im neo-nationalen Gewand wird jedoch in der politischen Ausrichtung anders instrumentalisiert: Die öffentliche Debatte dient heute nicht mehr zur innenpolitischen Stabilisierung der frühen Nachkriegsgesellschaft, für die der Integrationsprozess von Einheimischen und Neuhinzugekommenen auf vielen Ebenen ein ernsthaftes Problem – und eben keine einfache Erfolgsgeschichte – darstellte. Heute ist der Vertriebenendiskurs vielmehr außenpolitisch konnotiert, wie die kontroversen Diskussionen um den EU-Beitritt Polens und Tschechiens belegen: Ein neues Deutschland in der Mitte eines neuen Europa ringt mit seinem zunehmend extrovertiert zur Schau getragenen neuen Selbstbewusstsein.
[...] Die Gefahr der momentanen Debatte liegt darin, dass sich das Diskursklima in der Bundesrepublik von diesem einseitigen „Charme des Opferstatus" [Samuel Salzborn] beeindrucken und beeinflussen lässt und daraus eine Verschiebung der Erinnerungshaltung resultiert. „Neben die dominante Erinnerung an den Holocaust tritt eine Erinnerung an die Leiden der Deutschen, an die Vertreibung und die Opfer, die das deutsche Volk hat bringen müssen. [...] Es gibt Anzeichen dafür, dass die Bundesrepublik mehr und mehr als Opfergesellschaft konzipiert wird und sich somit moralisch einreiht in die Gesellschaften, die unter der nationalsozialistischen Herrschaft gelitten haben." [Harald Welzer]

K. Erik Franzen, In der neuen Mitte der Erinnerung. Anmerkungen zur Funktion eines Opferdiskurses, in: Zeitschrift für Geschichtswissenschaft, 51. 2003, H. 1, S. 49-53, hier S. 52

Erwartungshorizont

Zu Aufgabe 1

- Der Textauszug M1 stammt aus einer Pressemitteilung des Bundes der Vertriebenen zum Thema „Zentrum gegen Vertreibungen. Diskussion in Polen und in Deutschland" vom Mai 2002. Darin beschäftigt sich Erika Steinbach, die Präsidentin des Bundes, mit der zwei Jahre zuvor gegründeten Stiftung „Zentrum gegen Vertreibungen". Ihre Intention ist es, der interessierten Öffentlichkeit innerhalb und außerhalb Deutschlands darzulegen, was das Anliegen der Stiftung ist und warum diese ihren Sitz in Berlin haben soll. Steinbach benennt als Aufgaben der Stiftung die Aufarbeitung der Geschichte und des Schicksals der deutschen Flüchtlinge und Vertriebenen und auch anderer Zwangsmigranten in Europa. Ein geplantes Informations- und Dokumentationszentrum solle dazu beitragen, dass Vertreibung als ein universelles Menschenrechtsanliegen aufgegriffen und als Mittel der Politik geächtet werde. Dies sei vorrangig eine Aufgabe der Deutschen, da es sich um einen wichtigen Teil der deutschen Geschichte handele. Entsprechend müsse der Sitz des „Zentrums gegen Vertreibungen", als Ort, an dem jener „dramatische Teil einer gigantischen Bevölkerungsverschiebung" (Zeile 13 f.) sichtbar werde, in Berlin und nicht an einem anderen Ort in Europa liegen.
- Der Textauszug M2 stammt aus einem Interview, das der ehemalige deutsche Außenminister Joschka Fischer der Wochenzeitung „Die Zeit" im August 2003 gegeben hat. Auf Nachfrage äußert sich Fischer darin zu den Plänen für ein „Zentrum gegen Vertreibungen", das in Berlin entstehen soll. Mit Bezug auf das Geschichtsbild der Deutschen weist Fischer darauf hin, dass die Debatte über „Deutsche als Opfer" im Zusammenhang von Flucht und Vertreibung zu kurz greife. Die Vorgeschichte dürfe nicht ausgeblendet werden, denn ansonsten laufe man Gefahr, durch eine Konzentration auf die Opferperspektive Täter und Opfer zu verkehren und die historische Schuld der Deutschen zu relativieren. Im Vordergrund müsse nicht die Frage stehen, was andere den Deutschen, sondern was die Deutschen sich selbst angetan hätten. Damit müsse man aber schon vor 1944 ansetzen. Wenn man also eine Gedenkstätte schaffen wolle, dann besser eine, die sich mit der Geschichte der deutschen Selbstzerstörung beschäftige. Es dürfe sich dabei außerdem keinesfalls um ein nationales Projekt handeln.

Zu Aufgabe 2

- Im Hintergrund beider Texte steht der Plan des Bundes der Vertriebenen, in Berlin ein „Zentrum gegen Vertreibungen" zu gründen.
- Erika Steinbach (M1) tritt für die Schaffung einer solchen Gedenkstätte ein. Ihr Hauptaugenmerk gilt dabei den deutschen Flüchtlingen und Vertriebenen, die aus Ost-, Ostmittel- und Südosteuropa stammen, ihrer Geschichte, ihrem Schicksal und ihrer Integration in Deutschland.
- Steinbach nimmt damit Bezug auf die ca. 12,5 Millionen Flüchtlinge und Vertriebenen, die ab 1944 aus den ehemaligen Ostgebieten des Deutschen Reiches und den Siedlungsgebieten der „Volksdeutschen" in das Gebiet der Bundesrepublik Deutschland und der DDR gelangt waren. Ihre Zwangsmigration fand unter menschenunwürdigen Bedingungen und Umständen statt. Die Integration der Flüchtlinge und Vertriebenen im Nachkriegsdeutschland gestaltete sich schwierig. Unterbringung und Versorgung waren häufig schlecht, die Eingesessenen reagierten nicht selten mit Ablehnung. Die Anstrengungen der Flüchtlinge und Vertriebenen sowie staatliche Maßnahmen wie die Währungsreform (1948) oder das Lastenausgleichsgesetz (1952) führten jedoch langfristig zu einer erfolgreichen Integration.

- Joschka Fischer (M2) gibt zu bedenken, dass, wenn man das Thema „Vertreibung" erinnern wolle, es eingebettet sein müsse in den größeren Zusammenhang deutscher Selbstzerstörung. Dabei könne man allerdings nicht 1944 ansetzen, also mit dem deutschen Rückzug und dem Vormarsch der Roten Armee, sondern müsse viel früher beginnen. Zu berücksichtigen wären in diesem Zusammenhang etwa die Zerstörung der alten jüdischen Kultur und der deutsch-jüdischen Symbiose in Ost- und Südosteuropa, dann aber auch die Zerstörung alter deutscher Städte und deutscher Minderheiten in Südost- und Osteuropa.
- Fischer geht es um den größeren Zusammenhang von Flucht und Vertreibung, den er mit der „deutschen Selbstzerstörung" umreißt. Dabei spielt die Vorgeschichte – vor 1944 – eine entscheidende Rolle: Die Politik der Nationalsozialisten sprengte mit dem Holocaust, dem deutschen Angriffskrieg und dem Besatzungsterror jegliche Maßstäbe. So wäre der Zweite Weltkrieg mit seinen genozidalen Erscheinungsformen als Ursache für Flucht und Vertreibung einzubeziehen.
- Schließlich spricht sich Steinbach zwar für eine Berücksichtigung anderer Vertreibungen in Europa aus, ihr Fokus liegt jedoch auf den deutschen Flüchtlingen und Vertriebenen, was sich auch in ihrem Eintreten für einen Sitz des geplanten Zentrums in Berlin zeigt. Demgegenüber plädiert Fischer mit Blick auf eine Auseinandersetzung mit Flucht und Vertreibung gegen ein nationales Projekt in Deutschland und für eine enge europäische Zusammenarbeit.

Zu Aufgabe 3a

- Kulturkontakt-Theorien gehen davon aus, dass Menschen einer bestimmten Kultur angehören und als deren Vertreter zu sehen sind. Die Geschichte der Menschheit wird entsprechend als Abfolge von Kulturkontakten betrachtet. So wird zum Beispiel die Geschichte des Römischen Reiches als Geschichte der Verbreitung der römischen Kultur, also als „Romanisierung", angesehen.
- Gegen die Vorstellung einer einfachen „Übertragung" von Kultur ist vielfach eingewendet worden, dass Kulturkontakt vielmehr immer eine Vermischung zur Folge habe. So habe das Römische Reich nicht nur seine Kultur verbreitet, sondern sei auch selbst durch den Kontakt mit anderen Kulturen verändert worden. Ein gutes Beispiel hierfür ist die Ausbreitung des Christentums im Römischen Reich. Daher ist es treffender, von einer fortwährenden Geschichte des Kulturaustausches und der kulturellen Vermischung zu sprechen. Entsprechend gibt es keine „reinen" Kulturen, sondern Kulturen sind immer das Ergebnis eines kontinuierlichen kulturellen Austausches.

Zu Aufgabe 3b

- Am ehesten auf die Vorgeschichte und Folgen von Flucht und Vertreibung passend scheint Urs Bitterlis Ansatz der „Kulturverflechtung". Hierunter versteht er ein länger dauerndes Zusammenleben und -wirken von Bevölkerungsgruppen verschiedener Kultur im selben geografischen Raum. Zum einen lässt sich in der Vorgeschichte von Flucht und Vertreibung die multikulturelle Welt Mitteleuropas, wo griechisch-orthodoxe und armenische Christen, Katholiken und Protestanten, Altgläubige und Juden zusammenlebten, als ein Raum intensiver kultureller Verflechtungen bezeichnen. Auch Joschka Fischer (M2) nimmt auf solche kulturellen Verflechtungszonen in Ost- und Südosteuropa Bezug. Diese wurden jedoch durch Völkermord und das Streben nach einer Homogenisierung von Nationalstaaten fast vollständig „entflechtet".

- Auch den Prozess der Integration der Flüchtlinge und Vertriebenen in Deutschland, der nach Erika Steinbach (M1) das Land, seine Städte und Dörfer verändert hat, kann als Ausprägung von Kulturbegegnung und -verflechtung beschrieben werden. Zwar ist es fraglich, ob man in Bezug auf die Vertriebenen und die Einheimischen tatsächlich von Menschen, die verschiedenen Kulturen angehörten, sprechen kann, doch bei ihrer Ankunft wurden die Neuankömmlinge vielfach so behandelt. Wie Norbert F. Plötzl (M3) schreibt, brachten sie die Sitten und Strukturen ihrer neuen Heimat durcheinander: So wurden zum Beispiel bislang rein evangelische Landstriche von katholischen Schlesiern und Sudetendeutschen oder katholische Gegenden von protestantischen Pommern und Ostpreußen bevölkert. Langfristig kam es zwar zu einer erfolgreichen Integration, die auch Erika Steinbach erwähnt, jedoch verbreitet zum Preis eines Verlustes des ostdeutschen Kulturerbes, wie ihn etwa Günter Grass beklagt. Es liegt also ein kultureller Anpassungsprozess vor, der beide Seiten – sowohl Deutschland und die Einheimischen als auch die Flüchtlinge und Vertriebenen betrifft.

Zu Aufgabe 4

- Anfang des 21. Jahrhunderts steht das Erinnern an Flucht und Vertreibung in Deutschland an einem Wendepunkt: Die Generation, die Flucht und Vertreibung selbst bewusst erlebt hat, stirbt langsam aus. Deshalb gibt es ein Interesse daran, das kommunikative Gedächtnis an Flucht und Vertreibung hinüberzuretten in das kulturelle Gedächtnis. In diesen Zusammenhang gehört zum Beispiel auch das Anliegen, die Geschichtskultur in Deutschland durch ein „Zentrum gegen Vertreibungen" zu ergänzen.
- Mit diesem Ansinnen hängen eine bestimmte Deutung der Vergangenheit sowie eine bestimmte Perspektive auf Gegenwart und Zukunft zusammen.
- Mit Blick auf die Vergangenheitsdeutung stellt sich die Konzentration der Erinnerung auf die Geschichte und das Schicksal der deutschen Vertriebenen, wie sie Erika Steinbach (M1) zu vertreten scheint, als problematisch dar. Werden nämlich die Vorgeschichte und damit die Hintergründe von Flucht und Vertreibung ausgeblendet, droht eine Perspektive, die die Deutschen immer stärker als Opfer und damit immer weniger als Täter wahrnimmt. Damit bestünde also die Gefahr einer „Täter-Opfer-Verkehrung", vor der Joschka Fischer (M2) warnt.
- Diese Bedenken teilt auch K. Erik Franzen (M4). Er spricht mit Harald Welzer davon, dass die Bundesrepublik mehr und mehr als „Opfergesellschaft" konzipiert werde, in der neben die Erinnerung an den Holocaust die Erinnerung an die Leiden der Deutschen trete und die sich moralisch in die Gesellschaften einreihe, die unter der nationalsozialistischen Herrschaft gelitten haben.
- Auch um dem zu begegnen, schlägt Joschka Fischer vor, eine Erinnerung an Flucht und Vertreibung nicht nur in einem weiteren zeitlichen Kontext zu fassen, sondern auch in Form einer intensiven europäischen Zusammenarbeit zu verwirklichen. Eine Kooperation mit europäischen Partnern schlägt zwar auch Erika Steinbach nicht aus, doch für sie ist das geplante Zentrum in erster Linie ein deutsches Projekt. Dabei will sie das Schicksal anderer europäischer Zwangsmigranten ausdrücklich mitberücksichtigt sehen, um so mit Blick auf die Zukunft dazu beizutragen, dass Vertreibung als Mittel der Politik geächtet wird. Zu bedenken ist dabei jedoch, dass eine europäische Gedächtniskultur und ein gemeinsames Eintreten „gegen Vertreibungen" nicht dazu führen dürfen, dass deutsche Verbrechen „ebenbürtig" gemacht werden und deutsche Schuld in Europa „abgeladen" wird.

Aufgabenstellung

In einer Abiturklausur werden die Aufgaben zusätzlich zum **Pflicht-** und **Kernmodul** eines Semesters ein Thema eines weiteren Semesters (**Semesterübergriff**) ansprechen, und Sie werden in Form einer offenen Frage Kenntnisse über ein **Wahlmodul** einbringen müssen. Im Abitur erhalten Sie unterschiedliche Aufgaben für gA- und eA-Kurse (grundlegendes und erhöhtes Anforderungsniveau).

Pflichtmodul

1. *Arbeiten Sie nach einer textkritischen Einführung anhand der Tagebuchnotizen M1 heraus, welches Wissen die Zeitgenossen vom Schicksal der Juden hatten bzw. haben konnten. Erläutern Sie, inwiefern Kellner auch das Problem der deutschen Identität anspricht.*
2. *a) Vergleichen Sie in M2 Kulkas Ergebnisse mit denen Longerichs. Gibt es unterschiedliche Erklärungsansätze?*
   b) Erläutern Sie, vor welchen Schwierigkeiten Historiker stehen, wenn es um die Frage nach der Einstellung der Bevölkerung bei der Judenverfolgung geht.
3. *Interpretieren Sie die Karikatur M3 aus dem Jahr 1975. Erörtern Sie, was der Karikaturist anprangert.*

Pflicht-, Kern- und Wahlmodul

4. *Fassen Sie die Überlegungen von Theodor Heuss in M4 mit eigenen Worten zusammen und kommentieren Sie die Botschaft der Rede.*
5. *Erörtern Sie, welches Selbstverständnis sich in der Rede von Heuss manifestiert. Ordnen Sie die Rede in den historischen Kontext ein und nehmen Sie dazu Stellung.*

Semesterübergriff

6. *Erörtern Sie, inwiefern sich Heuss in seiner Rede mit Formen und Funktion von historischer Erinnerung auseinandersetzt.*

Materialien

M1 Die Juden werden abtransportiert

Von 1939 bis 1945 führt der Justizbeamte Friedrich Kellner aus Laubach in der hessischen Provinz ein Tagebuch, in dem er all das niederschreibt, sammelt und kommentiert, was er aus zufällig Gehörtem, Gesprächen und Zeitungen über das NS-Regime in Erfahrung bringt. Zum 15. Dezember 1941 schreibt Kellner:

Es verlautet, dass die Juden einiger Bezirke irgendwohin abtransportiert werden. Sie dürfen etwas Geld u. [...] Gepäck mitnehmen. Die Nationalsozialisten sind stolz auf ihr Tierschutzgesetz. Aber die Drangsale, die sie den Juden angedeihen lassen, beweist, dass sie die Juden schlechter als die Tiere gesetzlich behandeln.
Diese grausame, niederträchtige, sadistische, über Jahre dauernde Unterdrückung mit dem Endziel Ausrottung ist der größte Schandfleck auf der Ehre Deutschlands. Diese Schandtaten werden niemals wieder ausgelöscht werden können.

Eintrag zum 16. September 1942:

In den letzten Tagen sind die Juden unseres Bezirkes abtransportiert worden. Von hier waren es die Familien Strauß u. Heinemann. Von gut unterrichteter Seite hörte ich, dass sämtliche Juden nach Polen gebracht u. dort von SS-Formationen ermordet würden.
Diese Grausamkeit ist furchtbar. Solche Schandtaten werden nie aus dem Buche der Menschheit getilgt werden können. Unsere Mörderregierung hat den Namen „Deutschland" für alle Zeiten besudelt. Für einen anständigen Deutschen ist es unfassbar, dass niemand dem Treiben der Hitler-Banditen Einhalt gebietet.

Friedrich Kellner, „Vernebelt, verdunkelt sind alle Hirne". Tagebücher 1939-1945, Bd. 1, hrsg. von Sascha Feuchert u.a., Göttingen 2011, S. 211 f. und 311

M2 Reaktionen und Alltagsverhalten der Bevölkerung

In seinem 2006 veröffentlichten Buch über die Frage, wie viel die Deutschen vom Holocaust wissen konnten, skizziert der Historiker Peter Longerich die Forschungsergebnisse Otto Dov Kulkas, Professor an der Hebräischen Universität in Jerusalem, die dieser aus der Auswertung einer umfassenden Sammlung von offiziellen Stimmungs- und Lageberichten der NS-Führung gewonnen hat:

In seiner Auswertung der Reaktion der deutschen Bevölkerung auf die Nürnberger Gesetze entwickelte Kulka eine Typologie von vier verschiedenen Reaktionen auf die Judenverfolgung, die sich seiner Auffassung nach auf die gesamte Zeit bis 1939 anwenden lässt: Erstens Akzeptanz von Segregation[1] und Diskriminierung aus rassistischen Gründen als dauerhafte Grundlage zur „Lösung der Judenfrage"; die Zustimmung zur Judenpolitik des Regimes war demnach an strikte Einhaltung gesetzlicher Grundlagen gebunden. Zweitens Bedenken, Kritik, ja Opposition gegen die Rassengesetze sowie gegen die gesamte „Judenpolitik", vor allem aber gegen „wilde Aktionen" aus politischen, religiösen, aber auch pragmatischen Motiven; Furcht vor ökonomischer Vergeltung gegen Deutschland mochte beispielsweise eine Rolle spielen. Drittens Kritik an der offiziellen antijüdischen Politik als zu moderat, verbunden mit dem Versuch, die antisemitische Politik durch direkte Aktionen weiter zu radikalisieren. Antijüdische Gesetze wurden aus dieser Perspektive vor allem als Ermächtigung zu einer weiteren Verschärfung der Judenverfolgung verstanden. Viertens Indifferenz und Passivität, ohne dass sich aus den Quellen eine Begründung für diese Haltung entnehmen ließe.

Longerich selbst fasst das Verhalten der Bevölkerung gegenüber der NS-„Judenpolitik" so zusammen:

Während des gesamten Zeitraums von 1933 bis 1945 zeigt sich in den Stimmungsberichten und in anderen Quellen, dass die NS-„Judenpolitik" in der Bevölkerung ein erhebliches Maß an Verständnislosigkeit, Skepsis und Kritik zu überwinden hatte. Große Teile der Bevölkerung waren offenbar nicht ohne Weiteres bereit, durch ihr Alltagsverhalten Zustimmung zur antisemitischen Politik und Propaganda zu signalisieren. Solche negativen Reaktionen äußerten sich allerdings auf disparate Weise. Eine geschlossene, politisch und moralisch fundierte Gegenbewegung konnte sich unter den herrschenden Bedingungen nicht formieren.
Am ehesten kann man diese unbestimmten negativen Reaktionen, die mangels alternativer kollektiver Meinungsbildung unterhalb der Ebene des Protests oder gar des Widerstandes blieben, wohl mit dem Begriff des „Unwillens" erfassen. Dieser Unwille, die Weigerung, sein Verhalten in der „Judenfrage" an die vom Regime verordneten Normen anzupassen, war die einfachste und risikoloseste Form für die Masse der Bevölkerung, abweichende Einstellungen zur „Judenpolitik" zum Ausdruck zu bringen; auf solche Verhaltensweisen

[1] **Segregation**: diskriminierende Abtrennung

konnte man sich auch ohne verbale Kommunikation im Alltag leicht verständigen. Zugleich ließen sich solche öffentlichen Äußerungen des Unwillens – im Gegensatz zur wahren „Einstellung“ der Bevölkerung – verhältnismäßig zuverlässig erfassen. Aus heutiger Sicht kann man ihnen daher am ehesten Glauben schenken. Bei der Analyse der Reaktionen der Deutschen auf die Judenverfolgung konzentrieren wir uns daher auf die Momente, in denen die Bemühungen des Regimes zur antisemitischen Ausrichtung der Öffentlichkeit deutlich auf Schwierigkeiten stießen.

Überblickt man den gesamten Zeitraum der NS-Diktatur, wird ein deutlicher Trend erkennbar: Der Unwille der Bevölkerung, ihr Verhalten zur „Judenfrage“ entsprechend dem vom Regime verordneten Normen auszurichten, wuchs, je radikaler die Verfolgung wurde.

Peter Longerich, „Davon haben wir nichts gewusst!“ Die Deutschen und die Judenverfolgung 1933-1945, Bonn 2006, S. 12 f. und 320 f.

M3 „Mutti, wo fahren die Leute hin?“ „Aufs Land.“

Der deutsche Künstler Kurt Halbritter zeichnet die folgende Karikatur im Jahre 1975:

M4 „Diese Scham nimmt uns niemand ab!"

Zur Einweihung der Gedenkstätte Bergen-Belsen am 30. November 1952 hält der erste Bundespräsident der Bundesrepublik, Theodor Heuss, folgende Rede:

Als ich gefragt wurde, ob ich heute, hier, aus diesem Anlass ein Wort zu sagen bereit sei, habe ich ohne lange Überlegung mit ja geantwortet. Denn ein Nein der Ablehnung, der Ausrede, wäre mir als eine Feigheit erschienen, und wir Deutschen wollen, sollen und müssen, will mir scheinen, tapfer zu sein lernen gegenüber der Wahrheit, zumal auf einem Boden, der von den Exzessen menschlicher Feigheit gedüngt und verwüstet wurde. Denn die bare Gewalttätigkeit, die sich mit Karabiner, Pistole und Rute verziert, ist in einem letzten Winkel immer feige, wenn sie, gut gesättigt, drohend und mitleidlos, zwischen nutzloser Armut, Krankheit und Hunger herumstolziert. [...]
Aber nun will ich etwas sagen, das manchen von Ihnen hier erstaunen wird, das Sie mir aber, wie ich denke, glauben werden, und das mancher, der es am Rundfunk hört, nicht glauben wird: Ich habe das Wort Belsen zum ersten Mal im Frühjahr 1945 aus der BBC gehört, und ich weiß, dass es vielen in diesem Lande ähnlich gegangen ist. Wir wussten – oder doch ich wusste – Dachau, Buchenwald bei Weimar, Oranienburg, Ortsnamen bisher heiterer Erinnerungen, über die jetzt eine schmutzig-braune Farbe geschmiert war. Dort waren Freunde, dort waren Verwandte gewesen, hatten davon erzählt. Dann lernte man frühe das Wort Theresienstadt, das am Anfang sozusagen zur Besichtigung durch Neutrale präpariert war, und Ravensbrück. An einem bösen Tag hörte ich den Namen Mauthausen, wo sie meinen alten Freund Otto Hirsch „liquidiert" hatten, den edlen und bedeutenden Leiter der Reichsvertretung deutscher Juden. Ich hörte das Wort aus dem Munde seiner Gattin, die ich zu stützen und zu beraten suchte. Belsen fehlte in diesem meinem Katalog des Schreckens und der Scham, auch Auschwitz.
Diese Bemerkung soll keine Krücke sein für diejenigen, die gern erzählen: Wir haben von alledem nichts gewusst. Wir haben von den Dingen gewusst: Wir wussten auch aus den Schreiben evangelischer und katholischer Bischöfe, die ihren geheimnisreichen Weg zu den Menschen fanden, von der systematischen Ermordung der Insassen deutscher Heilanstalten. Dieser Staat, den menschliches Gefühl eine lächerliche und Kosten verursachende Sentimentalität hieß, wollte auch hier tabula rasa – „reinen Tisch" – machen, und der reine Tisch trug Blutflecken, Aschenreste – was kümmerte das? Unsere Fantasie, die aus der bürgerlichen und christlichen Tradition sich nährte, umfasste nicht die Quantität dieser kalten und leidvollen Vernichtung.
[...] [D]ie Deutschen dürfen nie vergessen, was von Menschen ihrer Volkszugehörigkeit in diesen schamreichen Jahren geschah. [...]
Nun höre ich den Einwand: Und die anderen? Weißt du nichts von den Internierungslagern 1945/46 und ihren Rohheiten, ihrem Unrecht? Weißt du nichts von den Opfern in fremdem Gewahrsam, von dem Leid der formalistisch-grausamen Justiz, der heute noch deutsche Menschen unterworfen sind? Weißt du nichts von dem Fortbestehen der Lagermisshandlung, des Lagersterbens in der Sowjetzone, Waldheim, Torgau, Bautzen? Nur die Embleme haben sich dort gewandelt.
Ich weiß davon und habe nie gezögert, davon zu sprechen. Aber Unrecht und Brutalität der anderen zu nennen, um sich darauf zu berufen, das ist das Verfahren der moralisch Anspruchslosen, die es in allen Völkern gibt, bei den Amerikanern so gut wie bei den Deutschen oder den Franzosen und so fort. [...]
Da steht der Obelisk, da steht die Wand mit den vielsprachigen Inschriften. Sie sind Stein, kalter Stein. Saxa loquuntur, Steine können sprechen. Es kommt auf den Einzelnen, es kommt auf dich an, dass du ihre Sprache, dass du diese ihre besondere Sprache verstehst, um deinetwillen, um unser aller willen!

Zitiert nach: Bulletin des Presse- und Informationsamtes der Bundesregierung, Nr. 189 vom 2. Dezember 1952, S. 1655 f.

Erwartungshorizont

Zu Aufgabe 1

- Der Textauszug stammt aus den Tagebuchaufzeichnungen Friedrich Kellners. Die Quellenform „Tagebuch" steht für persönliche Authentizität, also Zeitnähe und „Echtheit", die kritische Haltung Kellners gegenüber dem Nationalsozialismus verbürgt zudem Glaubwürdigkeit.
- Friedrich Kellner war ein kleiner Beamter in einer Provinzstadt. Seine Aufzeichnungen zeigen, wie viel der deutsche Normalbürger über die nationalsozialistischen Verbrechen wissen konnte. Sein Wissen basiert auf Quellen, die den meisten anderen Deutschen auch zugänglich waren: Tageszeitung, Radio, zufällig Gehörtes und Gespräche mit Nachbarn, Freunden oder Bekannten, die möglicherweise durch Augenzeugen – etwa von Soldaten auf Fronturlaub – von den Verbrechen in den besetzten Gebieten erfuhren.
- Die sich steigernde staatlich organisierte Ausgrenzung der Juden durch diskriminierende Gesetze und Verordnungen war für jedermann ersichtlich („Drangsale ... schlechter als die Tiere gesetzlich behandeln"). Auch die Deportationen fanden öffentlich statt. Wie seine Notizen zeigen, ist es für Kellner im Jahr 1941 nicht nur eine Vermutung, sondern Gewissheit, dass die Unterdrückung in dem „Endziel Ausrottung enden" wird.
- Kellner sieht den deutschen Namen und die deutsche Ehre durch die nationalsozialistischen „Schandtaten" irreparabel und nachhaltig beschädigt. Er nimmt damit vorweg, was nach Kriegsende Gewissheit war: dass die deutsche Identität stets mit den NS-Verbrechen verbunden sein würde. Der Ehrverlust entsteht für ihn jedoch nicht allein durch die Verbrechen der „Mörderregierung", sondern vor allem daraus, dass sich die Mehrheit der Deutschen dem Regime beugte, „niemand dem Treiben der Hitler-Banditen Einhalt" gebot. Kellner selbst wird möglicherweise eine gewisse Entlastung dadurch verspürt haben, dass er – zumindest im Geheimen – die Verbrechen beim Namen nannte.

Zu Aufgabe 2 a

- Kulka arbeitet aus seinen Quellen vier unterschiedliche Reaktionsweisen auf die Judenverfolgung heraus: Die erste Gruppe akzeptierte die rassistische Diskriminierung grundsätzlich, auch weil sie auf Gesetzen beruhte. Eine zweite Gruppe stellte sich aus politischen, religiösen Gründen oder auch aus Furcht vor Vergeltung gegen die Judenpolitik, vor allem gegen die „wilden Aktionen". Das Verhalten reichte von Bedenkensäußerungen bis zum Widerstand. Einer dritten Gruppe ging die Judenverfolgung nicht weit genug. Auf der Grundlage der antijüdischen Gesetzgebung versuchte sie selbst, die Verfolgung zu beschleunigen oder zu radikalisieren. Die letzte Gruppe verhielt sich unentschieden und passiv. Gründe dafür werden in den Quellen jedoch nicht genannt.
- Auch wenn sich keine Opposition gebildet habe, so stellt Longerich anders als Kulka in den Quellen vor allem Skepsis und Kritik gegenüber der Judenverfolgung fest, die sich mit wachsender Radikalisierung steigerte. Longerich konzentriert sich auf die von Kulka skizzierte vierte Gruppe der „Passiven", die einen grundsätzlichen „Unwillen" gegenüber den antijüdischen Maßnahmen erkennen ließ.
- Im Gegensatz zu Kulka nennt er mögliche Beweggründe für unangepasstes Verhalten und analysiert dessen Quellenwert: Weil es die „einfachste und risikoloseste" Form des Widerstandes war, kann sie am ehesten als authentisch und damit als zuverlässig angesehen werden.

Zu Aufgabe 2 b

- Laut Kulka und Longerich scheint die überwiegende Reaktion auf die Judenverfolgung Zustimmung und Schweigen gewesen zu sein. Doch welche Einstellung sich aus diesem Verhalten ablesen lässt, hängt von der Interpretation der Quellen ab. Stimmten die Menschen aus Angst oder Überzeugung zu? Schwiegen sie, weil sie die Verfolgung nicht sehen konnten oder wollten? Oder drückten sie mit ihrem Stillschweigen sogar ihre Zustimmung zur Judenverfolgung aus?
- Private Briefe oder Tagebuchaufzeichnungen, wie sie etwa von Friedrich Kellner vorliegen, können dafür äußerst wertvolle Quellen sein. Jedoch sind sie eher selten und müssen genau auf ihre Glaubwürdigkeit geprüft werden. Selbstzeugnisse wie Autobiografien stehen immer unter dem Verdacht, dass die Autoren rückblickend ihre wahren Einstellungen verschleiern. Öffentliche Debatten und freie Meinungsäußerung gab es während des „Dritten Reiches" nicht, die Presse war „gleichgeschaltet". Berichte von Verwaltungs- und Justizbehörden, Dienststellen der NSDAP und ihrer Unterorganisationen bilden ebenfalls keine neutrale Grundlage für die Beschreibung der Stimmung im Volk. Jedoch können sie, wie Longerich zeigt, „gegen den Strich" gelesen und daraufhin ausgewertet werden, wo das Regime mit seinen antisemitischen Maßnahmen auf Schwierigkeiten stieß.

Zu Aufgabe 3

- Im Hintergrund der Karikatur sieht man breitbeinig stehende, uniformierte SA-Männer, die eine Gruppe von Menschen bewachen, die mit Gepäck auf die Ladefläche eines Lastwagens steigen. Wie an den von der NS-Propaganda verwendeten, diskriminierenden jüdischen Attributen einer der Personen zu erkennen ist – dem Hut, der runden Brille, dem langen Bart und der großen, gekrümmten Nase – wird hier die Deportation von Juden während des Nationalsozialismus dargestellt. Im Bildvordergrund geht eine Mutter mit ihrer kleinen Tochter vorbei. Laut Bildtext fragt das Kind, wo die vielen Leute hinfahren. Die Frau schaut demonstrativ weg, scheint ihren Schritt zu beschleunigen und antwortet ausweichend „Aufs Land".
- Die Karikatur entstand Mitte der 1970er-Jahre und damit in einer Zeit, in der sich in der Bundesrepublik die Beschäftigung mit dem Holocaust intensivierte. Der Karikaturist Kurt Halbritter prangert mit seiner Zeichnung das feige „Wegschauen" vieler Menschen im „Dritten Reich" an. Er bezieht damit Stellung in der Diskussion um das Verhalten der Deutschen währen des Nationalsozialismus, die seit Ende der 1960er-Jahre vor allem von der jüngeren Generation um die Vergangenheit der eigenen Eltern und Großeltern geführt wurde.

Zu Aufgabe 4

- In seiner Ansprache zur Einweihung der Gedenkstätte Bergen-Belsen nimmt der erste Bundespräsident der Bundesrepublik Theodor Heuss zu der NS-Vergangenheit der Deutschen Stellung. Zu Beginn macht er die Notwendigkeit deutlich, sich mit den NS-Verbrechen auseinanderzusetzen. Dafür stehe seine Rede. Indem er die feigen Taten beim Namen nennt, wird sein Standpunkt und die eigene Betroffenheit deutlich.
- Dann gerät die Rede auf eine persönlichere Ebene. Heuss bekennt, von Konzentrationslagern wie Dachau, Buchenwald oder Mauthausen und damit von der Judenverfolgung und -ermordung gewusst zu haben. Von Bergen-Belsen oder Auschwitz – die Orte der systematischen Vernichtung – habe er jedoch erst 1945 gehört. Dennoch betont er, dass niemand sein Wissen über die „Dinge" leugnen könne. So habe man durch die Schreiben der Bischöfe von der „Euthanasie" in deutschen Heilanstalten gewusst. Vom Ausmaß des Holocaust hätte die „bürgerliche und christliche Fantasie" jedoch nichts geahnt.

- Gleichzeitig warnt Heuss davor, durch einen Vergleich der Verbrechen, etwa mit jenen der Besatzungsmächte in den Kriegsgefangenenlagern, die eigene Schuld vermindern zu wollen. Diese Gleichsetzung und damit die Relativierung der NS-Verbrechen sei die Logik der „moralisch Anspruchslosen". Heuss schließt mit dem Appell, die Botschaft des Mahnmals zu verstehen: die Verpflichtung, sich zu erinnern und aus der Vergangenheit eine Lehre für die Zukunft zu ziehen.

Zu Aufgabe 5

- Die Rede von Heuss macht einen deutlichen Wandel im nationalen Selbstverständnis deutlich. In seiner Rede manifestiert sich die Einstellung der jungen Bundesrepublik zur NS-Vergangenheit, die nun zum entscheidenden Bezugspunkt wird. Anders als die DDR verstand sich die Bundesrepublik als Nachfolgerin des Deutschen Reiches, für dessen Erbe sie nun die Verantwortung übernahm. Dazu gehörte die öffentliche Auseinandersetzung mit dem Thema, die das gewandelte Selbstverständnis der westdeutschen Demokratie auch nach außen sichtbar machen sollte.
- Bemerkenswert ist, dass Heuss in seiner Rede den Begriff der Scham verwendet, nicht aber von Schuld spricht. Damit weist er auf die abstrakte kollektive Verantwortung der Deutschen hin, umgeht aber die konkrete Zuweisung individueller Schuld. In den frühen 1950er-Jahren wäre eine solch direkte Konfrontation wohl auch nicht möglich gewesen. Bei einem Großteil der Deutschen herrschte der Wunsch nach Vergessen und Verdrängen der Vergangenheit vor. Heuss wählte damit Worte, die nicht anklagten, sondern anregten und damit eine frühe Auseinandersetzung mit der Vergangenheit möglich machten.

Zu Aufgabe 6

- Bis 1945 betrieben die Deutschen eine Gedenk- und Erinnerungskultur, die an nationale Helden erinnern und nationale Größe versinnbildlichen sollte. Diese Gedenkkultur, die sich in zahllosen Denkmälern und in einem autoritären Geschichtsbild manifestierte, kam 1945 an ihr Ende. Seit dem Ende der nationalsozialistischen Diktatur steht bei der Gedenkkultur die Auseinandersetzung mit der NS-Vergangenheit im Vordergrund und dabei die Frage, wie an die Opfer des Nationalsozialismus gedacht und wie an die Verbrechen erinnert werden soll.
- In Heuss' Rede zeigen sich bereits die zentralen Elemente, die bis heute die historische Erinnerung in der Bundesrepublik bestimmen: Als Bundespräsident versteht sich Heuss als moralische Autorität, die mit ihren Reden die Deutschen zur Selbstbesinnung auffordern und gegenüber dem Ausland eine verantwortungsbewusste, auf Versöhnung zielende Haltung einnehmen will. Alle folgenden Bundespräsidenten verstehen bis heute ihr Amt in eben diesem Sinne. Heuss' Aufforderung, die Erinnerung wachzuhalten und Lehren aus der Geschichte zu ziehen, ist Bestandteil fast jeder Gedenkrede zum Nationalsozialismus. Vor allem aber verdeutlicht er mit seinem persönlichen Appell, die „Sprache der Steine" zu verstehen, Zielsetzung und Funktion der modernen Gedenkkultur: Jeder Einzelne soll sich mithilfe eines Denkmals an die Vergangenheit – an die Opfer ebenso wie an die Täter – erinnern, dadurch Lehren aus der Vergangenheit ziehen und als Mahnung für die Zukunft verstehen.

Die hervorgehobenen Seitenzahlen verweisen auf kurze biografische Informationen.

Die hervorgehobenen Seitenzahlen verweisen auf Begriffserläuterungen.

Akademie der Künste, Berlin – S. 377; Alimdi.net / Thomas Müller, Deisenhofen – S. 124; Archäologische Staatssammlung, München – S. 206; Archiv für christlich-demokratische Politik der Konrad Adenauer-Stiftung, St. Augustin – S. 391; Archiv für Kunst und Geschichte, Berlin – S. 9, 37, 40, 70, 95, 105, 138, 146, 232, 234, 260, 279, 281 (2), 283, 284, 294, 295, 300, 325, 337, 352, 363, 364, 419, 431, 434, 448, 451; Archiv für Kunst und Geschichte/Bildarchiv Monheim – S. 423; Archiv für Kunst und Geschichte / Bildarchiv Pisarek – S. 265; Archiv für Kunst und Geschichte / Peter Connolly – S. 214; Archiv für Kunst und Geschichte / De Agostini Pic. Lib. – S. 44; Archiv für Kunst und Geschichte/Aurelia Frey – S. 175; Archiv für Kunst und Geschichte/IAM, World History Archives – S. 355; Archiv für Kunst und Geschichte/ Erich Lessing – S. 19, 31, 85, 221, 222; Archiv für Kunst und Geschichte / Picture-Alliance – S. 261, 397; Archiv für Kunst und Geschichte / RIA Nowosti – S. 305; Aleida Assmann, Konstanz – S. 466; Stefan Aust/Stephan Burgdorff (Hrsg.), Die Flucht. Über die Vertreibung der Deutschen aus dem Osten, München 2005, S. 137 – S. 174; Heinz Behling, Berlin – S. 129; Braunschweigischer Geschichtsverein e.V. / Niedersächsisches Landesarchiv-Staatsarchiv, Wolfenbüttel – S. 306; Bundesarchiv, R 49 Bild – Reichskommissar für die Festigung deutschen Brauchtums – Bildbestand, Sig. R 49 Bild-0131, Foto Wilhelm Holtfreter – S. 171; Bundesarchiv/Sig.- Bild 183-66400-0142, Bestand: Bild 183 – Allgemeiner Deutscher Nachrichtendienst, Zentralbild, Zastorm, Koblenz – S. 396; Bundesarchiv/Sig.-Bild 183-S 51620, Bestand: Bild 183-Allgemeiner Deutscher Nachrichtendienst, Zentralbild – S. 362; Bundesarchiv / Sig.-Plakat 002-037-029 / Grafik Karl Geiss, August 1930 – S. 368; Bundesarchiv / Transit Film GmbH – S. 161; Bundesbildstelle / Sig.-Bild 183-2003-0703-500, Bestand: Bild 183 Allgemeiner Deutscher Nachrichtendienst, Zentralbild / Bundesarchiv, Berlin – S. 167; Quinto Centenario. Stimmen aus Lateinamerika – ein Presserückblick, Hamburg 1993, S. 61 – S. 447; Cinetext, Frankfurt – S. 42, 60, 68; Citadelles & Mazenod, Paris – S. 21; Corbis Images, Düsseldorf – S. 307; Corbis Images / Reuters Handout – S. 460; Yossi Ben David, Yad Vasshem – S. 462; Denkmalschutzamt Hamburg / Freie und Hansestadt Hamburg – S. 307; Der Bundesbeauftragte für die Unterlagen des Staatssicherheitsdienstes der ehemaligen Deutschen Demokratischen Republik (BStU), Außenstelle Dresden. AV 896/89, Bd. 2, Bl. 30 – S. 119; Der Nationalsozialismus – Die Zweite Geschichte, Verlag C. H. Beck, München 2009 – S. 397; Der November-Pogrom 1938 in Hannover, Hannover 2009, S. 97 – S. 292; Der November-Pogrom 1938 in Hannover, Hannover 2009, S. 128/Foto: Reinhard Gottschalk, Hannover – S. 293; Der Spiegel, Hamburg – S. 199, 346; Deutsches Historisches Museum, Berlin – S. 122, 128, 133, 169, 178, 180, 272, 281, 310, 311, 358, 370, 376, 392, 407; Deutsches Historisches Museum / Gerhard Gronefeld – S. 140; Deutsches Historisches Museum / Heinrich Hoffmann – S. 280; Die Französische Revolution. Freiheit – Gleichheit – Brüderlichkeit, Hildesheim 2007, S. 34 – S. 94; DIZ/Süddeutscher Verlag, Bilderdienst, München – S. 288, 361, 389; DIZ / Süddeutscher Verlag, Bilderdienst / dpa, ap – S. 193; Zvi Dor-Ner, Kolumbus und das Zeitalter der Entdeckungen, Köln 1991 / Diane Mitchel – S. 463; dpa Picture-Alliance, Frankfurt – Einband, 124, 130, 201, 338; dpa Picture-Alliance / akg-images – S. 117 (2); dpa Picture-Alliance / AP – S. 324; dpa Picture-Alliance / Martin Athenstädt – S. 450; dpa Picture-Alliance / B0100-Ullstein – S. 309; dpa Picture- Alliance/Bildagentur Huber-Szyszka – S. 380; dpa Picture-Alliance / CSU-Archives, Everett Collection – S. 304; dpa Picture-Alliance / CTK Photo – S. 138/139, 164, 165; dpa Picture-Alliance / EPA, ANSA, Pasquale Bove – S. 59; dpa Picture-Alliance / Imagno – S. 364; dpa Picture-Alliance / Imagno, Austrian Archives – S. 366; dpa Picture-Alliance / Stephan Jansen – S. 339; dpa Picture-Alliance/Rainer Jensen – S. 398; dpa Picture-Alliance / Judaica-Sammlung, Richter – S. 154; dpa Picture-Alliance / Milla & Partner, Sasha Waltz – S. 417; dpa Picture-Alliance / Pressefoto Ulmer, Thomas Kiel – S. 381; dpa Picture-Alliance / REUTERS pool, Wolfgang Rattey – S. 137; dpa Picture-Alliance / Schnoerrer – S. 413; dpa Picture-Alliance / United Archives, 91050 TopFoto – S. 312; dpa Picture-Alliance / Heinz Wieseler – S. 182; dpa Picture-Alliance / www.bildagentur-online.com – S. 444; dpa Picture- Alliance / ZB, Arno Burgi – S. 348, 351; dpa Picture-Alliance / ZB, Waltraud Grubitzsch – S. 259; dpa Picture-Alliance / ZB, Michael Hauschke – S. 340; dpa Picture-Alliance / ZB, Andreas Lander – S. 414; dpa Picture-Alliance / ZB, Stefan Sauer – S. 439; dpa Picture-Alliance / ZB, Thomas Schulze – S. 438; dpa Picture-Alliance / ZB, Martin Schutt – S. 411; dtv-Atlas der Weltgeschichte, Bd. 1, München 1998, S. 74 – S. 24; Jane E. Elliot, Some did it for civilization, some did it for their country. A received history of the Boxer War, Hongkong 2002, S. 145 – S. 231; © Ems-Vechte-Welle/Redaktion, Lingen – S. 400; Ralph Erbar, Mainz – S. 226; Doreen Eschinger, Bamberg – S. 330, 393, 419; Fotolia / beermedia – S. 74; Jean Garrigues, Images de la Révolution. L' imagerie républicaine de 1789 à nos jours, Paris 1988 – S. 432; Klaus Gast, Barsinghausen – S. 137; Joachim Gauck, Winter im Sommer – Frühling im Herbst. Siedler Verlag, München 2009 – S. 134; Getty Images / AFP – S. 420, 430; Martin Gilbert, Nie Wieder! Die Geschichte des Holocaust, Berlin 2001, S. 91 – S. 326; Paul Glaser, Berlin – S. 119; Bella Guttermann / Avner Shalev (Hrsg.), Zeugnisse des Holocaust. Gedenken in Yad Vashem, 2005, S. 196 – S. 319; Kurt Halbritter – S. 485; Walter Hanel, Bergisch-Gladbach – S. 200; Isaac Harrari, Yad Vashem – S. 457; Haus der Geschichte der Bundesrepublik Deutschland / Michael Jensch, Axel Thünker, Bonn – S. 122; Haus der Heimat des Landes Baden-Württemberg (Hrsg.), Umsiedlung, Flucht und Vertreibung der Deutschen als internationales Problem. Zur Geschichte eines europäischen Irrwegs, Stuttgart 2009, S. 53, 55, 72, 73 – S. 145, 155, 184, 189; Historisches Zentrum Remscheid / Archivabteilung – S. 312; Holocaust. Die Geschichte der Frau Weiß. DVD erhält. im Handel © Polyband.de – S. 338; Dr. Horst Hoheisel, Kassel – S. 386; www.someecards.com – S. 469 (3); www.wikimedia.org / Kassandro – S. 198; www.wikimedia.org / NobbiP – S. 199; www.wikipedia.de – S. 344; www.wikipedia.de / Brunswyk – S. 400; Institut für Zeitgeschichte, München Berlin S. 313; Instytut Pamieci Narodowej, Warschau – S. 152; Interfoto, München – S. 273, 379; IPON / Stefan Boness, Berlin – S. 421, 436; iStockphoto / juan moyano – S. 139; Margret Jäger-Wunderer – S. 454; Dietmar Katz – S. 374; Kestner-Museum, Hannover – S. 16; Keystone Pressedienst, Hamburg – S. 123; Kladderadatsch, 15.8.1875 – S. 384; Knight's of Columbus Headquarters Museum, New Haven – S. 443; Kunsthalle, Karlsruhe – S. 426; KZ-Gedenkstätte Dachau – S. 285; KZ-Gedenkstätte Dachau / Karl Freud, Dachau – S. 285; Les Editions Albert René, Paris – S. 47; Lippsche Landesbibliothek, Detmold – S. 425, 429; Lippsches Landesmuseum, Detmold – S. 429; Lippsches Landesmuseum / J. Ihle, Detmold – S. 429; Lübke & Wiedemann, Stuttgart – S. 225; Milla & Partner, Sasha Waltz, Stuttgart – S. 417; Stanislaw Mucha – S. 449; Walter Mühlhausen. Friedrich Ebert 1871-1925 – Reichspräsident der Weimarer Republik, Heidelberg 1999, S. 328 – S. 375; Musée Carnavalet, Paris – S. 8/9, 86, 422; Musée Guimet / Auguste François, Paris – S. 229; Musées Royaux des Beaux-Arts, Brüssel – S. 93; Museo Archeologico Nazionale, Palestrina – S. 34; Museo Archeologico, Rom – S. 13; Museum für deutsche Geschichte, Berlin – S. 82; Museum für Vor- und Frühgeschichte, Frankfurt – S. 215; Museum im Gotischen Haus / Foto: Ursula Seitz-Gray, Bad Homburg vor der Höhe – S. 90; Museum im Ritterhaus, Offenburg – S. 190; Muzeum Narodowe w Szczecinie, Foto: Grzegorz Solecki, Stettin – S. 172; National Washington Archives, Washington – S. 335; Alexander von Plato / Almut Leh, Ein unglaublicher Frühling. Erfahrene Geschichte im Nachkriegsdeutschland 1945-1948, S. 108 – S. 336; Horst Pötsch, Deutsche Geschichte nach 1945 im Spiegel der Karikatur, S. 90 – S. 402; Preußischer Kulturbesitz, Berlin – S. 62, 156, 235, 267, 274, 279, 289, 291, 296, 316, 327, 341, 359, 365; Preußischer Kulturbesitz / Wilhelm Hauschild – S. 187; Preußischer Kulturbesitz / Heinrich Hoffmann – S. 260/261, 280; Preußischer Kulturbesitz/Photo Scala – S. 15; Preußischer Kulturbesitz / RMN, Hervé Lewandowski – S. 38; Preußischer Kulturbesitz / Liselotte Purpur (Orgel-Köhne) – S. 274; Preußischer Kulturbesitz / RMN, Thierry Ollivier – S. 228; Preußischer Kulturbesitz / The Trustees of the British Museum – S. 27, 63; Preußischer Kulturbesitz / Wolff Tritschler – S. 262; Preußischer Kulturbesitz / Benno Wundshammer – S. 170; Rheinisches Landesmuseum / Rheinisches Amt für Bodendenkmalpflege, Bonn – S. 219; Reinhard Rürup (Hrsg.), Jüdische Geschichte in Berlin 1995 – S. 290; Sammlung Niggeler, Teil II, 935 – S. 71; Lilo Sandberg, Berlin – S. 405; Masha Schaichet – S. 168; Viktoria Schmidt-Linsenhoff, Sklavin oder Bürgerin. Französische Revolution und neue Weiblichkeit 1760-1830, Frankfurt 1989, S. 79 – S. 94; Andreas Schölzel, Berlin – S. 125; Rainer Schwalme, Groß-Wasserburg – S. 399; David Shankbone, Yad Vashem – S. 457; Sönlein Bormann-Produktion / Mutoskop Film / Saturn Movie / BR – ORF – S. 333; Sparkassen-Kulturstiftung, Hessen-Thüringen (Hrsg.), Legalisierter Raub. Der Fiskus und die Ausplünderung der Juden in Hessen 1933-1945 (selecta-Heft 8), 2002, S. 63 – S. 287; Staatliche Graphische Sammlung, München – S. 97; Staatsbibliothek, Berlin – S. 372; Stadtarchiv, Photo M. Knödler, Wolfratshausen – S. 179; Stadtmuseum, Göttingen – Cover, S. 188; Stadtmuseum, München – S. 266, 269; Karl Stehle, München – S. 271, 347; Stiftung Auto-Museum, Wolfsburg – S. 393; Stiftung Denkmal ermordeter Juden Europas / Paul Langrock, Berlin – Cover; Stiftung Haus der Geschichte der Bundesrepublik Deutschland / Michael Jensch, Wolfram Maginot, Axel Thünker, Bonn – S. 191, 194; Ute Thönissen, Nettetal – S. 212; Christian Tschira, Wiesbaden – S. 159; Ullstein-Bild, Berlin – S. 143, 150, 246, 286, 356; Ullstein-Bild / AISA – S. 139, 217; Ullstein-Bild / akg-Pressebild – S. 250; Ullstein-Bild / BPA – S. 390; Ullstein-Bild / CARO, Kaiser – S. 439; Ullstein-Bild / Fabiano, SIPA – S. 446; Ullstein-Bild / imagebroker.net, TPG – S. 243; Ullstein-Bild / imagebroker.net, Konrad Wothe – S. 208; Ullstein-Bild / Reuters – S. 421, 458, 459; Ullstein-Bild / Rolf Schulten – S. 409; Ullstein-Bild / sinopictures Foto – S. 238; Ullstein-Bild / Roger Viollet, Bruno de Moues – S. 253; Ullstein-Bild / Süddeutsche Zeitung, Photo Scherl – S. 153; Ullstein-Bild / The Granger Collection, Berlin – S. 10, 181, 239, 241; Ullstein-Bild / TopFoto Archive – S. 230; Ullstein-Bild / Wenzel-Orf – S. 442; Ullstein-Bild / Wilfried Zeckai – S. 412; Universitätsbibliothek, Wien – S. 154; VG Bild-Kunst, Bonn 2014 – S. 146, 359, 411; VG Bild-Kunst, Bonn 2014 / Estade of George Grosz, Princeton N. J., Bonn – S. 379; VG Bild-Kunst, Bonn 2014 / The Heartfield Community of Heirs, Bonn – S. 377; Washington Star, 9. 10. 1939 / Clifford K. Bergmann – S. 303; Stefanie Witt, Bamberg – S. 126.

Ziel

Klausuren

In Klausuren sollen Sie zeigen, dass Sie fachspezifisches Material anhand von Aufgaben angemessen bearbeiten können. Dabei sollen Sie ihr Wissen mit neuen Sachverhalten problembewusst verknüpfen und begründet Stellung nehmen.

Anforderung

Reproduktion

Im Anforderungsbereich I beschreiben Sie geordnet und gerafft historische Zustände oder Entwicklungen.

Reorganisation und Transfer

Im Anforderungsbereich II bearbeiten Sie Materialien problem- und methodenbewusst zu einem aus dem Unterricht bekannten Thema.

Reflexion und Problemlösung

Der Anforderungsbereich III verlangt gründliches Nachdenken und eine Lösung. Sie müssen auf Grundlage Ihrer Materialienanalyse ein Problem untersuchen und bewerten. Ihre Stellungnahme kann eine abwägende Diskussion gegensätzlicher Standpunkte erfordern. Abschließend müssen Sie dazu selbst Position beziehen.

Tipp

Die Operatoren der Anforderungsbereiche I bis III finden Sie vorne im Buch erklärt.

Vorgehen

Aufgaben erfassen

- ✓ Lesen Sie die Aufgaben sorgfältig durch; unterstreichen Sie den Operator. Versuchen Sie, den Auftrag genau zu erfassen. Machen Sie sich ihn bei Bedarf in eigenen Worten klar. Finden Sie Schlüsselbegriffe und klären Sie kurz ihre Bedeutung.

Operatoren beachten

- ✓ Erledigen Sie die Aufgaben streng anhand der Operatoren. Sie zeigen Ihnen, zu welchen Anforderungsbereichen Sie jeweils arbeiten sollen.

Kernaussagen ermitteln

- ✓ Lesen Sie den Text zunächst als Ganzes, um Thema und Hauptaussagen im Zusammenhang zu begreifen. Im zweiten Durchgang ermitteln Sie aufgabenbezogen die wesentlichen Aussagen. Unterstreichen Sie dabei Wörter statt Sätze; so fällt es Ihnen leichter, eigene Formulierungen zu finden und sich von der Vorlage zu lösen.

Aussagen strukturieren

- ✓ Stellen Sie zunächst den Autor und die Quelle (Entstehungszeit, historischer Kontext, Adressaten) vor, wiederholen Sie aber nicht die wissenschaftliche Fundstelle des Textes.

Text gliedern

- ✓ Gliedern Sie Ihren Text folgerichtig. Setzen Sie Schwerpunkte in Inhalt und Umfang Ihres Textes. Achten Sie bei Ihrem Zeit- und Arbeitsaufwand auf die Gewichtung der Aufgaben.
- ✓ Geben Sie die Hauptgedanken eigenständig in indirekter Rede im Konjunktiv wieder.

Aussagen belegen

- ✓ Direkte Zitate empfehlen sich, wenn der Operator intensive Textarbeit verlangt und sie einen Kernaspekt in auffälligen Worten ausdrücken. Eine Erläuterung in eigenen Worten muss folgen.
- ✓ Halten Sie die Reihenfolge der Aufgaben ein. Vermeiden Sie Überschneidungen.

Stil

- ✓ Schreiben Sie kurze, verständliche Hauptsätze oder Satzgefüge. Drücken Sie sich sachlich aus und benutzen Sie Fachbegriffe.

Letzte Kontrolle

- ✓ Planen Sie Zeit für die Durchsicht ein. Lesen Sie Ihre Klausur zunächst nur unter inhaltlichen Gesichtspunkten; erst in einem zweiten Durchgang achten Sie auf Rechtschreibung, Grammatik und Satzbau. Achten Sie auf die Zeitenfolge (Präsens mit Perfekt; Präteritum mit Plusquamperfekt). Nutzen Sie zulässige Wörterbücher.

Formulierungshilfen für die Textanalyse

Einleitung

Der Verfasser/die Verfasserin (kurze Vorstellung) beschäftigt sich (Zeit/Kontext) mit .../ untersucht/setzt sich mit der Frage auseinander/behandelt das Problem .../thematisiert ...
Beispiel: Der Althistoriker Martin Jehne setzt sich 1997 mit der Reformpolitik Gaius Iulius Caesars auseinander (*vgl. M6, Seite 70*).

Einordnung in den historischen Kontext

Der Autor/die Autorin (Name) hat den Brief/Aufsatz/etc. verfasst/die Rede gehalten, als .... Die Quelle lässt sich vor dem Hintergrund von ... einordnen
Beispiel: Die Bürgerbewegung „Demokratie Jetzt" startet am 12. September 1989 einen Aufruf, der sich an alle Initiativgruppen und reformfreudigen Kräfte in der DDR richtet und auf aktuelle Probleme im Staat eingeht. Der Aufruf lässt sich vor dem Hintergrund der sich wirtschaftlich und politisch zuspitzenden Krise der DDR im Jahre 1989 einordnen (*vgl. M7, Seite 131f*).

Textwiedergabe „Kernthese"

Er/sie behauptet/ist der Meinung, dass ...
Beispiel: Der Professor für Alte Geschichte, Christian Meier, behauptet, dass die Krise der römischen Republik zu nichts anderem führen konnte als zu ihrem Untergang (*vgl. M1, Seite 78f.*).

Textwiedergabe „Argumentation"

Der Verfasser/die Verfasserin begründet dies, indem er/sie .../belegt dies mit .../erklärt dies mit/hebt hervor/betont/kritisiert
Beispiel: Christian Meier betont, dass die Gesellschaft und die politischen Institutionen zu unflexibel gewesen seien, um Alternativen oder tragfähige Reformen zu entwickeln (*vgl. M1, Seite 78f.*).

Zusammenfassung

Der Autor/die Autorin fasst seine/ihre Haltung/Sichtweise zusammen, indem er/sie .../ sagt abschließend .../kommt zu dem Schluss, dass ...
Beispiel: Eberhard Kolb, Professor für Geschichte, kommt zu dem Schluss, dass jeder Historiker durch die Gewichtung der verschiedenen Faktoren darüber entscheidet, wie er das Scheitern der Weimarer Republik interpretiert (*vgl. M11, Seite 378f.*).

Vergleich

Ebenso wie (ein anderer Autor/eine andere Autorin)/anders als (die Meinung/Argumentation/Position von) ...
Beispiel: Der Historiker Reinhart Koselleck und der damalige Bundestagspräsident Wolfgang Thierse nehmen unterschiedliche Standpunkte in Bezug auf das Holocaust-Mahnmal ein. Während Koselleck ... betont, hebt Thierse ... hervor (*vgl. M4, Seite 343f. und M14, Seite 415*).

Absicht

Er/sie will darauf hinweisen/erreichen/verdeutlichen/appelliert/zielt auf ...
Beispiel: Die Indianerorganisationen wollen mit der Deklaration ihren Protest gegen die Feierlichkeiten zum 500. Jahrestag der Landung von Kolumbus in Amerika sowie die Unterdrückung und Ausbeutung der einheimischen Bevölkerung verdeutlichen (*vgl. M4, Seite 447*).

Stellungnahme

Die Argumentation überzeugt (nicht)/ist widersprüchlich/schlüssig/(nicht) einleuchtend/ zutreffend, weil ... Ich stimme dem Autor/der Autorin zu/teile (nicht) die Haltung des Verfassers/der Verfasserin/schließe mich (nicht) der Argumentation an, weil ...
Beispiel: Der Historiker Heinrich August Winkler belegt seine These vom deutschen „Sonderweg" auch nach 1945, indem er überzeugend nachweist, dass die Integration in den Westen erst mit der Wiedervereinigung vollendet worden ist (*vgl. M3, Seite 350f.*).

Fachliteratur finden und nachweisen

Recherchieren und Ausleihen in der Bibliothek

- ☑ Um sich für ein Referat einen Überblick über ein Thema zu verschaffen oder es einzugrenzen, eignen sich Lexika und Nachschlagewerke als erste Informationsquellen. Für die gründliche Erarbeitung eines Themas benötigen Sie Fachliteratur.
- ☑ Angaben zu Fachbüchern spezieller Themen finden sich im Literaturverzeichnis von Handbüchern und Überblicksdarstellungen, im Internet und im Katalog der Bibliothek.
- ☑ In der Bibliothek sind Bücher alphabetisch in einem Verfasser- und in einem Sachkatalog aufgelistet und über eine Signatur, eine Folge von Zahlen und Buchstaben, im Karteikarten- oder Computersystem der Bibliothek für ein leichtes Auffinden genau verzeichnet.
- ☑ Bücher, die nicht in der örtlichen Bibliothek vorrätig sind, können über die Fernleihe aus anderen Bibliotheken entliehen werden. Über die Online-Kataloge können Titel nach Schlagworten oder dem Namen des Autors gesucht und direkt an die Ausgabestelle der Bibliothek bestellt werden.

Literatur auswerten und belegen

- ☑ Finden Sie zu einem Thema mehr Bücher, als Sie auswerten können, müssen Sie eine Auswahl treffen. Prüfen Sie anhand des Inhaltsverzeichnisses, der Einführung und/oder der Zusammenfassung sowie des Registers, ob das Buch ergiebig sein könnte. Benutzen Sie im Zweifel das Neueste.
- ☑ Weisen Sie jedes Buch, das Sie für Ihr Referat benutzt haben, am Schluss des Textes nach. Notieren Sie sich daher bei der Vorarbeit die Titel der Bücher. Aussagen, die Sie wörtlich oder indirekt zitieren, belegen Sie zusätzlich mit Seitenangaben. So kann jeder Leser nachlesen und überprüfen, woher und von wem die Aussagen stammen.
  Beispiel für eine korrekte Literaturangabe:

Buch

Vorname und Name des Autors | Titel | Verlagsort und Jahr der Veröffentlichung | bei Zitat zusätzlich Seitenangabe

Klaus Bringmann, Krise und Ende der römischen Republik (133-42 v. Chr.), Berlin 2003, S. 17

Aufsatz

Vorname und Name des Autors | Titel des Aufsatzes | Vorname und Name der Herausgeber des Sammelbandes

Werner Dahlheim, Iden des März 44 v. Chr., in: Alexander Demandt (Hrsg.), Das Attentat in der Geschichte, Köln/Weimar/Wien 1996, S. 39-59, hier S. 42

Titel des Sammelbandes | Verlagsorte und Jahr der Veröffentlichung | Seitenangabe

Quellenarbeit in Archiven

Vorbereitung und Recherche

- ☑ Für die Recherche zu regional- und lokalgeschichtlichen Themen bieten sich Archive an. Dort werden Urkunden, Pläne, Karten, Zeitungen, Briefe, Tagebücher, Fotos sowie Akten mit anderen Unterlagen von Behörden, Firmen, Vereinen und Privatleuten aufbewahrt.
- ☑ Vor der Arbeit im Archiv sollten Sie sich genau über das Thema informieren, die zu erarbeitenden Aspekte festlegen und Fragen formulieren.
- ☑ Inzwischen werden viele Archivstücke elektronisch erfasst und in Datenbanken archiviert. Auf den Internetseiten der Archive können Sie sich über den Bestand informieren, digital vorliegende Dokumente einsehen oder die Signatur der Akten heraussuchen.

Material erfassen, ordnen und auswerten

- ☑ Haben Sie geeignetes Material gefunden, notieren Sie sich die genaue Fundstelle. Eine Ausleihe ist nicht üblich. Erfassen Sie das Material sicherheitshalber vor Ort (handschriftlich, per Laptop oder Scanner).
- ☑ Nach der Rückkehr aus dem Archiv müssen Sie das gesammelte Material sichten und ordnen, bevor Sie es zu einer Darstellung verarbeiten können.